NomosStudienbuch

Reinhard Hendler | Friedhelm Hufen | Siegfried Jutzi [Hrsg.]

Landesrecht Rheinland-Pfalz

Studienbuch

5. Auflage

begründet von Richard Ley

bearbeitet von:
Prof. Dr. Dieter Dörr, Universität Mainz | **Prof. Dr. Guido Fickenscher,** Fachhochschule der Polizei, Brandenburg | **Prof. Dr. Elke Gurlit,** Universität Mainz | **Prof. Dr. Reinhard Hendler,** Universität Trier | **Prof. Dr. Friedhelm Hufen,** Universität Mainz | **Andrea Huy,** Rechtsanwältin, Mainz | **Prof. Dr. Siegfried Jutzi,** Justizministerium Mainz | **Prof. Dr. Josef Ruthig,** Universität Mainz | **Prof. Dr. Meinhard Schröder,** Universität Trier | **PD Dr. Markus Winkler,** Universität Mainz

Die Deutsche Nationalbibliothek verzeichnet diese Publikation in der Deutschen Nationalbibliografie; detaillierte bibliografische Daten sind im Internet über http://dnb.d-nb.de abrufbar.

ISBN 978-3-8329-3607-5

5. Auflage 2009
© Nomos Verlagsgesellschaft, Baden-Baden 2009. Printed in Germany. Alle Rechte, auch die des Nachdrucks von Auszügen, der fotomechanischen Wiedergabe und der Übersetzung, vorbehalten.

Vorwort

Das von *Dr. Richard Ley* begründete Werk erschien in 4. Auflage (2005) unter dem Titel "Staats- und Verwaltungsrecht für Rheinland-Pfalz" mit einem weiteren Herausgeber (*Jutzi*) und mit grundlegenden Neubearbeitungen der jeweiligen Rechtsgebiete. Die damals bereits eingeleitete stärkere Ausrichtung auf das universitäre Studium wird mit der nun vorliegenden 5. Auflage fortgesetzt. Dies zeigt sich nicht nur in der veränderten Zusammensetzung von Herausgebern und Autoren, sondern auch in der Berücksichtigung weiterer Sachgebiete des Landesrechts (Öffentliches Wirtschaftsrecht, Landesplanungsrecht, Kulturrecht, Medienrecht), die vor allem für die juristischen Schwerpunktbereiche der rheinland-pfälzischen Universitäten bedeutsam sind. Außerdem wurden der Titel des Buches – einem allgemeinen Konzept des Verlags Rechnung tragend – geändert und die einzelnen Beiträge inhaltlich gestrafft, um dem Anspruch eines modernen Studienbuchs, das auch finanziell erschwinglich bleiben soll, zu genügen.

Das Studienbuch geht trotz seiner kompakten Darstellung auf aktuelle und speziellere Fragestellungen ein. Es enthält zahlreiche Beispiele, insbesondere aus der Rechtsprechung, sowie Hinweise auf weiterführendes Schrifttum. Neben Studierenden an den Universitäten und Fachhochschulen sowie Rechtsreferendaren können daher auch Richter, Verwaltungsbeamte, Rechtsanwälte, Verbandsjuristen und interessierte Nichtjuristen das Buch gewinnbringend nutzen.

Die Herausgeber danken den Autoren, die ihre Kompetenz zum Gelingen des Werks eingebracht haben. Kritik und Anregungen sind Autoren und Herausgebern gleichermaßen willkommen.

Mainz/Trier, im August 2009
Reinhard Hendler
Friedhelm Hufen
Siegfried Jutzi

Inhalt

Vorwort 5
Autorenverzeichnis 23
Abkürzungen 25

§ 1 Staatsrecht 37
    I. Entstehung und Entwicklung von Land und Verfassung 37
        1. Entstehungsgeschichte 37
            a) Land Rheinland-Pfalz 37
            b) Verfassung für Rheinland-Pfalz 38
        2. Entwicklung 40
            a) Land Rheinland-Pfalz 40
            b) Verfassung für Rheinland-Pfalz 41
    II. Stellung der Länder im Verfassungsgefüge des Grundgesetzes 41
        1. Staatsrecht und Verfassungsrecht, Staatlichkeit 41
        2. Verhältnis von Bund und Ländern 43
        3. Verfassungsautonomie der Länder 45
            a) Bundesrecht bricht Landesrecht 45
            b) Spezielle Kollisionsregeln 46
            c) Gemeinschaftsrecht 50
            d) Einwirkungen der LV auf Bundes- und Gemeinschaftsrecht 50
    III. Rechtsquellen 51
    IV. Staatsorganisationsrecht 52
        1. Grundlagen des Staates 52
            a) Gliedstaat 53
            b) Demokratie, Republik 53
            c) Sozialstaat 54
            d) Gewaltenteilung, Rechtsstaat 54
            e) Wahlrechtsgrundsätze 54
            f) Staatsgebiet 55
            g) Sonstiges 56
        2. Verfassungsorgane 56
            a) Landtag 56
            b) Landesregierung 61
            c) Verfassungsgerichtshof 64
        3. Gesetzgebung 64
            a) Gesetzgebungskompetenz 64
            b) Parlamentarische Gesetzgebung 64
            c) Exekutivgesetzgebung 67
            d) Volksgesetzgebung 67
            e) Staatsverträge 71
        4. Finanzwesen 73

5. Rechtsprechung und Verwaltung 74
6. Kommunale Selbstverwaltung 74
   a) Selbstverwaltungsgarantie und Finanzausstattung 74
   b) Wahl der Vertretungskörperschaften, Bürgermeister und Landräte 76
V. Grundrechte und Grundpflichten 77
1. Allgemeines 77
2. Zu den Grundrechten insgesamt 78
   a) Grundrechtsträger 78
   b) Schutzbereich, Beeinträchtigungen, Grundrechtsschranken 78
3. Einzelne Grundrechte 79
   a) Freiheit des Menschen (Art. 1 LV) 79
   b) Recht auf Leben und körperliche Unversehrtheit (Art. 3 LV) 80
   c) Datenschutz (Art. 4a LV) 81
   d) Unverletzlichkeit der Wohnung (Art. 7 LV) 82
   e) Gleichheit (Art. 17 ff. LV) 82
   f) Ehe und Familie (Art. 23 ff. LV) 83
   g) Schule, Bildung und Kulturpflege (Art. 27 ff. LV) 83
   h) Wirtschaftliche Freiheiten, Eigentum (Art 51, 58, 60 LV) 84
4. Grundpflichten (Art. 20 bis 22 LV) 84
VI. Verfassungsprozessrecht 85
1. Allgemeines 85
2. Verfassungsbeschwerde (Art. 130a LV) 85
   a) Beschwerdefähigkeit 85
   b) Prozessfähigkeit 86
   c) Statthafter Beschwerdegegenstand 86
   d) Beschwerdebefugnis 87
   e) Rechtswegerschöpfung, Subsidiarität 88
   f) Frist, Begründung, Form 88
   g) Rechtsschutzbedürfnis 88
   h) Verfahren, Entscheidung, Kosten 88
3. Organstreit (Art. 130 I LV) 90
   a) Parteifähigkeit (Antragsberechtigung) 90
   b) Prüfungsgegenstand 91
   c) Antragsbefugnis, Klarstellungsinteresse, Rechtsschutzbedürfnis 91
   d) Rechtswegerschöpfung, Subsidiarität 92
   e) Frist, Begründung, Form 92
   f) Antragsgegner 92
   g) Prüfungsmaßstab, Entscheidung 93
4. Abstrakte Normenkontrolle (Art. 130 I LV) 94
   a) Prüfungsgegenstand 94
   b) Weitere Voraussetzungen 94
   c) Begründetheit 95

	5.	Konkrete Normenkontrolle (Art. 130 III LV)	95
	6.	Einstweilige Anordnung (§ 19a VerfGHG)	96
VII.	Klausurhinweise		98
	1.	Prüfung der Verfassungsmäßigkeit einer Rechtsnorm des Landes	98
	2.	Prüfung landesverfassungsgerichtlicher Verfahren	99
	3.	Prüfung im Rahmen verwaltungsprozessualer Verfahren	99

§ 2 Grundlagen der Verwaltungsorganisation und des Verwaltungshandelns ... 100

- I. Einleitung ... 100
- II. Rechtsquellen ... 100
  - 1. Verwaltungsorganisation ... 100
  - 2. Verwaltungshandeln ... 101
- III. Verwaltungsorganisation ... 101
  - 1. Grundbegriffe und Gestaltungsprinzipien ... 101
    - a) Verwaltungsträger ... 101
    - b) Staatsverwaltung/Selbstverwaltung ... 101
    - c) Elemente der Binnenorganisation der Verwaltungsträger ... 102
  - 2. Aussagen der Landesverfassung ... 103
  - 3. Der Aufbau der unmittelbaren Landesverwaltung ... 104
    - a) Unterstufe ... 104
    - b) Mittelstufe ... 105
    - c) Oberstufe ... 106
  - 4. Verwaltungsmodernisierung ... 107
    - a) Elemente im Landesgesetz zur Reform und Neuorganisation der Landesverwaltung (VwORG) ... 107
    - b) Errichtung von Landesbetrieben ... 108
- IV. Verwaltungshandeln ... 109
  - 1. Allgemeines Verwaltungsverfahren ... 110
    - a) Grundlagen ... 110
    - b) Von der dynamischen Verweisung nicht erfasste Vorschriften und Geltungsumfang des LVwVfG ... 110
  - 2. Verwaltungsvollstreckung ... 111
    - a) Allgemeine Kennzeichnung ... 111
    - b) Grundlagen im Landesrecht ... 111
    - c) Verfahrensarten ... 112
    - d) Allgemeine Vollstreckungsvoraussetzungen ... 112
    - e) Besonderheiten des Beitreibungsverfahrens ... 113
    - f) Verwaltungszwang ... 113
    - g) Rechtsschutz ... 116
- V. Landesrechtliche Besonderheiten für den Rechtsschutz gegenüber Verwaltungshandeln ... 117
  - 1. Übersicht über den wesentlichen Inhalt des Gesetzes zur Ausführung der Verwaltungsgerichtsordnung (AGVwGO) ... 117

Inhalt

2. Das Widerspruchsverfahren 118
   a) Rechtssystematischer Standort/Funktionen 118
   b) Landesrechtliche Besonderheiten der Ausgestaltung 119
   c) Verfahren 120
3. Die sogenannte Aufsichts- oder Beanstandungsklage 122
   a) Allgemeine Bemerkungen 122
   b) Klageart 123
VI. Klausurhinweise 123
1. Typisches Klausurproblem: Abgrenzung der unmittelbaren Ausführung von der Ersatzvornahme im Sofortvollzug 123
2. Aufbauhinweis: Sofortvollzug 124

§ 3 Kommunalrecht 125

I. Orientierungsrahmen 125
1. Gegenstand des Kommunalrechts 125
2. Rechtsquellen 126
3. Aufgaben der Kommunen 126
   a) Selbstverwaltungsaufgaben 127
   b) Auftragsangelegenheiten 128
4. Kommunen und Staat 129
   a) Die Anbindung der Kommunen an die Staatsverwaltung 129
   b) Distanzierende Wirkungen der Selbstverwaltungsgarantie 130
II. Institutionelle und finanzielle Mittel der Aufgabenerfüllung 131
1. Organisationsformen 131
2. Öffentliche Einrichtungen der Kommunen 133
   a) Widmung und Benutzung 134
   b) Zulassung zur Benutzung und Zulassungsanspruch 135
   c) Anschluss- und/oder Benutzungszwang 136
3. Kommunales Wirtschafts- und Finanzrecht 137
   a) Kommunale Wirtschaftsunternehmen 138
   b) Kommunalabgaben und andere Finanzierungsquellen 140
III. Kommunale Zusammenschlüsse im Überblick 143
1. Ortsgemeinde und Verbandsgemeinde 143
2. Kommunale Zusammenarbeit 145
   a) Zweckverbände 145
   b) Zweckvereinbarungen 147
IV. Inneres Organisationsrecht der Gemeinden 149
1. Die Verwaltungsspitze 149
   a) Der Bürgermeister 150
   b) Die Beigeordneten und der Stadt- oder Kreisvorstand 152
2. Der Gemeinderat (Stadtrat) 153
   a) Organzuständigkeiten und -rechte 154
   b) Unterorgane 155

	c) Mitglieder und Fraktionen	158
	d) Besonderes Verfahrensrecht im Überblick	162
V.	Besonderheiten des kommunalen Verwaltungshandelns	164
	1. Kommunale Normen	165
	2. Bürgerliche Rechtsgeschäfte	167
	3. Mittel der Kontrolle und der Korrektur	170
	a) Interne Kontrolle und Rechnungsprüfung	170
	b) Staatliche Aufsicht über die Gemeinden	172
	c) Aufsicht und Rechtsschutz	176
VI.	Gemeindeeinwohner und Gemeindebürger	177
	1. Rechte und Pflichten der Gemeindeeinwohner	177
	2. Zusätzliche Mitwirkungsrechte und Pflichten der Gemeindebürger	179
	a) Bürgerbegehren und Bürgerentscheid	179
	b) Gemeindewahlrecht im Überblick	182
VII.	Klausurhinweise	184
	1. Anspruch auf Zulassung zur Benutzung einer kommunalen öffentlichen Einrichtung	185
	2. Abwehranspruch gegen die wirtschaftliche Betätigung einer Gemeinde	185
	3. Abwehranspruch einer Gemeinde gegen eine aufsichtliche Ersatzvornahme	185
	4. Anspruch eines Bürgerbegehrens auf Durchführung des Bürgerentscheids	186

§ 4 Polizei- und Ordnungsrecht ... 187

I.	Einführung	187
	1. Gesetzgebungskompetenzen der Länder auf dem Gebiet des Polizeirechts	187
	2. Polizeibegriff	188
	a) Polizei im materiellen, institutionellen, formellen Sinn	188
	b) Trennungsmodell in Rheinland-Pfalz	188
	3. Aktuelle Herausforderungen	189
	a) Gefahrenvorsorge	189
	b) Privatisierung	189
	c) Zentralisierung, Internationalisierung und Europäisierung	190
II.	Polizei- und Ordnungsbehörden in Rheinland-Pfalz	191
	1. Behördenaufbau	191
	a) Polizei	191
	b) Ordnungsbehörden	192
	c) Andere Vollzugskräfte	192
	2. Die Verteilung der Aufgaben der Gefahrenabwehr	192
	a) Zuständigkeiten der allgemeinen Ordnungsbehörden	193

b) Zuständigkeit der Polizei 193
c) Eilkompetenzen (§§ 1 VII, 90 II, 91 II POG) und Selbsteintrittsrecht der Aufsichtsbehörden (§ 93 II POG) 194
III. Grundbegriffe der polizeirechtlichen Dogmatik 194
  1. Grundstruktur der polizeirechtlichen Eingriffsermächtigungen am Beispiel der Generalklausel (§ 9 I POG) 194
  2. Öffentliche Sicherheit 195
    a) Schutzgut der öffentlichen Sicherheit 195
    b) Einschreiten zum Schutz privater Rechte 196
  3. Öffentliche Ordnung 197
  4. Begriff der Gefahr 197
    a) Gefahr als konkrete Gefahr 197
    b) Anscheinsgefahr als Unterfall der Gefahr 198
    c) Putativgefahr 198
    d) Gefahrenverdacht 198
    e) Sonstige Gefahrenbegriffe 199
    f) Begriff der Störung 200
  5. Adressaten polizeilicher Maßnahmen 200
    a) Bedeutung des Störerbegriffs 200
    b) Verhaltensstörer (§ 4 POG) 201
    c) Zustandsstörer (§ 5 POG) 201
    d) Unmittelbare Verursachung 203
    e) Inanspruchnahme nichtverantwortlicher Personen (§ 7 POG) 207
    f) Polizeipflichtigkeit von Hoheitsträgern 208
    g) Rechtsnachfolge in polizeiliche Pflichten 208
  6. Unmittelbare Ausführung (§ 6 POG) 209
    a) Rechtsnatur 209
    b) Tatbestand 209
    c) Rechtsfolge 210
  7. Ermessen der Polizei 210
    a) Opportunitätsprinzip 210
    b) Subsidiaritätsprinzip (§ 1 III POG) 212
    c) Auswahl zwischen mehreren Störern 212
    d) Verhältnismäßigkeit der Maßnahme 213
IV. Generalklausel (§ 9 I POG) und Spezialermächtigungen 213
V. Spezialermächtigungen im POG (klassische Standardmaßnahmen) 214
  1. Befragung und Auskunftspflicht (§ 9a POG) 214
    a) Allgemeines Befragungsrecht 214
    b) Schleierfahndung, § 9a IV POG 215
  2. Identitätsfeststellung (§ 10 POG) 216
  3. Erkennungsdienstliche Maßnahmen (§ 11 POG) 217
  4. Medizinische und molekulargenetische Untersuchungen (§ 11a POG) 217
  5. Vorladung (§ 12 POG) 217

6. Platzverweis, Wohnungsverweisung, Aufenthaltsverbot
   (§ 13 POG) 218
   a) Platzverweis 218
   b) Wohnungsverweisung 218
   c) Aufenthaltsverbot 219
7. Gewahrsam (§ 14 POG) 220
8. Durchsuchung von Personen (§ 18 POG) 222
9. Durchsuchung von Sachen (§ 19 POG) 223
10. Betreten und Durchsuchen von Wohnungen (§ 20 POG) 224
    a) Voraussetzungen für ein Betreten bzw. Durchsuchen 224
    b) Verfahrensanforderungen für die Durchsuchung 225
11. Sicherstellung (§ 22 POG) 225
VI. Polizeiliche Datenerhebung und Verarbeitung (informationsbezogene Standardmaßnahmen) 226
1. Datenerhebung (§ 26 POG) 228
2. Datenerhebung durch den Einsatz technischer Mittel (§ 27 POG) ... 229
   a) Bild- und Tonaufzeichnung, insb. Videoüberwachung 229
   b) Automatisierte Erfassung von Kfz-Kennzeichen 231
3. Besondere Mittel der verdeckten Datenerhebung (§ 28 POG) 231
4. Präventive Wohnraumüberwachung (§ 29 POG) 232
   a) Verfassungsrechtliche Anforderungen 232
   b) Zulässige Maßnahmen 233
5. Datenerhebung durch Überwachung der Telekommunikation
   (§ 31 POG) 234
6. Polizeiliche Beobachtung (§ 32 POG) 234
7. Weitere Verarbeitung und Verwendung der Daten 234
   a) Speicherung und Nutzung von personenbezogenen Daten
      (§ 33 POG) 234
   b) Datenübermittlung (§ 34 POG) 235
   c) Datenabgleich (§ 37 POG) 235
   d) Rasterfahndung (§ 38 POG) 236
   e) Berichtigung, Löschung, Auskunft, Unterrichtung
      (§ 39, 40 POG) 237
VII. Abgrenzung der Befugnisse nach dem POG von spezialgesetzlichen Kompetenzen der Polizei- und Ordnungsbehörden 237
1. Polizeirecht und Versammlungen 237
2. Polizeirecht und Wirtschaftstätigkeit 238
   a) Gewerberecht und Polizeirecht 238
   b) Immissionsschutzrecht 238
3. Abgrenzung zwischen Strafverfolgung und Gefahrenabwehr 239
VIII. Polizeilicher Verwaltungsakt und seine Durchsetzung 240
1. Abgrenzung polizeilicher Verwaltungsakte von anderen Maßnahmen
   der Gefahrenabwehr 240

2. Die Rechtmäßigkeit eines polizeilichen Verwaltungsakts (Prüfungsschema) 241
3. Vollstreckung polizeilicher Verwaltungsakte 242
   a) Anzuwendende Vorschriften und allgemeine Grundsätze des Vollstreckungsrechts 242
   b) Einzelne Zwangsmittel 243
   c) Erscheinungsformen des Vollstreckungsverfahrens 246
   d) Die Rechtsnatur der einzelnen Vollstreckungsmaßnahmen 247
   e) Rechtsschutz gegen die Vollstreckung polizeilicher Verwaltungsakte 247
4. Prüfungsschema für die Vollstreckung von Polizeiverfügungen 249
5. Abschleppen von Kraftfahrzeugen 249
   a) Sicherstellung 249
   b) Ersatzvornahme 249
   c) Unmittelbare Ausführung 251
   d) Verhältnismäßigkeit des Abschleppens 251
   e) Kosten 252
   f) Einschaltung von Verwaltungshelfern 252
6. Erzwingung von Aussagen (Polizeifolter) 253
   a) Auskunftspflicht 253
   b) Zwangsweise Durchsetzung 253
IX. Gefahrenabwehrverordnungen 254
   1. Definition, Abgrenzung von Verwaltungsakten 254
   2. Rechtmäßigkeit einer Gefahrenabwehrverordnung 255
      a) Formelle Rechtmäßigkeit 255
      b) Materielle Rechtmäßigkeit 255
   3. Rechtschutz gegen Gefahrenabwehrverordnungen 256
      a) Inzidentkontrolle 256
      b) Abstrakte Normenkontrolle 256
X. Entschädigungs- und Ersatzansprüche 257
   1. Entschädigungsansprüche des Betroffenen 257
      a) Ansprüche des Störers 257
      b) Entschädigungsansprüche des Nichtstörers 258
      c) Entschädigungsansprüche des Anscheinstörers 258
      d) Inhalt, Art und Umfang des Schadensausgleichs 259
   2. Ersatzansprüche des Polizeiträgers 260
      a) Ersatzvornahme 260
      b) Unmittelbare Ausführung 260
      c) Unmittelbarer Zwang 260
XI. Klausurhinweise 260
   1. Zulässigkeit verwaltungsgerichtlicher Klagen 261
      a) Verwaltungsakte 261
      b) Realakte 261
      c) Rechtsverordnungen 262

2. Begründetheit verwaltungsgerichtlicher Klagen bzw. Anträge	262
3. Verfassungsgerichtlicher Rechtsschutz	262
4. Grundrechte in der polizeirechtlichen Fallbearbeitung	262
a) Klagebefugnis	263
b) Grundrechte im Tatbestand der öffentlichen Sicherheit und Ordnung	263
c) Grundrechte und die polizeirechtliche Verantwortlichkeit	263
d) Grundrechte und polizeiliches Ermessen	264

§ 5 Bauordnungsrecht ... 265

I. Grundlagen des Bauordnungsrechts	265
1. Bauordnungsrecht als Teil des öffentlichen Baurechts	265
2. Rechtsquellen	266
3. Der Anwendungsbereich der LBauO	267
4. Der Schlüsselbegriff der baulichen Anlage	268
II. Formelles Bauordnungsrecht	270
1. Organisation und Zuständigkeiten	270
2. Die Zulassung von Vorhaben	271
a) Zulassungsverfahren im Wandel	271
b) Die Baugenehmigung	271
c) Das Baugenehmigungsverfahren	274
d) Das vereinfachte Genehmigungsverfahren	278
e) Form der Baugenehmigung	280
f) Rechtswirkungen und Regelungsinhalt der Baugenehmigung	280
g) Besondere Arten von Genehmigungen	282
h) Genehmigungsfreigestellte Vorhaben	283
3. Die Bauüberwachung	285
a) Aufgaben der Bauüberwachung	285
b) Eingriffsbefugnisse	285
c) Ermessen	290
d) Anspruch auf baupolizeiliches Einschreiten	291
e) Verantwortlichkeit	292
f) Durchsetzung bauaufsichtlicher Anordnungen	294
III. Materielles Bauordnungsrecht	295
1. Das Grundstück und seine Bebaubarkeit	295
a) Allgemeine Anforderungen	295
b) Abstandsflächen	295
c) Stellplätze	296
d) Öffentliche Baulast	297
2. Anforderungen an die Bauausführung	298
a) Gefahrenabwehr	298
b) Bauästhetische Anforderungen	298
3. Besondere Anlagen: Werbeanlagen	299

4. Die bauordnungsrechtliche Generalklausel 300
5. Abweichungen 300
IV. Rechtsschutz 301
   1. Rechtsschutz des Bauherrn 301
   2. Rechtsschutz der Nachbarn 302
   3. Rechtsschutz der Gemeinden 305
V. Klausurhinweise 306
   1. Prüfung eines Anspruchs auf Erteilung der Baugenehmigung 306
   2. Prüfung eines Aufhebungs- bzw. Anordnungsanspruchs des Nachbarn 307
   3. Prüfung eines Anspruchs auf baupolizeiliches Einschreiten 307

§ 6 Öffentliches Wirtschaftsrecht 308
I. Länderkompetenzen im Öffentlichen Wirtschaftsrecht 308
   1. Gesetzgebungskompetenzen 308
   2. Ausführung von Bundesgesetzen durch Landesbehörden 309
II. Das Ladenöffnungsgesetz 311
   1. Zweck des Gesetzes 311
   2. Die Regelungen im Überblick 312
      a) Anwendungsbereich 312
      b) Allgemeine Ladenschlusszeiten und die Möglichkeiten zu ihrer Lockerung 312
      c) Zuständigkeiten 313
      d) Rechtsschutz 313
III. Nichtraucherschutz in Gaststätten 314
   1. Ausgestaltung des Rauchverbotes nach der Umsetzung der verfassungsgerichtlichen Vorgaben 315
   2. Durchsetzung des Rauchverbotes 316
IV. Glücksspiel und Spielbanken 317
   1. Glücksspiele 317
   2. Spielbanken 319
V. Klausurhinweise 319

§ 7 Umweltrecht 321
I. Einleitung 321
II. Naturschutz- und Landschaftspflegerecht 322
   1. Gesetzgebungskompetenzen und Rechtsgrundlagen 322
   2. Organisation und Zuständigkeiten 323
   3. Ziele und Grundsätze des Naturschutzes und der Landschaftspflege, Urproduktionsklausel sowie allgemeine Pflichten von Hoheitssubjekten und Privaten 324
   4. Eingriffe in Natur und Landschaft 325
      a) Begriffliche Merkmale des Eingriffs 325

b) Eingriffszulässigkeit und Begleitpflichten (Ausgleichs- und Ersatzmaßnahmen, Geldleistungen) 326
c) Verfahrensfragen 329
d) Naturschutzrechtliche Eingriffe und Baurecht 331
5. Landschaftsplanung 331
6. Schutz bestimmter Teile von Natur und Landschaft 332
   a) Allgemeine Schutzmaßnahmen 332
   b) Das Europäische Netz »Natura 2000« 334
   c) Biotopverbund 336
7. Schutz von Tieren und Pflanzen 336
8. Erholung in Natur und Landschaft 337
9. Weitere landesnaturschutzrechtliche Regelungen, insbesondere zum Eigentumsschutz und zur Stellung der Verbände 337
   a) Überblick 337
   b) Eigentumsschutz (Befreiungen und Geldleistungen) 338
   c) Verbandsbeteiligung und Verbandsklage 339
III. Wasserrecht 340
1. Gesetzgebungskompetenzen und Rechtsgrundlagen 340
2. Organisation und Zuständigkeiten 341
3. Allgemeine Anforderungen bezüglich des Umgangs mit Wasser 341
4. Die Benutzung der Gewässer 342
   a) Gewässer im Rechtssinne 342
   b) Zulassungsfreie und zulassungspflichtige Gewässerbenutzungen 342
   c) Erlaubnis und Bewilligung 343
4. Bewirtschaftung der Gewässer 345
   a) Vorgaben der Wasserrahmenrichtlinie 345
   b) Bundesrechtliche Rahmenvorschriften 346
   c) Vorschriften des rheinland-pfälzischen Landesrechts 346
5. Gebietsfestsetzungen (Nutzungsregelungen) 347
   a) Wasserschutzgebiete 347
   b) Gewässerrandstreifen 348
   c) Heilquellenschutzgebiete 349
   d) Überschwemmungsgebiete 349
6. Wassergefährdende Stoffe 350
7. Wasserversorgung 350
8. Abwasserbeseitigung 351
   a) Begriffsbestimmungen 351
   b) Abwasserbeseitigungspflicht 351
   c) Abwasserbeseitigungsplanung 352
   d) Bau und Betrieb von Abwasseranlagen 352
   e) Abwassereinleitungen 352
   f) Abwasserabgabe 353

9. Ausbau und Unterhaltung der Gewässer, Deiche und Dämme 353
   a) Gewässerausbau 353
   b) Gewässerunterhaltung 354
   c) Deiche und Dämme 354
10. Anlagen im Gewässerbereich sowie zu besonderen Zwecken 354
    a) Anlagen im Gewässerbereich 354
    b) Sonstige Anlagen 355
11. Gewässeraufsicht, Zwangsrechte und Wassergefahr 355
12. Wasserbücher 356
IV. Kreislaufwirtschafts- und Abfallrecht 356
   1. Gesetzgebungskompetenzen und Rechtsgrundlagen 356
   2. Organisation und Zuständigkeiten 357
   3. Grundkonzeption des Kreislaufwirtschafts- und Abfallrechts 357
   4. Förderung der Kreislaufwirtschaft 359
   5. Öffentlich-rechtliche Entsorgungsträger 359
   6. Entsorgung von Sonderabfällen 360
   7. Abfallwirtschaftsplanung 361
   8. Weitere landesgesetzliche Vorschriften zum Abfallrecht 361
V. Immissionsschutzrecht 361
   1. Gesetzgebungskompetenzen und Rechtsgrundlagen 361
   2. Organisation und Zuständigkeiten 362
   3. Überblick zum Landes-Immissionsschutzgesetz 363
VI. Klausurhinweise 363

§ 8 Landesplanungsrecht 365

I. Gesetzgebungskompetenzen, Rechtsgrundlagen, Behördenaufbau und
   Zuständigkeiten 365
II. Grundlegende Begriffe und Planungsstrukturen 366
   1. Begriffliche Klärungen und Abgrenzungen 366
   2. Die Landesplanung im System der Raumplanung 367
   3. Arten rheinland-pfälzischer Raumordnungspläne 368
III. Aufgabe und Leitvorstellung der Raumordnung 368
IV. Die Erfordernisse der Raumordnung und ihre Bindungswirkungen 369
   1. Grundsätze der Raumordnung 369
   2. Ziele der Raumordnung 370
   3. Sonstige Erfordernisse der Raumordnung 371
V. Allgemeine Anforderungen an Raumordnungspläne 371
VI. Besondere Anforderungen an das Landesentwicklungsprogramm 372
   1. Programminhalte 372
   2. Organisation und Verfahren 372
VII. Besondere Anforderungen an die regionalen Raumordnungspläne 373
   1. Planinhalte 373
   2. Organisation und Verfahren 373

VIII.	Sicherung der Raumordnung	374
IX.	Landesplanung und Gemeinden	376
X.	Rechtschutz gegenüber Raumordnungsplänen	377
	1. Regionale Raumordnungspläne	377
	2. Landesentwicklungsprogramm	378
XI.	Klausurhinweise	378

§ 9 Kulturrecht ... 380

I.	Grundlagen	380
	1. Grundbegriffe	380
	2. Historischer Überblick	380
	3. Der verfassungsrechtliche Rahmen	381
	a) Staatszielbestimmung Kultur	381
	b) Kompetenzen	381
II.	Kunst	383
	1. Grundlagen	383
	a) Historische Bezüge	383
	b) Verfassungsrechtlicher Schutz	383
	2. Einzelne Institutionen	384
	a) Staat und Kommunen als Kunstmäzene	384
	b) Museen	384
	c) Theater/Orchester	385
	d) Kommunale Kultureinrichtungen	385
	e) Rechtsschutzprobleme	386
	3. Exkurs: Einführung in die Probleme des Denkmalschutzes	386
	a) Allgemeines	386
	b) Zum Begriff des Kulturdenkmals	387
	c) Unterschutzstellung	387
	d) Behördenaufbau	387
III.	Erziehung, Bildung, Schule	388
	1. Grundlagen	388
	a) Grundbegriffe	388
	b) Historischer Überblick	388
	2. Kein „Kinderkram": Das Recht der Früherziehung	389
	3. Öffentliche Schulen	390
	a) Verfassungsrechtlicher Rahmen	390
	b) Auftrag der Schule, Erziehungs- und Lernziele, Lehrpläne	392
	c) Rechte und Pflichten der Schüler	393
	d) Rechte und Pflichten der Eltern	398
	e) Rechte und Pflichten der Lehrer	398
	f) Die äußere Schulorganisation	400
	g) Grundlagen der inneren Schulorganisation	402
	h) Besonderheiten einzelner Fächer	403

4. Privatschulen – Schulen in freier Trägerschaft 405
     a) Grundlagen 405
     b) Ersatzschulen – Ergänzungsschulen 405
     c) Gründung, Genehmigung und Anerkennung freier Schulen 406
     d) Staatsaufsicht 406
     e) Finanzierung 406
  IV. Wissenschaft – Hochschulen 406
   1. Grundlagen 406
      a) Geschichtliches 406
      b) Verfassungsrechtlicher Rahmen 407
   2. Hochschulrecht 408
      a) Hochschulbegriff, Hochschularten und Hochschulaufgaben 408
      b) Inhalte: Forschung, Lehre und Studium, Hochschulprüfungen
         und Hochschulgrade 408
      c) Rechte und Pflichten der Studierenden 408
      d) Rechte und Pflichten wissenschaftlichen und künstlerischen Per-
         sonals 411
      e) Hochschulverfassung 414
      f) Staatsaufsicht 415
  V. Religion und Kirchen 415
   1. Grundlagen 415
   2. Verfassungsrechtlicher Rahmen 416
   3. Bestehende Kirchen und Religionsgemeinschaften 417
   4. (Landes-)Rechtliche Konkretisierung 417
  VI. Klausurhinweise 418
   1. Gerichtsbarkeit – unterschiedliche Fallgestaltungen 418
   2. Prüfung der Verfassungsmäßigkeit einer Rechtsnorm des Landes
      (z.B. Änderung des Schulgesetzes) 418
   3. Sonstige verfassungsrechtliche Verfahren 418
   4. Widerspruch und Verwaltungsprozess 419

§ 10 Medienrecht 420

  I. Einführung 420
   1. „Medienrecht" – Was ist das? 420
   2. Versuch einer Definition und Kategorisierung 421
   3. Historische Entwicklung des Medienrechts 421
  II. Mediale Erscheinungsformen 422
   1. Presserecht 422
      a) Begriff und Geschichte 422
      b) Rechtsgrundlagen 423
   2. Rundfunkrecht 425
      a) Geschichte des Rundfunks 425
      b) Begriff des Rundfunks 426

Inhalt

      c) Rechtsgrundlagen 428
  3. Filmrecht 437
      a) Begriff und Geschichte 437
      b) Die Freiheit des Films nach Art. 5 I 2 GG 438
      c) Einfachgesetzliche Ausgestaltung 438
  4. Telemedienrecht 439
      a) Überblick 439
      b) Geschichte und einfachgesetzliche Ausprägung 440
      c) Aktuelle Abgrenzungsschwierigkeiten zwischen Telemedien und Rundfunk 441
  5. Telekommunikationsrecht 442
      a) Begriff und Geschichte 442
      b) Grundgesetzlich geregelte Kompetenz und TKG ... 443
      c) Verhältnis des Telekommunikationsrechts zum Medienrecht 444
III. Europarechtlicher Einfluss auf das Medienrecht 444
  1. Medienrecht in der globalen Welt 444
  2. Europäische Regelungen 445
      a) Primärrechtliche Verankerung der Kommunikationsfreiheiten ... 445
      b) Sekundärrechtliche Ausgestaltung 447

Personen- und Sachregister 448

Autorenverzeichnis

Univ.-Prof. Dr. Dieter Dörr

Professur für Öffentliches Recht, Völker- und Europarecht, Medienrecht
Johannes Gutenberg-Universität Mainz
Direktor des Mainzer Medieninstituts

Prof. Dr. Guido Fickenscher

Fachhochschule der Polizei des Landes Brandenburg

Univ.-Prof. Dr. Elke Gurlit

Professur für Staats- und Verwaltungsrecht, Rechtsvergleichung, Europarecht
Johannes Gutenberg-Universität Mainz

Univ.-Prof. Dr. Reinhard Hendler

Professur für Öffentliches Recht, insbesondere Umweltrecht
Direktor des Instituts für Umwelt- und Technikrecht (IUTR)
Universität Trier

Univ.-Prof. Dr. Friedhelm Hufen

Professur für Öffentliches Recht, Staats- und Verwaltungsrecht
Johannes Gutenberg-Universität Mainz
Mitglied des Verfassungsgerichtshofs Rheinland-Pfalz

Andrea Huy, LL.M.

Rechtsanwältin, Wissenschaftliche Mitarbeiterin am Mainzer Medieninstitut

Prof. Dr. Siegfried Jutzi, Ministerialdirigent

Leiter der Abteilung "Öffentliches Recht, Europarecht" im Ministerium der Justiz und Vertreter des öffentlichen Interesses des Landes Rheinland-Pfalz
Honorarprofessor an der Johannes Gutenberg-Universität Mainz

Univ.-Prof. Dr. Josef Ruthig

Professur für Öffentliches Recht, Europarecht und Rechtsvergleichung
Johannes Gutenberg-Universität Mainz

Univ.-Prof. Dr. Meinhard Schröder

Professur für Öffentliches Recht, insbesondere ausländisches öffentliches Recht, Völkerrecht und Europarecht
Universität Trier

Dr. habil. Markus Winkler

Privatdozent an der Johannes Gutenberg-Universität Mainz

Abkürzungen

a. a. O.	am angegebenen Ort
a. A.	anderer Ansicht
a. E.	am Ende
a. F.	alte Fassung
AbgG	Abgeordnetengesetz Rheinland-Pfalz (BS 1101-4)
abl.	ablehnend
ABl.	Amtsblatt
Abs.	Absatz
Abschn.	Abschnitt
abw.	abweichend
ADD	Aufsichts- und Dienstleistungsdirektion
AfP	Archiv für Presserecht
AG	Aktiengesellschaft; Amtsgericht; Ausführungsgesetz
AGBtG	Landesgesetz zur Ausführung des Betreuungsgesetzes (BS 200-3)
ÄG-LV	Gesetz zur Änderung der Landesverfassung
AGVwGO	Landesgesetz zur Ausfürung der Verwaltungsgerichtsordnung (BS 303-1)
ähnl.	ähnlich
AK	Kommentar zum Grundgesetz für die Bundesrepublik Deutschland (Reihe Alternativkommentare)
AktG	Aktiengesetz
allg. M.	allgemeine Meinung
allg.	allgemein
Alt.	Alternative
ÄndG	Änderungsgesetz
Anm.	Anmerkung
AO	Abgabenordnung
AöR	Archiv des öffentlichen Rechts
ARD	Arbeitsgemeinschaft der öffentlich-rechtlichen Rundfunkanstalten
Art.	Artikel
AS	Amtliche Sammlung von Entscheidungen der Oberverwaltungsgerichte Rheinland-Pfalz und Saarland
Aufl.	Auflage
ausf.	ausführlich
AuslG	Ausländergesetz
AVR	Archiv des Völkerrechts
Az.	Aktenzeichen
bad.	badisch
BadVGH	Badischer Verwaltungsgerichtshof
BadWürtt., badwürtt.	Baden-Württemberg, baden-württembergisch
BadWürttStGH	Staatsgerichtshof Baden-Württemberg
BadWürttVerf.	Verfassung des Landes Baden-Württemberg
BAG	Bundesarbeitsgericht
BAGE	Entscheidungen des Bundesarbeitsgerichts
BauGB	Baugesetzbuch
BauNVO	Baunutzungsverordnung
BauR	Baurecht, Zeitschrift für das gesamte öffentliche und zivile Baurecht
Bay., bay.	Bayern, bayerisch
BayBO	Bayerische Bauordnung
BayNatSchG	Bayerisches Naturschutzgesetz
BayVBl.	Bayerische Verwaltungsblätter
BayVerf.	Verfassung des Freistaates Bayern

Abkürzungen

BayVerfG	Bayerischer Verfassungsgerichtshof
BayVerfGHE	Sammlung von Entscheidungen des Bayerischen Verwaltungsgerichtshofs mit Entscheidungen des Bayerischen Verfassungsgerichtshofs, des Bayerischen Dienststrafhofs und des Bayerischen Gerichtshofs für Kompetenzkonflikte
BayVGH	Bayerischer Verwaltungsgerichtshof
BBG	Bundesbeamtengesetz
BBodSchG	Bundes-Bodenschutzgesetz
Bd.	Band
BeamtStG	Beamtenstatusgesetz
Bearb., bearb.	Bearbeiter, bearbeitet
Bekm.	Bekanntmachung
Bem.	Bemerkung
Berl., berl.	Berlin, berlinerisch
BerlVerf.	Verfassung von Berlin
BerlVerfGH	Verfassungsgerichtshof des Landes Berlin
bes.	besonders
Beschl.	Beschluss
Bespr.	Besprechung
BestG	Bestattungsgesetz (BS 2127-1)
betr.	betreffend, betrifft
BezO	Bezirksordnung für den Bezirksverband Pfalz (BS 2020-3)
Bf.	Beschwerdeführer(in)
BFH	Bundesfinanzhof
BFHE	Sammlung der Entscheidungen und Gutachten des Bundesfinanzhofs
BGB	Bürgerliches Gesetzbuch
BGBl.	Bundesgesetzblatt
BGH	Bundesgerichtshof
BGHR	Rechtsprechung des Bundesgerichtshofs
BGHSt	Entscheidungen des Bundesgerichtshofs in Strafsachen
BGHZ	Entscheidungen des Bundesgerichtshofs in Zivilsachen
BGSG	Bundesgrenzschutzgesetz
BHO	Bundeshaushaltsordnung
BImSchG	Bundesimmissionsschutzgesetz
BImSchV	Bundesimmissionsschutzverordnung
BK	Kommentar zum Bonner Grundgesetz (Bonner Kommentar)
BKA	Bundeskriminalamt
BLV	Beratende Landesverfassung
BNatSchG	Bundesnaturschutzgesetz
BR	Bayrischer Rundfunk
BR	Bundesrat
Brandb., brandb.	Brandenburg, brandenburgisch
BrandbVerf.	Verfassung des Landes Brandenburg
BrandbVerfG	Verfassungsgericht des Landes Brandenburg
BRAO	Bundesrechtsanwaltsordnung
BReg.	Bundesregierung
Brem., brem.	Bremen, bremisch
BremStGH	Staatsgerichtshof der Freien und Hansestadt Bremen
BremVerf.	Landesverfassung der Freien und Hansestadt Bremen
BRRG	Beamtenrechtsrahmengesetz
BRS	Baurechtssammlung
BS	Sammlung des bereinigten Landesrechts Rheinland-Pfalz
BSG	Bundessozialgericht
BSGE	Entscheidungen des Bundessozialgerichts
BSHG	Bundessozialhilfegesetz

Abkürzungen

BT	Bundestag
Buchst.	Buchstabe
BVerfG	Bundesverfassungsgericht
BVerfGE	Entscheidungen des Bundesverfassungsgerichts
BVerfGG	Bundesverfassungsgerichtsgesetz
BVerfSchG	Bundesverfassungsschutzgesetz
BVerwG	Bundesverwaltungsgericht
BVerwGE	Entscheidungen des Bundesverwaltungsgerichts
BWG	Bundeswahlgesetz
bzgl.	bezüglich
bzw.	beziehungsweise
CDP	Christlich Demokratische Partei (Rheinland-Pfalz)
CDU	Christlich-Demokratische Union
CR	Computer und Recht
d.h.	das heißt
ders.	derselbe
dies.	dieselbe
Diss.	Dissertation
DJT	Deutscher Juristentag
DÖD	Der Öffentliche Dienst
DÖV	Die Öffentliche Verwaltung
DRiG	Deutsches Richtergesetz
DRiZ	Deutsche Richterzeitung
Drucks.	Drucksache
DRZ	Deutsche Rechtszeitschrift
DS	Der Staat
DSchG	Denkmalschutzgesetz (BS 224-2)
DStZ	Deutsche Steuer-Zeitung
DtZ	Deutsch-Deutsche Rechtszeitschrift
DuR	Demokratie und Recht
DV	Deutsche Verwaltung
DVBl.	Deutsches Verwaltungsblatt
DVB-T	Digital Video Broadcasting – Terrestrial
DVD	Digital Versatile Disc
DVP	Deutsche Verwaltungspraxis
DVP-RLP	Deutsche Verwaltungspraxis-Landesausgabe Rheinland-Pfalz
DVR	Datenverarbeitung im Recht
E	Entscheidung(en); Entscheidungssammlung
ebd.	ebenda
EG	Einführungsgesetz, Europäische Gemeinschaft(en)
EGMR	Europäischer Gerichtshof für Menschenrechte
EGV	Vertrag zur Gründung der Europäischen Gemeinschaft
Einf.	Einführung
EingrVO	Landesverordnung über die Bestimmung von Eingriffen in Natur und Landschaft (BS 791-1-12)
Einl.	Einleitung
EMRK	Europäische Konvention zum Schutz der Menschenrechte und Grundfreiheiten
Entsch.	Entscheidung
entspr.	entsprechend
epd medien	Evangelischer Pressedienst medien
Erl.	Erläuterung (en)
Erstb.	Erstbearbeiter; Erstbearbeitung
EStG	Einkommensteuergesetz

Abkürzungen

ESVGH	Entscheidungssammlung des Hessischen und des Württemberg Badischen Verwaltungsgerichtshofs
EU	Europäische Union
EuGH Slg.	Sammlung der Rechtsprechung des Gerichtshofs der Euro-päischen Gemeinschaften (ab 1990: und des Gerichts erster Instanz)
EuGH	Gerichtshof der Europäischen Gemeinschaften
EuGRZ	Europäische Grundrechtezeitschrift
EuR	Europarecht
EuRat	Europarat
EUV	Vertrag über die Europäische Union
EuZW	Europäische Zeitschrift für Wirtschaftsrecht
f., ff.	folgende Seite(n)
FDP	Freie Demokratische Partei
FernStrG	Fernstraßengesetz (des Bundes)
FG	Finanzgericht
Fg. f.	Festgabe für
FGG	Gesetz über die Angelegenheiten der Freiwilligen Gerichtsbarkeit
FGO	Finanzgerichtsordnung
Fn.	Fußnote (n)
FRAG	Freie Rundfunk-AG
FraktG	Fraktionsgesetz Rheinland-Pfalz (BS 1101-6)
frz.	französisch
Fs. f.	Festschrift für
G 10	Gesetz zur Beschränkung des Brief-, Post- und Fernmeldegeheimnisses (Gesetz zu Artikel 10 Grundgesetz)
G	Gesetz
GA	Goltdammer's Archiv für Strafrecht
GaststG	Gaststättengesetz (des Bundes)
GastVO	Gaststättenverordnung (BS 711-7)
GBO	Grundbuchordnung
geänd.	geändert
gem.	gemäß
GemHV	Gemeindehaushaltsverordnung (BS 2020-1-4)
GemKVO	Gemeindekassenverordnung (BS 2020-1-8)
GemO	Gemeindeordnung (BS 2020-1)
GemODVO	Landesverordnung zur Durchführung der Gemeindeordnung für Rheinland-Pfalz (BS 2020-1-1)
GewArch	Gewerbearchiv
GewO	Gewerbeordnung
GewSchG	Gewaltschutzgesetz
GG	Grundgesetz für die Bundesrepublik Deutschland
GGO	Gemeinsame Geschäftsordnung für die Landesregierung sowie die Ministerien und die Vertretung des Landes Rheinland-Pfalz beim Bund und der Europäischen Union vom 21.4.2004
GK	Gemischte Kommission
GmbHG	Gesetz betreffend die Gesellschaften mit beschränkter Haftung
GMBl.	Gemeinsames Ministerialblatt
GmSOGB	Gemeinsamer Senat der Obersten Gerichtshöfe des Bundes
GO	Geschäftsordnung
GOBReg.	Geschäftsordnung der Bundesregierung
GOBT	Geschäftsordnung des Bundestages
GOLT	Geschäftsordnung des Landtags Rheinland-Pfalz (BS 1101-2)
GS	Gesetzessammlung
Gs. f.	Gedächtnisschrift für
GVBl.	Gesetz- und Verordnungsblatt für Rheinland-Pfalz

Abkürzungen

GVG	Gerichtsverfassungsgesetz
GVK	Gremienvorsitzendenkonferenz
GWB	Gesetz gegen Wettbewerbsbeschränkungen
h. L.	herrschende Lehre
h. M.	herrschende Meinung
H/J/W	Hufen/Jutzi/Westenberger, Landesrecht Rheinland-Pfalz, Textausgabe, 17. Aufl. 2008
Halbs.	Halbsatz
HandwO	Handwerksordnung
Hbg., hbg.	Hamburg, hamburgisch
HbgVerf.	Verfassung der Freien und Hansestadt Hamburg
HbgVerfG	Hamburgisches Verfassungsgericht
Hdb.	Handbuch
HdbStR	Handbuch des Staatsrechts der Bundesrepublik Deutschland
HdbVerfR	Handbuch des Verfassungsrechts der Bundesrepublik Deutschland
Hess., hess.	Hessen, hessisch
HessStGH	Staatsgerichtshof des Landes Hessen
HessVerf.	Verfassung des Landes Hessen
HessVGH	Hessischer Verwaltungsgerichtshof
HessVGRspr.	Rechtsprechung der Hessischen Verwaltungsgerichte
HGB	Handelsgesetzbuch
HGrG	Gesetz über die Grundsätze des Haushaltsrechts des Bundes und der Länder (Haushaltsgrundsätzegesetz)
HGZ	Hanseatische Rechts- und Gerichtszeitschrift
H/J/W	Hufen/Jutzi/Westenberger, Landesrecht Rheinland-Pfalz, Textausgabe, 17. Aufl. 2008
HochSchG	Hochschulgesetz (BS 223-41)
HRG	Hochschulrahmengesetz
Hrsg., hrsg.	Herausgeber, herausgegeben
i. d. F.	in der Fassung
i. d. R.	in der Regel
i. Erg.	im Ergebnis
i. S. (v.)	im Sinne (von)
i. V. m.	in Verbindung mit
i. w. S.	im weiteren Sinne
i.(e.) S.	im (engeren) Sinne
insb.	insbesondere
IuKDG	Informations- und Kommunikationsdienste-Gesetz
JA	Juristische Arbeitsblätter
JAG	Landesgesetz über die juristische Ausbildung (BS 315-1)
JAPO	Juristische Ausbildungs- und Prüfungsordnung (BS 315-1-1)
Jb.	Jahrbuch
JBl.	Juristische Blätter; Justizblatt Rheinland-Pfalz
JMStV	Jugendmedienschutz-Staatsvertrag
JöR	Jahrbuch des öffentlichen Rechts der Gegenwart
JR	Juristische Rundschau
Jura	Juristische Ausbildung
JuS	Juristische Schulung
JuSchG	Jugendschutzgesetz
JW	Juristische Wochenschrift
JZ	Juristenzeitung
KAG	Kommunalabgabengesetz (BS 610-10)
Kap.	Kapitel
KEF	Kommission zur Ermittlung des Finanzbedarfs der Rundfunkanstalten

KEK	Kommission zur Ermittlung der Konzentration im Medienbereich
KG	Kammergericht; Kommanditgesellschaft
KitaG	Kindertagesstättengesetz (BS 216-10)
KJM	Kommission für Jugendmedienschutz
Komm.	Kommentar
KPD	Kommunistische Partei Deutschlands
krit.	kritisch
KritJ	Kritische Justiz
KritV	Kritische Vierteljahresschrift für Gesetzgebung und Rechtswissenschaft
KStZ	Kommunale Steuerzeitschrift
KUG	Kunsturhebergesetz
KWG	Kommunalwahlgesetz (BS 2021-1)
l.	linke, links
LAbfWAG	Landesabfallwirtschafts- und Altlastengesetz (BS 2129-1)
LadenöffnG	Ladenöffnungsgesetz (BS 8050-3)
LAG	Landesarbeitsgericht
LBauO	Landesbauordnung (BS 213-1)
LBG	Landesbeamtengesetz (BS 2030-1)
LBKG	Landesbrand- und Katastrophenschutzgesetz (BS 213-50)
LDIG	Landesgesetz zur Errichtung des Landesbetriebs Daten und Information (BS 200-1
LDSG	Landesdatenschutzgesetz (BS 204-1)
LFAG	Landesfinanzausgleichsgesetz (BS 6022-1)
LG	Landesgesetz; Landgericht
LGebG	Landesgebührengesetz (BS 2013-1)
LHO	Landeshaushaltsordnung (BS 63-1)
LImSchG	Landesimmissionsschutzgesetz (BS 2129-4)
lit.	litera (Buchstabe)
Lit.	Literatur
LKG	Landeskrankenhausgesetz (BS 216-3)
LKO	Landkreisordnung (BS 2020-2)
LKODVO	Landesverordnung zur Durchführung der Landkreisordnung (BS 2020-2-1)
LKRZ	Zeitschrift für Landes- und Kommunalrecht Hessen/Rheinland-Pfalz/Saarland
LKV	Landes- und Kommunalverwaltung
LMG	Landesmediengesetz Rheinland-Pfalz
LMK	Landeszentrale für Medien und Kommunikation
LNatSchG	Landesnaturschutzgesetz
LOG NW	Landesorganisationsgesetz Nordrhein-Westfalen
LP	Liberale Partei (Rheinlamd-Pfalz)
LPAuswG	Landespersonalausweisgesetz (BS 210-1)
LPflG	Landespflegegesetz
LPG	Landespressegesetz
LPlG	Landesplanungsgesetz
LS	Leitsatz
LSVG	Landesgesetz über die Errichtung des Landesbetriebs Staßen und Verkehr (BS 200-7)
LStrG	Landesstraßengesetz (BS 91-1)
LT	Landtag
lt.	laut
LV	Verfassung für Rheinland-Pfalz (BS 100-1)
LV-1947	Verfassung für Rheinland-Pfalz i.d.F.v. 18.5.1947 (Ursprungsverfassung)

Abkürzungen

LVerfG	Landesverfassungsgericht
LVO	Landesverordnung
LVwVfG	Landesverwaltungsverfahrensgesetz (BS 2010-3)
LVwVG	Landesverwaltungsvollstreckungsgesetz (BS 2010-2)
LVwZG	Landesgesetz über die Zustellung in der Verwaltung (BS 2010-1)
LWahlG	Landeswahlgesetz (BS 1110-1)
LWG	Landeswassergesetz (BS 75-50)
LWPG	Landeswahlprüfungsgesetz (BS 1110-2)
m. a. W.	mit anderen Worte
m. Anm.	mit Anmerkung
m. Hinw.	mit Hinweis(en)
m. Nachw.	mit Nachweisen
m.	mit
m.w.N.	mit weiteren Nachweisen
MAD	Militärischer Abschirmdienst
MDR	Mitteldeutscher Rundfunk
MDR	Monatsschrift für Deutsches Recht
MDst-StV	Mediendienste-Staatsvertrag
MDStV	Mediendienste-Staatsvertrag
MeldeG	Meldegesetz (BS 210-20)
MinBl.	Ministerialblatt der Landesregierung von Rheinland-Pfalz
MinisterG	Ministergesetz (BS 110-1)
MMR	Multimedia und Recht
MünchKomm	Münchner Kommentar zum BGB
MV., mv.	Mecklenburg-Vorpommern, mecklenburg-vorpommerisch
MVLVerfG	Landesverfassungsgericht Mecklenburg-Vorpommern
MVVerf.	Verfassung des Landes Mecklenburg-Vorpommern
n. F.; NF	neue Fassung; neue Folge
N., Nachw.	Nachweis(e)
NDR	Norddeutscher Rundfunk
Nds., nds.	Niedersachsen, niedersächsisch
NdsBauO	Niedersächsische Bauordnung
NdsStGH	Niedersächsicher Staatsgerichtshof
NdsVerf.	Niedersächsische Verfassung
NJ	Neue Justiz
NJW	Neue Juristische Wochenschrift
NJW-RR	NJW-Rechtsprechungsreport
NordÖR	Zeitschrift für öffentliches Recht in Norddeutschland
Nr.	Nummer
NRW., nrw.	Nordrhein-Westfalen, nordrhein-westfälisch
NRWVerf.	Verfassung für das Land Nordrhein-Westfalen
NRWVerfGH	Verfassungsgerichtshof des Landes Nordrhein-Westfalen
NVG	Nahverkehrsgesetz (BS 934-8)
NVwZ	Neue Zeitschrift für Verwaltungsrecht
NVwZ-RR	NVwZ-Rechtsprechungs-Report-Verwaltungsrecht
NWVBl.	nordrhein-westfälische Verwaltungsblätter
NZA	Neue Zeitschrift für Arbeits- und Sozialrecht
NZS	Neue Zeitschrift für Sozialrecht
o. g.	oben genannt
o.	oben
öff.	öffentlich
ÖGdG	Landesgesetz über den Öffentlichen Gesundheitsdienst (BS 2120-1)
OGZ	Entscheidungen der Oberlandesgerichte in Zivilsachen
OHG	Offene Handelsgesellschaft
OLG	Oberlandesgericht

Abkürzungen

ORB	Ostdeutscher Rundfunk Brandenburg
OVG	Oberverwaltungsgericht
OVGE	Entscheidungen der Oberverwaltungsgerichte Münster und Lüneburg
OWiG	Gesetz über Ordnungswidrigkeiten
PartG	Parteiengesetz
PC	Personal Computer
PdW	Prüfe dein Wissen (Schriftenreihe)
Plen. Prot.	Plenarprotokoll
POG	Polizei- und Ordnungsbehördengesetz (BS 2012-1)
Pr., pr.	Preußen, preußisch
PresseG	Landespressegesetz (BS 225-1)
PrivatSchG	Privatschulgesetz (BS 223-7)
Prot.	Protokoll
PrPVG	Preußisches Polizeiverwaltungsgesetz
PVG	Polizeiverwaltungsgesetz
RÄStV	Staatsvertrag zur Änderung der rundfunkrechtlicher Staatsverträge
RBB	Rundfunk Berlin-Brandenburg
RdJB	Recht der Jugend und des Bildungswesens
RdSchr.	Rundschreiben
RegE.	Regierungsentwurf
RG	Reichsgericht
RGBl.	Reichsgesetzblatt
RGSt	Entscheidungen des Reichsgerichts in Strafsachen
RGZ	Entscheidungen des Reichsgerichts in Zivilsachen
Rh.-Pf. VerwBl.	Rheinisch-Pfälzisches Verwaltungsblatt
RHG	Landesgesetz über den Rechnungshof Rheinland-Pfalz (BS 63-10)
RhPf., rhpf.	Rheinland-Pfalz, rheinland-pfälzisch
RhPfVerfGH	Verfassungsgerichtshof Rheinland-Pfalz
RiA	Recht im Amt
Rn.	Randnummer
ROG	Raumordnungsgesetz
Rs.	Rechtssache
Rspr.	Rechtsprechung
RStV	Rundfunkstaatsvertrag
RuP	Recht und Politik
RVO	Rechtsverordnung
s. a.	siehe auch
s. o.	siehe oben
S.	Satz; Seite
s.	siehe
Saarl., saarl.	Saarland, saarländisch
SaarlVerf.	Verfassung des Saarlandes
SaarlVerfGH	Verfassungsgerichtshof des Saarlandes
Sachs., sächs.	Sachsen, sächsisch
SachsA., sachsa.	Sachsen-Anhalt, sachsen-anhaltinisch
SachsAVerf.	Verfassung des Landes Sachsen-Anhalt
SachsAVerfG	Landesverfassungsgericht Sachsen-Anhalt
SächsBauO	Sächsische Bauordnung
SachsVerf.	Verfassung des Freistaates Sachsen
SächsVerfGH	Sächsischer Verfassungsgerichtshof
SchlH., schlh.	Schleswig-Holstein, schleswig-holsteinisch
SchlHVerf.	Verfassung des Landes Schleswig-Holstein
SchulG	Schulgesetz (BS 223-1)
SDR	Süddeutscher Rundfunk
SFB	Sender Freies Berlin

Abkürzungen

SGb	Die Sozialgerichtsbarkeit
SGB	Sozialgesetzbuch
SGD	Struktur- und Genehmigungsbehörde(n)
SGG	Sozialgerichtsgesetz
sog.	so genannte (r)
Sp.	Spalte
SPD	Sozialdemokratische Partei Deutschlands
SpkG	Sparkassengesetz (BS 76-3)
SportFG	Sportförderungsgesetz (BS 217-11)
st. Rspr.	ständige Rechtsprechung
Staat	Der Staat
StaatsR	Staatsrecht
StAnz.	Staatsanzeiger für Rheinland-Pfalz
StenBer.	Stenographische Berichte
StenProt.	Stenographische Protokolle
StGB	Strafgesetzbuch
StGH	Staatsgerichtshof
StiftG	Stiftungsgesetz (BS 401-1)
StPO	Strafprozessordnung
str.	streitig
StVO	Straßenverkehrs-Ordnung
StwStP	Staatswissenschaften und Staatspraxis
SV	Sozialer Volksbund (Rheinland-Pfalz)
SWR	Südwestrundfunk
SWR-StV	Staatsvertrag über den Südwestrundfunk
TDDSG	Teledienstedatenschutzgesetz
TDG	Teledienstegesetz
TDG	Teledienstgesetz
Thür., thür.	Thüringen, thüringisch
ThürVBl.	Thüringer Verwaltungsblätter
ThürVerf.	Verfassung des Freistaats Thüringen
ThürVerfGH	Thüringer Verfassungsgerichtshof
TierSchG	Tierschutzgesetz
TKG	Telekommunikationsgesetz
TMG	Telemediengesetz
TVG	Tarifvertragsgesetz
u. a. (m.)	und andere (mehr); unter anderem
u. Ä.	und Ähnliches
u.	und; unten
UAG	Untersuchungsausschussgesetz (BS 1101-5)
UDRL	Universaldienstrichtlinie
UIG	Umweltinformationsgesetz
umstr.	umstritten
UMTS	Universal Mobile Telecommunications System
unstr.	unstreitig
UPR	Umwelt- und Planungsrecht
Urt.	Urteil
UTR	Umwelt- und Technikrecht (Schriftenreihe des Instituts für Umwelt- und Technikrecht der Universität Trier)
UVP	Umweltverträglichkeitsprüfung
UVPG	Gesetz über die Umweltverträglichkeitsprüfung
UZwG	Gesetz über die Anwendung unmittelbaren Zwangs
v. H.	vom Hundert
v.	von; vom
VA	Verwaltungsakt

Abkürzungen

VA-BLV	Verfassungsausschuss der Beratenden Landesversammlung
VA-GK	Verfassungsausschuss der Gemischten Kommission
Var.	Variante
VBlBW	Verwaltungsblätter Baden-Württemberg
VE	Vorentwurf der Gemischten Kommission
Verf.	Verfassung
VerfÄndG	Verfassungsänderungsgesetz
VerfGH	Verfassungsgerichtshof
VerfGHG	Landesgesetz über den Verfassungsgerichtshof (BS 1104-1)
VerfProzessR	Verfassungsprozessrecht
Verh. d. DJT	Verhandlungen des Deutschen Juristentages
VerkündG	Verkündungsgesetz (BS 114-1)
VersG	Versammlungsgesetz
VerwArch	Verwaltungsarchiv
VerwR	Verwaltungsrecht
VG	Verwaltungsgericht
VGH	Verwaltungsgerichtshof
vgl.	vergleiche
VHS	Video Home System
VO	Verordnung
VOBl.	Verordnungsblatt
Vorb.	Vorbemerkung(en)
Vorspr.	Vorspruch
VPRT	Verband Privater Rundfunk und Telekommunikation
VR	Verwaltungsrundschau
VVDStRL	Veröffentlichungen der Vereinigung der Deutschen Staatsrechtslehrer
VwGO	Verwaltungsgerichtsordnung
VwORG	Verwaltungsorganisationsreformgesetz (BS 200-4)
VwRspr.	Verwaltungsrechtsprechung (Sammlung)
VwVfG	Verwaltungsverfahrensgesetz
VwVG	Verwaltungsvollstreckungsgesetz
w. N.	weitere Nachweise
WDR	Westdeutscher Rundfunk
WissR	Wissenschaftsrecht
WM	Wertpapier-Mitteilungen, Zeitschrift für Wirtschafts- und Bankrecht
WRRL	Wasserrahmenrichtlinie
WRV	Verfassung des Deutschen Reichs (Weimarer Reichsverfassung)
WürttBadVerf.	Verfassung für Württemberg-Baden
WürttBadVGH	Württembergisch-Badischer Verwaltungsgerichtshof
WürttHohenzVerf.	Verfassung für Württemberg-Hohenzollern
z. B.	zum Beispiel
z. T.	zum Teil
ZAK	Kommission für Zulassung und Aufsicht
ZaöRV	Zeitschrift für ausländisches öffentliches Recht und Völkerrecht
ZBR	Zeitschrift für Beamtenrecht
ZDF	Zweites Deutsches Fernsehen
ZfP	Zeitschrift für Politik
ZG	Zeitschrift für Gesetzgebung
Ziff.	Ziffer
ZParl	Zeitschrift für Parlamentsfragen
ZPO	Zivilprozeßordnung
ZPol	Zeitschrift für Politikwissenschaft
ZRP	Zeitschrift für Rechtspolitik
zul.	zuletzt
ZUM	Zeitschrift für Urheber- und Medienrecht, Film und Recht

Abkürzungen

zust.	zustimmend
ZustVO	Zuständigkeitsverordnung
zutr.	zutreffend
ZuVO-BauGB	Landesverordnung über Zuständigkeiten nach dem Baugesetzbuch (BS 213-4)
ZwVG	Zweckverbandsgesetz (BS 2020-20)

§ 1 Staatsrecht

von *Siegfried Jutzi*

Literatur: *Die in diesem Verzeichnis enthaltenen Werke werden in den Fußnoten lediglich mit dem Namen der Autoren oder Herausgeber (erforderlichenfalls mit einem unterscheidenden Zusatz) zitiert.*

Benda/Klein, Lehrbuch des Verfassungsprozessrechts, 2. Aufl. 2001; *Degenhart*, Staatsrecht I, Staatsorganisationsrecht, 23. Aufl. 2007; *Dreier* (Hrsg.), GG, Komm., 2. Aufl., Bd. I (2004), Bd. II (2006; Supplementum 2007), Bd. III (2008); *Gröpl*, Staatsrecht I, 2008; *Grimm/Caesar* (Hrsg.), Verf. für RhPf., Komm., 2001; *Held*, Die Verfassungsbeschwerde zum VerfGH RhPf., NVwZ 1995, 534 ff.; *Hensgen*, Organisation, Zuständigkeiten und Verfahren des VerfGH von RhPf., Diss. Mainz, 1986; *Hillgruber/Goos*, Verfassungsprozessrecht, 2. Aufl. 2006; *Hufen*, Staatsrecht II, Grundrechte, 2007; *Isensee/Kirchhof* (Hrsg.), HdbStR (zit. nach Bd., Aufl. und Jahr); *Jarass/ Pieroth*, GG, Komm., 10. Aufl. 2009; *Klaas* (Bearb.), Die Entstehung der Verf. für RhPf., 1978; *v. Mangoldt/Klein/Starck*, GG, Komm., 5. Aufl. 2005; *Manssen*, Staatsrecht II, 5. Aufl. 2007; *Maunz/Dürig* u.a., GG, Loseblatt-Komm. (Stand: 10/2008); *Maurer*, Staatsrecht I, 5. Aufl. 2007; *Merten/Papier*, Hdb. der Grundrechte, Bd. I (2004), Bd. II (2006); *Menzel*, Landesverfassungsrecht, 2002; *Meyer* (Hrsg.), 50 Jahre Verfassungs- u. Verwaltungsgerichtsbarkeit in RhPf., Teil 1 und 2, 1997; *v. Münch*, Staatsrecht I, 6. Aufl. 2000; *v. Münch/Kunig* (Hrsg.), GG-Komm., 5. Aufl., Bd. I (2000), Bd. II (2001), Bd. III (2003); *Robbers*, Verfassungsprozessuale Probleme in der öffentlich-rechtlichen Arbeit, 2. Aufl. 2005; *Sachs*, GG, Komm., 4. Aufl. 2007; *Sachs*, Verfassungsprozessrecht, 2. Auf. 2007; *Schlaich/Korioth*, Das BVerfG, 7. Aufl. 2007; *Schmidt-Bleibtreu/Hofmann/ Hopfauf*, GG, Komm., 11. Aufl. 2008; *Stern*, Das Staatsrecht der Bundesrepublik Deutschland, Bd. I (2. Aufl. 1984), Bd. II (1980), Bd. III/1 (1988), Bd. III/2 (1994), Bd. IV/1 (2006), Bd. V (2000); *Süsterhenn/Schäfer*, Komm. der Verf. für RhPf., 1950; *Umbach/Clemens* (Hrsg.), GG, Komm., 2002; *Umbach/Clemens/Dollinger* (Hrsg.), BVerfGG, Komm., 2. Aufl. 2005.

I. Entstehung und Entwicklung von Land und Verfassung[1]

1. Entstehungsgeschichte

a) Land Rheinland-Pfalz

Im **März 1945** wurde das Gebiet zwischen Rhein, Mosel und Saar von amerikanischen Truppen besetzt. Die südöstlichen Bereiche der Pfalz (Bergzabern, Germersheim, Landau, Speyer) wurden der französischen Armee übergeben. Die übrigen Teile standen zunächst unter amerikanischer Verwaltung. Entsprechend den Beschlüssen der **Potsdamer Konferenz** gab der Alliierte Kontrollrat am **5.6.1945** bekannt, dass Deutschland innerhalb seiner Grenzen vom 31.12.1937 für Besatzungszwecke in vier Zonen aufgeteilt werde, darunter eine westliche Zone Frankreich und eine südwestliche Zone der USA.

Das amerikanisch besetzte Gebiet wurde danach von den amerikanischen Truppen geräumt und französisch besetzt. Die französische Militärverwaltung verfügte die **Abtrennung des Saarlandes** und errichtete für das Restterritorium im Süden das Oberregierungspräsidium mit der späteren Bezeichnung "**Hessen-Pfalz**". Im Norden wurde das Oberpräsidium "**Rheinland-Hessen-Nassau**" gebildet.

Die französische Besatzungszone wurde von Baden-Baden aus durch den Oberbefehlshaber der französischen Truppen in Deutschland, General *Pierre Koenig*, regiert, der am

---

1 Zum Ganzen *Ley*, in: ders./Jutzi, Staats- und Verwaltungsrecht für Rheinland-Pfalz, 4. Aufl. 2005, A/Rn. 1 ff.; *Rudolf*, in: Grimm/Caesar, Einl. A Rn. 1 ff. m.w.N.

30.8.1946 eine "Erklärung bezüglich der Schaffung eines rhein-pfälzischen Landes"[2] herausgab und die **Verordnung Nr. 57 vom 30.8.1946**,[3] der das Land seine Entstehung verdankt, erließ. Die Verordnung sah die Bildung eines Landes, das die Pfalz und die Regierungsbezirke Trier, Koblenz, Mainz und Montabaur umfasste, sowie die Einberufung einer "beratenden Versammlung" vor. Dieser oblag es, einen Verfassungsentwurf zu erarbeiten, über den durch Volksentscheid entschieden werden sollte. Mit Verordnung Nr. 67 vom 8.10.1946[4] wurde dann "die Bildung der Beratenden Versammlung" (Art. 1), insb. zur Ausarbeitung eines Verfassungsentwurfs (Art. 27), angeordnet.

4 Vorher – im September 1946 – fanden Gemeindewahlen und vier Wochen später Wahlen zu den Kreisversammlungen statt. Auf der Grundlage dieser Wahlergebnisse wurden vier Wahlkörper mit zusammen 1.665 Mitgliedern gebildet, die am 17.11.1946 die Mitglieder der **Beratenden Landesversammlung** wählten. Diese bestand aus 127 Personen, von denen mehr als die Hälfte (70) der CDP (später CDU) angehörten. Als wichtigste Aufgabe oblag der Versammlung, einen Verfassungsentwurf zu erarbeiten, der dem Volk zur Entscheidung vorgelegt werden musste.

5 Nach der Verordnung Nr. 57 (Rn. 3) sollte "spätestens am 30. November" eine **vorläufige Regierung** gebildet werden. Der französische Gouverneur ernannte daher am 1.12.1946 den Oberpräsidenten von Rheinland-Hessen-Nassau *Dr. Wilhelm Boden* (CDP) zum ersten Ministerpräsidenten. Dieser stellte sein Allparteienkabinett mit acht Ministern am 5.12.1946 der Beratenden Landesversammlung vor. Mit der Ernennung des Ministerpräsidenten, der Bildung der Regierung und dem Zusammentritt der Beratenden Landesversammlung war das **Land de facto** sowie nach Besatzungsrecht **entstanden**. Die drei einen Staat kennzeichnenden Elemente – Staatsgebiet, Staatsvolk und (teilweise vorläufige) Staatsgewalt – waren nunmehr gegeben.

6 Gleichwohl wird die **Entstehung des Landes** heute auf den **18.5.1947** datiert, den Tag, an dem das Volk die von der Beratenden Landesversammlung vorgeschlagene Verfassung durch Volksentscheid angenommen und den ersten Landtag gewählt hat, denn "dieses ist das Datum der Entscheidung des pouvoir constituant, der verfassungsgebenden Gewalt, als säkulare Urquelle allen Rechts und demokratischer Legitimation".[5] Aus den Wahlen ging die CDU als stärkste Fraktion hervor (46,8 v.H.). *Dr. Boden* bildete zunächst eine Übergangsregierung. Sie wurde am 9.7.1947 durch die erste Regierung – eine Allparteienregierung – unter *Peter Altmeier*, dem Landesvorsitzenden der CDU, abgelöst. *Altmeier* blieb insgesamt fast 22 Jahre Ministerpräsident des Landes.[6]

b) Verfassung für Rheinland-Pfalz

7 Die gem. Art. 6 der Verordnung Nr. 57 (Rn. 3) gebildete Gemischte Kommission zur Vorbereitung der Beratenden Landesversammlung bestand aus Vertretern der bisherigen Verwaltungseinheiten. Sie setzte Anfang September 1946 einen aus sechs Mitgliedern (3 CDP, 2 SPD, 1 KPD) bestehenden **vorbereitenden Verfassungsausschuss** ein. Vorsitzen-

---

2 Journal Officiel du Commandant au Chef Français en Allemagne (JO) S. 291.
3 JO (Fn. 2), S. 292.
4 JO (Fn. 2), S. 341.
5 *Rudolf* (Fn. 1), Rn. 18.
6 Zur Wahl sämtlicher Ministerpräsidenten des Landes vgl. *Ley*, LKRZ 2007, 169 ff.

I. Entstehung und Entwicklung von Land und Verfassung

der und führender Kopf war *Dr. Adolf Süsterhenn* (CDP), der schon in der ersten Sitzung seine Vorstellungen über die Verfassung skizzierte (z. B. Vollverfassung, Grundrechtskatalog im ersten Hauptteil) und ihr bereits Anfang Oktober einen Vorentwurf für eine Verfassung unterbreitete, dem die Gliederung der Verfassung noch heute weitgehend entspricht. Nur drei Wochen später legte der Ausschuss seinen endgültigen Entwurf vor.

Die **Beratende Landesversammlung** (Rn. 4) trat erstmals am 22.11.1946 zusammen und bildete sogleich einen **Verfassungsausschuss** (Mitglieder: 8 CDP, 5 SPD, 1 KPD, 1 SV).[7] Dem Ausschuss gehörte auch *Dr. Süsterhenn* an, der inzwischen Justizminister der vorläufigen Regierung (Rn. 5) war und deshalb *Dr. Ludwig Ritterspacher* als Vorsitzenden vorschlug. Im April 1947 legte der Verfassungsausschuss der Beratenden Landesversammlung zwei Entwürfe vor, die dieser an drei Tagen beriet und noch in einigen Punkten abänderte. So wurden beispielsweise ein vorgeschlagener Staatspräsident und ein Staatsrat nicht gebilligt und die Änderung der LV erschwert (vgl. Art. 129 LV).

8

Ein zentrales Anliegen, die Verfassung mit großer Mehrheit zu beschließen, wurde nicht erreicht. Kontrovers blieb vor allem die **Schulfrage**. Während insb. die SPD die christliche Gemeinschafts- oder Simultanschule als Regelschule wollte,[8] war die CDU zunächst für die Bekenntnisschule, später für ein gleichberechtigtes Nebeneinander von Bekenntnisschule und christlicher Simultanschule, um dem Elternwillen Vorrang vor dem des Staates zu geben.[9] Die CDU machte schließlich den mehrheitlich akzeptierten Vorschlag, das Volk über die Schulfrage in Form eines Referendums entscheiden zu lassen. Die auf ihrer Auffassung basierenden Schulartikel wurden daher gesondert zur Abstimmung gestellt. Der **endgültige Verfassungstext** wurde am 25.4.1947 mit 70 gegen 31 Stimmen beschlossen (26 Mitglieder fehlten). Wegen der Schulfrage und wegen der aus ihrer Sicht nicht befriedigenden Regelungen der "Wirtschafts- und Sozialordnung" stimmte insb. die SPD dem Entwurf nicht zu.[10]

9

Der **Volksentscheid** fand am 18.5.1947 statt.[11] Für die Annahme der Verfassung waren 53 v.H. der Abstimmenden bei einer Wahlbeteiligung von 77,7 v.H. Regional verteilt fand sich in den Regierungsbezirken Koblenz (61,3 v.H.) und Trier (76,5 v.H.) eine starke, im Regierungsbezirk Montabaur (52,4 v.H.) nur eine schwache Mehrheit für die Verfassung. In Rheinhessen wurde die Verfassung mit gut 53 v.H., in der Pfalz sogar mit fast 60 v.H. der Stimmen abgelehnt. Den Schulartikeln (der CDU) stimmten im gesamten Land nur 52,4 v.H. zu. Die Unterschiede im Stimmverhalten zwischen den früheren preußischen Landesteilen und dem Rest des Landes sind noch ins Auge fallender. Im Regierungsbezirk Trier stimmten fast 83 v.H., im Regierungsbezirk Koblenz 65 v.H. für die CDU-Konzeption, während sie in Rheinhessen und in der Pfalz von rund zwei Dritteln der Abstimmenden abgelehnt wurde.

10

---

7 Sozialer Volksbund, die liberale Partei in Hessen-Pfalz. Der SV wurde von der Militärregierung im Mai 1946, die Liberale Partei im Norden des Landes im September 1946 zugelassen.
8 Auch die Liberale Partei und der SV sahen in der christlichen Gemeinschaftsschule ihr Ideal. Sie favorisierten aber den Elternwillen vor dem des Staates (vgl. bei Klaas, S. 225, 263). Die KPD befürwortete eine Staats- und Einheitsschule.
9 Näher *Ley* (Fn. 1), Rn. 47 m.w.N.
10 Die Liberalen stimmten zu; *Ley* (Fn. 1), Rn. 24 m.w.N.
11 Gleichzeitig mit Volksentscheiden über die Verfassungen der beiden anderen Länder der französischen Zone, Baden und Württemberg-Hohenzollern.

2. Entwicklung

a) Land Rheinland-Pfalz

11 Das Retortenland mit – jedenfalls im Süden – ungeliebter Verfassung schien von Anfang an in seinem Bestand gefährdet, zumal **Art. 29 GG** in seiner Ursprungsfassung eine Neugliederung der Bundesrepublik forderte „unter Berücksichtigung der landsmannschaftlichen Verbundenheit, der geschichtlichen und kulturellen Zusammenhänge, der wirtschaftlichen Zweckmäßigkeit und des sozialen Gefüges". Die Bundesregierung berief 1952 einen Sachverständigenausschuss unter Leitung des ehemaligen Reichskanzlers *Hans Luther*. Dieser stellte 1955 in einem Gutachten fest, Rheinland-Pfalz gehöre zu den leistungsschwachen Ländern und seine Abgrenzung bedürfe einer Revision. Zugleich wurde aber betont, alle Richtbegriffe des Art. 29 GG sprächen weder eindeutig für noch gegen die Existenz des Landes.

12 Im Jahr 1956 fanden **fünf Volksbegehren** statt, von denen zwei das nötige Quorum von 10 v.H. verfehlten. Es votierten für eine Angliederung

- der Regierungsbezirke Koblenz und Trier an Nordrhein-Westfalen 14,2 v.H.,
- des Regierungsbezirks Montabaur an Hessen 25,3 v.H.,
- des Regierungsbezirks Rheinhessen an Hessen 20,2 v.H.,
- des Regierungsbezirks Pfalz an Bayern (Bund Bayern und Pfalz) 7,6 v.H. und an Baden-Württemberg (Verein Kurpfalz) 9,6 v.H.

der Stimmberechtigten.

13 Die erfolgreichen Volksbegehren machten es erforderlich, in allen Regierungsbezirken – mit Ausnahme der Pfalz – **Volksentscheide** durchzuführen, was erst nach rund zwei Jahrzehnten[12] (19.1.1975) und nach Änderung des Art. 29 GG geschah. Jetzt plädierten alle im Landtag vertretenen Parteien für den Fortbestand des Landes. Die Volksentscheide fielen demgemäß aus. Für den Bestand des Landes entschieden sich in den Regierungsbezirken

- Koblenz und Trier 66,8 v.H. der Abstimmenden (Beteiligung: 39,6 v.H. der Stimmberechtigten),
- Montabaur[13] 69,1 v.H. (Beteiligung: 46,5 v.H.) und
- Hessen 75,3 v.H. (Beteiligung: 28,9 v.H.).

Da die Nichtbeteiligung an der Abstimmung in gewisser Hinsicht auch als Bekenntnis zu Rheinland-Pfalz gewertet werden kann, war der Anteil derjenigen, die der Zugehörigkeit zum Land positiv gegenüber standen, noch weitaus größer. Zu diesem Ergebnis hatte die wirtschaftliche und politische Entwicklung im Land beigetragen.

---

12 Der Versuch von Hessen, Heimatbund Hessen-Nassau, Rheinhessenbund e.V. sowie einzelner Bürger die Bundesregierung 1958 mit Hilfe des BVerfG zur Vorlage eines Gesetzentwurfs über die Neugliederung zu bewegen, scheiterte (BVerfGE 13, 54).

13 Beschwerden des Hessen-Nassauischen Heimatbunds e.V. sowie eines abstimmungsberechtigten Bürgers gegen die Abstimmung blieben erfolglos (BVerfGE 42, 53).

II. Stellung der Länder im Verfassungsgefüge des Grundgesetzes

b) Verfassung für Rheinland-Pfalz

Die LV wurde bisher **36mal geändert**. Damit gehört sie zu den am häufigsten geänderten Landesverfassungen. Dies gilt nicht nur bezüglich der Zahl der Änderungsgesetze, sondern auch der geänderten Einzelbestimmungen. Allein durch das – wohl den massivsten Eingriff darstellende – 30. Änderungsgesetz zur Bereinigung der LV des Jahres 1991 wurden rund die Hälfte der Artikel der LV (73) geändert bzw. hinzugefügt. Es ging bei dieser "**Entrümpelungsaktion**" um die Beseitigung von Widersprüchen zum Bundesrecht – z. B. die Eliminierung der Todesstrafe – und die Streichung oder Anpassung von Bestimmungen, die durch die Entwicklung überholt waren.[14]

14

Auf der Grundlage der Berichte zweier **Enquete-Kommissionen** der 12. und 13. Wahlperiode (1991 – 2001) wurden im Jahr 2000 36 Artikel der LV geändert bzw. hinzugefügt.[15] Im Wesentlichen ging es um

15

- Verbesserungen im Grundrechtsbereich (Datenschutz, Gleichstellung von Frauen und Männern, Ehe, Familie und Kinder),
- eine weitere Anreicherung der Staatszielbestimmungen (u. a. Förderung der Europäischen Vereinigung, Schutz Behinderter, soziale Marktwirtschaft, Tierschutz, Sport, Wohnraum) sowie
- staatsorganisatorische Veränderungen (Einführung der Volksinitiative, Erleichterung von Volksbegehren und Volksentscheid, Stärkung der Stellung des Landtags, Organisation und Verfahren des VerfGH).[16]

Obwohl die rheinland-pfälzische Verfassung besonders oft geändert wurde, ist es ihr dennoch über die Jahrzehnte hinweg gelungen, im Sinne eines historischen Dokuments ihre Identität weitgehend zu bewahren. Noch immer ist die Prägung durch *Adolf Süsterhenn* und dessen **Leitbild einer Verfassung** erkennbar: "Eine Verfassung ist mehr als bloß ein System von Formalvorschriften, eine Art Geschäftsordnung oder Dienstreglement. Eine Verfassung ist die rechtliche Grundordnung einer staatlich organisierten Volksgemeinschaft, in der das Wesen, die geistige Struktur und das Gesamtgefühl eines Volkes nicht nur ihren Ausdruck, sondern zugleich ihre feste Verankerung finden. Eine Verfassung ist Form gewordene Welt- und Lebensanschauung."[17]

16

II. Stellung der Länder im Verfassungsgefüge des Grundgesetzes

1. Staatsrecht und Verfassungsrecht, Staatlichkeit

Als Teil der Rechtsordnung umfasst das **Staatsrecht** jene Normen des öffentlichen Rechts, die "das Funktionieren des entwickelten Staates im Innern in seinen tragenden Prinzipien, in seiner wesentlichen Organisation und in seinem Grundverhältnis zum Bürger erfassen und ordnen."[18] Unter (formellem)[19] **Verfassungsrecht** (oder Staatsrecht i.e.S.)[20] versteht man das in der Verfassungsurkunde niedergelegte höchstrangige Recht

17

---

14 Dazu *Jutzi*, DÖV 1988, 871 ff.
15 G. v. 8.3.2000 (GVBl. S. 73).
16 Dazu *Jutzi*, NJW 2000, 1295 ff.
17 *Süsterhenn*, Schriften zum Natur-, Staats- und Verfassungsrecht, 1991, S. 119.
18 *Stern*, StaatsR I, § 1 II 2 m.w.N.; vgl. auch *Maurer*, § 1 Rn. 29.
19 Zum Begriff *Jellinek,* Allg. Staatslehre, 5. Aufl. 1929, S. 505, 534; *Maurer*, § 1 Rn. 44.
20 *Stern*, StaatsR I, § 1 III 2 m.w.N.

im Staat. Der Begriff des Staatsrechts ist also weiter als der des (formellen) Verfassungsrechts, da dem Staatsrecht auch einfaches Recht (z. B. Wahlgesetze), Geschäftsordnungen oberster Staatsorgane, Verfassungsgewohnheitsrecht und Konventionalregeln unterfallen (sog. materielles Verfassungsrecht). Dessen ungeachtet bilden die Regelungen der LV den zentralen Bereich des Staatsrechts.

18 Die gedrängte Darstellung des rheinland-pfälzischen Staats- und Verfassungsrechts macht **Schwerpunktsetzungen** unausweichlich. Zunächst ist die Einordnung des Landes in den deutschen Bundesstaat und die dem Land verbliebene Verfassungsautonomie zu beleuchten. Dem schließt sich – nach Hinweisen auf die wichtigsten Rechtsquellen (III.) – die Darstellung des Staatsorganisationsrechts (IV.), der Grundrechte und Grundpflichten (V.) sowie des Verfassungsprozessrechts (VI.) an. Dabei stehen landesrechtliche Besonderheiten im Vordergrund.

19 Art. 20 I GG bestimmt: "Die Bundesrepublik Deutschland ist ein **Bundesstaat**."[21] Nach herkömmlichem Verständnis ist dies ein Staat, der sich aus mehreren Staaten zusammensetzt, wobei sowohl dem Bund als auch den Gliedern **Staatscharakter** zukommt.[22] Demgegenüber handelt es sich bei einem Staatenbund um eine Verbindung von Staaten, die zusammen keinen Gesamtstaat bilden, sondern lediglich einige staatliche Aufgaben auf gemeinsame Organe übertragen haben.[23] Eine allgemeine Bundesstaatstheorie hat sich nicht durchgesetzt. Allgemein ist heute anerkannt, dass jeder Bundesstaat ein Unikat ist,[24] dem man sich am besten durch konkrete Betrachtung der historischen und verfassungsrechtlichen Lage nähert.

20 Von der **Staatlichkeit** der Länder geht auch die LV aus. Bereits im Vorspruch erwähnt sie ein Wesensmerkmal des Staates, das **Volk von Rheinland-Pfalz**.[25] Näher definiert wird das Volk in Art. 75 II LV: "**Staatsbürger** sind alle Deutschen, die in Rheinland-Pfalz wohnen oder sich sonst gewöhnlich aufhalten. Das Nähere regelt das Gesetz." Zu einem Landesstaatsangehörigkeitsgesetz ist es entgegen Art. 75 II 2 LV nicht gekommen. Das mag daran liegen, dass die Art. 11, 28 I 1 sowie 33 I und II GG einer nennenswerten Entfaltung des Instituts einer Landesstaatsangehörigkeit entgegenstehen. Der Kreis der Berechtigten ist nach Art. 28 I 1 GG von vornherein auf Deutsche im Sinne des GG begrenzt,[26] was die LV auch selbst so bestimmt. Im Übrigen ist es den Gliedstaaten weitgehend verwehrt, zwischen ihren Angehörigen und anderen Deutschen zu differenzieren (Art. 33 I GG).[27] Den Ländern fehlt mithin die Personalhoheit, eine

---

21 Zu früheren Zweifeln am Bundesstaatscharakter Deutschlands *Rudolf*, Bund und Länder im aktuellen deutschen Verfassungsrecht, 1968, S. 6; *Jutzi*, in: Fs. f. W. Rudolf, 2001, S. 265 f. m.w.N.
22 *Maurer*, § 10 Rn. 1; *Isensee*, HdbStR I, 1. Aufl. 1987, § 13 Rn. 165 ff.; *Jestaedt*, HdbStR II, 3. Aufl. 2004, § 29 Rn. 65; *Degenhart*, Rn. 461; *Gröpl*, Rn. 601 ff. Die Annahme eines zweigliedrig strukturierten deutschen Bundesstaates ist weitgehend (vgl jedoch *Grzeszick*, in: Maunz/Dürig, Art. 20 IV Rn. 58 ff.) unangefochten; *Stern*, StaatsR I, § 19 I 3 b; *Bauer*, in: Dreier II, Art. 20 (Bundesstaat) Rn. 20; *Sommermann*, in: v. Mangoldt/Klein/Starck, Art. 20 Rn. 28.
23 *v. Münch*, Rn. 484.
24 *Rudolf*, HdbStR IV, 1. Aufl. 1990, § 105 Rn. 1; *Degenhart*, Rn. 460.
25 Zum Zusammenhang zwischen Landesstaatsangehörigkeit und Staatlichkeit der Länder *Sachs*, AöR 108 (1983), 69 ff., 74; *Jachmann*, in: v. Mangoldt/Klein/Starck II, Art. 33 Rn. 6.
26 *Isensee*, HdbStR IV, 2. Aufl. 1999, § 98 Rn. 47 ff., 52; *Grawert*, HdbStR II, 3. Aufl. 2004, § 16 Rn. 33; *Gröpl*, Rn. 604 ff.; a. A. *Bryde*, JZ 1989, 258 ff.; *Hecker*, Staats- und Verwaltungsrecht, 2002, Rn. 17 m.w.N.
27 Dazu *Sachs*, AöR 108 (1983), 69 ff., 76 ff., 82 ff.; zur Vereinbarkeit des Art. 75 II LV insb. mit Art. 33 I GG ebd., S. 77 u. 90.; *v. Münch*, Rn. 493.

aufenthaltsunabhängige Staatsangehörigkeit zu begründen.[28] Schließlich bildet das Grundrecht auf Freizügigkeit (Art. 11 I GG) eine erhebliche Hürde.

Die weiteren Wesensmerkmale des Staates[29] – **Staatsgewalt und Staatsgebiet** – werden in den Art. 74 II und 78 I LV angesprochen. Zentralnorm ist indes **Art. 74 I LV**: "Rheinland-Pfalz ist ein demokratischer und sozialer Gliedstaat Deutschlands." Damit ist die Staatsqualität des Landes festgelegt; gleichzeitig hatte sich Rheinland-Pfalz noch vor der Konstituierung der Bundesrepublik Deutschland durch das GG als Gliedstaat Deutschlands etabliert und in Art. 141 LV vorab der künftigen deutschen Verfassung unterworfen (dazu Rn. 48). 21

2. Verhältnis von Bund und Ländern

Dem Bundesstaat ist es eigen, dass der Bund Einfluss auf die Länder hat, die Länder im Gegenzug an der Willensbildung des Bundes beteiligt sind und auch Rechtsbeziehungen zwischen den im Bund vereinten Ländern bestehen. Daraus ergeben sich **drei Rechtskreise**. 22

BVerfGE 12, 54, 78:
"Die bundesstaatliche Verfassung umschließt mehrere Rechtskreise: den Verfassungsrechtskreis zwischen den Organen des Gesamtstaates, den Rechtskreis zwischen Gesamtstaat und Gliedstaaten, den Rechtskreis zwischen den Gliedstaaten. ... Die Rechtskreise zwischen Gesamtstaat und Gliedstaat und zwischen den Gliedstaaten werden durch das Bündnis der Gliedstaaten geschaffen, das der Bundesstaat begrifflich voraussetzt."

Wesentlicher als solch allgemeine Erwägungen ist die **konkrete Ausgestaltung des Bundesstaats**. Art. 30 GG normiert grundlegend und auf die Erfüllung öffentlicher Aufgaben bezogen generell, dass die Ausübung der staatlichen Befugnisse und die Erfüllung der staatlichen Aufgaben Sache der Länder ist, soweit das GG keine anderen Regelungen trifft oder zulässt. Art. 70 GG bekräftigt dies für den Bereich der Gesetzgebung[30] und Art. 83 GG für die Ausführung der Bundesgesetze. Das GG legt damit ein Regel-Ausnahme-Verhältnis[31] fest: Der Bund besitzt nur die ihm zugewiesenen Kompetenzen, der grundsätzlich unbenannte[32] Rest liegt bei den Ländern. Trotz dieser für die Länder auf den ersten Blick günstigen Ausgangslage kommt ihnen kein Übergewicht an – jedenfalls legislativer – Staatsgewalt gegenüber dem Bund zu. Das GG hält nämlich – auch noch nach der Föderalismusreform I – zahlreiche Zuständigkeiten zugunsten des Bundes bereit. So insb. in den Art. 73 ff. und 84 ff. GG. Es gibt außerdem nicht wenige Befugnisnormen zur Länderaufsicht.[33] Schließlich steht dem Bund nach **Art. 79 GG** die sog. **Kompetenz-Kompetenz** zu, wonach er Zuständigkeiten der Länder auf sich übertragen kann. Insoweit ist der Bund den Ländern übergeordnet. 23

---

28 *Isensee* (Fn. 26), Rn. 51.
29 Zur Drei-Elemente-Lehre vgl. nur *Maurer*, § 1 Rn. 5 ff. m.w.N.
30 Vgl. z. B. *Degenhart*, Rn. 146 ff.
31 So zu Art. 70 GG BVerfG, NJW 2004, 2803.
32 Nach der Föderalismusreform I können einzelne sachliche Kompetenzen der Länder dem Wortlaut des GG entnommen werden (vgl. Art. 72 III – sog. Abweichungsgesetzgebung –, 74 I Nr. 1, 11, 17, 18, 24 GG).
33 Zustimmungserfordernisse (Art. 32 III GG), verfassungsgerichtliche Rechtsbehelfe (Art. 93 I Nr. 2, 3 GG), Bundesaufsicht (Art. 84 III, IV; 85 IV; 108 III GG), Bundesintervention (Art. 35 II 1, 2; 91 I, II; 87a IV GG), Bundeszwang (Art. 37 GG).

§ 1 Staatsrecht

24 Soweit der Bund von der Kompetenz-Kompetenz keinen Gebrauch gemacht hat, was er nach Art. 79 III GG nicht grenzenlos kann, folgt die prinzipielle Selbständigkeit und Gleichordnung der Länder ihm gegenüber gerade aus den **ausschließlichen Landeszuständigkeiten**.[34] Das **Verhältnis zwischen Bund und Ländern** zueinander ist stets **staatsrechtlicher, nicht völkerrechtlicher Natur**. Allerdings können völkerrechtliche Grundsätze ausnahmsweise entsprechend herangezogen werden, wenn sich aus den konkreten staatsrechtlichen Regelungen keine Lösung eines Problems ergibt.[35] Auch das **Verhältnis der Länder untereinander** ist durch Gleichordnung und Gleichberechtigung gekennzeichnet.

25 Da sowohl das Verhältnis des Bundes zu den Ländern wie das der Länder untereinander durch Selbständigkeit und Gleichordnung geprägt ist, kommt dem **Grundsatz des bundesfreundlichen Verhaltens (Bundestreue)** herausragende Bedeutung zu. Er besagt, dass "alle an dem verfassungsrechtlichen ‚Bündnis' Beteiligten ... gehalten (sind), dem Wesen dieses Bündnisses entsprechend zusammenzuwirken und zu seiner Festigung und zur Wahrung seiner und der wohlverstandenen Belange seiner Glieder beizutragen."[36]

26 Die Bundestreue wirkt **dreidimensional**. Sie betrifft nicht nur das Verhältnis der Länder gegenüber dem Bund, sondern auch umgekehrt das Verhältnis des Bundes gegenüber den Ländern sowie das Verhältnis der Länder untereinander.[37] Seine **inhaltliche Ausprägung** hat der Grundsatz des bundesfreundlichen Verhaltens vor allem durch die Rechtsprechung erfahren.

Beispiele:
- Jeder Teil hat eine Pflicht zur Rücksichtnahme gegenüber dem anderen Teil,[38] insb. bei der **Ausübung** – nicht zur Rechtfertigung – einer Kompetenz.[39]
- Die Verletzung einer verfassungsrechtlichen Pflicht durch einen Teil entbindet den anderen nicht von der Beachtung derselben Pflicht.[40]
- Bund und Länder müssen gemeinsam einem Land in einer außergewöhnlichen Haushaltsnotlage beistehen.[41]
- Procedere und Stil von Verhandlungen zwischen Bund und Ländern müssen durch den Grundsatz geprägt sein.[42]

27 Auf – politisch gesehen – zwei besonders wichtige Verflechtungsbereiche zwischen Bund und Ländern ist noch hinzuweisen. Dazu gehört einmal die **Mitwirkung der Länder bei der Gesetzgebung und Verwaltung des Bundes** nach Art. 50 GG.[43] Der Bundesrat wirkt vor allem an der Gesetzgebung des Bundes mit, eine Mitwirkung, die bei zustimmungsbedürftigen Gesetzen besonders intensiv ist. Als zweites – immer wichtiger werdendes –

---

34 Dazu BVerfGE 6, 309, 362: "Die Länder können ... im Bereich der ausschließlichen Gesetzgebungszuständigkeit ihre konkordatären Beziehungen ohne Ingerenz des Bundes gestalten."
35 Vgl. BVerfGE 34, 216, 231 f.; *Sommermann* (Fn. 22), Rn. 51 ff.
36 BVerfGE 1, 299, 315; vgl. auch *Gröpl*, Rn. 658 ff.; ausführl. *Bayer*, Die Bundestreue, 1961; *Bauer*, Die Bundestreue, 1992; *Jestaedt* (Fn. 22), Rn. 73 ff.
37 *v. Münch*, Rn. 596 m.w.N.
38 BVerfGE 3, 52, 57; vgl. auch Rn. 48 u. 84.
39 BVerfGE 12, 205, 254 f.; 14, 197, 215; 81, 310, 337 f. Die Beachtung von Grundrechten sowie der Art. 20a und 20 III GG kann nicht verlangt werden. Es besteht auch kein Anspruch, vom Vollzug von Bundesgesetzen verschont zu werden (BVerfGE 104, 238, 245 ff.).
40 BVerfGE 8, 122, 140.
41 BVerfGE 86, 148, 261 f.
42 BVerfGE 12, 205, 255; 103, 81, 88.
43 Dazu *Robbers*, in: Sachs, GG, Art. 50 Rn. 19 ff., 29 ff.

II. Stellung der Länder im Verfassungsgefüge des Grundgesetzes

Feld ist die **Mitwirkung der Länder in Angelegenheiten der Europäischen Union** zu nennen (Art. 23 GG).

3. Verfassungsautonomie der Länder

Die Rechtsordnungen von Bund und Ländern sind prinzipiell selbständig und gleichwertig. In diesem Sinne konkretisiert das Homogenitätsgebot des Art. 28 I GG das Bundesstaatsprinzip. Art. 28 I GG setzt einerseits die Verfassungsautonomie der Länder voraus, wie er sie andererseits begrenzt. Die Länder werden lediglich an die Vorgaben des Art. 28 I GG gebunden, sind im Übrigen aber für ihre verfassungsmäßige Ordnung selbst zuständig und verfügen in diesem Rahmen über **Gestaltungsfreiheit**.[44]

28

Aus der prinzipiellen Gleichwertigkeit der Rechtskreise folgt die Notwendigkeit für Regeln bei **Normkollisionen**. Es kommt hinzu, dass Bund und Länder unter dem Dach der Europäischen Union agieren. Zur Lösung sich ergebender Normkonflikte gibt es differenzierte Reaktionen der Rechtsordnung.[45] Die Klärung des Verhältnisses des Landesverfassungsrechts zum Bundes- und Europarecht ist für die der verfassungsmäßigen Ordnung verpflichteten Staatsorgane nach Art. 77 II LV von **zentraler Bedeutung**. Denn nur wirksames und im konkreten Fall anwendbares Recht kann eine Rechtspflicht aktivieren.

29

Beispiele:
- Der VerfGH hat nur wirksames Landesverfassungsrecht zum Maßstab.
- Der VerfGH kann einen Verfassungsverstoß eines Verfassungsorgans nach Art. 130 I LV nur feststellen, wenn eine Norm im konkreten Fall anwendbar ist.

a) Bundesrecht bricht Landesrecht

Mit diesen knappen Worten begründet Art. 31 GG den prinzipiellen Vorrang des Bundesrechts. BVerfG[46] und weite Teile der Literatur[47] begreifen Art. 31 GG als **Grundsatznorm**, die alle Kollisionsregeln im Verhältnis des Bundesrechts zum Landesrecht umfasst.

30

Art. 31 GG verlangt eine **Kollisionslage**. Sie liegt vor, wenn eine bundes- und eine landesrechtliche Norm auf einen Sachverhalt anwendbar sind (Gegenstandsgleichheit) und bei ihrer Anwendung zu verschiedenen Ergebnissen führen.[48] Daher fehlt es an einer Kollisionslage, wenn Landesverfassungsrecht mit Bundesrecht inhaltsgleich[49] oder wenn das jeweilige Bundes- oder Landesrecht bereits nach anderen Regeln, insb. bei nicht kompetenzgemäßem Erlass, **eo ipso** nichtig ist.[50]

31

Als **Rechtsfolge** ordnet Art. 31 GG die Brechung des Landesrechts an. Welches die exakten Rechtswirkungen sind, wird kontrovers beurteilt. Im unmittelbaren Anwendungs-

32

---

44 BVerfGE 4, 178, 189; 64, 301, 317; vgl. auch *Bartelsberger*, HdbStR IV, 2. Aufl. 1999, § 96 Rn. 1 ff., 24.
45 *Jutzi*, in: Grimm/Caesar, Einl. C, vor Rn. 1; *März*, in: v. Mangoldt/Klein/Starck II, Art. 31 Rn. 111 m.w.N.
46 BVerfGE 36, 342, 365 f.
47 Vgl. nur *Jutzi* (Fn. 45), Rn 4; *Dreier*, in: ders. II, Art. 31 Rn. 18 m.w.N; a. A. *Bernhardt/Sacksofsky*, BK, Art. 31 Rn. 14 f., 88, 108.
48 BVerfGE 96, 345, 364; *P.M. Huber*, in: Sachs, GG, Art. 31 Rn. 16.
49 BVerfGE 36, 342, 363 (für das Verhältnis zum Bundes*verfassungs*recht); *Gubelt*, in: v. Münch/Kunig II, Art. 31 Rn. 23; *Jutzi*, Landesverfassungsrecht und Bundesrecht, 1982, S. 19.
50 *Huber* (Fn. 48), Rn. 13 f.; *Dreier* (Fn. 47), Rn. 19.

§ 1 Staatsrecht

bereich des Art. 31 GG – soweit also keine Spezialregelungen greifen (Rn. 33 ff.) – geht die bisher überwiegende Meinung von der Nichtigkeit des gebrochenen Landesrechts aus.[51] Nach anderen wird die LV vom Bundesrecht lediglich überlagert und ist nach Wegfall des Bundesrechts wieder anwendbar.[52] Generell wird man sagen können: Art. 31 GG normiert **keine schematisch einheitliche Rechtsfolge** für alle Kollisionslagen. Der Rechtsprechung des BVerfG[53] zum Grundrechtsbereich ist für das allgemeine Verhältnis des Landesverfassungsrechts zum Bundesrecht die Tendenz zu entnehmen, einerseits die Verfassungen der Länder grundsätzlich unangetastet zu lassen wie andererseits den Vorrang des Bundesrechts bei der Rechtsanwendung zu sichern (**Anwendungsvorrang**). **Nichtigkeit als Rechtsfolge** wird man daher nur annehmen müssen, wenn die LV in Widerspruch zum GG gerät.[54]

b) Spezielle Kollisionsregeln

33   aa) Homogenitätsgebot: Nach Art. 28 I GG muss die verfassungsmäßige Ordnung in den Ländern den Grundsätzen des republikanischen, demokratischen und sozialen Rechtsstaats im Sinne des GG entsprechen. Art. 28 I GG erzwingt keine "Konformität oder Uniformität",[55] lediglich ein **Mindestmaß an Homogenität** wird verlangt. Erheblichen Gestaltungsspielraum genießen die Länder insb. in den Bereichen Wahlrecht, Landesparlaments- und Statusrecht der Abgeordneten[56] sowie Verfassungsgerichtsbarkeit.

Beispiele:

- Die Ländern können die Legislaturperiode abweichend von der des Bundes (vgl. Art. 39 I 1 GG und Art. 83 I 1 LV) regeln.
- Ein Selbstauflösungsrecht des Parlaments (Art. 84 LV) ist zulässig.[57]
- Elemente unmittelbarer Demokratie (Art. 108a, 109 LV) sind in allen Landesverfassungen stärker ausgebaut als im GG.[58]
- Aus Art. 93 I Nr. 4 GG folgt, "dass ein Land interne – grundrechtlich geschützte Rechte nicht berührende – Streitigkeiten unter Funktionsträgern der Staatsgewalt im Land aufgrund eigener Verfassungsgerichtsbarkeit – ohne jede bundesverfassungsgerichtliche Einwirkung – in der Sache abschließend entscheiden kann."[59]

Umstritten ist, ob ein Verstoß gegen Art. 28 I GG die Nichtigkeit der landesrechtlichen Norm oder nur deren Unanwendbarkeit nach sich zieht und der Bund eventuell nach Art. 28 III GG tätig werden muss.[60]

---

51 *Stern*, StaatsR I, § 19 III 7 e; *März* (Fn. 45), Rn. 48; *Dreier* (Fn. 47), Rn. 43; *Huber* (Fn. 48), Rn. 20; *Sannwald*, in: Schmidt-Bleibtreu/Hofmann/Hopfauf, Art. 31 Rn. 20; *Jutzi* (Fn. 45), Rn. 9 m.w.N.
52 *v. Olshausen*, Landesverfassungsbeschwerde und Bundesrecht, 1980, S. 105 ff., 133 ff.
53 BVerfGE 96, 345, 363 ff.; vgl. auch Rn. 37.
54 *Jutzi* (Fn. 45), Rn. 9.
55 BVerfGE 9, 268, 279; vgl. auch BVerfGE 24, 367, 390; 60, 175, 207 f.; 90, 60, 84 f.; 103, 332, 350; *Bartelsberger* (Fn. 44), Rn. 21 ff.
56 BVerfGE 98, 145, 197 f.
57 BerlVerfGH, LVerfGE 12, 75, 78 ff. m.w.N.
58 BVerfGE 60, 175, 208; zu weitern Beispielen *Pieroth*, in: Jarass/Pieroth, Art. 28 Rn. 5; *Jutzi*, KritV 1996, 140 f.; *Dreier*, BayVBl. 1999, 514 f.
59 BVerfGE 96, 231, 244; NVwZ 2004, 980; zur Organisation der Landesverfassungsgerichte BVerfG, NVwZ 1999, 638, 640.
60 *Dreier*, in: ders. II, Art. 28 Rn. 82 m.w.N.

II. Stellung der Länder im Verfassungsgefüge des Grundgesetzes

bb) **Gesetzgebungskompetenznormen:** Für einfaches Bundes- und Landesrecht ist klar: 34
Ein kompetenzwidriger Erlass führt zur Nichtigkeit.[61] Nach einer Auffassung ziehen die
Kompetenzregelungen (insb. Art. 70 ff. GG) auch dem Verfassungsrecht der Länder
Grenzen.[62] Diese Auffassung ist abzulehnen. Sie respektiert nicht genügend die Verfassungsautonomie der Länder und "deutet auf ein elementares Fehlverständnis der ‚Staatsqualität' der Gliedstaaten in der Bundesrepublik hin."[63] Der LV ist es lediglich verwehrt,
Bundes**verfassungs**recht zu setzen. Sie kann auch keine Gegenstände regeln, die ihrer
Natur nach allein Sache des Bundes oder anderer Länder sind.[64]

Beispiele:
- Art. 11 LV (Petitionsrecht) wendet sich lediglich an staatliche und kommunale Stellen des Landes und nicht – wie Art. 17 GG – an solche des Bundes und aller Länder.
- Eine LV kann keine Bestimmung zur Hauptstadt oder zum Wahlrecht des Bundes (Art. 22 I, 38 III GG) oder anderer Länder treffen.

Bei der im Zuge der Föderalismusreform 2006 eingeführten **Abweichungsgesetzgebung** 35
(Art. 72 III GG)[65] handelt es sich primär um eine Kompetenznorm, die den Ländern in
bestimmten Bereichen die Befugnis zu vom Bundesrecht abweichenden Regelungen einräumt. Art. 72 III GG enthält aber auch **eine spezielle Kollisionsregelung.** Auf den bezeichneten Gebieten geht im Verhältnis von Bundes- und Landesrecht das jeweils spätere
Gesetz vor. Ein vom Bundesrecht abweichendes Landesgesetz setzt das Bundesrecht für
das Gebiet des betreffenden Landes nicht außer Kraft, es hat lediglich **Anwendungsvorrang** ("geht vor"). Das bedeutet: Bei Aufhebung des abweichenden Landesrechts gilt
automatisch wieder das Bundesrecht. Hebt der Bund seine **lex posterior**, die dem früheren Landesrecht vorgeht, auf, gilt wieder das ältere Landesrecht.[66]

cc) **Grundrechte:** Die von den Ländern ausgeübte Staatsgewalt ist an die Grundrechte 36
des GG gebunden (Art. 1 III GG). Zudem muss die verfassungsmäßige Ordnung der
Länder auch den Grundrechten des GG entsprechen (Art. 28 III GG). Nach Art. 142 GG
bleiben ungeachtet der Vorschrift des Art. 31 GG Bestimmungen der Landesverfassungen insoweit in Kraft, als sie in Übereinstimmung mit den Art. 1 bis 18 GG Grundrechte
gewährleisten.[67] Damit konkretisiert Art. 142 GG die sich schon aus Art. 31 GG ergebende Verfassungsrechtslage, wonach die Landesverfassungen **Grundrechte in Überein-**

---

61 BVerfGE 36, 243, 364.
62 *Korioth*, in: Maunz/Dürig, Art. 31 Rn. 24; *März*, Bundesrecht bricht Landesrecht, 1989, S. 180 f.; *Sannwald* (Fn. 51), Rn. 23; *Starck*, ThürVBl. 1992, 10; *Stern*, StaatsR III/2, § 93 VI 2 c; *Merten*, DÖV 1993, 375; a. A. *März* (Fn. 45), Rn. 88; *Wermeckes*, Der erweiterte Grundrechtsschutz in den Landesverfassungen, 2000, S. 79 ff.; *Tjarks*, Zur Bedeutung der Landesgrundrechte, 1999, S. 80 ff.; *Jutzi* (Fn. 45), Rn.12 jew. m.w.N.; differenzierend *Huber* (Fn. 48), Rn. 15 (unzulässig z.B. Parteienrecht, Art. 21 III GG; Integrationskompetenz, Art. 23. I, 24 I GG; Bundeswahlrecht, Art. 38 III GG); *Sachs*, ThürVBl. 1993,122 f. (nur Kompetenz für materielles Verfassungsrecht).
63 *Denninger*, in: Eichel/Möller (Hrsg.), 50 Jahre HessVerf., 1997, S. 346.
64 *Discher*, Die Landesverfassungsgerichte in der bundesstaatlichen Rechtsprechungskompetenzordnung, 1997, S. 64.
65 Näher *Degenhardt*, NVwZ 2006, 1209 ff.; *Thiele*, JA 2006, 714 ff.; *Selmer*, JuS 2006, 1052 ff.
66 *Huber* (Fn. 48), Rn. 5; *Sannwald* (Fn. 51), Art. 72 Rn. 80r.
67 Art. 142 GG ist in der Formulierung missglückt: Obwohl Art. 142 GG lediglich die Grundrechte der Art. 1 bis 18 GG erwähnt, betrifft er alle Grundrechte und grundrechtsgleichen Rechte. Obwohl mit dem Wort "bleiben" lediglich die bei Inkrafttreten des GG in den älteren Landesverfassungen enthaltenen Grundrechte angesprochen werden, gilt Art. 142 GG auch für Landesverfassungsrecht, das nach Inkrafttreten des GG erlassen wurde und wird. Vgl. BVerfGE 96, 345, 364 f.; *Dreier*, in: ders. III, Art. 142 Rn. 35 ff.; *Jutzi* (Fn. 45), Rn. 16 jeweils m.w.N; krit. *Hain*, JZ 1998, 622.

§ 1 Staatsrecht

stimmung mit dem GG gewährleisten können. Sie sind außerdem nicht darauf beschränkt, die Grundrechte des GG thematisch zu spiegeln.

Beispiele:
- Art. 18 I LV (Stand, Adelsbezeichnungen)
- Art. 52 LV (allgemeine Wirtschaftsfreiheit)

Ob die Grundrechte der LV mit denen des GG übereinstimmen, bemisst sich nach dem **sachlichen und persönlichen Schutzbereich** und dem Umfang der Beschränkungsmöglichkeiten. Allein das Fehlen eines **Zitiergebot** i. S. v. Art. 19 I 2 GG in der LV bewirkt sonach keinen geringeren Schutzstandard eines Landesgrundrechts.

37   Aus dem Wortlaut des Art. 142 GG ("auch"), der Auslegung des Art. 31 GG[68] sowie aus Art. 1 III und 28 III GG folgt die prinzipielle Zulässigkeit **weiter reichender Grundrechtsverbürgungen in Landesverfassungen**, die in Übereinstimmung mit Bundesrecht stehen, wenn dieses Spielraum für das Landesrecht lässt.[69] Fehlt es daran, ging die bisher wohl h. M. von der Nichtigkeit der landesverfassungsrechtlichen Norm aus. Unter Berücksichtigung der Rechtsprechung des BVerfG[70] wird im Interesse der Verfassungsautonomie der Länder zu differenzieren sein: Widerspricht ein günstigeres Landesgrundrecht dem GG, ist es nichtig. Ein Widerspruch ist dabei nur anzunehmen, wenn das Bundesgrundrecht nicht nur als Mindestgarantie zu verstehen ist, sondern ausnahmsweise einen weiter reichenden Schutz ausschließt.

Beispiele:
- Das in Art. 16 II LV verankerte Asylrecht reicht weiter als das des Art. 16a GG, ist aber nichtig, da Art. 16a GG das Höchstmaß an Asylrecht verbindlich festlegt.[71]
- Art. 19a LV ist im Verhältnis zu den Deutschengrundrechten des GG günstiger und wirksam.[72]

Steht das Landesgrundrecht dagegen mit **einfachem** Bundesrecht nicht in Einklang, wird es im konkreten Fall "durch Art. 31 GG verdrängt",[73] es besteht lediglich ein Anwendungsvorrang des Bundesrechts.

38   Das Schicksal der **hinter dem GG zurückbleibenden Landesgrundrechte** wird besonders kontrovers beurteilt.[74]

Beispiele:
- Die Vereinigungsfreiheit nach Art. 13 I LV steht unter dem Vorbehalt jedweder gesetzeswidriger Zwecke, während Art. 9 II GG einen Verstoß gegen allgemeine Strafgesetze verlangt.[75]
- Art. 15 S. 3 LV erlaubt weitergehende Einschränkung der Freizügigkeit als Art. 11 II GG.[76]

Bislang wurde überwiegend angenommen, Art. 142 GG gewährleiste einen Mindeststandard an Grundrechtsschutz, den eine LV nicht unterschreiten darf. Aufgrund der

---

68 *Wermeckes* (Fn. 62), S. 93 ff.
69 BVerfGE 96, 345, 365 f.; *Jutzi* (Fn. 45), Rn. 19, *Wermeckes* (Fn. 62), S. 79 ff. jew. m.w.N.; krit. *Dreier* (Fn. 67), Rn. 52 m.w.N.
70 BVerfGE 96, 345, 363 ff.; *Jutzi*, JA 1999, 904; früher schon *Endter*, EuGRZ 1995, 229 ff.
71 *Lücke*, in: Grimm/Caesar, Art. 16 Rn. 16; zum vergleichbaren Art. 7 S. 2 HessVerf. s. VG Darmstadt, NVwZ 1993, 22, 24; a. A. *Göbel-Zimmermann*, NVwZ 1995, 765.
72 *Caesar*, in: Grimm/Caesar, Art. 19a Rn. 1 ff.
73 BVerfGE 96, 345, 365; vgl. auch *Tjarks* (Fn. 62), S. 74 ff.
74 *Jutzi* (Fn. 45), Rn. 20 m.w.N.
75 Dazu *Lücke* (Fn. 71), Art. 13 Rn. 15, 19 ff.
76 *Lücke* (Fn. 71), Art. 15 Rn. 21.

II. Stellung der Länder im Verfassungsgefüge des Grundgesetzes

Schubkraft der Rechtsprechung des BVerfG[77] dürfte jedoch die Auffassung an Boden gewinnen, wonach den hinter den Grundrechten des GG zurückbleibenden (nicht den widersprechenden!) Grundrechten der LV eine **Reservefunktion** zukommt.[78] Dafür spricht die "Schonung" der Verfassungen der Länder. Außerdem haben die landesverfassungsrechtlichen Grundrechte durchweg nicht den Sinn, einen günstigeren Grundrechtsschutz zu verhindern. Allerdings hat diese Auffassung zur Konsequenz, dass Verfassungsgerichte der Länder Staatsgewalt unterhalb des Niveaus der Bundesgrundrechte ausüben, was gegen Art. 1 III und 28 III GG verstößt.[79]

Um den landesverfassungsrechtlichen Schutz wegen stärkerer Einschränkbarkeit nicht unter den des GG absinken zu lassen, hat der VerfGH in einer neueren Entscheidung die LV "grundrechtsfreundlich" im Sinne des Schutzniveaus des GG ausgelegt.

Beispiel (VerfGH, LKRZ 2007, 182, 184 f.):
Art. 7 III LV lässt durch Gesetz zur Behebung öffentlicher Notstände "Eingriffe und Einschränkungen" in die Unverletzlichkeit der Wohnung zu. Die Schrankensystematik des Art. 13 III – VII GG ist demgegenüber sehr viel differenzierter. Um den landesverfassungsrechtlichen Schutz nicht unter den des GG absinken zu lassen, legt der VerfGH bezüglich der präventiv-polizeilichen Wohnraumüberwachung Art. 7 III LV "grundrechtsfreundlich" im Sinne des Art. 13 IV GG aus. Der VerfGH hat sich damit unausgesprochen der älteren **Ergänzungslehre**[80] angenähert, nach der das Grundrecht der LV um den Rückstand zum GG ergänzt wird.

dd) **Verfassungsaufträge in weitem Sinn:** Damit sind alle Verfassungsnormen angesprochen, die in unterschiedlicher Konkretisierungsdichte einem oder mehreren Adressaten – in der Regel Hoheitsträgern – bestimmte Aufgaben zur Pflicht machen, wie **Staatszielbestimmungen** als verfassungsrechtlich fixierte Staatsaufgaben,[81] **Gesetzgebungsaufträge, soziale Grundrechte**[82] und die nur einen geringen Präzisierungsgrad aufweisenden sog. **Programmsätze**. 39

Beispiele:
- Art. 53 III, IV LV: Sozial- und Arbeitslosenversicherung
- Art. 54 LV: Arbeitsrecht
- Art. 67 I LV: Mitwirkung und Mitbestimmung in der Wirtschaft

Das GG enthält für Verfassungsaufträge keine spezielle Regelung. Da dieser Normtypus Staatsstrukturnormen im Sinne des Art. 28 I GG nahesteht,[83] wird Nichtigkeit solcher Normen nur anzunehmen sein, wenn sie mit materiellen (nicht auch den Kompetenznormen; dazu Rn. 34) Vorgaben des GG, soweit diese sich auf die Landesstaatsgewalt beziehen, nicht in Übereinstimmung stehen. Im Übrigen besteht Anwendungsvorrang für das Bundesrecht.

---

77 BVerfGE 96, 345, 265.
78 So der BayVerfGH in st. Rspr.; vgl. *Meder*, Die Verfassung des Freistaates Bayern, Komm., 4. Aufl. 1992, Vorb. Art. 98 Rn. 7; *Pieroth*, in: Jarass/Pieroth, Art. 142 Rn. 3 jew. m.w.N.
79 *Jutzi*, NJ 1998, 253; *Martina*, Die Grundrechte der NRWVerf. im Verhältnis zu den Grundrechten des GG, 1999, S. 23 m.w.N.
80 Vgl. nur *Dennewitz*, DÖV 1949, 342.
81 *Merten*, DÖV 1993, 369; *Jutzi*, ThürVBl. 1995, 25; *Sommermann*, Staatsziele und Staatszielbestimmungen, 1997, S. 326, 377.
82 *Brenne*, Soziale Grundrechte in den Landesverfassungen, 2003, insb. S. 7 ff. m.w.N.
83 Vgl. auch BVerfGE 107, 59, 91, wonach Art. 20 II GG (Demokratieprinzip) "eine Staatszielbestimmung und ein Verfassungsprinzip" enthält.

40 ee) **Einzelfragen:** Neben Normen wie Art. 1 III und 28 II GG, die unmittelbar verbindliche Vorgaben für die Verfassungsordnung in den Ländern enthalten (sog. **Durchgriffsnormen**),[84] sehen BVerfG[85] und Teile der Literatur[86] Normen des GG als ungeschriebene Bestandteile der LV an (sog. **Bestandteilsnormen**). Hier werden genannt Art. 3, 20 III und 25 GG,[87] vor allem aber Art. 21 GG[88] sowie – wegen landesverfassungsrechtlicher Bekenntnisse zur Gliedstaatlichkeit (wie in Art. 74 I LV) – die Gesetzgebungskompetenznormen des GG.[89] Auch den Grundsatz des bundesfreundlichen Verhaltens (Rn. 25 f.) wird man angesichts der betont gliedstaatlichen Ausrichtung der LV (Art. 74 I, 141 LV) dazu zählen müssen.

41 Normkollisionen vermeiden schließlich **allgemeine Auslegungsregeln** wie die **Lex-specialis**-Regel[90] oder der Grundsatz bundesrechtskonformer Auslegung.[91]

Beispiel:
Die Einschränkungen der in Art. 17a GG genannten Grundrechte zu Verteidigungszwecken wirken auch auf entsprechende Grundrechte der LV ein.

c) Gemeinschaftsrecht

42 Kollisionen des Landesverfassungsrechts können auch mit Gemeinschaftsrecht entstehen. Soweit die EU ihre Kompetenzen nicht überschreitet, kann Gemeinschaftsrecht jeder Stufe **Vorrang vor nationalem Recht jeder Stufe** beanspruchen.[92] Der Vorrang des Gemeinschaftsrechts besteht selbst gegenüber dem Verfassungsrecht des Bundes und muss angesichts Art. 31 GG erst recht für das Landesverfassungsrecht gelten. Im Kollisionsfall ist das nationale Recht nicht nichtig, sondern lediglich nicht anwendbar.

d) Einwirkungen der LV auf Bundes- und Gemeinschaftsrecht

43 Nach Art. 50, 51, 23 GG wirken die Länder durch den Bundesrat und dort über die Mitglieder ihrer Regierungen an der Bundesgesetzgebung sowie in Angelegenheiten der EU mit. Dies führt zur Frage, ob die Vertreter des Landes bei ihrer **Mitwirkung an der Rechtsetzung auf Bundes- und Europaebene** den landesrechtlichen Verfassungsaufträ-

---

84 *Dreier* (Fn. 60), Rn. 53 m.w.N.
85 BVerfGE 1, 208, 232; 27, 44, 55; 103, 332, 352 f. m.w.N.
86 Vgl. *Rozek*, Das GG als Prüfungs- und Entscheidungsmaßstab der Landesverfassungsgerichte, 1993 (im Erg. ablehnend, S. 285 f.); ebenso *Dreier* (Fn. 60), Rn. 54.
87 Art. 25 GG legt den Vorrang der allgemeinen Regeln des Völkerrechts vor dem einfachen Bundsrecht fest und ist damit zugleich eine Kollisionsbestimmung.
88 *Bethge*, in: Starck/Stern (Hrsg.), Landesverfassungsgerichtsbarkeit, Bd. II, 1983, S. 28 ff.
89 RhPfVerfGH, AS 28, 440, 443 f.; DVBl. 2004, 1111; DÖV 2005, 295 f.; HessStGH, ESVGH 32, 20, 24; NRWVerfGH, NVwZ 1993, 57, 59; BayVerfGHE 45, 33, 41; 51, 94, 99 f.; ebenso noch BVerfGE 60, 175, 205 f. (im Hinblick auf die Art. 141 LV vergleichbare Regelung in Art. 153 HessVerf.); a.A. BVerfGE 103, 332, 356 ff. (als VerfG für SchlH. nach Art. 99 GG); *Starcke*, SächsVBl. 2004, 49 ff.; *Sacksofsky*, in: Hermes/Groß (Hrsg.), Landesrecht Hessen, 6. Aufl. 2008, § 2 Rn. 86.
90 BVerfGE 36, 342, 365.
91 *Stern*, StaatsR III/2, § 93 VI 2 c; *Jutzi* (Fn. 49), S. 29; BVerfGE 67, 382, 390. Zum ungeschriebenen Geltungsvorbehalt entgegenstehenden Bundesrechts bei der konkreten Rechtsanwendung *Wermeckes*, DÖV 2002, 110 ff. m.w.N.
92 EuGH, Slg. 1964, 1251, 1269 ff. – Costa/. E.N.E.L.; 1978, 629 – Simmenthal II; *Herdegen*, Europarecht, 10. Aufl. 2008, § 11 Rn. 1 ff.; *Ruffert*, in: Calliess/Ruffert, EU/EGV, Komm., 3. Aufl. 2007, Art. 249 EGV Rn. 23 ff. m.w.N.; zum Problem des Vorrangs des Gemeinschaftsrechts bei Richtlinien vgl. *Callies*, JZ 2009, 113 ff.

gen verpflichtet sind.[93] Zum Teil wird eine Bindung verneint, etwa weil die normhierarchisch nachgeordnete staatliche Einheit keine verbindlichen Vorgaben für die Normsetzung der höheren Stufe vorsehen könne. Da die Mitglieder des Bundesrat ihre demokratische Legitimation primär aus dieser "niederen" – prinzipiell jedoch gleichberechtigten (Rn. 28) – Verfassungsordnung beziehen, spricht dies entscheidend für die Pflicht der Mitglieder der Landesregierung im Bundesrat, die Verwirklichung landesverfassungsrechtlicher Aufträge nach Möglichkeit anzustreben, soweit die Handlungsfähigkeit (Kompromissfähigkeit) des Bundesrats nicht gefährdet wird.[94]

Selbst eine **Einwirkung des Landesverfassungsrechts auf die Anwendung von Bundes- und Gemeinschaftsrecht** ist nicht prinzipiell ausgeschlossen. Soweit die Beachtung der LV nicht zur Kollision mit ranghöherem Recht führt, handelt es sich um wirksames und anwendbares Recht, dem die Exekutive des Landes nach Art. 20 III GG und 77 II LV Gehorsam schuldet.[95] Das Landes(verfassungs)recht kann sich unter Umständen sogar gegen Bundesrecht durchsetzen ("**Landesrecht bricht Bundesrecht**"). 44

Beispiel:
Dem Bund ist es verwehrt, Lenkungsabgaben in ausschließlich der Länderkompetenz unterfallenden Sachbereichen (z.B. Kulturrecht) einzuführen, die tendenziell oder gar gezielt gegen das zulässigerweise bestehende Landesrecht gerichtet sind.[96]

III. Rechtsquellen

Wichtigste Rechtsquelle des Staats- und Verfassungsrechts des Landes ist die **Verfassung für Rheinland-Pfalz** vom 18.5.1947 (VOBl. S. 209) in der jeweils aktuellen Fassung.[97] Neben dieses **formelle** tritt das **materielle** Verfassungsrecht (Rn. 17) als weitere Rechtsquelle des Staatsrechts.[98] 45

Nachfolgend werden die **wichtigsten geschriebenen Rechtsquellen außerhalb der Verfassung** – nach Sachgebieten gegliedert – aufgelistet. 46

Landtag

- Abgeordnetenentschädigungsgesetz (BS 1101-1)
- Geschäftordnung des Landtags Rheinland-Pfalz (BS 1101-2)
- Bannmeilengesetz (BS 1101-3)
- Abgeordnetengesetz Rheinland-Pfalz (BS 1101-4)
- Untersuchungsausschussgesetz (BS 1101-5)
- Fraktionsgesetz Rheinland-Pfalz (BS 1101-6)

---

93 *Jutzi* (Fn. 45), Rn. 39 m.w.N.; zur Bindung der deutschen Vertreter bei Rechtssetzungsakten des Rats der EU *Cornis*, AöR 129 (2004), 336 ff. (ablehnend) m.w.N. auch zu a. A.
94 *Jutzi* (Fn. 45), Rn. 39. Bedeutung hat dies für Art. 74a LV, der das Land verpflichtet, die europäische Vereinigung zu fördern, aber gleichzeitig bestimmte Vorgaben inhaltlicher Art (Struktursicherungsklausel) enthält.
95 *Jutzi*, DÖV 1983, 838 f.; *Graf Vitzthum*, VVDStRL 46 (1988), 34; *Riegler*, Konflikte zwischen GG und Länderverfassungen, 1996, S. 146; *Hillgruber/Goos*, Rn. 873.
96 BVerfGE 98, 106, 119 f.
97 Zul. geänd. durch G. v. 16.12.2005 (GVBl. S. 496; ber. 2006 S 20). Zu wesentlichen Änderungen der letzten Jahre *Jutzi*, DÖV 1988, 871 ff.; *ders.*, ZRP 1989, 68 ff.; *Gusy/Müller*, JÖR N. F. 45, 512 ff. betr. das 30. ÄndG v. 15.3.1991 (GVBl. S. 73); *Jutzi*, NJW 2000, 1295 f. betr. das 33. ÄndG v. 8.3.2000 (GVBl. S. 65).
98 Selbst die "verfassungsergänzende Vereinbarung" zwischen Landtag und Landesregierung nach Art. 89b III LV gehört dazu; *Gebauer*, in: Fs. f. K. König zum 70. Geb., 2004, S. 341 ff., 349 ff.

- Datenschutzordnung des Landtags (BS 1101-7)
- Landesgesetz über den Bürgerbeauftragten (BS 1101-10)

Landesregierung

- Ministergesetz (BS 1103-1)
- Anordnung über die Geschäftsverteilung der Landesregierung Rheinland-Pfalz (BS 1103-4)
- Gemeinsame Geschäftsordnung für die Landesregierung sowie die Ministerien, die Staatskanzlei und die Vertretung des Landes Rheinland-Pfalz beim Bund und der Europäischen Union (Gemeinsame Geschäftsordnung – GGO -) v. 21.4.2004 i.d.F. v. 18.5.2006 (unveröffentlicht).

Verfassungsgerichtshof

- Landesgesetz über den VerfGH (BS 1104-1; *H/J/W*, Nr. 11)
- Geschäftsordnung des VerfGH Rheinland-Pfalz (BS 1104-1-1)

Landeswahlrecht, Volksinitiative, Volksbegehren und Volksentscheid

- Landeswahlgesetz (BS 1110-1; *H/J/W*, Nr. 12)
- Landeswahlordnung (BS 1110-1-1)
- Landeswahlprüfungsgesetz (BS 1110-2)

Staatssymbole, Orden, Ehrenzeichen

- Wappen- und Flaggengesetz (BS 113-1)
- Landesgesetz über den Verdienstorden des Landes Rheinland-Pfalz (BS 113-15)
- Landesgesetz über die Verdienstmedaille des Landes Rheinland-Pfalz (BS 113-17)

Verkündungswesen

- Verkündungsgesetz (BS 114-1; *H/J/W*, Nr. 13)

Verfassungsschutz

- Landesgesetz zur parlamentarischen Kontrolle von Beschränkungen des Brief-, Post- und Fernmeldegeheimnisses (BS 12-1)
- Landesverfassungsschutzgesetz (BS 12-2)
- Landessicherheitsüberprüfungsgesetz (BS 12-3)

IV. Staatsorganisationsrecht
1. Grundlagen des Staates

47 Im zweiten Hauptteil regelt die LV Aufbau und Aufgaben des Staates. Die Grundlagen finden sich in den Art. 74 bis 78 LV. **Zentralnorm** ist der partiell mit Art. 20 I GG vergleichbare **Art. 74 LV**.

a) Gliedstaat

Art. 74 I LV bezeichnet Rheinland-Pfalz als Gliedstaat Deutschlands; **Art. 141 LV** unterwarf die LV von Anfang an der künftigen Deutschen Verfassung.[99] Damit ist die Staatsqualität des Landes und dessen Einbindung in den deutschen Bundesstaat festgelegt. Aus dem Bekenntnis der Verfassung zum "demokratischen Gliedstaat Deutschlands" folgert der VerfGH,[100] die Organe des Landes hätten nicht nur das Demokratieprinzip landesintern zu beachten, sondern seine Anforderungen auch im gesamten Verfassungsleben der Bundesrepublik Deutschland zu wahren. Eine solche Pflicht entspreche spiegelbildlich der verfassungsrechtlichen Pflicht des Bundes, die Entfaltung des Demokratiegrundsatzes in den Ländern nicht zu behindern. Diese wechselseitige Rücksichtnahme ist eine Ausprägung des Grundsatzes bundesfreundlichen Verhaltens (Rn. 25 f.).

48

b) Demokratie, Republik

Das bereits im ersten Absatz des Art. 74 LV angesprochene Demokratieprinzip erschließt sich aus dessen Absatz 2, wonach **Träger der Staatsgewalt das Volk** ist. Interessant ist der terminologische Unterschied zu Art. 20 II 1 GG, wonach alle Staatsgewalt vom Volk ausgeht, während nach Art. 74 II LV das Volk lediglich deren "Träger" ist. Der darin anklingende Vorbehalt gegen das Volk als alleinige Legitimationsquelle der Staatsgewalt findet sich auch im Vorspruch der Verfassung,[101] der Gott als Ursprung und Schöpfer aller menschlichen Gemeinschaften bezeichnet. Er bleibt jedoch als vorrechtliche Verfassungsvoraussetzung für die Verfassungsauslegung und -anwendung ohne Konsequenz.[102] Zur Ausübung der Staatsgewalt und zur Berufung besonderer Organe (Art. 75 I LV) ist nur das Volk berufen.

49

Das Demokratieprinzip verlangt für die (unmittelbare) Staatsverwaltung und die kommunale Selbstverwaltung, eine **ununterbrochene Legitimationskette** vom Volk zu den mit hoheitlichen Aufgaben betrauten Organen und Amtswaltern. Das Demokratieprinzip hat auch Bedeutung für die organisierte Beteiligung der sachnahen Betroffenen an den sie berührenden Entscheidungen – sog. **funktionale Selbstverwaltung** (z. B. berufsständische Kammern).[103]

50

Obwohl die Verfassung das **republikanischen Prinzip** – anders als Art. 20 I GG (Bundesrepublik) – nicht ausdrücklich erwähnt, kann aus der exklusiven Trägerschaft der Staatsgewalt durch das Volk auf die landesverfassungsrechtliche Absicherung dieses Prinzips geschlossen werden.[104] Republik (= Freistaat) ist nicht nur als Gegensatz zur Monarchie zu begreifen; zunehmend werden dem Begriff auch materielle Inhalte ent-

51

---

99 Das war im Jahr 1947 nicht selbstverständlich; *Süsterhenn/Schäfer*, Art. 74 Anm. 2 a; *Küppers*, Staatsaufbau zwischen Bruch und Tradition, 1990, S. 132 ff.; *Schröder*, in: Grimm/Caesar, Art. 74 Rn. 6.
100 LKRZ 2007, 60, 61; dazu *Hufen*, LKRZ 2008, 41 ff.; vgl. auch Rn. 84.
101 Vgl. *Klaas*, S. 25, 133, 227, 426 f.; *Süsterhenn/Schäfer*, Art. 74 Anm. 2 c; *Schröder* (Fn. 99), Rn. 9.
102 *Schröder* (Fn. 99), Rn. 9.
103 Vgl. dazu BVerfGE 107, 59, 94 sowie LS 3; zur Entwicklung der Rspr. vgl. *Hanebeck*, DÖV 2004, 901, 904 ff. m.w.N.
104 *Schröder* (Fn. 99), Rn. 9 m.w.N.

nommen wie etwa Gemeinwohlverpflichtung und Unparteilichkeit[105] oder die Absage an "Radikallösungen" im Spannungsverhältnis von Freiheit und Ordnung.[106]

c) Sozialstaat

52 Wie das GG (Art. 20 I GG) verbürgt die LV einen **sozialen Staat** (Art. 74 I). Im Unterschied zum GG[107] wird dieser offene Rechtsbegriff jedoch in der Verfassung des Landes näher konkretisiert.

Beispiele:
- Art. 24 S. 2 LV: "Die staatliche Gemeinschaft schützt und fördert die Rechte des Kindes."
- Art. 25 II 2 LV: "Die Jugend ist gegen Ausbeutung sowie gegen sittliche, geistige und körperliche Verwahrlosung durch staatliche und gemeindliche Maßnahmen und Einrichtungen zu schützen."
- Art. 51 ff. LV: Wirtschafts- und Sozialordnung.

d) Gewaltenteilung, Rechtsstaat

53 Art. 77 LV verlangt in Absatz 1 die **Trennung der staatlichen Gewalten** (Gesetzgebung, Rechtsprechung und Exekutive) und schreibt in Absatz 2 – ebenso wie Art. 20 III GG – die Bindung der Gesetzgebung an die verfassungsmäßige Ordnung sowie die der Rechtsprechung und vollziehenden Gewalt an Recht und Gesetz vor. Das nicht ausdrücklich erwähnte Rechtsstaatsprinzip zählt der VerfGH zu den tragenden Säulen der LV und sieht es in Art. 77 II LV verankert.[108] Die darin ebenfalls eingeschlossenen **Grundsätze des Vorrangs** und **Vorbehalts des Gesetzes** haben bereits in Art. 2 LV prägnant Ausdruck gefunden. Danach kann niemand zu einer Handlung, Duldung oder Unterlassung gezwungen werden, zu der ihn nicht das Gesetz verpflichtet. Dem Rechtsstaatsprinzip kann auch ein allgemeines Willkürverbot entnommen werden, das auch im Verhältnis zwischen Hoheitsträgern zu beachten ist.[109]

e) Wahlrechtsgrundsätze

54 In Übereinstimmung mit den Vorgaben des Art. 28 I 2 GG regelt Art. 76 LV die **Grundsätze der Allgemeinheit, Gleichheit, Unmittelbarkeit, Geheimheit und Freiheit der Wahl**,[110] das **Wahlalter** (18. Lebensjahr) und das Erfordernis des Wohnsitzes bzw. **Aufenthalts im Land**. Aus Art. 76 i.V.m. 74 I, II, 75 I LV folgt zudem der Grundsatz der **Öffentlichkeit der Wahl** als eine Grundvoraussetzung für eine demokratische politische Willensbildung.[111] Die in den Bestimmungen niedergelegten Grundsätze enthalten objektiv-rechtliche Verfassungsgebote, vermitteln jedoch auch **subjektive Rechte** zugunsten der Bürger, die ihr aktives oder passives Wahlrecht ausüben. Die Rechtsstellung reicht jedoch nicht so weit, dass jeder Wahlberechtigte ungeachtet seines eigenen Betroffenseins jede Verletzung des objektiven Wahlrechts mit der Verfassungsbeschwerde

---

105 *Gröpl*, Rn. 550 ff.
106 *Göschner*, ZG 2008, 400, 410.
107 Dazu *Gröpl*, Rn. 564 ff.
108 RhPfVerfGH, AS 3, 1, 15; 24, 321, 346; LKRZ 2007, 345, 346.
109 BVerfGE 56, 298, 313; vgl. auch RhPfVerfGH, Beschl. v. 23.8.2007 – VGH B 16/07 -.
110 Dazu näher *Magiera*, in: Sachs, GG, Art. 38 Rn. 77 ff. m.w.N.
111 Die grundsätzlich gebotene Öffentlichkeit im Wahlverfahren umfasst das Wahlvorschlagsverfahren, die Wahlhandlung (in Bezug auf die Stimmabgabe durchbrochen durch das Wahlgeheimnis) und die Ermittlung des Wahlergebnisses (vgl. BVerfG, NVwZ 2008, 991, 992 m.w.N. sowie DVBl. 2009, 511 ff. – zum Einsatz von Wahlgeräten).

rügen kann.[112] Für solche Verstöße sieht die Rechtsordnung Wahlprüfungsverfahren vor, die von jedem Wahlberechtigten eingeleitet werden können.[113] Die früher gegebene Möglichkeit, bezüglich der Grundsätze der Allgemeinheit und Gleichheit der Wahl eine **Verfassungsbeschwerde zum BVerfG** zu erheben, besteht nicht mehr, nachdem das BVerfG seine Rechtsprechung geändert hat.[114]

f) Staatsgebiet

In Art. 78 I LV ist von **Bezirken** die Rede, die heute so nicht mehr existieren (Koblenz, Montabaur, Rheinhessen, Trier und die Pfalz). Nach Absatz 2 befindet das Gesetz über **Selbstverwaltungsrechte** der einzelnen Landesteile, wobei die Pfalz besonders erwähnt wird. Die Vorschrift wird manchmal als Organisationsnorm missverstanden. Tatsächlich umschreibt sie in Absatz 1 lediglich das **Staatsgebiet des Landes** durch Benennung der im Jahre 1947 maßgeblichen Gliederung in (Regierungs-)Bezirke.[115]

55

Die Umschreibung des Staatsgebiets in Art. 78 I LV erlangt in der **Staatspraxis** gleichwohl Relevanz, wenn aufgrund eines Staatsvertrags nach Art. 29 VII GG das Staatsgebiet verändert wird. Das gem. Art. 101 S. 2 LV erforderliche Zustimmungsgesetz zum Staatsvertrag soll der Zweidrittelmehrheit im Landtag nach Art. 129 I LV bedürfen.[116] Wäre dies richtig, müsste nach Art. 129 I 1 LV zugleich der Text der Verfassung geändert werden,[117] was bisher stets unterblieben ist. Man wird aus dieser Praxis allenfalls auf ein Verfassungsgewohnheitsrecht schließen können.

56

Die besondere **Erwähnung der Pfalz** in Art. 78 II LV bereitet interpretatorische Schwierigkeiten. In der Pfalz ist es als einzigem Landesteil zu einem **Bezirksverband Pfalz**, einer Selbstverwaltungskörperschaft, gekommen.[118] Aus Wortlaut und geschichtlicher Entwicklung wird zu Unrecht der Schluss gezogen, Art. 78 LV sichere die tradierten Selbstverwaltungsrechte,[119] so dass die ersatzlose Abschaffung des Bezirksverbands Pfalz einer Verfassungsänderung bedürfte. Schon dem Wortlaut der Norm ist eine Pflicht, solche Selbstverwaltungskörperschaften zu schaffen, nicht zu entnehmen. Dies gilt auch für die Pfalz. Der Entstehungsgeschichte des Art. 78 II LV ist für eine Sonderbehandlung der Pfalz nichts Eindeutiges zu entnehmen.[120] Folgte aus Art. 78 II LV die Pflicht, einen körperschaftlich organisierten Selbstverwaltungsverband vorzuhalten, müssten konse-

57

---

112 RhPfVerfGH, AS 29, 207 ff.
113 Vgl. Art. 82 LV i.V.m. § 13 I Nr. 1 und § 3 LWPG; *Glauben*, in: Grimm/Caesar, Art. 82; *ders*., BK, Art. 41 143.
114 BVerfGE 99, 1, 7 ff.
115 *Süsterhenn/Schäfer*, Art. 78 Anm. 2; *Schröder*, in: Grimm/Caesar, Art. 78 Rn. 1. Demgemäß wurden ohne Verfassungsänderung im Jahr 1968 die ursprünglich fünf Regierungsbezirke auf drei reduziert und zum 1.1.2000 sogar gänzlich abgeschafft und durch zwei Struktur- und Genehmigungsbehörden sowie eine Aufsichts- und Dienstleistungsdirektion ersetzt (vgl. Verwaltungsorganisationsreformgesetz v. 12.10.1999 (GVBl. S. 325 – BS 200-4).
116 Vgl. die Gesetze zu den Grenzänderungsverträgen mit BadWürtt.(GVBl. 1971 S. 38 – BS Anh. I 42), NRW (GVBl. 1991 S. 101 – BS Anh. I 93) und dem Saarl. (GVBl. 2003 S. 294 – BS Anh. I 133).
117 Zum Textänderungsgebot Rn. 94.
118 Vgl. Bezirksordnung für den Bezirksverband Pfalz (BS 2020-3; *H/J/W*, Nr. 35).
119 Denkschrift der Landesregierung RhPf. über die Verwaltungsvereinfachung, Teil II, in: Verwaltungsvereinfachung in RhPf., 1966, S. 100 ff.; *Schröder* (Fn. 99), Art. 78 Rn. 8 jew. m.w.N.
120 Vgl. dazu *Klaas*, S. 60 ff., 247. Etwas anderes folgt auch nicht aus der Übergangsvorschrift des Art. 142 II LV (so aber *Lahmann*, in: Praxis der Kommunalverwaltung RhPf., Loseblatt-Komm. (Stand: 09/2008), A 3, Art. 49 Anm. 2).

quenterweise solche Verbände auch in den anderen aufgeführten Landesteilen gebildet werden. Dazu ist es bis heute nicht gekommen.[121]

g) Sonstiges

58 Art. 74 III LV verlangt ein Gesetz, das **Landesfarben und Landeswappen** bestimmt.[122] Die **Hauptstadtfrage** regelt die Verfassung nicht.[123]

2. Verfassungsorgane

59 Der II. Abschnitt des zweiten Hauptteils der LV ist überschrieben mit "Organe des Volkswillens". Damit sind ausweislich der Überschriften der Unterabschnitte **Landtag** und **Landesregierung** angesprochen, jedoch die Verfassungsorgane nicht abschließend umschrieben. "Nach seinem Wortsinn umfasst der **Begriff** des Verfassungsorgans diejenigen Institutionen des Landes, die durch die Verfassung selbst eingerichtet und mit verfassungsmäßig geordneten Aufgaben und Befugnissen ausgestattet sind".[124] Weitere Verfassungsorgane sind:

- **Ministerpräsident** und einzelne **Minister** (näher Rn. 81)
- **Zwischenausschuss** (Art. 92 LV; s. Rn. 73)
- **Wahlprüfungsausschuss** (Art. 82 I 1 LV)
- **VerfGH**, nicht aber die sonstigen Gerichte des Landes.[125]

60 Die Verfassungsorganqualität des **Staatsvolkes** begegnet trotz seiner Funktionen bei der Volksgesetzgebung Zweifeln.[126] Da Aufgaben und Befugnisse des **Landesrechnungshofs** nicht im Bereich der politischen Staatsgestaltung angesiedelt sind, ist er kein Verfassungsorgan.[127]

a) Landtag

61 aa) Zentralnorm: Art. 79 LV beschreibt die **Aufgaben des Landtags**:

- Repräsentationsfunktion
- Wahlfunktion
- Gesetzgebungsfunktion einschließlich des Budgetrechts
- Kontrollfunktion
- Debattenfunktion
- Öffentlichkeitsfunktion.

---

121 Zur Entwicklung insgesamt vgl. Denkschrift der Landesregierung (Fn. 119) m.w.N.
122 Das Landeswappen (§ 2 Wappen- und Flaggengesetz – BS 113-1) vereinigt die Wappenbilder der drei bedeutendsten historischen Territorien: das rote Kreuz in silbernem Feld (Wappen des Erzbistums und Kurfürstentums Trier), das silberne Rad in rotem Feld (Erzbistum und Kurfürstentum Mainz) und den pfälzischen Löwen, golden mit roter Krone.
123 Bereits Art. 2 der VO Nr. 57 v. 30.8.1946 (Rn. 3) bestimmte Mainz, sobald die entsprechenden wohnlichen Voraussetzungen geschaffen werden konnten, als Hauptstadt mit Sitz der Regierung. Bis dahin "beherbergte" Koblenz Landtag und Landesregierung. Nach längeren Diskussionen kam es am 16.5.1950 im Landtag zur Entscheidung für Mainz (vgl. näher *Schütz*, Mainz auf dem Weg zur Hauptstadt des Landes RhPf., 1996, insb. S. 36 ff.; *Mathy*, in: Haungs [Hrsg.], 40 Jahre RhPf., 1986, S. 93 ff.).
124 RhPfVerfGH, AS 29, 215, 216 m.w.N.
125 RhPfVerfGH, AS 10, 124, 127.
126 Wohl verneinend RhPfVerfGH, AS 10, 124, 127; bejahend RhPfVerfGH, AS 2, 245, 252; *Süsterhenn/Schäfer*, Art. 130 Anm. 3 b cc.
127 Zur Parteifähigkeit im Organstreitverfahren Rn. 170.

IV. Staatsorganisationsrecht

Die Formulierung in Art. 79 I LV, wonach der Landtag "das **vom Volk gewählte oberste Organ der politischen Willensbildung**" ist, wird zum Teil im Sinne eines Primats der ersten Gewalt interpretiert.[128] Art. 79 I LV setzt jedenfalls nicht die Kompetenzordnung der Verfassung außer Kraft.[129] Art. 79 II LV garantiert – wie Art. 38 I 2 GG – vor allem das sog. **freie Mandat der Abgeordneten**.

bb) Wahl, Wahlperiode, Selbstauflösung: Art. 80 LV trifft **wesentliche Festlegungen für die Wahl des Landtags**. Die Norm ist konkreter als die vergleichbaren, Parlamentswahlen betreffenden Regelungen in Art. 38, 39 GG. Dies gilt in Bezug auf das Wahlsystem (Abs. 1), eine mögliche Sperrklausel (Abs. 4) und die Bestimmung des Sonntags als Wahltag (Abs. 3). Das Mindestalter für die Wählbarkeit und die Verpflichtung des einfachen Gesetzgebers, das Nähere zu regeln, finden sich auch im GG (Art. 38 II und III). 62

Die Abgeordneten des Landtags sind "nach den Grundsätzen einer mit der Personenwahl verbundenen Verhältniswahl" zu wählen (Art. 80 I LV; **personalisierte Verhältniswahl**). Die Regelung entspricht wörtlich § 1 I 2 BWG. Nach geltendem Wahlrecht hat der Wähler zwei Stimmen. Mit der Erststimme wählt er den Wahlkreiskandidaten, mit der Zweitstimme die Liste einer Partei. Für die Stärke, mit der eine Partei oder Wählervereinigung im Landtag vertreten ist, kommt es auf das Ergebnis der Listenwahl an (Verhältniswahl),[130] da die erzielten – aufgrund von Mehrheitswahlen zugeteilten – Wahlkreissitze von der Gesamtzahl der einer Partei oder Wählervereinigung zustehenden Sitze abgezogen werden (§ 29 LWahlG). Erringt eine Partei oder Wählervereinigung mehr Wahlkreismandate als ihr nach dem Verhältnis der Landesstimmenzahlen zustünden, bleiben ihr diese Sitze erhalten (§ 30 I LWahlG; **Überhangmandate**). In diesem Fall erhöht sich die Gesamtzahl der Sitze des Landtags um so viele, wie erforderlich sind, um unter Einbeziehung der Überhangmandate die Sitzverteilung im Lande nach dem Verhältnis der Landesstimmenzahlen der Parteien und Wählervereinigungen zu gewährleisten (§ 30 II LWahlG; **Ausgleichsmandate**). Nach § 26 LWahlG besteht der Landtag grundsätzlich aus 101 Abgeordneten, von denen 51 in Wahlkreisen und 50 über die Liste gewählt werden. Von der verfassungsrechtlichen Ermächtigung, eine **Sperrklausel** einzuführen (Art. 80 IV 2 LV), hat der Gesetzgeber in § 29 V LWahlG Gebrauch gemacht (5 %-Klausel). Eine sog. **Grundmandatsklausel** – wie § 6 VI 1 BWG – enthält das Landeswahlgesetz **nicht**. 63

Art. 83 I LV legt die Dauer der **Wahlperiode** grundsätzlich[131] auf fünf Jahre fest und stellt sicher, dass die Wahlperioden lückenlos aufeinander folgen (Art. 83 II LV), es sei denn, der Landtag macht mit absoluter Mehrheit von seinem **Recht zur Selbstauflösung** Gebrauch (Art. 84 LV). Das Recht ist verfassungspolitisch umstritten. Einerseits kann es einen Ausweg aus einer politischen Krise bieten. Der Landtag ist nicht wie der Bundestag auf einen nicht ganz ernst gemeinten Vertrauensentzug angewiesen, wie dies 64

---

128 *Wagner*, in: Grimm/Caesar, Art. 79 Rn.15.
129 *Gebauer*, in: Grimm/Caesar, Art. 98 Rn. 4 f. m.w.N.
130 Die konkrete Berechnungsmethode – bisher *Hare/Niemeyer* – richtet sich ab der nächsten Wahl (2011) nach dem Devisorverfahren *Sainte-Laguë/Schepers* (vgl. § 29 LWahlG; ebenso § 6 II BWahlG); knappe Erklärung bei *Gröpl*, Rn. 1045 ff.
131 Nach Art. 83 II LV kann sich die Wahlperiode um maximal zwei Monate verkürzen oder um maximal 60 Tage verlängern.

bei den Regierungen *Kohl* und *Schröder* der Fall gewesen war.[132] Andererseits birgt das Recht die Gefahr, die Selbstauflösung als Mittel zu nutzen, bei günstigen demoskopischen Umfrageergebnissen die Machtverhältnisse festzuschreiben.[133] Da vom Selbstauflösungsrecht in Rheinland-Pfalz bisher noch nie Gebrauch gemacht wurde, scheint die Gefahr eher gering zu sein.

65 **cc) Fraktionen:** Die Legitimation von Fraktionsbildungen im Parlament folgt aus dem Grundsatz des freien Mandats (Art. 79 II 2 LV). Auch die Notwendigkeit, die parlamentarische Arbeit zu strukturieren und eine sichtbare und funktionelle Verbindung zur jeweiligen Partei zu schaffen, rechtfertigt die Existenz von Fraktionen.[134] Nähere Regelungen finden sich auf Landesebene[135] in Art. 85a LV, dem **Fraktionsgesetz** und der Geschäftsordnung des Landtags. § 8 I GOLT verlangt den Zusammenschluss von Abgeordneten, die derselben in den Landtag gewählten Partei oder Wählervereinigung angehören. Aus dem Grundsatz des freien Mandats (Art. 79 II 2 LV) folgt die Zulässigkeit auch **anderer Zusammenschlüsse von Abgeordneten**.[136]

66 Die Fraktionen sind weder Teile der Landesverwaltung noch üben sie öffentliche Gewalt aus (§ 1 I 2 FraktG). Als **rechtsfähige Vereinigungen** (§ 1 I FraktG) werden durch ihre Rechtsgeschäfte nur sie selbst, nicht das Land berechtigt und verpflichtet. Die Mitarbeiter stehen nur zu ihrer jeweiligen Fraktion in einem Arbeitsverhältnis. Die Fraktionen haben Anspruch auf eine **angemessene Ausstattung** (Art. 85a III LV).

67 **dd) Opposition:** Parlamentarische Opposition ist – wie die Verfassung volkspädagogisch formuliert – "**ein grundlegender Bestandteil der parlamentarischen Demokratie**" (**Art. 85b I LV**). Ein demokratischer Wechsel wäre ohne diese Alternative nicht denkbar.[137] Eine **Allparteienregierung** schließt Art. 85b I LV jedoch nicht aus.[138] Oppositionsfraktionen erhalten nach Art. 85b II LV eine etwas bessere Ausstattung, um bestimmte Vorteile der Regierungsfraktion(en) – z. B. Regierungsinformationen, Unterstützung durch den Regierungsapparat – zu kompensieren. Unklar ist, welchem Lager eine die Regierung lediglich duldende Fraktion zuzuschlagen ist.[139]

68 **ee) Selbstorganisation und Leitungsorgane:** Art. 85 LV verbürgt die **Parlamentsautonomie.** Sie "ist Ausdruck der Gewaltenteilung (Art. 77 I LV) und soll Unabhängigkeit und Selbständigkeit der Volksvertretung gewährleisten."[140] Dazu gehören insb.

- Geschäftsordnungsautonomie
- Wahl des Präsidenten und seiner Stellvertreter
- Hausrecht und Polizeigewalt des Präsidenten in den Landtagsgebäuden.

---

132 Zur Vertrauensfrage *Degenhart*, Rn. 683 ff.
133 *Glauben*, in: Grimm/Caesar, Art. 84 Rn. 1; *Oldiges*, in: Sachs, GG, Art. 68 Rn. 24 ff.
134 H. H. *Klein*, in: Fs. f. Badura, 2004, S. 272 ff. m.w.N.
135 Zur Bundesebene vgl. §§ 45 ff. AbgG.
136 BVerfGE 84, 304, 323 ff., 327 f.
137 *Edinger*, in: Grimm/Caesar, Art. 85b Rn. 1 m.w.N.
138 *Edinger* (Fn. 137), Rn. 6 m.w.N.
139 *Edinger* (Fn. 137), Rn. 10 m.w.N.
140 RhPfVerfGH, AS 29, 362, 367 m.w.N.

IV. Staatsorganisationsrecht

Die **Geschäftsordnung** wird überwiegend als autonome Satzung angesehen.[141] Sie entfaltet unmittelbare Bindungswirkung nur gegenüber den Mitgliedern des Parlaments, soweit nicht die Verfassung selbst eine Drittwirkung ermöglicht, wie z.B. im Rahmen des Hausrechts und der Polizeigewalt des Präsidenten (Art. 85 III 4 LV) oder der Ordnungsgewalt des Vorsitzenden einer Plenar- oder Ausschusssitzung gegenüber Regierungsmitgliedern (Art. 89 IV LV).

69

Leitungsorgane des Landtags sind der Präsident, der Vorstand (Art. 85 III LV, §§ 4, 5 GOLT) und der Ältestenrat (§§ 11 ff. GOLT). Der **Präsident** verwaltet die gesamten wirtschaftlichen Angelegenheiten des Landtags, ernennt und entlässt im Benehmen mit dem – aus ihm und seinen Stellvertretern (Vizepräsidenten) bestehenden – **Vorstand** alle Bediensteten des Landtags und führt die Dienstaufsicht. Er vertritt das Land in allen Angelegenheiten der Landtagsverwaltung und übt das Hausrecht sowie die Polizeigewalt im Landtagsgebäude aus (Art. 85 III LV). Wichtigstes Leitungsorgan ist der **Ältestenrat**, der den Präsidenten bei der Führung der Geschäfte unterstützt. Ihm gehören neben dem Vorstand elf weitere Abgeordnete an.

70

ff) Kontrollinstrumente des Landtags gegenüber der Regierung: Kontrolle ist eine der Grundfunktionen des Parlaments (Art. 79 I LV), die primär als Regierungskontrolle ausgestaltet ist.[142] So helfen parlamentarische Anfragen und Auskunftsersuchen (Art. 89a LV; **Interpellationsrecht**) den Abgeordneten, an Informationen zu gelangen, die für ihre parlamentarische Arbeit wichtig sind.[143] Sie dienen der (reinen) Information ebenso wie der Kontrolle der Regierung durch Parlament und Öffentlichkeit sowie der Einflussnahme auf das Regierungshandeln.[144] Art. 89a I LV verlangt von der Landesregierung, parlamentarische Anfragen unverzüglich zu beantworten. Eine Verweigerung der Antwort ist nur unter den engen Voraussetzungen des Art. 89a III LV zulässig.[145]

71

In inhaltlichem Konnex zu Art. 89a LV steht die **Unterrichtungspflicht der Landesregierung** (Art. 89b LV). Sie hat von sich aus den Landtag frühzeitig über Gesetzentwürfe, beabsichtigte Staatsverträge und sonstige Gegenstände von erheblicher landespolitischer Bedeutung – insb. Bundesrats- und EU-Angelegenheiten – zu unterrichten.

72

Weitere Kontrollinstrumente des Landtags:

73

- Der Landtag und seine Ausschüsse können durch Mehrheitsbeschluss (Art. 88 II 1 LV) die Anwesenheit jedes Mitglieds der Landesregierung verlangen (**Zitierrecht**, Art. 89 LV).

---

141 *Edinger*, in: Grimm/Caesar, Art. 85 Rn. 3; vgl. auch BVerfGE 1, 144, 148 f; *Magiera* (Fn. 110), Art. 40 Rn. 25 ff. m.w.N.
142 Näher *Gusy*, JA 2005, 395 f.
143 BVerfGE 13, 123, 125; 57, 1, 5; 67, 100, 129.
144 *Glauben/Edinger*, DÖV 1995, 941; *Jutzi*, ZParl 2003, 476 jew. m.w.N.
145 Zu den Pflichten der Regierung und den Grenzen der Antwortpflicht vgl. MVLVerfG, NJ 2003, 139 ff. m. Anm. *Jutzi*; *Edinger*, ZParl 2004, 305 ff.; ThürVerfGH, DVBl. 2009, 245; zu einer eventuellen Meinungsbildungspflicht ThürVerfGH, LKV 2003, 422 ff.; *Jutzi*, ZParl 2003, 476. Auch für das GG, das im Gegensatz zu den meisten Landesverfassungen keine ausdrückliche Verpflichtung enthält, ist eine Auskunfts- und Antwortpflicht anerkannt (BVerfGE 13, 123, 125; 57, 1, 5; *Linck*, DÖV 1983, 959; *Magiera*, Parlament und Staatsleitung, 1979, S. 262 ff.).

- Rechte kontrollierender Ausschüsse, wie insb. des **Untersuchungs-** (Art. 91 LV)[146] und des **Petitionsausschusses** (Art. 90 a LV).
- **Zwischenausschuss** (Art. 92 LV) als eigenständiges Verfassungsorgan zur Wahrung der Rechte des Parlaments gegenüber der Regierung für die Zeit nach der Auflösung des Landtags bis zum Zusammentritt des neuen Landtags.

74 gg) **Befassungsrecht:** In der Literatur[147] wird wohl (noch) überwiegend die Auffassung vertreten, ein Landtag dürfe sich nicht in eine Sachdiskussion über Angelegenheiten einlassen, die nicht in seine **Kompetenz** fallen. Hierfür spricht, dass sich der Staat und seine Organe, anders als Individuen, nicht auf die allgemeine Handlungsfreiheit oder Privatautonomie berufen können.

75 Nach anderen[148] folgt aus der **Debatten- und Öffentlichkeitsfunktion** die Befugnis des Parlaments, sich mit allem befassen zu können, wofür es in der Bevölkerung einen Informations- und Debattenbedarf gibt. Mit einiger Plausibilität streitet für diese Ansicht die Rechtsprechung des BVerfG zur Informationstätigkeit der Bundesregierung. Danach steht der Regierung die (stillschweigend mitgeschriebene) Kompetenz zu, "im Rahmen ihrer Öffentlichkeitsarbeit auch auf aktuelle streitige, die Öffentlichkeit erheblich berührende Fragen einzugehen und damit staatsleitend tätig zu werden".[149] Entsprechendes wird man den Parlamenten in Bund und Ländern nicht vorenthalten können.

76 hh) **Zum Procedere:** Der Landtag verhandelt grundsätzlich öffentlich (Art. 86 LV). Die Öffentlichkeit kann mit Zweidrittelmehrheit ausgeschlossen werden. Unter demokratischen Gesichtspunkten kommt der **Öffentlichkeit des Parlaments** eine zentrale Funktion zu. Nur auf diese Weise ist die Rückkopplung mit dem Volk als dem "Träger der Staatsgewalt" (Art. 74 II LV) bei der Wahrnehmung der parlamentarischen Aufgaben gesichert. Ob das Öffentlichkeitsgebot analog auch auf Sitzungen der Ausschüsse anwendbar ist, kann dahinstehen, da sie gem. § 80 GOLT grundsätzlich öffentlich sind.

77 Weitere Hinweise zu parlamentsbezogenen Regelungen, wie sie sich auch auf Bundesebene finden:
- **Wahrheitsgetreue Berichte** über die Verhandlungen in den öffentlichen Sitzungen des Landtags oder seiner Ausschüsse bleiben frei von jeder Verantwortung (Art. 87 LV; vgl. auch Art. 42 III GG).
- Die **Beschlussfähigkeit** des Landtags setzt die Anwesenheit der Hälfte der (gesetzlichen) Mitglieder voraus (Art. 88 I LV; vgl. auch § 45 GOBT); die **erforderliche Beschlussmehrheit** (grundsätzlich die Mehrheit der abgegebenen Stimmen; sog. einfache Mehrheit) regelt Art. 88 II LV (vgl. auch Art. 42 II GG).
- Regelungen zur **Idemnität und Immunität** finden sich in Art. 93 und 94 LV (vgl. auch Art. 46 GG). Das **Zeugnisverweigerungsecht** garantiert Art. 95 LV (vgl. auch Art. 47 GG).

---

146 Vgl. das Untersuchungsausschussgesetz (BS 1101-1) sowie *Glauben/Brocker*, Das Recht der parlamentarischen Untersuchungsausschüsse in Bund und Ländern, 2005.
147 BrandbVerfG, LVerfGE 12, 92 ff.; *Bismark*, DVBl. 1983, 833 ff.; *Jutzi*, NJ 1999, 243 jew. m.w.N.
148 *Wagner* (Fn. 128), Rn. 72; *Menzel*, DVBl. 1999, 1385 ff.; *Isensee* (Fn. 26), Rn. 195.
149 BVerfGE 105, 279, 301; im Erg. ebenso *Boewe*, Die parlamentarische Befassungskompetenz unter dem GG, 2001, S. 41 ff., 76 ff.

IV. Staatsorganisationsrecht

- Wer sich um ein Abgeordnetenmandat bewerben möchte, hat **Anspruch auf Urlaub** und genießt **Kündigungsschutz** (Art. 96 LV; vgl. auch Art. 48 I und II GG).
- Die gewählten Abgeordneten haben Anspruch auf eine angemessene, ihre Unabhängigkeit sichernde **Entschädigung** und auf eine zur Ausübung des Mandats erforderliche Ausstattung (Art. 97 I LV; vgl. auch Art. 48 III GG). Das Nähere ist im **Abgeordnetengesetz** (BS 1104-4) geregelt. Ein Verzicht auf die Entschädigung ist ausgeschlossen (Art. 97 II LV).

b) Landesregierung

aa) Konstituierung: Die Regierungsbildung vollzieht sich in mehreren Akten. Zunächst wird der **Ministerpräsident** – ebenso wie der Bundeskanzler – ohne Aussprache mit der Mehrheit der gesetzlichen Mitgliederzahl des Parlaments gewählt. Anschließend ernennt der Ministerpräsident die **Minister**. Die **Regierung** bedarf zur Übernahme der Geschäfte der ausdrücklichen Bestätigung des Landtags (Art. 98 II 1 – 3 LV).[150]

78

Umstritten ist, ob der **amtierende Ministerpräsident und seine Regierung zu Beginn einer neuen Wahlperiode** – wie dies bisheriger Praxis entspricht[151] – zurücktreten müssen. Nach einer Auffassung[152] bleibt der alte Ministerpräsident dauerhaft im Amt, es sei denn, er tritt freiwillig zurück, ihm wird das Vertrauen entzogen (Art. 99 II LV) oder sein Amt endet nach einer Anklage vor dem VerfGH (Art. 131 III LV). Diese Auffassung ist nicht beifallswürdig. Zwar endet das Amt eines Ministerpräsidenten – anders als dasjenige des LT-Präsidenten und seiner Stellvertreter (Art. 85 II 2 Halbs. 1 LV) – nicht automatisch mit dem Zusammentritt des neuen Landtags und er bleibt – selbst wenn er seinen Rücktritt erklärt – verpflichtet, die Geschäfte – zumindest grundsätzlich[153] – so lange weiterzuführen, bis ein neuer Ministerpräsident gewählt wird (Art. 98 III LV). Es ist jedoch dem **demokratisch-parlamentarischen Prinzip immanent, zu Beginn jeder Wahlperiode eine neue Landesregierung zu konstituieren**.[154] Das bedeutet: Eine Neuwahl ist anzustreben. Eine präzise Fristbestimmung enthält die LV unmittelbar nicht. Unter Berücksichtigung des Umstands, dass der Landtag spätestens am 60. Tag nach seiner Wahl zusammentreten muss (Art. 83 II 2 LV), er jedoch kaum verpflichtet sein dürfte, bereits in der ersten Sitzung den Versuch einer Neuwahl zu unternehmen, erscheint es angemessen, wenn er dieser Pflicht innerhalb weiterer 60 Tage nachkommt.

79

Die LV trifft weiter keine Vorsorge für den Fall, dass die **Wahl eines Ministerpräsidenten scheitert**. Weder ist eine Absenkung des Quorums vorgesehen (so Art. 63 IV 1 GG) noch – wie im Falle eines Vertrauensentzugs (Art. 99 IV LV; dazu Rn. 83) – eine Auflösung des Landtags. Diese Lücke kann im Wege einer Analogie geschlossen werden. Führen auch Wiederholungswahlen innerhalb von vier Wochen nach dem ersten erfolglosen Wahlgang zu keinem positiven Votum, ist der Landtag analog Art. 99 V LV aufgelöst.

80

---

150 Dazu i. E. *Gebauer* (Fn. 129), Rn. 16.
151 *Ley*, LKRZ 2007, 169 ff.
152 *Ley*, LKRZ 2007, 172 f.; *Schümer*, Die Stellung der Ministerpräsidenten in den Bundesländern im Vergleich, 2006, S. 103 ff. jew. m.w.N.
153 Zu Ausnahmen *Gebauer* (Fn. 129), Art. 99 Rn. 11.
154 *Süsterhenn/Schäfer*, Art. 98 Anm. 3 a.

Dasselbe hätte zu gelten, wenn der Landtag innerhalb von 120 Tagen nach seiner Wahl erst gar nicht versucht, einen Ministerpräsidenten zu wählen (Rn. 79).

81 **bb) Parlamentarische Einbindung und Verantwortlichkeit:** Die einzelnen **Kabinettsmitglieder** unterliegen einer starken parlamentarische Einbindung. So kann ein Minister nur mit Zustimmung des Landtags entlassen werden (Art. 98 II 4 LV). Tritt später ein neuer Minister in die Landesregierung ein, bedarf dieser der Bestätigung des Landtags (Art. 98 III LV). Neben dem Ministerpräsidenten und der Regierung als Kollegium kann der Landtag auch einzelnen Ministern das Vertrauen entziehen (Art. 99 II LV). Einem Bundesminister kann demgegenüber sein Amt **durch das Parlament** nur entzogen werden, indem der Bundeskanzler gestürzt wird. Die eigenständige Stellung des rheinlandpfälzischen Ministers gegenüber dem Landtag rechtfertigt es, ihm neben dem Kollegialorgan Regierung **Verfassungsorganqualität** beizumessen.[155] Dies hat Bedeutung für verfassungsgerichtliche Verfahren nach Art. 130 I LV (Rn. 172) und die Statthaftigkeit der Normenkontrolle gem. § 4 AGVwGO.[156]

82 Die starke parlamentarische Einbindung der Landesregierung wird weiter in Art. 105 II LV deutlich. Danach beschließt zwar die Landesregierung über die **Zuständigkeiten der einzelnen Minister**,[157] soweit darüber nicht gesetzliche Vorschriften getroffen sind. Die Beschlüsse der Landesregierung sind jedoch unverzüglich dem Landtag vorzulegen und auf sein Verlangen zu ändern oder außer Kraft zu setzen. Auch die Bestellung des Stellvertreters des Ministerpräsidenten bedarf der Zustimmung des Landtags.

83 Dem Ministerpräsidenten, der Landesregierung und einem einzelnen Minister kann nach **Art. 99 LV** das **Vertrauen entzogen** werden. Anders als beim Bundeskanzler bedarf es zur "Abwahl" des Ministerpräsidenten keines konstruktiven Misstrauensvotums (Art. 67 GG) durch Wahl eines neuen Ministerpräsidenten. Jedoch schwebt über dem Landtag das Damoklesschwert seiner **Auflösung**, falls er nicht innerhalb von vier Wochen nach dem Vertrauensentzug einer neuen Regierung das Vertrauen ausspricht (Art. 99 IV LV).

84 **cc) Ministerpräsident:** Die Art. 99 bis 105 LV beginnen ausnahmslos mit den Worten: "Der Ministerpräsident". Dies hängt damit zusammen, dass viele dieser Funktionen ursprünglich einem Staatspräsidenten zugedacht waren, im Laufe der Verfassungsberatungen jedoch auf den Ministerpräsidenten übergegangen sind.[158] Dem Ministerpräsident kommt sonach neben seiner Stellung als **Regierungschef** eine präsidiale Rolle (**oberster Repräsentant** des Landes) zu.[159]

---

155 RhPfVerfGH, AS 29, 215 ff. m.w.N. – st. Rspr.; vgl. auch OVG RhPf., NVwZ-RR 2009, 140 f. m.w.N.
156 Dazu § 2 Rn. 49 sowie u. Rn. 179.
157 Aus dieser Regelung folgt zugleich, dass eine Zusammenlegung zweier Ressorts (z.B. Innen- und Justizministerium) ohne gesetzliche Regelung wegen des Grundsatzes des Vorbehalts des Gesetzes unzulässig wäre (so aber für NRW NRWVerfGH, NJW 1999, 1234 ff.; krit dazu *Sendler*, NJW 1999, 1232; *Böckenförde*, NJW 1999, 1235; *Sommermann* (Fn. 22), Rn. 284).
158 *Klaas*, S. 68 f. sowie Rn. 8.
159 *Schümer* (Fn. 152), S. 75 ff.; krit. zum Begriff eines "Staatsoberhaupts" – auch unter dem Aspekt der Repräsentation – *Wiegand*, AöR 133 (2008), 475 ff.

IV. Staatsorganisationsrecht

Beispiel (VerfGH, LKRZ 2007, 60):[160]
Acht Tage vor der Bundestagswahl 2005 fand in der Mainzer Staatskanzlei ein „Tag der offenen Tür" statt, zu dem der Ministerpräsident eingeladen hatte. Die CDU-Landtagsfraktion sah darin einen Verstoß gegen das Demokratieprinzip sowie gegen die Grundsätze der freien Wahl und der Chancengleichheit der Parteien.
Der VerfGH verwies auf die Stellung des Ministerpräsidenten. Er sei ranghöchster Repräsentant des Landes und herausgehobenes Verfassungsorgan (Art. 101 LV ff.). Dies eröffne für regierungsamtliche Öffentlichkeitsarbeit einen spezifischen – auf Aufgaben- und Zuständigkeitsbereich bezogenen – Handlungsraum. Die Öffentlichkeitsarbeit sei jedoch dem Gebot parteipolitischer Neutralität verpflichtet und unterliege in Vorwahlzeiten grundsätzlich dem Gebot äußerster Zurückhaltung. Die verfassungsrechtlichen Grenzen regierungsamtlicher Öffentlichkeitsarbeit seien grundsätzlich auch im Verhältnis von Bund und Ländern zu wahren. Allerdings gelte für die Öffentlichkeitsarbeit der Landesregierung im nahen Vorfeld einer Bundestagswahl mit Blick auf die Eigenständigkeit der jeweiligen Verfassungsräume nicht zwangsläufig das Gebot äußerster Zurückhaltung. Maßgeblich sei vielmehr, ob sie parteiergreifend in den Bundestagswahlkampf hineinwirkt. Die verfassungsrechtlichen Grenzen waren im konkreten Fall eingehalten worden.

Der Ministerpräsident vertritt das Land außerdem nach außen (Art. 101 S. 1 LV),[161] ernennt und entlässt die Beamten und Richter des Landes (Art. 102 LV)[162] und ihm steht primär das Recht der Begnadigung zu (Art. 103 LV).

dd) Richtlinienkompetenz, Kollegial- und Ressortprinzip: Art. 104 LV weist dem Ministerpräsidenten die **Richtlinienkompetenz** zu und legt gleichzeitig das **Ressortprinzip** fest, wonach innerhalb der Richtlinien des Regierungschefs jeder Minister seinen Geschäftsbereich selbständig und in eigener Verantwortung gegenüber dem Landtag leitet. Das nicht ausdrücklich angesprochene **Kollegialprinzip** folgt insb. aus Art. 105 LV.[163] Nach Art. 105 I LV führt der Ministerpräsident den Vorsitz in der Landesregierung. Bei Stimmengleichheit gibt seine Stimme den Ausschlag. Art. 105 III LV verlangt bei Meinungsverschiedenheiten über Fragen, die den Geschäftsbereich mehrerer Minister berühren, eine Entscheidung der Landesregierung. Im Übrigen regelt die **Geschäftsordnung der Landesregierung**, über was das Kabinett entscheidet. Dazu gehören z. B. Entwürfe von Landesgesetzen (folgt aus Art. 108 LV) und sonstige Vorlagen, die dem Landtag zur Beschlussfassung zugeleitet werden.

85

Herausragende politische Bedeutung kommt dem **Abstimmungsverhalten des Landes im Bundesrat** zu (Rn. 43). Da die Stimmen eines Landes im Bundesrat nur einheitlich abgegeben werden können (Art. 51 III 2 GG),[164] muss das Abstimmungsverhalten der Bundesratsmitglieder vorher in der Landesregierung festgelegt werden.[165] Regelmäßig enthalten **Koalitionsvereinbarungen**[166] Festlegungen, wonach ein Koalitionspartner in einer für ihn wesentlichen Frage im Kabinett nicht überstimmt werden darf. Damit wird das Mehrheitsprinzip des Art. 105 I LV nicht außer Kraft gesetzt. Man einigt sich lediglich im Koalitionsvertrag, der zwischen den politischen Parteien geschlossen wird,

86

---

160 Dazu *Hufen*, LKRZ 2008, 41 ff.; vgl. auch Rn. 48.
161 *Ebling*, in: Grimm/Caesar, Art. 101 Rn. 5 f.; *Süsterhenn/Schäfer*, Art. 101 Anm. 1 f.
162 Zur Ausnahme für die Landtagsverwaltung nach Art. 85 III 2 LV vgl. Rn. 70.
163 *Gebauer* (Fn. 129), Art. 104 Rn. 9.
164 BVerfGE 106, 310, 331.
165 *Robbers* (Fn. 43), Art. 51 Rn. 10 f. m.w.N.
166 Näher *Schröder*, in: v. Mangoldt/Klein/Starck II, Art. 63 Rn. 16 ff.; *Oldiges*, in: Sachs, GG, Art. 65 Rn. 17; *Schulze-Fielitz*, JA 1992, 332 ff.

die Meinungs- und Entscheidungsfindung im Kabinett in bestimmter Weise herbeizuführen. Die Abstimmung erfolgt meistens einstimmig. Damit ist Art. 105 LV Genüge getan.[167]

c) Verfassungsgerichtshof

87 Bundes- und Landesverfassungsgerichtsbarkeit stehen grundsätzlich selbständig nebeneinander.[168] Im Rahmen der Darstellung der Verfassungsorgane genügt es im Wesentlichen **Art. 134 LV** in den Blick zu nehmen. Der VerfGH ist **Gericht** und **Verfassungsorgan**.[169] Er ist gerichtstypisch organisiert, seine Existenz und Zuständigkeiten ergeben sich unmittelbar aus der Verfassung und ihm ist es vorbehalten, am Maßstab der LV über die Verfassungswidrigkeit von Landesgesetzen mit Gesetzeskraft zu entscheiden (Art. 136 II LV).

88 Die **personelle Zusammensetzung** regelt Art. 134 II LV. Die Ämter des Präsidenten des OVG Rheinland-Pfalz und des VerfGH werden in Personalunion geführt. Der VerfGH besteht aus dem Präsidenten des OVG als Vorsitzendem, aus drei weiteren Berufsrichtern und aus fünf weiteren Mitgliedern, die nicht die Befähigung zum Richteramt haben müssen (ordentliche Mitglieder). Der Vizepräsident des OVG vertritt den Präsidenten des VerfGH. Alle Mitglieder, mit Ausnahme des Präsidenten und des Vizepräsidenten, werden vom Landtag mit Zweidrittelmehrheit auf die Dauer von sechs Jahren gewählt. Eine Wiederwahl ist einmal zulässig.

3. Gesetzgebung

a) Gesetzgebungskompetenz

89 Die Länder haben das Recht zur Gesetzgebung, soweit das GG dieses nicht dem Bund verleiht (Art. 70 GG). Neben speziellen Kompetenzzuweisungen sind insb. die Art. 72 ff. GG einschlägig. Weiter ist der **räumliche Zuständigkeitsbereich** des Landes einzuhalten. Eine Regelung muss einen Bezug insb. zum Territorium des Landes oder seiner Einwohner aufweisen. Die Kompetenz ist daher sowohl im Verhältnis zum Bund wie auch gegenüber anderen Ländern und Staaten begrenzt.

b) Parlamentarische Gesetzgebung

90 aa) **Initiativberechtigte:** Nach **Art. 108 LV** können Gesetzesvorlagen im Wege des Volksbegehrens (dazu Rn. 104), aus der Mitte des Landtags (Ausnahme: Entwurf von Haushaltsgesetz und -plan,[170] Art. 118 S. 1 LV, § 29 I LHO) oder durch die Landesregierung eingebracht werden. **Gesetzesvorlagen aus der Mitte des Landtags** können von einer Fraktion oder von acht Abgeordneten eingebracht werden (§ 51 I 1 GOLT). Der **Lan-**

---

167 *Jutzi*, ZRP 1996, 380, 383 f. m.w.N.
168 *Meyer*, in: Grimm/Caesar, Art. 134 Rn. 1.
169 RhPfVerfGH, DÖV 2004, 250, 252; *Meyer* (Fn. 168), Rn. 10 f.; *Held*, in: Grimm/Caesar, Art. 135 Rn. 3; *Hensgen*, S. 19 ff.
170 *Franke*, in: Grimm/Caesar, Art. 108 Rn. 16; *Trzaskalik*, ebd., Art. 116 Rn. 7; vgl. auch mit bundesweitem Verfassungsvergleich *Günther*, LKRZ 2008, 321, 322 ff. m.w.N.

IV. Staatsorganisationsrecht

desregierung steht das Gesetzesinitiativrecht als Kollegialorgan zu.[171] Eine Erweiterung des Kreises der Initiativberechtigten ist ohne Verfassungsänderung nicht möglich.[172]

Die Verfassung stellt an eine Gesetzesvorlage explizit keine Anforderungen in formaler und inhaltlicher Hinsicht. Allgemein wird ein schriftlicher und vollständig ausformulierter Gesetzestext verlangt, der den Einbringer erkennen lässt.[173] Bei den sich aus § 51 I 2, III GOLT ergebenden Begründungspflichten handelt es sich um Ordnungsvorschriften, deren Verletzung mangels **Verfassungs**verstoßes nicht zur Nichtigkeit eines gleichwohl vom Landtag beschlossenen Gesetzes führt.[174] Der Landtag kann aber die Behandlung (dazu Rn. 93 f.) einer nicht begründeten Vorlage ablehnen. 91

Art. 68 LV verpflichtet die Landesregierung, die **Vereinigungen von Arbeitnehmern und Arbeitgebern** u. a. zu Gesetzentwürfen wirtschafts- und sozialpolitischen Inhalts zu hören. Der Landtag hat sich dazu selbst verpflichtet, wenn die Landesregierung ihrer verfassungsrechtlichen Pflicht nicht nachgekommen ist (§ 81 III GOLT). Da es bei der Landesregierung um eine verfassungsrechtliche Pflicht geht, legt dies bei einem Verstoß gegen die Bestimmung die Unwirksamkeit einer Initiative nahe. Anderseits wird man kaum annehmen dürfen, die Verfassung habe die Wirksamkeit einer Handlung eines Verfassungsorgans von der Anhörung gesellschaftlicher Gruppen abhängig machen wollen.[175] 92

bb) Weiteres Verfahren bis zum Gesetzesbeschluss: Mit einer ordnungsgemäß eingebrachten Gesetzesvorlage muss der Landtag sich befassen und darüber beschließen.[176] Das Gesetzgebungsverfahren im Einzelnen regelt die **Geschäftsordnung** (§§ 51 ff. GOLT). Gesetzentwürfe auf Änderung der Verfassung sind danach in drei Beratungen, sonstige Gesetzentwürfe grundsätzlich in zwei Beratungen zu behandeln (§ 52 I 1 GOLT). In der Regel wird ein Gesetzentwurf nach der ersten Beratung einem oder mehreren Ausschüssen zur Beratung überwiesen (§ 54 I GOLT). Diese Geschäftsordnungsregelungen sind nicht alle im Detail verfassungsrechtlich geboten. 93

Beispiel:
Anlässlich der Beratung einer Verfassungsänderung verzichtet der Landtag auf eine dritte Beratung, da bei der ersten Beratung schon alle Argumente ausgetauscht worden seien und die im federführenden Ausschuss durchgeführte Expertenanhörung nichts Neues gebracht habe. Der Verstoß gegen § 52 I 1 GOLT führt nicht automatisch zur Verfassungswidrigkeit des verfassungsändernden Gesetzes. Es kommt aber ein Verstoß gegen das Demokratieprinzip (Art. 74 LV) in Betracht, dessen wesentliche Ausprägungen vor Verfassungsänderungen geschützt sind (Art. 129 II LV, sog. Ewigkeitsgarantie). Öffentliche Debatte und Diskussion sind zwar wesentliche Elemente des demokratischen Parlamentarismus (Rn. 76; vgl. auch Art. 79 I LV), dennoch müssen Gesetze

---

171 *Franke* (Fn. 170), Rn. 14.
172 Zum G. über den Kommunalen Rat (BS 2020-10) vgl. *Jutzi*, ZG 1999, 126 ff., 129; *Franke* (Fn. 170), Rn. 15; *Weinberg*, ZG 2004, 373 ff. m.w.N.
173 *Franke* (Fn. 170), Rn. 6 m.w.N.
174 *Pieroth*, in: Jarass/Pieroth, Art. 76 Rn. 3 m.w.N.; a. A. *Franke* (Fn. 170), Rn. 7.
175 Dazu näher *Jutzi*, in: Grimm/Caesar, Art. 68 Rn. 16.
176 Zum GG vgl. BVerfGE 1, 144, 153; 84, 304, 329; *Pieroth* (Fn. 174), Rn. 4 m.w.N. sowie Art. 76 III GG speziell für Vorlagen des Bundesrats.

nicht zwingend in drei Beratungen behandelt werden.[177] Auch die Bündelung zweier Beratungen an einem Tag wäre zulässig.[178]

94 Die Verfassung stellt **keine materiellen Anforderungen**, auch verfassungswidrige Gesetzentwürfe unterliegen parlamentarischer Behandlung[179] (anderes gilt für Volksinitiative und Volksbegehren; s. Rn. 106). Der Landtag kann verfassungswidrige Vorlagen im Laufe der Beratungen verändern oder die Vorlage ablehnen. Der **Gesetzesbeschluss** des Landtags bedarf der Mehrheit der abgegebenen Stimmen (Art. 88 II 1 LV). Bei **Verfassungsänderungen** ist die Mehrheit von zwei Dritteln der gesetzlichen Mitgliederzahl des Landtags (Art. 129 I LV) erforderlich. In formaler Hinsicht ist dem **Textänderungsgebot** (Art. 129 I LV),[180] in materieller Hinsicht der sog. **Ewigkeitsgarantie** (Art. 129 II, III LV) Rechnung zu tragen.

95 cc) **Ausfertigung und Verkündung**: Die verfassungsgemäß zustande gekommenen Gesetze hat der **Ministerpräsident** auszufertigen und innerhalb eines Monats im Gesetz- und Verordnungsblatt zu verkünden (**Art. 113 I LV**). Es stellen sich dieselben Fragen wie zur Prüfungskompetenz des Bundespräsidenten.[181] Unzweifelhaft steht dem Ministerpräsidenten die – vor allem das ordnungsgemäße Gesetzgebungsverfahren betreffende – **formelle Prüfungskompetenz** zu. Wohl überwiegend wird ihm auch eine **materielle Prüfungskompetenz** konzediert; jedenfalls kommt ihm ein beachtlicher Beurteilungsspielraum zu.[182]

96 Die – inhaltlich an Art. 72, 73 WRV anknüpfenden – **Art. 114, 115 LV** ermöglichen einem Drittel des Landtags,[183] das Wirksamwerden eines Gesetzes durch **Aussetzung der Verkündung** aufzuhalten, um einen Volksentscheid zu ermöglichen, mit dessen Durchführung sich Art. 115 LV befasst.[184]

97 dd) **Gesetzgebung nach Art. 80 IV GG**: Die Länder sind nach Art. 80 IV GG zu einer **Regelung "auch durch Gesetz befugt"**, soweit bundesrechtlich Landesregierungen ermächtigt sind, Rechtsverordnungen zu erlassen. Die Einordnung eines solchen Gesetzes ist umstritten. Es wird gesagt, es handele sich nicht um originär-eigene Rechtsetzung des Landesgesetzgebers, sondern um "Gesetze an Verordnungs Statt". Ein Gericht, das ein solches Gesetz für nichtig halte, müsse es nicht dem BVerfG (Art. 100 I GG) oder VerfGH (Art. 130 III LV) vorlegen.[185] Andere[186] sehen darin eine **echte förmliche Ge-**

---

177 SaarlVerfGH, DÖV 2006, 428.
178 SaarlVerfGH, AS 21, 278, 292.
179 Vgl. *Franke* (Fn. 170), Rn. 9 m.w.N.
180 Das Gebot wurde erst 1991 in den Text der LV aufgenommen, war aber schon vorher Art. 129 I LV zu entnehmen, sodass seine spätere Aufnahme in die LV mit Art. 129 III LV vereinbar ist; *Frey*, in: Grimm/Caesar, Art. 129 Rn. 21.
181 Vgl. *Maurer*, § 17 Rn. 86 ff.; *Gröpl*, Rn. 1270 ff.; *Rau*, DVBl. 2004, 1 ff.; *Schoch*, ZG 2008, 209 ff. jew. m.w.N.
182 *Franke* (Fn. 170), Art. 113 Rn. 10.
183 Gemeint ist wohl der Mitglieder des Landtags; vgl. *Franke* (Fn. 170), Art. 114 Rn. 8 f. m.w.N.
184 *Franke* (Fn. 170), Art. 115 Rn. 1 ff.
185 *Schütz*, NVwZ 1996, 38 ff.; *Nierhaus*, BK, Art. 80 Rn. 882 ff.; *Sieckmann*, in: v. Mangoldt/Klein/Starck III, Art. 100 Rn. 25; *Brenner*, in: v. Mangoldt/Klein/Starck III, Art. 80 Rn. 108; *Wagner/Brocker*, NVwZ 1997, 759.
186 *Maurer*, § 17 Rn. 148; *Sommermann*, JZ 1997, 759; *Bryde*, in: v. Münch/Kunig II, Art. 80 Rn. 34; *Clemens*, in: Umbach/Clemens, GG, Art. 100 Rn. 54; *Rubel*, ebd., Art. 80 Rn. 43; *Jutzi*, ZG 1999, 243; *ders.*, NVwZ 2000, 1390 ff.; *Pieroth*, in: Jarass/Pieroth, Art. 80 Rn. 7a.

setzgebung, bei der eine Vorlagepflicht nach Art. 100 I GG bzw. 130 III LV besteht. Für letzteres spricht der Sinn der Vorlagepflicht, die Autorität der Parlamente zu wahren. Im Übrigen gibt es nach inzwischen gefestigter Meinung keinen inhaltlich vorgegebenen Gesetzesbegriff.[187]

Dem steht nicht die Rechtsprechung des BVerfG[188] entgegen, wonach **durch den Gesetzgeber geänderte Verordnungen** kein förmliches – folglich nicht vorlagepflichtiges – Gesetzesrecht darstellen, weil eine Norm die Betroffenen nicht im Unklaren über ihren Rang und den daran anknüpfenden effektiven Rechtsschutz lassen dürfe. Diese Erwägung passt nicht auf Art. 80 IVGG, worin die Landesparlamente gerade zur Gesetzgebung ermächtigt werden. Der Gesetzgeber ändert im Übrigen auf Grundlage des Art. 80 IV GG kein Verordnungsrecht, was erst zu Unklarheiten in der Normenhierarchie führt, sondern er beschließt ein Gesetz. **98**

c) Exekutivgesetzgebung

aa) **Notstandsgesetzgebung:** Zu einer Notstandsgesetzgebung ist es bisher nicht gekommen. Art. 111 LV befasst sich mit dem **nicht politischen** (z. B. Naturkatastrophen), **Art. 112 LV** mit dem **politischen Notstand**. In beiden Fällen kann die Landesregierung **Verordnungen mit Gesetzeskraft** erlassen. Die Regierung hat den Landtag oder den Zwischenausschuss (Art. 92 LV; s. Rn. 73) sofort einzuschalten (wegen Genehmigung bzw. Außerkraftsetzungsverlangens). Bei nicht politischem Notstand muss eine Verordnung mit Gesetzeskraft die Verfassung beachten. Grundrechte dürfen danach eingeschränkt werden, soweit der Landesgesetzgeber dazu durch Gesetz befugt wäre.[189] Beim politischen Notstand verlangt Art. 112 LV, die Grundrechte nicht anzutasten. Da eine solche Gefahr kaum zu bekämpfen ist, ohne zumindest die allgemeinen Handlungsfreiheit einzuschränken, wird für Art. 112 LV dasselbe wie für Art. 111 LV zu gelten haben.[190] **99**

bb) **Rechtsverordnungen:** Für den Bereich der Landesgesetzgebung lässt **Art. 110 I LV** die Delegation von Rechtssetzungsbefugnissen auf die Exekutive im Verordnungswege zu. Art. 110 I LV stimmt im Wesentlichen mit Art. 80 I GG überein.[191] Es gilt daher weitgehend dasselbe wie für Art. 80 I GG (Zitiergebot,[192] Bestimmtheitsgebot, Delegation). Lediglich die **Ermächtigungsadressaten** werden nicht abschließend bestimmt; im Zweifel ist die Landesregierung zuständig (Art. 110 II LV). **100**

d) Volksgesetzgebung

Während das GG (Art. 29, 118, 118a) Volksbegehren und Volksentscheid lediglich über Fragen der Neugliederung des Bundesgebiets zulässt, sind diese Formen der Volksgesetzgebung in den Verfassungen sämtlicher Länder verankert.[193] **101**

---

187 BVerfGE 18, 389, 391; *Achterberg*, Parlamentsrecht, 1984, S. 735 f.; *Roellecke*, Der Begriff des positiven Gesetzes und das GG, 1969, S. 278 ff.; *Franz*, ZG 2008 140 ff.
188 BVerfG, NVwZ 2006, 191 ff. sowie 322 ff.
189 *Franke* (Fn. 170), Art. 111 Rn. 7.
190 Zweifelnd *Franke* (Fn. 170), Art. 112 Rn. 12.
191 Die Kernaussagen des Art. 80 I GG binden die Länder ohnehin (BVerfGE 32, 346, 360 f.; 58, 257, 277).
192 Das Zitiergebot des Art. 110 I LV gilt nicht für Satzungen (z. B. nach § 88 I LBauO; vgl.OVG RhPf., AS 36, 381, 383 f. (auch zu den allg. rechtsstaatlichen Anforderungen).
193 Nachw. bei *Franke* (Fn. 170), Art. 109 Rn. 6, Art. 108a Rn. 4 (zur Volksinitiative).

102 **aa) Volksinitiative:** Nach Art. 108a I LV haben Staatsbürger (Art. 75 II LV; s. Rn. 20) das Recht, den Landtag im Rahmen seiner Entscheidungszuständigkeiten[194] mit bestimmten Gegenständen der politischen Willensbildung zu befassen. Der Volksinitiative kann auch ein ausgearbeiteter Gesetzentwurf zugrunde liegen. Wird dieser vom Landtag nicht innerhalb von drei Monaten nach Zustandekommen der Volksinitiative als Gesetz verabschiedet, kann die Durchführung eines Volksbegehrens beantragt werden (Art. 108a II LV).

103 **Finanzfragen, Abgabengesetze und Besoldungsordnungen** dürfen nicht Gegenstand einer Volksinitiative sein (Art. 108a I 2 LV). Zustande gekommen ist die Initiative, wenn sie von **mindestens 30.000 Stimmberechtigten** (ca. 1 % aller Stimmberechtigten) unterzeichnet wurde (Art. 108a II 1 LV). Liegt ihr ein Gesetzentwurf zugrunde, gelten weitgehend dieselben formellen und materiellen Voraussetzungen wie für ein Volksbegehren.

104 **bb) Volksbegehren und Volksentscheid:** Mit Hilfe dieser klassischen Institute unmittelbarer Demokratie kann das Volk selbst **Gesetze – auch Verfassungsänderungen** (Art. 129 I LV) – **beschließen oder den Landtag auflösen (Art. 109 LV).** Ein Volksbegehren kann über den Weg einer Volksinitiative (Rn. 102) oder (autonom) durch Unterschriften von 300.000 Stimmberechtigten (ca. 10 %) in Gang gesetzt werden. Weiter kann ein Gesetz, dessen Verkündung ausgesetzt wurde (Art. 114 S. 1 LV; Rn. 96), dem Volksentscheid unterbreitet werden, wenn 150.000 Stimmberechtigte (ca. 5 %) dies im Wege des Volksbegehrens verlangen (Art. 115 I 1 LV).

105 Auch das Volk darf als Gesetzgeber nur tätig werden, soweit dem Land die **Gesetzgebungskompetenz** zusteht. **Formell** setzt ein Volksbegehren einen **ausgearbeiteten Gesetzentwurf** voraus (Art. 109 II 2 LV). Eine **Gesetzesbegründung** ist einfach gesetzlich (§ 63 II Nr. 1 LWahlG; für die Volksinitiative § 60e II Nr. 1 LWahlG) vorgeschrieben.

106 In materiell-rechtlicher Hinsicht sind Volksbegehren unzulässig, die dem Vorspruch der LV, den in Art. 1 und 74 LV niedergelegten Grundsätzen oder Art. 129 I LV widersprechen (**Art. 129 II, III LV, sog. Ewigkeitsgarantie**). Da der Landtag den Inhalt eines Volksbegehrens kaum beeinflussen kann, sind darüber hinaus Volksbegehren mit verfassungswidrigem Inhalt generell unzulässig (§ 61 II 2 LWahlG; zur Volksinitiative § 60d S. 3 LWahlG), um das Zustandekommen eines verfassungswidrigen – und damit nichtigen – Gesetzes im Wege eines aufwendigen Volksentscheids zu vermeiden.[195]

107 Anknüpfend an Art. 73 IV WRV schränken alle Landesverfassungen direkt demokratische Verfahren sachlich-inhaltlich ein. Die Formulierungen sind jeweils recht unterschiedlich. Während die rheinland-pfälzische (Art. 108a I 2, 109 III 3) und die nordrhein-westfälische (Art. 68 I 4) Verfassung die Volksgesetzgebung insb. über "**Finanzfragen**" bzw. die saarländische (Art. 99 I 3) über "finanzwirksame Gesetze" allgemein ausschließen, wird in der überwiegenden Zahl der Länder auf den Haushalt(splan),[196]

---

194 Dazu *Franke* (Fn. 170), Art. 108a Rn. 7 sowie Rn. 74 f.
195 BayVerfGHE 40, 94, 102 f.; BremStGH, NVwZ 1987, 576; *Franke* (Fn. 170), Art. 109 Rn. 14. Anderes gilt für sonstige Gesetzesvorlagen (Rn. 94).
196 Art. 73 BayVerf.; Art. 62 V BerlVerf.; Art. 76 II BbgVerf.; Art. 70 BremVerf.; Art. 124 I 3 HessVerf.; Art. 59 III MVVerf.; Art. 48 I 3 NdsVerf.; Art. 41 II SchlHVerf.; Art. 82 II ThürVerf.

IV. Staatsorganisationsrecht

das Haushaltsgesetz[197] oder Haushaltsangelegenheiten[198] abgestellt. Daneben gibt es noch weitere Einschränkungen (z. B. Besoldungsgesetze, Personalentscheidungen, Verfassungsänderungen).

Trotz dieser heterogenen Verfassungslage lässt sich in der **Verfassungsrechtsprechung** 108 – mangels landeseigener Praxis[199] jedoch nicht in Rheinland-Pfalz – eine Tendenz zu einer gewissen Einheitlichkeit ausmachen.[200] Soweit sich die Finanztabus lediglich auf den **Haushalt** beziehen, ging es um die Frage, ob und inwieweit sonstige finanzwirksame Gesetze von dem Ausschluss erfasst werden. Schon zur Weimarer Zeit wurde wohl überwiegend unter dem Begriff "Haushaltsplan" neben dem Haushaltsgesetz im engeren Sinne jedes Gesetz verstanden, welches einen unmittelbaren Einfluss auf den Gesamtbestand des Haushaltsplans ausübt, ein Gesetz, "das infolge der von ihm angeordneten Einnahmen oder Ausgaben den Staatshaushalt wesentlich beeinflusst".[201] Zu einem entsprechenden Ergebnis sind inzwischen die meisten Verfassungsgerichte gekommen.[202]

Um die Volksgesetzgebung nicht praktisch leer laufen zu lassen, hat der NRWVerfGH 109 den weiten Begriff der **Finanzfragen** mit "gegenläufiger" Begründung eng interpretiert. Um solche handelt es sich "in der Regel nicht schon dann, wenn ein Gesetz finanzielle Auswirkungen mit sich bringt, etwa durch Schaffung neuer Behörden, Einführung neuer Schulen oder Ausbildungsstätten".[203] Dies wird auch für die entsprechende Gesetzeslage in **Rheinland-Pfalz** zu gelten haben. Ein Volksbegehren ist erst dann unzulässig, wenn der zugrunde liegende Gesetzentwurf nach seinem Gesamtinhalt das Gleichgewicht des Haushalts stört und damit das Budgetrecht des Parlaments beeinträchtigt.

Ein Volksbegehren wird inhaltlich weiter durch das – verfassungsrechtlich fundierte[204] 110 – sog. **Koppelungsverbot** beschränkt: "Mehrere selbständige Angelegenheiten können nicht Gegenstand eines Volksbegehrens sein" (§ 61 III LWahlG; zur Volksinitiative § 60d S. 4 LWahlG). Da es bei Volksbegehren und Volksentscheid nur ein Ja oder Nein gibt, sollen die Bürger nicht gezwungen werden, entweder alles zu beschließen oder alles abzulehnen.

Das Nähere zum Verfahren regelt das **Landeswahlgesetz** (vgl. zur Volksinitiative 111 §§ 60d ff., zum Volksbegehren §§ 61 ff., zum Volksentscheid §§ 77 ff.):

---

197 Art. 60 BadWürttVerf.; Art. 73 I SächsVerf.; Art. 81 I 3 SachsAVerf.
198 Art. 50 I 2 HbgVerf.
199 Volksbegehren (1956) und Volksentscheide (1975) gab es in Rheinland-Pfalz in einzelnen Landesteilen nach Art. 29 II GG (vgl. Rn. 12 f.). Der Versuch eines landesrechtlichen Volksbegehrens zur Wiedereinführung des Buß- und Bettages als gesetzlichen Feiertag verfehlte das erforderliche Quorum; vgl. *Franke* (Fn. 170), Art. 109 Rn. 4.
200 Dazu *Jutzi*, ZG 2003, 273 ff. m.w.N.
201 *Anschütz*, WRV, Komm., 14. Aufl. 1933, Art. 73 Anm. 10; *Jach*, DVP 1999,181.
202 BayVerfGHE 29, 244, 267 ff.; 47, 276, 303 ff.; BayVBl. 2000, 397, 399 f.; DÖV 2008, 817 ff. = JuS 2009, 168 (zu Volksbegehren über einzelne Haushaltsansätze); krit. *Degenhart*, BayVBl. 2008, 453 ff.; BremStGH, LVerfGE 6, 123, 145 ff.; BVerfGE 102, 176, 185 ff. (als VerfG für SchlH, Art. 99 GG); BbgVerfGH, LVerfGE 12, 119, 129 ff.; HbgVerfG, DVBl. 2006, 631, 635 ff.; ThürVerfGH, LVerfGE 12, 405, 444 ff.; vgl. auch *Jutzi*, ZG 2003, 280 ff.; *Platter*, ZParl 2004, 496 ff. m.w.N. *Anders* der SächsVerfGH (SächsVBl. 2002, 236 = NJ 2002, 587 m. Anm. *Jutzi*), der lediglich auf das Haushaltsgesetz abstellt.
203 NRWVerfGH, NVwZ 1982, 188, 189; dazu *Mann*, in: Löwer/Tettinger, NRWVerf., Komm., 2002, Art. 68 Rn. 22 m.w.N.
204 Vgl. z. B. BayVerfGH, NJW 2001, 3771 ff. m.w.N.

§ 1 Staatsrecht

- Ein Volksbegehren ist an die Landesregierung zu richten und unterliegt einem **Zulassungs- und Eintragungsverfahren**.
- Wird der **Zulassungsantrag abgelehnt**, können die Antragsteller den VerfGH anrufen (§ 75 LWahlG).
- Im Falle der **Zulassung** setzt der Landeswahlleiter Beginn und Ende der **Frist** fest, innerhalb derer die **Eintragung für das Volksbegehren** erfolgen kann.
- Das **Ergebnis des Volksbegehrens** wird vom Landeswahlausschuss festgestellt (§ 72 LWahlG). Anschließend übersendet der Landeswahlleiter die Unterlagen über das Volksbegehren der **Landesregierung**, die das Volksbegehren unverzüglich **mit einer eigenen Stellungnahme dem Landtag unterbreitet** (§ 73 LWahlG).[205]
- Über die dem **Landtag** zugeleiteten Volksbegehren **hat dieser innerhalb von drei Monaten zu beschließen**. Nimmt er einen Gesetzentwurf an oder beschließt er seine Selbstauflösung, entfällt der Volksentscheid (§ 74 I, II LWahlG).
- Lehnt der Landtag das Volksbegehren ab[206] oder war im Falle der ausgesetzten Verkündung nach Art. 115 I LV ein Volksbegehren zustande gekommen, **leitet die Landesregierung** einen **Volksentscheid** ein (§ 77 I LWahlG).
- Den Tag der **Abstimmung** setzt die Landesregierung fest.
- Ein Gesetz ist im Wege des Volksentscheids angenommen bzw. der Landtag durch Volksentscheid aufgelöst, wenn die **Mehrheit** der abgegebenen gültigen Stimmen dem Volksentscheid zugestimmt und sich mindestens ein Viertel der Stimmberechtigten an der Abstimmung beteiligt hat (Art. 109 IV 3 LV). **Verfassungsändernde Gesetze** bedürfen der Zustimmung der Mehrheit der Stimmberechtigten (Art. 129 I LV).
- Ein durch Volksentscheid angenommenes **Gesetz** ist durch den Ministerpräsidenten **auszufertigen und zu verkünden** (§ 83 LWahlG). Die **Auflösung des Landtags** wird von dessen Präsidenten im Gesetz- und Verordnungsblatt **bekannt gemacht** (§ 84 LWahlG).

112 cc) **Verhältnis parlamentarischer Gesetzgebung zur Volksgesetzgebung:** Der BayVerfGH und der ThürVerfGH[207] sprechen der Volksgesetzgebung lediglich eine **Ergänzungsfunktion** zu. Der BremStGH[208] sieht in der Volksgesetzgebung vor allem ein Institut zur Durchsetzung politischer Anliegen randständiger Minderheiten. Sollte daraus auf eine qualitative oder gar normative Nachrangigkeit zu schließen sein, wäre dem mit dem SächsVerfGH[209] zu widersprechen, der die **normative Gleichrangigkeit von Volks- und Parlamentsgesetzgebung** betont.[210] Bei der Gesetzgebung ist das Volk im Vergleich zum

---

205 In den Fällen der ausgesetzten Verkündung eines Gesetzes (Art. 115 LV; Rn. 96) wird das Volksbegehren unmittelbar dem Volksentscheid unterbreitet (§ 73 LWahlG).
206 Der Landtag hat das Recht, dem Volk mit dem begehrten Gesetzentwurf einen eigenen Gesetzentwurf zur Entscheidung vorzulegen (Art. 109 IV 2 LV, § 74 IV LWahlG).
207 BayVerfGHE 53, 42 ff.; dazu *Engelken*, DÖV 2000, 881 ff.; *Schweiger*, NVwZ 2002, 1471 ff.; ThürVerfGH, LVerfGE 12, 405, 440; ähnlich *Isensee*, DVBl. 2001, 1167.
208 BremStGH, LVerfGE 11, 179, 192 f.; dazu *Engelken* (Fn. 207); *Schweiger* (Fn. 207); *Jung*, KritV 2001, 24 ff.
209 SächsVBl. 2002, 236 ff. = NJ 2002, 547 ff. m. Anm. *Jutzi*.
210 Vgl. auch BbgVerfG, LVerfGE 12, 119. Das Gericht bekennt sich zur "Gleichrangigkeit", legitimiert jedoch faktisch eine Suprematie des Parlaments, wenn "unübersehbar ein enger zeitlicher und sachlicher Zusammenhang" zwischen einem parlamentarischen Gesetzgebungsvorhaben und einer Volksinitiative besteht" (krit. *Janz*, LKV 2002, 69).

IV. Staatsorganisationsrecht

Parlament lediglich nach Art. 109 III 3 LV inhaltlich stärker beschränkt. Die Annahme der normativen Gleichrangigkeit von Parlaments- und Volksgesetzgebung gerät auch nicht mit dem **Homogenitätsgebot des Art. 28 I 1 GG** in Konflikt. Selbst wenn den Verfassungen eine Prävalenz[211] für eine repräsentative Demokratie zu entnehmen ist, bezieht sich diese auf Quantität und Qualität der Gesetzgebung allgemein und nicht auf ein konkretes Gesetzesvorhaben. Der normative Gleichrang besteht auch umgekehrt. Das Parlament kann ein **vom Volk beschlossenes Gesetz wieder aufheben oder ändern**.[212]

c) Staatsverträge

Art. 101 S. 1 LV weist die Außenvertretung des Landes dem **Ministerpräsidenten** zu. Geht es um den Abschluss eines Staatsvertrags, bedarf dieser der **Zustimmung des Landtags durch Gesetz** (Art. 101 S. 2 LV). Der Anwendungsbereich der im Spannungsbogen zwischen Exekutive und Legislative wirkenden Norm wirft einige Probleme auf.   113

aa) Begriff: Ein Staatsvertrag ist ein **öffentlich-rechtlicher Vertrag**.[213] Als Partner kommen alle anerkannten **Völkerrechtssubjekte** in Betracht.[214] Schließt das Land – im Rahmen seiner Gesetzgebungszuständigkeit[215] – mit auswärtigen Staaten einen Vertrag, bedarf dies der Zustimmung der Bundesregierung (Art. 32 III GG). Der Heilige Stuhl – obwohl Völkerrechtssubjekt – ist kein auswärtiger Staat. Er kann gleichwohl Vertragspartner eines Staatsvertrags sein. Die Landeskompetenz soll insoweit nicht aus Art. 32 III GG, sondern – und damit ohne Bindung an die Zustimmung der Bundesregierung – aus Art. 30, 70 GG folgen (h. M.).[216] **Staatsverträge** kann das Land schließlich **mit dem Bund und anderen Ländern** eingehen. Diese Verträge sind staats-, nicht völkerrechtlicher Natur.[217] Vertragliche Beziehungen zu **nachgeordneten staatlichen Körperschaften des öffentlichen Rechts** haben nach h. M. keine Staatsvertragsqualität.[218]   114

Staatskirchenverträge[219] (mit öffentlich-rechtlichen Religionsgemeinschaften) haben die Ordnung des gemeinsamen staatlich-kirchlichen Raums (z.B. Unterrichtsangelegenheiten) zum Gegenstand. In der Staatspraxis des Landes[220] wird bei diesen Verträgen die   115

---

211 *P.M. Huber*, AöR 126 (2001), 165, 183 ff.; ähnl. HbgVerfG, DÖV 2005, 253 f.; restriktiver *Degenhardt*, ThürVBl. 2001, 203 jew. m.w.N.
212 Vgl. z.B. BayVerfGH, BayVBl. 1994, 203, 206; SaarlVerfGH, AS 21, 249, 276 ff.; HbgVerfG, DÖV 2005, 252 f. m.w.N. Im älteren Schrifttum wurde dem Volk insoweit eine gewisse (rechtliche) Vorrangstellung eingeräumt; vgl. *Przygode*, Die deutsche Rspr. zur unmittelbaren Demokratie, 1995, S. 428 ff. m.w.N.
213 *Mann* (Fn. 203), Art. 66 Rn. 28; *Hecker* (Fn. 26), Rn. 574.
214 *Mann* (Fn. 203), Art. 66 Rn. 64; auch nicht staatliche Völkerrechtssubjekte; *Rojahn*, in: v. Münch/Kunig II, Art. 32 Rn. 11; *Kempen*, in: v. Mangoldt/Klein/Stark II, Art. 32 Rn. 24 ff. m.w.N.
215 *Rojahn* (Fn. 214), Rn. 29.
216 BVerfGE 6, 309, 341, 362; *Rojahn* (Fn. 214), Rn. 12; *Kempen* (Fn. 214), Rn. 31; krit. *Bernhardt*, HdbStR VII, 1. Aufl. 1992, § 174 Rn. 20; a. A. *Zulegg*, AK, Art. 32 Rn. 8; *Schweitzer*, Staatsrecht III, 9. Aufl. 2008, Rn. 122 f.
217 *Rudolf*, Völkerrecht und deutsches Recht, 1967, S. 114 f.; *Rojahn* (Fn. 214), Rn. 33 m.w.N.
218 *Rojahn* (Fn. 214), Rn. 32 i. V. m. Rn. 11 f. m.w.N; a. A. *Streinz*, in: Sachs, GG, Art. 32 Rn. 19 ff.
219 Verbreitet wird zwischen Konkordaten (mit dem Heiligen Stuhl), sonstigen Kirchenverträgen (insb. evangelischen) und Verträgen mit kleineren Religionsgemeinschaften differenziert; vgl. *Hollerbach*, HdbStR VI, 1. Aufl. 1989, § 138 Rn. 48, 68; *v. Campenhausen*, in: v. Mangoldt/Klein/Starck III, Art. 140 Rn. 48 jew. m.w.N.).
220 Vertrag mit den Evangelischen Landeskirchen in RhPf. v. 31.3.1962 (BS Anh. I 20); Vertrag mit dem Landesverband der Jüdischen Gemeinden von RhPf. – Körperschaft des öffentlichen Rechts – v. 3.12.1999 (BS Anh. I 124).

§ 1 Staatsrecht

gesetzliche Zustimmung des Landtags eingeholt, obwohl die Verfassung dies – anders als Art. 23 II NRWVerf. – nicht ausdrücklich vorschreibt.[221] Die **Beteiligung Dritter,** vor allem Privater, an Staatsverträgen ist nicht prinzipiell ausgeschlossen, wenngleich es regelmäßig fraglich sein dürfte, ob es sich um öffentlich-rechtliche Beziehungen handelt.

116 Staatsverträge sind von **Verwaltungsabkommen,** die nicht der Zustimmung des Parlaments bedürfen, abzugrenzen. Ein **Staatsvertrag** betrifft einen **Gegenstand der Parlamentsgesetzgebung,**[222] wenn

- es ein dem Inhalt des Vertrags ganz oder teilweise entgegenstehendes oder übereinstimmendes (sog. Parallelabkommen, h. M.)[223] Landesgesetz gibt,
- eine landesrechtliche Regelung nur durch Gesetz getroffen werden könnte, vor allem weil sie in Freiheit oder Eigentum eingreift, sonst wesentlich für die Verwirklichung der Grundrechte ist oder Hoheitsrechte überträgt,[224]
- kommunalen Gebietskörperschaften oder sonstigen juristischen Personen des öffentlichen Rechts Aufgaben verbindlich übertragen werden, die ihnen ohne besonderes Gesetz nicht zugewiesen werden dürfen,
- finanzielle Verpflichtungen des Landes begründet werden, die haushaltsrechtlich nicht gedeckt sind.

117 Ob es wegen der Beeinträchtigung parlamentarischer Gestaltungsfreiheit der Zustimmung zu einem Vertrag bedarf, wenn die Regierung aufgrund einer **Verordnungsermächtigung** ohne parlamentarische Mitwirkung die notwendigen materiell-rechtlichen Normen zum Vertragsvollzug schaffen könnte (**normatives Verwaltungsabkommen**), ist umstritten.[225]

118 Erklärungen, die auf Beendigung oder Suspendierung von Staatsverträgen gerichtet sind (**Kündigung, Rücktritt, Austritt**), sowie **Aufhebungsverträge** beeinträchtigen nicht die gesetzgeberische Handlungsfreiheit.[226] Diese Akte bedürfen keiner parlamentarischen Mitwirkung nach Art. 101 S. 2 LV. Der Landtag ist jedoch vorher zu unterrichten (Vereinbarung zu Art. 89b LV, Nr. II. 3. unmittelbar bzw. analog).

119 bb) Zustandekommen: Die Entscheidung über Aufnahme, Abbruch oder Unterlassen von **Vertragsverhandlungen** obliegt der **Landesregierung.**[227] Diese hat den Landtag frühzeitig über den Gegenstand beabsichtigter Staatsverträge zu unterrichten (Art. 89b I Nr. 2 LV). Liegt ein Staatsvertrag vor, darf die **Ratifikationserklärung** (= Erklärung,

---

221 *Hollerbach* (Fn. 219, Rn. 76; *v. Campenhausen* (Fn. 219), Rn. 56; *Fastenrath,* Kompetenzverteilung im Bereich der auswärtigen Gewalt, 1986, S. 103 f.
222 *P. G. Schneider,* Beteiligung der Landesparlamente beim Zustandekommen von Staatsverträgen und Verwaltungsabkommen der Bundesländer, 1978, S. 9 f.; *Rudolf,* in: Fs. f. Karl Carstens, Bd. 2, 1984, S. 761 f.; *Ebling* (Fn. 161), Rn. 12 m.w.N.
223 *Rojahn,* in: v. Münch/Kunig II, Art. 59 Rn. 43 m.w.N.
224 Zu das Staatsgebiet betreffenden Verträgen Rn. 56.
225 *Verneinend: Pernice,* in: Dreier II, Art. 59 Rn. 33; *Fastenrath* (Fn. 221), S. 220 f.; *Schneider* (Fn. 222), S. 57 ff.; *bejahend: Streinz* (Fn. 218), Art. 59 Rn. 36; *Kempen* (Fn. 214), Art. 59 Rn. 68; *Rojahn* (Fn. 218), Art. 59 Rn. 42a; *Mann* (Fn. 203), Art. 66 Rn. 32, es sei denn, die Rechtsverordnungsermächtigung ist "auslandsbezogen" bzw. "vertragsorientiert".
226 *Streinz* (Fn. 218), Art. 59 Rn. 46; *Fastenrath* (Fn. 221), S. 239.
227 *Schneider* (Fn. 222), S. 100; *Ebling* (Fn. 161), Rn. 26.

der Vertrag sei für das Land bindend) erst abgegeben werden, nachdem der **Landtag** ihm **durch Gesetz zugestimmt** hat.

cc) **Verträge des Bundes über Gegenstände der Landesgesetzgebung:** Der Streit, wem gem. Art. 32 GG die Abschluss- und Transformationskompetenz bei Verträgen des Bundes, die ausschließliche Gesetzgebungskompetenzen der Länder betreffen, zusteht,[228] wurde durch das sog. **Lindauer Abkommen** v. 14.11.1957[229] zwischen Bund und Ländern einvernehmlich gelöst. Bei solchen Verträgen werden alle Länder über ihre Ständige Vertragskommission[230] möglichst frühzeitig beteiligt. Sind ausschließliche Kompetenzen der Länder betroffen, so soll der Bund das Einverständnis der Länder herbeiführen, bevor die Verpflichtung völkerrechtlich verbindlich wird (Nr. 3 der Vereinbarung). Da die Verträge i. d. R. Gegenstände der Landesgesetzgebung betreffen, entspricht es ständiger – dem **Rechtsgedanken des Art. 101 S. 2 LV**[231] folgender – Staatspraxis des Landes, vor der Abgabe der Erklärung den **Landtag zu beteiligen**.[232]

120

Anders als bei Staatsverträgen des Landes, bei denen die Ermächtigung zum Vertragsschluss und die Transformation des Vertragsinhalts in Landesrecht durch das Zustimmungsgesetz **uno actu** erfolgen, ist bei Verträgen des Bundes, welche Gesetzgebungskompetenzen des Landes betreffen, das **Verfahren zweiaktig.** Die **Zustimmung des Landtags** erfolgt **durch einfachen Beschluss.**[233] Dieser bindet den Landtag, in einem zweiten Akt den Inhalt des Vertragsgesetzes in **Landesrecht** zu **transformieren,**[234] um Völkervertragsrecht nicht zu verletzen. Dies geschieht durch ein Landesgesetz, das in der Regel den gesamten Vertragstext umfasst.

121

4. Finanzwesen

Die Regelungen im IV. Abschnitt (**Art. 116 bis 120 LV**) gehen auf eine Verfassungsänderung zurück,[235] die sie den **Art. 110 bis 115 GG** anglich.

122

- Art. 116 LV enthält das bedeutsamste Recht des Parlaments, das **Budgetrecht.** Jede staatliche Ausgabe bedarf der parlamentarischen Legitimation.[236]
- Art. 117 LV legt für die **Kreditaufnahme** im Grundsatz eine Obergrenze in Höhe der Summe der veranschlagten Investitionsausgaben fest. **Ausnahmen** sind nur zur Abwehr einer Störung des gesamtwirtschaftlichen Gleichgewichts zulässig.

---

228 Dazu *Rojahn* (Fn. 218), Rn. 41 ff.; *Callies*, HdbStR IV, 3. Aufl. 2006, § 83 Rn. 57; *Kempen* (Fn. 214), Rn. 48 ff. jew. m.w.N. Rheinland-Pfalz neigt der sog. föderalistischen oder süddeutschen Lösung zu: Danach stehen dem Bund für solche Verträge weder Abschluss- noch Transformationskompetenz zu.
229 Abgedr. z. B. bei *Rojahn* (Fn. 218), nach Rn. 68; *Kempen* (Rn. 214), Rn. 58.
230 Vgl. näher *Bücker/Köster*, JuS 2005, 976 ff.
231 Dies erscheint im Übrigen folgerichtig, wenn man – wie Rheinland-Pfalz – der föderalistischen Auffassung anhängt (vgl. Fn. 228). Da der Bund in diesem Bereich nicht tätig werden dürfte, käme bei entsprechendem Tätigwerden der Landesregierung Art. 101 S. 2 LV unmittelbar zum Zuge.
232 *Ebling* (Fn. 161), Rn. 23; vgl. auch *Rudolf* (Fn. 222), S. 766.
233 Die Zustimmung ist kein direkter Anwendungsfall des Art. 101 S. 2 LV, da es nicht um einen *vom Land* abzuschließenden Staatsvertrag geht.
234 Diese Verpflichtung ist im Verhältnis zum Bund Ausfluss des Grundsatzes bundesfreundlichen Verhaltens (*Rojahn* [Fn. 218], Rn. 55; *Bücker/Köster*, JuS 2005, 978) und folgt im Verhältnis des Landtags zur Landesregierung aus dem Grundsatz der Organtreue.
235 G. v. 20.12.1971 (GVBl. S. 1); vgl. *Trzaskalik*, in: Grimm/Caesar, Vorb. zu Art. 116 Rn. 1.
236 *Traskalik* (Fn. 235), Art. 116 Rn. 1; vgl. auch BVerfGE 70, 324, 355; *Heintzen*, in: v. Münch/Kunig III, Art. 110 Rn. 30; *Siekmann*, in: Sachs, GG, Art. 110 Rn. 12.

- Art. 118 LV erlaubt dem Landtag Mehrausgaben oder Mindereinnahmen gegenüber dem Entwurf der Landesregierung oder dem festgestellten Haushaltsplan nur, wenn Deckung gewährleistet ist und die Landesregierung zustimmt.
- Art. 119 LV verlangt bei **überplanmäßigen und außerplanmäßigen Ausgaben** die Zustimmung des Finanzministers, die dieser nur im Falle eines unvorgesehenen und unabweisbaren Bedürfnisses erteilen darf.[237]
- Art. 120 LV befasst sich mit der **Haushaltskontrolle** durch den **Landtag** und durch den **Landesrechnungshof** als einem eigenständigen und unabhängigen Kontrollorgan. Seine selbständige Stellung zwischen den Gewalten macht den Rechnungshof[238] – mangels Teilhabe an politischer Staatsgestaltung – nicht zu einem Verfassungsorgan.[239]

5. Rechtsprechung und Verwaltung

123 Zu Rechtsprechung – vom VerfGH abgesehen – und Verwaltung enthält die Verfassung (**Art. 121 bis 128**) nur wenige Regelungen. Bedeutung für die Verfassungsbeschwerde hat Art. 124 LV, der ebenso wie Art. 19 IV GG dem Einzelnen **effektiven Rechtsschutz** garantiert.[240] Die Art. 125 ff. LV befassen sich mit dem **Beamtentum**. Was unter der Überschrift "Verwaltung" zu vermuten wäre,[241] jedoch fehlt, sind konkrete Vorgaben für eine staatliche **Verwaltungsstruktur**.[242]

6. Kommunale Selbstverwaltung

a) Selbstverwaltungsgarantie und Finanzausstattung

124 Art. 49 LV enthält "die *magna charta* der kommunalen Selbstverwaltung, die im ersten Satz des ersten Absatzes umschrieben und im ersten Satz des dritten Absatzes noch besonders ausdrücklich gewährleistet ist".[243] Die ungewöhnliche Platzierung der Norm in dem Abschnitt über Grundrechte und Grundpflichten beruht auf der *Süsterhennschen*, von katholischer Sozialllehre geprägten These, wonach das Selbstverwaltungsrecht nicht vom Staat verliehen wurde, vielmehr den Gemeinden als unentziehbares "natürliches Recht" zusteht.[244] Inzwischen ist in der Verfassungsrechtsprechung geklärt, dass Art. 49 LV den Kommunen kein "natürliches", vorstaatliches und unentziehbares Recht verschafft.

125 Gemeindeutscher Rechtstradition entsprechend enthält Art. 49 LV eine **institutionelle Garantie** der kommunalen Selbstverwaltung.[245] Diese gewährt den Gemeinden und Gemeindeverbände lediglich einen relativen Bestandsschutz, schützt diese aber nicht in ih-

---

237 Zur Auslegung RhPfVerfGH, AS 26, 4, 10 ff.; teilw. krit. *Trzaskalik* (Fn. 235), Art. 119 Rn. 5 ff.; vgl. auch *Schwarz*, in: v. Mangoldt/Klein/Starck III, Art. 112 Rn. 20 ff.
238 Zum Bundesrechnungshof *Hauser*, DVBl. 2006, 539 ff.
239 *P. G. Schneider*, in: Grimm/Caesar, Art. 120 Rn. 30 m.w.N.; vgl. auch Rn. 60 u. 170.
240 *Bamberger*, in: Grimm/Caesar, Art. 124 Rn. 1 ff.
241 Vgl. z. B. Art. 77 BayVerf.
242 Zu Umfang und Grenzen eines institutionellen Gesetzesvorbehalts (z.B. bei Schaffung eigenständiger Verwaltungsträger) vgl. *Sommermann* (Fn. 22), Rn. 283; *Schmidt-Aßmann*, HdbStR II, 3. Aufl. 2004, § 26 Rn. 63 ff. m.w.N. Zum Bereich der Regierung Rn. 82.
243 RhPfVerfGH, AS 3, 34, 37.
244 *Süsterhenn*, Das Recht der Selbstverwaltung (1946), in: *ders.*, Schriften zum Natur-, Staats- und Verfassungsrecht, 1991, S. 55 ff.; vgl. auch *Schröder*, in: Grimm/Caesar, Art. 49 Rn. 2.
245 RhPfVerfGH, AS 11, 73, 77 ff.; 11, 201, 203.

rer konkreter Individualität, sondern nur als Einrichtung. Art. 49 LV beinhaltet zudem eine **Aufgabengarantie**.[246] Sie reicht für die Gemeinden erheblich weiter (potenzielle Allzuständigkeit) als für die Gemeindeverbände (Mindestbestand an Aufgaben), denen kein bestimmter Bestand an Aufgaben zugewiesen ist, und gewährleistet die eigenverantwortliche Wahrnehmung der Aufgaben.[247] Art. 49 I 2 LV knüpft den staatlichen **Entzug kommunaler Aufgaben** an erschwerte Voraussetzungen, indem er ihn von einem "dringenden öffentlichen Interesse" abhängig macht.[248] Diese materielle Anforderung schlägt sich in der Rechtsprechung des VerfGH aber nicht nieder, der bei Eingriffen in das Selbstverwaltungsrecht insoweit den Gleichklang mit Art. 28 II GG sucht.[249] Es kommt hinzu, dass Art. 49 I 2 LV ein Parlamentsgesetz verlangt,[250] wie insb. aus der differenzierenden Regelung in Art. 49 IV LV folgt (vgl. auch § 2 GemO). Nach Art. 28 II GG darf der Gesetzgeber dagegen nicht nur durch formelles Gesetz, sondern auch durch eine Rechtsverordnungsermächtigung auf die Selbstverwaltung der Gemeinden einwirken.[251]

Umstritten ist, ob die "aus benachbarten Gemeinden des gleichen Landkreises" (§ 64 I 1 GemO) gebildeten **Verbandsgemeinden** nur den Schutz von Gemeindeverbänden genießen[252] oder an der Aufgabengarantie für Gemeinden teilhaben, weil sie – als Äquivalent zu den verbandsfreien Gemeinden – mit den Ortsgemeinden zwei einander ergänzende örtliche Stufen bilden.[253]

Wohl nicht nur, weil Art. 49 LV im Abschnitt der Grundrechte steht, sondern auch, weil es sich bei Art. 49 LV um eine subjektive, mit einem Grundrecht strukturell vergleichbare[254] Rechtsstellungsgarantie handelt, prüft der VerfGH Art. 49 LV ähnlich einem **Grundrecht**.[255] Der **Schutzbereich** umfasst alle Angelegenheiten der örtlichen Gemeinschaft. Darunter werden diejenigen Bedürfnisse und Interessen verstanden, die in der örtlichen Gemeinschaft wurzeln oder auf sie einen spezifischen Bezug haben.[256] In den Schutzbereich der Aufgabengarantie der Kommunen kann nicht nur durch **Aufgabenentzug** (Rn. 125), sondern auch durch **Übertragung neuer Aufgaben** (Auftragsangelegenheiten und Pflichtaufgaben der Selbstverwaltung) eingegriffen werden.[257]

---

246 Zentrale Bereiche sind die Finanz-, Personal-, Rechtssetzungs-, Planungs- und Organisationshoheit (dazu auch § 3 Rn. 20 ff.).
247 So die h. M.; vgl. BVerfGE 119, 331, 352 ff.; krit. dazu *Kluth*, ZG 2008, 294 ff.; vgl. auch *Schröder* (Fn. 244), Rn. 8 ff. m.w.N. sowie § 3 Rn. 20 ff.
248 Dazu BVerfGE 79, 127, 149.
249 RhPfVerfGH, AS 27, 231, 238; allg. zur Selbstverwaltung *Hendler*, HdbStR IV, 1. Aufl. 1990, § 106; *Püttner*, ebd., § 107 jew. m.w.N.
250 *Süsterhenn/Schäfer*, Art. 49 Anm. 6; *Höhlein*, in: Kommunalverfassungsrecht RhPf., Losebl.-Komm. (11/2008), § 2 GemO Anm. 4.1; *Lahmann*, in: Praxis der Kommunalverwaltung, Losebl.-Komm. (09/2008), LV, Art. 49 Anm. 1; a.A. – ohne Begründung – *Schröder* (Fn. 244), Rn. 9.
251 BVerfGE 65, 298, 309.
252 So RhPfVerfGH 12, 235, 247; RhPfOVG, AS 25, 232, 234.
253 *Dittmann*, in: Achterberg/Püttner/Würtenberger, Bes. Verwaltungsrecht II, 2. Aufl. 2000, § 18 Rn. 72 sowie § 3 Rn. 63 m.w.N.
254 Vgl. *Maurer*, DVBl. 1995, 1041 f.; *Pieroth*, in: Jarass/Pieroth, Art. 28 Rn. 11 m.w.N.; a. A. *Rennert*, in: Umbach/Clemens, GG, Art. 28 Rn. 76.
255 RhPfVerfGH, AS 27, 231, 235 ff.; dazu *Hennecke*, DVBl. 2000, 997; krit. *Ruffert*, NVwZ 2000, 763.
256 BVerfGE 79, 127, 151.
257 RhPfVerfGH, AS 29, 75, 82 m.w.N.

127 Dem Gesetzgeber kommt ein **erheblicher Gestaltungsspielraum** zu. Er muss jedoch vor allem den – freilich schwer bestimmbaren – **Kernbereich der Selbstverwaltungsgarantie** respektieren. Zu diesem gehört "kein gegenständlich bestimmter oder nach feststehenden Merkmalen bestimmbarer Aufgabenkatalog, wohl aber die Universalität des gemeindlichen Wirkungskreises als Rechtsprinzip.... Eine sinnvolle Fortentwicklung des überkommenen Systems ist... verfassungskonform, sofern – nach Maßgabe einer bilanzierenden Bewertung der nach dem Eingriff verbleibenden gemeindlichen Handlungsmöglichkeiten – die Selbstverwaltung nicht ausgehöhlt wird".[258]

128 **Außerhalb des Kernbereichs** darf der Gesetzgeber in das kommunale Selbstverwaltungsrecht eingreifen, wenn und soweit der **Eingriff durch das Gemeinwohl geboten** ist. Wegen des Gestaltungsspielraums des Gesetzgebers beschränkt sich die verfassungsgerichtliche Prüfung darauf, ob eine konkrete Regelung frei von Willkür ist, insb. ob sie von sachgerechten Erwägungen getragen wird und geeignet ist, den mit ihr verfolgten Zweck zu erreichen.[259] Auch das aus dem Rechtsstaatsprinzip folgende Rückwirkungsverbot kommt den Kommunen zugute.[260]

129 Die **Finanzausstattung** ist für die Kommunen besonders wichtig. Wie Art. 28 II 3 GG[261] gewährleistete Art. 49 V LV a. F. bis ins Jahr 2004 den Kommunen lediglich eine angemessene **einheitliche** Finanzausstattung.[262] Verfassungsrechtlich kam es darauf an, ob ihnen insgesamt genügend Finanzmittel für ihre Aufgaben zustanden. Nach einer Verfassungsänderung[263] enthält Art. 49 V LV das **Konnexitätsprinzip in strikter Form**. Überträgt das Land den Gemeinden oder Gemeindeverbänden die Erfüllung öffentlicher Aufgaben oder stellt es besondere Anforderungen an die Erfüllung bestehender oder neuer **Auftragsangelegenheiten** oder **Pflichtaufgaben der Selbstverwaltung**, hat es gleichzeitig für Kostendeckung zu sorgen. Verbleibende Mehrbelastungen sind vor allem durch finanzielle Leistungen auszugleichen.[264] Die konkrete Verfahrensweise ist – dem Auftrag des Art. 49 V 3 LV gemäß – im Konnexitätsausführungsgesetz[265] geregelt.

b) Wahl der Vertretungskörperschaften, Bürgermeister und Landräte

130 Der mehrfach geänderte[266] Art. 50 LV erstreckt die **Wahlrechtsgrundsätze des Art. 76 LV auf die kommunale Ebene** (Art. 50 I 1 LV), wobei seit 1993[267] auch die Direktwahl der Bürgermeister und Landräte einbezogen ist. Für die Landräte markiert ihre Urwahl zugleich den Endpunkt der Abkehr von preußischer Tradition, nach welcher der Landrat als untere staatliche Verwaltungsbehörde Staatsbeamter war, der ohne Mitwirkung des Ministerpräsidenten nicht in sein Amt gelangen konnte.

---

258 RhPfVerfGH, AS 27, 231, 238.
259 RhPfVerfGH, AS 27, 231, 247.
260 RhPfVerfGH, LKRZ 2007, 345, 346.
261 *Rennert* (Fn. 254), Rn. 179; *Nierhaus*, LKV 2005, 1 ff. jew. m.w.N.
262 RhPfVerfGH, AS 15, 66, 68; 19, 339, 340 f.; 23, 434, 436; 29, 75, 80; vgl. auch *Dombert*, DVBl. 2006, 1136 ff.
263 G. v. 14.6.2004 (GVBl. S. 321).
264 Näher dazu *Jutzi*, in: Ley/Jutzi (Fn. 1), B/Rn. 149; *Worms*, DÖV 2008, 353 ff.; vgl. auch RhPfVerfGH, LKRZ 2007, 345, 346.
265 G. v. 2.3.2006 (GVBl. S. 53, BS 2020-5); dazu *Meffert/Müller*, KonnexitätsausführungsG, Komm., 2008.
266 Vgl. näher *Schröder* (Fn. 244), Art. 50 (Entstehungsgeschichte).
267 G. v. 24.9.1993 (GVBl. S. 471).

Unionsbürger sind wahlberechtigt und wählbar (Art. 50 I 2 LV). Damit geht die LV über den von Art. 28 I 2 und 3 GG[268] geforderten Standard hinaus, indem sie neben der Wahl der Vertretungskörperschaften auch die Beteiligung der Unionsbürger bei der Direktwahl der Bürgermeister und Landräte vorsieht.[269] Während diese Ausweitung verfassungsrechtlich unbedenklich ist, stößt in Teilen der Literatur die einfach gesetzliche Zulassung der Unionsbürger zu Abstimmungen (Bürgerbegehren und Bürgerentscheiden, §§ 17a GemO, 9 II Nr. 1, 11d LKO) auf Bedenken. Dadurch übten Ausländer über das in Art. 28 I 3 GG angelegte Maß hinaus Hoheitsgewalt aus. Zwischen der Legitimation der Organe durch das diese wählende Volk und der Ausübung der "Staatsgewalt" durch das Volk bestehe ein qualitativer Unterschied.[270] Diese Einwände überzeugen nicht. Unionsbürger können nicht nur einen Unionsbürger als Ratsmitglied demokratisch legitimieren, sondern darüber hinaus einen Unionsbürger sogar zum Bürgermeister oder Landrat wählen. Letztere nehmen neben kommunalen Aufgaben sogar staatliche Aufgaben wahr. Unionsbürgern wurden sonach erhebliche demokratische Mitwirkungsbefugnisse eingeräumt und sie sind als Vertreter des kommunalen "Volkes" unbeschränkt legitimierbar. Damit eröffnet die Regelung des Art. 28 I 3 GG als Teil der Homogenitätsbestimmung (vgl. Rn. 28 u. 33) den Ländern Spielraum, sich für eine plebiszitäre Beteiligung der Unionsbürger bei kommunalen Sachfragen zu entscheiden,[271] zumal das Abstimmungsrecht über Sachfragen traditionell am Wahlrecht anknüpft. 131

V. Grundrechte und Grundpflichten
1. Allgemeines

Noch vor dem GG wurden die Grundrechte der LV – im Gegensatz zur Weimarer Verfassung – im "Ersten Hauptteil" der Verfassung niedergelegt. Im Unterschied zum GG handelt es sich jedoch nicht um einen reinen **Grundrechtsteil**. Er enthält auch **Grundpflichten** (Rn. 150) und **Verfassungsaufträge bzw. Staatszielbestimmungen** (Rn. 39): 132

Beispiele:
- Art. 40 I, III LV: Pflege und Förderung künstlerischen und kulturellen Schaffens[272] sowie Denkmal- und Landschaftsschutz
- Art. 51 LV: Soziale Marktwirtschaft
- Art. 64 LV: Schutz behinderter Menschen
- Art. 69, 70 LV: Umweltschutz, Tierschutz

Die LV enthält außerdem ein **wertbezogenes naturrechtliches Verfassungskonzept**.[273] 133

Beispiele:
- Im Vorspruch wird Gott als "Urgrund des Rechts" bezeichnet.
- Art. 1 I 2 LV verbürgt das "natürliche Recht" des Menschen auf Entwicklung und Entfaltung innerhalb der durch das "natürliche Sittengesetz" gezogenen Schranken; weitere Grenzen ziehen die "naturrechtlich bestimmten Erfordernisse des Gemeinwohls" (Art. 1 III LV).

---

268 Zur Vereinbarkeit dieser Bestimmung mit Art. 79 III GG BVerfGE 83, 37 59.
269 Dazu BVerfG, NVwZ 1999, 293; *Löwer*, in: v. Münch/Kunig II, Art. 28 Rn. 31a m.w.N.
270 *Schröder* (Fn. 244), Art. 50 Rn. 7 m.w.N.
271 Ebenso *Engelken*, NVwZ 1995, 433; *ders.*, DÖV 1996, 737; *Dreier*, in: ders. II, Art. 28 Rn. 81; *Rennert* (Fn. 254), Rn. 40; *Löwer* (Fn. 269); *Burgi*, Kommunalrecht, 2006, § 11 Rn. 23.
272 Dazu § 9 Rn. 3.
273 *Ley*, in: Borck (Hrsg.), Beiträge zu 50 Jahren Geschichte des Landes RhPf., 1997, S. 143 f.; *Gusy*, in: Grimm/Caesar, Vor Art. 1 Rn. 1.

§ 1 Staatsrecht

- Den Eltern wird in Art. 25 I 1 LV das "natürliche Recht" – aber auch die "oberste Pflicht" (ähnlich Art. 6 II 1 GG) – zur Kindererziehung überantwortet.
- Nicht am Religionsunterricht teilnehmenden Schülern ist nach Art. 35 II LV "Unterricht über die allgemein anerkannten Grundsätze des natürlichen Sittengesetzes zu erteilen."
- Eigentum ist ein "Naturrecht" (Art. 60 I 1 LV).

2. Zu den Grundrechten insgesamt

134 Im Folgenden wird weder auf allgemeine Grundrechtslehren näher eingegangen noch ein Überblick über Begrifflichkeiten, Arten, Funktionen und Stufen (Schutzbereich – Beeinträchtigung bzw. Eingriff – Schranken bzw. Rechtfertigung) der Grundrechtsprüfung gegeben. In aller Regel genügt die Kenntnis der dogmatischen Grundlagen und der Inhalte der Grundrechte des GG, um auch den Regelungsgehalt landesverfassungsrechtlicher Grundrechte erfassen zu können. Vorliegend ist daher lediglich auf einige Besonderheiten der LV einzugehen.

a) Grundrechtsträger

135 Wie beim GG sind Träger landesverfassungsrechtlicher Grundrechte zuerst **natürliche Personen**.[274] Obwohl die LV keine Art. 19 III GG vergleichbare Regelung enthält, folgt die Grundrechtsfähigkeit **privater juristischer Personen** aus Art. 1 II LV, der Schutzpflichten der öffentlichen Hand auch auf innerstaatliche Gemeinschaften erstreckt.[275] Juristische Personen des öffentlichen Rechts, die staatliche Funktionen ausüben, werden dagegen nach st. Rspr. des BVerfG und h. M. der Lit. im Grundsatz nicht erfasst.[276] Ob ein Grundrecht der LV juristische Personen schützt, ist im Einzelfall durch eine **auf das Wesen des Grundrechts bezogene Auslegung** zu ermitteln.[277] Bei sog. **Deutschengrundrechten** (Art. 12, 15, 19, 58 LV) ist Art. 19a LV zu beachten, wonach Rechte, welche die Verfassung allen Deutschen gewährt, auch **Unionsbürgern** zustehen, soweit diese nach dem Recht der EU Anspruch auf Gleichbehandlung haben.[278]

b) Schutzbereich, Beeinträchtigungen, Grundrechtsschranken

136 Bei der Bestimmung des Schutzbereichs der Grundrechte ergeben sich im Verhältnis zum GG **keine Besonderheiten**. Dasselbe gilt für die Prüfung von Beeinträchtigungen bzw. Eingriffen und deren Rechtfertigung (Grundrechtsschranken). Lediglich in Einzelfällen, in denen die Schrankenziehung der LV großzügiger ist als die des GG, sind gewisse Kollisionsprobleme zu verzeichnen, die der VerfGH jedoch in grundrechtsfreundlicher Auslegung löst.

---

274 Dazu *P.M. Huber*, in: Merten/Papier II, § 49.
275 Ebenso die Kommission zur Bereinigung der Verfassung für RhPf., Schlussbericht, 1988, S. 37; *Gusy* (Fn. 273), Rn. 16.
276 *Jarass*, in: ders./Pieroth, Art. 19 Rn. 22; *Manssen*, Rn. 73 ff.; *Sachs*, in: ders., GG, Art. 19 Rn. 89 ff. jew. m.w.N. zur Rspr., auch zu den Ausnahmen – insb. Universitäten, öffentlich-rechtlichen Rundfunkanstalten sowie Justizgrundrechten, jedenfalls Art. 101 I (= Art. 6 I LV), Art. 103 I GG (= Art. 6 II LV); str. für den Justizgewährungsanspruch bzw. Art. 19 IV GG (= Art. 124 LV); zur insoweit schwankenden Rspr. des BVerfG vgl. *Sachs*, JuS 2008, 265). Gegenüber der h. M. krit. bzw. a.A. *Hufen*, § 6 Rn. 40; *Schnapp*, in: Merten/Papier II, § 52 m.w.N.
277 Nach *Gusy* (Fn. 273), Rn. 16 ff. soll für die Abschnitte IV bis VI eine Vermutung für die Grundrechtsträgerschaft juristischer Personen sprechen. Vermutungen helfen bei *Rechts*fragen jedoch nicht weiter, sie sind zu beantworten.
278 *Caesar* (Fn. 72), Rn. 1 ff.

V. Grundrechte und Grundpflichten

Beispiel (VerfGH, LKRZ 2007, 182):
Art. 7 III LV ermächtigt den Landesgesetzgeber zu Eingriffen und Einschränkungen in das Grundrecht auf Unverletzlichkeit der Wohnung. Der VerfGH legt die Ermächtigung bei Maßnahmen der Wohnraumüberwachung zur präventiven Gefahrenabwehr im Sinne des Schutzniveaus des Art. 13 IV GG aus (vgl. auch Rn. 38 und Rn. 143).

Als Grundrechtsschranke können ergänzend die in der Verfassung enthaltenen **Grundpflichten** eine Rolle spielen.[279] Ein **Zitiergebot** entsprechend Art. 19 I 2 GG kennt die LV nicht. Dies ist **sub specie** Art. 31 GG unbedenklich (Rn. 36). 137

3. Einzelne Grundrechte
a) Freiheit des Menschen (Art. 1 LV)

"Der Mensch ist frei" (Art. 1 I 1 LV). Mit diesem Fanfarenstoß zugunsten der Freiheit des Individuums garantiert die LV die **allgemeine Handlungs- und Entwicklungsfreiheit des Menschen**. Nach grundgesetzlichem Duktus schützt Art. 1 I LV sowohl die **allgemeine Handlungsfreiheit** (Art. 2 I GG) als auch das **allgemeine Persönlichkeitsrecht** (Art. 2 I i.V.m. 1 I GG). Der VerfGH[280] hat dementsprechend vor Einfügung des Art. 4a LV (Datenschutz) aus Art. 1 I LV das Grundrecht auf "informationelle Selbstbestimmung"[281] abgeleitet. Heute ist Art. 4a LV insoweit *lex specialis*.[282] Der VerfGH entnimmt Art. 1 I 1, II LV außerdem die **Pflicht des Staates**, sich schützend vor höchste Rechtsgüter ("Leib und Leben") zu stellen und sie vor Eingriffen anderer zu bewahren.[283] 138

Von der **Würde des Menschen** ist lediglich im Vorspruch der LV die Rede. Gleichwohl wird allgemein davon ausgegangen, das von der Verfassung in Art. 1 entworfene Leitbild des freien Menschen garantiere neben der Freiheit des Einzelnen auch dessen Würde.[284] Der VerfGH[285] zieht den Vorspruch ergänzend heran. 139

Die allgemeine Handlungs- und Entwicklungsfreiheit unterliegt drei **Grundrechtsschranken**: Das **natürliche Sittengesetz** (Art. 1 I LV) ist – als grundrechtsimmanente Schutzbereichsgrenze – mit dem Sittengesetz nach Art. 2 I GG inhaltsgleich.[286] Die wichtigste Grundrechtsschranke enthält Art. 1 II LV, der dem Staat die "**Verwirklichung des Gemeinwohls**" zur Aufgabe macht. "Zu diesem Gemeinwohlauftrag gehört es, die rechtlichen Interessen und Belange des Einzelnen, Dritter und der Gemeinschaft gegeneinander abzugrenzen und zu harmonisieren".[287] Mit diesem Inhalt entspricht Art. 1 II LV der "verfassungsmäßigen Ordnung" im Sinne des Art. 2 I GG, worunter alle Rechts- 140

---

279 *Grimm*, in: ders./Caesar, Art. 20 Rn. 6; *Th. I. Schmidt*, Grundpflichten, 1999, S. 296; *Randelzhofer*, in: Merten/Papier II, § 53 Rn. 54 ff.; a.A. *Gusy/Müller*, JöR NF 45 [1986], 515.
280 RhPfVerfGH, AS 27, 199.
281 BVerfGE 65, 1 ff.
282 *Rudolf*, in: Grimm/Caesar, Art. 4a Rn. 26. Zum Grundrecht auf Gewährleistung der Vertraulichkeit und Integrität informationstechnischer Systeme Rn. 142.
283 RhPfVerfGH AS 29, 23, 31; 31, 348, 363 sowie Rn. 141.
284 *Gusy*, in: Grimm/Caesar, Art. 1 Rn. 23; *Grimm/Caesar*, in: dies., Vorspruch Rn. 9.
285 LKRZ 2007, 182, 185.
286 Zur faktischen Bedeutungslosigkeit dieser Schranke *Gusy* (Fn. 284), Rn. 17; *Murswiek*, in: Sachs, GG, Art. 2 Rn. 94 ff.
287 RhPfVerfGH, AS 27, 199, 204.

normen fallen, die formell und materiell verfassungsgemäß sind, insb. dem Grundsatz der Verhältnismäßigkeit entsprechen.[288]

Beispiel (VerfGH, LKRZ 2008, 454):
Gegen das Nichtraucherschutzgesetz (NRSG), das die Berufsfreiheit (Art. 58 i.V.m. 52 I LV) der Betreiber sog. Eck-Kneipen verletzte, weil es sie im Verhältnis zu Betreibern größerer Gaststätten, die durch Teilung der Räumlichkeiten Rauchern in ihrer Gaststätte den Aufenthalt ermöglichen konnten, in unzumutbarer Weise belastete, hatten auch Raucher gestützt auf ihre allgemeine Handlungsfreiheit (Art. 1 I LV) Verfassungsbeschwerde erhoben.

Obwohl der VerfGH – wie auch das BVerfG[289] – den Schutz der Bevölkerung vor den Gefahren des Passivrauchens als überragend wichtiges Gemeinwohlziel einstuft, das es rechtfertigt, der Handlungsfreiheit der Raucher Schranken zu ziehen, obsiegten die Bf., weil das NRSG bezogen auf Eck-Kneipen verfassungswidrig war. Damit folgt der VerfGH einer (nicht einheitlichen) Rspr. des BVerfG,[290] womit letztlich der Weg zur Popularklage eröffnet wird. Zu Recht wird demgegenüber gefordert, auch bei einem Eingriff in die allg. Handlungsfreiheit müsse es um einen solchen in die *eigene* Freiheit gehen. Grundrechte Dritter, die der Freiheit des Bf. nicht dienen, hätten außer Betracht zu bleiben.[291]

Der Formulierung in Art. 1 III LV, wonach die Rechte und Pflichten der öffentlichen Gewalt "durch die naturrechtlich bestimmten **Erfordernisse des Gemeinwohls begründet und begrenzt**" werden, ist unschwer der Grundsatz des Übermaßverbots zu entnehmen.[292] Die Schrankenregelungen des Art. 1 LV liegen damit insgesamt auf der Linie von Art. 2 I GG. Sie dürfen jedoch nicht oder nur in einem sehr eingeschränkten Sinn (formell gesetzliche Konkretisierung der Erfordernisse des Gemeinwohls im Grenzbereich des Würdeschutzes) in Bezug auf die unantastbare Würde des Menschen angewendet werden, wenn man die Menschenwürde in Art. 1 LV verortet.[293]

b) Recht auf Leben[294] und körperliche Unversehrtheit (Art. 3 LV)

141 Bei dem in Art. 3 II LV normierten **Schutz des ungeborenen Lebens** handelt es sich um eine Parallele zu entsprechenden bundesgesetzlichen Bestimmungen zum Schutz ungeborenen Lebens. Die **allgemeine staatliche Schutzpflicht** zugunsten von Leib und Leben hat der VerfGH zunächst nicht Art. 3 LV, sondern ausschließlich Art. 1 I 2, II LV entnommen (Rn. 138). Richtigerweise ergibt sie sich aus dem Zusammenspiel beider Normen.[295] Die Kombinationslösung hat den Vorteil, den Kreis möglicher sog. höchstpersönlicher Rechtsgüter konkreten Verfassungsbestimmungen und nicht ungeschriebenen, vagen Gemeinwohlaspekten zu entnehmen. Inzwischen leitet der VerfGH den Gesundheits- und Lebensschutz ebenfalls aus Art. 3 I und III i. V. mit Art. 1 II LV her.[296]

---

288 Vgl. nur BVerfGE 103, 197, 215; *Murswiek* (Fn. 286), Rn. 89 f. m.w.N.
289 NJW 2008, 2409.
290 Dazu *Kube*, DVBl. 2005 721 ff. m.w.N.
291 *Kube*, DVBl. 2005, 727; *Hufen*, § 14 Rn. 21 a.E.
292 *Gusy* (Fn. 284), Rn. 19 f.
293 Es sei denn, man akzeptierte auch insoweit hinter dem GG zurückbleibende Landesgrundrechte (Rn. 38). Der RhPfVerfGH (LKRZ 2007, 185) lehnt eine Abwägung am Maßstab des Verhältnismäßigkeitsgrundsatzes ab.
294 Die früher in dieser Norm zugelassene *Todesstrafe* ist für schwerste Verbrechen gegen Leib und Leben war mit Inkrafttreten des GG unwirksam geworden (Art. 141 LV sowie Art. 31 i. V. m. Art. 102 GG; a. A. zu Art. 21 I 2 HessVerf. *Sacksofsky* [Fn. 89], Rn. 37), wurde aber erst 1991 im Verfassungstext gestrichen.
295 Darauf wurde bereits in der Vorauflage (Fn. 1), B/Rn. 168, hingewiesen.
296 Auf die Angabe von Art. 1 I 2 LV wird nunmehr verzichtet, obwohl der Norm auch Leistungsaspekte entnommen werden können.

V. Grundrechte und Grundpflichten

Beispiel (VerfGH, NVwZ 2005, 1420 = JuS 2006, 262 f.):
Im Jahr 2003 wurde die Installation von Rauchwarnmeldern nur für *Neubauten* und wesentliche Änderungen von Gebäuden gesetzlich vorgeschrieben (§ 44 VIII LBauO). Bei *Altbauten* wurde auf Information und Aufklärung der Bevölkerung gesetzt. Eine 6-jährige Bf. rügte mit ihrer Verfassungsbeschwerde u. a. die Verletzung ihrer Grundrechte aus Art. 3 LV.

Der VerfGH prüft zunächst eine Pflicht zu gesetzgeberischem Tätigwerden: "Die Freiheitsgrundrechte der LV begründen... in erster Linie Abwehrrechte gegen staatliche Eingriffe. Darüber hinaus beinhalten sie aber zugleich eine Wertentscheidung für die genannten Rechtsgüter. ... Hieraus kann auch eine Pflicht zum Tätigwerden des Staates erwachsen, um andere Gefährdungen der grundrechtlich geschützten Rechtsgüter abzuwenden." In concreto verneint der VerfGH eine Verletzung der Schutzpflicht. Nicht jede Regelung zur Gefahrenabwehr und Gefahrenvorsorge sei verfassungsrechtlich zwingend geboten. Der Staat habe bei der Entscheidung über ein Tätigwerden auch die verfassungsrechtliche Grundaussage für die Freiheit und Selbstverantwortung der Menschen zu beachten (Art. 1 II LV).

c) Datenschutz (Art. 4a LV)

Nach Hessen (1970) und Schweden (1973) war Rheinland-Pfalz (1974) weltweit das dritte Land, das den Datenschutz umfassend durch ein Datenschutzgesetz regelte.[297] Gut ein Vierteljahrhundert später fand der Datenschutz Eingang in die LV.[298] Die Bestimmung liegt auf der Linie der Rechtsprechung des BVerfG[299] zum **Recht auf informationelle Selbstbestimmung**, ein Recht, das vor der Verfassungsergänzung vom VerfGH bereits in Art. 1 I LV verortet worden war.

142

Beispiel (VerfGH, AS 31, 348 = JuS 2005, 554):
Mit der Verfassungsbeschwerde wandte sich eine Bf. gegen die Neuregelung im SchulG, wonach die Eltern auch volljähriger Schüler über bestimmte schulische Vorkommnisse (insb. Nichtversetzung, Schulausschluss) unterrichtet werden sollen (vgl. jetzt § 4 SchulG).

In materiell-rechtlicher Hinsicht hält der VerfGH den Eingriff in das Recht auf informationelle Selbstbestimmung (Art. 4a LV) aus überwiegenden Interessen der Allgemeinheit unter Beachtung des Grundsatzes der Verhältnismäßigkeit für gerechtfertigt. Die Regelung diene dem Schutz höchster Rechtsgüter (Leib und Leben), für deren Bewahrung den Staat von Verfassungs wegen eine besondere Verantwortung treffe (Art. 1 I 2 und II LV). Hinzu komme die verfassungsrechtlich verankerte Fürsorgepflicht des Staates gegenüber den ihm anvertrauten Schülern (Art. 27 III LV).

Zweifelhaft ist, ob das vom BVerfG[300] als besondere Ausprägung des allgemeinen Persönlichkeitsrechts kreierte **Grundrecht auf Gewährleistung der Vertraulichkeit und Integrität informationstechnischer Systeme** von Art. 1 I oder 4a LV umfasst wird. Dieses (Teil-)Grundrecht verdankt einer wenig plausiblen Reduktion des Grundrechts auf informationelle Selbstbestimmung auf lediglich einzelne Datenerhebungen seine Existenz und dürfte aufgrund seiner Subsidiarität bei einem weit verstandenen Schutzbereich des Art. 4a LV keinen Anwendungsbereich haben.[301] Dies spricht dafür, die heimliche Infiltration in informationstechnische Systeme Art. 4a LV zu unterstellen, zumal auch dem

---

297 *Rudolf* (Fn. 282), Rn. 2.
298 G. v. 8.3.2000 (GVBl. S. 65).
299 BVerfGE 65, 1; vgl. auch *Rudolf* (Fn. 282), Rn. 5, 27; *Jutzi*, NJW 2000, 1295. Zu den Auswirkungen im Polizeirecht vgl. § 3 Rn. 139 ff., insb. 149. Allg. krit. gegen das Recht auf informationelle Selbstbestimmung *Ladeur*, DÖV 2009, 45 ff.
300 BVerfG, NJW 2008, 822.
301 Dazu *Volkmann*, DVBl. 2008, 590 ff.; krit. auch *Britz*, DÖV 2008, 411, 414 f.; *Eifert*, NVwZ 2008, 521 ff.; *Sachs/Krings*, JuS 2008, 481, 483 ff.

Grundrecht auf informationelle Selbstbestimmung Differenzierungen nach Art und Intensität der Eingriffe nicht fremd sind.[302]

d) Unverletzlichkeit der Wohnung (Art. 7 LV)

143 Art. 7 I LV sichert ebenso wie Art. 13 I GG dem Einzelnen einen elementaren Lebensraum und gewährleistet das Recht, in ihm in Ruhe gelassen zu werden. Dies umschließt den Schutz vor einer Überwachung der Wohnung durch technische Hilfsmittel, die von außerhalb der Wohnung eingesetzt werden.[303] Während die Voraussetzungen, unter denen Durchsuchungen zulässig sind, in Art. 7 II LV und Art. 13 II GG übereinstimmen, bestehen im Übrigen erhebliche Unterschiede. Art. 13 III – VII GG hält sehr differenzierte Schrankenregelungen parat. Art. 7 III LV lässt demgegenüber pauschal Eingriffe zur "Behebung öffentlicher Notstände" zu.

Der VerfGH[304] sieht zunächst in Art. 7 LV keine gegenüber Art. 13 GG günstigere Grundrechtsverbürgung. Mit der "Behebung öffentlicher Notstände" seien nicht nur Naturkatastrophen oder allgemeine Notsituationen angesprochen. Der Begriff des Notstandes bezeichne herkömmlicherweise auch Gefahren für hochrangige Individualrechtsgüter (vgl. §§ 228 BGB, 34, 35 StGB; Art 111, 112 LV). Um den landesverfassungsrechtlichen Schutz nicht unter den des GG absinken zu lassen, legt der VerfGH die Schrankenregelung des Art. 7 III LV sodann grundrechtsfreundlich im Sinne des Schutzniveaus des Art. 13 IV GG aus (Rn. 136).

e) Gleichheit (Art. 17 ff. LV)

144 Der allgemeine Gleichheitssatz (i. S. d. Art. 3 I GG) wird in der LV durch Art. 17 I, II LV verbürgt.[305] Der VerfGH folgt der traditionellen Rechtsprechung des BVerfG.[306] Danach gebietet der allgemeine Gleichheitssatz dem Gesetzgeber, wesentlich Gleiches gleich und wesentlich Ungleiches ungleich zu behandeln (sog. Willkürformel). Der Gleichsatz ist jedenfalls verletzt, "wenn sich – bezogen auf die Eigenart des zu regelnden Sachbereichs – ein vernünftiger, aus der Natur der Sache folgender oder sonst wie einleuchtender Grund für die betreffende Differenzierung oder Gleichbehandlung nicht finden lässt."[307]

Die sog. neue Formel vor allem des Ersten Senats des BVerfG[308] hat der VerfGH bisher nicht herangezogen, was kritisiert wurde,[309] wofür jedoch der Wortlaut des Art. 17 II LV spricht. Die in der neuen Formel angelegte sach- und regelungsbereichspezifische Abwägung lässt sich außerdem in die alte Formel integrieren.[310]

---

302 *Volkmann*, DVBl. 2008, 592.
303 RhPfVerfGH, LKRZ 2007, 182, 183; BVerfGE 109, 279, 309.
304 RhPfVerfGH, LKRZ 2007, 182, 184 f.
305 RhPfVerfGH, NJW 2005, 414; DÖV 2005, 295 ff.
306 BVerfGE 113, 167, 214 m.w.N.
307 RhPfVerfGH, AS 31, 348, 363.
308 BVerfGE 55, 72, 88. Danach ist Art. 3 I GG verletzt, wenn eine Gruppe von Normadressaten im Vergleich zu anderen Normadressaten anders behandelt wird, obwohl zwischen beiden Gruppen keine Unterschiede von solcher Art und solchem Gewicht bestehen, dass sie die ungleiche Behandlung rechtfertigen könnten. Ob mit der neuen Formel wirklich Fortschritte i. S. größerer Rationalität erreicht werden, mag bezweifelt werden (vgl. *Osterloh*, in: Sachs, GG, Art. 3 Rn. 8 ff., 35 ff.).
309 *Sachs*, JuS 2006, 263.
310 So auch der Zweite Senat des BVerfG (E 113, 167, 214 f.).

Art. 17 sowie die Art. 18 I und 19 LV enthalten spezielle Ausprägungen des Gleichheitssatzes. Einer Art. 3 III GG vergleichbaren Bestimmung entbehrt die LV.³¹¹

f) Ehe und Familie (Art. 23 ff. LV)

In diesem Abschnitt geht es **nicht nur um Grundrechte**, sondern auch um **die Inpflichtnahme des Einzelnen und der staatlichen Gemeinschaft**.³¹² Seit einer Verfassungsänderung werden **Kinder** ausdrücklich als **Träger von Grundrechten** benannt (Art 24 LV), denen ein Recht auf Entwicklung und Entfaltung zusteht, was auch Art. 1 I LV schon zu entnehmen war. Ursprünglich wurden sie lediglich als Regelungsgegenstände ("Kinder sind das kostbarste Gut der Familie und des Volkes.") angesprochen.

145

g) Schule, Bildung und Kulturpflege (Art. 27 ff. LV)³¹³

Der recht eingehend geregelte Lebensbereich mit zentralen Landeskompetenzen enthält keine Regelung zur **Schulpflicht** (anders Art. 129 BayVerf.). Ob man sie als Grundpflicht im Wege einer Gesamtschau den Schulrechtsnormen entnehmen kann, wie dies auch für Art. 7 GG vertreten wird,³¹⁴ erscheint zumindest fraglich.

146

Art. 33 LV legt Grundsätze für die Schulerziehung fest. Aus dem Katalog der Erziehungsziele steht das **Erziehungsziel "Gottesfurcht"** im offenkundigen Gegensatz zur religiös-weltanschaulichen Neutralität des Staates. Da kein Schüler an der öffentlichen Schule außerhalb des Religionsunterrichts gezielt religiös erzogen oder beeinflusst werden darf, muss Art. 33 LV – der negativen Glaubensfreiheit (Art. 8 I und III, 35 I LV) wegen – interpretatorisch zurückgenommen werden.³¹⁵

147

Die **Teilnahme am Religionsunterricht** (Art. 35 LV) kann abgelehnt werden. In diesem Fall ist ein Unterricht über die allgemein anerkannten Grundsätze des natürlichen Sittengesetzes – sog. **Ethikunterricht** – zu erteilen. In dieser Pflicht wird ein Verstoß gegen das grundgesetzliche Gleichbehandlungsgebot oder die negative Religionsfreiheit nach Art. 4 I GG gesehen.³¹⁶ Das BVerwG³¹⁷ hält dagegen die Verpflichtung vom umfassenden schulischen Bildungs- und Erziehungsauftrag des Staates für gedeckt, wenn der Ethikunterricht dem ordentlichen Lehrfach Religion gleichgestellt wird. Ein bekenntnis- und weltanschauungsneutraler Ethikunterricht beeinträchtigt zwar nicht die negative Religionsfreiheit. Der Gleichheitsverstoß wird durch das BVerwG jedoch nicht überzeugend entkräftet. Die Ausübung der positiven Religionsfreiheit durch Teilnahme am Religionsunterricht dürfte kein hinreichend sachlicher Grund sein, diese Schüler von der Teilnahme am **ordentlichen** Lehrfach "Ethik" zu entbinden.³¹⁸

---

311 Dazu *Caesar*, in: Grimm/Caesar, Art. 17 Rn. 29.
312 *M. Jutzi*, in: Grimm/Caesar, Art. 24 Rn. 1; *Gusy/Wagner*, JöR 51 (2003), 391 f.
313 Vgl. näher § 9 Rn. 34 ff. Zu Art. 39 V 1 LV (Zugang zum Hochschulstudium) Rn. 148.
314 *Robbers*, in: v. Mangoldt/Klein/Starck I, Art. 7 Rn. 71; *Gröschner*, in: Dreier I, Art. 7 Rn. 25 m.w.N.; a.A. *Beaucamp*, DVBl. 2009, 220 ff.
315 *Herdegen*, HdbStR IV, 1. Aufl. 1990, § 97 Rn. 56; *Hennecke*, in: Grimm/Caesar, Art. 33 Rn. 22.
316 *Renck*, NVwZ 1999, 713 ff.; *Czermak*, DÖV 1999, 725 ff.
317 BVerwGE 107, 75 ff.; zust. *Frisch*, DÖV 2004, 467.
318 *Renck*, NVwZ 1999, 714 f. Verfassungsrechtlich unbedenklich ist ein für alle verbindlicher Ethikunterricht (vgl. BVerfG, DÖV 2007, 653 f.; a. A. *Unruh*, DÖV 2007, 625 ff.; *Kremser*; DVBl. 2008, 607, 614 f.).

h) Wirtschaftliche Freiheiten, Eigentum (Art 51, 58, 60 LV)

148 Freiheiten, die im GG der allgemeinen Handlungsfreiheit (Art. 2 I GG) entnommen werden, finden sich in der LV in **Art. 52 I LV: Vertragsfreiheit, Gewerbefreiheit, Freiheit der Entwicklung persönlicher Entschlusskraft, Freiheit selbständiger Betätigung des Einzelnen in der Wirtschaft.** Für den Bereich wirtschaftlicher Betätigung ist Art. 52 LV lex specialis zu Art. 1 I LV (allgemeine Handlungs- und Entwicklungsfreiheit) und steht insgesamt mit Bundesrecht im Einklang.[319] Letzteres gilt ebenfalls für das in **Art. 58 LV** verankerte Grundrecht der **Berufsfreiheit**, soweit es um die auch von Art. 12 I GG geschützte Freiheit von Berufswahl und -ausübung geht.[320] Regelungen zu Arbeitszwang und Zwangsarbeit sowie zur freien Wahl der Ausbildungsstätte fehlen dagegen in der LV. Art. 39 V 1 LV gewährt jedoch dem Einzelnen ein subjektiv-öffentliches Recht auf **Zugang zum Hochschulstudium**, woraus sich aber kein allgemeiner Anspruch[321] auf Kostenfreiheit des gewählten Studiums ergibt.[322]

149 Das **Eigentum** wird in **Art. 60 I LV** als Naturrecht bezeichnet, das der Staat gewährleistet. Im Ergebnis wirkt sich dies nicht aus. Art. 60 III, IV LV ermächtigt zu Einschränkungen des Eigentums und zur Enteignung. Trotz mancher Abweichung im Wortlaut ist Art. 60 LV insgesamt mit Art. 14 GG inhaltsgleich.[323]

4. Grundpflichten (Art. 20 bis 22 LV)

150 Die Idee der Grundpflichten hat in Deutschland Tradition.[324] Dem GG werden z. B. ungeschrieben entnommen: Verfassungstreue-, Gesetzesgehorsams-, Friedens-, Nichtstörungs-, Wehr-, Steuer-, Wahl- und Schulpflicht.[325] Der Pflichtenkatalog der LV ist vergleichsweise sparsam. Art. 20 LV spricht die Treuepflicht gegenüber Staat und Verfassung, die Gesetzestreuepflicht sowie eine diffuse Gemeinwohlverpflichtung an. Nach **Art. 21 LV** ist jeder Staatsbürger nach Maßgabe der Gesetze verpflichtet, Ehrenämter zu übernehmen und persönliche Dienste für Staat und Gemeinde zu leisten.[326] **Art. 22 LV** verpflichtet jedermann, bei Unglücksfällen und besonderen Notständen nach Maßgabe des Gesetzes Nothilfe zu leisten. Als Grundpflichten deutbare Aussagen finden sich auch an anderen Stellen der LV.

---

319 *Jutzi*, in: Grimm/Caesar, Art. 52 Rn. 10, 13.
320 *Jutzi* (Fn. 319), Art. 58 Rn. 18 m.w.N. Zum Verhältnis von Art. 58 LV zu Art. 52 und 15 LV (Freizügigkeit) vgl. *Jutzi* (Fn. 319), Rn. 11 f. sowie RhPfVerfGH, LKRZ 2008, 454 ff. Der VerfGH grenzt die Freiheitsrechte nicht näher ab, sondern sieht in Art. 52 I LV eine hervorgehobene Gewährleistung der wirtschaftlichen Freiheit, die Art. 58 LV stärkt.
321 Vgl. aber Art. 31 S. 2 LV, wonach Begabten "der Besuch von höheren und Hochschulen, nötigenfalls aus öffentlichen Mitteln, ermöglicht werden" soll. Dazu § 9 Rn. 45.
322 RhPfVerfGH, DÖV 2005, 295 f. (Studiengebühren für Senioren); OVG RhPf., AS 24, 96, 100; DÖV 2006, 521, 522 (Studiengebühren für Langzeitstudierende); *Magiera*, in: Grimm/Caesar, Art. 39 Rn. 29.
323 Näher *Jutzi* (Fn. 319), Art. 60 Rn. 9 und 29 m.w.N.
324 Vgl. *Stern*, StaatsR III/2, § 88; *Schmidt* (Fn. 279), S. 29 ff., 324 ff.; *Randelzhofer*, in: Merten/Papier II, § 37 m.w.N.
325 Zur Schulpflicht bereits Rn. 146.
326 *Ehrenämter* sind z. B. die Tätigkeit in kommunalen Vertretungskörperschaften, bei der Durchführung von Wahlen und in der Rechtspflege als ehrenamtliche Richter. Zu *Dienstleistungspflichten* zählen etwa Feuer- und Wasserwehrpflichten, Gehweg- und Straßenreinigungspflichten. Vgl. *Grimm*, in: ders./Caesar, Art. 21 Rn. 3 ff.; *Schmidt* (Fn. 279), S. 222 ff.

Beispiele:
- Art. 25 I 1 LV: Erziehungspflicht der Eltern
- Art. 60 II 1 LV: "Eigentum verpflichtet gegenüber dem Volk."
- Art. 69 I LV: Pflicht aller Menschen zu Natur- und Umweltschutz.

VI. Verfassungsprozessrecht

1. Allgemeines

Die **Zuständigkeiten des VerfGH** werden in Art. 135 I LV, § 2 VerfGHG zusammengefasst. Seit Einführung der **Verfassungsbeschwerde** (Art. 130a LV)[327] dominiert diese Verfahrensart die Tätigkeit des Gerichtshofs. Von Bedeutung sind außerdem die Verfahren, bei denen es um die Verfassungsmäßigkeit eines Gesetzes oder einer sonstigen Handlung eines Verfassungsorgans geht. Es handelt sich dabei – nach üblicher, jedoch nicht dem Landesrecht zu entnehmender Terminologie – um die Verfahren der **abstrakten und konkreten Normenkontrolle** (Art. 130 I, III LV) sowie den **Organstreit** (130 I LV).   151

Die von Anfang an in der Verfassung verankerte **Sozialisierungsverfassungsbeschwerde** (Art. 130 II LV) ist ohne praktische Relevanz geblieben. Auch eine **Anklage des Landtags gegen ein Mitglied der Landesregierung** (Art. 131 LV) hat es nicht gegeben. Der VerfGH entscheidet außerdem über Beschwerden gegen Entscheidungen des Wahlprüfungsausschusses des Landtags (Art. 82 LV) sowie gem. Art. 135 I Nr. 7 LV über weitere ihm gesetzlich zugewiesene Streitigkeiten.   152

2. Verfassungsbeschwerde (Art. 130a LV)

Die – der Bundesverfassungsbeschwerde[328] ähnliche – Landesverfassungsbeschwerde ist ein **außerordentlicher Rechtsbehelf**, der keinen Suspensiveffekt entfaltet.[329]   153

a) Beschwerdefähigkeit[330]

Beschwerdefähig ist **jeder Träger eines ihm nach der LV zustehenden Rechts**. Neben natürlichen und juristischen Personen des Privatrechts[331] können auch **kommunale Gebietskörperschaften** Verfassungsbeschwerde erheben.[332] Insofern besteht ein **wesentlicher Unterschied zu Art. 93 I Nr. 4b GG**, der den kommunalen Gebietskörperschaften nur die Rechtssatzverfassungsbeschwerde eröffnet.[333] Nach Landesrecht können sie auch gegen andere Akte der öffentlichen Gewalt (z. B. Urteile)[334] vorgehen. Beschwerdeführer, die eine Entscheidung des VerfGH nach Art. 130 I oder II LV beantragen können oder hätten beantragen können, sind indes nicht beschwerdefähig (§ 44 IV VerfGHG).   154

---

327 Sie wurde 1992 auf einfach gesetzlicher Grundlage eingeführt und im Jahr 2000 in der Verfassung verankert; vgl. G. v. 10.11.1992 (GVBl. S. 319) sowie v. 8.3.2000 (GVBl. S. 65).
328 Dazu *Robbers*, S. 8 ff.
329 *Held*, in: Grimm/Caesar, Art. 130a Rn. 3.
330 Zur Terminologie (auch Beteiligten-, Parteifähigkeit oder Antragsberechtigung) *Benda/Klein*, Rn. 426; *Schlaich/Korioth*, Rn. 206; *Manssen*, Rn. 797.
331 Zu politischen Parteien Rn. 171, insb. Fn. 364; zu juristischen Personen des öffentlichen Rechts Rn. 135, insb. Fn. 265.
332 RhPfVerfGH, AS 25, 146 f. u. 194, 198.
333 BVerfGE 107, 1, 8 m.w.N.; *Sachs*, VerfProzessR, Rn. 533.
334 RhPfVerfGH, AS 25, 146, 147; 25, 194, 198.

Beispiel:

Da Gemeinden eine abstrakte Normenkontrolle nach Art. 130 I LV bei gegenwärtiger und *unmittelbarer* Rechtsbetroffenheit durch ein Gesetz anstrengen können, sind sie insoweit auf das Verfahren nach Art. 130 I LV verwiesen. Bei *mittelbarer* Rechtsbetroffenheit durch eine Norm müssen sie die Vollzugsakte abwarten und erst den Rechtsweg beschreiten, bevor sie Urteilsverfassungsbeschwerde erheben können.

155 Eine **Prozessstandschaft** kommt in Betracht, wenn diese im fachgerichtlichen Verfahren zugelassen ist (z. B. §§ 42 II 2 GemO, 35 II 2 LKO).[335]

b) Prozessfähigkeit

156 Ob jemand ein Verfahren selbst oder durch von ihm bestimmte Bevollmächtigte zu führen vermag, hängt vom materiellen Recht und damit davon ab, ob der Beschwerdeführer **grundrechtsmündig** ist.[336]

c) Statthafter Beschwerdegegenstand

157 aa) **Öffentliche Gewalt des Landes:** Die Landesverfassungsbeschwerde richtet sich ausschließlich gegen die öffentliche Gewalt des Landes (§ 44 I VerfGHG). Darunter fallen Akte – Handlungen und Unterlassungen (§ 45 VerfGHG) – **der gesetzgebenden, vollziehenden und richterlichen Gewalt.**[337]

158 bb) **Bundesrechtsklausel:** Die Jurisdiktionsgewalt des VerfGH wird nach § 44 II 1 VerfGHG eingeschränkt, soweit die öffentliche Gewalt des Landes Bundesrecht ausführt (Landesverwaltung) oder anwendet (Landesgerichte). Dies gilt nach § 44 II 2 VerfGHG nicht

- für die **Durchführung** eines gerichtlichen Verfahrens oder
- wenn die **LV weiter reichende Rechte** als das GG gewährleistet.

Die **erste Ausnahme** nimmt eine Entscheidung des BVerfG auf.[338] Danach sind die Landesverfassungsgerichte nicht gehindert, bei der Anwendung von Bundesverfahrensrecht (z.B. VwGO, ZPO) durch die Gerichte der Länder Grundrechte der LV als Maßstab heranzuziehen, wenn diese den gleichen Inhalt wie entsprechende Rechte des GG haben. Als **Prüfungsmaßstäbe** bei der Durchführung des gerichtlichen Verfahrens kommen vor allem die **Justizgrundrechte** (Art. 6 und 124 LV)[339] in Betracht. Hinter der **zweiten Ausnahme** steht die Erwägung, dass die rheinland-pfälzische Staatsgewalt neben Bundesrecht zugleich Landesverfassungsrecht zu beachten hat, wenn das Bundesrecht hierfür Raum lässt.[340]

159 cc) **Bundesprozessrechtliche Kompetenzgrenzen:** Allein aus dem Umstand, dass Entscheidungen der Gerichte des Landes durchweg **in einem bundesrechtlich geregelten**

---

335 RhPfVerfGH, AS 29, 75, 78.
336 *Held* (Fn. 329), Rn. 5; *Manssen*, Rn. 799; *Pieroth*, in: Jarass/Pieroth, Art. 93 Rn. 49 m.w.N.; krit. zum Begriff, da es um eine Frage des Schutzbereichs gehe, *Robbers*, S. 10.
337 Entscheidungen des VerfGH unterliegen grundsätzlich nicht erneut seiner Kontrolle. Zum ungeschriebenen Instrument der Selbstkorrektur aufgrund Gegenvorstellung vgl. RhPfVerfGH, AS 31, 85, 87 ff. m.w.N.
338 BVerfGE 96, 345, 364 ff.
339 Die in Art. 6 LV zusammengefassten Justizgrundrechte stimmen inhaltlich mit Art. 101, 103 GG überein (*Dennhardt*, in: Grimm/Caesar, Art. 6 Rn. 20; RhPfVerfGH, AS 29, 89 ff. zu rechtlichem Gehör und gesetzlichem Richter; vgl. auch Fn. 265 sowie Rn. 162). Zu Art. 124 LV Rn. 123.
340 *Held* (Fn. 329), Rn. 28 ff.; *Jutzi*, JA 1999, 904.

VI. Verfassungsprozessrecht

Verfahren ergehen, folgt kein prinzipieller Ausschluss landesverfassungsgerichtlicher Kontrolle.[341] Umstritten ist jedoch, wie zu verfahren ist, wenn in einem gerichtlichen Verfahren bereits ein Bundesgericht entschieden hat.[342]

Nach der die Verfassungsgerichte der Länder bindenden (§ 31 I BVerfGG) Rechtsprechung des **BVerfG**[343] gilt Folgendes:

- Da die Kassationsbefugnis des VerfGH in den Kompetenzbereich des Bundes zur Regelung des gerichtlichen Verfahrens (Art. 74 I Nr. 1 GG) eingreift, ist der Eingriff nur zulässig, soweit er zur Verwirklichung des Zwecks der Landesverfassungsbeschwerde unerlässlich ist.

- Der **Eingriff** ist **unerlässlich**, wenn der Rechtsweg erschöpft wurde und die verbleibende Beschwer nicht auch auf der Ausübung der Staatsgewalt des Bundes beruht. Die nach der Entscheidung des Bundesgerichts verbleibende Beschwer muss sonach ausschließlich auf der Ausübung bzw. Nichtbeachtung von Landesrecht beruhen.

Das **Prozessrecht des Bundes steht** einer Entscheidung des VerfGH **nicht entgegen**, wenn und soweit ein Bundesgericht die Entscheidung des Landesgerichts nicht ganz oder teilweise in der Sache bestätigt hat. Gleiches gilt (auch bezüglich der Rechtswegerschöpfung), wenn der VerfGH einen Maßstab anzulegen hat, der dem Bundesgericht nicht zur Verfügung stand,[344] da es dann nicht zu einer „Kontrolle" des Bundesgerichts durch den VerfGH kommen kann.

160

Beispiel:
Ein weiter als das GG reichendes Landesgrundrecht steht nicht in Kollision mit Bundesrecht, weil das Bundesrecht Raum für die Anwendung des Landesgrundrechts lässt.

d) Beschwerdebefugnis

Ein Beschwerdeführer muss die Möglichkeit der **Verletzung ihm zustehender subjektiver Rechte** – vor allem des ersten Hauptteils der LV: Grundrechte und aktive Bürgerrechte (Rn. 54) – dartun. Dazu muss die angegriffene Maßnahme ihn **selbst, gegenwärtig und unmittelbar betreffen**.[345] Dies ist bei gegen Rechtsnormen gerichteten Verfassungsbeschwerden hinsichtlich der Unmittelbarkeit regelmäßig problematisch.[346] Trotz Vollzugsbedürftigkeit einer Norm bejaht der VerfGH die unmittelbare Betroffenheit, wenn die vorherige Klärung der tatsächlichen und rechtlichen Grundlagen des Normvollzugs entbehrlich erscheint.[347] Entsprechendes gilt, wenn ein Abwarten für den Betroffenen unzumutbar ist.[348]

161

---

341 Vgl. nur *Kunig*, NJW 1994, 688; *Clausen*, Landesverfassungsbeschwerde und Bundesstaatsgewalt, 2000, S. 54 ff.; *Menzel*, S. 300 jew. m.w.N.
342 Zu allem *Held* (Fn. 329), Rn. 22 ff.; *Kunig* (Fn. 341), S. 688 ff.; *Menzel*, S. 300 ff.; *Voßkuhle*, in: v. Mangoldt/Klein/Starck III, Art. 93 Rn. 77 jew. m.w.N.
343 BVerfGE 96, 345 ff., 370 f. und Leits. 3.
344 RhPfVerfGH, NJW 1995, 444, 445; BayVerfGH, BayVBl. 2002, 492, 493; *v. Coelln*, BayVBl. 2002, 261; *Lindner*, BayVBl. 2004, 648 ff.
345 RhPfVerfGH, AS 12, 153, 156; 24, 321, 333 f.; 25, 194, 195; 31, 348, 350 f.
346 *Held* (Fn. 329), Rn. 8; BVerfGE 53, 30, 48.
347 RhPfVerfGH, AS 31, 348, 351.
348 Dazu *Robbers*, S. 26 f.

e) Rechtswegerschöpfung, Subsidiarität

162 § 44 III VerfGHG verlangt vor Erhebung der Verfassungsbeschwerde grundsätzlich (Ausnahmen: § 44 III 2 VerfGHG sowie Rn. 160) die **Erschöpfung des Rechtswegs**, ggf. bis zum Bundesgericht (Rn. 159). Geht es um den **Anspruch auf rechtliches Gehör** (Art. 6 II LV), ist zuvor das Verfahren der Anhörungsrüge (z. B. §§ 321a ZPO, 152a VwGO) zu durchlaufen.

163 Aus dem Gebot der Rechtswegerschöpfung folgt der **Grundsatz der Subsidiarität** der Verfassungsbeschwerde.[349] Ein Beschwerdeführer muss alle ihm zur Verfügung stehenden Möglichkeiten ergreifen, um seine Beschwer abzuwenden.[350]

f) Frist, Begründung, Form

164 Urteilsverfassungsbeschwerden sind **binnen eines Monats** zu erheben (§ 46 I 1 VerfGHG); bei Verfassungsbeschwerden **gegen eine Rechtsvorschrift** oder einen sonstigen Hoheitsakt, gegen den der Rechtsweg nicht offen steht, beträgt die Frist **ein Jahr** (§ 46 III VerfGHG).[351] Ist der Rechtsweg zum Bundesgericht zu beschreiten (Rn. 159 f.), wird die Frist durch die Entscheidung des Bundesgerichts erneut in Lauf gesetzt.[352] Die **Begründungspflicht** ergibt sich aus §§ 45, 46 I 1 VerfGHG. Daraus wird das Erfordernis der **Schriftform** abgeleitet.[353]

g) Rechtsschutzbedürfnis

165 Es fehlt insb., wenn der Beschwerdeführer nicht mehr beschwert ist. Anderes gilt, wenn Wiederholungen zu besorgen sind, verfassungsgerichtlicher Rechtsschutz nicht erreichbar wäre oder die Klärung einer verfassungsgerichtlichen Frage von grundsätzlicher Bedeutung unterbliebe und der gerügte Grundrechtseingriff besonders schwer wiegt.[354]

h) Verfahren, Entscheidung, Kosten

166 Durch einstimmigen Beschluss eines aus drei Mitgliedern des VerfGH bestehenden Ausschusses können **unzulässige oder offensichtlich unbegründete Verfassungsbeschwerden** zurückgewiesen werden (§ 15a VerfGHG). In den **sonstigen Fällen** entscheidet der VerfGH in voller Besetzung (dazu Rn. 88).

167 Als **Prüfungsmaßstab** steht dem VerfGH das **Landesverfassungsrecht** zur Verfügung. Hierzu gehören auch in die LV "hineingelesenes" Bundesrecht – wie die über die Gliedstaatsklausel nach Art. 74 I LV erfasste Kompetenzordnung (Rn. 40) – und eklatante Verletzungen des Bundesrechts, bei denen das Rechtsstaatsprinzip (Art. 77 II LV; vgl. Rn. 53) als Katalysator dient.[355] Richtet sich die **Verfassungsbeschwerde gegen ein Ge-**

---

349 RhPfVerfGH, AS 25, 194, 197; *Held* (Fn. 329), Rn. 11 jew. m.w.N.
350 Dazu soll auch der Hinweis auf eine Vorlagepflicht an den EuGH gehören (BVerfG, EuR 2008, 558 ff.; krit dazu *Terhechte*, EuR 2008, 567 ff.).
351 Zu Unterlassungen vgl. *Schlaich/Korioth*, Rn. 243; *Benda/Klein*, Rn. 628; *Voßkuhle* (Fn. 342), Rn.194 jew. m.w.N.
352 RhPfVerfGH, AS 27, 199, 202; BayVerfGH, BayVBl. 2002, 365; *v. Coelln*, BayVBl. 2002, 261; tendenziell a.A. *Menzel*, S. 303.
353 *Held* (Fn. 329), Rn. 13; BVerfGE 15, 288, 292.
354 *Manssen*, Rn. 816; *Pieroth* (Fn. 336), Rn. 66 m.w.N.
355 RhPfVerfGH, AS 28, 440, 445 f.; vgl. auch BayVerfGHE 41, 59, 65; 45, 33, 30 f.; NVwZ-RR 1999, 1; ThürVerfGH, NJ 2004, 261, 262 (LS 5); *Hillgruber/Goos*, Rn. 871; a. A. *Clausen* (Fn. 341), S. 135 ff.; *Menzel*, S. 210 f. m.w.N.

VI. Verfassungsprozessrecht

setz, *kann* der VerfGH die Vereinbarkeit der Norm mit der Verfassung in vollem Umfang in formeller und inhaltlicher Hinsicht überprüfen.[356] Bei **Urteilsverfassungsbeschwerden** beschränkt sich der VerfGH darauf, die **Verletzung** "spezifischen Verfassungsrechts" zu korrigieren (keine "Superrevisionsinstanz").

Aufbauschema: Verfassungsbeschwerde

A. **Zulässigkeit** (Art. 130a, 135 I Nr. 4 LV, §§ 2 Nr. 2, 44 ff. VerfGHG)
   I. **Beschwerdefähigkeit:** *Jeder* Träger eines ihm nach der LV zustehenden Rechts; *kommunale Gebietskörperschaften* nur, wenn Verfahren gem. Art. 130 I oder II LV ausscheiden (§ 44 IV VerfGHG)
   II. **Prozessfähigkeit** ("Grundrechtsmündigkeit")
   III. **Statthafter Beschwerdegegenstand**
      1. Öffentliche Gewalt des Landes, § 44 I VerfGHG
      2. Bundesrechtsklausel, § 44 II VerfGHG
        – *Grundsatz: Unstatthaft*, soweit die öffentliche Gewalt des Landes Bundesrecht ausführt oder anwendet
        – *Ausnahmen*: Durchführung landesgerichtlicher Verfahren *oder* die LV gewährt weiter reichende Rechte als das GG
      3. Bundesprozessrechtliche Kompetenzgrenzen: Verbleibende Beschwer beruht nach Rechtswegerschöpfung *ausschließlich* auf Landesstaatsgewalt.
   IV. **Beschwerdebefugnis:** Mögliche Verletzung subjektiver Rechte des Bf.
   V. **Rechtswegerschöpfung, Subsidiarität,** § 44 III VerfGH
   VI. **Frist, Begründung, Form**
      – Frist: 1 Monat (§ 46 I 1 VerfGHG); insb. bei Rechtsvorschrift: 1 Jahr (§ 46 III VerfGHG)
      – Begründungspflicht (§§ 45, 46 I 1 VerfGHG); daraus folgt Erfordernis der Schriftform
   VII. **Rechtsschutzbedürfnis**

B. **Begründetheit**
   I. **Verfassungsbeschwerden gegen Gesetze**
   Prüfungsmaßstab sind das Landesverfassungsrecht, die über die Gliedstaatsklausel nach Art. 74 I LV erfasste Kompetenzordnung (Art. 70 ff. GG) und via Rechtsstaatsprinzip eklatante Verletzungen des Bundesrechts.
   II. **Urteilsverfassungsbeschwerden**
   Verletzung "*spezifischen Verfassungsrechts*" (keine "Superrevisionsinstanz")

Ist die **Verfassungsbeschwerde begründet**, sind die verletzte Verfassungsnorm und die Verletzungshandlung festzustellen, die angegriffene Entscheidung aufzuheben und/oder die Verfassungswidrigkeit der angegriffenen Rechtsnorm auszusprechen (§ 49 II – IV VerfGHG). Der Beschwerdeführer kann seine Verfassungsbeschwerde, der keine allgemeine Bedeutung i. S. des § 44 III 2 VerfGHG zukommt, grundsätzlich auch nach bereits durchgeführter mündlicher Verhandlung **zurücknehmen**.[357] Das Verfahren vor dem VerfGH ist grundsätzlich (Ausnahme: Missbrauchsgebühr) **kostenfrei** (§ 21 VerfGHG).

168

---

356 Held (Fn. 329), Rn. 20; zur nicht ganz einheitlichen Rspr. des BVerfG *Benda/Klein*, Rn. 646 ff. u. 402 ff.
357 RhPfVerfGH, NVwZ-RR 2008, 292.

Dem erfolgreichen Beschwerdeführer werden die **notwendigen Auslagen** ganz oder teilweise erstattet (§ 21a I VerfGHG).

3. Organstreit (Art. 130 I LV)

169 Art. 130 I LV erfasst – in den vertrauten Termini des Verfassungsprozessrechts[358] – **abstrakte Normenkontrolle und Organstreit in einem Satz**. Gleichzeitig wird Körperschaften des öffentlichen Rechts, vor allem kommunalen Gebietskörperschaften, soweit sie geltend machen können, durch die Handlung eines Verfassungsorgans in eigenen Rechten verletzt zu sein, die Antragsberechtigung verliehen. Diese Variante des Organstreits entspricht, wenn sie gegen eine Rechtsverordnung der Landesregierung oder eines Ministers gerichtet ist, einer **kommunalen (Rechtssatz-)Verfassungsbeschwerde** und schließt nach Art. 93 I Nr. 4b GG, § 91 S. 2 BVerfGG die Verfassungsbeschwerde zum BVerfG aus.[359] Die landesverfassungsgerichtlichen Entscheidungen unterliegen anschließend nicht mehr der Kontrolle durch das BVerfG.[360]

a) Parteifähigkeit (Antragsberechtigung)

170 Parteifähig im Verfahren sind **Landesregierung, Landtag und jede Landtagsfraktion** (Rn. 65 f.), außerdem **Körperschaften des öffentlichen Rechts**.[361] Auch **andere durch die LV oder die Geschäftsordnung eines Verfassungsorgans mit eigenen Rechten ausgestattete Beteiligte** sind parteifähig.[362] Dazu gehören Minister als Mitglied der Landesregierung, Abgeordnete oder Ausschüsse des Landtags, Fraktionen im Untersuchungsausschuss sowie konstituierende Minderheiten nach Art. 83 III LV (Einberufung des Landtags), Art. 86 LV (Antrag auf Ausschluss der Öffentlichkeit) und Art. 91 I LV (Antrag auf Einsetzung eines Untersuchungsausschusses). Da Aufgaben und Stellung des Rechnungshofs in der Verfassung (Art. 120 II LV) geregelt sind und Art. 130 I 2 LV die Antragsberechtigung nicht von der Verfassungsorganqualität abhängig macht, ist auch der **Rechnungshof** parteifähig.[363]

171 **Parteien** auf Landesebene kommt – in dem Umfang, wie dies auch bundesverfassungsrechtlich der Fall ist[364] – verfassungsrechtlicher Status zu, dessen Verletzung sie im Organstreitverfahren geltend machen können.[365] Dem eine Volksinitiative oder ein Volks-

---

358 *Bier*, in: Grimm/Caesar, Art. 130 Rn. 1.
359 Der Ausschluss gilt auch in Bezug auf Landesgesetze, da die Körperschaften dagegen ebenfalls nach Art. 130 I LV (abstrakte Normenkontrolle) vorgehen können (dazu Rn. 187).
360 BVerfG, NVwZ 2004, 980.
361 Zum Verhältnis des Verfahrens nach Art. 130 I LV zur Verfassungsbeschwerde vgl. Rn. 154.
362 Mit dieser – durch Verfassungsänderung (G. v. 8.3.2000, GVBl. S. 65) eingeführten – Erweiterung lehnte sich der Verfassungsgesetzgeber an Art. 93 I Nr. 1 GG an, damit Teile von Verfassungsorganen nicht gezwungen sind, in organverfassungsrechtlichen Streitigkeiten gem. Art. 93 I Nr. 4 GG das BVerfG anzurufen (dazu BVerfGE 102, 245, 251).
363 *Pieroth* (Fn. 336), Rn. 6a m.w.N.; a.A. *Bier* (Fn. 358), Rn. 30; *Benda/Klein*, Rn. 922. Zur fehlenden Verfassungsorganqualität Rn. 60 u. 122.
364 BVerfGE 1, 208, 233 ff.; 85, 264, 284; NVwZ 2008, 407; DVBl. 2008, 507, 509 f. m.w.N. Die Parteien sind jedoch nicht Teil des Staates (BVerfG, DVBl. 2008, 508) und können sich daher – auch im Rahmen der Verfassungsbeschwerde – grundsätzlich auf alle Grundrechte berufen, die für juristische Personen gelten (dazu Rn. 135).
365 Zum Hineinwirken des Art. 21 GG Rn. 40. Im Übrigen waren 10 %-Parteien nach Art. 130 I LV a.F. unabhängig von eigener Rechtsbetroffenheit antragsberechtigt. Trotz Änderung des Art. 130 I LV ging der verfassungsändernde Gesetzgeber weiterhin von der – jetzt von subjektiver Rechtsbetroffenheit abhängiger – Antragsberechtigung der Parteien aus (LT-Drucks. 12/5555, S. 89).

begehren anstrebenden Teil des **Volkes** (Art. 108a, 109 LV) steht die Parteifähigkeit kraft einfachen Rechts zu (§§ 60g, 75 LWahlG).

b) Prüfungsgegenstand

Gegenstand verfassungsgerichtlicher Kontrolle sind Handlungen von **Verfassungsorganen**. Zum Kreis der Verfassungsorgane zählen insb. **Landtag, Landesregierung** und einzelne **Minister** (Rn. 59 f., 81). 172

Als **Handlungen** kommen alle Akte in Betracht, die Verfassungsorgane in dieser Eigenschaft (nicht als oberste Verwaltungsbehörde) vornehmen. Dazu zählen u.a. Rechtsverordnungen der Landesregierung oder eines Ministers sowie Verwaltungsvorschriften (Art. 110 II LV).[366] Ausgenommen sind Gesetze – sie sind als eigene Verfahrensart erwähnt – und die ausdrücklich ausgeschlossenen **Gesetzesvorlagen**. Auch der Verfassung widerstreitende **Unterlassungen**[367] können gerügt werden. Der Ausschluss von Gesetzesvorlagen greift hier nicht.[368] 173

Der Wortlaut der LV erfasst nicht die **Handlung eines Teils eines Verfassungsorgans**. Es entspricht jedoch dem erklärten Willen des Verfassungsgesetzgebers, solche Handlungen dem Organstreitverfahren zu unterstellen.[369] 174

Beispiele:
Streitigkeiten eines
- Abgeordneten mit seiner Fraktion (z. B. Fraktionsausschluss),[370]
- Drittels der Mitglieder des Landtags mit dem Landtagspräsidenten (Art. 83 III LV),
- Fünftels der Mitglieder eines Untersuchungsausschusses, dessen Beweisantrag von der Mehrheit abgelehnt wurde.[371]

c) Antragsbefugnis, Klarstellungsinteresse, Rechtsschutzbedürfnis

Antragsteller nach Art. 130 I 1 LV (**Landesregierung, Landtag, Landtagsfraktionen**) gelten als "**Garanten des Gemeinwohls**".[372] Sie müssen nicht geltend machen, durch die strittige Handlung in eigenen Rechten verletzt zu sein. Es reicht ein **objektives Klarstellungsinteresse**, woran es nur ausnahmsweise fehlt.[373] Antragsteller nach Art. 130 I 2 LV müssen die **Verletzung eigener Rechte** geltend machen. Dasselbe gilt für **Körperschaften des öffentlichen Rechts**. 175

Voraussetzung für die Antragsbefugnis ist die **eigene, gegenwärtige und unmittelbare Rechtsbetroffenheit**.[374] 176

---

366 RhPfVerfGH, AS 2, 245, 253; *Hensgen*, S. 89.
367 Vgl. auch den speziellen Unterlassungstatbestand in § 42 VerfGHG.
368 Dieser soll nur eine vorbeugende Rechtskontrolle verhindern; RhPfVerfGH, DVBl. 1972, 783, 785; AS 26, 4, 8; *Bier* (Fn. 358), Rn. 29.
369 LT-Drucks. 13/5066 v. 10.12.1999, Begr. zu Nr. 31 (Artikel 130); vgl. auch Fn. 362.
370 BerlVerfGH, NVwZ 2006, 441 ff.; MVVerfG, NJ 2003, 471 ff. m. Anm. *Jutzi*; vgl. auch *Edinger*, ZParl 2003, 764 ff.; a. A. *Ipsen*, NVwZ 2005, 361 ff., 363 f. (Zivilrechtsweg).
371 Vorrangig ist jedoch das Verfahren nach § 13 III UAG.
372 RhPfVerfGH, AS 8, 224, 225.
373 *Bier* (Fn. 358), Rn. 31 i. V. m. 10.
374 RhPfVerfGH, AS 24, 321, 333; 25, 194, 195 m.w.N.

Beispiel:
Ein Abgeordneter kann gegenüber dem Parlament jedes Recht als verletzt oder gefährdet rügen, das verfassungsrechtlich mit seinem durch Art. 79 II LV begründeten Status verbunden ist, nicht aber die etwaige Verletzung von Rechten des Parlaments als Ganzem, da die Kompetenzen des Landtags nicht als ein Bündel inhaltsgleicher Kompetenzen der Abgeordneten zu verstehen ist (SaarlVerfGH, DÖV 2006, 428, 429 m.w.N.).

177 **Kommunale Gebietskörperschaften** können die Verletzung der Selbstverwaltungsgarantie (Art. 49 LV) einschließlich des Rechts auf angemessene Finanzausstattung geltend machen. Außerdem können sie sich auf das dem Rechtsstaatsprinzip immanente allgemeine Willkürverbot stützen.[375] Die Berufung auf Grundrechte[376] oder private Ansprüche ist den Gemeinden ebenso verwehrt wie die Wahrnehmung von Rechten ihrer Bürger.[377] Eine Verbandsgemeinde kann auch nicht die Rechte der ihr angehörenden Ortsgemeinden reklamieren und umgekehrt.[378]

178 Hält man neben der Antragsbefugnis ein **Rechtsschutzbedürfnis** für erforderlich, was wegen des auch objektiv-rechtlichen Verfahrenszwecks zweifelhaft ist, kann ein – zunächst zulässigerweise erhobenes – Organstreitverfahren aus Gründen des öffentlichen Interesses fortgesetzt werden.[379]

d) Rechtswegerschöpfung, Subsidiarität

179 Die **Körperschaften des öffentlichen Rechts** können die Anträge grundsätzlich erst nach Erschöpfung des Rechtswegs einreichen (§ 23 III 1 VerfGHG; zu Ausnahmen § 23 III 2 VerfGHG). Bei Rechtsverordnungen der Landesregierung oder eines Ministers besteht kein instanzgerichtlicher Rechtsschutz (§ 47 I Nr. 2 VwGO i.V.m. § 4 AGVwGO), so dass der VerfGH unmittelbar angerufen werden kann.[380] Aus dem Gebot der Rechtswegerschöpfung folgt der Grundsatz der Subsidiarität.[381]

e) Frist, Begründung, Form

180 Eine sechsmonatige **Antrags(ausschluss)frist**[382] gilt nur für Körperschaften des öffentlichen Rechts (§ 23 IV VerfGHG). Der Antragsteller muss die **Verfassungsnorm bezeichnen**, aus der er seine Bedenken herleitet (§ 23 I VerfGHG), **Schriftform** ist vorgeschrieben (§ 23 II 1 VerfGHG), woraus insgesamt eine – zumindest rudimentäre – **Begründungspflicht** folgt.

f) Antragsgegner

181 Ob das Verfahren nach Art. 130 I LV einen Antragsgegner kennt, ist wegen § 25 II VerfGHG zweifelhaft. Danach ist dem **verantwortlichen Organ** lediglich "Gelegenheit

---

375 RhPfVerfGH, AS 26, 391, 395 f.
376 RhPfVerfGH, AS 24, 321, 333 m.w.N.
377 RhPfVerfGH, AS 12, 256, 258.
378 RhPfVerfGH, AS 11, 271, 272; 12, 239, 242.
379 BVerfGE 24, 299, 300; SächsVerfGH, SächsVBl. 1995, 277; MVVerfG, NJ 2003, 471 m. Anm. *Jutzi*; offen gelassen in BVerfGE 83, 175, 181; 87, 207, 209.
380 Vgl. § 2 Rn. 49 sowie o. Rn. 81 und zur abstrakten Normenkontrolle u. Rn. 187.
381 *Bier* (Fn. 358), Rn. 32 i.V.m. 16 sowie Rn. 163.
382 Wiedereinsetzung in den vorherigen Stand ist danach nicht zulässig; *Bier* (Fn. 358), Rn. 33 i. V. m. 18 f. m.w.N.

zur Äußerung" zu geben. Der Organstreit ist jedoch herkömmlicherweise ein kontradiktorisches Verfahren,[383] wovon der VerfGH inzwischen eindeutig ausgeht.[384]

Aufbauschema: Organstreit

A. Zulässigkeit (Art. 130 I, 135 I Nr. 1 LV, §§ 2 Nr. 1 lit. a, 23 VerfGHG)
  I. Parteifähigkeit (Antragsberechtigung)
    – LReg, LT, jede LT-Fraktion (Art. 130 I 1 LV)
    – Andere Beteiligte, die durch die LV oder GeschO eines Verfassungsorgans mit eigenen Rechten ausgestattet sind (Art. 130 I 2 Halbs. 1 LV), auch Parteien auf Landesebene, Landesrechnungshof (str.)
    – Körperschaften des öffentlichen Rechts (Art. 130 I 2 Halbs. 2 LV)
    – Teil des Volkes bei Volksinitiative/Volksbegehren (§§ 60g, 75 LWahlG)
  II. Prüfungsgegenstand
    – Handlung oder Unterlassung eines Verfassungsorgans sowie eines Teils, dem Rechte aus dem Verfassungsrechtskreis zustehen
    – *Nicht*: Gesetze (eigene Verfahrensart), Gesetzesvorlagen (Art. 130 I 1 LV)
  III. Antragsbefugnis, Klarstellungsinteresse, Rechtsschutzbedürfnis
    – Antragsteller nach Art. 130 I 1 LV (LT, LReg., LT-Fraktion): Nur objektives Klarstellungsinteresse erforderlich
    – Antragsteller nach Art. 130 I 2 LV (andere Beteiligte; Körperschaften des öffentlichen Rechts): Möglichkeit der Verletzung eigener Rechte
  IV. Rechtswegerschöpfung, Subsidiarität: Nur Körperschaften des öffentlichen Rechts (§ 23 III 1 VerfGHG)
  V. Frist, Begründung, Form
    Antrags(ausschluss)frist für Körperschaften des öffentlichen Rechts: 6 Monate (§ 23 IV VerfGHG); Verfassungsnorm ist anzugeben; Schriftform (§ 23 I, II VerfGHG); daraus folgt Begründungspflicht
  VII. Antragsgegner: Verantwortliches Organ

B. Begründetheit
  I. *Prüfungsmaßstab* sind das Landesverfassungsrecht, die über die Gliedstaatsklausel nach Art. 74 I LV erfasste Kompetenzordnung (Art. 70 ff. GG) und via Rechtsstaatsprinzip eklatante Verletzungen des Bundesrechts.
  II. Bei Antragstellern nach Art. 130 I 1 LV wird das Organhandeln *objektiv* überprüft, bei Anträgen gem. Art. 130 I 2 LV ist fraglich, ob eine *subjektive* Rechtsverletzung zu verlangen ist.

---

g) Prüfungsmaßstab, Entscheidung

Prüfungsmaßstab ist die **LV**.[385] Sind "Garanten des Gemeinwohls" Antragsteller (Art. 130 I 1 LV), wird das Organhandeln objektiv überprüft. Ob Antragsteller nach Art. 130 I 2 LV in ihren Organrechten verletzt sein müssen,[386] erscheint unter Berücksichtigung des objektivrechtlichen Charakters des Organstreits nach Art. 130 I 1 LV

182

---

383 *Sachs*, VerfProzessR, Rn. 107, 256.
384 RhPfVerfGH, AS 26, 4, 8; 29, 362, 366 (zurückhaltend noch RhPfVerfGH, AS 19, 121 – LS 2 -, 124 ["Organkontrollantrag"]); *Bier* (Fn. 358), Rn. 34; a. A. *Hensgen*, S. 100 f.
385 Zum Umfang der Kontrolle bundesrechtlicher Vorgaben Rn. 167.
386 So *Bier* (Fn. 358), Rn. 35.

nicht zwingend, zumal dies auch für die von demselben Satz ebenfalls erfasste abstrakte Normenkontrolle so gesehen wird.[387] Bejaht der VerfGH einen Verstoß gegen die Verfassung, stellt er ihn fest, ohne die beanstandete Maßnahme aufzuheben. Die Entscheidung entfaltet **Bindungskraft** für alle Verfassungsorgane, Gerichte und Behörden des Landes und hat bei festgestelltem Verfassungsverstoß **Gesetzeskraft** (Art. 136 LV, § 26 II VerfGHG).[388]

4. Abstrakte Normenkontrolle (Art. 130 I LV)

183 Dem VerfGH obliegt es, ein Gesetz – unabhängig von einem konkreten Rechtsstreit (dazu Art. 130 III LV; Rn. 189) – auf seine Verfassungsgemäßheit zu überprüfen.

a) Prüfungsgegenstand

184 Gesetze sind alle förmlichen – auch verfassungsändernden (Art. 135 I Nr. 2 LV) – **Landesgesetze**,[389] nicht jedoch Rechtsverordnungen und andere **untergesetzliche Rechtsvorschriften**. Dies gilt auch für Parlamentsgesetze, die Rechtsverordnungen ändern.[390] Geht es dabei – wie in der Regel – um eine von einem Verfassungsorgan (Regierung, Minister) erlassene Verordnung, ist die Änderung dieser Norm durch den Gesetzgeber aber als sonstige Handlung eines Verfassungsorgans i. S. d. Art. 130 I LV zu qualifizieren und kann zum Gegenstand eines Organstreits (Rn. 172 ff.) gemacht werden kann.

185 Überprüft werden können grundsätzlich nur **rechtlich existente** – bereits verkündete – **Normen**. Auf den Zeitpunkt des Inkrafttretens kommt es nicht an (vgl. § 23 IV 2 VerfGHG). Eine **präventive Normenkontrolle** ist zulässig, wenn es um Zustimmungsgesetze zu Staatsverträgen geht, um ein Auseinanderfallen von vertraglichen und verfassungsrechtlichen Pflichten zu vermeiden.[391] **Außer Kraft getretene Normen** können ausnahmsweise Prüfungsgegenstand sein, soweit sie noch Rechtswirkungen entfalten.[392]

b) Weitere Voraussetzungen

186 Bezüglich **Parteifähigkeit, Antragsbefugnis, Form und Frist** gilt das zum Organstreitverfahren Gesagte (Rn. 170 ff.) entsprechend. Das nicht kontradiktorische Verfahren kennt **keinen Antragsgegner**.

187 Das **Gebot der Rechtswegerschöpfung** gilt zwar für die Körperschaften des öffentlichen Rechts (§ 23 III VerfGHG), entfaltet aber bei Parlamentsgesetzen keine Wirkung, da gegen diese der Instanzenzug nicht eröffnet ist. Für Normenkontrollanträge von Kommunen wird jedoch der **Subsidiaritätsgrundsatz** relevant.[393] Da Kommunen sich gegen Einzelakte mit der Verfassungsbeschwerde vor dem VerfGH wehren können (Art. 130a LV; Rn. 154), ist grundsätzlich die Vollziehung eines Gesetzes abzuwarten, dann der Rechtsweg zu beschreiten, um schließlich Verfassungsbeschwerde erheben zu können. Nur **bei**

---

387 *Bier* (Fn. 358), Rn. 24 m.w.N.
388 Näher *Frey*, in: Grimm/Caesar, Art. 136 Rn. 4 ff.
389 *Süsterhenn/Schäfer*, Art. 130 Anm. 3 b aa; *Bier* (Fn. 358), Rn. 3. Zu Haushaltsgesetzen vgl. RhPfVerfGH, AS 25, 387; zu Gesetzen nach Art. 80 IV GG Rn. 97 f.
390 BVerfG, NVwZ 2006, 191 ff.; dazu Rn. 98.
391 *Bier* (Fn. 358), Rn. 5; vgl. auch BVerfGE 36, 1, 15.
392 RhPfVerfGH, AS 19, 121, 122 f. m.w.N.
393 Dazu *Bier* (Fn. 358), Rn. 16 sowie Rn. 163.

unmittelbarer Rechtsbetroffenheit können – und müssen (§ 44 IV VerfGHG) – die Kommunen nach Art. 130 I LV vorgehen.[394]

c) Begründetheit

Prüfungsmaßstab des VerfGH ist die LV,[395] nicht auch die Geschäftsordnung eines Verfassungsorgans. Geprüft wird die streitgegenständliche Norm unter **allen rechtlichen Gesichtspunkten**. Ob sie eigene Rechte des Antragstellers verletzt, ist für die Begründetheit des Normenkontrollantrags – auch in den Fällen des Art. 130 I 2 LV – ohne Belang.[396]

188

Aufbauschema: Abstrakte Normenkontrolle
A. Zulässigkeit (Art. 130 I, 135 I Nr. 1 u. 2 LV, §§ 2 Nr. 1 lit. a u. b, 23, 25 VerfGHG)
I. **Antragsberechtigung** (vgl. Organstreit, Parteifähigkeit)
II. **Prüfungsgegenstand:** Förmliche – auch verfassungsändernde (Art. 135 I Nr. 2 LV) – Landesgesetze
III. **Antragsbefugnis, Klarstellungsinteresse, Rechtsschutzinteresse** (vgl. Organstreit)
IV. **Rechtswegerschöpfung, Subsidiarität:**
– Körperschaften des öffentlichen Rechts müssen grundsätzlich erst die Vollzugsakte aufgrund der Rechtsnorm abwarten und den Rechtsweg beschreiten, um danach Verfassungsbeschwerde zu erheben.
– Bei *unmittelbarer Rechtsbetroffenheit durch eine Norm* ist das Verfahren nach Art. 130 I LV für sie zwingend (§ 44 IV VerfGHG).
V. **Frist, Begründung, Form** (vgl. Organstreit)
VI. **Kein Antragsgegner** (nicht kontradiktorisches Verfahren)
B. Begründetheit
I. *Prüfungsmaßstab* (vgl. Organstreit)
II. Norm wird *unter allen rechtlichen Gesichtspunkten* geprüft; subjektive Rechtsverletzung nicht erforderlich.

5. Konkrete Normenkontrolle (Art. 130 III LV)

Als **Pendant zu Art. 100 I GG**[397] verpflichtet Art. 130 III LV ein Gericht, ein Verfahren auszusetzen und die Entscheidung des VerfGH einzuholen, wenn es ein Landesgesetz, auf dessen Gültigkeit es bei der Entscheidung ankommt, mit der LV für unvereinbar hält. Art. 130 III LV begründet damit ein **Verwerfungsmonopol** des VerfGH für Parla-

189

---

394 Entsprechendes gilt für Rechtsverordnungen der Landesregierung oder eines Ministers (dazu Rn. 179).
395 Zum Umfang der Kontrolle bundesrechtlicher Vorgaben Rn. 167.
396 *Bier* (Fn. 358), Rn. 24 m.w.N.
397 Dazu *Robbers*, S. 67 ff.

mentsgesetze.[398] Die Verfahren nach Art. 100 I GG und Art. 130 III LV stehen selbständig nebeneinander.[399]

190 **Vorlageberechtigt** ist jedes Gericht des Landes. Handelt es sich nicht um ein oberes Landesgericht, ist die Entscheidung des VerfGH "über das zuständige oberste Gericht des Landes" (§ 24 I VerfGHG) einzuholen. Ein Verstoß dagegen bleibt folgenlos.[400]

191 **Prüfungsgegenstand** sind förmliche, nachkonstitutionelle Gesetze.[401] Das vorlegende Gericht muss die **Entscheidungserheblichkeit** darlegen und angeben, mit welcher **Vorschrift der LV** das Landesgesetz unvereinbar ist (§ 24 II VerfGHG); dazu muss es sein Verständnis von der einfach gesetzlichen Norm sowie der Verfassungsnorm darlegen und eine verfassungskonforme Auslegung ausschließen. Das konkrete Normenkontrollverfahren kennt **keine Beteiligten**. **Prüfungsmaßstab** ist die LV.[402] Gelangt der VerfGH zu dem Ergebnis, eine Norm sei verfassungswidrig, hat die Entscheidung **Gesetzeskraft** (Art. 136 II LV).

Aufbauschema: Konkrete Normenkontrolle

A. Zulässigkeit (Art. 130 III, 135 I Nr. 1 u. 2 LV, §§ 2 Nr. 1 lit. a u. b, 23 ff. VerfGHG)
   I. Verhältnis zu Art. 100 I GG: Verfahren stehen selbständig nebeneinander
   II. Vorlageberechtigung: Gericht des Landes
   II. Prüfungsgegenstand: Förmliche, nachkonstitutionelle Landesgesetze
   III. Entscheidungserheblichkeit
   IV. Darlegung der Verfassungswidrigkeit (§ 24 II VerfGHG) einschließlich des Ausschlusses verfassungskonformer Auslegung
   V. Beteiligte: Keine; vgl. aber § 25 III VerfGHG
B. Begründetheit
   Vgl. abstrakte Normenkontrolle

---

6. Einstweilige Anordnung (§ 19a VerfGHG)

192 Der VerfGH kann in allen anhängigen Verfahren auf Antrag[403] eines Beteiligten einen Zustand durch einstweilige Anordnung vorläufig regeln. Sachlich-inhaltlich wie auch bezüglich des Verfahrens im Einzelnen **entspricht § 19a VerfGHG im Wesentlichen der einstweiligen Anordnung gem. § 32 BVerfGG**.[404]

---

398 Einstweiligen Rechtsschutz können die Fachgerichte auch ohne Vorlage an den VerfGH gewähren, wenn dies nach den Umständen des Falles im Interesse eines effektiven Rechtsschutzes geboten erscheint und die Hauptsacheentscheidung dadurch nicht vorweggenommen wird (BVerfGE 86, 382, 389; *Hillgruber/Goos*, Rn. 606 f. m.w.N.).
399 Eine Reihenfolge ist nicht vorgeschrieben, unabhängig davon, ob es um inhaltsverschiedene Normen in GG und LV geht oder nicht; RhPfVerfGH, AS 3, 1, 4 ff.; *Bier* (Fn. 358), Rn. 37.
400 *Bier* (Fn. 358), Rn. 39.
401 RhPfVerfGH, AS 12, 170, 172; zu Gesetzen nach Art. 80 IV GG Rn. 97.
402 Zum Umfang der Kontrolle bundesrechtlicher Vorgaben Rn. 167.
403 Das BVerfG (E 1, 74, 75; 42, 103, 119 f.; 46, 337, 338) hat schon von Amts wegen eine einstweilige Anordnung erlassen (krit. *Sachs*, VerfProzessR, Rn. 545; *Hillgruber/Goos*, Rn. 767).
404 Dazu *Schlaich/Korioth*, Rn. 462 ff.; *Mansson*, Rn. 926 ff.; *Robbers*, S. 105 ff.

VI. Verfassungsprozessrecht

Die **Zulässigkeit** orientiert sich am Hauptsacheverfahren. Aufgrund des eindeutigen Wortlauts von § 19a I VerfGHG kann – anders als nach § 32 BVerfGG[405] – eine einstweilige Anordnung jedoch erst nach **Anhängigkeit eines Hauptverfahrens** ergehen. Die Hauptsache darf (nach der anfechtbaren h. M.) grundsätzlich nicht vorweggenommen werden.[406]

193

Aufbauschema: Einstweilige Anordnung

A. Zulässigkeit, § 19 VerfGHG (orientiert sich am Hauptsacheverfahren)
  I. Zuständigkeit des VerfGH
  II. Antragsberechtigung
  III. Antragstellung
  IV. Statthaftigkeit
  V. Anhängigkeit eines Hauptverfahrens (anders § 32 BVerfGG!)
  VI. Nichtvorwegnahme der Hauptsache (h. M.)
  VII. Rechtsschutzbedürfnis
B. Begründetheit
  I. Die einstweilige Anordnung kann ergehen, wenn
    – dies zur Abwehr schwerer Nachteile,
    – zur Verhinderung drohender Gewalt oder
    – aus einem anderen wichtigen Grund
    zum gemeinen Wohl dringend geboten ist.
  II. *Prüfungsfolge*
    – Unzulässigkeit oder offensichtliche Unbegründetheit des in der Hauptsache gestellten Antrags
    – Bei Verneinung sind die Folgen abzuwägen, wenn die einstweilige Anordnung nicht ergänge, der Hauptsacheantrag aber Erfolg hätte, *gegenüber* den Nachteilen, wenn die einstweilige Anordnung erlassen würde, der Hauptsacheantrag aber erfolglos bliebe.

Bei der **Begründetheitsprüfung** folgen die Verfassungsgerichte nicht den Verwaltungsgerichten zu §§ 80 V, 123 VwGO, die primär die Erfolgsaussichten in der Hauptsache summarisch bewerten,[407] sondern geben grundsätzlich einer isolierten **Interessen- und Folgenabwägung** den Vorzug. Danach sind die Folgen, die einträten, wenn eine einstweilige Anordnung nicht ergänge, der Hauptsacheantrag aber Erfolg hätte, gegenüber den Nachteilen abzuwägen, die entstünden, wenn die begehrte einstweilige Anordnung erlassen würde, der Hauptsacheantrag aber der Erfolg versagt bliebe.[408] Auf das rechtliche Ergebnis wird abgestellt, wenn sich das Hauptsacheverfahren als unzulässig oder offensichtlich unbegründet erweist oder wenn "verwaltungsgerichtliche Beschlüsse betroffen sind, die im Verfahren des einstweiligen Rechtsschutzes ergangen sind und die Entscheidung in der Hauptsache vorwegnehmen."[409] Ein besonders strenger Prüfungs-

194

---

[405] *Benda/Klein*, Rn. 1194 ff.; *Schlaich/Korioth*, Rn. 463 m.w.N.
[406] Dazu *Hillgruber/Goos*, Rn. 785 ff.; *Benda/Klein*, Rn. 1206 ff.; *Schlaich/Korioth*, Rn. 464 m.w.N.
[407] *Hufen*, Verwaltungsprozessrecht, 7. Aufl. 2008, § 32 Rn. 39 u. § 33 Rn. 16.
[408] Zur unveröffentlichten Rspr. des RhPfVerfGH *Hensgen*, S. 72 ff.; außerdem BVerfGE 77, 130, 134 f.; 80, 74, 79; 81, 53, 54; 91, 140, 144; 99, 57, 66; 103, 41, 42; NVwZ 2004, 1109 m.w.N.
[409] BVerfGE 111, 147, 153 bzgl. Versammlungsverbot.

maßstab ist anzulegen, wenn eine gesetzliche Regelung außer Kraft gesetzt werden soll[410] oder es um den Vollzug von sonstigen Maßnahmen eines Verfassungsorgans geht.[411] Der Maßstab ist noch weiter zu verschärfen, wenn eine einstweilige Anordnung begehrt wird, durch die der Vollzug einer Rechtsnorm ausgesetzt wird, soweit sie zwingende Vorgaben des Gemeinschaftsrechts in das deutsche Recht umsetzt.[412]

VII. Klausurhinweise

195 Wenngleich nicht für alle landesverfassungsrechtlichen Fallgestaltungen einer Klausur Ratschläge gegeben werden können, insb. wenn in einer Klausur einzelne Zusatzfragen zu landesverfassungsrechtlichen Problemen gestellt werden, so sind doch – wie auch bei Klausuren zum Grundgesetz – typische Konstellationen erkennbar.

1. Prüfung der Verfassungsmäßigkeit einer Rechtsnorm des Landes

196 Wie bei Bundesgesetzen ist bei **Landesgesetzen** zunächst die formelle, sodann die materielle Verfassungsmäßigkeit zu untersuchen:

A. Formelle Verfassungsmäßigkeit
  I. Gesetzgebungskompetenz des Landes (insb. Art. 70 ff. GG, dazu Rn. 89; zur Gesetzgebung nach Art. 80 IV GG Rn. 97)
  II. Verfahren (Rn. 90 ff.; zur Volksgesetzgebung Rn. 101 ff.; zu Verfassungsänderungen Rn. 94)
  III. Form (zu Ausfertigung und Verkündung Rn. 95 f.; zum Textänderungsgebot bei Verfassungsänderungen Rn. 94)
B. Materielle Verfassungsmäßigkeit
  Es geht insb. um die Beachtung
  I. der **Grundrechte** (Rn. 134 ff.),
  II. des **kommunalen Selbstverwaltungsrechts** (Rn. 124 ff.) und des **allgemeinen Willkürverbots** (Rn. 53, 177),
  III. **allgemeiner Verfassungsprinzipien**: Demokratieprinzip und Republik, Rechtsstaatsprinzip (insb. Normenklarheit, Rückwirkungsverbot), Gewaltenteilung, (insb. Vorbehalt des Gesetzes), Wahlrechtsgrundsätze (Rn. 49 ff.),
  IV. **sonstigen Verfassungsrechts**, z.B. Art. 47 LV (Schutz von Sonn- und Feiertagen); Anforderungen an Ermächtigung zum Erlass einer Rechtsverordnung (Rn. 100); bei Volksgesetzgebung, insb. Verbot finanzwirksamer Gesetze (Rn. 107 ff.) und Koppelungsverbot (Rn. 110); bei Verfassungsänderungen sog. Ewigkeitsgarantie (Rn. 94).

197 Die Prüfung der Rechtmäßigkeit einer **Rechtsverordnung** des Landes, die sich auf ein Landesgesetz stützt, folgt ähnlichen Prinzipien. Bei der formellen Rechtmäßigkeit ist das Zitiergebot (Art. 110 I 3 LV) zu beachten. Materiell-rechtlich muss sich die Rechtsverordnung auf eine wirksame Ermächtigung stützen (im Rahmen dieser Prüfung ist die Wirksamkeit des Landesgesetzes zu prüfen; Rn. 196), die Verordnung muss sich im

---

410 BVerfGE 83, 162, 171; 104, 51, 55 m.w.N.; krit. *Hillgruber/Goos*, Rn. 806.
411 BVerfG, NVwZ 2005, 800.
412 BVerfG, NVwZ 2008, 543 = JuS 2008, 737.

Rahmen der Ermächtigungsgrundlage bewegen und ihrerseits die Grundrechte und sonstigen Vorgaben der LV beachten.

Entsprechendes gilt für **Satzungen** der kommunalen Gebietskörperschaften und sonstiger juristischer Personen, die ihre Hoheitsgewalt vom Land ableiten. Das Zitiergebot des Art. 110 I 3 LV gilt für sie indes nicht (Fn. 192). **198**

2. Prüfung landesverfassungsgerichtlicher Verfahren

Viele verfassungsrechtliche Fälle sind in ein verfassungsgerichtliches Verfahren eingebettet. Dabei geht es in der Regel um folgende Verfahren: **199**

- **Verfassungsbeschwerde** (Rn. 153 ff.; Aufbauschema nach Rn. 168)
- **Organstreit** (Rn. 169 ff., Aufbauschema nach Rn. 182)
- **abstrakte Normenkontrolle** (Rn. 183 ff.; Aufbauschema nach Rn. 188)
- **konkrete Normenkontrolle** (Rn. 189 ff.; Aufbauschema nach Rn, 191)
- **einstweilige Anordnung** (Rn. 192 ff.; Aufbauschema nach Rn. 194).

3. Prüfung im Rahmen verwaltungsprozessualer Verfahren

Hier bestehen **keine Besonderheiten** im Verhältnis zur Beachtung von Vorgaben des GG. Wichtig ist insb., dass die Exekutive des Landes nicht nur bei der Ausführung von Landesrecht, sondern u.U. sogar bei der Anwendung von Bundes- und Gemeinschaftsrecht die LV beachten muss (Rn. 44). **200**

Bei **Normenkontrollverfahren** nach § 47 I Nr. 2 VwGO i.V.m. § 4 AGVwGO ist regelmäßig der Frage zu gehen, ob eine Rechtsverordnung eine Handlung eines Verfassungsorgans im Sinne des Art. 130 I LV darstellt mit der Folge, dass ein verwaltungsgerichtliches Normenkontrollverfahren unstatthaft ist (Rn. 81, 179 sowie § 2 Rn. 49). **201**

§ 2 Grundlagen der Verwaltungsorganisation und des Verwaltungshandelns*

von *Meinhard Schröder*

Literatur: *Die in diesem Verzeichnis enthaltenen Werke werden in den Fußnoten lediglich mit dem Namen der Autoren oder Herausgeber (erforderlichenfalls mit einem unterscheidenden Zusatz) zitiert.*

App/Wettlaufer, Verwaltungsvollstreckungsrecht, 4. Aufl. 2005; *Bitter*, Regionale Bündelungsbehörden: Notwendige staatliche Repräsentanz in der Fläche, DÖV 1997, 855; *Ehlers*, Die Anpassung der Landesverwaltungsverfahrensgesetze an das VwVfG des Bundes, DVBl. 1977, 693; *Erichsen/Ehlers* (Hrsg.), Allgemeines Verwaltungsrecht, 13. Aufl. 2006; *Grimm/Caesar* (Hrsg.), Die Verfassung für Rheinland-Pfalz, Komm., 2001; *Hoegner/Groß*, Die Reform und Neuorganisation der Landesverwaltung Rheinland-Pfalz, DÖV 2000, 1040; *Hufen*, Verwaltungsprozessrecht, 7. Aufl. 2008; *Konzendorf* (Hrsg.), Neuorganisation der Mittelinstanzen, 2000; *Lotz*, Die Neuorganisation der Landesverwaltung in Rheinland-Pfalz, DVP 1999, 413; *Malmendier*, Die Zwangsmittelfestsetzung in der Verwaltungsvollstreckung des Bundes und der Länder, VerwArch 94 (2003), 25; *Maurer*, Allgemeines Verwaltungsrecht, 17. Aufl. 2009; *Oster/Nies*, Landesgesetz zur Ausführung der Verwaltungsgerichtsordnung (AGVwGO), Komm., 1998; *Pietzner*, Rechtsschutz in der Verwaltungsvollstreckung, VerwArch 84 (1993), 261; *ders.*, Zur Reformatio in peius im Widerspruchsverfahren, VerwArch 80 (1989), 500; *Rühle/Stumm*, Handbuch für Rechtsausschüsse, 1999; *Rüter*, Rheinland-Pfalz auf dem Weg zu einer modernen öffentlichen Verwaltung, DÖV 1997, 998; *Schenke/Baumeister*, Probleme des Rechtsschutzes bei der Vollstreckung von Verwaltungsakten, NVwZ 1993, 1; *Stadelmaier/Konzendorf*, Verwaltungsmodernisierung und Bürokratieabbau in Rheinland-Pfalz, DÖV 2004, 729; *Wolff/Bachof/u. a.*, Verwaltungsrecht, Bd. 3, 5. Aufl. 2004; *ders.*, Verwaltungsrecht, Bd. 2, 6. Aufl. 2004; *Ziekow* (Hrsg.), Das Widerspruchsverfahren in Rheinland-Pfalz, 2001.

I. Einleitung

1   Das Verwaltungsorganisationsrecht, dessen Grundlagen in diesem Abschnitt darzustellen sind, umfasst die Institutionen, die zur Erfüllung von Aufgaben der Verwaltung des Landes und im Lande bestehen. Es verteilt diese Aufgaben auf verschiedene Verwaltungsträger und deren Binnenorganisation. Es etabliert Zuständigkeiten, die geeignet erscheinen, rechtsstaatliche und zugleich effektive Verwaltungsentscheidungen hervorzubringen. Schon im Hinblick auf Art. 83 ff. GG ist das Verwaltungsorganisationsrecht in starkem Maße landesrechtlich geprägt. Bei den gleichfalls zu behandelnden Grundlagen des Verwaltungshandelns geht es neben landesrechtlichen Spezifika des allgemeinen Verwaltungsverfahrens um das Verwaltungsvollstreckungsverfahren sowie Besonderheiten des Widerspruchsverfahrens und des Verwaltungsrechtsschutzes im Land.

II. Rechtsquellen

1. Verwaltungsorganisation

2   ■ Verfassung für Rheinland-Pfalz (BS 100-1)
   ■ Landesgesetz zur Reform und Neuorganisation der Landesverwaltung (BS 200-4)

---

* Für wertvolle Hilfe bei der Vorbereitung des Textes danke ich Herrn *Helge Schoenewolf*.

2. Verwaltungshandeln

- Landesverwaltungsverfahrensgesetz (BS 2010-3)
- Landesverwaltungsvollstreckungsgesetz (BS 2010-2)
- Landesgesetz über die Zustellung in der Verwaltung (BS 2010-1)
- Landesgesetz zur Ausführung der Verwaltungsgerichtsordnung (BS 303-1)

III. Verwaltungsorganisation

1. Grundbegriffe und Gestaltungsprinzipien

a) Verwaltungsträger

Die Verwaltungsaufgaben sind auf verschiedene Verwaltungseinheiten verteilt. Unter diesen sind zunächst die Verwaltungsträger hervorzuheben. Durch diese ist festgelegt, welcher Organisation eine bestimmte Verwaltungstätigkeit letztlich zugerechnet wird – mit Konsequenzen unter anderem für die Beteiligung an Verwaltungsrechtsverhältnissen und im Verwaltungsprozess. Als Verwaltungsträger in diesem Sinne kommen nur solche Verwaltungseinheiten in Betracht, denen die **Eigenschaft einer juristischen Person des öffentlichen Rechts** (und damit Rechtsfähigkeit) eignet oder die zumindest teilrechtsfähig sind.[1] Ersteres trifft auf den Staat (in Gestalt von Bund und Land) und auf Verwaltungseinheiten zu, die im Verhältnis zum Staat verselbstständigt und mit eigener Rechtsfähigkeit ausgestattet sind, nämlich Körperschaften, rechtsfähige Anstalten und Stiftungen des öffentlichen Rechts. Die ausnahmsweise anzunehmende **Teilrechtsfähigkeit eines Verwaltungsträgers** knüpft demgegenüber nicht an die Eigenschaft einer juristischen Person an, sondern an die (gesetzliche) Zuordnung genau bestimmter verwaltungsrechtlicher Rechte und Pflichten, etwa bei Sondervermögen[2] oder hinsichtlich des Personalrates.[3] In einem weiteren Sinne sind auch Privatrechtssubjekte, die mit hoheitlichen Verwaltungsaufgaben beliehen sind, Verwaltungsträger.[4]

b) Staatsverwaltung/Selbstverwaltung

Im Hinblick auf die Pluralität der Verwaltungsträger können auch in Rheinland-Pfalz **drei Verwaltungstypen** unterschieden werden: **Staatsverwaltung, kommunale Selbstverwaltung und die neuerdings sog. funktionale Selbstverwaltung.**[5] Die Staatsverwaltung ist in erster Linie Verwaltung durch den eigenen Apparat des Staates/Landes (Organe, Behörden, Ämter). Als solche ist sie **unmittelbare Staatsverwaltung** und herkömmlich in drei hierarchisch aufgebaute Stufen (Unter-, Mittel-, Oberstufe) gegliedert.[6] Die Verwaltungsaufgaben des Staates (Landes) können aber auch rechtlich selbstständigen Verwaltungseinheiten (Körperschaften, Anstalten, Stiftungen) zur Erledigung übertragen sein. Es liegt dann **mittelbare Staatsverwaltung** vor.

---

1 *Burgi*, in: Erichsen/Ehlers (Hrsg.), § 7 Rn. 6. Weiterführend zu den Begriffen der Voll- und Teilrechtsfähigkeit *Kluth*, in: Wolff/Bachof/u. a., Bd. 3, § 83 Rn. 16 ff.
2 Vgl. *Huber*, Allgemeines Verwaltungsrecht, 2. Aufl. 1997, S. 139.
3 Dazu BVerwGE 90, 76 ff.
4 *Maurer*, § 21 Rn. 11.
5 Zum Folgenden *Kluth* (Fn. 1), § 81 Rn. 261 ff.
6 *Maurer*, § 22 Rn. 17 f.

5 Den zweiten Verwaltungstyp stellt die **kommunale Selbstverwaltung**, im Wesentlichen durch Gemeinden und Gemeindeverbände, dar. Ihre Merkmale sind verfassungsrechtlich vorgegeben (Art. 28 II GG, Art. 49 u. 78 II LV). Als Erscheinungsformen der **funktionalen Selbstverwaltung** lassen sich rechtsfähige Verwaltungsträger bezeichnen, die durch sachliche und persönliche Betroffenheit ihrer Mitglieder qualifizierte Aufgaben eigenverantwortlich und weisungsfrei wahrnehmen und deren Leitungsorgane demokratisch legitimiert sind. Hierher rechnen etwa Kammern und Hochschulen.

6 Fasst man die **mittelbare Staatsverwaltung** als Hülse für jede nicht durch den Staat/das Land selbst wahrgenommene Verwaltungstätigkeit auf, ist auch die kommunale und funktionale Selbstverwaltung mittelbare Staatsverwaltung.[7] Durch die mittelbare Staatsverwaltung im engeren Sinne (dazu Rn. 4) und im weiteren soeben gekennzeichneten Verständnis wird die Verwaltung mittels Schaffung rechtlich selbstständiger Verwaltungsträger **dezentralisiert**.[8]

c) Elemente der Binnenorganisation der Verwaltungsträger

7 Das Landesrecht bezeichnet die innerhalb der Verwaltungsträger im Einzelnen zuständigen Organisationseinheiten unterschiedlich und zum Teil ungenau. Am häufigsten sind die Bezeichnungen Behörde und Amt, daneben finden sich gesetzesspezifische (herkömmliche) Benennungen wie Polizeipräsidien (§§ 76 f. POG) und Struktur- und Genehmigungsdirektion bzw. Aufsichts- und Dienstleistungsdirektion (§ 6 VwORG). Selten ist von Organen die Rede (siehe aber § 28 I GemO, § 21 I LKO). Zuverlässige Vorstellungen über die Bedeutung der Organisationselemente und ihrer Handlungsbefugnisse im Innen- oder Außenverhältnis gewinnt man aus den Bezeichnungen allein nicht. Dazu bedarf es vielmehr eines Binnenorganisationsrasters, das an den Begriffen Organ und Behörde festzumachen ist.

8 Verwaltungsträger bedürfen wie jede (teil-)rechtsfähige Organisation dauerhaft gebildeter Organisationseinheiten, die für sie handeln und ihre Zuständigkeiten wahrnehmen. Diese Einheiten sind die **Organe** des Verwaltungsträgers und als solche vom Wechsel der Inhaber (Organwalter) unabhängig.[9] Je nach dem rechtlichen Zuschnitt können Organe nur im Innenverhältnis des Verwaltungsträgers zuständig oder (auch) zur Vornahme von Verwaltungshandlungen im Außenverhältnis befugt sein. Dementsprechend sind die beispielhaft erwähnten, unterschiedlich bezeichneten Organisationseinheiten Organe des Landes bzw. der Gemeinden/Gemeindeverbände. Aber sie sind nicht ohne Weiteres auch **Behörden**. Deren Charakteristikum, das sie zum Unterfall der Organe macht, ist die Befugnis, Verwaltungshandlungen im Außenverhältnis wahrnehmen zu können. Im **institutionell-organisatorischen Sinn** kommt diese Eigenschaft – wiederum unabhängig von Bezeichnungen – allen staatlichen und nichtstaatlichen Organisationseinheiten zu, die zur Verwaltungsorganisation gehören[10] und nach einschlägigen Vorschriften zu Verwaltungsmaßnahmen im Außenverhältnis berufen sind.[11] Dabei kann

---
7 So z. B. *Maurer*, § 23 Rn. 1; *Burgi* (Fn. 1), Rn. 11.
8 *Burgi* (Fn. 1), Rn. 8.
9 Näher *Maurer*, § 21 Rn. 19 ff.; *Kluth* (Fn. 1), Rn. 132 ff.
10 *Burgi* (Fn. 1), § 6 Rn. 13.
11 *Maurer*, § 21 Rn. 32.

zwischen **Sonderverwaltungsbehörden** und **allgemeinen Verwaltungsbehörden** unter dem Gesichtspunkt der sachlichen Zuständigkeit unterschieden werden. Sonderverwaltungsbehörden sind solche, die nur für bestimmte, durch Gesetz ausdrücklich zugewiesene Verwaltungsaufgaben zuständig sind, allgemeine Verwaltungsbehörden demgegenüber diejenigen Behörden, die die übrigen Aufgaben wahrnehmen (Negativdefinition).[12] Die Zuständigkeit der allgemeinen Verwaltungsbehörden ist stets anzunehmen, wenn eine Zuweisung an Sonderverwaltungsbehörden nicht gegeben ist. Die allgemeine Verwaltungsbehörde steht dementsprechend zur Verfügung, um neue Aufgaben zu übernehmen.[13]

Behörden sind typischerweise in **Abteilungen, Referate und Ämter** untergliedert.[14] Solche Untergliederungen haben keine Außenzuständigkeiten. Davon abweichend bezeichnet die Gesetzgebung häufig Organisationseinheiten als Ämter, die in Wahrheit (fachlich spezialisierte) Behörden oder, wie das Ordnungs- oder Bauamt, Abteilungen von Behörden darstellen.[15]

9

Eine von der Einbindung in die Verwaltungsorganisation unabhängige **funktionelle Betrachtungsweise der Behörden ist für das Verwaltungsverfahren maßgebend:** Danach ist „jede Stelle", die materiell gesehen „Aufgaben der öffentlichen Verwaltung" wahrnimmt, Behörde (§ 2 LVwVfG). Behörden können somit im Einzelfall auch Organe der ersten und dritten Gewalt sein, ebenso Privatrechtssubjekte, die mit öffentlich-rechtlichen Verwaltungsbefugnissen beliehen sind.

10

2. Aussagen der Landesverfassung

Sieht man von den Festlegungen zur Selbstverwaltung der kommunalen Gebietskörperschaften (Art. 49 f., 78 II LV) und der Hochschulen (Art. 39 LV) ab, macht die Verfassung (vgl. auch § 1 Rn. 123), im Unterschied zu anderen Landesrechten,[16] keine Aussagen darüber, wer befugt ist, Verwaltungseinheiten zu schaffen, ihren Aufgabenbereich sachlich und örtlich zu bestimmen, die Binnenorganisation und den Geschäftsablauf zu regeln und den Verwaltungssitz festzulegen. Die so umschriebene **Organisationsgewalt**[17] steht auch in Rheinland-Pfalz weder der Exekutive noch der Legislative allein zu. Sie ist vielmehr **auf der Grundlage des organisationsrechtlich zu konkretisierenden Gesetzesvorbehaltes** zu verteilen.

11

Im Einzelnen ist die **Konkretisierung kontrovers**.[18] Weitgehende Übereinstimmung besteht immerhin darüber, dass die Errichtung von Verwaltungsträgern (dazu Rn. 3) als grundlegende, die Verwaltung dezentralisierende Maßnahme (dazu Rn. 6) einer gesetz-

12

---

12 *Maurer*, § 22 Rn. 16; *Burgi* (Fn. 1), § 8 Rn. 14.
13 *Thieme*, Verwaltungslehre, 4. Aufl. 1984, § 48 Rn. 279.
14 *Maurer*, § 21 Rn. 36 f.
15 *Burgi* (Fn. 1), Rn. 30; *Maurer*, § 21 Rn. 37.
16 Entweder wird ein Organisationsgesetz verlangt oder die Landesverfassung gibt selbst Vorgaben betreffend der Organisation vor: Art. 70 I BadWürttVerf.; Art. 77 I BayVerf.; Art. 67 BerlVerf.; Art. 96 I BrandbVerf.; Art. 129 HbgVerf.; Art. 70 II MVVerf.; Art. 56 II NdsVerf.; Art. 77 NRWVerf.; Art. 116 SaarlVerf.; Art. 83 I SachsVerf.; Art. 86 II SachsAVerf.; Art. 45 II SchlHVerf.; Art. 90 ThürVerf. Ein detaillierter Überblick über organisationsrechtliche Gesetzesvorbehalte in den einzelnen Landesverfassungen findet sich bei *Kluth* (Fn. 1), § 81 Rn. 115 ff. und § 82 Rn. 36 ff.
17 *Kluth* (Fn. 1), § 82 Rn. 7 ff.
18 *Kluth* (Fn. 1), § 82 Rn. 22 ff.; *Ossenbühl*, in: Ruffert, Recht und Organisation, 2003, S. 11 ff., 17 ff.

lichen Grundlage bedarf. Gleiches gilt wegen des Eingriffscharakters und der Grundrechtsrelevanz für die Errichtung von Behörden. Unter dem zuletzt genannten Gesichtspunkt – der Schaffung neuer Behörden unter gleichzeitiger Aufhebung der Regierungsbezirke – kann man die durch Gesetz vom 12.10.1999 beschlossene Reform und Neuorganisation der Landesverwaltung sehen (weitere Einzelheiten Rn. 17 ff.), wenngleich auch außerhalb des Gesetzesvorbehaltes liegende Gesichtspunkte die Gesetzesreform tragen: die öffentlichkeitswirksame und demokratische Fundierung einer grundlegenden Veränderung der Landesverwaltung auf der Mittelstufe.

13 Außerhalb der Reichweite des Gesetzesvorbehaltes für Organisationsmaßnahmen ist die Exekutive Trägerin der Organisationsgewalt, darf sie als Ausfluss ihrer verfassungsrechtlichen Stellung „sie selbst" sein.[19] Sie ist aber einem (punktuell zu handhabenden) Zugriffsrecht des Landtages ausgesetzt – unter anderem bei Zuständigkeits- und Organisationsveränderungen auf ministerieller Ebene (vgl. Art. 105 II LV).

3. Der Aufbau der unmittelbaren Landesverwaltung

14 Im Unterschied zur Verwaltung mittels rechtlich selbstständiger Verwaltungsträger (insb. Gemeinden/Gemeindeverbände, sonstige Selbstverwaltungsträger), deren Organisation variiert und hier nicht im Einzelnen darzustellen ist, weist die unmittelbare Landesverwaltung durch eigene Organe/Behörden ein **einheitliches dreistufiges Erscheinungsbild** auf (wie bereits in Rn. 4 erläutert).

a) Unterstufe

15 Auf der unteren Stufe sind einerseits die unteren Sonderbehörden, andererseits die Behörden der allgemeinen Landesverwaltung angesiedelt. Zur Zeit gibt es im Land etwa 120 untere Sonderbehörden, im Wesentlichen Finanzämter, Eichämter, Bergämter, Vermessungs- und Katasterämter, die Ämter für soziale Angelegenheiten, die Forstämter und die im Zuge der Modernisierung der Agrarbehörden geschaffenen Dienstleistungszentren Ländlicher Raum.[20] Auf dem Gebiet der allgemeinen Verwaltung treten die Landesbehörden der Unterstufe in Verknüpfung mit der kommunalen Ebene in Erscheinung, wobei prinzipiell zwei Modelle unterschieden werden können.[21] Beim ersten Modell sind die unteren Verwaltungsbehörden kommunalisiert, das heißt die kreisfreien Städte (Stadtkreise), weitere Gemeinden ab einer bestimmten Größe und die Landkreise für das Gebiet der übrigen Gemeinden nehmen die Aufgaben der allgemeinen Landesverwaltung wahr. Das zweite Modell sieht vor, dass außerhalb der Zuständigkeit der kreisfreien Städte bzw. der großen kreisangehörigen Städte für einen Teil der Aufgaben der Landesverwaltung die Landräte als untere Verwaltungsbehörde fungieren. Es handelt sich hier um einen Fall der Organleihe: Der Landrat als Organ des Verwaltungsträgers Landkreis nimmt nicht nur dessen Aufgaben wahr, sondern handelt bezüglich staatlicher Verwaltungsaufgaben als Organ des Verwaltungsträgers Land, mit der Folge, dass sein diesbezügliches Handeln dem Land zuzurechnen ist.

---

19 *Burgi* (Fn. 1), Rn. 5.
20 Die Behörden mit ihren Anschriften sind unter dem Verwaltungsportal der rheinland-pfälzischen Verwaltung im Internet unter *www.verwaltung.rlp.de* abrufbar. Hier findet sich auch ein Organigramm der Landesverwaltung.
21 S. hierzu *Burgi* (Fn. 1), § 8 Rn. 17.

III. Verwaltungsorganisation

Im Land Rheinland-Pfalz hat sich der Gesetzgeber für das letztgenannte Regelungsmodell (dazu auch § 3 Rn. 18) entschieden: Gemäß § 55 I LKO ist „die Kreisverwaltung (...) Verwaltungsbehörde des Landkreises und zugleich untere Behörde der allgemeinen Landesverwaltung. Der Landrat ist dem Land für die ordnungsgemäße Erledigung der Aufgaben der Kreisverwaltung als untere Behörde der allgemeinen Landesverwaltung verantwortlich und unterliegt den Weisungen der vorgesetzten Dienststellen." § 55 II LKO regelt die Aufgaben der Kreisverwaltung als untere Behörde der allgemeinen Landesverwaltung. 16

Beispiele:
- Verweigert etwa die Kreisverwaltung die Erteilung einer Baugenehmigung, so ist der Landkreis, vertreten durch den Landrat, im Wege einer Verpflichtungsklage zu verklagen, denn gemäß der Vorschrift des § 58 IV LBauO wird die Bauaufsicht als Auftragsangelegenheit auch von den Landkreisen wahrgenommen.
- Anders sieht es aus, wenn eine kommunalaufsichtliche Aufgabe im Rahmen des § 55 II Nr. 1 LKO durch die Kreisverwaltung wahrgenommen wird. Es handelt das Land durch das vom Landkreis geliehene Organ mit der Folge, dass eine Klage gegen das Land zu richten ist.

b) Mittelstufe

Auf der Mittelstufe bestanden zunächst fünf, seit 1.10.1968 mit Inkrafttreten des 2. Verwaltungsvereinfachungsgesetzes drei Regierungsbezirke (Koblenz, Rheinhessen-Pfalz und Trier). Sie nahmen, soweit nicht Sonderbehörden zuständig waren, im Sinne einer fachlichen Konzentration[22] alle Angelegenheiten ihres jeweiligen Bezirkes wahr und unterstanden der Fachaufsicht des für die jeweilige Angelegenheit zuständigen Ministeriums. Das **Landesgesetz zur Reform und Neuorganisation der Landesverwaltung (VwORG) vom 12.10.1999**[23] löste sie mit Wirkung zum 1.1.2000 mit dem Ziel auf, die Verwaltung zeitgemäßen Erfordernissen anzupassen, sie zu vereinfachen, zu straffen und bürgerfreundlicher zu gestalten (§ 1 VwORG). Errichtet wurden stattdessen Verwaltungseinheiten, in denen die Verwaltungsaufgaben nicht mehr regional, sondern funktional, nämlich nach ihrer fachlichen und verfahrensmäßigen Zusammengehörigkeit gebündelt sind. Zugleich wurden zahlreiche Sonderbehörden in die neuen Bündelungsbehörden integriert.[24] 17

Drei Bündelungsbehörden sind entstanden: die Struktur- und Genehmigungsdirektionen Nord und Süd für strukturrelevante Maßnahmen und komplexe Genehmigungsverfahren, deren Standorte Koblenz und Neustadt an der Weinstraße den industriellen Schwerpunkten in Rheinland-Pfalz entsprechen[25] (§§ 6 ff. VwORG); die Aufsichts- und Dienstleistungsdirektion mit Sitz in Trier für die Kommunal- und Schulaufsicht und Aufgaben mit besonderem Bürgerbezug (§ 10 VwORG); das Landesuntersuchungsamt mit Sitz in Koblenz zur Bündelung des in der Verwaltung benötigten technisch-naturwissenschaftlichen Sachverstandes (§ 12 VwORG). Das VwORG qualifiziert die Behörden als **obere Landesbehörden**. Dies erklärt sich eher aus dem Gegensatz zu „unteren" Verwaltungs- 18

---

22 *Burgi* (Fn. 1), § 8 Rn. 16.
23 LG zur Reform und Neuorganisation der Landesverwaltung (VwORG) v. 12.10.1999 (GVBl. S. 285). Vgl. auch § 1 Rn. 55 zur Verfassungsgemäßheit der Reform im Hinblick auf Art. 78 I LV.
24 Zur Vorgeschichte: *Bitter*, DÖV 1997, 855 ff.; *Rüter*, DÖV 1997, 908 ff.; *Groß*, in: Konzendorf, S. 53 ff.; *Lotz*, DVP 1999, 413 ff. Zum Folgenden *Hoegner/Groß*, DÖV 2000, 1040 ff.
25 Vgl. *Stadelmaier/Konzendorf*, DÖV 2004, 729, 730.

§ 2 Grundlagen der Verwaltungsorganisation und des Verwaltungshandelns

behörden als aus dem herkömmlichen Verständnis von Oberbehörden. Als Oberbehörden gelten nämlich üblicherweise solche, die landesweit für Spezialaufgaben zuständig sind und der Fachaufsicht der für die Spezialaufgaben zuständigen obersten Landesbehörden (Ministerien) unterliegen.[26] Die Struktur- und Genehmigungsdirektionen sind demgegenüber nicht landesweit zuständig und unterliegen der Fachaufsicht verschiedener Ministerien je nach wahrgenommener Zuständigkeit. Letzteres gilt auch für die landesweit zuständige Aufsichts- und Dienstleistungsdirektion (§§ 11 IV, 13 III VwORG).

c) Oberstufe

19 Auf der Oberstufe der unmittelbaren Landesverwaltung finden sich als **oberste Landesbehörden** vor allem die **Ministerien** und der der Landesregierung gegenüber selbstständige, nur dem Gesetz unterworfene Rechnungshof.[27] Daneben gehören der Oberstufe **Landesoberbehörden** im soeben erwähnten herkömmlichen Sinne an. Sie sind wie das Statistische Landesamt Rheinland-Pfalz oder das Landeskriminalamt Rheinland-Pfalz Sonderbehörden. Im Unterschied zu Bundesoberbehörden können sie im Einzelfall über einen Verwaltungsunterbau in Form von unteren Sonderbehörden verfügen.[28] Dies trifft auf die Zentralstelle der Forstverwaltung in Neustadt zu, der derzeit als untere Behörden 45 Forstämter nachgeordnet sind.

---

26 *Burgi* (Fn. 1), § 8 Rn. 15; *Maurer*, § 22 Rn. 20; *Kluth* (Fn. 1), § 85 Rn. 27.
27 Die Rechtsstellung und die Aufgaben des Rechnungshofes sind in mehreren Gesetzen geregelt. Die Rechtsstellung ist in Art. 120 II 2 LV sowie § 1 I RHG niedergelegt; die Aufgaben finden sich im Wesentlichen in Art. 120 II 1 LV, §§ 88 ff. LHO, 2 RHG. Vgl. auch § 1 Rn. 60.
28 *Burgi* (Fn. 1), § 8 Rn. 16.

III. Verwaltungsorganisation

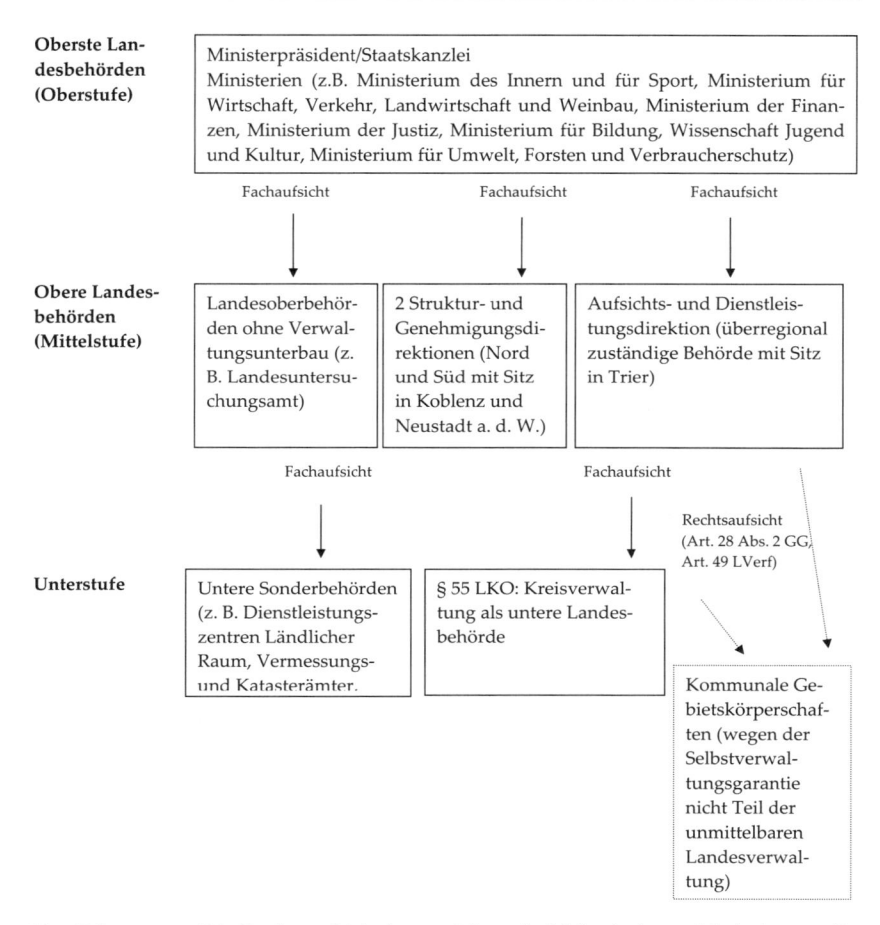

Oberste Landesbehörden (Oberstufe)	Ministerpräsident/Staatskanzlei Ministerien (z.B. Ministerium des Innern und für Sport, Ministerium für Wirtschaft, Verkehr, Landwirtschaft und Weinbau, Ministerium der Finanzen, Ministerium der Justiz, Ministerium für Bildung, Wissenschaft Jugend und Kultur, Ministerium für Umwelt, Forsten und Verbraucherschutz)		
	↓ Fachaufsicht	↓ Fachaufsicht	↓ Fachaufsicht
Obere Landesbehörden (Mittelstufe)	Landesoberbehörden ohne Verwaltungsunterbau (z. B. Landesuntersuchungsamt)	2 Struktur- und Genehmigungsdirektionen (Nord und Süd mit Sitz in Koblenz und Neustadt a. d. W.)	Aufsichts- und Dienstleistungsdirektion (überregional zuständige Behörde mit Sitz in Trier)
	↓ Fachaufsicht		↓ Fachaufsicht
			⇢ Rechtsaufsicht (Art. 28 Abs. 2 GG, Art. 49 LVerf)
Unterstufe	Untere Sonderbehörden (z. B. Dienstleistungszentren Ländlicher Raum, Vermessungs- und Katasterämter.	§ 55 LKO: Kreisverwaltung als untere Landesbehörde	Kommunale Gebietskörperschaften (wegen der Selbstverwaltungsgarantie nicht Teil der unmittelbaren Landesverwaltung)

Zur Erläuterung: Die Rechtsaufsicht kennzeichnende Pfeile sind gestrichelt dargestellt.

4. Verwaltungsmodernisierung

a) Elemente im Landesgesetz zur Reform und Neuorganisation der Landesverwaltung (VwORG)

Das Landesgesetz zur Reform und Neuorganisation der Landesverwaltung (Rn. 17) enthält über die Neustrukturierung der Mittelinstanz hinaus weitere Regelungen, die auf die Modernisierung der Verwaltung zielen. Zu diesen Zielen gehört die **Erneuerung interner Entscheidungs- und Arbeitsabläufe in der Verwaltung.**[29] § 2 VwORG begründet dementsprechend eine Pflicht zum Einsatz geeigneter Systeme der Informations- und Kommunikationstechnik in der Landesverwaltung. Der Einsatz ist zwar nicht zwingend

20

---

[29] Zu diesem Ziel *Kluth* (Fn. 1), § 80 Rn. 304; *Stadelmaier/Konzendorf*, DÖV 2004, 731 f.

§ 2 Grundlagen der Verwaltungsorganisation und des Verwaltungshandelns

von einer gesetzlichen Regelung abhängig. Doch begründet § 2 VwORG einen Handlungsdruck zur adäquaten Behördenausstattung und bietet eine maßgebliche Orientierung für das Finanzministerium und den Landesrechnungshof.[30] Dem gleichen Ziel dient die Bildung von **Projektgruppen**. § 3 VwORG sieht sie vor, soweit mehrere Organisationseinheiten einer Landesbehörde oder mehrere Landesbehörden an der Entscheidung über einen Antrag mitwirken und wenn hierdurch der Verfahrensablauf beschleunigt werden kann. Eine verfahrensabschließende Entscheidungskompetenz kommt der Projektgruppe nicht zu, um die Verantwortlichkeit des fachlich zuständigen Ministeriums nicht zu unterlaufen.[31] Auch ergibt sich aus § 3 VwORG kein subjektives Recht des Bürgers auf Bildung einer Projektgruppe. Der **Aufgabenkritik** kommt in den Bemühungen um die Modernisierung der Verwaltung gleichfalls eine zentrale Rolle zu: Es geht um die Bewertung der überkommenen Aufgabenverteilung und darum, welche Aufgaben gebündelt dezentralen Verwaltungseinheiten (dazu Rn. 6) überlassen oder entstaatlicht werden können. Die Reform der Mittelstufe (dazu Rn. 17) ist ein Ergebnis dieser Aufgabenkritik.[32] § 4 VwORG erklärt sie zur Daueraufgabe mit turnusmäßiger Berichtspflicht der Landesregierung an den Landtag.

b) Errichtung von Landesbetrieben

21 aa) **Allgemeine Gesichtspunkte:** Ausdruck der Verwaltungsmodernisierung ist ferner die Errichtung von Landesbetrieben, die kaufmännisch geführt werden und für die besondere Regelungen der Haushaltsordnung gelten.[33] Eine Legaldefinition fehlt, im Unterschied etwa zur Rechtslage in Nordrhein-Westfalen (§ 14a LOG NW). Gleichwohl wird die Organisationsform in Art. 116 I LV und §§ 26, 74, 87 LHO als bestehend vorausgesetzt. Die rechtliche Aufarbeitung steht noch aus. Unter diesem Vorbehalt wird man festhalten können: Landesbetriebe sind **rechtlich unselbstständige, aber funktional verselbstständigte Teile der Landesverwaltung**, die der Verwaltung selbst oder dem Markt Dienstleistungen oder Waren anbieten.[34] Einstweilen sind sie nicht zur juristischen Person verselbstständigt. Die Gefahr eines Steuerungsdefizits besteht deshalb nicht.[35] Andererseits eröffnet die funktionale Verselbstständigung Räume eigenverantwortlichen Verwaltens, flankiert durch die haushaltsrechtliche Sonderstellung. Im Ergebnis liegt somit bei den Landesbetrieben auch keine formelle oder materielle Privatisierung[36] vor. Sie sind nach wie vor Verwaltungseinheiten des Landes. Bei entsprechender Aufgabenzuweisung ist ein Landesbetrieb deshalb auch als Behörde denkbar.

22 bb) **Aufgabenspektrum und Ausgestaltung ausgewählter Landesbetriebe:** Landesbetriebe im vorbezeichneten Sinne sind der Betrieb Landeseigene Anlagen an Wasserstraßen (BLAW), Landesbetrieb Daten und Information (LDI), der Landesbetrieb Mobilität (vormals Landesbetrieb Straßen und Verkehr, LSV) und der Landesbetrieb Liegen-

---

30 *Hoegner/Groß*, DÖV 2000, 1042.
31 Vgl. dazu MinBl. 2000 S. 3 ff., 12 ff. und *Hoegner/Groß*, DÖV 2000, 1042.
32 Dazu *Kluth* (Fn. 1), § 80 Rn. 338 ff. und *Hoegner/Groß*, DÖV 2000, 1043.
33 *Kluth* (Fn. 1), § 80 Rn. 340; *Mann*, Die öffentlich-rechtliche Gesellschaft, 2002, S. 100.
34 *Trzaskalik*, in: Grimm/Caesar, Art. 116 Rn. 10; zur Organisationsverfügung des Ministeriums der Finanzen für den Landesbetrieb „Liegenschafts- und Baubetreuung" (Landesbetrieb LBB) v. 6.11.1997 (MinBl. S. 502). Anders *Stadelmaier/Konzendorf*, DÖV 2004, 730, die von rechtlicher Selbstständigkeit ausgehen.
35 Dazu *Burgi*, NWVBl. 2001, 1, 4.
36 Zu dieser *Burgi* (Fn. 1), § 54 Rn. 7 ff.

schafts- und Baubetreuung (LBB), aber auch die ehemalige Landesforstverwaltung als Landesbetrieb Landesforsten Rheinland-Pfalz, der Landesbetrieb Philharmonisches Staatsorchester Mainz, die Staatsphilharmonie Rheinland-Pfalz, und das Staatsorchester Rheinische Philharmonie in Koblenz.[37]

Als gemeinsamer Nenner der Aufgaben sind im Wesentlichen Dienstleistungen hervorzuheben, wie der Blick in die Errichtungsgesetze ergibt. So ist der Landesbetrieb Daten und Information (LDI) dazu angehalten, „insb. (...) die Behörden, Gerichte und Stellen des Landes bei der Planung und dem Betrieb von IT-Systemen, -verfahren und -einrichtungen" zu beraten und zu unterstützen (§ 1 II 2 Landesbetrieb Daten und Information-Gesetz (LDIG)). Die Erbringung der Dienstleistung erfolgt somit verwaltungsintern. Das Landesgesetz über die Errichtung des Landesbetriebes Straßen und Verkehr sieht vor, dass dieser die bisherigen Aufgaben des Landesamtes für Straßen und Verkehr übernimmt (§ 1 I Landesbetrieb Straßen und Verkehr-Gesetz (LSVG)) und das Landesamt nebst nachgeordneten Behörden dem Landesbetrieb zugewiesen wird (§ 1 II LSVG). Aufgabenschwerpunkt ist damit die Betreuung (die Planung, der Bau und die Unterhaltung) des rheinland-pfälzischen Straßennetzes. Außerdem ist der Landesbetrieb obere Straßenbaubehörde (§ 49 II LStrG) und untere Straßenbaubehörde für Straßen in der Baulast des Bundes, des Landes und der Landkreise (§ 49 III Nr. 1 LStrG). Dem Landesbetrieb Liegenschafts- und Baubetreuung, am 1.1.1998 aus der Staatsbauverwaltung hervorgegangen, obliegt neben der Sanierung und Vorbereitung der Umnutzung von Verwaltungsgebäuden der Verkauf nicht mehr benötigter Liegenschaften an Private. Neben der Bestimmung der Aufgaben des Landesbetriebes finden sich in einschlägigen Vorschriften Aussagen zur Dienst- und Fachaufsicht, zum Erlass einer Betriebssatzung oder zur Bildung eines Beirates (so zur Beratung und Unterstützung der Geschäftsführung des Landesbetriebes Daten und Information).

IV. Verwaltungshandeln

Das Verwaltungshandeln unterliegt materiellen und verfahrensrechtlichen Anforderungen. Die materiellen Anforderungen finden sich in den unterschiedlichen, hier nicht darzustellenden Fachgesetzen von Bund und Land. Das **Verwaltungsverfahrensrecht**, bei dem es darum geht zu sichern, dass die Beteiligten in einem geordneten und angemessenen Verfahren die Entscheidungsfindung vorantreiben und/oder auf sie Einfluss nehmen können, weist bundes- wie landesrechtlich drei **Erscheinungsformen** auf: das **allgemeine** im Bundes- und Landesverwaltungsgesetz geregelte **Verwaltungsverfahren**, das **Vollstreckungsverfahren** zur zwangsweisen Durchsetzung öffentlich-rechtlicher Verpflichtungen durch Behörden des Bundes oder Landes, schließlich das **Widerspruchsverfahren**, das eine Zwitterstellung besitzt, weil es nicht nur Verwaltungsverfahren, sondern zugleich Sachentscheidungsvoraussetzung für bestimmte Klagen nach Maßgabe

23

---

37 S. dazu etwa das LG über die Errichtung des Landesbetriebes Daten und Information v. 16.12.2002 (GVBl. S. 496, BS 200-1); das LG über die Errichtung des Landesbetriebes Straßen und Verkehr v. 18.12.2001 (GVBl. S. 303, BS 200-7; zur Bezeichnungsänderung vgl. Art. 1 des G. v. 22.12.2008, GVBl. S. 317), und die Internet-Adressen: *www.hafenbetriebe-ludwigshafen.de*, *www.ldi.rlp.de*, *www.wald-rlp.de*, *www.lbm.rlp.de*, *www.lbbnet.de*, *www.rheinische-philharmonie.de*, *www.staatsphilharmonie.de*; Gesamtübersicht unter *www.verwaltung.rlp.de*.

der VwGO ist. Im vorliegenden Abschnitt geht es um das landesrechtliche Erscheinungsbild des allgemeinen Verwaltungsverfahrens (1.) und der Verwaltungsvollstreckung (2.). Die Darstellung des Widerspruchsverfahrens erfolgt zusammen mit weiteren, im Ausführungsgesetz zur VwGO geregelten Besonderheiten des Landesrechts (V.).

1. Allgemeines Verwaltungsverfahren

a) Grundlagen

24 Das allgemeine Verwaltungsverfahren richtet sich, soweit Behörden der unmittelbaren und mittelbaren Landesverwaltung (Rn. 4 bzw. 14 ff.) tätig werden, grundsätzlich nach dem **Landesverwaltungsverfahrensgesetz**. Das ergibt sich aus § 1 III VwVfG des Bundes in Verbindung mit der Tatsache, dass das Land mit Wirkung zum 1.1.1977 ein eigenes Verwaltungsverfahrensgesetz erlassen hat. Regelungstechnisch besteht dessen Besonderheit darin, dass es keine Vollregelungen trifft, sondern im Wesentlichen auf das VwVfG des Bundes in seiner jeweiligen Fassung verweist (§ 1 I LVwVfG). Dementsprechend sind die Bestimmungen des Bundes als Landesrecht anzuwenden. Die gleiche Technik liegt dem **Landesgesetz über die Zustellung in der Verwaltung**, einer nach Maßgabe gesetzlicher Anordnung besonders formalisierten Bekanntgabe von Verwaltungsakten (Beispiel: § 74 IV 1 VwVfG i. V. m. § 1 I LVwVfG[38]) zugrunde.

25 Im Schrifttum sind gegen die **dynamische Verweisung** auf Bundesrecht verfassungsrechtliche Bedenken erhoben worden: Mit rechtsstaatlich-demokratischen Grundsätzen sei es nicht vereinbar, dass der Landesgesetzgeber auf die eigene Kompetenzausübung verzichte und dem Bund mittelbar gesetzgeberische Bestimmungsmacht insofern einräume, als künftige Änderungen des Bundesrechts nicht vorhersehbar seien.[39] Letztlich greifen die geltend gemachten Einwände aber nicht durch. Das allgemeine Verwaltungsverfahren ist ein „Kernstück des allgemeinen deutschen Verwaltungsrechts"[40] und beruht im Wesentlichen auf bundes(verfassungs-)rechtlich und gewohnheitsrechtlich geprägten einheitlichen Regeln und Prinzipien. Von daher kann von unvorhersehbaren, die Gesetzgebungskompetenz des Landesgesetzgebers substantiell beschränkenden Entwicklungen des Bundesrechts nicht die Rede sein.[41] Soweit ersichtlich, sind auch aus der (Rechtsprechungs-) Praxis des Landes keine Zweifel an der Gültigkeit der Verweisungsgesetze bekannt geworden.

b) Von der dynamischen Verweisung nicht erfasste Vorschriften und Geltungsumfang des LVwVfG

26 Von der dynamischen Verweisung auf das VwVfG des Bundes nicht erfasst sind nach § 1 LVwVfG wegen eigener landesrechtlicher Regelungen nur wenige Vorschriften: u. a. die vollstreckungsrechtliche Bestimmung des § 61 II VwVfG, die in §§ 80 und 96 IV VwVfG getroffenen Kostenregelungen im Widerspruchsverfahren, die Vorschrift des § 78 VwVfG über das Zusammentreffen mehrerer ein Planfeststellungs-

---

38 Für alle im Folgenden genannten §§ des VwVfG gilt der Rechtsgrundverweis des § 1 I LVwVfG.
39 *Ehlers*, DVBl. 1977, 393, 394; *Schenke*, in: FS. f. Ludwig Fröhler, 1980, S. 87, 114; weiterführende Hinweise bei *Pünder*, in: Erichsen/Ehlers, § 12 Rn. 5 mit Fn. 32.
40 *Badura*, in: Erichsen, Allg. Verwaltungsrecht, 12. Aufl. 2002, § 33 Rn. 26.
41 Wie hier *Maurer*, § 5 Rn. 19; *Brugger*, VerwArch. 78 (1987), 1, 34; *Kopp/Ramsauer*, VwVfG, 10. Aufl. 2007, Einl. Rn. 9; *Ule/Laubinger*, Verwaltungsverfahrensrecht, 4. Aufl. 1995, § 8 Rn. 16.

verfahren erfordernder Vorhaben (vgl. dazu § 5 LVwVfG) und die Aufgabenübertragungsklausel des § 94 VwVfG. Die gesetzlich geregelten **Ausnahmen von der Anwendung des LVwVfG** entsprechen im Ganzen denen des § 2 VwVfG. Zusätzlich aufgenommen sind die Anstalt des öffentlichen Rechts „Zweites Deutsches Fernsehen" und Verfahren nach dem Landeswahlgesetz und dem Kommunalwahlgesetz[42] (§ 1 II Nr. 2, III Nr. 6 LVwVfG). Auch die **beschränkte Geltung des LVwVfG** für die Gerichts- und Justizverwaltung sowie für Eignungs-, Leistungs- und ähnliche Prüfungen entspricht dem bundesrechtlichen Vorbild (§ 1 IV Nr. 2 LVwVfG). Von den erwähnten Ausnahmen und Einschränkungen abgesehen gilt der Grundsatz der **Subsidiarität des allgemeinen Verwaltungsverfahrens** zugunsten inhaltsgleicher oder entgegenstehender Bestimmungen des Landesrechts (§ 1 I letzter Halbs. LVwVfG). Ausgeschlossen ist danach die Anwendung des LVwVfG beispielsweise durch § 22 GemO (Ausschluss von Behörden) oder § 15 LBG (Rücknahme von Verwaltungsakten).

2. Verwaltungsvollstreckung

a) Allgemeine Kennzeichnung

Die Verwaltungsvollstreckung dient der **zwangsweisen Durchsetzung verwaltungsrechtlicher Verpflichtungen** eines Privatrechtssubjekts, nach Maßgabe spezieller Vorschriften auch gegen Behörden oder juristischen Personen des öffentlichen Rechts (§ 7 LVwVG). Die Verpflichtungen sind grundsätzlich solche, die ihre **Grundlage in einem Verwaltungsakt** haben (§ 1 I LVwVG). Daran wird der enge Zusammenhang zwischen der Befugnis, das Verwaltungsrecht im Einzelfall durch Verwaltungsakt verbindlich zu konkretisieren, und dem Verwaltungszwang sichtbar: Im Unterschied zur Zwangsvollstreckung privatrechtlicher Verpflichtungen, die auf die Inanspruchnahme der Gerichte oder besonderer Vollstreckungsorgane angewiesen ist, können sich Behörden durch den Erlass eines Verwaltungsaktes den erforderlichen Vollstreckungstitel selbst verschaffen und erforderlichenfalls auch vollstrecken (**Grundsatz der Selbstvollstreckung**).[43]

27

Systemsprengend erscheint von daher die Einbeziehung öffentlich-rechtlicher Verpflichtungen aus **vollstreckbaren Urkunden** (§ 68 LVwVG) in die Verwaltungsvollstreckung, erst recht die bestimmter **privatrechtlicher Forderungen** der öffentlichen Hand, soweit durch Rechtsverordnung der Landesregierung zugelassen (§ 71 LVwVG).[44]

28

In den erheblichen Eingriffen, die die Vollstreckung von Verwaltungsakten für den Betroffenen darstellen kann, liegt der Grund für die **strenge Formalisierung des Verfahrens**[45] und für die Notwendigkeit eines ausreichenden Rechtsschutzes.

29

b) Grundlagen im Landesrecht

Das Verwaltungsvollstreckungsrecht weist wie das allgemeine Verwaltungsverfahren aus kompetenzrechtlichen Gründen bundes- und landesrechtliche Regelungen auf. Landesrechtlich ist das LVwVG maßgebend, für die Anwendung unmittelbaren Zwangs durch die Polizei sind die §§ 57 II, 58 ff. POG zu beachten.

30

---

42 Die streng genommen ohnehin keine Verwaltungsverfahren sind: *Ule/Laubinger* (Fn. 41), Rn. 27.
43 Dazu *Driehaus/Pietzner*, Einführung in das allg. Verwaltungsrecht, 3. Aufl. 1996, § 15 Rn. 3.
44 Vgl. *Maurer*, § 20 Rn. 8; *Driehaus/Pietzner* (Fn. 43), § 15 Rn. 10.
45 *Kluth*, in: Wolff/Bachof/u. a., Bd. 2, § 64 Rn. 10.

§ 2 Grundlagen der Verwaltungsorganisation und des Verwaltungshandelns

Das LVwVG ist **anzuwenden,**

- wenn Behörden des Landes, der kommunalen Gebietskörperschaften oder der unter Aufsicht des Landes stehenden juristischen Personen des öffentlichen Rechts (vgl. § 3 LVwVG) **Verwaltungsakte auf landesrechtlicher Grundlage zwangsweise durchsetzen** und keine landesrechtlichen Spezialregelungen greifen (§ 1 I i. V. m. III LVwVG);
- wenn das Land Bundesrecht als eigene Angelegenheit ausführt und das Bundesrecht keine das Landesvollstreckungsrecht ausschließenden Bestimmungen getroffen hat;
- wenn Bundesrecht zur Anwendung landesvollstreckungsrechtlicher Vorschriften ermächtigt (§ 1 II LVwVG).

c) Verfahrensarten

31 Grundsätzlich sind zwei Vollstreckungsarten zu unterscheiden: zum einen das sog. **Beitreibungsverfahren** zur Vollstreckung wegen Geldforderungen (§§ 19 - 60 LVwVG), zum anderen das Verfahren zur Vollstreckung von Verwaltungsakten, mit denen eine Handlung, Duldung oder Unterlassung gefordert wird, der sogenannte Verwaltungszwang (§§ 61 - 67 LVwVG). Er wird entweder im **Verwaltungszwangsverfahren** (auch gestrecktes Verfahren genannt) oder im **sofortigen Zwang** (auch Sofortvollzug bzw. sofortiger Vollzug genannt) realisiert. Überschneidungen zwischen den Verfahrensarten sind in den Fällen denkbar, in denen zur Erzwingung von Handlungen, Duldungen oder Unterlassungen Leistungsbescheide ergehen, die im Beitreibungsverfahren vollstreckt werden (vgl. §§ 63 II, 64 III LVwVG).

d) Allgemeine Vollstreckungsvoraussetzungen

32 Zu den allgemeinen Vollstreckungsvoraussetzungen, die sowohl für die Vollstreckung wegen Geldforderungen als auch für den Verwaltungszwang gelten, gehört neben der richtigen Bestimmung der Verfahrensbeteiligten (§§ 4, 6 LVwVG) vor allem, dass ein **vollstreckbarer Verwaltungsakt** vorliegt. **Vollstreckungsfähig** sind Verwaltungsakte, mit denen eine Geldleistung oder eine Handlung, Duldung oder Unterlassung gefordert wird (§ 1 I LVwVG). Feststellende oder rechtsgestaltende Verwaltungsakte scheiden damit von vornherein aus. Ihr Inhalt verwirklicht sich ipso iure und ist der Vollstreckung weder bedürftig noch fähig. Nichtige Verwaltungsakte entfalten keine Rechtswirksamkeit (§ 1 LVwVfG i. V. m. § 43 III VwVfG) und sind daher ebenfalls einer Vollstreckung nicht zugänglich. Dagegen nimmt die Rechtswidrigkeit eines Verwaltungsaktes diesem nicht die Vollstreckungsfähigkeit. Vollstreckungsfähige Verwaltungsakte sind **unter den alternativ zu verstehenden Voraussetzungen des § 2 LVwVG vollstreckbar**. Die Vorschrift verweist, auch soweit dies nicht ausdrücklich gesagt wird, implizit auf die VwGO: Die Unanfechtbarkeit (verfügender) Verwaltungsakte (§ 2 Nr. 1 LVwVG) – als Regelfall gedacht und daher an erster Stelle geregelt – bestimmt sich nach §§ 74, 75 VwGO. Im Übrigen tritt sie mit der Rechtskraft eines verwaltungsgerichtlichen Urteils ein. Ebenso sind die Maßstäbe des (gesetzlichen) Ausschlusses des Suspensiveffektes (§ 2 Nr. 2 LVwVG), bedeutsam vor allem bei Steuern und anderen Abgaben sowie im Polizeirecht, § 80 II 1 Nr. 1-3 und Satz 2 VwGO entnommen; desgleichen die der Anordnung des Sofortvollzuges § 2 Nr. 3 LVwVG i. V. m. § 80 II 1 Nr. 4 VwGO.

e) Besonderheiten des Beitreibungsverfahrens

Grundlage des Beitreibungsverfahrens sind nach § 1 VwVG **vollstreckbare Geldleistungsverwaltungsakte**, insb. Abgabenbescheide (soweit sie nicht der AO unterliegen) oder Bescheide über öffentlich-rechtliche Erstattungsansprüche. Die Vollstreckung darf erst beginnen, wenn die in § 22 LVwVG normierten Voraussetzungen gegeben sind. Dann erfolgt sie durch Pfändung beweglicher Sachen, Forderungen und anderer Vermögensrechte (§§ 27 ff., 43 ff. LVwVG) oder durch Zugriff auf das unbewegliche Vermögen (§§ 59 f. LVwVG) des Vollstreckungsschuldners (§§ 6, 23 LVwVG). Auf die Behandlung weiterer Einzelheiten wird hier verzichtet. 33

f) Verwaltungszwang

Die Vollstreckung von Verwaltungsakten, mit denen eine Handlung, Duldung oder Unterlassung gefordert wird, erfolgt durch den **Einsatz von Zwangsmitteln**. Die prinzipiell zur Verfügung stehenden **Zwangsmittel** sind im § 62 I LVwVG **abschließend** aufgezählt.[46] 34

aa) **Zwangsmittel**: Verpflichtungen, deren Erfüllung durch eine andere Person als den Adressaten des Verwaltungsaktes möglich ist (sog. vertretbare im Unterschied zu höchstpersönlichen Handlungen), können, falls der Adressat seiner Verpflichtung nicht nachkommt, im Wege der **Ersatzvornahme** durchgesetzt werden. Die Ersatzvornahme ist Erfüllung anstelle des Pflichtigen durch die Behörde oder einen von ihr beauftragten Dritten (§ 63 I LVwVG). Bei der erstgenannten Alternative – der sog. **Selbstvornahme**[47] – erfüllt die Behörde die vom Pflichtigen geschuldete Handlung selbst. In der zweiten Alternative schließt sie, um die Erfüllung der Verpflichtung durchzusetzen, mit einem Privatrechtssubjekt, typischerweise einem Unternehmer, einen privatrechtlichen (Werk-) Vertrag. Die Kosten hat in beiden Fällen der Vollstreckungsschuldner zu tragen. Der entsprechende Leistungsbescheid kann im Beitreibungsverfahren vollstreckt werden (§ 63 II LVwVG). 35

Das **Zwangsgeld** kommt bei Verpflichtungen zu Handlungen, Duldungen oder Unterlassungen zum Einsatz (§ 64 I LVwVG). Gemeint sind damit vor allem unvertretbare (höchstpersönliche) Verpflichtungen. Das Gesetz verbietet aber auch den Einsatz bei vertretbaren Handlungen nicht, wenn die Ersatzvornahme nicht zum Ziel führen würde.[48] Wichtigster Fall: Der Pflichtige ist nicht in der Lage, die Kosten der Ersatzvornahme zu tragen (vgl. § 11 I 2 VwVG). 36

Beispiel (OVG RhPf., NVwZ-RR 1992, 519):
Der mittellose A wird von der Kreisverwaltung aufgefordert, 1500 m² Bauschutt von seinem Grundstück zu entfernen. Obwohl es dem A möglich gewesen wäre, den Bauschutt selbstständig von seinem Grundstück zu entfernen, unterlässt er dies.

Das Zwangsgeld ist schriftlich festzusetzen (§ 64 II 1 LVwVG), die Festsetzung ist ein Verwaltungsakt. Der gesetzliche Rahmen liegt zwischen 5,- und 5.000,- Euro. Dabei sind die gesetzlichen Kriterien des § 64 II 3 LVwVG zu beachten und es ist eine Zah-

---

46 *App/Wettlaufer*, § 4 Rn. 17 f.
47 Zu ihr näher mit Nachw. *Kluth* (Fn. 45), § 64 Rn. 68 f.; *Maurer*, § 20 Rn. 18.
48 Nicht überholt deshalb OVG RhPf., NVwZ-RR 1992, 519.

lungsfrist einzuräumen (§ 64 II 4 LVwVG). Unterbleibt die Zahlung des Zwangsgeldes, wird im Beitreibungsverfahren vollstreckt (§ 64 III LVwVG). Ist die Vollstreckung erfolglos geblieben oder steht von vornherein fest, dass sie keinen Erfolg hat, kann das Verwaltungsgericht auf Antrag der Vollstreckungsbehörde die **Ersatzzwangshaft** anordnen (§ 67 I LVwVG), wenn die Festsetzung des Zwangsgeldes Bestandskraft erlangt hat.[49] Die Ersatzzwangshaft ist nur solange zulässig, wie der Vollstreckungsschuldner seine Verpflichtung nicht erfüllt hat (§ 67 III LVwVG). Ist die Erfüllung subjektiv unmöglich geworden, entfällt die Möglichkeit der Zwangshaft.[50]

37 **Unmittelbarer Zwang**, der in der Einwirkung auf Personen und Sachen durch körperliche Gewalt, ihre Hilfsmittel oder Waffen besteht (§ 65 II 1 LVwVG), ist das schärfste Zwangsmittel.[51] Er kann deshalb nur zum Einsatz kommen, wenn Ersatzvornahme oder Zwangsgeld nicht zum Ziel führen oder untunlich (unzweckmäßig) sind (§ 65 I LVwVG). Für die Erzwingung von (Willens-) Erklärungen ist der unmittelbare Zwang gänzlich ausgeschlossen (§ 65 III LVwVG). Im Übrigen ist er bestimmten Amtsträgern vorbehalten (§ 65 IV LVwVG) und es sind die Einschränkungen des Waffeneinsatzes zu beachten (§ 65 II 2 LVwVG; vgl. auch §§ 58 ff. POG).

38 Zwischen den einzelnen Zwangsmitteln besteht eine **begrenzte Auswahlfreiheit** im Rahmen der gesetzlichen Vorgaben. So steht, sollen vertretbare Handlungen zwangsweise durchgesetzt werden, neben der Ersatzvornahme auch das Zwangsgeld zur Verfügung (dazu Rn. 36) und unmittelbarer Zwang kann an die Stelle von Ersatzvornahme und Zwangsgeld treten (§ 65 I LVwVG). In Betracht kommt auch die Anwendung mehrerer Zwangsmittel nacheinander (§ 66 III LVwVG). Eine zwingende Reihenfolge der Zwangsmittel besteht somit nicht.[52] In jedem Fall unterliegt ihr Einsatz aber dem **Grundsatz der Verhältnismäßigkeit** (§ 62 II LVwVG).

39 bb) **Einsatz im „gestreckten" Verfahren**: Um dem Pflichtigen Gelegenheit zu geben, den Verwaltungszwang zu vermeiden,[53] erfolgt der Einsatz der Zwangsmittel **im Regelfall in einem mehraktigen bzw. mehrstufigen „gestreckten" Zwangsverfahren**. Prinzipiell lassen sich drei Akte bzw. Stufen unterscheiden: die Androhung, die Festsetzung und die Anwendung des Zwangsmittels. Die **Androhung** trifft die Wahl des Zwangsmittels nach Art und Höhe und setzt dem Pflichtigen eine angemessene Frist zur Erfüllung seiner Verpflichtung. Die **Festsetzung** eröffnet den Zugang für die Anwendung des Zwangsmittels und bietet eine letzte Möglichkeit der freiwilligen Befolgung. Die **Anwendung** realisiert den Zwang je nach Zwangsmittel durch Eigen- oder Fremdvornahme der Handlung, Beitreibung des Zwangsgeldes oder durch unmittelbaren Zwang. Androhung und Festsetzung haben Regelungscharakter und sind deshalb Verwaltungsakte. Die Anwendung ist demgegenüber bloßer Realakt, da mit ihr keine weitere Regelung getroffen wird.[54]

---

49 *Kluth* (Fn. 45), Rn. 76.
50 Vgl. *Maurer*, § 20 Rn. 16.
51 Vgl. statt vieler *Maurer*, § 20 Rn. 17.
52 Dazu *Kluth* (Fn. 45), Rn. 64.
53 *Driehaus/Pietzner* (Fn. 43), § 15 Rn. 26.
54 Vgl. *Kluth* (Fn. 45), Rn. 93 m. w. N.

IV. Verwaltungshandeln

Im Unterschied zum Bundesrecht (§§ 13 ff. VwVG) befasst sich das **Landesrecht** nur mit der Androhung eingehend (§ 66 LVwVG). Die Festsetzung ist nur beim Zwangsgeld vorgeschrieben (§ 64 II 1 LVwVG), die Anwendung überhaupt nicht vorgesehen. Gleichwohl lassen sich jedenfalls **zwei Akte bzw. Stufen** unterscheiden: die Androhung und die Anwendung. Beim Zwangsgeld kommt eine weitere Stufe, die Festsetzung, hinzu. Im Übrigen bleibt es der Behörde unbenommen, eine Festsetzung auch der anderen Zwangsmittel, die dann als Verwaltungsakte zu behandeln wären, vorzunehmen.[55] 40

Beispiel (OVG RhPf., NVwZ 1986, 762):
Da das Gartenhaus des B gegen baurechtliche Vorschriften verstößt, wird B von der zuständigen Bauaufsichtsbehörde aufgefordert, dieses bis zum 15.2. zu beseitigen. Nachdem B der Beseitigungsanordnung jedoch innerhalb dieser Frist nicht nachgekommen ist, wird ihm die Ersatzvornahme angedroht, welche zusätzlich – zur besonderen Warnung vor der Möglichkeit der Anwendung des Zwangsmittels – festgesetzt wird.

Zur **Androhung nach Landesrecht** ist hervorzuheben: Sie kann von vornherein mit dem (später) zu vollstreckenden Verwaltungsakt, der sog. Grundverfügung, verbunden werden (§ 66 II LVwVG) und muss, soweit es um Handlungen des Pflichtigen geht, eine angemessene Frist setzen (§ 66 I 3 erster Halbs. LVwVG). Bei Duldungen oder Unterlassungen kann die Fristsetzung unterbleiben (§ 66 I 3 letzter Halbs. LVwVG). Außerdem ist das Zwangsmittel genau zu bezeichnen, bei mehreren Zwangsmitteln ist auch die Reihenfolge der Anwendung anzugeben (§ 66 III 2 LVwVG). Je nach Zwangsmittel sind zusätzliche Angaben vorgesehen (§ 66 IV, V LVwVG). Die Androhung hat grundsätzlich schriftlich zu erfolgen (§ 66 I 1 LVwVG) und muss dann zugestellt werden (§ 66 VI 1 LVwVG) (dazu Rn. 24). Bei Verbindung mit der Grundverfügung gilt dies auch dann, wenn für diese selbst keine Zustellung vorgeschrieben ist (§ 66 VI 2 LVwVG). Falls besondere Umstände es erfordern, genügt eine mündliche Androhung oder kann die Androhung gar ganz unterbleiben (§ 66 I 2 LVwVG). Zu diesen Umständen gehören Situationen, in denen die sofortige Erfüllung der Verpflichtung aus der Grundverfügung geboten erscheint. Die Anwendung eines Zwangsmittels kann dann infolge der Reduzierung der Anforderungen an die Androhung sogleich erfolgen; das Zwangsverfahren wird zum sog. abgekürzten Verfahren.[56] 41

cc) **Sofortiger Zwang:** Eine zusätzliche Beschleunigung des Verwaltungszwangs, die auf akute Gefahrenlagen zugeschnitten ist, wird durch den **sofortigen Zwang** – ungenau, denn es liegt kein vollziehbarer Verwaltungsakt vor, auch Sofortvollzug/sofortiger Vollzug genannt[57] – erreicht.[58] Er ist **Verwaltungszwang**, weil der an sich Verpflichtete nicht selbst handeln **will**, und unterscheidet sich darin von der unmittelbaren Ausführung im Sinne des § 6 POG, die an die **Unerreichbarkeit** des Verantwortlichen anknüpft.[59] Aber er ist ein Zwang, dessen Anwendung nicht auf einer erlassenen Grundverfügung beruht: 42

---

55 Dazu OVG RhPf., NVwZ 1986, 762; *Malmendier*, VerwArch. 94 (2003), 25 ff.
56 *Kluth* (Fn. 45), Rn. 94 ff.
57 Zur Terminologie *Pietzner*, VerwArch. 84 (1993), 261, 263.
58 Zum Ganzen *Sadler*, DVBl. 2009, 292 ff.
59 *Schenke*, Polizei- und Ordnungsrecht, 5. Aufl. 2007, Rn. 564; *Stein*, Fälle und Erläuterungen zum Polizei- und Ordnungsrecht Rheinland-Pfalz, 2. Aufl. 2004, S. 39 f.

Die Zwangsmittel Ersatzvornahme und unmittelbarer Zwang können ohne vorausgehenden Verwaltungsakt eingesetzt werden (§ 61 II LVwVG).

43 Nach § 61 II LVwVG ist der **sofortige Zwang unter zwei Voraussetzungen zulässig:** Zunächst muss ein **Eilfall** vorliegen, der das Regelvorgehen der Behörde (Erlass einer Grundverfügung; deren Vollstreckung im mehraktigen Zwangsverfahren) unmöglich macht.[60] Von dieser Prämisse aus sind die gesetzlichen Kriterien des Eilfalles zu interpretieren: die Verhinderung einer Straf- oder Ordnungswidrigkeitentat (vor allem polizeirechtlich bedeutsam) oder die Abwehr einer gegenwärtigen, d. h. durch ihre besondere Nähe zum Schadenseintritt definierten Gefahr. Die **zweite Voraussetzung** des sofortigen Zwangs besteht darin, dass die Behörde innerhalb ihrer gesetzlichen Befugnis handelt. Gemeint ist damit, dass die rechtlichen Voraussetzungen für den Erlass der Grundverfügung vorliegen und der Erlass nur wegen des Eilfalles unterblieb.

44 Dem sofortigen Zwang liegt weder eine „fiktive" noch eine konkludent erlassene Grundverfügung zugrunde, wie früher vor allem zur Rechtsschutzeröffnung vielfach angenommen wurde. In Wirklichkeit unterscheidet sich der sofortige Zwang im Erscheinungsbild nicht von der Anwendung von Zwangsmitteln in mehraktigen Zwangsverfahren (Rn. 31) und ist deshalb wie diese nach zutreffender und heute vorherrschender Auffassung ein **Realakt**.[61]

g) Rechtsschutz

45 Zur Bestimmung des Rechtsschutzes in der Verwaltungsvollstreckung ist die Vorschrift des § 16 I LVwVG für sich betrachtet wenig hilfreich: Sie stellt klar, was sich schon aus den allgemeinen Regeln der VwGO ergäbe, dass nämlich Verwaltungsakte mit förmlichen Rechtsbehelfen angegriffen werden können, ohne aber diese Verwaltungsakte näher zu bestimmen. Eine weitergehende rechtsschutzbeschränkende Wirkung etwa im Hinblick auf Realakte in der Verwaltungsvollstreckung kommt § 16 I LVwVG seit Inkrafttreten der VwGO nicht (mehr) zu. Nimmt man § 16 II LVwVG hinzu, wird immerhin erkennbar, dass zwischen dem vollstreckbaren Verwaltungsakt (§ 2 LVwVG) (dazu auch Rn. 32) und den einzelnen Maßnahmen zu seiner Vollstreckung zu unterscheiden ist. Im Einzelnen ist danach zu differenzieren:

46 **Beispiel (OVG RhPf., DÖV 1982, 414):**
Die zuständige Bauaufsichtsbehörde erlässt gegen D eine Abrissverfügung, zu deren Durchsetzung sie ein Zwangsgeld festsetzt. Als die Bauaufsichtsbehörde dieses vollstrecken will, erfährt C, dass diese nach Unanfechtbarkeit der Abrissverfügung vergleichbare Bauten genehmigt hat. C wendet sich nun nach erfolglosem Vorverfahren an das Verwaltungsgericht mit dem Begehren, die Vollstreckung gegen ihn für unzulässig zu erklären.

Einwände gegen den Grundverwaltungsakt (die Grundverfügung) sind grundsätzlich ausgeschlossen. § 16 II LVwVG lässt sie als Vollstreckungshindernisse nur zu, wenn sie erst nach Erlass der Grundverfügung entstanden sind und nicht mehr im Wege eines Anfechtungswiderspruchs bzw. einer Anfechtungsklage geltend gemacht werden können. Liegt diese Konstellation vor, hat die Behörde auf einen entsprechenden Antrag des

---
60 *Kluth* (Fn. 45), Rn. 102.
61 *Pietzner*, VerwArch. 84 (1993), 265; *Kluth* (Fn. 45), Rn. 101 m. w. N.

Betroffenen hin die Vollstreckung für unzulässig zu erklären. Dies ergibt sich aus § 14 I Nr. 2 LVwVG. Das OVG Rheinland-Pfalz qualifiziert die danach zu treffende Entscheidung als rechtsgestaltenden Verwaltungsakt, der nach erfolglosem Widerspruch mit der Verpflichtungsklage erstritten werden kann.[62] Einer im Schrifttum und in der Rechtsprechung zum Teil angenommenen Vollstreckungsgegenklage in analoger Anwendung der §§ 167 VwGO, 767 II ZPO[63] bedarf es in Rheinland-Pfalz nicht.

Auf die gleiche Weise hat der Betroffene vorzugehen, wenn er etwa geltend machen will, der der Vollstreckung zugrunde liegende Verwaltungsakt sei durch gerichtliche oder behördliche Entscheidung (unanfechtbar) aufgehoben worden: Ein entsprechender auf § 14 I Nr. 1 i. V. m. II LVwVG gestützter Antrag ist nach dem Vorverfahren mit der Verpflichtungsklage weiter zu verfolgen. Überhaupt belegt die § 257 AO nachgebildete Vorschrift des § 14 LVwVG, dass die hier erfassten Vollstreckungshindernisse nicht automatisch die Vollstreckbarkeit eines Verwaltungsaktes beseitigen.[64] Vielmehr bedarf es dazu einer behördlichen (gerichtlich erzwingbaren) Entscheidung. 47

Wendet sich der Betroffene ausschließlich gegen einzelne Vollstreckungsmaßnahmen, ist deren Rechtsnatur (Verwaltungsakt, Realakt) für den Rechtsschutz maßgebend. Dabei ist der Ausschluss der Suspensivwirkung von Rechtsbehelfen zu beachten, die sich gegen Maßnahmen der Verwaltungsvollstreckung richten (§ 20 AGVwGO, dazu Rn. 49). 48

V. Landesrechtliche Besonderheiten für den Rechtsschutz gegenüber Verwaltungshandeln

1. Übersicht über den wesentlichen Inhalt des Gesetzes zur Ausführung der Verwaltungsgerichtsordnung (AGVwGO)

Der Rechtsschutz gegenüber Verwaltungshandeln ist im Wesentlichen bundesrechtlich, insbesondere durch die VwGO geprägt. Nur soweit das Bundesrecht Optionen für eigenständige Regelungen eröffnet, verbleibt dem Landesrecht Gestaltungsspielraum. Von diesen Optionen hat der Landesgesetzgeber im Ausführungsgesetz zur VwGO Gebrauch gemacht. Die Regelungen beziehen sich auf die Gerichtsverfassung und -zuständigkeit, auf den Suspensiveffekt des Rechtsschutzes im Verwaltungsvollstreckungsverfahren, vor allem aber und im Schwerpunkt auf das Widerspruchsverfahren. Aus den Vorschriften über die Gerichtsverfassung und -zuständigkeit ist hervorzuheben: Das Oberverwaltungsgericht ist, soweit es als Berufungsinstanz und in mündlicher Verhandlung entscheidet, mit drei Berufsrichtern und zwei ehrenamtlichen Richtern besetzt (§ 2 I AGVwGO). Bei erstinstanzlicher Zuständigkeit und Normenkontrollverfahren verbleibt es bei der bundesrechtlichen Regelung von drei Berufsrichtern (§§ 2 II AGVwGO; 9 III VwGO). Das verwaltungsgerichtliche Normenkontrollverfahren ist in den Fällen des § 47 I Nr. 2 VwGO eröffnet, erstreckt sich jedoch, bundesrechtlich und lan- 49

---

62 OVG RhPf., DÖV 1982, 414.
63 Vgl. dazu Kopp/Schenke, VwGO, 15. Aufl. 2007, § 167 Rn. 19 mit Nachw. zum Meinungsstand; Maurer, § 20 Rn. 11.
64 So auch betreffend die Aufhebung Schenke/Baumeister, NVwZ 1993, 1, 5; Engelhardt/App, VwVG, VwZG, 8. Aufl. 2008, § 257 AO Rn. 2.

desverfassungsrechtlich unbedenklich,[65] nicht auf Rechtsverordnungen im Sinne des Art. 130 I LV, also solche der Landesregierung oder eines Landesministers (§ 4 I AGVwGO).[66] Die erstinstanzliche Zuständigkeit des Oberverwaltungsgerichts erfasst, wie in § 48 I 3 VwGO vorgesehen, auch Streitigkeiten im Rahmen von Besitzeinweisungen (§ 4 II AGVwGO). Von der Ermächtigung, den **Suspensiveffekt im Verwaltungsvollstreckungsverfahren** auszuschließen (§ 80 II 2 VwGO), ist Gebrauch gemacht worden (§ 20 AGVwGO). Ausführlicher Behandlung bedarf das Widerspruchsverfahren und die damit zusammenhängende Aufsichts- oder Beanstandungsklage (§§ 6-19 AGVwGO).

2. Das Widerspruchsverfahren

a) Rechtssystematischer Standort/Funktionen

50 Normative Anknüpfungspunkte für das Widerspruchsverfahren liegen sowohl im Verwaltungsverfahrensrecht als auch im Verwaltungsprozessrecht. Aus § 79 VwVfG ergibt sich, dass das Widerspruchsverfahren als förmlicher Rechtsbehelf gegen Verwaltungsakte ein „eigenes" **Verwaltungsverfahren** darstellt, das von demjenigen abzugrenzen ist, das mit dem Erlass des im Widerspruchsverfahren zur Überprüfung gestellten Verwaltungsaktes endet.[67] Aus **prozessrechtlicher Sicht** ist das Widerspruchsverfahren „Vorverfahren", bildet es eine Sachentscheidungsvoraussetzung für Anfechtungs- und Verpflichtungsklagen (§§ 68 ff. VwGO; 2. Abschnitt AGVwGO).

51 Die Zwitterstellung des Widerspruchsverfahrens (Rn. 23) erklärt die **Rechtsanwendungsregel** des § 79 VwVfG.[68] Danach sind in erster Linie die Bestimmungen der VwGO maßgebend, also deren §§ 68 ff., aber auch Bestimmungen der VwGO, die an sich klagebezogen sind, aber der Sache nach auch im Widerspruchsverfahren analoge Geltung beanspruchen: insb. § 42 II und § 113 I VwGO (vgl. § 115 VwGO). **Soweit die VwGO** – aus kompetenzrechtlicher Zurückhaltung des Bundesgesetzgebers mit Rücksicht auf den verwaltungsverfahrensrechtlichen Charakter des Widerspruchsverfahrens – **keine Regelung enthält** (z. B. über die Hinzuziehung eines Anwalts) oder **abweichende Regeln des Landesrechts gestattet** (§ 73 II VwGO), ist das **Ausführungsgesetz** (AGVwGO) heranzuziehen. Diesem gegenüber subsidiär gilt das allgemeine Verwaltungsverfahrensrecht.

52 Auch die **Funktionen, die dem Widerspruchsverfahren zugeschrieben werden**, stehen mit dessen doppelter Blickrichtung in Zusammenhang: Das Widerspruchsverfahren eröffnet den Betroffenen die Möglichkeit, einen Verwaltungsakt nochmals und zwar sowohl auf die Rechtmäßigkeit wie auf die Zweckmäßigkeit hin (§ 68 I 1 VwGO) zur Nachprüfung durch die Verwaltung zu stellen (**Rechtsschutzfunktion**). Vor dem Hintergrund der letzten VwGO-Novelle mit der Einführung der Zulassungsberufung hat die Bedeutung dieser Funktion eher noch zugenommen.[69] Für die Verwaltung liegt im Widerspruchsver-

---

65 BVerwG, NVwZ-RR 1991, 54; RhPfVerfGH, NVwZ 2002, 77 f.
66 *Oster/Nies*, § 4 Erl. 2.2; vgl. auch § 1 Rn. 81. Zur Rspr.: RhPfVerfGH, NVwZ 2002, 77 = AS 29, 215; OVG RhPf., AS 29, 9.
67 Vgl. *Pietzner/Ronellenfitsch*, Das Assessorexamen im öffentlichen Recht, 11. Aufl. 2005, § 24 Rn. 4; *Hufen*, § 5 Rn. 11.
68 S. dazu *Hufen*, § 5 Rn. 12.
69 *Meyer*, in: Ziekow, S. 46, 50; dazu auch *Dolde/Porsch*, in: Schoch/Schmidt-Aßmann/Pietzner, VwGO, Losebl.-Komm. (Stand: 10/2008), Vorb. § 68 Rn. 1.

fahren die Chance, Verwaltungsakte auf Fehler in ihren tatsächlichen und rechtlichen Grundlagen sowie auf ihre Zweckmäßigkeit hin zu überprüfen und gegebenenfalls zu korrigieren (**Selbstkontrolle der Verwaltung**). Sie ist allerdings abhängig von der landesrechtlichen Ausgestaltung des Widerspruchsverfahrens (Rn. 54). Als Vorverfahren schließlich soll das Widerspruchsverfahren die Verwaltungsgerichte entlasten (**Entlastungsfunktion**). Ob das Widerspruchsverfahren in der Praxis tatsächlich eine effektive Selbstkontrolle der Verwaltung und Entlastung der Verwaltungsgerichtsbarkeit bewirkt, wird mit dem Argument bezweifelt, dass die Verwaltung dazu neige, an einmal getroffenen Entscheidungen auch auf Einwände hin festzuhalten und dass die Bürger sich typischerweise erst mit einer gerichtlichen Entscheidung zufrieden gäben.[70] Auf Rheinland-Pfalz trifft diese Einschätzung nicht ohne Weiteres zu, da offenbar zwei Drittel derjenigen, deren Widerspruch erfolglos bleibt, auf den Klageweg verzichten.[71] Der Grund dafür dürfte nicht zuletzt in der Ausgestaltung des Widerspruchsverfahrens in Rheinland-Pfalz liegen. Soweit ersichtlich gibt es derzeit entsprechend der hohen Akzeptanz keine Bestrebungen, das Widerspruchsverfahren in der bekannten Form in Rheinland-Pfalz abzuschaffen.

b) Landesrechtliche Besonderheiten der Ausgestaltung

§ 73 II VwGO ermöglicht es den Ländern, über Widersprüche an Stelle der in § 73 I Nr. 1-3 VwGO vorgesehenen Behörden, Ausschüsse oder Beiräte entscheiden zu lassen. Von dieser Möglichkeit hat das Land Gebrauch gemacht: Widerspruchsbehörden sind in Rheinland-Pfalz die bei den Kreisverwaltungen gebildeten **Kreisrechtsausschüsse** sowie die bei den Stadtverwaltungen kreisfreier und großer kreisangehöriger Städte eingerichteten **Stadtrechtsausschüsse** (§§ 6, 7 I AGVwGO). Sie sind **von Weisungen ihrer Gebietskörperschaften freigestellt** (§ 7 I 2 AGVwGO), desgleichen von solchen der Aufsichtsbehörde, der stattdessen die Aufsichtsklage (§ 17 AGVwGO, dazu unten Rn. 62 ff.) zur Verfügung steht.[72] Sie entscheiden in der Besetzung eines Vorsitzenden und zweier Beisitzer mit jeweils gleichem Stimmrecht (§ 7 II AGVwGO). Die **Laienbeisitzer** werden vom Kreistag bzw. Stadtrat für die Dauer seiner Wahlzeit gewählt; sie sind ehrenamtlich tätig (§ 9 AGVwGO). Den **Vorsitz** in den Rechtsausschüssen führt in der Praxis nicht der Landrat oder Oberbürgermeister, sondern **ein Beamter mit der Qualifikation zum Richteramt oder höheren Verwaltungsdienst** (§ 8 AGVwGO).

53

Die Verlagerung der Entscheidung über den Widerspruch auf Ausschüsse, die unter Beteiligung von Personen, die nicht der Verwaltung angehören, weisungsfrei entscheiden, bewirkt die „**Gerichtsähnlichkeit**" des Widerspruchsverfahrens.[73] Sie wird noch verstärkt durch die vorgesehene prinzipiell öffentliche Verhandlung, in der der Widerspruch mit den Beteiligten zu erörtern ist (§ 16 II AGVwGO). In dieser Ausgestaltung liegt der Grund für die relativ hohe Akzeptanz der Widerspruchsbescheide in Rheinland-Pfalz: Das Widerspruchsverfahren stellt sich für den Rechtsuchenden als bürgernah und ergebnisoffen dar, nicht als lästige „Durchgangsstation" auf dem Weg zur ohnehin un-

54

---

70 Ausführlich zur gesamten Problematik *Hufen*, § 5 Rn. 4 ff.; *Dolde/Porsch* (Fn. 69), Vorb. § 68 Rn. 16.
71 Vgl. *Meyer* (Fn. 69), S. 47.
72 OVG RhPf., AS 9, 130, 131; *Oster/Nies*, § 7 AGVwGO Erl. 2.
73 *Hufen*, § 5 Rn. 11.

vermeidlichen Klage.[74] Andererseits kann von einer Selbstkontrolle der Verwaltung nicht mehr die Rede sein, wenn die Entscheidung einem von der Ausgangsbehörde gesonderten und unabhängig entscheidenden Gremium übertragen ist. Das Widerspruchsverfahren wird zum reinen Rechtsbehelfsverfahren. Es dient nur dem Schutz des Widerspruchsführers und der Entlastung der Gerichte.[75]

55 Zuständig für die Entscheidung über Widersprüche sind die **Kreisrechtsausschüsse** bei Verwaltungsakten der Kreisverwaltung und dieser nachgeordneten Behörden, bei Verwaltungsakten der Verbandsgemeindeverwaltung und der Verwaltung kreisangehöriger Gemeinden sowie bei Verwaltungsakten von rechtlich selbstständigen Verwaltungsträgern (Rn. 3), die unter Aufsicht des Kreises handeln (§ 6 I Nr. 1 AGVwGO). Die **Stadtrechtsausschüsse** entscheiden über Widersprüche gegen Verwaltungsakte der Verwaltung kreisfreier oder großer kreisangehöriger Städte sowie rechtlich selbstständiger Verwaltungsträger unter ihrer Aufsicht (§ 6 I Nr. 2 AGVwGO). Dabei ist der Begriff der Verwaltung wie im allgemeinen Verwaltungsverfahrensrecht (dazu Rn. 10) funktionell zu verstehen. Die Zuständigkeit der Rechtsausschüsse umfasst deshalb auch Widersprüche gegen Verwaltungsakte der Vertretungsorgane der Kreise, Verbandsgemeinden, Gemeinden und Städte.[76]

56 **Keine Zuständigkeit der Rechtsausschüsse** besteht bei Widersprüchen gegen Verwaltungsakte oberster Landesbehörden (Rn. 19) im Sinne von § 73 I 2 Nr. 2 VwGO. Gleiches gilt bei anderweitiger gesetzlicher Bestimmung der Zuständigkeit (§ 6 I AGVwGO). So befindet über Widersprüche gegen Entscheidungen der Kommunalaufsicht die Aufsichts- und Dienstleistungsdirektion (§§ 126 GemO; 69 LKO, dazu Rn. 18). Eine Sonderzuständigkeit der Struktur- und Genehmigungsdirektion besteht bei Auftragsangelegenheiten der Kreise und nach dem BauGB (§ 6 III AGVwGO, Rn. 18).

c) Verfahren

57 Das Widerspruchsverfahren ist wegen seines funktionalen Zusammenhangs mit Art. 19 IV GG[77] **zügig durchzuführen**. Diesem Ziel dient die Pflicht der Ausgangsbehörde, falls sie dem Widerspruch nicht abhelfen will, diesen binnen sechs Wochen dem Rechtsausschuss vorzulegen (§ 6a AGVwGO). Auch die Alleinentscheidungsbefugnisse des Vorsitzenden des Rechtsausschusses (§ 16 V AGVwGO) wird man diesem Ziel zuordnen können. **Die Beteiligten können sich** (anwaltlich) **vertreten lassen** (§ 1 LVwVfG i. V. m. §§ 79, 14 VwVfG). Weitergehend als § 29 VwVfG erlaubt § 16 VI AGVwGO bei anwaltlicher Vertretung auch die Übergabe bzw. Übersendung der Akten zum Zwecke der Einsichtnahme des Anwaltes. Das Verfahren wird in der Regel durch den **Widerspruchsbescheid** abgeschlossen. Dieser ist den Beteiligten zuzustellen (§ 73 III VwGO), und zwar im Hinblick auf die Klagefristen der VwGO nicht nach dem VwZG des Landes (Rn. 24), sondern des Bundes.[78] Hat der Widerspruch auch nur teil-

---

74 *Meyer* (Fn. 69), S. 51; *Oster/Nies*, Vorb. zu § 6 AGVwGO.
75 OVG RhPf., AS 8, 273, 279; NVwZ-RR 2004, 723; *Pietzner*, VerwArch. 80 (1989), 500, 505; verkannt bei *Oster/Nies*, § 16 AGVwGO Erl. 21.
76 *Pietzner/Ronellenfitsch* (Fn. 67), § 37 Rn. 24; *Oster/Nies*, § 6 AGVwGO Erl. 1.1.
77 *Hufen*, § 5 Rn. 6.
78 *Pietzner/Ronellenfitsch* (Fn. 67), § 49 Rn. 1; *Rühle/Stumm*, Rn. 141.

weise Erfolg, muss der Widerspruchsbescheid außerdem den in § 16 VII AGVwGO genannten Behörden zugestellt werden (dazu Rn. 62 ff.). Der Widerspruch kann auch durch **Vergleich** erledigt werden (§ 16 IV AGVwGO). Die Voraussetzungen, unter denen er geschlossen werden kann, ergeben sich dabei aus §§ 79, 54 Satz 2, 55 VwVfG.[79] Hinsichtlich der Frage, wer die **Kosten des Widerspruchsverfahrens** zu tragen hat, ist zu unterscheiden zwischen den Verwaltungskosten der Widerspruchsbehörden (Ausschüsse) – sie bestimmen sich nach § 15 III-VI LGebG – und den Aufwendungen des Widerspruchsführers, die nach Maßgabe von § 19 AGVwGO ersetzt werden.[80]

Die Widerspruchsbehörde tritt nach § 68 I VwGO grundsätzlich in vollem Umfang an die Stelle der Ausgangsbehörde und besitzt dann eine sich gleichermaßen auf die Recht- und Zweckmäßigkeit erstreckende Befugnis zur Überprüfung des angegriffenen Verwaltungsaktes.[81] Als Folge der Entscheidung des Landesgesetzgebers, die Entscheidung über Widersprüche in die Hand weisungsfreier Ausschüsse zu legen, ist deren **Prüfungsbefugnis in Selbstverwaltungsangelegenheiten auf die Rechtskontrolle beschränkt**. Die Beschränkung gilt nur für Verwaltungsakte der in § 6 I Nr. 1 c-e und Nr. 2, 3. Alt. AGVwGO bezeichneten Behörden und Verwaltungsträger, nicht für die Verwaltung der Kreise und kreisfreien Städte, die die Rechtsausschüsse gebildet haben (§ 6 II AGVwGO). Sie bezweckt den Schutz „fremder", nicht eigener Selbstverwaltung,[82] also den Schutz der kreis- und verbandsgemeindeangehörigen Gemeinden und der unter ihrer Aufsicht stehenden Körperschaften, Anstalten und Stiftungen des öffentlichen Rechts. Eine weitere Folgerung, die sich aus § 6 II AGVwGO ergibt, betrifft **die Entscheidung der Rechtsausschüsse im Falle der Verfristung eines Widerspruchs**: Die umstrittene Befugnis der Widerspruchsbehörde, in einem solchen Falle kraft ihrer Verfahrens- und Sachherrschaft dennoch über den Widerspruch zur Sache zu entscheiden,[83] hat in Rheinland-Pfalz keine Basis, wenn die Ausgangsentscheidung eine solche im Sinne des § 6 II AGVwGO ist. Der Schutz fremder Selbstverwaltung greift auch hier und verbietet eine Sachentscheidung.[84]

58

Besonderheiten gelten auch für die Behandlung der in ihrer Zulässigkeit umstrittenen Abänderung des angefochtenen Verwaltungsaktes zum Nachteil des Widerspruchsführers durch die Widerspruchsinstanz (**Verböserung oder Reformatio in peius**).[85]

59

Beispiel (OVG RhPf., NVwZ 2004, 723):
D begehrte von der zuständigen Behörde die Erteilung einer Bescheinigung über den Übergang einer Milchreferenzmenge. Am 7.2.2001 erhielt er einen entsprechenden Bescheid über eine Milchreferenzmenge von 7000 kg. Da D der Ansicht war, es müsse eine höhere Milchreferenzmenge bescheinigt werden, erhob er fristgemäß Widerspruch. Durch den Widerspruchsbescheid wurde die Milchreferenzmenge auf 5000 kg verringert.

---

79 Dazu *Weides*, Verwaltungsverfahren und Widerspruchsverfahren, 3. Aufl. 1993, § 24 und *Rühle/Stumm*, Rn. 132 ff.
80 Einzelheiten bei *Rühle/Stumm*, Rn. 142 ff.; *Oster/Nies*, Erl. zu § 19 AGVwGO.
81 S. OVG RhPf., NVwZ 1992, 386, 387; *Kopp/Schenke* (Fn. 63), § 68 Rn. 9.
82 *Oster/Nies*, § 6 AGVwGO Erl. 2.
83 Dazu *Pietzner/Ronellenfitsch* (Fn. 67), § 42 Rn. 3 ff.; weiterhin zum Meinungsstand *Hufen*, § 6 Rn. 32.
84 OVG RhPf., NVwZ-RR 1994, 47 f.; *Oster/Nies*, § 16 AGVwGO Erl. 12.3.
85 Meinungsstand bei *Hufen*, § 9 Rn. 15 ff.

Maßgebend ist **Landesrecht**, weil den Vorschriften der VwGO zur Verböserung im Widerspruchsverfahren nichts zu entnehmen ist.[86] Soweit der Landesgesetzgeber die Verböserung nicht wie in § 3 V 2 KAG zugelassen hat, ist **die Entscheidungsbefugnis der Instanz, die über den Widerspruch zu befinden hat, ausschlaggebend**. Denn eine Befugnis zur Verböserung ist nur diskutabel, wenn die Widerspruchsbehörde mit der Ausgangsbehörde identisch ist oder zumindest gegenüber der Ausgangsbehörde Weisungen erteilen kann.[87] Nur in diesen Konstellationen besteht die für die Verböserung vorauszusetzende volle Verfahrens- und Sachherrschaft über den angegriffenen Verwaltungsakt. Dementsprechend ist in Rheinland-Pfalz zu differenzieren:

60 Entscheiden die **Kreis- oder Stadtrechtsausschüsse**, besteht **grundsätzlich keine Befugnis zur Verböserung**, weil die Ausschüsse weder mit der Ausgangsbehörde identisch sind noch einem Weisungsrecht unterliegen. Sie sind „Rechtsbehelfsinstanzen" (Rn. 54) und ähnlich wie die Verwaltungsgerichte nicht befugt, vom Antrag des Widerspruchsführers zu seinem Nachteil abzuweichen.[88] Ob anderes gilt, wenn die Ausschüsse über Verwaltungsakte der „eigenen" Verwaltungsträger befinden,[89] erscheint fraglich: Eine volle Verfahrens- und Sachherrschaft wie sie die Ausgangsbehörde besitzt besteht aufgrund der in § 7 I 2 AGVwGO angeordneten Weisungsfreiheit der Ausschüsse auch dann nicht.[90]

61 Entscheiden über den Widerspruch **Behörden der unmittelbaren Landesverwaltung** (Rn. 14 ff.), etwa weil die Zuständigkeit der Rechtsausschüsse gesetzlich ausgeschlossen ist (Rn. 56), kommt es darauf an, wie man prinzipiell zur Verböserung im Widerspruchsverfahren steht. Das OVG Rheinland-Pfalz hält sie für zulässig.[91]

3. Die sogenannte Aufsichts- oder Beanstandungsklage[92]
a) Allgemeine Bemerkungen

62 Die Aufsichts- und Dienstleistungsdirektion, im Fall des § 16 VII Halbs. 2 AGVwGO auch eine andere Aufsichtsbehörde, kann, wenn sie es im öffentlichen Interesse für geboten hält, **gegen den Widerspruchsbescheid eines Rechtsausschusses Klage** erheben, **um die Rechtswidrigkeit geltend zu machen** (§ 17 I 1 AGVwGO). Das Klagerecht steht **nur Aufsichtsbehörden** zu: daher Aufsichtsklage.

Beispiel (OVG RhPf., NVwZ-RR 2003, 75):
E besitzt ein Wochenendhaus an der Mosel. Von der Gemeinde G erhält er einen Bescheid über den Anschlusszwang an die öffentliche Abwasserentsorgung. Gegen diesen erhebt E mit der Begründung, das Grundstück werde nicht zu Wohnzwecken genutzt, erfolgreich Widerspruch. Nun wendet sich die Aufsichtsbehörde gegen die Entscheidung des Rechtsausschusses.

Deren Gegenstand ist die „aufsichtliche" Beanstandung einer von einem kommunalen Organ gefassten Entscheidung, weshalb alternativ auch von Beanstandungsklage ge-

---

86 *Pietzner/Ronellenfitsch* (Fn. 67), § 40 Rn. 11.
87 Vgl. *Hufen*, § 9 Rn. 19; a. A. *Jutzi*, LKRZ 2008, 212, 213 f.
88 OVG RhPf., AS 8, 273, 279; NVwZ-RR 2004, 723.
89 So offenbar OVG RhPf., Urt. v. 29.12.1982 – 8 A 28/81, Abschrift, S. 9 (ohne Begründung).
90 Kritisch auch *Rühle/Stumm*, Rn. 84. Das zweite in Bezug genommene Urteil enthält die kritisierte Aussage nicht.
91 OVG RhPf., NVwZ 1992, 386 f. (= AS 23, 307); bestätigt in NVwZ-RR 2004, 723.
92 Ausf. dazu *Kintz*, LKRZ 2009, 5 ff.

sprochen wird. Eine andere obere Aufsichtsbehörde im Sinne der Vorschriften in § 16 VII Halbs. 2 AGVwGO und § 17 I 1 AGVwGO kann nach der Rechtsprechung auch ein Landesbetrieb sein.[93]

Die Klage dient dem **Ausgleich des durch die Weisungsfreiheit der Rechtsausschüsse verursachten Verantwortungs- und Kontrolldefizits** gegenüber dem zuständigen parlamentarisch verantwortlichen Ressortminister.[94] Ob sie verfassungsrechtlich geboten ist[95], kann angesichts ihrer unangefochtenen Existenz im Landesrecht dahinstehen. Sicher ist aber, dass nur der erwähnte Ausgleichsgedanke eine Klagemöglichkeit eröffnen kann. Darum bleibt den Gebietskörperschaften eine Klage gegen Widerspruchsbescheide „ihres" Rechtsausschusses als unzulässiger Insichprozess versagt.[96]   63

b) Klageart

Die Aufsichts- oder Beanstandungsklage ist eine **Anfechtungsklage**, bei der die Klägerin (Aufsichtsbehörde) vom Erfordernis, die Verteidigung eigener Rechte geltend zu machen, befreit ist (§ 42 II VwGO).[97] Da Behörden keine Rechte, sondern Kompetenzen haben, war die Befreiung notwendig, um die Klagemöglichkeit zu eröffnen. § 17 I 1 AGVwGO sieht daher statt der Verletzung eigener Rechte die Klageerhebung „im öffentlichen Interesse" vor. Die Feststellung, ob ein solches öffentliches Interesse vorliegt oder nicht, liegt im Ermessen der Aufsichtsbehörde; es kommt auf deren Bewertung an.[98] Gemäß § 61 Nr. 3 VwGO muss die Behörde durch landesrechtliche Bestimmung beteiligtenfähig sein. Die Beteiligtenfähigkeit der Aufsichtsbehörde wird durch § 17 II AGVwGO hergestellt. Im Übrigen gelten alle auf die Anfechtungsklage zugeschnittenen Vorschriften der VwGO, insbesondere auch die aufschiebende Wirkung.[99]   64

VI. Klausurhinweise

1. Typisches Klausurproblem: Abgrenzung der unmittelbaren Ausführung von der Ersatzvornahme im Sofortvollzug

Geht es in der Klausur um die Vornahme einer **vertretbaren Handlung** durch eine Behörde, **ohne** dass diese zuvor einen **Grundverwaltungsakt** erlassen hat, so gilt es zwischen der unmittelbaren Ausführung (§ 6 POG) und der Ersatzvornahme im Sofortvollzug (§§ 61 II, 63 LVwG) abzugrenzen. Maßgeblich dabei ist der Wille des Pflichtigen: Widerspricht die Vornahme der Handlung dem Willen des Pflichtigen, so handelt es sich um Verwaltungszwang. Wird die Handlung hingegen im Interesse des Pflichtigen vorgenommen und ist dieser nur nicht rechtzeitig erreichbar, um die Handlung selbst vorzunehmen, so handelt es sich um eine unmittelbare Ausführung (vgl. Rn. 42).   65

---

93 VG Koblenz, Urt. v. 4.12.2006 – 4 K 379/06.KO – (juris) für den Landesbetrieb Straßen und Verkehr, jetzt Landesbetrieb Mobilität.
94 *Pietzner/Ronellenfitsch* (Fn. 67), § 37 Rn. 27.
95 In diese Richtung OVG RhPf., AS 9, 130, 131; bejahend: *Oster/Nies*, § 17 AGVwGO Erl. 1; abl. *Pietzner/Ronellenfitsch* (Fn. 67), § 37 Rn. 27 Fn. 49.
96 OVG Saarlouis, NVwZ 1990, 174, 175 f.
97 *Pietzner/Ronellenfitsch* (Fn. 67), § 37 Rn. 27; *Oster/Nies*, § 17 AGVwGO Erl. 1.
98 *Oster/Nies*, § 17 AGVwGO Erl. 1.
99 OVG des Saarl., AS 13, 71; *Oster/Nies*, § 17 AGVwGO Erl. 1; *Pietzner/Ronellenfitsch* (Fn. 67), § 37 Rn. 27 Fn. 52.

2. Aufbauhinweis: Sofortvollzug

66 Bei der Prüfung einer Vollstreckungsmaßnahme im Sofortvollzug bereitet das Fehlen der Grundverfügung in der Klausur häufig aufbautechnische Schwierigkeiten.
- A. **Ermächtigungsgrundlage:** § 61 II LVwVG i. V. m. der Vorschrift des Zwangsmittels (An dieser Stelle wäre in Problemfällen die Abgrenzung zu § 6 POG vorzunehmen.)
- B. **Formelle Rechtmäßigkeit**
  Nach § 4 II LVwVG ist grds. die Behörde sachlich zuständig, die den Verwaltungsakt erlassen hat.
- C. **Materielle Rechtmäßigkeit**
  - I. **Vorliegen eines Eilfalls:** Es darf nicht genügend Zeit bestehen, um eine Grundverfügung zu erlassen und diese zu vollstrecken. Die Anwendung des Zwangsmittels muss zur Verhinderung einer rechtswidrigen Tat oder zur Abwehr einer gegenwärtigen Gefahr notwendig sein. (Ansonsten kann nur nach § 61 I LVwVG vollstreckt werden.)
  - II. **Rechtmäßigkeit der Behördenhandlung:** Auch wenn die Behörde ohne Erlass einer Grundverfügung handelt, darf sie nur „innerhalb ihrer gesetzlichen Befugnisse" tätig werden (§ 61 II LVwVfG). Es dürfen nur solche Maßnahmen zwangsweise gegen den Bürger durchgesetzt werden, die ihm rechtmäßigerweise hätten auferlegt werden können.
    Um die Rechtmäßigkeit der Vollstreckungsmaßnahme überprüfen zu können, muss ein vollstreckbarer Grundverwaltungsakt hinzugedacht werden (auch hypothetischer Grundverwaltungsakt genannt), anhand dessen die Rechtmäßigkeit des Verwaltungshandelns inzident zu prüfen ist.
    1. Rechtsgrundlage für den Erlass der hypothetischen Grundverfügung
    2. Formelle Rechtmäßigkeit der hypothetischen Grundverfügung
    3. Materielle Rechtmäßigkeit der hypothetischen Grundverfügung
  - III. **Ordnungsgemäße Art und Weise der Vollstreckung**
    1. Wahl des richtigen Zwangsmittels
    2. Androhung des Zwangsmittels: bei gegenwärtiger Gefahr aber entbehrlich, § 66 I LVwVG
    3. Ordnungsgemäße Anwendung des Zwangsmittels, insbesondere Verhältnismäßigkeit
  - IV. **Keine Vollstreckungshindernisse**

§ 3 Kommunalrecht

von *Markus Winkler*

Literatur: *Die in diesem Verzeichnis enthaltenen Werke werden in den Fußnoten lediglich mit dem Namen der Autoren oder Herausgeber (erforderlichenfalls mit einem unterscheidenden Zusatz) zitiert.*

Dittmann, Kommunalverbandsrecht, in: Achterberg/Püttner/Würtenberger, Besonderes Verwaltungsrecht II, 2. Aufl. 2000, § 18; *Gabler* (Hrsg.), Kommunalverfassungsrecht Rheinland-Pfalz. Gemeindeordnung, Landkreisordnung, Bezirksordnung, Zweckverbandsgesetz, Komm., Loseblatt, Stand 2007; *Gern*, Deutsches Kommunalrecht, 3. Aufl. 2003; *Grimm/Caesar* (Hrsg.), Verfassung für Rheinland-Pfalz. Komm., 2001; *Kluth*, Grundlagen des Rechts der kommunalen Selbstverwaltung, in: Wolff/Bachof/Stober, Verwaltungsrecht Band 3, 5. Aufl. 2004, §§ 94-96; *Knemeyer/Kempen*, Kommunales Wirtschaftsrecht, in: Achterberg/Püttner/Würtenberger, Besonderes Verwaltungsrecht II, 2. Aufl. 2000, § 17; *Schmidt-Aßmann/Röhl*, Kommunalrecht, in: Schmidt-Aßmann/Breuer (Hrsg.), Besonderes Verwaltungsrecht, 14. Aufl. 2008, Erster Abschnitt; *M. Schröder*, Kommunalverfassungsrecht, in: Achterberg/Püttner/Würtenberger, Besonderes Verwaltungsrecht II, 2. Aufl. 2000, § 16; *Seewald*, Kommunalrecht, in: Steiner (Hrsg.), Besonderes Verwaltungsrecht, 8. Aufl. 2006, Teil I; *Mann/Püttner* (Hrsg.), Handbuch der kommunalen Wissenschaft und Praxis, Bd. 1, 3. Aufl. 2007.

I. Orientierungsrahmen

Das Kommunalrecht ist der Zweig des öffentlichen Rechts, der die besonderen Rechtsverhältnisse der kommunalen Gebietskörperschaften, kurz: der **Kommunen**, regelt. Der folgende Beitrag konzentriert sich auf prüfungsrelevante Grundstrukturen (§ 1 I 2 JAPO), Problemschwerpunkte und rheinland-pfälzische Besonderheiten des Kommunalrechts. 1

1. Gegenstand des Kommunalrechts

Der kommunalen Grundstufe gehören die **Gemeinden** einschließlich der Städte an. Als 2 Kommunen der überörtlichen Stufe erstrecken sich die 24 **Landkreise** in Rheinland-Pfalz jeweils auf das Gebiet mehrerer Gemeinden. Als einzige Gebietskörperschaft höherer Stufe in Rheinland-Pfalz besteht der **Bezirksverband Pfalz** fort.[1] Das Recht der Landkreise wird im Folgenden nur behandelt, soweit es inhaltlich vom Gemeinderecht abweicht. Der Bezirksverband Pfalz bleibt außer Betracht.

Die Bezeichnung »**Stadt**« (§ 4 II GemO) ist im Wesentlichen nur ein Namensbestandteil, 3 aber damit immerhin Gegenstand des Schutzes, der der Gemeinde nach Art. 28 II GG und § 12 BGB für ihren Namen zusteht.[2] Die Verleihung der Bezeichnung setzt »städtisches Gepräge« voraus. Dazu gehört auch eine zentralörtliche Funktion für das Umland.[3] Die Bezeichnung ist von 1945 bis 2006 46mal neu verliehen worden, zuletzt an Nieder-Olm.[4] Einen rechtlichen Sonderstatus genießen auch in Rheinland-Pfalz die hier zwölf **kreisfreien** Städte. Sie gehören nach § 7 GemO keinem Landkreis an, sondern

---

1 *Dittmann*, Rn. 90; *Hörster*, in: Mann/Püttner, § 31 Rn. 58. Zur Frage der verfassungsrechtlichen Garantie des Verbandes vgl. *Schröder*, in: Grimm/ Caesar, Art. 78 Rn. 8 und § 1 Rn. 57; zu seinem Selbstverwaltungsrecht *Degenhart*, in: Gs. f. Kopp, 2007, 316 ff.
2 Zum Schutz der Kommunen vor »domain-grabbing« BGH, NJW 2006, 146; NJW 2007, 682, 683.
3 Vgl. VG Dessau, DÖV 2002, 623 f.
4 Pressemitteilung der Landesregierung v. 24.10.2006.

§ 3 Kommunalrecht

erfüllen für ihr Stadtgebiet die überörtlichen Aufgaben der Landkreise selbst zusätzlich zu ihren örtlichen Aufgaben als Gemeinden..

4 Eine Besonderheit des Kommunalrechts in Rheinland-Pfalz ist die Unterscheidung zwischen **verbandsfreien Gemeinden** einerseits, **Orts-** und **Verbandsgemeinden** andererseits (Rn. 40 ff.). Zu den verbandsfreien Gemeinden zählen auch die acht **großen kreisangehörigen Städte** (§ 6 I GemO). Sie sind in einen Landkreis eingegliedert, aber von der Kreisverwaltung in mancher Hinsicht ähnlich unabhängig wie die kreisfreien Städte.

5 Mit den Verbandsgemeinden nicht verwechselt werden dürfen die kommunalen **Spitzenverbände**.[5] Sie sind Beratungseinrichtungen und Interessenvertretungen für Kommunen und haben einen Anspruch auf Beteiligung an Rechtsetzungsverfahren nach §§ 129 GemO, 72 LKO.[6]

2. Rechtsquellen

6 Die Kommunen unterliegen außer kommunalrechtlichen Normen u.a. dem Verfassungsrecht, dem Allgemeinen Verwaltungsrecht und dem Bürgerlichen Recht. Das Europarecht[7] beeinflusst ihre Arbeit etwa über das Vergaberecht,[8] aber auch im Kommunalwahlrecht. In diesem Sinne ist das Kommunalrecht in Rheinland-Pfalz eine **Querschnittsmaterie**.

7 Seinen Kern bilden aber drei **Landesgesetze**, nämlich
- die Gemeindeordnung (BS 2020-1; *H/J/W*, Nr. 30),
- die Landkreisordnung (BS 2020-2; *H/J/W*, Nr. 33) und
- die Bezirksordnung für den Bezirksverband Pfalz (BS 2020-3; *H/J/W*, Nr. 35).

8 Prüfungsrelevant sind außerdem **Fachgesetze** für wichtige Teilbereiche:
- das Kommunalwahlgesetz (BS 2021-1; *H/J/W*, Nr. 37)
- das Kommunalabgabengesetz (BS 610-10; *H/J/W*, Nr. 38)
- das Zweckverbandsgesetz (BS 2020-20; *H/J/W*, Nr. 36) und
- das Landesfinanzausgleichsgesetz (BS 6022-1).

Zentrale kommunalrechtliche **Rechtsverordnungen** sind die Durchführungsverordnungen zu GemO und LKO (BS 2020-1-1 und 2020-2-1; *H/J/W*, Nr. 31 und 34).

3. Aufgaben der Kommunen

9 Den größten Teil ihrer Aufgaben gibt den Kommunen der Staat vor. Zu unterscheiden sind **Selbstverwaltungsaufgaben** (§ 2 I GemO) und **Auftragsangelegenheiten** (Art. 49 IV LV, § 2 II 1 GemO). Die Zuständigkeit der Gemeinden schließt es in der Regel nicht aus, dass **andere** nicht staatliche **Rechtsträger** neben ihnen örtliche Angelegenheiten wahrnehmen.[9]

---

[5] Zu ihnen *Dittmann*, Rn. 109; *Kluth*, § 96 Rn. 130.
[6] Ausf. *Wethling*, Die Beteiligung der Kommunen am Normsetzungsprozess in RhPf., 2002.
[7] Dazu aus letzter Zeit *Welti*, AöR 130 (2005), 529 ff.
[8] Vgl. EuGH, NVwZ 2005, 187; DVBl. 2006, 101 f.; NVwZ 2006, 800 ff.; BVerwG, DVBl. 2007, 307, 308 f.; BGH, DVBl. 2005, 848 ff.; *Gabriel*, LKV 2005, 285 ff.; *Hollands/Sauer*, DÖV 2006, 55 ff.; *Lenz*, NJW 2007, 1181 f.; *Pape/Holz*, NJW 2005, 2267 ff.; *Wachinger*, NVwZ 2007, 401 ff; *Wirner*, LKV 2005, 293 ff.
[9] Vgl. dazu etwa *Nolte*, Lokale Agenda 21 zwischen Wunsch und Wirklichkeit, 2006.

I. Orientierungsrahmen

a) Selbstverwaltungsaufgaben

Selbstverwaltungsaufgaben sind diejenigen öffentlichen Aufgaben, die in der **örtlichen Gemeinschaft** »wurzeln« oder einen spezifischen Bezug auf sie besitzen.[10] Besteht ein lokaler Anknüpfungspunkt, so können auch überregionale Fragen zum Inhalt kommunaler Selbstverwaltung werden.[11] Unerheblich ist, welchen Umfang die zur Aufgabenerfüllung unterhaltenen Anlagen und Einrichtungen erreichen und ob sie sich inner- oder außerhalb des Gemeindegebiets befinden.[12]

Beispiele:
- Den Anschluss an ein Fernheizungsnetz darf eine Gemeinde in der Absicht, den globalen Klimaschutz zu fördern, nach § 26 I 1 GemO anordnen.[13]
- Der Grenzfall einer Festsetzung von Flächen für die Grundversorgung mit Postdienstleistungen ist durch § 9 I Nr. 5 BauGB der gemeindlichen Planungshoheit zugeordnet.[14]

Pflichtaufgaben der Selbstverwaltung legt der Landesgesetzgeber fest (§ 2 I 2 GemO). Durch Bundesgesetz können den Kommunen seit 2006 keine neuen Aufgaben mehr zugewiesen werden (Art. 84 I 7, 85 I 2 GG). Die zuvor übertragenen Aufgaben berührt das Verbot indes nicht.[15] Die Gemeinden – und nur diese – können sich außerdem jeder Angelegenheit der örtlichen Gemeinschaft selbst annehmen, die nicht durch Gesetz anderen Stellen zugewiesen ist (Art. 49 I 2 LV). Insoweit handelt es sich um **freie Selbstverwaltungsaufgaben**. Viele Selbstverwaltungsaufgaben der Gemeinden gehören zu den **Themenbereichen** Infrastruktur, Umweltschutz, Kultur und Soziales.

Beispiele:
- Bauleitplanung (vgl. §§ 2 I 1, 10 BauGB)[16]
- Bau und Unterhaltung von Gemeindestraßen einschließlich der Straßenreinigung und Regelung der Straßenbenutzung (§§ 14, 17 III, 42 und 47 LStrG – BS 91-1; *H/J/W* Nr. 110)
- Aufstellung von Lärmminderungsplänen (§ 47e I BImSchG)[17]
- Abfallbeseitigung, Wasserversorgung und Abwasserentsorgung
- Totenbestattung (§ 2 I BestG – BS 2127-1)[18]
- Errichtung, Ausstattung und Erhaltung von Grund- und Hauptschulen (§ 76 I Nr. 1 und II SchulG – BS 223-1; *H/J/W* Nr. 80), Kindergärten (§ 10 II KitaG),[19] Spielplätzen, Sportanlagen und Büchereien, Theatern und Museen.

Anders als den Gemeinden ist den **Landkreisen** ein Kernbestand an freien Selbstverwaltungsaufgaben (vgl. § 2 I 1 LKO) nicht verfassungsrechtlich garantiert. Ihr gesetzlich zugewiesener Aufgabenbereich (Art. 28 II 2 GG, 49 II LV, § 2 I 2, II 1 LKO) umfasst teils Aufgaben von überörtlicher Bedeutung, teils solche, deren zweckmäßige Erfüllung die Verwaltungs- und Finanzkraft einzelner Gemeinden übersteigt.

---

10 BVerfGE 79, 127, 151; 83, 363, 382.
11 BVerwGE 87, 228, 233 ff.; 87, 237, 238 ff.; vgl. dazu nun *Koreng*, SächsVBl. 2008, 157 ff. und *Misera/Kessler*, KommJur 2009, 52 ff. m.w.N.
12 BVerwGE 122, 350, 354 ff.; 123, 159, 164.
13 BVerwGE 125, 68, 72 f.; BVerwG, NVwZ 2006, 565, 596; vgl. auch Fn. 105.
14 BVerwGE 121, 192, 201.
15 S. dazu *Burgi*, DVBl. 2007, 70, 76 f.; *Försterling*, ZG 2007, 36, 42 ff.; *Schoch*, DVBl. 2007, 261, 262 ff.; allzu früh erklären *Ekardt/Buscher*, DÖV 2007, 89, 92 das Problem für erledigt.
16 Vgl. BVerfGE 77, 288, 299 ff.; BVerwGE 119, 25 ff.; einschränkend RhPfOVG, AS 28, 404, 407 f.
17 Dazu *Scheidler*, DVBl. 2005, 1344, 1347.
18 Zur Rechtslage in Baden-Württemberg etwa BadWürttVGH, NVwZ-RR 2006, 416.
19 Zur Verfassungsmäßigkeit der Aufgabenzuweisung BVerfGE 22, 180, 205.

§ 3 Kommunalrecht

Beispiele:

- öffentliche Krankenhäuser (§ 2 LKG – BS 2126-3)[20]
- Abfallentsorgungsanlagen (§ 3 I LAbfWAG – BS 2129-1; *H/J/W* Nr. 50)
- Messstationen für die Luftverschmutzung
- weiterführende Schulen, insb. öffentliche Gymnasien und Gesamtschulen
- Baulast für die Kreisstraßen
- Förderung anerkannter Betreuungsvereine (§ 4 II AGBtG)[21]
- Verwaltung der Grundsicherung für Arbeitssuchende (§ 6 SGB II).[22]

13   Darüber hinaus erwachsen den Landkreisen Selbstverwaltungsaufgaben aus ihrer Funktion **als Gemeindeverband.** Sie müssen nach § 2 V LKO den kreisangehörigen Gemeinden bei der Erfüllung ihrer Aufgaben beistehen (Unterstützungsaufgabe) und die unterschiedliche Finanzkraft der Gemeinden ausgleichen (Ausgleichsaufgabe).[23] Reichen diese Hilfen nicht aus, so können die Landkreise eine Aufgabe, die kreisangehörige Gemeinden ganz oder teilweise nicht ausführen können, gemäß § 2 III LKO an sich ziehen (Ergänzungsaufgabe).[24]

b) Auftragsangelegenheiten

14   Auftragsangelegenheiten werden den Kommunen meist **einseitig** auferlegt (vgl. Art. 49 IV LV, § 2 IV 1 GemO). Überträgt der Gesetz- oder Verordnungsgeber den Gemeinden Aufgaben, ohne sie ausdrücklich als Pflichtaufgaben der Selbstverwaltung zu bezeichnen, so handelt es sich nach § 2 I 2 GemO um Auftragsangelegenheiten.

Beispiele:

- Die **Gemeinden** nehmen vor allem die Aufgaben als örtliche Ordnungsbehörden wahr, wie sich aus §§ 75 II, 89 I POG (BS 2012-1; *H/J/W* Nr. 40) ergibt. Zu diesen Aufgaben gehört nach §§ 1 I MeldeG (BS 210-20), 3 I LPAuswG (BS 210-1) u. a. das Melde- und Ausweiswesen. Auch die Landkreise und kreisfreien Städte sind nach §§ 75 II, 89 II POG allgemeine Ordnungsbehörden (Kreisordnungsbehörden). Gemeinden und Landkreise sind zudem Straßenverkehrsbehörden (§§ 3 I Nr. 1, 5 I I Nr. 1 ZuVO-StVR – BS 923-3; *H/J/W* Nr. 112).[25]
- Auf der **Kreisebene** kommen z.B. die Aufgaben als untere Denkmalschutzbehörde nach § 24 II Nr. 3 DSchPflG sowie die bauordnungsrechtliche Aufgabe der Bauaufsicht[26] und Teile der immissionsschutzrechtlichen Aufgabe der Anlagenaufsicht hinzu (§ 58 I Nr. 3, II Nr. 1 LBauO, § 1 I ImSch-ZuVO mit Anlage – BS 2129-5; *H/J/W* Nr. 52). Außerdem sind die Landkreise nach § 3 BauGB-ZuVO (BS 213-4; *H/J/W* Nr. 61) »höhere Verwaltungsbehörde« im Sinne einiger Vorschriften des BauGB.

15   Mögliche **Überschneidungen** zwischen Selbstverwaltungsaufgaben und ordnungsrechtlichen Auftragsangelegenheiten, längst aber nicht alle hat der Gesetzgeber etwa in § 45 Ib 1 Nr. 3, Ic StVO zugunsten des Straßenverkehrsrechts[27] und im Hinblick auf die äußere Gestaltung baulicher Anlagen in § 88 I LBauO zugunsten des Bauplanungsrechts entschieden.[28]

---

20   Zur Verfassungsmäßigkeit insoweit BVerfGE 83, 363, 383 ff.; NRWVerfGH, DÖV 2004, 662, 663.
21   Diese Förderpflicht ist verfassungsgemäß; vgl. RhPfVerfGH, DÖV 2001, 601, 602.
22   Zur Verfassungsmäßigkeit dieser Verpflichtung BVerfGE 119, 331, 352. Dazu insgesamt kritische Kritik bei *Cornils*, ZG 2008, 184, 202 ff.; *Schoch*, DVBl. 2008, 937, 939 ff.
23   Einschränkend RhPfOVG, DVBl. 1993, 894, 895; DVBl. 1999, 846, 848.
24   BVerwGE 101, 99 ff.; BVerwG, NVwZ 1998, 63 ff.; krit. *Wimmer*, NVwZ 1998, 28 ff.
25   Zur Reichweite der Selbstverwaltungsgarantie insoweit BVerfG, NVwZ 2001, 317; *Lange*, in: Fs für Götz, 2005, 439, 443 ff.
26   Zur UVP/SUP in diesem Rahmen *Erbguth/Schubert*, DÖV 2005, 533, 538 f. und § 7 Rn. 37.
27   *Steiner*, Straßen- und Wegerecht, in: ders. (Hrsg.), Besonderes Verwaltungsrecht, 8. Aufl. 2006, Teil V Rn. 40.
28   Anschaulich: NdsOVG, NdsVBl. 2004, 261. Vgl. aber auch Rn. 137 mit Fn. 291.

I. Orientierungsrahmen

4. Kommunen und Staat

In die nach wie vor dreigliedrig aufgebaute Landesverwaltung[29] sind auf der unteren Ebene auch die Kommunen eingebunden. Sie werden dadurch zwar nicht zu **Teilen** des Staates.[30] **Informelle Beziehungen**, wie der fachliche Austausch und die politische Verbundenheit[31] zwischen staatlichen und kommunalen Funktionsträgern, vernetzen aber beide Ebenen. Zudem kann und muss der Staat den kommunalen Verwaltungsvollzug **kontrollieren** und korrigieren. Dabei setzt ihm das Recht der Kommunen auf Selbstverwaltung indes auch **Grenzen**.

16

a) Die Anbindung der Kommunen an die Staatsverwaltung

Jede Kommune ist eine **juristische Person** des öffentlichen Rechts und damit rechtsfähig. Sie kann rechtsgeschäftlich handeln, klagen und verklagt werden. Für unerlaubte Handlungen ihrer Organe haftet sie außerhalb der hoheitlichen Tätigkeit nach §§ 89, 31 BGB, für die der übrigen Amtswalter nach § 831 BGB. Auch ihre **Hoheitsaufgaben** erledigen die Kommunen in eigener Verantwortung. Sie schließen öffentlich-rechtliche Verträge und erlassen Verwaltungsakte im eigenen Namen. Für unerlaubte Handlungen ihrer Amtswalter bei der Erfüllung von Hoheitsaufgaben haften sie nach Art. 34 GG i. V. m. § 839 BGB. Im Prozess ist die Kommune selbst »richtige Beklagte« im Sinne des § 78 I Nr. 1 VwGO, wenn sie Verwaltungsakte erlassen oder den Erlass von Verwaltungsakten verweigert hat.

17

Nur scheinbar weicht die Zuordnung der **Kreisverwaltung** gemäß § 55 I 1 LKO von dem oben genannten Trennungsprinzip ab. Sie ist keine staatlich-kommunale Mischbehörde, sondern reine Kreisbehörde. Zwar nimmt sie staatliche Aufgaben wahr, die in § 55 II LKO abschließend aufgezählt sind. Insoweit wird sie funktionell als Behörde der Landesverwaltung tätig.[32] Ihr Träger i. S. d. § 78 I Nr. 1 VwGO ist insoweit das Land. Es haftet für Amtspflichtverletzungen gemäß Art. 34 GG i. V. m. § 839 BGB. Das gilt auch, wenn Kreisbeamte zur Erfüllung staatlicher Aufgaben eingesetzt werden (§ 55 VI 2 LKO).[33] Organisationsrechtlich bleibt die Kreisverwaltung jedoch stets Behörde des Landkreises. Er stellt grundsätzlich für alle Aufgabenbereiche die Personal- und Sachmittel (§ 55 III und V LKO). Dies ist der wohl praktisch bedeutendste Fall einer **Organleihe** in Rheinland-Pfalz.[34]

18

Auch und gerade wo der Staat den Kommunen Aufgaben zur eigenverantwortlichen Ausführung überlässt, kann er sie nicht ohne **Überwachung** und ohne jede Möglichkeit der **Korrektur** etwaiger Fehler schalten und walten lassen, sondern muss zur Sicherung der demokratischen Legitimation und der Gesetzmäßigkeit der Verwaltung (Art. 20 I bis III GG; 74 I, II und 77 II LV) ihr Handeln von staatlichen oder ihrerseits staatlich beaufsichtigten Behörden kontrollieren und notfalls berichtigen lassen. Diesem Kon-

19

---

29 *Hoegner/Groß*, DÖV 2000, 1040, 1041 ff.; *Bogumil*, ZG 2007, 246, 248; *Bitter*, Strukturveränderungen auf der mittleren staatlichen Verwaltungsebene der Länder, 2004, S. 113 ff.
30 *Schröder*, Kommunalverfassungsrecht, Rn. 29.
31 Zu parteipolitischen Verflechtungen *Holtkamp*, DÖV 2008, 94, 99 ff.
32 In der Sache ebenso die amtl. Begr. des Gesetzentwurfs, LT-Drucks. 12/2796 S. 86. Vgl. auch § 2 Rn. 15 f.
33 So entgegen BGHZ 87, 202, 204; 91, 243, 251; 99, 326, 332 zum vergleichbaren thür. Recht BGH, DÖV 2007, 386.
34 Ebenso, jedoch begrenzt auf den Landrat die amtl. Begr. (Fn. 32), S. 67.

trollzweck dient das Institut der **Aufsicht** staatlicher Behörden über die Kommunen (Rn. 169 ff.).[35]

b) Distanzierende Wirkungen der Selbstverwaltungsgarantie

20 Die Selbstständigkeit der Kommunen als Rechtssubjekte ist zugleich Kern ihrer verfassungsrechtlichen Stellung gegenüber dem Staat.[36] Einfachgesetzlich schlägt sich die **Bestandsgarantie** in den hohen Hürden von Gebietsneugliederungen nach §§ 10 ff. GemO nieder.[37] Die **Aufgabengarantie** umfasst auch die Auftragsangelegenheiten.[38]

Auf europäischer Ebene tritt nur Art. 3 I der als völkerrechtlicher Vertrag geschlossenen Charta der kommunalen Selbstverwaltung[39] an die Seite der verfassungsrechtlichen Garantien. Der EU-Vertrag garantiert die kommunale Selbstverwaltung nicht selbst, achtet sie aber als Bestandteil der nationalen Verfassungsordnung (Art. 4 Abs. 2 EUV).[40] Soweit der Landesgesetzgeber europarechtliche Richtlinien oder Entscheidungen ohne eigenen Gestaltungsspielraum umsetzt, schirmt der Anwendungsvorrang des Europarechts seine Gesetze vor der Selbstverwaltungsgarantie ab.[41]

21 Ihre zentrale Bedeutung hat die Verfassungsgarantie für den Schutz bestehender Aufgaben vor Beeinträchtigungen ihrer Ausübung »im laufendem Betrieb«. Maßgeblich sind hier der Grundsatz **eigenverantwortlicher Aufgabenwahrnehmung**[42] und die formalen »**Gemeindehoheiten**«. Von ihrer Reflexwirkung profitieren die Kommunen auch bei der Erfüllung der Auftragsangelegenheiten,[43] da sie institutionelle Rahmenbedingungen der Verwaltungstätigkeit betreffen, die sich nicht je nach dem ausgeführten Aufgabentypus verschieden stark schützen lassen. Zu Recht wird der »Kernbereich« der Selbstverwaltung heute in der Erhaltung kommunaler Planungs-, Organisations- und Finanzspielräume gesehen.[44]

22 **Personal-** und **Finanzhoheit** sichern den Gemeinden die Verfügung über Bedienstete, deren Dienstherrn sie selbst sind – die sie also nicht nur vom Staat zugewiesen erhalten –, und über eigene Einnahmequellen. Die Finanzhoheit ist in Art. 28 II 3 GG, 49 V 2 und VI LV besonders hervorgehoben worden.[45] Soweit die Gemeinden durch Gesetz in ihrer Finanzhoheit betroffen werden, können sie sich auch auf das rechtsstaatliche Rückwirkungsverbot berufen.[46] Die **Rechtsetzungs-** und **Planungshoheit** sichert den Gemeinden einen substanziellen Gestaltungsspielraum. Die **Organisationshoheit** schließlich erlaubt der Gemeinde, ihre Verwaltungsgliederung und ihre Verfahrensab-

---

35 Ausführlich dazu *Kahl*, Die Staatsaufsicht, 2001, S. 479 ff. und 493 ff.
36 *Ehlers*, DVBl. 2000, 1301, 1305 ff., *Knemeyer/Wehr*, VerwArch 92 (2001), 317, 332 ff. und § 1 Rn. 124 ff. Sehr krit. zur h. M. nun *Bull*, DVBl 2008, 1, 3 ff.
37 Zu den seltenen Neugliederungen vgl. die 4. Aufl., D, Rn. 32 ff.
38 NdsStGH, NdsVBl. 2008, 37, 39.
39 BGBl. II 1987, 65; abgedr. auch in NVwZ 1988, 1111.
40 Dazu *Zimmermann*, KommJur 2008, 41 ff.
41 RhPfVerfGH, AS 32, 251, 259 ff.
42 BVerfGE 83, 363, 382; 107, 1, 12 ff.; 119, 331, 362.
43 BVerfGE 91, 228, 245; ThürVerfGH, DVBl. 2005, 443, 447. S. auch Rn. 98 a. E.
44 *Schmehl*, BayVBl. 2006, 325, 326 ff.
45 Vgl. § 1 Rn. 129 und unten Rn. 55 ff.; RhPfVerfGH, AS 33, 66, 70 f.; SachsAVerfG, LKV 2005, 218 ff.; *Dombert*, DVBl. 2006, 1136 ff.; *Lahmann*, KommJur 2005, 127 ff.; zum RhPfKonnexAG *Worms*, DÖV 2008, 353 ff.
46 RhPfVerfGH, DVBl. 2007, 1176 f.

II. Institutionelle und finanzielle Mittel der Aufgabenerfüllung

läufe im Inneren selbst zu regeln. Auf ihr beruht auch die Entscheidung, eine Verwaltungsaufgabe in privatrechtlichen Formen zu erfüllen.[47]

Prekär ist die verfassungsrechtliche Gewährleistung nach Art. 28 II GG allerdings insoweit, als sie nur »**im Rahmen der Gesetze**« besteht.[48] Der Entzug relevanter Aufgaben örtlichen Charakters bedarf immerhin einer Rechtfertigung durch überwiegende Gründe des Allgemeininteresses. Den Aufgabenbereich der **Landkreise** kann der Gesetzgeber frei gestalten, solange er ihnen nur überhaupt Selbstverwaltungsaufgaben belässt.[49]   23

Gegen Beeinträchtigungen des Selbstverwaltungsrechts können sich die Gemeinden vor den Verwaltungsgerichten und mit Verfassungsrechtsbehelfen wehren. Neben den allgemeinen verwaltungsgerichtlichen Klagen steht ihnen die **Normenkontrolle** nach § 47 VwGO zur Verfügung, wenn ihnen durch Rechtsverordnung Aufgaben entzogen oder neu übertragen werden. Gegen Rechtsverordnungen eines Verfassungsorgans ist der Verwaltungsrechtsweg zwar nach § 4 I 2 AGVwGO versperrt. Verfassungsorgan ist neben dem Landtag und der Landesregierung auch jedes Landesministerium.[50] Insoweit können die Gemeinden aber Normenkontrollen nach Art. 130 I 2 Var. 2, Art. 135 I Nr. 1 LV und §§ 2 Nr. 1 Buchst. a, 23 ff. VerfGHG vor dem VerfGH einleiten.[51] Da den Gemeinden über diese zwei Verfahren gegen jede mutmaßliche Verletzung ihres Selbstverwaltungsrechts durch Normen des Landesrechts ein Weg zum VerfGH eröffnet ist, können sie **Kommunalverfassungsbeschwerden** zum BVerfG gemäß Art. 93 I Nr. 4b GG, §§ 13 Nr. 8a BVerfGG nur gegen Normen des Bundesrechts erheben (§ 91 Satz 2 BVerfGG).[52]   24

II. Institutionelle und finanzielle Mittel der Aufgabenerfüllung

Um ihre Aufgaben erfüllen zu können, benötigen die Kommunen handlungsfähige Organe und die finanziellen Mittel, um deren Arbeit in Gang zu halten. Der vorliegende Abschnitt betrifft die **Organisationseinheiten**, die bei der Erledigung der kommunalen Aufgaben **nach außen** in Erscheinung treten, und die Quellen, aus denen die Kommunen die Kosten der Aufgabenerfüllung decken. Das **innere** Organisationsrecht der Kommune ist Thema des Abschnitts IV.   25

1. Organisationsformen

Die Kernaufgaben der Kommunen erledigt trotz der Übernahme mancher betriebswirtschaftlicher Modelle[53] weiterhin die Behörde **Gemeinde- bzw. Kreisverwaltung**. Die Gemeinden und Landkreise können die Gliederung und die Arbeitsabläufe innerhalb ihrer Verwaltungsbehörde aufgrund ihrer **Organisationshoheit** in weitem Umfang gestalten. § 28 III GemO enthält kaum Vorgaben für die Gemeinde- oder Stadtverwaltung,   26

---

47 *Ruffert*, VerwArch 92 (2001), 27, 32 f. m. w. N.; *Burgi*, in: Ruffert (Hrsg.), Recht und Organisation, 2003, S. 55, 57 mit Fn. 6.
48 Zum Begriff »Gesetz« in diesem Rahmen BVerfGE 56, 298, 309 f.
49 BVerfGE 79, 127, 153 f.; 83, 363, 383. Zur Übertragung der Flächennutzungsplanung auf einen Planungsverband VG Gießen, DVBl. 2007, 1123 L.
50 RhPfVerfGH, AS 29, 215 m. w. N.; vgl. auch § 1 Rn. 59, 81.
51 Vgl. auch § 1 Rn. 154, 170, 175.
52 Zur Kommunalverfassungsbeschwerde ausführl. *Starke*, JuS 2008, 319 ff.
53 Vgl. *Budäus/Finger*, Die Verwaltung 32 (1999), 313, 328 f.; *Kuhlmann*, VerwArch 94 (2003), 99 ff.

und § 55 LKO regelt die Verhältnisse der Kreisverwaltung nur insoweit eingehender, als sie staatliche Funktionen wahrnimmt (vgl. Rn. 18). Eine der wenigen organisatorischen Vorgaben ist die Pflicht zur Einrichtung von Gleichstellungsstellen (§ 2 VI GemO).[54]

27 Regelungen über die Behördenorganisation finden sich regelmäßig in den Hauptsatzungen, die sich die Kommunen nach §§ 25 GemO, 18 LKO geben. Faktisch haben die meisten Kommunen den von der Kommunalen Gemeinschaftsstelle für Verwaltungsvereinfachung (KGSt) erarbeiteten **Muster-Verwaltungsgliederungsplan**[55] übernommen und je nach ihrer Größe und ihren lokalen Besonderheiten abgewandelt.

28 Zu den grundsätzlichen Entscheidungen gehört insb. diejenige über Zahl und Zuschnitt der **Geschäftsbereiche** (§ 50 IV 1, 3 GemO und § 44 IV 1, 3 LKO). Leiter der Geschäftsbereiche sind der Bürgermeister/die Bürgermeisterin oder der Landrat/die Landrätin[56] sowie (Kreis-) Beigeordnete (§§ 50 III 1 GemO, 44 III 1 LKO).

29 Für die internen **Verfahrensabläufe** der Gemeinde- oder Kreisverwaltung erlässt der Bürgermeister/Landrat nach §§ 47 II 1 Halbs. 1 GemO, 41 II 1 Halbs. 1 LKO im Rahmen der Verwaltungsgrundsätze, die der Gemeinderat bzw. der Kreistag festlegt, Dienstanweisungen gegenüber den Gemeindebediensteten und allgemeine Richtlinien für die Leitung der Geschäftsbereiche durch die Beigeordneten.

30 Die Rechtsstellung des **Gemeinde- und Kreispersonals** ist im Wesentlichen nicht durch Normen des Kommunalrechts geregelt, sondern richtet sich nach dem allgemeinen Arbeits- und Beamtenrecht. Für eigene kommunale Bestimmungen ist insoweit kaum Raum.[57] §§ 61 II GemO, 54 II LKO verweisen für die beamteten Kommunalbediensteten ausdrücklich auf die Vorschriften des Landesbeamtenrechts. Stellung und Aufgaben des leitenden **staatlichen** Beamten in der Kreisverwaltung sind durch § 56 LKO denen der Kreisbeigeordneten (Rn. 93 f.) angenähert. Soweit der Kreisverwaltung gemäß § 55 IV und VI LKO weitere staatliche Beamte zugewiesen sind, werden diese nach § 32 III, IV LBG (BS 2030-1, *H/J/W* Nr. 24) abgeordnet.

31 Neben dem klassischen Behördenmodell stehen den Kommunen die **öffentlich-rechtlichen Organisationsformen** der rechtsfähigen Anstalt (§ 86a GemO), des haushaltstechnisch verselbstständigten Eigenbetriebs (§ 86 GemO) und des in die Kommunalverwaltung eingegliederten Regiebetriebs zur Verfügung.[58] Die Anstaltsform bietet sich vor allem dann an, wenn das kommunale Unternehmen eine Einrichtung tragen soll, für die ein Anschluss- und Benutzungszwang vorgesehen ist, Satzungen erlassen[59] oder Beamte beschäftigen soll (§§ 86a III 2, 86b IV 1 GemO).

32 Die Wahl der **privaten** Rechtsformen AG und GmbH wird von § 87 II, III GemO strengen Voraussetzungen unterworfen. Die AG ist gegenüber allen anderen Rechtsformen

---

54 Dazu BVerfGE 91, 228, 242 ff.
55 Abgedr. bei *Siepmann/Siepmann*, Verwaltungsorganisation, 6. Aufl. 2004, S. 48.
56 Im Folgenden wird durchgehend das Maskulinum verwendet; Amtsinhaberinnen sind dabei stets mit gemeint.
57 Zur Ausweisung von Planstellen RhPfOVG, AS 34, 380 ff.; krit. insb. zu Zielvereinbarungen *Prahl*, VR 2007, 253 ff.
58 Ausführlich *Knemeyer/Kempen*, Rn. 67 ff.; *Pencereci/Brandt*, LKV 2008, 293 ff.; *Waldmann*, NVwZ 2008, 284 ff. Zur Problematik der Abspaltung rechtsfähiger Einheiten *Volkert*, NVwZ 2004, 1438 ff.
59 Zur demokratischen Legitimation der Anstalt für den Satzungserlass *Beyer*, KStZ 2004, 61, 63 ff.

II. Institutionelle und finanzielle Mittel der Aufgabenerfüllung

nachrangig. Zusammen mit den erschwerten Steuerbarkeit des Vorstands einer AG hat dies zur Folge, dass kommunale Organisationseinheiten in Privatrechtsform meist als GmbH organisiert sind.[60] Auf Unternehmen in Privatrechtsform, die von einer kommunalen Anstalt des öffentlichen Rechts getragen werden,[61] ist § 87 GemO entsprechend anzuwenden (§ 86a V 2 GemO).

2. Öffentliche Einrichtungen der Kommunen

Aus der Außenperspektive sind die Organisationsformen, in denen die kommunalen Handlungseinheiten verfasst sind, von untergeordneter Bedeutung. Priorität hat für den Einzelnen die Frage, ob er die Dienste und Anlagen kommunaler Stellen in Anspruch nehmen kann oder sogar muss. Sie wird traditionell unter der Überschrift »kommunale öffentliche Einrichtungen« behandelt. 33

Als **öffentliche Einrichtung** wird dabei ein Inbegriff von Personal- und Sachmitteln bezeichnet, der in der Hand eines Trägers öffentlicher Verwaltung ist, einem öffentlichen (Gemeinwohl-) Zweck dient, dazu durch einen besonderen Akt – die Widmung – bestimmt und tatsächlich in Dienst gestellt worden ist. Zur Definition des Begriffs trägt es wenig bei, wenn man nur Vorkehrungen zum Zweck der Daseinsvorsorge als öffentliche Einrichtungen behandelt.[62] Ebenso wenig kommt es darauf an, ob die Kommune unmittelbar Rechtsträger der Einrichtung ist oder sie auf eine Anstalt, eine Stiftung, eine Aktiengesellschaft oder eine GmbH ausgegliedert hat.[63] Nur typologisch lassen die öffentlichen Einrichtungen sich richtig erfassen, und zwar als Personal- und Sachgesamtheiten, die Privaten Sach- oder Dienstleistungen erbringen oder zur Benutzung offen stehen. Regelmäßig dienen kommunale öffentliche Einrichtungen der Erfüllung von Aufgaben der kommunalen Selbstverwaltung, namentlich Kultur und Bildung, Freizeit und Sport, der Gesundheit und der sozialen Solidarität sowie der Infrastruktur in den Bereichen Verkehr, Versorgung und Entsorgung. 34

Beispiele:
- Stadthallen, Theater,[64] Museen, Konzertsäle,[65] Parkplätze,[66] Spielplätze,[67] Schwimmbäder[68] und sonstige Sportstätten, Wasserwerke, Abfallbeseitigungs- und Kanalisationsanlagen[69] sowie Märkte und Messen, soweit sie nicht nach §§ 69 ff. GewO festgesetzt sind.[70]

---

60 *Ehlers*, DVBl. 1997, 137, 139; *Zugmaier*, BayVBl. 2001, 233, 236 f. Zur Umwandlung kommunaler Unternehmen in Kapitalgesellschaften *Pauli*, BayVBl. 2008, 325 ff.
61 Dazu *Hogeweg*, NdsVBl. 2008, 33 ff.
62 So *Schröder*, Kommunalverfassungsrecht, Rn. 110; *Seewald*, Rn. 140. Krit. zur Relevanz des Begriffs »Daseinsvorsorge« auch *Krajewski*, VerwArch 99 (2008), 174, 186 ff.
63 Zu den Grenzen der Privatisierung *Schaffarzik*, SächsVBl. 2006, 225, 226 ff.
64 VG Frankfurt/Main, NJW 1998, 1424 f.
65 Einschließlich profanierter Kirchenbauten – vgl. BadWürttVGH, DVBl. 1998, 780 f.
66 Einschließlich Park & Ride-Anlagen – vgl. BayVerfGH, NVwZ 1998, 727.
67 BadWürttVGH, NVwZ 2000, 457.
68 BGH, NVwZ-RR 2000, 704 f.; BayVGH, BayVBl. 1997, 694.
69 BVerwG, DVBl. 2005, 255, 256 f.; RhPfOVG, DVBl. 1998, 787, 788.
70 BayVGH, NVwZ 1999, 1122; s. aber auch HessVGH, DÖV 2005, 210 ff.

- Krankenhäuser,[71] Altenheime, Obdachlosenunterkünfte,[72] Rettungsdienste,[73] Friedhöfe,[74] Kindergärten,[75] Kraftwerke und Schlachthöfe, soweit sie von Kommunen betrieben werden.
- **Grenzfälle:** Mitbenutzung kommunaler Anschlagtafeln,[76] Amtsblätter[77] und Internetseiten[78] für private Mitteilungen oder der Zugang zu kommunalen Archiven.[79]

Keine öffentliche Einrichtung sind Festspiele, wenn sie nicht der künstlerischen Entfaltung der Gemeindebürger dienen sollen, sondern der Erfüllung eines religiösen Gelübdes,[80] und öffentliche Straßen, da sie dem Gemeingebrauch gewidmet sind.[81] Gleichwohl erlauben §§ 10, 10a KAG die Erhebung von Beiträgen für den Straßenbau wie für öffentliche Einrichtungen, soweit die Straßen »zum Anbau bestimmt« sind, nicht aber in Bezug auf Außenbereichsgrundstücke.

a) Widmung und Benutzung

35 Den Einrichtungszweck und den Einrichtungsumfang legt die **Widmung** fest. Ihre Form ist für kommunale öffentliche Einrichtungen nicht normativ vorgegeben.[82] Eine Satzung ist nur dann erforderlich, wenn der Betrieb der Einrichtung mit Grundrechtseingriffen verbunden ist (Rn. 45 und 137). So wie die Widmung ergeht, kann sie auch erweitert oder beschränkt werden. Die Form beider Schritte folgt aber nicht notwendig der der ursprünglichen Widmung.[83]

36 Indem die Widmung einen Einrichtungszweck fixiert, grenzt sie auch den grundsätzlich zulässigen vom grundsätzlich unzulässigen **Gebrauch** der Einrichtung ab.[84] Auch die **Kapazität** kann der Einrichtungsträger im Regelfall nach politischen Prioritäten im Rahmen seiner wirtschaftlichen und organisatorischen Möglichkeiten festlegen. Kapazität ist der Umfang der Leistungs- oder Aufnahmefähigkeit einer Einrichtung. Die Pflicht, eine bestimmte Kapazität zu gewährleisten, trifft den Träger nur bei wenigen Einrichtungen wie insb. der Wasserversorgung und der Abwasserbeseitigung (§§ 46 I 1 Halbs. 2, 52 I 1 Halbs. 2 LWG – BS 75-50; *H/J/W* Nr. 54), nicht aber z.B. bei Schwimmbädern.[85]

37 Besteht keine Pflicht zum Betrieb einer Einrichtung, so muss ihr Träger sie auch nicht erweitern, um den vorhandenen Bedarf zu befriedigen. Er ist aber verpflichtet, knappe Kapazitäten auf sachgerechte Weise zwischen den Nutzungsanwärtern zu verteilen. Welche **Verteilungskriterien** sachgerecht sind, lässt sich nicht generell angeben. Als Ausgangsbasis eignet sich eine schematische Umverteilung nach dem Rotations- oder dem

---

71 BVerfGE 83, 363 ff.; NRWVerfGH, DÖV 2004, 662 ff.
72 NdsOVG, DÖV 2004, 963, 964.
73 NRWOVG, DÖV 2002, 915 f.
74 BadWürttVGH, NVwZ-RR 2003, 142.
75 BayVGH, DÖV 2000, 646.
76 BadWürttVGH, NVwZ 1999, 565.
77 Abl. *Herrmann/Schiffer*, VBlBl. 2004, 163, 165.
78 Bejahend *Ott/Ramming*, BayVBl. 2003, 454, 458 ff.; *Frey*, DÖV 2005, 411, 420; *Th. Mann*, NdsVBl. 2007, 26, 29; differenzierend *Duckstein/Gramlich*, SächsVBl. 2004, 121, 127 f.
79 Dazu *Krämer*, VBlBW 2005, 43, 46.
80 BayVGH, BayVBl. 1990, 17.
81 RhPfOVG, DÖV 2007, 434; BayVGH, BayVBl. 2007, 690, 691; a. A. *Lange*, LKRZ 2007, 289, 291 f.
82 Dazu *Germann*, AöR 123 (2003), 458 ff.; *Stuttmann*, NWVBl. 2005, 255 ff.
83 BadWürttVGH, DVBl. 1998, 780 f.; vgl. auch *Fügemann*, SächsVBl. 2005, 57, 58 f.
84 Vgl. VG Braunschweig, Urt. v. 9.2.2007 – 1 A 343/06 – (juris).
85 *Schnöckel*, VBlBW 2005, 173 ff.

Prioritätsprinzip.⁸⁶ Die Zulassung kann verweigert werden, wenn der Gebrauch zu anders nicht vermeidbaren Gefahren führen würde, etwa durch die Zulassung von Veranstaltungen extremistischer politischer Gruppen.⁸⁷

Der Einrichtungsträger regelt die **Art und Weise** der Benutzung. Dafür kann er sich vielfältiger öffentlich-rechtlicher oder privatrechtlicher Formen bedienen. Daneben ist kein Raum für eine Regelung der Benutzung kraft »öffentlich-rechtlichen Hausrechts«.⁸⁸ Nach der Zuordnung der Benutzungsregelungen richten sich die Art der Benutzungsentgelte, die Haftung für Schäden des Benutzers bei Verletzungen der Verkehrssicherungspflicht und der Rechtsweg für Streitigkeiten aus dem Benutzungsrechtsverhältnis.⁸⁹ Keine Rolle spielt die Ausgestaltung des Benutzungsverhältnisses für das Verhältnis zu Dritten. Störungen infolge der Benutzung sind stets dem öffentlichen Recht zuzurechnen.⁹⁰ 38

b) Zulassung zur Benutzung und Zulassungsanspruch

Die Entscheidung über die **Zulassung** zur Benutzung konkretisiert gegenüber den Gemeindeeinwohnern und den ihnen gleichgestellten Personen den kommunalrechtlich normierten Zulassungsanspruch dieser Personen (Rn. 40). Über die Zulassung wird ihnen gegenüber daher stets durch **Verwaltungsakt** entschieden. Er wird durch die tatsächliche Verschaffung des Zugangs vollzogen. Erfolgt keine Beleihung (§ 85 V 3 GemO), so muss die Gemeinde die Entscheidung durch eigene demokratisch legitimierte Organe treffen.⁹¹ 39

Einen **kommunalrechtlichen**⁹² **Anspruch** auf Zulassung zur Benutzung haben nach geltendem Recht die Einwohner einer Gemeinde, die sog. Forensen und die juristischen Personen mit Sitz in der Gemeinde (§ 14 II bis IV GemO – vgl. Rn. 192). Nicht durchgesetzt hat sich die Forderung, auch den Einwohnern von Umlandgemeinden im Einzugsbereich zentraler Orte einen Zugangsanspruch zu verleihen.⁹³ Allerdings kann ihnen aus einer ständigen Verwaltungspraxis i.V.m. Art. 3 I GG ein **derivativer** Zugangsanspruch erwachsen, der indes nur besteht, solange diese Praxis geübt wird. 40

Gegenstand des Anspruchs ist nur die Zulassung, nicht die Art und Weise der Benutzung. Der Zulassungsanspruch schützt auch nicht vor der Zahlung etwaiger Benutzungsentgelte. Beide Fragen sind nicht Gegenstand des Zulassungs-, sondern des Benutzungsrechtsverhältnisses. Ist die Kapazität (Rn. 36) erschöpft, reduziert der Anspruch sich auf ein Recht auf ermessensfehlerfreie **Verteilung**. Beide Ansprüche bestehen nur im Rahmen der Widmung. Wird sie geändert, so sind vorliegende Anträge aber noch nach der bisherigen Widmung zu behandeln. 41

---

86 Krit. *Voßkuhle,* Die Verwaltung 32 (1999), 21 ff.
87 *Seewald,* Rn. 155; *Fügemann,* SächsVBl. 2005, 57, 60 f.
88 So aber VG Frankfurt/Main, NJW 1998, 1424 f.; *Klenke,* NWVBl. 2006, 84.
89 *Seewald,* Rn. 156 ff. – sog. Zwei-Stufen-Theorie.
90 *Althammer/Zieglmeier,* DVBl. 2006, 810, 813.
91 BayVGH, GewArch 1999, 197, 198; vgl. auch VG Stuttgart, NVwZ 2007, 614 f.
92 Speziell dazu etwa §§ 5 I PartG, 15 II SportFG.
93 *Th. Mann,* in: Mann/Püttner, § 17 Rn. 23; *Schröder,* Kommunalverfassungsrecht, Rn. 112. Für einen Zulassungsanspruch bereits de lege lata *T. I. Schmidt,* DÖV 2002, 696 ff.; *Seewald,* Rn. 149.

42 Ist **Träger** der öffentlichen Einrichtung nicht die Gemeinde selbst, sondern **ein Privatrechtssubjekt**, können sich Ansprüche auf **Benutzung** nur gegen den privatrechtlich organisierten Träger richten und sind selbst privatrechtlicher Natur. Der **Zulassungs**anspruch besteht jedoch weiter gegenüber die Gemeinde. Er richtet sich auch nicht nur darauf, dass sie auf den Träger einwirkt.[94] Diese Ansicht vermengt den Regelungsinhalt der Zulassung mit ihrem Vollzug. Die Gemeinde muss ihr Innenverhältnisses zum Einrichtungsträger so ausgestalten, dass sie den Einwohnern den Zugang effektiv verschaffen kann.[95] Kann sie dies nicht und handelt es sich um eine Pflichteinrichtung, so darf sie die private Rechtsform nicht wählen.

43 Prozessual durchsetzbar ist der Zulassungsanspruch gegenüber der Gemeinde durch **Verpflichtungsklage**. Ist die Einrichtung in der Hand eines privatrechtlich verfassten Trägers, so muss die Verpflichtungsklage analog zu § 113 IV VwGO[96] verbunden werden mit einer **allgemeinen Leistungsklage** auf Verschaffung des Zugangs. Weigert sich das Trägerunternehmen, die Benutzung zu gestatten, so kann der Berechtigte dessen im Verhältnis zur Gemeinde bestehende Verpflichtung zum Vertragsabschluss mit Gemeindeeinwohnern durch Leistungsklage vor den ordentlichen Gerichten[97] gemäß § 328 I BGB im eigenen Namen geltend machen.

c) Anschluss- und/oder Benutzungszwang[98]

44 Gemeinden können anordnen, dass bestimmte Leistungen im Gemeindegebiet nur von ihren öffentlichen Einrichtungen erbracht werden dürfen. § 26 I 2 GemO nennt dies im Einklang mit der üblichen Terminologie einen **Benutzungszwang**. Genau genommen handelt es sich um ein Verbot, die betroffenen Waren und Dienste aus anderen Quellen zu beziehen, selbst zu gewinnen oder herzustellen und die Nachfrage nach diesen Gütern im Gemeindegebiet zu befriedigen. Um den Benutzungszwang durchzusetzen, kann die Gemeinde bei Einrichtungen, die Ver- oder Entsorgungszwecken dienen, den Anschluss von Grundstücken an das Leitungsnetz der Einrichtung vorschreiben (**Anschlusszwang**). Beides kann auch zugunsten einer Einrichtung in privater Trägerschaft angeordnet werden.[99]

45 Anschluss- und Benutzungszwang greifen auf Anbieter- wie auf Nachfragerseite in das Grundrecht der **allgemeinen Handlungsfreiheit** in seiner Ausprägung als Vertragsfreiheit ein.[100] Regelmäßig betreffen sie auch die **Berufsfreiheit**. Je nach den Umständen des Einzelfalls können sie außerdem die Nutzungsbefugnis von Grundstückseigentümern einschränken. Damit modifizieren sie Inhalt und Schranken des **Eigentums**. Die Anordnung eines Anschluss- oder Benutzungszwangs muss daher ein verhältnismäßiges Mittel zur Verfolgung verfassungsrechtlich legitimer Zwecke sein.[101] Ein solches »**öffentliches**

---

94 So etwa *Kerkmann*, VR 2004, 75, 78 und *Kahl/Weißenberger*, Jura 2009, 194, 196 jew. m.w.N.
95 *Herdegen*, DÖV 1986, 906, 908.
96 Allg. zur entsprechenden Anwendung *Kopp/Schenke*, VwGO, 15. Aufl. 2007, § 113 Rn. 177.
97 Vgl. NdsOVG, NdsVBl. 2008, 75, 76.
98 Überblick bei *Pielow/Finger*, Jura 2007, 189 ff.
99 *Bohne/Heinbuch*, NVwZ 2006, 489, 492 f.; *Gern*, VBlBW 2006, 458, 462 f.
100 BVerwG, DVBl. 2006, 781, 783.
101 Anschaulich: BayVerfGH, DVBl. 2005, 436, 437 f. und BayVGH, NVwZ-RR 2006, 417, 419, jeweils zum Benutzungszwang für Leichenhallen.

Bedürfnis« für die Anordnung besteht nur, wenn sie geeignet, erforderlich und angemessen ist, um erhebliche Nachteile für wichtige Individual- oder Gemeinschaftsgüter abzuwehren.[102]

Der Katalog in § 26 I 1 GemO ist nicht abschließend,[103] enthält aber die praktisch wichtigsten Gründe und umschreibt die Voraussetzungen der Ermächtigung damit auf hinreichend bestimmte Weise. Hinter ihnen stehen die **Zwecke** der Gefahrenabwehr, der Gesundheits- und der Umweltvorsorge.[104] Tragfähig sind nur Schutzgüter im Bereich der örtlichen Gemeinschaft, solange der Gesetzgeber nicht überörtliche Ziele einbezieht, z.b. den kommunalen Schutz der natürlichen Lebensgrundlagen auf den Klima- und Ressourcenschutz erstreckt.[105] Der Bestand und die Rentabilität der Einrichtung als solche sind kein ausreichendes Schutzgut. **Ausgeschlossen** ist die kommunale Anordnung eines Anschluss- und Benutzungszwangs zudem, wo sie dem Regelungskonzept des höherrangigen Bundes-[106] oder Landesrechts widerspräche.

46

Beispiel:
Privatgrabstätten unterliegen in Rheinland-Pfalz zwar nach § 4 II BestG einer präventiven Genehmigungspflicht; es besteht aber kein Friedhofszwang. Maßgeblich ist gem. § 8 III BestG vielmehr der Wille des Verstorbenen. Kommunale Friedhofssatzungen dürfen diese gesetzgeberische Entscheidung nicht konterkarieren.

§ 26 GemO erlaubt im Übrigen nur die Anordnung des Anschluss- und Benutzungszwangs, nicht die Erhebung von **Benutzungsentgelten**. Sie richtet sich nach §§ 7 ff. KAG, soweit Beiträge und Gebühren (Rn. 57) erhoben werden sollen. Dass ein Anschluss- und Benutzungszwang besteht, hindert die Kommune aber nicht daran, Allgemeine Benutzungs- bzw. Versorgungsbedingungen zu verwenden und für die Benutzung oder die Gelegenheit zur Benutzung privatrechtliche Entgelte zu vereinbaren.[107]

47

3. Kommunales Wirtschafts- und Finanzrecht

Das 5. Kapitel der Gemeindeordnung verbindet drei Themenbereiche miteinander, die für die Schaffung und Erhaltung einer materiellen Grundlage der kommunalen Aufgabenerfüllung von Bedeutung sind. Die Regelungen der **Haushalts- und Vermögenswirtschaft** verfolgen dabei vor allem das Ziel, die für die Aufgabenerfüllung erforderlichen Sach- und Finanzmittel der Kommunen zu sichern.[108] In diesen Zusammenhang gehören auch das kommunale Abgabenrecht und der interkommunale Finanzausgleich.

48

Im Hinblick auf die **wirtschaftliche Betätigung** und die **privatrechtliche Beteiligung** der Gemeinde steht neben der Wahl jener Organisationsformen, mit denen die kommunalen

49

---

102 Enger (nur Gemeinschaftsgüter) *Seewald*, Rn. 171.
103 Zum Sonderfall Straßenreinigung RhPfOVG, NVwZ-RR 2002, 600; NdsOVG, NVwZ-RR 2007, 422, 423 f.; BayVGH, BayVBl. 2007, 558, 560; *Boelling/Birkl*, KommJur 2008, 86 ff.
104 *Schmidt-Aßmann/Röhl*, Rn. 114 f.; *Schröder*, Kommunalverfassungsrecht, Rn. 115.
105 BVerwGE 125, 68, 72 f.; BVerwG, NVwZ 2006, 595 f.; dazu *A. Schmidt*, NVwZ 2006, 1354, 1357; *Tolkmitt*, SächsVBl. 2006, 240, 243 f.; a. A. *Lange*, DÖV 2007, 820, 821. S. auch o. Rn. 10.
106 Vgl. BVerfGE 98, 106, 119; näher Rn. 56.
107 BVerwG, SächsVBl. 2005, 251; *Tolkmitt*, SächsVBl. 2005, 249; *ders.*, SächsVBl. 2006, 240, 242.
108 Zum neuen Haushaltsrecht *Bellefontaine*, Kommunale Doppik RhPf., 2006; *Fudalla/zur Mühlen/Wöste*, Doppelte Buchführung in der Kommunalverwaltung, 3. Aufl. 2007; *Schuster*, Doppelte Buchführung für Städte, Kreise und Gemeinden, 2. Aufl. 2007; *Schwarting*, LKRZ 2007, 209 ff.; *Thormann*, KommJur 2005, 281, 284 ff.

Aufgaben so gut und wirtschaftlich und zugleich so dauerhaft wie möglich erfüllt werden können, der Schutz des Wettbewerbs vor Eingriffen der kommunalen öffentlichen Hand[109] im Vordergrund. Nicht relativiert werden darf auch bei der wirtschaftlichen Betätigung die **Grundrechtsbindung** der Kommunen.[110] Auch die Wahl privatrechtlicher Organisationsformen (Rn. 32) befreit die Kommunen z.B. nicht von ihrer in Art. 5 I GG verankerten Bindung an den presserechtlichen Auskunftsanspruch nach § 6 LMedienG (BS 225-1, *H/J/W*, Nr. 90).[111] Für die Vergabe öffentlicher Aufträge konkretisieren §§ 97 ff. GWB und die VergabeVO sowie die Verdingungsordnungen (VOB, VOL und VOF) insoweit den allgemeinen Gleichheitssatz. Nicht anwendbar sind sie auf den Verkauf kommunaler Grundstücke.[112]

a) Kommunale Wirtschaftsunternehmen

50 Kommunale Gebietskörperschaften können im Gegensatz zu natürlichen und juristischen Personen des Privatrechts nicht grundsätzlich frei am Wirtschaftsleben teilnehmen. Anders als diese sind sie nicht Träger der Grundrechte aus Art. 2 I, 12 I und 14 I GG.[113] Die **Selbstverwaltungsgarantie** umfasst die kommunale Wirtschaftstätigkeit weder unter dem Gesichtspunkt der kommunalen Finanzausstattung noch als Teil des Aufgabenbestandes, sondern nur als organisatorische Modalität der Aufgabenerfüllung.[114] Sie **begrenzt** sogar die erwerbswirtschaftliche Tätigkeit. Zudem kann die grenzüberschreitende wirtschaftliche Betätigung von Kommunen auch das Selbstverwaltungsrecht der Nachbarkommunen beeinträchtigen.[115] Entsprechend § 2 II 1 BauGB besteht deshalb auch hier ein Gebot zur Abstimmung mit den Nachbarkommunen.[116]

51 Der Gesetzgeber hat daher im Rahmen seiner Gestaltungsbefugnisse gerade auch zum Schutz der Gemeinden gehandelt, indem er in § 85 I Nr. 1 GemO bestimmt hat, dass diese nur solche wirtschaftlichen Unternehmen errichten, übernehmen oder wesentlich erweitern dürfen, die einen **öffentlichen Zweck** verfolgen. Die – nach § 85 II 1 Halbs. 2 GemO zulässige – Einnahmenbeschaffung allein genügt dafür nicht. Erforderlich ist vielmehr, dass die Unternehmenstätigkeit unmittelbar dem Wohl der Gemeindeeinwohner zugute kommt. Zweifelhaft ist, ob die Schaffung und die Sicherung von Arbeits-

---

109 Vgl. seit 2005 BGH, KommJur 2006, 215 ff.; EuGH, JZ 2006, 964 f. mit Anm. von *Kämmerer*; *Lehr*, DÖV 2005, 542 ff.; *Rennert*, DVBl. 2006, 1252 ff.; *Scharpf*, EuR 2005, 605 ff.
110 BVerfGE 116, 135, 151 ff.; *Brüning*, JZ 2009, 29, 34 f. Zur Vielfalt kommunaler Wirtschaftstätigkeit *Knemeyer/Kempen*, Rn. 9; *Pünder/Dittmar*, Jura 2005, 760 ff.; *Stüer/Schmalenbach*, NWVBl. 2006, 161 ff.; *Leder*, DÖV 2008, 173 ff.
111 BGH, NJW 2005, 980, 981 f.; ebenso *Köhler*, NJW 2005, 2337, 2338; *Kühne/Czarnecki*, LKV 2005, 481, 484; *Zieglmeier*, JZ 2007, 309 ff.
112 *Hoffmann*, LKV 2008, 487, 488; *Kühling*, JZ 2008, 1117 ff.; *Schabel*, NWVBl. 2009, 5 ff. jew. m. w. N.; a. A. OLG Düsseldorf, NZBau 2007, 520 ff., NZBau 2008, 138 ff. und 271 ff.; vgl. seit 2005 allgemein EuGH, EuZW 2007, 514, 516 f.; *Frenz*, NJW 2006, 2665 ff.; *Heiß*, VBlBW 2005, 413 ff.; *Jennert*, VR 2005, 257 ff.; *Pape/Holz*, NVwZ 2007, 636 ff.; *Robbe*, VR 2005, 327, 329 ff.; *Schliesky*, Die Verwaltung 38 (2005), 339, 353 ff.; *Söbbecke*, DÖV 2006, 996 ff.
113 So die h. M.; vgl. § 1 Rn. 135 m.w.N.
114 RhPfVerfGH, DVBl. 2000, 992, 994 f.; *Ruffert* und *Burgi* (jeweils Fn. 47); *Hellermann*, SächsVBl. 2004, 249, 252.
115 Dazu zuletzt *Brosius-Gersdorf*, AöR 130 (2005), 392, 410 ff.; *Guckelberger*, BayVBl. 2006, 293 ff.; *Heilshorn*, VerwArch 96 (2005), 88 ff.; *Jarass*, DVBl. 2006, 1 ff.; *Scharpf*, NVwZ 2005, 148 ff.; *Scheps*, Das Örtlichkeitsprinzip im kommunalen Wirtschaftsrecht, 2007.
116 Richtig *Bickenbach*, LKRZ 2007, 335, 338. Zum Schutz Privater gegen grenzüberschreitende Tätigkeit der Kommunen NRWOVG, DVBl. 2008, 919, 922 f.

II. Institutionelle und finanzielle Mittel der Aufgabenerfüllung

plätzen als öffentliche Zwecke ausreichen.[117] Zulässig sind auch ohne einen insoweit tragfähigen öffentlichen Zweck die sog. **Randnutzungen** eines grundsätzlich zulässigen Unternehmens.[118]

Wirtschaftsunternehmen im Sinn dieser Vorschrift sind Einrichtungen und Anlagen, die auch von einem Privatunternehmer mit der Absicht der Gewinnerzielung betrieben werden könnten.[119] Erforderlich ist eine gewisse organisatorische Festigkeit und Dauerhaftigkeit. An ihr mangelt es etwa bei einer einmaligen Vermietungstätigkeit.[120] Erfasst sind neben Eigengesellschaften und gemischt-öffentlichen Unternehmen, an denen ausschließlich kommunale Gebietskörperschaften beteiligt sind, auch gemischtwirtschaftliche Unternehmen. Die Erweiterung eines solchen Unternehmens ist »wesentlich«, wenn sein Umfang oder seine Leistungsfähigkeit gesteigert oder sein räumlicher oder funktioneller Tätigkeitsbereich ausgedehnt wird.[121] 52

Von den Restriktionen des § 85 I GemO sind die **fiktiv nicht-wirtschaftlichen** Unternehmen befreit, die § 85 III GemO aufzählt. Eine Gewinnerzielung soll bei ihnen nicht im Vordergrund stehen, wie der Vergleich zwischen § 85 III 2 und II 1 Halbs. 2 GemO zeigt. Untersagt ist ihnen die Gewinnerzielung aber nicht.[122] Das gilt auch bei einer Betätigung außerhalb des Gemeindegebiets.[123] Ihre Zwecke liegen auf den klassischen Gebieten der kommunalen Daseinsvorsorge sowie in der Eigenbedarfsdeckung. Zum Eigenbedarf gehört nur die Beschaffung und Unterhaltung der sachlichen Verwaltungsmittel, d. h. von Gegenständen im Verwaltungsgebrauch.[124]

Verboten ist den Kommunen, **Bankgeschäfte** zu tätigen (§ 85 IV GemO).[125] Die Gemeinden dürfen im Übrigen nur solche Unternehmen betreiben, deren Gegenstand und deren Größe zur Leistungsfähigkeit der Gemeinde und dem Bedarf ihrer Einwohner in einem **angemessenen Verhältnis** steht (§ 85 I Nr. 2 GemO) und bei denen es die **Rechtsform** erlaubt, die Haftung auf einen bestimmten Betrag zu begrenzen, die Vertreter der Gemeinde in den Gesellschaftsorganen an Weisungen zu binden und die Prüfungspflichten nach §§ 53, 54 HGrG zu erfüllen (§§ 87 I 1 Nr. 4, 88 I 6, V 1 2, 89 VI, VII, 90 I GemO).[126] Faktisch kommen von den privatrechtlichen Formen wegen des Gebots der Haftungsbegrenzung meist nur die Aktiengesellschaft und die GmbH in Betracht. 53

In Anbetracht der Weisungsbindung gem. § 88 I 6 GemO müssen die kommunalen Vertreter in den Gesellschaftsorganen nicht proportional zur Fraktionsgröße im Gemein-

---

117 *Harks*, DÖV 2003, 114, 117 f.; *Hellermann*, Örtliche Daseinsvorsorge und gemeindliche Selbstverwaltung, 2000, S. 151; *Knemeyer/Kempen*, Rn. 46; *Rennert*, Die Verwaltung 35 (2002), 319, 334; *Seewald*, Rn. 286; *Scharpf*, VerwArch 96 (2005), 485, 506 ff.
118 BVerwGE 82, 29, 34; ausführl. *Britz*, NVwZ 2001, 380, 384; krit. *Scharpf*, DÖV 2006, 23 ff.
119 BVerwGE 39, 329, 333; *Ehlers*, in: Verhandlungen des 64. Deutschen Juristentages, 2002, S. E 29 m.w.N.; *Schmidt-Aßmann/Röhl*, Rn. 118; *Seewald*, Rn. 271; krit. *Knemeyer/Kempen*, Rn. 36.
120 BadWürttVGH, NVwZ-RR 2006, 714, 715.
121 RhPfVerfGH, DVBl. 2000, 992, 994 m. w. N.; genauer *Scharpf*, BayVBl. 2005, 549, 551 f.
122 *Glückert/Franßen*, NWVBl. 2007, 465 ff.; vgl. auch BVerwG, NVwZ 2006, 1404, 1405; NdsOVG, GewArch 2008, 490, 491.
123 RhPfOVG, AS 33, 176 ff.; NRWOVG, NVwZ 2005, 1211, 1212.
124 Vgl. *Oster*, in: Gabler, § 85 RhPfGemO Anm 1.2.
125 Dazu *Oebbecke*, LKV 2006, 145, 148.
126 Dazu aus den letzten Jahren *Lohner/Zieglmeier*, BayVBl. 2007, 581, 585; *Meiski*, BayVBl. 2006, 300 ff.; *Rautenberg*, KommJur 2007, 1 ff. und 41 ff.; *Zieglmeier*, LKV 2005, 338, 339 f.

derat auf politische Gruppen verteilt sein.[127] Die Weisungsbindung ist allerdings durch die gesellschaftsrechtliche Verpflichtung der Vertreter begrenzt, das Wohl der Gesellschaft zu wahren. Darauf nimmt § 88 III Halbs. 2 GemO Rücksicht.[128] Der Spagat zwischen öffentlichem Interesse und Unternehmensinteresse kann in der Regel nur durch Satzungsregelungen erreicht werden, in denen der Gesellschaftszweck dem Kommunalrecht angepasst ist.[129]

54 Nicht nur dem Schutz der Gemeinden dient die Voraussetzung einer wirtschaftlichen Betätigung, dass »der öffentliche Zweck nicht ebenso gut und wirtschaftlich durch einen **privaten Dritten** erfüllt wird oder erfüllt werden kann« (§ 85 I Nr. 3 GemO). Sie steht im Unterschied zu parallelen Regelungen in anderen Ländern schon dann der kommunalen Wirtschaftstätigkeit entgegen, wenn Privatunternehmer eine Aufgabe qualitativ **und** ökonomisch **gleich** wirkungsvoll erledigen können wie die Gemeinde. Allerdings gehört es zur Qualität der Zweckerfüllung, dass die Erledigung der Aufgabe nachhaltig gesichert ist.[130] Diese Subsidiaritätsklausel vermittelt den privaten Konkurrenten **Drittschutz** gegen die kommunale Beteiligung am Wettbewerb.[131] Die Konkurrenten müssen insoweit nicht mehr Zuflucht zu wettbewerbsrechtlichen Klagen auf der Grundlage der §§ 3 und 4 Nr. 11 UWG nehmen.[132] Bedenklich wäre auch der unmittelbare Rückgriff auf Art. 2 I GG als drittschützende Norm.[133] § 85 I Nr. 3 GemO gilt allerdings nur für Unternehmen, die seit 1998 neu errichtet, übernommen oder wesentlich erweitert wurden.

b) Kommunalabgaben und andere Finanzierungsquellen

55 Die Einnahmen der Gemeinden lassen sich gruppieren nach ihren einerseits öffentlich-rechtlichen, andererseits privatrechtlichen Grundlagen. Unabhängig davon unterteilt sie § 94 II GemO auch in »Erträge und Einzahlungen«. Zu den Einnahmen auf öffentlich-rechtlicher Grundlage gehören **Abgaben** sowie die Umlagen und Zuweisungen nach dem **LFAG**. Abgaben sind Steuern, Gebühren und Beiträge (§ 1 I KAG) sowie Sonderabgaben. Zu den Letzteren[134] zählt insb. die Stellplatzablösungsabgabe nach § 47 IV und V LBauO. Sonstige Einnahmen erzielen die Kommunen auf privatrechtlicher Grundlage. § 94 II 1 und III GemO gibt eine **Reihenfolge** vor, in der die Gemeinden ihre Finanzquellen heranziehen müssen. Danach haben sie vor den Abgaben alle Einnahmen auf privatrechtlicher Grundlage auszuschöpfen. Sodann sind die Abgaben vollständig zu

---

127 A.A. *U. Ch. Meyer*, KommJur 2005, 121, 125.
128 Vgl. NRWOVG, NVwZ 2007, 609 und u. Fn. 405. Zum Rechtsweg für organinterne Streitigkeiten insoweit RhPfOVG, LKRZ 2008, 261 f.; *Krist-Thomas*, LKRZ 2008, 256 f.
129 So auch *Knemeyer*, KommJur 2007, 241, 243.
130 RhPfVerfGH, DVBl. 2000, 992, 995 f.; *Boehme-Neßler*, DVBl. 2006, 1257, 1261; vgl. auch BVerfGE 106, 62, 151 f.
131 RhPfVerfGH, AS 27, 231 ff.; ebenso NRWOVG, NVwZ 2003, 1520, 1521 f. und NWVBl. 2005, 68, 69; BadWürttVGH, NVwZ-RR 2006, 714, 715; krit. auch aus kommunaler Sicht *Wellmann*, NWVBl. 2007, 1, 7 ff.
132 Vgl. BGH, NJW 2002, 2645, 2647 f.; DVBl. 2003, 267, 268; DVBl. 2006, 116, 117 f.; *Els*, VBlBW 2006, 420, 422 f.; *Stehlin/Grabolle*, VBlBW 2007, 41, 42; *Suerbaum*, Die Verwaltung 40 (2007), 29, 31 f.; *Wendt*, in: Gs. für Tettinger, 2007, 335, 353; anders noch *Althammer/Zieglmeier*, DVBl. 2006, 810, 816 f.; OLG Frankfurt/M., GewArch 2008, 492 f.
133 So aber VG Hannover, NVwZ-RR 2006, 352 f.
134 Zu ihren Zulässigkeitsvoraussetzungen auf kommunaler Ebene BVerwG, NVwZ 2005, 215, 216 f. und allg. BVerfGE 108, 186, 217 ff. m.w.N.

erheben.[135] Reichen die Einnahmen zur Deckung des Haushalts nicht aus, so können die Gemeinden **Investitionskredite** aufnehmen.

Den Gemeinden stehen nur wenige **Steuern** exklusiv zu.[136] 56

Beispiele:
- Gewerbe- und Grundsteuer (Art. 106 VI GG), die die Gemeinden auch selbst verwalten (§ 5 I KAG).
- Anteile an der Einkommen- und der Umsatzsteuer (Art. 106 V, Va und VII GG)
- Hunde- und Vergnügungsteuer[137] (BS 611-12)

Den Landkreisen gebührt der Ertrag der Jagdsteuer und der Schankerlaubnissteuer (§ 6 KAG). Auf dem Gebiet der Verbrauch- und Aufwandsteuern haben die Gemeinden, nicht aber die Landkreise, auch ein **Steuererfindungsrecht**. Das Land hat diese Kompetenz aus Art. 105 IIa GG in § 5 II KAG an sie weitergereicht. Sie darf allerdings nicht im Widerspruch zum Regelungskonzept materiellen Bundes- oder Landesrechts ausgeübt werden.[138]

Beispiele:
- Die Zweitwohnungssteuer;[139] europarechtliche Diskriminierungsverbote stehen ihr nicht entgegen.[140] Sie darf auf Grund von Art. 6 I GG allerdings nicht von dauernd getrennt lebenden Ehegatten verlangt werden, die nur aus beruflichen Gründen eine Zweitwohnung unterhalten.[141] Eine Heranziehung Studierender zur Zweitwohnungssteuer verstößt gegen Art. 3 I GG und ist zudem kompetenzwidrig.[142]
- Gleichfalls nicht von Art. 105 IIa GG gedeckt wäre die Erhebung von Hundesteuer für die Haltung von Diensthunden im Haushalt des Hundeführers oder von Jagdsteuer für nicht verpachteten Gemeindewald.[143]

Im Gegensatz zu den Steuern können **spezielle Entgelte** für öffentlich-rechtliche Leistungen der Kommunen, wie § 1 II LFAG zeigt, nicht nur dann erhoben werden, wenn sie gesetzlich vorgesehen sind. Einer Doppelbelastung durch Beiträge und Gebühren für dieselbe Einrichtung beugen die Anrechnungsvorschriften des § 8 KAG vor.[144] 57

Gebühren sind die Gegenleistungen für die Inanspruchnahme der Verwaltung im Einzelfall. Entgelten sie den Aufwand für Amtshandlungen, so handelt es sich um Verwaltungsgebühren, stehen sie einem Gebrauchsvorteil aus öffentlichen Einrichtungen ge-

---

135 RhPfOVG, AS 23, 406, 408 f.; NVwZ-RR 2001, 382, 383. Zur Mindesthebesatzpflicht bei Gewerbesteuern BVerfGE 112, 216 ff.; VG Köln, NVwZ 2005, 1341 f.; krit. *Spiecker gen. Döhmann*, NVwZ 2005, 1276 f.; *Selmer/Hummel*, NVwZ 2006, 1276, 1277 f.
136 Überblick bei *Kasper*, VR 2005, 109 ff.
137 Zu dieser BVerwGE 120, 175, 182 f.; BVerwG, NVwZ 2005, 1316, 139 f. und dazu *Wolff*, NVwZ 2005, 1241 ff.; BVerwG, NVwZ 2005, 1232 ff.; NVwZ 2008, 89, 90.
138 BVerfGE 98, 106, 119; BVerwG, NVwZ 2005, 1325 ff.; NVwZ-RR 2005, 844 ff.; RhPfOVG, NVwZ 2005, 1456 L; vgl. auch § 1 Rn. 44.
139 BVerwGE 99, 303 ff.; 111, 122 ff.; BVerwG, NVwZ 2001, 439 f.; NRWOVG, NVwZ-RR 2005, 852; VG Münster, NVwZ-RR 2004, 377.
140 *Wollenschläger*, NVwZ 2008, 506.
141 Zur verfassungskonformen Restriktion BVerfGE 114, 316, 335 ff.; krit. zu ihr *Bayer*, JZ 2006, 256, 257 f.; zust. *Gaßner*, BayVBl. 2006, 485 ff. Zur Übertragbarkeit auf Lebenspartner *Stüber*, NWVBl. 2007, 256, 257 f.
142 RhPfOVG, LKRZ 2008, 264 ff.; ebenso MVOVG, NordÖR 2007, 216 ff.; VG Weimar, NVwZ-RR 2007, 708 f.; *Y. Winkler*, KGSt. 2007, 5, 10; a. A. BVerwG, SächsVBl. 2009, 34 ff.; BayVGH, BayVBl. 2007, 530 ff.
143 BVerwG, NVwZ 2008, 91 f.; NdsOVG, NdsVBl. 2008, 210 f.
144 Dazu *Wehr*, LKV 2006, 241, 243.

genüber, so nennt man sie Benutzungsgebühren (§§ 2 ff. und 24 ff. LGebG).[145] **Beiträge** ähneln den Benutzungsgebühren, entgelten aber bereits die abstrakte Nutzungsmöglichkeit für eine Einrichtung. Sie dienen dem Ersatz des Aufwands für die Herstellung[146] oder den Unterhalt öffentlicher Einrichtungen (§ 7 II 2 KAG) und setzen daher voraus, dass die Einrichtung dem Beitragsschuldner wirtschaftliche Vorteile bietet.[147] Soweit eine Pflicht zur Benutzung besteht, kann ohne Nachweis der tatsächlichen Benutzung auch eine Mindestgebühr erhoben werden,[148] so etwa auf Grund der Überlassungspflicht für Abfälle nach § 13 I KrW-/AbfG.[149]

58 Die wichtigste Einnahmequelle der Landkreise und Verbandsgemeinden ist die **Kreisumlage**[150] bzw. die Verbandsgemeindeumlage, die sie nach §§ 58 III LKO, 72 GemO, 25 und 26 LFAG von den kreisangehörigen Gemeinden bzw. den Ortsgemeinden erheben können. Die verfassungsrechtliche Grundlage der Umlagen ist Art. 106 VI 6 GG.[151] Das Land gewährt den Kommunen nach §§ 7 bis 22 LFAG allgemeine und zweckgebundene **Finanzzuweisungen**.

Zur Finanzierung dieser Zuweisungen tragen die Kommunen allerdings mit einer weiteren Umlage gem. § 23 LFAG selbst bei. Im Übrigen werden die Zuweisungen aus dem Steueraufkommen des Landes und ggf. aus seinen Einnahmen aus dem Länderfinanzausgleich aufgebracht (§ 5 I LFAG).[152] Der Finanzausgleich darf weder die Fähigkeit der »abundanten« Kommunen in Frage stellen, ihre Aufgaben selbst zu erfüllen, noch darf er ihre Finanzkraft bis auf das Niveau der bedürftigen Kommunen absenken (nivellieren).[153] Zulässig ist es, die Kommunen im Rahmen des Finanzausgleichs an den Lasten der deutschen Einheit zu beteiligen.[154]

59 Die Erhebung kommunaler Abgaben steht unter dem Vorbehalt einer hinreichend bestimmten **Satzung** (§ 2 I KAG). Dieser Vorbehalt dient auch dem Schutz der Abgabepflichtigen. Zu ihren Gunsten gilt der in Art. 3 I GG, 17 I, II LV verankerte Grundsatz der **Abgabengerechtigkeit**. Er verbietet es, an wesentlich gleiche Sachverhalte ohne sachlichen Grund ungleich hohe Abgabensätze zu knüpfen. In Bezug auf Beiträge und Gebühren ist insoweit neben dem **Kostenüberschreitungsverbot** (§§ 7 I 1, 8 I 3 KAG) das **Äquivalenzprinzip** (§ 3 GebG) zu beachten.[155] Steuern dürfen zudem nicht prohibitiv wirken.[156] Im Übrigen haben Gemeinden und Landkreise bei der Bestimmung dessen,

---

145 Zur Abgrenzung zwischen den Gebührenarten RhPfOVG, LKRZ 2007, 221, 222.
146 *Schmidt-Aßmann*, Rn. 131.
147 Aufschlussreich RhPfOVG, AS 29, 50 ff.; AS 29, 193 ff.; NdsOVG, NVwZ 2003, 1538, 1539. Zu Straßenausbaubeiträgen RhPfOVG, AS 35, 309 ff.
148 Zu Mindestgebührensätzen in Selbstverwaltungsangelegenheiten SächsVerfGH, SächsVBl. 2006, 138 f.
149 BVerwG, NVwZ 2006, 589, 591; RhPfOVG, AS 32, 387 ff.
150 RhPfOVG, NVwZ-RR 2007, 47 L; NRWOVG, DVBl. 2005, 652 ff.; *Schink*, DVBl. 2003, 417, 418; *Ehlers/Baumann*, DVBl. 2004, 525, 526. Vgl. auch BayVGH, NVwZ-RR 2006, 350 ff.; BayVBl. 2006, 466 ff.
151 Zur Kreisumlage *Pieroth* in: Jarass/Pieroth, GG, 9. Aufl. 2007, Art. 106 Rn. 17.
152 Grundlegend RhPfVerfGH, AS 26, 391 ff.; vgl. auch *Meffert/Müller*, Kommunaler Finanzausgleich in RhPf., 2008.
153 SachAnhVerfG, NVwZ 2007, 78, 79 f.
154 RhPfOVG, LKRZ 2008, 220, 221.
155 RhPfOVG, NVwZ-RR 1999, 673, 674; 2005, 850, 851 f.; a. A. BayVGH, DÖV 2007, 347 f.; aus verfassungsrechtlicher Sicht *Wienbracke*, DÖV 2005, 201 ff.; *Wild*, DVBl. 2005, 733, 739.
156 RhPfOVG, NVwZ 2005, 1456 L.

was sie für wesentlich gleich halten, und bei der Auswahl von Differenzierungsgründen aber weitgehende Gestaltungsfreiheit.

Beispiele:
Kindergartenbeiträge können aus sozialen Gründen,[157] Vergnügungs- und Hundesteuern nach der abstrakten Gefährlichkeit von Spielautomaten und Hunden[158] abgestuft werden. Gemeindeeinwohner können bei der Bemessung von Musikschulgebühren besser gestellt werden als Auswärtige, sofern die Einrichtung keinen Gewinn abwirft.[159] Das gilt auch für Kindergartenbeiträge.[160]

III. Kommunale Zusammenschlüsse im Überblick

Können Kommunen ihren Aufgaben auf Dauer nicht nachkommen, kann der Staat zwar in ihren Bestand eingreifen, um mit diesem letzten Mittel die Aufgabenerfüllung sicherzustellen. Vor der **Auflösung** von Gemeinden sind aber alle milderen Mittel zu diesem Zweck auszuschöpfen. Als weniger einschneidende Abhilfen kommen der Zusammenschluss mehrerer Gemeinden zu einer **Verbandsgemeinde** und die – freiwillige oder staatlicherseits angeordnete – **Zusammenarbeit** auf einzelnen, sachlich begrenzten Gebieten in Betracht. 60

Daneben dienen die **Unterstützungs-** und die **Ergänzungsfunktion** nach § 2 III, V LKO (Rn. 13) dazu, weiter gehende Eingriffe in den Bestand von Kommunen zu vermeiden. **Ausgeschlossen** ist sowohl die Übernahme von Aufgaben durch als auch ihre Übertragung auf eine Verbandsgemeinde sowie auch die Delegation von Aufgaben im Rahmen der kommunalen Zusammenarbeit (Rn. 69 ff.), wenn Gesetze die Zuständigkeit der einzelnen (Orts-)Gemeinde abschließend festlegen.[161] 61

1. Ortsgemeinde und Verbandsgemeinde

Mehrere benachbarte Gemeinden in demselben Landkreis[162] können zu einer **Verbandsgemeinde** zusammengeschlossen werden. Die Ortsgemeinden verlieren durch den Zusammenschluss nicht ihre eigene Rechtspersönlichkeit, ihr Gebiet (vgl. § 65 I GemO) und das Selbstverwaltungsrecht. Nur die Verbandsgemeinde unterhält aber eine Verwaltung und hat einen hauptamtlichen Bürgermeister (§ 51 GemO). 62

Die Verbandsgemeinde ist eine **Gebietskörperschaft** (§ 64 I 1 Halbs. 1 GemO)[163] und Trägerin des Selbstverwaltungsrechts für die Erfüllung der Aufgaben, die nach § 67 I bis IV GemO auf sie übergegangen sind. An die Stelle der verbandsfreien Gemeinden treten zwei einander ergänzende, je für sich vollwertige kommunale Ebenen mit jeweils begrenzterem Aufgabenkreis als eine verbandsfreie Gemeinde.[164] 63

---

157 BVerfGE 97, 332, 344 ff.; NdsOVG, NJW 2008, 933, 934 f.
158 BVerwGE 110, 248, 250; 110, 265, 272 ff.; BVerwG, NVwZ 2005, 598, 599 f.; 2005, 1325 ff.; *Kasper*, KStZ 2007, 1 ff. und 21 ff.
159 BVerwGE 104, 60, 67; a.A. *Kellermann*, BayVBl. 2003, 712, 715. Krit. zur europarechtlichen Zulässigkeit *Behr*, LKV 2005, 104, 107.
160 *Grande/Kühl*, KStZ 2005, 21 ff.
161 Zur Aufstellung von Bebauungsplänen vgl. *Klöckner*, in: Gabler, § 67 RhPfGemO Anm. 4.6.
162 Zur Problematik kreisfreier Verbands- bzw. Samtgemeinden *Ipsen*, NdsVBl. 2005, 313; *Sellmann/Sellmann*, NdsVBl. 2006, 98 ff.
163 Anders als die Ämter in SchlH., vgl. BVerfGE 52, 95, 117.
164 *Dittmann*, Rn. 72; *Kluth*, § 94 Rn. 93; a.A. RhPfVerfGH, AS 12, 235, 247; RhPfOVG, AS 25, 232 ff. Vgl. auch *Oster* in Gabler, § 64 RhPfGemO Anm. 1.3. und Anm. 2.

Auf diese Weise ist vielen kleinen Gemeinden ihre Selbstständigkeit erhalten und zugleich ein flächendeckendes Netz etwa gleich starker örtlicher Verwaltungsträger geschaffen worden, obwohl die Gemeindegrößen in Rheinland-Pfalz stark differieren: Die Zahl der kreisangehörigen Gemeinden pro Landkreis reicht von 25 im Rhein-Pfalz-Kreis bis zu 235 im Kreis Bitburg-Prüm, während die Zahl der Verbandsgemeinden mit 5 bzw. 7 in diesen beiden Landkreisen annähernd gleich groß ist.

64 Die **Bildung** einer Verbandsgemeinde und die **Eingliederung** von Gemeinden in sie sind nur aus Gründen des Gemeinwohls zulässig. Sind die Gründe weggefallen, die den Zusammenschluss rechtfertigen, so besteht die Verbandsgemeinde zwar fort. Die Ortsgemeinden haben dann aber auf Grund ihrer Organisationshoheit einen Anspruch darauf, auf Antrag aus der Verbandsgemeinde entlassen zu werden.[165]

65 Manche **Aufgaben** sind schon gesetzlich zwischen Orts- und Verbandsgemeinde verteilt, über andere können die beteiligten Körperschaften disponieren. Keinen Einfluss auf die Aufgabenverteilung hat aber, dass die Verbandsgemeindeverwaltung nach § 68 I 2 Nr. 1 bis 3, IV GemO »die **Verwaltungsgeschäfte** der Ortsgemeinden... führt«. Die Verbandsgemeinde stellt den Ortsgemeinden ihre Behörde im Wege der Organleihe zur Verfügung; sie handelt funktionell als Behörde der jeweiligen Ortsgemeinde.[166] Die Vertretungsbefugnis des Ortsbürgermeisters (Rn. 89 und 151 ff.) bleibt gem. § 68 I 3 Nr. 1 GemO unangetastet.[167]

66 **Gesetzliche** Aufgabe der Verbandsgemeinde ist die Erfüllung der **Auftragsangelegenheiten** »im eigenen Namen« (§ 68 III Nr. 1 GemO). Der Vollzug des OWiG ist ohne Rücksicht darauf, ob die bußgeldbewehrten Normen Selbstverwaltungs- oder Auftragsangelegenheiten betreffen, Aufgabe der Verbandsgemeinde (§ 68 III Nr. 2 GemO). **Selbstverwaltungsaufgaben**, die allein der Verbandsgemeinde obliegen, sind in § 67 I GemO aufgezählt und in §§ 4 ff. Aufgaben-Übergangs-Verordnung (BS 2020-1-5) näher definiert. Bei der Flächennutzungsplanung nach §§ 203 II BauGB, 67 II GemO unterliegt sie einem Zustimmungsvorbehalt der Ortsgemeinden.[168] Weitere Selbstverwaltungsaufgaben können die Verbandsgemeinden durch Vereinbarung mit den Ortsgemeinden oder durch Mehrheitsentscheid **übernehmen** (§ 67 III, IV GemO). Diese Regelung ist mit Art. 28 II GG vereinbar.[169]

67 Die Übernahme durch **Mehrheitsentscheid** ist allerdings nur unter der Voraussetzung zulässig, dass die »gemeinsame« Erfüllung – gemeint ist die Erfüllung durch die Verbandsgemeinde – im dringenden öffentlichen Interesse liegt und sowohl mit Ortsgemeinden- als auch mit Einwohnermehrheit beschlossen wird. Übergegangene Aufgaben können durch übereinstimmende Beschlüsse im Orts- und im Verbandsgemeinderat, die jeweils mit Zwei-Drittel-Mehrheit gefasst werden müssen, **zurückübertragen** werden.

---

165 Vgl. RhPfOVG, NVwZ-RR 1994, 685, 686 (zu einem Zweckverband); AS 28, 29 ff. (zu einer Zweckvereinbarung). Zum Verfahren des Zusammenschlusses 4. Aufl., D, Rn. 42 f.
166 *Klöckner*, in: Gabler, § 68 RhPfGemO Anm. 3.1.
167 Vgl. RhPfOVG, NVwZ 1998, 655.
168 Dazu RhPfOVG, AS 28, 404, 407 f.; NVwZ 2005, 647, 648; LKRZ 2008, 35.
169 BVerwG, Buchholz 415.1 Allg. KommunalR Nr. 36; *Kluth*, § 96 Rn. 35.

Einen Rechtsanspruch der Ortsgemeinden auf Rückübertragung schließt § 67 V GemO mit dieser Regelung allerdings gerade aus.[170]

Das Wort »gemeinsame« und der Plural »Ortsgemeinden« besagen, dass eine Aufgabe anders als bei der vereinbarten Übernahme von »einzelne[n]« Gemeinden nach § 67 IV GemO nicht selektiv von einzelnen, sondern nur einheitlich von allen Ortsgemeinden auf die Ebene der Verbandsgemeinde hochgezont werden darf. Ein »dringendes« öffentliches Interesse an der Übernahme ist so wichtig, dass es das Interesse der Gemeinden an der eigenen Trägerschaft überwiegt. Es besteht nur, wenn sich die Notwendigkeit einer Aufgabenwahrnehmung auf der Ebene der Verbandsgemeinde aufdrängt, namentlich deshalb, weil ein weit überwiegender Teil der Ortsgemeinden davon einen nennenswerten Vorteil hat. Nicht vorausgesetzt ist allerdings ein gemeinsames Interesse **aller** Ortsgemeinden an der Aufgabenerfüllung.[171]

Nicht nur für Aufgabenverlagerungen zwischen beiden Ebenen durch den Gesetzgeber, sondern auch in ihrem gegenseitigen Verhältnis gelten Art. 28 II GG und Art. 49 III LVerf.[172] Orts- und Verbandsgemeinde sind daher, wie § 69 III und IV und § 70 GemO es einfachgesetzlich im Grundsatz und in nicht abschließenden Konkretisierungen anordnen, zu vertrauensvoller **Zusammenarbeit** verpflichtet. 68

2. Kommunale Zusammenarbeit

Die kommunale Organisationshoheit schützt auch die Entscheidung, eine Aufgabe gemeinsam mit anderen Gebietskörperschaften (§ 8 GemO) und/oder mit Privatpersonen zu erfüllen.[173] Dafür stellt das Zweckverbandsgesetz den Kommunen spezifisch **öffentlich-rechtliche** Organisationsformen zur Verfügung: den Zweckverband, die Zweckvereinbarung und die kommunale Arbeitsgemeinschaft. Seit 2006 können Gemeinden auch eine gemeinsame **Anstalt des öffentlichen Rechts** errichten (§§ 14a, 14b ZwVG).[174] 69

Während der Zweckverband und die Anstalt juristische Personen des öffentlichen Rechts sind, entsteht in den beiden anderen Kooperationsformen weder ein neuer Aufgabenträger noch ein neues Zurechnungssubjekt für Rechte und Pflichten, Ansprüche und Verbindlichkeiten gegenüber Dritten. Durch Zweckvereinbarungen übernimmt eine Gemeinde Zuständigkeiten der anderen Beteiligten. **Arbeitsgemeinschaften** (§ 14 ZwVG) haben keine rechtliche Außenwirkung. Das gleiche gilt für interkommunale **Mandate,** durch die Gemeinden, Landkreise oder das Land die Wahrnehmung von Aufgaben (anderer) Kommunen in deren Namen und auf deren Kosten übernehmen.[175] 70

a) Zweckverbände

Nach § 4 VI ZwVG nehmen Zweckverbände anstatt der ihnen angehörenden Kommunen deren Aufgaben im eigenen Namen und auf eigene Rechnung wahr. Sie sind **Kör-** 71

---

170 RhPfOVG, LKRZ 2008, 107, 108.
171 Vgl. RhPfOVG, LKRZ 2007, 220, 221; LKRZ 2009, 100, 101.
172 BVerfGE 107, 1, 17; BVerwG, NVwZ 2007, 584 f.; *Ritgen*, DVBl. 2007, 388 f.; *Wohltmann*, NdsVBl. 2007, 209, 214; a. A. zu Nds. BVerwG, DVBl. 2007, 258 L; einschränkend auch *Gerhard*, LKRZ 2009, 86, 87.
173 BVerfGE 119, 331, 362; BVerwG, NVwZ 2005, 958, 959. Überblick bei *Teuber*, KommJur 2008, 444 ff.
174 Vgl. *Koch,* NdsVBl. 2004, 150 f.; *Kronawitter*, KommJur 2008, 401 ff.
175 *Schmidt-Jortzig/Wolffgang*, VerwArch 75 (1984), 107, 116 f.

perschaften des öffentlichen Rechts (§ 2 I 1 ZwVG), Träger des Selbstverwaltungsrechts, dienstherrnfähig (§ 2 I 2, 3 ZwVG), vermögens- und prozessfähig. Im Gegensatz zu den Gemeinden und Landkreisen sind Zweckverbände allerdings keine Gebietskörperschaften, sondern Verbands- oder »Bundkörperschaften«. Sie haben keine grundsätzlich umfassende Zuständigkeit für örtliche Aufgaben, sondern werden nur **für einzelne** oder sachlich miteinander verbundene **Aufgaben** gebildet (§ 3 Satz 1 ZwVG).[176] Dies können sowohl Selbstverwaltungs- als auch Auftragsangelegenheiten sein.[177] In der Regel nehmen Zweckverbände aber Selbstverwaltungsaufgaben ihrer Mitglieder wahr.

Beispiele:
- Abfallbeseitigung (§ 3 II LAbfWAG)
- Wasserversorgung (§ 46 III LWG)
- Trägerschaft für Schulen oder Sparkassen (§§ 76 II und 79 SchulG, 1 I, II 1 SpkG)
- Gewährleistung des öffentlichen Personennahverkehrs (§§ 4 II und 6 III NVG)
- Fremdenverkehrswerbung.

72 In Anbetracht des sachlich-gegenständlich begrenzten Aufgabenkreises der Zweckverbände ist es mit Art. 28 I 2 GG vereinbar, dass an ihrer Spitze keine unmittelbar gewählte Volksvertretung steht, sondern eine **Verbandsversammlung** entsandter und grundsätzlich weisungsgebundener Vertreter der einzelnen Mitglieder.[178] Indes ist es unter dem Gesichtspunkt demokratischer Legitimation nicht unbedenklich, dass nach § 2 II ZwVG **nicht-kommunale** Rechtssubjekte des öffentlichen und des privaten Rechts als Verbandsmitglieder in der Verbandsversammlung Einfluss auf Entscheidungen des Verbandes gegenüber Nichtmitgliedern nehmen können.

73 Zudem sind die direktdemokratischen **Mitwirkungsverfahren** Bürgerbegehren und Bürgerentscheid im Zweckverband nicht anwendbar, da § 7 I ZwVG nicht auf § 17a GemO verweist. Insoweit schwächt die Übertragung von Selbstverwaltungsaufgaben der Kommunen auf Zweckverbände die Beteiligung der Bürgerschaft an den örtlichen Angelegenheiten.[179] Auch dies lässt sich wohl nur mit Blick auf den begrenzten Aufgabenkreis der Zweckverbände rechtfertigen.[180]

74 Gerade in der Offenheit für weitere Rechtssubjekte liegt aber auch ein Vorzug des Zweckverbands: Er ermöglicht nach § 2 IV ZwVG die kommunale Zusammenarbeit **über Landesgrenzen** hinweg auf Grund von Rahmenstaatsverträgen mit den Nachbarländern. Solche Verträge sind mit Nordrhein-Westfalen, dem Saarland, Hessen und Baden-Württemberg (BS Anhang I 46, 50, 58 und 68) sowie zur Ausführung des Art. 24 Ia GG mit angrenzenden europäischen Staaten und Regionen (BS Anhang I 113 und 114)[181] geschlossen worden.

---

176 Zu kooperationsuntauglichen Aufgaben *Oebbecke*, in: Mann/Püttner, § 29 Rn. 22 f.; *Franke*, NdsVBl. 2007, 289, 292.
177 Zu Zweckverbänden in einer Auftragsangelegenheit vgl. § 2 I Nr. 3, IV ÖGdG.
178 Vgl. BVerfGE 52, 98, 118 ff.; BayVGH, NVwZ-RR 2001, 779, 780; RhPfOVG, NVwZ 2002, 102, 103.
179 Krit. *Faber*, NWVBl. 2008, 54, 57; *Kluth*, § 96 Rn. 33 ff.; *Schroeder*, Die Verwaltung 34 (2001), 205, 220 ff.; a. T. I. *Schmidt*, Kommunale Kooperation, 2005, S. 83 f.
180 Vgl. BVerfGE 107, 59, 87 f. und 91 ff.; BVerwG, NVwZ 2005, 1184, 1185.
181 Sog. Mainzer und Karlsruher Übereinkommen; dazu *Frey*, VBlBW 2005, 449 ff.; *Niedobitek*, Das Recht der grenzüberschreitenden Verträge, 2001, S. 108 ff.; *Röper*, VerwArch 95 (2004), 301, 322 f.; *Kluth*, § 96 Rn. 22 ff. m.w.N.

III. Kommunale Zusammenschlüsse im Überblick

Beispiele:

- Dem Zweckverband Tierkörperbeseitigung gehören die hessischen Landkreise Rheingau-Taunus und Limburg-Weilburg, alle saarländischen und rheinland-pfälzischen Landkreise und kreisfreien Städte an.
- Der Verband Region Rhein-Neckar, der für die Regionalplanung zuständig ist.[182]

Zweckverbände entstehen nicht allein infolge einer Einigung der Mitglieder auf einen Gründungsvertrag – die Verbandsordnung –, sondern erst durch einen Verwaltungsakt, der diese Ordnung feststellt, die **Errichtung** (§ 4 II 1 ZwVG). Liegen alle Voraussetzungen für die Zweckverbandsbildung vor, so haben die antragstellenden Kommunen, wie sich aus § 4 I 4 ZwVG ergibt, einen **Anspruch** auf Errichtung.[183] 75

Die Errichtung **grenzüberschreitender** Zweckverbände (Rn. 74) unterliegt dem Recht aller beteiligten Länder. Ihre Arbeit richtet sich um der praktischen Durchführbarkeit willen stets nach dem Recht eines dieser Länder, das bei der Errichtung bestimmt werden muss.[184]

Sofern die »gemeinsame« Aufgabenerfüllung im öffentlichen Interesse dringend geboten ist, kann die Errichtungsbehörde nach § 4 III, IV ZwVG einen Zweckverband auch ohne Antrag der Beteiligten errichten oder eine weitere Kommune in ihn eingliedern. Man spricht dann von einem **Pflichtverband** bzw. einer **Pflichtmitgliedschaft**. Diese Befugnis ist indes begrenzt auf die Erfüllung von Auftragsangelegenheiten oder Pflichtaufgaben der Selbstverwaltung.[185] Bei der Anordnung sind die Verfahrensbestimmungen des § 4 III ZwVG zu beachten. Insbesondere die Erörterung ist auch verfassungsrechtlich geboten.[186] Das dringende öffentliche Interesse an der Verbandsbildung ist für einzelne Aufgabenfelder spezialgesetzlich konkretisiert (vgl. etwa § 3 II 2 LAbfWAG). 76

b) Zweckvereinbarungen

Die Zweckvereinbarung (§ 12 I ZwVG) ist ein **öffentlich-rechtlicher Vertrag** i.S. der §§ 54 ff. VwVfG. Anders als an einem Zweckverband können sich an einer Zweckvereinbarung ausschließlich kommunale Gebietskörperschaften beteiligen. Da der Vertrag koordinationsrechtlichen Charakter hat, sind auf ihn nur §§ 57, 58 I, 59 I und III, 60 und 62 VwVfG anwendbar (ungenau: § 12 IV ZwVG). Zusätzlich zu der in § 57 VwVfG vorgesehenen Schriftform bedarf die Zweckvereinbarung, um wirksam zu werden, der Bestätigung der Aufsichtsbehörden und wegen ihrer außenwirksamen aufgabenverlagernden Wirkung auch der Bekanntmachung in den Verkündungsorganen der beteiligten Gebietskörperschaften[187] (§ 12 II, V ZwVG). Werden Kostenerstattungen vereinbart, so sind § 49 I und II GemO zu beachten.[188] 77

Inhaltlich kann sich die Zweckvereinbarung ebenso wie der Zweckverband auf die Erfüllung einer oder mehrerer sachlich verbundener **Aufgaben** richten. Besteht die Aufga- 78

---

182 Dazu *Schiefendecker*, VBlBW 2007, 9, 10 ff.
183 *Dittmann*, Rn. 45.
184 Vgl. Art. 4 VI 1 des Karlsruher Übereinkommens. Zur Frage, welches Recht ein grenzüberschreitender Zweckverband mangels Bestimmung anzuwenden hat, *Mandelartz*, NVwZ 1995, 1190 ff.
185 Vgl. zur Reform des Stadtverbands Saarbrücken krit. *Priebs/Schwarz*, DÖV 2008, 45, 51 f.
186 Vgl. BVerfGE 107, 1, 21.
187 Näher *Franke*, NdsVBl. 2007, 289, 292.
188 *Oebbecke*, in: Mann/Püttner, § 29 Rn. 69.

be, deren Wahrnehmung übertragen wird, aus einer Dienstleistung i.S.d. § 97 I GWB, so soll es vor Abschluss der Vereinbarung geboten sein, ein Vergabeverfahren durchzuführen.[189] Bei der Zweckvereinbarung handelt es sich jedoch nicht um einen konkreten Beschaffungsvorgang, sondern um eine abstrakte organisationsrechtliche Maßnahme.[190]

79 Hat die Vereinbarung eine Erfüllung kommunaler Aufgaben zum Gegenstand, so übertragen durch sie die Gemeinden, die Trägerinnen der Aufgaben sind, einem oder mehreren »beauftragten« Partner(n) **Wahrnehmungskompetenzen** für die Erfüllung dieser Aufgaben samt der Kompetenz zur Ausübung dazu nötiger Befugnisse gegenüber Dritten (§ 12 I Alt. 1, § 13 I Halbs. 1 ZwVG). Die **Sachkompetenz** geht nicht auf die »beauftragte« Gemeinde über.[191]

Nach außen tritt allein die »beauftragte« Gemeinde auf; eine Erfüllung der Aufgaben durch die beteiligten Körperschaften »zur gesamten Hand« ist ausgeschlossen. Die »beauftragte« Gemeinde muss »zugleich **auch für sich selber** handeln, wenn sie Aufgaben ihrer Vertragspartner erfüllt. Der Umfang der Erfüllungs- und Ausübungskompetenzen kann in der Vereinbarung näher bestimmt werden (§ 13 I Halbs. 2 ZwVG). Geregelt werden muss auch, ob und in welcher Weise die **Erträge und Kosten** der Aufgabenerledigung zu erstatten sind.[192]

80 Des Weiteren kommt eine Vereinbarung in Betracht, durch die eine Gemeinde anderen die **Mitbenutzung** einer von ihr betriebenen Einrichtung einräumt (§ 12 I ZwVG). Die Benutzung kann auch Dritten eingeräumt werden, insb. den Einwohnern der begünstigten Gemeinde. Gegenüber der eigenen Wohnsitzgemeinde haben die Einwohner dann einen Anspruch auf Zulassung zur Benutzung aus § 14 II Halbs. 1 GemO (Rn. 40 ff.) i.V.m. der Zweckvereinbarung.

81 Besteht ein dringendes öffentliches Interesse an der Erfüllung einer Aufgabe, kann die zuständige Gemeinde sie aber nicht ordnungsgemäß erfüllen, so kann die für die Errichtung eines Zweckverbands zuständige Behörde statt eines Zweckverbands auch eine **Pflichtzweckvereinbarung** anordnen. Die zuständige Behörde ersetzt hier entsprechend § 63 I LVwVG die Vertragswillenserklärungen der beteiligten Gemeinden.

§ 60 VwVfG gilt für diesen Zwangskontrakt nicht. Eine Kündigung der Pflichtzweckvereinbarung setzt deshalb weder voraus, dass die Vertragsanpassung unmöglich noch dass die Fortsetzung des Vertragsverhältnisses unzumutbar ist.[193]

---

189 So OLG Düsseldorf, NVwZ 2004, 1022, 1023; OLG Frankfurt, NZBau 2004, 692; OLG Naumburg, DVBl. 2006, 121, 123 ff.; zust. *Hattig/Ruhland*, NWVBl. 2006, 405, 407 ff.; *U. Stelkens*, Verwaltungsprivatrecht, 2005, S. 368 f.; noch restriktiver *Pöcker/Michel*, DÖV 2006, 445, 453.
190 So auch NRWOVG, DÖV 2005, 301, 303; *Bergmann/Vetter*, NVwZ 2006, 497, 499 f.; *Burgi*, ZG 2006, 189, 200 ff.; *Kasper*, VR 2006, 9, 13; *Kersting/Siems*, DVBl. 2005, 477 ff.; *Köster*, KommJur 2006, 95, 100; *Krajewski/Wethkamp*, DVBl. 2008, 355, 361 f.; *Oebbecke*, in: Mann/Püttner, § 29 Rn. 70; *Pencereci*, LKV 2005, 137, 140 f.; *Schliesky*, Die Verwaltung 38 (2005), 339, 355.
191 Ebenso *Kluth*, § 96 Rn. 105; *Oebbecke*, in: Mann/Püttner, § 29 Rn. 66 mit Fn. 165. Vgl. zur Lage in Bayern *Knemeyer*, BayVBl. 2003, 257, 259 f.; *Schulz*, BayVBl. 2003, 520, 522.
192 Zur umlagefinanzierten Aufgabenwahrnehmung nach sächs. Recht *Trommer*, LKV 2008, 6, 9 f.
193 RhPfOVG, AS 28, 29 ff.; vgl. jedoch zur Kündigung der Mitgliedschaft in einem Freiverband VG Gießen, NVwZ-RR 2006, 139 f.

IV. Inneres Organisationsrecht der Gemeinden

Als juristische Personen sind die Gemeinden zwar rechts-, nicht aber handlungsfähig. Nur ausnahmsweise handelt die örtliche Gemeinschaft selbst in Bürgerentscheiden (Rn. 200) oder Wahlen. Für das Tagesgeschäft benötigt sie Institutionen, deren Handlungen ihr zuzurechnen sind, sog. **Organe**.[194] Sie vertreten die Gemeinde nach außen vertraglich und bei Hoheitsakten und machen sie durch Delikte haftbar (Rn. 17).[195] Untereinander sind sie zu vertrauensvoller Zusammenarbeit verpflichtet.[196] Die Organe werden jeweils von einzelnen oder mehreren natürlichen Personen, den **Organwaltern**, verkörpert.[197]

82

Die Gemeinden haben jeweils ein monokratisches, d.h. von nur einer Person repräsentiertes, Organ und ein Kollektivorgan aus mehreren Personen. Weitere Organe haben auch die Ortsgemeinden nicht.[198] Gesetzlich nicht vorgesehene Organe dürfen die Gemeinden nicht erfinden.[199] Das Kollektivorgan ist die kommunale **Volksvertretung** i. S. d. Art. 28 I 2 GG. Sie trägt den Namen Gemeinderat, Stadtrat bzw. Kreistag. Das monokratische Organ heißt in den Gemeinden **Bürgermeister**, in den Landkreisen **Landrat** (§§ 28 I 1 GemO, 21 I 1 LKO). In kreisfreien Städten und großen kreisangehörigen Städten trägt es allerdings die Amtsbezeichnung »Oberbürgermeister«, während die Bezeichnung »Bürgermeister« auf den allgemeinen Vertreter übergeht (§§ 28 II 2, 50 II 2 GemO). Im Folgenden ist generell nur die Rede vom Gemeinderat und vom Bürgermeister, soweit die Organisationsstruktur der Städte und Landkreise keine Besonderheiten aufweist. Die Organe werden in ihrer Arbeit von **Hilfsorganen** unterstützt: Zusammen mit dem Bürgermeister oder Landrat bilden die **Beigeordneten** und u. U. ein Stadt- oder Kreis**vorstand** die Verwaltungsspitze der Kommune (1.). Der Gemeinderat oder Kreistag hat daneben **Unterorgane**; seine Mitglieder können außerdem Fraktionen bilden (2.).

83

1. Die Verwaltungsspitze

Die interne Organisation der Verwaltungsspitze ist derjenigen einer staatlichen Regierung angenähert. Die **Beigeordneten** sind nicht nur Ersatzvertreter des Bürgermeisters (§ 50 II GemO), sondern leiten auch die ihnen übertragenen Geschäftsbereiche der Gemeindeverwaltung (Rn. 28) gem. § 50 VI GemO selbstständig. Der Bürgermeister hat ihnen gegenüber nur eine **Richtlinienkompetenz** (§ 50 VI 1 GemO). In den Landkreisen muss, in Städten mit mehr als 25.000 Einwohnern kann aus dem Landrat bzw. (Ober-)Bürgermeister und den Beigeordneten ein **Kreis**- bzw. **Stadtvorstand** mit kabinettsähnlicher Koordinationsfunktion gebildet werden (§§ 57 ff. GemO, 50 ff. LKO).

84

---

194   *Kluth*, § 83 Rn. 132 ff.; *Maurer*, Allg. VerwaltungsR, 17. Aufl. 2008, § 21 Rn. 19.
195   Zur Haftung für kommunale Vertreter in Aufsichtsräten § 88 VI GemO sowie *Gassner/Schön*, BayVBl. 2004, 449 ff.
196   Grundlegend dazu NRWOVG, DVBl. 2008, 120, 123.
197   *Stober*, in: Wolff/Bachof/Stober/Kluth, Verwaltungsrecht I, 12. Aufl. 2007, § 35 Rn. 13; *Maurer* (Fn. 194).
198   So ausdrücklich RhPfOVG, NVwZ-RR 1996, 524.
199   BayVGH, BayVBl. 2004, 599, 600.

§ 3 Kommunalrecht

a) Der Bürgermeister

85 Die Bürgermeister werden nach ihrer Wahl gem. §§ 53 GemO, 58 ff. KWG zu **Beamten der Gemeinde** ernannt (§ 54 GemO). Für sie gilt daher das allgemeine Beamtenrecht mit geringfügigen Abweichungen (§§ 179 ff. LBG). Die Bürgermeister sind in verbandsfreien Gemeinden und Verbandsgemeinden hauptamtlich, in Ortsgemeinden ehrenamtlich tätig. Ist der Bürgermeister einer Verbandsgemeinde zugleich Ortsbürgermeister, so versieht er diese Funktion ehrenamtlich (§§ 51 I 1, II 1, 64 II und 71 GemO). Eine Wiederwahl ist beliebig oft möglich, bei hauptamtlichen Bürgermeistern aber nur, bis sie die Altersgrenze von 65 Jahren am Wahltag erreichen (§ 53 III 2 GemO).

Außer durch Ablauf der Amtszeit endet das Amt durch Rücktritt, Abwahl (Rn. 214), Eintritt in den Ruhestand, Verlust der Wählbarkeit, disziplinare Entfernung aus dem Amt oder Tod. Die Ruhestandsgrenze von 68 Jahren gemäß § 183 II LBG ist verfassungsmäßig. Sie beschränkt die Gleichheit des passiven Wahlrechts in zulässig typisierender Weise.[200]

86 Die Tätigkeit als hauptamtlicher Bürgermeister ist **unvereinbar** mit der Eigenschaft als gewähltes Mitglied des Gemeinderats und mit der Ausübung bestimmter weiterer Funktionen, in denen ein Interessenkonflikt mit dem Amt nahe liegt.[201] Da Unvereinbarkeitsvorschriften die passive Wahlrechtsgleichheit einschränken, verstoßen sie nur dann nicht gegen Art. 50 I 1, 76 I LV, wenn sie den Zweck der Ermächtigung in Art. 137 I GG auf verhältnismäßige Weise verfolgen.[202] Dass Angestellte der Gemeinden von der Amtsübernahme ungeachtet ihrer konkreten Stellung und des Umfangs ihrer Arbeitszeit ausgeschlossen sind, ist unter dem Gesichtspunkt, ob eine Tätigkeit den Amtsinhaber typischerweise Interessenkonflikten aussetzt, aber nicht unverhältnismäßig und auch von der Einschätzungsprärogative des Gesetzgebers gedeckt.[203]

87 Die **Zuständigkeiten** des Bürgermeisters sind in § 47 GemO abschließend aufgezählt. Für die Erfüllung der kommunalen **Auftragsangelegenheiten** ist er allein zuständig. Insoweit leitet er seine demokratische Legitimation in sachlich-inhaltlicher Hinsicht aus § 47 I 2 Nr. 4 GemO i.V.m. dem Gesetz ab, durch das der Staat die Aufgabe auf die Gemeinde überträgt. Aufgrund seiner i.d.R. unmittelbaren Wahl durch die Bürger der Kommune (§ 53 I 1 GemO) ist der Bürgermeister für die Erfüllung der **Selbstverwaltungsaufgaben** ebenso stark personell demokratisch legitimiert wie der Gemeinderat. Nach § 47 I 2 Nr. 3 GemO führt der Bürgermeister daher insoweit die laufende Verwaltung ohne besondere Ermächtigung durch den Rat.

Was im einzelnen zur **laufenden Verwaltung** gehört, ist nicht absolut – etwa anhand der Höhe der Kosten oder der Dauer einer einzugehenden Vertragsbindung – bestimmbar, sondern von der Größe der Gemeinde und u.U. der politischen Brisanz des jeweiligen Geschäfts abhängig. Zudem muss es sich um mehr oder weniger regelmäßig wieder-

---

200 Weitgehend ebenso RhPfVerfGH, LKRZ 2007, 16 ff.; RhPfOVG, NJW 2006, 3658 f.
201 Zur Mitgliedschaft von Bürgermeistern im Kreistag *Werres*, ZBR 2004, 384, 388 f.
202 Vgl. BVerwGE 117, 11, 14.
203 BVerfGE 48, 64, 84; BVerwGE 117, 11, 17 f. Die in der 4. Aufl., D, Rn. 109 vertretene gegenteilige Ansicht habe ich aufgegeben.

kehrende Geschäfte handeln.²⁰⁴ Eine Konkretisierung des Begriffs »laufende Verwaltung« durch den Gemeinderat dürfte mangels gesetzlicher Ermächtigung nicht zulässig sein.²⁰⁵

Kraft Gesetzes besitzt der Bürgermeister außerdem Zuständigkeiten zur Unterstützung der Arbeit des Gemeinderats. Der Rat ist insoweit in besonderem Maße auf die **Organtreue** des Bürgermeisters angewiesen. Dieser setzt die Tagesordnung für die Ratssitzungen fest – in Städten mit Stadtvorstand mit dessen Zustimmung, ansonsten im Benehmen mit den Beigeordneten – und leitet regelmäßig die Sitzungen (§ 34 V 1, 36 I 1 Halbs. 1, 58 I Nr. 2 GemO – vgl. Rn. 103 f. und 109). Er bereitet die Beschlüsse des Rates und seiner Ausschüsse vor und führt sie aus (§ 47 I 2 Nr. 1, 2 GemO). 88

(Erst) mit der Ausführung der Beschlüsse hängt deren kommunalinterne Kontrolle gem. § 42 GemO (Rn. 162 ff.) zusammen. Wegen dieses systematischen Kontexts darf der Bürgermeister Tagesordnungspunkte, deren Beratung eine Fraktion oder ein Viertel der Ratsmitglieder gem. § 34 V 2 GemO verlangt und die in den Zuständigkeitsbereich des Gemeinderates (Rn. 98 f.) fallen, nicht bereits vor der Sitzung »aussetzen«, weil sie nach seiner Ansicht auf rechtswidrige Beschlüsse gerichtet sind.²⁰⁶

Schließlich sind der Bürgermeister und im jeweils eigenen Geschäftsbereich die Beigeordneten auch **gesetzliche Vertreter** der Gemeinde nach §§ 47 I 1, 50 III 3 GemO. Außer der Vertretung bei Rechtsgeschäften (Rn. 151 ff.) ist hier auch die protokollarische Repräsentation als »Kommunaloberhaupt«, z.B. bei Veranstaltungen, gemeint (vgl. § 50 II 7 GemO).²⁰⁷

Seine Zuständigkeiten kann weder der Bürgermeister auf den Rat **delegieren,** noch kann dieser sie an sich ziehen.²⁰⁸ Hingegen kann der **Gemeinderat** seine Kompetenzen in den Grenzen des § 32 II, III GemO (Rn. 106) an den Bürgermeister abgeben. Reicht eine Delegation dieser Art über den Einzelfall hinaus, so bedarf sie nach § 47 I 3 GemO einer Regelung in der Hauptsatzung. Überträgt der Bürgermeister Beigeordneten »einzelne Amtsgeschäfte« außerhalb von deren Geschäftsbereichen (§ 50 III 2 GemO), so verändert er auch damit nicht die Zuständigkeitsordnung, sondern regelt nur im Einzelfall die eigene Vertretung abweichend vom Grundsatz des § 50 II 1 GemO. 89

Ausnahmsweise kann der Bürgermeister gem. § 48 GemO von sich aus an Stelle des Gemeinderates oder eines seiner Ausschüsse eine Entscheidung treffen. Das Vertretungsorgan kann diese **Eilentscheidung** ohne besonderen Grund aufheben, jedoch nur insoweit, als daraus noch keine Rechte Dritter entstanden sind. Das Eilentscheidungsrecht ist allerdings formell und materiell eng begrenzt. Fehlt es an der Eilbedürftigkeit, so sind **Verwaltungsakte,** die der Bürgermeister ohne Mitwirkung des Rates erlässt, rechtswidrig und deshalb anfechtbar, aber in aller Regel nicht nichtig.²⁰⁹ Der Erlass von 90

---

204 *Schmidt-Aßmann/Röhl*, Rn. 74; *Seewald*, Rn. 226; *Schröder*, Kommunalverfassungsrecht, Rn. 87 jew. m.w.N.; vgl. auch RhPfOVG, NVwZ-RR 1999, 524; BayVGH, NVwZ-RR 2003, 771 ff.
205 Zur Rechtslage in Bayern BayVGH, DÖV 2006, 658, 659.
206 Noch restriktiver zum nds. Recht VG Braunschweig, NdsVBl. 2007, 309 f.; großzügiger zum hess. Recht *G. Meyer*, KommJur 2008, 161, 165. S. auch Rn. 103 f.
207 BVerfGE 107, 1, 20; a. A. wohl *Schmidt-Aßmann/Röhl*, Rn. 78.
208 Vgl. zur Rechtslage in NRW VG Aachen, DÖV 2002, 39 ff.
209 RhPfOVG, MittBayNot 2006, 450; vgl. aber zu bürgerl. Rechtsgeschäften Rn. 154.

Satzungen ist regelmäßig nicht so dringlich, zumal sie typischerweise auf eine Vielzahl zukünftiger Anwendungsfälle zugeschnitten werden und dabei vielfältige Wertungen zu verarbeiten sind.[210]

91 Von der Wahrnehmung seiner Aufgaben ist der Bürgermeister **ausgeschlossen**, wenn er den betroffenen Gegenstand aus Sicht eines außen stehenden Beobachters nicht unparteiisch behandeln kann. Dabei soll bereits der »böse Schein« einer Entscheidung aus sachfremden Motiven vermieden werden.[211] Eine **Entscheidung** im Sinne des § 22 I GemO ist auch die Abgabe einer Willenserklärung als Vertreter der Gemeinde (Rn. 152 ff.). Handelt eine ausgeschlossene Person gleichwohl für die Gemeinde, so ist die Entscheidung **unwirksam**; dasselbe gilt, wenn eine nicht ausgeschlossene Person an der Beratung oder Entscheidung gehindert und ohne sie bzw. an ihrer Statt von anderen entschieden worden ist.[212] Der Mangel wird jedoch nach Ablauf von i. d. R. drei Monaten **unbeachtlich**, wenn er nicht zuvor gerügt wird (§ 22 VI 1 bis 3 GemO).

92 Die Voraussetzungen des Ausschlusses sind in § 22 I und II GemO katalogartig aufgeführt. Nur auf den ersten Blick leicht zu beurteilen sind Fälle einer **Vorbefassung** mit dem Gegenstand der Entscheidung (§ 22 I 1 Nr. 2 GemO). Eine formale Betrachtungsweise griffe zu kurz. Vielmehr ist auf den gesamten konkreten Lebenssachverhalt abzustellen, innerhalb dessen jedoch der Gegenstand der Entscheidung und die frühere Tätigkeit der betroffenen Person in engem zeitlichen und sachlichen Zusammenhang stehen müssen.[213] Vergleichsweise einfach ist festzustellen, welche natürlichen und juristischen Personen zu dem Funktionsträger in einem der von § 22 I 1 Nrn. 1 und 3, II GemO genannten Näheverhältnisse stehen. **Vor-** und **Nachteile**, die zum Ausschluss des Betroffenen oder einer ihm nahe stehenden Person führen, können rechtliche, wirtschaftliche oder ideelle Interessen aller Art sein.[214] Sie sind nach § 22 III GemO nur dann irrelevant, wenn der Betroffene als Angehöriger einer abgrenzbaren Bevölkerungsgruppe, d.h. in einem gerade dieser Gruppe gemeinsamen Belang berührt wird. Ein solcher **Gruppenvorteil** oder -nachteil liegt nicht vor, wenn die betroffenen Personen erst durch die Entscheidung von der übrigen Bevölkerung abgegrenzt werden, z.B. durch den Erlass eines Bebauungsplans, der den Grundstückseigentümern einen Wertzuwachs oder -verlust einträgt.[215]

b) Die Beigeordneten und der Stadt- oder Kreisvorstand

93 Die Beigeordneten unterstützen den Bürgermeister bei der Leitung der Gemeindeverwaltung und der Zusammenarbeit mit dem Gemeinderat. Im Gegensatz zu ihm werden die Beigeordneten nie direkt von den Bürgern, sondern stets durch den Rat gewählt (§ 53a I GemO). Ihre Rechtsstellung, ihre Amtszeit und die Unvereinbarkeit des Amtes mit anderen Funktionen sind ähnlich wie bei den Bürgermeistern geregelt. Allerdings

---

210 *Schröder*, Kommunalverfassungsrecht, Rn. 89. Zum Erlass durch die Kommunalaufsichtsbehörde Rn. 178.
211 RhPfOVG, NVwZ 1984, 670; *Röhl*, Jura 2006, 725 ff.; *Schäfer*, VBlBW 2003, 271, 272.
212 *Müller-Franken*, BayVBl. 2001, 136, 140.
213 VG Koblenz, NVwZ-RR 2006, 717, 718 m. w. N.; s. auch HessVGH, LKRZ 2007, 189 f.
214 *Seewald*, Rn. 206.
215 RhPfOVG, AS 10, 77, 79; 25, 161, 164; NVwZ-RR 2000, 103, 104; MVOVG, LKV 2006, 222, 223; *Schmidt-Aßmann/Röhl*, Rn. 61.

können die **Anzahl** und der ehren- oder hauptamtliche **Status** der Beigeordneten in gewissen Grenzen durch Bestimmungen in der Hauptsatzung variiert werden.

Hauptamtliche Beigeordnete haben Anspruch auf Zuweisung eines eigenen, allerdings nicht auf die eines bestimmten, von ihnen gewünschten **Geschäftsbereichs**. Sie leiten ihn frei von Durchgriffen des Bürgermeisters.[216] Den Zuschnitt der Geschäftsbereiche legt nach § 50 III 1, IV 2, 4 GemO zwar der Bürgermeister im Einvernehmen mit dem Gemeinderat fest. Vor übermäßigen und willkürlichen Änderungen des Ressortzuschnitts sind die Beigeordneten jedoch geschützt (§ 50 VI 2 GemO).[217] Die Leitung eines Geschäftsbereichs ist grundsätzlich **unvereinbar** mit der Mitgliedschaft im Gemeinderat. Dies ist für ehrenamtliche Beigeordnete in § 50 VIII 1 GemO ausdrücklich geregelt, ergibt sich im Übrigen aber auch aus § 5 I Nr. 1 KWG i.V.m. § 54 I 1 GemO. Ausgenommen sind die (ehrenamtlichen) Beigeordneten in Ortsgemeinden durch § 50 VIII 2 GemO.

94

In allen Landkreisen sowie in den Städten mit zwei und mehr hauptamtlichen Beigeordneten – die gem. § 51 II 2 GemO über 25.000 Einwohner haben müssen – ist ein **Kreis**- bzw. **Stadtvorstand** zu bilden. Er besteht aus dem Landrat bzw. Bürgermeister und den Beigeordneten (§§ 50 I LKO, 57 II Halbs. 1 GemO). Der Stadt- oder Kreisvorstand hat keine originäre Entscheidungszuständigkeit, kann aber bestimmte Entscheidungen des Bürgermeisters oder Landrats verhindern, weil sie seiner **Zustimmung** bedürfen (§§ 51 I LKO, 58 I, II GemO).[218] Darüber hinaus dient der Kommunalvorstand nach §§ 50 VII, 58 III 2, IV GemO, 41 III, 51 II, III LKO als **Beratungs-** und **Koordinationsgremium** für die Leitung der Geschäftsbereiche, die Vorbereitung der Beschlüsse des Gemeinderats und die Herstellung eines Benehmens zwischen dem Bürgermeister bzw. Landrat und den Beigeordneten.

95

2. Der Gemeinderat (Stadtrat)

Der Gemeinderat ist zwar im Gegensatz zum staatlichen Parlament kein Gesetzgebungs-, sondern ein **Verwaltungsorgan**. In seiner Funktion als Anlaufstelle für Petitionen, Leitungs-, Kontroll- und Willensbildungsorgan der Gemeinde ist er aber auch eine Art **Kommunalparlament**.[219] Art. 28 I 2 GG gebietet daher, dass seine Mitglieder ihr Amt frei und gleich ausüben können (näher Rn. 119). Der Rat verfügt allerdings nicht über ein Untersuchungsrecht, kann sich nicht selbst versammeln,[220] die in ihn eingebrachten Vorlagen und seine Geschäftsordnung verfallen nach Ende der Wahlperiode nicht der Diskontinuität (vgl. § 37 II 2 Halbs. 2 GemO) und seine Mitglieder besitzen nicht dieselben Schutzrechte wie Abgeordnete (Rn. 118).

96

---

216 Anders als in NRW, vgl. dazu *Jordans*, KommJur 2004, 49, 52.
217 Zur Abgrenzung NRWOVG, NWVBl. 2004, 348 ff.; zum Verfahren MVOVG, DÖV 2005, 214 f.
218 Zur abw. Regelung in NRW *Schmitz*, VR 2005, 344, 345.
219 *Schröder*, Kommunalverfassungsrecht, Rn. 68; *Dolderer*, DÖV 2009, 146, 149; abl. *Seewald*, Rn. 190; *v. Ungern-Sternberg*, Jura 2007, 256, 259.
220 *Seewald*, Rn. 210; vgl. auch § 34 I 4 GemO.

a) Organzuständigkeiten und -rechte

97 Wie sich aus § 33 III 1 GemO ergibt, kann der Gemeinderat sich mit allen Angelegenheiten der Gemeinde und ihrer Verwaltung befassen. Als »Vertretung der Bürger« artikuliert er auch deren Interessen und berät gem. § 16b GemO über ihre Anregungen und Beschwerden. Er kann aus eigener Initiative Sachverständige oder Vertreter berührter Bevölkerungsteile **anhören** (§ 35 II 1 GemO).

98 Darüber hinaus hat der Rat eine aktive Leitungsfunktion. Seine Beschlüsse **binden** im Rahmen seiner Kompetenzen außer den Beigeordneten (§ 50 VI 1 GemO) auch den Bürgermeister, wenn er einen Geschäftsbereich leitet, soweit der Gemeinderat ihm eigene Aufgaben nur mit bestimmten Maßgaben übertragen hat und selbstverständlich insoweit, als er die Beschlüsse des Rates ausführt. Die Bindungswirkung betrifft allerdings nur Maßnahmen, die einem Beschluss des Rates nachfolgen, berechtigt diesen hingegen nicht zur Aufhebung bereits getroffener Entscheidungen.[221] Die Ausführung seiner Beschlüsse **überwacht** der Gemeinderat (§ 32 I 3 GemO). Die Beschluss- und Richtlinienkompetenz beschränkt sich zwar auf den **Selbstverwaltungsbereich,** wie sich im Umkehrschluss aus § 47 I 2 Nr. 4 GemO ergibt. Auf die Erledigung der **Auftragsangelegenheiten** übt der Rat aber indirekt Einfluss aus,[222] indem er »Grundsätze für die Verwaltung« aufstellt, seine Informationsrechte ausübt (Rn. 99 ff.)[223] und die zentralen Organisations-, Haushalts- und Personalentscheidungen trifft.

99 In seine Leitungs-, Kontroll- und Willensbildungsfunktion bildet der Rat ein Kontrastorgan gegenüber dem Bürgermeister. Daher besitzt er ihm gegenüber **Interorganrechte**, obwohl beide Organe derselben juristischen Person angehören. Im Einzelnen hat der Rat nach § 33 I 1 Halbs. 1 GemO ein Recht auf **Vorbereitung** seiner Sitzungen durch den Bürgermeister[224] sowie ein Recht auf **Unterrichtung** über wichtige Angelegenheiten der Kommune. Für wirtschaftliche und finanzielle Angelegenheiten gestalten §§ 33 I 1 Halbs. 2, 33 II und 90 GemO dieses Recht näher aus.[225] Im Übrigen kann der Rat selbst durch Mehrheitsbeschluss gem. § 40 I 1 GemO oder ein qualifizierter Teil an seiner Statt nach § 33 III 1 GemO im Einzelfall konkretisieren, was eine »wichtige« Frage ist, indem sie das Unterrichtungsrecht geltend machen.

In den Landkreisen erfasst die Konkretisierungsbefugnis dem missverständlichen Wortlaut des § 26 III 1 LKO zum Trotz nicht die staatlichen Aufgaben der Kreisverwaltung. Sie ist in diesem Aufgabenbereich funktional nicht Verwaltung des Landkreises, sondern »staatliche« Behörde (Rn. 18).

100 Eng mit dem Unterrichtungsrecht zusammen hängt das Recht auf **Akteneinsicht**. Der Rat kann selbst wählen, ob er es durch einen Ausschuss oder durch einzelne Mitglieder wahrnimmt, und bestimmen, welche Mitglieder oder welcher Ausschuss dies sein sol-

---

[221] NRWOVG, NVwZ-RR 2007, 625, 626.
[222] A.A. *Seewald*, Rn. 192.
[223] Zu deren Reichweite *Kluth*, § 95 Rn. 90.
[224] NRWOVG, NWVBl. 2008, 65, 66.
[225] Vgl. VG Oldenburg, NdsVBl. 2008, 140, 141 ff.; allgemein *Teuber*, NWVBl. 2008, 249, 251 f.

len.[226] Das Akteneinsichtsrecht entsteht nicht erst im Anschluss an die kontrollierte Verwaltungstätigkeit, sondern betrifft auch noch nicht abgeschlossene Vorgänge.[227] Weitere, nicht ausdrücklich geregelte Informationsrechte ergeben sich **als Annex** zu den nicht delegierbaren Kernzuständigkeiten des Gemeinderates (Rn. 106). So darf seinen Mitgliedern z.b. nicht verheimlicht werden, welche Personen sich um eine Beigeordnetenstelle beworben haben.[228]

Alle Informationsrechte stehen unter dem Vorbehalt überwiegender Interessen an der **Geheimhaltung** der offen zu legenden Daten (§ 33 V GemO). Davon ausgenommen sind die in §§ 33 II, 90 GemO aufgeführten Sachverhalte und solche Angelegenheiten, über die der Rat als Ganzer Auskunft verlangt. 101

Bei den beiden erstgenannten Ausnahmen hat der Gesetzgeber eine im Regelfall angemessene Interessenabwägung vorgenommen.[229] Verlangt der Gemeinderat die Unterrichtung in sonstigen Angelegenheiten und wiegen insoweit die Privat- oder Geschäfts- und Betriebsgeheimnisse Dritter schwerer als das kommunale Interesse an der Mitteilung, so ist die Unterrichtung aber unmittelbar aufgrund von Art. 2 I i.V.m. 1 I oder 12 I GG unzulässig. Das gilt z.b. für die Frage, welche Versicherungen ein Bürgermeister für sich persönlich abgeschlossen hat.[230]

Seine Rechte kann der Rat im sog. **Kommunalverfassungsstreit** gerichtlich gegen den Bürgermeister durchsetzen. Beide Organe sind insoweit beteiligtenfähig nach bzw. analog zu § 61 Nr. 2 VwGO. Gleiches gilt bei Zuständigkeitsstreitigkeiten zwischen den beiden Organen oder mit den Ausschüssen und Fraktionen des Gemeinderates.[231] Besonderheiten sind bei Streitigkeiten um die Aussetzung von Beschlüssen (Rn. 162 ff.) zu beachten. Die Entscheidung der Aufsichtsbehörde nach § 42 II GemO ersetzt prozessual den von ihr bestätigten Aussetzungsbeschluss; der Gemeinderat kann erst gegen diese Entscheidung klagen.[232] 102

b) Unterorgane

Unterorgane des Gemeinderates sind ihr Vorsitzender, ggf. der Ältestenrat und ihre Ausschüsse. Den **Vorsitz** führt der Bürgermeister, dessen Vertreter oder, wenn beide verhindert sind, ein gewähltes Ratsmitglied. Aufgabe des Vorsitzenden ist, die Sitzungen **einzuberufen** und zu **leiten**. Er hat bei der Beschlussfassung gem. § 36 III GemO ein **Stimmrecht** kraft Amtes. In den Fällen des § 36 III 2 GemO ruht nur dieses Stimmrecht als Vorsitzender, nicht aber ggf. dasjenige eines Vorsitzenden, der Mitglied des Gemeinderates ist, als solchen. Bei der Entscheidung über die Auflösung und/oder Neubildung von Ausschüssen ruht es – anders als bei der Wahl der Ausschussmitglieder – nicht.[233] 103

---

226 A.A. zur hessischen Parallelvorschrift HessVGH, NVwZ 2003, 1525, 1526; krit. dazu *Schütz*, NVwZ 2003, 1469 ff. Allgemeiner Überblick: *Eiermann*, NVwZ 2005, 43 ff.; *ders.*, VBlBW 2007, 15 ff.
227 NRWOVG, NVwZ-RR 2007, 625, 626.
228 Frappantes Beispiel: NRWOVG, NVwZ-RR 2003, 225, 226 f.
229 Zur Lockerung der gesellschaftsrechtl. Verschwiegenheitspflicht der kommunalen Vertreter gegenüber dem Gemeinderat BayVGH, NVwZ-RR 2007, 622, 623 f.; *Battke/Voigt*, SächsVBl. 2006, 273, 275 f.
230 VG Gießen, NVwZ-RR 2003, 378, 379; allg. *Petri*, NVwZ 2005, 399 ff.
231 Vgl. *Hufen,* Verwaltungsprozessrecht, 7. Aufl. 2008, S. 367 ff.; *Franz*, Jura 2005, 156, 160; *Stumpf*, BayVBl. 2000, 103, 109.
232 Vgl. RhPfVerfGH, NVwZ 2001, 912, 913.
233 NRWOVG, NWVBl. 2004, 436 f. S. zum Verfahren i.Ü. auch Rn. 126 ff.

104 Zur Aufrechterhaltung der **Ordnung** hat der Vorsitzende abgestufte[234] Befugnisse gegenüber den Ratsmitgliedern nach § 38 GemO. Ein Ordnungsruf wegen »grober Ungebühr« setzt voraus, dass das Verhalten des Mitglieds bei verständiger Würdigung aller Umstände unerträglich ist.[235] Gegenüber Ratsmitgliedern, die nach § 38 I 2 Halbs. 1 GemO von der Sitzung ausgeschlossen, nicht aber des Raumes verwiesen worden sind, und Besuchern übt der Vorsitzende nach § 36 II GemO das **Hausrecht** im Sitzungsraum aus. Außerhalb eigener Räume der Gemeinde nimmt er dabei das Hausrecht des privaten Eigentümers oder Besitzers wahr.[236]

105 Nach § 34a GemO kann der Gemeinderat in Anlehnung an die staatlichen Parlamente einen **Ältestenrat** bilden, der den Bürgermeister bei der Vorbereitung der Plenararbeit unterstützt. Die wichtigsten Unterorgane des Rates sind indes seine **Ausschüsse**.[237] Ein Gemeinderat kann Ausschüsse frei bilden und auflösen, ihre Zuständigkeiten festlegen und ändern (§ 44 I 1, II 1, III 1 GemO). Er kann auf die Einrichtung von Ausschüssen auch ganz verzichten. Die Ausschüsse ihrerseits besitzen kein Selbstorganisationsrecht; die Geschäftsordnung des Rates gilt für sie entsprechend (§ 46 V 1 GemO). Kraft dieser Verweisung gelten in den Ausschüssen weitgehend dieselben Verfahrensregeln (Rn. 126 ff.) wie im Gemeinderat.

106 Aufgabe der Ausschüsse ist entweder, die Entscheidungen des Gesamtorgans vorzubereiten (beratende Ausschüsse) oder sie an seiner Statt zu treffen (beschließende Ausschüsse). Von der Übertragung der Beschlussfassung auf Ausschüsse **ausgeschlossen** ist der »harte Kern der Führungsaufgaben«.[238] Neben den in § 32 II GemO katalogartig aufgezählten Fällen sind dem Rat die Entscheidungen über seine eigene Organisation und die Statusrechte ihrer Mitglieder vorbehalten. Dasselbe gilt im Verhältnis zum Bürgermeister für Entscheidungen, die er als Träger kontrastierender Interessen trifft.

Beispiele:
- Nicht übertragbar sind der Erlass einer Geschäftsordnung (§ 37 I GemO), die Entscheidungen über den Bestand und die Besetzung[239] von Ausschüssen (§§ 44 I 1, III und 45 GemO), über den Ausschluss und die Mitwirkung von Mitgliedern (§§ 31, 38 III, 22 IV 2 GemO) sowie ihre Entbindung von der Schweigepflicht (Rn. 122). Seine eigenen beanstandeten Beschlüsse kann der Rat nur selbst nach § 42 II 1 GemO bestätigen. Auch über die Zulässigkeit von Einwohneranträgen oder die Durchführung einer Maßnahme, die mit einem Bürgerbegehren verlangt wird (§§ 17 VI 1, 17a V GemO), kann nur der Rat als Ganzer entscheiden.
- Hingegen darf ein Gemeinderat seine Zustimmung zur Übertragung von Geschäftsbereichen auf Beigeordnete gem. § 50 IV 3 GemO einem Ausschuss überlassen, wie sich im Umkehrschluss aus § 25 II Nr. 7 LKO ergibt. Missverständlich formuliert ist § 32 II Nr. 8 GemO, der die Verleihung, nicht aber den Entzug des Ehrenbürgerrechts zu den Vorbehaltsaufgaben zu zählen scheint. Die qualifizierte Mehrheit, die § 23 II GemO für den Entzug vorsieht, schließt auch die Übertragung dieser Entscheidung auf einen Ausschuss aus.

107 Die **Ausschussmitglieder** werden auf Grund von zuvor eingereichten Wahlvorschlägen (§ 40 II GemO) durch den Rat gewählt. Neben Mitgliedern des Gemeinderates können

---

234 Vgl. zur ähnl. Abstufung nach hess. Recht VG Gießen, NVwZ-RR 2002, 598, 599.
235 RhPfOVG, NVwZ-RR 1996, 52, 53.
236 A. A. *Schmidt-Aßmann/Röhl*, Rn. 63 (öffentlich-rechtliches Hausrecht).
237 Überblick bei *Rothe*, VR 2003, 55 ff.
238 *Schmidt-Aßmann/Röhl*, Rn. 69.
239 Insoweit wie hier *Schröder*, Kommunalverfassungsrecht, Rn. 79.

in die Ratsausschüsse auch sog. **sachkundige Bürger** gewählt werden und in begründeten Ausnahmefällen dort sogar die Mehrheit bilden (§ 44 I 2 GemO).[240] Die personelle demokratische Legitimation dieser Mitglieder leitet sich allein aus ihrer mittelbaren Wahl durch den Rat ab. Soweit sie in einem beschließenden Ausschuss die Mehrheit bilden, ist diese Absenkung des Legitimationsniveaus dadurch in sachlich-inhaltlicher Hinsicht zu kompensieren,[241] dass die Beschlusskompetenzen des Ausschusses eng begrenzt oder durch Richtlinien gebunden werden.

Nach § 45 GemO ist das Stärkeverhältnis politischer Parteien und anderer Gruppen von Ratsmitgliedern in den Ausschüssen abzubilden. Zugleich ist dem Mitwirkungsrecht der einzelnen Ratsmitglieder (Rn. 119) so weit wie möglich Rechnung zu tragen. Ändert sich das Stärkeverhältnis im Laufe der Wahlperiode, so sind nach § 45 III GemO auch die Ausschüsse **neu** zu besetzen. Dabei sind alle Ausschussmitglieder neu zu wählen.[242] **108**

Keine Änderung der Gruppenstärken ist es, wenn der Gesetzgeber während der Wahlperiode ein anderes Sitzverteilungsverfahren einführt und die politischen Gruppen größer oder kleiner **wären**, wenn es schon bei der vergangenen Gemeinderatswahl gegolten hätte.[243] Die Wahl nach **gemeinsamen Wahlvorschlägen** verschiedener politischer Gruppen ist mit Art. 28 I 2 GG nicht vereinbar, denn sie könnte zu Ergebnissen führen, die dem Grundsatz spiegelbildlicher Zusammensetzung von Plenum und Ausschüssen widersprechen.[244] Gleiches gilt für die Zuteilung eines »Vorausmandats« an eine politische Gruppe, die die absolute Mehrheit der Stimmen erreicht hat.[245]

Geborener **Ausschussvorsitzender** ist außer dem Bürgermeister auch der Beigeordnete, in dessen Geschäftsbereich die Zuständigkeiten des Ausschusses fallen. Er hat dort dieselben Leitungsbefugnisse wie der Bürgermeister. Bestimmte Befugnisse des Bürgermeisters bestehen indes auch in diesem Fall neben denen der Beigeordneten fort (§ 46 I 2, II, III, V 2 GemO). Im Rechnungsprüfungsausschuss führt ein dazu gewähltes Ratsmitglied den Vorsitz. Bürgermeister und Beigeordnete haben hier Rede-, aber kein Stimmrecht (§ 110 I 3, III GemO). Sie dürfen Beschlüsse des Rechnungsprüfungsausschusses auch nicht gem. §§ 46 V, 42 GemO aussetzen, da auf diese Weise die Kontrollfunktion des Rechnungsprüfungsverfahrens unterlaufen würde. **109**

Der Rechnungsprüfungsausschuss ist trotz der ungenauen Formulierung in § 110 I 2 GemO ein Gemeinde**rats**ausschuss. Keine Ratsausschüsse sind hingegen Institutionen, die zwar ebenfalls als »Ausschüsse« firmieren und ganz oder zum Teil vom Stadtrat gewählt werden, aber verwaltungsfachliche Aufgaben wahrnehmen und **bei der Gemeindeverwaltung** errichtet werden. **110**

---

240 Dazu *Pünder*, DVBl. 2002, 381 ff. Krit. *Lohner/Zieglmeier*, BayVBl. 2007, 481, 482, Fn. 5 unter Verweis auf den Grundsatz spiegelbildlicher Zusammensetzung von Rat und Ausschuss.
241 Vgl. BVerfGE 107, 59, 87 f.
242 Zur Abberufung einzelner Ausschussmitglieder NRWOVG, NVwZ-RR 2003, 228 f.; vgl. auch NdsOVG, NdsVBl. 2006, 496 ff.; *Franz*, LKV 2004, 497, 500.
243 NdsOVG, NdsVBl. 2006, 22, 23.
244 BVerwGE 119, 305, 308; dazu *Burghart,* NdsVBl. 2004, 226 ff.; *Geerlings/Maaß*, DÖV 2005, 644 ff.; *Goerlich/T. Schmidt*, LKV 2005, 7 ff.; a. A. HessVGH, NVwZ-RR 2008, 807, 808 f. Zur Sicherung der spiegelbildlichen Zusammensetzung *Wagner/Raithel*, BayVBl. 2007, 712 ff.; zur Unübertragbarkeit dieses Grundsatzes auf Beigeordnetenwahlen SächsOVG, LKV 2006, 82, 85 f.
245 Vgl. BVerfGE 112, 118, 146 f. (zum Vermittlungsausschuss); a. A. NdsOVG, DVBl. 2008, 1125, 1127 f.

Beispiele:
- Stadtrechtsausschüsse (§§ 6 ff. AGVwGO; näher Rn. 158 f.)
- Umlegungsausschüsse und Gutachterausschüsse nach §§ 46 und 192 BauGB (UmlegungsausschussVO – BS 213-2; GutachterausschussVO – BS 213-10)
- Jugendhilfeausschüsse nach § 71 SGB VIII[246]

111 Auch die **Beiräte** bestimmter, durch persönliche Eigenschaften oder ihren Wohnort verbundener Bevölkerungsgruppen sind keine Unterorgane des Gemeinderates. Diejenigen Gremien, deren Einrichtung die §§ 56 bis 56b und 64 II Nr. 6 GemO ermöglichen bzw. im Fall des **Beirates für Migration und Integration**[247] ab einer gewissen Zahl ausländischer Einwohner zur Pflicht machen, artikulieren spezifische Interessen gegenüber den Gemeindeorganen, können sie aber nicht durchsetzen. Ihr Initiativrecht bindet den Gemeinderat so wenig wie ein Einwohnerantrag (Rn. 196 f.). Dass manche Bürger in ihnen zusätzlich zum Gemeinderat ein zweites Mal repräsentiert sind, widerspricht daher nicht dem Demokratieprinzip.[248] Gleiches gilt für die Repräsentation der Einwohner einzelner Stadt- oder Gemeindeteile in **Ortsbeiräten** (§ 75 GemO). Die Ortsbeiräte üben ungeachtet ihrer unmittelbaren demokratischen Legitimation nach § 75 IV GemO keine von der Vertretung der Gesamtgemeinde unabhängige Staatsgewalt aus. Es verletzt daher nicht die Gleichheit aller Bürger, wenn nur in den Vororten einer Stadt gem. § 74 GemO Ortsbezirke gebildet sind, nicht aber für die Kernstadt.[249]

c) Mitglieder und Fraktionen

112 Der Gemeinderat besteht aus dem Vorsitzenden sowie je nach der Größe der Gemeinde aus 6 bis 60 gewählten Mitgliedern (§ 29 I 1, II GemO). Wo die GemO von der gesetzlichen Mitgliederzahl spricht, ist stets die gesetzliche Zahl der **gewählten Mitglieder** gemeint.[250] Das gilt auch in den Fällen, in denen ein bestimmter Bruchteil der Mitgliederzahl genannt ist. Diese Zahl kann durch das Ausscheiden einzelner Mitglieder u.U. absinken (Rn. 125). Die Mitglieder werden grundsätzlich in einem einheitlichen Wahlakt auf die **Dauer** der Wahlperiode der Vertretung, d.h. nach § 29 I 2 GemO regelmäßig von fünf Jahren, gewählt (vgl. Rn. 212 f.). Das Mandat ist nach §§ 5, 53, 54 I und 55 I KWG im Wesentlichen mit denselben Dienst- und Arbeitsverhältnissen **unvereinbar** wie das Amt als Bürgermeister (Rn. 86). Es endet mit Ablauf des Monats der nächsten Wahl (§ 71 I und II KWG).

113 Zwei oder mehr Ratsmitglieder können sich zu einer **Fraktion** zusammenschließen. § 30a I GemO gibt die Zahl von zwei Mitgliedern nicht als Mindestgrenze, sondern fest vor. Sie kann nicht durch die Geschäftsordnung erhöht werden.[251] Notwendig ist aber eine grundsätzliche politische Übereinstimmung. Im **allgemeinen Rechtsverkehr** tritt die

---

246 Zu diesen a. A. NRWOVG, NWVBl. 2004, 433 ff. Zur analogen Anwendung der Ausschließungsregeln nach § 22 GemO dort *Lederer*, LKV 2005, 431, 432.
247 Vgl. *Edinger/Höhlein*, LKRZ 2009, 129, 131; krit. zur politischen Bedeutung des Beirates *Plackert*, VR 2007, 80, 83.
248 *Schliesky*, AfK 1998, 308, 329; a.A. *Troidl*, BayVBl. 2004, 321, 326. Allg. krit. zu Beiräten *Henneke/Ritgen*, LKRZ 2008, 361, 362.
249 RhPfOVG, DVP 2002, 251 f.; s. zur Auflösung von Ortsbezirken RhPfOVG, NVwZ-RR 2000, 375 f.
250 RhPfOVG, AS 20, 301, 309; anders noch RhPfOVG, AS 15, 144, 146; *Schaaf*, in: Gabler, § 39 GemO Anm. 1.3.1.
251 RhPfOVG, NVwZ-RR 1997, 310. Krit. zur Öffnungsklausel des § 36 I 2 HessGO *Wüstenberg*, KommJur 2006, 121, 124 f. Vgl. dazu auch HessVGH, NVwZ 2007, 107, 108.

Fraktion als Gesamthandsgemeinschaft auf, die einer Gesellschaft bürgerlichen Rechts ähnelt.[252] Sie ist berechtigt, eine eigene Öffentlichkeitsarbeit zu betreiben (§ 30a III GemO).

Die **Fraktionszugehörigkeit** ist für das einzelne Mitglied wichtig, da Fraktionen die Informationsrechte des Gemeinderates (Rn. 99 f.) im eigenen Namen geltend machen können (§ 33 III GemO) und selbst ein Recht darauf haben, dass eine Angelegenheit aus dem Aufgabenbereich des Rates, die nicht schon innerhalb der letzten sechs Monaten beraten worden ist, auf die Tagesordnung gesetzt wird (§ 34 V 2 GemO).[253] Dieses Recht umfasst auch den Anspruch, zum Beratungsgegenstand in der Sitzung eine kurze mündliche Begründung abzugeben.[254] Konflikte zwischen der Fraktion und ihren Mitgliedern sind wegen dieser Bedeutung der Fraktionszugehörigkeit für die Mitarbeit ähnlich zu behandeln wie im parlamentarischen Raum: Ein **Fraktionsausschluss** ist erst nach einer Anhörung des betroffenen Mitglieds zulässig. Inhaltlich setzt er voraus, dass das Mitglied vom politischen Konsens der Gesamtfraktion in zentralen Fragen abweicht und dadurch das Vertrauensverhältnis zu ihr nachhaltig gestört ist.[255]

114

Das Statusrecht aller Mitglieder auf **gleiche Mitwirkung** an der Arbeit des Gemeinderats (Rn. 119 ff.) schlägt sich für die Fraktionen darüber hinaus in einem Anspruch auf effektive Vorbereitung und Durchführung ihrer gemeinsamen Mitarbeit nieder. Im Einzelnen beruhen auf Art. 28 I 2 GG, 50 I 1 i. V. m. 76 I LV, § 30 I GemO derivative Teilhaberechte auf proportional gleiche Zuweisung von finanziellen und sächlichen Arbeitsmitteln,[256] ein Recht auf gleichmäßige Weitergabe von Informationen[257] sowie das Vorschlagsrecht bei der Wahl der Ausschussmitglieder gem. § 45 I 1 GemO (Rn. 107).

115

Bei der Zuteilung von **Ausschusssitzen** haben Fraktionen hingegen – wiederum anders als in Parlamenten – keine Vorrechte gegenüber einzelnen Mitgliedern. Im Vorteil sind hier allenfalls Mitgliedergruppen, die mehr als die Hälfte der Stimmen im Gemeinderat stellen und daher u. U. einen Vorabausgleich nach §§ 45 I 3 Halbs. 2 GemO, 41 I 5 KWG beanspruchen können.[258] Erst recht besteht kein Anspruch der Fraktionen auf eine proportionale Berücksichtigung ihrer Vorschläge bei der Besetzung von Beigeordnetenstellen.[259]

116

In ihrer Eigenschaft als Volksvertreter und Teile eines Kommunalorgans besitzen die Ratsmitglieder Mitwirkungsbefugnisse und flankierende Leistungsansprüche, sog. **Statusrechte**. Im Interorganverhältnis kann sich ein Ratsmitglied gegenüber dem Gesamtorgan, dem Bürgermeister oder ihren Unter- und Hilfsorganen nur auf diese Statusrechte berufen. Sie können im Einzelfall zwar sachliche Ähnlichkeiten mit **Grundrechten** auf-

117

---

252 *Lunau/Zieschang*, SächsVBl. 2008, 9, 11.
253 Zum Fehlen eines solchen Anspruchs des einzelnen Ratsmitglieds NRWOVG, NVwZ-RR 2005, 427 f.
254 ThürOVG, DVBl. 2000, 935, 936.
255 VG Gießen, DÖV 2003, 776 f.; ausführlich *Kluth*, § 95 Rn. 109 ff.
256 HessVGH, NVwZ-RR 1999, 188; BayVGH, NVwZ-RR 2000, 811, 812; NRWOVG, NVwZ 2003, 376 ff.; *Brockmann*, NWVBl. 2004, 449, 450.
257 HessVGH, DÖV 2001, 256 f.
258 Vgl. RhPfOVG, NVwZ-RR 1996, 591, 592; NRWOVG, DVBl. 2005, 987 f.; s. aber Rn. 108 a. E. zur Verfassungsmäßigkeit der Vorauszuteilung.
259 *Krah/Starke*, SächsVBl. 2004, 182, 185.

weisen. Die Mitglieder des Gemeinderats können ihre Grundrechte aber nicht zum Schutz ihrer Mandatsausübung geltend machen.

Beispiel:
Zu unterscheiden sind etwa politische Stellungnahmen, die den Schutz des freien Mandats (Rn. 119) genießen, von persönlichen Meinungsäußerungen, die nur bei Gelegenheit der Mandatsausübung getroffen werden und als solche z.b. gegen Ordnungsmaßnahmen nicht stärker von Art. 5 I 1 GG und 10 I 1 LV geschützt sind als die Äußerungen jedes Anderen.

Dies schließt indes nicht aus, dass ein Ratsmitglied sich gegen **Beeinträchtigungen** seiner grundrechtlich geschützten persönlichen Güter zur Wehr setzt, denen es gerade aufgrund seiner Mitarbeit im Gemeinderat ausgesetzt ist.[260]

118 Weitgehend den Statusrechten der Abgeordneten angenähert sind der **Schutz** gegenüber dem Arbeitgeber vor Kündigung anlässlich der Bewerbung und Ausübung sowie auf Freistellung zur Wahrnehmung des Mandats und der Schutz gegenüber jedermann vor einer Hinderung an der Übernahme und Ausübung des Mandats (§ 18a GemO). Die Ratsmitglieder genießen aber weder Indemnität für ihre Äußerungen[261] noch Immunität gegenüber den Strafverfolgungsbehörden, sondern haften strafrechtlich sogar verschärft als Amtsträger.[262] Die **Entschädigung** nach § 18 IV GemO hat anders als bei Abgeordneten,[263] hauptamtlichen Bürgermeistern und Beigeordneten keinen Entgeltcharakter, sondern ist nur ein Aufwandsersatz.[264] § 30 I Halbs. 1 GemO bringt dies zum Ausdruck, indem er bei großer Ähnlichkeit im Übrigen darin von Art. 38 I 2 GG und 79 II LV abweicht, dass das Ratsmandat »unentgeltlich« ausgeübt wird.

119 Als zentrales Statusrecht garantiert § 30 I Halbs. 1 GemO den Ratsmitgliedern ein **freies Mandat,** das in seinen einzelnen Ausgestaltungen weitgehend den Mitwirkungsrechten Abgeordneter angenähert ist.[265] Es ist als Ausprägung des Prinzips der repräsentativen Demokratie auf kommunaler Ebene zugleich verfassungsrechtlich durch Art. 28 I 2 GG, 50 I 1 i.V.m. 76 I LV geboten. Die Gleichheit der repräsentierten Bürger in der freien Ausübung ihres Wahlrechts setzt sich auch auf kommunaler Ebene in der gleichen Befugnis aller Volksvertreter zur freien Mandatsausübung fort.[266] Im Einzelnen folgt daraus, dass alle Ratsmitglieder im Plenum und in den Ausschüssen, denen sie angehören, ein Recht haben, **Anträge** zu stellen (§ 30 IV GemO), angemessene **Redezeiten** zu erhalten, um ihre Anträge zu begründen, und schließlich auch an der **Abstimmung** nach § 40 I 1 GemO teilzunehmen.

120 Um an der Ratsarbeit effektiv mitwirken zu können, haben die Mitglieder aufgrund von § 34 II 1 und III GemO auch einen Anspruch auf rechtzeitige, formgerechte **Einladung** zu den Sitzungen unter vollständiger Mitteilung der Tagesordnung. Eine Verletzung dieses Rechts wird jedoch unbeachtlich, wenn das betroffene Ratsmitglied zu der Sitzung erscheint oder bis zum Beginn der Sitzung darauf verzichtet, den Fehler zu rügen (§ 34

---

260 S. insb. HessVGH, NJW 2003, 2471 ff.; NJW 2006, 1227 f.
261 RhPfOVG, NVwZ 1996, 1133, 1134 f.; *Schröder*, Kommunalverfassungsrecht, Rn. 71.
262 BGH, NJW 2004, 3569, 3573 f.; NJW 2006, 2050, 2052 f.; dazu *Ipsen*, NdsVBl. 2006, 321 ff.
263 Vgl. BVerfGE 40, 296, 316; 102, 224, 239.
264 Zur Abrechnung tatsächlich entstandenen Verdienstausfalls HessVGH, DÖV 2005, 212 f.
265 BVerfGE 93, 373, 377; BVerwGE 90, 104, 105; BVerwG, NVwZ 1993, 209; *Kluth*, § 95 Rn. 76.
266 Zur Statusgleichheit der Landtagsabgeordneten BVerfGE 102, 224, 238.

IV. Inneres Organisationsrecht der Gemeinden

IV GemO). Einladung und Verzicht können schriftlich oder in elektronischer Form übermittelt werden. Einer förmlichen Zustellung der Sitzungsunterlagen bedarf es nicht.[267]

Soweit die Sitzungen öffentlich sind (Rn. 128 f.), haben die Mitglieder auch ein Recht auf Wahrung der **Öffentlichkeit**.[268] Umstritten ist, ob es in den Gemeinderäten – so wie auf staatlicher Ebene – ein Recht auf Mitgliedschaft in (irgend-)einem **Ausschuss** gibt. Dies ist zu bejahen, da die effektive Möglichkeit zur Mitwirkung hier ebenso stark von der Ausschussarbeit abhängig ist wie in staatlichen Parlamenten.[269] Auch können Gemeinderäte im Gegensatz zu Parlamenten, wenngleich nur begrenzt, Beschlusskompetenzen an ihre Ausschüsse delegieren. Gegen seine Abberufung als Aufsichtsratsmitglied bei einer kommunalen Kapitalgesellschaft hingegen kann sich ein Ratsmitglied nicht wehren.[270] **121**

Die Mitglieder haben gem. § 33 IV 1 GemO des Weiteren das Recht, dem Bürgermeister innerhalb und außerhalb der Sitzungen **Fragen** zu allen Angelegenheiten der Gemeinde und ihrer Verwaltung zu stellen und darauf binnen angemessener Frist eine aussagekräftige **Antwort** zu erhalten. Beschränkt wird dieses Recht u.a. durch das Beschlussfassungsrecht der Kommunalvertretung als Ganzer.[271] Da die Mitwirkung an der kommunalen Verwaltungstätigkeit den Ratsmitgliedern Zugang zu Geheimnissen der Gemeinde oder Dritter verschaffen kann, verpflichtet § 20 I GemO sie zur **Verschwiegenheit** über geheimhaltungsbedürftige Angelegenheiten. Die praktische Relevanz dieser Pflicht ist am größten bei Gegenständen nichtöffentlicher Sitzungen, da sie gem. § 20 I 4 GemO umfassender Geheimhaltung unterliegen.[272] **122**

Wer zum Ratsmitglied gewählt wird, ist zwar – im Unterschied zu sonstigen Ehrenämtern – nicht **verpflichtet**, das Mandat zu übernehmen (§ 18 I GemO). Auch der Verzicht auf das Mandat gem. § 30 III GemO (Rn. 125) ist jederzeit möglich. Wer es allerdings wahrnimmt, ist nach § 30 I GemO zur **Mitarbeit** nicht nur berechtigt, sondern zugleich verpflichtet.[273] Ergänzt wird diese Hauptpflicht durch die Nebenpflicht zur **Gemeindetreue**. Sie schlägt sich konkret nieder in dem Verbot, Interessen und Ansprüche Dritter gegenüber der Gemeinde zu vertreten, es sei denn als gesetzlicher Vertreter des Dritten (§ 21 I GemO). Dabei ist unerheblich, ob der Anspruch sich auf eine Selbstverwaltungs- oder eine Auftragsangelegenheit bezieht.[274] Allerdings ist das Verbot auf den Mandatsträger begrenzt; es erfasst nicht seine Familienangehörigen oder Kanzleipartner.[275] Anders als Bürgermeister sind die Mitglieder der Vertretung hingegen nicht zur **Verfassungstreue** verpflichtet. Aggressiv-kämpferische Betätigungen gegen das Grundgesetz oder gegen die Landesverfassung, die das in Art. 18 und 21 II GG angesprochene Maß erreichen, führen aber zwingend zum Ausschluss aus der Vertretung (§ 31 II GemO). **123**

---

267 *Werres*, NWVBl. 2004, 294, 296.
268 HessVGH, LKRZ 2009, 22, 23 f.
269 *Groh*, NWVBl. 2001, 41, 44; a.A. RhPfOVG, NVwZ-RR 1996, 460, 461.
270 NRWOVG, DÖV 2002, 917, 918.
271 Dazu BadWürttVGH, DVBl. 2003, 276, 277.
272 Ebenso zum nrw. Recht NRWOVG, DÖV 2001, 916 f.; zweifelnd *Seewald*, Rn. 213.
273 Zur Durchsetzung dieser Pflicht vgl. VG Sigmaringen, NVwZ-RR 2005, 428 f.
274 VG Schleswig, NVwZ-RR 2001, 596 (zu Weisungsaufgaben nach schlh. Recht).
275 BVerfGE 61, 68, 73 f. Zum Verhältnis zu § 3 II BRAO wohl unrichtig VG Schleswig, NVwZ-RR 2001, 596.

124 Auch für die Mitglieder des Gemeinderats gelten die **Mitwirkungsverbote** des § 22 GemO (Rn. 91 f.). Dritten gegenüber schließlich sind die Ratsmitglieder bei der Vorbereitung des kommunalen Verwaltungshandelns zur Einhaltung der Rechtsnormen verpflichtet, die auch dem Schutz der Interessen dieser Dritten dienen. Verletzungen dieser **Amtspflicht** lösen einen Schadenersatzanspruch gem. § 839 BGB i. V. m. Art. 34 GG gegenüber der Gemeinde aus.[276] Die Gemeinde kann danach keinen Regress bei den Ratsmitglieder nehmen, da es in Rheinland-Pfalz an einer Anspruchsgrundlage hierfür fehlt.[277]

125 Einzelne Ratsmitglieder können vor Ende der Wahlperiode **ausscheiden,** sei es durch Verlust der Wahlberechtigung (§ 1 KWG) oder der Wählbarkeit – namentlich nach §§ 4 II Nr. 2 KWG, 45 IV StGB –, Ausschluss aus dem Gemeinderat (§ 31 GemO), Ungültigerklärung der Wahl (§ 50 II KWG), durch Verzicht (§ 30 III GemO) oder Tod. Der Verzicht setzt nicht voraus, dass ein wichtiger Grund besteht. Rechtsmissbräuchlich und daher unwirksam ist jedoch ein »Kollektivrücktritt« mit dem Ziel, eine Neuwahl herbeizuführen.[278]

d) Besonderes Verfahrensrecht im Überblick

126 Der Gemeinderat verhandelt und beschließt in **Sitzungen.** Sein Verfahren innerhalb der Sitzungen kann und muss er autonom regeln. Diese Selbstorganisationsbefugnis ist als Teil der Organisationshoheit der Gemeinde durch Art. 28 II GG und 49 III LV geschützt. Einfachgesetzlich sind die Gemeinden durch § 37 I GemO zum Erlass einer **Geschäftsordnung** aber auch verpflichtet. Zudem verweisen viele Einzelbestimmungen der Gemeindeordnung auf ergänzende Geschäftsordnungsregelungen. Wo solche Öffnungsklauseln fehlen, gehen die in §§ 34 bis 41 GemO getroffenen Bestimmungen über das Verfahren im Gemeinderat der Geschäftsordnung vor. Sie umreißen den chronologischen Normalverlauf einer Sitzung von der Einberufung bis zur Niederschrift.

127 Wie der Rat einzelne Beratungsgegenstände in diesem Rahmen abarbeitet, ist ihm nur in den für die kommunale Demokratie zentralen Fragen der **Beschlussfassung** und der **Öffentlichkeit** der Sitzungen zwingend vorgegeben. Nicht zur Disposition des Rates stehen vor allem die in §§ 39 und 40 I 1, 2, III, IV GemO fixierten Beschlussfähigkeits- und Abstimmungsregeln, da sich erst aus ihrer Anwendung ergibt, ob **gültige Beschlüsse** zustande gekommen sind. Des Weiteren sind die Sitzungen der Kommunalvertretung und der beschließenden Ausschüsse grundsätzlich **öffentlich,** die der beratenden Ausschüsse nicht öffentlich. Letzteres gilt kraft Gesetzes auch für den Rechnungsprüfungsausschuss.[279] Ausnahmen in beiden Richtungen können allgemein in der Geschäftsordnung festgelegt oder vom Rat bzw. Ausschuss jeweils im Einzelfall mit Zweidrittelmehrheit beschlossen werden (§§ 35 I 1, 2 und 46 IV 1, 2 GemO).[280]

---

276 S. dazu *Detterbeck/Windthorst/Sproll,* Staatshaftungsrecht, 2000, § 9 Rn. 70, 119 ff. und 178; *Ossenbühl,* Staatshaftungsrecht, 5. Aufl. 1998, S. 65 ff.; *Seewald,* Rn. 219.
277 *Kluth,* § 95 Rn. 97 m.w.N.
278 NdsOVG, NdsVBl. 2007, 219, 221.
279 Zum Ausschluss durch Geschäftsordnungsrecht insoweit NRWOVG, NWVBl. 2007, 117.
280 Krit. zur »geheimen« Privatisierung kommunaler Einrichtungen *M. Faber,* NVwZ 2003, 1317 ff.; zur differenzierten Behandlung von Auftragsvergaben *v. Bechtoldsheim/Betz,* KommJur 2006, 1, 5.

IV. Inneres Organisationsrecht der Gemeinden

Unter **Öffentlichkeit** ist zu verstehen, dass die Sitzungen unter vollständiger Angabe der Zeit, des Ortes und der Tagesordnung für den öffentlichen Teil rechtzeitig vor dem Sitzungstermin öffentlich bekannt gemacht werden (§ 34 VI i. V. m. § 27 GemO),[281] dass sie für körperlich anwesende Zuschauer und Zuhörer frei zugänglich sind und dass die Verhältnisse am Sitzungsort die Anwesenheit und Aufmerksamkeit eines Personenkreises gestatten, wie er nach der Größe der Kommune und dem Gewicht der behandelten Fragen zu erwarten ist. 128

Wurde die Öffentlichkeit **ausgeschlossen**, so ist sie vor Eintritt in die Verhandlungen über einen neuen Tagesordnungspunkt, der öffentlich beraten werden muss, **wieder herzustellen**. In der Praxis werden wiederholte Ausschlüsse und Wiederherstellungen der Öffentlichkeit im Laufe einer Sitzung dadurch nach Möglichkeit vermieden, dass die Tagesordnung sich in einen öffentlichen und einen nicht öffentlichen Teil gliedert.

Bei einer Entscheidung für die nicht öffentliche Sitzung ist zu beachten, dass der Grundsatz der Öffentlichkeit Ausdruck des **Demokratieprinzips** ist.[282] Die meisten dem Plenum vorbehaltenen Entscheidungen dürfen daher nicht in nicht öffentlicher Sitzung getroffen werden (§§ 24 II, 32 II Nr. 1 und 7, 40 V Halbs. 1 GemO). Die Beratung und Beschlussfassung über die Ausschließung beteiligter Ratsmitglieder von einer Entscheidung gem. § 22 IV 2 GemO sowie diejenige über den Ausschluss und die Wiederherstellung der Öffentlichkeit im Einzelfall selbst gem. § 35 I 3 GemO sind demgegenüber bereits kraft Gesetzes nicht öffentlich. 129

Die anwesenden **Einwohner** können im Rahmen einer Fragestunde das Wort zu Fragen, Anregungen und Vorschlägen erhalten (Rn. 195). Hingegen müssen **Presse und Rundfunk** auf kommunaler Ebene zumindest nicht aus demokratischen Gründen, sozusagen als erweiterte Öffentlichkeit, privilegiert zur Sitzung zugelassen werden. Ein Zulassungsanspruch für Medienvertreter kann aber aus Art. 5 I 2 GG oder § 6 LMedienG (Rn. 49) folgen. Ihm kann regelmäßig nur der Schutz der Vertraulichkeit geheimhaltungsbedürftiger Verhandlungsgegenstände (Rn. 101) entgegen stehen, nicht aber Persönlichkeitsrechte der Ratsmitglieder.[283] 130

Verfahrensfehler führen grundsätzlich dazu, dass die von ihnen betroffenen Beschlüsse **unwirksam** sind. Das gilt auch bei Verstößen gegen Geschäftsordnungsrecht, obwohl die Geschäftsordnung nur organinterne Wirkungen entfaltet,[284] also weder den Bürgermeister als solchen noch außenstehende Bürger bindet. Selbst wenn ein Beschluss des Gemeinderates unwirksam ist, sind indes die zu seiner Ausführung erlassenen **Verwaltungsakte** i. d. R. wirksam, wenngleich anfechtbar, wie sich aus § 1 I LVwVfG i. V. m. 44 III Nr. 3 und 4 VwVfG ergibt, die auf den Gemeinderat zumindest analog anwendbar sind. 131

---

281 SchlHOVG, NVwZ-RR 2003, 774; *Schmidt-Aßmann/Röhl*, Rn. 65.
282 BVerfGE 70, 324, 358 sowie *Kühling*, DVBl. 2008, 1098 ff. und § 1 Rn. 76 zum Parlamentsrecht; BVerfGE 103, 44, 63 zum Gerichtsverfahren. Skeptisch zur rechtspolit. Bedeutung der Sitzungsöffentlichkeit *Schnöckel*, DÖV 2007, 676, 679 ff.
283 Vgl. BVerwGE 85, 283, 286 ff.; BayVGH, NJW 2004, 3358, 3359 f.; *Köhler*, NJW 2005, 2337, 2339 f.; zum Gerichtsverfahren BVerfGE 103, 44, 65 ff.
284 *Schmidt-Aßmann/Röhl*, Rn. 64; *Schröder*, Kommunalverfassungsrecht, Rn. 73.

132 Nichtig sind regelmäßig auch die unter Verstoß gegen Verfahrensrecht beschlossenen **Satzungen**.[285] Uneingeschränkt gilt dies für die Verletzung der **Sitzungsöffentlichkeit**. Sie führt wegen der Bedeutung der Öffentlichkeit für die kommunale Demokratie nicht allein zur Nichtigkeit der gefassten Beschlüsse,[286] sondern die Nichtigkeit erfasst auch die aus dem Beschluss hervorgegangene Satzung (vgl. § 24 VI 2 Nr. 1 Var. 1 GemO). Gleiches gilt, wenn Beschlüsse von einem **beschlussunfähigen** Gremium gefasst wurden.[287]

133 Fehler bei der **Ladung** einzelner Mitglieder zur Sitzung werden hingegen durch ihren Verzicht oder ihr Erscheinen in der Sitzung unbeachtlich (Rn. 120). Der **Ausschluss** mitwirkungsberechtigter oder die Mitwirkung ausgeschlossener Vertretungsmitglieder wird nach Ablauf von drei Monaten (Rn. 91), im Fall des Satzungsbeschlusses nach einem Jahr unbeachtlich, sofern er nicht zuvor gerügt wird (§ 24 VI 1, 2 Nr. 2 GemO). Gleiches gilt für Ladungsmängel, die nicht schon nach § 34 IV GemO geheilt sind, und unberechtigte **Ordnungs**ausschlüsse (Rn. 104).

V. Besonderheiten des kommunalen Verwaltungshandelns

134 Wie andere Verwaltungsträger auch agieren die Gemeinden in den soeben (Rn. 131 f.) genannten **Handlungsformen** der Norm und des Verwaltungsaktes.[288] Sie schließen jedoch auch Verträge und werden außerhalb des formalisierten Handlungsarsenals mit sog. Realakten tätig.[289] Dabei handeln die Gemeinden nicht selbst, sondern ihnen werden Rechtsakte und tatsächliche Verhaltensweisen ihrer Amts- und Organwalter zugerechnet (Rn. 82).

Beispiele:
- **Verwaltungsakte:** Beitragsbescheide über Erschließungsbeiträge nach § 127 BauGB oder Entwässerungsbeiträge nach § 7 II, III KAG; in kreisfreien und großen kreisangehörigen Städten: Baugenehmigungen, Beseitigungsanordnungen und Benutzungsuntersagungen nach §§ 70, 81 LBauO
- **öffentlich-rechtliche Verträge:** Städtebauliche Verträge (§ 11 BauGB), Stellplatzablösungsverträge (§ 47 IV LBauO) oder Verträge über Benutzungsentgelte (§ 2 II KAG), so etwa nach § 46 LWG

135 Im Großen und Ganzen bewegt sich die Teilnahme der Gemeinden am Rechtsverkehr in den Bahnen, die das allgemeine Verwaltungsrecht und für Geschäfte des bürgerlichen Rechts das weitgehend bundesrechtlich strukturierte Zivilrecht vorzeichnen. So gelten für öffentlich-rechtliche Verträge der Gemeinden § 1 I LVwVfG i.V.m. §§ 54 ff. VwVfG und für Allgemeine Beförderungs- oder Versorgungsbedingungen §§ 305 ff. BGB (vgl. § 309 Nr. 7 BGB). Nur wenige kommunalrechtliche Regelungen treten zu diesen allgemeinen Vorschriften hinzu.

136 So ergänzt z.B. § 85 VI GemO das Koppelungsverbot in § 56 I 2 VwVfG für formal koordinationsrechtliche Verträge, bei denen das Wettbewerbsrecht in Ermangelung von

---
285 *Schmidt-Aßmann/Röhl*, Rn. 98.
286 BadWürttVGH, VBlBW 1992, 140, 143; 2001, 65 ff.
287 *Seewald*, Rn. 216.
288 Zum elektronischen Verwaltungsakt *Schliesky*, NVwZ 2003, 1322, 1325.
289 Vgl. etwa BVerwGE 104, 323, 328.

V. Besonderheiten des kommunalen Verwaltungshandelns

Konkurrenten leerläuft. Hinzu kommen besondere Voraussetzungen für den Erlass kommunaler **Normen** und das Zusammenwirken der Regeln des Kommunalrechts mit den **zivilrechtlichen** Bestimmungen über die Vertretungsmacht und über gesetzliche Formvorschriften (1., 2.). Ein in sich abgeschlossenes, rein öffentlich-rechtliches Regelwerk besteht für die **Kontrolle** des kommunalen Verwaltungshandelns durch eigene Organe der Kommunen und durch den Staat (3.).

1. Kommunale Normen

Eine **Pflicht** zum Normerlass trifft die Gemeinden prinzipiell so wenig wie andere Normgeber. Die einzigen Pflichtsatzungen sind die Haupt- und die Haushaltssatzung (§§ 25 I und 95 I GemO).[290] Begrenzt wird die Satzungsbefugnis der Gemeinden durch den Rahmen ihres Aufgabenbereichs und den Vorrang des staatlichen Rechts (§ 24 I 1 GemO). Satzungen betreffen als Ausdruck der Autonomie der örtlichen Gemeinschaft zumeist Selbstverwaltungsaufgaben. § 24 I 2 GemO lässt es allerdings zu, dass die Gemeinden kraft gesetzlicher Ermächtigung auch Auftragsangelegenheiten durch Satzung regeln. 137

Beispiele:
Soweit örtliche Bauvorschriften Stellplätze oder Kinderspielplätze betreffen (§ 88 III, IV Nr. 2 LBauO), regeln sie Materien des Bauordnungsrechts[291] (vgl. §§ 11 und 47 LBauO). Baumschutzsatzungen (§ 23 IV LNatSchG) treffen naturschutzrechtliche Regelungen.

Als **Grundlage** für den Satzungserlass im Selbstverwaltungsbereich reicht die kommunale Rechtsetzungshoheit aus. Das Übertragungsverbot des § 32 II Nr. 1 GemO untersagt nicht etwa über seinen direkten Anwendungsbereich hinaus dynamische **Verweisungen** aus Satzungen auf Normen der Landesrechts.[292] Der Vorbehalt des Gesetzes gilt aber uneingeschränkt auch für kommunale Satzungen.[293] Namentlich bedürfen **Grundrechtseingriffe** einer gesetzlichen Ermächtigung.[294] Entsprechende Ermächtigungen enthalten § 24 V und § 26 I GemO (Rn. 44 ff.) sowie § 2 I KAG. 138

Verfahren und Form des Satzungserlasses sind in § 24 GemO geregelt. Bewehrte Satzungen müssen auf § 24 V GemO verweisen, also die Ermächtigungsgrundlage **zitieren**. Anwendbar sind die Verfahrens- und Formvorschriften für die Ratssitzungen (Rn. 126 ff.) einschließlich der Verfahrensrechte der Mitglieder und des Ausschlusses persönlich Beteiligter (Rn. 91 f., 119 ff.). Ihre Verletzung führt grundsätzlich zur Nichtigkeit der Satzung (Rn. 132 f.). 139

Die meisten Verfahrens- und Formmängel werden aber ein Jahr nach der Bekanntmachung **unbeachtlich** (Rn. 133), wenn sie nicht zuvor gegenüber der Gemeindeverwaltung schriftlich geltend gemacht oder von der Aufsichtsbehörde nach § 121 S. 1 GemO beanstandet werden (Rn. 176). Darauf ist bei der Bekanntmachung der Satzung hinzuweisen (§ 24 VI GemO).[295] 140

---

290 Zur ausnahmsweisen Pflicht zur Bauleitplanung BVerwGE 119, 25 ff.
291 RhPfOVG, AS 29, 113, 115 f.; weitergehend RhPfOVG, DVBl. 2009, 56, 57; s. auch § 5 Rn. 6.
292 So indes NRWOVG, NVwZ 2005, 606 f. Wie hier BayVGH, NVwZ-RR 2007, 57 f.
293 *Schmidt-Aßmann/Röhl*, Rn. 96; *Schröder*, Kommunalverfassungsrecht, Rn. 102; *Seewald*, Rn. 76.
294 BVerwGE 125, 68, 71.
295 Zu Satzungen nach dem BauGB BVerwG, DVBl. 2000, 1861 f.; BayVGH, NVwZ-RR 2001, 117 f.

Unerheblich ist insoweit, ob die Satzung organisatorische Strukturfragen betrifft.[296] Ohne weiteres sind Mängel der Beteiligung voraussichtlicher Abgabenschuldner unbeachtlich für die Wirksamkeit der kommunalen Abgabensatzungen (§ 7 VI 5 KAG).

Ausgenommen sind vom Unbeachtlichwerden außer den schon genannten Verstößen gegen die Bestimmungen über die Öffentlichkeit der Sitzung auch Fehler bei der Ausfertigung, der Bekanntmachung sowie, soweit erforderlich, der Genehmigung der Satzung. Nur wenige kommunale Satzungen müssen allerdings vor der Bekanntmachung **genehmigt** werden (Rn. 172).

141 Die **Ausfertigung** der Satzung ist in §§ 24 VI 2 Nr. 1, 68 I 3 Nr. 2 GemO zwar erwähnt, aber weder hier noch in der Durchführungsverordnung zur GemO normiert. Unter Ausfertigung ist die Herstellung einer schriftlichen Originalfassung des Satzungstextes zu verstehen.[297] Als Sicherung der Textidentität ist sie auch ohne ausdrückliche Regelung rechtsstaatlich geboten. Zuständig ist der Bürgermeister, in den Ortsgemeinden der Ortsbürgermeister (§ 68 I 3 Nr. 2 GemO). Er bestätigt die Authentizität der Satzung durch seine datierte Unterschrift.[298] Fehlt es an der Ausfertigung oder wird ein anderer Text ausgefertigt als der vom Gemeinderat beschlossene, so ist die Satzung nichtig.[299]

142 Ausführlich geregelt ist hingegen die **öffentliche Bekanntmachung** der Satzung gem. § 24 III 1 GemO in §§ 27 GemO, 7 bis 10 GemODVO. Besondere Vorschriften über die Bekanntmachung von Satzungen finden sich in einzelnen Fachgesetzen, so namentlich in § 10 III BauGB für Bebauungspläne. Bekanntmachung ist die Veröffentlichung des vollständigen Satzungstextes durch den Bürgermeister. Abweichungen des bekannt gemachten vom beschlossenen Wortlaut machen die Satzung unwirksam.[300]

143 Die Gemeinde muss in ihrer Hauptsatzung bestimmen, ob öffentliche Bekanntmachungen durch Aushang, in einem Amtsblatt oder in einer Zeitung erfolgen (§ 7 I 1, II GemODVO).[301] Trotz des Wortlauts von § 27 I GemO kann die Gemeinde die kumulative Bekanntmachung in mehreren **Zeitungen** oder in Zeitung(en) und Amtsblatt wählen (§ 7 I 1 Nr. 2 GemODVO). Stellt eine der benannten Zeitungen ihr Erscheinen ein, so ist der Satzungsgeber aus Gründen der Rechtsklarheit verpflichtet, die Bekanntmachungsregelung den tatsächlichen Verhältnissen anzupassen. Nur in den verbliebenen Organen verkündete Satzungen sind jedoch wirksam.[302] Das Bekanntmachungsorgan muss in einer **Auflagenstärke** erscheinen, die sich am mutmaßlichen Bedarf und Interesse der Betroffenen orientiert; hingegen gebietet das Rechtsstaatsprinzip keine Auflage, die annähernd der Zahl der potentiell Betroffenen entspricht.[303]

144 Wählt die Gemeinde für öffentliche Bekanntmachungen ein **Amtsblatt**,[304] so muss sie selbst – bei Ortsgemeinden die Verbandsgemeinde – dessen Herausgeberin sein. Ge-

---

296 Vgl. zum nds. Recht VG Göttingen, NdsVBl. 2007, 253, 255.
297 *Swierczyna*, ThürVBl. 2004, 149, 150; *Wahlhäuser*, NWVBl. 2007, 338, 339.
298 RhPfOVG, NVwZ-RR 1998, 95; *Schmidt-Aßmann/Röhl*, Rn. 97.
299 NRWOVG, NWVBl. 1992, 288.
300 BVerwGE 120, 82, 86; *Swierczyna*, ThürVBl. 2006, 241, 247.
301 Zur Folge fehlender Formenwahl ThürOVG, ThürVBl. 2006, 89, 90 f.; *Gärtner*, LKV 2006, 107.
302 BVerwGE 126, 388, 393 ff.
303 BVerwG, NVwZ 2007, 216.
304 Zu Rechtsfragen des Amtsblattes *Mempel*, KommJur 2005, 292 ff.; *Swierczyna* (Fn. 297), S. 154 f.

meinsame Amtsblätter mehrerer Kommunen sind zulässig (§ 9 I GemODVO). Im Unterschied zu Zeitungen, die als Bekanntmachungsorgan genutzt werden, können Amtsblätter auch in **unregelmäßiger** Folge erscheinen. Das rechtsstaatliche Publizitätserfordernis verlangt keinen festen Erscheinungsrhythmus.[305] Zulässig ist auch die Wahl eines **elektronischen** Amtsblatts.[306] Das Amtsblatt kann neben den öffentlichen Bekanntmachungen und sonstigen amtlichen Mitteilungen auch einen **nicht amtlichen** Teil umfassen. Die Inhalte des nicht amtlichen Teils sind den Verfassern zuzurechnen.[307]

Satzungen treten vorbehaltlich anderer Bestimmungen im Gesetz oder in der Satzung am Tag nach der Bekanntmachung **in Kraft** (§§ 24 III 3 GemO).

Die Befugnis zum Erlass von **Rechtsverordnungen** bezieht sich ausschließlich auf Auftragsangelegenheiten und beruht stets auf der Übertragung staatlicher Regelungsmacht. Kommunale Rechtsverordnungen müssen sich daher im Rahmen einer besonderen, nach Inhalt, Zweck und Ausmaß bestimmten gesetzlichen **Ermächtigung** oder verordnungsrechtlichen Subdelegation halten und die Ermächtigungsgrundlage nennen (Art. 80 I 2, 3 GG, 110 I 2, 3 LV). 145

Beispiel:
§ 43 III POG ermächtigt die Gemeinden als Ordnungsbehörden zum Erlass von Gefahrenabwehrverordnungen.[308]

Zuständig ist schon für den Erlass nach § 47 I 2 Nr. 4 GemO der Bürgermeister. Kommunale Rechtsverordnungen sind gem. § 3 VerkündG auf dieselbe Weise **bekannt zu machen** wie Satzungen. Rechtsverordnungen treten nach § 5 II VerkündG am 14. Tag nach der Bekanntmachung **in Kraft**, wenn weder gesetzlich noch in der Verordnung eine andere Frist bestimmt ist. 146

Nach § 47 I VwGO i.V.m. § 4 I 1 AGVwGO unterliegen alle kommunalen Satzungen und Rechtsverordnungen der verwaltungsgerichtlichen **Normenkontrolle**.[309] 147

2. Bürgerliche Rechtsgeschäfte

Nehmen Gemeinden wie Privatpersonen am allgemeinen Rechtsverkehr teil, so gilt für sie ebenso wie für jeden Anderen auch das **bürgerliche Recht**. Die Missachtung kommunalrechtlicher Vorschriften kann indes die Wirksamkeit von Rechtsgeschäften in Frage stellen, die allein unter Privaten ohne weiteres verbindlich wären. Daher werfen die bürgerlichen Rechtsgeschäfte der Gemeinden ähnliche Probleme auf wie die Mittel zur Kontrolle kommunaler Unternehmen in Privatrechtsform (Rn. 53).[310] Wie zum Gesellschaftsrecht steht das Kommunalrecht gleichwohl auch zum allgemeinen Zivilrecht nicht in einem Widerspruch. Das bürgerliche Recht ist vielmehr offen für Vorgaben des öffentlichen Rechts, auch insoweit, als sie im Landesrecht geregelt sind. 148

---

305 RhPfOVG, AS 28, 282 ff.
306 Ebenso zu Gesetzen *Guckelberger*, DVBl. 2007, 985, 990 f.
307 BaWüVGH, DÖV 2002, 348, 349.
308 Zu den rechtsstaatlichen Grenzen dieser Ermächtigung BVerwG, Buchholz 402.41 Allgem. PolR Nr. 41; BVerwG, NVwZ 2005, 1325 f.
309 Zu Prüfungsumfang und -tiefe BVerfGE 116, 188, 189 und 196 f.; dazu krit. *Oebbecke*, NVwZ 2003, 1313, 1315 ff., zust. *H. Meyer*, NdsVBl. 2003, 117, 121 f., jeweils m.w.N.
310 Ausführl. *U. Stelkens*, Verwaltungsprivatrecht, 2005.

149 So statuiert § 104 II, III GemO einen **Genehmigungsvorbehalt** für Bürgschaften und andere Rechtsgeschäfte, durch die eine Gemeinde sich verpflichtet, für Verbindlichkeiten Dritter einzustehen. Wird die Genehmigung unanfechtbar versagt, so ist die Willenserklärung der Gemeinde unwirksam. Zuvor ist sie schwebend unwirksam. Diese Grundsätze sind Ausdruck allgemeiner Rechtsgedanken des Zivil- und damit (auch) des Bundesrechts.[311]

150 Klären die Organe der Gemeinde ihre Geschäftspartner nicht darüber auf, dass ein Geschäft genehmigungsbedürftig ist, oder bemühen sie sich nicht um die Erteilung der Genehmigung, so kann die Gemeinde den Geschäftspartnern wegen Verschuldens beim Vertragsschluss, u.U. auch nach den Vorschriften über die Geschäftsführung ohne Auftrag haften.[312] Der Vertragspartner hat ein berechtigtes Interesse i.S.d. § 43 I VwGO an der Feststellung, ob das Geschäft genehmigungsbedürftig ist.[313] Verstößt die Gemeinde gegen das Verbot der §§ 103 VI, 104 I GemO, Sicherheiten zu bestellen, so ist das Verfügungsgeschäft schon gem. § 134 BGB **nichtig**; § 115 GemO – der nur aufgrund eines Redaktionsversehens weiter auf »§ 103 VII« verweist – stellt diese Rechtsfolge lediglich klar.

151 Größere Probleme bereiten Beschränkungen der **Vertretungsmacht** für die Gemeinden. **Gesetzliche Vertreter** der Gemeinden sind der Bürgermeister und die Beigeordneten gem. § 50 III 3 GemO jeweils in ihrem Geschäftsbereich. Beigeordnete, die den Bürgermeister gem. § 50 II 2, 3 und III 2 GemO vertreten, und Bedienstete mit Zeichnungsbefugnis sind im Außenverhältnis nicht selbst Vertreter der Gemeinde, sondern handeln »in Vertretung« bzw. »im Auftrag« des Bürgermeisters oder Beigeordneten, d.h. in Ausübung von dessen Vertretungsmacht und nach seinen Richtlinien und Weisungen.

152 Auch in den **Ortsgemeinden** liegt die Vertretungsmacht nach § 68 I 3 Nr. 1 GemO grundsätzlich beim Ortsbürgermeister. Bei der Prozessvertretung gem. § 68 I 2 Nr. 4 GemO allerdings »leiht« die Verbandsgemeinde der Ortsgemeinde nicht nur ihre Verwaltung (Rn. 65). In diesem Fall führt die Verbandsgemeinde den Prozess auch nicht im eigenen Namen als Prozessstandschafterin der Ortsgemeinde.[314] Vielmehr wird sie auf Grund eines gesetzlichen Mandats tätig;[315] als Vertreter der Ortsgemeinde handelt insoweit an Stelle des Ortsbürgermeisters der Bürgermeister der Verbandsgemeinde.

153 Gemeinden können sich daneben wie jedermann sonst durch Bevollmächtigte vertreten lassen. Dass der Gesetzgeber sie nicht daran hindern wollte, **rechtsgeschäftliche Vertreter** zu bestellen, zeigt § 49 II GemO. Ausgenommen sind die hoheitlichen Kernaufgaben. Sie können nur auf gesetzlicher Grundlage auf Beliehene übertragen,[316] nicht aber durch Vertreter erfüllt werden. Soweit Bevollmächtigte an der Erledigung kommunaler Aufgaben mitwirken, werden ihnen die Kenntnisse der Gemeindeverwaltung nach dem Rechtsgedanken des § 166 II BGB wie ihr eigenes Wissen zugerechnet.[317]

---

311 BGHZ 142, 51, 53; BGH, DVBl. 2004, 577, 580; *Wachsmuth*, ThürVBl. 2004, 181.
312 BGHZ 142, 51, 60 f.; BGH, DVBl. 2004, 577, 579 f.
313 SächsOVG, KStZ 2007, 14.
314 RhPfOVG, DVBl. 2001, 408 (LS); ähnl. OLG Celle, NVwZ-RR 2003, 298, 299 zum nds. Recht.
315 *Klöckner*, in: Gabler, § 68 GemO Anm. 5.5.
316 BremStGH, NVwZ 2003, 81, 82; dazu *U. Stelkens*, NVwZ 2004, 304 ff.
317 Vgl. KG, NVwZ-RR 2000, 765, 768 f.; OLG Düsseldorf, NJW 2004, 783, 784 f.

V. Besonderheiten des kommunalen Verwaltungshandelns

Die Vertretungsmacht des Bürgermeisters und der Beigeordneten als seiner Vertreter ist grundsätzlich **unbeschränkt**.[318] Auch wenn sie intern einer Zustimmung des Gemeinderats bedürfen, können sie die Gemeinde gegenüber anderen Rechtssubjekten verpflichten, ohne dass die Zustimmung vorliegt. Das gilt auch für Zusicherungen.[319] Die **Grenzen** der Vertretungsmacht rechtsgeschäftlicher Vertreter ergeben sich aus dem Umfang ihrer Vollmacht, die der Vertretungsmacht der Beigeordneten in ihren Geschäftsbereichen und zeichnungsbefugter Bediensteter aus dem Zuschnitt ihres jeweiligen Amtes ggf. i. V. m. Dienstanweisungen (Rn. 29). 154

§ 49 I, II GemO enthält eine weitere Beschränkung der Vertretungsmacht, die als solche auf den ersten Blick nicht leicht erkennbar ist. Diese Bestimmung verlangt, dass bestimmte Verpflichtungserklärungen in besonderen Formen abgegeben werden. **Verpflichtungserklärungen** sind Willenserklärungen, die auf die Begründung einer neuen Verbindlichkeit der Kommune abzielen.[320] Nicht anwendbar ist § 49 GemO nach § 105 III GemO auf die Aufnahme von Krediten zur Liquiditätssicherung. 155

Als Formvorschrift für Geschäfte des **bürgerlichen** Rechts wäre § 49 GemO nicht von der Gesetzgebungskompetenz des Landes gedeckt. Daher wird er geltungserhaltend als Beschränkung der Vertretungsmacht des Bürgermeisters, der Beigeordneten und Bevollmächtigten gedeutet. Verträge, die ohne die angeordneten Förmlichkeiten geschlossen werden, sind nur schwebend unwirksam.[321] Bei einseitigen Rechtsgeschäften versagt diese Lösung wegen § 180 S. 1 BGB.[322] Für **öffentlich-rechtliche** Willenserklärungen stellt § 49 GemO hingegen dem Wortlaut entsprechend Formerfordernisse auf. Seine Verletzung führt insoweit zur Nichtigkeit gemeindlicher Willenserklärungen beim Abschluss öffentlich-rechtlicher Verträge.[323] 156

Im Gegensatz zu rechtsgeschäftlichen Vertretern haften die Organwalter, die gegen § 49 GemO verstoßen, dem Vertragspartner aber persönlich nicht aus § 179 I BGB, sondern allenfalls nach § 839 BGB, sofern sie schuldhaft handeln. Eine **Haftung** der Gemeinde kommt folglich auch nur unter den Voraussetzungen der §§ 823 ff. i. V. m. §§ 89, 31 BGB bzw. des § 839 i.V.m. Art. 34 GG in Betracht (Rn. 17). Die Gemeinde kann sich nach Treu und Glauben nicht auf die Nichtigkeit der Willenserklärung berufen, wenn dies für den anderen Vertragsteil schlechthin unerträglich wäre.[324] 157

Mit ihrer **Prozessvertretung** können Ortsgemeinden und kreisangehörige Gemeinden über die gesetzliche Zuständigkeitsbegründung des § 68 I 2 Nr. 4 GemO (Rn. 152) hinaus auch vertraglich die Verbandsgemeinde bzw. den Landkreis, denen sie angehören, beauftragen. Deren Befugnis, die Vertretung zu übernehmen, hängt nicht von ihrer Sachnähe zu den streitigen Rechtsfragen oder zum konkreten Verfahren ab, sondern 158

---

318 *Kluth*, § 95 Rn. 145.
319 BGHZ 92, 164, 169; a. A. OLG Naumburg, LKV 1994, 303. Vgl. auch u. Fn. 403.
320 BGHZ 97, 224, 227.
321 BGHZ 92, 164, 174; 97, 224, 226; 147, 381, 382 – st. Rspr. –; a. A. *Schmidt-Aßmann/Röhl*, Rn. 78; *Stumpf*, BayVBl. 2006, 103, 105. Ausführl. *U. Stelkens*, VerwArch 94 (2003), 48 ff.
322 Vgl. RhPfOVG, NVwZ 1998, 655.
323 RhPfOVG, NVwZ 1998, 655; i. Erg. ebenso NdsOVG, NdsVBl. 2005, 264, 265 f.; a. A. HessVGH, NVwZ-RR 2005, 650, 651.
324 BGHZ 147, 381, 387 und 389; dazu *Sensburg*, NVwZ 2002, 179 f.

beruht auf ihrer Ergänzungsfunktion nach §§ 67 VI GemO, 2 V LKO.[325] In diesem Rahmen sind außer Rechtsanwälten auch Bedienstete der Verbandsgemeinde bzw. des Landkreises, die über die in § 67 I 3 VwGO genannte Qualifikation verfügen, postulationsfähig.[326]

159 Die Person, die das Organ Bürgermeister im Regelfall verkörpert, ist von der Mitwirkung an Rechtsgeschäften **ausgeschlossen**, die die Gemeinde gegenüber dem Organwalter selbst oder einem von ihm vertretenen Dritten vornimmt. Die Organstellung geht in diesem Fall auf seinen Verhinderungsvertreter über (Rn. 84 und 91 f.). Da der betroffene Organwalter schon nach den kommunalrechtlichen Mitwirkungsverboten die Gemeinde nicht vertritt, ist § 181 BGB weder unmittelbar noch analog anwendbar.[327] Das Geschäft bedarf im Übrigen einer Genehmigung des Gemeinderates, wie sich für Verträge aus § 32 II Nr. 12 GemO ergibt.

3. Mittel der Kontrolle und der Korrektur

160 Die am stärksten ausgeprägte Besonderheit des kommunalen Verwaltungshandelns betrifft weder seine Formen noch seine Wirksamkeit nach außen, sondern die **Kontroll-** und **Korrektur**mechanismen, denen es unterworfen ist.[328] Sie begleiten das kommunale Verwaltungshandeln von seiner Vorbereitung im Innenbereich der Gemeinde an über die Aufsicht und die Rechnungsprüfung durch staatliche Behörden bis zur Kontrollaufgabe der Gerichte, wenn sie über die Rechtmäßigkeit kommunaler Maßnahmen entscheiden.

a) Interne Kontrolle und Rechnungsprüfung

161 Um Eingriffe des Staates in die Verwaltungstätigkeit der Gemeinden möglichst zu vermeiden, hat die Gemeinde Gelegenheit, eventuelle Mängel zunächst **selbstständig** aufzuklären und zu beheben. Erstens dient die Öffentlichkeit der Sitzungen (Rn. 128 ff.) auch der Kontrolle des Gemeinderates durch die Einwohner und Bürger. Zweitens überwacht der Gemeinderat die Ausführung seiner Beschlüsse durch den Bürgermeister und die Gemeindeverwaltung (Rn. 98).[329] Drittens und vor allem aber überprüft der Bürgermeister die Beschlüsse des Gemeinderates. Zwischen Bürgermeister und Gemeinderat besteht hier eine Funktionenbalance.[330]

162 Beurteilt der Bürgermeister einen Beschluss als rechtswidrig, als unwirtschaftlich oder die daraus entstehenden Kosten als nicht vom Haushaltsplan gedeckt, so **setzt** er dessen Ausführung **aus** (§ 42 I Halbs. 1 GemO). Neben der Aussetzung eines finanzwirksamen Beschlusses hat der Bürgermeister auch die Befugnis, haushaltswirksame Ausgaben und Verpflichtungen nach § 101 GemO zu sperren. Der Bürgermeister einer Verbandsgemeinde kontrolliert nach denselben Maßstäben die Beschlüsse der Ortsgemeinderäte

---

325 Vgl. BGHZ 144, 68, 73 ff.; a. A. BVerwGE 107, 156, 157 f.; RhPfOVG, NVwZ 1998, 205.
326 RhPfOVG, NVwZ 1998, 205; a.A. SachsAOVG, DÖV 2001, 1054 f.
327 Vgl. auch NRWOVG, DÖV 2002, 255.
328 Zum Begriff *Kluth*, in: Wolff/Bachof/Stober, Verwaltungsrecht III, 5. Aufl. 2004, § 101 Rn. 1; *Groß*, DVBl. 2002, 793, 797.
329 *Seewald*, Rn. 218.
330 Dazu *Groth*, in: Nolte (Hrsg.), Kontrolle im verfassten Rechtsstaat, 2002, S. 47, 74 ff.; *Schäfer*, LKRZ 2008, 241 ff. (zu Hessen).

(§ 69 II GemO). Zudem überprüfen der Bürgermeister und die Beigeordneten nach § 46 V 1, 2 Halbs. 1 GemO auch Beschlüsse der Gemeinderatsausschüsse.

Ausgesetzt werden kann nur der **Vollzug** von Beschlüssen des Rates und seiner Ausschüsse. Beschlüsse in diesem Sinne sind auch Wahlen, soweit sie vollzugsbedürftig sind (vgl. § 54 I GemO). § 43 GemO steht dem nicht entgegen. Auf **Tagesordnungspunkte** im Rahmen der Aufgaben des Rates, deren Behandlung ein Viertel seiner Mitglieder verlangt hat, ist die Befugnis zur Aussetzung hingegen ebenso wenig anwendbar (Rn. 88) wie auf einen erfolgreichen **Bürgerentscheid** (§ 17a VIII 2 GemO). Ausgesetzt werden können aber die Beschlüsse des Gemeinderates im Vorfeld eines Bürgerentscheids nach § 17a IV 2, V GemO, mit denen er ein Bürgerbegehren für zulässig erklärt bzw. die darin verlangte Maßnahme selbst beschließt.

163

Die Aussetzung **befreit** den Bürgermeister vorläufig von seiner **Pflicht**, den Beschluss gem. § 47 I 2 Nr. 2 GemO zu vollziehen. Die Suspensivwirkung der Aussetzung ist zeitlich **begrenzt** bis zur folgenden Sitzung des Gremiums, das den Beschluss gefasst hat, längstens aber auf einen Monat (§ 42 I Halbs. 2 GemO). Der Vorsitzende ist verpflichtet, zu einer weiteren Sitzung innerhalb dieser Frist so rechtzeitig einzuladen, dass § 34 III GemO eingehalten werden kann. Verstreicht die Frist, ohne dass der Rat bzw. der Ausschuss Gelegenheit gehabt hätte, erneut Beschluss zu fassen, so lebt die Vollziehungspflicht nach § 47 I 2 Nr. 2 GemO wieder auf.[331]

164

Bestätigt der Rat oder der Ausschuss den Beschluss, so zwingt er den Bürgermeister nicht schon allein damit zur Ausführung. Vielmehr muss der Bürgermeister in diesem Fall zunächst nur einen Verwaltungsakt der **Aufsichtsbehörde** herbeiführen. Diese überprüft stets nur die Rechtmäßigkeit der Aussetzung.[332] Den Verwaltungsakt kann der Gemeinderat ohne vorheriges Widerspruchsverfahren gerichtlich **anfechten** (§ 42 II GemO). Er tritt dabei im eigenen Namen auf, nimmt aber das Selbstverwaltungsrecht der Gemeinde in Prozessstandschaft wahr. Gesetzlicher Vertreter des Rates ist in diesem Fall ein Bevollmächtigter.[333]

165

Die Klage ist gegen das **Land** als Träger der Aufsichtsbehörde zu richten. Für einen Kommunalverfassungsstreit über die Aussetzung fehlt dem Rat mit Blick auf die mögliche Anfechtung der aufsichtsbehördlichen Entscheidung das Rechtsschutzbedürfnis. Stellt die Aufsichtsbehörde andererseits fest, dass die Aussetzung **unberechtigt** war, so ist eine Anfechtungsklage des Bürgermeisters hiergegen zwar statthaft, er ist aber nicht klagebefugt, da er durch die an die Gemeinde gerichtete Feststellung nicht in seinen Organrechten verletzt sein kann.[334]

166

Einem besonderen Regime unterliegen die **Wahlprüfung**, für die § 48 S. 2 KWG eine interne Kontrolle gerade ausschließt (Rn. 215), sowie die kommunalinterne **Rechnungsprüfung** nach §§ 110 ff. GemO, 39 ff. GemKVO.[335] Dem Rechnungsprüfungsamt soll

167

---

331 A. A. *Lukas*, in: Gabler, § 42 GemO Anm. 6.1.
332 RhPfOVG, AS 25, 192, 193 f.; a. A. *Schröder*, Kommunalverfassungsrecht, Rn. 92.
333 RhPfVerfGH, NVwZ 2001, 912, 913; vgl. auch § 1 Rn. 155. S. zur Rechtslage in NRW hingegen NRWOVG, NWVBl. 2000, 375, 376.
334 Vgl. jedoch zu einer etwaigen Beanstandung der Aussetzung *Jutzi*, LKRZ 2008, 36, 38 m. w. N.
335 Eingehend *Seewald*, Rn. 346 f.

durch § 111 GemO besondere Unabhängigkeit gesichert werden.[336] Ohne dass dies im Gesetz ausdrücklich bestimmt wäre, muss es auch frei von fachlichen Weisungen des Bürgermeisters arbeiten können.[337]

168 Die interne Rechnungsprüfung wird ergänzt durch eine **überörtliche Prüfung**, die als besondere Form der staatlichen Aufsicht nach §§ 111, 89 bis 99, 102, 103 LHO dem Landesrechnungshof (LRH) obliegt. Sie erstreckt sich auf privatrechtliche Unternehmen, an denen die Gemeinde beteiligt ist.[338] Neben der Rechnungsprüfung ist eine aufsichtliche Organisations- und Wirtschaftlichkeitsprüfung nicht vorgesehen und wäre auch nicht zulässig.[339]

b) Staatliche Aufsicht über die Gemeinden

169 Damit ist das Thema der staatlichen Aufsicht erreicht, d. h. der **externen** Beobachtung und Berichtigung des gemeindlichen Verwaltungshandelns durch staatliche Behörden. Zu unterscheiden sind zwei Formen der Aufsicht danach, an welchem Maßstab die Aufsichtsbehörden die Tätigkeit der Gemeinden messen können und müssen. Sie beziehen sich daneben auch auf unterschiedliche Aufgabengebiete.

170 Die **Rechtsaufsicht** stellt sicher, dass das Verwaltungshandeln der Gemeinden rechtmäßig ist. Andere Kriterien darf sie ihrer Prüfung nicht zu Grunde legen.[340] Gegenstand der Rechtsaufsicht in diesem engen Sinne ist ausschließlich die Erfüllung der **Selbstverwaltungsaufgaben**. Die Rechtmäßigkeit des Vollzugs von Auftragsangelegenheiten wird im Rahmen der Fachaufsicht mit überprüft.

171 Nur eingeschränkt unterliegen der Rechtsaufsicht die **zivilrechtlichen** Verpflichtungen, die Gemeinden zur Ausführung ihrer Selbstverwaltungsaufgaben eingehen. Die Aufsichtsbehörde kann die Gemeinde nach § 127 II GemO zur Erfüllung solcher Verbindlichkeiten nicht mit repressiven Aufsichtsmitteln zwingen.[341] Jedoch kann sie Maßnahmen, mit denen solche Verpflichtungen erst **begründet** werden sollen, beanstanden, ihre Aufhebung verlangen und notfalls ersatzweise verfügen. Erst recht gilt dies für die Begründung eigener privatrechtlicher Forderungen der Gemeinde.[342] Der Aufsicht unterliegt insb. die formal korrekte Abgabe von **Verpflichtungserklärungen** nach § 49 GemO (Rn. 155 f.).

172 Soweit das Gesetz – wie in §§ 103 IV und V, 104 II bis IV GemO – für Verpflichtungsgeschäfte eine **Genehmigung** der Aufsichtsbehörde anordnet,[343] ist das Geschäft ohne die Genehmigung schwebend unwirksam (Rn. 149). Sie gilt aber einen Monat nach Eingang eines Genehmigungsantrags als erteilt (§ 119 I 2 bis 4 GemO). Besonderheiten gelten für die Haushaltssatzung; nach § 119 I 4 GemO tritt die Genehmigungsfiktion in

---

336 Skeptisch zur Wirksamkeit in der Praxis *Klappstein,* in: Nolte (Hrsg.), Kontrolle im verfassten Rechtsstaat, 2002, S. 89, 99 f.
337 *Kämmerling,* VR 2007, 21, 22.
338 Vgl. SächsVerfGH, NVwZ 2005, 1057 ff.; vgl. auch *Albers,* NdsVBl. 2005, 281 ff.
339 *Wieland,* DVBl. 1999, 1470, 1477; a.A. *Seewald,* Rn. 348.
340 Zur Abgrenzung im Einzelnen RhPfOVG, NVwZ 2007, 702 f.
341 A.A. im Widerspruch zum Gesetz *Seewald,* Rn. 360.
342 A. A. in Abgrenzung zum thür. Recht ThürOVG, DÖV 2007, 261.
343 Zum Ausnahmecharakter der Genehmigungsvorbehalte *Knemeyer,* JuS 2000, 521, 523; *Wachsmuth,* ThürVBl. 2004, 181 f.

den Fällen des § 95 IV GemO erst zwei Monate nach der Vorlage ein. Eine wirksame Genehmigung schließt das aufsichtliche Einschreiten nach §§ 120 ff. GemO aus solchen Gründen, die schon im Genehmigungsverfahren zu prüfen waren, aus.[344] Wird ein nicht genehmigungsfähiges Geschäft genehmigt, so kann das Land als Träger der Aufsichtsbehörde für den der Gemeinde daraus entstehenden Schaden nach Amtshaftungsgrundsätzen ersatzpflichtig werden. Die Pflicht der Aufsichtsbeamten zur Rechtskontrolle bei der Genehmigung dient nicht nur Allgemeininteressen, sondern auch dem Schutz der Gemeinden vor möglichen Selbstschädigungen.[345]

Die Genehmigung gehört zusammen mit der Beratung zu den **präventiven Mitteln** der Aufsicht.[346] Faktisch und normativ genießt die präventive Rechtsaufsicht **Vorrang** vor der repressiven. Maßnahmen, die absehbare Rechtsverstöße zu vermeiden helfen, erfüllen effektiver den Zweck der Aufsicht, die Rechtmäßigkeit des kommunalen Handelns sicherzustellen, als solche, die Fehler erst geschehen lassen und sie dann korrigieren.[347] Beim Einsatz aller Mittel ist **Rücksicht** auf »die Entschlusskraft und die Verantwortungsfreude« der gemeindlichen Organwalter zu nehmen (§ 117 S. 2 GemO). Das Engagement dieser zumeist ehrenamtlich tätigen Personen ist die Basis der kommunalen Selbstverwaltung. Es wäre nicht nur durch den Einsatz repressiver Mittel, sondern auch, wenn nicht sogar besonders stark durch eine allzu intensive Beratung gefährdet, die in der Gemeinde als Bevormundung wahrgenommen würde.[348]

173

Die vorstehenden Grundsätze binden das **Ermessen**, das der Aufsichtsbehörde eingeräumt ist.[349] Hingegen zwingt Art. 49 II 2 LV nicht dazu, bei »eindeutigen« Rechtsverstößen regelmäßig eine Pflicht zum Einschreiten anzunehmen.[350] Beim Entschluss für den Einsatz repressiver Mittel ist die Aufsichtsbehörde zudem an das Übermaßverbot gebunden. Es kommt darin zum Ausdruck, dass die Befugnisnormen ausdrücklich das Tatbestandsmerkmal »erforderlich« enthalten (§ 120 Halbs. 1 GemO) oder dass der Griff zu einer schwerwiegenderen Maßnahme davon abhängt, dass mildere Mittel versagt haben (§§ 123, 124 I Nr. 1 und 125 S. 1 GemO).[351]

174

Am unteren Ende der Skala repressiver Mittel steht die **Unterrichtung** gem. § 120 GemO. Da sie die Arbeitsabläufe innerhalb der Gemeinde verzögert und faktisch stärker formalisiert, beeinträchtigt sie bereits die kommunale Organisationshoheit. Das Unterrichtungsrecht umfasst auch die ordnungsgemäße Verwaltung von Landesmitteln durch gemeindliche Behörden.[352]

175

---

344 A. A. für Anzeigeverfahren nach dem thür. Recht ThürOVG, ThürVBl. 2006, 131.
345 BGHZ 153, 198, 203; *v. Komorowski*, VerwArch 93 (2002), 62, 95; *Oebbecke*, DÖV 2001, 406, 411; *Pfeiffer*, Haftung für Pflichtverletzungen der Kommunalaufsichtsbehörde, 2006, S. 79 f.; *Teichmann*, JZ 2003, 960 f.; a.A. *v. Mutius/Groth*, NJW 2003, 1278, 1280 f.; *Pegatzky*, LKV 2003, 451, 452 ff.; *U. Stelkens*, DVBl. 2003, 22, 31.
346 *Franz*, JuS 2004, 937, 938; *Groth* (Fn. 330), S. 61 f. und 71 ff.; *Kluth*, § 94 Rn. 137 f.; *Schmidt-Aßmann/Röhl*, Rn. 41 f.; vgl. auch allg. BGH, JZ 2005, 251 f.
347 Ähnlich *Oebbecke* (Fn. 345), S. 410; *Schmidt-Aßmann/Röhl*, Rn. 46; *Schoch*, Jura 2006, 188, 190.
348 *Leisner-Egensperger*, DÖV 2006, 761 ff.; *Schmidt-Aßmann/Röhl*, Rn. 46 und zu Zielvereinbarungen *Shirvani*, DVBl. 2009, 29, 32.
349 *Oebbecke*, DÖV 2001, 406, 409; *Schmidt-Aßmann/Röhl*, Rn. 43; *Schröder*, Kommunalverfassungsrecht, Rn. 126; *Groth* (Fn. 330), S. 65.
350 So zu Art. 57 V NdsVerf. NdsOVG, NVwZ-RR 2008, 127, 128.
351 Krit. zum seltenen Rückgriff auf repressive Mittel aber *Theobald/A. Schmidt*, LKV 2007, 200, 202 f.
352 A. A. VG Gelsenkirchen, DVBl. 2007, 1507, 1509.

§ 3 Kommunalrecht

176 Gemeinsam auf der nächsthöheren Stufe stehen die in §§ 121, 122 GemO genannten Maßnahmen. Die **Beanstandung** ist ein die Rechtswidrigkeit feststellender Verwaltungsakt. Beanstandete positive Handlungen, die noch vollzugsbedürftig wären, dürfen kraft Gesetzes bereits vor seiner Bestandskraft nicht ausgeführt werden, ohne dass es dazu noch eines zusätzlichen, konstitutiven Verbots der Aufsichtsbehörde bedürfte. Wird ein rechtswidriger Beschluss gleichwohl vollzogen, ist der Vollzugsakt zwar zusätzlich auch deshalb rechtswidrig, regelmäßig aber dennoch wirksam.

177 Die Beanstandung rechtswidriger Unterlassungen kann mit einer **Anordnung** der erforderlichen Handlungen verbunden werden. Parallel dazu kann die Aufhebung rechtswidriger Handlungen und ggf. die Beseitigung von Ausführungsmaßnahmen verlangt werden, soweit diese tatsächlich reversibel sind. In beiden Varianten ist die Anordnung ein Verwaltungsakt, der eine Pflicht der Gemeinde zu der verlangten Tätigkeit begründet. Bei der Anordnung muss die Aufsichtsbehörde eine angemessene **Frist** setzen. Soll die Frist vor Bestandskraft der Anordnung enden, so muss die Anordnung gem. § 80 II 1 Nr. 4 VwGO für sofort vollziehbar erklärt werden. Andernfalls kann sie nicht vor Eintritt der Bestandskraft vollstreckt werden (§ 2 LVwVG).

178 Zur Vollstreckung ist die Aufsichtsbehörde durch § 123 GemO auf das Mittel der **Ersatzvornahme** beschränkt. Zwangsgeld und unmittelbarer Zwang sind als Vollstreckungsmittel ausgeschlossen. Rechtswidrige Handlungen hebt die Aufsichtsbehörde auf, rechtswidrig unterlassene Handlungen nimmt sie selbst oder durch Dritte »anstelle« der Gemeinde vor. Die von der Aufsichtsbehörde ausgeführten Handlungen sind der Gemeinde zuzurechnen.[353] Der Träger der Aufsichtsbehörde vertritt dabei weder die Gemeinde, noch erlangt er eine eigene Zuständigkeit für den vorgenommenen Außenakt. Vielmehr handelt die Behörde als oktroyiertes Organ der Gemeinde.[354]

Der Erlass eines **Bauleitplans** im Wege der Ersatzvornahme ist ausgeschlossen. Das gilt auch dann, wenn die Gemeinde zur Planung verpflichtet ist. In diesem Fall kann die Aufsichtsbehörde nur einen Planbeschluss anordnen.[355]

179 Letztes Mittel sind die beiden schärfsten Aufsichtsakte der Bestellung eines **Beauftragten** (»Staatskommissars«) sowie der **Auflösung** des Gemeinderates nach §§ 124 I Nr. 1, 125 GemO.[356] Die Einsetzung eines Ersatzbeauftragten nach § 124 I Nr. 2 GemO kommt ebenso selten vor wie diese; sie ist allerdings auch kein Mittel der Aufsicht, sondern ein Akt der organisatorischen Nothilfe für handlungsunfähige Gemeinden.

180 Die **Zuständigkeit** für die Rechtsaufsicht ist nach § 118 I bis III GemO Behörden der üblichen drei Stufen (Rn. 16) übertragen. Die obere und mittlere Stufe fallen bei der Aufsicht über kreisfreie und große kreisangehörige Städte in der Institution des Ministeriums des Innern und für Sport (vgl. § 4 Nr. 8 der Geschäftsverteilung der Landesre-

---

353 BVerwG, DVBl. 1993, 208, 209; *Franz* (Fn. 346), 940; krit. dazu *Hufen* (Fn. 231), S. 471; a.A. NRWOVG, NWVBl. 2008, 69, 70.
354 *Schnapp*, Die Ersatzvornahme in der Kommunalaufsicht, 1969, S. 142; a.A. BayVGH, BayVBl. 1983, 212, 213; *Kluth*, § 94 Rn. 149.
355 A. A. BVerwGE 119, 25, 45. Zum aufsichtlichen Erlass von Satzungen HessVGH, LKRZ 2007, 21 f.; VG Köln, NVwZ 2005, 1341 f.
356 Einzelheiten bei *Kluth*, § 94 Rn. 150 ff.

gierung, BS 1103-4) zusammen. Die Rechtsaufsicht über Zweckverbände führt die jeweilige Errichtungsbehörde (§§ 5 II, III, V, 7 I 1 Nr. 9 ZwVG). Die Kreisverwaltung übt die Rechtsaufsicht über die kreisangehörigen Gemeinden gem. § 55 II Nr. 1 LKO als Landesbehörde im funktionellen Sinn (Rn. 17) aus.[357] Auf einzelnen Sachgebieten ist die Zuständigkeit für die Rechtsaufsicht **abweichend** geregelt. Namentlich weisen §§ 3 f. ZuVO-BauGB auf Grund der Ermächtigungen in §§ 203 III BauGB und 2 VII LKO die Rechtsprüfung[358] von **Bauleitplänen** nach §§ 6 I und 10 II BauGB der Kreisverwaltung als Auftragsangelegenheit zu. Bauleitpläne der kreisfreien und großen kreisangehörigen Städte werden nach §§ 7 I Nr. 1, 8 I Nr. 1 VwORG (BS 200-4) von der örtlich zuständigen Struktur- und Genehmigungsdirektion (SGD) kontrolliert. §§ 7 f. VwORG gehen insoweit als Spezialbestimmungen der Zuständigkeitszuweisung in § 10 I Nr. 1 VwORG vor.

Die Ausführung der Auftragsangelegenheiten wird von Seiten des Staates sowohl auf ihre Rechtmäßigkeit als auch auf ihre Zweckmäßigkeit überprüft. Diese Kontrolle wird als **Fachaufsicht** bezeichnet.[359] Sie ist nicht in der GemO geregelt, sondern findet ihre Rechtsgrundlagen in den einschlägigen Fachgesetzen. **181**

Beispiel:
§ 92 I 1, II 2 bis 4 POG verteilt die Zuständigkeiten für die Fachaufsicht über die allgemeinen Ordnungsbehörden (vgl. Rn. 14) und § 106 II 1 LWG diejenigen über die Wasserbehörden.

Fehlt eine Zuständigkeitsnorm, so ist die nächst höhere Fachbehörde zugleich Aufsichtsbehörde. Das gilt etwa für die Fachaufsicht über die Bauaufsicht (§ 58 I Nr. 3, IV LBauO). Die Fachaufsicht kann ihrerseits eine **Auftragsangelegenheit** der Trägerkommunen sein. So liegt es in den eben genannten Fällen (§§ 92 I 2 POG, 106 II 2 LWG). Unzulässig wäre ihre Ausgestaltung als Selbstverwaltungsaufgabe (Rn. 19). **182**

Die Fachaufsichtsbehörde kann sich bei der Gemeinde über deren Tätigkeit in der Auftragsangelegenheit, für die sie zuständig ist, entsprechend § 120 GemO **unterrichten**.[360] Aktiv handelt sie durch die Mittel der Weisung (Art. 49 IV LV) und, soweit er ausdrücklich geregelt ist,[361] des Selbsteintritts (vgl. etwa § 93 I, II POG). Sie wird in diesem Fall anstatt der Gemeinde tätig. Ihre Maßnahmen werden jedoch im Gegensatz zur Ersatzvornahme (Rn. 178) nicht der Gemeinde zugerechnet,[362] sondern sie handelt in eigener Zuständigkeit. **183**

Ist ein Selbsteintritt nicht zugelassen, so hat die Fachaufsichtsbehörde kein Vollstreckungsmittel in der Hand, um ihre Weisungen durchzusetzen. Die der Rechtsaufsicht möglichen Eingriffe von der Beanstandung aufwärts sind ihr durch § 127 I GemO ausdrücklich untersagt. Sie kann sich nur der Hilfe der zuständigen **Rechtsaufsichtsbehör**- **184**

---
357 A.A. wohl *Sponer*, LKV 2003, 314, 315; vgl. SächsVerfGH, SächsVBl. 2005, 174, 277 f.
358 Vgl. *Löhr*, in: Battis/Krautzberger/Löhr, BauGB, 10. Aufl. 2007, § 6 Rn. 2 und § 10 Rn. 26.
359 Zum Begriff *Groß*, DVBl. 2002, 793 ff.; ausführl. *Schoch*, Jura 2006, 358 ff.
360 *Kluth*, § 94 Rn. 162; *Schoch*, Jura 2006, 358, 360.
361 Zum Gesetzesvorbehalt insoweit *Herdegen*, Die Verwaltung 23 (1990), 183, 202 f.
362 A.A. OVG Bremen, NVwZ 2000, 1435.

de bedienen.³⁶³ Auch diese darf die Ausführung fachaufsichtlicher Weisungen nur dann mit ihren Mitteln (Rn. 176 ff.) erzwingen, wenn die Weisungen wirksam sind.

c) Aufsicht und Rechtsschutz

185 Die eingreifenden Maßnahmen der **Rechtsaufsichtsbehörden** sowie die Versagung rechtsaufsichtlicher Genehmigungen sind Verwaltungsakte. Gegen sie können die Gemeinden Widerspruch und Anfechtungsklage erheben.

186 Widerspruchsbehörde ist gem. § 126 Halbs. 2 GemO i.d.R. die **Aufsichts- und Dienstleistungsdirektion (ADD)**. § 126 Halbs. 2 GemO geht als Spezialbestimmung § 6 I Nr. 1 lit. a AGVwGO vor, soweit die Kreisverwaltung die Rechtsaufsicht führt. Im Übrigen hat er nur klarstellende Bedeutung, da sich aus § 73 I 2 Nr. 1 Halbs. 1 und Nr. 2 VwGO dieselbe Zuständigkeitsverteilung ergäbe. Sie gilt nicht nur für die Versagung von Genehmigungen und für Anordnungen im Sinne des § 122 GemO, sondern für alle rechtsaufsichtlichen Maßnahmen. § 126 Halbs. 2 GemO ist über die Verweisung in § 7 I 1 Nr. 9 ZwVG hinaus analog anzuwenden, wenn eine Gemeinde von der Errichtungsbehörde zur Mitgliedschaft in einem Zweckverband oder zur Teilnahme an einer Zweckvereinbarung verpflichtet wird (Rn. 76 und 81).³⁶⁴

187 Die **SGD** sind ausnahmsweise Widerspruchsbehörden, soweit sie selbst und die Kreisverwaltungen Bauleitpläne kontrollieren (Rn. 180). Die Sonderregelung für den **letztgenannten** Fall in § 6 III AGVwGO beruht auf der Ermächtigung zu abweichenden landesgesetzlichen Regelungen in § 73 I 2 Nr. 1 Halbs. 2 VwGO. Soweit die SGD **selbst** die Rechtsaufsicht führen, sind sie nach § 73 I 2 Nr. 2 VwGO auch Widerspruchsbehörden. § 126 Halbs. 2 GemO ist in diesem Punkt bundesrechtskonform zu reduzieren, da die VwGO hier keine landesrechtlichen Abweichungen erlaubt.

188 **Fachaufsichtliche Weisungen** sind ebenfalls Verwaltungsakte gegenüber den Gemeinden. Da Auftragsangelegenheiten eigene, wenn auch vom Staat »übertragene« Aufgaben sind, bewegt sich die Fachaufsicht nicht in einem staatlichen Innenbereich, sondern entfaltet rechtliche Außenwirkung gegenüber einem anderen Rechtsträger.³⁶⁵ Gemeinden können fachaufsichtliche Weisungen deshalb unabhängig von den Umständen des Einzelfalls stets anfechten.³⁶⁶

189 Auch wenn Betroffene die **Verwaltungsakte der Gemeinden** oder ihre Weigerungen, Verwaltungsakte zu erlassen, angreifen, ist i.d.R. zunächst ein Widerspruchsverfahren durchzuführen, bevor es zur Klage kommen kann. Den Widerspruchsbescheid erlässt nach § 6 I AGVwGO abweichend von § 73 I 2 Nr. 1 und 3 VwGO sowohl in Selbstverwaltungs- als auch in Auftragsangelegenheiten der **Stadt- oder Kreisrechtsausschuss**. § 6 I AGVwGO ist bundesrechtmäßig, da er sich auf die Ermächtigung in § 73 II VwGO stützt.³⁶⁷ In Selbstverwaltungsangelegenheiten sind den Rechtsausschüssen nach § 6 II AGVwGO Eingriffe in das **Ermessen** der kommunalen Behörden ebenso

---

363 *Groth* (Fn. 330), 74; *Knemeyer,* JuS 2000, 521, 524. Vgl. insb. § 97 IV SchulG.
364 Für unmittelbare Anwendbarkeit *Nauheim-Skrobek*, in: Gabler, § 5 ZwVG Anm. 1.3.
365 BadWürttVGH, NVwZ-RR 2006, 416; *Hufen* (Fn. 231), S. 225; a.A. *Kopp/Schenke* (Fn. 96), Anhang § 42 Rn. 77 f., jeweils m.w.N.
366 *Knemeyer*, JuS 2000, 521, 525.
367 BVerfGE 21, 106, 107.

versagt, als wären sie Rechtsaufsichtsbehörden. Auch dürfen sie den Ausgangsbescheid nicht zu Lasten des Widerspruchsführers verändern (»**verbösern**«).[368] Zulässig ist nach § 3 V 2 KAG allerdings die Verböserung von Abgabenbescheiden.

Da die Rechtsausschüsse keine Ausschüsse des Gemeinderates (Rn. 110) und kein Teil der Gemeindeverwaltung sind, kann die **Rechtsaufsichtsbehörde** nicht dadurch die Rechtmäßigkeit der Widerspruchsbescheide gewährleisten (Rn. 19), dass sie sie ggf. beanstandet oder aufhebt. Diesen Mangel kompensieren §§ 16 VII, 17 AGVwGO. Sie stellen sicher, dass die oberen Aufsichtsbehörden Kenntnis von solchen Entscheidungen der Rechtsausschüsse erhalten, die die angegriffenen Ausgangsentscheidungen abändern, und erlauben der zuständigen Aufsichtsbehörde, den Widerspruchsbescheid gerichtlich anzufechten (**Aufsichtsklage**).[369]

190

VI. Gemeindeeinwohner und Gemeindebürger

Als Körperschaften sind die Gemeinden mitgliedschaftlich strukturiert. Ihre Mitglieder sind die Gemeinde**bürger**. Nur diese haben politische Mitwirkungsrechte, durch deren Ausübung sie an der Selbstverwaltung der Gemeinden teilnehmen (2.). Doch auch natürliche Personen, die nur ihren Wohnsitz im Gebiet einer Gemeinde haben, ohne ihr als Mitglieder anzugehören, unterliegen ihrer Hoheitsgewalt. Den Pflichten, die sich daraus ergeben, stehen auch Rechte und Vorteile dieser **Einwohner** gegenüber (1.).

191

1. Rechte und Pflichten der Gemeindeeinwohner

Einwohner ist gem. § 13 I GemO jede natürliche Person, die im Gebiet der Gemeinde eine Wohnung innehat. „Wohnung" ist jeder umschlossene Raum, der zum Wohnen oder Schlafen benutzt wird, es sei denn, er wird kontinuierlich fortbewegt (§ 15 S. 1 MeldeG); auf zusätzliche subjektive Voraussetzungen kommt es nicht an.[370] Juristische Personen können nicht wohnen[371] und sind schon deshalb keine Einwohner. § 14 III und IV GemO stellt juristische Personen mit Sitz in der Gemeinde und die sog. Forensen den Einwohnern zwar unter zwei Gesichtspunkten gleich: sie sind Inhaber des Anspruchs auf Zugang zu den öffentlichen Einrichtungen der Gemeinde (Rn. 40), und sie tragen die gemeindlichen Lasten im Wesentlichen mit. Alles Folgende betrifft juristische Personen und Forensen aber nicht.

192

Außer der Pflicht, die Lasten der Gemeinde mit zu tragen, trifft die Einwohner – anders als Forensen – insb. die Pflicht, **ehrenamtliche Tätigkeiten** zu übernehmen.[372] Die Pflicht der Gemeinden zu **Beratung und Auskunft** gem. §§ 15 II und IV, 64 II Nr. 2 GemO entspringt ihrem sozialstaatlichen Auftrag. Ein subjektives Recht haben alle Einwohner darauf, sich mit **Anregungen und Beschwerden** an den Gemeinderat zu wenden. Auch für Eingaben, die in die Zuständigkeit des Bürgermeisters fallen, ist der Gemeinderat empfangszuständig. Dieses kommunale Petitionsrecht nach § 16b GemO ist von Art. 17

193

---

368 RhPfOVG, DÖV 2004, 889 f.; abl. dazu *Martin Schröder*, NVwZ 2005, 1029 f.; *Jutzi*, LKRZ 2008, 212, 214; zur organisationsrechtlichen Begründung zutr. BayVGH, BayVBl. 2006, 434, 435.
369 Näheres dazu *Kintz*, LKRZ 2009, 5 ff. sowie § 2 Rn. 62 ff. Vgl. auch RhPfOVG, NVwZ-RR 2003, 75, 76.
370 *Schmidt-Aßmann/Röhl*, Rn. 85; *Schröder*, Kommunalverfassungsrecht, Rn. 47; *Seewald*, Rn. 135.
371 BVerwG, NVwZ 2001, 439, 440.
372 Zu ehrenamtlichen Tätigkeiten vgl. § 1 Rn. 150.

GG geschützt.[373] Der Petent hat daher ein Recht darauf, dass das zuständige Organ sich innerhalb angemessener Zeit mit seinem Anliegen befasst und seine Eingabe beantwortet (vgl. § 16b S. 4 GemO).

194 Im Übergangsbereich zwischen sozialstaatlicher Dienstleistung und Betroffenenbeteiligung stehen die Informationspflichten der Gemeinden. Die **Unterrichtung** ist zunächst eine Transparenzpflicht der Gemeindeverwaltung. Sie betrifft alle wichtigen Angelegenheiten aus ihrem Aufgabenbereich (§ 15 I GemO) ohne Unterschied zwischen Auftragsangelegenheiten und Selbstverwaltungsaufgaben und muss auch ohne Fragen oder sonstige Anstöße aus der Bevölkerung erfolgen.

Die Pflicht kann u.a. durch die Eröffnung eines Internetportals (»virtuelles Rathaus«)[374] oder nach § 16 GemO in Form von **Einwohnerversammlungen** erfüllt werden. Mangels Beschlusskompetenz sind Einwohnerversammlungen keine Gemeindeversammlungen i.S.d. Art. 28 I 4 GG. Da sie der einseitigen Weitergabe von Wissen dienen, nicht der kollektiven Bildung und Kundgabe von Meinungen, handelt es sich auch nicht um Versammlungen i. S. d. Art. 8 I GG.[375]

195 Dem Informationsfluss sowohl in Richtung von den Gemeindeorganen und der Gemeindeverwaltung zu den Einwohnern als auch in umgekehrter Richtung dient die Öffnung von Sitzungen des Gemeinderates zur **Fragestunde** gem. § 16a GemO. Die **Kinder- und Jugendbeteiligung** gem. § 16c GemO wird regelmäßig mittels einer Jugendvertretung (Rn. 111) durchgeführt.[376]

196 An der Grenze zur demokratischen Mitwirkung steht die weitestgehende Beteiligungsmöglichkeit der Einwohner, der **Einwohnerantrag**.[377] Auf seine Durchführung haben alle Einwohner, die das 16. Lebensjahr vollendet haben, einen Anspruch. Inhaltlich richtet er sich darauf, ein Thema in den repräsentativdemokratischen Prozess einzubringen. Erfüllt ein Einwohnerantrag die in § 17 GemO genannten Voraussetzungen, so ist der Gemeinderat verpflichtet, sich mit dem Antrag auseinanderzusetzen und über ihn in unveränderter Form Beschluss zu fassen.

197 Der Einwohnerantrag ist aber nur in verfahrensrechtlicher Hinsicht zwingend; inhaltlich erhält er dem Rat uneingeschränkte Entscheidungsfreiheit. Da er den Antrag frei ablehnen kann, handelt es sich **nicht** um ein Verfahren **direktdemokratischer** Mitwirkung.[378] Im Hinblick auf den Grundsatz der Volkssouveränität gem. Art. 20 II GG, Art. 74 II LV ist dieses Initiativrecht daher unbedenklich. Die Antragsteller werden durch den Antrag auch nicht etwa zu einem **Gemeindeorgan**. Sie müssen ihre Rechtsstellung prozessual gegenüber der Kommune als Ganzer verteidigen und nicht gegenüber den verfassten Organen.[379]

---

373 VG Leipzig, LKV 2005, 39; *Seewald*, Rn. 163; a. A. *v. Ungern-Sternberg*, Jura 2007, 256, 258.
374 Dazu *Duckstein/Gramlich*, SächsVBl. 2004, 121, 122 f.
375 Vgl. BVerfG, NJW 2001, 2459, 2460.
376 Krit. dazu *Schliesky*, AfK 1998, 308, 331.
377 So auch *Schröder*, Kommunalverfassungsrecht, Rn. 54.
378 RhPfOVG, NVwZ-RR 1995, 411, 412, auch zu den Details.
379 A. A. RhPfOVG, NVwZ 1988, 468.

VI. Gemeindeeinwohner und Gemeindebürger

2. Zusätzliche Mitwirkungsrechte und Pflichten der Gemeindebürger

Die **Bürger** der Gemeinden (§ 13 II GemO) sind nach § 18 I GemO verpflichtet, **Ehren**- 198
ämter in der Gemeinde zu übernehmen.[380] Andererseits nehmen die Bürger in **Wahlen**
und **Abstimmungen** an der kommunalen Selbstverwaltung teil. Diese demokratische
Mitwirkung ist in Art. 50 LV, 20 II und 28 I 2 GG verfassungsrechtlich gewährleistet.
Die Verleihung des **Ehrenbürgerrechts** nach §§ 23 I, 32 II Nr. 8 GemO ist eine rein symbolische Anerkennung. Sie begründet weder ein Ehrenamt noch die Stellung als Gemeindebürger.

Da das Bürgerrecht an die **Hauptwohnung** anknüpft, ist jede Person nur Bürgerin einer 199
einzigen Gemeinde. Die **Wartefrist** von drei Monaten ist erforderlich, um nach einem
Umzug das Wählerverzeichnis (§§ 10 ff. KWO) rechtzeitig vor der Wahl zu berichtigen.
Wer aufgrund eines Strafurteils gem. § 45 I, II StGB die Amtsfähigkeit und die Wählbarkeit verloren hat, ist nach § 13 III GemO vorübergehend auch nicht (mehr) Gemeindebürger. Die Aberkennung des Stimmrechts gem. § 45 V StGB führt dagegen ebenso
wenig zum Erlöschen des Bürgerrechts wie der Ausschluss vom Wahlrecht nach § 2
KWG.[381]

a) Bürgerbegehren und Bürgerentscheid

Der Bürgerentscheid steht gem. § 17a VIII 1 GemO einem Beschluss des Gemeinderats 200
in seiner Wirkung gleich, wenn er Erfolg hat. Durch den Bürgerentscheid üben die Teilnehmer daher **Staatsgewalt** auf kommunaler Ebene aus, allerdings nicht als Organ der
Gemeinde,[382] sondern als organisierter Teil des kommunalen Volkes. Deshalb ist er den
Gemeindebürgern vorbehalten. Dies gilt auch schon für das Bürgerbegehren als Vorstufe
des Bürgerentscheids, obwohl es selbst noch keinen Entscheidungscharakter hat. Denn
ein zulässiges Bürgerbegehren führt zwingend entweder zu einem Bürgerentscheid oder
nach § 17a V GemO zu einem Beschluss des Gemeinderates, der die Durchführung der
verlangten Maßnahme zum Inhalt hat.

Die Teilnahme nichtdeutscher **Unionsbürger** an Bürgerentscheiden durchbricht den 201
Grundsatz der Volkssouveränität gem. Art. 20 II GG, 74 II LV, ist jedoch nach Art. 28
I 3 GG, 50 I 2 LV zulässig. Sie beziehen sich zwar nach ihrem Wortlaut nur auf Wahlen,
verdeutlichen aber durch ihren Bezug auf das Recht der Europäischen Gemeinschaft,
dass deutsches Verfassungsrecht auch der europarechtlich zugelassenen Abstimmungsteilnahme nicht entgegensteht.[383]

Da das Bürgerbegehren auf einen vollzugsfähigen Beschluss abzielt, muss es einen An- 202
trag und einen **Kostendeckungsvorschlag**[384] enthalten. Im Gegensatz zum Antrag muss
der Kostendeckungsvorschlag nicht befolgt werden, wenn der Bürgerentscheid Erfolg

---

380 Zur Reaktivierung bürgerschaftlichen Engagements mit Hilfe des Ehrenamtes *Knemeyer*, DVBl. 2000, 876, 878 f.; *Reuter*, Verfassungsrechtliche Grundlagen des bürgerschaftlichen Engagements, 2005; skeptisch *Schröder*, Kommunalverfassungsrecht, Rn. 57.
381 Vgl. zur Verfassungsmäßigkeit von § 2 Nr. 2 KWG BayVerfGH, BayVBl. 2003, 44 ff.
382 HessVGH, DVBl. 2000, 928, 929; NRWOVG, NVwZ-RR 2003, 448, 449; a. A. RhPfOVG, NVwZ-RR 1997, 241; VG Koblenz, NVwZ-RR 2002, 453; *Fügemann*, DVBl. 2004, 343, 349.
383 *Schmidt-Aßmann/Röhl*, Rn. 91 Fn. 323; s.a. § 1 Rn. 131; a.A. *Schröder*, Kommunalverfassungsrecht, Rn. 55; *ders.*, in: Grimm/Caesar, Art. 50 Rn. 7.
384 Dazu *Beckmann/Hagmann*, KommJur 2007, 89, 90 ff.

hat oder die Vertretung die verlangte Maßnahme beschließt. Der **Antrag** muss hinreichend bestimmt und mit einer **Begründung** versehen sein. Grundsatzentscheidungen können bestimmt genug sein, resolutionsartige Meinungsbekundungen sind es nicht.[385] Als Teilnahme am Meinungskampf vor der Abstimmung kann die Begründung auch überzeichnete Formulierungen enthalten.[386] Allerdings muss sie mit der Fragestellung in einem inhaltlichen Zusammenhang stehen.[387]

203 Die **Vertreter** des Bürgerbegehrens müssen wahlberechtigte Bürger der Gemeinde sein.[388] Außerdem ist das Bürgerbegehren nur zulässig, wenn es von einer Anzahl wahlberechtigter Bürger unterstützt wird, die die Quoren des § 17a III 3 GemO erreicht. Die Unterstützung ist durch **Unterschriftenlisten** nachzuweisen, die eine zweifelsfreie Identifikation der Unterzeichner ermöglichen und den vollen Wortlaut des Bürgerbegehrens enthalten. Darunter sind Antrag, Begründung und Kostendeckungsvorschlag zu verstehen, nicht aber die Namen der Vertreter.[389]

204 Richtet sich das Bürgerbegehren gegen einen Beschluss des Gemeinderates (**kassatorisches** Bürgerbegehren), so muss es gem. § 17a III 1 Halbs. 2 GemO innerhalb einer **Frist** von zwei Monaten nach der Beschlussfassung eingereicht sein. Das gilt auch, wenn der Beschluss in nichtöffentlicher Sitzung gefasst wurde. Die aufschiebende Wirkung von Widerspruch und Beanstandung hemmt die Frist nicht.[390] »**Gegen**« einen Beschluss ist ein Bürgerbegehren gerichtet, wenn der Antrag ihm zur Gänze oder zum Teil widerspricht, sodass nicht beide nebeneinander ausgeführt werden können.[391]

Wiederholende Ratsbeschlüsse sind erneut einem Bürgerbegehren zugänglich, sofern sie auf eine veränderte Sachlage hin ergehen.[392] Bauen **mehrere Beschlüsse** des Rates auf einander auf, so kann sowohl der einleitende Grundsatzbeschluss angegriffen werden als auch der Beschluss, mit dem der Entscheidungsprozess abgeschlossen wird.[393] Unstatthaft wird ein kassatorisches Bürgerbegehren, wenn der Ratsbeschluss sich **erledigt** hat, namentlich indem er irreversibel vollzogen wurde.[394]

205 **Gegenstand** des Bürgerbegehrens und des Bürgerentscheids können nur Selbstverwaltungsangelegenheiten der Gemeinde sein, die nicht zur laufenden Verwaltung gehören, wie sich aus §§ 17a II Nr. 1, 47 I 2 Nr. 3 und 4 GemO ergibt. Angelegenheiten der Gemeinde sind aber auch Mitwirkungshandlungen bei Entscheidungen auf höherstufigen Ebenen.

---

385 BayVGH, BayVBl. 1997, 276, 277; NRWOVG, NVwZ-RR 2002, 766. Restriktiv SaarlOVG, LKRZ 2008, 356.
386 RhPfOVG, NVwZ-RR 1997, 241, 243.
387 *Ritgen*, KommJur 2007, 288, 291 m. w. N.
388 NRWOVG, NVwZ-RR 2004, 519; zust. *Ritgen*, KommJur 2005, 441, 442; a. A. zum bay. Recht BayVGH, BayVBl. 2008, 82, 83.
389 RhPfOVG, NVwZ-RR 1997, 241, 244 ff.; a.A. BayVGH, NVwZ-RR 1997, 109 f. Kritisch zu einer Absenkung der Quoren *Henneke/Ritgen*, LKRZ 2008, 361, 367.
390 HessVGH, DÖV 2004, 965.
391 VG Koblenz, NVwZ-RR 2002, 453, 454; relativierend *Ritgen*, KommJur 2005, 441, 443.
392 *G. Meyer*, KommJur 2008, 8, 11.
393 RhPfOVG, DVBl. 1998, 787, 788; *Ritgen*, NVwZ 2000, 129, 133.
394 Vgl. NRWOVG, NVwZ-RR 2007, 625, 626.

VI. Gemeindeeinwohner und Gemeindebürger

Beispiele:
Stellungnahmen in Planfeststellungsverfahren
Weisungen an Mitglieder der Verbandsversammlung eines Zweckverbandes, dem die Gemeinde angehört.[395]

Die Angelegenheit muss darüber hinaus **wichtig** sein, d. h. sie darf nicht zum Alltagsgeschäft des Gemeinderates gehören. Jedoch ist z.b. die Erhaltung eines Bauwerks, das das Ortsbild prägt und von Bedeutung für die Ortsgeschichte ist, eine »wichtige« Frage.[396] Über den Wortlaut hinaus erfasst § 17a I 2 Nr. 1 GemO auch die wesentliche Umgestaltung einer öffentlichen Einrichtung.[397] Die Hauptsatzung kann weitere Angelegenheiten abstrakt für wichtig erklären. 206

Ausgeschlossen ist ein Bürgerbegehren, wenn in den letzten drei Jahren vor der Einreichung bereits dieselbe Angelegenheit Gegenstand eines Bürgerentscheids war (§ 17a IV 1 GemO). Weitere Ausschlusstatbestände enthält § 17a II GemO.[398] 207

Beispiele:
Zu den Fragen der inneren Organisation gehört zwar weder die Entscheidung über die Privatisierung einer bislang von der Gemeinde ausgeführten Aufgabe[399] noch diejenige über die Anzahl der Beigeordneten. Dies sind Grundsatzentscheidungen über die Ausgestaltung der Gemeindeverfassung. Ist aber ein bestimmter Beigeordneter bereits gewählt, so betrifft die Entscheidung, ob er in sein Amt eingeführt wird, seine »Rechtsverhältnisse« i.S.d. Nr. 3 des Negativkatalogs.[400]

Abgaben i.S.d. Katalognummer 4 sind nicht nur die im KAG ausdrücklich vorgesehenen Gebühren und Beiträge, sondern z.B. auch Parkgebühren.[401] Da indes nur Bürgerbegehren über die Abgabensätze unzulässig sind, kann die Grundsatzentscheidung, ob eine bestimmte Abgabe überhaupt erhoben werden soll, zur Abstimmung gestellt werden, es sei denn, die Gemeinde ist zur Erhebung der Abgabe gesetzlich verpflichtet. In diesem Fall greift das Verbot des § 17a II Nr. 9 GemO ein.[402]

Gesetzwidrig sind auch Verstöße gegen zivilrechtliche Vorschriften, etwa der Widerruf einer Zustimmung des Gemeinderates zu einem Vertrag analog § 183 S. 1 BGB nach deren Zugang beim Vertragspartner,[403] und Verstöße gegen den Abfallwirtschaftsplan gem. § 11 LAbfWAG,[404] nicht hingegen die Einschränkung der Verschwiegenheitspflicht der kommunalen Vertreter in Gremien einer von der Gemeinde beherrschten GmbH.[405]

Im Gegensatz zur Aufstellung, Änderung oder Aufhebung von Bauleitplänen ist eine Entscheidung nicht von § 17a II Nr. 6 GemO ausgeschlossen, deren Umsetzung nur faktisch verhindern würde, dass eine in Gang gesetzte Bauleitplanung verwirklicht wird.[406] Ein Vorhaben im Sinne des § 17a II Nr. 7 GemO ist schon dann Gegenstand des beantragten Bürgerbegehrens, wenn dieses nicht die Errichtung einer bestimmten Abfallverwertungsanlage betrifft, sondern erst auf ein bestimmtes Abfallverwertungskonzept gerichtet ist.[407]

---

395 *Oebbecke*, Die Verwaltung 37 (2004), 105, 115; *Ritgen*, NVwZ 2000, 129, 132 m.w.N.
396 HessVGH, DVBl. 2000, 928, 930 f.; *Ritgen*, NVwZ 2000, 129, 132.
397 VG Koblenz, NVwZ-RR 2002, 453, 455 f.
398 Zur ratio der Norm NRWOVG, NVwZ 2002, 766, 767; *Ritgen*, NVwZ 2000, 129, 135.
399 *Ritgen*, KommJur 2007, 288, 292 m.w.N.
400 HessVGH, NVwZ 2004, 281 f.; *Frotscher/Knecht*, DÖV 2005, 797, 808 jeweils m.w.N. Restriktiver *Jendrusch*, KommJur 2004, 321, 323 ff.; *Ritgen*, KommJur 2005, 441, 444.
401 VG Köln, NVwZ-RR 2000, 455 f.
402 BayVGH, NVwZ 2000, 219, 220 f.; *Oebbecke* (Fn. 395), 110 f.
403 NRWOVG, NWVBl. 2003, 466, 467; *Oebbecke* (Fn. 395), 116.
404 Vgl. NRWOVG, NVwZ 2003, 448, 451.
405 BayVGH, NVwZ-RR 2007, 622, 623 f.
406 NRWOVG, NWVBl. 2008, 67 f.
407 RhPfOVG, NVwZ 1999, 598, 599.

Hängen mehrere Anträge eines Bürgerbegehrens inhaltlich zusammen, so erfasst die Unzulässigkeit eines Teils auch die übrigen Anträge.[408]

208 Die Zulässigkeit des Bürgerbegehrens wird vom Gemeinderat im Zusammenwirken mit der Gemeindeverwaltung **geprüft**. Sie ist dabei auf eine Rechtskontrolle beschränkt.[409] Gegen die Nichtzulassung kann das Bürgerbegehren als solches, gesetzlich vertreten durch die benannten Vertreter, **Feststellungsklage** zum Verwaltungsgericht erheben.[410] Dasselbe gilt für sachliche Änderungen des Antrags. Richtiger Klagegegner ist jeweils der Gemeinderat.[411] Die Kommunalorgane können sich zum Bürgerentscheid anders als bei Wahlen in amtlicher Eigenschaft wertend **äußern**. Sie sind nur zur Sachlichkeit verpflichtet.[412]

209 Der erfolgreiche Bürgerentscheid ist analog § 47 I 2 Nr. 2 GemO ohne sachlich nicht gebotene Verzögerung **auszuführen**.[413] Die Sperrwirkung gem. § 17a VIII 2, 3 GemO ist verfassungsgemäß, obwohl sie die Gestaltungsmöglichkeiten des Repräsentativorgans Gemeinderat erheblich einschränkt.[414] Sie kann mit der einstweiligen Anordnung gem. § 123 VwGO dagegen gesichert werden, dass die Gemeindeorgane vollendete Tatsachen schaffen.[415] Antragsbefugt sind hierbei die Vertreter des erfolgreichen Bürgerbegehrens als dessen Prozessstandschafter.[416] Keine Sperrwirkung entfaltet ein mit dem Bürgerbegehren inhaltsgleicher Beschluss des Gemeinderates nach § 17a V GemO.[417]

b) Gemeindewahlrecht im Überblick

210 Die Auswahl der Personen, die als Organwalter die Gemeindeorgane verkörpern (Rn. 82), ist als Ausdruck der Personalhoheit eine **Selbstverwaltungsangelegenheit**. Mit der Wahl beurteilt die örtliche Gemeinschaft die Eignung der Bewerber um die kommunalen Wahlämter i. S. d. Art. 33 II GG.[418] Die Vorbereitung und Durchführung der Wahlen hingegen gehört, soweit sie den Gemeinden selbst obliegt, zu den **Auftragsangelegenheiten**.[419] Wegen ihres Bezugs zum Demokratieprinzip sind die Grundlagen des Kommunalwahlrechts in Art. 28 I 2 GG, 50 I 1 LV **verfassungsrechtlich** abgesichert.[420] Zugunsten der Wahlberechtigten enthält Art. 50 I 1, 2 i.V.m. Art. 76 LV

---

408 RhPfOVG, NVwZ 1999, 598, 599.
409 *Oebbecke* (Fn. 395), 116. Vgl. auch SchlHOVG, NVwZ 2006, 363 f.; *Ritgen*, KommJur 2005, 441, 446 m.w.N.; *Thum*, BayVBl. 2006, 613 ff.
410 RhPfOVG, NVwZ-RR 1997, 241; SaarlOVG (Fn. 385); a. A. BayVGH, NVwZ 2000, 219 f., HessVGH, DVBl. 2000, 928, 930, NRWOVG, NVwZ-RR 2003, 448, 449; *Fischer*, DÖV 1996, 181, 183 ff. *Heimlich*, DÖV 1999, 1029; *Hofmann-Hoeppel/Weible*, BayVBl. 2000, 577, 583; *Schmidt-Aßmann/Röhl*, Rn. 91.
411 RhPfOVG, NVwZ-RR 1997, 241; SaarlOVG (Fn. 385); im Erg. ebenso NRWOVG, NVwZ-RR 2003, 448, 449.
412 NRWOVG, NWVBl. 2004, 151, 152; HessVGH, DÖV 2004, 966, 967; *Ritgen* (Fn. 409), S. 445.
413 NRWOVG, NWVBl. 2008, 64, 65.
414 Vgl. SächsOVG, SächsVBl. 2007, 137, 143; BVerfG, DVBl. 2007, 901 ff.; a. A. BayVerfGH, BayVerfGHE 50, 181, 202 ff.; NVwZ-RR 2000, 737, 739; *P. M. Huber*, AöR 126 (2001), 165, 191, 194 f.; *Müller-Franken*, in: Fs. f. Frotscher, 2007, S. 657, 671. Zur Kollisionslösung mit Hilfe der Kommunalorgantreue NRWOVG, DVBl. 2008, 120, 123; *Rossi/Lenski*, DVBl. 2008, 416, 420 ff.
415 BayVGH, NVwZ-RR 2003, 670, 671; a.A. wohl *Seewald*, Rn. 164.
416 *Peine/Starke*, DÖV 2007, 740, 743.
417 VG Oldenburg, NVwZ-RR 2006, 58 f.
418 *Herrmann*, LKV 2006, 535, 537; *Jaeckel*, VerwArch 97 (2006), 220, 228 f. SächsOVG, LKV 2006, 82, 85 und NVwZ-RR 2007, 643, 645, hält Art. 33 II GG bei Wahlbeamten für unanwendbar.
419 A. A. (zu NRW) *Kösters*, VR 2007, 88, 90 f.
420 S. dazu *Schröder*, in: Grimm/Caesar, Art. 50 Rn. 2, 4 und 10; vgl. jetzt auch BVerwG, DVBl. 2009, 254, 255.

grundrechtsgleiche Rechte. Sie verpflichten i. V. m. Art. 21 I 3 GG auch die Parteien.[421] Verletzungen dieser Rechte können mit der Verfassungsbeschwerde gem. Art. 130a LV, §§ 2 Nr. 2 und 44 ff. LVerfGHG geltend gemacht werden.[422]

Die Freiheit der Wahl kann durch **Äußerungen** von Inhabern staatlicher und kommunaler Ämter verletzt werden, wenn sie sich vor Wahlen in amtlicher Funktion mit Parteien oder Wahlbewerbern identifizieren, sie als Amtsträger unterstützen oder bekämpfen. Das gilt auch für Bürgermeister, die sich selbst zur Wiederwahl stellen. Dienstliche Mittel dürfen sie für Zwecke ihres persönlichen Wahlkampfs nicht einsetzen. Die Integrität des Wählerwillens ist auch beeinträchtigt, wenn Amtsinhaber das ihnen obliegende Wahrheitsgebot verletzen. Mehrdeutige Aussagen sind aus der Sicht eines verständigen Durchschnittswählers zu würdigen.[423] Fraktionen des Gemeinderates hingegen unterliegen nicht den Grenzen amtlicher Wahlbeeinflussung.[424]   211

Kommunalwahlen finden grundsätzlich auf der Grundlage von **Wahlvorschlägen** statt. Die Parteien und Wählergruppen müssen bei der Aufstellung ihrer Vorschläge ein Verfahren einhalten, das demokratischen Grundsätzen genügt (§ 17 I, II KWG).[425] Der Wahlvorschlag muss i.d.R. von einer bestimmten Zahl Wahlberechtigter unterstützt werden, die nach der Größe der Gemeinde variiert. Von Verfassungs wegen darf das Quorum an **Unterstützungsunterschriften** die Bewerbung nicht übermäßig erschweren. Es darf deshalb nur so hoch sein, wie es zur Sicherung der Ernsthaftigkeit der Wahlvorschläge erforderlich ist.   212

Die Wahl der Mitglieder der gemeindlichen **Verwaltungsspitze** ist stets eine Mehrheitswahl.[426] Die Wahl zum **Gemeinderat** ist demgegenüber i.d.R. eine personalisierte Verhältniswahl auf Grund von Bewerberlisten. Als Mehrheitswahl wird sie nur durchgeführt, wenn nur eine einzige oder gar keine gültige Liste eingereicht worden ist (§ 22 KWG). Eine **Sperrklausel** besteht seit Juni 2008 nicht mehr.[427] Fehler bei der Stimmabgabe werden nach den Auslegungsregeln des § 37 II bis IV KWG so weit wie möglich wirksamkeitserhaltend reduziert.[428]   213

Ehrenamtliche Bürgermeister und Beigeordnete verlieren ihr Amt außer in den in Rn. 85 genannten Fällen nur, wenn die Stelle hauptamtlich besetzt wird oder, soweit sie vom Gemeinderat gewählt sind, wenn dieser vorzeitig neu gewählt wird (§§ 52 II 2 bis 4 GemO). Hauptamtliche Bürgermeister und Beigeordnete können zudem gem. § 55 GemO **abgewählt** werden.[429] Bei der öffentlichen Debatte über die Abwahl sind die   214

---

421 Vgl. *Gärditz*, BayVBl. 2008, 72, 74 f.
422 RhPfVerfGH, AS 29, 207 ff.; vgl. auch § 1 Rn. 54 und 161.
423 BVerwGE 104, 323, 326 f.; 118, 101, 106 f.; RhPfVerfGH, AS 29, 207 ff. = DÖV 2002, 163, 165; BadWürttVGH, VBlBW 2007, 377 f.; BayVGH, NVwZ-RR 2004, 440, 441; NdsOVG, NdsVBl. 2008, 207, 208; *Oebbecke*, NVwZ 2007, 30 ff. Einschränkend HessVGH, NVwZ 2006, 610, 611.
424 NRWOVG, KommJur 2006, 336 f.
425 Vgl. RhPfOVG, AS 28, 294 ff.; HessVGH, NVwZ-RR 2005, 838, 841 f.
426 Zum Begriff BVerwGE 118, 345, 346 f.
427 Zur Verfassungsmäßigkeit von § 41 I KWG a.F. *Schröder*, Kommunalverfassungsrecht, Rn. 50; a. A. *Krajewski*, DÖV 2008, 345, 351; *Hebeler*, LKRZ 2008, 406, 410. Zur Verfassungswidrigkeit einer 5 %-Klausel BVerfG, DVBl. 2008, 443, 445 ff.; offen ThürVerfGH, LKV 2007, 175 = NJ 2008, 262 f. m. Anm. *Jutzi*.
428 Umfassend und sehr krit. dazu *Schmehl*, Die Verwaltung 34 (2001), 235, 243 ff.
429 Vgl. NRWOVG, KommJur 2008, 458 f. Einzelheiten bei *Frotscher/Knecht*, DÖV 2003, 620, 622 ff.; *Jaeckel*, VerwArch 97 (2006), 220, 245 f.; *Schmehl*, KommJur 2006, 321, 325 f.

Gemeindeorgane zur Sachlichkeit, im Gegensatz zu Bürgerentscheiden und Wahlen aber nicht zur Neutralität verpflichtet.[430]

215 Wie im Fall der Parlamentswahlen schließt auch auf kommunaler Ebene das **Wahlprüfungsverfahren** die Erhebung der allgemeinen Rechtsbehelfe in seinem Anwendungsbereich aus. Es erfasst Verstöße gegen die Vorschriften über die Vorbereitung und Durchführung der Wahlen sowie Mängel der Wählbarkeit von Bewerbern i.S.d. § 4 KWG, nicht hingegen die Durchführung von Bürgerentscheiden, die Abstimmung über die Abwahl von Bürgermeistern (§ 55 I 6 GemO) und auch nicht das Abwahlverfahren des Gemeinderats über Beigeordnete. In diesen Fällen ist gegen die Feststellung des Wahlausschusses der **Widerspruch** statthaft.

216 Im Wahlprüfungsverfahren tritt bei den Volkswahlen der **Einspruch** beim Bürgermeister an die Stelle des Widerspruchs. Gegen die Gültigkeit der Wahlen von Bürgermeistern und Beigeordneten durch den Gemeinderat kann jedes Ratsmitglied **Beschwerde** bei der Rechtsaufsichtsbehörde erheben. Diese entscheidet sowohl über Einsprüche als auch über Beschwerden (§§ 43 I 1 GemO, 48 S. 2 KWG). Ihre Entscheidungen sind Verwaltungsakte, die verfahrensrechtlich Widerspruchsbescheiden gleichstehen. Daher ist gegen sie unmittelbar die **Anfechtungsklage** statthaft (§§ 43 II GemO, 51 KWG).

217 Da alle genannten Verfahren der **objektiven Rechtskontrolle** dienen, ist es nicht nötig, eine Verletzung in eigenen Rechten geltend zu machen. Eine Rücknahme des Antrags führt auch nicht dazu, dass die Sachentscheidung unzulässig würde.[431] Gerügt werden können Verfahrensfehler bei den Gemeinderatswahlen aber gem. § 50 III KWG nur, wenn sie das Wahlergebnis »wesentlich« beeinflusst haben, d. h. sich auf die Mandatsverteilung ausgewirkt haben können. Der Fehler braucht nicht so schwer zu wiegen, dass der Fortbestand des gewählten Rates unerträglich erschiene.[432]

Zum **Verfahren** sind die Mitglieder des u.U. fehlerhaft gewählten Gemeinderates nach § 65 II VwGO notwendig beizuladen.[433] Wird gem. § 50 II KWG festgestellt, dass eine nicht wählbare Person gewählt wurde, so rückt nach dem Grundsatz der größtmöglichen Wahrung des mutmaßlichen Wählerwillens der Listennachfolger für diese Person nach.[434] Nur wenn die Wahl im gesamten Wahlgebiet oder in einzelnen Stimmbezirken ungültig ist, wird eine Wiederholungswahl nach den Grundsätzen des § 52 KWG durchgeführt.

VII. Klausurhinweise

218 Kommunalrechtliche Fragen sind in der Klausur regelmäßig in die Prüfung eines Widerspruchs oder einer der allgemeinen verwaltungsgerichtlichen Klagen eingebunden. Das gilt auch für den so genannten Kommunalverfassungsstreit und die aufsichtliche

---

430 VG Frankfurt/M., NVwZ 2006, 720, 723; *Schmehl*, KommJur 2006, 321, 322 f.
431 So zu Recht SächsOVG, SächsVBl. 2007, 134, 135 f.
432 BVerwGE 118, 101, 103.
433 HessVGH, NVwZ-RR 2005, 838, 839.
434 BayVGH, NVwZ-RR 2004, 521, 522 f.

Beanstandungsklage.[435] Im Folgenden werden daher Aufbauschemata nur für typische **materiell** kommunalrechtliche Prüfungen vorgeschlagen.

1. Anspruch auf Zulassung zur Benutzung einer kommunalen öffentlichen Einrichtung

Anspruchsgrundlage ist § 14 II (ggf. i.V.m. § 14 III, IV) GemO. Zur **Klageart** s. Rn. 43.   219

A. Öffentliche Einrichtung (vgl. Rn. 34)
B. Zuständigkeit der Gemeinde
    Eigene Trägerschaft oder Beherrschung des Einrichtungsträgers (vgl. Rn. 42)
C. Verfahren
    §§ 9 ff. VwVfG; die Zulassungsentscheidung ist immer ein VA (Rn. 39).
D. Zulassungsvoraussetzungen
    I. Aktivlegitimation: Einwohner, juristische Personen mit Sitz in der Gemeinde, Forensen (Rn. 40)
    II. Benutzung i.r. der Widmung (Rn. 34)
    III. Hinreichende Kapazität (Rn. 36 f.)
E. Anspruchsinhalt (ggf. Gleichbehandlung, vgl. Rn. 41)

2. Abwehranspruch gegen die wirtschaftliche Betätigung einer Gemeinde

Anspruchsgrundlage ist entweder der allgemeine Folgenbeseitigungsanspruch oder   220
§ 1004 BGB analog, jeweils i.V.m. § 85 I Nr. 3 GemO. Richtige **Klageart** ist ggf. die Allgemeine Leistungsklage in Form der Unterlassungsklage.

A. Wirtschaftliches Unternehmen (vgl. Rn. 52)
    U. a.: kein fiktiv nichtwirtschaftliches Unternehmen
B. Öffentlicher Zweck (vgl. Rn. 51)
C. Subsidiarität gegenüber privatwirtschaftlicher Aufgabenerfüllung
    I. Wirtschaftlichkeitsvergleich
    II. Qualitätsvergleich
D. Anspruchsinhalt (Unterlassung oder Beseitigung)
E. Passivlegitimation der Gemeinde

3. Abwehranspruch einer Gemeinde gegen eine aufsichtliche Ersatzvornahme

Anspruchsgrundlage ist das kommunale Selbstverwaltungsrecht (Art. 28 II GG, 49 LV)   221
i.V.m. § 123 GemO. Der Anspruch setzt voraus, dass eine der folgenden Voraussetzungen einer rechtmäßigen Ersatzvornahme **fehlt**. Richtige **Klageart** ist ggf. die Anfechtungsklage, da die Ersatzvornahme gegenüber der Gemeinde immer ein Verwaltungsakt ist – auch dann, wenn sie sich auf den Erlass einer kommunalen Satzung richtet.

---

435 S. oben Rn. 105 und 190 sowie § 2 Rn. 62 ff. Aufbauschema zum Kommunalverfassungsstreit bei *Hufen* (Fn. 231), S. 378.

> A. **Gegenstand der Ersatzvornahme**
> Kommunales Handeln oder Unterlassen in Selbstverwaltungsangelegenheiten
> B. **Formelle Rechtmäßigkeit der Ersatzvornahme**
>   I. **Zuständigkeit** der tätig gewordenen Aufsichtsbehörde (Rn. 180)
>   II. **Verfahren:** §§ 9 ff. VwVfG sowie Aufhebungsverlangen oder Anordnung unter Fristsetzung, Fristablauf und Bestandskraft oder sofortige Vollziehbarkeit der Anordnung (Rn. 177)
> C. **Materielle Rechtmäßigkeit der Ersatzvornahme**
> Setzt die Rechtswidrigkeit der aufgehobenen kommunalen Maßnahme bzw. des ersetzten kommunalen Unterlassens voraus. Eine Aufhebung bzw. Ersetzung schlicht unzweckmäßigen Verhaltens ist rechtswidrig (vgl. Rn. 170).

4. Anspruch eines Bürgerbegehrens auf Durchführung des Bürgerentscheids

222 Das Bürgerbegehren als solches hat aus § 17a IV GemO einen **Anspruch** darauf, dass der Bürgerentscheid durchgeführt wird, sofern dieser zulässig ist. Zur **Klageart** s. Rn. 208.

> A. **Formelle Zulässigkeitsvoraussetzungen des Bürgerentscheids**
>   I. **Unterschriftenquorum**
>   II. **Ordnungsgemäße Vertretung** (Rn. 203)
>   III. **Antrag:** inhaltliche Bestimmtheit, Begründung, Kostendeckungsvorschlag (Rn. 202)
>   IV. **Frist** bei kassatorischen Bürgerentscheiden (Rn. 204)
> B. **Materielle Zulässigkeitsvoraussetzungen des Bürgerentscheids**
>   I. **Kommunalbürgerstatus** der Unterzeichner (Rn. 200 f.)
>   II. **Wichtiger Gegenstand** auf dem Gebiet der **Selbstverwaltung** (Rn. 205 f.)
>   III. **Kein gesetzlich ausgeschlossener Gegenstand** (Rn. 207)
>   IV. **Frist** für wiederholte Bürgerbegehren über gleiche Themen (Rn. 207)

§ 4 Polizei- und Ordnungsrecht

von *Josef Ruthig und Guido Fickenscher*

Literatur: Die in diesem Verzeichnis enthaltenen Werke werden in den Fußnoten lediglich mit den Namen der Autoren oder Herausgeber (erforderlichenfalls mit einem unterscheidenden Zusatz) zitiert.

Drews/Wacke/Vogel/Martens, Gefahrenabwehr, 9. Aufl. 1986; *Engelhardt/App*, VwVG – VwZG, Komm., 8. Aufl. 2008; *Götz*, Allg. Polizei- und Ordnungsrecht, 14. Aufl. 2008; *Gusy*, Polizeirecht, 6. Aufl. 2006; *Knemeyer*, Polizei- und Ordnungsrecht, 11. Aufl. 2007; *Kopp/Schenke*, VwGO, Komm., 15. Aufl. 2007; *Kugelmann*, Polizei- und Ordnungsrecht, 2006; *Lisken/Denninger*, Hdb des Polizeirechts, 4. Aufl. 2007; *Maurer*, Allg. Verwaltungsrecht, 17. Aufl. 2008; *Pieroth/Schlink/Kniesel*, Polizei- und Ordnungsrecht, 5. Aufl. 2008; *Roos*, Polizei- und Ordnungsbehördengesetz Rheinland-Pfalz, Komm., 3. Aufl. 2004; *Rühle*, Polizei- und Ordnungsrecht für Rh-Pf, 4. Aufl. 2007; *Rühle/Suhr*, POG RhPf., 3. Aufl. 2006; *Schenke*, Polizei- und Ordnungsrecht, 5. Aufl. 2007; *Schoch*, Polizei- und Ordnungsrecht, in: Schmidt-Aßmann (Hrsg.), Bes. Verwaltungsrecht, 14. Aufl. 2008; *Stein*, Fälle und Erläuterungen zum Polizei- und Ordnungsrecht, 2. Aufl. 2004; *Stelkens/Jochim/Sachs*, VwVfG, 7. Aufl. 2008.

I. Einführung

1. Gesetzgebungskompetenzen der Länder auf dem Gebiet des Polizeirechts

Das **allgemeine Polizeirecht** ist nicht im Zuständigkeitskatalog des Bundes enthalten und fällt damit gem. Art. 70 GG in die **ausschließliche Gesetzgebungskompetenz der Länder**. Rheinland-Pfalz hatte auf dieser Grundlage zunächst das Preußische PVG wieder eingeführt, das 1954 durch das weiterhin stark am preußischen Polizeirecht orientierte PVG abgelöst wurde.[1] 1993 wurde das **Polizei- und Ordnungsbehördengesetz (POG)** erlassen,[2] das für Rheinland-Pfalz das Trennungssystem einführte und durch Gesetze v. 18.3.1997 (GVBl. S. 65), 12.10.1999 (GVBl. S. 325), 9.11.1999 (GVBl. S. 407), 6.2.2001 (GVBl. S. 29), 2.3.2004 (GVBl. S. 202) und 25.7.2005 (GVBl. S. 320) novelliert wurde. 1

Seit der Föderalismusreform steht den Ländern auch die **ausschließliche Gesetzgebungskompetenz für das Versammlungsrecht** zu, nachdem die konkurrierende Zuständigkeit des Art. 74 I Nr. 3 GG a. F. gestrichen wurde. Solange Rheinland-Pfalz von dieser Kompetenz keinen Gebrauch gemacht hat, **gilt das VersG des Bundes nach Art. 125a GG fort**. Obwohl das Versammlungsrecht wie bisher stark von der bundesverfassungsgerichtlichen Rechtsprechung zu Art. 8 GG geprägt sein wird, können künftig nicht nur die gesetzlichen Regelungen, sondern wegen der Möglichkeit einer Überprüfung durch die Landesverfassungsgerichte möglicherweise auch die Prüfungsmaßstäbe divergieren. 2

---

1 In dieses wurde durch G. v. 24.6.1981 (GVBl. S. 124) der Musterentwurf für ein einheitliches Polizeigesetz des Bundes und der Länder von 1976 eingearbeitet und durch G. v. 26.3.1986 ein datenschutzrechtlicher Teil integriert (GVBl. S. 73).
2 G. v. 8.6.1993 (GVBl. S. 314).

2. Polizeibegriff
a) Polizei im materiellen, institutionellen, formellen Sinn

3   Das allgemeine Polizei- und Ordnungsrecht umfasst nach der heute[3] gängigen Definition die Summe aller rechtlichen Regelungen, die sich im Kern auf die Abwehr von Gefahren für die öffentliche Sicherheit und Ordnung beziehen. Damit zusammenhängend wird der Begriff der Polizei im Zusammenhang mit dem Polizei- und Ordnungsrecht in unterschiedlicher Bedeutung gebraucht.[4] Polizei im **materiellen** Sinn bezeichnet ungeachtet der handelnden Behörde die gesamte **Tätigkeit des Staates**, die der **Gefahrenabwehr** dient. Unter Polizei im **institutionellen** Sinn versteht man alle staatlichen Stellen, die zum Organisationsbereich der Polizei gehören. Polizei im **formellen** Sinn bezeichnet alle Aufgaben, die von der Polizei im institutionellen Sinn, d.h. von den unter »Polizei« auftretenden Behörden, wahrgenommen werden, ohne dass es auf den materiellen Gehalt der Aufgabe ankommt. Mit diesem Polizeibegriff verbunden ist die Beschränkung von Polizeiaufgaben auf die Gefahrenabwehr.[5] Über die materielle Gefahrenabwehr hinaus nimmt die »Polizei« vor allem Aufgaben der Verfolgung von Straftaten und Ordnungswidrigkeiten wahr.

b) Trennungsmodell in Rheinland-Pfalz

4   Für die institutionelle Organisation der Gefahrenabwehrbehörden gibt es in Deutschland zwei unterschiedliche Modelle, das **Einheitsmodell** und das **Trennungsmodell**. Das Trennungsmodell wurde nach dem 2. Weltkrieg zunächst in der früheren britischen und amerikanischen Besatzungszone eingeführt. Man glaubte, durch eine solche »**Entpolizeilichung**«[6] einen neuerlichen Machtmissbrauch der Polizei, wie er durch die Gestapo stattgefunden hatte, ausschließen zu können. Deshalb sollten sich die Aufgaben der »Polizei« im institutionellen Sinne darauf beschränken, Straftaten und Ordnungswidrigkeiten zu verfolgen, Vollzugshilfe zu leisten und nur in Eilfällen zur Gefahrenabwehr einzuschreiten. Auch Rheinland-Pfalz folgt seit 1993 diesem Trennungsmodell und unterscheidet zwischen der »Polizei« (vgl. §§ 76 ff. POG) und den allgemeinen Ordnungsbehörden, denen primär die Aufgabe der Gefahrenabwehr übertragen ist. Diese sind in den allgemeinen Verwaltungsaufbau integriert (ausf. Rn. 16 ff.).

5   Die Bedeutung der unterschiedlichen Modelle darf allerdings nicht überschätzt werden, sie beschränkt sich teilweise auf die Terminologie, da auch Länder mit Einheitssystem zwischen (Vollzugs-)Polizei und in die allgemeinen Verwaltungsbehörden integrierten allgemeinen (Polizei-)Behörden unterscheiden. Umgekehrt hat Rheinland-Pfalz – anders als manche anderen Bundesländer – die **Tätigkeit der Polizei und der allgemeinen Ordnungsbehörden in einem einheitlichen Gesetz geregelt** und Polizei und Ordnungsbehör-

---

3   Im Begriff der Polizei und in ihren Aufgaben spiegeln sich die gesellschaftlichen Entwicklungen wider, s. auch *Schoch*, Rn. 3. Das heutige, rechtsstaatliche Polizeiverständnis und die damit verbundene Trennung von Gefahrenabwehr und Wohlfahrtspflege hat maßgeblich das preußische OVG in seiner berühmten Kreuzberg-Entscheidung entwickelt, s. PrOVGE 9, 353. Ausf. zur Geschichte des Polizeirechts *Boldt*, in: Lisken/Denninger, A Rn. 1 ff.; *Schenke*, Rn. 2 ff. Speziell zu RhPf. *Rühle*, A Rn. 18 f.
4   Ausführlicher *Schenke*, Rn. 9 ff.; *Schoch*, Rn. 7.
5   Zu diesem, auf das Kreuzberg-Urteil (PrOVGE 9, 353) zurückgehenden Polizeibegriff und seinen modernen Herausforderungen *Schoch*, Staat 2004, 347 m.w.N.
6   *Boldt*, in: Lisken/Denninger, A Rn. 71.

den gemeinsam die Aufgabe der Gefahrenabwehr zugewiesen, § 1 I POG. Wichtiger ist daher die **Unterscheidung von besonderen Gefahrenabwehrbehörden**; diese können sich nicht auf polizei- und ordnungsrechtliche Vorschriften stützen.[7]

3. Aktuelle Herausforderungen

Die aktuelle Diskussion im Polizei- und Ordnungsrecht spiegelt die gewandelten gesellschaftlichen Anschauungen, vor allem aber auch die neuen Herausforderungen für die innere Sicherheit wider. Neuere Entwicklungen stellen aber auch polizeirechtliche Grundentscheidungen und die Gefahrenabwehrzuständigkeit der Länder zunehmend in Frage.

a) Gefahrenvorsorge

Nach klassischem Verständnis dient das Polizei- und Ordnungsrecht der Abwehr von (konkreten) Gefahren. Immer bedeutender wird jedoch die **polizeiliche Aufgabe der Gefahrenvorsorge**, die die Entstehung von Gefahren schon im Vorfeld verhindern soll (Gefahrenprävention). Dieser dienen nicht nur polizeiliche Informationsstände und Beratungsstellen, sondern zunehmend auch eingriffsintensive polizeiliche Maßnahmen wie Rasterfahndung, Schleierfahndung und Videoüberwachung des öffentlichen Raumes, die bei der Novelle 2004 auch in das POG aufgenommen wurden. Die Gefahrenvorsorge ist rechtspolitisch umstritten. Es bestehe die Gefahr, dass überhaupt erst Anhaltspunkte ermittelt werden, aus denen sich ein Gefahrenurteil ergibt. Es ist allerdings zwischen der polizeilichen Aufgabe und der Frage von Eingriffsrechten zu differenzieren. Diese bedürfen einer ausdrücklichen Ermächtigungsgrundlage. Sofern die polizeirechtlichen Vorschriften eine Gefahr verlangen, können Maßnahmen unterhalb der Gefahrenschwelle auf diese nicht gestützt werden. Der Gesetzgeber ist allerdings sehr wohl in der Lage, solche Vorfeldmaßnahmen vorzusehen, wobei allerdings unter dem Aspekt des Übermaßverbotes strenge Maßstäbe anzulegen sind.[8] Besonders problematisch ist in diesem Zusammenhang die sog. Straftatenverhütung bzw. **Strafverfolgungsvorsorge**, die der Verhinderung künftiger Straftaten dienen soll.[9]

b) Privatisierung

Die Finanzlage der staatlichen Haushalte sowie ein kontinuierlicher Aufgabenzuwachs zwingen auch auf dem Gebiet der inneren Sicherheit zum Nachdenken darüber, in welchen Bereichen die Einbeziehung von Privatpersonen und insb. von privaten Sicherheitsunternehmen[10] bei polizeilichen Tätigkeiten möglich ist. Die Diskussion wird unter dem Schlagwort einer **Police-Private-Partnership** geführt. Der Staat behält zwar die Gewährleistungs- und Kontrollverantwortung für die Erreichung des Staatsziels »Sicher-

---

7 S. OLG Zweibrücken, Urt. v. 2.8.2007 – 6 U 17/06 – zur zutreffend verneinten Frage einer Anwendung des § 68 POG auf die Haftung der Bauaufsichtsbehörde, bei der es sich weder um eine Polizei- noch um eine allgemeine Ordnungsbehörde handelt. Dies bestätigt auch § 59 II LBauO, wonach der Bauaufsichtsbehörde zwar „zugleich die Befugnisse von allgemeinen Ordnungsbehörden nach den §§ 6 und 7 des Polizei- und Ordnungsbehördengesetzes" zustehen, darüber hinaus aber eben auch nur diese.
8 BVerfG, NJW 2000, 55, 63; enger allerdings zur Rasterfahndung BVerfGE 115, 320; dazu *Volkmann*, Jura 2007, 132. S. auch *Di Fabio*, NJW 2008, 421; *Hillgruber*, JZ 2007, 209.
9 Dazu näher *Schenke*, Rn. 11 f.; *Schoch*, Rn. 12 ff. jeweils m.w.N.
10 Dazu u. a. *Schenke*, Rn. 472 ff.; *Schoch*, Rn. 22 ff.; *Gusy*, VerwArch 92 (2001), 344, 355 ff. Zur Mitwirkung Privater an der Geschwindigkeitskontrolle OLG Frankfurt, NStZ-RR 2003, 342.

heit«, bezieht aber Privatpersonen in die staatliche Aufgabenerfüllung ein. Kooperationsverträge zwischen privaten Sicherheitsunternehmen und der Polizei sind eine mögliche Form der Zusammenarbeit.[11]

9 Erhebliche und anders gelagerte Rechtsprobleme stellen sich aber, wenn **Privatpersonen** mit polizeilichen Eingriffsbefugnissen ausgestattet werden, was jedenfalls eine – derzeit im POG nicht vorhandene – gesetzliche Grundlage voraussetzt. Auch auf die Einrichtung **Freiwilliger Polizeidienste**, wie sie in einigen Bundesländern, unter anderem im Nachbarland Hessen, existieren, hat man in Rheinland-Pfalz bisher verzichtet. Deren Besonderheit besteht darin, dass Bürger auf freiwilliger Basis, ausgestattet mit polizeilichen Standardbefugnissen und Zwangsmitteln, Aufgaben vor allem des **polizeilichen Streifendienstes** wahrnehmen können.[12]

c) Zentralisierung, Internationalisierung und Europäisierung

10 Obwohl sie eigentlich exzeptionellen Charakter haben soll, wird die **Gefahrenabwehr durch Bundesbehörden** zunehmend ausgebaut, wie sich nicht nur an der Entwicklung des Bundesgrenzschutzes zur **Bundespolizei,** sondern auch des **Bundeskriminalamtes** illustrieren lässt.[13] Der Verfassungsgeber hat mit der Föderalismusreform durch neu geschaffene Kompetenzen des Bundeskriminalamtes reagiert. Es ist zur **Abwehr von Gefahren des internationalen Terrorismus** in Fällen zuständig, in denen eine länderübergreifende Gefahr vorliegt und die Landespolizei entweder nicht zuständig ist oder aber die oberste Landesbehörde um Amtshilfe ersucht (Art. 73 I Nr. 9a GG). Auch der **Ausbau der internationalen Zusammenarbeit** stärkt zumindest mittelbar die Bundesebene.[14] Auf eine qualitativ neue Stufe gestellt wird die Zusammenarbeit auf europäischer Ebene durch das **Europäische Polizeiamt (Europol)** auf der Grundlage des Europolübereinkommens von 1995 (EuropolÜ).[15] Die „europäische Sicherheitsarchitektur"[16] gewinnt trotz der Nichtratifizierung des Verfassungsvertrages zunehmend an Dynamik.[17]

11 Die **Internationalisierung** erfasst aber auch die Arbeit der Gefahrenabwehrbehörden der Länder. Ihnen werden nicht nur in den **bilateralen Polizeiverträgen,**[18] sondern auch in

---

11 S. dazu und zum Vorschlag eines entsprechenden »Kooperationsgesetzes« Storr, DÖV 2005, 101, 109.
12 Zu den damit verbundenen Rechtsproblemen ausf. *Fickenscher,* Polizeilicher Streifendienst mit Hoheitsbefugnissen – Rechtsfragen der Freiwilligen Polizeidienste und Sicherheitswachten in Deutschland, 2006 (Diss. Mainz 2005).
13 *Schenke,* Rn. 438 ff.; *Kugelmann,* Kap. 2 Rn. 1 ff.; *Lisken,* in: ders./Denninger, C Rn. 146 ff.; *Soiné,* ZRP 2008, 108 ff.
14 Beim internationalen Datenaustausch fungiert das BKA gem. § 14 VII 1 BKAG als »zentrale Stelle«, s. näher *Ruthig,* in: Wolter/Schenke/Rieß/Zöller (Hrsg.), Datenübermittlungen und Vorermittlungen, FG. f. Hilger, 2003, S. 183, 191.
15 ABl. EG 1995, C 316 = BGBl. 1997 II, 2153 ff. Spätere Änderungen betrafen insb. die Gemeinsamen Ermittlungsgruppen, vgl. Rechtsakt des Rates v. 28.11.2002 – ABl. EG 2002, C 312. S. außerdem das gleichzeitig in Kraft getretene 1. Änderungsprot., Rechtsakt des Rates v. 30.11.2000 – ABlEG 2000, C 358, ABl. EG 2002, C 312 sowie das am 18.4.2007 in Kraft getretene 3. Änderungsprotokoll, Rechtsakt des Rates v. 27.11.2003 – ABl. EG 2004, C 2.
16 *Lindner,* BayVBl. 2001, 193; *ders.,* JuS 2005, 302; *Ruthig,* in: Wolter/Schenke/Ruthig/Zöller, Alternativentwurf Europol und europäischer Datenschutz, 2008, S. 97 ff. Ausf. *Kugelmann,* Kap. 3 Rn. 1 ff.
17 S. insb. den Vorschlag der Kommission für einen Beschluss des Rates zur Errichtung des Europäischen Polizeiamtes (Europol) v. 20.12.2006, KOM [2006] 818 end. und den vom Mannheimer Arbeitskreis Strafprozess- und Polizeirecht vorgelegten Alternativentwurf, in: Wolter/Schenke/Ruthig/Zöller (Fn. 16).
18 Zum besonders weit reichenden deutsch-schweizerischen Vertrag s. *Cremer,* ZaöRV 60 (2000), 103.

den **Schengener Durchführungsübereinkommen**[19] Befugnisse zum Einschreiten außerhalb der Grenzen des deutschen Staatsgebietes eingeräumt. Trotz der damit verbundenen partiellen »Ent-Territorialisierung« des Gefahrenabwehrrechts bleibt es hinsichtlich der auf der Grundlage dieser Vorschriften getroffenen Maßnahmen von Polizeibeamten bei der Kontrolle durch die Gerichte der jeweiligen Heimatstaaten. Auch die Eingriffsbefugnisse ergeben sich im Ergebnis aus dem nationalen Recht. Es handelt sich also nicht um »internationales«, wohl aber um »internationalisiertes« Polizeirecht. Zu einer **Verzahnung von Polizei- und Gemeinschaftsrecht** kommt es außerdem durch die »Annexkompetenzen«, die auch das Gemeinschaftsrecht im Rahmen seiner Zuständigkeit in Anspruch nimmt. So ergeben sich etwa bei der Bekämpfung von BSE Kompetenzen unmittelbar aus der entsprechenden Verordnung.[20] Außerdem kann das Gemeinschaftsrecht – wie das Verfassungsrecht – ermessensleitend wirken (dazu am Beispiel des Einschreitens gegen Versammlungen Rn. 85).

II. Polizei- und Ordnungsbehörden in Rheinland-Pfalz

1. Behördenaufbau

Aufgrund des Trennungsprinzips (Rn. 4 ff.) unterscheidet das POG zwischen der Polizei und den allgemeinen Ordnungsbehörden. 12

a) Polizei

Nach § 76 I POG gliedert sich die Polizei in Polizeibehörden und Polizeieinrichtungen. **Polizeibehörden** sind nach § 76 II POG die Polizeipräsidien, das Landeskriminalamt und das Wasserschutzpolizeiamt. 13

§ 77 I POG bestimmt, dass die **Polizeipräsidien** unmittelbar polizeiliche Aufgaben wahrnehmen. Es gibt auf der Grundlage der einschlägigen Rechtsverordnung[21] fünf Polizeipräsidien (Koblenz, Mainz, Trier, Rheinpfalz [Ludwigshafen], Westpfalz [Kaiserslautern]). Der Bezirk eines Polizeipräsidiums ist in **Polizeidirektionen** aufgeteilt. Diese sind für Aufgaben des Polizeipräsidiums zuständig, sofern intern keine anderweitigen Zuweisungen erfolgt sind. Der Bereich einer Polizeidirektion besteht aus mehreren **Polizeiinspektionen**. Für besondere Straftaten ist bei jedem Polizeipräsidium eine Kriminaldirektion eingerichtet. Weiterhin ist im Bereich eines Polizeipräsidiums eine Verkehrsdirektion vorhanden, welcher die einzelnen Polizeiautobahndirektionen zugeordnet sind. 14

Das **Landeskriminalamt** ist eine Landesoberbehörde und nach § 79 I POG die zentrale Dienststelle der Kriminalpolizei. Es hat keine eigenen Außenstellen und keinen eigenen Unterbau. Das **Wasserschutzpolizeiamt** nimmt nach § 80 I POG ebenfalls polizeiliche Aufgaben wahr. Es ist zuständig für die schiffbaren Wasserstraßen in Rheinland-Pfalz. 15

---

19 Dazu näher *Mokros*, in: Lisken/Denninger, O Rn. 134 ff.; *Soria*, VerwArch 1998, 400, 408 f.; *Schenke*, Rn. 460 ff. Durch die Einbeziehung des Schengen-Besitzstandes in das Unionsrecht kann das SDÜ auf der Grundlage der Art. 61 ff. EGV durch sekundäres Gemeinschaftsrecht fortentwickelt werden, vgl. *Brechmann*, in: Callies/Ruffert, EUV/EGV, Komm., 3. Aufl. 2007, Art. 61 Rn. 13 ff.
20 VO (EG) Nr. 999/2001 des Europäischen Parlaments und des Rates vom 22.5.2001 ABl. Nr. L 147, S. 1; s. auch OVG Weimar, NVwZ 2002, 231.
21 LVO über die Dienstbezirke und die Gliederung der Polizeipräsidien sowie die sachliche Zuständigkeit des Wasserschutzpolizeiamtes v. 27.7.1993 (GVBl. S. 435), zul. geänd. durch VO v. 26.8.2003 (GVBl. S. 274).

Polizeieinrichtungen sind nach § 76 III POG unter anderem die Bereitschaftspolizei (§ 81 POG) und der Fachbereich Polizei der Fachhochschule für öffentliche Verwaltung (§ 82 POG). Diese Einrichtungen unterstützen die Polizeibehörden bei der Erfüllung ihrer Aufgaben. Die Bereitschaftspolizei wird bei besonderen polizeilichen Einsatzlagen eingesetzt (Demonstrationen, Fußballspiele, Suche nach Vermissten).

b) Ordnungsbehörden

16 Die Organisation der Ordnungsbehörden ist in den §§ 88 ff. POG geregelt. Es ist zwischen den allgemeinen Ordnungsbehörden (§ 88 I POG) und den Sonderordnungsbehörden (§ 88 II POG) zu unterscheiden. **Sonderordnungsbehörden** sind für spezielle Rechtsgebiete zuständig. Organisation, Zuständigkeit und Befugnisse bestimmen sich nicht nach dem POG, sondern nach Spezialgesetzen (z.B. nach § 57 ff. LBauO für die Bauaufsichtsbehörden).

17 **Allgemeine Ordnungsbehörden** sind alle Ordnungsbehörden, für die sich Organisation und Zuständigkeit aus dem POG ergeben. Nach § 88 I POG sind dies auf der untersten Ebene die örtlichen Ordnungsbehörden, d.h. die Gemeindeverwaltungen der verbandsfreien Gemeinden, die Verbandsgemeindeverwaltungen und die Stadtverwaltungen der kreisfreien und großen kreisangehörigen Städte (§ 89 I POG). Kreisordnungsbehörden sind die Kreis- und Stadtverwaltungen (§ 89 II POG). Landesordnungsbehörde ist die Aufsichts- und Dienstleistungsdirektion (§ 89 III POG), die wiederum der Aufsicht des Ministeriums des Innern und für Sport untersteht. Die allgemeinen Ordnungsbehörden nehmen die Gefahrenabwehr als **Auftragsangelegenheit** des Landes wahr (§ 75 II POG).

c) Andere Vollzugskräfte

18 Sonstige Vollzugskräfte sind die kommunalen Vollzugsbeamten nach § 94 POG, Hilfspolizeibeamte nach § 95 I POG sowie sonstige mit polizeilichen Befugnissen ausgestattete Personen nach § 95 III POG.

2. Die Verteilung der Aufgaben der Gefahrenabwehr

19 Das POG trennt zwar strikt zwischen den Ordnungs- und Polizeibehörden, weist allerdings zunächst in **§ 1 I 1 POG** die Aufgabe der Gefahrenabwehr auf dem Gebiet der öffentlichen Sicherheit und Ordnung undifferenziert der Polizei und den allgemeinen Ordnungsbehörden zu. Daher stellt sich die Frage, welche Behörde zur Gefahrenabwehr in bestimmten Gefahrenfällen originär zuständig ist. Bei der Prüfung der Zuständigkeit ist zwischen der **sachlichen, instanziellen und örtlichen Zuständigkeit** zu unterscheiden. Unter sachlicher Zuständigkeit versteht man die Berechtigung zur Wahrnehmung eines bestimmten Aufgabenbereiches, unter der instanziellen Zuständigkeit die Verteilung zwischen den sachlich zuständigen Behörden. Die örtliche Zuständigkeit bezeichnet den räumlichen Bereich, innerhalb dessen eine sachlich zuständige Behörde zu handeln befugt ist.

20 Entscheidend ist vor allem die **sachliche Zuständigkeit**, insb. die Verteilung der Aufgaben auf Polizei und Ordnungsbehörden. Sofern sich diese nicht aus ausdrücklichen gesetzlichen Vorschriften ergibt, besteht ein Vorrang für die allgemeinen Ordnungsbehörden. Ein Indiz dafür ist die nur subsidiäre »Eilfallkompetenz« der Polizei nach § 1 VII

POG sowie der allgemeine Trend zur »Entpolizeilichung« der Gefahrenabwehr. Eine Verletzung der Vorschriften über die sachliche Zuständigkeit führt grundsätzlich zur Nichtigkeit (§ 1 I LVwVfG, § 44 VwVfG), zumindest aber zur Rechtswidrigkeit der entsprechenden Maßnahme.[22] Demgegenüber führen Verstöße gegen die **örtliche Zuständigkeit** grundsätzlich nur zur Rechtswidrigkeit.

a) Zuständigkeiten der allgemeinen Ordnungsbehörden

Sachlich zuständig sind nach dem Gesagten also die allgemeinen Ordnungsbehörden, soweit nicht ausdrücklich eine Zuständigkeit der besonderen Ordnungsbehörden oder der Polizei begründet wurde. Welche der sachlich zuständigen allgemeinen Ordnungsbehörden (Rn.20) im Einzelfall instanziell zuständig ist, bestimmt **§ 90 I POG in Verbindung mit der ZustVO**.[23] 21

Nach § 1 ZustVO sind dies **grundsätzlich die örtlichen allgemeinen Ordnungsbehörden**, also die Gemeinde-, Verbandsgemeinde- und Stadtverwaltungen (§ 89 I POG). Da die Aufgaben der Gefahrenabwehr gem. § 75 II POG als Auftragsangelegenheiten erledigt werden (Rn.17), ist innerhalb der Gemeinde-, Verbandsgemeinde- bzw. Stadtverwaltung gem. § 47 I 1 Nr. 4 und § 68 III Nr. 1 GemO der Bürgermeister zuständig; Klagegegner ist stets die Kommune, da Auftragsangelegenheiten im eigenen Namen ausgeführt werden. Die **höheren Ordnungsbehörden** erfüllen lediglich Aufsichtsfunktionen (Dienst- und Fachaufsicht gegenüber den nachgeordneten Ordnungsbehörden). 22

Vorrang vor dieser Regelung haben nach § 4 ZustVO solche landesrechtlichen Vorschriften, die außerhalb des POG Zuständigkeiten der allgemeinen Ordnungsbehörden regeln. Das Landesrecht regelt auch die **Zuständigkeit für die Ausführung von Bundesgesetzen**, während die Bundesgesetze aus kompetenzrechtlichen Gründen nur von der »zuständigen Behörde« sprechen. 23

Die **örtliche Zuständigkeit** der Ordnungsbehörden ist in § 91 POG geregelt. Zuständig ist danach diejenige örtliche Ordnungsbehörde, in deren Bezirk die zu schützenden Interessen verletzt oder gefährdet werden. Die örtliche Zuständigkeit beschränkt sich außer bei Gefahr im Verzug auf den Dienstbezirk der jeweiligen Behörde. 24

b) Zuständigkeit der Polizei

Eine **originäre Zuständigkeit der Polizei** besteht nur dann, wenn ausschließlich dieser eine Aufgabe bzw. Zuständigkeit zugewiesen wurde. Innerhalb des POG ist dies bei vielen **Standardmaßnahmen** der Fall, z.B. bei §§ 9a IV, 11 I, 13 IV, 14 I, II, III POG. Nach § 1 IV POG leistet die Polizei anderen Behörden **Vollzugshilfe**. Dies gilt auch gegenüber den allgemeinen Ordnungsbehörden.[24] Ferner begründet § 1 V POG eine originäre Zuständigkeit der Polizei zur Abwehr von Gefahren auf dem Gebiet des **Stra-** 25

---

22 Allg. *Schenke*, Rn. 453.
23 LVO über die Zuständigkeit der allgemeinen Ordnungsbehörden i.d.F. v. 31.10.1978 (GVBl. S. 695), zuletzt geändert durch G. v. 12.10.1999 (GVBl. S. 325), BS 2012-1-2.
24 Nach § 94 POG üben diese zwar unmittelbaren Zwang durch ihre kommunalen Vollzugsbeamten aus. Da diese jedoch nur in begrenzter Anzahl vorhanden und hinsichtlich der Anwendung unmittelbaren Zwangs deutlich schlechter als die Polizei ausgebildet sind, muss die Polizei der allgemeinen Ordnungsbehörde regelmäßig Vollzugshilfe leisten.

ßenverkehrs. Nach § 1 VI POG ist die Polizei originär für Anordnungen zum **Schutz vor Gewalt in engen sozialen Beziehungen** zuständig (Rn. 108 ff.).

26 **Instanziell** zuständig sind für die Aufgaben der Polizei grundsätzlich die Polizeipräsidien (§ 77 POG). Die **örtliche Zuständigkeit** der Polizei ergibt sich aus § 78 POG.

c) Eilkompetenzen (§§ 1 VII, 90 II, 91 II POG) und Selbsteintrittsrecht der Aufsichtsbehörden (§ 93 II POG)

27 Im Interesse einer effektiven Gefahrenabwehr werden die Zuständigkeitsvorschriften im POG allerdings flexibel ausgestaltet. Abweichungen von der normalen Zuständigkeitsverteilung können sich ergeben aufgrund von Eilkompetenzen und infolge des sog. Selbsteintrittsrechts der Aufsichtsbehörden. Die wichtigste Eilzuständigkeit folgt aus § 1 VII POG. Kann eine andere Behörde nicht rechtzeitig einschreiten, um eine Gefahr abzuwehren, ist die Polizeibehörde zuständig, bis die originär zuständige Behörde die Gefahr abwehren kann. Im Regelfall berechtigt § 1 VII POG daher nur zu vorläufigen Maßnahmen, die die zuständige Behörde jederzeit aufheben oder ändern kann (s. § 1 VII 3 POG). Eilkompetenzen der Ordnungsbehörden untereinander sind in §§ 90 II, 91 II POG geregelt. Nach § 93 I POG haben die zuständigen **Aufsichtsbehörden**[25] ein umfassendes **Weisungsrecht**, nach § 93 II POG ein **Selbsteintrittsrecht**.[26]

III. Grundbegriffe der polizeirechtlichen Dogmatik

1. Grundstruktur der polizeirechtlichen Eingriffsermächtigungen am Beispiel der Generalklausel (§ 9 I POG)

28 Für das Polizei- und Ordnungsrecht als Teil der klassischen Eingriffsverwaltung gilt uneingeschränkt der Gesetzesvorbehalt. Eingriffe sind also nur auf der Grundlage gesetzlicher Ermächtigungsgrundlagen zulässig, die ihrerseits anhand der jeweils einschlägigen Grundrechte auf ihre Verhältnismäßigkeit zu überprüfen sind. Gleichzeitig ist zwischen bloßen Aufgaben- und Ermächtigungsnormen zu unterscheiden.

29 Angesichts der Vielgestaltigkeit der von den Normen erfassten Konstellationen bedient sich der Gesetzgeber in weitem Umfang **unbestimmter Rechtsbegriffe**. Bei jedem gefahrenabwehrrechtlichen Fall lassen sich drei Prüfungsschritte unterscheiden. Zunächst stellt sich die Frage, unter welchen Voraussetzungen die Polizei zu einem Einschreiten befugt ist (dazu unter 2. – 4.),[27] dann ist zu untersuchen, gegen wen sie diese Maßnahme richten kann (unter 5.) sowie ob das Ermessen richtig ausgeübt bzw. die (sonstigen) Anforderungen des Verhältnismäßigkeitsprinzips eingehalten sind (unter 7.). Die Gliederung der nachfolgenden Darstellung gefahrenabwehrrechtlicher Grundbegriffe (unter 2. – 7.) entspricht deswegen insoweit dem **Aufbauschema** für einen polizei- bzw. ordnungsrechtlichen Fall.

30 Das **Grundmodell** findet sich im Anschluss an § 14 I PreußPVG in allen Gefahrenabwehrgesetzen, so auch in § 9 I POG, **in der polizei- und ordnungsrechtlichen Generalklausel.** Daneben kennt das allgemeine Polizei- und Ordnungsrecht Spezialermächti-

---

25 Aufsichtsbehörden sind gem. § 92 POG die Kreisverwaltungen, die ADD und die zuständigen Ministerien.
26 Dazu allg. *Schenke*, Rn. 456; ausf. *Guttenberg*, Weisungsbefugnisse und Selbsteintritt, 1992.
27 S. auch *Schoch*, Jura 2003, 177.

gungen (sog. **Standardmaßnahmen**). Diese gehen in ihrem Anwendungsbereich der Generalklausel vor. Dennoch bauen auch sie konzeptionell auf der Generalklausel und ihren Schutzgütern auf, die man deswegen als das Grundmodell eines polizeirechtlichen Falles interpretieren kann. In allen Fällen ist die Frage zu beantworten, zum Schutz welcher Rechtsgüter eingeschritten werden kann, welche Gefahrenschwelle erforderlich ist und gegen wen sich ein Einschreiten richten darf. Die Antworten hierauf fallen bei den einzelnen Maßnahmen aus verschiedenen Gründen unterschiedlich aus. Während beispielsweise für eine Wohnungsdurchsuchung eine gegenwärtige Gefahr für Leib, Leben oder Freiheit einer Person oder für Sachen von bedeutendem Wert verlangt wird (§ 20 I Nr. 3 POG), genügt es für die Zulässigkeit der Befragung einer Person, dass »anzunehmen ist, dass sie sachdienliche Angaben machen kann, die für die Erfüllung einer bestimmten ordnungsbehördlichen oder polizeilichen Aufgabe erforderlich« sind (§ 9a I POG). Bei der Befragung kommt es also weder auf das Vorliegen einer Gefahr noch auf die Störereigenschaft des Polizeipflichtigen an. Gerade hinsichtlich der Verantwortlichkeit ist freilich häufig strittig, inwieweit die Standardmaßnahme eine eigene Regelung treffen will oder ergänzend auf die allgemeinen Vorschriften über die Verantwortlichkeit zurückzugreifen ist. In allen Fällen aber ist das Verständnis der Struktur des Grundmodells unerlässlich für die Lösung eines Falles.

2. Öffentliche Sicherheit
a) Schutzgut der öffentlichen Sicherheit

Zum Schutzgut der öffentlichen Sicherheit gehören nach allgemein anerkannter Definition alle **Individualrechtsgüter** sowie alle **Gemeinschaftsrechtsgüter**, d. h. der **Bestand des Staates und seiner Einrichtungen sowie die gesamte geschriebene Rechtsordnung**.[28] Zu den Individualrechtsgütern gehören die Unversehrtheit von Leben, Gesundheit, Freiheit, Ehre sowie Vermögen des Einzelnen. Besondere praktische Relevanz hat als Schutzgut die geschriebene Rechtsordnung. Zu dieser gehören insb. die Bestimmungen des **Straf- und Ordnungswidrigkeitenrechts**,[29] **verwaltungsrechtliche Bestimmungen** jedoch nur, soweit keine anderweitigen Eingriffsbefugnisse bestehen.[30] Nicht zur geschriebenen Rechtsordnung im Sinne der Generalklausel zählen die Grundrechte, da diese sich grundsätzlich nur an den Staat und nicht an den – für einen polizeiwidrigen Zustand verantwortlichen – Bürger richten.[31] Eine Ausnahme macht insoweit die Menschenwürde, die nach h. M. unmittelbare Drittwirkung entfaltet. Bejaht man daher bei

31

---

28 Vgl. nur *Schenke*, Rn. 53. Diese Definition geht auf die amtl. Begründung zu § 14 PreußPVG zurück. Krit. zur Einbeziehung des Bestandes des Staates und seiner Einrichtungen *Pieroth/Schlink/Kniesel*, § 8 Rn. 34 ff. Da insoweit aber auch das Strafrecht einen umfassenden Schutz bietet, kommt diesem Problem keine praktische Bedeutung zu, s. auch *Schoch*, Rn. 75.
29 OVG RhPf., NJW 1997, 1174; *Schoch*, Rn. 68. Im Bereich der Gefahrenabwehr genügt die Verwirklichung des objektiven Tatbestandes, s. VG Karlsruhe, NJW 1988, 1536.
30 *Schoch*, Rn. 67, 69. S. auch Rn. 93.
31 Für eine Zulässigkeit des polizeilichen Einschreitens auch bei Grundrechtskollisionen allerdings *Schoch*, Rn. 70; krit. *Pieroth/Schlink/Kniesel*, § 8 Rn. 17 f.

Laserdromen mit der h. M. einen Menschenwürdeverstoß,[32] handelt es sich um einen Verstoß gegen die öffentliche Sicherheit.[33]

b) Einschreiten zum Schutz privater Rechte

32 Der Schutz von Individualrechtsgütern unterliegt Einschränkungen. Finden sich Individualrechtsgüter in subjektiven Privatrechten wieder, sind für die Geltendmachung dieser Rechte grundsätzlich die ordentlichen Gerichte zuständig. Individualrechtsgüter werden durch die Ordnungs- und Polizeibehörden daher nur dann (subsidiär) geschützt, wenn gerichtlicher Schutz nicht rechtzeitig erreichbar ist. Dieser **Subsidiaritätsgrundsatz** ist in § 1 III POG verankert. Daher darf die zuständige Behörde zum Schutz privater Rechte nur vorläufige Maßnahmen treffen.[34] Der Subsidiaritätsgrundsatz greift beim Schutz privater Rechte jedoch nicht, wenn neben den privaten Rechten **zugleich öffentlich-rechtliche Normen** verletzt sind. Öffentlich-rechtliche Normen sind unter anderem die **Straf- und Ordnungswidrigkeitenvorschriften**. Daher ist die Polizei stets zum Einschreiten befugt, wenn es z.B. um Parkverstöße vor privaten Grundstücken nach §§ 12 III Nr. 3, 49 I Nr. 12 StVO oder um Hausfriedensbruch nach § 123 StGB geht.[35]

33 Eine weitere Problematik im Zusammenhang mit dem Individualrechtsgüterschutz besteht bei **Selbstgefährdungen**. Das Recht auf freie Entfaltung der Persönlichkeit gewährt dem Einzelnen grundsätzlich das Recht, auf seine Rechtsgüter und deren Schutz zu verzichten. Ein Eingriff der Polizei in die allgemeine Handlungsfreiheit ist daher grundsätzlich unzulässig. Dies gilt insb. für **gefährliche Freizeitbeschäftigungen**, solange keine Dritten gefährdet werden.[36] Selbstgefährdungen bzw. Selbstschädigungen verstoßen aber dann gegen die öffentliche Sicherheit, wenn sich der Selbstgefährdende in einem die freie Willensbestimmung ausschließenden Geisteszustand, in hilfloser Lage befindet oder ein öffentliches Interesse am Rechtsgüterschutz besteht (s. auch § 14 I Nr. 1 POG). Ein öffentliches Schutzinteresse wird regelmäßig bei drohendem **Selbstmord** bejaht.[37] Das Leben des Einzelnen ist das höchste Rechtsgut der Verfassung, auf das der Einzelne nicht wirksam verzichten kann. Entsprechendes gilt für die **Menschenwürde**.[38] Auch im Zusammenhang mit **häuslicher Gewalt** (dazu Rn. 116 f.) hält es die Rechtsprechung für irrelevant, dass das potenzielle Opfer bereit ist, sich der angenommenen Gefahr auszusetzen. Es stehe auch in diesem Fall nicht zu seiner Disposition, ob der Staat seinem aus Art. 2 II GG folgenden Schutzauftrag nachkommt.[39]

---

32 Zu Recht krit. m.w.N. *Scheidler*, GewArch 2005, 312.
33 BVerwGE 115, 189, 199; *Schenke*, Rn. 59a, 66; anders (Verletzung der öffentlichen Ordnung) OVG Münster, DÖV 2001, 217; OVG RhPf., NVwZ-RR 95, 30. S. auch *Ruthig*, in: ders./Storr, Öffentliches Wirtschaftsrecht, 2. Aufl. 2008, Rn. 299;. *Aubel*, Jura 2004, 255; *ders.*, Verw 37 (2004), 229.
34 Zu einem Beispiel s. VGH Mannheim, VBlBW 2001, 102: Beschlagnahme von Pressefotos, die unter Verletzung der privaten Rechte Dritter ausgestellt werden sollen.
35 *Schenke*, Rn. 55.
36 *Pieroth/Schlink/Kniesel*, § 8 Rn. 30. Es kann aber auch die potenzielle Gefährdung der später heranzuziehenden Retter ausreichen, s. den Mordlochhöhlenfall des VGH Mannheim, VBlBW 1984, 20.
37 BayVerfGH, BayVBl. 1989, 205; *Schoch*, Rn. 74; auch aus der EMRK folgt kein Anspruch auf aktive Sterbehilfe, s. EGMR, NJW 2002, 2851.
38 BVerwGE 64, 274, 279; 115, 189, 202.
39 VG Aachen, Beschl. v. 1.12.2004 – 6 L 1077/04 -.

III. Grundbegriffe der polizeirechtlichen Dogmatik

3. Öffentliche Ordnung

Unter öffentlicher Ordnung werden die **ungeschriebenen Regeln** verstanden, deren Befolgung nach den jeweils herrschenden sozialen und ethischen Anschauungen als **unentbehrliche Voraussetzung für ein gedeihliches Miteinander** der innerhalb eines Polizeibezirks wohnenden Menschen angesehen wird. Sie ist gegenüber der öffentlichen Sicherheit subsidiär.[40]

34

Der Begriff der öffentlichen Ordnung ist insofern problematisch, als sich Wertvorstellungen im Laufe der Zeit verändern und es sich nicht immer eindeutig feststellen lässt, welches die herrschenden Wertvorstellungen sind, zumal sie sich auf örtlich beschränkte Verhältnisse beziehen. Der Begriff der öffentlichen Ordnung wird aber von der h. M. als verfassungsgemäß angesehen, da er schon in der Verfassung verwendet wird (Art. 13 III, 35 II GG) und durch die Rechtsprechung und Literatur **hinreichend präzisiert ist**.[41] Dennoch hat er **an Bedeutung verloren**, da immer mehr Lebensbereiche durch gesetzliche Vorschriften normiert sind und bei einem Verstoß gegen die gesetzlichen Normen auch die öffentliche Sicherheit verletzt ist. Umgekehrt bringt der Gesetzgeber bei der Neufassung von Normen auch zum Ausdruck, welche Vorstellungen gerade nicht mehr als unentbehrliche Voraussetzung für ein gedeihliches Miteinander angesehen werden können. Durch veränderte Wertvorstellungen kommt vor allem auf dem Gebiet der Sexualität ein Verstoß gegen die öffentliche Ordnung immer seltener in Betracht.[42] Die Liberalisierung der Wertvorstellungen in diesem Bereich zeigt sich besonders deutlich im Prostitutionsgesetz aus dem Jahr 2001.[43] Die **verbliebenen Anwendungsfälle** der öffentlichen Ordnung betreffen antisemitische Äußerungen,[44] das »aggressive Betteln«[45] oder nacktes Auftreten in der Öffentlichkeit.[46] Im Zusammenhang mit den **Laserdromen** ist nach h. M. die öffentliche Sicherheit einschlägig (Rn.31).

35

4. Begriff der Gefahr

a) Gefahr als konkrete Gefahr

Gefahr bedeutet die hinreichende Wahrscheinlichkeit, dass bei ungehindertem Geschehensablauf die Schutzgüter der öffentlichen Sicherheit oder öffentlichen Ordnung in nicht unerheblicher Weise beeinträchtigt werden. Soweit das Gesetz keine abweichenden Maßstäbe enthält, setzt das Einschreiten der Polizei **grundsätzlich eine konkrete Gefahr** voraus. Darunter ist eine Sachlage zu verstehen, die im Einzelfall tatsächlich oder aus der Sicht des handelnden Amtswalters bei verständiger Würdigung der Sachlage in

36

---

40 Zum Begriff der öffentlichen Ordnung näher *Schenke*, Rn. 62 ff.; *Fechner*, JuS 2003, 734; *Schoch*, Jura 2003, 177, 180.
41 BVerfGE 54, 143, 144 f.; *Schoch*, Rn. 80 ff. Zur Kritik *Denninger*, in: Lisken/Denninger, E Rn. 36; *Pieroth/Schlink/Kniesel*, § 8 Rn. 50; *Störmer*, DV 30 (1997), 233, 256.
42 *Schenke*, Rn. 67 m.w.N.
43 Dazu ausf. *Armbrüster*, in: Münchener Komm. zum BGB, 4. Aufl. 2003, § 1 ProstG Rn. 19; zur möglichen Konsequenz (gewerberechtlichen Regulierung der Prostitution) s. *Gurlit*, GewArch 2008, 426.
44 Diese können nach h. M. die öffentliche Ordnung gefährden, selbst wenn die Schwelle der Strafbarkeit noch nicht überschritten ist, vgl. VGH München, NVwZ 1992, 76; VGH Kassel, NVwZ-RR 1994, 86, 87. Weder Art. 5 I GG noch Art. 10 EMRK (vgl. dazu EGMR, NJW 2004, 3691) stehen dem entgegen.
45 Das sog. »stille Betteln« könne demgegenüber nicht generell als ein polizeiwidriger Zustand gewertet werden, s. VGH Mannheim, DVBl. 1999, 333, 334.
46 OVG Münster, NJW 1997, 180.

naher Zukunft (bzw. absehbarer Zeit) die hinreichende Wahrscheinlichkeit eines Schadenseintritts in sich birgt. Ein **Schaden** ist die objektive Minderung eines vorhandenen Bestandes an Rechtsgütern oder die Verletzung der durch den Begriff der öffentlichen Ordnung umfassten ungeschriebenen sozialen Normen. Eine Minderung von Rechtsgütern entsteht nicht durch leichte Nachteile, Belästigungen und Unbequemlichkeiten, so dass in diesen Fällen kein Schaden droht und damit auch keine Gefahr vorliegt.[47]

37 Maßgebend ist allein die **Betrachtung ex ante**. Das Vorliegen einer Gefahr wird also nicht dadurch in Frage gestellt, dass der erwartete Schaden im Ergebnis doch nicht eingetreten ist. Der Amtswalter trifft eine **Prognoseentscheidung**. Gewissheit bezüglich des Schadenseintritts ist nicht erforderlich, die völlig ferne Möglichkeit eines Schadens reicht aber nicht aus, um eine konkrete Gefahr zu bejahen. Die Wahrscheinlichkeitsprognose ist ein »bewegliches System«: Je bedeutsamer und höherwertiger das gefährdete Rechtsgut und umso größer der zu erwartende Schaden ist, desto geringere Anforderungen sind an die Wahrscheinlichkeit des Schadenseintritts zu stellen.

b) Anscheinsgefahr als Unterfall der Gefahr

38 Die Konstellationen der Anscheinsgefahr sind durch die Besonderheit gekennzeichnet, dass aus der Sicht **ex ante** eine Gefahr vorliegt, sich jedoch im Nachhinein (ex post) herausstellt, dass ein Schaden tatsächlich nicht gedroht hat. Wegen des prognostischen Charakters jedes Gefahrenurteils ist die Anscheinsgefahr eine **echte Gefahr**, denn die hinreichende **Wahrscheinlichkeit** eines Schadenseintritts verlangt nicht, dass tatsächlich eine Störung eintritt. Hat der handelnde Beamte eine alle relevanten Umstände berücksichtigende Prognoseentscheidung getroffen, ist das Einschreiten aufgrund der Anscheinsgefahr rechtmäßig.

c) Putativgefahr

39 Ebenso wie bei der Anscheinsgefahr liegt bei der sog. Schein- oder Putativgefahr im Zeitpunkt des Einschreitens **objektiv keine Gefahr** vor. Im Gegensatz zur Anscheinsgefahr nimmt der handelnde Polizeibeamte aber eine Gefahr an, obwohl ein gewissenhafter und sachkundiger Amtswalter die Situation anders eingeschätzt und somit bei verständiger Würdigung die hinreichende Wahrscheinlichkeit eines Schadenseintritts verneint hätte. Die Putativgefahr ist also **keine Gefahr** i.S.v. § 9 POG. Die getroffenen **Maßnahmen** sind **rechtswidrig**.

d) Gefahrenverdacht

40 Von der Anscheinsgefahr ist auch der sog. **Gefahrenverdacht** zu unterscheiden. Dieser umstrittene und neben Gefahr, Anscheinsgefahr und Putativgefahr sehr problematische (und letztlich überflüssige) Begriff umschreibt Konstellationen, in denen die Behörde über objektive Anhaltspunkte verfügt, die auf eine Gefahr hindeuten, allerdings keine endgültige Entscheidung zulassen, ob tatsächlich eine Gefahr vorliegt. Da es deswegen an der hinreichenden Wahrscheinlichkeit eines Schadenseintritts mangelt,[48] ist der bloße Gefahrenverdacht **keine Gefahr**. Damit können auch die sog. **Gefahrerforschungsmaß-**

---

[47] *Schenke*, Rn. 74; zum Gefahrenbegriff auch *Voßkuhle*, JuS 2007, 908 ff.
[48] So für den Gefahrenverdacht BVerwG, DVBl. 2002, 1562, 1563 f.

nahmen zur weiteren Sachverhaltsaufklärung nicht auf solche Ermächtigungsgrundlagen gestützt werden, die – wie insb. die Generalklausel – tatbestandlich eine Gefahr voraussetzen. Aufgrund der amtlichen Pflicht zur Sachverhaltsermittlung nach § 24 VwVfG, § 1 I LVwVfG ist der Hoheitsträger zu aktiven Ermittlungen verpflichtet, der vermutliche Störer darf grundsätzlich nur zum **Dulden** staatlicher Maßnahmen verpflichtet werden.

Einschränkungen der Effektivität der Gefahrenabwehr sind damit nicht verbunden. Dort, wo Gefahrerforschungsmaßnahmen zur Abwehr eines Schadens für ein besonders hochwertiges Rechtsgut erfolgen, sind an die Eintrittswahrscheinlichkeit der Gefahr keine besonders hohen Anforderungen zu stellen.[49] Daher handelt es sich in vielen »Verdachtsfällen« bereits um eine Gefahr im Sinne von § 9 POG, so dass die Generalklausel als Ermächtigungsgrundlage herangezogen werden kann.[50] Aus den verbliebenen Unsicherheiten folgt hier lediglich auf der Rechtsfolgenseite, dass die Behörde soweit möglich und für eine effektive Gefahrenabwehr ausreichend zunächst weitere Gefahrerforschungsmaßnahmen anzustellen hat, aufgrund derer sich die verbliebenen Zweifel aufklären lassen. Dies ist allerdings nur Ausfluss des Verhältnismäßigkeitsprinzips. In einem solchen Fall sollte man auf den Begriff des »Gefahrenverdachts« verzichten. Davon zu unterscheiden ist der Fall, dass die Ermächtigungsgrundlage selbst einen Gefahrenverdacht ausreichen lässt (s. auch schon Rn. 7).[51]

e) Sonstige Gefahrenbegriffe

Teilweise stellt das Polizei- und Ordnungsrecht aber auch auf andere Gefahrenbegriffe ab. Dabei lassen sich **zwei Varianten** unterscheiden.

41

42

Zum einen kann der Gesetzgeber **erhöhte Anforderungen** an die ein Einschreiten rechtfertigende Gefahr stellen. Eine **qualifizierte Gefahr** fordern viele (eingriffsintensive) Standardmaßnahmen und die Inanspruchnahme des Nichtverantwortlichen. Die Qualifikation kann sich entweder auf die besondere zeitliche Nähe oder die Wertigkeit des Rechtsguts beziehen.[52] Eine gegenwärtige, erhebliche Gefahr fordert z.B. die Inanspruchnahme nichtverantwortlicher Personen gem. § 7 I Nr. 1 POG. Die **Gegenwärtigkeit** betrifft die zeitliche Komponente der Gefahr. Eine gegenwärtige Gefahr liegt insb. immer dann vor, wenn der Schaden bereits eingetreten ist und ohne Abwehrmaßnahmen eine Vertiefung droht.[53] Gegenwärtig ist aber auch eine Gefahr, die in allernächster Zeit mit an Sicherheit grenzender Wahrscheinlichkeit unmittelbar bevorsteht. Die **Erheblichkeit der Gefahr** bezieht sich demgegenüber auf die Bedeutsamkeit der gefährdeten Rechtsgüter. Der Begriff der **dringenden Gefahr** (z.B. in §§ 20 III, 29 I POG) verbindet nach h. M. eine zeitliche und eine qualitative Komponente. Der Schaden muss unmit-

43

---

49 *Schoch*, Rn. 97.
50 *Schenke*, Rn. 91.
51 Dazu zählen bei den Standardmaßnahmen insb. die §§ 10 I 2, III; 12 I Nr. 1; 18 I Nr. 2, 4, 5; 19 I Nr. 2, 3, 4, 6; 20 I Nr. 1, 2 POG. Im Bundesrecht ist § 9 II BBodSchG ein gutes Beispiel.
52 S. auch *Schoch*, Rn. 99 f.
53 OVG RhPf., Urt. v. 13.9.2007 – 1 A 11508/06 -.

telbar bevorstehen und besonders bedeutsame Rechtsgüter betreffen.[54] **Gefahr im Verzug**, wie sie z.b. § 21 I POG verlangt, liegt vor, wenn die Polizei zur Verhinderung des Schadens sofort einschreiten muss und ein Abwarten bis zum Eingreifen der an sich zuständigen Behörde bzw. eine zeitliche Verzögerung aufgrund einer richterlichen Entscheidung den Erfolg der Maßnahme wesentlich erschweren oder vereiteln würde.[55]

44   In anderem Zusammenhang verzichtet der Gesetzgeber auf das Erfordernis einer (konkreten) Gefahr. Eine **abstrakte Gefahr** ist gegeben, wenn bei bestimmten Verhaltensweisen oder Zuständen nach allgemeiner Lebenserfahrung oder fachlichen Erkenntnissen typischerweise ein Schaden zu erwarten ist. Konkrete Umstände im Einzelfall, die die hinreichende Wahrscheinlichkeit für den Eintritt eines Schadens begründen, sind nicht erforderlich. Eine solche abstrakte Gefahr genügt etwa für den Erlass von Gefahrenabwehrverordnungen nach §§ 43 ff. POG (Rn. 225 f.). Auch die abstrakte Gefahr muss sich auf die Schutzgüter der jeweiligen Ermächtigungsnorm beziehen. Deshalb qualifizierte die Rechtsprechung weder das »stille Betteln«[56] noch den Alkoholgenuss in Grün- und Erholungsanlagen[57] als (abstrakte) Gefahr für die öffentliche Sicherheit und Ordnung. Sie ist zu unterscheiden vom **Gefahrverdacht** (Rn. 7, 40 f., 225).

f) Begriff der Störung

45   Bei der Störung hat sich die Gefahr bereits verwirklicht, es ist also eine Minderung des vorhandenen Bestands der von der öffentlichen Sicherheit und Ordnung umfassten Schutzgüter eingetreten. Die Abgrenzung der Störung von der Gefahr ist im Ergebnis irrelevant, da die Befugnisse zur Abwehr einer Gefahr auch die Störungsbeseitigung mit einschließen. Die Störung ist also vom Gefahrenbegriff umfasst.[58]

5. Adressaten polizeilicher Maßnahmen

a) Bedeutung des Störerbegriffs

46   Die Abwehr von Gefahren hat in erster Linie dadurch zu erfolgen, dass die für eine Gefahr Verantwortlichen zu ihrer Beseitigung herangezogen werden. Die **Inanspruchnahme der Störer hat Vorrang** vor eigenen, nicht an Bürger adressierten, behördlichen Bekämpfungsmaßnahmen[59] und erst recht vor der Inanspruchnahme Nichtverantwortlicher. In §§ 4, 5 POG wird festgelegt, wer polizeirechtlich für eine Gefahr verantwortlich ist (sog. Polizeipflichtiger bzw. Störer) und somit ein Zurechnungszusammenhang zwischen der Gefahrenlage und der Verantwortlichkeit einer Person hergestellt. Diese Verantwortlichkeit kann an einem Verhalten des Betroffenen anknüpfen (**Verhaltensverantwortlichkeit** nach § 4 POG) oder an den Zustand einer Sache bzw. eines Tieres (**Zustandsverantwortlichkeit** nach § 5 POG). Eine Person kann gleichzeitig Zustands-

---

54   Zum Begriff der dringenden Gefahr BVerwGE 47, 31, 40; BbgVerfG, LKV 1999, 450, 463; MVVerfG, LKV 2000, 345; *Schoch*, Rn. 100; a.A. *Schenke*, Rn. 78 (erhöhte Wahrscheinlichkeit des Schadenseintritts); *Kugelmann*, Kap. 4 Rn. 135 (Gefahr für ein bedeutsames Rechtsgut).
55   S. dazu auch das Grundsatzurteil des BVerfG, NJW 2001, S. 1121 ff. Zur aktuellen Diskussion um § 81a II StPO, inwieweit Gefahr im Verzug bei der Anordnung von Blutentnahmen wegen Trunkenheitsfahrten vorliegt, s. OLG Hamburg, NJW 2008, 2597 ff.
56   VGH Mannheim, DVBl. 1999, 333, 334.
57   VGH Mannheim, VBlBW 1999, 101, 103.
58   *Schenke*, Rn. 92.
59   Vgl. VGH München, BayVBl. 1986, 590, 591.

und Verhaltensstörer sein (sog. Doppelstörer). Regelungen hinsichtlich des Adressaten sind nicht nur in Spezialgesetzen enthalten, auch einzelne Standardbefugnisse im POG regeln den Adressaten abweichend von den §§ 4 ff. POG.

Die Vorschriften über die Störerverantwortlichkeit sind keine Eingriffsgrundlagen. Sie geben lediglich die Richtung einer polizeilichen Maßnahme vor. Relevant wird die Frage der Verantwortlichkeit bzw. Störereigenschaft aber auch auf der sog. Sekundärebene. Ein Störer hat – anders als der Nichtstörer – die mit der Maßnahme verbundenen Einbußen an seinen Rechtsgütern hinzunehmen, er erhält also keinen Entschädigungsanspruch. Andererseits muss er auch die Kosten polizeilicher Maßnahmen tragen. Grundrechtlich betrachtet wird der Störer also in die Schranken des Rechts verwiesen. 47

b) Verhaltensstörer (§ 4 POG)

Verhaltensstörer ist nach § 4 I POG diejenige natürliche oder juristische Person, die durch ihr **Verhalten** eine Gefahr für die öffentliche Sicherheit oder Ordnung unmittelbar verursacht. Das Verhalten kann aus einem Tun oder Unterlassen (»passiver Störer«) bestehen. Ein Unterlassen begründet nur dann eine Verantwortlichkeit, wenn es gegen eine öffentlich-rechtliche Rechtspflicht zum Handeln verstößt (z.B. die öffentlich-rechtliche Pflicht, eine Straße zu reinigen). Andernfalls wird eine Person auch dann nicht zum Störer, wenn sie ein effektives Gegenmittel zur Gefahrenabwehr besitzt, es aber nicht einsetzt.[60] Die Einweisung eines Obdachlosen in eine Privatwohnung nimmt den Wohnungseigentümer also als Nichtstörer nach § 7 POG in Anspruch, selbst wenn es sich um den früheren Vermieter handelt, der die Wohnung zwangsgeräumt hat (s. auch Rn. 55). 48

Das POG statuiert allerdings nicht nur die Verantwortlichkeit für eigenes Verhalten, sondern unter den Voraussetzungen des § 4 II und III POG auch für das Verhalten Dritter (sog. **Zusatzverantwortlichkeit**).[61] 49

c) Zustandsstörer (§ 5 POG)

Wird die öffentliche Sicherheit oder Ordnung durch den Zustand einer Sache oder ein Tier bedroht, sind der Inhaber der tatsächlichen Gewalt nach § 5 I POG oder der Eigentümer der Sache nach § 5 II POG als Zustandsstörer in Anspruch zu nehmen. 50

Inhaber der tatsächlichen Gewalt ist unabhängig von den Eigentumsverhältnissen derjenige, der die tatsächliche Sachherrschaft über die Sache ausübt (z.B. Pächter eines Grundstücks, der Insolvenzverwalter hinsichtlich massezugehöriger Grundstücke,[62] Fahrer oder Halter eines Kfz). Dabei kommt es nicht auf rechtmäßigen Besitz im Sinne des BGB an, auch der unrechtmäßige Besitzer ist Inhaber der tatsächlichen Gewalt (z.B. der Dieb). Mit Aufgabe der tatsächlichen Gewalt endet die Zustandshaftung. 51

---

60 *Drews/Wacke/Vogel/Martens*, S. 308.
61 Ausf. *Schenke*, Rn. 265 ff. Zur Weisungsabhängigkeit des Handelnden bei einer Verrichtung s. VGH Mannheim, VBlBW 1996, 221, 223. Eine Exkulpationsmöglichkeit, wie sie § 831 BGB vorsieht, besitzt der Geschäftsherr im Fall des § 4 III POG nicht.
62 BVerwG, DVBl. 2004, 1564 zu § 4 III 1 BBodSchG.

52 Daneben besteht eine Zustandsverantwortlichkeit des **Eigentümers**. Diese endet grundsätzlich mit dem Verlust des Eigentums.[63] Dies gilt nach zutreffender Ansicht auch dann, wenn der Verkäufer eines Pkws entgegen § 13 IV FZV Namen und Anschrift des Erwerbers des Kfz der Zulassungsstelle nicht mitgeteilt hat.[64] Außer durch Übereignung nach §§ 929 ff. BGB kann die Eigentumsaufgabe zivilrechtlich auch durch **Dereliktion** (§ 959 BGB) erfolgen. Um zu verhindern, dass sich eine Person der Polizeipflichtigkeit auf diese Weise entzieht, bestimmt § 5 III POG, dass bei herrenlosen Sachen die Verantwortlichkeit des bisherigen Eigentümers fortbesteht. Die Zustandsverantwortlichkeit des Eigentümers bzw. Berechtigten entfällt gem. § 5 II 2 POG auch dann, wenn die Sache gegen seinen ausdrücklichen Willen oder unbefugt benutzt wird. Dies ist insb. bei einem Diebstahl der Fall.[65] Nach Ansicht des OVG RhPf. erlischt die Verantwortlichkeit des Eigentümers jedoch nur für die Zeit der widerrechtlichen Benutzung.[66]

53 Für die Verantwortlichkeit nach § 5 POG ist es unerheblich, wie die Sache in den polizeirechtswidrigen Zustand gekommen ist. Die Sozialbindung des Eigentums (Art. 14 I 2 GG) rechtfertigt es, dem Eigentümer bzw. einem sonstigen Berechtigten auch die Lasten der Sache aufzuerlegen, da er auch den Nutzen aus der Sache zieht. Ob der Zustandsstörer schuldhaft gehandelt hat oder ob er den polizeiwidrigen Zustand der Sache selbst herbeigeführt hat, ist nicht entscheidend. Die Zustandsverantwortlichkeit ergebe sich vielmehr »allein aus der Tatsache des Eigentums«.[67] Konsequenterweise wurde früher von der Rechtsprechung die Zustandsverantwortlichkeit auch für Tankwagenunfälle, Altlasten, Kriegsfolgen und Folgen von Naturkatastrophen ohne Einschränkungen bejaht.[68] Eine derartige uneingeschränkte Zustandshaftung kann zu **unbilligen und mit Art. 14 GG nicht vereinbaren Ergebnissen** führen, wenn sich der Zustandsstörer selbst in einer »Opferrolle« befindet, sich also ein außerhalb der Sphäre des Eigentümers liegendes Risiko verwirklicht und für ihn unzumutbare finanzielle Belastungen entstehen.[69] Diese Einschränkung könnte man entweder als Begrenzung der Zustandsverantwortlichkeit auf der Primärebene[70] interpretieren oder auf die Kostentragung[71] be-

---

63 Dies gilt auch, wenn der Käufer mittellos ist (VGH Mannheim, VBlBW 1995, 486), es sei denn, die Veräußerung erfolgte nur zu dem Zweck, die Störungsbeseitigung zu vereiteln, s. VGH München, NVwZ 2002, 364.
64 Vgl. zur Vorgängernorm § 27 III 1 StVZO a.F. OVG Bautzen, NJW 1997, 2253, 2254; VGH Kassel, NJW 1999, 3650. Nach der Gegenauffassung ist es gerade Sinn und Zweck der Meldepflicht sicherzustellen, dass die in der Kartei der Zulassungsstelle erfassten Daten über die Fahrzeuge und deren Alter stets auf dem neuesten Stand sind, s. zum Landesrecht Baden-Württemberg VGH Mannheim, DÖV 1996, 1055. Das BVerwG, NZV 2000, 309 ließ diese Frage als nicht revisible landesrechtliche Problematik offen.
65 OLG Dresden, LKV 2003, 582; OVG Hamburg, NJW 1992, 1909, 1910. S. auch BVerwG, NJW 1992, 1908 zu einem Beispielsfall, in dem Eigentümer des Kfz einem anderen überließ, der es abredewidrig einem Dritten zur Verfügung stellt. Anders verhält es sich, wenn derjenige, dem das Fahrzeug vom Eigentümer überlassen wurde, sich lediglich abredewidrig verhält und die Fahrzeuge und deren Alter gegen die StVO verstößt, vgl. VGH Kassel, NJW 1999, 3650.
66 Ist nach dem verbotswidrigen Abstellen des Pkws durch einen Dieb die Einwirkung des Eigentümers nach Aufgabe der Sachherrschaft durch den Dieb wieder möglich, kann der Eigentümer zu den Abschleppkosten herangezogen werden, OVG RhPf., NVwZ-RR 1989, 300.
67 So pointiert OVG RhPf., DÖV 1954, 216.
68 OVG Berlin, DÖV 1954, 214; OVG RhPf., DÖV 1954, 216; OVG Münster, OVGE 5, 185, 190; OVG Münster, DVBl. 1964, 683; s. auch *Drews/Wacke/Vogel/Martens*, S. 318 ff. Zu Steinschlag BVerwG, NJW 1999, 231.
69 Vgl. dazu grundlegend BVerfGE 102, 1, 18 ff.; schon früher entgegen der h. M. *Baur*, JZ 1964, 354, 356; *Friauf*, in: Fs. f. Wacke, 1972, S. 293; *Menger*, VerwArch 1959, 50, 77, 85 f.; *Rupp*, Grundfragen der heutigen Verwaltungslehre, 1965, S. 230 f.
70 So *Friauf* (Fn. 69), S. 303.
71 So früher VGH Mannheim, NJW 1991, 1698; krit. dazu *Schenke*, Rn. 275.

schränken. Nicht ausreichend dürfte es sein, diesen Gesichtspunkt allein bei der Ermessensentscheidung über das Einschreiten zu berücksichtigen.[72] Das BVerfG ließ die dogmatische Umsetzung der verfassungsrechtlichen Vorgaben aus Kompetenzgründen offen, indem es formulierte, die Zustandsverantwortlichkeit könne »im Ausmaß dessen, was dem Eigentümer zur Gefahrenabwehr abverlangt werden darf, begrenzt sein«.[73]

d) Unmittelbare Verursachung

aa) **Unmittelbare Verursachung als Zurechnungsproblem:** Die Verantwortlichkeit nach den §§ 4, 5 POG ist **nicht von einem Verschulden abhängig**. Auch geschäfts- und schuldunfähige Personen können nach §§ 4, 5 POG verantwortlich sein. Die Funktion einer Begrenzung der Verantwortlichkeit[74] übernimmt nach dem Wortlaut der Vorschriften der Begriff der Verursachung. Zur Verursachung im Polizei- und Ordnungsrecht wurden **verschiedene Theorien** entwickelt. Die h. M. geht seit langem im Einklang mit der Rechtsprechung des PreußOVG[75] von der **Theorie der unmittelbaren Verursachung** aus, die in dem früheren § 22 RhPf.PVG eine ausdrückliche gesetzgeberische Anerkennung gefunden hatte. Ein Verhalten ist demnach dann ursächlich, wenn es für sich gesehen die polizeirechtliche Gefahrenschwelle überschreitet und dadurch die hinreichende Wahrscheinlichkeit eines Schadenseintritts begründet oder erhöht wird. Bei einer solchen Definition darf nicht übersehen werden, dass es sich bei der Bestimmung der polizeirechtlichen Verursachung um ein Wertungsproblem handelt, für das sich durchaus **je nach Konstellation unterschiedliche Wertungskriterien** anführen lassen.[76] Die anderen Theorien konnten sich nicht durchsetzen, weil sie zwar ebenfalls einen richtigen Kern enthalten, das Zurechnungsproblem aber nicht umfassend lösen können. 54

Gegen die Theorie von der **rechtswidrigen Verursachung**[77] wird zu Recht angeführt, dass sie einer effektiven Gefahrenbekämpfung entgegenstehe, da die Behörde sonst vor Inanspruchnahme des Betreffenden zunächst eine umfangreiche Rechtmäßigkeitsprüfung vornehmen müsste. Sie enthält jedoch insoweit einen richtigen Kern, als derjenige, der in Ausübung eines Rechts handelt, nicht als Störer herangezogen werden kann. Wer also beispielsweise seinem Mieter rechtmäßig kündigt oder lediglich von einem Grundrecht Gebrauch macht (s. dazu zum sog. Zweckveranlasser Rn. 58), ist nicht selbst Störer. 55

Nach der **Äquivalenztheorie** ist eine Ursache kausal für den Erfolg, d.h. im Polizeirecht ursächlich für die Gefahr, die nicht hinweggedacht werden kann, ohne dass die Gefahr entfiele. Die Äquivalenztheorie führt insoweit zu einer zu weitgehenden Verantwortlichkeit, als sie alle Verursacherbeiträge als äquivalent ansieht und es im Polizeirecht an einem Korrektiv wie dem Verschulden fehlt. Als Zurechnungslehre ist sie daher **für das Polizei- und Ordnungsrecht ungeeignet**, sie zeigt aber, dass auch die polizeirechtliche 56

---

72 So vor allem die Lösung von VGH München, BayVBl. 1996, 437, 438; 1997, 502.
73 BVerfGE 102, 1, 17 f. Dies für das Polizeirecht aufgreifend *Schenke*, Rn. 271, 276. Eine »Auflösung« der Zustandsverantwortlichkeit ist damit jedenfalls nicht verbunden, so aber die Kritik von *Schoch*, Rn. 149.
74 Allg. zur Notwendigkeit einer Haftungsbegrenzung *Schenke/Ruthig*, VerwArch 1996, 329, 346 f.
75 PreußOVGE 31, 409 ff; 103, 139 ff.
76 S. ausf. *Schenke*, Rn. 241 ff.; *Schoch*, Rn. 128 ff.
77 *Schnur*, DVBl. 1962, 1 ff.

Verursachung im Einklang mit dem Wortlaut der Vorschrift an ein Verhalten des Betroffenen anknüpft.[78] Mindestvoraussetzung für die Polizeipflichtigkeit ist daher, dass der Störer eine Ursache für die Gefahr im Sinne der conditio sine qua non-Formel gesetzt hat.

57 Da es sich bei der **unmittelbaren Verursachung um ein wertendes Kriterium** handelt, lässt sie sich keinesfalls immer im Sinne einer zeitlich unmittelbaren Verursachung begreifen.[79] Treffen mehrere Verursachungsbeiträge zusammen, ist es zwar denkbar, dass nur der zeitlich letzte ursächlich im Sinne der Theorie der polizeirechtlichen Verursachung wird,[80] einen entsprechenden allgemeinen Grundsatz gibt es jedoch nicht. Auch dies wird insb. beim sog. »Zweckveranlasser« relevant. Versteht man die Theorie von der unmittelbaren Verursachung mit der h. M. als Zurechnungslehre, sind diese »Problemfälle« nicht als Ausnahmen vom Grundsatz, sondern als **Anwendungsfälle der Theorie der unmittelbaren Verursachung** zu interpretieren. Entsprechendes gilt im Übrigen auch für die bereits erörterten Fragen im Zusammenhang mit der Zustandsverantwortlichkeit, bei der nach zutreffender Ansicht ebenfalls auf die Theorie von der unmittelbaren Verursachung zurückzugreifen ist.

58 bb) Zweckveranlasser: Die sog. »Zweckveranlassung« ist dadurch gekennzeichnet, dass ein bestimmtes, für sich alleine betrachtet neutrales Verhalten erst im Zusammenwirken mit späteren Ursachen eine Gefahr verursacht. Während man bei einem rein zeitlichen Verständnis der unmittelbaren Verursachung diese Fälle früher als Ausnahmen verstehen musste, lassen sie sich auf der Grundlage des modernen Verständnisses der unmittelbaren Verursachung zurechnen. Damit ist **auch der sog. Zweckveranlasser Störer im Sinne des Polizeirechts**, obwohl er nicht die letzte Ursache für den Eintritt einer Gefahr gesetzt hat. Zwischen der Gefahr und der verursachenden Handlung besteht aber ein so **enger innerer Zusammenhang**, dass dem Zweckveranlasser die Gefahr zuzurechnen ist. Dieser Zusammenhang ist dann gegeben, wenn der Zweckveranlasser entweder die Herbeiführung der Gefahr durch Dritte zumindest **billigend in Kauf** genommen hat oder wenn die eingetretene **Folge typischerweise durch sein Verhalten ausgelöst** wird.

59 Umstritten ist allerdings, aus welchem Blickwinkel dies zu entscheiden ist. Nach einer Ansicht muss das Verhalten des Zweckveranlassers gezielt auf das Überschreiten der Gefahrengrenze durch andere gerichtet sein bzw. das Überschreiten der Gefahrengrenze billigend in Kauf genommen werden (sog. **subjektive Theorie**).[81] Nach anderer Ansicht kann dem Zweckveranlasser das Verhalten des unmittelbaren Verursachers schon dann zugerechnet werden, wenn aus der Sicht eines objektiven Dritten die eingetretene Gefahrenlage als typische Folge der Veranlassung anzusehen ist (**objektive Theorie**).[82]

---

78 *Schenke/Ruthig*, VerwArch 1996, 329. Dieser Aspekt wird vor allem im Zusammenhang mit dem sog. Anscheinsstörer relevant.
79 Ebenso *Schoch*, Rn. 128.
80 Zu einem »Schulbeispiel« s. OVG Münster, NVwZ 2001, 1314: Ein Auto wurde von mehreren Kfz »zugeparkt«. Ursächlich für die Gefahr wurde nur das Verhalten desjenigen, der seinen Pkw als letzten geparkt und dadurch dem zugeparkten Auto die Möglichkeit zum Wegfahren genommen hat. Die anderen Fahrer verhielten sich rechtmäßig.
81 VGH Mannheim, DÖV 2003, 45.
82 *Schmelz*, BayVBl. 2001, 550, 551 m.w.N.

III. Grundbegriffe der polizeirechtlichen Dogmatik

Subjektive und objektive Theorie kommen zumeist zu dem gleichen Ergebnis. Deshalb wird zum Teil auch eine Kombination zwischen beiden Ansätzen befürwortet.[83]

In die Bestimmung der Reichweite der Verantwortlichkeit müssen aber auch **grundrechtliche Aspekte** einfließen. Wenn also jemand als Veranstalter einer Versammlung von seinem Grundrecht aus Art. 8 GG Gebrauch macht, kann er hinsichtlich einer Gegendemonstration nicht als Zweckveranlasser in Anspruch genommen werden, selbst wenn es typischerweise zu solchen Gegendemonstrationen kommt und er es sogar vorausgesehen hat. 60

cc) **Latente Störer:** Auch beim latenten Störer, der regelmäßig im Zusammenhang mit der Zustandsverantwortlichkeit diskutiert wird, führen erst spätere Verursachungsbeiträge zur Verwirklichung einer Gefahr, die allerdings in der zeitlich früher beginnenden Kausalkette **bereits angelegt** war.[84] In diesen Fällen ist nur die Person polizeilich verantwortlich, welche die erste Ursache gesetzt hat (latenter Störer). Diese Fälle sind jedoch selten. Das klassische Schulbeispiel der Schweinemästerei (die erst nach der späteren Verwirklichung eines Wohngebietes zum Störer wird), ist heute aufgrund der bau- und immissionsschutzrechtlichen Vorschriften zu lösen.[85] Soweit er überhaupt noch auftaucht, fungiert der Begriff eher als Worthülse, als dass er zur Lösung der Zurechnungsfragen beiträgt.[86] 61

dd) **Anscheinsstörer:** Anscheinsstörer ist nach h. M. derjenige, der eine Gefahr nicht verursacht hat, bei verständiger Würdigung der Sachlage aus der **ex-ante** Sicht der einschreitenden Polizei bzw. Ordnungsbehörde aber den **Anschein** erweckt, Verhaltens- oder Zustandsstörer zu sein.[87] Der Anscheinsstörer kann in zwei Varianten auftreten. Eine Person ist Anscheinsstörer, wenn nur eine Anscheinsgefahr (s.o.), aber keine tatsächliche Gefahr besteht und die Person nach Bewertung der objektiven Kriterien als Störer in Betracht kommt. Zum anderen ist jemand Anscheinsstörer, wenn tatsächlich eine Gefahr vorliegt und eine Person als Störer erscheint, ohne es tatsächlich zu sein, weil ein anderer für die Gefahr verantwortlich ist.[88] 62

Die **h. M. in Rechtsprechung und Literatur** hat dafür folgende Lösung entwickelt: Unabhängig davon, ob der Anscheinsstörer den Anschein der Verursachung zurechenbar oder unzurechenbar gesetzt hat, ist er auf der sog. **Primärebene**, bei der es ausschließlich um die Anordnung gefahrenabwehrender Maßnahmen geht, als Störer in Anspruch zu nehmen. Er ist damit nach der h. M. **jedem anderen Störer gleichzusetzen**. Sinn der Gleichbehandlung von unzurechenbarer und zurechenbarer Verursachung ist die **Effektivität** der Gefahrenabwehr. Auf der **Sekundärebene**, wenn es um die Frage der Kostentragungspflicht geht, wird auf die ex-post Sicht abgestellt und getrennt: Der Anscheins- 63

---

83 VGH Mannheim, DÖV 1996, 83, 84; *Schenke*, Rn. 245.
84 S. dazu *Schenke*, Rn. 249 f.; *Schoch*, Rn. 156.
85 S. näher *Schenke*, Rn. 249 f. Das VG Weimar (ThürVBl. 1999, 22, 23 f.) bezeichnete angesichts dieser einfachgesetzlichen Vorschriften die Rechtsprechung zum latenten Störer als überholt.
86 Ähnlich *Schoch*, Rn. 157 zum Felssturzfall des OVG RhPf., NVwZ 1998, 625, 626. Das eigentliche Problem war dort die Frage nach der Reichweite der Verantwortlichkeit des Grundstückseigentümers für Naturgewalten und nach einer Haftungsobergrenze, dazu Rn. 53.
87 *Rachor*, in: Lisken/Denninger, L Rn. 42.
88 Beispiele bei *Schenke/Ruthig*, VerwArch 1996, 329, 332 f.

störer ist wie ein Nichtstörer zu behandeln und hat deshalb einen **Anspruch auf Entschädigung** analog § 68 POG, wenn er den Anschein nicht in zurechenbarer Weise gesetzt hat.[89]

64 Die h. M. ist jedoch in mehrfacher Hinsicht problematisch und mit der **vorzugswürdigen Gegenauffassung** abzulehnen. Ihre Lösung findet im Wortlaut der §§ 4, 5 POG keine Grundlage. Vielmehr lässt sie – im **Interesse einer vermeintlich effektiveren Gefahrenabwehr**, aber im **Widerspruch zum Wortlaut der §§ 4, 5 POG** – ein Einschreiten auf der Primärebene zu, ohne dass eine unmittelbare Verursachung gegeben ist. Durch die unzulässige Parallelisierung zwischen Anscheinsstörer und Anscheinsgefahr kommt es zu systematischen Brüchen. Die Lösung der Problematik kann deshalb nur darin liegen, die **allgemeinen Grundsätze** der polizeirechtlichen Verantwortlichkeit (Störereigenschaft) heranzuziehen und nach diesen Kriterien eine Person entweder als Störer oder als Nichtstörer einzustufen.[90] Dabei kommt es nicht darauf an, ob sich die Verantwortlichkeit auf eine »echte« Gefahr oder eine Anscheinsgefahr bezieht; beide sind gleichermaßen eine Gefahr im Sinne des Polizei- und Ordnungsrechts (Rn. 38).

65 Erste Voraussetzung der Verantwortlichkeit ist ein **tatsächliches Verhalten** des Betroffenen (s. bereits Rn. 56). Wird also beispielsweise A durch einen anonymen Anruf bei der Polizei bezichtigt, einen Diebstahl begangen zu haben, ist A kein Störer, da er nicht durch ein eigenes Verhalten die Gefahr verursacht hat. Die Polizei muss also zunächst eine weitere Sachaufklärung betreiben[91] oder ihn als Nichtverantwortlichen heranziehen. Außerdem muss das Verhalten **ursächlich** für die Gefahr sein. Auch hierfür gelten die allgemeinen Kriterien der Theorie von der unmittelbaren Verursachung, die sich für die typischen Konstellationen des Anscheinsstörers wie folgt konkretisieren lassen: Es reicht die Schaffung eines **erhöhten Risikos**.[92] Der Betreffende ist also bereits dann Störer, wenn er **Kenntnis** davon hat, dass er ein erhöhtes Risiko schafft. Wer beispielsweise vortäuscht, betrunken zu sein, obwohl er weiß, dass ihn ein Polizist beobachtet, ist Anscheinsstörer. Zuzurechnen ist dem Anscheinsstörer aber auch das sog. »**Irreführungsrisiko**« für ein bestimmtes Verhalten in der Öffentlichkeit. Wer also beispielsweise mit einem zahmen Löwen einen Spaziergang unternimmt,[93] trägt ebenfalls das Risiko, dass die Polizei gegen ihn einschreitet.

66 Die zivilgerichtliche Rechtsprechung zieht diese Überlegungen auf der Sekundärebene, also nur bei der Kostentragungspflicht heran.[94] Die **hier vertretene Mindermeinung** ist

---

89 BGH, DÖV 1998, 429, 429. Dies entspricht der Regelung im BBodSchG (§§ 9 II 1, 24 I 2 BBodSchG). Ausf. zum Entschädigungsanspruch des »Anscheinsstörers« Rn. 260 ff.
90 *Schenke/Ruthig*, VerwArch 1996, 329, 361.
91 In diesem Fall trifft A nach § 26 VwVfG eine Obliegenheit zur Mitwirkung an der Aufklärung. Verweigert er diese ohne zureichende Begründung, wird er durch *dieses* Verhalten nunmehr zum Störer.
92 *Schenke/Ruthig*, VerwArch 1996, 329, 361; *Schenke*, Rn. 261.
93 Vgl. OVG Hamburg, NJW 1986, 2005.
94 Dort gewährt sie zwar grundsätzlich einen Entschädigungsanspruch, verweigert diesen allerdings dann, wenn der »Anscheinsstörer« den Anschein zu vertreten hat. Für das Vertretenmüssen legt sie vergleichbare Grundsätze zugrunde, wie sie nach der hier vertretenen Auffassung für die unmittelbare Verursachung gelten.

III. Grundbegriffe der polizeirechtlichen Dogmatik

somit auf der **Primärebene enger als die h. M.**,[95] kommt aber hinsichtlich der Entschädigungspflicht auf der **Sekundärebene** – mit anderer dogmatischer Begründung – zu **vergleichbaren Ergebnissen wie die Rechtsprechung.** Folgt man der hier vertretenen Auffassung, hat der Begriff des Anscheinsstörers im Ergebnis keine dogmatische Bedeutung und taugt allenfalls zur Umschreibung bestimmter Problemfälle, jedoch nicht als dogmatische Kategorie.

e) Inanspruchnahme nichtverantwortlicher Personen (§ 7 POG)

Nichtverantwortliche können nur unter den **engen Voraussetzungen des § 7 POG** in Anspruch genommen werden, so dass auch vom **polizeilichen Notstand** gesprochen wird. Nach § 7 II POG darf der Nichtstörer nur solange in Anspruch genommen werden, wie die Voraussetzungen nach § 7 I POG gegeben sind. Zudem haben Nichtverantwortliche einen **Entschädigungsanspruch** nach § 68 POG (Rn. 235 ff.). 67

Erforderlich ist eine **gegenwärtige, erhebliche** Gefahr. Die Gefahr muss also eine besondere zeitliche Dringlichkeit besitzen sowie besonders schützenswerte Rechtsgüter bedrohen (zu den unterschiedlichen Gefahrenbegriffen Rn. 36 ff.). 68

Weitere Voraussetzung ist, dass **Maßnahmen gegen den Verantwortlichen** nach §§ 4, 5 POG **nicht möglich** sind oder **keinen Erfolg** versprechen. Dies ist dann der Fall, wenn es keinen Verantwortlichen gibt (z.B. bei Naturkatastrophen) oder dieser zur Gefahrenabwehr nicht in der Lage ist (z.B. weil der Verantwortliche schwer verletzt oder nicht anwesend ist). Die Weigerung des Störers zur Gefahrenabwehr ist kein Grund, einen Nichtverantwortlichen heranzuziehen. Die zwangsweise Durchsetzung der Ordnungsverfügung gegenüber einem Störer hat Vorrang. 69

Eine Notstandsinanspruchnahme ist außerdem nur dann möglich, wenn die allgemeinen Ordnungsbehörden bzw. die Polizei die Gefahr **nicht selbst** oder durch einen Beauftragten **abwehren** kann. In Betracht kommt vor allem eine unmittelbare Ausführung nach § 6 I POG. Die Behörden sind auch verpflichtet, im Wege der Amts- und Vollzugshilfe auf andere Behörden und deren Mittel zurückzugreifen. 70

Ein Nichtverantwortlicher darf nur **ohne erhebliche eigene Gefährdung** und **ohne sonstige Pflichtverletzung** in Anspruch genommen werden. Wichtige Rechtsgüter des Nichtverantwortlichen, wie Leib und Leben, dürfen nicht gefährdet werden. Sonstige Pflichten können sowohl öffentlich-rechtliche wie privatrechtliche Pflichten sein. So kann die Polizei z.B. am Unfallort keinen Arzt zur Rettung heranziehen, der zu einem Herzinfarktpatienten unterwegs ist. Dass dem Nichtverantwortlichen Kosten durch die Heranziehung entstehen, ist nicht zu berücksichtigen, da er einen Entschädigungsanspruch nach § 68 POG hat. 71

---

95 Ein Effizienzverlust der Gefahrenabwehr ist mit der Ablehnung des Anscheinsstörers dennoch nicht verbunden, da bei Wegfall der Störereigenschaft gegen eine Person als Nichtstörer nach §§ 6, 7 POG vorgegangen werden kann. Auch nach h. M. kommt bei unklaren Gefahrenlagen unter dem Aspekt der Verhältnismäßigkeit häufig zunächst nur eine Gefahrerforschung in Betracht.

f) Polizeipflichtigkeit von Hoheitsträgern

72 Gefahren können nicht nur von Privatpersonen ausgehen, sondern auch von staatlichen Hoheitsträgern. Dabei sind zwei Fragen streng voneinander zu unterscheiden: Zum einen ist zu klären, ob ein Hoheitsträger **materiell** polizeipflichtig ist, d.h., ob er an Normen zur Gefahrenabwehr gebunden ist. Zum anderen ist zu diskutieren, ob eine **formelle** Polizeipflicht besteht, ob also eine Ordnungs-/Polizeibehörde gegen einen anderen Hoheitsträger einschreiten kann.

73 Während Hoheitsträger grundsätzlich an die geschriebene Rechtsordnung gebunden und damit materiell polizeipflichtig sind,[96] ist die **Frage der formellen Polizeipflichtigkeit differenziert zu beantworten.** Jeder Hoheitsträger ist in seinem Hoheitsbereich dafür verantwortlich, dass keine Gefahren entstehen. Dürfte aber die Ordnungs-/Polizeibehörde uneingeschränkt gegenüber einem anderen Hoheitsträger Verfügungen erlassen, entstünde in ihrem Verhältnis zueinander ein System der Über-/Unterordnung. Zudem könnte die Ordnungs- bzw. Polizeibehörde auf diese Weise in fremde Aufgabenbereiche eingreifen und mittelbar bestimmen, wie ein Hoheitsträger seine Aufgaben zu erfüllen hat. Dies gilt vor allem angesichts der Weite der polizei- und ordnungsrechtlichen Eingriffsbefugnisse. Für das allgemeine Polizei- und Ordnungsrecht[97] ist die formelle Polizeipflicht daher abzulehnen, anders kann es sich im besonderen Ordnungsrecht verhalten (dazu auch Rn. 176 f.). Der Bürger hat somit auch keinen Anspruch auf ein Einschreiten der zuständigen Behörde gegen den störenden Hoheitsträger. Der Bürger muss selbst und direkt gegen den störenden Hoheitsträger vorgehen.

74 Von diesem Grundsatz gibt es aber Ausnahmen. Ein Einschreiten der Polizei ist in **Eilfällen** nach § 1 VII POG zulässig. Ordnungs- und Polizeibehörden dürfen auch dann einschreiten, wenn der Hoheitsträger nur **fiskalisch** tätig ist. Erfüllt er allerdings unmittelbar **öffentliche Aufgaben in Privatrechtsform,** darf gegen ihn nicht eingeschritten werden, außer wenn es um Anordnungen geht, welche die hoheitliche Aufgabenwahrnehmung nicht berühren.

g) Rechtsnachfolge in polizeiliche Pflichten

75 Rechtsnachfolge bedeutet den »Rechts- und Pflichtenübergang von einer natürlichen oder juristischen Person auf eine von ihr verschiedene Rechtsperson«[98] bzw. die »Substitution des Rechtssubjekts bei Kontinuität des Rechtsobjekts«.[99] Inwieweit es eine Rechtsnachfolge im Polizei- und Ordnungsrecht gibt, ist umstritten. Nach h. M. scheidet eine Rechtsnachfolge im allgemeinen Polizei- und Ordnungsrecht generell aus, sofern es

---

96 Dazu, dass sich unter dem Gesichtspunkt der Funktionsfähigkeit staatlicher Einrichtungen in engen Grenzen Ausnahmen ergeben können, s. *Schenke*, Rn. 223; *Britz*, DÖV 2002, 891, 898.
97 Nach Ansicht des BVerwG (NVwZ 2003, 346) gibt es keinen allgemeinen, dem materiellen Recht »vorausliegenden Grundsatz... des Verbots behördlicher Eingriffe in den Aufgabenbereich selbständiger Verwaltungsträger«. Er muss sich aus dem jeweils einschlägigen Recht entnehmen lassen. Im Immissionsschutzrecht hat das BVerwG aus der Kompetenzordnung abgeleitet, dass es dort auch eine formelle Polizeipflicht gibt. Der Unterschied zum allgemeinen Polizei- und Ordnungsrecht lässt sich nicht zuletzt dadurch rechtfertigen, dass im besonderen Ordnungsrecht auch die Befugnisse zum Einschreiten sehr beschränkt und im Einzelnen stärker einfachgesetzlich ausgestaltet sind.
98 *Dietlein*, Nachfolge im öffentlichen Recht, 1999, S. 43 f.; s. auch *Schoch*, Rn. 159 ff.; *Schenke*, Rn. 292 ff.; *Nolte/Niestedt*, JuS 2000, 1071 ff., 1172 ff.; *Zacharias*, JA 2001, 720 ff.; *Peine*, JuS 1997, 984 ff.; *Rau*, Jura 2000, 37 ff.
99 So *Schink*, Rechtsnachfolge bei Zuständigkeitsveränderungen in der öffentlichen Verwaltung, 1984, S. 7.

sich lediglich um eine **abstrakte Verantwortlichkeit** handelt.[100] Bei der durch Verwaltungsakt bereits konkretisierten Verantwortlichkeit zeichnet sich in der Rechtsprechung[101] die Tendenz ab, eine Rechtsnachfolge dann anzuerkennen, wenn es sich um rein **sachbezogene Pflichten** handelt, also bei der Zustandsverantwortlichkeit. Für diese Lösung werden Gesichtspunkte der Verfahrensökonomie angeführt, die freilich nicht darüber hinweghelfen können, dass ein solcher Eingriff, wie er in der Übertragung des sog. »dinglichen« Verwaltungsakts auf einen Rechtsnachfolger liegt, einer gesetzlichen Rechtsgrundlage bedarf.[102] Diese gibt es im POG nicht, so dass in seinem Anwendungsbereich entgegen der Rspr. eine Rechtsnachfolge insgesamt ausscheidet.

6. Unmittelbare Ausführung (§ 6 POG)

a) Rechtsnatur

Die unmittelbare Ausführung ist keine Standardmaßnahme, sondern eine **negative Adressatenregelung**.[103] Sie regelt den Fall, dass die Adressaten nach §§ 4 und 5 POG nicht anwesend bzw. nicht erreichbar sind. Deshalb ist die unmittelbare Ausführung für sich allein auch keine Ermächtigungsgrundlage. Da kein entgegenstehender Wille gebrochen wird, ist die unmittelbare Ausführung auch **keine Zwangsmaßnahme** (zur Abgrenzung Rn. 192). 76

Die unmittelbare Ausführung ist ein **Realakt**.[104] Charakteristikum der unmittelbaren Ausführung ist es aber, dass der Betroffene nicht anwesend ist und ihm somit eine Verfügung **nicht bekannt gegeben** werden kann. Die überkommene Auffassung hatte angenommen, dass bei der unmittelbaren Ausführung Grundverwaltungsakt, Androhung, Fristsetzung und Anwendung des Zwangsmittels in einem Akt zusammenfallen und diese daher ein Verwaltungsakt ist.[105] Dies scheitert aber am VwVfG, verlangt doch die Wirksamkeit eines Verwaltungsakts nach § 1 I LVwVfG i. V. m. § 43 VwVfG, dass er dem Betroffenen nach § 41 **VwVfG** bekannt gegeben wird. 77

b) Tatbestand

Die unmittelbare Ausführung setzt voraus, dass der nach § 4 oder § 5 POG Verantwortliche **nicht** oder **nicht rechtzeitig erreichbar** ist, beispielsweise weil es keinen Verantwortlichen gibt (z.B. Naturkatastrophen), dieser nicht anwesend oder nicht ansprechbar ist (z.B. infolge einer Ohnmacht). Dem gleichzusetzen ist der Fall, wenn eine Person nicht geeignet ist, die Gefahr zu beseitigen (z.B. Schwerverletzter nach Verkehrsunfall). Außerdem muss es sich um eine **vertretbare Handlung** handeln. Viele Standardmaßnahmen, wie z. B. Platzverweis und Gewahrsamnahme, sind unvertretbare Handlungen, bei denen deswegen eine unmittelbare Ausführung ausscheidet. 78

---

100 *Denninger*, in: Lisken/Denninger, E Rn. 121 ff.; *Gusy*, Rn. 363 f.; *Schenke*, Rn. 292; *Schoch*, Rn. 162 jeweils m.w.N. Hier ist eine Rechtsnachfolge nur auf der Grundlage ausdrücklicher gesetzlicher Anordnungen möglich, z. B. nach § 4 III 1 BBodSchG.
101 Vgl. z. B. OVG RhPf., DÖV 1980, 654 f.; vgl. auch OVG Münster, NVwZ 1997, 507 ff.
102 *Schenke*, Rn. 295; *Schoch*, Rn. 165 f. Im Ansatz ebenso OVG Münster, NVwZ-RR 1997, 70, das allerdings eine Grundrechtsnachfolge analog §§ 1922, 1967 BGB bejaht; weitergehend OVG RhPf., DÖV 1980, 654 f.
103 *Rühle/Suhr*, § 6 Anm. 1.1.2.
104 *Schenke*, Rn. 566 f.; *Erichsen*, Jura 1998, 31, 42; *Kästner*, JuS 1994, 360, 364; *Kugelmann*, DÖV 1997, 153, 155.
105 OVG Münster, DVBl. 1973, 924, 925.

79 Weitere Voraussetzung der unmittelbaren Ausführung ist das Fehlen eines **Grundverwaltungsakts**. Sobald ein solcher vorliegt und durchgesetzt wird, handelt es sich um eine Ersatzvornahme, also ein Mittel der Vollstreckung. Den praktisch wichtigsten Fall solcher Grundverwaltungsakte stellen die Verkehrszeichen dar, sofern sie ein konkretes Gebot oder Verbot enthalten (z.B. Haltverbotszeichen, schraffierte Sperrflächen nach § 41 III Nr. 6, Zeichen 298 StVO).

c) Rechtsfolge

80 Die Ordnungsbehörde und die Polizei können die Maßnahme selbst vornehmen, sog. **Selbstvornahme**, oder durch einen Beauftragten ausführen lassen, sog. **Fremdvornahme** (z.B. Abschleppunternehmer, Schlüsseldienst). Der von der Maßnahme Betroffene ist unverzüglich zu unterrichten nach § 6 I 2 POG. Die Unterrichtungspflicht ist aber keine Rechtmäßigkeitsvoraussetzung. Die Behörden haben gegenüber dem Betroffenen einen **Kostenerstattungsanspruch** nach § 6 II 1 POG. Die Kosten werden durch einen Leistungsbescheid der Behörde (VA) geltend gemacht. Im Innenverhältnis, also unabhängig von der Frage, wer im Außenverhältnis herangezogen worden ist, haften mehrere Verantwortliche gem. § 6 II 2 POG als Gesamtschuldner.

7. Ermessen der Polizei

a) Opportunitätsprinzip

81 aa) **Entschließungs- und Auswahlermessen:** Wenn die Tatbestandsvoraussetzungen einer polizei- oder ordnungsrechtlichen Vorschrift gegeben sind, verpflichtet dies die zuständigen Polizei- und Ordnungsbehörden nicht stets zum Handeln. Vielmehr ist für den Bereich der Gefahrenabwehr das sog. **Opportunitätsprinzip** maßgebend.[106] Die Behörden besitzen Entschließungs- und Auswahlermessen. Das **Entschließungsermessen** betrifft das »Ob« des Handelns. Polizei- und Ordnungsbehörden können sich in einer konkreten Situation also grundsätzlich auch dazu entscheiden, nicht einzuschreiten. Entscheidendes Kriterium ist die Effektivität der Gefahrenabwehr. Ein Einschreiten kann zum Beispiel unterbleiben, wenn durch das polizeiliche Handeln eine Einsatzlage eskalieren würde und es zu gewalttätigen Ausschreitungen käme.

82 Auch wenn sich die Polizei- und Ordnungsbehörden zu einem Einschreiten entschlossen haben, bedeutet dies noch nicht die Festlegung auf eine bestimmte polizeiliche Maßnahme. Vielmehr kommen meist verschiedene Mittel zur Gefahrenabwehr in Betracht, die Behörde hat insofern ein **Auswahlermessen**. Rechtliche Begrenzungen der Auswahl ergeben sich unter anderem aus dem Übermaßverbot (s. auch § 2 POG).

83 bb) **Anspruch auf ermessensfehlerfreie Entscheidung:** Nach § 1 I LVwVfG, § 40 VwVfG hat eine Behörde beim Einschreiten die Grenzen des Ermessens einzuhalten. Erkennt die einschreitende Behörde nicht, dass sie in einer Situation ein Ermessen hat, liegt ein sog. **Ermessensnichtgebrauch** vor. Dies ist beispielsweise dann der Fall, wenn ein Polizeibeamter irrtümlicherweise glaubt, er müsse einschreiten bzw. habe nur eine Alternative zur Gefahrenabwehr. Ein **Ermessensfehlgebrauch** liegt vor, wenn die Behörde den zu-

---

106 Anders für den Bereich der Strafverfolgung, in dem die Polizei gem. § 163 I 1 StPO zur Erforschung und Aufklärung von Straftaten verpflichtet ist (sog. Legalitätsprinzip).

grunde liegenden Sachverhalt nicht vollständig ermittelt hat, der vollständig ermittelte Sachverhalt bei der Ermessensabwägung nicht ausreichend abgewogen und berücksichtigt wurde oder wenn die Behörde sich bei der Abwägung von sachfremden Erwägungen hat leiten lassen. Eine **Ermessensüberschreitung** liegt vor, wenn die Behörde nach der ordnungsgemäßen Abwägung eine Rechtsfolge wählt, die gesetzlich nicht vorgesehen ist.

cc) Anspruch auf polizei- und ordnungsbehördliches Einschreiten: Eine **Pflicht zum Einschreiten** besteht **nur bei einer Ermessensreduzierung auf Null**. Diese ist gegeben, wenn sich eine Gefahr oder Störung für die öffentliche Sicherheit oder Ordnung als besonders schädlich erweist und die Grenzen der von der Polizei noch tolerierbaren Schädlichkeit überschreitet (sog. Schädlichkeitsgrenze). Ob dies der Fall ist, hängt vor allem von der Wertigkeit des bedrohten Rechtsguts, aber auch von der Intensität der Gefahr und den mit dem polizeilichen Handeln verbundenen Risiken ab. In die Ermessenserwägungen einzubeziehen sind auch Gesichtspunkte der polizeilichen personellen und sachlichen Mittel. Diese können es rechtfertigen, dass die Polizei insb. dann, wenn sie vorrangig mit der Behebung gravierender Gefahren beschäftigt ist, bei Bagatellfällen oder wenn der Schutz der Sicherheit und Ordnung auf andere Art und Weise gewährleistet werden kann, auf ein Einschreiten verzichtet.

Eine behördliche Pflicht zum Tätigwerden bedeutet nicht zwangsläufig einen **Anspruch des Einzelnen auf Einschreiten**. Bei besonders hochwertigen Rechtsgütern (Leben und Gesundheit) kann sich ein solcher allerdings aus den bei Art. 2 II GG bzw. Art. 3 I i.V.m. Art. 1 I 2, II LV ausdrücklich anerkannten **grundrechtlichen Schutzpflichten** ergeben. Während früher davon ausgegangen wurde, dass die Gefahrenabwehr ausschließlich dem öffentlichen Interesse diene und nicht dem Schutz subjektiver Rechte des Einzelnen, geht man heute zutreffend davon aus, dass subjektive Rechte betroffen sind, wenn Gefahren für die öffentliche Sicherheit und Ordnung die Rechtgüter einzelner Bürger beeinträchtigen.[107] Die Rechtsprechung hat zu Recht eine Verpflichtung angenommen, vor einer fünf Kilometer langen Ölspur auf einer Straße zu warnen bzw. Minen in einem Garten zu beseitigen.[108] Allerdings wird sich die Ermessensreduzierung im Regelfall nur auf das Entschließungs-, nicht aber das Auswahlermessen beziehen.[109] Der Gefährdete hat also zwar einen Anspruch auf polizeiliches Einschreiten, kann aber nicht eine konkrete Maßnahme verlangen, sofern mehrere in Betracht kommen. Keinen Anspruch auf Einschreiten hat der Störer.[110] Umstritten ist allerdings, inwiefern sich dieser Gedanke auch auf den **Eigentumsschutz** übertragen lässt, bei dem nach der Rspr. eine grundrechtliche Schutzpflicht nicht anerkannt ist.[111] Eine Pflicht zum Einschreiten kann sich auch aus Gemeinschaftsrecht ergeben.[112]

---

107 *Schenke*, Rn. 104; ausf. zum Anspruch auf polizeiliches Einschreiten *Dietlein*, DVBl. 1991, 685 f.
108 BGH, VRS 7, 87 ff.
109 *Schoch*, Rn. 116.
110 VGH Mannheim, VBlBW 1995, 64, 65.
111 VG Berlin, DVBl. 1981, 785 zu einer Hausbesetzung. Vgl. auch *Schenke*, Rn. 101; *Degenhart*, JuS 1982, 330, 334.
112 Zum Einschreiten gegen eine Versammlung, die gleichzeitig den freien Warenverkehr behindert s. die VO(EG) NR. 2679/98. Zuvor schon EuGH, EuR 1998, 47 m. Anm. *Schwarze*; EuGH, DVBl. 2003, 1200. S. dazu auch *Ruthig* (Fn. 33), Rn. 52, 57.

86 Gerichtlich wird der Anspruch auf Einschreiten mit der **Verpflichtungsklage** geltend gemacht, wenn die begehrte Maßnahme einen Verwaltungsakt darstellt, ansonsten die allgemeine Leistungsklage. Sofern dem Betroffenen ein Abwarten auf die Entscheidung in der Hauptsache nicht zugemutet werden kann, hat er die Möglichkeit, mittels eines Antrages nach § 123 I 2 VwGO (Regelungsanordnung) vorläufigen Rechtsschutz zu beantragen. Nach h. M. kommt eine Regelungsanordnung aber nur bei einer Ermessensreduzierung auf Null in Betracht, da dem Betroffenen im vorläufigen Rechtsschutzverfahren nicht mehr zugesprochen werden kann, als er in der Hauptsache erreichen kann.[113]

b) Subsidiaritätsprinzip (§ 1 III POG)

87 Sofern infolge des Subsidiaritätsprinzips nicht bereits ein Einschreiten überhaupt ausgeschlossen ist, wird § 1 III POG auch hinsichtlich des Auswahlermessens relevant. Die Maßnahme darf immer nur vorläufiger Natur sein und vor allem darf sie eine endgültige Regelung des Zivilgerichtes nicht erschweren oder verhindern (zur Bedeutung im Zusammenhang mit dem Einschreiten bei häuslicher Gewalt Rn. 111).

c) Auswahl zwischen mehreren Störern

88 Stehen mehrere Störer zur Auswahl, stellt sich die Frage, welcher von diesen in Anspruch zu nehmen ist. Grundsätzlich sind sämtliche Störer, die unabhängig voneinander eine Gefahr verursacht haben, in vollem Umfang verantwortlich.[114] Die Auswahl ist eine **Ermessensentscheidung**, die sich vor allem **am Grundsatz der Effektivität und erst in zweiter Linie am Gesichtspunkt der Verhältnismäßigkeit** orientieren muss. Auf der **Primärebene** ist derjenige heranzuziehen, der die Gefahr oder Störung am effektivsten, d.h. am schnellsten und wirksamsten, beseitigen kann. Entscheidend sind die sachliche und persönliche Leistungsfähigkeit, zivilrechtliche Verfügungs- und Nutzungsrechte und andere Gesichtspunkte der effektiven Gefahrenabwehr. Aussagen, dass der Verhaltensstörer vor dem Zustandsstörer und der mehrfache Störer vor dem einfachen Störer heranzuziehen ist, sind deswegen in dieser Allgemeinheit unzutreffend. Erst wenn mehrere Störer gleichermaßen effektiv zur Gefahrbeseitigung bereit stehen, ist nach Verhältnismäßigkeitsgesichtspunkten zu entscheiden. Dann können Kriterien wie die Nähe zur Gefahr, Verantwortungsgerechtigkeit und Billigkeit herangezogen werden.

89 Auf der **Sekundärebene** geht es nicht mehr um die effektive Gefahrenabwehr, sondern um eine **gerechte Kostenverteilung**. Diese soll gerecht und zumutbar sein und richtet sich nach den **Umständen des Einzelfalls** (Kriterien sind Gefahrennähe, Verschulden etc.). Dies kann dazu führen, dass der Verhaltensstörer vor dem Zustandsstörer in Anspruch zu nehmen ist. Dies gilt zumindest dann, wenn die Kosten beim Verhaltensstörer unproblematisch geltend gemacht werden können.[115] Umstritten ist, ob die Störer untereinander einen **internen Ausgleichsanspruch** besitzen. Die h. M. lehnt dies vor allem

---

113 S. dazu kritisch *Schoch*, in: ders./Schmidt-Aßmann/Pietzner, VwGO, Losebl.-Komm. (Stand: 03/2008), § 123, Rn. 158 ff. m.w.N.
114 *Schenke*, Rn. 284 m.w.N. auch zur Gegenauffassung im neueren Schrifttum, etwa *Jochum*, NVwZ 2003, 526, 529 ff.
115 Hinsichtlich der Abschleppkosten ist danach der Fahrer vor dem Halter des Pkws in Anspruch zu nehmen, s. OVG RhPf., NJW 1986, 1369, 1370; *Fischer*, JuS 2002, 446, 448.

unter Hinweis auf den Gesetzesvorbehalt ab, sofern keine spezialgesetzliche Regelung (wie z.b. in § 24 II BBodSchG) besteht.[116] Nach der Gegenauffassung ergibt sich der Ausgleichsanspruch in entsprechender Anwendung von § 426 BGB.[117]

d) Verhältnismäßigkeit der Maßnahme

Die Verhältnismäßigkeit einer Maßnahme verlangt zunächst deren **Geeignetheit**. Darunter versteht man die objektive Tauglichkeit des Mittels zur Gefahrenabwehr, die aus der ex-ante Sicht der handelnden Ordnungsbehörde oder Polizei zu beurteilen ist. Ein Mittel ist auch dann objektiv tauglich, wenn es die Gefahr zwar nicht vollständig beseitigen, aber erheblich verringern kann.   90

Die Maßnahme muss außerdem **erforderlich** sein. Die Behörde hat das **mildeste Mittel** zu wählen, d.h. das Mittel, welches die in Anspruch genommene Person und die Allgemeinheit am wenigsten beeinträchtigt. Ein milderes Mittel muss aber nur dann gewählt werden, wenn es gleichermaßen geeignet ist, die Gefahr zu beseitigen. Insb. bei Abschleppmaßnahmen spielt die Erforderlichkeit eine entscheidende Rolle.[118] Sind mehrere Mittel gleich mild, kann die Behörde nach ihrem Ermessen ein Mittel auswählen (§ 3 II 1 POG). Da die Frage, ob es mildere Mittel gibt, eine Wertungsfrage ist, hat der Betroffene die Möglichkeit, ein **Austauschmittel** vorzuschlagen, wenn dieses ebenso wirksam ist (§ 3 II 2 POG).   91

Die Nachteile einer Maßnahme dürfen zum angestrebten Erfolg nicht erkennbar außer Verhältnis stehen (**Verhältnismäßigkeit im engeren Sinne**, § 3 II POG). Die geschützten Rechtsgüter und die Rechtsgüter, welche durch die behördliche Maßnahme beeinträchtigt werden, sind ins Verhältnis zu setzen und abzuwägen. Je nach zeitlicher Dringlichkeit und dem Rang der geschützten Rechtsgüter sind keine hohen Anforderungen an die Abwägung zu stellen. Die Verhältnismäßigkeitsprüfung hängt maßgeblich vom konkreten Einzelfall ab. Vor allem pauschale, undifferenzierte Allgemeinverfügungen sind regelmäßig unverhältnismäßig.   92

IV. Generalklausel (§ 9 I POG) und Spezialermächtigungen

Nach dem Vorbehalt des Gesetzes bedürfen Eingriffe stets einer **Ermächtigungsgrundlage**; bloße Aufgabennormen genügen nicht. Im Verhältnis verschiedener Ermächtigungsgrundlagen zueinander gilt der Spezialitätsgrundsatz. Die polizeiliche **Generalklausel** des § 9 I POG, deren Tatbestandsvoraussetzungen im vorangegangenen Abschnitt als Grundmodell polizei- und ordnungsrechtlicher Gefahrenabwehr erörtert wurden, ist gegenüber den Spezialermächtigungen (Standardmaßnahmen) subsidiär.[119] Der Anwendungsbereich der Generalklausel hat sich daher mit zunehmender Ein-   93

---

116 BGHZ 110, 313, 318; *Gusy*, Rn. 367.
117 *Götz*, Rn. 259; *Schenke*, Rn. 289.
118 Ein verbotswidrig geparkter Pkw ist grundsätzlich umzusetzen, d.h. an der nächstgelegenen Örtlichkeit, wo kein Parkverbot besteht, abzustellen und darf grundsätzlich nicht zum entfernt gelegenen Betriebshof des Abschleppunternehmers oder der Polizei- bzw. Ordnungsbehörde gebracht werden, s. *Schenke*, Rn. 720. Allerdings dürfen die Anforderungen auch nicht überspannt werden, es ist nicht Aufgabe der Polizei oder Bürger nach einem freien Parkplatz zu suchen.
119 Zur Frage der Ermächtigungsgrundlage für eine sog. Gefährderansprache *Jötten/Tams*, JuS 2008, 436 ff. Zur Anwendbarkeit der Generalklausel bei einem Ausreiseverbot aus dem Bundesgebiet wegen drohender Gewalttätigkeiten bei einer Versammlung im Ausland s. BVerwG, NVwZ 2007, 1439 ff.

führung von Standardmaßnahmen erheblich verringert. Subsidiarität besteht grundsätzlich auch gegenüber **spezialgesetzlichen Ermächtigungsgrundlagen** (zu Beispielen Rn. 171 ff.). Überall dort, wo in den öffentlichrechtlichen Spezialgesetzen Eingriffsbefugnisse fehlen, ist auf die **Generalklausel als Ergänzung einer lex imperfecta** zurückzugreifen, wie § 9 II 2 POG ausdrücklich klarstellt. Danach ist überall dort auf die Generalklausel zurückzugreifen, wo in den Spezialgesetzen etwa zum Schutz der Sonn- und Feiertagsruhe[120] oder im LImSchG (dazu Rn. 176) Eingriffsbefugnisse fehlen.

94 Standardmaßnahmen übernehmen innerhalb des POG verschiedene Funktionen. Zum einen dienen sie der Typisierung häufig wiederkehrender Standardsituationen, für die im Interesse der handelnden Beamten, aber auch der betroffenen Bürger klare Handlungsanweisungen gegeben werden sollen. Sie konkretisieren dadurch sowohl das Bestimmtheitsgebot wie das Übermaßverbot. Sobald sich bestimmte Konstellationen zu »Standardproblemen« entwickeln sei daher der Gesetzgeber gefordert, da die Generalklausel allenfalls für Übergangszeiten als Eingriffsgrundlage dienen könne.[121] Vor allem im Zusammenhang mit dem Grundrecht auf informationelle Selbstbestimmung erfüllen sie die Forderung des BVerfG nach bereichsspezifischen, konkreten Rechtsgrundlagen. Eine ganze Reihe vor allem neuerer Standardmaßnahmen macht schließlich den Wandel des Gefahrenabwehrrechts durch das Vorsorgeprinzip deutlich (s. schon Rn. 7). Eine dogmatische Systematisierung ist kaum noch möglich. Im Folgenden wird entsprechend dem Aufbau der §§ 9a ff. POG zwischen den Standardmaßnahmen mit starkem Bezug zum Grundrecht auf informationelle Selbstbestimmung und den zunächst zu behandelnden, »klassischen« Standardmaßnahmen unterschieden.

95 Immer häufiger werden allerdings in den Spezialgesetzen ausdrückliche Ermächtigungsgrundlagen geschaffen. Dies gilt nicht nur für das neue **Ladenschlussrecht** (vgl. § 14 II 1 LadÖffnG als Generalklausel, Auskunfts- und Betretungsrechte § 14 II 2, III LadÖffnG), sondern auch für das **Vorgehen gegen illegale Glückspiele**.[122] Auch darüber hinaus ist die Anwendung der Vorschriften des POG immer dann ausgeschlossen, wenn die spezialgesetzlichen Regelungen abschließend sind. Dies gilt beispielsweise für Maßnahmen gegenüber Telekommunikationsanlagenbetreibern, s. § 110 ff. TKG.[123]

V. Spezialermächtigungen im POG (klassische Standardmaßnahmen)

1. Befragung und Auskunftspflicht (§ 9a POG)

a) Allgemeines Befragungsrecht

96 Nach § 9a I POG haben die Ordnungsbehörden und die Polizei ein **Befragungsrecht** gegenüber einer Person, wenn diese sachdienliche Angaben zur ordnungsbehördlichen oder polizeilichen Aufgabenerfüllung machen kann. Eine (konkrete) Gefahr ist keine

---

120 BVerwGE 90, 337, 341; OVG RhPf., DVBl. 1999, 44.
121 Nach Ansicht von BVerwGE 115, 189, 194 gilt dies beispielsweise für das Einschreiten gegenüber Laserdromen; s. auch *Schoch*, Rn. 57. Krit. zu der Gefahr einer Überdehnung des Parlamentsvorbehalts *Schenke*, Rn. 49.
122 Vgl. VG Neustadt/Weinstr., Urt. v. 9.7.2008 – 5 L 592/08.NW –. Nach § 11 II LGlüG hat die zuständige Behörde nach pflichtgemäßem Ermessen die geeigneten Maßnahmen zu treffen, insb. kann sie ein ohne Erlaubnis durchgeführtes Glücksspiel nach § 11 III Nr. 1 LGlüG untersagen. S. auch *Ruthig*, in: ders./Storr (Fn. 33), Rn. 176.
123 *Schoch*, Rn. 55; VG Darmstadt, NJW 2001, 2273.

V. Spezialermächtigungen im POG (klassische Standardmaßnahmen)

Voraussetzung des Befragungsrechts. In jedem Fall ist die Person verpflichtet, die in § 9a II POG aufgelisteten Daten anzugeben. Eine **Auskunftspflicht** besteht nach § 9a II 2 POG nur beim Vorliegen einer Gefahr. Nach § 9a III 1 POG können die Betroffenen von ihren **Auskunftsverweigerungsrechten** nach §§ 52 bis 55 StPO Gebrauch machen.

b) Schleierfahndung, § 9a IV POG

§ 9a IV POG regelt seit 2004 die Voraussetzungen der sog. Schleierfahndung, also der Durchführung **verdachtsunabhängiger Anhalte-** und **Sichtkontrollen**. Nach § 9a IV 1 POG darf die Polizei diese im **gesamten öffentlichen Verkehrsraum** durchführen, ohne dass eine konkrete Gefahr vorliegen muss. Es genügen **Anhaltspunkte**, d.h. nachprüfbare Tatsachen, dass die Kontrolle zur vorbeugenden Bekämpfung von Straftaten mit erheblicher Bedeutung oder grenzüberschreitender Kriminalität oder zur Unterbindung unerlaubten Aufenthalts erforderlich ist. Die Befugnis ermächtigt dazu, Personen anzuhalten, zu befragen, sich Ausweispapiere aushändigen zu lassen und mitgeführte Fahrzeuge und Sachen in Augenschein zu nehmen. Die Inaugenscheinnahme umfasst auch die Befugnis, sich den Kofferraum eines Pkw und (Hand-)Taschen öffnen zu lassen, um Einblick in diese zu nehmen. 97

Die Schleierfahndung ist in erster Linie eine Maßnahme der **Gefahrerforschung**.[124] Damit zusammenhängend sah sie sich dem Einwand ausgesetzt, dass es sich in Wahrheit nicht um Gefahrenabwehr, sondern um die Verfolgung von Straftaten handeln würde, wie nicht zuletzt die Auswertung der »Trefferstatistiken« zeige.[125] Diese Argumentation überzeugt allerdings deswegen nicht, weil auch die vorbeugende Bekämpfung von Straftaten zu den präventivpolizeilichen Aufgaben gehört, wie sich ausdrücklich aus § 1 I 2 POG ergibt. Trotz der harten Kritik von Teilen der Literatur an dieser »Methode aus dem Arsenal des permanenten Ausnahmezustandes«[126] bejahte die überwiegende Rechtsprechung die Verfassungsmäßigkeit, insb.[127] die Vereinbarkeit des mit der Schleierfahndung verbundenen Eingriffes in das **Recht auf informationelle Selbstbestimmung** mit dem Übermaßverbot,[128] obwohl sie sich gegen Nichtstörer richtet. Insb. genügt § 9a IV 1 POG den Anforderungen an die Bestimmtheit der Eingriffsgrundlage, denn die Schleierfahndung ist nur bei durch Tatsachen begründeten Anhaltspunkten zulässig.[129] 98

Zum Teil wird ferner behauptet, die Schleierfahndung sei nicht mit Gemeinschaftsrecht vereinbar. Dies wird in der Literatur damit begründet, dass solche »Ersatzgrenzkontrollen« als Verstoß gegen das **Schengener Durchführungsübereinkommen** (»Schen- 99

---

124 BayVerfGH, NVwZ 2003, 1375, 1377; *Rachor*, in: Lisken/Denninger, F Rn. 322; *Gusy*, Rn. 211.
125 *Schütte*, ZRP 2002, 393, 396 f.
126 *Lisken*, NVwZ 1998, 22, 24.
127 Außerdem wäre die Vereinbarkeit mit Art. 2 II bzw. Art. 11 GG zu prüfen. Bei beiden Grundrechten geht die h. M. davon aus, dass das mit einer Befragung verbundene kurzfristige Festhalten während einer Befragung wegen Geringfügigkeit nicht in den Schutzbereich fällt, s. *Murswiek*, in: Sachs (Hrsg.), GG, Komm., 4. Aufl. 2007, Art. 2 Rn. 240; *Pernice*, in: Dreier (Hrsg.), GG, Komm., Bd. 1, 2. Aufl. 2004, Art. 11 Rn. 13 m.w.N. Das Verhältnis beider Vorschriften zueinander ist umstritten, die h. M. sieht Art. 2 II GG als lex specialis an, s. *Murswiek*, a.a.O., Rn. 249.
128 BayVerfGH, NVwZ 2003, 1375 ff.; NVwZ 2006, 1284 ff.; SächsVerfGH, SächsVBl. 2003, 247; einschränkend MVVerfG, DVBl. 2000, 262 ff.
129 BayVerfGH, NVwZ 2006, 1284 ff.; auch das BVerfG hat die Bedeutung des Bestimmtheitsgebots in der Entscheidung zur automatischen Kennzeichenerfassung betont, s. BVerfG, NJW 2008, 1505, 1509.

gen II« – SDÜ) zu werten seien.[130] Dies überzeugt allerdings nicht. Art. 2 I SDÜ verbietet nur Grenzkontrollen, d.h. solche, die unabhängig von anderen Anlässen ausschließlich wegen des Grenzübertritts durchgeführt werden. Darüber hinaus lässt Art. 2 III SDÜ die Polizeibefugnisse im eigenen Hoheitsgebiet und die nationalen Regelungen über das Mitführen und Vorzeigen von Urkunden und Bescheinigungen ausdrücklich unberührt. Zumindest dann, wenn die Schleierfahndung sich wie in Rheinland-Pfalz gerade nicht auf den Grenzbereich beschränkt, stellt sie auch keine Umgehung des Verbots von Grenzkontrollen dar.[131] Auch die von Art. 18 EGV geschützte **Freizügigkeit** in der EU (das Recht jedes Unionsbürgers, sich – unabhängig von einer wirtschaftlichen Betätigung, wie sie die Marktfreiheiten voraussetzen – frei im Hoheitsbereich der EU zu bewegen und aufzuhalten) erfasst derartig kurzfristige Maßnahmen nicht.[132]

2. Identitätsfeststellung (§ 10 POG)

100 Nach § 10 I 1 POG kann die Identität festgestellt werden, wenn dies zur **Abwehr einer Gefahr** oder zum **Schutz privater Rechte** erforderlich ist. Nach § 10 I 2 POG kann die **Polizei** (nicht die allgemeine Ordnungsbehörde) an bestimmten Orten eine Identitätsfeststellung durchführen, **ohne** dass eine **konkrete Gefahr** vorliegt. Erfasst sind nach § 10 I 2 Nr. 1 POG vor allem die **gefährlichen Orte** bzw. **Kriminalitätsschwerpunkte**. Typische Beispiele sind Bahnhöfe, Asylantenheime, Parks, Gaststätten, Rotlichtviertel und Bordelle. Voraussetzung ist aber, dass aufgrund tatsächlicher Anhaltspunkte erfahrungsgemäß angenommen werden kann, dass es sich um einen Kriminalitätsschwerpunkt handelt. Bloße Vermutungen genügen nicht, polizeiliche Erkenntnisse müssen sich zu Erfahrungen verdichtet haben.[133] Zulässig ist aber eine Identitätsfeststellung auch an **gefährdeten Objekten** (10 I 2 Nr. 2 POG) sowie an **Kontrollstellen**, die nach § 27 VersG oder § 100a StPO eingerichtet wurden, § 10 I 2 Nr. 3 POG. Es sind **Einzel- und Sammelkontrollen** (sog. **Razzien**) zulässig.[134] Adressat ist jedermann, der sich an entsprechenden Orten aufhält, ohne dass es auf eine Störereigenschaft nach § 4 ff. POG ankommt.

101 Zur Identitätsfeststellung dürfen nach § 10 II 1 POG die **erforderlichen Maßnahmen** getroffen werden. Zunächst darf der Betroffene gem. § 10 II 2 POG **angehalten** werden. Das Anhalten ist ein Eingriff in die allgemeine Handlungsfreiheit nach Art. 2 I GG bzw. Art. 1 LV. Die Person darf nach den Personalien **befragt** werden und muss mitgeführte

---

130 *Müller-Terpitz*, DÖV 1999, 331, 334 m.w.N.
131 Ebenso *Stephan*, DVBl. 1998, 81, 84; *Schnekenburger*, BayVBl. 2001, 129, 131.
132 Dazu *Kluth*, in: Calliess/Ruffert (Fn. 19), Art. 18 Rn. 5. Hier gilt Vergleichbares wie bei Art. 11 GG. Da Art. 18 EGV (anders als die Marktfreiheiten) auch in rein innerstaatlichen Sachverhalten greifen soll (vgl. *Kluth*, a.a.O., Rn. 14), könnten sich auch Deutsche gegenüber den Kontrollen ihres Heimatstaates auf Art. 18 EGV berufen.
133 S. auch VG München, NVwZ-RR 2000, 154, 155 zur Notwendigkeit weiterer Ermittlungen im Fall einer anonymen Anzeige.
134 Davon zu unterscheiden ist die Frage nach der Rechtsgrundlage für ein Betreten. Sieht man dieses nicht als unselbständigen Teil der Razzia (dahin tendierend VG München, NVwZ-RR 2000, 154, 155), wäre § 20 IV POG einschlägig, der allerdings die Abwehr von Gefahren voraussetzt und damit enger ist als die Vorschrift des § 10 I 2 POG.

V. Spezialermächtigungen im POG (klassische Standardmaßnahmen)

Ausweispapiere aushändigen.[135] Die Identitätsfeststellung greift in das Recht auf informationelle Selbstbestimmung nach Art. 2 I GG i.V.m. Art. 1 I GG bzw. Art. 4a I LV ein. Bei Schwierigkeiten kann der Betroffene auch **festgehalten** werden.[136] Das Festhalten besteht in der Regel aus der Mitnahme zur Dienststelle. Es ist ein deutlich intensiverer Eingriff als das Anhalten. Daher wird ein Festhalten als **Freiheitsentziehung** gewertet, die in Art. 2 II 2 GG i. V. m. Art. 104 II 1 GG bzw. Art. 5 I LV eingreift. Es bedarf gem. § 15 I POG einer **richterlichen Entscheidung**, außer die Einholung einer solchen Entscheidung dauert länger als die Maßnahme (Identitätsfeststellung). Zudem dürfen der Betroffene und die von ihm mitgeführten Sachen **durchsucht** werden, s. § 18 I Nr. 4, 5 sowie § 19 I Nr. 4, 5 POG.

3. Erkennungsdienstliche Maßnahmen (§ 11 POG)

Erkennungsdienstliche Maßnahmen sind z.B. das Anfertigen von Fingerabdrücken und Lichtbildern. Diese Maßnahmen greifen in das Recht auf informationelle Selbstbestimmung nach Art. 2 I GG i.V.m. Art. 1 I GG bzw. Art. 4a I LV ein. Sie dürfen nur von der **Polizei** durchgeführt werden und dienen zur Registrierung individueller körperlicher Merkmale. Diese dürfen angeordnet werden, wenn die nach § 10 POG zulässige **Identitätsfeststellung** auf andere Weise nicht oder nur unter Schwierigkeiten möglich ist (§ 11 I Nr. 1 POG) oder wenn jemand verdächtig ist, eine **Straftat** begangen zu haben und die Gefahr einer **Wiederholung** besteht. Gerade bei diesen Maßnahmen stellt sich häufig die Frage der Abgrenzung von auf die StPO gestützten erkennungsdienstlichen Maßnahmen «für die Zwecke des Erkennungsdienstes«, § 81 b 2. Alt. StPO.[137] Die zulässigen Maßnahmen ergeben sich aus § 11 III POG.

102

4. Medizinische und molekulargenetische Untersuchungen (§ 11a POG)

Ist eine Identitätsfeststellung nach § 10 POG nicht oder nur unter Schwierigkeiten möglich, dürfen nach § 11a POG **medizinische Untersuchungen** durchgeführt werden. Die molekulargenetischen Anordnungen bedürfen nach § 11a III POG einer **richterlichen Entscheidung**. Zur Abgrenzung von der Durchsuchung von Personen Rn.122.

103

5. Vorladung (§ 12 POG)

Eine Vorladung ist die Anweisung an eine Person, zu einer bestimmten Zeit bei der Behörde zu erscheinen. Nach § 12 I Nr. 1 POG darf eine Person vorgeladen werden, wenn Tatsachen die Annahme rechtfertigen, dass die Person **sachdienliche Angaben** machen kann, die für die Erfüllung bestimmter polizeilicher Aufgaben erforderlich sind. Die Vorladung begründet zwar keine Aussagepflicht, sie ist aber auch dann zulässig, wenn der Betroffene ankündigt, keine Angaben machen zu wollen. Es besteht nämlich die Möglichkeit, dass der Betroffene seine Meinung ändert und doch Angaben machen

104

---

135 Daraus ergibt sich keine Mitführpflicht für Personalausweis und Pass. Auch § 1 I BundespersonalausweisG begründet eine solche nicht. Somit kann es notwendig werden, mit dem Betroffenen nach Hause zu fahren, um den Personalausweis einzusehen, wenn man andere Legitimationspapiere nicht als ausreichend für die Feststellung anerkennt. Nach § 10 III POG sind ebenso mitzuführende Berechtigungsscheine (z. B. Waffenschein, Waffenbesitzkarte, Führerschein, Jagdschein) auf Verlangen auszuhändigen.
136 Ein Festhalten liegt erst vor, wenn die Kontrolle über einen längeren Zeitraum andauert. Zum Teil werden 15 Minuten als Grenze angenommen.
137 S. dazu BVerwG, NJW 2006, 1225 ff.

will. Nach § 12 I Nr. 2 POG kann eine Person vorgeladen werden, wenn dies zur **Durchführung erkennungsdienstlicher Maßnahmen** erforderlich ist.

105 Die Vorladung kann gem. § 12 III POG mit **Zwang** durchgesetzt werden. In Betracht kommt insb. ein Zwangsgeld, aber auch die Anwendung unmittelbaren Zwanges.[138] Mit der zwangsweisen Vorführung darf aber **keine Aussage erzwungen** werden. Dies wird durch den Hinweis auf § 136a StPO in § 12 IV POG noch einmal deutlich zum Ausdruck gebracht (zur Frage der Auskunftspflicht und ihrer Durchsetzbarkeit Rn. 217 ff.)

6. Platzverweis, Wohnungsverweisung, Aufenthaltsverbot (§ 13 POG)

a) Platzverweis

106 Ein Platzverweis ist das zeitlich befristete **Verbot, einen bestimmten Ort zu betreten oder das Gebot, einen Ort zu verlassen**. § 13 I 2 POG zählt beispielhaft Hauptanwendungsfälle des Platzverweises auf, ist aber nicht abschließend. Er setzt eine Gefahr voraus. Die reine Anwesenheit von Bettlern und Obdachlosen in einer Fußgängerzone ist keine Gefahr für die öffentliche Sicherheit und Ordnung (s. bereits Rn. 35).

107 Der Platzverweis nach § 13 I POG darf nur **kurzfristig** und für eine bestimmte, **eng begrenzte Örtlichkeit** ausgesprochen werden. Die Befristung beträgt in der Regel einige Stunden, sie kann aber auch für mehrere Tage ausgesprochen werden. Der Person darf dabei grundsätzlich kein bestimmter Ort oder eine bestimmte Richtung vorgegeben werden, in die sie sich entfernen muss. Daher kann der Platzverweis nie alleinige Grundlage dafür sein, dass Polizisten eine Person nach Erteilung eines Platzverweises mit dem Streifenwagen an einen bestimmten Ort verbringen. In diesem Fall müssen regelmäßig noch die Voraussetzungen des sog. **Durchsetzungsgewahrsams** nach § 14 I Nr. 3 POG vorliegen. Bei Versammlungen kann den Versammlungsteilnehmern kein Platzverweis nach § 13 POG erteilt werden, da das VersG als lex specialis dem POG vorgeht (zur Abgrenzung Rn. 171 ff.).

b) Wohnungsverweisung

108 § 13 II POG wurde als spezielle Ermächtigungsgrundlage des **häuslichen Platzverweises** bei der Novelle 2004 neu ins POG eingefügt. Geregelt wird der Verweis des berechtigten Inhabers aus seiner Wohnung. Berechtige Inhaber sind alle Personen, die rechtmäßig die tatsächliche Gewalt über die Wohnung ausüben, wie z.B. Eigentümer, Mieter, Pächter. Voraussetzung ist nach § **13 II POG** das Vorliegen einer (konkreten) **Gefahr**. Ziel ist der **Schutz** der Opfer, die in engen sozialen Beziehungen leben, vor **häuslicher Gewalt**.[139] § 13 II POG will verhindern, dass das Opfer gezwungen ist, die Wohnung zu verlassen und der Gewaltanwender dadurch im Ergebnis für seine Gewaltanwendung noch belohnt würde. Zuständig für die Abwehr von **Gewalt in engen sozialen Beziehungen** ist nach § 1 VI POG ausschließlich die Polizei. Der Begriff der engen sozialen Beziehungen umfasst vornehmlich Familien und familienähnliche Beziehungen.

---

138 Die Durchsetzung der Vorladung mittels unmittelbaren Zwanges ist eine Freiheitsentziehung nach Art. 2 II 2 GG bzw. Art. 5 I LV. Sie muss gem. § 15 I POG von einem Richter angeordnet werden.
139 LT-Drucks. 14/2287, S. 37.

V. Spezialermächtigungen im POG (klassische Standardmaßnahmen)

Die Wohnungsverweisung darf nur **zeitlich befristet** angeordnet werden. Auf gesetzliche Höchstfristen wurde in § 13 II POG bewusst verzichtet. Da § 8 POG Art. 11 GG als einschränkbares Grundrecht nennt, kann nicht schon allein aus einer Dauer der Wohnungsverweisung von mehr als 24 Stunden deren Unzulässigkeit abgeleitet werden.[140] Die Befristung der Wohnungsverweisung rechtfertigt sich vielmehr aus dem Umstand, dass nach dem Gewaltschutzgesetz[141] zivilgerichtliche Gewaltschutzmaßnahmen zum Schutz des Opfers vorgesehen sind, gegenüber denen der polizeiliche Schutz als subsidiär zurücktritt. Deswegen besteht ein Bedürfnis für das Einschreiten der Polizei **nur für den Zeitraum bis zum Ergehen einer** (vorläufigen) **zivilgerichtlichen Entscheidung** nach dem GewSchG.[142] Gerichtliche Entscheidungen ergehen normalerweise innerhalb von **zwei Wochen**, so dass eine zweiwöchige Frist grundsätzlich angemessen ist. 109

Voraussetzung für die Wohnungsverweisung ist eine **gegenwärtige Gefahr für Leib, Leben, Freiheit oder bedeutsame Sachwerte**. Das Gefahrenurteil verlangt nach allgemeinen Grundsätzen eine **prognostische** Beurteilung auf der Grundlage objektiv zutreffender und sorgfältig ermittelter Tatsachen. Rein vorsorgliche Maßnahmen scheiden deswegen aus.[143] 110

Gleichzeitig kann in Fällen der häuslichen Gewalt nach § 13 IV POG angeordnet werden, dass es der Gewaltanwender unterlässt, sich im Umkreis der Wohnung aufzuhalten, Verbindung zu der Person (auch mittels Telefon etc.) aufzunehmen oder ein Zusammentreffen mit der betroffenen Person herbeizuführen. 111

Eine Wohnungsverweisung ist selbst dann **verhältnismäßig** und somit rechtmäßig, wenn der Störer durch die Verweisung obdachlos wird und damit durch die ordnungsrechtliche Maßnahme ein polizeiwidriger Zustand droht. Unerheblich ist grundsätzlich das Einverständnis des Opfers mit der Wiedereinsetzung des Störers in die Wohnung. Zumindest dann, wenn sich nicht eindeutig klären lässt, ob das Einverständnis auf dem freien Willensentschluss des Opfers beruht, sondern doch von dem Abhängigkeitsverhältnis zum Störer geprägt ist, hat der staatliche Schutzauftrag Vorrang.[144] 112

c) Aufenthaltsverbot

Ein Aufenthaltsverbot nach § 13 III POG kann ausgesprochen werden, wenn Tatsachen die Annahme rechtfertigen, dass eine Person an einem bestimmten Ort eine Straftat begehen wird. Es handelt sich um eine Prognoseentscheidung, für die eine hinreichende Wahrscheinlichkeit bestehen muss. Hauptanwendungsfälle sind Verbote gegen Kontakt 113

---

140 Zur Einschlägigkeit des Art. 11 GG s. für die h. M. VGH Mannheim, NJW 2005, 88.
141 Das GewSchG v. 11.12.2001 (BGBl. I S. 3513) ermöglicht es den Zivilgerichten, gegen gewalttätige oder gewaltbereite Mitbewohner eine zeitlich befristete (verlängerbare) Ausweisung aus der Wohnung im Eilverfahren zu verhängen.
142 Das GewSchG entfaltet für diese vorläufigen Maßnahmen auch keine Sperrwirkung, s. VGH Mannheim, NJW 2005, 88. Es soll die Rechte der Opfer stärken und nicht für die Zeit bis zu einer gerichtlichen Entscheidung schwächen.
143 S. zur Gefahrenprognose auch VG Stuttgart, VBlBW 2002, 43, 44 f. Ein einmaliger Vorfall in der Vergangenheit genügt daher nicht. Es ist vielmehr darzulegen, warum mit ständigen Gewalttätigkeiten zu rechnen ist. Die Prognose kann vor allem darauf gestützt werden, dass die Polizei schon mehrfach wegen ähnlicher Vorfälle einschreiten musste.
144 VG Aachen, NJW 2004, 1888 f.

suchende Dealer und Drogenabhängige zur **Bekämpfung der Drogenszene** sowie Verbote gegen gewaltbereite Personen zum **Schutz von Veranstaltungen.**

114 Das Aufenthaltsverbot unterscheidet sich vom Platzverweis vor allem durch die Dauer. Betroffenes Grundrecht ist die Freizügigkeit nach Art. 11 GG bzw. Art. 15 LV, woraus sich die Beschränkung des Aufenthaltsverbotes auf die Verhütung strafbarer Handlungen ergibt.[145] Im Gegensatz zum Platzverweis kann das Aufenthaltsverbot für **mehrere Monate** ausgesprochen werden.[146] Auch **räumlich** geht das Aufenthaltsverbot weiter als ein Platzverweis. Es kann für das gesamte Gebiet einer Gemeinde ausgesprochen werden. § 13 III 2 POG konkretisiert den allgemeinen Verhältnismäßigkeitsgrundsatz. Danach ist das Aufenthaltsverbot auf das zeitlich und örtlich erforderliche Maß zu beschränken. Der Besuch von Behörden, Ärzten, Versorgungseinrichtungen, etc. muss möglich bleiben. Auch der Zugang zur Wohnung der betroffenen Person darf nicht verhindert werden.

7. Gewahrsam (§ 14 POG)

115 Die Gewahrsamnahme ist der Entzug der Bewegungsfreiheit, indem eine Person in einer dem polizeilichen Zweck entsprechenden Weise gegen ihren Willen an einem bestimmten Ort festgehalten wird (Art. 2 II 2 GG, Art. 5 I LV, Art. 5 I EMRK). Es handelt sich um eine **kurzfristige präventivpolizeiliche Freiheitsentziehung**[147] und eine der schwerwiegendsten Standardmaßnahmen überhaupt. Ist die Person mit der Gewahrsamnahme einverstanden, benötigt man keine Ermächtigungsgrundlage (sog. unechter Gewahrsam). Der Gewahrsam kann nicht nur durch das Verbringen in einen polizeilichen Haftraum vollzogen werden. Auch das Festhalten im Streifenwagen, im Krankenhaus oder an einem eng begrenzten Ort ohne technische Hilfsmittel sind Gewahrsamnahmen. Für die Gewahrsamskonstellationen enthält das Gesetz in § 14 I Nr. 1-4 POG jeweils Rechtsgrundlagen. Aus § 14 POG ergibt sich ausschließlich eine **Befugnis der Polizei.**

116 Der **Schutzgewahrsam** nach § 14 I Nr. 1 POG dient dem Schutz einer Person zur Abwehr einer Gefahr für Leib oder Leben. Hierzu gehören neben Betrunkenen, Bewusstlosen und geistig verwirrten Personen insb. auch Suizidgefährdete (zum Schutzgut der Gefahr für die öffentliche Sicherheit bereits Rn. 33).

117 Der **Verhinderungsgewahrsam (Präventivgewahrsam)** nach § 14 I Nr. 2 POG dient der Verhinderung von unmittelbar bevorstehenden Straftaten oder Ordnungswidrigkeiten

---

145 Art. 11 I GG schützt das Recht, am selbst gewählten Ort Aufenthalt und Wohnsitz zu nehmen und ist nach h. M. bei einem Wohnungsverweis mit Rückkehrverbot (dazu Rn. 109) wie auch bei Aufenthaltsverboten betroffen. Soweit eine Maßnahme in den Schutzbereich des Grundrechts eingreift, ist sie nur zur Vorbeugung strafbarer Handlungen (Art. 11 II GG) zulässig. Aus der Wortlautidentität des Begriffes »Freizügigkeit« in Art. 73 Nr. 3 GG und Art. 11 I GG folgt jedoch nicht die ausschließliche Gesetzgebungskompetenz des Bundes. Vielmehr ist der Begriff der »Freizügigkeit« in Art. 73 Nr. 3 GG enger auszulegen als jener des Art. 11 I GG (s. VGH Mannheim, NJW 2005, 88). Ausf. zu Art. 11 GG *Schoch*, Jura 2005, 34 ff.
146 OVG Münster, NVwZ 2001, 231, 231 f.
147 S. auch *Schoch*, Rn. 218. Die Abgrenzung zwischen Freiheitsentziehung und -beschränkung ist umstritten und vom Einzelfall abhängig. Eine Freiheitsentziehung liegt in der Regel dann vor, wenn das Festhalten eine bestimmte Intensität erreicht. Dies ist der Fall, wenn die Bewegungsfreiheit nicht nur kurz eingeschränkt wird oder die Einschränkung selbst Hauptziel der Anordnung ist. Während sich das Festhalten bei der Identitätsfeststellung (s. § 10 II 3 POG) nur als sekundäre Folge der Kontrolle ergibt, ist bei § 14 POG das Festhalten der primäre Zweck der Maßnahme.

V. Spezialermächtigungen im POG (klassische Standardmaßnahmen)

von erheblicher Bedeutung.[148] Mittels des **Durchsetzungsgewahrsams** nach § 14 I Nr. 3 POG sollen Platzverweis und Aufenthaltsverbot durchgesetzt werden. Der Betroffene wird durch die Ingewahrsamnahme daran gehindert, einen bestimmten Ort aufzusuchen.

Mit § 14 I Nr. 4 POG wurde die Möglichkeit der **Gewahrsamnahme zum Schutz privater Rechte** geschaffen. Durch ein polizeiliches Einschreiten soll vermieden werden, dass privater Zwang nach § 229 BGB von dem zivilrechtlich Anspruchsberechtigten ausgeübt wird.[149] § 14 I Nr. 4 knüpft aber tatbestandlich an die Voraussetzungen des **allgemeinen Selbsthilferechts** nach §§ 229 f. BGB an. Der **sorgerechtliche Gewahrsam** ergänzt die Regelungen von § 8 Nr. 2 JuSchG. Danach darf ein Jugendlicher in die Obhut seiner Erziehungsberechtigten zurückgeführt werden, wenn er sich an einem jugendgefährdenden Ort aufgehalten hat. Die Rückführung durch die Polizei ist allerdings mit einer Ingewahrsamnahme verbunden und benötigt eine eigene Ermächtigungsgrundlage, die § 14 II POG zur Verfügung stellt. Die sachliche Zuständigkeit ergibt sich aus § 1 III POG, da es um das private Sorgerecht der Erziehungsberechtigten geht. Entsprechend ist die Polizei nach § 14 III POG befugt, eine Person, die z.B. aus dem Vollzug der Untersuchungshaft oder Freiheitsstrafe entwichen ist oder sich sonst ohne Erlaubnis außerhalb einer Justizvollzugsanstalt aufhält, in diese zurück zu bringen (**Zurückbringungsgewahrsam**). Die Vorschrift hat in der Praxis erhebliche Bedeutung, weil andere Ermächtigungsgrundlagen zum sofortigen Ergreifen nicht alle Fälle des Entweichens erfassen. 118

Da die polizeiliche Gewahrsamnahme immer eine Freiheitsentziehung im Sinne des Art. 2 II 2 GG bzw. Art. 5 I LV ist, unterliegt sie dem **Richtervorbehalt** des Art. 104 II GG bzw. Art. 5 II LV, der in **§ 15 I POG** konkretisiert wird. Kann eine vorherige richterliche Entscheidung nicht eingeholt werden, ist sie **unverzüglich,** d.h. ohne schuldhaftes Verzögern, nachzuholen. Die richterliche Entscheidung kann aber unterbleiben, wenn sie erst nach Wegfall des Gewahrsamsgrundes herbeigeführt werden könnte.[150] Dies ist vor allem dann der Fall, wenn Betrunkene für den Rest der Nacht in Gewahrsam genommen und am nächsten Morgen wieder entlassen werden. Die **Dauer** der Freiheitsentziehung richtet sich nach § 17 POG. 119

Umstritten ist, welches **Gericht** für die **nachträgliche Feststellung** der Rechtswidrigkeit einer Gewahrsamnahme **zuständig** ist. Unproblematisch ist der Fall, dass eine richterliche Entscheidung nach § 15 POG getroffen wurde. Gegen die Entscheidung des Amtsrichters muss der Betroffene auf dem ordentlichen Rechtsweg vorgehen. Zuständigkeitsprobleme entstehen jedoch, wenn eine richterliche Entscheidung nicht getroffen wurde, weil der Betroffene vor Einholung der Entscheidung entlassen wurde. Zum Teil wird angenommen, dass eine Überprüfung durch die Verwaltungsgerichte als Fortsetzungsfeststellungsklage nach § 113 I 4 VwGO analog erfolgt. § 15 I POG sei als ab- 120

---

148 Zur Vereinbarkeit des Präventivgewahrsams zur Verhinderung von Ordnungswidrigkeiten mit Art. 5 I lit. c EMRK s. VGH Mannheim, VBlBW 2005, 63.
149 LT-Drucks. 14/2287, S. 38.
150 Anderenfalls würde die Regelung zu einer ihrem Zweck nicht entsprechenden Verlängerung der Freiheitsentziehung führen, VGH Mannheim, VBlBW 2005, 63.

drängende Sondervorschrift eng auszulegen und erfasse nur richterliche Entscheidungen, die während der Freiheitsentziehung tatsächlich getroffen würden.[151] Die Gegenmeinung hält auch bei nachträglicher Kontrolle ohne eine zuvor ergangene richterliche Entscheidung das Amtsgericht für zuständig.[152] Sofern man davon ausgeht, dass der Richter nicht die Rechtmäßigkeit der polizeilichen Maßnahme kontrolliert, sondern lediglich darüber befindet, ob die Voraussetzungen für eine richterliche Gewahrsamnahme vorliegen, ist in allen Fällen eine spätere verwaltungsgerichtliche Überprüfung der polizeilichen Gewahrsamnahme analog § 113 I 4 VwGO zulässig.[153]

121 **Kein Fall des Gewahrsams**[154] ist die **Verbringung** (sog. »Verbringungsgewahrsam«),[155] bei der der Betroffene an einen weiter entfernten Ort verbracht wird. Da es sich auch nicht um einen Platzverweis bzw. ein Aufenthaltsverbot handelt, stellt sich die (angesichts der Regelungsdichte im POG wohl zu verneinende) Frage, ob Raum für die Anwendung der Generalklausel auf eine solche »Umsetzungsanordnung« ist und ob diese dem Grundsatz der Verhältnismäßigkeit entspricht.

8. Durchsuchung von Personen (§ 18 POG)

122 Eine Durchsuchung ist die Suche auf der Körperoberfläche einschließlich der natürlichen Körperöffnungen (Nase, Mund etc.). Von der Durchsuchung ist die körperliche Untersuchung zu unterscheiden. Eine Untersuchung liegt vor, wenn in das Innere des Körpers eingegriffen wird.[156] Die Durchsuchung greift in das allgemeine Persönlichkeitsrecht nach Art. 2 I GG bzw. Art. 1 I LV ein. Zudem ist das Grundrecht auf Freiheit der Person nach Art. 2 II 2 GG bzw. Art. 5 I LV für die Dauer der Durchsuchung betroffen. Personen dürfen nur von Personen gleichen Geschlechts oder von Ärzten durchsucht werden, es sei denn, die sofortige Durchsuchung ist zur Abwehr einer Gefahr für Leib oder Leben erforderlich (§ 18 III POG). Das Gesetz enthält eine ausführliche Kasuistik der Konstellationen, in denen eine Durchsuchung von Personen erforderlich sein kann.

123 Sie erstreckt sich nach § 18 I Nr. 1 POG auf alle **Personen, die nach dem POG oder anderen Gesetzen festgehalten werden können.** Dies dient der **Eigensicherung** von Polizeibeamten und dem **Schutz sonstiger Personen**, die mit der festgehaltenen Person in Kontakt kommen. Eine konkrete Gefahr von Flucht- oder Angriffsreaktionen des Festgehaltenen ist nicht erforderlich.

124 § 18 I Nr. 2 POG erlaubt die Durchsuchung, wenn die Annahme gerechtfertigt ist, dass die Person Sachen mit sich führt, die sichergestellt werden dürfen. Mit sich führen heißt, dass sich die Sachen am Körper der Person oder in ihrem unmittelbaren, sofortigen Zugriffsbereich befinden. Die Durchsuchung nach § 18 I Nr. 3 POG dient dazu, Hilfsmaßnahmen für den Betroffenen einzuleiten oder Angehörige zu benachrichtigen. Die

---

151 OVG Weimar, DÖV 1999, 879; *Götz*, Rn. 559.
152 BVerwGE 62, 317; *Roos*, § 15 Rn. 11 f.
153 BVerfGE 96, 27 ff.; OLG Karlsruhe, VBlBW 1999, 234; *Schenke*, Rn. 145 m.w.N.
154 Dies folgt schon aus der Kurzfristigkeit der damit verbundenen Freiheitsbeschränkung, s. *Schenke*, Rn. 140; a. A. *Schoch*, Rn. 222, der die Verbringung ebenfalls als vom Gewahrsam tatbestandlich nicht erfasst ansieht, eine Freiheitsentziehung bejaht, was zur generellen Unzulässigkeit der Maßnahme führt.
155 S. z. B. LG Mainz, MDR 1983, 1044 (Verbringung eines Stadtstreichers in die Weinberge).
156 Für diese muss eine spezielle Ermächtigungsgrundlage bestehen, z.B. § 11a POG oder § 81a StPO.

Durchsuchungen nach § 18 I Nr. 4 und Nr. 5 POG erlauben die Durchsuchung von Personen, die sich an einem »verrufenen Ort« oder in der Nähe eines gefährdeten Objektes aufhalten; diese Befugnis ergänzt die Identitätsfeststellung nach § 10 I 2, Nr. 1 und Nr. 2 POG.

§ 18 I Nr. 6 POG ergänzt § 10 I 2, Nr. 3 POG. Die Verhinderung von Straftaten nach § 100a StPO oder § 27 VersG muss ohne eine Durchsuchung aussichtslos oder wesentlich erschwert sein. Die Durchsuchungsbefugnis an einer Kontrollstelle ist notwendig, damit Gefahren schon im Vorfeld abgewehrt werden können.[157] Effektive Kontrollen von Straftätern müssen schon auf dem Weg, z.B. zu Großveranstaltungen, möglich sein. Eine Durchsuchung nach Waffen, Betäubungsmitteln etc. war an Kontrollstellen bisher nicht möglich. Dem Verhältnismäßigkeitsgrundsatz wird dadurch genüge getan, dass die Durchsuchung nur bei Aussichtslosigkeit bzw. Erschwerung der Straftatenverhinderung zulässig ist.

§ 18 II Nr. 1 – 6 POG erweitern die Möglichkeiten der Durchsuchung zur **Eigensicherung** von Polizeibeamten. Die Polizei hat danach die Befugnis, in **allen Standardsituationen,** die potenziell gefährlich sind, Personen nach Waffen, anderen gefährlichen Werkzeugen und Explosionsmitteln zu durchsuchen. Die Durchsuchungsbefugnisse der Ordnungsbehörden sind in § 18 IV POG geregelt.

9. Durchsuchung von Sachen (§ 19 POG)

§ 19 POG enthält die Parallelvorschrift für die Durchsuchung von Sachen. Sachen sind alle körperlichen Gegenstände nach § 90 BGB. Die Durchsuchung der am Körper getragen Kleidung fällt jedoch unter die Durchsuchung einer Person und ist nur unter den Voraussetzungen nach § 18 POG zulässig. Für die Durchsuchung von Wohnungen gelten die Voraussetzungen nach § 20 POG.[158] Eine Durchsuchung hat **immer offen** zu erfolgen, so dass verdeckte Maßnahmen wie die Online-Durchsuchung von Computern schon deswegen nicht auf die §§ 19 f. POG gestützt werden könnten.[159]

§ 19 I Nr. 1 POG ist die notwendige Ergänzung von § 18 POG. Soweit eine Person durchsucht werden darf, dürfen es auch die von ihr **mitgeführten Sachen,** ohne dass es auf die Eigentumsverhältnisse ankommt. § 19 I Nr. 2 POG dient insb. dem Auffinden von vermissten und entführten Personen. Durchsuchungsobjekte sind vor allem **Kraft- und Luftfahrzeuge, Koffer und unbefriedete Grundstücke.** 19 I Nr. 3 POG dient dem Auffinden von Gegenständen, die nach § 22 POG sichergestellt werden dürfen und sich in anderen Gegenständen befinden. § 19 I Nr. 4 und 5 POG ermöglichen die Durchsuchung von Sachen, die sich **an einem »verrufenen Ort« oder in der Nähe eines gefährdeten Objektes** befinden. Alle Sachen, die sich an diesen Orten befinden, dürfen durchsucht werden. Dies sind vor allem dort abgestellte Taschen und Pkw. Diese Befugnisse ergänzen die Identitätsfeststellung nach § 10 I 2, Nr. 1 und Nr. 2 POG. § 19 I Nr. 6 POG ermächtigt zur Durchsuchung von Fahrzeugen, die an einer **Kontrollstelle** angehalten wurden. Die Vorschrift knüpft an § 10 I 2 Nr. 3 POG an.

---

157 LT-Drucks. 14/2287, S. 38.
158 Der Begriff der Wohnung übernimmt also auch die Abgrenzung zwischen §§ 19 und 20 POG.
159 Ebenso *Schenke,* Rn. 151.

10. Betreten und Durchsuchen von Wohnungen (§ 20 POG)

129 Das präventivpolizeiliche Betreten und Durchsuchen von Wohnungen ist in § 20 POG geregelt. Die Unterscheidung zwischen beiden Varianten ist die Konsequenz des unterschiedlichen verfassungsrechtlichen Schutzes in Art. 13 II und VII GG (vgl. auch Art. 7 LV). Der **weite Wohnungsbegriff** des § 20 I 2 POG entspricht dem vom BVerfG zu Art. 13 GG entwickelten und erfasst auch Geschäftsräume. **Betreten** ist das Eintreten, Verweilen, Besichtigen, nicht aber das bloße Hineinhorchen.[160] **Durchsuchen** ist die zielgerichtete Suche nach Personen oder Sachen.[161] Als Durchsuchung der Wohnung sind nach der Systematik des Gesetzes nur offene Maßnahmen zu qualifizieren. Heimliche Eingriffe, insb. der sog. »Große Lauschangriff« oder die »Online-Durchsuchung« eines Computers, werden nicht von § 20 POG erfasst.

130 Die einzelnen Fälle des § 20 POG sind ähnlich gegliedert wie die §§ 18 und 19 POG. Zuständig ist grundsätzlich die Polizei, die Befugnisse der Ordnungsbehörden zum Betreten und Durchsuchen sind in § 20 V POG geregelt.

a) Voraussetzungen für ein Betreten bzw. Durchsuchen

131 Eine Wohnung darf nach § 20 I Nr. 1 POG betreten und durchsucht werden, um eine Person zu finden, die nach § 12 III POG vorgeführt oder nach § 14 POG in Gewahrsam genommen werden soll. Entsprechendes gilt nach § 20 I Nr. 2 POG, wenn sich in der Wohnung eine Sache befindet, die nach § 22 Nr. 1 POG sichergestellt werden darf. § 20 I Nr. 3 POG erlaubt das Betreten und Durchsuchen, um eine gegenwärtige Gefahr für Leib, Leben oder Freiheit oder für bedeutende Sach- und Vermögenswerte abzuwehren.

132 Engere Voraussetzungen gelten gem. § 20 II POG für die **Nachtzeit**.[162] Hier setzt das Betreten und Durchsuchen eine gegenwärtige Gefahr für Leib, Leben oder Freiheit oder für bedeutende Sach- oder Vermögenswerte voraus. Wenn also beispielsweise von einer nächtlichen Party erheblicher Lärm ausgeht und die Polizeibeamten die Stereoanlage sicherstellen wollen, wäre ein Betreten oder Durchsuchen der Wohnung nur zulässig, wenn eine gegenwärtige Gesundheitsgefahr (§ 20 II POG) besteht. Diese ist bei einer einmaligen Ruhestörung nur schwer zu begründen. Lediglich zur **Abwehr dringender Gefahren** dürfen Wohnungen nach § 20 III POG jederzeit betreten werden.

133 § 20 IV POG normiert das **Betreten von Arbeits-, Betriebs- und Geschäftsräumen** während der Arbeits-/Geschäfts-/Aufenthaltszeit.[163] Auch diese Räumlichkeiten genießen den Schutz des Art. 13 GG bzw. Art. 7 LV. Dennoch hat das BVerfG entschieden, dass behördliche Betretungs- und Besichtigungsrechte im Zusammenhang mit öffentlich zugänglichen Geschäftsräumen keine Durchsuchungen im Sinne von Art. 13 II GG sind,

---

160 *Roos*, § 20, Rn. 6; *Pieroth/Schlink/Kniesel*, § 18, Rn. 25.
161 Als Beispiel einer Abgrenzung BVerwGE 47, 31; s. dazu *Ruthig*, JuS 1998, 506; *Schoch*, JuS 1994, 484.
162 Für die Definition der Nachtzeit verweist § 20 II POG auf § 104 III StPO. Die Nachtzeit dauert danach vom 01.04. bis 30.09. von 21.00 bis 04.00 Uhr und zwischen dem 01.10. und 31.03. von 21.00 bis 06.00 Uhr.
163 Zur Kontrolle von öffentlich zugänglichen Vereinsräumen und der Abgrenzung von der Durchsuchung BVerwG, NJW 2005, 454; OVG Bremen, NordÖR 2003, 457.

aber auch nicht den Schranken des Absatzes 7 unterliegen und deswegen ohne vorherige Einschaltung des Richters zulässig sind.[164] Dasselbe gilt für Art. 7 II LV.[165]

b) Verfahrensanforderungen für die Durchsuchung

§ 21 POG bestimmt die zu beachtenden **Verfahrensregeln**. Durchsuchungen sind nach § 21 I POG **durch den Richter** anzuordnen, außer es besteht **Gefahr im Verzug**. Auslegung und Anwendung des Begriffs »Gefahr im Verzug« unterliegen einer uneingeschränkten gerichtlichen Kontrolle. Um sicherzustellen, dass es bei dem vom GG vorgesehenen Regelfall einer richterlichen Anordnung bleibt, ist nach der Rspr. des BVerfG[166] der Begriff »Gefahr im Verzug« in Art. 13 II GG eng auszulegen. Gerichte und Polizei haben im Rahmen des Möglichen tatsächliche und rechtliche Vorkehrungen zu treffen, damit die in der Verfassung vorgesehene Regelzuständigkeit des Richters auch in der Masse der Alltagsfälle gewahrt bleibt. § 21 II – V POG enthält die verfahrensrechtlichen Anforderungen, die sich im Wesentlichen aus Art. 13 GG ergeben. Für den **Rechtsschutz** verweist § 21 I 3 POG auf die Vorschriften des FGG. Art. 13 GG verlangt Rechtsschutz auch nach der Erledigung der Maßnahme.[167] Dieser Fall wird nach zutreffender Ansicht nicht mehr von dem Verweis auf das FGG erfasst; Rechtsschutz wird daher nach Abschluss der Maßnahme analog § 113 I 4 VwGO von den Verwaltungsgerichten gewährt.[168]

134

11. Sicherstellung (§ 22 POG)

Sicherstellung i.S. des § 22 POG bedeutet Beendigung des Gewahrsams des bisherigen Gewahrsamsinhabers unter **Begründung neuen Gewahrsams durch die Polizei** oder von ihr beauftragten Personen zum Zwecke der Gefahrenabwehr.[169] Eingegriffen wird in das grundrechtlich geschützte Eigentum nach Art. 14 GG bzw. Art. 60 LV. Sichergestellt werden können auch Gebäude, Räume und Grundstücke, indem sie durch ein Siegel hoheitlich in Besitz genommen werden. Nach **§ 22 I Nr. 1 POG** kann eine Sache zur Abwehr einer **gegenwärtigen Gefahr** sichergestellt werden. Die Gefahr kann durch die Sache selbst bestehen (z.B. einen Sprengsatz) oder durch die Benutzung des Besitzers. Deswegen kann beispielsweise der Autoschlüssel eines betrunkenen Autofahrers sichergestellt werden. Nach § 22 Nr. 2 POG kann eine Sache aber auch zum **Schutz vor Verlust oder Beschädigung** sichergestellt werden. Eine von der Sache ausgehende konkrete Gefahr ist nicht erforderlich.[170] Nach § 22 Nr. 3 POG kann eine Sache sichergestellt wer-

135

---

[164] BVerfGE 97, 228; NVwZ 2007, 1049 zu § 17 II HwO; s. auch *Ruthig*, in: Ruthig/Storr, Öffentliches Wirtschaftsrecht, Rn. 162. Derartige Besichtigungsrechte lassen sich wohl nur so befriedigend rechtfertigen, dass man Art. 13 GG als Schutz der Dispositionsbefugnis des Wohnungsinhabers interpretiert. Soweit dieser der Geschäftsräume dem allgemeinen Verkehr öffnet, verzichtet er auf seine Privatsphäre, dazu auch *Ruthig*, JuS 1998, 506, 509; zustimmend *Jarass*, in: ders./Pieroth, Art. 13 Rn. 30; s. auch *Papier*, in: Maunz/Dürig u.a., GG, Art. 13 Rn. 14 f.
[165] Vgl. *Dennhardt*, in: Grimm/Caesar, Verf. f. RhPf., Komm., 2001, Art. 7 Rn. 8.
[166] BVerfGE 103, 142. Diese Entscheidung zur StPO lässt sich auf die präventivpolizeilichen Maßnahmen übertragen, vgl. *Schenke*, Rn. 156. S. auch BVerfG, NJW 2004, 1442.
[167] BVerfG, EuGRZ 1997, 372 zur präventivpolizeilichen Variante; s. auch BVerfG, NJW 1997, 2163; *Wolter*, DÖV 1997, 939.
[168] *Schenke*, Rn. 157.
[169] *Rachor* (Fn. 124), Rn. 645; *Pieroth/Schlink/Kniesel*, § 19 Rn. 1. Das POG differenziert – anders als die Vorschriften anderer Bundesländer – nicht zwischen Sicherstellung und Beschlagnahme.
[170] OVG RhPf., DVBl. 1989, 1011, 1012.

den, die von einer Person mitgeführt wird, die festgehalten wird und die Sache **gefährlich verwendet** werden kann. Aus der Formulierung »verwendet werden kann« ergibt sich, dass eine abstrakte Gefährlichkeit der Sache genügt und folglich keine konkrete Gefahr von ihr ausgehen muss.

136 Vor allem in den **Abschleppfällen** (dazu ausf. Rn. 205 ff.) wird die umstrittene Frage relevant, ob eine Sicherstellung nur dann vorliegt, wenn ein öffentlich-rechtliches Verwahrungsverhältnis an der Sache begründet wird und andere Personen damit von der Einwirkungsmöglichkeit auf die Sache ausgeschlossen sind. Dies ist zu bejahen. Damit handelt es sich in den Abschleppfällen nur dann um eine Sicherstellung, wenn die Maßnahme ausnahmsweise dem Zweck dient, einen Zugriff Dritter abzuwehren, was etwa bei einem nicht verschlossenen Pkw der Fall sein kann.[171]

137 Auf die tatbestandlichen Voraussetzungen kommt es im Zusammenhang mit der **Sicherstellung von Filmen** an. Erforderlich ist das Vorliegen einer gegenwärtigen Gefahr. Werden also **Polizeibeamte** bei Demonstrationen **fotografiert**, ist das reine Fotografieren noch kein Verstoß gegen § 22 KUG, sondern erst die Verbreitung (§ 33 KUG). Ohne konkrete Anhaltspunkte kann aber nicht unterstellt werden, dass Pressefotografen Bilder von Polizeibeamten rechtswidrig verbreiten.[172] Nicht zulässig ist jedoch das Anfertigen von **Portraitaufnahmen** eines einzelnen Polizeibeamten. Diese Aufnahmen können nach § 22 I Nr. 1 POG sichergestellt werden. Das Recht am eigenen Bild steht in diesem Fall über dem Informationsinteresse der Öffentlichkeit.

138 Angesichts der »Polizeifestigkeit des Presserechts« scheidet eine Sicherstellung nach § 22 POG aus, wenn es sich um **Druckwerke** nach dem LMG handelt. Diese dürfen nur nach den strafprozessualen Vorschriften sichergestellt werden. Nach §§ 94, 98 StPO dürfen 2-3 Exemplare als Beweismittel für eine Straftat beschlagnahmt werden. Für die Beschlagnahme einer gesamten Auflage ist nach §§ 111b, n, m StPO eine richterliche bzw. staatsanwaltliche Anordnung erforderlich.

VI. Polizeiliche Datenerhebung und Verarbeitung (informationsbezogene Standardmaßnahmen)

139 Seit dem **Volkszählungsurteil 1983**[173] haben das Grundrecht auf informationelle Selbstbestimmung und die dazu ergangene Rechtsprechung die polizei- und ordnungsrechtliche Datenerhebung maßgeblich beeinflusst und umgestaltet. Das **Recht auf informationelle Selbstbestimmung** umfasst den Schutz des Einzelnen »gegen die unbegrenzte Erhebung, Speicherung, Verwendung und Weitergabe seiner persönlichen Daten« und geht damit von der Befugnis des Einzelnen aus, »selbst über die Preisgabe und Verwendung seiner persönlicher Daten zu bestimmen«.[174] Als »persönliche Daten« gelten dabei sämtliche Informationen über die persönlichen oder sachlichen Verhältnisse einer Per-

---

171 Zu einem solchen Fall vgl. VGH Kassel, NJW 1999, 3793 ff. Zu den Grenzen VG München, NZV 1999, 487: keine Sicherstellung zulässig, wenn das Kfz nicht einmal mit einer Wegfahrsperre ausgestattet ist. Näher dazu *Rachor* (Fn. 124), Rn. 653 f.; *Pieroth/Schlink/Kniesel*, § 19 Rn. 14 f.
172 OVG RhPf., NVwZ-RR 1998, 237, 238.
173 BVerfGE 65, 1. Zur Entwicklung *Papier*, in: Maunz/Dürig (Hrsg.), GG, Losebl.-Komm. (Stand: 10/2008), Art. 2 I, Rn. 173 ff.
174 BVerfGE 65, 1, 43; s. auch *Kunig*, Jura 1993, 595 ff. Vgl. auch Art 4a LV; dazu § 1 Rn. 142.

son, d.h. alle Daten mit Personenbezug.[175] Im Zusammenhang mit diesem Grundrecht hat das BVerfG die Anforderungen an den Gesetzesvorbehalt ausgedehnt. Aus der bereichsspezifischen Ermächtigungsgrundlage müssen sich Voraussetzungen und Umfang der Beschränkungsmöglichkeiten klar ergeben. Die Vorschriften müssen deswegen auch den Grundsatz der Zweckbindung und die Möglichkeiten der weiteren Datenverwendung (einschließlich der nur begrenzt zulässigen Zweckänderung) und die Sekundäransprüche des Bürgers auf Information über die bei der Behörde vorhandenen Daten und deren Löschung normieren (Rn. 170 ff.). Dies verlangt nicht nur eine detaillierte gesetzliche Regelung der materiellen Voraussetzungen, sondern auch Verfahrensvorschriften.[176] Die bundesverfassungsgerichtlichen Vorgaben haben mehrfach zur Novellierung der Polizei- und Ordnungsgesetze geführt. Die verschiedenen Phasen der Datenverarbeitung – Erhebung, Speicherung, Nutzung, Übermittlung – werden jetzt in den §§ 26 bis 42 POG strenger voneinander unterschieden und umfassender geregelt. Gleichzeitig wurden einzelne, bisher umstrittene oder unzulässige Formen der Datenerhebung (insb. Videoüberwachung öffentlicher Plätze und die Überwachung der Telekommunikation) neu in das POG aufgenommen. Systematisch handelt es sich dabei um weitere, wegen der besonderen Anforderungen des BVerfG an bereichsspezifische Ermächtigungsgrundlagen[177] besonders detailliert geregelte Standardmaßnahmen. Dies gilt insb. für die unterschiedlichen Formen der Datenerhebung (dazu 2-7), aber auch die weitere Verwendung und Nutzung der Daten (dazu 8). Als speziellere Vorschriften verdrängen die Vorschriften des POG die Vorschriften des LDSG, § 42 POG. Der Schutz von Vertrauensverhältnissen ist im POG umfassend und über das verfassungsrechtlich Erforderliche hinaus gewährleistet.[178]

Das Recht auf informationelle Selbstbestimmung wird ergänzt durch die Art. 10 und 13 GG, die das BVerfG als speziellere Grundrechte für Datenerhebungen ansieht, die mit Eingriffen in die Telekommunikation und Wohnungen verbunden sind.[179] Weiter hinzugekommen ist ein subsidiäres „**Grundrecht auf Gewährleistung der Vertraulichkeit und Integrität informationstechnischer Systeme**", das das BVerfG in der Entscheidung zur Online-Durchsuchung von Computern als eine „Ausprägung des allgemeinen Persönlichkeitsrechts aus Art. 2 I i.V. mit Art. 1 I GG" kreiert hat.[180] Wegen seiner besonderen Intensität ist der Eingriff in Gestalt einer „heimlichen Infiltration" verfassungsrechtlich nur zulässig, „wenn tatsächliche Anhaltspunkte einer konkreten Gefahr für ein überragend wichtiges Rechtsgut bestehen" (LS 2). Im POG existieren keine Rechtsgrundlagen, die zu entsprechenden Eingriffen ermächtigen (s. auch schon Rn. 129). 140

---

175 *Murswieck* (Fn. 127), Rn. 73.
176 BVerfGE 65, 1, 46 ff.
177 BVerfGE 65, 1, 46.
178 BVerfGE 103, 142, 151 und NJW 2004, 999, 1004 haben darauf hingewiesen, dass hinter dem Schutz von Zeugnisverweigerungsrechten unterschiedliche Gründe stecken, die auch keine völlige Gleichbehandlung gebieten; s. dazu auch *Ruthig*, GA 2004, 587, 598 f. m.w.N. Ausf. zum Schutz von Vertrauensverhältnissen im Polizeirecht *Ruthig*, in: Wolter/Schenke, Zeugnisverweigerungsrechte bei (verdeckten) Ermittlungsmaßnahmen, 2002, S. 247; *Würtenberger/Schenke*, ebd., S. 303 ff.
179 Dies gilt sowohl hinsichtlich der Datenerhebung wie der späteren Datenverwendung. S. dazu BVerfGE 100, 313, 336 zu Art. 10 GG und NJW 2004, 999 zu Art. 13 GG. Entsprechendes gilt für Art. 4a LV sowie Art. 7 und 14 LV; s. dazu *Rudolf*, in: Grimm/Caesar, Art. 4a Rn. 26.
180 BVerfG, NJW 2008, 822, Rn. 166. S. dazu auch *Britz*, DÖV 2008, 411; *Kutscha*, NJW 2008, 1042.

§ 4 Polizei- und Ordnungsrecht

1. Datenerhebung (§ 26 POG)

141 § 26 POG ist die **allgemeine Bestimmung zur Erhebung personenbezogener Daten**. Personenbezogene Daten sind nach § 42 POG i. V. m. § 3 I LDSG »Einzelangaben über persönliche oder sachliche Verhältnisse bestimmter oder bestimmbarer natürlicher Personen (Betroffene)«. Nach § 26 I POG können Polizei- und Ordnungsbehörden Daten erheben, wenn die Person **einwilligt** (Nr. 1), wenn die Daten aus **allgemein zugänglichen Quellen**[181] entnommen werden können (Nr. 2) oder eine **Rechtsvorschrift** dies erlaubt (Nr. 3). Die Datenerhebung **hat stets offen zu erfolgen** (§ 26 V 1 POG). Dies verlangt auch, dass der Bürger weiß, dass es sich um eine Maßnahme einer Polizei- oder Ordnungsbehörde handelt. Nur wenn die Daten nicht oder nur unter hohem Aufwand offen erhoben werden können, darf eine verdeckte Datenerhebung erfolgen (§ 26 V 2 POG).

142 § 26 II POG lässt die Datenerhebung »auch gegenüber anderen als den in §§ 4, 5, 7 POG genannten Personen« zu. Da es nur Störer und Nichtstörer gibt, ist damit die **Datenerhebung gegenüber jedermann** gemeint. Dies ist darauf zurückzuführen, dass bei den Maßnahmen der Datenerhebung die Verantwortlichkeit des Adressaten für die Gefahr in den Hintergrund tritt und zumeist allein auf die Erforderlichkeit der Datenerhebung abgestellt wird.

143 In § 26 III Nr. 1-5 POG werden die Voraussetzungen der Datenerhebung zur **vorbeugenden Bekämpfung von Straftaten** (§ 1 I 3 POG) geregelt. Daten dürfen nicht nur von potenziellen Straftätern erhoben werden, sondern auch von anderen Personen. Bei der Datenerhebung über potenzielle Straftäter müssen tatsächliche Anhaltspunkte vorliegen, dass die Person zukünftig eine Straftat begehen wird. Reine Vermutungen reichen nicht aus. Eine konkrete Gefahr wird aber nicht gefordert. An die Wahrscheinlichkeit des Schadenseintritts und die zeitliche Nähe eines Schadens sind geringere Anforderungen als bei einer konkreten Gefahr zu stellen.

144 Zu den **anderen Personen** gehören potenzielle Opfer, Zeugen, Hinweisgeber, sonstige Auskunfts-, Kontakt- und Begleitpersonen des Straftäters. § 26 III 2 POG definiert den Begriff der Kontakt-/Begleitpersonen. Es handelt sich um Auftraggeber, Helfer, Verbindungspersonen etc. Tatsächliche Anhaltspunkte müssen für einen **objektiven Tatbezug** sprechen. Damit soll der Verfassungsrechtsprechung genüge getan werden, dass nicht von jeder Person, die in einer persönlichen oder geschäftlichen Verbindung mit dem potenziellen Straftäter steht, Daten erhoben werden können.[182]

145 § 26 IV POG regelt die Voraussetzungen, wann im **Vorfeld einer besonderen Gefahrenlage** von Personen Daten erhoben werden können. Die Datenerhebung dient der Vorbereitung auf die Gefahrenabwehr, unter anderem bei gefährdeten Anlagen und Veranstaltungen. So können z.B. von Ärzten, Sachverständigen und Ingenieuren Daten erhoben werden.

---

181 Der Begriff entspricht demjenigen in Art. 5 I 2 GG.
182 BVerfG, NVwZ 2001, 1261.

2. Datenerhebung durch den Einsatz technischer Mittel (§ 27 POG)

a) Bild- und Tonaufzeichnung, insb. Videoüberwachung

Bei der Datenerhebung mittels technischer Mittel handelt es sich um eine weitere Ergänzung der polizeirechtlichen Standardmaßnahmen durch die POG-Novelle 2004. Technische Mittel sind Geräte, die eine Bild- und Tonaufzeichnung ermöglichen. Überwiegend sind es **Videoüberwachungssysteme**. Scharf zu trennen ist zwischen der **Bildübertragung** (Kamera-Monitor-Prinzip) und **Bildaufzeichnung**. Bildübertragung ist die Beobachtung einer bestimmten Örtlichkeit auf einem Monitor mittels Videotechnik, zu einer Bildaufzeichnung kommt es nicht. Es handelt sich bei § 27 POG um eine **Präventionsmaßnahme**. In den sog. Angsträumen bzw. an **Kriminalitätsschwerpunkten** (z.B. Bahnhöfe, Fußgängerzonen, Parks, Haltestellen) sollen die technischen Mittel abschreckende Wirkung entfalten und damit Straftaten vorbeugen. Die Daten sind grundsätzlich offen zu erheben. § 27 VI POG enthält unter anderem Fristen zur Löschung der Daten. 146

§ 27 I 1 POG erlaubt die **Bildübertragung** zur Erfüllung der Aufgaben nach § 1 I 1 und 3 und § 1 II, V POG. § 27 I 2 POG regelt die strengeren Voraussetzungen einer **Bildaufzeichnung**. Diese ist nach Nr. 1 zur Abwehr einer konkreten Gefahr zulässig, in bestimmten Konstellationen aber auch unterhalb der Gefahrenschwelle (Nr. 2 – 4), insb. bei gefährdeten Anlagen nach Nr. 2 (z.B. Schutz vor Vandalismus). Ebenso dürfen nach Nr. 3 zur Abwehr von Gefahren des Straßenverkehrs und nach Nr. 4 bei anderen, durch Rechtsvorschrift übertragenen Aufgaben Bildaufzeichnungen erfolgen. Schon nach dem Wortlaut der Vorschrift ist daher nur eine punktuelle und keine „flächendeckende" Überwachung großer Teile des Gemeindegebietes zulässig. 147

Nach § 27 II POG dürfen bei **öffentlichen Veranstaltungen**, die nicht dem VersG unterfallen (etwa Sportveranstaltungen) **Bild- und Tonaufzeichnungen** angefertigt werden, sofern Tatsachen die Annahme rechtfertigen, dass Gefahren für die öffentliche Sicherheit entstehen. Auch dies muss offen geschehen, sofern nicht die Voraussetzungen von § 27 II 2 POG vorliegen. § 27 III POG erlaubt die **Videoaufzeichnung** an »verrufenen Orten« nach § 10 I 2 Nr. 1 POG und gefährdeten Objekten nach § 10 I 2 Nr. 2 POG. Die Aufzeichnungen dürfen erfolgen, solange der Kriminalitätsschwerpunkt besteht. § 27 IV POG dient der **Eigensicherung** von Polizeibeamten im Zusammenhang mit der Suche nach Waffen oder Sprengstoff (vgl. § 18 II Nr. 1-6 POG). 148

Obwohl die Videoüberwachung mittlerweile zum Standardrepertoire der Gefahrenabwehrgesetze gehört, ist ihre **verfassungsrechtliche Zulässigkeit** umstritten; sie war mittlerweile aber Gegenstand einer Kammerentscheidung des BVerfG,[183] die jedenfalls einige Streitfragen entschieden hat. Dies gilt insb. für **Schutzbereich und Eingriff**. Bildaufzeichnung und Bildübertragung greifen zwar grundsätzlich nicht in das Recht am 149

---

183 BVerfG, NVwZ 2007, 688; dazu *Zöller/Fetzer*, NVwZ 2007, 775 ff. Ausf. zu den verfassungsrechtlichen Fragen bereits zuvor VGH Mannheim, NVwZ 2004, 498; *Bartsch*, Rechtsvergleichende Betrachtung präventiv-polizeilicher Videoüberwachungen öffentlich zugänglicher Orte in Deutschland und in den USA, 2004.

eigenen Bild,[184] wohl aber in das **Recht auf informationelle Selbstbestimmung** ein, das vom BVerfG als besondere Ausprägung des allgemeinen Persönlichkeitsrechts aus Art. 2 I GG i. V. m. Art. 1 I GG abgeleitet wurde (Rn. 139 f.) und so expressis verbis in Art. 4a LV verankert ist. Da aber weder der rheinland-pfälzische Verfassungsgeber noch das BVerfG oder die Literatur bisher den Schutzbereich exakt umschrieben haben, war die Frage, ob und wann bei einer solchen Videoüberwachung ein Eingriff vorliegt, sehr umstritten. Nach Ansicht des BVerfG greift jedenfalls die Videoüberwachung mit Aufzeichnung in das Recht auf informationelle Selbstbestimmung desjenigen ein, der von der Videoüberwachung erfasst wird.[185] Ob dies sogar dann gilt, wenn die Videoüberwachung reine Übersichtsbilder produziert, die den einzelnen Betroffenen nicht unmittelbar erkennen lassen,[186] lässt sich der Entscheidung nicht entnehmen.[187] Dadurch dass lediglich Verhaltensweisen im öffentlichen Raum erhoben werden, entfällt der Eingriff nicht; er wird auch dann nicht durch eine Einwilligung in die Informationserhebung ausgeschlossen, wenn die Betroffenen auf Grund einer entsprechenden Beschilderung wissen, dass sie gefilmt werden.[188] Auch § 27 III kann schon vor Erreichen der Gefahrenschwelle greifen, bei verassungskonformer Auslegung sind aber zumindest erhöhte Anforderungen an die zu schützenden Rechtsgüter zu stellen.

150 Über die **Verfassungsmäßigkeit** der polizeirechtlichen Videoüberwachung ist aber trotz dieser Kammerentscheidung **nicht abschließend entschieden**. Zur Verhältnismäßigkeitsprüfung hat das BVerfG lediglich ausgeführt, dass eine Videoüberwachung dann „materiell verfassungsgemäß sein kann, wenn für sie ein hinreichender Anlass besteht und Überwachung sowie Aufzeichnung insb. in räumlicher und zeitlicher Hinsicht und im Hinblick auf die Möglichkeit der Auswertung der Daten das Übermaßverbot wahren".[189] Damit steht zunächst fest, dass sie jedenfalls nicht, wie zuvor teilweise behauptet, zur Erreichung des verfolgten Zweckes schon deswegen **ungeeignet** ist, weil sich die Kriminalität lediglich an andere, nicht überwachte Orte verlagere.[190] Die Überwachung soll nicht einer endgültigen Verhinderung von kriminellem Verhalten dienen. Das Ziel der Überwachung ist vielmehr schon dann erreicht, wenn es zu einer deutlichen **Reduktion** von Straftaten an den überwachten Orten kommt. Die dargestellten Anforderungen an Anlass und räumliche und zeitliche Begrenzung betreffen zunächst die einzelne Videoüberwachung, lassen aber erhebliche Zweifel aufkommen, ob die gesetzliche Ausgestaltung dort, wo sie nicht – wie § 27 I 2 Nr. 1 und 2 POG – der Abwehr von (kon-

---

184 Die Bildaufzeichnung greift nur dann in das Recht am eigenen Bild ein, wenn die Aufzeichnungen der Öffentlichkeit verfügbar gemacht werden, s. *Röger/Stephan*, NWVBl. 2001, 201, 206; abw. *Bizer*, in: Simitis, BDSG, Komm., 6. Aufl. 2006, § 6b Rn. 5; *Zöller/Fetzer*, NVwZ 2007, 775, 777.
185 BVerfG, NVwZ 2007, 688; *Zöller/Fetzer*, NVwZ 2007, 775, 776; ebenso bereits VGH Mannheim, NVwZ 2004, 498; *Rudolf* (Fn. 179) Rn. 19.
186 So *Zöller/Fetzer*, NVwZ 2007, 775, 777 unter Berufung auf die Grundsätze des Volkszählungsurteils BVerfGE 65, 1, 43. Dahinter steht die Überlegung, dass bereits die Ungewissheit darüber, ob personenbezogene Daten erhoben, gespeichert oder weitergegeben werden, Menschen von ihrer Grundrechtsausübung abhalten kann (chilling effects).
187 Zur Problematik von Übersichtsaufnahmen vor allem *Roggan*, NVwZ 2001, 134 ff.
188 BVerfG, NVwZ 2007, 688, 690 m.w.N.
189 Im bayerischen Fall wurde die Videoüberwachung auf das Datenschutzrecht gestützt, so dass es bereits an einer hinreichend bestimmten Ermächtigungsgrundlage fehlte, s. auch *Saurer*, DÖV 2008, 17.
190 So *aber Roggan*, NVwZ 2001, 134, 137; *Vahle*, NVwZ 2001, 165, 166; *Volkmann*, NVwZ 2000, 361, 365.

kreten) Gefahren dient, diesen Anforderungen in vollem Umfang genügt.[191] Dies betrifft insb. die pauschale Zulässigkeit nach Nr. 4 zur „Wahrnehmung von anderen durch Rechtsvorschriften übertragenen Aufgaben".

b) Automatisierte Erfassung von Kfz-Kennzeichen

§ 27 V POG regelt die **automatisierte Erfassung von Kfz-Kennzeichen**. In dieser liegt ungeachtet der Tatsache, dass das Autokennzeichen öffentlich zugänglich ist, ein Eingriff in die informationelle Selbstbestimmung, der nur dann gerechtfertigt sein kann, wenn die Norm Anlass und Zweck, Umfang und Grenzen der Erfassung präzise beschreibt, was bei § 27 V POG nicht der Fall ist. Eine nicht anlassbezogene Kennzeichenerfassung ist **verfassungswidrig**,[192] so dass von ihr derzeit nicht Gebrauch gemacht werden darf.

151

3. Besondere Mittel der verdeckten Datenerhebung (§ 28 POG)

§ 28 POG bestimmt die Voraussetzungen der verdeckten Datenerhebung. Die zulässigen besonderen Mittel der verdeckten Datenerhebung sind in § 28 II POG aufgeführt. Es sind die **längerfristige Observation** (Nr. 1), **technische Mittel zur Anfertigung von Bildaufzeichnungen und zum Abhören und Aufzeichnen des gesprochenen Wortes** (Nr. 2), der Einsatz **verdeckter Ermittler** (Nr. 3) und **Vertrauenspersonen** (Nr. 4) sowie der Einsatz technischer Mittel zur **Feststellung des Standortes einer Person** (Nr. 5, z.B. satellitengestütztes Navigationssystem «GPS«). Maßnahmen zur Handyüberwachung richten sich nach § 31 POG als lex specialis.

152

Die **Voraussetzungen** ihres Einsatzes bestimmen sich nach § 28 I POG. Nach Nr. 1 dürfen sie zur Abwehr einer **Gefahr** für **Leib** oder **Leben** eingesetzt werden. Nr. 2 verlangt Anhaltspunkte, dass zukünftig eine **Straftat von erheblicher Bedeutung** begangen werden soll. Welche Straftaten dies sind, ist in § 28 III POG festgelegt. Nach Nr. 3 dürfen auch von Kontakt-/Begleitpersonen Daten zur vorbeugenden Bekämpfung einer Straftat erhoben werden. Nr. 4 regelt die Datenerhebung im Umfeld gefährdeter Personen. Diese engen Voraussetzungen haben ihre Ursache in der besonderen Grundrechtsintensität heimlicher Informationseingriffe. Wegen der Schwere des Grundrechtseingriffes ist die Maßnahme grundsätzlich zu befristen (§ 28 V POG). Angeordnet werden darf die Maßnahme durch den Behördenleiter. Dauert sie länger als sieben Tage, bedarf es der richterlichen Entscheidung (§ 28 V 4 POG). Die Verwendung der Daten für andere Zwecke richtet sich nach § 28 VI POG. Die Regelung entspricht insoweit den Anforderungen des BVerfG zu heimlichen Maßnahmen bezüglich der Bestimmtheit der Eingriffsgrundlage und der Beschränkung auf die Abwehr von (konkreten) Gefahren für hochrangige Rechtsgüter. Das Bestimmtheitsgebot erfordert insb., dass die technischen Eingriffsinstrumente im Gesetz genau bezeichnet werden, so dass sichergestellt ist, dass der Adressat den Inhalt der Norm erkennen kann. Verfahrensrechtlich ist zu beachten, dass Be-

153

---

191 S. auch *Schenke*, Rn. 186. Zur Novellierungsbedürftigkeit des sächsischen Rechts *Robrecht*, SächsVBl 2008, 238.
192 Zur nahezu wortgleichen Regelung des § 184 V SchlHLVwG. s. BVerfG, NJW 2008, 1505; für Verfassungswidrigkeit auch des § 27 V POG *Roßnagel*, NJW 2008, 2547, 2550; s. ferner *Breyer*, NVwZ 2008, 824; *Sachs*, JuS 2008, 825.

teiligte zu benachrichtigen sind (§ 40 POG); längerfristige Observationen dürfen nur durch den Richter angeordnet werden.[193]

4. Präventive Wohnraumüberwachung (§ 29 POG)

154 Der Einsatz technischer Mittel zur Überwachung von Wohnungen (»**Großer Lauschangriff**«) gehört rechtspolitisch zu den seit Jahrzehnten wohl umstrittensten Ermittlungsmethoden von Strafverfolgungs- und Polizeibehörden. 1998 wurde trotz der in der juristischen Literatur geäußerten Bedenken für die Wohnraumüberwachung eine ausdrückliche Grundlage in Art. 13 III und IV GG geschaffen,[194] die zunächst durch den StPO-Gesetzgeber und nach dem Vorbild anderer Bundesländer bei der Neufassung des POG 2004 auch durch den rheinland-pfälzischen Gesetzgeber für Zwecke der Gefahrenabwehr einfachgesetzlich ausgefüllt wurde.

a) Verfassungsrechtliche Anforderungen

155 Nur einen Tag nach Verkündung der POG-Novelle 2004 hat das BVerfG zwar die Verfassungsmäßigkeit von Art. 13 III GG bestätigt, aber gleichzeitig wesentliche Teile der strafprozessualen Vorschriften für nichtig erklärt.[195] Diese Entscheidung enthält wesentliche Gesichtspunkte, die sich auf Art. 13 IV GG und die präventivpolizeilichen Maßnahmen nach § 29 POG übertragen lassen.[196] Diesen Zusammenhang hat der Erste Senat in einer zweiten Entscheidung vom gleichen Tag bereits angedeutet.[197] Vor allem die Ausführungen des BVerfG zum Schutzbereich des Art. 13 GG und insb. den von der Menschenwürde mit umfassten absolut geschützten **Kernbereich** privater Lebensgestaltung beanspruchen auch für Art. 13 IV GG Geltung. Dies gilt auch für die verfahrensmäßigen Folgerungen, vor allem für das **Verbot einer »Rundumüberwachung«** und die Erforderlichkeit von Unterbrechung bzw. Abbruch von Überwachungen.[198] Bedenken erweckt auch die **ungenügende Ausgestaltung des Rechtsschutzes**,[199] einschließlich der allenfalls rudimentären Regelungen zu Inhalt und Dauer einer Anordnung sowie der anschließenden Benachrichtigung.

---

193 BVerfG, NJW 2005, 1338 (Verwertung von mittels GPS-Observationen gewonnener Erkenntnisse); 2006, 1939 (präventivpolizeiliche Rasterfahndung).
194 Ausf. zum Grundrecht der Unverletzlichkeit der Wohnung nach der Neufassung des Art. 13 GG *Ruthig*, JuS 1998, 506 ff.
195 BVerfG, NJW 2004, 999 ff.; dazu auch *Gusy*, JuS 2004, 457 ff.; *Ruthig*, GA 2004, 587 ff. S. auch zuvor schon zu polizeirechtlichen Parallelvorschriften, SächsVerfGH, LKV 1996, 273 ff.; BbgVerfG, LKV 1999, 534; MVVerfG, LKV 2000, 345.
196 S. dazu auch *Ruthig*, GA 2004, 587, 606 f.
197 In seinem Urteil zur Telefonüberwachung nach dem AWG wies das BVerfG (NJW 2004, 2213) darauf hin, dass der Gesetzgeber bei der Neuregelung außerdem die im Abhörurteil niedergelegten Grundsätze zu beachten habe. Die Entscheidung erging auf einen Normenkontrollantrag der Landesregierung Rheinland-Pfalz.
198 Zur »Live-Überwachung« nach dem Vorbild der USA s. näher *Ruthig*, GA 2004, 587, 602 f. Wenn bei jedem Gespräch die Möglichkeit einer Überwachung individuell geprüft werden muss (BVerfG, NJW 2004, 2313, 2316), dürften sich die Voraussetzungen (dringende Gefahr) nur ausnahmsweise feststellen lassen, s. auch *Wefelmeier*, NdsVBl. 2004, 289.
199 Dies gilt sicherlich auch, soweit § 29 IV 3 i. V. m. § 21 I 3 POG auf das FGG verweist, wo die prozessualen Vorschriften von dem BVerfG verlangten Grundrechtsschutz nicht ausgelegt sind. Außerdem fordert das BVerfG (NJW 2004, 999, 1007) eine stärkere »Verfahrensherrschaft« des Gerichts; dazu bereits *Ruthig*, GA 2004, 587, 603 f. Der Einsatz mehrerer paralleler Ermittlungsmaßnahmen bedarf keiner gesonderten gesetzlichen Regelung, soweit durch allgemeine verfahrensrechtliche Sicherungen ausgeschlossen wird, dass es zu einer (stets verfassungswidrigen) Rundumüberwachung kommt, BVerfG, NJW 2005, 1338 ff.

VI. Polizeiliche Datenerhebung und Verarbeitung

Die **Eingriffsschwelle** des § 29 I 1 POG n.f. dürfte den vom BVerfG aufgestellten Anforderungen genügen.[200] Verfassungsrechtlicher Ausgangspunkt ist bei der generalpräventiven Überwachung allerdings nicht die »Schwere der Tat« im Sinne von Art. 13 III GG, sondern Art. 13 IV GG. Danach dürfen, wie § 29 I POG auch wiederholt, die technischen Mittel nur zur **Abwehr dringender Gefahren für die öffentliche Sicherheit** (also nicht auch zu ihrer bloßen Verhütung und nicht bei Gefahren für die öffentliche Ordnung) eingesetzt werden. Da der Spielraum des Polizeigesetzgebers größer ist als derjenige des StPO-Gesetzgebers, entspricht die Regelung den bundesverfassungsgerichtlichen Vorgaben.

156

Die Überwachung von Wohnungen kann neben Art. 13 GG auch andere Grundrechte und verfassungsrechtlich garantierte Rechtspositionen tangieren. Dies gilt etwa für Beicht- bzw. Seelsorgegespräche (Art. 4 GG, Art. 8 LV), die Indemnität von Abgeordneten (Art. 47 GG, 93 LV), sowie das von der Pressefreiheit (Art. 5 I 2 Alt. 1 GG, Art. 10 I 3 LV) geschützte Vertrauensverhältnis zu Informanten. § 29 VI POG knüpft hinsichtlich des Schutzes solcher Vertrauensverhältnisse an die Zeugnisverweigerungsrechte der StPO an und untersagt Abhörmaßnahmen, die in **ein durch ein Amts- oder Berufsgeheimnis geschütztes Vertrauensverhältnis** im Sinne der §§ 53, 53a StPO eingreifen. Damit ist der Gesetzgeber über das verfassungsrechtlich geforderte Minimum hinausgegangen.

157

b) Zulässige Maßnahmen

§ 29 I POG bestimmt die Voraussetzungen, wann in und aus Wohnungen Bild- und Tonaufzeichnungen angefertigt werden dürfen. Dies umfasst zugleich die Befugnis, die Wohnung zu betreten, um die Mittel anzubringen. Unter **technische Mittel** i.S.v. § 28 II Nr. 2 POG fallen alle technischen Mittel zur Anfertigung von Bildaufzeichnungen sowie zum Abhören und Aufzeichnen des nicht öffentlich gesprochenen Wortes (z.B. Richtmikrofone).

158

Nach **§ 29 VII 1 POG** sind die Maßnahmen grundsätzlich von einem **Richter** anzuordnen. Nach § 29 IX 3 POG dürfen die Daten ausnahmsweise zu einem anderen Zweck verwendet werden. Wichtige Einschränkungen des Anwendungsbereiches der Wohnraumüberwachung ergeben sich vor allem im Zusammenhang mit dem polizeilichen **Auswahlermessen**. Angesichts der Schwere des mit der Wohnraumüberwachung verbundenen Eingriffes dürfte eine solche nur ausnahmsweise in Betracht kommen, wenn andere polizeiliche Maßnahmen ausscheiden. Dies gilt erst recht für die Inanspruchnahme von Nichtstörern, bei denen dieser Grundsatz schon in § 7 POG enthalten ist. Deswegen wird die Wohnraumüberwachung zu generalpräventiven Zwecken nur in sehr seltenen Fällen zulässig sein und gegenüber Nichtverantwortlichen regelmäßig ausscheiden.[201]

159

---

200 Vgl. BVerfG, NJW 2007, 2753 ff. zur Verfassungsmäßigkeit der Neuregelung der akustischen Wohnraumüberwachung in §§ 100c, 100d StPO.
201 Auch dazu schon *Ruthig*, JuS 1998, 506, 515.

5. Datenerhebung durch Überwachung der Telekommunikation (§ 31 POG)

160 § 31 I POG bestimmt, dass technische Mittel und Auskünfte über die Telekommunikation von Störern und Nichtstörern eingeholt werden dürfen, wenn dies zur Abwehr einer **gegenwärtigen Gefahr** für **Leib** oder **Leben** zwingend erforderlich ist.[202] Bei Personen, die durch ein Amts- bzw. Berufsgeheimnis nach §§ 53, 53 a StPO geschützt sind, ist die Datenerhebung unzulässig. Die Anordnung einer Datenerhebung steht unter **Richtervorbehalt** gem. § 31 V 1 POG. Bei **Gefahr im Verzug** kann sie der Behördenleiter anordnen (§ 31 V 7 POG).

161 § 31 II 1 POG legt fest, auf welche Arten der Daten sich die Erhebung beziehen darf. Nr. 1 erfasst die Datenerhebung von Telefongesprächen, E-Mails, SMS etc. Nr. 2 betrifft die Verbindungsdaten der Kommunikation. Darunter fallen z.b. Uhrzeit und Rufnummer eines Anrufs oder einer SMS. Nach Nr. 3 sind **Standortfeststellungen** zulässig. Diese Befugnis deckt auch die Anfertigung von **Bewegungsbildern** ab. Nr. 4 ermöglicht der Polizei die Feststellung nicht bekannter Telekommunikationsanschlüsse[203] und erlaubt u. a. den Einsatz sog. «**IMSI-Catcher**». Mit diesen können weltweit die Identitätsnummern von Mobiltelefonen festgestellt werden. Durch diese Form der Datenerhebung wird nach Ansicht des BVerfG nicht in das **Telekommunikationsgeheimnis** des Art. 10 GG eingegriffen, da die Standortfeststellung unabhängig von einem tatsächlichen oder versuchten Kommunikationsvorgang erfolgt; allerdings greift die kurzzeitige Speicherung der IMEI- und IMSI-Nummern in das Grundrecht auf informationelle Selbstbestimmung ein.[204] § 31 II 2 POG regelt die Frage, welche Telekommunikationsendanschlüsse überwacht werden dürfen.

6. Polizeiliche Beobachtung (§ 32 POG)

162 Die Polizei kann insb. die Personalien einer Person und das Kennzeichen eines von ihr genutzten Pkws in einer Fahndungsdatei **ausschreiben**, damit eine Mitteilung erfolgt, wenn die Person bei zukünftigen Kontrollen angetroffen wird. Voraussetzung ist, dass Tatsachen die Annahme rechtfertigen, dass die Person **Straftaten von erheblicher Bedeutung** begehen wird. Auch die näheren Umstände des Antreffens dürfen notiert werden (§ 32 II POG). Die Beobachtung darf durch den Behördenleiter angeordnet werden und ist auf max. 12 Monate zu befristen (§ 32 III POG).[205]

7. Weitere Verarbeitung und Verwendung der Daten

a) Speicherung und Nutzung von personenbezogenen Daten (§ 33 POG)

163 § 33 I POG bestimmt, dass die Ordnungsbehörden und die Polizei Daten speichern und nutzen können, wenn dies zur **Erfüllung ihrer Aufgaben**, zu **Dokumentationszwecken** oder zur **Vorgangsverwaltung** erforderlich ist.[206] Nach § 33 II POG dürfen die Daten nur zum Zweck verwendet werden, zu dem sie erhoben wurden (Zweckbindung), Aus-

---

[202] S. dazu LG Kaiserslautern, NJW 2005, 443.
[203] LG Kaiserslautern, NJW 2005, 443.
[204] BVerfG, NJW 2007, 351; s. auch *Nachbaur*, NJW 2007, 335.
[205] Vgl. BVerfG, NJW 2008, 1505 ff. zur automatischen Kennzeichenfahndung; zum Datenabgleich s. Rn. 167.
[206] Speichern ist nach § 3 II 2 Nr. 2 LDSG das Erfassen, Aufnehmen oder Aufbewahren personenbezogener Daten auf einem Datenträger zum Zweck ihrer weiteren Verwendung. Nutzen ist nach § 3 II 2 Nr. 3 LDSG jede sonstige Verwendung personenbezogener Daten innerhalb der verantwortlichen Stelle.

nahmen sind in § 33 II 2 POG geregelt. Doppelerhebungen sollen vermieden werden. Zudem dürfen Daten, die zum Zwecke der Gefahrenabwehr erhoben wurden, auch zu Strafverfolgungszwecken verwendet werden, soweit Vorschriften der StPO nicht entgegenstehen (§ 33 II 3 POG). Der umgekehrte Fall ist in § 33 IV POG geregelt. Die zu Zwecken der Strafverfolgung erhobenen Daten dürfen demnach auch zur Gefahrenabwehr verwendet werden.

b) Datenübermittlung (§ 34 POG)

Übermittlung ist nach § 3 II 2 Nr. 4 LDSG das Bekanntgeben oder sonstige Offenbaren personenbezogener Daten. § 34 I POG bestimmt, dass die Datenübermittlung zwischen Polizei- und Ordnungsbehörden zulässig ist, wenn dies zur **Erfüllung polizeilicher oder ordnungsbehördlicher** Aufgaben notwendig ist. Dies gilt nach Satz 2 auch für die Übermittlung an Polizei- und Gefahrenabwehrbehörden anderer Länder, des Bundes und an Mitgliedstaaten der EU. 164

Nach § 34 II POG dürfen die Ordnungsbehörden und die Polizei **von sich aus** Daten an andere **öffentliche Stellen** übermitteln, wenn dies zu ihrer Aufgabenerfüllung oder zur Aufgabenerfüllung des Empfängers erforderlich ist. Eingeschlossen sind auch zwischenstaatliche Stellen (Nato, Interpol). Es handelt sich um eine sog. **Spontan- oder Initiativübermittlung**. § 34 III Nr. 1 – 5 POG bestimmt, wann Daten auf das **Ersuchen** einer **öffentlichen Stelle** übermittelt werden dürfen. Es handelt sich um eine sog. **Anlassübermittlung**. § 34 IV Nr. 1 – 4 POG regelt die Voraussetzungen für **Initiativübermittlungen an nicht öffentliche Stellen**. Die Anlassübermittlung an nicht öffentliche Stellen richtet sich nach § 34 V Nr. 1, 2 POG. Unter den Voraussetzungen des § 33 VI POG darf eine **Initiativübermittlung von in- und ausländischen öffentlichen Stellen** an die Ordnungsbehörden/Polizei vorgenommen werden. 165

§ 34 VII POG ist die Befugnis zur **Öffentlichkeitsfahndung**. Daten und Abbildungen einer Person dürfen öffentlich bekannt gegeben werden (»Steckbrief«), um eine Gefahr für Leib, Leben oder Freiheit abzuwehren. 166

c) Datenabgleich (§ 37 POG)

Datenabgleich ist die Feststellung, ob die Daten einer Person bereits in einer von der Ordnungsbehörde bzw. Polizei geführten Datei vorhanden sind. Nach § 37 I 1 POG dürfen Daten von Verantwortlichen nach §§ 4, 5 POG stets mit **von der eigenen Behörde geführten Dateien** abgeglichen werden. Bei den Daten anderer Personen ist dies nach Satz 2 nur im Einzelfall zulässig, wenn dies zur Erfüllung einer ordnungsbehördlichen bzw. polizeilichen Aufgabe erforderlich erscheint.[207] § 37 III 1 POG regelt die Befugnis, gefertigte Videoaufnahmen mit vorhandenen Abbildungen von Personen elektronisch abzugleichen. Die sog. **Mustererkennung** ermöglicht es, auf den Videoaufnahmen Personen, von denen die Polizei Abbildungen besitzt, zu erkennen. Dies ist insb. an Flughäfen und Bahnhöfen eine effektive Fahndungsunterstützung. Die Mustererkennung ist 167

---

207 Dadurch wird der Anforderung des BVerfG Rechnung getragen, dass ein Abgleich nur mit solchen Daten zulässig ist, welche der Gefahrenabwehr dienen, BVerfG, NJW 2008, 1505 ff.

unter den Voraussetzungen von § 37 III Nr. 1-4 POG zulässig. Die Anordnungskompetenz liegt beim Behördenleiter. Die Maßnahme ist zu befristen.

d) Rasterfahndung (§ 38 POG)[208]

168 Nach § 38 POG darf sich die Polizei zur Abwehr einer **erheblichen Gefahr** oder zur vorbeugenden Bekämpfung von besonders schweren Straftaten (§ 29 II POG) von öffentlichen und nicht öffentlichen Stellen **Daten übermitteln** lassen, um diese mit anderen Datenbeständen **abzugleichen**.[209] Der damit verbundene Eingriff in die informationelle Selbstbestimmung wiegt bei der Rasterfahndung nach Ansicht des BVerfG besonders schwer, weil die übermittelten Daten nach spezifischen Parametern miteinander verknüpft werden können und sie dadurch besondere Einblicke in die Persönlichkeit bis hin zur Erstellung eines vollständigen Persönlichkeitsprofils ermöglichen. Deshalb hält das BVerfG die präventivpolizeiliche Rasterfahndung nur dann für zulässig, wenn eine konkrete Gefahr für hochrangige Rechtsgüter besteht. Im „Vorfeld der Gefahrenabwehr" scheide sie hingegen aus. Deshalb erachtete das Gericht auch die „allgemeine Bedrohungslage" nach den Terroranschlägen v. 11.9.2001 als nicht ausreichend für die Anordnung einer Rasterfahndung.[210] Damit ist die Rasterfahndung auch in Rheinland-Pfalz nur noch zur Abwehr einer erheblichen Gefahr für die öffentliche Sicherheit und Ordnung, also einer (konkreten) Gefahr, die besonders bedeutsame Rechtsgüter gefährdet, zulässig.[211] Soweit § 38 I POG auch bei der vorbeugenden Bekämpfung von besonders schwerwiegenden Straftaten greift, muss dabei, folgt man dem BVerfG, bereits die Schwelle zur konkreten Gefahr überschritten sein (vgl. auch schon Rn. 7). Das Vorliegen einer Gefahr verlangt allerdings nicht, dass ein im Inland belegenes Schutzgut betroffen ist.[212] Die zu übermittelnden Daten bestimmt § 38 II POG. Je nach Fahndungszweck und Personengruppe können die Merkmale auch im Einzelfall festgelegt werden.

169 Nach § 38 III 1 POG darf die Maßnahme nur durch die **Behördenleitung** angeordnet werden. Zudem ist der Datenschutzbeauftragte des Landes unverzüglich zu unterrichten. Nach der Zweckerreichung sind die übermittelten Daten grundsätzlich zu löschen und die Unterlagen zu vernichten, wenn sie nicht zur Verfolgung von Straftaten oder zur vorbeugenden Bekämpfung besonders schwerwiegender Straftaten nach § 29 II POG erforderlich sind (§ 38 IV POG).

---

208 Aus der Rechtsprechung BVerfGE 115, 320 = NJW 2006, 1939; abweichend zuvor OVG RhPf., NVwZ 2002, 1528; s. auch *Schenke*, Rn. 213 ff.; *Frenz*, NVwZ 2007, 631, 634; *Kutscha*, LKV 2008, 481, 482 ff.
209 Zur Abgrenzung von Rasterfahndung und Datenerhebung am Beispiel der Abfragen von Kundendaten bei einer Bank OVG RhPf., NVwZ 2002, 1529; VG Trier, NJW 2002, 3270.
210 BVerfGE 115, 320 (LS 1 u. 2); s. aber auch zur Unzulässigkeit einer Fortsetzungsfeststellungsklage VG Mainz vom 27.3.2007 – 1 K 794/06.MZ (juris).
211 Krit. zu dieser Eingrenzung, die die Rasterfahndung praktisch leerlaufen lasse, *Frenz*, NVwZ 2007, 631, 634.
212 Terroristische Anschläge im Ausland können zu einer Strafbarkeit in Deutschland führen. Die deutsche Rechtsordnung kann als Schutzgut betroffen sein, dazu ausf. VG Mainz, DUD 2002, 303, 305. Dies ergibt sich aus der Vorschrift des § 7 I StGB, wenn bei einer Straftat im Ausland Deutsche geschädigt werden (sog. passives Personalitätsprinzip) und folgt außerdem bei bestimmten Delikten (insb. Sprengstoffverbrechen, Angriffen auf den Luftverkehr etc.) aus dem sog. Weltrechtsprinzip des § 6 StGB.

VII. Abgrenzung der Befugnisse nach dem POG

e) Berichtigung, Löschung, Auskunft, Unterrichtung (§ 39, 40 POG)

Die bereichsspezifischen Regelungen der Sekundäransprüche finden sich in § 39 f. POG. Nach § 39 I POG sind unrichtige personenbezogene Daten von Amts wegen zu **berichtigen**. Nach § 39 II POG sind Daten von Amts wegen zu **löschen**, wenn die Speicherung unzulässig ist (Nr. 1) oder wenn festgestellt wird, dass die Speicherung zur Aufgabenerfüllung nicht mehr erforderlich ist (Nr. 2). § 40 POG enthält Bestimmungen zum **Auskunftsanspruch** eines von der Datenerhebung Betroffenen. Bei einer verdeckten Datenerhebung ist der Betroffene gem. § 40 V POG nach Abschluss der Maßnahme von dieser zu unterrichten, wenn nicht die in § 40 VI POG genannten Gründe dagegen sprechen.

170

VII. Abgrenzung der Befugnisse nach dem POG von spezialgesetzlichen Kompetenzen der Polizei- und Ordnungsbehörden

1. Polizeirecht und Versammlungen

Die Versammlungsfreiheit wird durch Art. 8 I GG bzw. Art. 12 LV geschützt. Maßnahmen, die sich gegen eine öffentliche Versammlung richten und versammlungsspezifische Gefahren bekämpfen, sind nur unter den Voraussetzungen des **VersG** (zur Gesetzgebungskompetenz schon Rn. 2) zulässig. Die Anwendbarkeit des VersG setzt voraus, dass es sich überhaupt um eine Versammlung handelt. Eine Versammlung im Sinne des VersG ist die Zusammenkunft einer Mehrheit von (mind. zwei) Personen an einem gemeinsamen Ort zu einem gemeinsamen Zweck, welcher darin liegt, dass öffentliche Angelegenheiten gemeinsam erörtert, beraten und kundgegeben werden.[213] Allerdings ist das Versammlungsgesetz grundsätzlich nur auf öffentliche Versammlungen anwendbar.[214] Es ist deshalb umstritten, inwieweit bei nichtöffentlichen Versammlungen auf das allgemeine Polizei- und Ordnungsrecht zurückgegriffen werden kann.[215]

171

Gegen eine **öffentliche Versammlung** sind nur die im VersG geregelten Maßnahmen zulässig.[216] Erst nach der Auflösung einer Versammlung oder dem Ausschluss eines Teilnehmers von der Versammlung lassen sich Maßnahmen (zum Platzverweis Rn. 106 f.) wieder auf das POG stützen.[217] Auch im **Vorfeld** einer Versammlung kann auf die Befugnisse des POG zurückgegriffen werden. Dies gilt insb. für polizeiliche **Kontrollstellen**, die auf dem Weg zur Versammlung eingerichtet werden. Die Kontrollstellen dienen dem Schutz der Versammlung, Art. 8 I GG steht solchen **Vorfeldmaßnahmen** nicht entgegen.[218] Die Kontrollen sind nur dann rechtswidrig, wenn sie so angelegt sind, dass die Teilnahme an der Versammlung hierdurch gänzlich verhindert oder wesentlich erschwert wird.

172

---

213 Zum Versammlungsbegriff vgl. BVerfGE 104, 92, 104; BVerwG, NVwZ 2007, 1431; VGH Mannheim, NVwZ 1998, 761, 763.
214 Vgl. § 1 VersG. Ausnahmen stellen die §§ 3, 21, 23 und 28 VersG dar, deren Bestimmungen auch auf nicht öffentliche Versammlungen anwendbar sind.
215 So aus der Rechtsprechung z.B. BVerwG, NVwZ 1999, 991; VG Frankfurt, NVwZ 1998, 770.
216 Dazu näher *Schenke*, Rn. 360 ff.; *Gröpl*, Jura 2002, 18. Verdrängt werden also auch die Vorschriften des Straßen- und Straßenverkehrsrechts (*Schenke*, Rn. 383 f.). Die straßenrechtlichen Befugnisse zur Unterbindung einer Sondernutzung wiederum verdrängen das allgemeine Polizei- und Ordnungsrecht. OVG Köln, NVwZ-RR 2000, 429; VGH Mannheim, VBlBW 2002, 257.
217 BVerfG, NVwZ 2005, 80.
218 VGH Mannheim, NVwZ 1998, 761, 764; VG Lüneburg, NVwZ-RR 2005, 248, 250.

173 Diese Grundsätze schließen jedoch nicht aus, dass es auch **während einer Versammlung** im Einzelfall zu einem Nebeneinander von VersG und POG kommt. Polizeiliche Maßnahmen innerhalb von Versammlungen können nach h. M. dann auf das allgemeine Polizeirecht gestützt werden, wenn und soweit es darum geht, Gefahren zu bekämpfen, die ihre Ursache nicht spezifisch in der Versammlung und deren Ablauf haben, sog. **nicht versammlungsspezifische Gefahren**. Beeinträchtigungen der Versammlungsfreiheit dürfen aber allenfalls eine Nebenfolge, nie jedoch der Hauptzweck der Maßnahme sein.[219]

174 Bei Maßnahmen gegen Personen, die **nicht** an der Versammlung **teilnehmen**, sondern diese nur stören wollen, ergibt sich die Anwendbarkeit des POG schon daraus, dass sich der Schutzbereich des Art. 8 GG nicht auf die störenden Personen erstreckt.[220] Ebenfalls nicht berührt werden durch das VersG die Befugnisse der Polizei zur **Strafverfolgung**. So kann beispielsweise ein Versammlungsteilnehmer nach §§ 127 II, 164 StPO festgenommen werden, wenn er eine Straftat begangen hat.[221]

2. Polizeirecht und Wirtschaftstätigkeit

a) Gewerberecht und Polizeirecht

175 Der Bund hat die konkurrierende Gesetzgebungskompetenz für das **Recht der Wirtschaft**, Art. 74 I Nr. 11 GG. § 1 GewO enthält insoweit den Grundsatz der Gewerbefreiheit. Dieser Zugang zum Gewerbe kann aus kompetenzrechtlichen Gründen nur durch ein Bundesgesetz eingeschränkt werden. Eine Auslegung des Polizei- und Ordnungsrechts als generelle Zulassungsschranke verstieße gegen die bundesrechtliche Regelung des § 1 GewO.[222] Damit kann die Ausübung eines Gewerbes nicht auf der Grundlage der polizeirechtlichen Generalklausel untersagt werden. Lediglich gegen **einzelne Formen der Gewerbeausübung** kann mit polizei- und ordnungsrechtlichen Mitteln vorgegangen werden, solange nicht die Ausübung des Gewerbes als solche in Frage gestellt, sondern lediglich die Art und Weise der Gewerbeausübung beschränkt wird.[223] Auch **vorläufige Maßnahmen** bis zum Abschluss der gewerberechtlichen Ermittlungen wurden auf der Grundlage der Generalklausel zugelassen.[224]

b) Immissionsschutzrecht

176 Umstritten ist auch, inwieweit neben den **immissionsschutzrechtlichen Vorschriften** ein Rückgriff auf die polizeirechtliche Generalklausel möglich ist. Dies hängt davon ab, inwieweit ihn die speziellen immissionsschutzrechtlichen Vorschriften ausdrücklich oder sinngemäß zulassen. Während die Vorschriften über genehmigungsbedürftige Anlagen (§§ 17, 20, 21 BImSchG) keinen Rückgriff auf das POG zulassen, sind bei nicht genehmigungsbedürftigen Anlagen die §§ 24, 25 BImSchG nach h. M. nicht abschlie-

---

219 VGH Mannheim, NVwZ 1998, 761, 763; *Deger*, NVwZ 1999, 265, 267.
220 BVerfGE 84, 203, 209 f.
221 *Schenke*, Rn. 382; *Deger*, NVwZ 1999, 265, 267.
222 S. zuletzt OVG Weimar, LKV 2003, 191.
223 BVerwG, NJW 2002, 598, 601; NVwZ 2006, 1175; näher *Ruthig* in: ders./Storr (Fn. 33), Rn. 170 f.
224 OVG RhPf., NVwZ-RR 1999, 244 zur vorläufigen Schließung einer Spielhalle bis zum Abschluss der Ermittlungen zur gewerberechtlichen Zuverlässigkeit des Betreibers.

ßend.[225] Vielmehr lässt § 22 II BImSchG »weitergehende öffentlich-rechtliche Vorschriften« zu, zu denen auch § 9 POG gehört.[226] Da das LImSchG keine eigene Eingriffsgrundlage enthält, ist auch insoweit auf die polizei- und ordnungsrechtliche Generalklausel zurückzugreifen.[227] Davon zu unterscheiden ist die Zulässigkeit von **Eilmaßnahmen**, insb. eines Einschreitens der Polizei während der Nachtzeit, § 1 VII POG. Diese Zuständigkeit greift auch gegenüber besonderen Ordnungsbehörden und ermächtigt auch bei genehmigungsbedürftigen Anlagen zu vorläufigen Maßnahmen der Polizei.

Folgt man dem BVerwG,[228] ist auf der Grundlage des BImSchG auch ein **Einschreiten gegen Hoheitsträger** zulässig. In seiner Begründung berief sich das BVerwG dabei auf den Zweck und die Gesetzesmaterialien zu § 24 S. 1 BImSchG. Auf jeden Fall ist auch gegenüber einem Hoheitsträger ein »Einschreiten« bei Gefahr im Verzug zulässig, also in solchen Fällen, in denen der Hoheitsträger selbst mit den ihm zu Gebote stehenden Mitteln die Gefahr nicht rechtzeitig abwehren kann.[229]   177

3. Abgrenzung zwischen Strafverfolgung und Gefahrenabwehr

Nimmt die Polizei Aufgaben auf dem Gebiet des Straf- und Ordnungswidrigkeitenrechts wahr, richten sich die Befugnisse nach der StPO und dem OWiG. Zum Teil überschneiden sich **Gefahrenabwehr** und **Strafverfolgung**, so dass die Rechtsgrundlagen für ein Einschreiten sowohl aus der StPO als auch aus dem POG entnommen werden können. Es handelt sich um sog. **doppelfunktionale Maßnahmen**. Ob das POG oder die StPO als Ermächtigungsgrundlage herangezogen wird, spielt unter anderem für die Frage des Rechtswegs eine Rolle. Während der Rechtsschutz gegen **Gefahrenabwehrmaßnahmen** sich nach den §§ 40 ff. VwGO richtet, sind für den Rechtsschutz gegen **Strafverfolgungsmaßnahmen** der Polizei die §§ 23 ff. EGGVG maßgeblich. Justizbehörde i.S.d. § 23 EGGVG ist auch die Polizeibehörde, wenn sie funktionell Justizaufgaben wahrnimmt, da der Begriff der Justizbehörde funktionell zu verstehen ist. Handelt die Polizei zum Zweck der Strafverfolgung wegen Gefahr im Verzug anstelle des eigentlich zuständigen Richters, so kann nach § 98 II 2 StPO (analog) der Richter angerufen werden.[230]   178

Nach der wohl h. M. kommt es bei der Rechtswegabgrenzung auf den **Schwerpunkt der Maßnahme** an. Ist die Polizei überwiegend strafverfolgend tätig geworden, ist nach § 23 EGGVG der Rechtsweg zu den ordentlichen Gerichten eröffnet, bei überwiegend präventivem Handeln der Verwaltungsrechtsweg.[231] Damit ist aber nicht geklärt, wie der Schwerpunkt genau zu bestimmen ist. Es könnte auf den Willen des handelnden Polizisten, auf die Sicht des Betroffenen oder eines objektiven Dritten abgestellt bzw.   179

---

225 Die zuständige Immissionsschutzbehörde kann nach § 24 BImSchG i. V. m. § 22 BImSchG im Einzelfall Anordnungen zur Durchsetzung von Betreiberpflichten treffen, außerdem können nicht genehmigungsbedürftige Anlagen unter den Voraussetzungen des § 25 I bzw. II BImSchG ganz oder teilweise untersagt werden.
226 BVerwGE 55, 118, 122.
227 BVerwGE 55, 118, 122; *Jarass*, BImSchG, Komm., 5. Aufl., 2002, § 25 Rn.18.
228 BVerwG, NVwZ 2003, 346 zu einem Fall gegen eine Kommune gerichteten Bescheid. Der Fall betrifft den insoweit mit § 2 III Nr. 1 i. V. m. lit. e der ZuStVO RhPf. vergleichbaren Fall nach dem hessischen Recht; s. auch VGH Mannheim, NVwZ-RR 2002, 643 zum Lärmschutz gegen eine kommunale Bolz- und Skateranlage.
229 Vgl. zu einem solchen Fall BVerwGE 29, 52, 59.
230 *Pieroth/Schlink/Kniesel*, § 2 Rn. 14.
231 BVerwGE 47, 255, 265; VGH München, BayVBl. 1986, 337, 337.

mit einer Vermutungsregel[232] gearbeitet werden. Teilweise wird davon ausgegangen, dass eine Maßnahme jedenfalls dann rechtmäßig ist, wenn zumindest eine der beiden Rechtsgrundlagen sie trägt.[233] Erkennt man an, dass es der Polizei nicht verwehrt sein kann, sich bei bestimmten polizeilichen Akten sowohl auf das Polizeigesetz als auch auf die StPO zu berufen, lässt sich die Schwerpunkttheorie kaum noch halten und ist eine differenzierte Lösung geboten.[234] Verfolgt die Polizei einen bestimmten Zweck, ist dieser maßgeblich. Wird eine Maßnahme allerdings – was zulässig ist – sowohl auf strafprozessuale und polizeirechtliche Ermächtigungsgrundlagen gestützt, kommen **beide Rechtswege** (§ 40 VwGO und § 23 EGGVG) in Betracht. Ob dann **§ 17 II 1 GVG** anwendbar ist oder es sich um unterschiedliche Streitgegenstände handelt, ist umstritten.[235]

180 Die Frage der Abgrenzung stellt sich im Übrigen auch im Zusammenhang mit **Kostenersatzansprüchen**. Das BVerwG[236] geht davon aus, dass der Umstand, dass eine Maßnahme auch der Strafverfolgung dient, es bei einer hiermit verbundenen Gefahrenabwehr nicht ausschließt, für diese nach Maßgabe der polizeirechtlichen Bestimmungen Kostenersatz vom Störer zu verlangen.

VIII. Polizeilicher Verwaltungsakt und seine Durchsetzung

1. Abgrenzung polizeilicher Verwaltungsakte von anderen Maßnahmen der Gefahrenabwehr

181 Die Abgrenzung der polizei- und ordnungsbehördlichen Handlungsformen richtet sich nach allgemeinen Grundsätzen. Für die polizeiliche Verfügung bzw. für den ordnungsbehördlichen Verwaltungsakt ist also § 1 LVwVfG i.V.m. **§ 35 VwVfG** maßgeblich. Relevant wird diese Abgrenzung zwischen den Handlungsformen nicht nur für den **Rechtsschutz**, sondern auch für die (unmittelbare) Anwendbarkeit des VwVfG (vgl. § 9 VwVfG). Außerdem ist das Vorliegen eines Verwaltungsakts Vollstreckungsvoraussetzung. Von besonderer Relevanz in den polizeirechtlichen Fällen ist die Abgrenzung polizeilicher **Verwaltungsakte** vom schlichten Verwaltungshandeln, den **Realakten**. Problematisch ist hier regelmäßig das Merkmal der **Regelungswirkung**. Diese fehlt nicht nur bei tatsächlichem Verhalten wie polizeilichen Streifengängen, Beobachtungen und entsprechend allgemeiner Grundsätze bei Auskünften, Warnungen und Belehrungen, sondern auch bei bloßen Bitten, welche die Polizei- oder Ordnungsbehörden an den Bürger richten.[237] Besonders umstritten ist die Rechtsnatur bestimmter, vor allem **heimlicher Standardmaßnahmen**, von denen der Betroffene bei ihrer Vornahme nichts erfährt. Hierzu gehören neben der Wohnungsüberwachung die Observation, der Einsatz

---

232 Für eine solche (im Zweifel Maßnahme der Gefahrenabwehr) *Pieroth/Schlink/Kniesel*, § 2 Rn. 15.
233 *Götz*, Rn. 550.
234 S. näher *Schenke*, Rn. 423 f.; *Schoch*, Rn. 9 ff.
235 Gegen die Anwendbarkeit des § 17 II GVG *Schenke*, Rn. 424 m.w.N. auch zur Gegenauffassung.
236 BVerwG, DÖV 2001, 1003; a. A. VGH München, DVBl. 1998, 840 f., wonach die polizeirechtliche durch die strafprozessuale Kostenregelung verdrängt werde.
237 *Rasch*, DVBl. 1992, 207, 210 f.; s. auch *Erfmeyer*, DÖV 1999, 719 ff.

verdeckter Ermittler[238] oder das Abhören von Telefongesprächen.[239] Hier fehlt die Bekanntgabe, durch die ein Verwaltungsakt erst wirksam wird. Für die «aus der Not geborene Zweckkonstruktion»[240] eines Verwaltungsakts auf Duldung fehlt heute nicht nur das praktische Bedürfnis, da Rechtsschutz ohne Rücksicht auf die staatliche Handlungsform gewährt wird.[241] Sie ist auch mit der Regelung des VwVfG nicht zu vereinbaren, was daran deutlich wird, dass ihre Vertreter behaupten müssen, man habe für den »sondertypischen Verwaltungsakt« (etwa der unmittelbaren Ausführung) die Vorschriften über die Wirksamkeit des Verwaltungsakts «so zu lesen, dass ›bekanntgegeben‹ durch ›vorgenommen‹ ersetzt wird«.[242] Die Maßnahmen verwandeln sich auch nicht dadurch in einen Verwaltungsakt, dass der Betroffene nachträglich über sie informiert wird,[243] da sich die Maßnahmen mit ihrer Durchführung erledigt haben und damit keiner weiteren und erst recht keiner rückwirkenden Regelung mehr zugänglich sind. Auch für einen nachträglichen feststellenden Verwaltungsakt ist kein Raum,[244] da die »verbindliche« Feststellung der Eingriffsvoraussetzungen, die sich durch den Vollzug bereits erledigt haben, als Regelungsgegenstand nicht genügt. Heimliche Maßnahmen sind daher Realakte.

Anders verhält es sich hinsichtlich der »klassischen«, also **offenen Standardmaßnahmen**. Hier handelt es sich nicht nur dann um Verwaltungsakte, wenn sie den Betroffenen zu einem Handeln oder Unterlassen verpflichten, wie etwa der Platzverweis. Auch bei solchen Standardmaßnahmen wie der Durchsuchung bzw. Beschlagnahme, bei denen die polizeiliche Vollziehung im Vordergrund steht, darf das Regelungselement nicht ausgeblendet werden. Diese Maßnahmen sind noch keine Vollstreckungshandlungen, ein Verwaltungsakt »auf Duldung« macht hier sehr wohl Sinn. Sieht man in den Standardmaßnahmen nämlich ausschließlich Realakte, ergeben sich erhebliche dogmatische Schwierigkeiten, wenn sie zwangsweise durchgesetzt werden müssen. Da ein Realakt nicht Grundlage für eine Verwaltungsvollstreckung sein kann, müsste jedenfalls dann, wenn der Betroffene mit der Maßnahme nicht einverstanden ist, doch noch eine Duldungsverfügung ergehen.[245] Zur Rechtsnatur von Vollstreckungsmaßnahmen Rn. 198 f. 182

2. Die Rechtmäßigkeit eines polizeilichen Verwaltungsakts (Prüfungsschema)

Stellt sich eine polizei- oder ordnungsbehördliche Maßnahme als Verwaltungsakt dar, gelten für die Prüfung ihrer Rechtmäßigkeit die allgemeinen Anforderungen, die sich aus 183

---

238 BVerwG, NJW 1997, 2534.
239 A. A. BVerwGE 87, 25; *Pietzcker*, in: Schoch/Schmidt-Aßmann/Pietzner (Fn. 153), § 42 I Rn. 66. Der Umstand, dass die Bekanntgabe an den Betroffenen durch die Unterrichtung der nach G 10 gebildeten Kommission ersetzt wird, ändert nichts daran, dass es an dem für den Begriff des VA essentiellen Merkmal der Bekanntgabe an einen außenstehenden Betroffenen fehlt.
240 VGH München, GewArch. 1981, 233, 234.
241 Vgl. etwa *Schenke*, Rn. 306; *Robbers*, DÖV 1987, 272, 275. Die Einordnung als Verwaltungsakt führt angesichts der besonderen Zulässigkeitsvoraussetzungen der Anfechtungsklage sogar zu einer «Erschwerung» des Rechtsschutzes, s. *Rachor* (Fn. 13), Rn. 38.
242 So ausdrücklich *Köhler*, BayVBl. 1999, 582, 584.
243 *Schenke*, Rn. 188, 192; a. A. VG Bremen, NVwZ 1989, 895.
244 Dafür aber VGH Mannheim, DVBl. 1992, 337, 338.
245 S. näher *Schenke*, Rn. 116.

den polizei- und ordnungsrechtlichen Vorschriften sowie dem VwVfG ergeben. Es empfiehlt sich folgende **Prüfungsreihenfolge:**

A. **Formelle Rechtmäßigkeit**
  I. Zuständige Polizei- bzw. Ordnungsbehörde
    1. Sachliche Zuständigkeit
    2. Örtliche Zuständigkeit: § 85 POG
    3. Instanzielle Zuständigkeit: §§ 77 ff. POG
  II. Form- und Verfahrensvorschriften
B. **Materielle Rechtmäßigkeit**
  I. Gebot der Bestimmtheit (§ 37 I VwVfG)
  II. Vereinbarkeit mit der Rechtsgrundlage
    Der polizei- oder ordnungsbehördliche Verwaltungsakt kann seine **Rechtsgrundlage** entweder haben in:
    1. einem Spezialgesetz (z.B. VersG, BBodSchG)
    2. den polizei- und ordnungsrechtlichen Standardmaßnahmen
    3. der Generalklausel
  III. Adressat
    Die Adressatenregelung findet sich entweder in der Standardmaßnahme oder den allgemeinen Vorschriften der §§ 4 ff. POG (Rn. 51 ff.)
  IV. **Ermessen/Verhältnismäßigkeit (dazu näher Rn. 81 ff.)**
    1. Entschließungsermessen (»ob«)
    2. Auswahlermessen (»wie«)
      a) Auswahl zwischen mehreren Störern
      b) Auswahl zwischen mehreren Mitteln (Grundsatz des geringsten Eingriffs)
      c) Vereinbarkeit mit höherrangigem Recht, inbes. den Grundrechten bzw. dem Übermaßverbot

3. Vollstreckung polizeilicher Verwaltungsakte
a) Anzuwendende Vorschriften und allgemeine Grundsätze des Vollstreckungsrechts

184 Die in einem Verwaltungsakt enthaltenen Ge- und Verbote können nach einem allgemeinen Grundsatz des deutschen Verwaltungsrechts bei ihrer Nichtbeachtung von der Behörde selbst, d.h. ohne vorherige Einschaltung eines Gerichtes, zwangsweise durchgesetzt werden. Die Vollstreckung polizeilicher oder ordnungsbehördlicher Verwaltungsakte richtet sich gem. § 57 I POG grundsätzlich nach den **allgemeinen Vorschriften des LVwVG**. Zwangsmittel sind somit gem. § 57 I POG i.V.m. §§ 62 – 65 LVwVG **Ersatzvornahme, Zwangsgeld** und **unmittelbarer Zwang**. Lediglich für die (polizeispezifische) Ausübung **unmittelbaren Zwanges** hält das POG mit den **§§ 57 – 66a POG** Spezialregelungen bereit, ansonsten gelten für Verwaltungsakte, die auf das POG gestützt sind, keine Besonderheiten.[246]

---

[246] Zum Vollstreckungsrecht allg. s. *Maurer*, § 20; *Horn*, Jura 2004, 447 ff., 597 ff.; *Werner*, JA 2000, 902 ff.; im polizeirechtlichen Kontext *Schenke*, Rn. 538 ff.

VIII. Polizeilicher Verwaltungsakt und seine Durchsetzung

Als allgemeine Vollstreckungsvoraussetzung genügt es nach h. M., dass ein **wirksamer Grundverwaltungsakt** vorliegt, der vollstreckt wird.[247] Es kommt nach ganz h. M. nicht darauf an, dass der Grundverwaltungsakt rechtmäßig ist.[248] Der Vollzug des Grundverwaltungsakts kann in der Regel nicht bis zur verbindlichen oder vorläufigen Klärung der Rechtsfrage aufgeschoben werden.[249]

185

Der Katalog der aufgezählten **Zwangsmittel** ist **abschließend**. Die Anwendung anderer »Zwangsmittel« (z.b. Vorenthaltung einer an sich zustehenden Leistung, politischer Druck, Mobilisierung der Öffentlichkeit und der Medien etc.) ist kein zulässiges Vollstreckungsmittel. Zwangsmittel sind keine Strafen, sondern Beugemittel. § 62 III LVwVG bestimmt daher in Übereinstimmung mit den allgemeinen Regeln des Vollstreckungsrechts, dass Zwangsmittel **neben einer etwaigen Strafe oder Geldbuße** angewandt werden können und so lange wiederholt und gewechselt werden dürfen, bis der Verwaltungsakt befolgt worden ist. Die Androhung und Festsetzung von Zwangsmitteln sind **Ermessensentscheidungen**. Sie erfordern eine Berücksichtigung der gesamten Begleitumstände des Falles einschließlich der persönlichen Besonderheiten des Vollstreckungsschuldners. Es wäre beispielsweise wenig sinnvoll, Zwangsgelder gegen einen Vollstreckungsschuldner zu verhängen, der von Sozialhilfe lebt oder Multimillionär ist. Beim Sozialhilfeempfänger ist sowieso nichts zu holen, der Millionär wird sich von dem aus seiner Sicht lapidar geringfügigen Zwangsgeld nicht sonderlich beeindrucken lassen.

186

b) Einzelne Zwangsmittel

aa) Ersatzvornahme (§ 57 I POG, § 63 LVwVG): Eine Ersatzvornahme ist gem. § 57 I POG i. V. m. § 63 LVwVG die Vornahme einer **vertretbaren Handlung** durch die Polizei bzw. die allgemeine Ordnungsbehörde (sog. Selbstvornahme) oder durch einen mit der Ausführung Beauftragten (sog. Fremdvornahme)[250] anstelle und auf Kosten des an sich zur Vornahme der Handlung Verpflichteten. Bei der Vollstreckung unvertretbarer Handlungen oder Unterlassungen kommt die Ersatzvornahme somit von vornherein nicht in Betracht.

187

bb) Zwangsgeld (§ 57 I POG, 64 LVwVG): Zwangsgeld ist die Auferlegung einer Zahlungsverpflichtung, um den Vollstreckungsschuldner zu dem gewünschten Verhalten zu bewegen (vgl. § 64 LVwVG). Im Gegensatz zur Ersatzvornahme ist die Verhängung eines Zwangsgeldes das passende Vollstreckungsmittel zur Durchsetzung **unvertretbarer Handlungen**.[251] In Ausnahmefällen kann das Zwangsgeld aber auch zur Durchsetzung vertretbarer Handlungen eingesetzt werden.[252] Da es sich bei der Festsetzung eines Zwangsgeldes um keine Strafe, sondern um ein Beugemittel handelt, ist seine mehrfache

188

---

247 BVerfG, NVwZ 1999, 290, 292; OVG RhPf., NVwZ 1997, 1009.
248 Vgl. BVerwG, NJW 1984, 2591, 2592; *Schenke/Baumeister*, NVwZ 1993, 1, 2 f. Dies begegnet keinen verfassungsrechtlichen Bedenken, s. BVerfG, NVwZ 1999, 290, 292.
249 BVerfG, NVwZ 1999, 290, 292; BVerfGE 87, 399, 410.
250 Der Private wird seinerseits auf der Grundlage eines privatrechtlichen Vertrages (i.d.R. Werkvertrag) tätig, s. *Maurer*, § 20 Rn. 14.
251 So ausdrücklich § 64 I LVwVG: »Kann eine Handlung durch einen anderen nicht vorgenommen werden und hängt sie nur vom Willen des Vollstreckungsschuldners ab ...«.
252 § 64 I LVwVG: »... wenn die Ersatzvornahme untunlich ist ...«.

Festsetzung zulässig. Einer erneuten Festsetzung steht auch nicht entgegen, dass das zunächst verhängte Zwangsgeld nicht beigetrieben wurde.

189 **cc) Unmittelbarer Zwang (§§ 57 ff. POG):** Unmittelbarer Zwang ist die Einwirkung auf Personen oder Sachen durch **körperliche Gewalt, Hilfsmittel körperlicher Gewalt** (z.B. Diensthund, Pfefferspray etc.) oder **Waffen**.[253] Detailliert geregelt ist insb. die Zulässigkeit des Schusswaffengebrauches, bei der der Verhältnismäßigkeitsgrundsatz in sehr konkrete Regelungen umgesetzt wurde.[254] Ausdrücklich zugelassen wurde auch der finale Rettungsschuss, § 63 II 2 POG.[255] Die Ausübung unmittelbaren Zwangs ist im Wesentlichen in den §§ 57 ff. POG geregelt. Zu beachten ist § 57 III POG, wonach **nur die Polizei** unmittelbaren Zwang ausüben darf.

190 **Abgrenzungsschwierigkeiten** können zwischen **Ersatzvornahme** und **unmittelbarem Zwang** auftreten. Die Ersatzvornahme geht als spezielleres Rechtsinstitut grundsätzlich dem unmittelbarem Zwang vor. Die im Rahmen einer Ersatzvornahme notwendigerweise angewendete körperliche Gewalt gegen Sachen ist vollstreckungsrechtlich integrierter Bestandteil der Ersatzvornahme. Je nach konkreter Fallkonstellation kann sich eine Handlung aber auch als unmittelbarer Zwang darstellen.

191 Diese Frage stellt sich etwa, wenn die Polizei von einem anwesenden Schlüsseldienst die Tür öffnen lässt. Geschuldet ist das **Betretenlassen** der Wohnung, also gerade keine vertretbare Handlung, denn nur der Wohnungsinhaber persönlich kann dies ermöglichen und erlauben. Im Verhältnis dazu ist die Gewaltanwendung gegen die Tür lediglich eine Vorbereitungs- bzw. Begleitmaßnahme für das Betreten, was eher für die Annahme von unmittelbarem Zwang spricht.[256] Gegen diese Lösung könnte allenfalls sprechen, dass gem. § 57 III POG die Anwendung unmittelbaren **Zwangs** durch **Polizeibeamte** zu erfolgen hat. Wenn aber nur verbeamtete Polizisten, nicht sonstiges Personal der Polizei, zur Anwendung unmittelbaren Zwangs berechtigt sind,[257] erscheint es unter systematischen Gesichtspunkten wenig überzeugend, die Einschaltung Privater bei der Anwendung unmittelbaren Zwangs zuzulassen. Allerdings wird in der Literatur die Auffassung vertreten, auch beim unmittelbaren Zwang könne sich die Polizei privater Dritter bedienen, solange einfache körperliche Gewalt oder Hilfsmittel körperlicher Gewalt gegenüber Sachen angewandt werden.[258] Dies bedarf der Konkretisierung. Unzulässig und mit dem staatlichen Gewaltmonopol unvereinbar wäre es, die Ausübung unmittelbaren Zwangs einer Privatperson zu übertragen. Davon zu unterscheiden ist jedoch der Fall, dass die Polizei sich eines Privaten bedient und diesen im Rahmen der Ausübung unmittelbaren Zwangs als Werkzeug mit einer klar umrissenen Aufgabenstellung zur Ein-

---

[253] Die zulässigen Waffen sind in § 58 IV POG abschließend aufgeführt.
[254] Zum Schusswaffengebrauch s. auch *Beisel*, JA 1998, 721.
[255] Die verfassungsrechtliche Zulässigkeit einer solchen Regelung ist mittlerweile allg. anerkannt, s. *Schenke*, Rn. 560 ff.; *Westenberger*, DÖV 2003, 627.
[256] *Drews/Wacke/Vogel/Martens*, S. 541. Zur Qualifikation als Ersatzvornahme s. *Puttler*, JA 2001, 669, 676. Der Nachteil dieser Lösung besteht darin, dass das Öffnen der Tür eine Ersatzvornahme darstellt, die Überwindung des Wohnungsinhabers, der sich der Durchsuchung widersetzt, dagegen unmittelbarer Zwang. Spätestens dann, wenn die Tür nicht abgeschlossen ist, sondern der Inhaber der Wohnung sich ihr entgegenstemmt, kommt es zu Abgrenzungsschwierigkeiten. Selbstverständlich sind in einer Klausur beide Varianten (Ersatzvornahme und unmittelbarer Zwang) gleichermaßen vertretbar.
[257] Vgl. *Roos*, § 57 Rn. 11.
[258] *Rühle*, J Rn. 14.

wirkung auf Sachen einsetzt. Der Schlüsseldienst ist in derartigen Fällen lediglich ein »verlängerter Dietrich« und hat im Rahmen der Anwendung unmittelbaren Zwangs keinerlei eigene Eingriffsbefugnisse. Die Anwendung polizeitypischer Mittel des unmittelbaren Zwangs ist in jedem Fall keine Ersatzvornahme.[259]

dd) Abgrenzung der Zwangsmittel von der unmittelbaren Ausführung: Die Zwangsmittel sind von der unmittelbaren Ausführung nach § 6 POG abzugrenzen. Ersatzvornahme und unmittelbare Ausführung haben gemeinsam, dass es sich um **vertretbare Handlungen** handelt und die Behörde oder ein Beauftragter sie ausführen. Im Gegensatz zur Ersatzvornahme wird bei der unmittelbaren Ausführung aber **kein entgegenstehender Wille** gebrochen. Wäre der Betroffene anwesend, würde er der Maßnahme nachkommen. Deshalb ist die unmittelbare Ausführung **keine Zwangsmaßnahme**. Die Ersatzvornahme ist hingegen ein Zwangsmittel, entgegenstehender Wille wird gebrochen. Der Betroffene will gerade einer Anordnung nicht nachkommen. Im sog. gestreckten Verfahren sind Ersatzvornahme und unmittelbare Ausführung leicht voneinander zu unterscheiden. Bei der Ersatzvornahme ist an den Betroffenen ein Grundverwaltungsakt ergangen, der mittels der Ersatzvornahme durchgesetzt wird. Bei der unmittelbaren Ausführung fehlt der **Grundverwaltungsakt**, da der Betroffene nicht oder nicht rechtzeitig erreichbar war. 192

Die **Gefahr einer Verwechselung** besteht besonders **zwischen unmittelbarer Ausführung und der Ersatzvornahme im Sofortvollzug.** Die Abgrenzung gehört zu den problematischsten Fragen des Polizeirechts. Anders als bei der »einfachen« Ersatzvornahme wird bei der Ersatzvornahme im Sofortvollzug keine Grundverfügung an den Betroffenen erlassen, sondern die Maßnahme sofort durchgesetzt. Es handelt sich um ein einaktiges Vollstreckungsverfahren. Beide Maßnahmen regeln somit die gleiche Problematik, das **Einschreiten der Polizei ohne vorausgegangenen Grundverwaltungsakt.** Grundsätzlich wäre es daher ausreichend, in das POG nur den Sofortvollzug oder die unmittelbare Ausführung aufzunehmen.[260] Da aber das POG beide Varianten kennt, kann die Abgrenzung allein anhand der allgemeinen Charakterisierung (nur) der Ersatzvornahme im Sofortvollzug als Vollstreckungshandlung erfolgen (s. schon Rn. 192). Bei der unmittelbaren Ausführung kann der Betroffene der Maßnahme nicht nachkommen, selbst wenn er wollte. Bei der Ersatzvornahme im Sofortvollzug will der Betroffene der Maßnahme nicht nachkommen, obwohl er könnte. Liegt also beispielsweise der Wohnungsinhaber ohnmächtig in seiner Wohnung und lässt die Polizei die Wohnung durch einen Schlüsseldienst aufbrechen, handelt es sich um eine unmittelbare Ausführung. Da der Betroffene ohnmächtig ist, kann ihm der Verwaltungsakt nicht bekannt gegeben werden. Die Tür wird somit ohne vorausgegangenen Grundverwaltungsakt geöffnet. Der Ohnmächtige würde dem Verwaltungsakt der Polizei – »Öffnen Sie die Tür« – aber nachkommen, wenn er bei Bewusstsein wäre. Entgegenstehender Wille wird deshalb nicht gebrochen, eine Zwangsmaßnahme liegt nicht vor. Anders liegt es im Fall eines Geiselnehmers, der sich in der Wohnung verschanzt hat. Wird er nicht zum Öffnen der 193

---

[259] S. auch *Rachor* (Fn. 124), Rn. 891 f. zur Abgrenzung zwischen Selbstvornahme und unmittelbarem Zwang.
[260] Auch der Musterentwurf zu einem einheitlichen Polizeigesetz empfahl dem Gesetzgeber, sich auf eines der beiden Instrumentarien zu beschränken.

Tür aufgefordert, fehlt es an einem Grundverwaltungsakt. Allerdings hätte der Geiselnehmer die Tür aber im Zweifelsfall trotz einer Aufforderung auch nicht geöffnet. Damit wird sein entgegenstehender Wille gebrochen. Es liegt eine Ersatzvornahme im Sofortvollzug und damit eine Zwangsmaßnahme vor. Häufig stellen sich diese Fragen auch im Zusammenhang mit dem Abschleppen von Kraftfahrzeugen (Rn. 207, 211).

c) Erscheinungsformen des Vollstreckungsverfahrens

194 aa) **Mehraktiges (gestrecktes) Vollstreckungsverfahren:** Die Vollstreckung eines Verwaltungsakts erfolgt im **Regelfall** in den folgenden Stufen:

- Vollstreckbarer Grundverwaltungsakt, §§ 2, 61 I LVwVG
- Androhung eines Zwangsmittels
- Festsetzung des Zwangsmittels[261]
- Anwendung des Zwangsmittels

195 Das konkrete Zwangsmittel muss grundsätzlich von der Behörde mit angemessener Fristsetzung vorher **angedroht** werden. Für das Zwangsgeld und die Ersatzvornahme ergibt sich dies aus § 66 LVwVG, für die Anwendung unmittelbaren Zwangs aus § 61 POG. Die Androhung kann mit dem zu vollstreckenden Verwaltungsakt verbunden werden. Bei der Androhung unmittelbaren Zwangs hält die Rechtsprechung es nicht für notwendig, dessen konkrete Anwendungsform (z.B. Wasserwerfer, Schlagstock, Tränengas) vorher anzudrohen. Wird jedoch eine konkrete Anwendungsform angedroht, muss sich die Polizei bei der Zwangsanwendung hieran halten.[262] Soweit der Vollstreckung eines Verwaltungsakts Rechte Dritter entgegenstehen, ist die Androhung als erster Akt der Vollstreckung (anders als der zu vollstreckende Grundverwaltungsakt) ohne vorhergehenden Erlass einer Duldungsverfügung gegenüber dem Dritten rechtswidrig.

196 bb) **Verkürztes Vollstreckungsverfahren:** Beim verkürzten Verfahren wird zur Gewährleistung einer effektiven Gefahrenabwehr von der Androhung des Zwangsmittels gem. § 66 I Var. 2 LVwVG abgesehen:

- Vollstreckbarer Grundverwaltungsakt §§ 2, 61 I LVwVG
- Festsetzung des Zwangsmittels
- Anwendung des Zwangsmittels

197 cc) **Sofortiger Vollzug (einaktiges Vollstreckungsverfahren):** Wegen besonderer Eilbedürftigkeit wird das Zwangsmittel nach § 61 II LVwVG ohne vorhergehenden Grundverwaltungsakt, ohne Androhung und ohne ausdrückliche Festsetzung angewandt.

---

261 Das LVwVG erwähnt nur im Falle der Verhängung eines Zwangsgeldes ausdrücklich die Festsetzung als gesonderten Teil des Vollstreckungsverfahrens (§ 64 II 1 LVwVG). Daraus kann jedoch nach h. M. nicht der Schluss gezogen werden, dass bei den übrigen Zwangsmitteln (Ersatzvornahme und unmittelbarer Zwang) eine vorherige Festsetzung unzulässig wäre, vgl. OVG RhPf., NVwZ 1986, 762; 1994, 715 f. Im Interesse der Rechtsklarheit steht es der Behörde frei, auch bei sonstigen Vollstreckungsmaßnahmen eine gesonderte ausdrückliche Festsetzung vorzunehmen, die dann den Charakter eines feststellenden Verwaltungsakts hat.
262 Vgl. näher *Schenke*, Rn. 545.

VIII. Polizeilicher Verwaltungsakt und seine Durchsetzung

d) Die Rechtsnatur der einzelnen Vollstreckungsmaßnahmen

Die **Androhung** eines Zwangsmittels ist ein **Verwaltungsakt**,[263] da sie rechtliche Voraussetzung der Anwendung des Zwangsmittels ist und damit eine für die Durchführung des Vollstreckungsverfahrens unerlässliche Regelung trifft. Auch die **Festsetzung** des Zwangsmittels ist ein Verwaltungsakt. Der Regelungsgehalt besteht darin, dass jetzt die Vollstreckung erfolgt, und zwar in Gestalt des konkret angewandten Zwangsmittels. Die **tatsächliche Anwendung** des Zwangsmittels ist nach hM. ein **Realakt**.[264] Insb. in älteren Entscheidungen wurde in die Durchsetzung eines Grundverwaltungsaktes mittels unmittelbaren Zwangs immer ein Duldungsbefehl hineininterpretiert, auch wenn in concreto von einer Androhung des Zwangsmittels abgesehen werden konnte.[265] Gegen die Annahme eines auf Duldung gerichteten Verwaltungsakts spricht aber bereits das äußere Erscheinungsbild der staatlichen Tätigkeit: Es wird im Moment der Handlung nicht mehr erwartet, dass der Betroffene die zu erzwingende Handlung freiwillig vornimmt, er soll schlicht zu dieser gezwungen werden.[266] Hier einen Verwaltungsakt zu konstruieren, erscheint deswegen gekünstelt und erfüllt keine Funktion.

198

Auch die Rechtsnatur des **sofortigen Vollzugs** gem. § 61 II LVwVG ist umstritten. Auch hierbei handelt es sich um **schlichtes Verwaltungshandeln**. Gegen die Annahme eines Verwaltungsakts spricht insb. der Umstand, dass in den Fällen, in denen der Betroffene nicht erreichbar ist, eine Bekanntgabe nicht erfolgen kann, somit ein adressatenloser Verwaltungsakt »konstruiert« werden müsste. Dies läuft den allgemeinen Regeln des Verwaltungsverfahrensrechts (insb. § 41 VwVfG) zuwider.[267] Außerdem macht die Annahme einer mit der Ausübung tatsächlicher Gewalt einhergehenden Duldungsverfügung vollstreckungsrechtlich gerade keinen Sinn.

199

e) Rechtsschutz gegen die Vollstreckung polizeilicher Verwaltungsakte

aa) Rechtsschutz gegen einzelne Vollstreckungsmaßnahmen: Der Rechtsschutz gegen die Vollstreckungsmaßnahme ist zu unterscheiden vom Rechtsschutz gegen die Grundverfügung. Da es sich bei der Androhung und Festsetzung von Zwangsmitteln um Verwaltungsakte handelt, sind sie ebenfalls mit **Anfechtungs-** bzw. **Fortsetzungsfeststellungsklage** angreifbar. Alle Verwaltungsakte sind im Vollstreckungsverfahren **selbständig anfechtbar**. Dabei ist zu beachten, dass die **aufschiebende Wirkung** gem. § 80 II 2 VwGO i.V.m. § 20 AGVwGO bei Rechtsbehelfen gegen Vollstreckungsmaßnahmen **entfällt**. Für das Polizeirecht ist besonders § 80 II Nr. 2 VwGO relevant, demzufolge die aufschiebende Wirkung von Anfechtungswiderspruch und Anfechtungsklage bei unaufschiebbaren **Anordnungen** und Maßnahmen von **Polizeivollzugsbeamten** entfällt. Die sofortige Vollziehung eines Verwaltungsaktes kann auch gem. § 80 II Nr. 4 VwGO

200

---

263 BVerwG, NVwZ 1998, 393, 394; *Kopp/Schenke*, VwGO, Anh. § 42 Rn. 32; *Erichsen/Rauschenberg*, Jura 1998, 31, 38.
264 *Kopp/Schenke*, VwGO, Anh. § 42 Rn. 33; *Schoch*, JuS 1995, 307, 311.
265 S. insb. BVerwGE 26, 161, 164 zum Schlagstockeinsatz; außerdem zum Einsatz von Reizgas VGH München, NVwZ 1988, 1055 ff.; *Schoch*, JuS 1995, 215, 218.
266 S. insb. *Stelkens/Stelkens* (Fn. 320), Rn. 65 ff.
267 Die Vertreter der Gegenauffassung sprechen von einem »sondertypischen Verwaltungsakt« etwa der unmittelbaren Ausführung. Bei diesem seien die Vorschriften über die Wirksamkeit des Verwaltungsakts »so zu lesen, dass ›bekanntgegeben‹ durch ›vorgenommen‹ ersetzt wird«, s. *Köhler*, BayVBl. 1999, 582, 584. S. auch zum Parallelproblem bei (heimlichen) Standardmaßnahmen Rn. 181 f.

von der Behörde im überwiegenden öffentlichen Interesse oder im überwiegenden privaten Interesse eines Beteiligten angeordnet werden.

201 Stellen sich Vollstreckungsakte als **Realakte** dar, wie es nach überwiegender Meinung für die Ersatzvornahme und die Anwendung unmittelbaren Zwanges zutrifft, ist der Rechtsschutz mittels der **allgemeinen Leistungsklage** bzw. in den Fällen der »Erledigung« durch die allgemeine verwaltungsgerichtliche **Feststellungsklage** gem. § 43 VwGO gegeben.

202 bb) **Klage auf Einstellung der Zwangsvollstreckung:** Gem. § 2 LVwVG kann ein (Grund-) Verwaltungsakt nur dann zwangsweise durchgesetzt werden, wenn er unanfechtbar ist, ein Rechtsbehelf keine aufschiebende Wirkung hat oder wenn die sofortige Vollziehung angeordnet ist. Die **Rechtmäßigkeit** des Grundverwaltungsaktes ist damit – jedenfalls im Anwendungsbereich des § 2 LVwVG – **keine Voraussetzung** für die Vollstreckung. Das Verwaltungsvollstreckungsrecht wird vielmehr von dem Grundsatz beherrscht, dass Rechtsfehler des Grundverwaltungsakts unbeachtlich sind, soweit sie nicht zu dessen **Nichtigkeit** führen oder der Grundverwaltungsakt aufgrund der Rechtswidrigkeit **aufgehoben** wurde. Die Verwaltungsvollstreckung ist somit rechtmäßig, wenn ein **wirksamer Grundverwaltungsakt** vorliegt, d.h. der Verwaltungsakt weder nichtig noch aufgehoben worden ist.[268]

203 Wird also beispielsweise ein Platzverweis von der Polizei vollstreckt und anschließend ein auf Kostenersatz für die Anwendung des Zwangsmittels gerichteter Leistungsbescheid erlassen, spielt die Rechtmäßigkeit des Platzverweises für die Rechtmäßigkeit des Kostenbescheids keine Rolle. Der VGH Mannheim[269] ließ in diesem Fall zu Unrecht die Geltendmachung von Einwendungen gegen den Grundverwaltungsakt auch gegenüber dem Leistungsbescheid zu und stellte so eine vollstreckungsrechtlich nicht gegebene Verbindung zwischen seiner Rechtmäßigkeit und derjenigen von Vollstreckungsakten her. Richtigerweise hätte man hier auch den Grundverwaltungsakt anfechten müssen, der durch die Vollstreckung noch nicht erledigt war.

204 Aufgrund seiner Dauer können während des Vollstreckungsverfahrens **nachträglich Einwendungen gegen einen vollstreckbaren Grundverwaltungsakt** entstehen. Hier ist umstritten, inwiefern die Möglichkeit besteht, die generelle Unzulässigkeit der Verwaltungsvollstreckung zum Gegenstand eines gerichtlichen Verfahrens zu machen, da eine Anfechtungsklage gegen die Grundverfügung wegen eingetretener Bestandskraft nicht mehr möglich ist. Diese für das Vollstreckungsrecht typische Situation, für die in der ZPO die Vollstreckungsgegenklage gem. § 767 ZPO vorgesehen ist, wird von § 16 II LVwVG erfasst. Danach sind «Einwendungen, welche den zu vollstreckenden Anspruch selbst betreffen, bei der Behörde geltend zu machen, die den Verwaltungsakt erlassen hat». Diese hat, sofern die Einwendung begründet ist, die Vollstreckung für unzulässig zu erklären. Der Vollstreckungsschuldner kann also einen entsprechenden Antrag bei der Behörde stellen und – falls diese ablehnt – beim Verwaltungsgericht die Einstellung

---

[268] Dies ist nur anders in den Fällen des sofortigen Vollzugs nach § 61 II LVwVG, dort muss die Rechtmäßigkeit der hypothetischen Grundverfügung geprüft werden.
[269] VGH Mannheim, VBlBW 1986, 299 ff.; a. A. *Schenke*, Rn. 542.

der Vollstreckung und ggf. auch die Aufhebung bereits erfolgter Vollstreckungsmaßnahmen beantragen. In der Sache handelt es sich hier um eine **Verpflichtungsklage**, für die die allgemeinen Grundsätze gelten.[270]

4. Prüfungsschema für die Vollstreckung von Polizeiverfügungen

I. Wirksamer Grundverwaltungsakt
II. Unanfechtbarkeit bzw. sofortige Vollziehbarkeit des Grundverwaltungsaktes
III. Androhung des Zwangsmittels
IV. Ablauf der Androhungsfrist
V. Ordnungsgemäße Anwendung des Zwangsmittels

5. Abschleppen von Kraftfahrzeugen

Das Abschleppen von Fahrzeugen im Straßenverkehr führt zu einer Reihe juristischer Fragestellungen, die regelmäßig Gegenstand von Examensklausuren sind.[271] Als Ermächtigungsgrundlage für das Abschleppen von Pkw im Straßenverkehr kommen die **Sicherstellung** nach § 22 POG, die **unmittelbare Ausführung** nach § 6 POG und die **Ersatzvornahme** nach § 63 I LVwVG in Betracht.

a) Sicherstellung

Zum Teil wird angenommen, dass es sich beim Abschleppen eines Kfz um eine **Sicherstellung** nach § 22 POG handelt. Die Sicherstellung ist durch die Begründung eines amtlichen Gewahrsamsverhältnisses gekennzeichnet (Rn. 146). Schleppt die zuständige Behörde ein falsch geparktes Kfz an einen Ort, an dem Parken erlaubt ist (sog. Umsetzung), will sie damit grundsätzlich andere Personen (Halter, Fahrer) nicht von der Einwirkungsmöglichkeit auf das Kfz ausschließen, sondern lediglich den Verkehrsverstoß beseitigen. Entsprechendes gilt auch, wenn das Kfz auf einen amtlichen Verwahrparkplatz geschleppt wird, aber jederzeit vom Berechtigten abgeholt werden kann.[272] Eine **Sicherstellung** dient in erster Linie dem Schutz der Sache und kommt z.B. dann in Betracht, wenn ein Fahrzeug nur deshalb auf einem amtlichen Verwahrparkplatz abgestellt wird, um einen Diebstahl zu vermeiden (s. schon Rn. 136).

b) Ersatzvornahme

Um eine **Ersatzvornahme** nach § 63 I LVwVG handelt es sich, wenn gegen einen **Grundverwaltungsakt** in Form eines **Verkehrszeichens** (Gebots-/Verbotszeichen) verstoßen wird.[273] Es bedarf gem. § 66 I 2 LVwVG auch keiner vorherigen Androhung der Ersatzvornahme. Allerdings muss die **Wirksamkeit** der Grundverfügung (des Verkehrszeichens) gegeben sein.

---

270 OVG RhPf., NJW 1982, 2276, 2277; *Rühle*, J Rn. 91; allg. *Kopp/Schenke* (Fn. 346), § 167 Rn. 19c; *Maurer*, § 20 Rn. 11.
271 Zum Abschleppen s. auch *Schenke*, Rn. 710 ff.; *Fischer*, VBlBW 2002, 446 ff. Ausf. *Schieferdecker*, Die Entfernung von Kraftfahrzeugen als Maßnahme staatlicher Gefahrenabwehr, 1998.
272 VGH München, NVwZ 1990, 180, 181.
273 Zu diesen gehören neben den Halteverbotszeichen auch Behindertenparkplätze, d. h. das Verkehrszeichen 314 StVO mit dem Zusatzzeichen 1044-10 «nur Schwerbehinderte mit außergewöhnlicher Gehbehinderung und Blinde«, s. VGH Mannheim, NVwZ-RR 2003, 558; OVG RhPf., NVwZ-RR 2005, 577. Auch Markierungen auf der Straße können solche vollziehbaren Dauerverwaltungsakte darstellen, etwa ein Fußgängerüberweg (»Zebrastreifen«) sowie schraffierte Sperrflächen nach § 41 III Nr. 6 Zeichen 298 StVO.

208 **aa) Wirksamkeit des Verkehrszeichens:** Ein Verwaltungsakt wird zu dem Zeitpunkt wirksam, an dem er demjenigen, für den er bestimmt ist oder der von ihm betroffen werden kann, nach § 43 I 1 VwVfG bekannt gegeben wird. Dies gilt auch bei Allgemeinverfügungen. Ihre **äußere Wirksamkeit** tritt also mit der öffentlichen Bekanntgabe gem. § 41 III 2 VwVfG ein. Die Bekanntgabe eines Verkehrszeichens, das eine solche Allgemeinverfügung darstellt, erfolgt durch Aufstellung des Verkehrsschildes (§§ 39 I, 1a, 45 IV StVO). Fraglich ist jedoch, ob das Verkehrsschild dadurch auch schon gegenüber dem betroffenen Verkehrsteilnehmer wirksam wird. Nach einer ersten, in der Rechtsprechung lange vorherrschenden Auffassung, ist dies erst dann der Fall (sog. **innere Wirksamkeit**), wenn das Verkehrszeichen dem Verkehrsteilnehmer »beim erstmaligen Herannahen bekannt gemacht« wird bzw. sich der Verkehrsteilnehmer erstmalig der Regelung gegenübersieht.[274] Damit würde es an der Wirksamkeit fehlen, wenn z.B. ein Halteverbotsschild erst aufgestellt wurde, nachdem ein Pkw-Fahrer seinen Pkw an dieser Stelle abgestellt hat und somit von dem Verbotsschild keine Kenntnis mehr nehmen konnte. Nach der neueren Rechtsprechung[275] ist die **tatsächliche Kenntnisnahme** und auch das Erfordernis des »Herannahens« für die innere Wirksamkeit eines Verwaltungsakts in Form eines Verkehrsschildes **nicht erforderlich**. Es reicht aus, dass sich das Fahrzeug (irgendwie) **in dem Wirkungsbereich** des Schildes **befunden** hat.[276] Für diese Auffassung lässt sich der Umstand anführen, dass es die Arbeit der Straßenverkehrsbehörden erleichtert, wenn gegenüber allen Verkehrsteilnehmern eine einheitliche Verkehrsregelung gilt. Gegen die neuere Auffassung des BVerwG sprechen allerdings dogmatische Bedenken. Die Regelungen der StVO geben lediglich darüber Auskunft, wie Verkehrszeichen angebracht werden müssen, geben aber gerade keine Kriterien für die Bekanntgabe der Allgemeinverfügung vor.[277] Dadurch entfernt sich die neue Rechtsprechung immer weiter von der Verwaltungsaktdogmatik und behandelt die Verkehrszeichen im praktischen Ergebnis nicht mehr wie Allgemeinverfügungen, sondern wie Rechtsnormen. Andererseits ist der Rechtsprechung des BVerwG zuzugeben, dass sich Verkehrszeichen von »typischen« Allgemeinverfügungen in mehrfacher Hinsicht unterscheiden. Sobald man jedenfalls anerkennt, dass die öffentliche Verlautbarung bei der Zustellung den Zugang ersetzt, erscheint es weniger überraschend, dass es für die Frage ihrer Wirksamkeit nicht darauf ankommt, dass die entsprechende Willenserklärung in den Machtbereich des Empfängers gelangt.[278]

209 **bb) Vollstreckungsvoraussetzungen:** Überdies muss die Grundverfügung ihrem **Inhalt** nach **vollstreckungsfähig** sein. Das ist der Fall, wenn das Halteverbotszeichen im Sinne von § 63 I LVwVG zur Vornahme einer vertretbaren Handlung verpflichtet. Das Hal-

---

274 Vgl. BVerwGE 27, 181, 184; 59, 221, 226.
275 BVerwGE 102, 316, 318 f.; s. auch schon OVG Münster, NWVBl. 1995, 475, 475 f.; OVG Hamburg v. 7.10.2008 – 3 Bf 116/08.
276 Ausdrücklich ließ das BVerwG offen, ob die Spezialregelungen der StVO den § 41 VwVfG insgesamt verdrängen oder ob sie als eine besondere Form der öffentlichen Bekanntgabe eines nicht schriftlichen Verwaltungsakts i. S. d. § 41 III 2 VwVfG einzuordnen sind.
277 Näher *Michaelis*, Jura 2003, 298, 301.
278 Zu weitgehend jedenfalls BayObLG, NStZ-RR 1998, 316, wonach ein veränderliches Verkehrszeichen auf der Autobahn sogar dann noch wirksam werden soll, wenn ein Verkehrsteilnehmer es bereits passiert hat, anschließend aber seine Fahrt unterbrochen und deswegen die neue Höchstgeschwindigkeit nicht beachtet hat.

teverbotszeichen (Verkehrszeichen 283 zu § 41 II Nr. 8 StVO) enthält nicht nur das Halteverbot, sondern auch das Gebot, nach verbotswidrigem Anhalten unverzüglich weiterzufahren. Folglich ist das Verkehrszeichen grundsätzlich vollstreckungsfähig.[279] Das Verkehrszeichen ist nach § **80 II 1 Nr. 2 VwGO analog** auch sofort vollziehbar i.S.v. §§ 2, 63 I LVwVG. Weitere materielle Voraussetzung der Ersatzvornahme ist die **Androhung** nach § 66 I 1 LVwVG. Nach § **66 I 2 LVwVG** kann eine Androhung unterbleiben, wenn das Zwangsmittel sofort angewendet werden kann oder sonstige Umstände dies erfordern. Dies wäre bei einer wirksamen Grundverfügung der Fall, wenn das Abschleppen des Kfz zur Abwehr einer gegenwärtigen Gefahr (z.B. einer Verkehrsbehinderung) geboten erscheint.

Zuständig ist nach § **7 Nr. 1 ZustVO/Straßenverkehr** die örtliche Ordnungsbehörde. Dies gilt ungeachtet der Tatsache, dass die Schilder durch die Straßenverkehrsbehörde aufgestellt werden (s. § 45 StVO) und an sich nach § 4 II LVwVG diejenige Behörde für die Vollstreckung zuständig ist, die den VA erlassen hat. § 7 Nr. 1 ZuständigkeitsVO/Straßenverkehr ist insoweit allerdings die speziellere Regelung.

210

c) Unmittelbare Ausführung

Um eine **unmittelbare Ausführung** nach § 6 POG handelt es sich, wenn ein Verstoß gegen die StVO vorliegt, ohne dass ein Verkehrszeichen vorhanden wäre, das ein Ge- oder Verbot enthält und als zu vollstreckende Grundverfügung in Betracht käme.[280] Der Pkw-Fahrer würde einer polizeilichen Anordnung, das Fahrzeug wegzufahren, nachkommen, wenn er anwesend wäre. Ein entgegenstehender Wille des Fahrers wird somit nicht gebrochen, es geht nicht um die Anwendung eines Zwangsmittels, so dass es sich richtigerweise nicht um eine Ersatzvornahme im Sofortvollzug handelt.

211

d) Verhältnismäßigkeit des Abschleppens

Das Abschleppen von Kraftfahrzeugen ist immer dann verhältnismäßig, wenn das verbotswidrige Abstellen zu **Behinderungen anderer Verkehrsteilnehmer** führt.[281] Die Rechtsprechung tendiert jedoch dazu, das Abschleppen eines verkehrswidrig abgestellten Kfz **auch aus generalpräventiven Gründen**, also dann zuzulassen, wenn mit dem Verstoß gegen die StVO keine konkrete Gefährdung verbunden ist.[282]

212

Keine Rolle für die Verhältnismäßigkeit des Abschleppens spielt es nach dem BVerwG, wenn der Fahrer eine **Handynummer** hinterlässt.[283] Die Behörde muss grundsätzlich nicht nach dem Fahrer forschen. Eine entsprechende Verpflichtung der Behörde kann sich aber aus der ständigen Verwaltungspraxis ergeben.[284] Auch ein **Anwohnerpark-**

213

---

279 BVerwGE 102, 316, 319; VGH Kassel, NVwZ-RR 1999, 23, 24.
280 OVG Hamburg, NJW 2001, 168, 169.
281 Vgl. BVerwGE 90, 189, 193.
282 OVG Lüneburg, NVwZ-RR 1989, 647; dagegen *Götz*, NVwZ 1994, 652, 661. Zum Abschleppen von einem Behindertenparkplatz BayVGH, NJW 1996, 979; OVG RhPf., NVwZ-RR 2005, 577; VGH Mannheim, NVwZ-RR 2003, 558: es ist nicht erforderlich, dass jemand einen Behindertenparkplatz auch tatsächlich nutzen möchte.
283 BVerwG, NJW 2002, 2122, 2123; ebenso VGH Mannheim, NVwZ-RR 2003, 558; VG Hamburg, Urt. *v.* 23.08.04 – 5 K 5211/02. A. zuvor OVG Hamburg, NJW 2001, 3647, 3648. Dem Fahrer sei in der Regel ein Zeitraum von fünf Minuten zuzubilligen, in dem er die Möglichkeit habe, sein Fahrzeug wegzufahren.
284 VG Mainz, Urt. v. 25.3.2004 – 1 K 1038/03.MZ.

ausweis führt nicht zu einer erhöhten Schutzwürdigkeit gegenüber Abschleppmaßnahmen.[285]

e) Kosten

214 Rechtsgrundlage für die Erstattung der Abschleppkosten ist im Falle der Ersatzvornahme § 57 I POG i.V.m. § 63 I LVwVG, der die Durchführung von Vollstreckungsmaßnahmen auf Kosten des Vollstreckungsschuldners erlaubt (Rn. 266). Im Falle der unmittelbaren Ausführung ergibt sich die Kostenerstattungspflicht aus § 6 II POG (Rn. 85). Bei einer Sicherstellung enthält § 25 III POG einen speziellen Kostenerstattungsanspruch. Keine dieser Vorschriften sieht ausdrücklich die Erhebung von Kosten mittels **Leistungsbescheid** vor. Es entspricht jedoch herkömmlicher Rechtsauffassung, dass ein Handeln durch VA im Rahmen subordinationsrechtlicher Rechtsverhältnisse grundsätzlich erlaubt ist.[286] Ein solcher Leistungsbescheid ist rechtmäßig, wenn die Zwangsmittelanwendung rechtmäßig gewesen ist und die Kosten erstattungsfähig sind. Dies ergibt sich aus dem Grundsatz der Gesetzmäßigkeit der Verwaltung, der besagt, dass Kosten nur für rechtmäßige Vollstreckungsmaßnahmen verlangt werden können.[287]

215 Grundsätzlich können dem Fahrzeugführer als Verhaltensstörer und dem Fahrzeughalter als Zustandsstörer die Kosten auferlegt werden. Für die Polizei stellt sich lediglich die Frage der **Störerauswahl**. Eine Entscheidung erfolgt nach pflichtmäßigem Ermessen. Eine allgemeine, das Ermessen einschränkende Regel, dass prinzipiell der Verhaltensstörer vor dem Zustandsstörer in Anspruch zu nehmen ist, erscheint zweifelhaft. Hinsichtlich der Kostentragung kann deswegen auch die persönliche und sachliche Leistungsfähigkeit des potenziellen Kostenschuldners in die Störerauswahl einbezogen werden. Die Inanspruchnahme des Halters ist jedenfalls ermessensfehlerfrei, wenn der Führer des abgeschleppten Fahrzeugs nicht oder nur unter Schwierigkeiten erreicht werden kann. Die Zustandsverantwortlichkeit des Eigentümers bzw. Berechtigten entfällt gem. § 5 II 2 POG dann, wenn die Sache gegen seinen ausdrücklichen Willen oder unbefugt benutzt wird (dazu schon Rn. 52). Nach h. M steht der Behörde hinsichtlich ihrer Kostenersatzansprüche ein Zurückbehaltungsrecht analog § 273 BGB zu.[288]

f) Einschaltung von Verwaltungshelfern

216 In der Regel beauftragen Ordnungsbehörden und Polizei einen privaten Abschleppunternehmer mit dem Abschleppen. Dieser ist **Verwaltungshelfer**, sein Handeln wird der Behörde zugerechnet. Beschädigt er das Kfz beim Abschleppen, hat der Geschädigte daher einen Amtshaftungsanspruch gem. § 839 BGB i.V.m. Art. 34 GG gegen die Behörde.[289]

---

285 VGH Mannheim, NJW 2003, 3363.
286 Vgl. dazu *Schoch*, JuS 1995, 504, 508.
287 BVerfG, NVwZ 1997, 381, 382; *Schoch*, JuS 1995, 504, 507.
288 Vgl. *Schieferdecker* (Fn. 271) S. 269 ff.; a. A. *Schenke*, Rn. 726 f.
289 BGH, JZ 1993, 1001.

6. Erzwingung von Aussagen (Polizeifolter)

Fraglich ist, ob die Polizei **zwangsweise** eine **Aussage** von einer Person herbeiführen darf. Anhand welcher Vorschriften dies zu beurteilen ist, hängt zunächst davon ab, ob es bei der Herbeiführung einer Aussage um Repression oder Prävention geht (zur Abgrenzung von repressiver und präventiver Polizeitätigkeit Rn. 178 f.). Erfolgt die Maßnahme, wie es regelmäßig der Fall sein dürfte, zur Abwehr von Gefahren für Leib oder Leben und ist sie damit nach den Vorschriften des POG zu beurteilen, handelt es sich bei der Herbeiführung einer Aussage durch Zwangsmittel um die Anwendung **unmittelbaren Zwangs**. Für die Prüfung der Rechtmäßigkeit gelten die allgemeinen Grundsätze. Es muss eine vollstreckungsfähige (wirksame) Grundverfügung vorliegen, die Unanfechtbarkeit bzw. sofortige Vollziehbarkeit, eine Androhung und die ordnungsgemäße Anwendung des Zwangsmittels müssen gegeben sein. 217

a) Auskunftspflicht

Die **Grundverfügung** der Polizei an den Störer, eine Aussage zu machen, könnte auf der Vorladung gem. § **12 I Nr. 1 POG** beruhen. Die Vorladung betrifft aber nur das Erscheinen; eine Aussageerzwingung ist mit einer Vorladung nicht möglich. Allerdings ist nach § 9a II 2 POG der Befragte zu Auskünften in der Sache grundsätzlich verpflichtet, wenn dies zur Abwehr einer **Gefahr** erforderlich ist und ihm kein **Auskunftsverweigerungsrecht** nach § 9a III POG i.V.m. §§ 52-55 StPO zusteht. 218

b) Zwangsweise Durchsetzung

Selbst wenn nach § 9a POG eine Auskunftspflicht besteht, bedeutet dies jedoch nicht, dass die Polizei diese zwangsweise durchsetzen darf. Nach § **65 III LVwVG** ist die Anwendung unmittelbaren **Zwangs** zur Erzwingung einer Aussage ausdrücklich **ausgeschlossen**. Für den Ausschluss der Folter wird außerdem in § **9a V POG** auf § **136a StPO** verwiesen, aus dem sich die verbotenen Vernehmungsmethoden ergeben. Auch die **strafrechtlichen Rechtfertigungsgründe** wirken sich nicht auf die öffentlich-rechtliche Zulässigkeit eines Zwangsmitteleinsatzes aus. Zwar kann der handelnde Polizeibeamte persönlich durch Notwehr bzw. Nothilfe gerechtfertigt sein. Strafrechtliche Rechtfertigungsgründe ergänzen und erweitern jedoch nicht die polizeirechtlichen Befugnisnormen und ändern daher an der Rechtswidrigkeit der Amtshandlung nichts.[290] Gegen eine Übertragung der Rechtfertigungsgründe in das Polizeirecht spricht bereits der Umstand, dass dadurch die Vorschriften über die Begrenzung der Anwendung unmittelbaren Zwangs weitgehend obsolet würden. Bedenken ergeben sich auch in Bezug auf das in Art. 20 III GG bzw. Art. 2 LV verankerte Prinzip des Gesetzesvorbehalts, das eine nach Inhalt, Zweck und Ausmaß hinreichend bestimmte gesetzliche Ermächtigung verlangt. Ferner tragen diese allgemeinen Rechtfertigungsgründe, die auf das Bürger-Bürger-Verhältnis zugeschnitten sind, nicht den verfassungsrechtlichen Erfordernissen des Übermaßverbots Rechnung. Auch eine **Relativierung des Folterverbotes in bestimmten Extremsituationen**, wie sie teilweise gefordert wurde, scheitert am eindeutigen Wortlaut 219

---

290 Dazu allg. *Schenke*, Rn. 40, 562.

der Regelung. Eine solche wird auch von den grundrechtlichen Schutzpflichten nicht gefordert und wäre nicht mit **Art. 3 EMRK** vereinbar.[291]

IX. Gefahrenabwehrverordnungen

1. Definition, Abgrenzung von Verwaltungsakten

220 Die allgemeinen Ordnungsbehörden können auf der Grundlage von § 43 POG Gefahrenabwehrverordnungen erlassen.[292] Dies setzt allerdings voraus, dass das POG überhaupt anwendbar ist und nicht durch andere Regelungen verdrängt wird. Gefahrenabwehrverordnungen sind nach der **Legaldefinition des** § **43 I POG** abstrakt-generelle Ge- oder Verbote, die der Abwehr von Gefahren dienen und für eine unbestimmte Anzahl von Fällen an eine unbestimmte Anzahl von Personen gerichtet sind. Wird eine Gefahrenabwehrverordnung nicht befolgt, liegt darin eine Verletzung der öffentlichen Sicherheit, gegen die mittels einer Verfügung eingeschritten werden kann.[293]

221 Abgrenzungsschwierigkeiten können zum Verwaltungsakt nach § 35 S. 2 VwVfG bestehen, der sog. Allgemeinverfügung. Ein **Verwaltungsakt** richtet sich entweder an einen **bestimmten** bzw. zumindest bestimmbaren Personenkreis oder regelt einen ganz **konkreten** Sachverhalt. Die Gefahrenabwehrverordnungen sind dagegen **Rechtsverordnungen**. Sie richten sich an einen **unbestimmten** Personenkreis und sind **nicht** auf einen **konkreten** Einzelfall bezogen. Häufige Beispiele sind Taubenfütterungsverbote[294] und Bettelverbote.[295] Bei der Abgrenzung ist zu beachten, dass die **Form** einer Maßnahme ihre Rechtsnatur beeinflussen kann. Wird eine Maßnahme also als Verwaltungsakt bezeichnet und entsprechend bekannt gemacht, ist sie prozessual als Verwaltungsakt zu behandeln, selbst wenn sie ihrem Inhalt nach als Rechtsverordnung zu qualifizieren wäre.[296] Betrachtet man das Merkmal des Einzelfalls näher (konkrete oder abstrakte Regelung), handelt es sich um einen **Verwaltungsakt**, wenn es um einen **ganz bestimmten Sachverhalt** geht, unabhängig davon, ob der Personenkreis bestimmbar ist. Ein Versammlungsverbot, das für einen bestimmten Tag an einem bestimmten Ort ausgesprochen wird, ist ein Verwaltungsakt, auch wenn der Teilnehmerkreis nicht abschließend bestimmbar ist. Richtet sich die Anordnung an einen bestimmten Personenkreis zur Abwehr künftiger Gefahren, handelt es sich ebenfalls um einen **Verwaltungsakt**.

222 Besonders problematisch ist die Abgrenzung zwischen Verwaltungsakt und Rechtsverordnung, wenn die **Benutzung einer Sache** geregelt werden soll, etwa wenn durch das Aufstellen eines Schildes das Baden in einem See verboten wird. Je nach Betrachtungsweise kann eine Einzelfallregelung oder eine abstrakt-generelle Regelung vorliegen.

---

291 Dazu näher *Guckelberger*, VBlBW 2004, 121, 126 f. Für eine partielle Relativierbarkeit des Folterverbots dagegen *Brugger*, JZ 2000, 165, 169; *ders.*, VBlBW 1995, 446, 451; *Erb*, Jura 2005, 24.
292 Zur verfassungsrechtlichen Unbedenklichkeit dieser generalklauselartigen Vorschriften RhPf.VerfGH, NVwZ 2001, 1273, 1274; *Schoch*, Rn. 271.
293 VGH Mannheim, NVwZ-RR 1996, 578; OVG Münster, NVwZ 2000, 458; *Schoch*, Rn. 277.
294 Vgl. BayVerfGH, BayVBl. 2005, 172; VGH Mannheim, NvwZ-RR 1992, 19; OVG Münster, NdsVBl. 1997, 137.
295 VGH Mannheim, DVBl. 1999, 333; VBlBW 1999, 101. S. zu unterschiedlichen Gestaltungsvarianten *Höfling*, Verw 33 (2000), 207. In den meisten Fällen scheitert eine Bettelverordnung nicht an der hinreichenden (abstrakten) Gefahr, sondern daran, dass schon das Schutzgut der öffentlichen Ordnung nicht betroffen ist, s. Rn. 39.
296 BVerwGE 18, 1 ff.

Stellt man darauf ab, dass die Anordnung für alle zukünftigen und damit für beliebig viele Fälle gilt und sich zudem an jeden richtet, der zukünftig in dem See baden will, handelt es sich um eine abstrakt-generelle Regelung und somit um eine Rechtsverordnung. Stellt man darauf ab, dass eine konkrete Situation, nämlich das Baden in diesem See, verboten wird, kann man zu dem Ergebnis kommen, dass es sich um eine konkret-generelle Allgemeinverfügung nach § 35 S. 2 VwVfG und damit um einen Verwaltungsakt handelt.[297] Für diese Fälle lässt sich nicht immer eine eindeutige Lösung finden. In dem geschilderten Fall des Badeverbots kann das Verbot sowohl durch einen Verwaltungsakt als auch durch Rechtsverordnung erfolgen.

2. Rechtmäßigkeit einer Gefahrenabwehrverordnung

a) Formelle Rechtmäßigkeit

aa) Zuständigkeit: Nach § 43 I POG sind – je nach räumlichem Geltungsbereich der Verordnung – die **Ministerien** und die allgemeinen **Ordnungsbehörden** für den Erlass von Gefahrenabwehrverordnungen sachlich zuständig. Die Polizei kann somit keine Gefahrenabwehrverordnungen erlassen. Die örtliche Zuständigkeit ergibt sich aus § 43 II POG.

bb) Form und Verfahren: Besondere **Formerfordernisse** ergeben sich aus § 46 POG. Nach § 46 I Nr. 1 POG müssen Gefahrenabwehrverordnungen eine ihren Inhalt kennzeichnende Überschrift tragen, nach § 46 I Nr. 2 POG als Gefahrenabwehrverordnung bezeichnet werden. Weitere Formvorschriften sind in § 46 I Nr. 3-7 POG aufgeführt. Nach § 44 POG besteht eine **Vorlagepflicht** für Gefahrenabwehrverordnungen nach § 43 III POG, wenn sie länger als sechs Wochen gelten sollen. § 43 II, III POG enthält Bestimmungen zum **Einvernehmen** und zur **Zustimmung** anderer Organe. Ausgefertigte Verordnungen sind gem. Art. 113 III LV i.V.m. §§ 1-3 VerkündG **zu verkünden**.

b) Materielle Rechtmäßigkeit

aa) Abstrakte Gefahr: § 43 I POG setzt voraus, dass eine **abstrakte Gefahr** für die öffentliche Sicherheit und Ordnung abgewehrt werden soll (zum Begriff schon Rn. 44). Dies folgt aus dem Wortlaut von § 43 I POG, wonach Gefahren für eine unbestimmte Vielzahl von Fällen abgewehrt werden sollen. Anders als bei einer konkreten Gefahr muss bei der abstrakten Gefahr nicht mit hinreichender Wahrscheinlichkeit ein Schaden in absehbarer Zeit drohen oder gar eingetreten sein. Ein bloßer **Gefahrenverdacht** ist dagegen nicht ausreichend.[298] Praktische Relevanz erhielt diese Differenzierung im Zusammenhang mit den früheren Kampfhundeverordnungen. Nach Ansicht des VerfGH[299] konnte die Einstufung bestimmter Hunderassen oder Kreuzungen als abstrakte Gefahr dem Verordnungsgeber überlassen werden. Demgegenüber stufte das BVerwG den Umstand, dass Hunde einer bestimmten Rasse angehören, als bloßen Gefahrenverdacht ein.[300] Solche Maßnahmen seien Teil der Gefahrenvorsorge und benö-

---

297 Vgl. im Einzelnen dazu *Schenke*, Rn. 617 f.; *Rachor* (Fn. 124), Rn. 59 ff.
298 BVerwG, NVwZ 2003, 95.
299 RhPf.VerfGH, NVwZ 2001, 1273 ff.
300 BVerwG, NVwZ 2003, 95; a. A. OVG RhPf., NVwZ 2001, 1273; OVG Schleswig, NVwZ 2001, 1300, 1302.

tigten eine spezielle gesetzliche Regelung (s. schon Rn. 7). Daraufhin wurde die frühere VO durch das Landesgesetz über gefährliche Hunde (LHundG) ersetzt.[301]

226 **bb) Hinreichende Bestimmtheit:** Insb. müssen Gefahrenabwehrverordnungen nach § 45 II POG inhaltlich **hinreichend bestimmt** sein. Die Verordnung muss aus sich heraus verständlich sein und erkennen lassen, was eine Person tun oder unterlassen soll. Zudem darf kein tatsächlich oder rechtlich unmögliches Verhalten verlangt werden.

227 **cc) Ermessen:** Bezüglich der inhaltlichen Gestaltung der Verordnung besitzt die Behörde ein Ermessen. Unzulässig sind Gefahrenabwehrverordnungen, die lediglich der Erleichterung der polizeilichen Arbeit dienen sollen, § 45 I POG. Ebenfalls unzulässig wäre die Verfolgung »polizeifremder«, beispielsweise fiskalischer Zwecke. Die Überprüfung des normativen Ermessens unterscheidet sich von den für Verwaltungsakte geltenden Grundsätzen.

3. Rechtschutz gegen Gefahrenabwehrverordnungen

228 Eine Rechtsverordnung, die gegen höherrangiges Recht verstößt, ist **nichtig**.[302] Lediglich eine **Teilnichtigkeit** besteht, wenn nur ein Teil der Rechtsverordnung fehlerhaft ist und der nicht fehlerhafte Teil noch einen Sinn ergibt und dieser durch den Wegfall des nichtigen Teils nicht verändert wird.

a) Inzidentkontrolle

229 Gefahrenabwehrverordnungen werden vom **Verwaltungsgericht inzident** überprüft, wenn eine **Ordnungsverfügung**, die auf eine Gefahrenabwehrverordnung gestützt ist, angefochten wird. Eine **Verfügung**, die aufgrund einer nichtigen Rechtsverordnung erlassen wurde, ist **rechtswidrig**, aber nicht nichtig. Die Verfügung leidet zwar an einem **schwerwiegenden Fehler** gem. § 44 I VwVfG, dieser ist aber **nicht offenkundig**. Die Rechtskraft der Entscheidung bindet gem. § 121 VwGO nur die **Prozessbeteiligten**.

b) Abstrakte Normenkontrolle

230 Nach § 47 VwGO i.V.m. § 4 S. 1 AGVwGO kann eine Gefahrenabwehrverordnung auch im Wege der abstrakten Normenkontrolle vor dem **OVG** überprüft werden. Dabei ist das OVG weder auf die vom Antragsteller vorgebrachten Aspekte beschränkt noch hängt die Begründetheit eines Antrags davon ab, ob die verletzte Rechtsnorm (auch) dem Schutz des Antragstellers dient.[303] Kommt das OVG zu der Überzeugung, dass die Rechtsvorschrift ungültig ist, erklärt es sie für unwirksam. Nach § 47 V 2 Halbs. 2 VwGO ist diese Entscheidung **allgemeinverbindlich**.

231 Besonderheiten ergeben sich bei der Überprüfung von Gefahrenabwehrverordnungen, die von einem **Ministerium** erlassen wurden (s. auch § 47 III VwGO). Nach § 4 S. 2 AGVwGO sind **Handlungen eines Verfassungsorgans** im Sinn von Art. 130 LV von der Normenkontrolle nach § 47 VwGO durch das OVG ausgeschlossen. Dies erfasst auch Gefahrenabwehrverordnungen eines Ministeriums, die folglich vom **VerfGH** im Ver-

---

301 G. v. 22.12.2004 (GVBl. S. 576).
302 Ausf. *Kopp/Schenke*, VwGO, § 47 Rn. 120. An diesem Grundsatz hat auch die Neuformulierung des § 47 VwGO nichts geändert.
303 BVerwG, NVwZ 2001, 431; *Kopp/Schenke*, VwGO § 47 Rn. 112.

fahren der **Normenkontrolle** (Art. 130 I, 135 I Nr. 1 LV, §§ 2 Nr. 1, 23 ff. VerfGHG) oder der **Verfassungsbeschwerde** (Art. 130a, 135 I Nr. 4 LV, §§ 2 Nr. 2, 44 ff. VerfGHG) zu überprüfen sind.[304]

X. Entschädigungs- und Ersatzansprüche

Während es bei der Darstellung bisher um die sog. Primärebene, also die Rechtmäßigkeit polizei- und ordnungsbehördlicher Maßnahmen ging, betrifft die Frage der Kostenerstattungsansprüche die sog. **Sekundärebene.** Dabei geht es sowohl um etwaige **Schadensersatzansprüche des Bürgers** als auch um **Ersatzansprüche der Verwaltung** gegen den Bürger (z.B. Erstattung der Kosten einer Ersatzvornahme). Schadensersatzansprüche des Bürgers können sich außer auf die im Folgenden zu besprechenden polizeirechtlichen auch auf die **allgemeinen Institute des Staatshaftungsrechts**,[305] vor allem die **Amtshaftung** (Art. 34 GG, § 839 BGB)[306] stützen. Ausgeschlossen sind dagegen Ansprüche aus **öffentlichrechtlicher GoA** seitens der Verwaltung. Diese scheitern ungeachtet der grundsätzlichen Bedenken gegen eine solche Analogie zu den §§ 677 ff. BGB jedenfalls am abschließenden Charakter der polizeirechtlichen Vorschriften über den Kostenersatz.[307]   232

1. Entschädigungsansprüche des Betroffenen

a) Ansprüche des Störers

Der **rechtmäßig** in Anspruch genommene Störer hat gegen den Staat **keine Entschädigungsansprüche** für einen erlittenen Schaden. Da er für die Gefahr die Verantwortung trägt, ist seine Inanspruchnahme zur Gefahrenbeseitigung kein Sonderopfer. Besonders deutlich wird dies beim Zustandsstörer. Dessen Heranziehung ist Ausdruck der Sozialpflichtigkeit des Eigentums nach Art. 14 GG.[308] Der Störer besitzt also nur dann einen Entschädigungsanspruch, wenn die getroffenen staatlichen Maßnahmen **rechtswidrig** waren, § 68 I 2 POG. Dabei muss sich der Störer ein **Mitverschulden** analog § 254 BGB anrechnen lassen.[309]   233

Gibt es mehrere Störer, sog. **Störermehrheit,** kann ein von der Behörde in Anspruch genommener Störer gegen die anderen Störer einen internen Ausgleichsanspruch geltend machen, wenn dies gesetzlich besonders geregelt ist wie z.B. in § 24 II 1 BBodSchG und § 22 III 2 LAbfWAG. In nicht gesetzlich geregelten Fällen ist es umstritten, ob ein Ausgleichsanspruch der Störer untereinander nach § 426 BGB analog besteht (Rn. 89).   234

---

304 Dazu § 1 Rn. 81, 173, 179; § 2 Rn. 49. Als Beispiel für eine Verfassungsbeschwerde s. RhPf.VerfGH, NVwZ 2001, 1273 ff.
305 Die Anwendbarkeit von enteignendem und enteignungsgleichem Eingriff hängt von der Reichweite der spezielleren Vorschriften des POG ab. Die Entschädigungsansprüche nach dem POG verdrängen in ihrem unmittelbaren Anwendungsbereich die allgemeinen Vorschriften; umstritten ist allerdings, wie die verbliebenen Haftungslücken zu schließen sind. Befürwortet man hier eine entsprechende Anwendung der Vorschriften des POG, bleibt für die allgemeinen Institute kein Raum.
306 Nach Ansicht der Rspr. handelt es sich bei den Ansprüchen wegen Inanspruchnahme eines Nichtstörers bzw. aus enteignungsgleichem und aufopferungsgleichem Eingriff und aus Amtshaftung um einen einheitlichen Streitgegenstand, s. BGH, DVBl. 1996, 1312 und speziell zu § 68 POG BGHR, ZPO § 546 I 1 ZPO Revisionszulassung, beschränkte 14.
307 Vgl. am Beispiel des bayerischen Rechts BGH, NJW 2004, 513.
308 Vgl. BVerwGE 38, 209 ff.
309 Vgl. BGHZ 90, 17, 31 ff.

b) Entschädigungsansprüche des Nichtstörers

235 Der **rechtmäßig** nach § 7 POG in Anspruch genommene Nichtstörer hat einen Entschädigungsanspruch nach § 68 I 1 POG für entstandene Schäden. Dabei kommt es nicht darauf an, durch welche Rechtsform die Inanspruchnahme erfolgt ist. Auch tatsächliches behördliches Handeln (Realakt) löst Entschädigungsansprüche aus. Der **rechtswidrig** in Anspruch genommene Nichtstörer hat einen Entschädigungsanspruch nach § 68 I 2 POG. Der Anspruch ergibt sich bereits aus der Rechtswidrigkeit der staatlichen Maßnahme und nicht erst dadurch, dass es sich um einen Nichtverantwortlichen handelt.

236 Schäden, die durch eine **freiwillige Mitwirkung** von Personen entstehen, sind nach § 68 II POG auszugleichen. Freiwilligkeit liegt nur dann vor, wenn der Helfer kein verantwortlicher Störer und noch nicht durch eine behördliche Verfügung verpflichtet ist. Abschleppunternehmer sind keine freiwilligen Helfer, wenn sie auf vertraglicher Basis die Behörde unterstützen. Ob der Vertrag freiwillig abgeschlossen wurde, ist nicht von Bedeutung. Die behördliche Zustimmung, die für die Mitwirkung erforderlich ist, kann ausdrücklich oder konkludent gegeben werden.

237 Fraglich ist, wie **unbeteiligte Dritte** zu entschädigen sind, also beispielsweise ein Passant, der bei einem Schusswechsel der Polizei mit einem Geiselnehmer durch eine Polizeikugel verletzt wird. § 68 I 1 POG knüpft anders als andere Polizeigesetze an die (gezielte) Inanspruchnahme des Geschädigten als Nichtstörer an, erfasst Unbeteiligte, die von der Maßnahme nur unbeabsichtigt oder zufällig betroffen werden, also nicht. Es herrscht Einigkeit darüber, dass auch unbeteiligte Dritte zu entschädigen sind. Lediglich die Anspruchsgrundlage ist umstritten. Teilweise wird eine **analoge Anwendung des § 68 I 1 POG**, teilweise eine Heranziehung des allgemeinen Rechtsinstituts des **enteignenden Eingriffs** bejaht.[310]

238 Wird die **Allgemeinheit** von behördlichen Maßnahmen betroffen, wie z.B. durch eine Straßensperre der Polizei nach einem Verkehrsunfall mit einer großräumigen Umleitung, bestehen keine Entschädigungsansprüche.[311] Hier fehlt es an einem Sonderopfer.

c) Entschädigungsansprüche des Anscheinstörers

239 Im Zusammenhang mit dem Anscheinsstörer setzt sich der Streit um seine dogmatische Einordnung (zur Primärebene Rn. 62 ff.) fort. Zum Teil wird ein Entschädigungsanspruch mit der Begründung abgelehnt, dass der Anscheinsstörer auf der Primärebene rechtmäßig in Anspruch genommen wurde.[312] Die h. M. bejaht jedoch unter bestimmten Voraussetzungen einen Entschädigungsanspruch analog § 68 I 1 POG. Wie der Nichtstörer scheint auch der Anscheinsstörer in Anspruch genommen zu werden, obwohl objektiv von seinem Verhalten keine Gefährdung polizeilich geschützter Rechtsgüter

---

310 Vorzugswürdig erscheint die analoge Anwendung von § 68 I 1 POG. Wenn schon der gezielt in Anspruch genommene Nichtstörer einen Entschädigungsanspruch hat, muss dies erst recht und unter identischen Voraussetzungen für den zufällig Betroffenen gelten; die gegenteilige Ansicht (enteignungsgleicher Eingriff) ist selbstverständlich vertretbar. In Wahrheit handelt es sich aber um eine Scheinalternative, s. *Schenke*, Rn. 691. Auch die Rspr. sieht § 68 POG als (gesetzlich konkretisierten) Anwendungsfall der allgemeinen Rechtsgrundsätze, wie an der Formulierung in BGHZ 138, 15, 23 f. deutlich wird.
311 BGHZ 60, 145, 147.
312 *Gerhardt*, Jura 1987, 521, 525.

ausgeht. Die Gesichtspunkte der effektiven Gefahrenabwehr, die es auf der Primärebene rechtfertigten, ihn wie einen Störer zu behandeln, rechtfertigten es nicht, ihm einen Entschädigungsanspruch zu verwehren. Auf der **Sekundärebene** müssten die **späteren Erkenntnisse berücksichtigt** und ein gerechter Schadensausgleich vorgenommen werden: Dies ist bezogen auf den Fall des Nichtstörers der Regelungsgehalt des § 68 I 1 POG. Wegen der vergleichbaren Interessenlage sei diese Regelungslücke beim Anscheinsstörer durch eine analoge Anwendung von § 68 I 1 POG zu schließen.[313] Allerdings setze der Entschädigungsanspruch nach § 69 V POG voraus, dass der Geschädigte die Umstände, die den Anschein begründen, **nicht zu verantworten** hat.[314]

Bei der Stellungnahme zur sog. Primärebene hatte sich allerdings gezeigt, dass es in Wahrheit um die schon im Rahmen der Theorie von der unmittelbaren Verursachung zu prüfende Frage geht, ob die Gefahr dem Betroffenen zugerechnet werden kann und er somit überhaupt als Störer einzustufen ist. Folgt man der hier vertretenen Auffassung, kann auf eine **systemwidrige Trennung zwischen Primär- und Sekundärebene** verzichtet werden. Entscheidend ist dann, ob eine Person die Gefahr unmittelbar verursacht hat. Ist dies nicht der Fall, handelt es sich um einen Nichtstörer, der als solcher zu entschädigen ist. Im Ergebnis entspricht dies der Rechtsprechung des BGH zur Entschädigungspflicht in den Fällen der Anscheinsgefahr. 240

d) Inhalt, Art und Umfang des Schadensausgleichs

Inhalt, Art und Umfang des Schadensausgleichs bestimmen sich nach den Vorschriften des § 69 POG. Nach § 69 I 1 POG sind grundsätzlich nur **Vermögensschäden** vom Anspruch umfasst, insb. die Verletzung des Eigentums, z.B. wenn ein Polizeibeamter die Scheibe eines Pkw einschlägt. Auch der **entgangene Gewinn** ist zu ersetzen. Allerdings wird nach § 69 I 2 POG ein Ausgleich nur für den gewöhnlichen Verdienstausfall gezahlt. Für einen darüber hinausgehenden entgangenen Gewinn und für Nachteile, die nicht in unmittelbarem Zusammenhang mit der polizeilichen Maßnahme stehen, wird ein Ausgleich nur gewährt, wenn und soweit dies zur Abwendung unbilliger Härten geboten erscheint.[315] Der **immaterielle Schaden**, d.h. die Verletzung der Rechtsgüter Leben, Gesundheit und Freiheit, ist nach § 69 II POG **angemessen auszugleichen**. 241

Der Schadensausgleich erfolgt nach § 69 III in **Geld**, bei Minderung der Erwerbsfähigkeit als **Rente** bzw. **Abfindung**. Nach § **69 V POG** sind bei der **Bemessung** des Entschädigungsanspruchs alle Umstände zu berücksichtigen. Der Anspruch kann gekürzt werden, wenn die behördliche Maßnahme zum **Schutz** des Betroffenen erfolgte, also beispielsweise eine Geisel bei ihrer Befreiung leicht verletzt oder ein gestohlener PKW beim Versuch, die Diebe aufzuhalten, beschädigt wird.[316] Allerdings kann dies jedenfalls dann nicht zu einem völligen Ausschluss des Anspruches führen, wenn die Maßnahme überwiegend dem öffentlichen Interesse gedient hat.[317] Es ist auch zu berücksichtigen, ob 242

---

313 Grundlegend BGHZ 117, 303, 307; fortgesetzt in BGHZ 126, 279, 283 ff.
314 S. auch BGHZ 117, 303, 308; 126, 279, 285.
315 Näher zum Umfang des Schadensausgleichs s. *Rühle*, K Rn. 13 ff.
316 OLG Dresden, LKV 2003, 582; der Eigentümer ist hier Nichtstörer, s. Rn. 57.
317 *Schenke*, Rn. 688 m.w.N.; zu einem Beispiel (Räumung einer Diskothek bei Bombendrohung) OLG Stuttgart, NJW 1992, 1396.

der Geschädigte die Entstehung des Schadens zu vertreten hat. Damit gleicht § 69 V POG der Berücksichtigung des Mitverschuldens nach § 254 BGB. Eine Anspruchskürzung erfolgt unter anderem, wenn der Geschädigte **nicht rechtzeitig** einen **Rechtsbehelf** gegen die staatliche Maßnahme eingelegt hat.

243 Ausgleichspflichtig ist nach § 72 I POG die **Körperschaft**, in deren Dienst der Beamte steht. Bei Maßnahmen eines **Polizeibeamten** ist dies das **Land** Rheinland-Pfalz, bei den **Ordnungsbehörden** die entsprechende kommunale **Gebietskörperschaft**.

2. Ersatzansprüche des Polizeiträgers

a) Ersatzvornahme

244 Die Vorschrift über die Ersatzvornahme enthält eine ausdrückliche Kostenregelung. Nach § 63 II 1 LVwVG hat eine Person, die ihrer Handlungspflicht nicht nachgekommen ist, die Kosten der Ersatzvornahme zu tragen. Dies gilt für Selbst- und Fremdvornahme. Die Auferlegung der Kosten steht nicht im freien Ermessen der Behörde. Die Kosten der Ersatzvornahme sind von dem Betroffenen einzufordern, wenn nicht ein Ausnahmefall vorliegt und deshalb aus Billigkeitserwägungen von der Kostenforderung abgesehen werden kann. Voraussetzung des Kostenanspruchs ist, dass die **Ersatzvornahme rechtmäßig** war. Damit nicht zu verwechseln ist die Rechtmäßigkeit des Grundverwaltungsakts, der im Wege der Ersatzvornahme durchgesetzt wird. War die Ersatzvornahme rechtswidrig, entfällt die Kostenpflicht des Betroffenen. Sie kann in diesem Fall auch nicht auf eine öffentlich-rechtliche Geschäftsführung ohne Auftrag gestützt werden.

b) Unmittelbare Ausführung

245 Die Kostenerstattung der unmittelbaren Ausführung ist in § 6 II 1 POG geregelt. Die nach §§ 4, 5 POG Verantwortlichen haben die Kosten der unmittelbaren Ausführung zu tragen. Ein Ermessen besteht nicht. Ebenso wie bei der Ersatzvornahme ist Voraussetzung, dass die unmittelbare Ausführung **rechtmäßig** war.

c) Unmittelbarer Zwang

246 Rheinland-Pfalz hat keine allgemeine Gebührenregelung für den unmittelbaren Zwang eingeführt, so dass die Einsatzkosten der Polizei dem Störer gegenüber nicht als Vollstreckungskosten geltend gemacht werden können. Seit der Novellierung 1999 können jedoch auf der Grundlage des § 83 LVwVG die im Rahmen des unmittelbaren Zwangs entstandenen **Auslagen** geltend gemacht werden.

XI. Klausurhinweise

247 Da das Polizei- und Ordnungsrecht in Rh-Pf. als einziges Gebiet des besonderen Verwaltungsrechts ohne Einschränkung zum Pflichtstoff auch des 1. Staatsexamens gehört, sind Klausuren auch im Staatsexamen sehr beliebt. In den meisten Fällen ist der Rechtsschutz gegen polizeiliche Maßnahmen zu prüfen. **Gängige Klausurkonstellationen** sind die **Abwehr polizeilicher Maßnahmen** durch einen Betroffenen oder die **Durchsetzung eines Anspruches auf polizeiliches Einschreiten** (zu letzterer ausf. o. Rn. 84 ff.).

XI. Klausurhinweise

1. Zulässigkeit verwaltungsgerichtlicher Klagen

Typischerweise sind polizeirechtliche Fälle prozessrechtlich eingekleidet[318]. Während zur **Zulässigkeit des Verwaltungsrechtswegs** (§ 40 VwGO) i.d.R. nur dann vertiefte Ausführungen erforderlich sind, wenn die Abgrenzung von den Justizverwaltungsakten (§ 23 EGGVG) in Frage steht (s. o. Rn. 178 f.), sind bei der **statthaften Verfahrensart** die klausurentscheidenden Weichenstellungen vorzunehmen, die u. a. in den Grenzfällen nähere Ausführungen zur Rechtsnatur der Maßnahme verlangen. 248

a) Verwaltungsakte

Da sich das Rechtsschutzsystem der VwGO an der Handlungsform orientiert und es sich in den weitaus meisten Fällen polizeilicher Maßnahmen um Verwaltungsakte handelt, werden vor allem **Anfechtungs- und Verpflichtungsklagen** relevant. 249

Beispiele:
Polizeiverfügungen einschließlich der Standardmaßnahmen (zu deren Rechtsnatur o. Rn. 181 ff.), Kostenbescheide (o. Rn. 214 ff.), Androhung von Zwangsmitteln und Festsetzung von Zwangsgeldern (o. Rn. 198), Verpflichtungsklage auf Einstellung der Zwangsvollstreckung gem. § 16 II VwVG (o. Rn. 202 f.).

Da sich polizeiliche Maßnahmen typischerweise kurzfristig erledigen (zur Problematik der Erledigung oben Rn. 200), ist anstelle einer Anfechtungsklage oder eines Antrages auf Anordnung der aufschiebenden Wirkung (§ 80 VwGO) häufiger eine **Fortsetzungsfeststellungsklage** analog § 113 I 4 VwGO zu prüfen. Denkbar ist aber auch bei drohenden polizeilichen Verwaltungsakten, die mit Strafe oder Geldbuße bedroht sind, eine **vorbeugende Unterlassungsklage**.[319] 250

Beispiel:
Schwierige Abgrenzungsfragen nach der Vollstreckung eines polizeilichen Verwaltungsakts, wenn hierfür Kosten angefordert wurden (s. o. Rn. 203).

In den Verpflichtungskonstellationen kommt neben einer **Verpflichtungsklage** in Form einer Bescheidungs- und seltener einer Vornahmeklage[320] u. U. **vorläufiger Rechtsschutz** nach **§ 123 VwGO** in Betracht (s. schon o. Rn. 86). Die Klage setzt gem. §§ 68 II, 75 S. 1 VwGO einen **vorherigen Antrag bei der Behörde** voraus; wird über diesen nicht entschieden, kann unter den Voraussetzungen des § 75 VwGO Untätigkeitsklage erhoben werden. 251

b) Realakte

Sofern es sich bei polizeilichen Maßnahmen um Realakte handelt (ausf. zur Abgrenzung von Verwaltungsakten oben Rn. 181 ff.), was nach zutreffender Ansicht auch bei unmittelbarer Ausführung (s. o. Rn. 77) und Sofortvollzug (s. o. Rn. 199) der Fall ist, wird Rechtsschutz mittels der allgemeinen Leistungsklage gewährt. Anders als die Verpflichtungsklage setzt diese keinen vorherigen Antrag bei der Behörde (str.)[321] und auch kein 252

---

318 Allgemein zum Aufbau verwaltungsgerichtlicher Klagen *Schenke*, Verwaltungsprozessrecht Rn. 58 ff., 171 ff.
319 *Schenke*, Rn. 533.
320 Dies hängt damit zusammen, dass der Bürger i.d.R. nur einen Anspruch auf fehlerfreie Ermessensausübung besitzt, so dass der Bescheidungsklage (vgl. § 113 V 2 VwGO) im Polizeirecht besondere Bedeutung zukommt. Zur Begründung der Klagebefugnis s. u. Rn. 257.
321 *Schenke*, Verwaltungsprozessrecht Rn. 363; a. A. *Schmitt-Glaeser/Horn*, Verwaltungsprozessrecht, Rn. 388.

vorheriges Widerspruchsverfahren voraus. Auch hier kommt vorläufiger Rechtsschutz nach § 123 VwGO in Betracht.

c) Rechtsverordnungen

253 Nicht mit einer Klage zum VG, sondern einem Antrag auf Normenkontrolle beim OVG wird Rechtsschutz gegen Rechtsverordnungen gewährt (s. dazu bereits ausf. o. Rn. 228 ff.).

2. Begründetheit verwaltungsgerichtlicher Klagen bzw. Anträge

254 Für die Begründetheitsprüfung können die jeweils abgedruckten Prüfungsschemata herangezogen werden; auch die Darstellung insgesamt orientiert sich am Klausuraufbau (s. dazu schon o. Rn. 30):

- Rechtmäßigkeit eines polizei- und ordnungsbehördlichen Verwaltungsakts (Rn. 183)
- Rechtmäßigkeit von Vollstreckungsmaßnahmen (nach Rn. 204)
- Rechtmäßigkeit einer Gefahrenabwehrverordnung (Rn. 223 ff.)

3. Verfassungsgerichtlicher Rechtsschutz

255 Selbstverständlich kommt aber – insbesondere bei den neueren, verfassungsrechtlich teilweise bedenklichen Standardmaßnahmen – eine bundes- oder landesverfassungsgerichtliche Überprüfung der polizeirechtlichen Vorschriften in Betracht (abstrakte Normenkontrolle, Verfassungsbeschwerde). Insbesondere dann, wenn sie die Polizei zu heimlichen Maßnahmen ermächtigt, ist eine **Verfassungsbeschwerde unmittelbar gegen die polizeirechtliche Vorschrift** zulässig.

Beispiele:
Vorschriften über heimliche Wohnungs- und Telefonüberwachung sowie Kfz-Kennzeichenerfassung (s. zu verfassungsrechtlichen Bedenken gegen die Regelung der Kfz-Kennzeichenerfassung in § 27 V POG o. Rn. 151).[322]

4. Grundrechte in der polizeirechtlichen Fallbearbeitung

256 Kein Gebiet des besonderen Verwaltungsrechts ist so sehr „konkretisiertes Verfassungsrecht" wie das Polizei- und Ordnungsrecht, so dass die Grundrechte nicht nur bei der Überprüfung der Verfassungsmäßigkeit von Standardmaßnahmen (s. o. Rn. 134, 139 ff., 149 ff.), sondern auch in den "polizeirechtlichen Klausuren" eine entscheidende Rolle spielen. Dort treffen die Grundrechte auf eine Polizeirechtsdogmatik, die viel älter ist als die unmittelbare Grundrechtsgeltung und sogar umgekehrt entscheidend zur Ausbildung der Grundrechtsdogmatik beigetragen hat; so hat beispielsweise das Verhältnismäßigkeitsprinzip seine Wurzeln im Polizeirecht. Die Verzahnung von polizeirechtlicher Fallbearbeitung und Grundrechten bereitet in Klausuren erfahrungsgemäß große Schwierigkeiten. Sie tauchen typischerweise an folgenden Stellen der Prüfung auf:

---

322 BVerfGE 109, 279 ff. (Großer Lauschangriff); E 113, 348 ff. (vorbeugende Telekommunikationsüberwachung); BVerfGE 120, 378 ff. (Kfz-Kennzeichenerfassung).

XI. Klausurhinweise

a) Klagebefugnis

Die Klagebefugnis des Adressaten polizeilicher Maßnahmen folgt nach der herrschenden Adressatentheorie jedenfalls aus Art. 2 I GG. Allerdings ist klagebefugt nur der **Adressat der polizeilichen Maßnahme.** 257

Beispiel:
Nicht klagebefugt ist z.b. der zivilrechtliche **Eigentümer oder Miteigentümer** einer von der Verfügung betroffenen Sache, da diese unbeschadet privater Rechte Dritter ergeht.[323] Deshalb bedarf es bei der Inanspruchnahme des Verhaltensverantwortlichen auch einer Duldungsverfügung gegenüber dem Eigentümer.

Die polizeirechtlichen Ermächtigungsgrundlagen und insbes. die Generalklausel können i.V.m. den grundrechtlichen Schutzpflichten (norminterne Grundrechtswirkung) **Ansprüche auf polizeiliches Einschreiten** bzw. jedenfalls ein **formell subjektives öffentliches Recht auf fehlerfreie Ermessensausübung** begründen.[324] 258

b) Grundrechte im Tatbestand der öffentlichen Sicherheit und Ordnung

Grundrechte als solche sind **nicht Bestandteil der „geschriebenen Rechtsordnung"**, wie sie vom Tatbestand der öffentlichen Sicherheit erfasst wird. Andernfalls würden sie i.V.m. der Generalklausel zu Eingriffsermächtigungen des Staates mutieren. Dies gilt nach zutreffender Ansicht auch in den Fällen sog. Grundrechtskollisionen[325]. Sie können lediglich zur Konkretisierung der öffentlichen Ordnung herangezogen werden (s. o. Rn. 31, 34). In den meisten Fällen von Grundrechtsgefährdungen existieren allerdings Vorschriften, die als Teil der geschriebenen Rechtsordnung zur öffentlichen Sicherheit gehören und als **einfachgesetzliche leges speciales** die Grundrechte verdrängen. 259

Beispiele:
Tötungs- und Körperverletzungsdelikte zum Schutz von Leben und Gesundheit (Art. 2 II GG), Ehrschutz- und Eigentumsdelikte, die neben die entsprechenden Individualrechtsgüter treten und dazu führen, dass das Subsidiaritätsprinzip nicht eingreift (o. Rn. 32); strafrechtlicher Schutz von Versammlungen (§ 21 VersG).

c) Grundrechte und die polizeirechtliche Verantwortlichkeit

Insbesondere die **Grenzen der Verantwortlichkeit** des Zweckveranlassers (s. o. 58) sowie des Eigentümers als Zustandsverantwortlichen (s. Rn. 52) basieren genauso auf grundrechtlichen Erwägungen wie die strengen Voraussetzungen für eine Inanspruchnahme von Nichtstörern (s. o. Rn. 67). Dies rechtfertigt es, diese Grundsätze auch in solche Vorschriften hineinzulesen, die sie nicht ausdrücklich enthalten. 260

---

323 Dazu und zu den Einzelheiten *Kopp/Schenke*, VwGO § 42 Rn. 113. Der Eigentümer ist allerdings hinsichtlich vollstreckungsrechtlicher Maßnahmen klagebefugt, s. VGH Kassel, NVwZ-RR 1996, 330.
324 Grundlegend BVerwGE 11, 181. Ob ein solcher Anspruch tatsächlich besteht ist erst im Rahmen der Begründetheit zu prüfen und eine Frage der Ermessensreduktion auf Null. Schutznorm ist dann die einfachgesetzliche Vorschrift. Aus den Grundrechten allein kann sich kein Anspruch auf Einschreiten ergeben; allerdings folgt aus dem aus den grundrechtlichen Schutzpflichten abzuleitenden Untermaßverbot, dass sich dort, wo besonders schwerwiegende Beeinträchtigungen grundrechtlich geschützter Rechtsgüter drohen, der Anspruch auf fehlerfreie Ermessensausübung (formell subjektives öffentliches Recht) zu einem materiellen subjektiven öffentlichen Recht auf Einschreiten verdichtet, s. auch *Schenke*, Rn. 104.
325 S.o. Rn. 31 ff., krit. *Pieroth/Schlink/Kniesel*, § 8 Rn. 17 ff.

Beispiel:
Enge und an den Grundsätzen polizeirechtlicher Verantwortlichkeit orientierte Auslegung der versammlungsrechtlichen Begriffe des Veranstalters und Teilnehmers.[326]

d) Grundrechte und polizeiliches Ermessen

261 Vor allem aber spielen die Grundrechte bei der polizeilichen Ermessensausübung eine entscheidende Rolle. Über das Übermaßverbot hinaus ergeben sich aus den Grundrechten weitere Bindungen des polizeilichen Handelns. Bei diesen ist insbesondere allem zwischen Grundrechten mit Gesetzesvorbehalt[327] und den nicht ausdrücklich einschränkbaren Grundrechten[328] zu unterscheiden. Bei letzteren hat insbesondere beim Einschreiten zugunsten Dritter eine Abwägung zwischen den Grundrechten des Adressaten polizeilicher Maßnahmen und der geschützten Dritten zu erfolgen[329].

---

326 BVerfGE 69, 315, 348 f.; *Schenke*, Rn. 365.
327 Dort gelten insbesondere das Zitiergebot des Art. 19 I 2 GG sowie die Wesensgehaltstheorie des Art. 19 II GG, s. näher *Schenke*, Rn. 342 ff.
328 Diese sind nach der Rspr. (nur) zum Schutz anderer Güter von Verfassungsrang einschränkbar, s. BVerfGE 30, 173, 193 f.; 67, 213, 228 f.; 83, 130, 138 f.
329 *Pieroth/Schlink/Kniesel*, § 10 Rn. 10 ff.; *Schenke*, Rn. 103 ff.

§ 5 Bauordnungsrecht

von *Elke Gurlit*

Literatur: *Die in diesem Verzeichnis enthaltenen Werke werden in den Fußnoten lediglich mit dem Namen der Autoren oder Herausgeber (erforderlichenfalls mit einem unterscheidenden Zusatz) zitiert.*

Battis/Krautzberger/Löhr, BauGB, Komm., 10. Aufl. 2007; *Brohm*, Öffentliches Baurecht, 3. Aufl. 2002; *Dürr/Seiler-Dürr*, Baurecht RhPf., 2. Aufl. 2005; *Erbguth/Stollmann*, Entwicklung im Bauordnungsrecht, JZ 2007, 868; *Finkelnburg/Ortloff*, Öffentliches Baurecht, Bd. II, 5. Aufl. 2005; *Jeromin* (Hrsg.), LBauO RhPf., Komm., 2. Aufl. 2008; *Koch/Hendler*, Baurecht, Raumordnungs- und Landesplanungsrecht, 4. Aufl. 2004; *Krebs*, Baurecht, in: Schmidt-Aßmann/Schoch (Hrsg.), Bes. Verwaltungsrecht, 14. Aufl. 2008, S. 451 ff.; *Lieder*, Der Bestandsschutz im Baurecht, VBlBW 2004, 53, 81; *K. Meier*, Das Abstandsflächenrecht in der Rechtsprechung des OVG RhPf., LKRZ 2007, 457; *Oldiges*, Baurecht, in: Steiner (Hrsg.), Bes. Verwaltungsrecht, 8. Aufl. 2006, Kap. III, S. 363 ff.; *Peine*, Öffentliches Baurecht, 4. Aufl. 2003; *Schoch*, Eingriffsbefugnisse der Bauaufsichtsbehörden, Jura 2005, 178; *ders.*, Nachbarschutz im öffentlichen Baurecht, Jura 2004, 317; *Stollmann*, Öffentliches Baurecht, 5. Aufl. 2008; *Tettinger/Erbguth/Mann*, Bes. Verwaltungsrecht, 9. Aufl. 2007, S. 290 ff.; *Wehr*, Materieller und formeller Bestandsschutz im Baurecht, Die Verwaltung 38 (2005), 65.

I. Grundlagen des Bauordnungsrechts

1. Bauordnungsrecht als Teil des öffentlichen Baurechts

Das Bauordnungsrecht bildet gemeinsam mit dem Bauplanungsrecht das **öffentliche Baurecht**. Das private Baurecht stellt die Regeln für die Rechtsbeziehungen zwischen den privaten, am Baugeschehen Beteiligten bereit. Die Rechtsverhältnisse zwischen Bauherrn, Bauunternehmern und Architekten[1] bestimmen sich vornehmlich nach den werkvertraglichen Vorschriften des bürgerlichen Rechts (§§ 631 ff. BGB) und nach besonderen Vorschriften wie der Honorarordnung für Architekten und Ingenieure. Für die eigentumsrechtlichen Verhältnisse von Grundstücksnachbarn ist zudem das auf Art. 124 EGBGB beruhende Nachbarrechtsgesetz für Rheinland-Pfalz (LNRG)[2] maßgeblich, das z.B. Vorschriften über Nachbar- und Grenzwände enthält. Das öffentliche Baurecht umfasst diejenigen Normen, welche die Ordnung des Raums und die Zulässigkeit der baulichen Nutzung von Grundstücken regeln.

1

Das **Bauplanungsrecht** ist flächenbezogen und ermöglicht eine umfassende Planung der Bodennutzung innerhalb eines räumlich beschränkten Bereichs. Die kommunale Bauleitplanung ist örtliche Gesamtplanung, die nicht nur die Arten zulässiger Baunutzung entwickelt, sondern ebenso Freizeit- und Verkehrsflächen plant. Dem sukzessive erweiterten Planungsinstrumentarium und -ansatz entspricht die verbreitete Bezeichnung als Städtebaurecht.[3] Das **Bauordnungsrecht** hat hingegen ein konkretes Bauvorhaben zum Ausgangspunkt. Nach seiner Entstehung als „Baupolizeirecht" ist das Bauordnungs-

2

---

1 Die LBauO unterscheidet in geschlechtsgerechter Sprache zwischen Bauherr und Bauherrin (§ 54), Eigentümer und Eigentümerin (§ 54 Abs. 2), Nachbar und Nachbarin (§ 68 Abs. 1) Entwurfsverfasser und Entwurfsverfasserin (§ 55 Abs. 1), Architekt und Architektin (§ 64 Abs. 2 S. 1 Nr. 1) und Ingenieur und Ingenieurin (§ 64 Abs. 2 S. 1 Nr. 2). Soweit im folgenden ausschließlich die weibliche oder männliche Form verwendet wird, schließt dies das jeweils andere Geschlecht ein.
2 BS 403-1; *H/J/W*, Nr. 74; zur Anwendbarkeit neben der LBauO s. OVG RhPf., AS 31, 333.
3 *Oldiges*, Rn. 4 ff.; *Tettinger/Erbguth/Mann*, Rn. 795 ff.

recht auch heute noch gefahrenabwehrrechtlich geprägt. Allerdings rechnen seit preußischen Zeiten auch bauästhetische Anforderungen zu den Zielen des Bauordnungsrechts.[4] In jüngerer Zeit sind soziale und ökologische Zwecksetzungen hinzugetreten.

3   Die **Abgrenzung zwischen Bauplanungs- und Bauordnungsrecht** ist bedeutsam im Hinblick auf die Verteilung der **Gesetzgebungskompetenzen**. Nach Art. 74 I Nr. 18 GG kommt dem Bund die konkurrierende Kompetenz für das Bodenrecht zu, von der er mit dem Erlass des Baugesetzbuches (BauGB) Gebrauch gemacht hat.[5] In seinem Baurechtsgutachten von 1954 ordnete das BVerfG[6] dem Bodenrecht nur solche Vorschriften zu, die den Grund und Boden „unmittelbar zum Gegenstand rechtlicher Ordnung haben, also die rechtlichen Beziehungen des Menschen zum Grund und Boden regeln". Den Ländern seien nach Art. 70 I GG nicht nur die Aufgaben zur Regelung verblieben, die materiell-polizeirechtlichen Charakter haben, sondern auch solche, die traditionell durch Sondergesetze den Baupolizeibehörden zugewiesen waren. Dazu gehört die Wahrung bauästhetischer Belange insb. durch Vorgaben für die äußere Gestaltung baulicher Anlagen.[7] Hierunter fallen auch die umgebungsbezogenen Regelungen in §§ 5 II und 52 III 1 LBauO, da sie an ein konkretes Bauvorhaben anknüpfen und damit eine bauordnungsrechtliche Zielsetzung haben.[8]

2. Rechtsquellen

4   Das Bauordnungsrecht ist in den Bauordnungen der Länder normiert. Orientierungsfunktion für die Ländergesetzgebung soll der – rechtlich unverbindlichen – **Musterbauordnung** zukommen, die zuletzt im Jahr 2002 fortgeschrieben wurde.[9] Insb. die seit den 90er Jahren des vergangenen Jahrhunderts geführten Diskussionen um eine Deregulierung und Privatisierung des Baugeschehens (Rn. 16) haben aber recht unterschiedliche Länderregelungen hervorgebracht, so dass von einer Einheitlichkeit des Bauordnungsrechts in den Ländern nicht mehr die Rede sein kann.[10] Dies sollte eine Mahnung vor der unbesehenen Übernahme der bauordnungsrechtlichen Judikatur anderer Bundesländer sein.

5   Die wesentlichen Vorschriften des Bauordnungsrechts für das Land Rheinland-Pfalz finden sich in der **Landesbauordnung** (LBauO).[11] Gestützt auf Ermächtigungsgrundlagen in der LBauO (§§ 87, 18 IV, 22 II, 58 II, 76 IV) i.V.m. Art. 110 LV sind vom Finanzministerium als oberster Bauaufsichtsbehörde zahlreiche **Verordnungen** erlassen worden, die sowohl materielle Anforderungen an Bauten als auch formelle Erfordernisse

---

4   Pr. G. gegen die Verunstaltung landschaftlich hervorragender Gegenden v. 2.6.1902, GS S. 159; mit dem G. wurde auf die *Kreuzberg*-Urteile des PrOVG (PrVerwBl. 1879/80, 401; PrOVG 9, 353 = DVBl. 1985, 219) reagiert, die den auf die Gefahrenabwehr beschränkten Polizeibegriff prägten.
5   BauGB i.d.F. der Bek. v. 23.9.2004, BGBl. I S. 2414, zul. geänd. durch G. v. 21.12.2006, BGBl. I S. 3316.
6   BVerfGE 3, 407, 430 ff.
7   Zur Baugestaltung als ordnungsrechtlicher Aufgabe s.a. BVerwGE 40, 94, 96; 91, 234, 240.
8   BVerwG, NVwZ 2008, 311, 312 für die identischen Regelungen in §§ 12 II, 13 III BauO NRW; zur Maßgeblichkeit der Zielsetzung zuvor auch BVerwGE 40, 94, 96; 91, 234, 240.
9   MusterBauO i.d.F. vom 8.11.2002, abrufbar unter http://www-is.argebau.de/lbo; dazu *Jäde*, NVwZ 2003, 668.
10 Krit. dazu *Schulte*, DVBl. 2004, 925; Überblick über die Länderregelungen bei *Erbguth/Stollmann*, JZ 2007, 868.
11 BS 213-1; *H/JW*, Nr. 60.

I. Grundlagen des Bauordnungsrechts

konkretisieren. Die technischen Anforderungen an die Bauausführung werden in den durch **Verwaltungsvorschriften** der obersten Bauaufsichtsbehörde eingeführten „technischen Baubestimmungen" festgelegt. Hierzu zählen die vom Deutschen Institut für Bautechnik bekannt gemachten technischen Regeln für Bauprodukte (§ 18 II LBauO). Auch wenn § 3 III 1 LBauO deren Beachtlichkeit anordnet, erhebt dies nicht die technischen Normen in den Rang einer außenwirksamen Rechtsnorm. Allerdings ist ein Abweichen von den technischen Baubestimmungen nur unter eingeschränkten Voraussetzungen zulässig.[12]

§ 88 LBauO befugt die Gemeinden zum Erlass von Ortsbaurecht in Gestalt von **Satzungen**. Die Kommunen sollen mit gebietsspezifischer Gestaltungsabsicht[13] baugestalterischen Bedürfnissen Rechnung tragen (§ 88 I Nr. 1 – 7 LBauO), sich aber auch sozialen und ökologischen Belangen widmen können (§ 88 IV Nr. 2 und 3 LBauO). Umstritten ist, ob § 88 LBauO spezialgesetzliche Ausprägung der gemeindlichen Befugnis zur satzungsförmigen Erledigung der eigenen Angelegenheiten (§ 24 I 1 GemO) oder Zuweisung der Satzungsbefugnis für staatliche Auftragsangelegenheiten (§ 24 I 2 GemO) ist.[14] Für ersteres spricht die Ermächtigung zum Satzungserlass mit echten Gestaltungsaufgaben, für letzteres die Erledigung der Bauaufsicht als staatliche Auftragsangelegenheit nach § 58 IV LBauO (Rn. 14). Das OVG RhPf. weist der Satzungsbefugnis nach § 88 I LBauO eine Doppelnatur zu, derzufolge „der Satzungsermächtigung die Verleihung echter Autonomie im Rahmen der gesetzlichen Übertragung" zukomme mit der Konsequenz, dass die Autonomiegewährung jedenfalls nicht der Bestandsgarantie des Art. 28 II GG, Art. 49 LV unterfällt.[15] Ungeachtet dieses nur wenig ergiebigen Streits können die bauordnungsrechtlichen Gestaltungsvorschriften der Gemeinde nach § 9 IV BauGB i.V.m. § 88 VI 1 LBauO im Bebauungsplan festgesetzt werden.

6

3. Der Anwendungsbereich der LBauO

Nach § 1 I 1 LBauO gilt das Gesetz für **bauliche Anlagen** und für Bauprodukte. Der Begriff der baulichen Anlage, der in § 2 I 1 LBauO legal definiert wird, ist ein zentraler Topos des Bauordnungsrechts. Nach § 1 I 2 LBauO gilt das Gesetz auch für bebaute und bebaubare Grundstücke[16] sowie für **andere Anlagen und Einrichtungen,** an die durch oder auf Grund der LBauO Anforderungen gestellt werden. Entscheidend für die Anwendung ist, dass die jeweilige Vorschrift auch auf andere Anlagen Bezug nimmt.

7

Beispiel:
Nach § 52 II LBauO gelten für Werbeanlagen, die keine baulichen Anlagen sind, §§ 3 I und 5 LBauO entsprechend. Es handelt sich bei diesen Werbeanlagen um andere Anlagen, an die § 52 LBauO i.S.v. § 1 I 2 LBauO Anforderungen stellt. Nach § 81 LBauO kann auch bei einem Verstoß gegen öffentlich-rechtliche Vorschriften durch andere Anlagen deren Beseitigung angeordnet werden. Hingegen knüpfen einige Vorschriften für die Bauausführung (§§ 13, 15, 17 II LBauO) allein an den Begriff der

---

12 Dies folgt aus dem Verweis in § 3 III 2 auf §§ 18 III, 22 LBauO.
13 Zu dieser Wirksamkeitsvoraussetzung für den Satzungserlass OVG RhPf., BauR 1989, 68.
14 Für die erstgenannte Sichtweise *Manssen*, Stadtgestaltung durch örtliche Bauvorschriften, 1990, S. 113; *Hendler/Haller*, Voraufl., F/Rn. 18; für letzteres Verständnis OVG RhPf., NVwZ-RR 1994, 429; Urt. v. 2.2.1995 – 1 A 10656/94.OVG – in: ders., § 88 Rn. 2.
15 OVG RhPf., DVBl. 2009, 56 ff.
16 Maßgeblich ist der bürgerlich-rechtliche Grundstücksbegriff, *Jeromin*, in: ders., § 1 Rn. 6 ff.

baulichen Anlage an und sind mangels Verweises in § 52 II LBauO auch nicht entsprechend auf andere Anlagen anwendbar. Die Beseitigung einer Werbeanlage in Gestalt eines leuchtenden City Light Boards wegen Verstoß gegen § 17 II LBauO kann deshalb nach § 81 LBauO nur angeordnet werden, wenn es sich bei dieser Anlage um eine bauliche Anlage handelt.

8 § 1 II LBauO normiert **Ausnahmen** vom sachlichen Anwendungsbereich. Danach gilt die LBauO u.a. nicht für Verkehrsanlagen, für Anlagen, die der Bergaufsicht unterliegen, für die Netzleitungen der Infrastrukturversorgung und für Rohrleitungen, die dem Ferntransport dienen. Der abschließende Katalog rechtfertigt sich aus dem Vorrang spezialgesetzlicher Regelungen, die Anforderungen an diese Anlagen stellen.

4. Der Schlüsselbegriff der baulichen Anlage

9 Nach § 2 I 1 LBauO sind bauliche Anlagen mit dem Erdboden verbundene, aus Bauprodukten hergestellte Anlagen. Die von § 2 I 1 LBauO geforderte **Herstellung aus Bauprodukten** bringt das bauordnungsrechtliche Kriterium des Bauens zur Geltung. Bauprodukte sind nach § 2 IX LBauO natürliche oder künstliche Baustoffe, Bauteile oder andere Anlagen, die zum Zweck des Einbaus in baulichen Anlagen hergestellt werden, daneben vorgefertigte Anlagen, die als Fertighäuser unmittelbar mit dem Boden verbunden werden. Hingegen werden keine Bauprodukte verwendet, wenn z.B. ein bestehendes Gebäude mit einer Werbung bemalt[17] oder ein sog. *Skybeamer* auf einem Gebäude angebracht oder auf dem Boden abgestellt wird.[18] Für die Herstellung der baulichen Anlage aus Bauprodukten ist ein Prozess erforderlich in dem Sinne, dass die Anlage künstlich von Menschenhand geschaffen sein muss. Dies unterscheidet die bauliche Anlage z.B. von einer natürlich gewachsenen Hecke.[19] Die Herstellung kann aber auch durch bloßes Zusammenfügen von Bauprodukten geschehen (§ 2 X LBauO).

10 Als wesentlich streitträchtiger erweist sich das Merkmal der **Verbindung mit dem Erdboden**. Hierzu zählen jedenfalls Anlagen, die dauerhaft **unmittelbar im Erdreich** befestigt werden, etwa durch ein Fundament oder eine sonstige Verankerung. Eine derartige Verbindung mit dem Erdreich besteht nach § 2 I 2 Alt. 1 LBauO auch, wenn die Anlage **durch eigene Schwere** auf dem Boden ruht. Entscheidend ist, dass die Anlage nicht ohne weiteres fortbewegt werden kann. Deshalb ist eine historische Dampflokomotive mit einem Gewicht von neun Tonnen eine bauliche Anlage,[20] nicht hingegen eine Gartenbank, die sich ohne Einsatz technischer Hilfsmittel entfernen lässt. Nach § 2 I 2 Alt. 2 LBauO können auch Anlagen, die nicht allein durch ihre Schwere ortsfest sind, als bauliche Anlage qualifiziert werden, wenn sie nach ihrem **Verwendungszweck** dazu bestimmt sind, überwiegend ortsfest genutzt zu werden. Hiermit sollen vor allem fahrbare Anlagen erfasst werden, die für einen gewissen Zeitraum oder zu bestimmten Zeitpunkten, etwa tagsüber, einen festen Standort haben. Dazu rechnen Imbisswagen oder auch ein Wohnmobil, das an Straßenrändern zu Zwecken der Ausübung der Prostitution abgestellt wird.[21]

---

17 BayObLG, BayVBl. 1986, 377, 378.
18 *Dietlein*, BauR 2000, 1682, 1683.
19 OVG RhPf., AS 31, 333, 335.
20 Instruktiv VGH BadWürtt., BRS 55 Nr. 194.
21 OVG Saarl., BRS 54 Nr. 141; NdsOVG, BRS 54 Nr. 142 (Imbissstände); VG Koblenz, Urt. v. 16.6.2005 – 1 K 505/05.KO – (Prostitution).

I. Grundlagen des Bauordnungsrechts

Alle soeben genannten Konstellationen zeichnen sich durch eine unmittelbare Verbindung der Anlagen mit dem Erdboden aus. Als – klausurträchtige – Problemfälle gelten Anlagen, die nur eine **mittelbare Verbindung** mit dem Erdreich aufweisen. Dies gilt für Werbeanlagen, Parabolantennen und Mobilfunkmasten, die an oder auf Gebäuden befestigt sind. Nach einer Auffassung müssen bauliche Anlagen unmittelbar mit dem Erdboden verbunden sein, um zu vermeiden, dass *innerhalb* von Gebäuden befestigte Einrichtungsgegenstände zum Objekt bauordnungsrechtlicher Regelung werden.[22] Diese Erwägung überzeugt nicht. Maßgeblich sollten ordnungsrechtliche Regelungsbedürfnisse sein. Diese bestehen jedenfalls dann, wenn *an* oder *auf* Gebäuden Anlagen befestigt werden. Bei an Häusern befestigten **Werbeanlagen** können die Anforderungen des § 52 II LBauO z.b. nicht gewährleisten, dass diese unmittelbar an den Vorgaben des § 17 II LBauO zu messen sind (Beispiel zu Rn. 7). Sie sind deshalb als bauliche Anlage einzuordnen, sofern sie durch das Trägergebäude eine Verbindung zum Erdreich aufweisen.[23] Dasselbe gilt für **Parabolantennen** und **Mobilfunkmasten**.[24] 11

Eine Begriffserweiterung ist mit § 2 I 3 LBauO verbunden, demzufolge die dort genannten Vorhaben als bauliche Anlage gelten (**fiktive bauliche Anlagen**). Hierdurch werden Anlagen einbezogen, die nicht die Merkmale des § 2 I 1 und 2 LBauO erfüllen, weil es ihnen z.b. am Merkmal des Bauens fehlt, wie dies für Aufschüttungen und Abgrabungen (§ 2 I 3 Nr. 1 LBauO), für unbefestigte Lager- und Abstellplätze (§ 2 I 3 Nr. 2 LBauO), Kfz-Stellplätze (§ 2 I 3 Nr. 4 LBauO) oder Sportplätze (§ 2 I 3 Nr. 5 LBauO) gilt. Aus Gründen des präventiven Kontrollbedürfnisses gelten Camping- und Wochenendplätze als Gesamtanlage als bauliche Anlage (§ 2 I 3 Nr. 3 LBauO) ungeachtet des Umstands, dass ein Wochenendhaus schon nach § 2 I 1 LBauO eine bauliche Anlage ist.[25] 12

Der bauordnungsrechtliche Begriff der baulichen Anlage bedarf der **Abgrenzung vom Bauplanungsrecht**. Nach § 29 I BauGB gelten die §§ 30 ff. BauGB für bauliche Anlagen. Dieser Begriff ist bundesrechtlich unter Beachtung der Grenzen der kompetenziellen Zuweisung nach Art. 74 I Nr. 18 GG zu bestimmen. Eine bauliche Anlage i.S.v. § 29 I BauGB ist zum einen durch das weit zu verstehende Merkmal des Bauens, zum anderen – einschränkend – durch seine städtebauliche Relevanz gekennzeichnet.[26] Für das **Element des Bauens** ist erforderlich, dass die Anlage in einer auf Dauer gedachten Weise künstlich mit dem Erdboden verbunden ist. Auf die Unmittelbarkeit der Verbindung mit dem Erdboden kommt es unstreitig nicht an, weshalb auch an Gebäuden befestigte Werbeanlagen dieses Kriterium erfüllen.[27] Ob eine Anlage **städtebauliche Relevanz** aufweist, bestimmt sich nach dem durch sie ausgelösten Planungsbedürfnis i.S.v. § 1 III, VI BauGB. Wegen ihrer das Ortsbild beeinträchtigenden Wirkung (§ 1 VI Nr. 5 BauGB) wird dies bei Mobilfunksendeanlagen der Fall sein, nach den Umständen des Einzelfalls 13

---

22 So *Jeromin*, in: ders., § 2 Rn. 9; *Dietlein*, BauR 2000, 1682, 1683.
23 VGH BadWürtt., BRS 50 Nr. 151; OVG Hbg., NVwZ-RR 2002, 562; OVG NRW, ZfBR 2006, 487, 488; ähnl. *Tettinger/Erbguth/Mann*, Rn. 1179.
24 HessVGH, NVwZ-RR 1999, 297 (Parabolantenne); a.A. *Jeromin*, in: ders., § 2 Rn. 10.
25 S. auch § 62 I Nr. 1 d) LBauO, demzufolge Kleinwochenendhäuser nur auf *genehmigten* Camping- und Wochenendplätzen genehmigungsfrei sind.
26 BVerwGE 44, 59, 61; 91, 234, 236.
27 BVerwGE 44, 59; 91, 234; NdsOVG, ZfBR 1987, 217; VGH BadWürtt., VBlBW 1992, 100.

auch bei Werbeanlagen.[28] Nach alledem haben sich zwar ordnungs- und planungsrechtlicher Begriff der baulichen Anlage einander angenähert, sind aber nicht identisch.

II. Formelles Bauordnungsrecht
1. Organisation und Zuständigkeiten

14 Die bauordnungsrechtlichen Aufgaben werden von den **Bauaufsichtsbehörden** wahrgenommen. Sie sind Sonderordnungsbehörden i.S.v. § 88 II POG. **Oberste Bauaufsichtsbehörde** ist nach § 58 I Nr. 1 LBauO das fachlich zuständige Ministerium, nach der Geschäftsverteilung der Landesregierung das Ministerium der Finanzen.[29] **Obere Bauaufsichtsbehörde** ist die Struktur- und Genehmigungsdirektion (§ 58 I Nr. 2 LBauO). **Untere Bauaufsichtsbehörde** ist die Kreisverwaltung, in den kreisfreien und großen kreisangehörigen Städten i.S.v. §§ 6, 7 GemO die Stadtverwaltung. Nach § 58 II LBauO können die Aufgaben der unteren Bauaufsichtsbehörde für genehmigungsfreie Vorhaben und für solche, die einem vereinfachten Genehmigungsverfahren unterfallen, durch Rechtsverordnung auf die Verbandsgemeindeverwaltung oder die Verwaltung einer verbandsfreien Gemeinde übertragen werden.[30] Die Aufgaben der unteren Bauaufsichtsbehörde werden von den Kommunen als **Auftragsangelegenheit** wahrgenommen (§ 58 IV GemO) mit der Konsequenz, dass sie den fachlichen Weisungen der Struktur- und Genehmigungsdirektion als der übergeordneten Behörde unterliegen (Art. 49 IV 1 LV, § 2 II GemO, § 2 II LKO).

15 Mangels Regelung in der LBauO ist § 3 I Nr. 1 VwVfG i.V.m. § 1 I LVwVfG für die **örtliche Zuständigkeit** maßgeblich, die sich nach der Belegenheit des unbeweglichen Vermögens bestimmt. Die **sachliche Zuständigkeit** weist § 60 LBauO vorbehaltlich abweichender Bestimmungen der unteren Bauaufsichtsbehörde zu. Abweichende Zuständigkeiten werden z.B. für die oberste Bauaufsichtsbehörde hinsichtlich des Verordnungserlasses und der Einführung technischer Baubestimmungen (Rn. 5) begründet. Für **Zuständigkeitsfehler** gilt ein differenziertes Regime. Während § 44 II Nr. 3 VwVfG den Verstoß gegen die örtliche Zuständigkeit nach § 3 I Nr. 1 VwVfG mit der Nichtigkeitsfolge sanktioniert, begründet nur ein schwerer und offenkundiger Verstoß gegen die sachliche Zuständigkeit die Nichtigkeit eines allfälligen Verwaltungsakts nach § 44 I VwVfG.[31] Der Zuständigkeitsfehler ist indes weder nach § 45 VwVfG heilbar noch steht er i.S.v. § 46 VwVfG der Aufhebung des Verwaltungsakts entgegen. Allerdings kann ein Nachbar die Aufhebung einer Baugenehmigung nicht schon wegen fehlender sachlicher Zuständigkeit der Behörde verlangen, da Zuständigkeitsvorschriften **nicht drittschützend** sind.[32]

---

28 OVG NRW, ZfBR 2003, 377 (Mobilfunksendemasten); BVerwGE 91, 234, 236 f. – bei Werbeanlagen nicht nur bei Großflächigkeit, sondern auch bereits bei „gedachter Häufung"; anderes gilt für Litfaßsäulen, OVG Hbg., NVwZ-RR 1998, 616.
29 § 5 Nr. 22 Anordnung über die Geschäftsverteilung der Landesregierung RhPf., BS 1103-4.
30 Geschehen für namentlich genannte Gemeinden durch LVO zur Übertragung von Aufgaben der unteren Bauaufsichtsbehörde auf die Verbandsgemeindeverwaltung oder die Verwaltung einer verbandsfreien Gemeinde, BS 213-1-11.
31 Zu einem Fall absoluter sachlicher Unzuständigkeit BayObLG, NVwZ 1984, 399; zu fehlender Evidenz beim Handeln einer sachlich unzuständigen Bauaufsichtsbehörde VGH BadWürtt., VBlBW 2006, 314.
32 VGH BadWürtt., VBlBW 2006, 314, 315.

II. Formelles Bauordnungsrecht

2. Die Zulassung von Vorhaben
a) Zulassungsverfahren im Wandel

Die Klagen über eine übermäßige Regulierung des Bauens veranlassten im Jahr 1990 16
den Bundesgesetzgeber zu einer Novellierung des BauGB mit dem Ziel der Erleichterung und Beschleunigung der kommunalen Bauleitplanung.[33] In der Folge erfasste die Reformdebatte auch das Bauordnungsrecht. In einer Novellierungswelle wurden die Bauordnungen der Länder nach den Leitgedanken der **Vereinfachung, Deregulierung** und **Privatisierung** des Baugeschehens überarbeitet. In Rheinland-Pfalz wurde zum einen die traditionelle Kategorie genehmigungsfreier, kleinerer Vorhaben nach § 62 LBauO ab 1999 erweitert.[34] Zudem hat der Gesetzgeber das schon 1986 normierte vereinfachte Genehmigungsverfahren nach § 66 LBauO im Jahr 1999 auf Gebäude bis zur Hochhausgrenze erstreckt (Rn. 36 ff.), ebenso wie das im Jahr 1995 eingeführte Freistellungsverfahren nach § 67 LBauO, das für bestimmte Bauvorhaben einen vollständigen Verzicht auf das Baugenehmigungsverfahren vorsieht (Rn. 50 ff.).

Beispiel:
Der Grundstückseigentümer E beabsichtigt die Errichtung eines Wohngebäudes der Gebäudeklasse 4 i.S.v. § 2 II Nr. 4 LBauO. Die Errichtung einer baulichen Anlage bedarf nach § 61 LBauO einer Baugenehmigung. Nach § 66 II LBauO unterliegt indes die Errichtung einer Anlage der Gebäudeklasse 4 unter den dort genannten Voraussetzungen nur einem vereinfachten Genehmigungsverfahren. Befindet sich das Baugrundstück im Geltungsbereich eines qualifizierten Bebauungsplans, kann unter den Voraussetzungen des § 67 I LBauO auf Verlangen des Bauherrn gänzlich von einem Baugenehmigungsverfahren abgesehen werden (§ 67 V i.V.m. § 66 II LBauO).

Der in diesen Entwicklungslinien zu beobachtende allmähliche „Abschied von der Bau- 17
genehmigung"[35] ist folgenreich. Im Bauordnungsrecht steht vor allem die **Speicherfunktion der Baugenehmigung**[36] auf der Verlustliste. Dies wirkt sich zum einen auf das anwendbare Verfahren, zum anderen auf die Rechtsstellung von Bauherrn und Nachbarn aus. Der Bauherr muss im Falle der Genehmigungsfreiheit auf eine Bestandsschutz vermittelnde Legalisierungswirkung der Baugenehmigung verzichten (Rn. 40) und trägt die Konsequenzen einer Haftungsverlagerung. Dem Nachbarn hingegen fehlt mit der Baugenehmigung das Angriffsobjekt für eine Anfechtungsklage. Er gerät in die Rolle desjenigen, der einen Anspruch auf baupolizeiliches Einschreiten geltend machen muss (Rn. 75 ff.). Zum Verständnis dieses Umbruchs ist die Kenntnis von Voraussetzungen und Wirkungen der Baugenehmigung erforderlich.

b) Die Baugenehmigung

aa) **Baugenehmigung und Baufreiheit:** Nach § 61 LBauO bedarf die Errichtung bauli- 18
cher Anlagen der Genehmigung, sofern nicht ein Fall der Genehmigungsfreiheit oder der Genehmigungsfreistellung gegeben ist. Die Ausgestaltung als präventives Erlaubnisverfahren lässt das Verhältnis zum Eigentumsschutz nach Art 14 I GG virulent werden.

---

33 Maßnahmengesetz zum BauGB v. 17.5.1990, BGBl. I S. 926.
34 Durch die LBauO v. 24.11.1998, GVBl. S. 365; s.a. G. v. 12.5.2005, GVBl. S. 154.
35 So im Titel des Aufsatzes von *Korioth*, DÖV 1996, 665; s.a. *Callies*, Die Verwaltung 34 (2001), 169; *Mampel*, NVwZ 1996, 1160; *Oeter*, DVBl. 1999, 189; *Sacksofsky*, DÖV 1999, 946.
36 Zu den in den verwaltungsrechtlichen Handlungsformen angelegten „Speichern" *Schmidt-Aßmann*, Das allg. Verwaltungsrecht als Ordnungsidee, 2. Aufl. 2006, S. 297 ff., 324 ff.

Abzulehnen ist die Auffassung, das Bauen liege außerhalb des Grundrechtsschutzes, sodass erst die Erteilung der Baugenehmigung eine einfachgesetzliche Baubefugnis vermittle.[37] Vielmehr schützt die Eigentumsgarantie das vermögenswerte Recht am eigenen Grundstück[38] und kommt damit grundsätzlich auch dem „Schwarzbauer" zugute. Allerdings folgt das *konkrete* Recht zur Bebauung des eigenen Grundstücks nicht unmittelbar aus Art. 14 I 1 GG. **Baufreiheit** besteht nach Maßgabe von Art. 14 I 2 GG nur **im Rahmen der Gesetze**.[39] Damit steht mitnichten die Ausgestaltung der Grundstücksnutzung zur freien Disposition des Gesetzgebers. Dieser ist vielmehr an einen verfassungsrechtlichen Begriff des Eigentums gebunden, der die Privatnützigkeit der vermögenswerten Rechte und die Verfügungsbefugnis des Eigentümers wahrt.[40]

19 Den verfassungsrechtlichen Vorgaben genügt § 70 I 1 LBauO, demzufolge ein **Anspruch** auf Erteilung der Baugenehmigung besteht, wenn dem Vorhaben keine baurechtlichen oder sonstigen öffentlich-rechtlichen Vorschriften entgegenstehen.[41] Dem verfassungsgebotenen Charakter der Bauerlaubnis als gebundener Entscheidung steht nicht entgegen, dass die Bauaufsichtsbehörde den Baubescheid mit Nebenbestimmungen versehen oder im Ermessenswege Abweichungen zulassen kann. **Nebenbestimmungen** (u.Rn. 43) können nach § 36 I Alt. 2 VwVfG einer gebundenen Entscheidung beigefügt werden, um sicherzustellen, dass die gesetzlichen Voraussetzungen des Verwaltungsakts erfüllt werden. Sie zielen deshalb auf die Herstellung der Genehmigungsfähigkeit ab.[42] Die Gestattung von **Abweichungen** i.S.v. § 69 I LBauO (Rn. 104) dient ebenfalls dem Ziel, die Versagung einer Bauerlaubnis wegen entgegenstehender Rechtsvorschriften zu vermeiden, und verbessert die Rechtsstellung des Bauherrn.[43]

20 bb) **Genehmigungsbedürftigkeit**: Ein bauaufsichtliches Genehmigungsverfahren scheidet von vornherein aus, sofern die Baugenehmigung durch ein besonderes **fachgesetzliches Verfahren** ersetzt wird. So kommt der immissionsschutzrechtlichen Genehmigung nach § 4 BImSchG Konzentrationswirkung für das Baurecht zu (§ 13 BImSchG). Auch Planfeststellungsbeschlüsse (§ 75 I 1 Halbs. 2 VwVfG) und Plangenehmigungen (§ 74 VI 2 VwVfG) ersetzen vorbehaltlich abweichender Regelung[44] andere Erlaubnisse unter Einschluss der Baugenehmigung. Durch die Planfeststellung für eine Landstraße werden z.B. baurechtliche Genehmigungen für Folgemaßnahmen wie Deponien für angefallenes Erdreich (§ 75 I 1 Halbs. 2 VwVfG i.V.m. § 1 LVwVfG) oder für Lärmschutzwände (§ 5 I 3 LStrG) „wegkonzentriert". Nach § 70 VI LBauO wird zudem konstitutiv[45] der Genehmigung nach § 7 AtG eine Konzentrationswirkung beigemessen. Die Konzentrationswirkung ist allein verfahrensrechtlicher Natur und lässt die materiellrechtlichen

---

37 So aber *Dähne*, Jura 2003, 455; *Rittstieg*, NJW 1982, 721, 722; *Wahl*, DVBl. 1982, 51, 56.
38 BVerfGE 21, 72, 79; 35, 263, 276 – st. Rspr.
39 Instruktiv *Krebs*, Rn. 2 ff.
40 BVerfGE 53, 257, 290; 78, 58, 71; 83, 201, 208; 93, 121, 137; 102, 1, 15.
41 Zur Grundrechtsgebotenheit eines Genehmigungsanspruchs BVerwGE 18, 247, 250.
42 Zur Verfassungsmäßigkeit von § 70 I 3 LBauO OVG RhPf., NVwZ-RR 2006, 167.
43 *Finkelnburg/Ortloff*, S. 144.
44 Nach § 9 I 3 Alt. 2 LuftVG ist die verfahrensrechtliche Zuständigkeit der Bauaufsichtsbehörden erhalten geblieben, s. BVerwGE 85, 251.
45 § 70 VI LBauO ist insoweit deklaratorisch, als nach § 8 II AtG eine erforderliche immissionsschutzrechtliche Genehmigung von der atomrechtlichen Genehmigung eingeschlossen wird. In diesem Fall wird auch die baurechtliche Genehmigung ersetzt.

II. Formelles Bauordnungsrecht

Vorgaben des Baurechts unberührt.[46] Verfahrensrechtliche Folgen sind die Zuständigkeitsverlagerung auf die andere Genehmigungs- oder Planfeststellungsbehörde (Zuständigkeitskonzentration), die Unanwendbarkeit der bauaufsichtlichen Verfahrensbestimmungen (Verfahrenskonzentration) und der Wegfall einer gesonderten Baugenehmigung (Entscheidungskonzentration).

Nach § 61 LBauO bedürfen die Errichtung, die Änderung, die Nutzungsänderung und der Abbruch baulicher Anlagen sowie anderer Anlagen und Einrichtungen i.S.v. § 1 I 2 LBauO der Baunehmigung, soweit das Vorhaben nicht nach § 62 LBauO genehmigungsfrei ist, dem Genehmigungsfreistellungsverfahren nach § 67 LBauO unterfällt oder es sich um ein Vorhaben i.S.v. § 84 LBauO handelt, für das nach fachgesetzlichen Vorschriften eine Genehmigungspflicht besteht. Den **Ausnahmetatbeständen** kommt ein **prüfungssystematischer Vorrang** zu, denn sie bestimmen den Umfang der Genehmigungsbedürftigkeit. 21

Beispiel:
Das dauerhafte Anbringen einer Werbetafel bedarf als Errichtung einer baulichen Anlage nicht der Baugenehmigung, wenn die Werbetafel eine Größe von 1 qm nicht überschreitet (§ 62 I Nr. 8 lit. a LBauO). Allerdings könnte in der Befestigung der Werbetafel an einem Gebäude zugleich eine genehmigungspflichtige Nutzungsänderung dieses Gebäudes liegen. Eine Nutzungsänderung von Gebäuden im planungsrechtlichen Innenbereich ist i.d.R. nur dann genehmigungsfrei, wenn für die neue Nutzung keine anderen öffentlich-rechtlichen Anforderungen als für die bisherige Nutzung gelten (§ 62 II Nr. 5 lit. a LBauO).

Die **Errichtung** einer baulichen oder anderen Anlage meint deren erstmalige Herstellung, was den Wiederaufbau nach einer Zerstörung einschließt.[47] Die **Änderung** ist die Umgestaltung eines vorhandenen Bauwerks durch An- oder Umbauten, die mit einer Abweichung der baulichen Substanz verbunden sind.[48] § 62 I LBauO enthält in einem umfangreichen Katalog die Anlagen, deren Errichtung oder Änderung keiner baurechtlichen Genehmigung bedarf. Hierzu zählen nicht nur kleinere Gebäude, sondern z.B. auch Masten und Antennen bis zu einer Höhe von 10 m (§ 62 I Nr. 4 lit. b LBauO) und bestimmte Werbeanlagen (§ 62 I Nr. 8 LBauO). Der **Abbruch** einer baulichen Anlage ist deren teilweise oder vollständige Beseitigung, die nicht im Zusammenhang mit Umbauarbeiten steht.[49] Allerdings ist nach § 62 II Nr. 6 LBauO der Abbruch zahlreicher Anlagen genehmigungsfrei. 22

Nach § 61 LBauO ist auch die praktisch bedeutsame **Nutzungsänderung** einer baulichen oder anderen Anlage genehmigungsbedürftig. In Abgrenzung von einer baulichen Änderung muss sie nicht mit Eingriffen in die bauliche Substanz verbunden sein. Ausgangspunkt ist der Inhalt der Baugenehmigung, die die Benutzungsart der Anlage festlegt. Bei genehmigungsfreien oder freigestellten Vorhaben ist die bisherige materiell rechtmäßige Nutzung maßgeblich.[50] Über das Vorliegen einer Nutzungsänderung entscheidet vor allem das **Bauplanungsrecht**. Der planungsrechtliche Vorhabenbegriff des 23

---

46 Beachte aber § 38 BauGB, der für Planfeststellungsverfahren mit überörtlicher Bedeutung eine Freistellung von den planungsrechtlichen Anforderungen der §§ 29 ff. BauGB anordnet.
47 *Jeromin*, in: ders., § 61 Rn. 11, § 3 Rn. 13.
48 *Jeromin*, in: ders., § 61 Rn. 11, § 3 Rn. 14.
49 *Jeromin*, in: ders., § 61 Rn. 11, § 3 Rn. 19.
50 *Jeromin*, in: ders., § 61 Rn. 13.

§ 29 I BauGB umfasst auch Nutzungsänderungen. Dies sind Änderungen der Nutzungsweise, die in planungsrechtlicher Hinsicht die Genehmigungsfrage neu aufwerfen, weil die jeder Nutzung eigene Variationsbreite der bestehenden Nutzung überschritten wird.[51] Von einer Nutzungsänderung ist stets auszugehen, wenn die neue Nutzung einer anderen Nutzungskategorie nach der BauNVO zuzuordnen ist, die Anlage z.b. gewerblichen statt Wohnzwecken dienen soll.[52] Eine Nutzungsänderung liegt auch in der Umwidmung innerhalb einer Nutzungsart, wenn etwa eine Speisewirtschaft in ein Billardlokal umgewandelt wird.[53] Die Befestigung einer (genehmigungsfreien) Werbetafel an einem Wohngebäude ist keine Nutzungsänderung des Wohngebäudes, da die Nutzung nicht geändert wird, vielmehr in Gestalt der Werbetafel eine weitere – gewerbliche – Nutzung hinzutritt (Beispiel zu Rn. 21).[54]

24 Die Nutzungsänderung von Gebäuden und Räumen ist nach § 62 II Nr. 5 lit. a LBauO **genehmigungsfrei**, wenn diese nicht im Außenbereich liegen und für die neue Nutzung keine anderen öffentlich-rechtlichen Anforderungen als für die bisherige Nutzung gelten. Andere Anforderungen gelten schon dann, wenn sich am einzelfallbezogenen Maßstab des § 15 I BauNVO eine andere planungsrechtliche Bewertung ergibt.[55] **§ 62 I Nr. 4 lit. b LBauO** schafft eine bedeutsame Privilegierung für die Nutzungsänderung von Gebäuden durch das Anbringen von Antennenanlagen und Sendemasten bis zu einer Höhe von 10 m. Denn diese Vorhaben würden genehmigungspflichtige Nutzungsänderungen von Gebäuden sein, wenn die Anlagen mit dem Einbau einer Basisstation *im* Trägergebäude verbunden sind.[56]

25 Besteht ein Vorhaben aus **mehreren Einzelanlagen**, von denen eine genehmigungspflichtig und weitere Anlagen bei isolierter Betrachtung genehmigungsfrei wären, so ist von einer insgesamt genehmigungspflichtigen Anlage auszugehen, wenn die Vorhaben im räumlichen, zeitlichen und funktionellen Zusammenhang stehen. Dies gilt z.B. für das Verhältnis von Wohngebäude und einer Aufschüttung, die aus dem Aushub der Baugrube gebildet wird.[57] Fehlt es an einem derartigen Zusammenhang der einzelnen Anlagen, ist der Bauantrag des Bauherrn maßgeblich. Ihm steht es frei, selbständige bauliche Anlagen zu einem Vorhaben zusammenzufassen mit der Folge, dass genehmigungsfreie Anlagen in das einheitliche Genehmigungsverfahren einbezogen werden.[58]

c) Das Baugenehmigungsverfahren

26 **aa) Verfahren und Maßstäbe der bauaufsichtlichen Prüfung:** Da die LBauO das Genehmigungsverfahren nicht abschließend regelt, sind ergänzend §§ 9 ff. VwVfG heranzu-

---

51 BVerwG, NVwZ 1989, 666; BayVGH, NVwZ-RR 2003, 816; HessVGH, NVwZ-RR 2003, 720, 721.
52 BayVGH, BayVBl. 2004, 751 – Umwandlung der Kellerräume eines Wohnhauses in einen Swinger-Club.
53 VGH BadWürtt., VBlBW 1990, 229; BayVGH, NVwZ-RR 2003, 816, 817 – Umwandlung einer Diskothek in ein Musiklokal mit Table-Dance-Veranstaltungen.
54 VG Gießen, NuR 2004, 332 betr. Mobilfunksendeanlagen; a.A. BayObLG, BayVBl. 1986, 378, 379; OVG NRW, NVwZ-RR 2003, 482, 483; zur bauplanungsrechtlich selbständigen Beurteilung von Gebäuden und dort angebrachten Werbetafeln BVerwGE 91, 234, 239.
55 BayVGH, NVwZ-RR 2003, 816, 817.
56 So zur alten Rechtslage vor der Änderung der LBauO 2005 OVG RhPf., ZfBR 2004, 184. Für die Berechnung der Höhe der Anlage kommt es auf den Mast selbst und nicht auf die Gebäudehöhe an, OVG RhPf., ZfBR 2009, 159.
57 OVG RhPf., AS 32, 184.
58 VG Koblenz, BauR 2000, 1467; *Jeromin*, in: ders., § 61 Rn. 21.

ziehen. Das Baugenehmigungsverfahren ist Antragsverfahren i.S.v. § 22 S. 2 VwVfG i.V.m. § 1 I LVwVfG. Es beginnt mit dem Einreichen des schriftlichen **Bauantrags** bei der **Gemeindeverwaltung**, im Falle einer verbandsangehörigen Gemeinde bei der Verbandsgemeindeverwaltung (§ 63 I LBauO). Ist die Gemeinde nicht zugleich untere Bauaufsichtsbehörde, läuft mit dem Einreichen der Unterlagen die Frist für die Erteilung des gemeindlichen Einvernehmens nach § 36 BauGB (Rn. 33).[59] Dem Bauantrag sind die **Bauunterlagen** beizufügen, die zur Beurteilung des Vorhabens erforderlich sind (§ 63 II LBauO). Aufschluss über Art und Umfang der vorzulegenden Unterlagen gibt § 1 I der VO über Bauunterlagen und die bautechnische Prüfung (BauuntPrüfVO).[60] Die Bauunterlagen müssen sowohl vom Bauherrn als auch von den Entwurfsverfassern (§ 56 I LBauO) unterschrieben sein, deren Vorlageberechtigung nach § 64 LBauO ggf. nachzuweisen ist. Die Bauunterlagen werden, sofern sie mit einem Genehmigungsvermerk versehen sind, Bestandteil der Baugenehmigung und sind für die Auslegung ihres Regelungsinhalts verbindlich (Rn. 42).[61]

Sofern die Gemeindeverwaltung nicht zugleich Baugenehmigungsbehörde ist, ist sie zur unverzüglichen **Weiterleitung** des Bauantrags an die zuständige Behörde verpflichtet (§ 63 IV LBauO). Die Stellungnahme der Gemeindeverwaltung zu dem Vorhaben ist nicht identisch mit der Erklärung bzw. der Verweigerung des Einvernehmens nach § 36 BauGB (Rn. 32 ff.). Deshalb steht es der Gemeinde frei, zu allen baurechtlichen Gesichtspunkten des Vorhabens und zu sonstigen Fragen Stellung zu nehmen, die in ihrer Zuständigkeit liegen.[62] 27

Die Bauaufsichtsbehörde prüft nach § 65 I LBauO die Vereinbarkeit des Vorhabens mit baurechtlichen oder sonstigen öffentlich-rechtlichen Vorschriften. Zu prüfende **baurechtliche Vorschriften** sind solche des Bauplanungs- und Bauordnungsrechts mit Ausnahme der Nachweise des Wärme- und Schallschutzes (§ 65 I 3 LBauO). Bei der Prüfung der Vereinbarkeit des Vorhabens mit **sonstigen öffentlich-rechtlichen Vorschriften** kommt der Bauaufsichtsbehörde nur eine eingeschränkte Prüfungskompetenz zu, sofern die Entscheidung hierüber von einer anderen Behörde zu treffen ist (§ 65 I 2 LBauO). Dies gilt etwa im Verhältnis zu einer personenbezogenen gaststättenrechtlichen Erlaubnis, die in einem gesonderten Verfahren erteilt wird.[63] Wenn hingegen eine weitere vorhabenbezogene Gestattung wie eine denkmalschutzrechtliche oder sanierungsrechtliche Erlaubnis erforderlich ist, muss die Bauaufsichtsbehörde nach § 65 V LBauO vor Erteilung der Baugenehmigung zunächst die weiteren Genehmigungen einholen (Rn. 35). Sie darf auch dann nicht die Erteilung der Baugenehmigung wegen fehlenden Sachbescheidungsinteresses versagen, wenn nach ihrer Überzeugung feststeht, dass die für das Vorhaben erforderlichen weiteren Genehmigungen nicht erteilt werden können.[64] 28

---

59 Dies gilt bei einer Einreichung bei der Verbandsgemeindeverwaltung auch dann, wenn diese zugleich untere Bauaufsichtsbehörde ist, OVG RhPf., Urt. v. 6.6.2001 – 8 A 10085/01.OVG –.
60 BS 213-1-1.
61 HessVGH, DÖV 2008, 1058; OVG NRW, BRS 58 Nr. 216.
62 *Jeromin*, in: ders., § 63 Rn. 32.
63 Dazu *D. Winkler*, Jura 2006, 260; s.a. BVerwGE 84, 11.
64 *Jeromin*, in: ders., § 70 Rn. 41; a.A. BayVGH, NVwZ 1994, 304, 306 f.; VGH BadWürtt., DÖV 2003, 642, allerdings bei landesrechtlichen Gestaltungen, nach denen die Erteilung der Baugenehmigung nicht den Schlusspunkt des Verfahrens bildet.

29 Das **Zivilrecht** ist kein Prüfungsgegenstand des Baugenehmigungsverfahrens. Allerdings kann die Bauaufsichtsbehörde nach § 63 V LBauO vom Bauherrn den Nachweis verlangen, zur Bauausführung berechtigt zu sein, wenn er weder das Eigentum noch das Erbbaurecht an dem Grundstück besitzt. Diesen Nachweis kann der Bauherr durch Vorlage der Eigentümerzustimmung erbringen. Wird der geforderte Nachweis nicht erbracht, so fehlt es dem Bauherrn am Sachbescheidungsinteresse mit der Folge der Versagung der beantragten Baugenehmigung aus formellen Gründen.[65]

30 bb) Nachbarbeteiligung: § 68 LBauO sieht eine **Nachbarbeteiligung** für die Eigentümer der angrenzenden Grundstücke vor (§ 68 I 1 LBauO), die lex specialis zu § 28 VwVfG ist.[66] Der **formelle Nachbarbegriff** des § 68 LBauO erfasst wegen der Beschränkung auf die unmittelbaren Grenznachbarn nicht alle Betroffenen, denen materielle subjektiv-öffentliche Rechte gegen ein Bauvorhaben zustehen können.[67] Der Bauherr hat dem Nachbarn den Lageplan und die Bauzeichnungen zur Unterschrift vorzulegen, wenn Abweichungen von nachbarschützenden Vorschriften erforderlich sind. Wie insb. aus § 69 II LBauO folgt, sind hiermit sowohl bauordnungsrechtliche als auch bauplanungsrechtliche Normen gemeint. Die Unterschrift unter die vorgelegten Unterlagen gilt als Zustimmung (§ 68 I 3 LBauO). Wird die Zustimmung verweigert oder vom Bauherrn nicht eingeholt, so informiert die Bauaufsichtsbehörde den Nachbarn, wenn sie Abweichungen von nachbarschützenden Vorschriften zulassen will (§ 68 II 1 LBauO). Der Nachbar kann sodann innerhalb von zwei Wochen nach Zustellung der Mitteilung Einwendungen erheben (§ 68 II 3 LBauO).

31 Die **Erteilung oder die Verweigerung bzw. das Fehlen der Zustimmung** zeitigen unterschiedliche **Konsequenzen**. Die Zustimmung ist eine einseitige empfangsbedürftige Willenserklärung öffentlich-rechtlicher Art. Auch wenn sie vom Bauherrn einzuholen ist, wird sie entsprechend § 130 I 1 BGB erst wirksam mit dem Zugang bei der Bauaufsichtsbehörde. Mit diesem Zeitpunkt ist analog § 130 I 2 BGB ihre freie Widerruflichkeit ausgeschlossen.[68] Die Zustimmung zu der Abweichung führt materiell zum Verlust des subjektiven Rechts.[69] Prozessual verliert der Nachbar im Umfang seiner Zustimmung die Klagebefugnis nach § 42 II VwGO.[70] Der Nachbar wahrt hingegen seine Rechte, wenn er die Zustimmung nicht erteilt. Der Verzicht auf die Erhebung von Einwendungen hat mangels normativer Anordnung keine präkludierende Wirkung.[71] Ist die Zustimmung des Nachbarn gar nicht eingeholt worden, so ist ein formelles subjektives Verfahrensrecht verletzt worden. Der Fehler kann aber entsprechend § 45 I Nr. 3 VwVfG geheilt werden.[72] Im übrigen findet § 46 VwVfG Anwendung.

---

65 OVG SchlH., BRS 57 Nr. 199; *Koch/Hendler*, § 24 Rn. 6; *Jeromin*, in: ders., § 63 Rn. 5, 35.
66 *Lang*, in: Jeromin, § 68 Rn. 3.
67 Den Eigentümern sind allerdings andere Inhaber dinglicher Rechte mit eigentumsähnlicher Rechtsstellung gleichgestellt, *Lang*, in: Jeromin, § 68 Rn. 8 ff.
68 OVG RhPf., AS 21, 147, 148; BayVGH, BayVBl. 2006, 246.
69 OVG RhPf., AS 16, 292, 293; s.a. BauR 2005, 77, 79.
70 BayVGH, BauR 1980, 55, 56; VG Neustadt/Weinstr., Urt. v. 4.9.2008 – 4 K 571/08.NW – (juris); a.A. OVG Saarl., BRS 38 Nr. 179; *Lang*, in: Jeromin, § 68 Rn. 54.
71 A. A. *Dürr/Seiler-Dürr*, Rn. 255.
72 Eine analoge Anwendung ablehnend *Finkelnburg/Ortloff*, S. 301.

II. Formelles Bauordnungsrecht

cc) Gemeindliches Einvernehmen: Unter den Voraussetzungen des § 36 BauGB bedarf **32** die Erteilung der Baugenehmigung der **Erklärung des gemeindlichen Einvernehmens.** Das Einvernehmenserfordernis dient als sog. absolutes Verfahrensrecht dem Schutz der Planungshoheit als Bestandteil der kommunalen Selbstverwaltungsgarantie.[73] Die Einholung des Einvernehmens durch die Bauaufsichtsbehörde nach § 65 V LBauO ist **entbehrlich**, wenn die Gemeinde mit der unteren Bauaufsichtsbehörde identisch ist.[74] Dies ist der Fall, wenn die Bauaufsicht nach § 58 I Nr. 3 LBauO von der Stadtverwaltung einer kreisfreien Stadt oder großen kreisangehörigen Stadt wahrgenommen wird. Die Stadtverwaltung kann sich im Übrigen in ihrer Funktion als Bauaufsichtsbehörde nicht selbst den Anwendungsbereich des § 36 BauGB eröffnen und die Ablehnung des Bauantrags mit der Versagung des Einvernehmens begründen.[75] Im Anwendungsbereich des § 36 I BauGB darf die Gemeinde das Einvernehmen nur aus den sich aus den §§ 31, 33, 34 und 35 BauGB ergebenden Gründen versagen (§ 36 II 1 BauGB).

Die **Erteilung** des Einvernehmens ist eine empfangsbedürftige öffentlich-rechtliche Wil- **33** lenserklärung. Das Einvernehmen gilt als erteilt, wenn eine Verweigerung nicht binnen zwei Monaten nach Eingang des Bauantrags bei der Gemeindeverwaltung ausdrücklich erklärt wird (§ 36 II 2 Halbs. 2 BauGB i.V.m. § 63 I LBauO). Die Bauaufsichtsbehörde wird nicht durch die Erteilung des Einvernehmens gebunden, wohl aber durch dessen (rechtmäßige) **Verweigerung**. Weder die Erteilung des Einvernehmens noch seine Verweigerung entfalten indes Rechtswirkungen im Außenverhältnis.[76] Bei einer rechtswidrigen Verweigerung des Einvernehmens wäre deshalb der Bauherr darauf verwiesen, den Rechtsträger der Bauaufsichtsbehörde auf Erteilung der Baugenehmigung zu verklagen, wenn nicht die Kommunalaufsichtsbehörde nach §§ 121 ff. GemO einschreitet.[77] Der Vermeidung dieser wenig sachgerechten Konsequenz dient die Regelung über die **Ersetzung des rechtswidrig versagten Einvernehmens**. Rechtsgrundlage hierfür ist **§ 71 LBauO**. Umstritten ist, ob § 36 II 3 BauGB neben § 71 LBauO[78] oder gar vorrangig anzuwenden ist.[79] Gegen die Anwendung von § 36 II 3 BauGB spricht, dass die Ersetzungsbefugnis im Kern ein kommunalaufsichtliches und kein bodenrechtliches Instrument ist.[80]

Für die Ersetzung des rechtswidrig verweigerten Einvernehmens ist die **Kreisverwaltung** **34** **zuständig**, in einem Widerspruchsverfahren gegen die Versagung der Baugenehmigung der **Kreisrechtsausschuss** (§ 71 V LBauO). Sowohl die Kreisverwaltung als auch der Kreisrechtsausschuss haben vor der Entscheidung die **Gemeinde anzuhören** (§ 71 III, ggf. i.V.m. § 71 V 1 Halbs. 2 LBauO). Dass die Kreisverwaltung bzw. der Kreisrechtsausschuss das Einvernehmen ersetzen „kann", impliziert **kein Ermessen**, sondern eine Befugnis. Die Behörde ist wegen des Genehmigungsanspruchs des Bauherrn nach § 70

---

73 BVerwGE 22, 342, 345 f.; 122, 13, 18; NVwZ 2008, 1347, 1348.
74 BVerwGE 28, 268, 271; 45, 207, 212 f.; 121, 339, 341.
75 BVerwGE 121, 339, 342 ff.
76 BVerwGE 28, 145.
77 Zur alten Rechtsprechung s. BVerwG, NVwZ 1986, 556.
78 OVG RhPf., NVwZ-RR 2000, 85, 86; VG Neustadt/Weinstr., NVwZ-RR 2007, 338, 339.
79 *Möstl*, BayVBl. 2003, 225, 227; *Hellermann*, Jura 2002, 589, 593; *Klinger*, BayVBl. 2002, 481, 483.
80 *Enders/Pommer*, SächsVBl. 1999, 173, 176; *T. Groß*, BauR 1999, 560, 569; *Lasotta*, BayVBl. 1998, 609, 618.

I LBauO zur Ersetzung des rechtswidrig versagten Einvernehmens verpflichtet.[81] Die **Ersetzung** geschieht **durch Erteilung der Baugenehmigung,** sie ist zugleich Ersatzvornahme i.s.v. § 123 GemO (§ 71 II 1 LBauO). Entgegen dem missverständlichen Wortlaut des § 71 V LBauO erteilt allerdings im Widerspruchsverfahren nicht der Kreisrechtsausschuss die Baugenehmigung, weil er keine für den Erlass von Verwaltungsakten zuständige Fachbehörde, sondern Rechtsschutzorgan ist.[82] Mit dem Widerspruchsbescheid verpflichtet der Ausschuss vielmehr die Kreisverwaltung unter Aufhebung des ablehnenden Bescheids zur Erteilung der Baugenehmigung.[83] In ihrer Funktion als Ersatzvornahme ist die Ersetzung von der Gemeinde **nicht gesondert nach § 126 GemO anfechtbar** (§ 71 IV 1 LBauO).

35 dd) **Verhältnis zu weiteren vorhabenbezogenen Verfahren:** Wenn zusätzlich zur Bauerlaubnis für die Gestattung des Vorhabens weitere Genehmigungen, Zustimmungen oder das Einvernehmen z.b. nach § 36 BauGB erforderlich sind, bedarf das Verhältnis der Baugenehmigung zu diesen Entscheidungen der Klärung. Das Bundesrecht macht keine Vorgaben über den Gegenstand des bauaufsichtlichen Prüfverfahrens.[84] Die Baugenehmigung ist nach § 70 I 1 LBauO nur zu erteilen, wenn dem Vorhaben auch keine sonstigen öffentlich-rechtlichen Vorschriften entgegenstehen. Eindeutiger Beleg dafür, dass mit der Baugenehmigung abschließend über alle vorhabenbezogenen öffentlich-rechtlichen Fragen entschieden wird, ist § 65 V 1 LBauO. Der Baugenehmigung kommt zwar keine Konzentrationswirkung zu; das Bauaufsichtsverfahren übernimmt aber eine Koordinierungsfunktion. Die Baugenehmigung bildet den **Schlusspunkt** des Verfahrens, wenn und soweit die anderen Entscheidungen vorliegen.[85] Der Bauherr muss für die Erteilung der weiteren vorhabenbezogenen Entscheidungen keinen gesonderten Antrag stellen. Für nicht vorhabenbezogene Erlaubnisse wie eine gaststättenrechtliche Konzession gilt allerdings der Grundsatz der Verfahrensparallelität mit der Konsequenz, dass diese Erlaubnisse eines eigenständigen Antrags bedürfen.[86]

d) Das vereinfachte Genehmigungsverfahren

36 Nach § 66 I und II LBauO ist für bestimmte Vorhaben ein vereinfachtes Genehmigungsverfahren vorgesehen. Während für die in **§ 66 I 1 LBauO** genannten Vorhaben die Durchführung des vereinfachten Verfahrens vorbehaltlich §§ 62, 67 LBauO **zwingend** ist,[87] besteht für die in **§ 66 II LBauO** genannten Vorhaben ein **Wahlrecht** des Bauherrn. Macht er nämlich keinen Gebrauch von der Voraussetzung, einen Prüfingenieur für Baustatik und eine sachverständige Person nach § 65 IV LBauO zu beauftragen, so verbleibt es beim regulären Baugenehmigungsverfahren.[88] Nach § 66 III LBauO beschränkt

---

81 OVG RhPf., NVwZ-RR 2000, 85, 86.
82 OVG RhPf., DÖV 2004, 889.
83 VG Neustadt/Weinstr., Beschl. v. 30.11.2004 – 3 L 2542/04.NW -, NVwZ-RR 2007, 338; a.A. *Jutzi*, LKRZ 2008, 212, 214 f.; noch weitergehend (Verpflichtung des KRA zur eigenen Entscheidung) unter Verweis auf § 16 VII AGVwGO *Hufen*, Verwaltungsprozessrecht, 7. Aufl. 2008, § 9 Rn. 10.
84 BVerwGE 99, 351, 353.
85 OVG RhPf., AS 35, 35, 37; *Jeromin*, in: ders., § 65 Rn. 32, § 70 Rn. 46 f.; a.A. *Finkelnburg/Ortloff*, S. 120; zur vergleichbaren Rechtslage in NRW OVG NRW, BauR 2003, 1870.
86 OVG NRW, BauR 2003, 1870.
87 *Jeromin*, in: ders., § 66 Rn. 50.
88 *Jeromin*, in: ders., § 66 Rn. 4, 51.

II. Formelles Bauordnungsrecht

sich die Prüfung auf die Vereinbarkeit des Vorhabens mit dem Bauplanungsrecht und den sonstigen öffentlich-rechtlichen Vorschriften. Folglich ist das **Bauordnungsrecht nicht Gegenstand der bauaufsichtlichen Prüfung**.[89] Von der Reduzierung des Prüfungsprogramms sind die materiellen Anforderungen an das bauliche Vorhaben zu unterscheiden. Ebenso wie genehmigungsfreie Vorhaben (§ 62 III LBauO) müssen im vereinfachten Genehmigungsverfahren geprüfte Vorhaben **materiell mit dem Bauordnungsrecht vereinbar sein**.[90]

Das vereinfachte Genehmigungsverfahren ist bei Wohngebäuden der Gebäudeklassen 1 bis 3 obligatorisch (§ 66 I 1 Nr. 1 LBauO) und nach Wahl des Bauherrn möglich bei Wohngebäuden der Gebäudeklasse 4 bis zur Hochhausgrenze (§ 66 II 1 Nr. 1 LBauO, Beispiel zu Rn. 16). Für den Bauherrn ist das vereinfachte Verfahren mit einer Reduzierung der mit dem Genehmigungsantrag vorzulegenden Bauunterlagen verbunden.[91] Er trägt den Preis, dass die **Prüfung** der weiter bestehenden bauordnungsrechtlichen Anforderungen **privatisiert** wird. Das Verfahren zielt zugleich auf eine **Beschleunigung**. Sofern es sich nicht um ein Außenbereichsvorhaben handelt (§ 66 IV 7 LBauO), ist nach § 66 IV 2 LBauO über den Bauantrag bei Vorhaben nach § 66 I LBauO binnen Monatsfrist, bei Vorhaben nach § 66 II LBauO innerhalb von drei Monaten zu entscheiden, wenn die Behörde nicht nach § 66 IV 3 LBauO die Frist aus wichtigem Grund um bis zu zwei Monate verlängert. Die Fristen werden durch die behördliche Bestätigung der Vollständigkeit der Unterlagen in Lauf gesetzt (§ 66 IV 1 LBauO).[92] Nach Ablauf der Fristen gilt die Genehmigung nach § 66 IV 5 LBauO als erteilt (**Genehmigungsfiktion**). 37

Wegen des Auseinanderfallens von Umfang der behördlichen Prüfungspflicht und materiellen Anforderungen darf die Bauaufsichtsbehörde die **Versagung** der Baugenehmigung nicht auf Verstöße gegen das Bauordnungsrecht stützen. Ist aber bei Rechtmäßigkeit des Vorhabens im Übrigen für die Bauaufsichtsbehörde die Verletzung bauordnungsrechtlicher Vorschriften offensichtlich und ohne Weiteres erkennbar, so fehlt dem Bauherrn das verfahrensrechtliche **Sachbescheidungsinteresse** an einer Genehmigung, die er legal nicht ausnutzen kann.[93] Allerdings folgt aus der Befugnis der Bauaufsichtsbehörde zu einer Evidenzkontrolle keine Prüfungspflicht.[94] Wird die Baugenehmigung **erteilt**, so ist die Vereinbarkeit mit Bauordnungsrecht nicht von ihrem Regelungsinhalt umfasst (Rn. 42). Der Verstoß des Vorhabens gegen bauordnungsrechtliche Vorschriften macht deshalb nicht die Baugenehmigung rechtswidrig.[95] Indes ist die Bauaufsichtsbehörde nicht daran gehindert, die Baugenehmigung um Feststellungen zur bauordnungsrechtlichen Konformität zu ergänzen. Dies kann sich anbieten, wenn schon im 38

---

89 Rundschreiben des Ministeriums der Finanzen v. 3.2.1999, MinBl. S. 90 zu § 66 III LBauO.
90 *Jeromin*, in: ders., § 66 Rn. 52.
91 S. § 7 BauuntPrüfVO.
92 In der Praxis wird der Fristlauf vielfach durch das Unterlassen einer schriftlichen Bestätigung obstruiert. Dies verhindert den Eintritt der Genehmigungsfiktion, kann aber Amtshaftungsansprüche auslösen, OVG RhPf., DVBl. 2002, 724; ZfBR 2009, 167; krit. *Jeromin*, in: ders., § 66 Rn. 63; s.a. *Hullmann/Zorn*, NVwZ 2009, 75b.
93 OVG RhPf., AS 23, 321, 323; Urt. v. 23.10.2002 – 8 A 10994/02.OVG – Rn. 22 (juris); ZfBR 2009, 167; s.a. BayVGH, BayVBl. 2006, 537; *Jäde*, BayVBl. 2005, 301; a.A. *M. Fischer*, BayVBl. 2005, 299.
94 OVG RhPf., AS 26, 227, 228.
95 OVG RhPf., AS 26, 227, 228; 26, 267, 273; zur Verfassungsmäßigkeit BVerwG, NVwZ-RR 1998, 157, 158 f.

Genehmigungsverfahren Einwendungen des Nachbarn vorliegen und ein Rechtsstreit um ein bauaufsichtliches Einschreiten vorprogrammiert ist.[96]

e) Form der Baugenehmigung

39 Die Baugenehmigung bedarf der **Schriftform** (§ 70 I 3 Halbs. 1 LBauO). Sie und ihre Nebenbestimmungen (Rn. 43) sind nur insoweit zu **begründen**, als von nachbarschützenden Vorschriften abgewichen und Einwendungen des Nachbarn nicht entsprochen wird (§ 70 I 3 Halbs. 2 i.V.m. § 68 II LBauO). Die Baugenehmigung wird gegenüber dem Bauherrn erst wirksam, wenn sie ihm mit den mit einem Genehmigungsvermerk versehenen Bauunterlagen **zugestellt** wird (§ 70 III 1 LBauO). Für die Zustellung gilt das VwZG i.V.m. § 1 I LVwZG. Den Nachbarn, die Einwendungen erhoben oder sich innerhalb der Frist des § 68 II 3 LBauO nicht geäußert haben, ist ebenfalls die Baugenehmigung mit Rechtsbehelfsbelehrung zuzustellen (§ 70 III 2 LBauO). Werden damit für die nach § 68 LBauO beteiligten Nachbarn (Rn. 30) die Rechtsbehelfsfristen des § 70 I VwGO in Gang gesetzt, so gilt dies für weitere nachbarlich Betroffene nur, soweit die Bauaufsichtsbehörde auch ihnen die Baugenehmigung zustellt.

f) Rechtswirkungen und Regelungsinhalt der Baugenehmigung

40 Nach einer durch die Rechtsprechung geprägten Formel besteht die Baugenehmigung aus einem feststellenden und einem verfügenden Teil.[97] Die Baugenehmigung stellt die Vereinbarkeit des Vorhabens mit den zu prüfenden Vorschriften fest (§ 70 I 1 LBauO). Die **Feststellungswirkung** der Baugenehmigung ist für den Bauherrn von beträchtlicher Bedeutung. Nach Wirksamwerden des Bescheids eintretende Änderungen der Sach- und Rechtslage, welche die Genehmigungsfähigkeit des Vorhabens in Frage stellen, sind im Widerspruchs- und Klageverfahren des Nachbarn nicht zu berücksichtigen.[98] Sie befugen die Bauaufsichtsbehörde nur unter den Voraussetzungen des § 49 VwVfG zum Genehmigungswiderruf. Mit der Baugenehmigung erlangt der Bauherr formellen Bestandsschutz (Rn. 63). Die **Gestaltungswirkung** meint die Freigabe des Vorhabens zur Bauausführung. Dass der Baugenehmigung eine derartige Gestaltungswirkung zukommt, ist aber nach der Rechtslage in Rheinland-Pfalz zu bezweifeln, denn § 77 LBauO enthält eine verwaltungsaktunabhängige Regelung der Baufreigabe.[99]

41 Nach § 70 I 2 LBauO wirkt die Baugenehmigung für und gegen den **Rechtsnachfolger** des Bauherrn. Hiermit wird anerkannt, dass die Baugenehmigung eine vorhaben- und grundstücksbezogene Erlaubnis ist. Sie ist keine personenbezogene Erlaubnis für den Bauherrn, sondern sichert den Bestand auf Dauer.

42 Die Reichweite der Feststellungswirkung hängt vom **Regelungsinhalt** der Baugenehmigung ab. Die Baugenehmigung stellt die Vereinbarkeit des Vorhabens mit den baurechtlichen und sonstigen öffentlich-rechtlichen Vorschriften fest (§ 70 I 1 LBauO). Wegen des beschränkten Prüfungsprogramms im **vereinfachten Baugenehmigungsverfahren**

---

96 OVG RhPf., Urt. v. 23.10.2002 – (Fn. 93), Rn. 21 f., auch zu den prozessualen Konsequenzen; OVG RhPf., ZfBR 2009, 167; s.a. OVG RhPf., AS 23, 321, 323; 26, 227.
97 BVerwGE 48, 242, 245; 69, 1; 82, 61, 69; OVG RhPf., AS 23, 321, 322.
98 BVerwG, BRS 22 Nr. 174 u. 184; VGH BadWürtt., VBlBW 1995, 481; *Jeromin*, in: ders., § 70 Rn. 30.
99 *Finkelnburg/Ortloff*, S. 141; a.A. OVG RhPf., AS 23, 321, 322; *Jeromin*, in: ders., § 70 Rn. 7, 60.

II. Formelles Bauordnungsrecht

nach § 66 LBauO enthält die Baugenehmigung im Regelfall keine Feststellungen zur Vereinbarkeit des Vorhabens mit dem Bauordnungsrecht (Rn. 38). Da das **Privatrecht** nicht Gegenstand des bauaufsichtlichen Genehmigungsverfahrens ist (Rn. 29), werden zivilrechtliche Verhältnisse nicht von der Baugenehmigung geregelt. Dies bringt § 70 I 2 LBauO deklaratorisch mit der Wendung zum Ausdruck, die Baugenehmigung werde unbeschadet privater Rechte Dritter erteilt. Deshalb werden Unterlassungsansprüche nach §§ 1004, 906 BGB und Ansprüche nach dem LNRG durch die Baugenehmigung nicht ausgeschlossen. Die zivilgerichtliche Geltendmachung quasi-negatorischer Abwehransprüche nach §§ 1004, 823 II BGB wird indes durch die Tatbestandswirkung einer bestandskräftigen Baugenehmigung gesperrt, soweit die Ansprüche auf einer Verletzung solcher nachbarschützender öffentlich-rechtlicher Vorschriften beruhen, die Regelungsgegenstand der Baugenehmigung waren.[100]

Die Baugenehmigung kann mit **Nebenbestimmungen** versehen werden (§ 70 I 3 LBauO), die in der bauaufsichtlichen Praxis von erheblicher Bedeutung sind. Da die Erteilung der Baugenehmigung eine gebundene Entscheidung ist, sind Nebenbestimmungen nur unter den Voraussetzungen des § 36 I VwVfG zulässig. § 36 I VwVfG vorgelagert ist aber der Vorrang spezialgesetzlicher Regelung. Aus der Rechtsnatur der Baugenehmigung und im Umkehrschluss aus § 70 II 1 LBauO folgt, dass für auf Dauer errichtete bauliche Vorhaben ein **Widerrufsvorbehalt** oder eine **Befristung** nicht statthaft sind.[101] Auch ein **Auflagenvorbehalt** scheidet wegen der speziellen Regelung in § 85 LBauO aus.[102] Unter den Voraussetzungen des § 36 I VwVfG kann die Bauaufsichtsbehörde aber nach pflichtgemäßen Ermessen der Baugenehmigung eine **Auflage** oder eine **aufschiebende Bedingung** beifügen. Wird der behördliche Wille bei sicherheitsrechtlich relevanten Genehmigungsvoraussetzungen wie der Standsicherheit des Gebäudes eher auf eine die Wirksamkeit der Genehmigung hinausschiebende Bedingung zielen,[103] so kommt es auf die Umstände des Einzelfalls an, ob die Erfüllung der Stellplatzpflicht nach § 47 LBauO durch eine im Wege des Verwaltungszwangs durchsetzbare Auflage oder eine Bedingung abgesichert wird.[104] Keine Nebenbestimmungen sind **modifizierende Genehmigungen**, die keine zusätzliche Regelung enthalten, sondern dem Bauherrn etwas anderes gewähren als beantragt.[105] Die Differenzierung ist im Hinblick auf den Rechtsschutz bedeutsam (Rn. 107 ff.).

43

Mit ihrer Zustellung beträgt die **Geltungsdauer** der Baugenehmigung vier Jahre (§ 74 I LBauO). Beginnt der Bauherr innerhalb dieses Zeitraums nicht mit der Ausführung wesentlicher Bauarbeiten oder werden diese für vier Jahre unterbrochen, erlischt die Bau-

44

---

100 *Jeromin*, in: ders., § 70 Rn. 121 f.; s.a. BGHZ 122, 1, 5. Im Amtshaftungsprozess besteht wegen § 839 III BGB eine zivilgerichtliche Bindung nur an verwaltungsgerichtlich bestätigte Baugenehmigungen, BGHZ 113, 17, 20; 127, 223, 225.
101 So i. E. auch *Jeromin*, in: ders., § 70 Rn. 89 f.
102 *Jeromin*, in: ders., § 70 Rn. 93.
103 *Jeromin*, in: ders., § 70 Rn. 86; s.a. Rundschreiben des Finanzministeriums RhPf. v. 19.3.1998, 4301-4531.
104 *Aufschiebende Bedingung*: VG Neustadt/Weinstr., Beschl. v. 24.10.2000 – 4 L 2312/00.NW – Rn. 10 (juris); VGH BadWürtt., VBlBW 1995, 29; BVerwGE 29, 261, 265; *Auflage*: VGH BadWürtt., VBlBW 2001, 373; OVG NRW, BRS 33 Nr. 104; OVG SachsA., Beschl. v. 14.2.2005 – 2 L 75/04 – (juris).
105 *Weyreuther*, DVBl. 1969, 295; s. VG Neustadt/Weinstr., Beschl. v. 20.10.2008 – 4 K 788/08.NW – (juris) – Genehmigung einer Sauna mit einem Elektroofen statt der beantragten Feuerstätte; zur Praxis der sog. „Grüneinträge" *Jeromin*, in: ders., § 70 Rn. 95.

genehmigung. Hierdurch wird dem Umstand Rechnung getragen, dass sich nach Ablauf eines längeren Zeitraums die Frage der Genehmigungsfähigkeit eines Vorhabens aufgrund geänderter Sach- oder Rechtslage neu stellen kann. Allerdings sind dem Bauherrn nur solche Verzögerungen der Bauausführung anzulasten, die in seine Risikosphäre fallen.[106] Der Fristablauf wird nach dem Rechtsgedanken der §§ 204 I Nr. 1, 209 BGB durch Rechtsbehelfe Dritter gegen die Baugenehmigung gehemmt. Zwar kommt diesen nach § 212a I BauGB keine aufschiebende Wirkung zu. Gleichwohl ist es dem Bauherrn nicht zuzumuten, in der Hoffnung auf eine gerichtliche Ablehnung des Antrags nach §§ 80a III 2, 80 V 1 VwGO weiterzubauen.[107] Nach § 74 II 1 LBauO kann die Frist auf Antrag ggf. mehrfach um bis zu vier Jahre verlängert werden. Entgegen dem Wortlaut besteht ein **Anspruch auf Verlängerung**, sofern das Vorhaben zu diesem Zeitpunkt noch genehmigungsfähig ist.[108]

g) Besondere Arten von Genehmigungen

45 aa) **Bauvorbescheid:** Der **Bauvorbescheid** kann nach § 72 LBauO vom Bauherrn vor Einreichung des Bauantrags zu einzelnen Fragen des Bauvorhabens beantragt werden. Diese können die Vereinbarkeit des Vorhabens mit allen Vorschriften betreffen, die in die Entscheidungskompetenz der Bauaufsichtsbehörde fallen.[109] Am gebräuchlichsten sind Bauvoranfragen zur bauplanungsrechtlichen Konformität des Vorhabens, die auf die Erteilung einer sog. **Bebauungsgenehmigung** abzielen. Durch die Vorabklärung, ob das Grundstück nach seiner Lage für die beabsichtigte Nutzung in Betracht kommt, kann der Bauherr ggf. Aufwand und Kosten sparen. Liegen die Voraussetzungen vor, besteht ein **Anspruch** auf Erteilung des Vorbescheids. Im Unterschied zu einer Zusicherung nach § 38 VwVfG steht der Bauvorbescheid nicht unter dem Vorbehalt einer gleichbleibenden Sach- und Rechtslage. Vielmehr entfaltet er als „vorweggenommener Teil der Baugenehmigung" **Bindungswirkung**[110] und wird später nachrichtlich in die Genehmigung nach § 70 I LBauO übernommen. Ebenso wie die Baugenehmigung nach § 70 I LBauO hat der Bauvorbescheid im Regelfall eine **Geltungsdauer** von vier Jahren (§ 72 S. 2 LBauO), die auf Antrag verlängert werden kann (§ 72 S. 3 i.V.m. § 74 II LBauO). Der Bauherr muss innerhalb dieser Frist einen Bauantrag stellen.[111]

46 Da der Bauvorbescheid nur einen Teil des bauaufsichtlichen Prüfungsprogramms abschichtet, vermittelt er **kein Recht zum Baubeginn** nach § 77 LBauO. Er ist aber **bestandskraftfähig** mit der Konsequenz, dass ein durch die Feststellungen beschwerter **Nachbar** schon den Bauvorbescheid fristgerecht mit Widerspruch und Anfechtungsklage angreifen muss. Auch bei rechtzeitiger Anfechtung wird der Vorbescheid nicht etwa durch die nachfolgende Baugenehmigung gegenstandslos, sofern er nicht behördlich

---

106 OVG Saarl., BRS 44 Nr. 150.
107 VGH BadWürtt., BauR 2000, 714, 715; wohl auch OVG RhPf., Urt. v. 23.6.1994 – 1 A 11656/93.OVG – (juris); a.A. *Jeromin*, in: ders., § 74 Rn. 10; *Dürr/Seiler-Dürr*, Rn. 247; *Finkelnburg/Ortloff*, S. 148 Fn. 45: Hemmung erst nach Anordnung der aufschiebenden Wirkung.
108 OVG NRW, BRS 47 Nr. 140; *Finkelnburg/Ortloff*, S. 149.
109 Zur Maßgeblichkeit des Landesrechts BVerwG, BauR 2009, 233.
110 BVerwGE 48, 242; 68, 241; NVwZ 1995, 894, 895; OVG RhPf., NJOZ 2007, 5313 ff.
111 OVG NRW, BRS 54 Nr. 164.

aufgeholen wurde.[112] Durch die bestandskräftige Ablehnung der Bauvoranfrage tritt allerdings keine Bindung für den **Bauherrn** ein.[113]

Für das **Verfahren** gelten dieselben Vorschriften wie für die Baugenehmigung (§ 72 Satz 3 LBauO). Bei einem Antrag auf Erteilung einer Bebauungsgenehmigung ist unter den Voraussetzungen des § 36 BauGB das **gemeindliche Einvernehmen** einzuholen (Rn. 32) mit der Folge, dass dieses in die spätere Baugenehmigung nachrichtlich übernommen und nicht nochmals eingeholt wird.[114]   47

bb) **Weitere Arten von Genehmigungen:** Im Unterschied zum Vorbescheid ist mit der **Teilbaugenehmigung** nach § 73 LBauO, die erst nach Stellung eines Bauantrags begehrt werden kann, die Baufreigabe für einen Teil des Vorhabens verbunden. Der genehmigte Teil bezieht sich nicht auf einzelne Zulassungsvoraussetzungen, sondern auf einen realen Bauabschnitt. Ebenso wie der Vorbescheid stellt die Teilbaugenehmigung einen Teil der Baugenehmigung dar. Die Genehmigung eines Teils setzt im Grundsatz die Baurechtskonformität des Gesamtvorhabens voraus und erzeugt Bindungswirkung für das weitere Verfahren.[115] Da aber die bauaufsichtliche Prüfung zu diesem Zeitpunkt summarischer Natur ist, befugt § 73 II LBauO die Bauaufsichtsbehörde zur Regelung zusätzlicher Anforderungen für bereits ausgeführte Bauteile in der Baugenehmigung. Die Erteilung einer Teilbaugenehmigung steht im pflichtgemäßen Ermessen der Behörde.   48

Mit dem Institut der **Typengenehmigung** nach § 75 LBauO, die durch die oberste Bauaufsichtsbehörde erteilt wird, kann das Genehmigungsverfahren für solche Bauten beschleunigt werden, die baugleich an mehreren Stellen errichtet werden sollen, wie z.B. Fertighäuser. Allerdings bezieht sich diese dem Hersteller erteilte Genehmigung nur auf bauordnungsrechtliche standortunabhängige Fragen der Konstruktion und entbindet den Bauherrn nicht von der Verpflichtung, eine Baugenehmigung für das konkrete Vorhaben einzuholen (§ 75 IV LBauO). **Fliegende Bauten** wie Tribünen, Zirkuszelte oder Fahrgeschäfte bedürfen nach § 76 II LBauO vor der erstmaligen Aufstellung einer Ausführungsgenehmigung. Die Prüfung umfasst wegen des naturgemäß fehlenden örtlichen Bezugs nicht das Bauplanungsrecht,[116] wohl aber die technischen bauordnungsrechtlichen Vorschriften. Die Ausführungsgenehmigung ersetzt die Baugenehmigung und wird nach einer auf § 76 IV LBauO gestützten Rechtsverordnung[117] in Abweichung von § 76 III LBauO durch die Technischen Überwachungsvereine Pfalz und Rheinland erteilt. Am jeweiligen Aufstellungsort ist sodann eine Gebrauchsabnahme durch die jeweilige Bauaufsichtsbehörde erforderlich (§ 76 VII LBauO).   49

h) Genehmigungsfreigestellte Vorhaben

Genehmigungsfreie und freigestellte Vorhaben sind durch einen **Verzicht auf die Baugenehmigung** gekennzeichnet. In diesen Konstellationen findet die Privatisierung des   50

---

112 BVerwG, NVwZ 1995, 894, 895; *Finkelnburg/Ortloff*, S. 166; *Dürr/Seiler-Dürr*, Rn. 347; anders noch BVerwG, BRS 49 Nr. 168; *Hendler/Haller*, Voraufl., F/Rn. 116.
113 BayVGH, BayVBl. 1972, 128, 129; VGH BadWürtt., BRS 54 Nr. 175.
114 *Jeromin*, in: ders., § 72 Rn. 24; a.A. OVG Bbg., BRS 58 Nr. 143.
115 OVG NRW, BRS 35 Nr. 150; einschränkend OVG RhPf., BRS 50 Nr. 168.
116 Fliegende Bauten sind keine Vorhaben i.S.v. § 29 BauGB, BVerwG, NJW 1977, 2090, 2091 f.
117 BS 213-1-15.

§ 5 Bauordnungsrecht

Baugeschehens mit einer entsprechenden **Verantwortungsverlagerung auf den Bauherrn** ihren sinnfälligsten Ausdruck. Denn die Genehmigungsfreiheit entbindet den Bauherrn nicht von der Einhaltung der baurechtlichen und sonstigen öffentlich-rechtlichen Vorschriften (§ 62 III LBauO und § 67 IV i.V.m. § 62 III LBauO). Bei genehmigungsfreien Vorhaben nach § 62 LBauO handelt es sich durchweg um kleinere Vorhaben (Rn. 23 ff.). Das Freistellungsverfahren nach § 67 LBauO ermöglicht hingegen genehmigungsfreies Bauen bis zur Hochhausgrenze.

51 Der **Anwendungsbereich** des Freistellungsverfahrens ist nach § 67 I 1 LBauO bei Wohngebäuden der Gebäudeklassen 1 bis 3 im Geltungsbereich eines Bebauungsplans i.S.v. §§ 12 und 30 I BauGB eröffnet. Das Vorhaben muss den Festsetzungen des Bebauungsplans entsprechen und die Erschließung gesichert sein. Für einen Ausschnitt der dem vereinfachten Genehmigungsverfahren nach § 66 LBauO unterfallenden Vorhaben ist unter diesen Voraussetzungen **zwingend** das Freistellungsverfahren angeordnet. Nach § 67 V 1 i.V.m. § 66 II 1 LBauO ist **auf Verlangen des Bauherrn** das Freistellungsverfahren auch bei Wohngebäuden bis zur Hochhausgrenze und bei den anderen in § 66 II 1 LBauO genannten Gebäuden durchzuführen (Beispiel zu Rn. 16).

52 Liegen die Voraussetzungen des § 67 I 1 LBauO vor, so darf der Bauherr einen Monat nach Vorlage der Bauunterlagen bei der Gemeindeverwaltung mit der Bauausführung beginnen (§ 67 II 1 LBauO). Ein vereinfachtes Baugenehmigungsverfahren ist nur durchzuführen, wenn die Gemeinde innerhalb dieser Frist eine sog. **Negativerklärung** abgibt (§ 67 I 2 LBauO). Sie ist hierzu befugt, wenn sie beabsichtigt, eine Veränderungssperre nach § 14 BauGB zu beschließen oder eine Zurückstellung von Baugesuchen nach § 15 BauGB zu beantragen, oder wenn sie der Auffassung ist, dem Vorhaben stünden öffentlich-rechtliche Vorschriften entgegen (§ 67 III 1 LBauO). Auch wenn der Bauherr deswegen sein Vorhaben nicht mehr ohne Genehmigungsverfahren durchführen darf, hat die Erklärung keinen Regelungscharakter.[118]

53 Gibt hingegen die Gemeinde binnen der Monatsfrist keine Erklärung ab oder teilt sie dem Bauherrn vor Fristablauf mit, ein Genehmigungsverfahren sei nicht durchzuführen, so kommt auch dieser **Positiverklärung** keine Regelungswirkung zu. Insb. übernimmt die Gemeinde mit ihrem Schweigen oder einer ausdrücklichen Erklärung keine Verantwortung für die Baurechtskonformität des Vorhabens. § 67 III LBauO lässt für die Negativ- und die Positiverklärung die „Auffassung" der Gemeinde über die Vereinbarkeit des Vorhabens mit dem öffentlichen Recht genügen und bringt damit zum Ausdruck, dass die Gemeinde in ihrer Funktion als Trägerin der Planungshoheit angesprochen ist. Sie äußert sich im Verfahren nach § 67 LBauO auch dann nicht bauaufsichtlich, wenn sie als kreisfreie oder große kreisangehörige Stadt zugleich untere Bauaufsichtsbehörde ist.[119] In der Konsequenz erhält der Bauherr **keine Zulassungsentscheidung**.

---

118 *Calliess*, DV 34 (2001), 169, 172; *Jeromin*, in: ders., § 67 Rn. 24.
119 BayVGH, BauR 2000, 705, 708; VG Münster, BauR 1999, 626, 627.

II. Formelles Bauordnungsrecht

3. Die Bauüberwachung
a) Aufgaben der Bauüberwachung

Nach § 59 I 1 Halbs. 1 LBauO haben die Bauaufsichtsbehörden darüber zu wachen, dass die maßgeblichen Vorschriften eingehalten und die hierauf beruhenden Anordnungen beachtet werden. Die präventive Kontrolle des Baugeschehens wird ergänzt um die Überwachung der Bauausführung und repressive Instrumente. Die Bedeutung repressiver Befugnisse hat mit dem Abbau der präventiven Kontrolle an Bedeutung gewonnen. § 59 I 1 Halbs. 1 LBauO ist allein Aufgabenzuweisungsnorm und verleiht keine Eingriffsbefugnisse. Befugnisse gewährt indes § 59 I 1 Halbs. 2 LBauO als subsidiär anwendbare Generalklausel (Rn. 68). 54

Der **Gegenstand** der Bauaufsicht deckt sich mit dem sachlichen Anwendungsbereich der LBauO.[120] Allerdings findet bei Bauvorhaben von Bund und Ländern eine Bauüberwachung nicht statt (§ 83 III 3 LBauO). Hintergrund ist die – durchaus zweifelhafte – Auffassung, gegenüber Hoheitsträgern seien Anordnungen nicht durchsetzbar.[121] Der Verzicht auf ein bauaufsichtliches Verfahren für die in § 84 LBauO genannten Anlagen bedeutet hingegen nur das Entfallen eines präventiven Verfahrens und sperrt nicht den Einsatz des repressiven Instrumentariums.[122] Wird die Baugenehmigung fachgesetzlich durch ein anderes Zulassungsverfahren „wegkonzentriert" (Rn. 20), so entscheidet das jeweilige Fachrecht über verbleibende Anwendungsspielräume des bauaufsichtsrechtlichen Eingriffsinstrumentariums. 55

b) Eingriffsbefugnisse

aa) **Laufende Bauüberwachung:** Mit der behördlichen Kontrolle in der Bauphase nach § 78 LBauO soll die Schaffung rechtswidriger und schwer zu beseitigender Fakten verhindert werden. Zudem können auch von der Baustelleneinrichtung selbst Gefahren ausgehen (§ 53 LBauO). Die Behörde kann nach pflichtgemäßen Ermessen eine **Bauzustandsbesichtigung** vornehmen (§ 78 IV 1 LBauO). Ihrer Ermöglichung dienen Anzeigepflichten des Bauherrn vor der Fertigstellung des Rohbaus und vor der abschließenden Fertigstellung des Vorhabens (§ 78 II und VII LBauO). Das Ergebnis der Bauzustandsbesichtigung ist dem Bauherrn auf Verlangen zu bescheinigen (§ 78 IV 2 LBauO). Dieser **Abnahmebescheinigung** kommt indes keine Legalisierungswirkung für ein rechtswidriges Vorhaben zu. Sie ermöglicht allein die Fortführung der Bauarbeiten.[123] 56

bb) **Baueinstellung:** Werden Bauarbeiten im Widerspruch zu baurechtlichen oder sonstigen öffentlich-rechtlichen Vorschriften ausgeführt oder werden unzulässige Bauprodukte verwendet, kann die Bauaufsichtsbehörde nach § 80 I LBauO die Einstellung der Bauarbeiten anordnen. Mit dem Instrument der Baueinstellung soll primär das formelle Baugenehmigungserfordernis durchgesetzt, sekundär der Verfestigung materiell bau- 57

---

120 Umfasst sind auch die in § 59 LBauO nicht erwähnten bebauten und bebaubaren Grundstücke, *Schmidt*, in: Jeromin, § 59 Rn. 4.
121 *Jeromin*, in: ders., § 83 Rn. 18; krit. *Schoch*, Jura 2005, 317, 324; zur bauaufsichtlichen formellen Polizeipflicht des Bundes im Bereich fiskalischer Verwaltung VG Mainz, Urt. v. 15.1.2008 – 3 K 313/07.MZ – Rn. 18 (juris).
122 *Jeromin*, in: ders., § 84 Rn. 1; a.A. *Hendler/Haller*, Voraufl., F/Rn. 129.
123 OVG RhPf., AS 12, 23, 24; Beschl. v. 13.3.2002 – 8 A 10225/02.OVG –.

rechtswidriger Zustände entgegengewirkt werden.[124] In zeitlicher Hinsicht setzt die Vorschrift voraus, dass Bauarbeiten tatsächlich begonnen, aber noch nicht beendet wurden.[125]

58 Ein Widerspruch zu baurechtlichen Vorschriften liegt bei **formeller Illegalität** der Bauarbeiten vor. Dies ist der Fall, wenn eine bauliche Anlage ohne die erforderliche Baugenehmigung oder in Abweichung vom Inhalt der Baugenehmigung errichtet oder geändert wird („Schwarzbau").[126] Bauarbeiten an nach § 67 LBauO vom Genehmigungserfordernis freigestellten Vorhaben können formell illegal sein, wenn vor ihrem Abschluss vom OVG der Bebauungsplan nach § 47 V VwGO mit ex tunc-Wirkung für unwirksam erklärt wurde. Denn damit ist die für die Freistellung nach § 67 I 1 LBauO maßgebliche Voraussetzung rückwirkend entfallen mit der Konsequenz, dass ein vereinfachtes Genehmigungsverfahren nach § 66 LBauO hätte durchgeführt werden müssen.[127] Ein Sonderfall formeller Illegalität tritt ein, wenn die Bauaufsichtsbehörde auf Antrag eines Nachbarn die Aussetzung der sofortigen Vollziehung einer Baugenehmigung (§ 80a I Nr. 2 i.V.m. § 80 IV VwGO) oder das Gericht die aufschiebende Wirkung eines Widerspruchs (§ 80a III 2 i.V.m. § 80 V 1 VwGO) anordnet und der Bauherr gleichwohl weiterbaut. Hierdurch wird zwar nicht der Eintritt der Wirksamkeit der Baugenehmigung, sondern nur ihre Vollziehbarkeit gehemmt; die Illegalität besteht aber im Hinwegsetzen über die behördliche bzw. gerichtliche Anordnung.[128] Nach Wortlaut und Sinn und Zweck der Vorschrift ist die formelle Illegalität **hinreichende tatbestandliche Voraussetzung** für eine Einstellungsanordnung.[129]

59 Der Tatbestand des § 80 LBauO wird aber auch durch die **materielle Illegalität** von Bauarbeiten begründet. Dies ist der Fall, wenn formell illegale Bauarbeiten materiell nicht genehmigungsfähig sind. Wird ein Bauvorhaben genehmigungskonform errichtet oder geändert, so sind die Bauarbeiten auch dann materiell legal, wenn die Baugenehmigung rechtswidrig ist. Hier ist die Bauaufsichtsbehörde auf eine Rücknahme der Genehmigung nach § 1 I LVwVfG, § 48 VwVfG verwiesen. Bei im Verfahren nach § 66 LBauO genehmigten Vorhaben können nur Verstöße gegen bauordnungsrechtliche Vorschriften, die nicht Gegenstand der bauaufsichtlichen Prüfung waren (Rn. 36, 42), materielle Illegalität begründen. Bei zulässigerweise genehmigungsfreien Bauvorhaben kann mangels formeller Erfordernisse allein die materielle Illegalität der Bauarbeiten ein Einschreiten rechtfertigen.

60 cc) **Beseitigungsanordnung:** Nach § 81 S. 1 LBauO kann die Bauaufsichtsbehörde die vollständige oder teilweise **Beseitigung** baulicher oder anderer Anlagen i.S.v. § 1 I 2 LBauO anordnen, wenn diese gegen baurechtliche oder sonstige öffentlich-rechtliche

---

124 *Lang*, in: Jeromin, § 80 Rn. 1; s.a. als Spezialermächtigung zur Durchsetzung der Bestellung geeigneter Personen § 55 IV 2 LBauO.
125 *Lang*, in: Jeromin, § 80 Rn. 3, 20.
126 Auch eine nur geringe Abweichung vom Inhalt der Baugenehmigung begründet formelle Illegalität, OVG NRW, BRS 39 Nr. 126; OVG Saarl., AS 18, 44, 49.
127 Der Inhaber einer Baugenehmigung wird durch § 47 V 3 i.V.m. § 183 VwGO analog geschützt; zum Schutz des Bauherrn im Freistellungsverfahren s. § 67 VIII 1 BauO NRW, § 69a X NdsBauO; s.a. OVG NRW, NVwZ 1997, 923, 924; *Oldiges*, Rn. 336a f.
128 *Lang*, in: Jeromin, § 80 Rn. 9; *Finkelnburg/Ortloff*, S. 188.
129 ThürOVG, BauR 1999, 164; *Schoch*, Jura 2005, 178, 179; *Lang*, in: Jeromin, § 80 Rn. 5.

II. Formelles Bauordnungsrecht

Vorschriften verstoßen und sich nicht auf andere Weise rechtmäßige Zustände herstellen lassen. Die Beseitigungsanordnung ist das vorrangige Instrument zur Bekämpfung von **Schwarzbauten**.

Anders als eine Baueinstellung ist die Beseitigungsanordnung mit einem Substanzeingriff in das Vorhaben verbunden. Es würde gegen das eigentumsrechtliche Verhältnismäßigkeitsgebot verstoßen, den Abriss einer materiell genehmigungsfähigen Anlage allein wegen des Fehlens einer Baugenehmigung anzuordnen. Tatbestandliche Voraussetzung einer Abrissverfügung ist deshalb im Regelfall die **formelle und materielle Illegalität des Vorhabens**.[130] Die formelle Illegalität ist ausreichende Bedingung, wenn das Vorhaben ohne Substanzverlust beseitigt werden kann, wie dies z.b. bei einer Fertiggarage oder bei einer Werbeanlage der Fall ist.[131] Allein auf die materielle Illegalität ist bei genehmigungsfreien Vorhaben abzustellen.

61

Trotz bestehender formeller und materieller Illegalität ist der Erlass einer Beseitigungsanordnung ausgeschlossen, **wenn auf andere Weise rechtmäßige Zustände hergestellt werden können**. Bei diesem Gebot handelt es sich um eine tatbestandliche Ausformulierung des **Verhältnismäßigkeitsgrundsatzes**, nämlich um das Gebot des geringstmöglichen Eingriffs. Die Voraussetzung ist nur erfüllt, wenn sich die materielle Legalität des Vorhabens noch erreichen lässt, denn nur dann könnte der Bauherr sein Vorhaben auch formell legalisieren.[132] Maßnahmen zur Herstellung der materiellen Legalität können nur solche sein, die auch die Bauaufsichtsbehörde ergreifen kann.[133] Zu denken ist an Nebenbestimmungen (Rn. 43), die Gestattung von Abweichungen nach § 69 I LBauO (Rn. 104) und von Ausnahmen oder Befreiungen nach § 31 BauGB. Ist in Ausübung des Ermessens materielle Genehmigungsfähigkeit möglich,[134] kann die Bauaufsichtsbehörde nach § 81 S. 2 LBauO durch Verwaltungsakt[135] zur Stellung eines Baugesuchs auffordern, um das Vorhaben formell zu legalisieren.

62

Die Voraussetzungen des § 81 LBauO sind gesetzliche Konkretisierungen des eigentumsgrundrechtlich gebotenen **passiven Bestandsschutzes** gegenüber behördlichen Eingriffen i.S.v. Art. 14 I 2 GG. § 81 LBauO entfaltet Sperrwirkung für einen unmittelbaren Durchgriff auf Art. 14 I 1 GG.[136] Die Feststellungswirkung der wirksamen Baugenehmigung sorgt dafür, dass sich weder die materielle Illegalität noch nachträgliche Rechtsänderungen zu Lasten des Bauherrn auswirken. Die geschaffene Anlage genießt einen **formellen Bestandsschutz**. Eine derartige Abschirmwirkung kommt dem Bauherrn eines genehmigungsfreien oder formell illegalen Vorhabens nicht zugute. Entsprach allerdings das Bauvorhaben zum Zeitpunkt der Errichtung dem materiellen Baurecht, so genießt

63

---

130 BVerwGE 5, 351; NVwZ-RR 1999, 623; OVG RhPf., NVwZ 1999, 718.
131 HessVGH, BRS 52 Nr. 239 (Fertiggarage); ZfBR 2002, 696 (Werbeanlagen); OVG MV, DÖV 2008, 874; OVG SchlH., BRS 54 Nr. 208 (Flutlichtanlage).
132 Andere Konstruktion bei *Lang*, in: Jeromin, § 81 Rn. 13, 23.
133 VGH BadWürtt., VBlBW 2004, 263, 266; dies gilt z.B. nicht für Maßnahmen nach § 175 II i.V.m. § 179 I 1 Nr. 1 BauGB, vgl. VG Mainz (Fn. 121).
134 Strenger HessVGH, BRS 40 Nr. 184: Herstellung rechtmäßiger Verhältnisse nur dann möglich, wenn das Ermessen zugunsten des Bauherrn auf Null reduziert ist.
135 *Lang*, in: Jeromin, § 81 Rn. 23.
136 Zur Ablehnung verfassungsunmittelbaren *aktiven* Bestandsschutzes BVerwGE 106, 228, 234 ff.; s.a. BVerfG, NVwZ-RR 1996, 483; zur Übertragung auf den passiven Bestandsschutz *Wehr*, DV 38 (2005), 65, 78; *Lieder*, VBlBW 2004, 81; *Finkelnburg/Ortloff*, S. 205.

die Anlage **materiellen Bestandsschutz**. Dies folgt aus dem Wortlaut des § 81 S. 1 LBauO, der auf den Zeitpunkt der Errichtung abstellt.[137] Dasselbe gilt nach § 81 S. 1 LBauO für Vorhaben, die zwar nicht materiell baurechtsgemäß errichtet wurden, aber zum Zeitpunkt der Entscheidung über die Abrissverfügung[138] materiell legal sind oder materiell legalisiert werden können.

64 **Streitträchtig** sind die Fälle, in denen ein Vorhaben zum Zeitpunkt der Errichtung formell wie materiell illegal war und – nach zwischenzeitlicher Legalität – nunmehr wieder formeller wie materieller Illegalität verfallen ist. Nach einer Kammerentscheidung des BVerfG soll Bestandsschutz bestehen, wenn das Vorhaben zu irgendeinem Zeitpunkt in der Vergangenheit mit dem Baurecht übereinstimmte.[139] Diese Auffassung lässt sich mit dem Verständnis eines einfachgesetzlichen Bestandsschutzes nicht vereinbaren. Bei einer formell und materiell illegal errichteten Anlage, die nach dem zum Zeitpunkt der Entscheidung über den Abriss geltenden Recht nicht genehmigungsfähig ist, liegen die tatbestandlichen Voraussetzungen für eine Abrissverfügung vor.[140] Erwägungen, den Bestandsschutz von der Dauer der zwischenzeitlichen Legalität abhängig zu machen,[141] sind systematisch dem Ermessen zuzuschlagen (Rn. 70 ff.).[142]

65 dd) **Benutzungsuntersagung:** Nach § 81 S. 1 LBauO kann die Behörde bei einem Verstoß gegen baurechtliche oder sonstige öffentlich-rechtliche Vorschriften auch die **Benutzung der baulichen Anlage untersagen**, wenn sich nicht anderweitig rechtmäßige Zustände herstellen lassen. Mit diesem Instrument wird vor allem auf ungenehmigte **Nutzungsänderungen** reagiert. Umstritten ist, ob die **formelle Illegalität** der Nutzung ausreichende Eingriffsvoraussetzung ist. Dagegen spricht der Wortlaut von § 81 S. 1 LBauO, der tatbestandlich die fehlende Legalisierungsmöglichkeit verlangt.[143] Gleichwohl lässt das OVG RhPf. die formelle Illegalität für eine Nutzungsuntersagung genügen mit der pragmatischen, aber dogmatisch nicht überzeugenden Erwägung, dass von einer Nutzungsuntersagung weniger weit reichende Wirkungen als von einer Beseitigungsanordnung ausgehen.[144] Hält man mit dem OVG RhPf. die formelle Illegalität der Nutzungsänderung für ausreichend, so ist im Rahmen der Ermessensausübung die materielle Genehmigungsfähigkeit zu berücksichtigen.[145] Die Annahme hingegen, bei genehmigungsfreien oder freigestellten Vorhaben sei stets auf die materielle Illegalität abzustellen,[146] geht von einem unzutreffenden Bezugspunkt aus. Maßgeblich ist im Regelfall nicht die Illegalität der Anlage, sondern die Illegalität der *Nutzung*.[147] Auch Nutzungsänderungen

---

137 *Brohm*, § 22 Rn. 11; *Oldiges*, Rn. 338c; *Schoch*, Jura 2005, 178, 181.
138 Zu berücksichtigen sind dem Schwarzbauer günstige Rechtsentwicklungen bis zum Zeitpunkt der letzten gerichtlichen Verhandlung, OVG RhPf., GewArch 1965, 236; BVerwGE 5, 351, 352 f.
139 BVerfG-K, NVwZ 2001, 424.
140 *Lieder*, VBlBW 2004, 81, 84; *Aichele/Herr*, NVwZ 2003, 415, 420; *Schoch*, Jura 2005, 178, 182; a.A. *Hendler/Haller*, Voraufl., F/Rn. 162.
141 *Finkelnburg/Ortloff*, S. 207; *Lang*, in: Jeromin, § 81 Rn. 18; *Hendler/Haller*, Voraufl., F/Rn. 162.
142 *Brohm*, § 22 Rn. 11; *Brenner*, S. 173; *Lieder*, VBlBW 2005, 81, 84.
143 VGH BadWürtt., NVwZ 1990, 480; DÖV 1996, 750; GewArch 2003, 496, 497; OVG Berl., NVwZ-RR 2001, 229, 230.
144 OVG RhPf., AS 25, 313; zust. *Hendler/Haller*, Voraufl., F/Rn. 179; *Lang*, in: Jeromin, § 81 Rn. 62.
145 OVG RhPf., BauR 1997, 103; *Lang*, in: Jeromin, § 81 Rn. 65.
146 So aber *Lang*, in: Jeromin, § 81 Rn. 62; *Schoch*, Jura 2005, 178, 180.
147 Instruktiv *OVG NRW*, BauR 2007, 1870.

II. Formelles Bauordnungsrecht

genehmigungsfreier Anlagen bedürfen nach § 61 LBauO vorbehaltlich § 62 II Nr. 5 LBauO der Genehmigung (Rn. 23 f.).

ee) **Nachträgliche Anforderungen:** § 85 I LBauO ermöglicht der Bauaufsichtsbehörde, **nachträgliche Anforderungen** auch bei solchen baulichen und anderen Anlagen zu stellen, die rechtmäßig begonnen wurden oder rechtmäßig bestehen. Mit nachträglichen Anforderungen soll auf neuere Erkenntnisse über Gefährdungspotentiale reagiert werden, die sich i.d.R. auch in neuen baurechtlichen Vorschriften niedergeschlagen haben.[148] Die Vorschrift gestattet eine Einschränkung des Bestandsschutzes, den formell oder bislang materiell legale Vorhaben genießen.[149] Sie ist deshalb nur zulässig, wenn dies zur Abwehr von erheblichen Gefahren für die öffentliche Sicherheit, insb. für Leben oder Gesundheit, erforderlich ist. Die Vorschrift ist, soweit der Schutz von Individualrechtsgütern in Frage steht, **drittschützend**.[150] Bei einer wesentlichen Änderung von formell oder bislang materiell legalen Vorhaben kann nach § 85 II LBauO verlangt werden, dass auch die nicht von der Änderung erfassten Teile mit dem geltenden Recht in Einklang gebracht werden, wenn dies für den Eigentümer nicht mit unzumutbaren Mehraufwendungen verbunden ist.[151]   66

ff) **Betretungsrechte:** Bedienstete der Bauaufsichtsbehörden oder von ihnen beauftragte Personen dürfen Grundstücke und Wohnungen zu Zwecken der Bauaufsicht betreten (§ 59 IV LBauO). Die Wahrnehmung der **Betretungsbefugnis** kommt im Baugenehmigungsverfahren, in der Phase der Bauausführung, aber auch nach Abschluss der Bauarbeiten in Betracht. § 59 IV 2 LBauO gestattet das **Betreten von Wohnungen** nur bei einer dringenden Gefahr für die öffentliche Sicherheit oder Ordnung. Die Vorschrift ist verfassungskonforme Schranke des Grundrechts auf Unverletzlichkeit der Wohnung i.S.v. Art. 13 VII GG.[152] Eine dringende Gefahr für die öffentliche Sicherheit ist schon dann anzunehmen, wenn hinreichende Anhaltspunkte für die formelle Illegalität eines Vorhabens vorliegen, denn die baurechtliche Genehmigungspflicht ist ein hochrangiges Rechtsgut.[153] Es ist eine Frage der Verhältnismäßigkeit, ob im Einzelfall das Betreten einer Wohnung zum Zwecke der Sachverhaltsermittlung gerechtfertigt ist.   67

gg) **Generalklausel:** Die **Befugnisgeneralklausel** des § 59 I 1 Halbs. 2 LBauO gewährt den Bauaufsichtsbehörden die Befugnis, zur Durchführung ihrer Bauaufsichtsaufgaben nach pflichtgemäßen Ermessen die erforderlichen Maßnahmen zu treffen. Die Vorschrift ist **subsidiär** gegenüber den dargestellten speziellen bauaufsichtlichen Eingriffsnormen. Die Generalklausel ist § 9 POG nachgebildet, der den Bauaufsichtsbehörden als Sonderordnungsbehörden i.S.v. § 88 II POG keine Befugnisse gewährt.   68

§ 59 I 1 Halbs. 2 LBauO hat trotz der weit reichenden speziellen Eingriffsbefugnisse einen eigenständigen **Anwendungsbereich** behalten. So deckt die Norm die Verfügung einer (vorläufigen) Baueinstellung bei Baubeginn unter Missachtung von § 77   69

---

148 *Finkelnburg/Ortloff*, S. 239 f.
149 OVG RhPf., NVwZ-RR 2005, 318.
150 OVG RhPf., NVwZ-RR 2005, 318; a.A. *Jeromin*, in: ders., § 85 Rn. 7.
151 Zur verfassungsrechtlichen Unbedenklichkeit *Finkelnburg/Ortloff*, S. 243.
152 OVG RhPf., AS 33, 111, 112 f.
153 OVG RhPf., AS 33, 111, 114; krit. *Schmidt*, in: Jeromin, § 59 Rn. 57.

LBauO.[154] In Ergänzung einer auf § 80 LBauO gestützten Baueinstellung können dem Bauherrn nach § 59 I 1 Halbs. 2 LBauO Instandhaltungs- und Baustellensicherungsmaßnahmen auferlegt werden.[155] Schließlich kann § 59 I 1 Halbs. 2 LBauO Grundlage für den Erlass von Duldungsverfügungen sein, die der Durchsetzung von Anordnungen dienen, denen wegen privater Rechte Dritter Vollstreckungshindernisse entgegenstehen würden (Rn. 82).[156]

c) Ermessen

70 Die Wahrnehmung sämtlicher bauaufsichtlicher Befugnisse steht im pflichtgemäßen Ermessen der Behörde. Die Rechtsbindungen des Ermessens ergeben sich aus § 40 VwVfG. Die Behörde muss ihr **Entschließungs-** und ihr **Auswahlermessen** ausüben. Besondere Bedeutung hat das Gebot, das Ermessen entsprechend dem Zweck der Ermessenseinräumung auszuüben. Ein Ermessensfehlgebrauch liegt insb. im Verkennen grundrechtlicher Anforderungen, vor allem des grundrechtlichen Verhältnismäßigkeitsgebots.[157] Spezifisch baurechtliche Fragen werfen Verfügungen nach §§ 80, 81 LBauO auf.

71 Der Erlass einer **Einstellungsanordnung** kann im Regelfall allein auf die formelle Illegalität der Bauarbeiten gestützt werden. Nur bei ganz geringfügigen formellen Verstößen kann unter Verhältnismäßigkeitsgesichtspunkten die offensichtliche materielle Genehmigungsfähigkeit in der Ermessensausübung Berücksichtigung finden.[158] Ob es insoweit der Rechtsfigur des intendierten Ermessens bedarf,[159] erscheint fraglich. Eine Sollensanordnung hätte der Gesetzgeber im Wortlaut zum Ausdruck bringen müssen.[160]

72 Auch für den Erlass einer **Beseitigungsanordnung** wird vielfach ein intendiertes Ermessen angenommen.[161] Da die Beseitigungsanordnung aber auf eine vollständige Substanzzerstörung gerichtet ist, kommt dem eigentumsrechtlichen **Verhältnismäßigkeitsgebot** steuernde Kraft zu. Weniger einschneidend als ein vollständiger Abriss ist ein Benutzungsverbot oder eine teilweise Beseitigung, wenn z.B. eine Einfriedungsmauer die zulässige Höhe überschreitet und teilweise abgetragen werden kann.[162] Die Erwägung hingegen, bei nur geringfügigen Verstößen sei eine Beseitigungsanordnung unverhältnismäßig i.e.S., überzeugt nicht, da sie die strikten Vorgaben des Baurechts sanktionslos

---

154 *Schmidt*, in: Jeromin, § 59 Rn. 21.
155 OVG RhPf., AS 24, 294, 295 f.
156 Für einen Vorrang der spezielleren Eingriffsnormen aber offenbar OVG RhPf., NVwZ-RR 2004, 239.
157 *Jestaedt*, in: Erichsen/Ehlers, Allg. Verwaltungsrecht, 13. Aufl. 2006, § 10 Rn. 61 f; anders *Schoch*, Jura 2004, 462, 464 ff., der Grundrechte und Übermaßverbot der Kategorie der Ermessensüberschreitung zuordnet.
158 OVG SchlH., NordÖR 2006, 361, 362: Überschreiten der genehmigten Firsthöhe um 5 cm; *Lang*, in: Jeromin, § 80 Rn.17; offen gelassen von OVG RhPf., NuR 2004, 398, 399; a.A. VG Neustadt/Weinstr., Beschl. v. 17.2.2003 – 4 L 239/03.NW -.
159 OVG Meck-Pomm, NordÖR 2009, 123; ThürOVG, ThürVBl. 2002, 89, 90; OVG NRW, BauR 1999, 626, 627; VG Gießen, NVwZ-RR 2005, 166; *Lang*, in: Jeromin, § 80 Rn. 13.
160 *Beaucamp*, JA 2006, 74, 77 f.; krit. auch *Volkmann*, DÖV 1996, 281; *Borowski*, DVBl. 2000, 149; *Maurer*, Allg. Verwaltungsrecht, 17. Aufl. 2009, § 7 Rn. 12.
161 SächsOVG, LKV 2009, 30, 32; VGH BadWürtt., VBlBW 2004, 263, 267; ThürOVG, ThürVBl. 2002, 89, 91; OVG Berl., LKV 2002, 184, 185.
162 SächsOVG, LKV 2009, 30, 31; BayVGH, NVwZ-RR 2004, 238, 239; OVG NRW, NWVBl. 2003, 386, 389; s.a. BVerwG, NVwZ-RR 1997, 273.

stellt.¹⁶³ Wegen der Grundstücksbezogenheit des öffentlichen Baurechts sind auch die wirtschaftlichen Interessen des Bauherrn kein ermessensbeachtlicher Belang.¹⁶⁴

Wenn **mehrere illegale Zustände** bestehen, wie z. b. ganze Siedlungen schwarz errichteter Wochenendhäuser im Außenbereich, nimmt der **Gleichheitssatz** eine prominente Rolle ein. Die Vergleichbarkeit wird durch den engen räumlichen Zusammenhang gebildet.¹⁶⁵ Als Willkürverbot verbietet Art. 3 I GG der Behörde, gegen ein Vorhaben mit einer Beseitigungsanordnung vorzugehen, ein vergleichbares Vorhaben hingegen aktiv zu dulden oder es zu genehmigen.¹⁶⁶ Der Behörde ist es aber schon aus Kapazitätsgründen nicht verwehrt, „anlassbezogen" vorzugehen und sich bei Vorliegen sachlicher Gründe zunächst auf die Regelung von Einzelfällen zu beschränken.¹⁶⁷ Befinden sich in einem abgrenzbaren Baugebiet eine Vielzahl illegaler Anlagen, kann die Behörde aber gehalten sein, alsbald eine Bestandsaufnahme der Schwarzbauten zu erstellen und auf dieser Grundlage ein Gesamtkonzept zu entwickeln, in dem die Eingriffskriterien und die Reihenfolge des Vorgehens dokumentiert werden.¹⁶⁸ 73

Wenn die Bauaufsichtsbehörde in Ausübung ihres Entschließungsermessens von einer Beseitigungsanordnung absieht, stellt sich die Frage, ob in einer andauernden Untätigkeit eine behördliche **Duldung** liegt, die eine Bindung des Ermessens für die Zukunft wegen des beim Bauherrn entstandenen Vertrauens bewirkt. Indes kann eine bloße Untätigkeit auch über einen langen Zeitraum ein schutzwürdiges Vertrauen nicht begründen.¹⁶⁹ Hierzu bedarf es eines aktiven, rechtserheblichen Handelns der Behörde. Eine aktive Duldung kann in einer Duldungszusage (§ 38 VwVfG), einem Duldungsvertrag (§§ 54 ff. VwVfG) oder einem Duldungsverwaltungsakt liegen.¹⁷⁰ 74

d) Anspruch auf baupolizeiliches Einschreiten

Die Ermessensbindungen der Bauaufsichtsbehörde erhalten besonderes Gewicht, wenn ein baupolizeiliches Einschreiten durch einen Nachbarn begehrt wird. Der Nachbar besitzt als Dritter mitnichten einen allgemeinen Anspruch auf fehlerfreie Ermessensausübung. Vielmehr ist für den Drittschutz die Art des baurechtlichen Verstoßes entscheidend. So kann ein Nachbar nicht wegen des Fehlens einer Baugenehmigung eine Einstellungsanordnung begehren, denn das Genehmigungserfordernis nach § 61 LBauO ist nicht drittschützend.¹⁷¹ Sind die Bauarbeiten hingegen materiell baurechtswidrig, so entscheidet die drittschützende Natur dieser Vorschriften über einen Anspruch auf fehlerfreie Ermessensausübung. 75

Nach traditioneller Rechtsprechung erwächst dem Nachbarn bei einem Verstoß gegen drittschützendes Baurecht nur dann im Wege einer Ermessensreduzierung auf Null ein 76

---

163 OVG NRW, NVwZ-RR 2000, 205; *Lang*, in: Jeromin, § 81 Rn. 33; *Schoch*, Jura 2005, 178, 183; a.A. NdsOVG, BRS 40 Nr. 226; *Brohm*, § 29 Rn. 11.
164 OVG RhPf., Urt. v. 11.10.2007 – 1 A 10555/07.OVG – Rn. 21 (juris).
165 VGH BadWürtt., NVwZ-RR 1997, 465; OVG MV, DÖV 2008, 874, 876.
166 BVerwG, BRS 57 Nr. 248.
167 BVerwG, NVwZ-RR 1992, 360; NVwZ-RR 1997, 273, 274; VG Koblenz, Urt. v. 18.1.2005 – 7 K 2225/04.KO – Rn. 23 (juris).
168 OVG Brem., ZfBR 1995, 108; VG Koblenz (Fn. 167), Rn. 22.
169 OVG NRW, BauR 2007, 1870, 1871; OVG Berl., LKV 2002, 184, 185.
170 OVG NRW, BauR 1999, 383 zu den Grenzen einer aktiven Duldung.
171 BVerwG, NVwZ 1998, 58; NdsOVG, NdsVBl. 2009, 44, 48; OVG Saarl., BauR 2006, 2015, 2017.

Anspruch auf Erlass einer Einstellungsverfügung, wenn zugleich eine wesentliche, intensive Gefährdung seiner Rechtsgüter droht.[172] Damit ist der Nachbar, der in der Bauphase einen Schutzanspruch gegen ein genehmigungsfreies oder freigestelltes Vorhaben geltend macht, schlechter gestellt als derjenige, der zur Verhinderung von Bauarbeiten eine Baugenehmigung wegen Verletzung drittschützender Vorschriften anficht. Nach einer Auffassung muss die mit der Genehmigungsfreiheit angestrebte Privatisierung auch im Verhältnis zum Nachbarn zum Tragen kommen. Deshalb sei bei der Ermessensausübung zu berücksichtigen, dass der Nachbar Rechtsschutz nach § 1004 I iVm §§ 906, 823 II BGB erlangen könne.[173] Die Mehrzahl der Gerichte und das überwiegende Schrifttum haben hingegen die Anforderungen an die Ermessensreduzierung auf Null herabgesetzt und gewähren dem Nachbarn einen Anspruch auf Erlass einer Einstellungsverfügung schon dann, wenn der Verstoß gegen drittschützende Vorschriften den Nachbarn mehr als geringfügig beeinträchtigt.[174] Mit dieser vorzuziehenden Sichtweise wird eine weitgehende Harmonisierung der materiellen Schutzstandards erreicht, die sich in einer prozessualen Synchronisierung fortsetzt (Rn. 119).

77 Nach zutreffender Auffassung des OVG RhPf. führt jeder Verstoß gegen drittschützende Vorschriften auch zu einem **Anspruch auf Erlass einer Beseitigungsanordnung.**[175] Ist eine Abrissverfügung auch bei einem geringfügigen Verstoß nicht unangemessen (Rn. 71), so kann auch der Nachbar den Erlass einer Beseitigungsordnung z.B. wegen einer geringfügigen, aber nicht zulassungsfähigen Abweichung von den vorgeschriebenen Abstandsflächen verlangen. Er kann aber sein Abwehrrecht **verwirken,** wenn er über einen langen Zeitraum untätig geblieben ist und Umstände hinzutreten, welche die späte Geltendmachung als treuwidrig erscheinen lassen.[176]

e) Verantwortlichkeit

78 Bauaufsichtliche Verfügungen sind an einen Verantwortlichen i.S.v. §§ 54-57 LBauO zu adressieren. Während der Bauphase besteht eine Verhaltenshaftung des Bauherrn (§ 54 I LBauO). In seinem Wirkungskreis ist zudem der Bauunternehmer dafür verantwortlich, dass die Bauarbeiten baurechtsgemäß ausgeführt und die Baustelle ordnungsgemäß eingerichtet und sicher betrieben wird (§ 57 I LBauO). Nach Abschluss der Bauarbeiten (Unterhaltungsphase) gilt ein System der Zustandshaftung. Verantwortliche Personen sind Bauherr, Eigentümer bzw. Erbbauberechtigter und der Besitzer als Inhaber der tatsächlichen Gewalt über eine bauliche Anlage (§ 54 II LBauO). Nach § 59 II LBauO i.V.m. § 7 POG ist die Inanspruchnahme von Nichtstörern möglich.

79 Der Aufbau der Vorschrift darf nicht zu einem Trennungsdenken verführen. Systematisch ist **§ 54 II LBauO die Grundnorm,** die in § 54 I LBauO Erweiterungen erfährt.[177]

---

172 VGH BadWürtt., VBlBW 1992, 103, 104; so immer noch NdsOVG, NdsVBl. 2009, 44, 45.
173 NdsOVG, NdsVBl. 2009, 44, 47; tendenziell BVerwG, NVwZ 1998, 395; s.a. *Manssen,* NVwZ 1996, 144, 146; *Schmaltz,* NdsVBl. 1995, 241.
174 VGH BadWürtt., BauR 1995, 219, 220; s.a. OVG MV, NuR 2004, 115; OVG NRW, BauR 1999, 379, 380; *Bamberger,* NVwZ 2000, 983, 986 ff.; *Schoch,* Jura 2005, 178, 184.
175 OVG RhPf., NVwZ-RR 2001, 290, 291; zust. *Lang,* in: Jeromin, § 81 Rn. 49; a.A. *Hendler/Haller,* Voraufl., F/Rn. 173.
176 *Lang,* in: Jeromin, § 81 Rn. 51 m.w.N.
177 *Schmidt,* in: Jeromin, § 54 Rn. 9.

Während der Bauphase dürfen deshalb auch Maßnahmen gegen die in § 54 II LBauO genannten Verantwortlichen als „andere am Bau Beteiligte" ergehen. Umgekehrt endet die Verhaltenshaftung der nur nach § 54 I LBauO Beteiligten nicht notwendig mit dem Abschluss der Bauarbeiten. So haften Bauunternehmer für spätere Folgen eines baurechtswidrigen Handelns und unterliegen überdies nachwirkenden Pflichten.[178]

Bei mehreren Verantwortlichen ist eine **Störerauswahl** zu treffen, die Bestandteil des Auswahlermessens ist. Nach Auffassung des OVG RhPf. besteht ein grundsätzlicher Vorrang der Heranziehung des Verhaltens- vor dem Zustandsstörer.[179] Diese Ansicht überzeugt nicht. Im Dienste einer effektiven Bauaufsicht ist vielmehr die Person in Anspruch zu nehmen, die am ehesten einen Beitrag zur Abwendung der Gefahr leisten kann. Zudem ist der Behörde u.U. schon gesetzlich die Inanspruchnahme eines bestimmten Störers vorgegeben (s. § 82 LBauO). 80

Eine **Baueinstellungsverfügung** nach § 80 LBauO ist an die Person zu richten, die für eine sofortige Einstellung der Bauarbeiten sorgen kann. Verantwortlicher Bauherr kann i.S. eines materiellen Bauherrnbegriffs (§ 63 V LBauO)[180] auch der Mieter einer baulichen Anlage sein, der eigenmächtig Bauarbeiten durchführt.[181] Eine **Beseitigungsanordnung** oder eine **Benutzungsuntersagung** kann nach § 81 S. 1 LBauO gegenüber Handlungs- und Zustandsstörern ergehen. Es ist aus Effizienzgründen ermessensgerecht, den Zustandsstörer heranzuziehen, wenn z.B. der Handlungsstörer insolvent oder nicht greifbar ist.[182] Grenzen einer Zustandshaftung des Eigentümers setzt Art. 14 I GG.[183] 81

Wenn eine bauliche Anlage im Eigentum mehrerer Personen steht oder der Eigentümer nicht die tatsächliche Sachherrschaft ausübt, kann die Bauaufsichtsbehörde entweder gegen alle Störer vorgehen oder sich auf die Heranziehung eines Störers beschränken. Eine Beseitigungsanordnung oder Benutzungsuntersagung muss nicht an alle Mitberechtigten adressiert werden. Entgegenstehende private Rechte Dritter berühren nicht die Rechtmäßigkeit der bauaufsichtlichen Verfügung, sondern allein ihre Vollstreckbarkeit.[184] Soll die Anordnung zwangsweise durchgesetzt werden, bedarf es aber des Erlasses einer **Duldungsverfügung** gegenüber dem Dritten, die seinen entgegenstehenden Willen ausräumt.[185] 82

Von erheblicher praktischer Bedeutung ist die **Rechtsnachfolge** in bauaufsichtliche Anordnungen. § 81 S. 3 LBauO ordnet die Rechtsnachfolge in Benutzungsuntersagungen und Beseitigungsanordnungen an. Da sich aber die Stellung des Rechtsnachfolgers von derjenigen des Rechtsvorgängers ableitet, tritt z.B. der Mieter nicht in durch Verfügung auferlegte Pflichten des Eigentümers ein.[186] Dagegen ist eine Rechtsnachfolge in die 83

---

178 HessVGH, BRS 39 Nr. 98: Pflicht des Bauunternehmers zur Baustellensicherung nach Insolvenz des Bauherrn.
179 OVG RhPf., AS 23, 6; krit. *Schmidt*, in: Jeromin, § 54 Rn. 26.
180 OVG RhPf., BRS 17 Nr. 146; *Schmidt*, in: Jeromin, § 55 Rn. 2.
181 BVerwG, NVwZ 1988, 730 für Nutzungsänderungen; *Lang*, in: Jeromin, § 80 Rn. 30.
182 *Lang*, in: Jeromin, § 81 Rn. 44 m.w.N.
183 BVerfGE 102, 1.
184 BVerwGE 40, 101, 103; OVG Hbg., ZfBR 2005, 580, 581; OVG NRW, NVwZ-RR 1998, 76.
185 BVerwGE 40, 101, 103; OVG RhPf., Urt. v. 11.10.2007 – 1 A 10555/07.OVG – Rn. 18 (juris).
186 BayVGH, NJW 1993, 82.

Baueinstellungsverfügung nicht vorgesehen. Da die Auferlegung öffentlich-rechtlicher Pflichten einer normativen Grundlage bedarf, findet eine Rechtsnachfolge nicht statt.[187]

f) Durchsetzung bauaufsichtlicher Anordnungen

84 Bauaufsichtliche Verfügungen können unter den Voraussetzungen des § 80 II 1 Nr. 4 VwGO für sofort vollziehbar erklärt werden. Da die Verhinderung gesetzwidriger Bauarbeiten stets im öffentlichen Interesse liegt, fällt das besondere Interesse am Sofortvollzug einer Baueinstellungsverfügung zumeist mit dem allgemeinen Interesse am Erlass der Anordnung zusammen.[188] Lässt man für eine Benutzungsuntersagung bereits die formelle Illegalität der Nutzung genügen (Rn. 65), ist der Sofortvollzug durch die Erwägung gerechtfertigt, dass der rechtsuntreue Bürger keine Nutzungsvorteile gegenüber denjenigen erhalten soll, die ordnungsgemäß ein Genehmigungsverfahren betreiben, zudem der Gefahr von Nachahmungen vorgebeugt werden soll.[189] Hingegen darf eine Beseitigungsanordnung nicht für sofort vollziehbar erklärt werden, da dies die Hauptsache vorwegnähme. Anderes kann nur gelten, wenn sich die Anlage wie z.B. eine Werbeanlage ohne Substanzverlust beseitigen lässt.[190]

85 Bauaufsichtliche Anordnungen können nach §§ 61 ff. LVwVG **vollstreckt** werden. Als **Zwangsmittel** kommen das Zwangsgeld (§ 64 LVwVG) und zur Durchsetzung einer Beseitigungsanordnung als einer vertretbaren Handlung vor allem eine Ersatzvornahme (§ 63 LVwVG) in Betracht. Ultima ratio ist die Anwendung unmittelbaren Zwangs (§ 65 I LVwVG). Als besonderes, zusätzliches Zwangsmittel zur Durchsetzung einer Einstellungsverfügung sieht § 80 II LBauO die Versiegelung der Baustelle und die Sicherstellung der Baugegenstände in entsprechender Anwendung von §§ 23 ff. POG vor. Nach § 59 II LBauO sind die Bauaufsichtsbehörden auch zur **unmittelbaren Ausführung** von Maßnahmen nach § 6 POG befugt.

86 **Voraussetzung** der zwangsweisen Durchsetzung ist die Bestandskraft oder die sofortige Vollziehbarkeit der bauaufsichtlichen Verfügung (§ 2 LVwVG). Die sofortige Vollziehbarkeit der Einstellungsverfügung ist auch Voraussetzung für Maßnahmen nach § 80 II LBauO.[191] Von der Bestandskraft oder sofortigen Vollziehbarkeit der Grundverfügung ist der Rechtsschutz gegen die Vollstreckung zu unterscheiden. Rechtsbehelfe gegen Maßnahmen der Verwaltungsvollstreckung haben nach § 20 AGVwGO keine aufschiebende Wirkung. Dies gilt auch für Maßnahmen nach § 80 II LBauO, soweit sie nicht nur Realakt, sondern auch hoheitliche Regelung sind.[192] Da entgegenstehende Rechte Dritter ein Vollstreckungshindernis sind, bedarf es bei mehreren Störern ggf. des Erlasses einer Duldungsverfügung (Rn. 82).

---

187 *Lang*, in: Jeromin, § 80 Rn. 26.
188 *Lang*, in: Jeromin, § 80 Rn. 31: s.a. VGH BadWürtt., VBlBW 2005, 238.
189 *Lang*, in: Jeromin, § 81 Rn. 74; VGH BadWürtt., BauR 2007, 1217, 1219; OVG NRW, NVwZ-RR 2003, 482.
190 Für Werbeanlagen OVG MV, DÖV 2008, 874; *Finger/Loebbecke*, VBlBW 2007, 166, 170.
191 *Lang*, in: Jeromin, § 80 Rn. 40; a.A. *Finkelnburg/Ortloff*, S. 189 f.
192 *Lang*, in: Jeromin, § 80 Rn. 3.

III. Materielles Bauordnungsrecht

Die materiellen Anforderungen finden sich in **allen Rechtsquellen des Bauordnungsrechts**. Sie sind vielfach technischer Natur, weshalb sich die folgende Darstellung auf die Anforderungen konzentriert, die in der praktischen Anwendung Rechtsprobleme aufwerfen. Nach der **Systematik der LBauO** finden sich in den §§ 3 – 5 LBauO generalklauselartig formulierte Anforderungen. Von diesen hat allein das Verunstaltungsverbot nach § 5 LBauO eigenständige Bedeutung (Rn. 98 ff.), während die programmatisch formulierten sozialen und ökologischen Anforderungen nach § 4 LBauO vor allem nach Maßgabe spezieller Vorgaben Relevanz erlangen. Die Generalklausel in § 3 LBauO fungiert als klassische Auffangnorm (Rn. 103). Die materiellrechtlichen Anforderungen lassen sich unterscheiden in solche, die am Grundstück und seiner Bebaubarkeit ansetzen, und diejenigen, welche die bauliche Anlage zum Ausgangspunkt nehmen.

87

1. Das Grundstück und seine Bebaubarkeit
a) Allgemeine Anforderungen

§§ 6, 7 LBauO stellen aus gefahrenabwehrrechtlicher Perspektive Anforderungen an die **Eignung des Grundstücks** für die geplante Bebauung und ergänzen insoweit das Bauplanungsrecht. So muss das zu bauende Grundstück **altlastenfrei** sein (§ 6 I LBauO). Des Weiteren müssen die leitungsgebundene **Erschließung** für Wasserversorgung und Abwasserentsorgung und die wegemäßige Erschließung gewährleistet sein (§ 6 II LBauO). Letztere verlangt insb. auch **Zu- und Durchfahrten für Rettungsfahrzeuge** der Feuerwehr (§ 7 LBauO).

88

b) Abstandsflächen

Streitträchtig sind die Regelungen über die erforderlichen Abstandsflächen nach § 8 LBauO.[193] Abstandsflächen sind die Flächen, die vor Außenwänden von Gebäuden freizuhalten sind (§ 8 I 1 LBauO). Sie müssen sich im Regelfall auf dem zu bebauenden Grundstück befinden (§ 8 II 1 LBauO) und berechnen sich nach der Höhe des Gebäudes (§ 8 IV 1 LBauO). Bei einem Gebäude mit 10m Wandhöhe ist die von der Bebauung freizuhaltende Abstandsfläche 4m (§ 8 VI LBauO), die Mindestabstandsfläche beträgt 3m (§ 8 VI 3 LBauO). Auch Anlagen, die wie Mobilfunksendeanlagen oder Windräder gebäudegleiche Wirkung haben, müssen Abstandsflächen einhalten (§ 8 VIII LBauO).[194] Ihre Funktion ist die ausreichende Belichtung, Belüftung und Besonnung nicht nur des zu bebauenden Grundstücks, sondern auch des Nachbargrundstücks. Ob die Abstandsflächen in Anbetracht der knappen Maße dem Nachbarn zudem ein gewisses Maß an Privatheit und „Sozialabstand" sichern können, ist zu bezweifeln.[195] Unbestritten ist aber die generell **drittschützende Natur** von § 8 LBauO.[196]

89

---

[193] 40 % der seit dem Jahr 2000 ergangenen baurechtlichen Entscheidungen des OVG RhPf. sollen das Abstandsflächenrecht zum Gegenstand haben, K. Meier, LKRZ 2007, 457.
[194] Dazu OVG NRW, BauR 2009, 89; ausf. Jeromin, in: Jeromin, § 8 Rn. 104 ff.
[195] So aber OVG RhPf., NVwZ-RR 2006, 768, 769; OVG NRW, BauR 2009, 89; skeptisch Jeromin, in: ders., § 8 Rn. 2 f.; Abstandsflächen vor Windrädern dienen nicht der Abwehr der Eiswurfgefahr; OVG RhPf., NVwZ-RR 2006, 768.
[196] OVG RhPf., AS 22, 1; 28, 65, 67 f.; zu § 8 IX LBauO OVG RhPf., NVwZ- RR 2005, 19.

90 Da § 8 LBauO Regelungen über die bauliche Ausnutzung des Grundstücks trifft, ist sein **Verhältnis zum Bauplanungsrecht** zu bestimmen. Die Einhaltung der Abstandsflächen schließt einen Verstoß gegen das **Rücksichtnahmegebot** des § 15 BauNVO nicht aus.[197] Das OVG RhPf. sieht zwar die Regelungen des § 8 LBauO hinsichtlich der traditionellen Schutzzwecke als abschließend an.[198] Die Einhaltung der Abstandsflächen sperrt aber nicht die Annahme planungsrechtlicher Rücksichtslosigkeit, wenn von dem Vorhaben eine optisch bedrängende oder erdrückende Wirkung ausgeht.[199] Nach dem mit der BauGB-Novelle 2007 eingefügten § 9 I Nr. 2a BauGB kann nunmehr sogar unmittelbar im Bebauungsplan die Tiefe der Abstandsflächen festgesetzt werden. Hierdurch soll es den Gemeinden ermöglicht werden, aus städtebaulichen Gründen **größere Abstandsflächen** festzusetzen, die Vorrang vor § 8 LBauO haben.[200] Nach § 8 XI LBauO führen aber planungsrechtliche Festsetzungen über die überbaubare Grundstücksfläche und über die Zahl der Vollgeschosse ggf. auch zur Zulässigkeit **geringerer Abstandsflächen**.[201]

c) Stellplätze

91 Die LBauO stellt Anforderungen an die Ausstattung von Grundstücken.[202] Praktisch bedeutsam ist die Verpflichtung zur Errichtung von Kfz-Stellplätzen nach § 47 LBauO. Durch diese Pflicht sollen dem durch ein bebautes Grundstück ausgelösten Bedarf an Parkraum Rechnung getragen und die öffentlichen Straßen dem fließenden Verkehr vorbehalten werden. Bauliche Anlagen, bei denen ein Zugangs- und Abfahrtsverkehr zu erwarten ist, dürfen nur errichtet werden, wenn eine ausreichende Anzahl von Stellplätzen oder Garagen hergestellt werden (§ 47 I LBauO). Die Stellplätze sind auf dem Grundstück oder in zumutbarer Entfernung herzustellen (§ 47 III 1 LBauO). Die Beachtung der Stellplatzpflicht ist echte Genehmigungsvoraussetzung, deren Erfüllung dem Bauherrn zumeist durch eine Nebenbestimmung auferlegt wird (Rn. 43).

92 Die Anzahl der erforderlichen Stellplätze richtet sich nach der Zahl der Kfz der Benutzer und Besucher der baulichen Anlage (§ 47 I 2 LBauO). Dieses Kriterium wird durch eine **norminterpretierende Verwaltungsvorschrift** konkretisiert, die Richtzahlen benennt.[203] Allerdings sind die Gemeinden befugt, durch Satzungserlass nach § 88 I Nr. 8 LBauO (Rn. 6) die Zahl der erforderlichen Stellplätze **abweichend** zu bestimmen.[204] Die Gemeinden können zudem für Teile des Gemeindegebiets durch Satzung die Herstellung von Stellplätzen aus städtebaulichen oder verkehrlichen Gründen untersagen (§ 88 III Nr. 3 LBauO).

93 Ist die Herstellung von Stellplätzen auf dem Grundstück oder auf einem anderen Grundstück in zumutbarer Entfernung aus tatsächlichen oder rechtlichen Gründen nicht mög-

---

197 BVerwG, BauR 1999, 615.
198 OVG RhPf, Beschl. v. 19.5.1998 – 1 B 10958/98.OVG -; a.A. VGH BadWürtt., BRS 59 Nr. 189.
199 *Jeromin*, in: ders., § 8 Rn. 11 m.w.N.; s.a. OVG RhPf., NVwZ-RR 2006, 768, 769.
200 BT-Drucks. 16/3308, S. 17; *Löhr*, in: Battis/Krautzberger/Löhr, § 9 Rn. 19a.
201 S. auch den speziellen Vorgaben in § 8 I 2-4 LBauO, die dem Vorrang von §§ 30 I, 34 BauGB i.V.m. §§ 22 III, 23 BauNVO Rechnung tragen.
202 S. auch das Gebot zur Errichtung von Kinderspielplätzen nach § 11 I LBauO.
203 Verwaltungsvorschrift des Ministeriums der Finanzen über die Zahl, Größe und Beschaffenheit der Stellplätze für Kraftfahrzeuge v. 24.7.2000, MinBl. S. 231.
204 Zu den Abweichungsspielräumen der Gemeinden OVG RhPf., Urt. v. 27.6.2001 – 8 C 11919/00.OVG -.

lich, kann der Bauherr mit Zustimmung der Gemeinde seine Verpflichtung nach § 47 I und II LBauO durch Zahlung eines Geldbetrags „erfüllen" (§ 47 IV LBauO). Die Geldleistung hat Surrogatcharakter und führt zum Erlöschen der Primärverpflichtung.[205] Die **Ablösung der Stellplatzverpflichtung** bedarf einer satzungsförmigen Grundlage. Der Betrag kann durch Bescheid festgesetzt werden, zulässig und gebräuchlich sind auch Ablösungsvereinbarungen in Form öffentlich-rechtlicher Verträge.[206] **Die Verwendung** des Geldbetrags ist zweckgebunden. Allerdings muss der Geldbetrag nicht in die Schaffung von Parkraum investiert werden, sondern kann z.b. für die Einrichtung von Parkleitsystemen verwendet werden (§ 88 V Nr. 4 LBauO).

Um die **finanzverfassungsrechtliche Zulässigkeit** der Stellplatzablösung wird seit geraumer Zeit gestritten. Hier ist zu differenzieren. Sofern die Stellplatzpflicht abgelöst wird, weil der Bauherr die Verpflichtung aus tatsächlichen Gründen nicht erfüllen *kann*, handelt es sich um eine verfassungsrechtlich zulässige Sonderabgabe ohne Finanzierungsfunktion, die als Ausgleichsabgabe den wirtschaftlichen Vorteil des Bauherrn abschöpft.[207] Verfassungsrechtlich bedenklich ist aber die Ablösungsverpflichtung in den Fällen, in denen die Unmöglichkeit der Stellplatzherstellung auf einer gemeindlichen Satzung nach § 88 III Nr. 3 LBauO beruht, der Bauherr die Stellplätze also nicht errichten *darf*. Durch diese Vorschrift wird eine Sonderabgabe mit Finanzierungsfunktion begründet, deren strenge Zulässigkeitsvoraussetzungen – maßgeblich das Gebot gruppennütziger Verwendung – § 47 IV LBauO nicht erfüllt.[208]

94

d) Öffentliche Baulast

Die grundstücksbezogenen Anforderungen wie z.B. eine Zufahrt zu den öffentlichen Verkehrsflächen nach § 6 LBauO müssen dauerhaft gesichert sein. Die Bestellung einer öffentlichen Baulast dient der Ausräumung von Hindernissen, die einer Bebauung entgegenstehen. Durch freiwillige Erklärung gegenüber der Bauaufsichtsbehörde kann ein Grundstückseigentümer öffentlich-rechtliche Verpflichtungen zu einem grundstücksbezogenen Tun, Dulden oder Unterlassen übernehmen, die sich nicht bereits aus öffentlich-rechtlichen Vorschriften ergeben (§ 86 I 1 LBauO). Die öffentlich-rechtliche Willenserklärung begründet ein Verwaltungsrechtsverhältnis zwischen dem Eigentümer und der Bauaufsichtsbehörde. Als dingliche Last geht die Baulast auf den Rechtsnachfolger über (§ 86 I 2 LBauO). Zu unterscheiden sind eigennützige und fremdnützige Baulasten, bei denen ein Grundstückseigentümer Baulasten zugunsten des Bauherrn übernimmt. Die Rechtsbeziehungen zwischen den Grundstückseigentümern bleiben zivilrechtlicher Natur.[209] Die öffentliche Baulast kann aber von der Bauaufsichtsbehörde mittels ihrer Eingriffsbefugnisse durchgesetzt werden.[210]

95

---

205 BVerwG, BauR 2005, 375, 378.
206 *Ehlers*, DVBl. 1986, 529; zu Dispensverträgen BVerwGE 23, 213; NJW 1980, 1294.
207 BVerwG, BauR 2005, 375, 376 ff.; OVG Hbg., NordÖR 2003, 498, 500; OVG MV, NordÖR 2006, 245; a.A. *Dürr/Seiler-Dürr*, Rn. 216.
208 *Schröer*, NVwZ 1997, 140, 142; a.A. *Lang*, in: Jeromin, § 47 Rn. 51; offen gelassen von BVerwG, BauR 2005, 375, 380.
209 Ausführlicher *Schmidt*, in: Jeromin, § 86, Rn. 6, 14 f.
210 *Schmidt*, in: Jeromin, § 86 Rn. 52.

96 Die **Baulastfähigkeit** ist vielfach in der LBauO ausdrücklich anerkannt. So gestattet § 9 LBauO die Erstreckung von Abstandsflächen auf das Nachbargrundstück, wenn öffentlich-rechtlich die Freihaltung dieser Flächen gesichert ist. Nach § 47 III LBauO kann die Stellplatzpflicht durch Herstellung von Stellplätzen auf anderen Grundstücken in zumutbarer Entfernung erfüllt werden, wenn diese Nutzung dauerhaft öffentlich-rechtlich gesichert ist. Eine Baulast kann indes nicht nur bestellt werden in den ausdrücklich in der LBauO normierten Fällen. Entscheidend für die Baulastfähigkeit ist der Grundstücksbezug und der Zusammenhang mit einem konkreten baurechtlichen Vorhaben. Gleichsam „auf Vorrat" kann eine Baulast nicht begründet werden.[211]

2. Anforderungen an die Bauausführung

a) Gefahrenabwehr

97 Die allgemeinen Anforderungen an die Ausführung eines Bauvorhabens normieren §§ 13-17 LBauO. Die Vorgaben dienen dem Schutz der Anlage selbst und sollen zudem verhindern, dass von der Anlage Gefahren ausgehen. Diese Doppelfunktion gilt ausdrücklich für die Anforderungen an die Standsicherheit (§ 13 LBauO) und die Verkehrssicherheit (§ 17 LBauO). Auch die Sicherung der Anlage gegen äußere Einflüsse nach § 14 LBauO dient sowohl ihren Bewohnern als auch den Nachbarn. In gleicher Weise sollen die Regelungen über den vorbeugenden Brandschutz nach § 15 LBauO umfassend Leben und Gesundheit der Menschen und ihre Sachwerte schützen. Dies gilt auch für Schutzmaßnahmen gegen Geräusche und Erschütterungen nach § 16 II und III LBauO. Die Schutzzwecke der Vorschriften sind bedeutsam für ihre **drittschützende Wirkung**. §§ 13 I 2, 14, 15 I und 16 II und III LBauO dienen auch dem Schutz der Nachbarn, nicht hingegen die Anforderungen an den Wärmeschutz nach § 16 I LBauO. Auch das Verbot der Gefährdung der Sicherheit und Leichtigkeit des Verkehrs nach § 17 II LBauO kommt nicht speziell den Nachbarn zugute.[212]

b) Bauästhetische Anforderungen

98 Systematisch rechnet das generalklauselartig formulierte **Verunstaltungsverbot** in § 5 LBauO den Anforderungen an die Bauausführung zu. Nach § 5 I LBauO darf die bauliche Anlage selbst nach Form, Maßstab, Verhältnis der Baumassen und der Bauteile nicht verunstaltet wirken. § 5 II LBauO stellt Anforderungen an die Auswirkung der baulichen Anlage auf ihre Umgebung. Bauliche Anlagen sind so mit ihrer Umgebung in Einklang zu bringen, dass sie auf benachbarte Anlagen sowie das Straßen-, Orts- und Landschaftsbild nicht verunstaltend wirken. Durch **Gestaltungssatzungen** auf der Grundlage von § 88 I Nr. 1 und 2 LBauO können die Gemeinden darüber hinaus eine positive Baugestaltungspflege betreiben.

99 Mit dem **Begriff der Verunstaltung** wird zum Ausdruck gebracht, dass nicht die baugestalterischen Idealvorstellungen der Bauaufsichtsbehörde maßgeblich sind, sondern allein ästhetische Missgriffe abgewehrt werden sollen.[213] Das PreußOVG sah im Kreuzberg-Urteil die Verunstaltung in der „Herbeiführung eines positiv hässlichen, jedes Auge

---

211 VGH BadWürtt., BauR 2008, 84.
212 VGH BadWürtt., BRS 38 Nr. 127.
213 *Krebs*, Rn. 204.

verletzenden Zustandes".²¹⁴ Demgegenüber stellt das BVerwG auf den „gebildeten Durchschnittsbetrachter" ab. Entscheidend ist demgemäß, „ob der Anblick bei einem nicht unbeträchtlichen, in durchschnittlichem Maße für ästhetische Eindrücke offenen Teil der Bevölkerung nachhaltigen Protest auslöst".²¹⁵ § 5 LBauO bedarf restriktiver **verfassungskonformer Auslegung.** Maßstab ist vor allem Art. 14 I GG, aber ggf. auch Art. 5 III GG, sofern der Wirkbereich der Baukunst in Frage steht.²¹⁶

§ 5 LBauO hat **keine allgemein drittschützende Wirkung.** Ästhetische Beeinträchtigungen können vom Nachbarn nicht abgewehrt werden. Allerdings können Gemeinden eine Baugenehmigung mit der Rüge angreifen, ein bauliches Vorhaben beeinträchtige das Straßen- oder Ortsbild.²¹⁷ Der Begriff der Verunstaltung ist ein unbestimmter Rechtsbegriff, der **voller gerichtlicher Kontrolle** unterliegt. 100

3. Besondere Anlagen: Werbeanlagen

Spezielle Vorgaben für Werbeanlagen enthält § 52 **LBauO.** Werbeanlagen sind nach ihrer Zweckbestimmung auf die Erregung von Aufmerksamkeit gerichtet und berühren deshalb planungs- und ordnungsrechtliche Belange; andererseits stellt sich die Wirtschaftswerbung als Grundrechtsgebrauch dar. Nach der **Legaldefinition** des § 52 I 1 LBauO sind Werbeanlagen alle ortsfesten Einrichtungen, die der Ankündigung oder Anpreisung oder als Hinweis auf Gewerbe und Beruf dienen und vom öffentlichen Verkehrsraum aus sichtbar sind. Hierzu rechnen sog. **Skybeamer,** auch wenn der Lichtstrahl bei isolierter Betrachtung ein aussageloses Zeichen ist.²¹⁸ Schon die beispielhafte Aufzählung in § 52 I 2 LBauO zeigt, dass es sich bei Werbeanlagen sowohl um bauliche Anlagen als auch um andere Anlagen handeln kann (Rn. 9 ff.). Auf andere Anlagen wie etwa Wandbemalungen finden nach § 52 II LBauO jedenfalls §§ 3, 5 LBauO entsprechende Anwendung. Die mangels Verweises nicht zulässige Anwendung von § 17 II LBauO kann ggf. durch Rückgriff auf die Generalklausel in § 3 LBauO kompensiert werden (Beispiel zu Rn. 7).²¹⁹ Bei Werbeanlagen kommt dem **Verunstaltungsverbot** erhebliche Bedeutung zu.²²⁰ 101

Für Werbeanlagen bestehen nach § 52 III und IV LBauO **gebietsbezogene Beschränkungen,** die in die Regelungszuständigkeit des Landesgesetzgebers fallen (Rn. 3). Werbeanlagen sind nach § 52 III 1 LBauO im Außenbereich vorbehaltlich § 52 III 3 LBauO generell verboten. In den in § 52 IV LBauO genannten Gebieten sind Werbeanlagen unter erleichterten Voraussetzungen zulässig. Bei **Skybeamern,** die gebietsübergreifend abstrahlen, ist für die Gebietszuordnung auf den Einwirkungsbereich der Lichtstrahlen abzustellen.²²¹ Nach § 52 III und IV LBauO sind Werbeanlagen an der **Stätte der Leistung** zulässig. Hiermit wird die Eigenwerbung an Gewerbebetrieben gestattet. An Dis- 102

---

214 PrOVGE 9, 353, 382 = DVBl. 1985, 219.
215 BVerwG, NJW 1995, 2648, 2649; s.a. BVerwGE 2, 172, 176 f.
216 BVerwG, NJW 1995, 2648, 2649; OVG RhPf., NVwZ 1998, 651.
217 *Jeromin,* in: ders., § 5 Rn. 38 ff.
218 OVG RhPf., UPR 2003, 237; VG Neustadt/Weinstr., ÖffBauR 2005, 117; a.A. *Jeromin,* in: ders., § 52 Rn. 6.
219 *Jeromin,* in: ders., § 52 Rn. 28.
220 BayVGH, BayVBl. 2003, 505; OVG NRW, BauR 2004, 1769.
221 OVG RhPf., UPR 2003, 237.

kotheken oder anderen Anlagen angebrachte **Skybeamer** können sich indes nicht auf dieses Privileg berufen, da der Schutz der Eigenwerbung einen direkten und engen räumlichen Zusammenhang voraussetzt.[222]

4. Die bauordnungsrechtliche Generalklausel

103 Die Generalklausel in § 3 I LBauO verlangt als subsidiäre materielle Auffangklausel, dass bauliche Anlagen so anzuordnen, zu errichten, zu ändern und instandzuhalten sind, dass sie die öffentliche Sicherheit oder Ordnung sowie die natürlichen Lebensgrundlagen nicht gefährdet. § 3 LBauO gewährt der Bauaufsichtsbehörde – anders als § 59 I 1 Halbs. 2 LBauO – **keine Befugnisse**.[223] Für die Auslegung der unbestimmten Rechtsbegriffe gelten die herkömmlichen gefahrenabwehrrechtlichen Grundsätze. § 3 I LBauO verleiht nur insoweit **Drittschutz**, als Individualrechtsgüter gefährdet sind.

5. Abweichungen

104 Eine **Flexibilisierung** der materiellrechtlichen Anforderungen ermöglicht § 69 I 1 LBauO, demzufolge die Bauaufsichtsbehörde Abweichungen von bauaufsichtlichen Vorschriften zulassen kann. Die Vorschrift ist **Auffangnorm**. Soweit bauaufsichtliche Vorschriften ausdrücklich oder tatbestandsimmanent Abweichungen ermöglichen, wird hierdurch aber eine darüber hinausgehende Abweichung nach § 69 I LBauO nicht gesperrt.[224] Ein gesonderter **Antrag** des Bauherrn eines genehmigungsbedürftigen Vorhabens ist **nicht erforderlich**. Vielmehr ist von der Bauaufsichtsbehörde über eine Abweichung von Amts wegen zu entscheiden. Bei genehmigungsfreien und freigestellten Vorhaben muss allerdings nach § 69 II LBauO eine sog. isolierte Abweichungsentscheidung schriftlich beantragt werden. Dasselbe gilt im vereinfachten Genehmigungsverfahren nach § 66 LBauO, weil das Bauordnungsrecht nicht Gegenstand der bauaufsichtlichen Prüfung ist (§ 66 III LBauO).[225]

105 Eine Abweichung kann zugelassen werden, wenn sie unter Berücksichtigung des Zwecks der jeweiligen Anforderungen und unter Würdigung der nachbarlichen Interessen mit den öffentlichen Belangen vereinbar ist. Bei der Prüfung dieser Voraussetzungen ist ein **strenger Maßstab** anzulegen. Denn grundsätzlich ist davon auszugehen, dass schon die bauaufsichtlichen Vorschriften die schutzwürdigen Interessen in einen gerechten Ausgleich gebracht haben. Deshalb ist eine Abweichung nur zulässig, wenn im Einzelfall eine atypische Situation vorliegt und der Zweck der Vorschrift die Einhaltung der Norm nicht erfordert.[226] Das Gebot der Würdigung nachbarlicher Interessen ist **drittschützend**.[227] Die Zulassung einer Abweichung steht im **Ermessen** der Bauaufsichtsbehörde.

---

222 OVG RhPf., UPR 2003, 237, 238; dies gilt nach VG Neustadt/Weinstr., ÖffBauR 2005, 117 auch, wenn der Beamer senkrecht in den Himmel strahlt; s.a. VG Mainz, Beschl. v. 11.7.2006 – 3 L 492/06.MZ -: Ein Weinberg ist nicht Stätte der Leistung für ein innerörtliches Weingut.
223 Missverständlich *Jeromin*, in: ders., § 3 Rn. 4: „materielle Ermächtigungsgrundlage".
224 *Schmidt*, in: Jeromin, § 69 Rn. 7 ff.
225 *Schmidt*, in: Jeromin, § 69 Rn. 11.
226 OVG RhPf., AS 28, 65, 66 f.
227 *Schmidt*, in: Jeromin, § 69 Rn. 23.

IV. Rechtsschutz

Das öffentliche Baurecht ist wegen der konflikthaften Struktur, die im Gebrauchmachen von Bodennutzungsansprüchen liegt, ausgesprochen **rechtsschutzintensiv**. Betroffen sind nicht nur die Interessen des Bauherrn. Oft werden auch die Belange von Nachbarn oder von Gemeinden berührt. Deshalb kommt dem **Drittschutz** im öffentlichen Baurecht eine herausragende Rolle zu. 106

Beispiel:
Dem Grundstückseigentümer E wird eine Baugenehmigung für die Errichtung eines Wohnhauses der Gebäudeklasse 3 unter Befreiung von den Festsetzungen des Bebauungsplans erteilt. Die Baugenehmigung wird mit der Auflage versehen, zwei Stellplätze zu schaffen. E will die Auflage zu Fall bringen, da sie ihn an einer optimalen Grundstücksnutzung hindert. Der Grundstücksnachbar N hingegen ist empört, da das Vorhaben unter Verstoß gegen § 8 LBauO zu einer Verschattung seines Wohnzimmers führt. Die Gemeinde G schließlich meint, man habe sie um ihr Einvernehmen ersuchen müssen.

1. Rechtsschutz des Bauherrn

Die statthafte **Rechtsschutzform** bestimmt sich für den Bauherrn nach seinem Begehren. Ist die Erteilung der **Baugenehmigung** versagt worden, muss er sein Ziel mit Widerspruch und Verpflichtungsklage auf Erteilung der Baugenehmigung nach § 42 I Alt. 2 VwGO verfolgen. Dies gilt auch dann, wenn die Ablehnung allein auf der Verweigerung des gemeindlichen Einvernehmens beruht. Als behördliche Verfahrenshandlung i.S.v. § 44a S. 1 VwGO kann das gemeindliche Einvernehmen nicht isoliert eingeklagt werden.[228] Ist der Bauherr der Auffassung, sein Vorhaben bedürfe nach §§ 62, 67 LBauO keiner Genehmigung, steht ihm die Feststellungsklage nach § 43 I VwGO zur Verfügung. Mangels Regelungswirkung kann er die sog. Negativerklärung der Gemeinde nach § 67 I 2 LBauO (Rn. 52) nicht mit der Anfechtungsklage angreifen. 107

Die **Klagebefugnis** des Bauherrn im Prozess auf Erteilung der Baugenehmigung folgt aus § 70 I 1 LBauO. **Maßgeblicher Zeitpunkt der Sach- und Rechtslage** für die Beurteilung des Genehmigungsanspruchs ist der Zeitpunkt der letzten mündlichen Verhandlung vor Gericht. Der Bauherr kann folglich einerseits von einer günstigen Rechtsentwicklung profitieren,[229] trägt aber andererseits auch das Risiko einer Verschlechterung. Bestehen zum Zeitpunkt der letzten mündlichen Verhandlung die Voraussetzungen für die Erteilung der Baugenehmigung nicht mehr, besitzt er ggf. ein berechtigtes Interesse an der Feststellung der Rechtswidrigkeit der Versagung der Bauerlaubnis analog § 113 I 4 VwGO.[230] 108

Wehrt sich der Bauherr gegen der Baugenehmigung beigefügte belastende **Nebenbestimmungen** (Rn. 43), so kann er diese ungeachtet der Art der Nebenbestimmung nach neuerer Judikatur grundsätzlich mit der Anfechtungsklage angreifen, wenn eine isolierte Aufhebung nicht offenkundig ausgeschlossen ist.[231] 109

---

228 *Schenke*, Verwaltungsprozessrecht, 11. Aufl. 2007, Rn. 225, 567.
229 BVerwG, BauR 1998, 995.
230 *Schenke* (Fn. 228), Rn. 854 m.w.N.; zur Änderung der Rechtslage nach einem Bescheidungswiderspruch der Stadt- oder Kreisrechtsausschusses s. BVerwGE 130, 113.
231 BVerwGE 112, 121, 124; modifizierend *Hufen/Bickenbach*, JuS 2004, 867, 871 hinsichtlich aufschiebender Bedingungen.

§ 5 Bauordnungsrecht

Beispiel (zu Rn. 106):
Die Stellplatzauflage kann E mit der Anfechtungsklage angreifen, da eine isolierte Aufhebung nicht offenkundig ausgeschlossen ist.

Im Fall einer modifizierenden Genehmigung muss er hingegen im Wege der Verpflichtungsklage eine Baugenehmigung ohne den seinen Antrag abändernden Inhalt erstreiten.

110 Ergehen gegen den Bauherrn oder einen anderen baurechtlich Verantwortlichen (Rn. 78 ff.) **belastende Verfügungen** nach §§ 59 I 1 Halbs. 2, 80, 81 LBauO, sind Anfechtungswiderspruch und Anfechtungsklage nach § 42 I Alt. 1 VwGO statthaft. Soweit sofortige Vollziehung nach § 80 II 1 Nr. 4 VwGO angeordnet wurde, wird der Adressat der Verfügung einen gerichtlichen Antrag auf Wiederherstellung der aufschiebenden Wirkung nach § 80 V 1 Alt. 2 VwGO stellen. Nach zutreffender Auffassung muss spätestens zu diesem Zeitpunkt auch Widerspruch eingelegt worden sein.[232]

2. Rechtsschutz der Nachbarn

111 Die **Form des Rechtsschutzes** des Nachbarn gegen ein Bauvorhaben ist abhängig davon, ob und in welchem Verfahren es genehmigt worden ist. Gegen eine dem Bauherrn erteilte **Baugenehmigung** kann sich der Nachbar mit Anfechtungswiderspruch und Anfechtungsklage wehren. Allerdings haben Rechtsbehelfe Dritter gegen bauaufsichtliche Zulassungsentscheidungen nach § 212a BauGB i.V.m. § 80 II 1 Nr. 3 VwGO keine aufschiebende Wirkung. Zulassungsentscheidung ist mangels Baufreigabe nicht der Bauvorbescheid nach § 72 LBauO, wohl aber die Baugenehmigung nach § 70 I 1 LBauO. Deshalb wird der Nachbar zusätzlich zu dem nach § 80a I VwGO vorausgesetzten Widerspruch einen Antrag auf Anordnung der aufschiebenden Wirkung nach §§ 80a III 2, 80 V 1 Alt. 1 VwGO stellen.[233] Eines vorherigen Antrags nach § 80 IV VwGO bedarf es nicht.[234] Setzt sich der Bauherr über eine gerichtliche Anordnung hinweg, kann der Nachbar nach § 80a III 1 Alt. 3 i.V.m. § 80a I Nr. 2 VwGO isolierte Sicherungsmaßnahmen beantragen.

112 Wendet sich der Nachbar gegen eine im **vereinfachten Genehmigungsverfahren** nach § 66 LBauO erteilte Baugenehmigung, ist deren begrenzter Regelungsinhalt zu beachten (Rn. 42). Da sie im Regelfall keine Feststellungen zur Konformität mit dem Bauordnungsrecht enthält, ist die Baugenehmigung insoweit kein geeignetes Angriffsobjekt.[235]

Beispiel (zu Rn. 106):
Der Nachbar muss Verstöße gegen bauordnungsrechtliche Vorschriften mit der Verpflichtungsklage, gerichtet auf ein baupolizeiliches Einschreiten nach § 80 LBauO, geltend machen.[236] Soll ein unverzüglicher Baustopp durchgesetzt werden, ist § 123 VwGO in Gestalt der Sicherungsanordnung der geeignete Rechtsbehelf.[237]

---

232 OVG RhPf., NJW 1995, 1043; a.A. *Schenke* (Fn. 228), Rn. 992.
233 OVG SchlH., NordÖR 2006, 361, 362; OVG RhPf., BauR 2004, 59; a.A. OVG Saarl., AS 27, 170; 321: Rechtsschutz nach § 80a III 1 Alt. 3 i.V.m. § 80a I Nr. 2 VwGO.
234 OVG RhPf., BauR 2004, 59.
235 Anderes gilt für Verstöße gegen Bauplanungsrecht und für die Konstellation, dass die Baugenehmigung ausnahmsweise Feststellungen zum Bauordnungsrecht trifft, s.a. OVG RhPf., NJOZ 2009, 635 ff.
236 OVG RhPf., AS 23, 321, 323 f; BayVGH, BayVBl. 2000, 377.
237 OVG Berl., UPR 1990, 195; VG Gießen, NVwZ-RR 2005, 166; für Regelsanordnung OVG Saarl., BauR 2006, 2015; *Bamberger*, NVwZ 2000, 983.

IV. Rechtsschutz

Dasselbe gilt stets für ein Vorgehen gegen **genehmigungsfreie** (§ 62 LBauO) und **genehmigungsfreigestellte Vorhaben** (§ 67 LBauO). Die Umstellung des Rechtsschutzes von der Anfechtungs- auf die Verpflichtungskonstellation ist unmittelbare Folge der Deregulierung des Bauens (Rn. 16). Wenn aber der Bauherr eines genehmigungsfreien Vorhabens nach § 69 II LBauO einen Antrag auf Zulassung von Abweichungen stellt, der positiv beschieden wurde, muss die Gestattung der Abweichung angefochten werden. Sie ist zugleich eine Zulassungsentscheidung i.S.v. § 212a BauGB.[238] 113

Wendet sich der Nachbar gegen eine den Bauherrn begünstigende Baugenehmigung, bedarf er zur **Klagebefugnis** nach § 42 II VwGO einer ihn schützenden Norm, die möglicherweise verletzt ist. Eine **Schutznorm**, die auch seinen Interessen zu dienen bestimmt ist und ihm eine entsprechende Rechtsdurchsetzungsmacht verleiht, findet sich nicht schon in Art. 14 I GG. Vielmehr werden erst durch den Gesetzgeber die zur Konfliktlösung zwischen Bauherrn und Nachbarn gebotenen Rechtsdurchsetzungschancen nach Art. 14 I 2 GG eingeräumt.[239] Nur für den Fall, dass der Gesetzgeber eine eigentumsgrundrechtlich gebotene Schutznorm nicht gewährt hat, ist unmittelbarer grundrechtlicher Drittschutz denkbar. Drittschutz verleiht auch nicht ein allgemeines baurechtliches „Rücksichtnahmegebot". Vielmehr ist durch Auslegung der bauplanungs- und bauordnungsrechtlichen Normen zu ermitteln, ob und wem gegenüber sie zur Rücksichtnahme verpflichten.[240] 114

Zumeist wird zwischen **generell** und **partiell drittschützenden Normen** unterschieden. Generell nachbarschützende Vorschriften gewähren einen unbedingten Schutz des Nachbarn, ohne dass eine konkrete Schutzwürdigkeit zu fordern ist. Zu diesen Vorschriften zählt im Bauordnungsrecht vor allem das Abstandsflächenrecht. 115

Beispiel (zu Rn. 106):
Ein möglicher Verstoß gegen § 8 LBauO verleiht N sonach die Klagebefugnis gegen die E erteilte Baugenehmigung, sofern deren Regelungsgehalt das Bauordnungsrecht umfasst.

Als partiell drittschützend werden Normen angesehen, die situationsbezogen dem Schutz nachbarlicher Interessen dienen.[241] Hierzu gehören im Bauplanungs- wie im Bauordnungsrecht insb. die einfachgesetzlichen Konkretisierungen des Rücksichtnahmegebots. Nachbarliche Interessen sind etwa bei der Gestattung einer Abweichung nach § 69 I LBauO zu berücksichtigen. Vergleichbar mit § 31 II BauGB[242] besteht ein Abwehrrecht des Nachbarn nicht nur, wenn zu seinen Lasten von drittschützenden Vorschriften abgewichen wird, sondern schon dann, wenn die Bauaufsichtsbehörde bei der Abweichung von nicht nachbarschützenden Vorschriften auf die nachbarlichen Interessen keine Rücksicht genommen hat.[243]

Für die Klagebefugnis ist des Weiteren erforderlich, dass der Kläger zum **Kreis der von der Norm geschützten Personen** rechnet. Einfachgesetzlicher Drittschutz ist nicht not- 116

---
238 OVG SchlH., NordÖR 2006, 361, 362.
239 BVerwGE 88, 191, 194; 89, 69, 78 f.; 107, 215, 219 f.
240 *Schoch*, Jura 2004, 317, 318 f. m.w.N.
241 BVerwGE 67, 334.
242 BVerwG, DVBl. 1987, 476; BauR 1998, 1206; OVG SchlH., NordÖR 2006, 361.
243 *Schmidt*, in: Jeromin, § 69 Rn. 23; *Schoch*, Jura 2004, 317, 324.

wendig auf diejenigen Nachbarn beschränkt, die als Angrenzer im Verfahren nach § 68 LBauO zu beteiligen sind. Nach dem **materiellen Nachbarbegriff** ist vielmehr auf die jeweilige drittschützende Norm abzustellen.[244] Nach ganz überwiegender Meinung ist aber der baurechtliche Nachbarbegriff auf **dinglich Berechtigte** beschränkt. Bloß obligatorisch Berechtigte wie Mieter oder Pächter können ungeachtet ihrer verfassungsrechtlichen Eigentümerstellung[245] wegen der Grundstücksbezogenheit des öffentlichen Baurechts keinen Schutz nach den baurechtlichen Vorschriften beanspruchen.[246] Allerdings kommt personenbezogener Drittschutz in Betracht, wie z.b. die Geltendmachung der Verletzung der Rechtsgüter des Art. 2 II GG.[247]

117 Für die Nachbarn, die nach § 68 LBauO am Genehmigungsverfahren beteiligt wurden und eine Zustimmung nicht erteilt haben (Rn. 30), beginnt mit der Bekanntgabe der Baugenehmigung nach § 70 III 2 LBauO der Lauf der **Rechtsbehelfsfristen** (§ 70 I VwGO). Fehlt es an einer ordnungsgemäßen Bekanntgabe gegenüber Drittbetroffenen, wird mangels analoger Anwendbarkeit von § 58 II VwGO ihr Widerspruchsrecht in zeitlicher Hinsicht nur durch den Grundsatz von Treu und Glauben beschränkt.

Beispiel (zu Rn. 106):
N muss spätestens ein Jahr nach der zuverlässigen Möglichkeit der Kenntnis von der Baugenehmigung Widerspruch einlegen, sofern er durch deren Regelungsinhalt beschwert wird.[248]

118 Für den Klageerfolg des Nachbarn ist der **maßgebliche Zeitpunkt der Sach- und Rechtslage** entscheidend. Abweichend von dem Grundsatz, dass materiellrechtlich im Anfechtungsstreit die Sach- und Rechtslage zum Zeitpunkt der letzten behördlichen Entscheidung maßgeblich sei, ist im Baurechtsprozess der Bauherr schon mit dem Zeitpunkt des Wirksamwerdens der Baugenehmigung gegen nachteilige Änderungen geschützt (Rn. 40). Andererseits sind dem Bauherrn günstige Entwicklungen bis zum Zeitpunkt der letzten mündlichen Verhandlung vor dem Verwaltungsgericht zu berücksichtigen: Dem Aufhebungsanspruch des Nachbarn steht der *dolo agit*-Einwand entgegen, wenn die Behörde die Baugenehmigung sogleich wieder erteilen müsste.[249]

119 Im Verfahren des **vorläufigen Rechtsschutzes** nach §§ 80a III 2, 80 V 1 VwGO ist der Nachbar erfolgreich, wenn das Suspensivinteresse das öffentliche Interesse an der sofortigen Vollziehbarkeit der Baugenehmigung überwiegt.[250] Dies ist der Fall, wenn sich die Baugenehmigung bei summarischer Prüfung als rechtswidrig erweist. Macht der Nachbar hingegen im Verfahren nach § **123 VwGO** einen Anspruch auf baupolizeiliches Einschreiten geltend, bedarf es der Glaubhaftmachung eines Anordnungsanspruchs und eine Anordnungsgrunds. Für den Nachbarn eines genehmigungsfreien oder freigestellten Vorhabens hat die Rechtsprechung nicht nur die Anforderungen an die Ermessensre-

---

244 OVG RhPf., AS 15, 315; 22, 1, 2.
245 BVerfGE 89, 1, 8.
246 BVerwG, NVwZ 1998, 956; *Jeromin*, in: ders., § 70 Rn. 116; krit. *Seibel*, BauR 2003, 1675; hingegen kann im Normenkontrollverfahren ein Grundstückspächter die Verletzung des Abwägungsgebots nach § 1 VI BauGB rügen, BVerwGE 110, 36, 39.
247 BVerwGE 54, 211, 221.
248 BVerwGE 44, 294, 296 ff; 78, 85, 89.
249 So i. E. auch BVerwG, NVwZ 1998, 1179; NVwZ-RR 1996, 628; *Schenke* (Fn. 228), Rn. 804.
250 Zum strengeren Maßstab im Fall von § 80 II 1 Nr. 3 VwGO s. BVerfG, NVwZ 2004, 93; BVerwGE 123, 241, 244 f.; NVwZ 2007, 1209.

duzierung auf Null herabgesetzt (Rn. 75 ff.), sondern kommt ihm zu Recht auch mit geminderten prozessualen Voraussetzungen für die Glaubhaftmachung entgegen.[251] Sieht man in einem auf § 80 LBauO gestützten Baustopp eine Vorwegnahme der Hauptsache, so ist diese in Ansehung von Art. 19 IV GG gerechtfertigt.[252]

3. Rechtsschutz der Gemeinden

Die Gemeinde ist durch die Einvernehmensregelung in § 36 BauGB in das Baugenehmigungsverfahren einbezogen, das einfachgesetzlicher Ausdruck der verfassungskräftig geschützten Planungshoheit ist (Rn. 32). Die Rechtsposition der Gemeinde beurteilt sich danach, ob sie eine Verletzung des Einvernehmenserfordernisses nach § 36 I 1 BauGB rügt oder geltend macht, das verweigerte Einvernehmen sei nach § 36 II 3 BauGB, § 71 LBauO zu Unrecht ersetzt worden. 120

Ist die Gemeinde der Auffassung, das **Einvernehmenserfordernis nach § 36 I 1 BauGB** sei verletzt worden, kann sie die erteilte Baugenehmigung mit Widerspruch und Anfechtungsklage angreifen. Zu beachten ist, dass die Gemeinde ebenso wie ein Nachbar Dritter i.S.v. § 212a BauGB ist.[253] Die Klagebefugnis folgt aus § 36 I 1 BauGB. Eine tatsächliche Verletzung des Einvernehmenserfordernisses führt unmittelbar zum Klageerfolg. 121

Beispiel (zu Rn. 106):
Das Verwaltungsgericht hebt auf eine Klage der Gemeinde G die Baugenehmigung auf ungeachtet der Frage, ob das Vorhaben des Bauherrn im Übrigen materiell genehmigungsfähig ist.

Diese radikal erscheinende Folge ist Konsequenz davon, dass das Einvernehmenserfordernis als Sicherungsinstrument der Gemeinde gerade auch die Möglichkeit geben soll, in Reaktion auf einen Bauantrag die planungsrechtlichen Grundlagen zu ändern.[254] Als sog. absolutes Verfahrensrecht kann die Gemeinde des Weiteren in Form der Verpflichtungsklage, ggf. im vorläufigen Verfahren nach § 123 VwGO, einen Anspruch auf baupolizeiliches Einschreiten durchsetzen, wenn das Einvernehmenserfordernis verletzt wurde.[255]

Ist zwar um das gemeindliche Einvernehmen nachgesucht worden, aber dessen **Verweigerung nach § 36 II 3 BauGB, § 71 LBauO ersetzt** worden, stellt sich die Rechtsposition der Gemeinde anders dar. Angriffsobjekt der Anfechtungsklage ist auch hier die Baugenehmigung, da sie als Ersatzvornahme nicht gesondert nach § 126 GemO angefochten werden kann (§ 71 IV 1 LBauO). Durch § 71 IV 2 LBauO wird der Ausschluss aufschiebender Wirkung von Rechtsbehelfen nach § 212a BauGB auf die Baugenehmigung in der Form der Ersatzvornahme erstreckt mit der Konsequenz, dass die Gemeinde um Rechtsschutz nach §§ 80a III 2, 80 V 1 Alt. 1 VwGO nachsuchen wird. Dies gilt auch, wenn das Einvernehmen erst auf Grund des Widerspruchsverfahrens nach § 71 V LBauO ersetzt wird. Angriffsobjekt der Klage ist nicht allein der Widerspruchsbescheid 122

---

251 OVG MV, NuR 2004, 115; VGH BadWürtt., BauR 1995, 219, 220; BayVGH, NVwZ 1997, 923.
252 OVG Saarl., BauR 2006, 2015, 2021; *Bamberger*, NVwZ 2000, 983, 987 f.
253 Auch die Gemeinde ist „Dritte" i.S.v. § 212a BauGB, VG Neustadt/Weinstr., Beschl.v. 8.8.2005 – 4 L 1226/05.NW – (juris); VGH BadWürtt., NVwZ 1999, 442.
254 BVerwGE 22, 342, 345; nachdrücklich bestätigt durch BVerwG, NVwZ 2008, 1347, 1348.
255 BVerwG, NVwZ 1992, 878; VGH BadWürtt., BauR 1999, 1447.

des Kreisrechtsausschusses, der die Kreisverwaltung zur Erteilung der Baugenehmigung verpflichtet (Rn. 34), sondern auch die Baugenehmigung, die erst die Ersetzung des Einvernehmens bewirkt.[256]

123 Umstritten ist, ob der Gemeinde auch im Fall der Ersetzung des verweigerten Einvernehmens ein auf § 36 I 1 BauGB fußendes absolutes Verfahrensrecht zukommt. Dies wird vom OVG RhPf. bejaht mit der Folge, dass schon die Rechtswidrigkeit der bauaufsichtlichen Ersetzung am Maßstab des § 36 II 1 BauGB der Klage zum Erfolg verhilft.[257] Nach Auffassung des BVerwG wandelt sich hingegen § 36 BauGB zu einem relativen Verfahrensrecht, wenn das verweigerte Einvernehmen ersetzt wird. Deshalb ist ein gemeindlicher Rechtsbehelf nur erfolgreich, wenn durch die Ersetzung des Einvernehmens die Gemeinde zugleich materiell in ihrer Planungshoheit verletzt wird.[258] Wird allerdings das gemeindliche Anhörungsrecht im Ersetzungsverfahren nach § 71 III 2 LBauO verletzt, begründet dieser Verfahrensfehler einen Aufhebungsanspruch.[259]

V. Klausurhinweise

1. Prüfung eines Anspruchs auf Erteilung der Baugenehmigung

124 Ist die Verpflichtungsklage des Bauherrn auf Erteilung der Baugenehmigung zulässig (Rn. 107 ff.), bestimmt sich ihre Begründetheit nach § 113 V VwGO. Die Ablehnung oder Unterlassung der Erteilung einer Baugenehmigung ist rechtswidrig und verletzt den Bauherrn in seinen Rechten, wenn er einen Anspruch auf Erteilung der Baugenehmigung hat. Anspruchsgrundlage ist § 70 I 1 LBauO.

A. **Passivlegitimation**
   Passivlegitimiert ist der Rechtsträger der örtlich und sachlich zuständigen Behörde. Zuständig für die Erteilung der Baugenehmigung ist nach §§ 60, 58 I Nr. 3 LBauO die untere Bauaufsichtsbehörde (Rn. 15).
B. **Genehmigungsbedürftigkeit des Vorhabens**
   I. **Kein Fall der fachgesetzlichen Ersetzung** (nur im Streitfall zu prüfen, Rn. 20)
   II. **Genehmigungsbedürftigkeit** nach § 61 LBauO
      1. Bauliche oder andere Anlage i.S.v. § 1 I 2 LBauO (Rn. 9 ff.)
      2. Kein Fall von §§ 62, 67 oder 84 LBauO
C. **Genehmigungsfähigkeit des Vorhabens nach § 70 I 1 LBauO**
   I. **Vereinbarkeit mit Bauplanungsrecht**
   II. **Vereinbarkeit mit Bauordnungsrecht**
      Nota bene: Bauordnungsrecht ist im Fall eines vereinfachten Genehmigungsverfahrens i.d.R. nicht zu prüfen (Rn. 36, 42).
   III. **Ggf. Vereinbarkeit mit sonstigen öffentlich-rechtlichen Vorschriften**, die nach § 65 I 2 LBauO in der Entscheidungskompetenz der Bauaufsichtsbehörde liegen (Rn 28, 35).

---

256 Anderer Ansicht VG Neustadt/Weinstr., Beschl. v. 30.11.2004 – 3 L 2542/04.NW -; *Jeromin*, in: ders., § 71 Rn. 36 mit der Annahme, bereits der Kreisrechtsausschuss ersetze das verweigerte Einvernehmen.
257 OVG RhPf., NJOZ 2006, 1717, 1718; AS 33, 161, 162 f.; OVG Bln-Bbg., BauR 2006, 1100.
258 BVerwG, BauR 2006, 815; OVG MV, LKV 2007, 232; HessVGH, Beschl. v. 15.11.2006 – 3 UZ 634/06 – Rn. 5 f. (juris); zuvor schon VG Neustadt/Weinstr. (Fn. 253).
259 VG Neustadt/Weinstr., NVwZ-RR 2007, 338, 340; *Jeromin*, in: ders., § 71 Rn. 38.

V. Klausurhinweise

2. Prüfung eines Aufhebungs- bzw. Anordnungsanspruchs des Nachbarn

Soweit die Anfechtungsklage des Nachbarn zulässig ist, bestimmt sich ihre Begründetheit nach § 113 I VwGO. Demgemäß wird das VG die Baugenehmigung aufheben, soweit sie rechtswidrig ist und den Nachbarn dadurch in seinen Rechten verletzt. Maßgeblicher Zeitpunkt der Sach- und Rechtslage ist schon der Zeitpunkt des Wirksamwerdens der Baugenehmigung (Rn. 40). Obwohl im Nachbarrechtsstreit nur die Verletzung drittschützender Normen beachtlich ist (Rn. 114 ff.), sollte jedenfalls dann eine vollständige Prüfung der Rechtmäßigkeit der Baugenehmigung durchgeführt werden, wenn die Aufgabenstellung eine umfassende rechtliche Würdigung unter vollständiger Ausschöpfung des Sachverhalts verlangt. Für den Aufbau gilt im Wesentlichen das zur Bauherrenklage Gesagte mit der Maßgabe, dass der Anspruchs- auf einen Rechtmäßigkeitsaufbau umzustellen ist. Wegen § 212a BauGB i.V.m. § 80 II 1 Nr. 3 VwGO wird der Nachbar zumeist ein Verfahren im vorläufigen Rechtsschutz nach § 80a III 2 i.V.m. § 80 V 1 VwGO auf Anordnung der aufschiebenden Wirkung betreiben. Dieser Antrag ist begründet, wenn das Interesse des Nachbarn an der Anordnung des Suspensiveffekts das Vollzugsinteresse überwiegt. Dies ist der Fall, wenn sich die Baugenehmigung bei summarischer gerichtlicher Prüfung als rechtswidrig erweist.

125

3. Prüfung eines Anspruchs auf baupolizeiliches Einschreiten

Ein vom Nachbarn verfolgter Anspruch auf baupolizeiliches Einschreiten wird im Wege der Verpflichtungsklage geltend gemacht. Zu beachten ist, dass im Rahmen von §§ 80, 81 LBauO schon ein Anspruch auf fehlerfreie Ermessensausübung voraussetzt, dass die bauliche Anlage gegen Vorschriften verstößt, die auch Dritten zu dienen bestimmt sind (Rn. 75). Des Weiteren ist zu berücksichtigen, dass jedenfalls Ansprüche auf Baueinstellungsverfügungen wegen der Eilbedürftigkeit regelmäßig im Verfahren nach § 123 VwGO geltend gemacht werden. Die Begründetheit eines Anordnungsantrags setzt einen Anordnungsanspruch – das materielle Recht – und einen Anordnungsgrund voraus, der in der besonderen Eilbedürftigkeit liegt. Für die auch in diesem Verfahren gebotene Glaubhaftmachung lässt das Gericht geringere Anforderungen genügen, sofern Rechtsschutz gegen ein genehmigungsfreies oder freigestelltes Vorhaben begehrt wird (Rn. 119). Vorbehaltlich der verfassungsrechtlichen Anforderungen des Art. 19 IV GG ist das Gericht in seinem Entscheidungsspruch insoweit beschränkt, als es die Hauptsache nicht vorwegnehmen darf.

126

§ 6 Öffentliches Wirtschaftsrecht

von *Josef Ruthig*

Literatur: *Die in diesem Verzeichnis enthaltenen Werke werden in den Fußnoten lediglich mit den Namen der Autoren oder Herausgeber (erforderlichenfalls mit einem unterscheidenden Zusatz) zitiert.*

Frotscher/Kramer, Wirtschaftsverfassungs- und Wirtschaftsverwaltungsrecht, 5. Aufl. 2008; *Landmann/Rohmer*, Gewerbeordnung, Losebl.-Komm. (Stand: 1.5.2008); *Ruthig/Storr*, Öffentliches Wirtschaftsrecht, 2. Aufl. 2008; *Ziekow*, Öffentliches Wirtschaftsrecht, 2007.

I. Länderkompetenzen im Öffentlichen Wirtschaftsrecht

1. Gesetzgebungskompetenzen

1 Traditionell ist Öffentliches Wirtschaftsrecht bzw. Wirtschaftsverwaltungsrecht[1] fast ausschließlich eine Materie des Bundesrechts.[2] Der Bund hat von seiner **konkurrierenden Gesetzgebungskompetenz für das Recht der Wirtschaft** (Art. 74 I Nr. 11 GG) umfassend Gebrauch gemacht. Mit der **Föderalismusreform I**[3] wurden allerdings Teilbereiche des Gewerberechts in die **ausschließliche Zuständigkeit der Länder** überführt. Dies gilt nach Art. 74 I Nr. 11 GG n.F. für „das **Recht des Ladenschlusses, der Gaststätten, der Spielhallen, der Schaustellung von Personen, der Messen, der Ausstellungen und der Märkte**". Im Recht der Wirtschaft[4] sind landesgesetzliche Regelungen nur zulässig, solange und soweit der Bund von seiner Gesetzgebungszuständigkeit keinen Gebrauch gemacht hat (Art. 72 I GG). Vor allem auf dem Gebiet des Gewerberechts sind die bundesrechtlichen Regelungen angesichts des § 1 GewO abschließend,[5] soweit die GewO nicht ausdrückliche Öffnungsklauseln enthält.

2 Nach zutreffender Ansicht werden sowohl das **Recht der Sportwetten wie das Spielbankrecht** dem Recht der Wirtschaft zugeordnet.[6] Auch insoweit sind die Länder zuständig, da der Bund entsprechende Regelungen jedenfalls nicht erlassen hat.[7] Insbesondere finden nach § 33h GewO die §§ 33c ff. GewO keine Anwendung auf **Spielbanken, Lotterien und Ausspielungen sowie Glückspiele** im Sinne von § 284 StGB.

3 Die Überführung von Gesetzgebungszuständigkeiten in die ausschließliche Kompetenz der Länder wirft **schwierige Abgrenzungsfragen** auf. Dies betrifft etwa die Abgrenzung des Gaststättenrechts vom in der konkurrierenden Gesetzgebungskompetenz verbliebe-

---

1 Zu Begriff und Gegenstand allgemein *Ruthig*, in: Ruthig/Storr, Rn. 19 ff.
2 Zum Folgenden ausf. *Ruthig*, in: Ruthig/Storr, Rn. 167 ff. Vgl. auch den Überblick bei *Höfling/Rixen*, GewArch 2008, 1.
3 G. zur Änderung des GG v. 28.8.2006 (BGBl. I S. 2034).
4 Zur weiten Auslegung des Begriffes s. BVerfGE 5, 25, 281; 28, 119, 146; *Sodan*, GG, Komm., 2009, Art. 74 Rn. 14 f.
5 Dieser enthält den Grundsatz der Gewerbefreiheit. Daher kann der Zugang zum Gewerbe aus kompetenzrechtlichen Gründen nur durch ein Bundesgesetz eingeschränkt werden, vgl. *Kahl*, in: Landmann/Rohmer, § 1 GewO Rn. 6 ff.; *Ruthig*, in: Ruthig/Storr, Rn. 218 f.
6 S. dazu *Ruthig*, in: Ruthig/Storr, Rn. 177; *Stettner*, in: Dreier, GG, Komm., 2. Aufl., Bd. III, 2008, Art. 74 Rn. 57; *Kunig*, in: Münch/Kunig, GG, Komm., 5. Aufl., Bd. III, 2003, Art. 74 Rn. 44; *Pieroth/Störmer*, GewArch 1998, 177, 179 f. In diese Richtung wohl auch BVerfG, GewArch 2009, 26, 27 – zu Lotterien. Traditionell wurde die Landeskompetenz allerdings damit begründet, dass es sich dabei um Recht der öffentlichen Sicherheit und Ordnung handle.
7 BVerfG, NJW 2006, 1261 (Rn. 96).

nen Gewerberecht,[8] aber auch weiteren Bundeskompetenzen, insbesondere für den **Jugendschutz** (öffentliche Fürsorge i. S. v. Art. 74 I Nr. 7 GG), **Arbeitsschutz** (Art. 74 I Nr. 12 GG) und den **Lärmschutz** (Art. 74 I Nr. 24 GG). Relevant wird dies beispielsweise für den **gaststättenbezogenen Nichtraucherschutz**[9] sowie für das **Ladenöffnungsrecht** (s. u. Rn. 10 ff.). Während der Ladenschluss als Teil des Wirtschaftsrechts in die ausschließliche Kompetenz der Länder verlagert wurde, geht die Kompetenz des Bundes für den Arbeitsschutz durch den Fortfall des Erforderlichkeitskriteriums (Art. 72 II GG verweist nicht auf Art. 74 I Nr. 12 GG) gestärkt aus der Föderalismusreform I hervor. Die Konsequenzen sind allerdings umstritten. Sieht man das Arbeitszeitgesetz des Bundes auch für die Arbeitnehmer an Verkaufsstellen als abschließende Regelung an,[10] bliebe für landesgesetzliche Arbeitszeitschutzvorschriften kein Raum und die Arbeitszeitregelung des § 13 LadÖffnG wäre verfassungswidrig. Allerdings würde dann die entsprechende Vorschrift in § 17 LSchlG als Bundesrecht fortgelten.[11] Nach der Gegenauffassung geht das Recht des Ladenschlusses, obwohl es (nur) im Kontext des Rechts der Wirtschaft in Art. 74 I Nr. 11 GG erwähnt wird, auch in seiner Eigenschaft als sektorales Arbeitszeitrecht in die ausschließliche Zuständigkeit der Länder über.[12]

Bis zum Erlass landesrechtlicher Regelungen gelten **die bisherigen Bundesgesetze als Bundesrecht fort, Art. 125a GG.** Dies gilt derzeit insbesondere für das **GastG** und die **Vorschriften der GewO für das Marktgewerbe** (§§ 64 ff. GewO). Die Länder können die bisherige bundesrechtliche Regelung nicht modifizieren, ohne sie – wenn auch möglicherweise weitgehend gleichlautend – neu zu erlassen, die Änderung eines bisherigen Bundesgesetzes durch ein Land ist ausgeschlossen.[13] Zulässig sind jedoch solche Regelungen, die selbständig neben die bisherigen Regelungen treten. Dies betrifft etwa die Vorschriften über Sperrzeiten sowie das Rauchverbot für Gaststätten, soweit man diese als gaststättenrechtliche Regelung ansieht. 4

2. Ausführung von Bundesgesetzen durch Landesbehörden

Auch soweit der Bund die Gesetzgebungskompetenz hat, obliegt die Ausführung der weitaus meisten Wirtschaftsgesetze des Bundes den Ländern.[14] Diese legen daher auch die örtliche und instanzielle Zuständigkeit der Landesbehörden fest. 5

Die Zuständigkeit im **Gewerberecht** ist in der LVO über Zuständigkeiten im Gewerberecht (ZuVO im Gewerberecht; BS 710-1; *H/J/W*, Nr. 101) geregelt. Als untere Verwaltungsbehörde ist dabei in kreisfreien und großen kreisangehörigen Städten die **Stadtverwaltung** zuständig, bei kreisangehörigen Gemeinden **verteilt sich die Zuständigkeit auf Landkreis und Gemeinde.** Der Kreis ist insbesondere zuständig für die Gewerbeun- 6

---

8 Dazu *Ruthig*, in: Ruthig/Storr, Rn. 387.
9 Dazu *Ruthig*, in: Ruthig/Storr, Rn. 169. Der RhPfVerfGH (LKRZ 2008, 454) verweist zur Gesetzgebungskompetenz der Länder auf die Ausführungen des BVerfG.
10 So *Kämmerer/Thüsing*, GewArch 2006, 266; *Kühling*, ArbuR 2006, 384, 385.
11 *Neumann*, in: Landmann/Rohmer, § 17 LSchlG Rn. 1; *Kämmerer/Thüsing*, GewArch 2006, 266; *Kühling*, ArbuR 2006, 384; *Tegebauer*, GewArch 2007, 49. Als Klausurfall (Verfassungsmäßigkeit einer Novellierung einer bundesrechtlichen Vorschrift) *Musil/Box*, Jura 2008, 704.
12 *Pieroth/Kingreen*, NVwZ 2006, 1221, 1224.
13 *Degenhart*, in: Sachs, GG, Komm., 4. Aufl. 2007, Art. 125a Rn. 6.
14 S. aber auch zur Zuständigkeit von Bundesnetzagentur und BAFin *Ruthig*, in: Ruthig/Storr, Rn. 186 ff.

tersagung wegen Unzuverlässigkeit (§ 35 GewO) sowie das Marktrecht mit Ausnahme der Wochenmärkte (§ 2 ZuVO im Gewerberecht). In allen anderen Fällen mit Ausnahme der Zulassung von Privatkrankenanstalten (§ 30 GewO)[15] liegt die Zuständigkeit bei der Gemeinde (§ 1 ZuVO im Gewerberecht). Dies gilt für das Reisegewerbe, aber auch für die sonstige Aufsicht über das stehende Gewerbe sowie für Wochenmärkte. Bei den Gemeinden ist der Antrag auf Auskunft über Eintragungen im Gewerbezentralregister zu stellen (§ 150 II GewO), außerdem sind die Gemeinden für die Durchführung der auf Grundlage der genannten Vorschriften ergangenen Rechtsverordnungen zuständig. Die Kreise und Gemeinden nehmen die Aufgaben als Auftragsangelegenheit wahr (§§ 1 I 2, 2 I 2 ZuVO im Gewerberecht).

7 Zuständige Behörden für die Entgegennahme der Gewerbeanzeige und die Ausstellung des Gewerbescheins sind (außer beim überwachungsbedürftigen Gewerbe nach § 38 GewO) gem. § 1 II 1 ZuVO Gewerberecht auch die **Industrie- und Handelskammern**.[16] Die Kammern nehmen die Aufgabe als Auftragsangelegenheit wahr, die Aufsicht wird durch das Ministerium für Wirtschaft, Verkehr, Landwirtschaft und Weinbau ausgeübt.

8 Für das **Handwerksrecht** gilt die LVO über Zuständigkeiten nach der Handwerksordnung und dem Schwarzarbeitsbekämpfungsgesetz (BS 712-1; *H/J/W*, Nr. 103). Nach § 1 ZuVO nach HwO und SchwarzArbG ist die **Handwerkskammer** zuständig für die Erteilung der Ausübungsberechtigung nach § 7a I, § 7b I HwO, der Ausnahmebewilligung (§§ 8 I, 9 I HwO i.V.m. §§ 1 bis 6 der EU/EWR-Handwerk-VO v. 20.12.2007 (BGBl. I S. 3075) sowie für das Anzeigeverfahren nach § 9 I 1 Nr. 2 HwO i.V.m. §§ 7 bis 9 EU/EWR-Handwerk-Verordnung.

Für die Untersagung der Fortsetzung des Betriebs (§ 16 III HwO) sind grundsätzlich die Gemeinden zuständig (§ 1 II 1 ZuVO nach HwO und SchwarzArbG), die Verfolgung und Ahndung von Ordnungswidrigkeiten obliegt der Kreisverwaltung (§ 2 ZuVO nach HwO und SchwarzArbG). In kreisfreien und großen kreisangehörigen Städten werden diese Aufgaben von der Stadtverwaltung wahrgenommen. Gemeinden, Stadtverwaltung und Kreise nehmen die Aufgaben als Auftragsangelegenheit wahr (§§ 1 II 2, 2 S. 2 ZuVO nach HwO und SchwarzArbG).

9 Für das **Gaststättenrecht** ist die Zuständigkeit der Behörden in der LVO zur Ausführung des GastG (BS 711-7; *H/J/W*, Nr. 102) geregelt. Nach § 1 GastVO sind die Gemeinden, in kreisfreien und großen kreisangehörigen Städten die Stadtverwaltung für die Durchführung des Gaststättengesetzes und der auf seiner Grundlage ergangenen Rechtsverordnungen sowie für die Verfolgung und Ahndung von Ordnungswidrigkeiten nach § 28 GaststG sachlich zuständig. Örtlich zuständig ist nach § 2 GastVO auch die Behörde, in deren Bezirk sich geschäftliche Unterlagen befinden. Städte und Gemeinden nehmen die Aufgabe als Auftragsangelegenheit wahr.

---

15 Hier ist der Kreis für die Erteilung der Konzession zuständig, die Ortspolizei- und die Gemeindebehörden sind gem. § 30 II GewO anzuhören.
16 Vgl. näher *Frotscher/Kramer*, Rn. 591 ff.; *Ziekow*, § 4 Rn. 10 ff. Zur Übertragung von Aufgaben auf Wirtschaftskammern *Dürr*, GewArch 2007, 374; *Hermann*, GewArch 2006, 458. Zur Kooperation von Kammern, E-Government und EG-Dienstleistungsrichtlinie *Biernert*, GewArch 2008, 417.

II. Das Ladenöffnungsgesetz

Auch Rheinland-Pfalz hat gestützt auf Art. 74 I Nr. 11 GG n.F. (s. Rn. 1) das **Laden-** 10 **öffnungsgesetz (LadöffnG)**[17] erlassen. Beim Ladenschlussrecht handelt es sich um besonderes Gewerberecht, das öffentlich-rechtliche Normen für den Einzelhandel beinhaltet. Mit dem Gesetz wollte man vor allem den sich wandelnden Einkaufsgewohnheiten der Bevölkerung Rechnung tragen.[18] In bewusster Abkehr von der bisherigen Terminologie wird es als „Ladenöffnungsgesetz" bezeichnet,[19] hat aber im Gegensatz zu fast allen anderen Ländern die werktäglichen Ladenöffnungszeiten nicht völlig freigegeben, sondern auf montags bis samstags von 6 bis 22 Uhr festgesetzt.[20]

1. Zweck des Gesetzes

Nach Ansicht des BVerfG verfolgt das LadSchlG des Bundes eine **doppelte Zielrich-** 11 **tung**. Der Ladenschluss diene zwar in erster Linie dem **Arbeitsschutz** der Angestellten, daneben habe er aber auch die **Schaffung „gesunder Wettbewerbsverhältnisse"** insofern zum Ziel, als einer übermäßigen Konkurrenz durch willkürliche Ladenöffnungszeiten entgegengesteuert werden solle; die zulässige Arbeitszeit werde deshalb „im Interesse gleicher Wettbewerbschancen" auf die Tageszeiten der Werktage verteilt.[21] Dabei betonte das BVerfG den „Gesichtspunkt der Wettbewerbsneutralität" des Gesetzes[22] und legte als Prüfungsmaßstab insoweit ausdrücklich auch Art. 12 I i.V. m. Art. 3 I GG zugrunde.[23] Diese Maßstäbe lassen sich auf das LadöffnG übertragen. Zwar wird der Wettbewerbsaspekt im LadöffnG nicht ausdrücklich genannt. Man kann ihn aber in § 1 LadöffnG hineinlesen, soweit dieser von der „Festlegung flexibler Rahmenbedingungen" als Zweck des Gesetzes spricht. Die Schaffung von Rahmenbedingungen bedeutet nämlich letztlich die Verhinderung von „Wildwuchs" bei den Ladenöffnungszeiten. Nach § 1 LadöffnG bezweckt es zudem den Schutz der im Einzelhandel Beschäftigten, durch die mit den Ladenschlusszeiten verbundene Gewährleistung der Arbeitsruhe vor überlangen und sozial ungünstig liegenden Arbeitszeiten. Ferner sollen die Sonn- und Feiertage, als Tage der religiösen Erbauung, der seelischen Erhebung und Arbeitsruhe, gewährleistet werden. Dieser historisch wichtigste, aber seit der Föderalismusreform I gegenüber dem wirtschaftsrechtlichen Aspekt jedenfalls in den Hintergrund getretene Schutzzweck findet angesichts der liberalisierenden Tendenz des LadöffnG kaum Niederschlag im Gesetz. Das Gesetz will vielmehr flexible, kundenorientierte und die örtlichen Gegebenheiten berücksichtigende Ladenöffnungen von Verkaufsstellen er-

---

17 BS 8050-3; *H/J/W*, Nr. 100. Das G. ist am 29.11.2006 in Kraft getreten. S. ferner die RVO der Landesregierung zur Durchführung des § 7 II des Ladenöffnungsgesetzes (BS 8050-3-1) sowie die RVO der Aufsichts- und Dienstleistungsdirektion (ADD) zur Durchführung des Ladenöffnungsgesetzes vom 30.5.2007 (StAnz S. 955). S. auch allg. *Frotscher/Kramer*, Rn. 374 ff.
18 Vgl. LT-Drucks. 15/387, S.1.
19 Die geänderte Terminologie fand jedoch keinen Niederschlag im Gesetz; so spricht § 3 LadöffnG weiterhin von „Ladenschlusszeiten".
20 Für Ladenöffnungen über diese Zeit hinaus sah der Gesetzgeber keinen Bedarf, wie sich in anderen Bundesländern gezeigt habe, LT-Drucks. 15/387, S. 13.
21 BVerfGE 59, 336, 353.
22 BVerfGE 59, 336, 354.
23 BVerfGE 59, 336, 357.

möglichen und gleichzeitig immissionsschutzrechtliche Probleme im Zusammenhang mit Nachtöffnungen weitgehend vermeiden.[24]

2. Die Regelungen im Überblick
a) Anwendungsbereich

12 Das Gesetz regelt in § 3 I 1 LadöffnG die Öffnung von **Verkaufsstellen**. Nach § 2 LadöffnG sind Verkaufsstellen Einrichtungen, bei denen von einer festen Stelle aus ständig Waren zum **Verkauf an jedermann**[25] vorgehalten oder Warenbestellungen entgegengenommen werden.[26] Erfasst wird also der gesamte Einzelhandel.[27] Nicht erfasst sind Gaststätten[28] und Friseurbetriebe. Auch Handwerks- und Dienstleistungsbetriebe, wie etwa Videotheken, Bräunungs- oder Fitnessstudios unterliegen dann nicht dem Gesetz, wenn sie keine Verkaufsstelle betreiben. Sofern zusätzlich Waren verkauft werden, ist jedoch insoweit das LadöffnG zu beachten. Allerdings gilt der Ladenschluss nach § 3 LadöffnG nur für die Zeiten des „geschäftlichen Verkehrs mit Kundinnen und Kunden". Bloße Werbemaßnahmen sollen nicht hierunter fallen, so dass z.B. auch eine Warenbesichtigung ohne Verkaufspersonal zulässig ist,[29] nicht jedoch eine Warenvorführung und jegliche Form der Vertragsanbahnung. § 3 Nr. 3 LadöffnG regelt wie bisher, dass die zu Beginn der gesetzlich festgelegten Ladenschlusszeit anwesenden Kunden noch bedient werden dürfen.

13 Über das stehende Gewerbe hinaus werden auch das **Reisegewerbe** (vgl. § 11 II LadöffnG) sowie **Groß- und Wochenmärkte** (§ 11 I LadöffnG) einbezogen.

b) Allgemeine Ladenschlusszeiten und die Möglichkeiten zu ihrer Lockerung

14 Nach § 3 Nr. 2 wird die Offenhaltung von Verkaufsstellen an Werktagen und damit von montags bis samstags von 6:00 Uhr bis 22:00 Uhr zugelassen. Die Schließung an Sonn- und Feiertagen (vgl. § 3 Nr. 1 LadöffnG, zu Ausnahmen für bestimmte Waren wie Bäckereierzeugnisse und landwirtschaftliche Produkte vgl. § 9 LadöffnG) trägt dem nicht nur grundgesetzlich (Art. 140 GG, Art. 139 WRV), sondern insbesondere auch landesverfassungsrechtlich[30] gebotenen Schutz der Sonn- und Feiertage Rechnung. Besonderheiten gelten für Apotheken (§ 5), Tankstellen (§ 6) sowie Bahnhöfe und Flughäfen

---

24 LT-Drucks. 15/387, S.14.
25 Um einen Verkauf an jedermann handelt es sich auch, wenn nur ein geschlossener, vorher anhand der Kundenkartei eingeladener Personenkreis anwesend ist, s. VG Minden, Beschl. v. 8.3.2006 – 3 L 64/06 – (juris).
26 Trotz der Neuformulierung des Verkaufsstellenbegriffs wollte der Gesetzgeber den Anwendungsbereich des LadöffnG nicht modifizieren (vgl. LT-Drucks. 15/387, S. 15), so dass zur Bestimmung des Anwendungsbereichs auf die zum LadSchlG ergangene Rspr. und Lit. zurückgegriffen werden kann.
27 Aus dem Merkmal „Verkauf an jedermann" folgt, dass Großhandelsbetriebe keine Verkaufsstelle im Sinne des Gesetzes betreiben, s. *Stober*, LadSchlG, 2000, § 1 Rn. 8. Nicht erfasst ist außerdem mangels Verkaufsstelle der Versandhandel, s. *Ruthig*, in: Gounalakis (Hrsg.), Electronic Business, 2003, § 5 Rn. 55; *Heckmann*, NJW 2000, 1370, 1373.
28 Vgl. LT-Drucks. 15/387, S. 15. Dies gilt auch, wenn sie beispielsweise Teil eines Kaufhauses ist, aber über einen separaten Eingang verfügt, s. OVG Nds., GewArch 2005, 45.
29 Vgl. näher BVerwG, NJW 1976, 964; VG Oldenburg, Beschl. v. 5.12.2008 – 12 B 3157/08 (juris).
30 Nach Art. 47 LV sind der Sonntag und die staatlich anerkannten Feiertage als Tage der religiösen Erbauung, seelischen Erhebung und Arbeitsruhe gesetzlich geschützt. Darüber hinaus legt Art. 57 I 2 LV fest, dass Sonntage und gesetzliche Feiertage arbeitsfrei sind; Art. 57 I 3 LV lässt hierzu Ausnahmen nur zu, wenn dies das Gemeinwohl erfordert.

II. Das Ladenöffnungsgesetz

(§ 7). Zur **Überwachung des LadöffnG** können die Behörden nach § 14 II 1 LadöffnG die erforderlichen Maßnahmen treffen.

Außerdem bestehen folgende Möglichkeiten zur **Lockerung des Ladenschlusses**: Die Gemeinden können unter Berücksichtigung insbesondere der Einkaufsbedürfnisse der Bevölkerung, des Fremdenverkehrs oder besonderer örtlicher oder regionaler Gegebenheiten **durch Rechtsverordnung erweiterte Öffnungszeiten an bis zu acht Werktagen** im Kalenderjahr zulassen (vgl. im Einzelnen § 4 LadöffnG) und auch **maximal vier verkaufsoffene Sonntage** vorsehen (§ 10 LadöffnG).[31]

15

Ferner besteht nach § 12 LadöffnG die Möglichkeit einer **Zulassung befristeter Ausnahmen im Einzelfall**, soweit dies im öffentlichen Interesse dringend notwendig ist.[32] Für Märkte und Messen darf es jedoch über die vier nach § 10 LadöffnG zulässigen verkaufsoffenen Sonntage hinaus keine Ausnahmen geben.[33] Nicht ausreichend für § 12 LadöffnG ist das Interesse an der Förderung strukturschwacher Regionen, der Intensivierung des Fremdenverkehrs oder der Arbeitsplatzbeschaffung bzw. –sicherung.[34]

16

c) Zuständigkeiten

Zuständig zur Durchführung des LadöffnG sind nach § 14 I LadöffnG i.V.m. § 1 I und Ziff. 5.6 der Anl. zur LVO über Zuständigkeiten auf dem Gebiet des Arbeits- und des technischen Gefahrenschutzes (AGSchZuVO – BS 8053-2) die **Gemeinden**, soweit nicht ausdrücklich andere Zuständigkeiten begründet wurden. Für die Zulassung befristeter Ausnahmen nach § 12 I ist die **ADD** zuständig (Ziffer 5.6.1 Anl. AGSchZuVO), für die ausnahmsweise Zulassung der Beschäftigung von Arbeitnehmern nach § 13 IV, die Überwachung des § 13 und entsprechende Ordnungswidrigkeitenverfahren die **SGD** (Ziff. 5.6.2, 5.6.3, 5.6.4).

17

d) Rechtsschutz

Soweit das Gesetz selbst die Ladenöffnungszeiten begrenzt, sind seine Normen mit der Verfassungsbeschwerde angreifbar.[35] Gegen die Erweiterung der Ladenöffnungszeiten in Rechtsverordnungen und Ausnahmebewilligungen kommt verwaltungsgerichtlicher Rechtsschutz in Betracht. Besondere Probleme wirft dabei die Antrags- bzw. Klagebefugnis auf. Nach bisheriger Rechtsprechung wurde – begründet mit der arbeitsschutzrechtlichen Zielsetzung des LSchlG[36] – zwar die Klage einzelner Arbeitnehmer[37] für zulässig gehalten. Bei Rechtsbehelfen von Konkurrenzunternehmen ergibt sich jedoch ein differenzierteres Bild. Sie wurden vom BVerwG für zulässig aber unbegründet,[38] von

18

---

31 Auf diese Zahl werden auch verkaufsoffene Sonntage angerechnet, die sich auf einzelne Ortsteile beschränken, s. OVG Sachsen, GewArch 2008, 368.
32 Das öffentliche Interesse bezieht sich nicht mehr ausschließlich auf das Versorgungsinteresse der Bevölkerung, so dass auch Großereignisse wie die Fußballweltmeisterschaft ein solches begründen können, s. *Tegebauer*, GewArch 2007, 49 m.w.N.
33 S. auch LT-Drucks. 15/387, S.20.
34 S. bereits OVG Magdeburg, NJW 1999, 2982.
35 Vgl. zum Berl. Recht BerlVerfGH, NVwZ 2008, 1005. Zur Verfassungsbeschwerde in RhPf. o. § 1 Rn. 153 ff. Allg. zur Verfassungsmäßigkeit des Ladenöffnungsrechts *Frotscher/Kramer*, Rn. 381 ff.
36 BVerwGE 65, 167, 173.
37 Vgl. BVerwGE 108, 182; OVG RhPf., NVwZ-RR 1996, 201; GewArch 1998, 346; OVG Bremen, GewArch 1998, 485, 486; VGH Mannheim, NJW 1999, 1569; OVG Lüneburg, NVwZ-RR 1999, 738.
38 BVerwGE 65, 167.

anderen Gerichten sogar schon für unzulässig[39] erachtet. Jedenfalls zulässig sind Klagen nach dem UWG.[40] Berücksichtigt man jedoch den gewandelten Schutzzweck (dazu o. Rn. 11), so muss man insbesondere die Vorschrift über die Ausnahmen vom Ladenschluss (§ 12 LadÖffnG) als drittschützend ansehen.[41] Auch das OVG Bremen[42] hatte deswegen die Klagebefugnis eines Konkurrenzunternehmens gegen die Erteilung einer solchen Ausnahmegenehmigung bejaht. Da seit der Föderalismusreform I der wirtschafts- bzw. wettbewerbsrechtliche Aspekt eher in den Vordergrund getreten ist, muss dies erst recht für das LadÖffnG gelten. Angesichts des veränderten Schutzzwecks ist demgegenüber die Klagebefugnis von Arbeitnehmern erst recht problematisch geworden.[43] Keine prozessualen Probleme bereitet die Anfechtung behördlicher Maßnahmen zur Durchsetzung des LadÖffnG nach § 14 II 1 LadÖffnG durch den Adressaten (s. auch u. Rn. 32).[44]

III. Nichtraucherschutz in Gaststätten

19 Mit dem **Nichtraucherschutzgesetz**[45] hat der rheinland-pfälzische Gesetzgeber von den durch die Föderalismusreform I[46] geschaffenen Kompetenzen Gebrauch gemacht und den Nichtraucherschutz in Rheinland-Pfalz[47] kodifiziert. Dabei hat er sich, gestützt auf wissenschaftlich gesicherte Erkenntnisse über die gesundheitlichen Risiken und Gefährdungen durch aktives und passives Rauchen, von einem **Schutzkonzept zugunsten der nichtrauchenden Besucher und Bediensteten** von Schank- und Speisewirtschaften leiten lassen (vgl. § 1 I NRSG). Als mittelbares Ziel der Gesundheitspolitik wird zugleich die **Eindämmung des Tabakkonsums bei Minderjährigen** angestrebt.[48] Außer öffentlichen Einrichtungen (vgl. §§ 2 ff. NRSG) werden auch **Gaststätten erfasst** (§ 7 NRSG).

---

39 OVG Lüneburg, NVwZ-RR 2001, 584; OVG Bautzen, NJW 1999, 2539; VGH München, NJW 1985, 1180.
40 *Ruthig*, in: Ruthig/Storr, Rn. 32. Zum Sonntagsverkaufsverbot für Apotheken in BadWürtt. OLG Stuttgart, WRP 2008, 977.
41 Anders aber BVerwGE 65, 167, 171 (zu § 23 LadSchlG). Angesichts der Tatsache, dass der Staat über das LadÖffnG die Öffnungszeiten verknappt, über die Ausnahmevorschriften einzelnen Verkaufsstellen aber längere Zeiten zuteilt, erhalten diese einen kontingentierungsähnlichen Charakter, so dass hier für den Konkurrenzschutz die gleichen Grundsätze gelten müssen wie in den anderen Fällen staatlicher Zuteilungsentscheidungen (insb. Anspruch auf Beachtung der Chancengleichheit). Zu diesem Aspekt *Wallerath*, NJW 2001, 781, 788 f.
42 OVG Bremen, NVwZ, 2002, 873; abl. *Schmitz*, NVwZ 2002, 822, 823.
43 So schon VG Hannover, NVwZ-RR, 2001, 307 zur Klagebefugnis bei Ausnahmen nach § 23 LSchlG (nunmehr § 12 LadÖffnG). Jedenfalls müsste der Arbeitnehmer konkret darlegen, dass er von seinem Arbeitgeber zur Arbeit verpflichtet würde, s. auch VG Weimar, ThürVBl. 2006, 213.
44 Zu einem Beispiel VG Neustadt, LKRZ 2009, 28 ff.; OVG RhPf. Urt. v. 19.03.2009 - 6 A 11324/08 (juris).
45 BS 212-2; *H/J/W*, Nr. 104. Das Gesetz ist am 15.2.2008 in Kraft getreten. Es wurde durch das Landesgesetz zur Änderung des Nichtraucherschutzgesetzes v. 26.5.2009 (GVBl. S. 2005) novelliert.
46 Vgl. o. Fn. 3. Zur Gesetzgebungskompetenz der Länder auch *Rossi/Lenksi*, NJW 2006, 2657.
47 Neben dem Bund (Bundesnichtraucherschutzgesetz v. 20.7.2007, BGBl. I S. 1595) haben auch die übrigen Bundesländer vergleichbare Regelungswerke geschaffen, die sich fast ausschließlich in den Details der Ausnahmetatbestände unterscheiden, vgl. *Zimmermann*, NVwZ 2008, 705 ff. Lediglich Bayern hat mit dem Gesundheitsschutzgesetz (GSG) v. 20.12.2007 (BayGVBl. S. 919) ein striktes Rauchverbot ohne Ausnahmetatbestände umgesetzt, was vom BVerfG ausdrücklich gebilligt worden ist, s. BVerfG, NJW 2008, 2701 m. Aufs. *Bäcker*, DVBl. 2008, 1179.
48 LT-Drucks. 15/1105, S. 7 und 11 f.

III. Nichtraucherschutz in Gaststätten

1. Ausgestaltung des Rauchverbotes nach der Umsetzung der verfassungsgerichtlichen Vorgaben

Der rheinland-pfälzische Gesetzgeber hatte sich für ein **grundsätzliches Rauchverbot** 20
ausgesprochen,[49] das für Schank- und Speisewirtschaften sowie Tanzflächen in Diskotheken und sonstigen Tanzlokalen gilt (§ 7 I NRSG). In personeller Hinsicht gilt das Rauchverbot für alle sich in den geschützten Räumlichkeiten aufhaltenden Personen (§ 1 II NRSG). Allerdings wurden **Ausnahmetatbestände** geschaffen, die es den Betreibern von Gaststätten mit mehreren, durch ortsfeste Trennwände voneinander getrennten Räumen freistellt, in einzelnen entsprechend gekennzeichneten Nebenräumen das Rauchen zu gestatten.[50] Damit sollte sowohl den Belangen der **Gaststättenbetreiber** als auch den **rauchenden Gästen** Rechnung getragen werden, ohne das mit dem NRSG verfolgte Schutzniveau der Nichtraucher zu nivellieren.[51] Der VerfGH[52] erklärte im Anschluss an die vor seiner Hauptsacheentscheidung ergangenen Entscheidungen des BVerfG[53] das ursprüngliche **Ausnahmekonzept des Gesetzes** für **verfassungswidrig**. Zwar erkannte er das vom rheinland-pfälzischen Gesetzgeber gewählte Schutzkonzept auf der Grundlage wissenschaftlicher Erkenntnisse ausdrücklich an,[54] sah die Privilegierung von Gaststättenbetreibern mit mehreren Räumlichkeiten gegenüber Inhabern von Einraumbetrieben aber als nicht gerechtfertigten Verstoß gegen die in Art. 58 i.V.m. Art. 52 II LV niedergelegte **Berufs- und wirtschaftliche Freiheit des Einzelnen** (dazu auch § 1 Rn. 148) an. Die in Einraumbetrieben angesiedelte, getränkegeprägte Kleingastronomie werde unangemessen benachteiligt, indem es ihr verwehrt bleibe, ihre Leistungen und Dienste auch rauchenden Gästen anzubieten, was sich in messbaren wirtschaftlichen Belastungen geäußert habe.[55] Damit folgte er der Auffassung des BVerfG, das mit Urteil vom 30.7.2008[56] ein generelles Rauchverbot als verfassungsgemäß angesehen,[57] bei der Schaffung von Ausnahmetatbeständen aber deren konsequente und folgerichtige Ausgestaltung eingefordert hatte.[58] Für die Übergangszeit wurde das Rauchverbot zugunsten kleiner, inhabergeführter Kneipen gelockert. Der Gesetzgeber wurde dazu aufgerufen, bis zum 31.12.2009 eine Neuregelung vorzunehmen.

---

49 Vgl. LT-Drucks. 15/1105, S. 11.
50 Dies galt nicht für Räume mit Tanzflächen und setzte außerdem voraus, dass die Grundfläche und die Anzahl der Sitzplätze in denjenigen Räumen, in denen das Rauchen erlaubt ist, nicht größer war als in den übrigen rauchfreien Gasträumen.
51 Vgl. LT-Drucks. 15/1105, S. 12. Ein weiterer Ausnahmevorbehalt besteht zugunsten von Wein-, Bier- und Festzelten, die an ihrem jeweiligen Standort nur vorübergehend betrieben werden.
52 RhPfVerfGH, LKRZ 2008, 454. Vorausgegangen waren Beschlüsse im Verfahren der einstweiligen Anordnung in der gleichen Rechtssache, vgl. LKRZ 2008, 136 u. 354.
53 Der VerfGH bezieht sich in seiner Argumentation teilweise ausdrücklich auf BVerfGE 121, 317 = NJW 2008, 2409.
54 RhPfVerfGH, LKRZ 2008, 454, 455.
55 RhPfVerfGH, LKRZ 2008, 454, 456 f.
56 BVerfG, NJW 2008, 2409 ff. mit Besprechung von *Hummrich*, LKRZ 2008, 327 ff.
57 So insbesondere zur ursprünglichen, strengen Regelung in Bayern BVerfG, NJW 2008, 2701; s. zur bayerischen Regelung schon o. Fn. 46. Gerade diese ablehnend das Minderheitsvotum von Masing: das Meheitsvotum versage dem Gesetzgeber einen ausbalancierten differenzierten Nichtraucherschutz und zwinge mit dem absoluten Rauchverbot zu einer unverhältnismäßigen Extremlösung, die die Gefahr paternalistischer Bevormundung berge. S. dazu auch *Gröschner*, ZG 2008, 400.
58 BVerfG, NJW 2008, 2409, 2415 ff. S. auch *Ruthig*, in: Ruthig/Storr, Rn. 128, 149; *Michael*, JZ 2008, 875. Insoweit den gesetzgeberischen Spielraum betonend das Minderheitsvotum von Bryde (Rn. 172 ff.); dem zustimmend *Gröschner*, ZG 2008, 400.

21 Mit der **Novelle des Gesetzes** vom 26. Mai 2009[59] ist der Gesetzgeber diesem Auftrag nachgekommen und hat mit der **Neufassung des § 7 NRSG** im Wesentlichen die Übergangsregelung des VerfGH in Gesetzesform gegossen. Gem. § 7 II NRSG darf nunmehr in Einraumgaststätten mit weniger als 75 m² Grundfläche das Rauchen durch den Inhaber erlaubt werden, sofern den Gästen keine oder nur einfach zubereitete Speisen zum Verzehr an Ort und Stelle als untergeordnete Nebenleistung gereicht werden (§ 7 II Nr. 1 NRSG)[60] und am Eingang deutlich sichtbar auf den Charakter als Rauchergaststätte hingewiesen wird (§ 7 II Nr. 2 NRSG).[61] § 7 III NRSG erlaubt abgetrennte Raucherräume, verlangt aber, dass die Grundfläche der rauchfreien Räume größer ist. Neu ist in Absatz 4 die Möglichkeit, in „geschlossenen Gesellschaften nicht kommerzieller Art in privater Trägerschaft" das Rauchen zu erlauben; die Abgrenzung von „Veranstaltungen von Vereinen oder sonstigen Vereinigungen", für die diese Möglichkeit nicht gilt, dürfte sich als schwierig erweisen. Mit Sicherheit wird das NRSG daher auch weiterhin die Gerichte beschäftigen, auch die Verfassungsgerichte. Diesen wird sich weiterhin die Frage stellen, ob mit dieser Regelung nun auch wirklich ein überzeugendes Gesamtkonzept gelungen ist. Ungeklärt ist insb. die Frage nach der Verfassungsmäßigkeit des Rauchverbots in Bezug auf Gaststätten, bei denen der Tabakkonsum schon vom Gaststättenkonzept her im Vordergrund steht (z.B. Wasserpfeifen-Cafés, Zigarren-Lounges u.ä.).[62] Dies gilt aber auch für § 7 V NRSG, der Wein-, Bier- und sonstige Festzelte von der Anwendbarkeit des NRSG ausnimmt, solange sie an höchstens 21 aufeinanderfolgenden Tagen an einem Standort betrieben werden.

2. Durchsetzung des Rauchverbotes

22 Der Betreiber der Gaststätte ist gem. § 10 NRSG umfassend für die **Umsetzung und Einhaltung des Rauchverbotes** in seinen Räumlichkeiten verantwortlich. Dazu gehört insbesondere auch die Verpflichtung, Dritte durch deutlich wahrnehmbare Hinweise, insbesondere im Eingangsbereich, über das Rauchverbot in seinen Räumlichkeiten zu informieren (§ 9 NRSG). Kommt er dem nicht oder nicht in hinreichendem Maße nach, können die **allgemeinen Ordnungsbehörden**[63] gem. § 10 II Nr. 2 NRSG die zur Umsetzung und Einhaltung der Vorschriften erforderlichen Anordnungen treffen. Die verbandsfreien Gemeinden, die Verbandsgemeinden sowie die kreisfreien und großen kreisangehörigen Städte nehmen die Aufgaben dabei als **Auftragsangelegenheit** wahr. Aus gaststättenrechtlicher Sicht führt die Nichtbeachtung der Verpflichtungen zu einem **Widerruf der gaststättenrechtlichen Erlaubnis gem. § 15 II GaststG**, gestützt auf den Wi-

---

[59] Landesgesetz zur Änderung des Nichtraucherschutzgesetz, GVBl. S. 205. Vgl. LT-Drucks. 15/3221.
[60] Zur Konkretisierung des Begriffes der einfachen Speise s. LT-Drucks. 15/3321, S. 6: Er zählte u.a. Brezeln, belegte Brote und Brötchen, warme Würstchen und Frikadellen dazu, nicht jedoch Kuchen, Speiseeis, Salate, Schnitzel, Pommes frites und Pizza.
[61] Anders als der RhPfVerfGH in seiner Übergangsregelung verzichtete der Gesetzgeber allerdings auf ein Zutrittsverbot für Minderjährige und verlangt auch nicht, dass die Gaststätte vom Inhaber geführt wird.
[62] Zu Wasserpfeifenkneipen s. BerlVerfGH, GewArch 2008, 410 f.; SaarlVerfGH, LKRZ 2009, 55 ff., die beide das Rauchverbot vorläufig ausgesetzt haben; zur gleichheitswidrigen Benachteiligung von Spielhalleninhabern gegenüber sonstigen Gastwirten SächsVerfGH, Beschl. v. 20.11.2008 – Vf.63-IV-08. Auch gegen das novellierte NRSE wurde am 11.8.2009 Verfassungsbeschwerde erhoben (AZ: VEH B 60/09) mit der Begründung, der Ausschluss von „Raucherclubs" sei verfassungswidrig.
[63] Zur Zuständigkeit s. §§ 88 ff. POG i.V.m. §§ 1, 2 LVO über die Zuständigkeit der allgemeinen Ordnungsbehörden (BS 2012-1-2; *H/J/W*, Nr. 41).

derrufsgrund der Nichteinhaltung von Vorschriften des Gesundheitsschutzes, zu denen auch das NRSG zählt (§ 4 I 1 Nr. 1 GaststG). Zwar steht der zuständigen Behörde bei der Anwendung des § 15 II GaststG kein Ermessensspielraum zu; das staatliche Vorgehen hat jedoch dem **allgemeinen Verhältnismäßigkeitsgrundsatz** zu genügen, so dass etwa ein einmaliger Verstoß einen Widerruf noch nicht zu rechtfertigen vermag.[64]

IV. Glücksspiel und Spielbanken

Die maßgeblichen Bestimmungen für das Glücksspiel- und Spielbankenrecht, die nach zutreffender Ansicht ebenfalls zum öffentlichen Wirtschaftsrecht gehören (zur Gesetzgebungskompetenz bereits o. Rn. 1) finden sich im Glücksspielstaatsvertrag (GlüStV – Staatsvertrag zum Glücksspielwesen in Deutschland),[65] dem zu seiner Ausführung ergangenen Landesglücksspielgesetz (LGlüG)[66] sowie dem Spielbankengesetz.[67] Ziele des Glücksspielstaatsvertrags sind insbesondere, das Entstehen von Spielsucht zu verhindern, das Glücksspielangebot zu begrenzen sowie den Jugend- und den Spielerschutz zu gewährleisten (§ 1 GlüStV). Die **Sicherstellung eines ausreichenden Glücksspielangebots** ist Aufgabe der Länder (§ 10 I, II GlüStV). Rheinland-Pfalz erfüllt diese Aufgabe[68] nach § 5 I 1 LGlüG unmittelbar oder mittelbar durch die Süddeutsche Klassenlotterie; es kann außerdem einen geeigneten Dritten mit der Ausübung der Veranstaltung der unmittelbar vom Land veranstalteten öffentlichen Glücksspiele beleihen, wobei schon im Gesetz die Lotto Rheinland-Pfalz GmbH als vorrangig geeignet angesehen wird (§ 5 V 2 LGlüG).[69]

23

1. Glücksspiele

Das **Veranstalten und Vermitteln von Glücksspielen** steht nach §§ 4, 12 GlüStV, §§ 6, 8 LGlüG unter Erlaubnisvorbehalt. Eine Erlaubnis darf nur erteilt werden, wenn das Veranstalten/Vermitteln von Lotterien und Sportwetten den Zielen des GlüStV nicht zuwiderläuft und die weiteren Voraussetzungen des § 6 I LGlüG vorliegen. Gewerblichen Spielevermittlern darf eine Erlaubnis nur nach § 8 LGlüG erteilt werden. Es handelt sich um ein repressives Verbot mit Befreiungsvorbehalt, die Erteilung kann auch mit dem Hinweis verweigert werden, dass bereits ein ausreichendes Angebot an Glücksspielen besteht.[70] Eine Ausnahme besteht für **kleine Lotterien und Ausspielungen** in

24

---

64 Vgl. *Scheidler*, GewArch 2008, 287, 291. Der Begriff der Unzuverlässigkeit i. S. d. § 4 I Nr. 1 GaststG ist daher – in verfassungskonformer Weise – entsprechend auszulegen, so dass erst ein beharrlicher Verstoß die Unzuverlässigkeit begründet; vgl. auch *Ruthig*, in: Ruthig/Storr, Rn. 420.
65 Dieser trat am 1.1.2008 in Kraft. Zu seinen Regelungen auch *Engels*, WRP 2008, 470. Die bis 2006 geltende Regelung hatte das BVerfG (E 115, 276 ff.) für verfassungswidrig erklärt; zur Verfassungskonformität der Neufassung BVerfG, GewArch 2009, 26, 27 f.
66 Gesetz v. 3.12.2007, GVBl. 2007, S. 240, BS Anhang I 141. Zum Gesetzentw. zur Änderung des LGlüG vgl. LT-Drucks. 15/2755 v. 28.10.2008.
67 BS 716-6. Zum Gesetzentw. zur Änderung des Spielbankgesetzes vgl. LT-Drucks. 15/2839 v. 2.12.2008.
68 Lotterien „6 aus 45", „Spiel 77" und „Super 6"; s. die Begründung zum LGlSpG 2004, LT-Drucks. 14/2976.
69 Diese war gestützt auf § 2 LGlSpG 2004 mit der Durchführung dieser Aufgabe betraut; diese Regelung galt gem. § 25 I GlüStV bis 31.12.2008 fort. Nachdem Versuche des Landes zu einer Übernahme der GmbH aus kartellrechtlichen Gründen gescheitert waren (vgl. OLG Düsseldorf, NJW 2008, 381 ff.) und auch keine eigene Gesellschaft gegründet worden war, kehrte man durch das G. v. 22.12.2008 (GVBl. S. 318) zum bisherigen Modell zurück.
70 So zum früheren Recht BVerfG, GewArch 1995, 22. Näher zur Differenzierung zwischen präventivem Verbot mit Erlaubnisvorbehalt und repressivem Verbot mit Befreiungsvorbehalt *Pieroth/Störmer*, GewArch 1998, 177, 180.

Form einer allgemeinen Erlaubnis (§ 10 LGlüG). Die Durchführung einer solchen Veranstaltung ist der Aufsichts- und Dienstleistungsdirektion (ADD) mindestens zwei Wochen vor dem Veranstaltungstermin anzuzeigen.[71] Nach § 11 III, IV LGlüG kann die Aufsichtsbehörde unerlaubte Veranstaltungen untersagen, eine Erlaubnis nachträglich widerrufen, beschränken oder mit Auflagen versehen und die Zwangsabwicklung einer Veranstaltung anordnen. Nach § 11a LGlüG stehen der Aufsichtsbehörde Auskunftsrechte zu. Im Übrigen ermächtigt die **„Generalklausel" des § 11 II LGlüG** zu den erforderlichen Maßnahmen zur Durchsetzung des LGlüG. Allerdings war eine Untersagung jedenfalls ermessensfehlerhaft, solange die tatsächliche Situation nicht den bundesverfassungsrechtlichen Vorgaben entsprach.[72] Die Normen des LGlüG verdrängen als leges speciales das allgemeine Polizei- und Ordnungsrecht.[73]

25 Ein Genehmigungserfordernis ist nach den Entscheidungen des BVerfG[74] und des EuGH „Gambelli"[75] und „Placanica"[76] sowohl mit Artt. 12, 2 I GG als auch mit der Dienstleistungs- und Niederlassungsfreiheit vereinbar, soweit die Beschränkungen tatsächlich zur Verminderung der Spielsucht beitragen und nicht eigentlich wirtschaftlichen Interessen dienen. Allerdings waren vor dem 25.12.2008 die organisatorischen und materiellrechtlichen Vorgaben in Rheinland-Pfalz schon deswegen nicht erfüllt, weil weder die Zahl der Lotto-Annahmestellen beschränkt, noch sichergestellt wurde, dass die Werbung den Vorgaben entspricht.[77]

26 Nicht erlaubnisfähig ist das Veranstalten öffentlicher **Glücksspiele im Internet**, § 4 IV GlüStV. Während das BVerfG auch diese objektive Berufszulassungsschranke als verfassungsgemäß angesehen hat,[78] ist seine gemeinschaftsrechtliche Zulässigkeit weiterhin umstritten;[79] auch die EG-Kommission hält das vollständige Verbot von Internetwetten für gemeinschaftsrechtswidrig.[80]

---

71 Vgl. Ziff. 2 der Allg. Erlaubnis der ADD, abrufbar unter www.add.rlp.de.
72 OVG RhPf., ZfWG 2008, 194; damit ging auch im vorläufigen Rechtsschutz das Interesse privater Anbieter bzw. Vermittler an der Fortsetzung ihrer Tätigkeit dem öffentlichen Interesse an der sofortigen Einstellung der Angebote vor, s. OVG RhPf., LKRZ 2008, 381. Ob das LGlüG und/oder der GlüStV Gegenstand der verfassungsrechtlichen Prüfung sind, hängt davon ab, durch welche Bestimmung der Kläger beschwert ist. Da der GlüStV erst durch die Zustimmungsgesetze verbindlich wird, müssen i.d.R. beide Regelungen angegriffen werden, außer wenn in den Bestimmungen des LGlüG eine eigenständige Beschwer liegt. Das BVerfG prüfte beide Bestimmungen, BVerfG, NJW 2006, 1261 (Rn. 130).
73 Zuvor wurde eine Untersagungsverfügung auf die polizeirechtliche Generalklausel gestützt, zu einem solchen Fall VG Koblenz, GewArch 2004, 210.
74 BVerfG, NJW 2006, 1261 (Sportwetten); BVerfG, GewArch 2009, 26, 28 ff. zu ähnlichen Regelungen in Berl. und Nds.
75 EuGH, NJW 2004, 139 ff.; vgl. *Ruthig*, in: ders./Storr, Rn. 64 ff.
76 EuGH, NJW 2007, 1515 ff.
77 OVG RhPf., LKRZ 2008, 381. S. aber zur Begrenzung der Annahmestellen nunmehr § 7 LGlüG n.F.
78 BVerfG, GewArch 2009, 26, 27 f.
79 Zu Zweifeln nach Inkrafttreten des neuen GlüStV VG Braunschweig Beschl. v. 10.4.2008 5 - B 4/08; VG München, ZfWG 2008, 152; VG Freiburg, Urt. v. 16.4.2008 - 1 K 2683/07; VG Frankfurt, Beschl. v. 7.11.2008 - 7 L 2815/08.F, ZfWG 2008, 471 (nur Leits.). Das VG Schleswig (ZfWG 2008, 69 f.) hat diese Frage dem EuGH (Az.: C-46/08, s. ABl EU 2008, Nr. C 128, S. 17) vorgelegt. Keine Bedenken haben (bei summarischer Prüfung) z. B. OVG Hamburg, NordÖR 2008, 333 ff.; VG BadWürtt., ZfWG 2008, 131 ff.; OVG NRW, ZfWG 2008, 122 ff.; BayVGH München, NVwZ 2008, 1252 ff.; VG Koblenz, ZfWG 2008, 150.
80 Sie hat gegen Deutschland ein Vertragsverletzungsverfahren (Nr. 2003/4350) wegen der Glücksspielpraxis eingeleitet. Vgl. auch die Stellungnahme zum Entwurf des Lotteriestaatsvertrages der Bundesrepublik Deutschland (Notifizierung 2006/658 D – Entwurf eines Staatsvertrages zum Glücksspielwesen in Deutschland); zur weiteren Kritik der Kommission im Januar 2008 s. GewArch 2008, 113.

V. Klausurhinweise

Zuständig für die Erlaubniserteilung nach § 4 I 1 GlüStV und Aufsichtsmaßnahmen betreffend die unmittelbar vom Land landesweit oder länderübergreifend veranstalteten Glücksspiele ist das Finanzministerium, sofern mit Ausnahme der Lotteriesteuer keine weiteren Mittel aus dem Glücksspiel im Landeshaushalt vereinnahmt werden, ansonsten das Innenministerium. Nach § 12 II LGlüG ist die ADD zuständig für sämtliche Verfahren, die nicht dem Finanz- bzw. Innenministerium obliegen. Dazu zählen neben der Genehmigung von Lotterien und Ausspielungen (die nicht unmittelbar vom Land oder landesweit oder länderübergreifend veranstaltet werden) insbesondere die Aufgaben der **Glücksspielaufsicht**[81] (§§ 9 ff. LGlüG).

27

2. Spielbanken

Der Betrieb einer Spielbank ist nur mit einer **Konzession** nach § 2 SpielbankG zulässig. Diese wird von dem für das Spielbankenrecht zuständigen Ministerium im Einvernehmen mit dem für Finanzangelegenheiten zuständigen Ministerium befristet und widerruflich erteilt. Ein Spielbankunternehmer muss insbesondere zuverlässig, finanziell leistungsfähig und fachlich kompetent sein. Bei der Erlaubnis handelt es sich um ein repressives Verbot mit Befreiungsvorbehalt, deren Erhalt durch die Begrenzung auf zwei Spielbanken plus Zweigstellen zusätzlich erschwert wird (§ 1 SpielbankG).[82] Mangels besonderer Regelung im SpielbankG sind im Übrigen die allgemeinen Polizei- und Ordnungsbehörden nach § 9 POG berechtigt, die notwendigen Maßnahmen zu treffen.

28

V. Klausurhinweise

Die landesrechtlichen Bereiche des öffentlichen Wirtschaftsrechts können in **zwei Klausurvarianten** auftauchen. Zum einen handelt es sich um **beliebte Materien für verfassungsrechtliche Klausuren im Pflichtfach**, häufig in Form verfassungsgerichtlicher Überprüfungen der einschlägigen Rechtsvorschriften. Insofern steht eine Prüfung der Berufsfreiheit (Art. 12 GG bzw. Art. 58 i.V.m. Art. 52 II LV) im Mittelpunkt, aber bei Gewerbetreibenden aus dem EU-Ausland selbstverständlich auch die Vereinbarkeit mit den Grundfreiheiten.[83] Die Fälle kommen in verfassungsprozessrechtlicher[84], aber auch in verwaltungsprozessualer Einkleidung[85] vor. Insbesondere in Form einer allgemeinen Feststellungsklage lässt sich die Frage der (verfassungs- oder gemeinschaftsrechtlichen) Zulässigkeit eines Genehmigungserfordernisses klären.

29

Beispiel:[86]
I möchte von Irland aus Sportwetten ganz speziell für die Fans von Mainz 05 anbieten. Er ist überrascht, als ihm sein Rechtsanwalt mitteilt, das Anbieten von Sportwetten bedürfe nach deutschem Recht einer Konzession, deren Erteilung aber für Internetangebote schon wegen § 4 IV GlüStV

---

81 VG Neustadt/Weinstr., ZfWG 2008, 293 ff.; VG Koblenz, Urt. v. 26.3.2008 – 5 K 1512/07 -, ZfWG 2008, 150 (nur Kurzwiedergabe).
82 Zur Verfassungsmäßigkeit des bay. Spielbankmonopols BVerfG, NVwZ-RR 2008, 1.
83 Dazu ausf. *Ruthig*, in: ders./Storr, Rn. 45 ff.
84 Zum Ladenöffnungsrecht etwa (abstrakte Normenkontrolle) *Musil/Rox*, Jura 2008, 701; zum Nichtraucherschutz (Verfassungsbeschwerde) Langenfeld/von Bargen/Müller, JuS 2008, 795; *Reuter/Wiedmann*, Jura 2009, 221.
85 Zum Nichtraucherschutz (vorl. Rechtsschutz) als Referendarklausur *Kintz*, JuS 2008, 816.
86 S. auch zur Konstellation einer Feststellungsklage *Jahn*, JuS 2003, 1116 (allerdings hinsichtlich des materiellen Rechts überholt; zur aktuellen Rechtslage o. Rn. 24 ff.).

ausgeschlossen sei und unabhängig davon von der Behörde an Private regelmäßig nicht erteilt werde, weil sie davon ausgehe, dass ein ausreichendes staatliches Glücksspielangebot vorhanden sei. Wozu wird ihm R raten?

Die Berechtigung zum Betreiben von Sportwetten ohne behördliche Genehmigung ist ein feststellungsfähiges Rechtsverhältnis. Sie scheitert auch nicht am Grundsatz der Subsidiarität. Es ist anerkannt, dass die Möglichkeit einer Verpflichtungsklage die Feststellungsklage dann nicht ausschließt, wenn letztere weiter reicht als eine Verpflichtungsklage oder eine Häufung von Prozessen vermeidet. Zusätzlich ist zu berücksichtigen, dass S ja gerade behauptet, keiner Genehmigung zu bedürfen. Hier könnte man allenfalls an einen Antrag auf Erlass eines feststellenden Verwaltungsakts mit dem Inhalt denken, dass S nicht verpflichtet ist, für sein Verhalten eine Genehmigung zu beantragen.

30 Im **Schwerpunktbereich** steht die **behördliche Durchsetzung der Einhaltung der Vorschriften** im Mittelpunkt. Soweit – wie beim Nichtraucherschutz – das jeweilige Gesetz keine eigenen Durchsetzungsmechanismen vorsieht, sind die Fälle entweder gewerbe- bzw. gaststättenrechtlich (zu einem Beispiel s. o. Rn. 22) oder polizeirechtlich eingekleidet[87]. Ein beliebter Klausurfall ist deshalb die Abgrenzung gaststättenrechtlicher von polizeirechtlichen Maßnahmen, die schon wegen § 1 GewO immer nur vorläufigen Charakter haben können und außerdem dem Grundsatz der Verhältnismäßigkeit genügen müssen.

Beispiel:[88]
Bei einer abendlichen Streife stellt Polizist P fest, dass in einer Gaststätte gegen das Rauchverbot verstoßen wird. Er überlegt, ob er die Aschenbecher beschlagnahmen oder das Lokal möglicherweise sogar vorläufig schließen kann.

31 Hinsichtlich der prozessrechtlichen Einkleidungen bestehen für die landesrechtlichen Konstellationen keine Besonderheiten gegenüber dem sonstigen öffentlichen Wirtschaftsrecht. **Standardkonstellationen** sind Verpflichtungsklagen auf Erteilung der erforderlichen Genehmigung bzw. der Rechtsschutz gegen Nebenbestimmungen. Drittanfechtungsklagen von Konkurrenten scheitern im Öffentlichen Wirtschaftsrecht grundsätzlich an Art. 12 GG, der keinen Schutz vor Konkurrenz bietet, so dass die gewerberechtlichen Vorschriften in der Regel keinen Drittschutz vermitteln (s. allerdings o. Rn. 18 zum LadöffnG). Denkbar ist auch, dass die Behörde die Genehmigungsbedürftigkeit einer Tätigkeit feststellt[89] oder gesetzliche Pflichten in einem VA konkretisiert[90], in beiden Fällen ist die Anfechtungsklage statthaft und stellt sich die Frage der Anordnung der sofortigen Vollziehung[91].

---

87 Zur polizeirechtlichen Generalklausel als Mittel zur Durchsetzung öffentlichrechtlicher Pflichten s. o. § 4 Rn. 93; zur Abgrenzung von Polizei- und Gewerberecht *Ruthig*, in: ders./Storr, Rn. 298 ff.
88 S. *Ruthig*, in: ders./Storr, Rn.384, 452 (Fall 38b). Grundlegend OVG RhPf., DVBl. 1999, 338 zur vorläufigen Schließung einer Gaststätte bei Drogenkonsum; speziell zum Rauchverbot *Breitkopf/Stollmann*, NWVBl 2008, 125.
89 Nach der Rechtsprechung enthalten die Vorschriften über die Genehmigungsbedürftigkeit zugleich die gesetzliche Grundlage für feststellende Verwaltungsakte des Inhalts, dass eine konkrete Tätigkeit genehmigungsbedürftig ist, *Ruthig*, in: ders./Storr, Rn. 297 m. w. N.
90 Dort stellt sich dann die Frage nach der für feststellende Verwaltungsakte erforderlichen Rechtsgrundlage, s. zu § 14 II 1 LadöffnG (dazu o. Rn. 18) OVG RhPf. Urt. v. 19.03.2009 - 6 A 11324/08 (juris).
91 Vgl. OVG RhPf., GewArch 2009, 130 zum öffentlichen Interesse am Sofortvollzug der Beschränkung des Alkoholverkaufs in Tankstellen, das die wirtschaftlichen Interessen des Antragstellers i. d. R. überwiegt.

§ 7 Umweltrecht

von *Reinhard Hendler*

Literatur: *Die in diesem Verzeichnis enthaltenen Werke werden in den Fußnoten lediglich mit dem Namen der Autoren oder Herausgeber (erforderlichenfalls mit einem unterscheidenden Zusatz) zitiert.*

Beile, Wassergesetz für das Land Rheinland-Pfalz, Losebl.-Komm. (Stand: 08/2008); *Breuer*, Öffentliches und privates Wasserrecht, 3. Aufl. 2004; *Czychowski/Reinhardt*, Wasserhaushaltsgesetz, 9. Aufl. 2007; *Gassner/Bendomir-Kahlo u.a.*, Bundesnaturschutzgesetz, 2. Aufl. 2003; *Jarass*, Bundes-Immissionsschutzgesetz, 7. Aufl. 2007; *Jeromin/Kerkmann*, Komm. zum Landeswassergesetz Rheinland-Pfalz und zum Wasserhaushaltsgesetz, Losebl.-Ausgabe (Stand: 04/2008); *Kloepfer*, Umweltrecht, 3. Aufl. 2004; *Kunig/Paetow u.a.*, Kreislaufwirtschaft- und Abfallgesetz, 2. Aufl. 2003; *Reis/Gottschling*, Das Abfall- und Bodenschutzrecht in Rheinland-Pfalz, Losebl.-Komm. (Stand: 2008); *Schmidt/Kahl*, Umweltrecht, 7. Aufl. 2006; *Schrenk*, Landesnaturschutzgesetz Rheinland-Pfalz, Losebl.-Komm. (Stand: 11/2006).

I. Einleitung

Das Umweltrecht besteht – grob skizziert – aus der Gesamtheit der Rechtsnormen, die auf die Erhaltung und Verbesserung der natürlichen Lebensgrundlagen gerichtet sind. Mit Rücksicht auf diese Zielsetzung ist auch die Bezeichnung »Umweltschutzrecht« gebräuchlich. Mittlerweile ist anerkannt, dass das Umweltrecht ein eigenständiges Rechtsgebiet bildet. Da umweltbezogene Normen nahezu über die gesamte Rechtsordnung verstreut sind, stellt es eine **Querschnittsmaterie** dar. In systematischer Hinsicht erweist es sich als ein Teilgebiet des öffentlichen Rechts mit dem Schwerpunkt im Besonderen Verwaltungsrecht und breiten Berührungsflächen sowohl zum Zivilrecht als auch zum Strafrecht. 1

Niveau und Qualität des rechtlichen Umweltschutzes werden in Rheinland-Pfalz ebenso wie in den anderen Bundesländern vor allem durch die **gesetzlichen Regelungen des Bundes** bestimmt. Der Bund verfügt über ausgedehnte umweltrechtliche Gesetzgebungskompetenzen, von denen er auch in weitem Umfang Gebrauch gemacht hat. Dem Landesumweltrecht kommt daher gegenüber dem Bundesumweltrecht nur eine untergeordnete Bedeutung zu. Gleichwohl sind die Länder aufgrund der ihnen zustehenden Kompetenzen ohne Weiteres in der Lage, markante umweltrechtliche Akzente zu setzen und ihre ökologischen Positionen zu verdeutlichen. 2

Ebenso wie das Grundgesetz (Art. 20a) weist auch die **Landesverfassung** eine **besondere Umweltschutznorm** auf. Nach Art. 69 LV obliegt es dem Land, den Gemeinden und Gemeindeverbänden sowie den Menschen die Pflicht, Natur und Umwelt als Grundlage gegenwärtigen und künftigen Lebens zu schützen. Besonderer Schutz gilt dabei den drei Umweltmedien (Boden, Wasser, Luft), deren Nutzung der Allgemeinheit und künftigen Generationen verpflichtet ist. Zudem ist auf den sparsamen Gebrauch und die Wiederverwendung von Rohstoffen sowie auf die sparsame Nutzung von Energie hinzuwirken. 3

4 Die Vorschrift des Art. 69 LV enthält einmal eine **Staatszielbestimmung**,[1] aus der sich sowohl Handlungsaufträge für die Legislative und die Exekutive als auch Maßstäbe für die Auslegung von Normen sowie für behördliche Ermessens- und Abwägungsentscheidungen ergeben. Hinsichtlich der Grundrechte ist die Staatszielbestimmung im Rahmen der Verhältnismäßigkeitsprüfung von Eingriffen bedeutsam.[2] Doch gilt es zu beachten, dass sie dem Umweltschutz keinen allgemeinen Vorrang gegenüber anderen Belangen mit Verfassungsrang, z.b. der Schaffung und Erhaltung von Arbeitsplätzen, der sozialen Sicherung (Art. 52 ff. LV) etc., vermittelt. Neben der Staatszielbestimmung ist Art. 69 LV – über den Regelungsgehalt von Art. 20a GG hinaus – eine **Grundpflicht** »aller Menschen« zu entnehmen, die allerdings gesetzlicher Konkretisierung bedarf.[3]

5 Nach Art. 70 LV werden Tiere als Mitgeschöpfe geachtet und im Rahmen der Gesetze vor vermeidbaren Leiden und Schäden geschützt. Die Vorschrift enthält die **Staatszielbestimmung Tierschutz**. Sie nimmt das Tier als individuelles Lebewesen in den Blick, dessen Unversehrtheit und Wohlbefinden bewahrt werden sollen. Damit wird die Umweltschutznorm des Art. 69 LV erweitert, die zwar auch die Tierwelt umfasst, hierbei aber auf den Artenschutz beschränkt ist, der den Schutz der Tiere einschließlich ihrer Lebensräume aus Gründen der Arterhaltung betrifft.[4]

6 Aufgrund des eingangs (o. Rn. 1) erwähnten Querschnittscharakters des Umweltrechts bereiten die Zusammenstellung und Abgrenzung des einschlägigen Normenbestandes im Detail einige Schwierigkeiten. Abgesehen davon sind das **Umweltrecht im weiteren Sinne**, das aus der Gesamtheit umweltschutzbezogener Normen besteht, und das **Umweltrecht im engeren Sinne** zu unterscheiden. Letzteres umfasst lediglich die Normen der umweltrechtlichen Kerngebiete. Zu diesen Kerngebieten gehören namentlich die im Folgenden behandelten Materien des Naturschutz- und Landschaftspflegerechts, des Wasserrechts, des Kreislaufwirtschaft- und Abfallrechts sowie des Immissionsschutzrechts.

II. Naturschutz- und Landschaftspflegerecht

1. Gesetzgebungskompetenzen und Rechtsgrundlagen

7 Seit der Föderalismusreform im Jahr 2006 stellen Naturschutz und Landschaftspflege einen Gegenstand der **konkurrierenden Gesetzgebungskompetenz** dar (Art. 74 I Nr. 29 GG) dar, bei dem die in Art. 72 II GG enthaltenen Restriktionen bundesrechtlicher Regelung nicht eingreifen. Das vom Bund größtenteils noch auf der Grundlage der (im Zuge der Föderalismusreform abgeschafften) Rahmengesetzgebungskompetenz des Art. 75 I 1 Nr. 3 GG a. F. erlassene BNatSchG[5] gilt mit den sich daraus ergebenden gesetzgeberischen Berechtigungen und Verpflichtungen der Länder als Bundesrecht fort (Art. 125b I 1, 2 GG). Allerdings sind die Länder aufgrund des neuen Verfassungsrechts befugt, Regelungen zu treffen, die vom bundesgesetzlichen, nach dem Stichtag des

---

1 M. *Schröder*, in: Grimm/Caesar (Hrsg.), Verf. f. RhPf., Komm., 2001, Art. 69 Rn. 1.
2 Zur Parallelvorschrift des Art. 20a GG vgl. *Hendler*, Staatsorganisationsrecht, 2. Aufl. 2003, Rn. 122 ff.
3 M. *Schröder* (Fn. 1).
4 M. *Schröder* (Fn. 1), Art. 70 Rn. 1 f.
5 G. v. 25.3.2002 (BGBl. I S. 1193), später mehrfach geändert.

II. Naturschutz- und Landschaftspflegerecht

1.9.2006 erlassenen Naturschutz- und Landschaftspflegerecht abweichen. Eine weitergehende, nur noch den Beschränkungen des Art. 72 III 1 Nr. 2 GG unterliegende Abweichungsbefugnis haben die Länder ab dem 1.1.2010 (Art. 125b I 3 GG).

Das Recht des Naturschutzes und der Landschaftspflege in Rheinland-Pfalz beruht in erster Linie auf dem LNatSchG.[6] Erhöhte Bedeutung kommt des Weiteren dem BNatSchG zu.[7] Beide Gesetze gehören zum **Naturschutz- und Landschaftspflegerecht im engeren Sinne**. Wie zuvor angedeutet (o. Rn. 7), weist das BNatSchG nach wie vor sog. Rahmenvorschriften auf, die allgemeine Regelungsdirektiven für den Landesgesetzgeber darstellen. Es enthält zudem eine Reihe von Normen, die unmittelbar gelten, d. h. keiner landesgesetzlichen Umsetzung bedürfen. Die entsprechenden Normen lassen sich § 11 S. 1 BNatSchG entnehmen. 8

Das **Naturschutz- und Landschaftspflegerecht im weiteren Sinne** umfasst vor allem das Wald- und Forstrecht, für das auf Landesebene insbesondere das LWaldG[8] maßgeblich ist. Daneben ist das BWaldG[9] bedeutsam, das ebenfalls zu beachtlichen Teilen auf der Rahmengesetzgebungskompetenz des Art. 75 I 1 Nr. 3 GG a. F. beruht, so dass auch hier das Übergangsrecht des Art. 125b I GG gilt. Allerdings sind beim BWaldG etliche weitere grundgesetzliche Kompetenztitel einschlägig. So ist z.B. der forst*wirtschaftliche* Teil der konkurrierenden Gesetzgebungszuständigkeit des Art. 74 I Nr. 17 GG a. F. zuzuordnen.[10] Ebenso wie das BNatSchG enthält das BWaldG sowohl unmittelbar geltende Rechtsnormen als auch Rahmenvorschriften für die Landesgesetzgebung. Die Rahmenvorschriften ergeben sich aus § 5 BWaldG, sie sind durch das LWaldG ausgefüllt worden. Gegenstand der nachstehenden Erörterungen ist allein das Naturschutz- und Landschaftspflegerecht im engeren Sinne. 9

2. Organisation und Zuständigkeiten

Die administrative Erledigung von Angelegenheiten des Naturschutzes und der Landschaftspflege obliegt in erster Linie den **Naturschutzbehörden**. Diese sind nach § 42 IV 1, 2 LNatSchG dreistufig aufgebaut und bestehen aus 10

- der **obersten Naturschutzbehörde** (Ministerium für Umwelt, Forsten und Verbraucherschutz),[11]
- den oberen **Naturschutzbehörden** (Struktur- und Genehmigungsdirektionen) sowie
- den unteren **Naturschutzbehörden** (Kreisverwaltungen bzw. – in kreisfreien Städten – Stadtverwaltungen).

Die Landkreise und kreisfreien Städte nehmen die naturschutzbehördlichen Aufgaben als Auftragsangelegenheiten wahr (§ 42 IV 3 LNatSchG). Dies bedeutet, dass sie der Fachaufsicht und damit insbesondere den Weisungen der übergeordneten Naturschutzbehörden unterliegen (§ 2 II GemO, § 2 II LKO).

---

6 BS 791-1; *H/J/W*, Nr. 55.
7 Vgl. o. Fn. 5.
8 BS 790-1.
9 G. v. 2.5.1975 (BGBl. I S. 1037), später mehrfach geändert.
10 *Kloepfer*, § 11 Rn. 268 m.w.N.
11 § 42 IV 1 LNatSchG i. V. m. § 10 Nr. 2, 3 Geschäftsverteilung der Landesregierung (BS 1103-4).

11 Die **örtliche Zuständigkeit** richtet sich grundsätzlich nach der Belegenheit des Vorgangs (§ 42 III LNatSchG). Soweit die **sachliche Zuständigkeit** nicht im Zusammenhang mit der jeweiligen Befugnisnorm des LNatSchG bestimmt wird, kann sie der – noch auf der Grundlage des § 30 II LPflG ergangenen – ZustVO[12] entnommen werden. Danach ist grundsätzlich die Kreis- bzw. Stadtverwaltung als untere Naturschutzbehörde zuständig (§ 1 ZustVO). Abweichungen enthalten neben den speziellen Zuständigkeitsregelungen des LNatSchG auch die §§ 2, 3 ZustVO.

12 Über die Naturschutzbehörden hinaus sind etliche andere Stellen und Personen mit Aufgaben im Bereich von Naturschutz und Landschaftspflege betraut. Dies betrifft zunächst das **Landesamt für Umwelt, Wasserwirtschaft und Gewerbeaufsicht** (LUWG), dessen Aufgabe darin besteht, die Naturschutzbehörden (sowie die anderen Landesbehörden) zu unterstützen (§ 47 LNatSchG). Der Unterstützung der Naturschutzbehörden dienen ferner die **Fachbeiräte für Naturschutz**, die bei jeder Naturschutzbehörde gebildet werden und sich aus ehrenamtlich tätigen Mitgliedern zusammensetzen (§ 36 LNatSchG).[13] Nach § 37 LNatSchG können die unteren Naturschutzbehörden zudem ehrenamtliche **Naturschutzbeauftragte** bestellen. Des Weiteren ist von der Landesregierung die **Stiftung Natur und Umwelt Rheinland-Pfalz** errichtet worden, die Projekte und Maßnahmen zur nachhaltigen Entwicklung und Erhaltung von Natur und Umwelt fördert oder auch selbst durchführt (§ 41 LNatSchG).[14]

3. Ziele und Grundsätze des Naturschutzes und der Landschaftspflege, Urproduktionsklausel sowie allgemeine Pflichten von Hoheitssubjekten und Privaten

13 In den §§ 1, 2 I LNatSchG werden zahlreiche **Ziele und Grundsätze des Naturschutzes und der Landschaftspflege** aufgeführt. Rechtlich handelt es sich dabei im Wesentlichen um Gesichtspunkte für behördliche Abwägungsvorgänge. Besondere Beachtung verdient einmal der Umstand, dass die naturschutzrechtlichen Ziele zugleich **anthropozentrisch und ökozentrisch** ausgerichtet sind. Dies ergibt sich daraus, dass Natur und Landschaft nicht allein als „Lebensgrundlagen des Menschen", sondern zudem aufgrund „ihres eigenen Wertes" geschützt werden. Wie ferner hervorzuheben ist, sind die naturschutzrechtlichen Ziele auch dem **Nachweltschutz** („Verantwortung für die künftigen Generationen") und damit dem **Nachhaltigkeitsgedanken** verpflichtet. Ferner gilt es zu beachten, dass sie sich auf den **unbesiedelten und besiedelten Bereich** erstrecken.

14 Nach § 4 LNatSchG bestehen hinsichtlich der Zielverwirklichung **allgemeine Unterstützungs- und Kooperationspflichten** für die Landesbehörden, sonstigen Einrichtungen des Landes, Gemeinden und Gemeindeverbände. Soweit es um Bundesbehörden geht, greift § 6 II BNatSchG unmittelbar ein (§ 11 S. 1 BNatSchG).

15 Eine **allgemeine Verhaltenspflicht des Einzelnen** ist in § 2 II LNatSchG normiert. Wie aus der Vorschrift hervorgeht, soll jeder nach seinen Möglichkeiten zur Verwirklichung

---

12 LVO über die zuständigen Behörden nach dem Bundesnaturschutzgesetz und dem Landespflegegesetz (BS 791-1-1; *H/J/W*, Nr. 56). Vgl. ergänzend dazu § 53 II 1 LNatSchG.
13 Vgl. dazu auch die LVO über die Beiräte für Landespflege (BS 791-1-2) i. V. m. § 53 II 1 LNatSchG.
14 Vgl. ergänzend die Satzung der Stiftung v. 23.1.1979 (StAnz. S. 109), später mehrfach geändert.

der Ziele und Grundsätze des Naturschutzes beitragen und sich so verhalten, dass Natur und Landschaft nicht mehr als nach den Umständen unvermeidbar beeinträchtigt werden. In der amtlichen Begründung zu dieser Vorschrift wird ausdrücklich darauf hingewiesen, dass es sich hierbei nicht um eine konkrete und erzwingbare Pflicht handelt.[15] § 2 II LNatSchG stellt demnach eine bloße Appellnorm dar, die allerdings eine gesetzgeberische Wertung enthält. Infolgedessen kommt der Norm namentlich bei Verhältnismäßigkeitsprüfungen von naturschutzrechtlichen Anordnungen, die nach anderen Vorschriften („echten" Ermächtigungsgrundlagen) gegenüber Privatpersonen ergehen, rechtliche Bedeutung zu.

Die **Urproduktionsklausel** des § 3 LNatSchG dient dem Schutz der Land-, Forst- und Fischereiwirtschaft. Sie wird vielfach auch als Landwirtschaftsklausel bzw. Agrarprivileg bezeichnet, da ihre Praxisrelevanz vor allem im landwirtschaftlichen Bereich liegt. Während § 3 I LNatSchG bestimmt, dass bei Maßnahmen des Naturschutzes und der Landschaftspflege die besondere Bedeutung einer natur- und landschaftsverträglichen Land-, Forst- und Fischereiwirtschaft für die Erhaltung der Kultur- und Erholungslandschaft zu berücksichtigen ist, werden in § 3 II bis IV LNatSchG die Anforderungen an die Natur- und Landschaftsverträglichkeit konkretisiert. Weitere Schutzklauseln zugunsten der Urproduktion finden sich in den §§ 9 II, 20 II, 26 S. 2, 3 LNatSchG. 16

4. Eingriffe in Natur und Landschaft

Die §§ 9 bis 15 LNatSchG enthalten Vorschriften über **Eingriffe in Natur und Landschaft**. Mit diesen Vorschriften sind die größtenteils als Rahmenregelung erlassenen §§ 18 ff. BNatSchG umgesetzt worden. 17

a) Begriffliche Merkmale des Eingriffs

Eingriffe in Natur und Landschaft sind **Veränderungen der Gestalt oder der Nutzung von Grundflächen** oder Veränderungen des mit der belebten Bodenschicht in Verbindung stehenden Grundwasserspiegels, die die Leistungs- und Funktionsfähigkeit des Naturhaushalts oder das Landschaftsbild erheblich beeinträchtigen können (§ 9 I LNatSchG, § 18 I BNatSchG). Beim Naturhaushalt geht es nach der Begriffsbestimmung des § 10 I 1 BNatSchG, die wegen der rahmenrechtlichen Vorgabe des § 18 I BNatSchG auch für § 9 I LNatSchG Bedeutung besitzt, um Boden, Wasser, Luft, Klima, Tier- und Pflanzenarten sowie das Wirkungsgefüge zwischen ihnen. 18

Durch landesrechtliche Verordnung[16] ist in einer Aufzählung festgelegt worden, welche Maßnahmen in der Regel als Eingriffe gelten (Positivkatalog) und bei welchen Maßnahmen dies nicht der Fall ist (Negativkatalog). Die Ermächtigungsgrundlage hierfür stellt § 9 IV LNatSchG bereit. Der **Positivkatalog** umfasst nach § 1 EingrVO z. B. die Errichtung baulicher Anlagen im Sinne der LBauO im Außenbereich (§ 35 BauGB), den Abbau und die Abgrabung von Bodenschätzen, den Gewässerausbau (31 II 1 WHG),[17] das Roden von Wald sowie die Beseitigung von Streuobstwiesen und Baum- 19

---

15 LT-Drucks. 14/3877, S. 36.
16 LVO über die Bestimmung von Eingriffen in Natur und Landschaft (BS 791-1-12; *H/J/W*, Nr. 57).
17 Vgl. dazu u. Rn. 123 f.

reihen. Zum **Negativkatalog** gehören – wie aus § 2 EingrVO hervorgeht – u. a. die Errichtung von Querungshilfen an Verkehrswegen für Tiere wild lebender Arten, die Durchführung von Maßnahmen zur ordnungsgemäßen Unterhaltung und Renaturierung von Gewässern sowie die natur- und landschaftsverträgliche Ausübung sportlicher Betätigung im Rahmen der Betretungsrechte (§§ 33 bis 35 LNatSchG, § 22 LWaldG).[18] Darüber hinaus schließt auch § 9 II, III LNatSchG bei Maßnahmen der land-, forst- und fischereiwirtschaftlichen Bodennutzung unter näher geregelten Voraussetzungen einen Eingriff aus.

b) Eingriffszulässigkeit und Begleitpflichten (Ausgleichs- und Ersatzmaßnahmen, Geldleistungen)

20 Eingriffe in Natur und Landschaft dürfen nur unter bestimmten **Voraussetzungen** vorgenommen werden. Soweit sie zulässig sind, stellt sich die Frage des Ausgleichs von und des Ersatzes für Schäden am Naturhaushalt und am Landschaftsbild. Zu diesem Themenkreis enthalten die §§ 10 bis 12 LNatSchG eine nähere, auf dem **Verursacherprinzip** beruhende Regelung.

21 Unzulässig sind Eingriffe insoweit, als die mit ihnen verbundenen **vermeidbaren Beeinträchtigungen** des Naturhaushalts oder des Landschaftsbildes nicht unterlassen werden (§ 10 I 1 Halbs. 1 LNatSchG). Vermeidbar sind Beeinträchtigungen in dem Fall, dass sich das Vorhaben auch ohne oder mit geringeren Umweltbelastungen verwirklichen lässt. Allerdings ist bei „umweltfreundlicheren" Lösungen der rechtsstaatliche Verhältnismäßigkeitsgrundsatz zu beachten.

Beispiel:
Bei der Untertunnelung einer Straße oder Eisenbahnstrecke fällt ein finanzieller Mehraufwand an, der außer Verhältnis zur erreichbaren Reduktion der Umweltbelastungen steht.

22 Soweit es um **Standort- oder Trassenalternativen** geht, sind neben den Naturschutzbelangen auch andere Belange zu berücksichtigen. Die Planungsbehörde ist nicht gezwungen, die ökologisch günstigste Alternative zu wählen.[19] Inwieweit das Erfordernis einer Alternativenprüfung besteht, ist dem Fachrecht (FernstrG, LuftVG etc.) zu entnehmen. Die Eingriffsregelung ist lediglich im Rahmen der fachrechtlich veranlassten Alternativenprüfung bedeutsam.[20]

23 Eingriffe mit **unvermeidbaren, aber ausgleichbaren oder in sonstiger Weise kompensierbaren Beeinträchtigungen** des Naturhaushalts oder des Landschaftsbildes sind zulässig, doch ist der Eingriffsverursacher von der zuständigen Behörde zu verpflichten, vorrangig **Ausgleichsmaßnahmen**, im Übrigen – soweit ein Ausgleich nicht in Betracht kommt – **Ersatzmaßnahmen** zu ergreifen (§ 10 I 1 Halbs. 2 LNatSchG), an deren Stelle ggf. ein **Ersatzgeld** tritt (§ 10 III LNatSchG).

24 Unter welchen Voraussetzungen eine Beeinträchtigung ausgeglichen bzw. in sonstiger Weise kompensiert ist, ergibt sich aus den Regelungen des § 10 I 2, 3 LNatSchG. Den

---

18 Vgl. dazu u. Rn. 60 ff.
19 BVerwGE 104, 144, 146 f.
20 BVerwGE 104, 144, 147. Vgl. auch BVerwG, NVwZ 2006 (Beilage Nr. I 8/2006), Rn. 558: „Das läuft auf eine Alternativenprüfung hinaus, die der naturschutzrechtlichen Eingriffsregelung fremd ist."

II. Naturschutz- und Landschaftspflegerecht

Regelungen lässt sich entnehmen, dass der **Ausgleich** auf die Herstellung eines funktional **gleichartigen** Zustands in **räumlichem** und **zeitlichem** Zusammenhang mit den Beeinträchtigungen zielt.

Beispiel:
Neuanlage des ursprünglichen Waldbiotops nach einer Kiesabbaumaßnahme.

Der **räumliche Zusammenhang** erfordert zwar nicht den Ausgleich unmittelbar am Eingriffsort, aber doch Ausgleichswirkungen auf diesen. Ob der **zeitliche Zusammenhang** gewahrt ist, hängt von den Besonderheiten des Einzelfalls (Art und Dauer des Eingriffs, ökologische Rahmenbedingungen etc.) ab. Dass beim Ausgleich eines Eingriffs in das Landschaftsbild eine Veränderung optisch wahrnehmbar bleibt, erweist sich grundsätzlich als unschädlich.[21] 25

Die **Kompensation in sonstiger Weise** ist auf die Herstellung eines funktional **gleichwertigen** Zustands in **zeitlichem Zusammenhang** mit dem Eingriff sowie in **überschaubarer Entfernung** vom Eingriffsort gerichtet. Bei der Kompensation besteht gegenüber dem Ausgleich eine größere Flexibilität in funktionaler und räumlicher Hinsicht. Was die Entfernung zwischen Eingriffsort und Standort der Ersatzmaßnahme anbelangt, so ist nicht erforderlich, dass die Ersatzmaßnahme auf den Eingriffsort zurückwirkt. Vielmehr kommt es darauf an, dass sich Eingriffsort und Standort der Ersatzmaßnahme im gleichen Naturraum befinden. Ist dies der Fall, erweist sich eine Entfernung von ca. 15 km als unschädlich.[22] 26

Beispiel (nach BVerwG, NuR 2005, 177):
Aufgrund einer Bodenversiegelungsmaßnahme wird eine Fläche renaturiert, die ca. 15 km vom Eingriffsort entfernt, aber im gleichen Naturraum (nördliches Harzvorland) liegt.

Eingriffe mit **unvermeidbaren, nicht in angemessener Frist ausgleichbaren oder in sonstiger Weise kompensierbaren Beeinträchtigungen** des Naturhaushalts und des Landschaftsbildes sind nach § 10 II 1 LNatSchG unzulässig, wenn die Belange des Naturschutzes und der Landschaftspflege bei der **Abwägung** aller Anforderungen an Natur und Landschaft anderen Belangen (Wirtschaft, Verkehr etc.) vorgehen. Hinsichtlich der Abwägung gilt es zu beachten, dass den unterschiedlichen, teilweise konfligierenden Belangen grundsätzlich das gleiche Gewicht zukommt. Es besteht kein allgemeiner Vorrang zugunsten von Naturschutz und Landschaftspflege. 27

Gehen bei einen Eingriff mit unvermeidbaren Beeinträchtigungen, die weder ausgleichbar noch in sonstiger Weise kompensierbar sind, die Belange des Naturschutzes und der Landschaftspflege nach dem in der Abwägung erzielten Ergebnis **nicht** vor, so ist er zulässig. Erhöhte Anforderungen werden allerdings dann gestellt, wenn die Eingriffsfolgen darin bestehen, dass Biotope zerstört werden, die für dort wild lebende Tiere und Pflanzen streng geschützter Arten (§ 10 II Nr. 11 BNatSchG) nicht ersetzbar sind. In diesem Fall erweist sich der Eingriff nur unter der Voraussetzung als zulässig, dass er 28

---

21 BVerwGE 85, 348, 356 ff.
22 BVerwG, NuR 2005, 177.

aus zwingenden Gründen des überwiegenden öffentlichen Interesses gerechtfertigt ist (§ 10 II 2 LNatSchG).

29 Sind die durch den Eingriff hervorgerufenen unvermeidbaren Beeinträchtigungen der Funktionen von Natur und Landschaft weder ausgleichbar noch in sonstiger Weise kompensierbar, so hat der Verursacher für die verbleibenden erheblichen Beeinträchtigungen eine **Ersatzzahlung** an das Land Rheinland-Pfalz zu leisten, die zweckgebunden zu verwenden ist (§ 10 IV LNatSchG). Nach der Rechtsprechung des BVerwG handelt es sich bei einer derartigen Geldleistung um eine **Sonderabgabe**, die den verfassungsrechtlichen Anforderungen genügt.[23]

30 Zu den Ausgleichs- und Ersatzmaßnahmen bestehen einige Sonderregelungen. Hinzuweisen ist zunächst auf die Regelung des § 11 LNatSchG zum **Ökokonto**. Danach sollen Maßnahmen, die zur Verbesserung der Funktionen von Natur und Landschaft durchgeführt worden sind (Aufwertungsmaßnahmen), als Ausgleichs- oder Ersatzmaßnahmen für künftige Eingriffe zugelassen werden, wenn sie zu diesem Zweck zwischen dem Maßnahmeträger und der unteren Naturschutzbehörde vereinbart worden sind. Aus § 12 I LNatSchG geht zudem hervor, dass von privaten Eingriffverursachern zur Gewährleistung der Durchführung von Ausgleichs- und Ersatzmaßnahmen (Kompensationen) eine **Sicherheit** bis zur Höhe der voraussichtlichen Maßnahmekosten verlangt werden kann. Ferner ist vorgesehen, dass die unteren Naturschutzbehörden ein **Kompensationsflächenkataster** führen (§ 12 II LNatSchG). Es handelt sich hierbei um ein Verzeichnis über Flächen und Maßnahmen, die nach dem LNatSchG als Kompensation festgesetzt oder als Ökokonto vereinbart worden sind.

31 Die **Grundstrukturen der naturschutzrechtlichen Eingriffsregelung** seien nachstehend in textlicher Form sowie anhand einer grafischen Skizze (vgl. dazu S. 329) verdeutlicht:

- Verbot vermeidbarer Beeinträchtigungen (§ 10 I 1 Halbs. 1 LNatSchG),
- Gebot zur Durchführung von **Ausgleichsmaßnahmen** bei unvermeidbaren, aber ausgleichbaren Beeinträchtigungen (§ 10 I 1 Halbs. 2 Var. 1 LNatSchG),
- Gebot zur Durchführung von **Ersatzmaßnahmen** bei unvermeidbaren sowie unausgleichbaren, aber in sonstiger Weise kompensierbaren Beeinträchtigungen (§ 10 I 1 Halbs. 2 Var. 2 LNatSchG), wobei auch ein **Ersatzgeld** in Betracht kommt (§ 10 III LNatSchG),
- **Abwägung** bei unvermeidbaren sowie unausgleichbaren und auch in sonstiger Weise nicht kompensierbaren Beeinträchtigungen,
  - Abwägung zugunsten des Naturschutzes: Verbot des Eingriffs (§ 10 II LNatSchG),
  - Abwägung zulasten des Naturschutzes: Zulassung des Eingriffs (Umkehrschluss aus § 10 II LNatSchG), aber **Ersatzzahlung** (§ 10 IV LNatSchG).

---

23 BVerwGE 74, 308 ff.; 81, 220, 225 f.

II. Naturschutz- und Landschaftspflegerecht

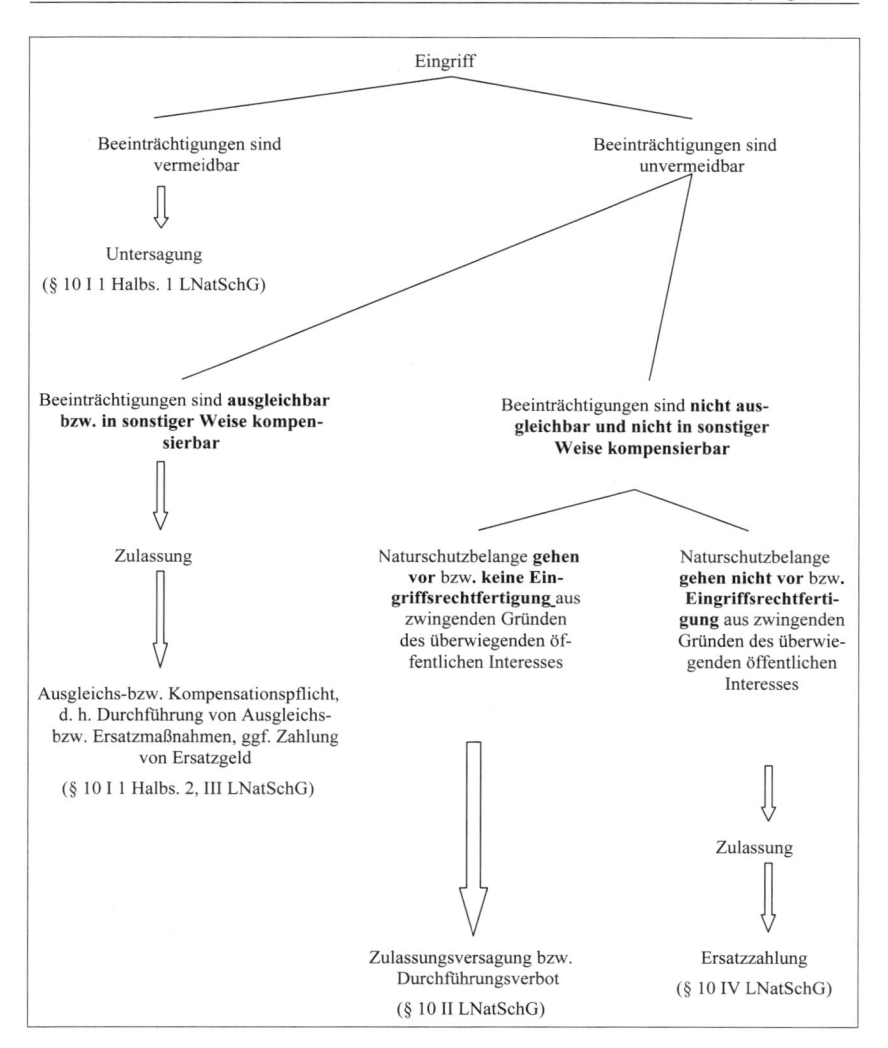

```
                                    Eingriff
              ┌────────────────────────┴────────────────────────┐
    Beeinträchtigungen sind                          Beeinträchtigungen sind
         vermeidbar                                        unvermeidbar
             ⇓
         Untersagung
     (§ 10 I 1 Halbs. 1 LNatSchG)

    ┌──────────────────────────────┬──────────────────────────────────────┐
  Beeinträchtigungen sind ausgleichbar        Beeinträchtigungen sind nicht aus-
  bzw. in sonstiger Weise kompen-              gleichbar und nicht in sonstiger
            sierbar                                  Weise kompensierbar
             ⇓
         Zulassung              Naturschutzbelange gehen      Naturschutzbelange
             ⇓                  vor bzw. keine Ein-           gehen nicht vor bzw.
  Ausgleichs-bzw. Kompensationspflicht,   griffsrechtfertigung aus   Eingriffsrechtferti-
  d. h. Durchführung von Ausgleichs-     zwingenden Gründen          gung aus zwingenden
  bzw. Ersatzmaßnahmen, ggf. Zahlung     des überwiegenden öf-       Gründen des überwie-
            von Ersatzgeld               fentlichen Interesses       genden öffentlichen
     (§ 10 I 1 Halbs. 2, III LNatSchG)                                      Interesses
                                                                              ⇓
                                                                          Zulassung
                                                                              ⇓
                                    ⇓                                    Ersatzzahlung
                         Zulassungsversagung bzw.                    (§ 10 IV LNatSchG)
                         Durchführungsverbot
                          (§ 10 II LNatSchG)
```

c) Verfahrensfragen

Sofern ein Eingriff nach anderen Rechtsvorschriften, insbesondere solchen außerhalb 32
des Naturschutzrechts, einer behördlichen Zulassung (Planfeststellung, Genehmigung,
Erlaubnis, Bewilligung, Befreiung) oder einer Anzeige bedarf, obliegen der hierfür zuständigen Behörde zugleich die erforderlichen Entscheidungen nach der naturschutzrechtlichen Eingriffsregelung, wobei diese Entscheidungen im Benehmen mit der gleichgeordneten Naturschutzbehörde zu treffen sind (§ 13 I 1 LNatSchG). Das **Benehmenserfordernis** bedeutet, dass der betreffenden Naturschutzbehörde Gelegenheit zu einer
unverbindlichen Stellungnahme (Anhörung) zu geben ist. Sind Bundesbehörden betei-

ligt, greift die nach § 11 S. 1 BNatSchG unmittelbar geltende Regelung des § 10 III BNatSchG ein.

33 Die Besonderheit der Rechtskonstruktion des § 13 I 1 LNatSchG besteht darin, dass die Behörde, die für das **Trägerverfahren** zuständig ist, auch die naturschutzrechtliche Eingriffsregelung anzuwenden hat (Huckepack-System).

Beispiel:
E möchte im Außenbereich (§ 35 BauGB) eine bauliche Anlage (§ 2 I LBauO) errichten. Die von ihm geplante Anlagenerrichtung ist baugenehmigungspflichtig (§ 61 LBauO) und stellt zudem einen Eingriff in Natur und Landschaft dar (§ 9 I LNatSchG i. V. m. § 1 Nr. 1 Buchst. a EingrVO). Den Bauantrag reicht E bei der unteren Bauaufsichtsbehörde ein, die für die Erteilung der Baugenehmigung zuständig ist (§ 60 LBauO). Nach § 13 I 1 LNatSchG entscheidet die untere Bauaufsichtsbehörde im Verfahren zur Baugenehmigungserteilung (Trägerverfahren) auch über die Fragen, die sich aus der naturschutzrechtlichen Eingriffsregelung ergeben (Ausgleichs- bzw. Ersatzmaßnahmen, Ersatzgeld etc.). Die Entscheidungen über diese Fragen trifft sie im Benehmen mit der unteren Naturschutzbehörde.

34 Soweit Eingriffe nicht nach anderen Rechtsvorschriften zulassungs- oder anzeigepflichtig sind, bedürfen sie der **Genehmigung der unteren Naturschutzbehörde** (§ 13 I 2, II LNatSchG). Nehmen **Behörden** Eingriffe vor, denen keine Zulassung oder Anzeige vorausgeht, so gilt die Sonderregelung des § 13 I 3, 4 LNatSchG. Danach sind die §§ 10 bis 12 LNatSchG entsprechend anzuwenden, wobei die den Eingriff durchführende Behörde das Benehmen mit der gleichgeordneten Naturschutzbehörde herzustellen hat.

35 Vor der Zulassung eines Eingriffs ist der Zulassungsbehörde ein **Fachbeitrag Naturschutz** zu übermitteln (§ 14 LNatSchG). Es handelt sich hierbei um nähere Angaben zu den naturschutzrechtlichen Anforderungen, die an den beabsichtigten Eingriff gestellt werden. Bei Eingriffen aufgrund eines nach öffentlichem Recht erforderlichen Fachplans entspricht der Fachbeitrag Naturschutz dem (in § 20 IV BNatSchG vorgesehenen) **landespflegerischen Begleitplan**, der vor allem für Planfeststellungsverfahren praktische Bedeutung besitzt.

36 Für den Fall, dass Eingriffe ohne die erforderliche Zulassung oder Anzeige (§ 13 II 1, 2 LNatSchG) vorgenommen werden, sieht § 13 IV LNatSchG eine **Ermächtigungsgrundlage** zum behördlichen Einschreiten vor.

37 Nicht selten werden Eingriffe auch vom Recht der **Umweltverträglichkeitsprüfung** (UVP) erfasst. Abweichend von der Rechtslage auf Bundesebene, die sich durch den Erlass eines Stammgesetzes[24] auszeichnet, hat sich der Landesgesetzgeber dafür entschieden, die UVP-Vorschriften in die einzelnen Fachgesetze zu integrieren. Für einige Eingriffe enthält § 15 LNatSchG Vorschriften zur UVP. Zum Verhältnis von naturschutzrechtlicher Eingriffsregelung und **Umweltschadensgesetz** hat der Bund eine unmittelbar geltende Regelung getroffen (§ 21a i. V. m. § 11 S. 1 BNatSchG).

---

24 G. über die Umweltverträglichkeitsprüfung (UVPG) i. d. F. der Bekm. v. 25.6.2005 (BGBl. I S. 1757, ber. S. 2797), später mehrfach geändert.

d) Naturschutzrechtliche Eingriffe und Baurecht

Das Verhältnis der naturschutzrechtlichen Eingriffsregelung zum Baurecht ist in der Vorschrift des § 21 BNatSchG geregelt, die nach § 11 S. 1 BNatSchG unmittelbar gilt. Wie aus § 21 I BNatSchG hervorgeht, sind die BauGB-Vorschriften anzuwenden, sofern aufgrund der **Bauleitplanung** (oder einer Abrundungssatzung im Sinne des § 34 IV 1 Nr. 3 BauGB) ein Eingriff in Natur und Landschaft zu erwarten ist. Eine Ausnahme besteht nach § 21 II 2 BNatSchG für Bebauungspläne, soweit sie eine Planfeststellung ersetzen, was z. B. in § 17b II 1 FernStrG vorgesehen ist. Die Verweisung des § 21 I BNatSchG bezieht sich auf § 1a III BauGB und damit auf das Abwägungsgebot (§ 1 VII BauGB) sowie die Ausweisung von Flächen und Maßnahmen zum Ausgleich (etwa nach § 9 I Nr. 20, 25 BauGB). Dies betrifft auch Ersatzmaßnahmen (§ 200a BauGB). 38

Beispiel:
Die Ausweisung eines Wohngebiets im Außenbereich durch einen Bebauungsplan lässt die Errichtung von baulichen Anlagen im (bisherigen) Außenbereich und infolgedessen einen Eingriff in Natur und Landschaft erwarten (§ 1 Nr. 1 Buchst. a EingrVO), so dass die einschlägigen BauGB-Vorschriften gelten.

Da die Anforderungen der naturschutzrechtlichen Eingriffsregelung bereits bei der Aufstellung des Bebauungsplans zu beachten sind, ist diese Regelung im nachfolgenden **Baugenehmigungsverfahren** für Vorhaben im Bebauungsplangebiet (§ 30 BauGB) nicht mehr anzuwenden. Die Nichtanwendung erstreckt sich zudem auf Vorhaben nach § 33 und § 34 BauGB, wie sich aus § 21 II BauGB ergibt. Anzuwenden ist die Eingriffsregelung im Baugenehmigungsverfahren daher allein bei **Außenbereichsvorhaben** (vgl. auch § 21 II 2 BNatSchG). In prozeduraler Hinsicht gilt, dass die bauaufsichtsbehördlichen Entscheidungen über Außenbereichsvorhaben nach § 35 I, IV BauGB sowie über die Errichtung von baulichen Anlagen nach § 34 BauGB grundsätzlich im **Benehmen mit den Naturschutzbehörden** ergehen (§ 21 III BNatSchG). 39

5. Landschaftsplanung

Bei der Landschaftsplanung handelt es sich um die **planerische Gestaltung des Raumes unter den Gesichtspunkten des Naturschutzes und der Landschaftspflege**. Sie ist in § 8 LNatSchG geregelt. Durch diese Regelung wird der bundesrechtliche Rahmen der §§ 13 bis 17 BNatSchG ausgefüllt. 40

Die **Aufgabe** der Landschaftsplanung besteht darin, zur Verwirklichung der Ziele und Grundsätze des Naturschutzes und der Landschaftspflege die Erfordernisse und Maßnahmen auf diesem Sachgebiet darzustellen und zu begründen. Hinsichtlich der landschaftsplanerischen **Inhalte** ist nach § 8 I LNatSchG vor allem der Katalog des § 14 I 2 BNatSchG maßgeblich. 41

Im Unterschied zu mehreren anderen Bundesländern hat Rheinland-Pfalz die Landschaftsplanung nicht nach dem Modell der Sekundärintegration ausgestaltet. Dieses Modell zeichnet sich dadurch aus, dass zunächst auf den verschiedenen Ebenen (Land, Region, Ort) spezielle naturschutzfachliche Pläne aufgestellt werden, deren Inhalte alsdann, gleichsam in einem zweiten Schritt, vollständig oder teilweise in die Raumordnungs- und Bauleitplanung aufgenommen werden. Abweichend hiervon folgt Rhein- 42

§ 7 Umweltrecht

land-Pfalz dem **Modell der Primärintegration**, wie sich daraus ergibt, dass die Landschaftsplanung als fachliche Materialsammlung zugunsten der Raumordnungs- und Bauleitplanung konzipiert worden ist. Die landschaftsplanerische Zweckbestimmung besteht darin, **Beiträge** für die Raumordnungs- und Bauleitplanung zu liefern.

43 Bei diesen Beiträgen sind **drei Varianten** zu unterscheiden. Es handelt sich insoweit um

- das von der obersten Naturschutzbehörde für das **Gesamtgebiet des Landes** erstellte **Landschaftsprogramm** (§ 8 II 1, 2, V 1 LNatSchG),
- die von den oberen Naturschutzbehörden für **überörtliche Teilgebiete des Landes** (Regionen im Sinne des § 13 I, II LPlG) erstellten **Landschaftsrahmenpläne** (§ 8 III 1, 2, V 1 LNatSchG) sowie
- die von den Trägern der Flächennutzungsplanung (i. d. R. den Gemeinden)[25] unter Beteiligung der unteren Naturschutzbehörden für die **gemeindlichen Gebiete** erstellten **Landschaftspläne** (§ 8 IV 1, 2, V 2 LNatSchG).

44 Die drei landschaftsplanerischen Varianten werden jeweils nach Abwägung mit den anderen raumbedeutsamen Planungen und Maßnahmen (z. B. auf den Sachgebieten der Verkehrsinfrastruktur, der Gewerbeansiedlung etc.) in die Raumordnungs- und Bauleitpläne aufgenommen, und zwar

- das **Landschaftsprogramm** in das **Landesentwicklungsprogramm**[26] (§ 8 II 2 LNatSchG),
- die **Landschaftsrahmenpläne** in die regionalen **Raumordnungspläne**[27] (§ 8 III 2 LNatSchG) und
- die **Landschaftspläne** in die **Flächennutzungs- und Bebauungspläne** (§ 8 IV 2 LNatSchG).

45 Die Aufnahme hat zur Folge, dass die landschaftsplanerischen Inhalte an den **Bindungswirkungen** des jeweiligen Raumordnungs- bzw. Bauleitplans teilnehmen, die sich aus den einschlägigen Vorschriften ergeben.[28] Soweit keine Aufnahme erfolgt, etwa weil die Abwägung in einem Konfliktfall ergeben hat, dass verkehrsinfrastrukturellen Erfordernissen gegenüber den Belangen von Natur- und Landschaft ein höheres Gewicht zukommt, besteht ein besonderes Begründungserfordernis (§ 8 II 3, III 3, IV 3 LNatSchG).

6. Schutz bestimmter Teile von Natur und Landschaft
a) Allgemeine Schutzmaßnahmen

46 Nach § 16 I LNatSchG können bestimmte Teile von Natur und Landschaft durch **Rechtsverordnung** zu **Schutzgebieten und Schutzobjekten** erklärt werden. Insoweit sind folgende Schutzkategorien zu unterscheiden:

- Naturschutzgebiete (§ 17 LNatSchG),
- Nationalparke (§ 18 LNatSchG),

---

25 § 2 I BauGB, vgl. aber auch die §§ 203 ff. BauGB. Hingewiesen sei zudem auf § 67 II 1 GemO (Übertragung der Flächennutzungsplanung auf die Verbandsgemeinden).
26 Vgl. dazu u. § 8 Rn. 11, 27 ff.
27 Vgl. dazu u. § 8 Rn. 11, 30 ff.
28 Zu den Bindungswirkungen vgl. u. § 8 Rn. 15 ff. (Landesentwicklungsprogramm, regionale Raumordnungspläne) sowie § 30 BauGB (Bebauungspläne) und §§ 7, 8 II, 35 III 1 (Nr. 1), 3 BauGB (Flächennutzungspläne).

II. Naturschutz- und Landschaftspflegerecht

- Biosphärenreservate (§ 19 LNatSchG),
- Landschaftsschutzgebiete (§ 20 LNatSchG),
- Naturparke (§ 21 LNatSchG),
- Naturdenkmale (§ 22 LNatSchG),
- geschützte Landschaftsbestandteile (§ 23 I bis III LNatSchG).

Zudem können die Gemeinden **Baumschutzsatzungen** erlassen (§ 23 IV LNatSchG).

Die verordnungs- und satzungsrechtlichen Schutzmaßnahmen[29] dienen dem Zweck, solche Handlungen zu verbieten oder einer besonderen Genehmigungs- bzw. Anzeigepflicht zu unterwerfen, die den ökologischen Wert der geschützten Teile von Natur und Landschaft gefährden. Mit den verschiedenen Maßnahmen wird ein **unterschiedliches Schutzniveau** geschaffen, das von der jeweiligen Schutzkategorie abhängt und beispielsweise bei den Naturschutzgebieten höher ist als bei den Landschaftsschutzgebieten. Dem entspricht es, dass für die Maßnahmen differierende rechtliche Anforderungen gelten. 47

Die **Zuständigkeiten** für den Erlass der Rechtsverordnungen liegen bei den **Naturschutzbehörden** aller drei Verwaltungsstufen, wobei sich die Verwaltungsstufe nach der Schutzkategorie richtet. 48

Beispiel:
Landschaftsschutzgebiete werden durch die untere, Naturschutzgebiete durch die obere, Naturparke durch die oberste Naturschutzbehörde festgesetzt (§§ 20 III, 17 III, 21 III LNatSchG).

Für **Nationalparke** besteht eine Besonderheit insofern, als die entsprechende Rechtsverordnung von der **Landesregierung** erlassen wird (§ 18 III 1 LNatSchG).

Nähere Regelungen zum **Verfahren** sind in § 16 V, VI LNatSchG enthalten. Die **Verkündung** der Rechtsverordnungen erfolgt nach den allgemeinen Vorschriften.[30] § 16 III 1 LNatSchG bestimmt zudem, dass die Rechtsverordnungen zusätzlich im Internet bekannt zu machen sind. 49

Bei der **Prüfung der Rechtmäßigkeit einer Schutzgebietsverordnung** kann die nachstehende, am **Beispiel** der Festsetzung eines Landschaftsschutzgebiets dargelegte Übersicht der Orientierung dienen. 50

---

29 Die bundesrechtlichen Vorgaben hierzu sind in den §§ 22 bis 29 BNatSchG enthalten und stellen (abgesehen von § 22 IV 2 BNatSchG) Rahmenvorschriften für die Länder dar (§ 11 S. 1 BNatSchG).
30 Verkündungsgesetz (BS 114-1; *H/J/W*, Nr. 13).

Rechtmäßigkeit einer Landschaftsschutzgebietsverordnung

(1) Formelle Rechtmäßigkeit
  (a) Form
    – Rechtsverordnung (§§ 16 I, 20 I LNatSchG)
  (b) Zuständigkeit
    – Kreis- bzw. Stadtverwaltung als untere Naturschutzbehörde (§§ 20 III, 42 IV 3 LNatSchG)
  (c) Verfahren
    – Beteiligung von Bürgern, Gemeinden und Gemeindeverbänden (§ 16 V, VI LNatSchG)
    – Beteiligung des Fachbeirats für Naturschutz (§ 36 II Nr. 1 LNatSchG) sowie der anerkannten Vereine (§ 39 I Nr. 1 LNatSchG)
    – Herstellung des landesplanungsbehördlichen Einvernehmens (§ 20 IV LNatSchG, §§ 3, 5 LPlG)
(2) Materielle Rechtmäßigkeit
  (a) Festsetzungsvoraussetzungen
    – Anforderungen des § 20 I LNatSchG
  (b) Inhaltliche Ausgestaltung der Festsetzungsverordnung
    – Bestimmung von Schutzgegenstand, Schutzzweck, Geboten und Verboten sowie erforderlichenfalls von Pflege- Entwicklungs- und Wiederherstellungsmaßnahmen (§ 16 II 1 LNatSchG)
    – Anforderungen bei der Anordnung einer Genehmigungs- bzw. Anzeigepflicht (§ 16 II 2 LNatSchG) sowie bei einer Zoneneinteilung (§ 16 II 3 LNatSchG)

51 Um zu verhindern, dass die Schutzgüter bis zum Inkrafttreten der jeweiligen Rechtsverordnung geschädigt werden, können im Rahmen der **einstweiligen Sicherstellung** nach § 24 LNatSchG bestimmte Handlungen auf begrenzte Zeit untersagt werden.

b) Das Europäische Netz »Natura 2000«

52 Ein weiteres Instrument zum besonderen Schutz natürlicher Lebensräume und wild lebender Tier- und Pflanzenarten bieten die Vorschriften über das **Europäische Netz »Natura 2000«** (§§ 25 bis 27 LNatSchG), die den bundesrechtlichen Rahmen der §§ 32 bis 38 BNatSchG ausfüllen, soweit es sich hierbei nicht um unmittelbar geltende Regelungen handelt (vgl. § 11 S. 1 BNatSchG). Die Errichtung dieses Netzes stellt eine Vorgabe der Flora-Fauna-Habitat-Richtlinie[31] dar (Art. 3). Der Vorgabe liegt der Gedanke zugrunde, dass effektiver Artenschutz nicht auf die Bewahrung vereinzelter Rückzugsräume beschränkt werden darf, sondern die Berücksichtigung des Zusammenspiels der Lebensräume erfordert.

53 Im Unterschied zu den zuvor behandelten allgemeinen Schutzgebieten, deren förmliche Festsetzung nach dem LNatSchG durch Rechtsverordnung erfolgt,[32] werden die Gebiete, die das Netz bilden, unmittelbar durch § 25 II 1 LNatSchG unter besonderen Schutz

---

31 Richtlinie 92/43/EWG des Rates v. 21.5.1992 zur Erhaltung der natürlichen Lebensräume sowie der wildlebenden Tiere und Pflanzen (ABl.EG Nr. L 206, S. 7), später mehrfach geändert.
32 Vgl. o. Rn. 46.

II. Naturschutz- und Landschaftspflegerecht

gestellt. Zu den besonderen Schutzgebieten gehören die in Anlage 1 LNatSchG genannten **Gebiete von gemeinschaftlicher Bedeutung (FFH-Gebiete)** sowie die – aufgrund der Vorgaben der Vogelschutzrichtlinie[33] auszuweisenden – **Europäischen Vogelschutzgebiete**, die in Anlage 2 LNatSchG aufgeführt sind. Der Zweck dieser Unterschutzstellung besteht darin, in den betreffenden Gebieten die Erhaltung oder Wiederherstellung eines günstigen Erhaltungszustandes der Lebensraumtypen bzw. Tier- und Pflanzenarten sowie der Vogelarten und ihrer Lebensräume zu gewährleisten. Die Gebietsauswahl erfolgt im Zusammenwirken von Bund und Ländern nach gemeinschaftsrechtlich vorgegebenen Kriterien (§§ 33 I, 11 S. 1 BNatSchG). Im Fall der FFH-Gebiete ist überdies die Europäische Kommission am Auswahlprozess beteiligt (Art. 4 II, 5 FFH-RL). § 25 V LNatSchG ermöglicht es der Landesregierung, zur Anpassung an die natürliche Entwicklung die Anlagen 1 und 2 durch Rechtsverordnung zu ändern.

Der näheren Ausgestaltung des speziellen Schutzregimes für jedes Gebiet dient die von der Landesregierung erlassene Rechtsverordnung, in der die **Erhaltungsziele** bestimmt werden (§ 25 II LNatSchG),[34] sowie der **Bewirtschaftungsplan**, durch den die obere Naturschutzbehörde im Benehmen mit den kommunalen Planungsträgern und unter Beteiligung der Betroffenen die erforderlichen Maßnahmen sowie die Einzelheiten der Überwachung festlegt (§ 25 II 4, 5 LNatSchG). § 25 III LNatSchG verhilft dem Kooperationsprinzip zur Geltung, indem – der rahmenrechtlichen Vorgabe des § 8 BNatSchG entsprechend – bestimmt wird, dass die zur Umsetzung des Bewirtschaftungsplans erforderlichen Einzelmaßnahmen vorrangig durch vertragliche Vereinbarungen festgelegt werden sollen (sog. Vertragsnaturschutz). Nur subsidiär wird die untere Naturschutzbehörde zum Erlass entsprechender Verwaltungsakte ermächtigt. 54

In den besonderen Schutzgebieten gilt ein **Verschlechterungs- und Störungsverbot** (§ 26 S. 1 LNatSchG). Für die **Land-, Forst- und Fischereiwirtschaft** besteht jedoch das Privileg, dass die Bewirtschaftung nach den Regeln der guten fachlichen Praxis auf der Grundlage der jeweiligen Fachgesetzgebung in der Regel nicht dem Schutzzweck zuwiderläuft (§ 26 S. 2 LNatSchG). Hintergrund dieser Klausel ist die Annahme, dass sich die schützenswerten Gebiete oft erst aufgrund entsprechender Nutzungen entwickelt haben und dass die Bewirtschaftung zur Erhaltung beitragen kann.[35] 55

Zudem sind bestimmte Projekte und Pläne einer **Verträglichkeitsprüfung** zu unterziehen (§ 27 LNatSchG). Der Landesgesetzgeber hat insoweit die einschlägigen bundesrechtlichen Rahmenvorschriften (§ 34 I bis V, § 35 I Nr. 2, § 37 II, III BNatSchG) inhaltlich übernommen. Gegenstand der Prüfung ist, ob das Projekt oder der Plan zu erheblichen Beeinträchtigungen eines Gebietes in seinen für die Erhaltungsziele oder den Schutzzweck maßgeblichen Bestandteilen führt (§ 27 I 2, VII LNatSchG). Wird dies festgestellt und damit das Verträglichkeitserfordernis nicht gewahrt, ist das Projekt oder der Plan gleichwohl zulässig, soweit zwingende Gründe des überwiegenden öffentlichen Interesses die Durchführung gebieten und keine zumutbare Alternative vorhanden ist (§ 27 II, 56

---

33 Richtlinie 79/409/EWG des Rates v. 2.4.1979 über die Erhaltung der wildlebenden Vogelarten (ABl.EG Nr. L 103, S. 1), später mehrfach geändert.
34 LVO über die Erhaltungsziele in den Natura 2000-Gebieten (BS 791-1-17).
35 LT-Drucks. 14/2877, S. 13.

Hendler 335

VII LNatSchG). Für Gebiete, die dem Schutz prioritärer Biotope oder Arten (§ 10 I Nr. 4, II Nr. 8 BNatSchG) dienen, gelten strengere Anforderungen (§ 27 III LNatSchG). Wie die Prüfung des Eingriffs in Natur und Landschaft (o. Rn. 32 f.) wird die Verträglichkeitsprüfung als unselbstständiger Teil des Verwaltungsverfahrens durchgeführt, in dem über das Projekt oder den Plan entschieden wird. Die Zuständigkeit richtet sich nach dem jeweiligen Trägerverfahren, wobei das Benehmen mit der gleichgeordneten Naturschutzbehörde herzustellen ist (§ 27 VIII LNatSchG).

c) Biotopverbund

57   Durch die Regelung des § 29 LNatSchG zum **Biotopverbund** wird die Rahmenvorschrift des § 3 BNatSchG umgesetzt. Beim Biotopverbund handelt es sich *nicht* um eine zusätzliche Schutzkategorie.[36] Vielmehr geht es darum, festgesetzte Schutzgebiete (einschließlich FFH-Gebiete und Europäische Vogelschutzgebiete) sowie gesetzlich geschützte Biotope[37] zu vernetzen. Die Vernetzung dient der Nachhaltigkeit des Artenschutzes sowie der Stärkung der Funktionsfähigkeit ökologischer Wechselbeziehungen.

7. Schutz von Tieren und Pflanzen

58   Der Schutz von **wild lebenden Tieren und Pflanzen** ist Gegenstand der nach § 11 S. 1 BNatSchG größtenteils unmittelbar geltenden Artenschutzvorschriften der §§ 39 bis 55 BNatSchG. Die bundesrechtlichen Vorgaben lassen jedoch Raum für landesrechtliche Ausgestaltungen, der in Rheinland-Pfalz vor allem mit der Regelung über den **allgemeinen Schutz von Pflanzen und Tieren** (§ 28 LNatSchG) genutzt worden ist. Besondere Beachtung verdient hierbei der **gesetzliche Biotopschutz** (§ 28 III LNatSchG),[38] der die Besonderheit aufweist, dass keine förmliche Gebietsabgrenzung besteht. Die Frage, ob dies mit dem rechtsstaatlichen Bestimmtheitsgrundsatz vereinbar ist, hat das BVerfG bejaht.[39]

59   Mit den **Regelungen über Zoos** (§§ 30 bis 32 LNatSchG) werden der Rahmen des § 51 BNatSchG ausgefüllt und zugleich die Zoorichtlinie[40] umgesetzt. Die Richtlinie bezweckt, den indirekten Artenschutz dadurch zu stärken, dass die Bedeutung des Zoos für die Erhaltung der biologischen Vielfalt erhöht wird (Art. 1). Zu diesem Zweck unterwirft § 31 I LNatSchG die Errichtung, wesentliche Änderung sowie den Betrieb eines Zoos einem **Genehmigungserfordernis**, wobei die Genehmigung nur erteilt werden darf, wenn die detaillierten Anforderungen des § 30 I LNatSchG (u.a. zur Tierhaltung, zur Aufklärung der Öffentlichkeit über die gehaltenen Arten und zur Beteiligung an zumindest einer speziellen Arterhaltungsmaßnahme) gewahrt sind. Da die Genehmigung – wie aus § 31 I 3 LNatSchG hervorgeht – die Erlaubnis nach § 11 I Nr. 2a TierSchG einschließt, müssen zusätzlich die tierschutzrechtlichen Anforderungen erfüllt sein.[41] Wei-

---

36 *Schrenk*, § 29 Rn. 5.
37 Vgl. dazu u. Rn. 58.
38 Vgl. dazu auch die Rahmenvorschrift des § 30 BNatSchG.
39 BVerfG, NuR 2002, 27, 37.
40 Richtlinie 1999/22/EG des Rates v. 29.3.1999 über die Haltung von Wildtieren in Zoos (ABl.EG Nr. L 94, S. 24).
41 LT-Drucks. 14/2877, S. 14.

II. Naturschutz- und Landschaftspflegerecht

tere Bestimmungen betreffen die Überwachung, die Durchsetzung der Verpflichtungen sowie die erforderlichen Maßnahmen nach Schließung eines Zoos (§ 32 LNatSchG).

8. Erholung in Natur und Landschaft

Zu den Zielen des Naturschutzes und der Landschaftspflege gehört auch die dauerhafte Sicherung des **Erholungswerts** von Natur und Landschaft für den Menschen (§ 1 Nr. 4 LNatSchG). Mit der Erholung in Natur und Landschaft befassen sich namentlich die Vorschriften der §§ 33 bis 35 LNatSchG. Diese Vorschriften knüpfen an die §§ 56, 57 BNatSchG an.[42] Sie dienen einmal der Auflösung des Spannungsverhältnisses, welches sich daraus ergibt, dass Natur und Landschaft zugleich geschützt und zu Erholungszwecken zur Verfügung gestellt werden sollen. Und zum anderen sind sie auf einen Interessenausgleich zwischen den Eigentümern von Grundflächen in der freien Landschaft einerseits sowie den Erholungssuchenden andererseits gerichtet. 60

Hervorzuheben ist zunächst die Bestimmung über das unentgeltliche **Betreten der Flur** auf Privat- und Wirtschaftswegen sowie auf ungenutzten Grundstücken zum Zwecke der Erholung (§ 33 I LNatSchG). Der Begriff des Betretens umfasst dabei auch das Reiten und das Kutschfahren, wenngleich beides nur auf Privat- und Wirtschaftswegen gestattet ist. Unter bestimmten Voraussetzungen und in begrenztem Umfang können die Gemeinden das Betretensrecht durch **Satzung** regeln. Im Übrigen richtet sich das Betreten der Flur nach den allgemeinen Vorschriften (§ 33 I 4 LNatSchG). Dies bedeutet, dass andere Vorschriften, insbesondere entsprechende Regelungen in Schutzgebietsverordnungen, den Anspruch nach § 33 I 1 LNatSchG einschränken können. Soweit es um das **Betreten des Waldes** geht, greift § 22 LWaldG ein. 61

Hinsichtlich der **Errichtung von Sperren**, die dazu bestimmt oder geeignet sind, das Betreten der Flur zu verhindern oder wesentlich einzuschränken, besteht grundsätzlich eine **Anzeigepflicht** gegenüber der unteren Naturschutzbehörde. Sofern die Errichtung bewirkt, dass der Zutritt zur freien Natur in dem für die Erholung der Bevölkerung notwendigen Umfang nicht gewährleistet bleibt, kann sie untersagt werden (§ 33 II LNatSchG). 62

9. Weitere landesnaturschutzrechtliche Regelungen, insbesondere zum Eigentumsschutz und zur Stellung der Verbände

a) Überblick

Im LNatSchG sind etliche weitere Regelungen getroffen worden, unter anderem zu Verhaltenspflichten, Rechtsbeschränkungen, Rechtsansprüchen sowie zu behördlichen Instrumentarien zugunsten des Schutzes von Natur und Landschaft. Nach § 43 LNatSchG obliegt den Eigentümern und Nutzungsberechtigten von Grundstücken eine **allgemeine Duldungspflicht** im Zusammenhang mit Maßnahmen auf dem Gebiet des Naturschutzes und der Landschaftspflege. Handelt es sich um nutzbare Grundstücke, kann den betreffenden Eigentümern und Nutzungsberechtigten aufgegeben werden, **Pflegemaßnahmen** durchzuführen oder zu dulden (§ 46 LNatSchG). Eine **ordnungsbehördliche Anzeigepflicht** wird in § 44 LNatSchG statuiert. Sie besteht gegenüber den Naturschutz- 63

---

[42] § 57 I BNatSchG gilt unmittelbar (§ 11 S. 1 BNatSchG).

behörden und betrifft Verstöße gegen bestimmte naturschutzrechtliche Vorschriften. § 7 LNatSchG regelt die dem Landesamt für Umwelt, Wasserwirtschaft und Gewerbeaufsicht (LUWG) übertragene Aufgabe der **Umweltbeobachtung**. Ferner bestehen Vorschriften über **Finanzhilfen des Landes** zugunsten kommunaler Gebietskörperschaften und ihrer Zusammenschlüsse, gemeinnütziger Träger sowie Einzelpersonen für Aufgabenwahrnehmungen im Bereich von Naturschutz und Landschaftspflege (§ 50 LNatSchG).

64 § 42 I 2 LNatSchG enthält eine **allgemeine Ermächtigungsgrundlage** für naturschutzbehördliche Einzelfallanordnungen. Aus § 42 I 3 LNatSchG ergibt sich zudem, dass die Naturschutzbehörden im Rahmen ihrer Zuständigkeiten die **Befugnisse der allgemeinen Ordnungsbehörden und der Polizei** nach den §§ 6, 7 POG haben. Besondere Aufmerksamkeit verdienen die Regelungen zum Eigentumsschutz sowie zur Verbandsbeteiligung und Verbandsklage.

b) Eigentumsschutz (Befreiungen und Geldleistungen)

65 Zum Ausgleich der widerstreitenden Belange des Naturschutzes und der Landschaftspflege einerseits sowie der von belastenden naturschutzrechtlichen Maßnahmen betroffenen Grundstückseigentümer andererseits sind Vorschriften über Befreiungen (§ 48 LNatSchG) und Geldleistungen (§ 49 LNatSchG) erlassen worden. § 48 LNatSchG ermöglicht es der zuständigen Naturschutzbehörde, in Härtefällen **Befreiungen** von den Bestimmungen des LNatSchG sowie den aufgrund dieses Gesetzes erlassenen Rechtsverordnungen zu gewähren. Zu den diesbezüglichen Rechtsverordnungen gehören insbesondere die Schutzgebietsverordnungen im Sinne des § 16 I LNatSchG.[43] Allerdings gilt es zu beachten, dass die Befreiungsmöglichkeit nicht allein dem Eigentumsschutz dient, da die Behörde von dieser Möglichkeit auch dann Gebrauch machen kann, wenn überwiegende Gemeinwohlgründe die Befreiung erfordern oder wenn der Normvollzug zu einer nicht gewollten Beeinträchtigung von Natur und Landschaft führen würde.

66 In § 49 I LNatSchG sind **finanzielle Ausgleichsleistungen bei Inhalts- und Schrankenbestimmungen** des Eigentums (Art. 14 I 2 GG) geregelt. Danach wird ein **angemessener Ausgleich in Geld** gewährt, wenn aufgrund des LNatSchG oder einer darauf beruhenden Rechtsverordnung oder Maßnahme die rechtmäßige Grundstücksnutzung nicht fortgesetzt werden kann und die hieraus resultierende Belastung die Sozialbindung des Eigentums im Einzelfall überschreitet (§ 49 I 1 LNatSchG). In Übereinstimmung mit der Rechtsprechung des BVerfG[44] räumt die Regelung der realen Vermeidung der Belastung, etwa durch eine Befreiung nach § 48 LNatSchG, Vorrang vor dem Geldausgleich ein und ordnet in verfahrensrechtlicher Hinsicht an, dass über den Ausgleich zusammen mit der Entscheidung über eine Genehmigung oder Befreiung zu befinden ist.

67 Erleichterte Voraussetzungen für einen Geldausgleich bei Inhalts- und Schrankenbestimmungen des Eigentums bestehen nach der Sonderregelung des § 49 II LNatSchG dann, wenn die bisher zulässige **land-, forst- und fischereiwirtschaftliche Bodennutzung** eingeschränkt wird. Bei derartigen Einschränkungen scheidet ein Ausgleich ledig-

---

43 Vgl. dazu o. Rn. 46.
44 BVerfGE 100, 226, 245 f.

lich dann aus, wenn sie im Rahmen des Vertragsnaturschutzes abgegolten werden können. Eine verordnungsrechtliche Bagatellgrenze[45] ist bisher nicht festgelegt worden.

Schließlich enthält § 49 III LNatSchG eine Klausel über die **Entschädigung im Fall der Enteignung** (Art. 14 III GG), wobei im Wesentlichen auf das Landesenteignungsgesetz (BS 214-20) verwiesen wird.[46] 68

c) Verbandsbeteiligung und Verbandsklage

Die §§ 38, 39 LNatSchG regeln die **Anerkennung und Mitwirkung rechtsfähiger Vereine**. Diese Regelungen stellen eine besondere Ausprägung des Kooperationsprinzips dar und dienen vor allem dem Zweck, den Sachverstand der Vereine nutzbringend in das Verwaltungsverfahren einzubeziehen sowie dem Vollzugsdefizit im Umweltschutz entgegenzuwirken. Sie beruhen auf der Rahmenvorschrift des § 60 BNatSchG und werden durch die unmittelbar geltenden Vorschriften der §§ 58, 50 BNatSchG ergänzt.[47] 69

Wie aus § 39 LNatSchG hervorgeht, bestehen Mitwirkungsrechte nur für **anerkannte Vereine**. Die **Anerkennung** ist in § 38 LNatSchG geregelt. Sie erfolgt durch die oberste Naturschutzbehörde. Sofern die gesetzlich aufgeführten Voraussetzungen erfüllt sind, ist die Anerkennung zu erteilen und im Staatsanzeiger bekannt zu machen. 70

Das **Beteiligungs- bzw. Mitwirkungsrecht** der anerkannten Vereine ist in der Weise ausgestaltet worden, dass diesen bei bestimmten Maßnahmen Gelegenheit zur Stellungnahme und zur Einsicht in die einschlägigen Sachverständigengutachten zu geben ist. Dies gilt u.a. für die Vorbereitung von naturschutzbehördlichen Verordnungen sowie von Landschaftsprogrammen, Landschaftsrahmenplänen und Landschaftsplänen, für die Befreiung von gesetzlich näher bezeichneten gebietsschutzrechtlichen Verboten und Geboten sowie für Planfeststellungsverfahren zu Vorhaben, die mit Eingriffen in Natur und Landschaft verbunden sind (§ 39 LNatSchG). 71

Die nach § 11 S. 1 BNatSchG unmittelbar geltende Regelung des § 61 BNatSchG zur **Verbandsklage** eröffnet den anerkannten Vereinen die Möglichkeit, zum Schutz von Natur und Landschaft die Verwaltungsgerichte einzuschalten. Es handelt sich hierbei um eine in § 42 II VwGO zugelassene abweichende Regelung der Klagebefugnis. Die Abweichung besteht darin, dass das Erfordernis einer möglichen Verletzung eigener Rechte des Verbandes entfällt. Allerdings kann die Klage lediglich gegen Befreiungen von Verboten und Geboten zum Schutz bestimmter Schutzgebiete sowie gegen bestimmte Planfeststellungsbeschlüsse und Plangenehmigungen erhoben werden. Zudem müssen die besonderen Zulässigkeitsvoraussetzungen des § 61 II BNatSchG erfüllt sein. Nach § 61 V 1 BNatSchG sind die Länder befugt, das Verbandsklagerecht auszudehnen, doch hat das Land Rheinland-Pfalz von dieser Befugnis bisher keinen Gebrauch gemacht. 72

---

45 Vgl. dazu § 49 II 3, 4 LNatSchG.
46 Einen Übungsfall zum Thema Eigentum und Naturschutz behandeln *Hendler/Duikers*, Jura 2005, 409 ff.
47 Zum Rechtscharakter der erwähnten bundesrechtlichen Vorschriften vgl. § 11 S. 1 BNatSchG.

III. Wasserrecht

1. Gesetzgebungskompetenzen und Rechtsgrundlagen

73 Schutz und Pflege der Gewässer im Sinne einer haushälterischen Bewirtschaftung unter quantitativen und qualitativen Gesichtspunkten sind Gegenstand des **Wasserhaushaltsrechts** bzw. – was inhaltlich gleichbedeutend ist – des Wasserwirtschaftsrechts. Auf die bundes- und landesrechtliche Ausgestaltung dieses Rechtsgebiets wirkt das Europäische Gemeinschaftsrecht in beträchtlichem Maße ein.[48] Da das Wasser ein lebenswichtiges, aber aufgrund menschlicher Einwirkungen stark gefährdetes Umweltgut ist, sind die Reglementierungen des Wasserhaushaltsrechts weitreichend.

74 Die Gesetzgebungskompetenzen im Wasserrecht sind durch die Föderalismusreform in ähnlicher Weise ausgestaltet worden wie im Naturschutz- und Landschaftspflegerecht.[49] Seit dieser Reform stellt das Wasserhaushaltsrecht einen Gegenstand der **konkurrierenden Gesetzgebungskompetenz** dar (Art. 74 I Nr. 32 GG), für den die in Art. 72 II GG normierten Restriktionen bundesrechtlicher Regelung nicht gelten. Das vom Bund größtenteils noch auf der Grundlage der (im Zuge der Föderalismusreform abgeschafften) Rahmengesetzgebungskompetenz des Art. 75 I 1 Nr. 4 GG a. F. erlassene WHG[50] gilt mit den sich daraus ergebenden gesetzgeberischen Berechtigungen und Verpflichtungen der Länder als Bundesrecht fort (Art. 125b I 1, 2 GG). Allerdings sind die Länder aufgrund des neuen Verfassungsrechts befugt, Regelungen zu treffen, die vom bundesgesetzlichen, nach dem Stichtag des 1.9.2006 erlassenen Wasserhaushaltsrecht abweichen. Eine weitergehende, nur noch den Beschränkungen des Art. 72 III 1 Nr. 5 GG unterliegende Abweichungsbefugnis haben die Länder ab dem 1.1.2010 (Art. 125b I 3 GG).

75 Das rheinland-pfälzische Wasserhaushaltrecht ergibt sich vor allem aus dem LWG,[51] ferner auch aus dem ergänzend dazu ergangenen Landesabwasserabgabengesetz.[52] Doch sind für die Rechtslage in Rheinland-Pfalz auch das WHG[53] sowie das Abwasgabengesetz[54] von hoher Bedeutung. Wie bereits angedeutet (o. Rn. 74), besitzt das WHG nach wie vor Rahmencharakter im Sinne des Art. 75 GG a. F. Neben Rahmenvorschriften, die durch den Landesgesetzgeber in gliedstaatliches Recht umzusetzen sind, enthält es auch Vorschriften, die unmittelbar, d. h. ohne eine derartige Umsetzung gelten.

76 Neben dem Wasserhaushalts- bzw. Wasserwirtschaftsrecht gehört zum Wasserrecht auch das **Wasserwegerecht**, das die **Verkehrs- und Transportfunktion der Gewässer** betrifft. Hinsichtlich dieser Materie verfügt der Bund über die konkurrierende Gesetzgebungskompetenz für »die Seewasserstraßen und die dem allgemeinen Verkehr dienenden Binnenwasserstraßen« (Art. 74 I Nr. 21 GG). Auf dieser Kompetenzgrundlage ist

---

48 Eine Zusammenstellung wasserrechtlicher Richtlinien findet sich bei *Czychowski/Reinhardt*, Einl. Rn. 60. Auf die besonders bedeutsame Wasserrahmenrichtlinie wird noch näher einzugehen sein (u. Rn. 94 f.).
49 Vgl. dazu o. Rn. 7.
50 Wasserhaushaltsgesetz i. d. F. der Bekm. v. 19.8.2002 (BGBl. I S. 3245), später mehrfach geändert.
51 BS 75-50; *H/J/W*, Nr. 54.
52 LAbwAG (BS 75-52).
53 Vgl. o. Fn. 50.
54 AbwAG i. d. F. der Bekm. v. 18.1.2005 (BGBl. I S. 114).

das Bundeswasserstraßengesetz[55] ergangen. Im Übrigen sind die Länder auch für die gesetzliche Ordnung der Verkehrs- und Transportfunktion der Gewässer zuständig, wobei das Land Rheinland-Pfalz allerdings kein spezielles Gesetz zu dieser Rechtsthematik erlassen hat. Wasserwegerechtliche Regelungen finden sich u.a. in den §§ 40, 41 LWG. Da das Wasserwegerecht im Gegensatz zum Wasserhaushaltsrecht keine spezifische ökologische Zielsetzung aufweist, kann es im Folgenden weitgehend vernachlässigt werden.

2. Organisation und Zuständigkeiten

Die wasserrechtlichen **Verwaltungskompetenzen des Bundes** beschränken sich auf die Verkehrs- und Transportfunktion der Bundeswasserstraßen (Art. 89 II GG). Im Übrigen obliegt der Gesetzesvollzug im Bereich des Wasserrechts – den Grundsätzen der Art. 30, 83 GG entsprechend – allein den Ländern. Zu beachten ist hierbei, dass sich die **wasserwirtschaftliche** Verwaltungskompetenz der Länder auch auf die Bundeswasserstraßen erstreckt.[56] 77

Das WHG und das LWG werden grundsätzlich durch die **Wasserbehörden** vollzogen, die dreistufig aufgebaut sind (§§ 105, 106 LWG). Als oberste Wasserbehörde fungiert das Ministerium für Umwelt, Forsten und Verbraucherschutz.[57] Obere Wasserbehörden sind die Struktur- und Genehmigungsdirektionen, untere Wasserbehörden die Kreisverwaltungen bzw. in kreisfreien Städten die Stadtverwaltungen. Den Wasserbehörden sind das Landesamt für Umwelt, Wasserwirtschaft und Gewerbeaufsicht (LUWG) sowie die Struktur- und Genehmigungsdirektionen als **technische Fachbehörden** zugeordnet (§ 109 LWG). Somit kommt den Struktur- und Genehmigungsdirektionen eine doppelte Funktion als obere Wasserbehörden und zugleich als Fachbehörden zu. 78

Soweit gesetzlich oder durch gesetzeskonkretisierende Vorschriften nichts anderes bestimmt ist, liegt die **sachliche Zuständigkeit** bei der unteren Wasserbehörde (§ 106 I 1 LWG). Zuständigkeitsrechtliche Besonderheiten ergeben sich aus § 106 III LWG und ggf. einer Rechtsverordnung, die auf der Grundlage des § 106 IV LWG erlassen werden kann. Der oberen und der obersten Wasserbehörde obliegt die **Fachaufsicht** über die nachgeordneten Wasserbehörden (§ 106 II 1 LWG). Die **örtliche Zuständigkeit** richtet sich nach § 107 LWG. Wie aus § 108 I LWG hervorgeht, haben die Wasserbehörden für ihren Aufgabenbereich zugleich die **Befugnisse der allgemeinen Ordnungsbehörden und der Polizei** nach dem POG. 79

3. Allgemeine Anforderungen bezüglich des Umgangs mit Wasser

In § 2 LWG sind einige elementare Regeln für den Umgang mit Wasser enthalten. Die Vorschrift ist teils an die Verwaltung (Abs. 1), teils an jedermann (Abs. 2) gerichtet. Sie ergänzt die **Grundsätze** der §§ 1a, 25a bis 25d, 32c, 33a WHG. 80

§ 2 I 2 LWG gebietet über die Grundsätze des WHG hinaus, in einem **natürlichen oder naturnahen Zustand** befindliche Gewässer zu erhalten und für die übrigen Gewässer 81

---

55 WaStrG i.d.F. der Bekm. v. 23.5.2007 (BGBl. I S. 962), später mehrfach geändert.
56 Näher dazu BVerfGE 21, 312, 320 ff.
57 Vgl. dazu auch § 10 Nr. 4 bis 7 Geschäftsverteilung der Landesregierung (Fn. 11).

einen naturnahen Zustand anzustreben. Nach § 2 I 3 LWG ist beim Vollzug des LWG die **öffentliche Wasserversorgung** zu sichern. Ferner sind in diesem Zusammenhang nicht nur Belange der Wasserwirtschaft, sondern auch vielfältige andere öffentliche Belange zu wahren. Die zuständigen Behörden müssen schließlich die Ziele der Raumordnung beachten und die Grundsätze und sonstigen Erfordernisse der Raumordnung berücksichtigen (§ 2 I 4, 5 LWG).[58]

82 Zudem richtet § 2 II 1 LWG an jedermann die **Pflicht, mit Wasser sparsam umzugehen**. Dies umfasst z.b. für den gewerblichen und industriellen Bereich das Gebot, Wasser ggf. mehrfach zu verwenden.[59] Zugleich ist der Anfall von Abwasser soweit wie möglich zu vermeiden (§ 2 II 2 LWG). Außerdem enthält § 2 II 3 LWG eine Regelung über den Umgang mit Niederschlagswasser, die darauf gerichtet ist, dieses zur Entlastung der Kläranlagen möglichst aus der Kanalisation fern zu halten.[60]

4. Die Benutzung der Gewässer

a) Gewässer im Rechtssinne

83 Der sachliche Geltungsbereich der Regelungen des WHG und des LWG ergibt sich aus den §§ 1 LWG, 1 WHG. Hierbei stellt der **Gewässerbegriff** den zentralen Anknüpfungspunkt dar. Zu den Gewässern im Rechtssinne gehört neben den **oberirdischen Gewässern** und den (für Rheinland-Pfalz allerdings unbedeutenden) Küstengewässern auch das **Grundwasser**. Es ist anerkannt, dass die Gewässer öffentliche Sachen darstellen,[61] wobei die erforderliche Widmung unmittelbar durch gesetzliche Regelung erfolgt ist.[62] Im Näheren erweisen sie sich als **öffentliche Sachen im Sondergebrauch**, da die bedeutsamen wasserwirtschaftlichen Nutzungsarten – wie sogleich zu zeigen sein wird – einer behördlichen Zulassung bedürfen.[63]

b) Zulassungsfreie und zulassungspflichtige Gewässerbenutzungen

84 Die Gewässer unterliegen einer strengen **öffentlich-rechtlichen Benutzungsordnung**. Sie dürfen grundsätzlich nur aufgrund eines besonderen behördlichen Zulassungsakts in Anspruch genommen werden (§ 2 I WHG). Zulassungsfreie Benutzungen beschränken sich auf eng begrenzte Ausnahmefälle (§§ 36 bis 40, 42 LWG, §§ 17a, 23 bis 25, 33 WHG). Diese betreffen u.a. den **Gemeingebrauch**, der rechtlich auf einige marginale Benutzungsarten zurückgedrängt worden ist (§ 36 I LWG, § 23 WHG). Zum wasserrechtlichen Gemeingebrauch natürlicher oberirdischer Gewässer gehören z.B. das Baden, Schwimmen, Eislaufen, Befahren mit Kleinfahrzeugen[64] ohne Maschinenantrieb[65] etc.

---

58 Zur Bedeutung der Ziele, Grundsätze und sonstigen Erfordernisse der Raumordnung vgl. § 8 Rn. **13 ff.**
59 *Beile*, § 2 Anm. 2.1.
60 *Beile*, § 2 Anm. 2.3.
61 *Breuer*, Rn. 119; *Czychowski/Reinhardt*, Einl. Rn. 47.
62 G.-M. *Knopp*, in: Sieder/Zeitler u.a., WHG, AbwAG, Losebl.-Komm. (Stand: 06/2008), Vorb. WHG Rn. 11.
63 Zur Einteilung der öffentlichen Sachen sowie insb. zu denen im Sondergebrauch vgl. *Hendler*, Allg. Verwaltungsrecht, 3. Aufl. 2001, Rn. 601 f., 625 ff.
64 Hierzu zählen u.a. bestimmte Arten der Benutzung im Rahmen des Wassersports, z.B. das Befahren mit einer Segeljolle, soweit eine bestimmte Größe nicht überschritten wird, das Befahren mit Kajaks, Schlauchbooten und Windsurfbrettern. Weitere Beispiele und Rspr.-Nachw. bei *Czychowski/Reinhardt*, § 23 Rn. 21.
65 Das Befahren mit Kleinfahrzeugen mit Maschinenantrieb kann nach § 36 II LWG behördlich als Gemeingebrauch zugelassen werden.

III. Wasserrecht

Die **zulassungspflichtigen Gewässerbenutzungen** werden gesetzlich im Einzelnen aufgeführt (§ 25 I LWG, § 3 I, II WHG). Sie umfassen u.a. das Entnehmen und Ableiten von Grundwasser bzw. von Wasser aus oberirdischen Gewässern, das Einleiten von Stoffen in Gewässer sowie das Aufstauen und Absenken von oberirdischen Gewässern. Einen **Auffangtatbestand** enthält § 3 II Nr. 2 WHG. Zulassungspflichtig sind hiernach Maßnahmen, die geeignet sind, dauernd oder in einem nicht nur unerheblichen Ausmaß schädliche Veränderungen der physikalischen, chemischen oder biologischen Beschaffenheit des Wassers herbeizuführen. 85

c) Erlaubnis und Bewilligung

aa) Rechtscharakter: Der behördliche Zulassungsakt besteht nach § 2 I WHG entweder in einer **Erlaubnis** oder in einer **Bewilligung**. Rechtssystematisch handelt es sich bei dieser Vorschrift um ein repressives Verbot mit Befreiungsvorbehalt.[66] Die Erlaubnis (§ 7 WHG) gewährt lediglich eine widerrufliche Befugnis zur Gewässerbenutzung. Nach der bundesrechtlichen Konzeption ergeht sie grundsätzlich unbeschadet der Rechte Dritter.[67] Im Unterschied dazu vermittelt die Bewilligung (§ 8 WHG) insofern eine stabilere Rechtsposition, als sie ein Benutzungsrecht gewährt, das eine weitreichende Präklusionswirkung entfaltet (§ 11 WHG). Mit dieser unterschiedlichen Grundstruktur geht einher, dass die Zulassung einer Gewässerbenutzung in der Regel durch Erlaubnis und nur ausnahmsweise durch Bewilligung erfolgt, wie sich aus dem Erfordernis der Unzumutbarkeit des § 8 II 1 Nr. 1 WHG ergibt. Die beiden Zulassungsarten unterscheiden sich nicht dem **Gegenstand** nach, da sie – von Ausnahmen abgesehen (§ 25 I 2 LWG, § 8 II 2 WHG) – für sämtliche zulassungspflichtigen Benutzungen in Betracht kommen.[68] Zudem stimmen die **Zulassungsvoraussetzungen** weitgehend überein.[69] 86

Während die Bewilligung stets befristet erteilt wird (§ 8 V WHG), ist die Erlaubnis nicht zwingend mit einer Frist verbunden (§ 7 I 1 WHG). **Nachträgliche Beschränkungsmöglichkeiten** bestehen sowohl für die Erlaubnis als auch für die Bewilligung (§§ 5 I, 18 WHG). Diese Möglichkeiten werden im Hinblick auf die Bewilligung durch § 29 LWG und § 10 WHG ergänzt. Für den **Widerruf der Bewilligung** gelten die besonderen Bestimmungen des § 12 WHG. Danach ist der Widerruf grundsätzlich (d.h. abgesehen von den Fällen der §§ 5, 12 II WHG) nur gegen Entschädigung und unter der Voraussetzung zulässig, dass von der bewilligten Benutzung eine erhebliche Beeinträchtigung des Wohls der Allgemeinheit zu erwarten ist. Die Entschädigung richtet sich nach § 121 LWG. 87

Das Landesrecht ebnet die Unterschiede zwischen Bewilligung und Erlaubnis durch die **gehobene Erlaubnis** (§ 27 II LWG) weitgehend ein. Mit dieser dritten Zulassungsart soll dem Bedürfnis nach einer gesicherten rechtlichen Basis bei den Gewässerbenutzungen Rechnung getragen werden, für die keine Bewilligung erteilt werden darf.[70] Die gehobene Erlaubnis kann gewährt werden, wenn die Benutzung im öffentlichen Interesse liegt 88

---

66 *Czychowski/Reinhardt*, § 2 Rn. 3 f. m.w.N. Allg. zu dieser Kategorie sowie zur Abgrenzung von der des präventiven Verbots mit Erlaubnisvorbehalt *Hendler* (Fn. 63), Rn. 157a ff.
67 *Czychowski/Reinhardt*, § 7 Rn. 9 m. w. N.
68 BVerwGE 41, 58, 60 f.; BGHZ 88, 34, 39.
69 Vgl. hierzu u. Rn. 89 f.
70 *Beile*, § 27 Anm. 3.1.

oder die Zulassung – analog zur Bewilligung – durch ein besonderes Schutzbedürfnis des Unternehmers geboten ist (§ 8 II 1 WHG). Im Verhältnis zu Dritten ist die gehobene Erlaubnis mit der gleichen Rechtswirkung ausgestattet wie die Bewilligung. Neben den §§ 8 III, 10, 22 III WHG sowie § 29 LWG gilt für sie insbesondere die Präklusion nach § 11 WHG. Dagegen ist die gehobene Erlaubnis wie die einfache Erlaubnis widerruflich.

89 bb) **Materiellrechtliche Voraussetzungen:** Unter den Voraussetzungen des § 6 WHG ist die Behörde verpflichtet, den Antrag auf Erteilung einer Erlaubnis oder Bewilligung abzulehnen. Eine Ablehnung erfolgt auch dann, wenn die für bestimmte Fälle geltenden besonderen Anforderungen nicht erfüllt sind.[71] Im Übrigen entscheidet die Behörde nach Ermessen, ob sie die beantragte Gewässerbenutzung zulässt oder nicht (**Bewirtschaftungsermessen**).[72] Hierbei ist im Fall der Bewilligung und der gehobenen Erlaubnis unter Umständen zu prüfen, ob die Benutzung mit den Interessen und Rechten bestimmter Einzelner vereinbar ist (§ 8 III, IV WHG, § 29, 27 II 4 LWG). Der Antragsteller besitzt demnach – abgesehen vom Ausnahmefall der Ermessensschrumpfung auf Null – keinen Anspruch auf den begehrten Zulassungsakt. Dies steht nach der Rechtsprechung des BVerfG mit dem GG in Einklang.[73] Doch hat das Gericht zugleich erklärt, dass die Ablehnung eines Antrags nur auf solche Gründe gestützt werden darf, die einen »unmittelbaren wasserwirtschaftlichen Bezug« haben. Daran fehlt es beispielsweise, wenn es der Behörde bei der Versagung der Bewilligung oder der Erlaubnis um den Schutz von Arbeitsplätzen oder die Verhinderung unerwünschter Bauvorhaben geht.[74] Sofern sich die vom Antragsteller beabsichtigte Gewässerbenutzung als zulässig erweist, ist im Weiteren zu berücksichtigen, dass eine Bewilligung nur dann erteilt werden darf, wenn die besonderen Voraussetzungen des § 8 II 1 WHG erfüllt sind.

90 Hinsichtlich des **Inhalts der Erlaubnis oder Bewilligung** enthält § 26 LWG besondere Vorgaben für die Behörde. Weitere inhaltliche Vorgaben ergeben sich aus § 114 II Nr. 3 LWG für die Bewilligung sowie die gehobene Erlaubnis.

91 cc) **Verfahren:** Bei der **Erteilung einer Bewilligung** ist nach § 9 WHG in verfahrensrechtlicher Hinsicht sicherzustellen, dass die Betroffenen und die beteiligten Behörden Einwendungen erheben können.[75] Außerdem ist zu gewährleisten, dass das Verfahren für Vorhaben, die einer UVP nach dem UVPG unterliegen, den entsprechenden rechtlichen Anforderungen genügt. Den bundesgesetzlichen Vorgaben hat der Landesgesetzgeber in den §§ 114, 114a, 115, 116 Rechnung getragen. Teilweise greifen diese Vorschriften auch bei der **Erteilung von Erlaubnissen und gehobenen Erlaubnissen** ein. Das gilt namentlich für die Vorschrift des § 114a I LWG zu Vorhaben, die einer UVP bedürfen. Für bestimmte Vorhaben begründet § 114a II LWG in Ausfüllung des § 3d UVPG die UVP-Pflicht. Soweit ein Vorhaben keiner UVP bedarf, sieht das Wasserrecht

---

71 §§ 7a, 26 I, 34 WHG, §§ 44, 45 LWG.
72 Näher dazu *Breuer*, Rn. 359.
73 BVerfGE 58, 300, 346 f.
74 BVerfGE 58, 300, 348 unter Hinweis auf BVerwGE 55, 220, 229. Ausf. zu dieser Thematik mit inhaltlichen Differenzierungen und zahlr. Nachw. *Breuer*, Rn. 387 f., 394 ff.
75 Allg. zum Verfahren unter Hinweis auf die Rechtslage in den Bundesländern *Breuer*, Rn. 362 ff.

III. Wasserrecht

nur ausnahmsweise[76] eine spezielle Verfahrensregelung für die Erteilung einer einfachen Erlaubnis vor.

Wie aus § 114 II LWG hervorgeht, richtet sich die **Erteilung von Bewilligung und gehobener Erlaubnis** grundsätzlich nach den Vorschriften der §§ 72 bis 77 VwVfG zur Planfeststellung. Allerdings sind einige Vorschriften für unanwendbar erklärt worden. Dazu gehört insbesondere auch § 75 I VwVfG mit der Folge, dass Bewilligung und gehobener Erlaubnis nicht die für den Planfeststellungsbeschluss charakteristische Konzentrationswirkung zukommt. Überdies wird die gerichtliche Überprüfung an ein zuvor durchzuführendes Vorverfahren (§§ 68 ff. VwGO) geknüpft. Hingewiesen sei zudem auf die in § 115 LWG enthaltene Sonderregelung zu Einwendungen im Anhörungsverfahren. 92

Für die **Erteilung einer Erlaubnis** gelten des Weiteren die **besonderen Verfahrensvorschriften** der §§ 119a bis 119f LWG, sofern die Benutzung im Rahmen der Errichtung oder des Betriebs einer Anlage erfolgt, die nach § 4 BImSchG i.V.m. Spalte 1 des Anhangs zur 4. BImSchV genehmigungsbedürftig ist. Diese Vorschriften, die insbesondere die Koordinierung von Zulassungsverfahren betreffen, beruhen auf dem Regelungsauftrag des § 7 I 3 WHG. 93

4. Bewirtschaftung der Gewässer
a) Vorgaben der Wasserrahmenrichtlinie

Das Recht des Gewässerschutzes hat durch die Umsetzung der WRRL[77] eine grundlegende Änderung erfahren. Die Richtlinie bezieht alle Aspekte des Gewässerschutzes ein und vereinheitlicht damit das bislang von fragmentarischen Regelungen geprägte Wasserrecht der EG. Nach einer Übergangszeit treten zahlreiche bestehende Rechtsakte außer Kraft (Art. 22 WRRL). Außerdem verfolgt die Richtlinie ein für Deutschland neuartiges Konzept der Verwaltungsorganisation, wonach nicht mehr die Grenzen der Verwaltungsbezirke für die Zuständigkeit maßgeblich sein sollen, sondern ein Gewässer einschließlich seines Einzugsgebiets (**Flussgebietseinheit**) über Landes- und Bundesgrenzen hinweg »von der Quelle bis zur Mündung« einheitlich verwaltet werden soll. Zentrale Instrumente der EG-Regelung sind das jeweils auf eine Flussgebietseinheit bezogene Maßnahmenprogramm (Art. 11 WRRL) und der Bewirtschaftungsplan (Art. 13 WRRL), wobei das Maßnahmenprogramm das Kernstück des Bewirtschaftungsplans bildet. 94

Während der **Bewirtschaftungsplan** in weitem Umfang aus einer Bestandsaufnahme und Informationssammlung besteht, so dass er größtenteils den Charakter einer wasserwirtschaftlichen Datenbank besitzt, stellt das **Maßnahmenprogramm** ein Planungsinstrument dar, das als Bindeglied zwischen den gesetzlich festgelegten Bewirtschaftungszielen und der behördlichen Einzelfallentscheidung fungiert. In materieller Hinsicht verfolgt die Richtlinie zuvörderst das Ziel, eine weitere Verschlechterung des Zustands aquati- 95

---

76 Vgl. dazu § 116 LWG und u. Rn. 93.
77 Richtlinie 2000/60/EG des Europäischen Parlaments und des Rates v. 23.10.2000 zur Schaffung eines Ordnungsrahmens für Maßnahmen der Gemeinschaft im Bereich der Wasserpolitik (ABl.EG Nr. L 327, S. 1), später mehrfach geändert.

scher Ökosysteme zu vermeiden und den status quo darüber hinaus möglichst zu verbessern (Art. 1 lit. a WRRL). Zu diesem Zweck sind die Gewässer nach Maßgabe des Art. 5 WRRL zu analysieren sowie unter Beachtung der Umweltziele des Art. 4 WRRL ihrem Zustand bzw. Potenzial nach in die Kategorien des Anhangs V WRRL einzuordnen.

b) Bundesrechtliche Rahmenvorschriften

96 Die bundesrechtlichen Vorschriften, die der Umsetzung der WRRL dienen, beschränken sich auf die **Regelung der Eckpunkte** des vorstehend (o. Rn. 94 f.) skizzierten gemeinschaftsrechtlichen Konzepts. Die detaillierten Bestimmungen organisatorischer und fachlicher Art sind durch entsprechende Regelungsaufträge den Ländern überlassen worden. Demgemäß benennt das WHG für die einzelnen Gewässertypen die Bewirtschaftungsziele, während der Landesgesetzgeber verpflichtet wird, die Anforderungen an die Beschreibung, Festlegung und Einstufung, Darstellung in Karten und Überwachung des Zustands der Gewässer zu bestimmen. Insoweit nimmt das WHG Bezug auf die Anhänge II und V WRRL. Ebenso sind die Länder gehalten, die im Einzelnen erforderlichen Maßnahmen festzulegen. Dies ergibt sich hinsichtlich der oberirdischen Gewässer aus den §§ 25a, 25b WHG, hinsichtlich der (in Rheinland-Pfalz allerdings nicht relevanten) Küstengewässer aus § 32c WHG und hinsichtlich des Grundwassers aus § 33a WHG. Vorgaben für den Inhalt von Maßnahmenprogramm und Bewirtschaftungsplan sind in den §§ 36, 36b WHG enthalten.

c) Vorschriften des rheinland-pfälzischen Landesrechts

97 Zur Ausfüllung des durch das WHG gesetzten Rahmens hat der Landesgesetzgeber die §§ 23 bis 24a LWG erlassen. Hiernach sind für die (einzige in Rheinland-Pfalz bedeutsame) **Flussgebietseinheit Rhein** (§ 3 I LWG) ein **Maßnahmenprogramm** und ein **Bewirtschaftungsplan** aufzustellen, um die wasserwirtschaftlichen Ziele zu erreichen (§ 24 I LWG). Ungeachtet des Landes- und Bundesgrenzen überschreitenden Ansatzes der WRRL wurden die überkommenen Verwaltungsstrukturen einschließlich der räumlichen Zuständigkeitsbereiche beibehalten, wodurch ein erheblicher Koordinationsbedarf entsteht (vgl. § 1b II WHG). So erstellt die obere Wasserbehörde in Zusammenarbeit mit den Behörden der anderen betroffenen Länder und EU-Mitgliedstaaten Beiträge zum Maßnahmenprogramm und Bewirtschaftungsplan für die Flussgebietseinheit Rhein (§ 24 II LWG). Soweit das Maßnahmenprogramm und der Bewirtschaftungsplan das Gebiet des Landes Rheinland-Pfalz betreffen, werden sie von der obersten Wasserbehörde für *alle Behörden* für verbindlich erklärt (§ 24 III 2 Halbs. 1 LWG). Damit kommt dem Bewirtschaftungsplan keine unmittelbare Außenwirkung gegenüber dem Bürger zu. Eine derartige Bindungswirkung besitzt allein das Maßnahmenprogramm, aber auch nur in dem Fall, dass es für die Träger der Unterhaltungslast von Gewässern (§ 63 LWG) im Hinblick auf deren Unterhaltungs- und Ausbaupflichten von der obersten Wasserbehörde durch Rechtsverordnung für verbindlich erklärt wird (§ 24 III 3 LWG), wobei zusätzlich zu beachten ist, dass Privatpersonen lediglich in begrenztem Umfang zu den Trägern der Unterhaltungslast gehören (§ 63 III LWG).

III. Wasserrecht

Zu den landesrechtlichen Vorschriften, mit denen **Regelungsaufträge des WHG** erfüllt werden, gehört auch § 23 LWG, der für das Erreichen der Bewirtschaftungsziele eine Frist bis zum 22.12.2015 festsetzt und der oberen Wasserbehörde die Befugnis einräumt, mit Zustimmung der obersten Wasserbehörde Ausnahmen von den Bewirtschaftungszielen zuzulassen. Hinsichtlich der Vorschriften, die der Umsetzung gemeinschaftsrechtlicher Vorgaben dienen, ist des Weiteren § 24a LWG (Beteiligung interessierter Stellen und der Öffentlichkeit bei der Aufstellung des Maßnahmenprogramms und des Bewirtschaftungsplans) bedeutsam. 98

5. Gebietsfestsetzungen (Nutzungsregelungen)

Ebenso wie beim Maßnahmenprogramm und Bewirtschaftungsplan handelt es sich bei den Gebietsfestsetzungen (Nutzungsregelungen) um **Instrumente räumlicher Fachplanung** im Bereich der Wasserwirtschaft.[78] In Rheinland-Pfalz sind **vier Varianten** wasserrechtlicher Gebietsfestsetzungen zu unterscheiden: 99

- Wasserschutzgebiete,
- Gewässerrandstreifen,
- Heilquellenschutzgebiete,
- Überschwemmungsgebiete.

a) Wasserschutzgebiete

Durch die Festsetzung von Wasserschutzgebieten kann für ausgewählte territoriale Bereiche eine besondere, gegenüber der allgemeinen öffentlich-rechtlichen Benutzungsordnung der §§ 2 ff. WHG **strengere Benutzungsordnung** geschaffen werden.[79] Die Festsetzung ist zulässig, wenn sie dazu dient, Gewässer im Interesse der gegenwärtigen und künftigen öffentlichen Wasserversorgung vor nachteiligen Einwirkungen zu schützen (§ 19 I WHG). Die Unterschutzstellung kann ferner aus Gründen der Grundwasseranreicherung erfolgen. Sie ist überdies zulässig, um das schädliche Abfließen von Niederschlagswasser sowie das Abschwemmen und den Eintrag von Bodenbestandteilen, Dünge- oder Pflanzenbehandlungsmitteln in Gewässer zu verhüten. In jedem Fall darf ein Wasserschutzgebiet nur insoweit festgesetzt werden, als es das Wohl der Allgemeinheit erfordert. 100

Die Festsetzung von Wasserschutzgebieten erfolgt nach § 13 I 1 LWG durch **Rechtsverordnung**, wobei besondere Verfahrenserfordernisse (§ 122 i.V.m. §§ 110 bis 115 LWG) sowie Besonderheiten bezüglich des Geltungsbereichs (§ 123 LWG) zu beachten sind. Für den Erlass der Rechtsverordnung ist die obere Wasserbehörde zuständig (§ 13 I 1 LWG).[80] Aus § 19 II WHG ergibt sich, dass in den betreffenden Gebieten bestimmte Handlungen verboten oder für nur beschränkt zulässig erklärt und die Eigentümer und Nutzungsberechtigten von Grundstücken zur Duldung bestimmter Maßnahmen ver- 101

---

78 Zur planungssystematischen Einordnung von Gebietsfestsetzungen (Nutzungsregelungen) vgl. u. § 8 Rn. 7 ff. (mit Skizze).
79 Vgl. dazu *Jeromin/Kerkmann*, § 13 LWG/§ 19 WHG Rn. 7 f.
80 Umstr. ist das Maß des behördlichen Entscheidungsspielraums und der verwaltungsgerichtlichen Kontrolldichte bei der Festsetzung von Wasserschutzgebieten. Vgl. dazu *Breuer*, Rn. 862 ff. mit zahlr. Nachw. aus Rspr. und Lit.

pflichtet werden können. Diese bundesgesetzliche Regelung ist landesrechtlich durch § 13 II 2, 3 LWG in der Weise ergänzt worden, dass den Eigentümern und Nutzungsberechtigten von Grundstücken auch bestimmte positive Handlungspflichten auferlegt werden können. Reichen die nach § 13 II LWG getroffenen verordnungsrechtlichen Regelungen nicht aus, um den Schutzzweck zu sichern, ist die obere Wasserbehörde befugt, Einzelfallanordnungen zu treffen, in Ausnahmefällen auch außerhalb des Schutzgebiets (§ 13 IV LWG). Neben den Grundstückseigentümern und sonstigen Nutzungsberechtigten kommt der durch die Festsetzung des Wasserschutzgebiets Begünstigte als Adressat von Anordnungen der oberen Wasserbehörde in Betracht. Dieser kann durch die Verordnung oder durch Verwaltungsakt verpflichtet werden, bestimmte dem Schutzzweck dienende Maßnahmen sowie Untersuchungs- und Beobachtungsmaßnahmen durchzuführen (§ 13 III LWG). Zudem eröffnet § 14 LWG die Möglichkeit, in einem als Wasserschutzgebiet vorgesehenen Gebiet durch Rechtsverordnung oder Verwaltungsakt **vorläufige Anordnungen** zu treffen.

102 Die in (festgesetzten oder vorgesehenen) Wasserschutzgebieten zulässigen repressiven Verwaltungsmaßnahmen können – namentlich für Landwirte – mit schwerwiegenden ökonomischen Nachteilen verbunden sein. Daher sind bundesrechtliche **Entschädigungs- bzw. Ausgleichsleistungen** vorgesehen (§ 19 III, IV WHG), zu denen das Land nähere Regelungen erlassen hat. Nach § 13 VI LWG soll die obere Wasserbehörde von den in der Wasserschutzgebietsverordnung enthaltenen Verboten, Beschränkungen, Duldungs- und Handlungspflichten unter näher bezeichneten Voraussetzungen im Einzelfall **Befreiungen** erteilen. Kommt dies nicht in Betracht und geht die Beschränkung der privatwirtschaftlichen Nutzbarkeit des Grundstücks über die Sozialbindung hinaus, so ist eine **Entschädigung** zu leisten (§ 13 V 1 LWG). Hinsichtlich der Handlungspflichten wird zudem die Vorschrift des § 19 IV WHG, die bei Beschränkungen der land- und forstwirtschaftlichen Nutzung unter erleichterten Voraussetzungen einen (Nachteils-)Ausgleich gewährt, für entsprechend anwendbar erklärt (§ 13 V 2 LWG). Entschädigungs- und Ausgleichsleistungen sind ggf. auch bei vorläufigen Anordnungen zu erbringen (§ 14 I 3 LWG). Nähere Vorschriften bestehen zu Art und Umfang von Entschädigung bzw. Ausgleich, zum Verfahren, zur Verjährung sowie zum Entschädigungs- bzw. Ausgleichsverpflichteten (§§ 15, 121 LWG, § 20 WHG).

b) Gewässerrandstreifen

103 Eine weitere Möglichkeit, für bestimmte Bereiche eine besondere Nutzungsordnung zu errichten, wird durch die Regelung des § 15a LWG über Gewässerrandstreifen eröffnet. Diese Regelung geht auf die **Vorsorgestrategie für diffuse Quellen** zurück, die Teil der grundlegenden Maßnahmen im Rahmen des gemeinschaftsrechtlichen Maßnahmenprogramms ist (Art. 11 III lit. h WRRL).[81] Wie Wasserschutzgebiete werden Gewässerrandstreifen durch **Rechtsverordnung** festgesetzt, wobei die obere Wasserbehörde für die Gewässer erster und zweiter Ordnung und die untere Wasserbehörde für die Gewässer dritter Ordnung zuständig ist (§§ 15a I 2, 3 II LWG). Die Festsetzung ist zulässig, soweit sich der besondere Schutz zur Erreichung der Bewirtschaftungsziele als erforder-

---

81 LT-Drucks. 14/2300, S. 36 f.

lich erweist. Als möglicher Inhalt der Verordnung werden in § 15a II 2 LWG beispielhaft ein Verbot bestimmter Tätigkeiten, Nutzungsbeschränkungen sowie Regelungen zur Vornahme oder Erhaltung von Bepflanzungen genannt. Ein Unterschied zu den Vorschriften über Wasserschutzgebiete zeigt sich darin, dass die zuständige Wasserbehörde nicht ermächtigt wird, über die Bestimmungen der Verordnung hinaus ergänzende Anordnungen durch Verwaltungsakt vorzunehmen. Demgegenüber stimmen die beiden Regelungen im Hinblick auf Entschädigung und Befreiung strukturell überein (§ 15a III, IV LWG). Hinsichtlich des Verfahrens greift § 122 i.V.m. §§ 110 bis 115 LWG, hinsichtlich des Geltungsbereichs § 123 LWG ein.

c) Heilquellenschutzgebiete

Ferner können aufgrund der Ermächtigung des § 18 I LWG Heilquellenschutzgebiete festgesetzt werden, wobei zugleich bestimmt ist, dass die für Wasserschutzgebiete geltenden Vorschriften des § 19 II, IV WHG sowie der §§ 13 bis 15 LWG über administrative Verhaltensgebote, Entschädigung, Ausgleichszahlungen zugunsten der Land- und Forstwirtschaft etc. auf Heilquellenschutzgebiete entsprechend anzuwenden sind. Auch im Übrigen unterliegen beide Schutzgebietsarten **weitgehend den gleichen Regelungen**. So beziehen sich namentlich die Bestimmungen der §§ 122, 123 LWG (Festsetzungsverfahren, Geltungsbereich) nicht nur auf Wasserschutzgebiete (und Gewässerrandstreifen), sondern auch auf Heilquellenschutzgebiete.

104

d) Überschwemmungsgebiete

Regelungen zu den Überschwemmungsgebieten sind in den §§ 88 bis 90 LWG enthalten, wobei allerdings die Anpassung an die bundesrahmenrechtlichen Vorgaben des § 31b WHG noch nicht erfolgt ist. Wie aus § 88 I, II LWG hervorgeht, sind **Überschwemmungsgebiete kraft Gesetzes** und **Überschwemmungsgebiete kraft verordnungsrechtlicher Feststellung** zu unterscheiden. Die betreffenden Rechtsverordnungen werden bei Gewässern erster und zweiter Ordnung durch die obere Wasserbehörde, bei Gewässern dritter Ordnung durch die untere Wasserbehörde erlassen. Die zuständigen Behörden sind zur verordnungsrechtlichen Feststellung von Überschwemmungsgebieten verpflichtet, soweit es zur Verwirklichung folgender Zwecke erforderlich ist:

105

- Regelung des Hochwasserabflusses,
- Erhalt oder Verbesserung der ökologischen Struktur der Gewässer und ihrer Überflutungsflächen,
- Verhinderung erosionsfördernder Eingriffe oder
- Erhalt oder Wiederherstellung natürlicher Rückhalteflächen.

Für Überschwemmungsgebiete ist kennzeichnend, dass Einschränkungen sowohl für die gemeindliche Bauleitplanung als auch für die privatwirtschaftliche Grundstücksnutzung bestehen bzw. angeordnet werden können. Zur Wahrung des Eigentumsgrundrechts sind Ausnahme- und Dispensmöglichkeiten sowie Entschädigungs- und Ausgleichsleistungen vorgesehen (§§ 88a bis 90 LWG).

106

§ 7 Umweltrecht

6. Wassergefährdende Stoffe

107 Die wassergefährdenden Stoffe sind Gegenstand der größtenteils ins Detail gehenden bundesrechtlichen Normen der §§ 19a bis 19l WHG. Die landesrechtliche Vorschrift des § 20 LWG beschränkt sich auf Ergänzungen und Konkretisierungen. Zunächst wird eine umfassende **Anzeigepflicht** für Anlagen zum Umgang mit wassergefährdenden Stoffen und zur Beförderung solcher Stoffe begründet (§ 20 I LWG). Darüber hinaus ist das Lagern, Abfüllen und Umschlagen solcher Stoffe ohne Anlage anzeigepflichtig. Auf diese Weise wird die Einhaltung der materiellen Anforderungen durch behördliche Vorabkontrolle für die Fälle sichergestellt, in denen keine Genehmigung nach dem WHG erforderlich ist. Das anzeigepflichtige Vorhaben darf durchgeführt werden, wenn die untere Wasserbehörde dies nicht binnen zweier Monate nach Eingang der Anzeige untersagt. Hierzu ist sie nach § 20 III 1 LWG verpflichtet, wenn die Verunreinigung eines Gewässers oder eine sonstige nachteilige Veränderung seiner Eigenschaften zu besorgen ist (**Besorgnisgrundsatz**). Die „Besorgnis" setzt bereits im Vorfeld der polizeilichen Gefahr ein.[82] Eine Anzeige ist nicht erforderlich, wenn das Vorhaben einer anderweitigen behördlichen Entscheidung – z.b. einer Genehmigung nach § 19a WHG – bedarf (§ 20 IV LWG). Zudem besteht eine Anzeigepflicht, wenn wassergefährdende Stoffe aus einer Anlage zum Umgang mit solchen Stoffen oder bei deren Transport austreten (§ 20 VII LWG).

108 Über die Anzeigepflicht hinaus regelt das Landesrecht einige Einzelheiten für den Bereich der wassergefährdenden Stoffe. § 20 V LWG ermächtigt die oberste Wasserbehörde, bestimmte abschließend aufgeführte Aspekte der Materie durch Rechtsverordnung zu konkretisieren. Auf dieser Grundlage ist die **Anlagenverordnung (VAwS)**[83] ergangen.

109 Schließlich weist § 20 VI LWG eine **Zuständigkeitsregelung** für den Bereich der wassergefährdenden Stoffe auf. Hiernach ist für die Genehmigung von Rohrleitungsanlagen zum Befördern derartiger Stoffe (§ 19a WHG) die obere Wasserbehörde zuständig. Über Bauartzulassungen (§ 19h II WHG) entscheidet die oberste Wasserbehörde. Im Übrigen ist die untere Wasserbehörde zuständig, soweit nichts anderes bestimmt ist.

7. Wasserversorgung

110 Wie aus § 46 I LWG hervorgeht, sind **Träger der öffentlichen Wasserversorgung** grundsätzlich die kreisfreien Städte, verbandsfreien Gemeinden und Verbandsgemeinden. Ihnen obliegt die Aufgabe, die öffentliche Wasserversorgung sicherzustellen und hierbei die gesetzlichen Bestimmungen in Bezug auf Gesundheitsvorsorge und Hygiene zu wahren. Die Durchführung im Einzelnen kann jedoch nach Maßgabe des § 46a LWG auf private Dritte übertragen werden.

111 **Anlagen zur öffentlichen Wasserversorgung** sowie **Wasserfernleitungen** bedürfen der **Genehmigung** (§ 47 LWG). Bei Errichtung und Betrieb von Anlagen für die Versorgung mit Trink- und Brauchwasser ist der Unternehmer zudem verpflichtet, mindestens nach den allgemein anerkannten Regeln der Technik vorzugehen und vorhandene Anlagen

---

82 *Czychowski/Reinhardt*, § 19g Rn. 6.
83 LVO über Anlagen zum Umgang mit wassergefährdenden Stoffen und über Fachbetriebe (BS 75-50-2).

ggf. diesen Anforderungen anzupassen (§ 48 LWG). Zusätzlich begründet § 49 LWG die Pflicht, gewonnenes Trinkwasser regelmäßig selbst zu überwachen. Schließlich bestehen besondere Anforderungen an die **Erlaubnis oder Bewilligung zur Entnahme von Trinkwasser** (§ 45 LWG). Der überörtlichen Sicherung der künftigen Wasserversorgung dient der **Wasserversorgungsplan** (§ 50 LWG). Dieser ist grundsätzlich unverbindlich, kann aber nach § 50 III LWG durch Rechtsverordnung in bestimmten Gebieten, namentlich zur Herstellung eines Ausgleichs zwischen Wasserüberschuss- und Wassermangelgebieten, für verbindlich erklärt werden.

8. Abwasserbeseitigung

Eine Reihe wasserrechtlicher Vorschriften bezieht sich speziell auf die **Abwasserbeseitigung**. Die betreffenden Vorschriften erweisen sich in ihrer Gesamtheit als ein – relativ eigenständiges – **Teilgebiet des Wasserwirtschaftsrechts**. Die nähere rechtliche Ausgestaltung dieses Teilgebiets ist für die Reinhaltung der Gewässer von hoher Bedeutung. 112

a) Begriffsbestimmungen

Abwasser ist nach der Definition des § 51 I LWG Wasser, das 113

- durch häuslichen, gewerblichen, landwirtschaftlichen oder sonstigen Gebrauch in seinen Eigenschaften verändert ist (Schmutzwasser) oder
- von Niederschlägen aus dem Bereich von bebauten oder befestigten Flächen abfließt und zum Fortleiten gesammelt wird (Niederschlagswasser) oder
- sonst zusammen mit Schmutz- oder Niederschlagswasser in Abwasseranlagen abfließt.[84]

Der Begriff der **Abwasserbeseitigung** wird ebenfalls gesetzlich konkretisiert. Er umfasst das Sammeln, Fortleiten, Behandeln, Einleiten, Versickern, Verregnen und Verrieseln von Abwasser sowie das Entwässern von Klärschlamm im Zusammenhang mit der Abwasserbeseitigung (§ 18a I 2 WHG). Dabei stellt vor allem das Einleiten von Abwasser in Gewässer einen ökologisch sensiblen und rechtlich detailliert geregelten Vorgang dar.[85] 114

b) Abwasserbeseitigungspflicht

Analog zur öffentlichen Wasserversorgung (o. Rn. 110) obliegt die **Pflicht zur Beseitigung des Abwassers** grundsätzlich den kreisfreien Städten, verbandsfreien Gemeinden und Verbandsgemeinden (§ 18a II WHG, § 52 I 1 LWG). Inhalt und Umfang der Beseitigungspflicht sind gesetzlich näher festgelegt (§ 18a I 1 WHG, § 52 I 1, 2, V LWG). Eine hiermit korrelierende **Überlassungspflicht** ergibt sich aus § 52 IV LWG. Danach ist das Abwasser von demjenigen, bei dem es anfällt, dem Beseitigungspflichtigen über die dazu bestimmten Anlagen zu überlassen. 115

Ausnahmen von der gemeindlichen Abwasserbeseitigungspflicht enthält § 53 LWG. So sind beispielsweise zur Beseitigung von Niederschlagswasser, das von öffentlichen Verkehrsanlagen außerhalb im Zusammenhang bebauter Ortsteile anfällt, die Träger der 116

---

84 Zum Abwasserbegriff vgl. auch § 2 I AbwAG und *Breuer*, Rn. 487 ff.
85 Vgl. dazu u. Rn. 120 ff.

jeweiligen Anlagen verpflichtet. Zudem sind diejenigen, die Abwasser in öffentliche Abwasseranlagen einleiten (Indirekteinleiter), insoweit abwasserbeseitigungspflichtig, als ihnen nach § 55 LWG Abwasserbeseitigungsmaßnahmen auferlegt worden sind. Ferner kann durch wasserbehördliche Entscheidung die gemeindliche Abwasserbeseitigungspflicht unter bestimmten Voraussetzungen auf Nutzungsberechtigte von Grundstücken, Gewerbebetriebe oder die Betreiber von Anlagen übertragen werden.

117 Nach der Rahmenvorschrift des § 18a II 3 WHG können sich die Abwasserbeseitigungspflichtigen **zur Erfüllung ihrer Pflichten Dritter bedienen**. Die originäre (öffentlich-rechtliche) Verantwortung der Beseitigungspflichtigen bleibt hiervon jedoch unberührt.[86] Die landesrechtlichen Umsetzungsregelungen zur Rahmenvorschrift des § 18a II 3 WHG sind in § 52 I 3, 4 LWG enthalten. Allerdings weist § 18a IIa WHG eine weitergehende Rahmenvorschrift zugunsten der abwasserbeseitigungspflichtigen Körperschaften des öffentlichen Rechts auf, wonach diese ihre **Pflicht mit befreiender Wirkung auf private Dritte übertragen** können. Insoweit hat der rheinland-pfälzische Gesetzgeber indes von näheren Regelungen abgesehen.[87]

c) Abwasserbeseitigungsplanung

118 § 60 LWG sieht einen Abwasserbeseitigungsplan zur **Steuerung der Abwasserbeseitigung** aus überörtlicher Sicht vor. Im Zuge der Anpassung des Bundesrechts an die WRRL ist die entsprechende Rahmenvorschrift des § 18a III WHG aufgehoben worden. Nach dem Willen des Bundesgesetzgebers soll die Abwasserbeseitigungsplanung in den Maßnahmenprogrammen und Bewirtschaftungsplänen aufgehen. Hierdurch wird der rheinland-pfälzische Gesetzgeber jedoch nicht daran gehindert, an der Regelung festzuhalten.[88]

d) Bau und Betrieb von Abwasseranlagen

119 Der Rechtsbegriff der **Abwasseranlage** umfasst jede technische Einrichtung, die der Abwasserbeseitigung dient. Er ist daher weiter zu verstehen als der Begriff der **Abwasserbehandlungsanlage**, an den § 18c WHG anknüpft.[89] An den Bau und Betrieb der Abwasseranlage stellen § 18b I WHG und § 56 LWG bestimmte Anforderungen. Grundsätzlich bedürfen der Bau und Betrieb sowie die wesentliche Änderung von Abwasseranlagen der **Genehmigung** (§ 54 I 1 LWG).[90] Sofern kein Versagungsgrund nach § 54 II LWG vorliegt, muss die Behörde die Genehmigung erteilen (gebundener Verwaltungsakt).

e) Abwassereinleitungen

120 Das Einleiten von Abwasser in oberirdische Gewässer oder in das Grundwasser (**Direkteinleitung**) fällt unter den Benutzungstatbestand des § 3 I Nr. 4 bzw. 5 WHG. Allerdings bestehen einige Besonderheiten. Insoweit ist zunächst zu beachten, dass für Ab-

---

[86] BGHZ 149, 206, 212.
[87] *Beile*, § 52 Anm. 4.1.2.
[88] BT-Drucks. 14/7755, S. 16 f.; *Czychowski/Reinhardt*, § 18a Rn. 26 m.w.N.
[89] *Breuer*, Rn. 528; *Czychowski/Reinhardt*, § 18b Rn. 2. Zur Abgrenzung der Abwasseranlage von einem Gewässer OVG Greifswald, ZUR 2002, 419 ff. Zum Begriff der Abwasserbehandlungsanlage *Czychowski/Reinhardt*, § 18c Rn. 17.
[90] Vgl. zu den Ausnahmen § 54 I 2 LWG.

wassereinleitungen in Gewässer keine Bewilligung, sondern nur eine Erlaubnis erteilt werden darf (§ 8 II 2 WHG). Einleitungen in das Grundwasser dürfen zudem lediglich unter den im Vergleich zu § 6 WHG engeren Voraussetzungen des § 34 I WHG zugelassen werden. Im Übrigen unterliegt die Erlaubniserteilung für Abwassereinleitungen in Gewässer den besonderen Anforderungen des § 7a I WHG.

Erhöhte Beachtung verdient in diesem Zusammenhang auch die Rahmenregelung des § 7a IV WHG über **Indirekteinleitungen**. Danach stellen die Länder sicher, dass beim Einleiten von Abwasser in eine öffentliche Abwasseranlage die nach § 7a I 4 WHG maßgeblichen Anforderungen eingehalten werden. Die Regelung schließt die Lücke, die dadurch entsteht, dass das Einleiten in die Kanalisation keine Gewässerbenutzung ist und damit keiner Erlaubnis oder Bewilligung bedarf, während das Abwasser Stoffe enthalten kann, die sich der allgemeinen Abwasserbehandlung teilweise oder sogar ganz entziehen, was zusätzliche Maßnahmen erforderlich macht.[91] Der bundesrechtlichen Vorgabe wird durch die §§ 55, 57 II LWG Rechnung getragen. 121

f) Abwasserabgabe

Nach § 1 AbwAG ist für das **Einleiten von Abwasser** in ein Gewässer im Sinne des § 1 I WHG eine **Abgabe** zu entrichten, die von den Ländern erhoben wird. Was unter dem Tatbestandsmerkmal »Einleiten von Abwasser« im Einzelnen zu verstehen ist, ergibt sich aus den Begriffsbestimmungen des § 2 I, II AbwAG. Für das Aufkommen der Abwasserabgabe besteht eine **gesetzliche Zweckbindung** insofern, als es der Finanzierung von Maßnahmen zur Erhaltung und Verbesserung der Gewässer dient. Vorab ist aus dem Aufkommen allerdings der mit dem Gesetzesvollzug verbundene Verwaltungsaufwand zu bestreiten (§ 13 AbwAG, § 16 LAbwAG). In rechtssystematischer Hinsicht wird die Abwasserabgabe überwiegend weder als Steuer noch als Beitrag oder Gebühr, sondern als **Sonderabgabe** qualifiziert.[92] Die der Abwasserabgabe zugrunde liegende umweltpolitische Lenkungsintention zielt vor allem dahin, über den »Kostenhebel« Menge und Schadstoffgehalt des Abwassers im Interesse der Gewässerreinhaltung zu reduzieren. 122

9. Ausbau und Unterhaltung der Gewässer, Deiche und Dämme

a) Gewässerausbau

Wie sich aus § 3 III 1 WHG ergibt, gehören Maßnahmen, die dem **Ausbau eines oberirdischen Gewässers** dienen, *nicht* zu den Gewässerbenutzungen.[93] Der Ausbau oberirdischer Gewässer ist in den §§ 31 WHG, 71 bis 75 LWG näher geregelt. 123

Beispiele:
Anlegen eines Fischteichs,[94] Fassung von wild aus einer Quelle abfließendem Wasser in einem Gewässerbett.[95]

---

91 *Czychowski/Reinhardt*, § 7a Rn. 29.
92 Vgl. z. B. *Schmidt/Kahl*, § 1 Rn. 42 f., § 4 Rn. 10.
93 Zur Abgrenzung zwischen Gewässerbenutzung und Gewässerausbau vgl. BVerwGE 55, 220, 222 ff. m.w.N., sowie *Czychowski/Reinhardt*, § 3 Rn. 79 ff. Einen juristischen Übungsfall aus dem Themenkreis Gewässerausbau und Gewässerbenutzung behandeln *Schmidt/Kahl*, § 4 Rn. 20 ff.
94 BVerwG, ZfW 1991, 159 f.
95 BayVGH, NuR 1999, 585.

124 Die bundesrechtliche Vorschrift des § 31 I WHG enthält zunächst den Grundsatz, dass ein natürlicher oder naturnaher Zustand der Gewässer zu erhalten bzw. anzustreben ist. Überdies müssen sich Ausbaumaßnahmen an den Bewirtschaftungszielen orientieren und den im Maßnahmenprogramm aufgestellten Anforderungen genügen. Nach § 31 II WHG bedürfen die entsprechenden Maßnahmen grundsätzlich der vorherigen Durchführung eines **Planfeststellungsverfahrens**, es sei denn, ein Gewässer entsteht nur für einen begrenzten Zeitraum und dadurch werden keine nachteiligen Veränderungen des Wasserhaushalts verursacht. Soweit der Gewässerausbau keiner UVP bedarf, genügt eine **Plangenehmigung** (§ 31 III WHG). An die Entscheidung über die Planfeststellung und die Plangenehmigung werden in § 31 WHG und § 72 LWG nähere materielle Anforderungen gestellt, wobei nach den Präzisierungen der Rechtsprechung[96] dem Umstand maßgebliche Bedeutung zukommt, ob es sich um eine gemeinnützige oder privatnützige Gewässerausbaumaßnahme handelt. In der Fachliteratur werden indes Bedenken gegen die Unterscheidung erhoben.[97] In verfahrensrechtlicher Hinsicht gelten die §§ 114, 115 LWG sowie die §§ 72 bis 77 VwVfG, soweit § 114 I LWG auf diese verweist.[98]

b) Gewässerunterhaltung

125 Maßnahmen zur **Unterhaltung eines oberirdischen Gewässers** (wie z.B. die Wiederherstellung einer Uferbefestigung)[99] stellen ebenfalls *keine* Gewässerbenutzungen dar (§ 3 III 2 WHG).[100] Eine Ausnahme gilt lediglich dann, wenn bei den Unterhaltungsmaßnahmen chemische Mittel eingesetzt werden. Insoweit liegt eine zulassungspflichtige Gewässerbenutzung vor. Nähere Regelungen zur Unterhaltung oberirdischer Gewässer sind in den §§ 28 bis 30 WHG, 63 bis 70 LWG enthalten.

c) Deiche und Dämme

126 Nach § 31 I 2 WHG **stehen** Deich- und Dammbauten, die den Hochwasserabfluss beeinflussen, **dem Ausbau oberirdischer Gewässer gleich**. Ergänzende Vorschriften hierzu finden sich in den §§ 83 bis 87 LWG. Die Vorschriften beziehen sich sowohl auf den Ausbau als auch auf die Unterhaltung von Deichen und Dämmen.

10. Anlagen im Gewässerbereich sowie zu besonderen Zwecken
a) Anlagen im Gewässerbereich

127 Die Errichtung oder wesentliche Änderung von **Anlagen in oder an oberirdischen Gewässern** bedarf der **Genehmigung** (§ 76 I 1 LWG).[101] Hierdurch sollen vor allem nachteilige Auswirkungen auf die Wasserführung vermieden werden.[102] Anlagen an Gewäs-

---

96 Grundlegend BVerwGE 55, 220, 226 ff. Vgl. ferner BVerwG, NJW 1981, 837; NVwZ-RR 1994, 201 f.; NVwZ-RR 1994, 381.
97 Czychowski/Reinhardt, § 31 Rn. 4 f.; *Breuer*, Rn. 1007 ff., jeweils m.w.N.
98 Zum Rechtsschutz Dritter beim Gewässerausbau vgl. BVerwGE 62, 243 ff. Ausf. *Breuer*, Rn. 1020 ff.
99 OVG RhPf., NuR 1991, 143.
100 Zur (bisweilen schwierigen) Abgrenzung von Unterhaltungs- und Ausbaumaßnahmen *Czychowski/Reinhardt*, § 31 Rn. 23 ff. m.w.N.
101 Vgl. dazu beispielsweise OVG RhPf., NuR 1996, 417 f. (Bachverrohrung); NuR 2000, 704 f. (Gewölbetunnel); VGH Mannheim, VBlBW 1980, 68 ff. (Ankerboje im Bodensee); ZfW 1981, 106, 108 f. (Schwimmstege für Bootsliegeplätze).
102 *Beile*, § 76 Anm. 1; *Jeromin/Kerkmann*, § 76 LWG Rn. 1.

sern sind solche, die sich in einem genau bestimmten Bereich entlang des Gewässers befinden.[103] Ferner gelten **Anlagen unter oder über einem Gewässer** als Anlagen an einem Gewässer, wenn von ihnen Einwirkungen auf das Gewässer und seine Benutzung ausgehen können. Ebenso gelten **Veränderungen der Bodenoberfläche** als Anlagen an Gewässern (§ 76 I 3, 4 LWG). Das Genehmigungserfordernis gilt nicht für Anlagen, die einer anderen behördlichen Zulassung nach dem WHG oder dem LWG bedürfen, namentlich nicht für solche Anlagen, die einer erlaubnispflichtigen Benutzung, der Unterhaltung oder dem Ausbau des Gewässers dienen (§ 76 I 2 LWG).

Für die **behördliche Entscheidung** über die Genehmigung sowie über nachträgliche Anordnungen gelten die Regelungen des § 76 II bis IV LWG. Die Behörde ist in ihrer Entscheidung über die Genehmigung gebunden, d.h. die Genehmigung darf nur versagt werden, wenn der zwingende Versagungsgrund des § 76 II LWG vorliegt. Im Übrigen besteht ein Anspruch auf Erteilung der Genehmigung. Grundsätzlich ist die untere Wasserbehörde zuständig (§§ 76 VI LWG). 128

b) Sonstige Anlagen

Weitere **Tatbestände wasserrechtlicher Zulassung bzw. Anzeige**, die hier teilweise in anderem Sachzusammenhang näher behandelt worden sind, beziehen sich auf Rohrleitungsanlagen zur Beförderung wassergefährdender Stoffe (§§ 19a bis 19f WHG, § 20 VI LWG), Anlagen zum Umgang mit wassergefährdenden Stoffen (§§ 19g bis 19l WHG, § 20 LWG), Wasserversorgungsanlagen und Wasserfernleitungen (§§ 47 bis 49 LWG), Stauanlagen und künstliche Wasserspeicher (§§ 78 bis 81 LWG), Abwasseranlagen (§ 18b WHG, § 54 LWG) sowie Abwasserbehandlungsanlagen (§ 18c WHG). 129

11. Gewässeraufsicht, Zwangsrechte und Wassergefahr

Hinsichtlich der **allgemeinen Gewässeraufsicht** normiert § 93 I LWG zwei Aufgabenkreise. Danach haben die Wasserbehörden sowie das Landesamt für Umwelt, Wasserwirtschaft und Gewerbeaufsicht (LUWG) einmal die Gewässer zu überwachen und zum anderen sicherzustellen, dass die nach dem WHG und dem LWG bestehenden oder aufgrund dieser Gesetze begründeten Verpflichtungen erfüllt werden und vermeidbare Beeinträchtigungen unterbleiben. 130

Der erste, die **Überwachung** betreffende Aufgabenkreis wird durch § 93 II LWG konkretisiert. Danach obliegt es den Struktur- und Genehmigungsdirektionen sowie dem LUWG, insbesondere den Zustand und die Benutzung der Gewässer, der Ufer, der Hochwasserschutzanlagen etc. zu überwachen. Hierfür wird von der Struktur- und Genehmigungsdirektion die **Schaukommission** gebildet (§ 96 LWG). Für die Überwachung gelten weitreichende Pflichten zur Duldung, Auskunftserteilung etc. (§§ 21 WHG, 93 VI LWG). Dem zweiten Aufgabenkreis, der sich auf die **Sicherstellung der Erfüllung der wasserwirtschaftsrechtlichen Verpflichtungen** bezieht, dient die **allgemeine Ermächtigung** der Wasserbehörden, die notwendigen Maßnahmen für den Einzelfall anzuordnen (§ 93 IV LWG). Außerdem ist die in § 93 III LWG vorgeschriebene regelmäßige Überprüfung wasserrechtlicher Zulassungen dem zweiten Aufgabenkreis zuzuordnen. Die 131

---

103 Zum Anlagenbegriff *Jeromin/Kerkmann*, § 76 LWG Rn. 12 ff. mit Nachw. aus der Rspr.

Kosten der Gewässeraufsicht sind von demjenigen zu tragen, der unerlaubt auf ein Gewässer einwirkt oder ein Gewässer beeinträchtigt (§ 94 I LWG). Sondervorschriften bestehen für die **Bauüberwachung** (§ 95 LWG).

132 Nach den Regelungen der §§ 97 bis 104 LWG können Eigentümern und Nutzungsberechtigten von Gewässern und Grundstücken sowie Unternehmern einer Grundstücksentwässerungs-, Wasserversorgungs- oder Abwasseranlage umfangreiche Pflichten, insbesondere Duldungspflichten zu verschiedenen Zwecken auferlegt werden (**Zwangsrechte**). Bestimmungen für den Fall einer **Wassergefahr** enthalten die §§ 91 und 92 LWG.

12. Wasserbücher

133 Nach der bundesrechtlichen Anordnung des § 37 I WHG sind für die Gewässer Wasserbücher einzurichten. Die näheren landesgesetzlichen Regelungen hierzu finden sich in den §§ 124 bis 127 LWG. Bei den Wasserbüchern, die von der oberen Wasserbehörde anzulegen und zu führen sind (§ 124 II LWG), handelt es sich um **amtliche Informationssammlungen** (Verzeichnisse oder Register) über bestimmte wasserrechtliche Sachgegenstände. Diese Informationssammlungen dienen vornehmlich dem Zweck, den Behörden eine systematische Übersicht über bedeutsame wasserrechtliche Rechtsverhältnisse zu verschaffen. Die eintragungsfähigen Gegenstände ergeben sich im Einzelnen aus den §§ 37 II WHG, 125 I LWG.

Beispiele:
Erlaubnisse, Bewilligungen, alte Rechte und Befugnisse, Wasserschutzgebiete, Überschwemmungsgebiete, Gewässerrandstreifen sowie Heilquellenschutzgebiete.

134 Für den Bestand und den Nachweis von Rechten sind die Wasserbucheintragungen zwar unmaßgeblich (§ 125 III LWG). Immerhin spricht aber eine tatsächliche Vermutung für die Richtigkeit der Eintragungen,[104] die sich nach überwiegender Auffassung als **Verwaltungsakte** erweisen.[105]

IV. Kreislaufwirtschafts- und Abfallrecht

1. Gesetzgebungskompetenzen und Rechtsgrundlagen

135 Das Kreislaufwirtschafts- und Abfallrecht ist zum großen Teil im Kreislaufwirtschafts- und Abfallgesetz[106] des Bundes geregelt, das seinerzeit vor allem auf die **konkurrierende Gesetzgebungskompetenz** nach Art. 74 I Nr. 24 GG (Abfallwirtschaft) und Art. 74 I Nr. 11 GG (Recht der Wirtschaft) sowie ferner auf die Rahmengesetzgebungskompetenz nach Art. 75 I 1 Nr. 4 GG a. F. (Bodenverteilung, Raumordnung) gestützt worden ist.[107] Für das Landesrecht verbleiben lediglich komplettierende Detailgestaltungen zu der unten (Rn. 138 ff.) dargestellten Grundkonzeption des KrW-/AbfG. In Rheinland-

---

104 BVerwGE 37, 103, 104; BGH, ZfW 1979, 159, 161; *Czychowski/Reinhardt*, § 37 Rn. 3a m.w.N.
105 BVerwGE 37, 103, 104. Ebenso neben anderen G.-M. *Knopp* (Fn. 62), § 37 WHG Rn. 34; *Czychowski/Reinhardt*, § 37 Rn. 4b. Abw. z.B. *Kotulla*, WHG, Komm., 2003, § 37 Rn. 17.
106 KrW-/AbfG v. 27.9.1994 (BGBl. I S. 2705), später mehrfach geändert.
107 BT-Drucks. 12/5672, S. 39.

IV. Kreislaufwirtschafts- und Abfallrecht

Pfalz ist die Ausformung und Ergänzung der bundesrechtlichen Regelung durch das Landesabfallwirtschaftsgesetz[108] erfolgt.

2. Organisation und Zuständigkeiten

Der Vollzug des KrW-/AbfG und des LAbfWG und der auf diesen Gesetzen beruhenden Rechtsverordnungen obliegt in erster Linie den **Abfallbehörden**, die – wie aus § 27 I LAbfWG hervorgeht – dreistufig aufgebaut sind. **Oberste Abfallbehörde** ist das für die Abfallwirtschaft zuständige Ministerium für Umwelt, Forsten und Verbraucherschutz.[109] Als **obere Abfallbehörden** fungieren die Struktur- und Genehmigungsdirektionen. **Untere Abfallbehörden** sind die Kreisverwaltungen bzw. (in kreisfreien Städten) die Stadtverwaltungen, wobei die Aufgaben als Auftragsangelegenheiten (§ 2 II LKO, § 2 II GemO) wahrgenommen werden. Beim Normvollzug wirken sowohl das Landesamt für Umwelt, Wasserwirtschaft und Gewerbeaufsicht (LUWG) als auch die Struktur- und Genehmigungsdirektion als Fachbehörden sowie außerdem – zur Wahrnehmung der Belange der Umwelthygiene – die Gesundheitsämter mit (§ 29 LAbfWG). Der Struktur- und Genehmigungsdirektion kommt hiernach eine doppelte Funktion als Abfall- und als Fachbehörde zu.

136

Die **sachliche Zuständigkeit** liegt bei der oberen Abfallbehörde, soweit nichts anderes bestimmt ist (§ 27 II 1 LAbfWG). Zu den anderen Bestimmungen gehört namentlich, dass für Anordnungen zur Erfüllung der Überlassungspflicht nach § 13 I KrW-/AbfG die Verwaltung des öffentlich-rechtlichen Entsorgungsträgers, d.h. die Kreis- bzw. Stadtverwaltung zuständig ist (§ 27 II 4 i.V.m. § 3 I 1 LAbfWG). Zudem wird durch § 10 I LAbfWG der Zentralen Stelle für Sonderabfälle[110] im Rahmen ihres Aufgabenbereichs die Überwachung nach § 28 LAbfWG zugewiesen. Was die **örtliche Zuständigkeit** anbelangt, so bestehen nähere Regelung in § 27 III, IV LAbfWG.

137

3. Grundkonzeption des Kreislaufwirtschafts- und Abfallrechts

Abfälle im Rechtssinne sind nach § 3 I 1 KrW-/AbfG alle beweglichen Sachen, die unter Anhang I des Gesetzes fallen und deren sich ihr Besitzer entledigt oder entledigen will (**subjektiver Abfallbegriff**) oder entledigen muss (**objektiver Abfallbegriff**). Hierbei kommt den Stoffgruppen des Anhangs I wegen der Auffangfunktion der Gruppe Q 16, die alle nicht von einer anderen Gruppe umfassten Stoffe und Produkte einschließt, keine einschränkende Bedeutung zu.[111] Die Entledigungspflicht im Sinne des objektiven Abfallbegriffs besteht, wenn die Voraussetzungen des § 3 IV KrW-/AbfG kumulativ vorliegen, d.h. wenn – vereinfacht ausgedrückt – eine geordnete Abfallentsorgung erforderlich ist, um das Gefährdungspotenzial des Abfalls für die Allgemeinheit, insbesondere die Umwelt, auszuschließen. Der Abfallbegriff umfasst sowohl **Abfälle zur Beseitigung** als auch **Abfälle zur Verwertung** (§ 3 I 2 KrW-/AbfG),[112] wobei in weiten Teilen unterschiedliche Bestimmungen gelten.[113]

138

---
108 LAbfWG (BS 2129-1; *H/J/W*, Nr. 50).
109 Vgl. ergänzend § 10 Nr. 18 Geschäftsverteilung der Landesregierung (Fn. 11).
110 Vgl. dazu u. Rn. 149.
111 *Kloepfer*, § 20 Rn. 54; *Kunig/Paetow u.a.*, § 3 Rn. 17 m.w.N.
112 Näher zu diesen Begriffen *Kloepfer*, § 20 Rn. 75.
113 Hierzu im Einzelnen *Kunig/Paetow u. a.*, § 3 Rn. 24.

139 Das KrW-/AbfG beruht auf den Prinzipien der **Abfallvermeidung, Abfallverwertung** und **Abfallbeseitigung**. Die gesetzliche Rangfolge sieht vor, dass die Abfallvermeidung Vorrang vor der Abfallverwertung hat (§ 4 I KrW-/AbfG), die wiederum grundsätzlich der Abfallbeseitigung vorgeht (§ 5 II 2 KrW-/AbfG). Hinsichtlich der Abfallverwertung ist zwischen stofflicher Verwertung (§ 4 I Nr. 2 Buchst. a, III KrW-/AbfG) und energetischer Verwertung (§ 4 I Nr. 2 Buchst. b, IV KrW-/AbfG) zu unterscheiden, wobei im Einzelfall die jeweils umweltverträglichere Variante zu bevorzugen ist.

140 Nach den §§ 5 II 1, 11 I KrW-/AbfG sind grundsätzlich die Erzeuger oder Besitzer von Abfällen zur Verwertung oder Beseitigung verpflichtet (**Grundsatz der Eigenentsorgung**). Dieser Grundsatz erfährt indes eine gewichtige Einschränkung durch die Ausnahme des § 15 I 1 KrW-/AbfG, wonach die **öffentlich-rechtlichen Entsorgungsträger**[114] verpflichtet sind, **sämtliche Abfälle** aus privaten Haushaltungen sowie **Abfälle zur Beseitigung** aus anderen Herkunftsbereichen zu verwerten oder zu beseitigen. Damit gilt der Grundsatz der Eigenentsorgung lediglich für Abfälle zur Verwertung aus anderen Herkunftsbereichen als privaten Haushaltungen uneingeschränkt.

141 Mit der Entsorgungspflicht der öffentlich-rechtlichen Entsorgungsträger korrespondiert eine **Überlassungspflicht** der Erzeuger oder Besitzer (§ 13 I KrW-/AbfG). Für Abfälle aus privaten Haushaltungen gilt dies jedoch nur insoweit ausnahmslos, als die Abfälle zu beseitigen sind. In Bezug auf Abfälle zur Verwertung ist es dem Erzeuger oder Besitzer dagegen freigestellt, diese selbst zu verwerten, sofern er dazu in der Lage ist (Wahlrecht).[115] Die Erzeuger oder Besitzer von **Abfällen zur Beseitigung** aus anderen Herkunftsbereichen (als privaten Haushaltungen) sind zur Überlassung verpflichtet, soweit überwiegende öffentliche Interessen eine Überlassung erfordern. Für **Abfälle zur Verwertung** aus anderen Herkunftsbereichen besteht **keine** Überlassungspflicht.

142 Der Grundsatz der Eigenentsorgung wird zusätzlich dadurch gelockert, dass die Entsorgungspflichtigen **Dritte** beauftragen können, bei der Erfüllung ihrer Entsorgungspflichten tätig zu werden. Ihre Verantwortlichkeit bleibt hiervon indes unberührt (§ 16 I KrW-/AbfG). Die Erzeuger und Besitzer von Abfällen aus gewerblichen sowie sonstigen wirtschaftlichen Unternehmen oder öffentlichen Einrichtungen können darüber hinaus **Verbände** bilden, die sie mit der Erfüllung der Entsorgungspflichten beauftragen können (§ 17 I KrW-/AbfG). Unter bestimmten Voraussetzungen ist ferner die Übertragung der Pflichten auf die Verbände mit befreiender Wirkung für die Verbandsmitglieder möglich (§ 17 III bis VI KrW-/AbfG). In § 18 KrW-/AbfG ist eine § 17 KrW-/AbfG ähnliche Regelung für besondere Einrichtungen von Selbstverwaltungskörperschaften der Wirtschaft enthalten, der jedoch kaum praktische Bedeutung zukommt. Die den öffentlich-rechtlichen Entsorgungsträgern, Verbänden und Einrichtungen der Selbstverwaltungskörperschaften der Wirtschaft obliegenden Pflichten können unter bestimmten Voraussetzungen mit befreiender Wirkung auf Dritte übertragen werden (§ 16 II bis IV KrW-/AbfG).

---

114 Vgl. dazu u. Rn. 145.
115 *Kunig/Paetow u. a.*, § 13 Rn. 18.

IV. Kreislaufwirtschafts- und Abfallrecht

4. Förderung der Kreislaufwirtschaft

Zu den Zwecken des KrW-/AbfG gehört – neben der Sicherung einer umweltverträglichen Abfallbeseitigung – die **Förderung der Kreislaufwirtschaft** (§ 1 KrW-/AbfG). Diesen Gesetzeszweck greift § 1 I LAbfWG auf. Danach haben das Land, die Gemeinden, die Landkreise und die sonstigen der Aufsicht des Landes unterstehenden Körperschaften, Anstalten und Stiftungen des öffentlichen Rechts sowie Beliehene »vorbildlich« zur Förderung der Kreislaufwirtschaft beizutragen. Zur Konkretisierung dieser Bestimmung enthält § 2 LAbfWG Vorgaben für das Beschaffungswesen sowie die Ausschreibung und Vergabe öffentlicher Aufträge, die an näher bezeichneten, der Kreislaufwirtschaft entsprechenden Produkteigenschaften auszurichten sind. Der Vorrang der umweltschonenden Produkte gilt jedoch nicht absolut, sondern lediglich soweit die Produkte für den vorgesehenen Verwendungszweck geeignet sind und keine unzumutbaren Mehrkosten entstehen. Für die Bundesverwaltung enthält § 37 KrW-/AbfG ähnliche Vorgaben.

143

Neben der Verwaltung soll **jeder Einzelne** sein Verhalten an der Kreislaufwirtschaft ausrichten, indem er dazu beiträgt, dass Abfälle möglichst vermieden und nicht vermiedene Abfälle nach Möglichkeit verwertet werden (§ 1 III LAbfWG). Die Vorschrift begründet indes keine durchsetzbare Rechtspflicht. Ihr kommt lediglich Bedeutung als Appell des Gesetzgebers an den Bürger sowie bei der Auslegung anderer Vorschriften zu.

144

5. Öffentlich-rechtliche Entsorgungsträger

Nach § 13 I 1 KrW-/AbfG bestimmt das Landesrecht die zur Entsorgung verpflichteten juristischen Personen (öffentlich-rechtliche Entsorgungsträger), deren Pflichten sich aus § 15 KrW-/AbfG ergeben.[116] In Rheinland-Pfalz sind dies die **Landkreise und kreisfreien Städte**, wobei sich die ihnen übertragenen Aufgaben als Pflichtaufgaben der Selbstverwaltung[117] erweisen (§ 3 I 1 LAbfWG). Zur Aufgabenerfüllung sollen die öffentlich-rechtlichen Entsorgungsträger miteinander und mit privaten Dritten kooperieren. Unter Umständen können sie zu einem Zweckverband zusammengeschlossen werden (§ 3 II LAbfWG). Nach der Rechtsprechung des BVerfG steht die gesetzliche Aufgabenübertragung auf die Landkreise mit der verfassungskräftigen **Garantie der gemeindlichen Selbstverwaltung** (Art. 49 III 1 LV, Art. 28 II 1 GG) in Einklang.[118]

145

Zur näheren Ausgestaltung der Überlassungspflichten (§ 13 KrW-/AbfG) ermächtigt § 5 I, III LAbfWG die öffentlich-rechtlichen Entsorgungsträger sowie die Zweckverbände nach § 3 II LAbfWG und sonstigen Entsorgungsträger, durch **Satzung** insbesondere zu bestimmen, wie, wo und wann ihnen die Abfälle zu überlassen sind und in welcher Weise Erzeuger oder Besitzer von Abfällen aus privaten Haushalten nachzuweisen haben, dass sie zur beabsichtigten Eigenverwertung in der Lage und damit von der Überlassungspflicht befreit sind. Überdies enthält § 5 II LAbfWG nähere Bestimmungen über die Erhebung von **Benutzungsgebühren und Beiträgen**. Hierzu vertritt das OVG RhPf. die Auffassung, dass eine personen- und haushaltsbezogene Gebührenbemessung

146

---

116 Vgl. hierzu bereits o. Rn. 140.
117 Vgl. dazu § 2 I 2 GemO, § 2 I 2 LKO.
118 BVerfGE 79, 127, 143 ff. (»Rastede-Entscheidung«).

ebenso zulässig ist wie eine Regelung, die an Menge und Gewicht der anfallenden Abfälle anknüpft.[119] Außerdem sei eine von der tatsächlichen Inanspruchnahme der Entsorgungseinrichtung unabhängige Mindestgebühr zulässig.[120]

147 Die öffentlich-rechtlichen Entsorgungsträger sind verpflichtet, spätestens alle fünf Jahre **Abfallwirtschaftskonzepte** (§ 19 KrW-/AbfG, § 6 LAbfWG) und jährlich **Abfallbilanzen** (§ 19 KrW-/AbfG, § 7 LAbfWG) zu erstellen. Beide Instrumente dienen der internen Planung des Entsorgungsträgers und als Grundlage der Überwachung durch die zuständige Behörde.

6. Entsorgung von Sonderabfällen

148 Der Bundesgesetzgeber hat den Ländern die Möglichkeit eingeräumt, zur Sicherstellung der umweltverträglichen Beseitigung **Andienungs- und Überlassungspflichten** für gefährliche Abfälle zur Beseitigung zu bestimmen. Entsprechendes gilt für gefährliche Abfälle zur Verwertung, soweit eine ordnungsgemäße Verwertung nicht anderweitig gewährleistet werden kann (§ 13 IV 1, 2 KrW-/AbfG). Hiervon hat Rheinland-Pfalz mit den §§ 8 bis 10 LAbfWG Gebrauch gemacht.

149 Das Landesrecht verwendet in diesem Zusammenhang den Begriff **Sonderabfälle**. Eine Begriffsbestimmung ist in § 8 II LAbfWG enthalten. Sonderabfälle sind nach § 8 IV 1 LAbfWG grundsätzlich vom Erzeuger oder Besitzer der **Zentralen Stelle für Sonderabfälle**, d.h. der Sonderabfall-Management-Gesellschaft Rheinland-Pfalz mbH (SAM),[121] anzudienen. Diese weist die Abfälle zum Zweck der Entsorgung einer Anlage zu, welcher der Andienungspflichtige die Abfälle zuzuführen hat (§ 8 V, VI LAbfWG). Hierdurch soll die Lenkung der Abfallströme in die jeweils geeignetste Entsorgungseinrichtung sichergestellt werden.[122] Für bestimmte Sonderabfälle gilt eine **Ausnahmeregelung**. Die betreffenden Abfälle sind von den öffentlich-rechtlichen Entsorgungsträgern anzunehmen und alsdann von diesen der Zentralen Stelle anzudienen (§§ 4 III, 8 IV 2 Halbs. 2 LAbfWG). Weitere Einschränkungen der Andienungspflicht ergeben sich aus § 8 VII LAbfWG, wonach solche Abfälle nicht der Andienungspflicht unterliegen, deren Entsorgung in betriebseigenen Anlagen des Abfallerzeugers erfolgt. Gleiches gilt für Sonderabfälle i. S. d. § 8 II Nr. 4 LAbfWG (Problemabfälle), die in einer Abfallentsorgungsanlage des annahmepflichtigen öffentlich-rechtlichen Entsorgungsträgers entsorgt werden. Nach § 8 IV LAbfWG andienungspflichtige Abfälle sind von der Entsorgungspflicht der Entsorgungsträger ausgenommen (§ 4 IV LAbfWG). Die im Zusammenhang mit dem Erlass des KrW-/AbfG geäußerten Bedenken gegen die Rechtmäßigkeit der landesrechtlichen Andienungspflicht sind von der Rechtsprechung zurückgewiesen worden. Demnach entspricht die Andienungspflicht den Anforderungen des EG-Rechts, des GG sowie des § 13 IV KrW-/AbfG.[123]

---

119 OVG RhPf., AS 29, 19, 21; KStZ 2001, 90, 91 f.
120 OVG RhPf., KStZ 2004, 136, 138.
121 § 1 LVO über die Zentrale Stelle für Sonderabfälle (BS 2129-1-2).
122 *Kunig/Paetow u. a.*, § 13 Rn. 41.
123 BVerwG, NVwZ 2000, 1175 ff. mit Bespr. *Murswiek*, JuS 2001, 303 ff.; OVG RhPf., NuR 1999, 463 ff.

7. Abfallwirtschaftsplanung

Den Ländern obliegt die in § 29 KrW-/AbfG des Näheren umschriebene Pflicht, nach überörtlichen Gesichtspunkten Abfallwirtschaftspläne[124] aufzustellen, in denen die Ziele der Abfallvermeidung und Abfallverwertung sowie die zur Sicherung der Inlandsbeseitigung erforderlichen Abfallbeseitigungsanlagen dargestellt werden. Überdies weisen die Abfallwirtschaftspläne zugelassene Abfallbeseitigungsanlagen und geeignete Flächen für Deponien und sonstige Abfallbeseitigungsanlagen aus. Die Abfallwirtschaftspläne sollen die vorausschauende, zentrale **Steuerung der Abfallströme** ermöglichen.[125]

150

Die rheinland-pfälzische Ausführungsvorschrift zur bundesgesetzlichen Regelung findet sich in § 11 LAbfWG. Danach wird der **Abfallwirtschaftsplan für Rheinland-Pfalz** von der obersten Abfallbehörde im Benehmen mit den Entsorgungsträgern und den Standortgemeinden aufgestellt. Über die Mindestanforderungen des § 29 I KrW-/AbfG hinaus können weitere Ausweisungen und Darstellungen in den Plan aufgenommen werden. Zudem besteht die Möglichkeit, den Plan, der an sich keine Außenwirkung entfaltet, für Entsorgungspflichtige im bundesrechtlich vorgesehenen Umfang für verbindlich zu erklären. In formeller Hinsicht geschieht dies durch eine **Rechtsverordnung**, die das Ministerium für Umwelt, Forsten und Verbraucherschutz im Einvernehmen mit dem Ministerium des Innern und für Sport erlässt, das für die Landesplanung und die Kommunalaufsicht zuständig ist (§ 11 IV 1 LAbfWG, § 29 IV KrW-/AbfG).[126]

151

8. Weitere landesgesetzliche Vorschriften zum Abfallrecht

Das Abfallrecht des Bundes wird im Übrigen durch verschiedene weitere landesgesetzliche Vorschriften ergänzt. Diese Vorschriften beziehen sich u. a. auf Planung, Errichtung und Betrieb von **Abfallentsorgungsanlagen**, wobei ausdrücklich auch Enteignungsmaßnahmen zugelassen werden (§§ 12 bis 16 LAbfWG). In § 17 LAbfWG sind Pflichten normiert, die im Zusammenhang mit **rechtswidriger Abfallentsorgung** bestehen. § 28 LAbfWG betrifft die **Überwachung** auf dem Gebiet der Kreislauf- und Abfallwirtschaft. Der Vorschrift kommt insofern besondere Bedeutung zu, als sie auch eine **allgemeine Ermächtigung** zu behördlichen Anordnungen sowie eine nähere Regelung zu den Eingriffsbefugnissen enthält (§ 28 I 3, 4 LAbfWG).

152

V. Immissionsschutzrecht

1. Gesetzgebungskompetenzen und Rechtsgrundlagen

Das Immissionsschutzrecht ist weitgehend vom Bund geregelt worden, und zwar vornehmlich im BImSchG.[127] Unter Immissionen sind nach § 3 II BImSchG die auf Menschen, Tiere, Pflanzen, den Boden, das Wasser, die Atmosphäre sowie auf Kultur- und sonstige Sachgüter treffenden Umwelteinwirkungen zu verstehen, wie z.B. Luftverunreinigungen (§ 3 IV BImSchG), Geräusche, Erschütterungen, Licht, Wärme und Strahlen. Der Bund verfügt hierbei über umfangreiche legislatorische Befugnisse. Hervorzu-

153

---

124 Ausf. dazu *Erbguth*, Die Abfallwirtschaftsplanung, 2. Aufl. 2004.
125 BT-Drucks. 12/5672, S. 48 f.
126 Vgl. ergänzend § 4 Nr. 9, 23 Geschäftsverteilung der Landesregierung (Fn. 11).
127 G. i. d. F. der Bekm. v. 26.9.2002 (BGBl. I S. 3830), später mehrfach geändert.

heben sind die **konkurrierende Gesetzgebungskompetenz** nach Art. 74 I Nr. 24 GG (Luftreinhaltung und Lärmbekämpfung mit Ausnahme des Schutzes vor verhaltensbezogenem Lärm) sowie nach Art. 74 I Nr. 11 GG (Recht der Wirtschaft). Die zuletzt genannte Verfassungsnorm ermöglicht dem Bund u.a. die gesetzliche Regelung der nicht zum Sachbereich der Luftreinhaltung und Lärmbekämpfung gehörenden Immissionen (Erschütterungen, Wärme, Licht etc.), soweit diese von Anlagen in wirtschaftlichen Unternehmen ausgehen.[128]

154 Für die **landesrechtliche Rechtsgestaltung** verbleiben auf dem Gebiet des Immissionsschutzes lediglich drei relativ schmale Regelungsbereiche. Die Länder können dort tätig werden, wo

- der Bund von seinen Kompetenzen im Rahmen der konkurrierenden Gesetzgebung bisher nicht (erschöpfend) Gebrauch gemacht hat,
- die bundesgesetzlichen Normen ausdrückliche Ermächtigungen und Vorbehalte zugunsten landesrechtlicher Regelungen enthalten oder
- keine Gesetzgebungskompetenzen für den Bund bestehen.

155 Landesrechtlicher Rechtsgestaltung unterliegt der **allgemeine verhaltensbezogene Immissionsschutz**. Es geht hierbei u.a. um das Abbrennen von Feldern, das Zünden von Feuerwerkskörpern, den Schutz der Nachtruhe, Teilbereiche der Benutzung und des Betriebs von Fahrzeugen, das Musizieren sowie bestimmte Fragen der Tierhaltung.[129] Ferner bestehen landesrechtliche Regelungsspielräume beispielsweise nach § 44 II BImSchG beim **gebietsbezogenen Immissionsschutz**. Für das rheinland-pfälzische Immissionsschutzrecht besitzt das LImSchG[130] grundlegende Bedeutung.

2. Organisation und Zuständigkeiten

156 Die administrative Ausführung der immissionsschutzrechtlichen Normen des Bundes obliegt nach Art. 83 GG den Ländern. Der **Vollzug des BImSchG** sowie der zahlreichen Verordnungen zur Durchführung dieses Gesetzes richtet sich in Rheinland-Pfalz nach der ImSchZuVO.[131] Welche Behörde für den Vollzug welcher Norm zuständig ist, wird durch § 1 I, II ImSchZuVO i. V. m. einer detaillierten Anlage zur Verordnung bestimmt. Eine zuständigkeitsrechtliche Auffangklausel ist in § 1 III ImSchZuVO enthalten.

157 Was den **Vollzug des LImSchG** anbelangt, so sind die Zuständigkeiten in § 15 LImSchG differenziert geregelt. Danach ist entweder die Verwaltung einer örtlichen Gebietskörperschaft (verbandsfreie Gemeinde, Verbandsgemeinde, kreisfreie bzw. große kreisangehörige Stadt), die Struktur- und Genehmigungsdirektion oder – für einen eng begrenzten Sachbereich – des Landesamt für Geologie und Bergbau Rheinland-Pfalz zuständig, und zwar je nachdem, welche Normen zu vollziehen bzw. Gegenstände betroffen sind. Auch die Vermeidung von Interessenkollisionen ist für die Zuständigkeitsverteilung bedeutsam (§ 15 V LImSchG). Die Aufgabenwahrnehmung erfolgt bei den Ver-

---

128 Näher zu den immissionsschutzrechtlichen Gesetzgebungskompetenzen des Bundes *Jarass*, Einl. Rn. 43.
129 Zu den legislatorischen Kompetenzen der Länder im Einzelnen *Jarass*, Einl. Rn. 44 ff.
130 BS 2129-4; *H/J/W*, Nr. 51.
131 LVO über Zuständigkeiten auf dem Gebiet des Immissionsschutzes (BS 2129-5; *H/J/W*, Nr. 52).

waltungen der kommunalen Gebietskörperschaften jeweils als Auftragsangelegenheit (§ 1 I 2 ImSchZuVO, § 15 V LImSchG).[132]

3. Überblick zum Landes-Immissionsschutzgesetz

Die Regelungen des LImSchG betreffen vor allem den **allgemeinen verhaltensbezogenen Immissionsschutz**. Teilweise verschärfen oder ergänzen sie auch die bundesrechtlichen Anforderungen im Bereich der Immissionen, die von **nicht genehmigungsbedürftigen Anlagen** im Sinne der §§ 22 ff. BImSchG herrühren. Hiermit hat der Landesgesetzgeber von seiner Regelungsbefugnis Gebrauch gemacht, die sich daraus ergibt, dass der Bund keine abschließenden Vorschriften erlassen hat.[133] Dies gilt insbesondere für § 6 II LImSchG, der den Betrieb von Lärmfanfaren über den Anwendungsbereich der Sportanlagenlärmschutzverordnung[134] hinaus verbietet, sowie für § 8 LImSchG, der für motorbetriebene Rasenmäher eine über die Geräte- und Maschinenlärmschutzverordnung[135] hinausgehende Einschränkung der Betriebszeiten enthält.

158

Der landesimmissionsschutzgesetzliche Normenbestand, der sich auf einzelne Sachbereiche bezieht, wird durch § 3 LImSchG eingeleitet. Diese Vorschrift enthält eine **Grundpflicht für jedermann**, sich so zu verhalten, dass schädliche Umwelteinwirkungen vermieden werden. Die Pflicht gilt nicht absolut, sondern lediglich soweit dies nach den Umständen des Einzelfalls möglich und zumutbar ist. Dem Lärmschutz dienen die Regelungen über den **Schutz der Nachtruhe** (§ 4 LImSchG), die **Benutzung von Tongeräten** (§ 6 LImSchG), den **Betrieb von akustischen Signal- und Alarmgeräten** (§ 7 LImSchG), den **Betrieb von Rasenmähern** (§ 8 LImSchG) sowie die **Benutzung von lärmerzeugenden Arbeitsgeräten** (§ 9 LImSchG). Von den in diesen Regelungen enthaltenen Beschränkungen lässt das Gesetz teilweise Ausnahmen zu, wenn ein öffentliches oder überwiegendes privates Interesse vorliegt, das in einigen Vorschriften näher bestimmt wird. Die Normen über die **Benutzung und den Betrieb von Fahrzeugen** (§ 5 LImSchG) und das **Halten von Tieren** (§ 10 LImSchG) bezwecken über den Lärmschutz hinaus den Schutz vor anderen Immissionen, insbesondere Luftverunreinigungen. Durch § 14 LImSchG wird die zuständige Behörde ermächtigt, die im Einzelfall **zur Durchführung des LImSchG erforderlichen Anordnungen** zu treffen

159

VI. Klausurhinweise

Die Klausuren im Bereich des vorstehend behandelten öffentlichen Umweltrechts unterscheiden sich aufbautechnisch nicht von den sonstigen Klausuren im öffentlichen Recht. Zumeist sind die Zulässigkeit und Begründetheit einer verwaltungsgerichtlichen Klage zu prüfen. Bei der Begründetheitsprüfung geht es – zumindest schwerpunktmäßig – um Umweltrecht, und zwar in prozeduraler sowie vor allem in materieller Hinsicht.

160

Zur Vorbereitung auf umweltrechtliche Klausuren dürfte es hilfreich sein, sich mit den verschiedenen, teilweise versteckt liegenden Ermächtigungsgrundlagen der Behörden für

161

---
132 Vgl. dazu ergänzend § 2 II 1 GemO, § 2 II 1 LKO.
133 Zur Zulässigkeit landesrechtlicher Vorschriften in diesem Bereich *Jarass*, § 22 Rn. 15 ff.
134 18. BImSchV v. 18.7.1991 (BGBl. I S. 1588, ber. S. 1790), später geändert.
135 32. BImSchV v. 29.8.2002 (BGBl. I S. 3478), später mehrfach geändert.

den Erlass von Verwaltungsakten vertraut zu machen (z. B. §§ 13 IV, 42 I 2 LNatSchG, § 93 IV LWG, § 28 I 3 LAbfWG, § 14 LImSchG). Entsprechendes gilt für die Anspruchsgrundlagen, auf die sich der Bürger berufen kann, wenn ihm ein begehrter Verwaltungsakt von der Behörde versagt wird (z. B. §§ 13 I 2, 48 I LNatSchG, §§ 6, 31 II 1 WHG, §§ 13 VI, 54 I, II, 76 I, II LWG, § 4 III 1, IV 1 LImSchG). Die Ermächtigungs- bzw. Anspruchsgrundlagen gehören bei Anfechtungs- und Verpflichtungsklagen zum Einstieg in die Begründetheitsprüfung, so dass diesbezügliche Kenntnisse für den Klausurerfolg von hervorgehobener Bedeutung sind.

§ 8 Landesplanungsrecht

von *Reinhard Hendler*

Literatur: *Die in diesem Verzeichnis enthaltenen Werke werden in den Fußnoten lediglich mit dem Namen der Autoren oder Herausgeber (erforderlichenfalls mit einem unterscheidenden Zusatz) zitiert.*

Bäumler, Landesplanungsgesetz Rheinland-Pfalz, Losebl.-Komm. (Stand: 02/2007); *Bielenberg/ Runkel u.a.*, Raumordnungs- und Landesplanungsrecht des Bundes und der Länder, Loseblattausgabe (Stand: 12/2008); *Cholewa/Dyong u.a.*, Raumordnung in Bund und Ländern, Loseblattausgabe (Stand: 12/2008); *Koch/Hendler*, Baurecht, Raumordnungs- und Landesplanungsrecht, 5. Aufl. 2009.

I. Gesetzgebungskompetenzen, Rechtsgrundlagen, Behördenaufbau und Zuständigkeiten

Unter Landesplanung ist die **Raumordnung im Gebiet eines Bundeslandes** zu verstehen. 1 Seit der Föderalismusreform im Jahr 2006 stellt die Raumordnung einen Gegenstand der **konkurrierenden Gesetzgebungskompetenz** dar (Art. 74 I Nr. 31 GG), bei dem die in Art. 72 II GG enthaltenen Restriktionen bundesrechtlicher Regelung nicht eingreifen. Allerdings sind die Länder nach dem neuen Verfassungsrecht befugt, Regelungen zu treffen, die vom bundesgesetzlichen Raumordnungsrecht abweichen (Art. 72 III 1 Nr. 4 GG). Der Bund hat die im Zuge der Föderalismusreform eingeführte konkurrierende Gesetzgebungskompetenz des Art. 74 I Nr. 31 GG unlängst in Anspruch genommen und ein **neues ROG**[1] erlassen, das seit dem 30.6.2009 uneingeschränkt gilt. Hierdurch ist das bisherige, noch auf der Grundlage der (durch die Föderalismusreform I abgeschafften) Rahmengesetzgebungskompetenz des Art. 75 I Nr. 4 GG a. F. ergangene ROG[2] abgelöst worden.[3]

Für das rheinland-pfälzische Raumordnungsrecht (Landesplanungsrecht) ist neben dem 2 (neuen) ROG vor allem das LPlG[4] bedeutsam. Durch das jüngst ergangene Bundesgesetz hat sich die Rechtslage in Rheinland-Pfalz kaum verändert. Wie es im Entwurf dieses Gesetzes heißt, „sollen die bewährten, von Bund und Ländern gemeinsam getragenen Rahmenregelungen möglichst weitgehend in bundesrechtliche Vollregelungen überführt und den Ländern der erforderliche Spielraum für ergänzendes Landesrecht belassen werden".[5] Dem trägt § 28 III ROG Rechnung. Danach bleiben die landesrechtlichen Regelungen von den Vorschriften des ROG zur Raumordnung in den Ländern insoweit unberührt, als sie Ergänzungsrecht enthalten. Inhaltsgleiches Landesrecht wird dagegen von den bundesgesetzlichen Vorschriften verdrängt. Es ist als nachrichtliche Übernahme dieser Vorschriften zu betrachten, die der Verständlichkeit des Landesgesetzes dient. Im Folgenden wird das Landesrecht dargestellt, ohne jeweils danach zu differenzieren, ob

---

1 Art. 1 des Gesetzes zur Neufassung des Raumordnungsgesetzes und zur Änderung anderer Vorschriften (GeROG) vom 22.12.2008 (BGBl. I S. 2986).
2 Raumordnungsgesetz (ROG) vom 18.8.1997 (BGBl. I S. 2081).
3 Zum Inkrafttreten des neuen und zum Außerkrafttreten des alten Raumordnungsgesetzes vgl. Art. 9 des in Fn. 1 genannten Gesetzes.
4 Landesplanungsgesetz (BS 230-1; *H/J/W*, Nr. 63).
5 BT-Drucks. 16/10292, S. 18.

es das unmittelbar geltende Bundesrecht ergänzt oder bloß nachrichtlich übernimmt. Denn für das Verständnis der in Rheinland-Pfalz bestehenden Rechte und Pflichten auf dem Gebiet der Raumordnung kommt es nicht darauf an, ob in concreto eine landesrechtliche oder eine inhaltsgleiche bundesrechtliche Vorschrift anzuwenden ist.

3 Die Wahrnehmung der im LPlG normierten administrativen Aufgaben obliegt den **Landesplanungsbehörden**. Diese sind nach § 3 LPlG **dreistufig aufgebaut** und bestehen aus
- der **obersten Landesplanungsbehörde** (Ministerium des Innern und für Sport),[6]
- den **oberen Landesplanungsbehörden** (Struktur- und Genehmigungsdirektionen) sowie
- den **unteren Landesplanungsbehörden** (Kreisverwaltungen), wobei die Landkreise die Aufgabe als Auftragsangelegenheit (§ 2 II LKO) wahrnehmen.

Die landesplanungsbehördlichen **Zuständigkeiten** werden im Wesentlichen durch § 4 LPlG geregelt.

II. Grundlegende Begriffe und Planungsstrukturen
1. Begriffliche Klärungen und Abgrenzungen

4 Der in Art. 74 I Nr. 31, 72 III 1 Nr. 4 GG verwandte Begriff der Raumordnung bezieht sich auf die **hoheitliche Gestaltung des Raumes**, die **jenseits der Ortsebene** nach Maßgabe **überörtlicher** und **überfachlicher** Gesichtspunkte erfolgt und die **nicht unmittelbar** die rechtlichen Beziehungen des Menschen zum Grund und Boden betrifft. Diese Begriffsbestimmung liegt dem sog. **Baurechtsgutachten** des BVerfG zugrunde, wenngleich sie dort sprachlich etwas anders gefasst ist.[7]

5 Abzugrenzen ist die Raumordnung von Bodenrecht, Städtebau und fachlicher (sektoraler) Raumgestaltung. Das **Bodenrecht** zeichnet sich dadurch aus, dass es auf die *unmittelbaren* rechtlichen Beziehungen des Menschen zum Grund und Boden gerichtet ist. Es gehört zu den Materien der konkurrierenden Gesetzgebung (Art. 74 I Nr. 18 GG) und stellt die Grundlage für die Regelung des Städtebaus dar. Auf dieser Grundlage ist beispielsweise das **Baugesetzbuch** erlassen worden. Beim **Städtebau** handelt es sich um die hoheitliche (die Regelung der *unmittelbaren* rechtlichen Beziehungen des Menschen zum Grund und Boden einschließende) Gestaltung des **lokalen Raumes** unter **örtlichen** und **überfachlichen** Gesichtspunkten.

6 Von der **fachlichen (sektoralen) Raumgestaltung** unterscheidet sich die Raumordnung durch das Merkmal der Überfachlichkeit. Die fachliche Raumgestaltung ist dadurch gekennzeichnet, dass die räumliche Strukturierung unter einem **besonderen Sachgesichtspunkt** erfolgt, etwa dem des Verkehrs, der Wasserwirtschaft oder des Naturschutzes und der Landschaftspflege. Im Gegensatz hierzu bezieht sich die **Raumordnung** auf die **räumliche Gesamtstruktur**.

---

[6] § 3 S. 1 Nr. 1 LPlG i.V.m. § 4 Nr. 23 der Anordnung über die Geschäftsverteilung der Landesregierung Rheinland-Pfalz (BS 1103-4).
[7] BVerfGE 3, 407, 425.

II. Grundlegende Begriffe und Planungsstrukturen

2. Die Landesplanung im System der Raumplanung

Die **Raumplanung** stellt (neben anderen strukturwirksamen Handlungsformen der Hoheitsträger, z.B. der Wirtschaftsförderung) ein wichtiges Instrument der Raumordnung, aber auch des Städtebaus sowie der fachlichen Raumgestaltung dar. Sie ist demzufolge in die Raumordnungsplanung, die städtebauliche Planung sowie die räumliche Fachplanung zu untergliedern. 7

In systematischer Hinsicht gehört die **Raumordnungsplanung** zur **räumlichen Gesamtplanung**. Diese Zuordnung teilt sie mit der städtebaulichen Planung, die sich als Handlungsinstrument des Städtebaus erweist und gesetzlich als Bauleitplanung (§§ 1 ff. BauGB) ausgestaltet ist. Das Kennzeichen der räumlichen Gesamtplanung besteht darin, dass sie ein breites, alle Raumnutzungen (Verkehr, Wohnen, Industrie, Naturschutz etc.) umfassendes Zielspektrum aufweist. Im Gegensatz hierzu ist die **räumliche Fachplanung** auf die Gestaltung des Raumes vornehmlich unter einem bestimmten Raumnutzungsaspekt gerichtet. Sie lässt sich in folgender Weise untergliedern: 8

- **Planfeststellungen** (einschließlich Plangenehmigungen)
  Beispiele:
  Errichtung spezieller Anlagen (Straßen, Flughäfen, Abfalldeponien etc.)
- **Schutzgebietsfestsetzungen** (Nutzungsregelungen)
  Beispiele:
  Wasserschutzgebiete, Naturschutzgebiete, militärische Schutzbereiche
- **Sonstige räumliche Fachplanungen**
  Beispiele:
  Landschaftsplanung, Schulentwicklungsplanung, Abfallwirtschaftsplanung.

Die **Raumordnungsplanung** tritt derzeit auf drei räumlichen Ebenen in Erscheinung, und zwar 9

- auf Bundesebene als **Bundesplanung,**
- auf Landesebene als **hochstufige Landesplanung** sowie
- auf regionaler Ebene als **Regionalplanung.**

Die Abstufung von der größeren zur kleineren Raumeinheit setzt sich auf der Ortsebene mit der **städtebaulichen Planung** (Bauleitplanung) fort, die ihrerseits aus der **Flächennutzungsplanung** und der **Bebauungsplanung** besteht, wobei sich der Flächennutzungsplan nach der gesetzlichen Konzeption über das gesamte Gemeindegebiet (§ 5 I 1 BauGB), der Bebauungsplan dagegen nur über ein gemeindliches Teilgebiet (§ 9 VII BauGB) erstreckt. Zur Veranschaulichung des Systems der Raumplanung sei auf die grafische Skizze (S. 358) verwiesen.

§ 8 Landesplanungsrecht

```
                              Raumplanung
                    ┌──────────────┴──────────────┐
           Räumliche Gesamtplanung         Räumliche Fachplanung
           ┌──────────┴──────────┐         ┌──────────┼──────────┐
    Raumordnungs-    Bauleitplanung    Planfest-    Schutz-      Sonstige
    planung                            stellungen   gebietsfest- räumliche
      │                                (einschließlich setzungen  Fach-
      ├── Bundesplanung                Plange-      (Nutzungs-   planungen
      │                                nehmigungen) regelungen)
      ├── Hochstufige
      │   Landesplanung
      │
      └── Regionalplanung

                    ├── Flächennutzungsplanung
                    │
                    └── Bebauungsplanung
```

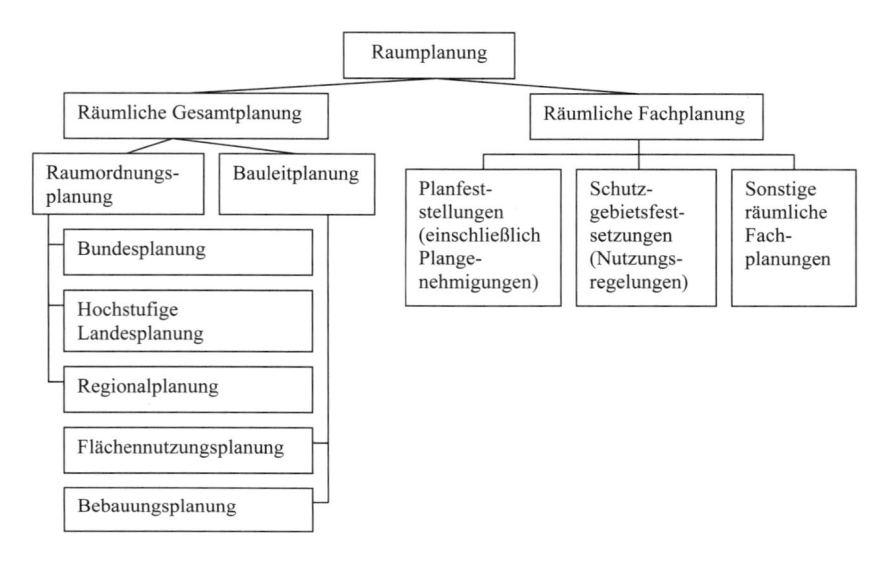

10 Zu der im Folgenden schwerpunktmäßig zu behandelnden **Landesplanung** gehören lediglich die **hochstufige Landesplanung** sowie die **Regionalplanung**. Zwar könnte der Vorschrift des § 2 I 1 LPlG, in der von "Landes- und Regionalplanung" die Rede ist, entnommen werden, dass die Landesplanung separat neben der Regionalplanung steht. Doch ergibt sich aus § 12 LPlG, dass es sich auch bei der Regionalplanung um Landesplanung handelt, nämlich um "Landesplanung im Gebiet einer Region". Dies entspricht dem eingangs (Rn. 1) dargelegten Begriffsverständnis.

3. Arten rheinland-pfälzischer Raumordnungspläne

11 In Rheinland-Pfalz sind **zwei Arten von Raumordnungsplänen** zu unterscheiden. Die beiden Arten bestehen aus

- dem **Landesentwicklungsprogramm** (§§ 7, 8 LPlG), das im Rahmen der hochstufigen, das Gesamtgebiet des Landes erfassenden Landesplanung erstellt wird, sowie aus
- den **regionalen Raumordnungsplänen** (§§ 9, 10 LPlG), die aus der Landesplanung im Gebiet einer Region (Regionalplanung) hervorgehen.

Auf Einzelheiten wird noch näher einzugehen sein.

III. Aufgabe und Leitvorstellung der Raumordnung

12 Die §§ 1 bis 5 ROG enthalten **allgemeine Regelungen**, die sich mit Aufgabe, Leitvorstellung und Grundsätzen der Raumordnung, mit Begriffsbestimmungen sowie mit den Bindungswirkungen der Erfordernisse der Raumordnung befassen. Die bundesrechtlichen Regelungen zu Aufgabe und Leitvorstellung der Raumordnung werden durch die §§ 1, 2 LPlG ergänzt, d. h. erweitert und konkretisiert. Wie aus § 1 I LPlG hervorgeht, soll die Raumordnung das Land Rheinland-Pfalz sowie dessen Teilräume im Sinne be-

IV. Die Erfordernisse der Raumordnung und ihre Bindungswirkungen

stimmter elementarer Vorgaben (Freiheitsgewährleistung, wirtschaftliche Prosperität, Umweltschutz, soziale Gerechtigkeit etc.) entwickeln. Leitvorstellung ist bei alledem eine **nachhaltige Raumentwicklung** (§ 1 II LPlG). Zur Verwirklichung der Leitvorstellung sind einmal **Raumordnungspläne** auszuarbeiten sowie zum anderen **raumbedeutsame Planungen und Maßnahmen** aufeinander abzustimmen (§ 2 I LPlG). Der **Begriff der raumbedeutsamen Planungen und Maßnahmen** wird durch die Vorschrift des § 3 I Nr. 6 ROG definiert. Danach umfasst dieser Begriff Planungen (auch Raumordnungspläne), Vorhaben und sonstige Maßnahmen, durch die Raum in Anspruch genommen oder die räumliche Entwicklung oder Funktion eines Gebietes beeinflusst wird (einschließlich des Einsatzes der hierfür vorgesehenen Finanzmittel).

IV. Die Erfordernisse der Raumordnung und ihre Bindungswirkungen

Den **Erfordernissen der Raumordnung** kommt wegen der von ihnen ausgehenden rechtlichen **Bindungswirkungen** eine hervorgehobene Bedeutung zu. Die Thematik ist in den bundesrechtlichen Vorschriften der §§ 3 bis 5 ROG geregelt. Ergänzende Regelungen sind in § 1 IV, V LPlG enthalten. 13

Nach § 3 I Nr. 1 ROG bestehen die Erfordernisse der Raumordnung aus **drei verschiedenen Arten**, und zwar aus 14

- den **Grundsätzen** der Raumordnung,
- den **Zielen** der Raumordnung sowie
- den **sonstigen Erfordernissen** der Raumordnung.

Zwischen diesen drei Arten bestehen erhebliche rechtliche Unterschiede.

1. Grundsätze der Raumordnung

Wie sich aus § 3 I Nr. 4 ROG ergibt, stellen die Grundsätze der Raumordnung **allgemeine Aussagen** zur Entwicklung, Ordnung und Sicherung des Raumes als **Vorgaben für nachfolgende Abwägungs- und Ermessensentscheidungen** dar. Eine katalogartige Zusammenstellung von Raumordnungsgrundsätzen findet sich in § 2 II ROG. Nach § 3 I Nr. 3 Halbs. 2 ROG können die Länder weitere Grundsätze aufstellen, und zwar sowohl in ihrem jeweiligen Landesplanungsgesetz (wovon in Rheinland-Pfalz allerdings kein Gebrauch gemacht worden ist) als auch in Raumordnungsplänen. 15

Zu den **Bindungswirkungen** werden in den §§ 4 ROG, 1 IV, V LPlG nähere Regelungen getroffen. Danach sind die Raumordnungsgrundsätze von **öffentlichen Stellen** (§ 3 I Nr. 5 ROG), zu denen insb. Behörden, Gemeinden und Landkreise gehören, bei raumbedeutsamen Planungen und Maßnahmen in der Abwägung oder bei der Ermessensausübung zu **berücksichtigen**. Die Berücksichtigungspflicht obliegt unter den besonderen Voraussetzungen des § 4 I 2 ROG auch **Personen des Privatrechts**. Bei den Raumordnungsgrundsätzen handelt es sich um **Material für Abwägungs- und Ermessensentscheidungen**. In § 1 V LPlG wird klargestellt, dass sie nicht unmittelbar die Nutzung von Grund und Boden regeln, dem Einzelnen gegenüber keine Rechtswirkungen haben und keine Rechtsansprüche auf Maßnahmen der Raumordnung oder Ortsplanung, auf öffentliche Förderungsmaßnahmen oder Gewährung von Entschädigungen 16 begründen. Zwar bezieht sich diese Vorschrift lediglich auf die „Grundsätze des § 2 Abs. 2 ROG", doch gilt für die in den Raumordnungsplänen enthaltenen Grundsätze, die in § 7 I 1 LPlG als „Grundsätze der Landesplanung" bezeichnet werden, nichts anderes.

2. Ziele der Raumordnung

17 Unter Zielen der Raumordnung sind nach der Begriffsbestimmung des § 3 I Nr. 2 ROG verbindliche, räumlich und sachlich bestimmte oder bestimmbare Festlegungen in Raumordnungsplänen zu verstehen. Die Festlegungen dienen der Entwicklung, Ordnung und Sicherung des Raumes, sie können textlicher oder zeichnerischer Art sein. Ihr besonderes Kennzeichen besteht darin, dass sie auf einer **abschließenden Abwägung** des Trägers der Raumordnungsplanung für das Landesgebiet oder die Region beruhen. Im Gegensatz zu den Raumordnungsgrundsätzen tragen sie **Letztentscheidungscharakter**.[8]

18 Die Ziele der Raumordnung sind per definitionem (§ 3 I Nr. 2 ROG) *ausschließlich* in Raumordnungsplänen enthalten. In Rheinland-Pfalz ergeben sie sich aus dem **Landesentwicklungsprogramm** und den **regionalen Raumordnungsplänen** (§ 5 S. 1 LPlG). Dass sie im LPlG (abweichend vom ROG) als „Ziele der Landesplanung" bezeichnet werden,[9] stellt eine – rechtlich unerhebliche – terminologische Besonderheit dar. Dass die Bezeichnung nicht durchgehend verwandt wird,[10] erweist sich als redaktionelle Inkonsequenz.

19 Was die **Bindungswirkungen** angeht, so unterscheiden sich die Ziele wesentlich von den Grundsätzen der Raumordnung. Während hinsichtlich der Grundsätze lediglich eine Berücksichtigungspflicht bei Abwägungen und Ermessensbetätigungen in nachfolgenden Entscheidungsprozessen (Bauleitplanung, Planfeststellungsverfahren etc.) besteht, normiert § 4 I ROG für die Ziele eine **Beachtenspflicht**. Dies bedeutet, dass sie in nachfolgenden Entscheidungsprozessen **strikt einzuhalten** sind. Sie dürfen dort nicht abgewogen (oder gar „weggewogen") werden. Zwar können Ziele rahmenhaft gefasst sein und dadurch dem Beachtenspflichtigen einen Ausfüllungs- oder Ausgestaltungsspielraum belassen. Doch geht es dabei lediglich um eine zielinterne Konkretisierung.

20 Die **Zielbeachtenspflicht** obliegt den **öffentlichen Stellen** bei raumbedeutsamen Planungen und Maßnahmen (§ 4 I 1 i.V.m. § 3 I Nr. 5 ROG) sowie – nach Maßgabe des § 4 I 2 ROG – **Personen des Privatrechts**. Eine **Zielberücksichtigungspflicht** besteht in den Fällen des § 4 II ROG, da zu den nach dieser Vorschrift zu berücksichtigenden „Erfordernissen der Raumordnung" auch die Raumordnungsziele gehören (§ 3 I Nr. 1 ROG). Unter bestimmten Voraussetzungen kann die **Abweichung von einem Raumordnungsziel** zugelassen werden (§§ 6 II ROG, 8 III, 10 VI LPlG).[11]

---

8 Zur näheren Bedeutung dieser Kennzeichnung *Hendler*, UPR 2003, 256 ff.
9 Vgl. neben § 5 S. 1 z.B. auch die §§ 4 II, 7 I 1 LPlG.
10 Vgl. § 23 I LPlG („Ziele der Raumordnung").
11 Zur Zuständigkeit für die Zulassungsentscheidung vgl. ergänzend § 4 I Nr. 1 Buchst. e, Nr. 2 Buchst. b LPlG.

3. Sonstige Erfordernisse der Raumordnung

Zu den **sonstigen Erfordernissen der Raumordnung** gehören nach der Begriffsbestimmung des § 3 I Nr. 4 ROG einmal die Ergebnisse förmlicher landesplanerischer Abstimmungsverfahren, wie z.b. von Raumordnungsverfahren.[12] Ferner umfassen sie in Aufstellung befindliche Ziele der Raumordnung sowie raumordnerische Stellungnahmen, die beispielsweise von Landesplanungsbehörden im Rahmen einer Beteiligung an Planungsverfahren anderer Behörden abgegeben werden. Hinsichtlich der **Bindungswirkungen** stehen sie den Raumordnungsgrundsätzen gleich (§ 4 ROG), so dass auf die entsprechenden Ausführungen (Rn. 16) verwiesen werden kann, wobei allerdings zu beachten ist, dass sich § 1 IV, V LPlG nicht auf die sonstigen Erfordernisse der Raumordnung bezieht. 21

V. Allgemeine Anforderungen an Raumordnungspläne

Nach bundesverwaltungsgerichtlicher Rechtsprechung, die im Wesentlichen allgemein anerkannt ist, gehört zu jeder rechtsstaatlichen Planung, dass 22

- eine **planerische Abwägung** stattfindet,
- **alle Belange in die Abwägung eingestellt** werden, die "nach Lage der Dinge" zu berücksichtigen sind,
- die **Belange korrekt gewichtet** werden und
- der **Ausgleich unter den Belangen** nicht in einer Weise erfolgt, die zum objektiven Gewicht einzelner Belange außer Verhältnis steht.[13]

Dies gilt auch für die Aufstellung des Landesentwicklungsprogramms und der regionalen Raumordnungspläne. Nähere Anforderungen an die planerische Abwägung stellen die §§ 7 II ROG, § 6 I LPlG.

Was die **planerischen Inhalte** anbelangt, so geht aus § 6 II LPlG hervor, dass sowohl im Landesentwicklungsprogramm als auch in den regionalen Raumordnungsplänen **Vorranggebiete**, **Vorbehaltsgebiete** und **Ausschlussgebiete** festgelegt werden können. Die Festlegung von Eignungsgebieten (§ 7 VII 1 Nr. 3 ROG) ist dagegen *nicht* vorgesehen. Für die Raumordnungspläne besteht eine allgemeine, für die in ihnen enthaltenen Ziele darüber hinaus eine besondere **Begründungspflicht** (§ 6 V 1, § 5 S. 1 LPlG). 23

Nach § 6a I LPlG ist – wie vom europäischen Gemeinschaftsrecht gefordert[14] – eine (strategische) **Umweltprüfung** durchzuführen. Sie beginnt mit der Erarbeitung des Umweltberichts, der einen gesonderten Bestandteil der Begründung darstellt. Den übrigen gemeinschaftsrechtlichen Erfordernissen ist durch eine besondere Ausgestaltung des Beteiligungsverfahrens, der planerischen Abwägung, der Begründungsinhalte und der öffentlichen Bekanntmachung der Raumordnungspläne sowie durch eine Überwachungsregelung Rechnung getragen worden (§§ 6 I, V 2, 6a VI, 21 II LPlG). Bei geringfügigen 24

---

12 Dazu Rn. 35 ff.
13 Grundlegend BVerwGE 34, 301, 309; 45, 309, 314 f.
14 Richtlinie 2001/42/EG des Europäischen Parlaments und des Rates über die Prüfung der Umweltauswirkungen bestimmter Pläne und Programme v. 27.6.2001 (ABl.EG Nr. L 197, S. 30).

Änderungen eines Raumordnungsplans kann unter bestimmten Voraussetzungen von einer Umweltprüfung abgesehen werden (§ 6a IV LPlG).

25 Das **Beteiligungsverfahren** (§ 6 III, IV LPlG) weist eine differenzierte Struktur auf. Zu beteiligen sind auf unterschiedliche Weise einmal die **öffentlichen Stellen** (§ 3 I Nr. 5 ROG) und **Personen des Privatrechts**, für die eine Beachtenspflicht nach § 4 I, III ROG a.F. (= § 4 I 1, 2 ROG) begründet werden soll, sowie zum anderen die **Öffentlichkeit** und – unter bestimmten Voraussetzungen – die **Nachbarstaaten**. In der **planerischen Abwägung** sind u.a. auch der Umweltbericht sowie die Anregungen aus dem Beteiligungsverfahren zu berücksichtigen (§ 6 I 2 LPlG). Die **öffentliche Bekanntmachung des Raumordnungsplans** erfolgt mit der die Umweltprüfung betreffenden Begründung (§ 6 V 2 LPlG). Nach § 6a VI LPlG enthält die Begründung auch eine **zusammenfassende Erklärung** zu umweltprüfungsrelevanten Themen sowie eine Zusammenstellung von Maßnahmen, die der in § 21 II LPlG näher geregelten **Überwachung** (Monitoring) der bei der Plandurchführung eintretenden erheblichen Umweltauswirkungen dienen.

26 Abwägungsmängel sowie Verstöße gegen Verfahrens- und Formvorschriften führen nicht stets, sondern nur unter besonderen Voraussetzungen zur Nichtigkeit des Raumordnungsplans, wie sich aus den Regelungen zur **Planerhaltung** ergibt (§§ 12 ROG, 6 VII, VIII LPlG,).

VI. Besondere Anforderungen an das Landesentwicklungsprogramm

1. Programminhalte

27 Nach § 7 LPlG sind im Landesentwicklungsprogramm die **Ziele und Grundsätze der Landesplanung** festzulegen. Es enthält Beschreibungen und zeichnerische Darstellungen vor allem zu folgenden raumordnerischen Themenbereichen:

- Raum- und Siedlungsstruktur unter besonderer Berücksichtigung der zentralen Orte höherer Stufe (Ober- und Mittelzentren) sowie der europäischen Metropolregionen.
- Raumbedeutsame, das ganze Land und seine Teilräume berührende Planungen und Maßnahmen öffentlich-rechtlicher Planungsträger sowie von Personen des Privatrechts i.S.d. § 4 III ROG a.F. (= § 4 I 2 ROG) nach ihrer Abstimmung untereinander.

Bei der inhaltlichen Ausgestaltung des Landesentwicklungsprogramms sollen zudem die regionalen Raumordnungspläne berücksichtigt werden.

2. Organisation und Verfahren

28 Für die **Erarbeitung des Landesentwicklungsprogramms** ist die oberste Landesplanungsbehörde zuständig. Die Erarbeitung erfolgt nach § 8 I 1 bis 3 LPlG unter Beteiligung näher bezeichneter Hoheitssubjekte und privater Rechtsträger, wobei partielle Überschneidungen mit der allgemeinen Beteiligungsregelung des § 6 III LPlG bestehen. Zudem schreibt § 8 I 4 LPlG vor, dass der **Innenausschuss des Landtags** über den Stand der Arbeiten am Entwurf des Landesentwicklungsprogramms auf dem Laufenden zu halten und ihm Gelegenheit zur Stellungnahme zu geben ist.

Das Landesentwicklungsprogramm wird im Benehmen mit dem Innenausschuss des 29
Landtags von der Landesregierung beschlossen, der hierbei eine Begründungspflicht insoweit obliegt, als sie einer Stellungnahme des Innenausschusses nicht Rechnung trägt (§ 8 I 5, 6 LPlG). Wie aus § 8 I 7 LPlG hervorgeht, wird das Landesentwicklungsprogramm durch **Rechtsverordnung der Landesregierung** für verbindlich erklärt. Nach dem Inkrafttreten der Rechtsverordnung kann das Landesentwicklungsprogramm bei den Landesplanungsbehörden und den Stadtverwaltungen der kreisfreien Städte eingesehen werden (§ 8 II LPlG). Zurzeit gilt das Landesentwicklungsprogramm (LEP IV) aus dem Jahr 2008.[15]

VII. Besondere Anforderungen an die regionalen Raumordnungspläne

1. Planinhalte

Die **regionalen Raumordnungspläne** sollen nach § 9 I LPlG das Landesent-wicklungs- 30
programm für den Bereich der Regionen konkretisieren und dabei im Wesentlichen zu den gesetzlich bezeichneten Sachgegenständen Aussagen treffen. Zu diesen Sachgegenständen gehören u.a. die besonderen Funktionen von Gemeinden, die zentralen Orte der Grundversorgung (Grundzentren), die projektorientierten Standortbereiche sowie bestimmte raumbedeutsame Fach- und Einzelplanungen für die Region. Soweit es die Belange des größeren Raumes zulassen, sollen verbindliche und – i.S.d. § 33 I BauGB – planreife Bauleitpläne berücksichtigt werden (§ 9 II LPlG). Hierin kommt das **Gegenstromprinzip** (§ 1 III ROG)[16] zum Ausdruck. § 9 IV 1 LPlG schreibt vor, dass die Regionalpläne benachbarter Planungsräume inhaltlich aufeinander abzustimmen sind. Durch § 9 III LPlG wird die Möglichkeit eröffnet, zur Konkretisierung der regionalen Raumordnungspläne fachlich oder räumlich begrenzte **Teilpläne** aufzustellen.

2. Organisation und Verfahren

Das Land Rheinland-Pfalz wird durch § 13 I, II LPlG in **vier Regionen** eingeteilt, in denen 31
jeweils die kreisfreien Städte und die Landkreise eine **Planungsgemeinschaft** bilden (§ 14 I LPlG). Die Mitgliedschaft in den Planungsgemeinschaften ist allerdings nicht auf kreisfreie Städte und Landkreise beschränkt. Vielmehr können auf Antrag auch große kreisangehörige Städte, Industrie- und Handelskammern, Handwerkskammern und Landwirtschaftskammern sowie Gewerkschaften und Arbeitgeberverbände als Mitglieder aufgenommen werden (§ 14 II LPlG).[17] Neben den Planungsgemeinschaften besteht der vom Land Rheinland-Pfalz durch Staatsvertrag mit den Ländern Baden-Württemberg und Hessen gegründete grenzüberschreitende Verband Region Rhein-Neckar, für den rechtliche Besonderheiten gelten (§ 13 III LPlG).

Bei den Planungsgemeinschaften handelt es sich um **Körperschaften des öffentlichen** 32
Rechts unter der **Aufsicht der oberen Landesplanungsbehörden** mit der **Regionalvertretung** sowie dem **Regionalvorstand** als Organen (§ 15 I, II, VIII LPlG). Die Regionalvertretung besteht aus den Oberbürgermeistern der kreisfreien Städte, den Landräten, je

---

15 LVO über das Landesentwicklungsprogramm v. 14.10.2008 (GVBl. S. 285).
16 Näher dazu *Koch/Hendler*, § 1 Rn. 31.
17 Krit. zur Mitgliedschaft von Gewerkschaften und Arbeitgeberverbänden *Bäumler*, § 14 Erl. 1.

einem Vertreter der auf Antrag aufgenommenen Mitglieder außerhalb des Bereichs der Gebietskörperschaften sowie weiteren Vertretern jedes gebietskörperschaftlichen Mitglieds, die von den Stadträten und Kreistagen nach einem bestimmten Schlüssel gewählt werden (§ 15 III LPlG). Der Regionalvorstand wird von der Regionalvertretung aus ihrer Mitte gewählt, wobei seine Zusammensetzung gesetzlich näher geregelt ist (§ 15 IV LPlG).

33 Die **Aufstellung und Änderung des regionalen Raumordnungsplans** obliegt der Planungsgemeinschaft als Pflichtaufgabe der kommunalen Selbstverwaltung (§ 14 III 1 LPlG). Die Planungsgemeinschaft ist auch für die Planerarbeitung zuständig, wobei allerdings die technische Herstellung der Entwürfe von der oberen Landesplanungsbehörde vorgenommen wird (§ 10 I 1, § 14 V 1 LPlG). Die Erarbeitung des regionalen Raumordnungsplans erfolgt dabei unter Beteiligung der durch die Planung berührten Behörden und Planungsträger des Bundes und des Landes, der Gemeinden und Gemeindeverbände sowie der Personen des Privatrechts, für die eine Beachtenspflicht nach § 4 III ROG a. F. (= § 4 I 1, 2 ROG) begründet werden soll (§ 10 I 1 LPlG). Nach § 10 I 2, 3 LPlG ist den Gemeinden und Gemeindeverbänden nach der Fertigstellung des Planentwurfs Gelegenheit zu geben, zu den vorgesehenen Erfordernissen der Raumordnung (§ 3 I Nr. 1 ROG), soweit sie davon berührt sein können, Stellung zu nehmen.[18] Wird einer entsprechenden Stellungnahme bei der Beschlussfassung über den regionalen Raumordnungsplan durch die Regionalvertretung (§ 14 IV Nr. 3 LPlG) nicht Rechnung getragen, so ist dies in dem Beschluss zu begründen.

34 Der von der Regionalvertretung beschlossene regionale Raumordnungsplan bedarf der **Genehmigung** der obersten Landesplanungsbehörde, die hierüber im Benehmen mit den jeweils berührten obersten Landesbehörden entscheidet (§ 10 II 1 LPlG). Die Genehmigungserteilung setzt nach § 10 II 2 LPlG voraus, dass die Planaufstellung keine Mängel aufweist, wobei es nicht nur um Fragen der Gesetzmäßigkeit geht. Vielmehr wird auch die zweckmäßige Anwendung und Abwägung der Raumordnungsgrundsätze des § 2 II ROG gefordert.[19] Mit der **Bekanntmachung des Genehmigungsbescheids** im **Staatsanzeiger** für Rheinland-Pfalz wird der regionale Raumordnungsplan verbindlich (§ 10 II 4 LPlG). Für alle rheinland-pfälzischen Regionen liegen regionale Raumordnungspläne vor. Darüber hinaus gilt im Rahmen der grenzüberschreitenden Regionalplanung der Raumordnungsplan Rhein-Neckar-2000.[20]

VIII. Sicherung der Raumordnung

35 Die Sicherung der Raumordnung ist im dritten Teil des LPlG (§§ 16 bis 23) geregelt. Zu den Sicherungsinstrumenten gehört insb. das **Raumordnungsverfahren**. Wie sich aus § 17 I 1 LPlG ergibt, obliegt der zuständigen Landesplanungsbehörde[21] die Rechts-

---

18 Vgl. auch § 6 III LPlG.
19 Zum Erfordernis eines Beitrittsbeschlusses der Regionalvertretung im Fall einer Genehmigung, die den ursprünglich beschlossenen Plan nur unter inhaltlichen Änderungen billigt, vgl. OVG RhPf., LKRZ 2007, 480 f.
20 Vgl. die Zusammenstellung bei *Cholewa/Dyong u.a.*, Vorschriftensamml. RhPf., Gliederungsabschn. III Nr. 2, 3.
21 Dazu § 4 I Nr. 1 Buchst. c, Nr. 2 Buchst. a, Nr. 3 Buchst. a LPlG.

VIII. Sicherung der Raumordnung

pflicht, für die in der RoV[22] genannten Planungen und Maßnahmen ein Raumordnungsverfahren durchzuführen, wenn sie im Einzelfall raumbedeutsam sind und überörtliche Bedeutung haben.

Beispiele (nach § 1 RoV):
Bau einer Bundesfernstraße, die der Entscheidung nach § 16 FernStrG bedarf; planfeststellungsbedürftige Gewässerausbaumaßnahmen i. S. d. § 31 II 1 WHG; Errichtung von Feriendörfern und Einkaufszentren etc.

Bei anderen, d.h. nicht in der RoV genannten Planungen und Maßnahmen, deren Wirkungen sich über größere Gebiete erstrecken, steht es im landesplanungsbehördlichen Ermessen, ob von Amts wegen oder auf Antrag ein Raumordnungsverfahren durchgeführt wird (§ 17 I 2 LPlG). Ein Anspruch auf die Durchführung eines Raumordnungsverfahrens wird durch § 17 I 3 LPlG ausdrücklich ausgeschlossen.

Das Raumordnungsverfahren besteht aus einer **Raumverträglichkeitsprüfung**, an deren 36
Ende eine Feststellung zu der Frage getroffen wird, ob raumbedeutsame Planungen und Maßnahmen mit den Erfordernissen der Raumordnung (Rn. 13 ff.) übereinstimmen und wie sie unter Raumordnungsgesichtspunkten aufeinander abgestimmt und durchgeführt werden können (§ 17 II LPlG). Die Feststellung erfolgt durch **raumordnerischen Entscheid**. Bei diesem Entscheid handelt es sich *nicht* um einen Verwaltungsakt, da er keine verbindliche Regelung trifft, sondern von den öffentlichen Stellen (§ 3 I Nr. 5 ROG) und Personen des Privatrechts i.S.d. § 4 III ROG a.F.(= § 4 I 2 ROG) lediglich zu **berücksichtigen** ist. Er lässt die Zielbeachtenspflicht unberührt, entfaltet gegenüber dem Träger der Planung oder Maßnahme und gegenüber dem Einzelnen keine unmittelbaren Rechtswirkungen und ersetzt auch nicht behördliche Entscheidungen (Genehmigungen, Planfeststellungen etc.) nach anderen Rechtsvorschriften (§ 17 X, XI LPlG).

Was die nähere Ausgestaltung des Raumordnungsverfahrens anbelangt, so bestehen 37
rechtliche Vorgaben u.a.

- zu **Fristen** für die Einleitung und Durchführung des Verfahrens (§ 17 III LPlG),
- zu dem vom Träger der Planung oder Maßnahme **beizubringenden Unterlagen** (§ 17 IV LPlG) und
- zur **Beteiligung** bestimmter Hoheitssubjekte und privater Rechtsträger sowie der Öffentlichkeit (§ 17 V, VI LPlG).

Die Vorschrift des § 18 LPlG eröffnet der Landesplanungsbehörde die Möglichkeit, eine 38
vereinfachte raumordnerische Prüfung bei solchen Planungen und Maßnahmen durchzuführen, die keines Raumordnungsverfahrens nach § 17 LPlG bedürfen. Für diese Prüfung gilt, dass sie auf die im Einzelfall notwendigen Untersuchungen zu beschränken ist.

Der Sicherung der Raumordnung dienen neben dem Raumordnungsverfahren und der 39
vereinfachten raumordnerischen Prüfung auch

- der **landesplanerische Einspruch** (§ 19 I, II LPlG),
- die **Untersagung** raumordnungswidriger Planungen und Maßnahmen (§ 19 III bis V LPlG),

---

22 Raumordnungsverordnung v. 13.12.1990 (BGBl. I S. 2766), später mehrfach geändert.

- die **Mitteilungs- und Auskunftspflichten** von Hoheitssubjekten gegenüber anderen Hoheitssubjekten über raumordnungsbedeutsame Angelegenheiten (§ 22 LPlG),
- die **Berichtspflicht der Landesregierung** gegenüber dem Landtag (§ 16 LPlG),
- die **Führung eines Raumordnungskatasters** durch die oberen Landesplanungsbehörden (§ 21 I LPlG),
- die bereits erwähnte (Rn. 25), zu den Bestandteilen der strategischen Umweltprüfung gehörende **landesplanungsbehördliche Überwachung** (§ 21 II LPlG) sowie
- die **landesplanerische Stellungnahme**, das **Anpassungsgebot** einschließlich **landesplanerischer Entschädigung** und das **Erstplanungsgebot**.[23]

IX. Landesplanung und Gemeinden

40 Zu den Bestandteilen der verfassungskräftigen Garantie der kommunalen Selbstverwaltung (Art. 28 II GG, 49 III LV) gehört auch die **gemeindliche Planungshoheit**.[24] Darunter ist das Recht der Gemeinden zu verstehen, die baulich-räumliche Struktur des Ortes in eigener Verantwortung planerisch zu gestalten. Die Wahrnehmung dieses Rechts erfolgt vor allem mit Hilfe der Bauleitplanung.

41 Allerdings beziehen sich die räumliche Planung der Gemeinden und die Landesplanung auf dasselbe Territorium, wobei zudem aus unterschiedlichen Perspektiven geplant wird. Während sich die Träger der Landesplanung an überörtlichen Gesichtspunkten auszurichten haben, sind für die Gemeinden örtliche Gesichtspunkte maßgebend. Bei dieser Ausgangslage können **Planungskonflikte** nicht ausbleiben, für deren Lösung die Bindung der Gemeinden an die Ziele der Raumordnung von grundlegender Bedeutung ist. Die **gemeindliche Zielbindung** ergibt sich aus § 4 I 1 ROG sowie aus § 1 IV BauGB. Dabei erfasst die Spezialvorschrift des § 1 IV BauGB (Raumordnungsklausel) den wichtigen Bereich der Bauleitplanung, während die allgemeine Vorschrift des § 4 I 1 ROG die übrigen raumbedeutsamen Planungen und Maßnahmen der Gemeinden betrifft (soweit nicht auch dort eine spezielle Raumordnungsklausel eingreift).

42 Der Bewältigung des Spannungsverhältnisses zwischen Bauleitplanung und Landesplanung dienen des Weiteren die Vorschriften der §§ 20, 23 LPlG. Nach § 20 LPlG haben die Träger der Bauleitplanung vor der Aufstellung oder Änderung eines Flächennutzungsplans (unter bestimmten Voraussetzungen auch eines Bebauungsplans) bei der nach § 4 I LPlG zuständigen Landesplanungsbehörde eine **landesplanerische Stellungnahme** einzuholen, in der ihnen die für ihr Planungsvorhaben maßgeblichen Erfordernisse der Raumordnung[25] bekannt gegeben werden. Und in § 23 I LPlG wird der obersten Landesplanungsbehörde die Befugnis eingeräumt, im Einvernehmen mit den beteiligten obersten Landesbehörden zu verlangen, dass die Gemeinden ihre Bauleitpläne den Zielen der Raumordnung anpassen (**Anpassungsgebot**) oder Bauleitpläne aufstellen, wenn es zur Verwirklichung von Zielen der Raumordnung erforderlich ist (**Erstplanungsgebot**). Ein Anpassungsgebot kann auch von einer Gemeinde beantragt werden, wenn diese die Anpassung eines rechtswirksamen Bebauungsplans für erforderlich hält

---

23 Dazu Rn. 42, 43.
24 Vgl. § 3 Rn. 22.
25 Dazu Rn. 13 ff.

(§ 23 II LPlG), was im Zusammenhang mit der landesplanerischen Entschädigung Bedeutung erlangt.

Die **landesplanerische Entschädigung** ist in § 23 III bis V LPlG geregelt. Danach steht der Gemeinde grundsätzlich[26] ein Ersatzanspruch gegenüber dem Land zu, wenn sie einen rechtsverbindlichen Bebauungsplan aufgrund eines von Amts wegen oder auf ihren Antrag ergangenen landesplanungsbehördlichen Anpassungsgebots geändert oder aufgehoben hat und sie deshalb einen Dritten nach den §§ 39 bis 44 BauGB über einen bestimmten Betrag hinaus entschädigen muss oder ihr selbst ein entsprechender Schaden entstanden ist.

43

X. Rechtschutz gegenüber Raumordnungsplänen

1. Regionale Raumordnungspläne

Für den Rechtsschutz gegenüber regionalen Raumordnungsplänen besitzt die **verwaltungsgerichtliche Normenkontrolle** nach § 47 I Nr. 2 VwGO i.V.m § 4 I 1 AGVwGO hervorgehobene Bedeutung. Die regionalen Raumordnungspläne stellen untergesetzliche Rechtsvorschriften i.S.d. § 47 I Nr. 2 VwGO dar, obgleich sie nicht formell als Satzung oder Rechtsverordnung ergehen. Sie sind als untergesetzliche normähnliche hoheitliche Maßnahmen eigener Art („sui generis") zu qualifizieren. Hieraus ergibt sich zugleich, dass die Pläne keine Verwaltungsakte darstellen und deshalb *nicht* mit der Anfechtungsklage angegriffen werden können.

44

Soweit es um die **Antragsbefugnis** geht (§ 47 II 1 VwGO), brauchen die **Gemeinden** nicht geltend zu machen, durch den von ihnen beanstandeten regionalen Raumordnungsplan oder dessen Anwendung in ihren Rechten verletzt zu sein oder in absehbarer Zeit verletzt zu werden. Denn sie können den Antrag als Behörde stellen. Hierbei reicht es aus, wenn die beanstandeten Planfestlegungen für das Gemeindegebiet gelten und von der Gemeinde bei ihrer Aufgabenerfüllung zu beachten sind.[27] Hinsichtlich der Ziele der Raumordnung ergibt sich die Beachtenspflicht aus den §§ 4 I 1 ROG, 1 IV BauGB.

45

Bei **Personen des Privatrechts** wird die **Antragsbefugnis** traditionell mit der Begründung verneint, dass Raumordnungspläne keine unmittelbare rechtliche Außenwirkung entfalteten und deshalb Private nicht in ihren subjektiven öffentlichen Rechten verletzen könnten.[28] Allerdings erweist sich die traditionelle Betrachtungsweise als korrekturbedürftig, wie namentlich die Fälle des § 35 III 3 BauGB belegen, die dadurch gekennzeichnet sind, dass Ziele der Raumordnung speziell zu dem Zweck eingesetzt werden, bestimmte private Vorhaben (z.B. Kiesabgrabungen, Errichtung von Windkraftanlagen) zu steuern. Für diese Fälle ist inzwischen weitgehend anerkannt, dass die privaten Vorhabenträger antragsbefugt sind.[29]

46

Im Übrigen kann es bei bestimmten Klagen von Gemeinden und Personen des Privatrechts zur **verwaltungsgerichtlichen Inzidentkontrolle** kommen. Eine derartige Kontrol-

47

---

26 Zur Ausnahme vgl. § 23 V LPlG.
27 BVerwGE 81, 307, 307 f.
28 Vgl. neben anderen *Peine*, Öffentliches Baurecht, 3. Aufl. 2003, Rn. 266, 288.
29 Vgl. z.B. OVG RhPf., LKRZ 2007, 480 f.; BayVGH, NuR 2004, 315, 316. Näher zur Thematik *Hendler*, NuR 2004, 485, 487 ff.

§ 8 Landesplanungsrecht

le findet jeweils dann statt, wenn die Rechtmäßigkeit des Plans eine **Vorfrage** für die Begründetheit des Klagebegehrens darstellt.

Beispiel:
Die Behörde hat die Genehmigung des gemeindlichen Flächennutzungsplans (§ 6 BauGB) mit der Begründung verweigert, der Plan verstoße gegen § 1 IV BauGB, weil er mit den im regionalen Raumordnungsplan enthaltenen Raumordnungszielen nicht in Einklang stehe. Erhebt die Gemeinde daraufhin eine Verpflichtungsklage auf Genehmigungserteilung, so prüft das Gericht inzident, ob der regionale Raumordnungsplan rechtmäßig (gültig) ist. Entsprechendes gilt bei der Verpflichtungsklage eines Privaten auf Erteilung der von der Behörde mit der Begründung abgelehnten Baugenehmigung, das Vorhaben widerspreche den regionalplanerisch festgelegten Raumordnungszielen (§ 35 III 2 Halbs. 1 BauGB)

2. Landesentwicklungsprogramm

48 Das Landesentwicklungsprogramm wird – wie oben (Rn. 29) dargelegt – durch Rechtsverordnung der Landesregierung für verbindlich erklärt. Hieraus folgt, dass eine Anfechtungsklage (§ 42 I VwGO) unzulässig ist, da sie nur gegen Verwaltungsakte gerichtet werden kann. Doch kommt auch eine **verwaltungsgerichtliche Normenkontrolle** insofern nicht in Betracht, als diese Rechtsschutzform nach § 4 I 2 AGVwGO bei Rechtsverordnungen ausscheidet, die Handlungen eines Verfassungsorgans i.S.d. Art. 130 I LV darstellen.[30] Beim Landesentwicklungsprogramm sind die Voraussetzungen des § 4 I 2 AGVwGO erfüllt.

49 Es besteht jedoch die Möglichkeit, den **Verfassungsgerichtshof** anzurufen. Die **Gemeinden** können als Körperschaften des öffentlichen Rechts mit verfassungskräftig garantiertem Selbstverwaltungsrecht (Art. 49 III LV) nach Art. 130 I, 135 I Nr. 1 LV i.V.m. §§ 2 Nr. 1 Buchst. a, 23 ff. VerfGHG vorgehen. Im Rahmen dieser Verfahrensart geht es um verfassungsgerichtliche Entscheidungen über die Verfassungswidrigkeit von Gesetzen oder sonstigen Handlungen eines Verfassungsorgans. **Private Rechtsträger** können das Landesentwicklungsprogramm mit der **Verfassungsbeschwerde** angreifen (Art. 130 a, 135 I Nr. 4 LV, §§ 2 Nr. 2, 44 ff. VerfGHG). Das gilt namentlich für Grundeigentümer in den Fällen des § 35 III 3 BauGB. Zwar wirft die Frage, ob die Zulässigkeitsvoraussetzung der unmittelbaren Betroffenheit des Beschwerdeführers[31] erfüllt ist, besondere Schwierigkeiten auf, da sich das Landesentwicklungsprogramm als vollzugsbedürftig erweist. Doch schließt die Vollzugsbedürftigkeit einer Norm die unmittelbare Betroffenheit des Beschwerdeführers nicht von vornherein aus.[32]

XI. Klausurhinweise

50 Auf dem Gebiet des Landesplanungsrechts kommen insbesondere folgende Klausuraufgaben in Betracht:

1. Prüfung des Landesentwicklungsprogramms oder eines regionalen Raumordnungsplans unter verfahrensrechtlichen und materiellrechtlichen Gesichtspunkten im Rahmen

---

30 Dazu § 1 Rn. 81 u. 179; § 2 Rn. 49.
31 Dazu § 1 Rn. 161.
32 OVG RhPf., NJW 2005, 410. Vgl. ferner BVerfGE 70, 35/50 ff. zum Bebauungsplan, wobei zu berücksichtigen ist, dass dem Landesentwicklungsprogramm im Fall des § 35 III 3 BauGB bebauungsplangleiche Wirkung zukommt.

einer verwaltungsgerichtlichen oder verfassungsgerichtlichen Normenkontrolle (vgl. dazu Rn. 44 bis 46, 48, 49).

Bei Aufgaben dieser Art lautet die typische Fallfrage: Wie und mit welchem Erfolg kann die Gemeinde G bzw. die Privatperson P gegen das Landesentwicklungsprogramm bzw. den regionalen Raumordnungsplan vorgehen? Die prozessrechtliche Dimension der Klausuraufgabe wird nur selten fehlen, gleichwohl kann auch dies vorkommen. Die Fallfrage lautet dann: Ist das Landesentwicklungsprogramm rechtmäßig (bzw. wirksam)? Bei der Lösung der verschiedenen Aufgaben sind vor allem auch die Planerhaltungsvorschriften zu würdigen (Rn. 26).

2. Prüfung der Übereinstimmung einer Planung oder Maßnahme mit dem Inhalt des Landesentwicklungsprogramms oder eines regionalen Raumordnungsplans. 51

Eine derartige Prüfung wird in einer Klausuraufgabe beispielsweise dann verlangt,

- wenn eine Gemeinde gerichtlich dagegen vorgeht, dass ihr die Genehmigung eines Bauleitplans (§§ 6 I, 10 II BauGB) mit der Begründung versagt worden ist, der Plan verstoße gegen § 1 IV BauGB, weil er mit den Zielen der Raumordnung nicht in Einklang stehe, oder
- wenn sich ein Bauantragsteller gerichtlich dagegen wehrt, dass ihm die Baugenehmigung mit der Begründung verweigert worden ist, das Bauvorhaben widerspreche den Zielen der Raumordnung (§ 35 III 2 Halbs. 1 BauGB) bzw. dem Vorhaben stünden öffentliche Belange entgegen, weil hierfür durch Ziele der Raumordnung eine Ausweisung an anderer Stelle erfolgt sei (§ 35 III 3 BauGB).

Allerdings ist auch in den Fällen, in denen es um die Übereinstimmung einer Planung oder Maßnahme mit einem Raumordnungsplan geht, zu prüfen, ob der Raumordnungsplan den verfahrensrechtlichen und materiellrechtlichen Anforderungen entspricht, da hiervon seine Wirksamkeit abhängt. Für diese Prüfung sind zudem die Planerhaltungsvorschriften bedeutsam (Rn. 26). In der schriftlichen Fassung der Klausur sind Erörterungen zur Wirksamkeitsfrage jedoch nur unter der Voraussetzung erforderlich, dass im Sachverhalt Anhaltspunkte für die Fehlerhaftigkeit des Plans bestehen. 52

§ 9 Kulturrecht

von *Friedhelm Hufen*

Literatur: *Die in diesem Verzeichnis enthaltenen Werke werden in den Fußnoten lediglich mit dem Namen der Autoren oder Herausgeber (erforderlichenfalls mit einem unterscheidenden Zusatz) zitiert.*

Avenarius/Füssel, Schulrecht im Überblick, 2008; *Avenarius/Heckel*, Schulrechtskunde, 7. Aufl. 2000; *Ebling/Schulze*, Kunstrecht, 2007; *Grimm/Caesar*, Verf. für RhPf., Komm., 2001; *Hennecke*, Grundriss des Schulrechts in RhPf., 1979; *Hufen*, Staatsrecht II Grundrechte, 2. Aufl. 2009; *Grumbach/Hennecke/Thews* (Hrsg.), Schulgesetz RhPf., Losebl.-Komm. mit Ausführungsbestimmungen, 3. Aufl. (Stand: 2008); *Luthe*, Bildungsrecht. Leitfaden für Ausbildung, Administration und Management, 2003; *Niehues/Rux*, Schul- und Prüfungsrecht, 4. Aufl. Bd. 1 (Schulrecht), 2006, Bd. 2 (Prüfungsrecht), 2004; *Pieroth/Schlink*, Staatsrecht II Grundrechte, 24. Aufl. 2008; *Poscher/Rux/Langer*, Das Recht auf Bildung, 2009; *Thieme*, Deutsches Hochschulrecht, 3. Aufl. 2004.

I. Grundlagen

1. Grundbegriffe

1 Wenn ein Lehrbuch erstmals einen Abschnitt zum „Kulturrecht" enthält, dann muss geklärt werden, was damit gemeint ist. Dabei kann es nicht darum gehen, den sehr vielschichtigen Begriff der „Kultur" abschließend zu definieren. Hier reicht es zu wissen, dass der sprachliche Ursprung beim lateinischen Verb *colere* (Partizip: *cultus*) liegt und ursprünglich das Betreiben von Landbau meinte. Weitere Begriffsschichten haben mit veredeln, pflegen, aber auch mit religiösen Verhaltensweisen zu tun.[1] Die folgende Darstellung konzentriert sich auf Kernbereiche, die unbestritten der wie auch immer definierten Kultur und damit dem Kulturrecht zugewiesen sind: Kunst, Erziehung und Bildung sowie Wissenschaft. Auch der Bereich Religion und Kirche darf in einem solchen Beitrag nicht fehlen. Dagegen hat sich das Medienrecht, das auch das Recht der Filmförderung umfasst, zu einem eigenen Rechtsgebiet entwickelt.[2] Auch im Übrigen beschränkt sich die Darstellung auf diejenigen Aspekte, die einen spezifischen Bezug zum Landesrecht aufweisen.

2. Historischer Überblick

2 Anders als in anderen Rechtsgebieten macht es wenig Sinn, von einer historischen Entwicklung „der" Kultur zu sprechen. Zwar ist vielfach von einer „Kulturgeschichte" die Rede, gemeint sind dabei aber stets besondere Aspekte der kulturellen Entwicklung. Zu unterschiedlich sind allein die historischen Bezüge von Kunst, Religion und Wissenschaft vor dem Hintergrund der geschichtlichen Ereignisse. So ist es selbstverständlich, dass Ereignisse wie die Reformation, die französische Revolution und der Nationalsozialismus Auswirkungen auf alle Bereiche der Kultur hatten. In sich aber ist die Entwicklung von Kunst, Wissenschaft, Religion usw. sehr unterschiedlich verlaufen. So erlebte etwa der Bereich „Schule" im 19. Jahrhundert eine Welle der Verstaatlichung, während im Bereich der bildenden Kunst und der Literatur das exakte Gegenteil der Fall war. Ebenso

---

1 Ausf. *Hufen*, vor § 32.
2 Dazu *Dörr/Kreile/Cole*, Hdb. Medienrecht, 2008 sowie § 10.

I. Grundlagen

wenig scheint es sinnvoll, die spezifischen kulturgeschichtlichen Aspekte der Geschichte des Landes seit 1946 hier vorweg zu bündeln.[3] Stattdessen soll den einzelnen Abschnitten jeweils ein kurzer historischer Überblick vorangestellt werden, soweit spezifisch rheinland-pfälzische Aspekte angesprochen sind. Für die Geschichte der einzelnen kulturellen Grundrechte sei auf die Lehrbücher zur Verfassungsgeschichte[4] und die historischen Teile der Grundrechte-Lehrbücher verwiesen.

3. Der verfassungsrechtliche Rahmen

a) Staatszielbestimmung Kultur

Anders als im Bund, wo die Aufnahme einer Staatszielbestimmung Kultur in das GG noch sehr umstritten ist,[5] ist in der LV seit 2000 bereits eine Kulturklausel vorhanden:

Art. 40 I LV:

Das künstlerische und kulturelle Schaffen ist durch das Land, die Gemeinden und Gemeindeverbände zu pflegen und zu fördern.

Es handelt sich hier um eine **Staatszielbestimmung**,[6] also geltendes Recht, nicht nur um einen unverbindlichen Programmsatz. Andererseits ergeben sich aus Art. 40 I LV keine subjektiven Rechte des einzelnen Künstlers auf bestimmte Fördermaßnahmen. Es geht vielmehr um eine objektive Wertentscheidung für die Kultur und das künstlerische Schaffen, bei deren Ausfüllung die staatlichen Instanzen, insb. der Gesetzgeber, einen weiten Gestaltungsspielraum haben.[7] Zur Förderung verpflichtet sind Land und Gemeinden. Art. 40 I LV macht aber die Kulturförderung noch nicht zur kommunalen Pflichtaufgaben i.S.v. § 2 2 GemO. Während die „Pflege" mehr bewahrend gemeint ist, geht es bei der „Förderung" um aktives Tun. Als Staatszielbestimmung kann Art. 40 I LV zugleich eine **verfassungsimmanente Schranke** bilden, wenn Freiheitsbetätigungen künstlerische oder allgemein kulturelle Werte gefährden. Art. 40 I LV ist keine „Kultur*staats*klausel". Es geht vielmehr auch im Sinne des BVerfG[8] um die Erhaltung und Förderung eines freiheitlichen Kulturlebens. Insofern ist gegenüber dem traditionellen Begriff des Kulturstaats im Sinne eines kulturgestaltenden Staates Skepsis angebracht.[9]

b) Kompetenzen

aa) „**Kulturhoheit**" der Länder: Sie wird immer wieder als Kern der Bundesstaatlichkeit hervorgehoben.[10] Diese ist aber weder im GG noch in der LV explizit erwähnt, ergibt

---

3 Zur Geschichte des Landes lesenswert *Kißener*, Kleine Geschichte des Landes Rheinland-Pfalz 1945-2005, 2006.
4 Insb. *Frotscher/Pieroth*, Verfassungsgeschichte, 7. Aufl. 2008; *Kotulla*, Verfassungsgeschichte, 2008; *Willoweit*, Deutsche Verfassungsgeschichte, 5. Aufl. 2001.
5 Vgl. Schlussbericht der Enquête-Kommission des Deutschen Bundestages „Kultur in Deutschland", „Kultur als Staatsziel", BT-Drucks. 16/7000.
6 Dazu § 1 Rn. 91 u. 132.
7 *Magiera*, in: Grimm/Caesar, Art. 40 Rn. 3 u. 7.
8 BVerfGE 36, 321, 331.
9 Zu diesem Verständnis E.-R. *Huber*, Zur Problematik des Kulturstaats, 1958; krit. dazu *Geis*, Kulturstaat und kulturelle Freiheit, 1990.
10 *Häberle*, Kulturverfassungsrecht im Bundesstaat, 1980; ders., AöR 124 (1999), 549.

sich aber aus Art. 30 und 70 GG sowie einer ganzen Reihe von konkreten Kompetenznormen.

Kulturhoheit und Kulturföderalismus werden gerade im Bereich der Schule und im Zeichen der „Pisa-Diskussion" nicht selten in Frage gestellt und als „Kleinstaaterei" diskreditiert. Deshalb seien die geradezu „unschlagbaren" Vorteile einer föderativen Organisation der Kultur hier festgehalten. Für sie spricht nicht nur die historische Tatsache, dass sich in Deutschland – anders als in den Zentralstaaten des Westens – die Kultur schon immer territorialstaatlich, d.h. „vor Ort", entwickelt hat. Dies führt zu einem näheren Zugang zur Spitzenkultur und auch zu einer besseren Identifikation der Menschen in den Ländern und Gemeinden mit „ihrer Kultur". Wer von „Kleinstaaterei" spricht, übersieht die Nachteile einer übergroßen Ballung des Kulturlebens in der Hauptstadt, des Ausblutens der Provinz und die große Vielfalt der Kultur in den Landeshauptstädten und anderen Zentren der Bundesrepublik. Auch die föderative Organisation des Rundfunks trägt zur Vielfalt und zur leichteren Identifikation der Menschen mit ihrer Heimat bei. Der Kulturföderalismus ist also einer der zentralen Werte der Bundesrepublik, der unbedingt aufrecht zu erhalten ist. Deshalb sind die traditionell geringen kulturellen Gesetzgebungs-, Verwaltungs- und Finanzierungskompetenzen des Bundes nach der Föderalismusreform eher noch geringer geworden.[11]

5   bb) **Kulturelle Kompetenzen der Kommunen:** Ein großer Teil der Kultur spielt sich in Deutschland in den Städten ab.[12] Das gilt auch in RP, das traditionell die Selbstverwaltung der Kommunen sogar im Grundrechtskatalog sichert (Art. 49 LV).[13] So gehören kulturelle Aufgaben mit örtlichem Bezug grundsätzlich zum verfassungsrechtlich in Art. 49 LV gesicherten Kernbereich der kommunalen Selbstverwaltung. Kulturelle Aufgaben dürfen damit nur „hochgezont", d.h. auf das Land oder einen anderen Träger übertragen werden, wenn dies erforderlich ist, um die entsprechende Aufgabe gemeinwohlorientiert zu erfüllen.[14] Im Selbstverwaltungsbereich erschöpft sich auch die Aufsicht des Staates in der Rechtsaufsicht. So darf etwa der Kultusminister nicht auf das Programm eines städtischen Theaters Einfluss nehmen. Der kulturellen Freiheit in diesem Bereich entspricht es, dass die meisten kulturellen Aufgaben den freiwilligen Selbstverwaltungsaufgaben i.S.v. § 2 I 1 GemO zugeordnet sind. Pflichtaufgaben der Selbstverwaltung nehmen die Gemeinden insb. im Bereich der vorschulischen Erziehung und der Schulträgerschaft wahr (dazu Rn. 24 u. 59). Als Auftragsangelegenheit mit kulturellem Bezug ist etwa der Denkmalschutz zu nennen.

---

11 Als ausschließliche Bundeskompetenz mit Kulturbezug sind nur noch das Urheber- und das Verlagsrecht (Art. 73 I Nr. 9 GG) sowie der Schutz des deutschen Kulturgutes gegen Abwanderung ins Ausland (Art. 73 I Nr. 5a GG) zu nennen. Konkurrierende Gesetzgebungszuständigkeiten bestehen im Bund noch für die Ausbildungsbeihilfen und die Förderung der wissenschaftlichen Forschung (Art. 74 I Nr. 13 GG) sowie die Hochschulzulassung und die Hochschulabschlüsse (Art. 74 I Nr. 33 GG). Ungeschriebene Kompetenzen bestehen im Hinblick auf die auswärtige Kulturpolitik, für nationale Gedenkstätten, den ererbten Kulturbesitz sowie das Archivwesen des Bundes. Hat der Bund keine Gesetzgebungskompetenz, dann hat er erst recht keine Verwaltungskompetenz – auch nicht für eine kulturelle „Mischverwaltung". Allg. dazu BVerfG, NVwZ 2008, 183; *Cornils*, ZG 2008, 184.
12 Wichtig dazu *Scheytt*, Kommunales Kulturrecht, 2005.
13 Dazu § 1 Rn. 124.
14 BVerfGE 79, 127ff.

Rechtsschutzprobleme: Nach h.L. können sich die Gemeinden und Landkreise im kulturellen Bereich nur auf die Selbstverwaltungsgarantie (Art. 28 II GG, 49 III LV), nicht aber auf sonstige Grundrechte berufen.[15] So kann die Stadt im Hinblick auf ihr Theater nicht selbst die Kunstfreiheit (Art. 9 I LV) geltend machen. Hier kommen nur einzelne Künstler oder – im Falle rechtlicher Verselbständigung – das Theater selbst als Grundrechtsträger in Betracht. 6

cc) **Aufbau der Kulturbehörden:** Behörden und Institutionen der Kultur werden im Rahmen dieses Lehrbuchs in den jeweiligen Bereichen (Kunst, Bildung, Wissenschaft, Religion usw.) abgehandelt. Übergreifend ist hier nur auf die grundsätzliche Struktur der Kulturverwaltung in Rheinland-Pfalz kurz einzugehen. **Oberste Landesbehörde** im Bereich der Kultur ist das Ministerium für Bildung, Wissenschaft, Jugend und Kultur. Die kulturellen Funktionen der früheren Bezirksregierungen als **mittlere Verwaltungsbehörde** hat heute nahezu ausschließlich die Aufsichts- und Dienstleistungsdirektion (ADD) in Trier mit ihren Außenstellen in Koblenz und Neustadt/Weinstr. übernommen. Diese trägt nicht nur die Aufgaben der Schulverwaltung, sondern sie ist auch für die allgemeine Kulturpflege, den Sport und den Denkmalschutz als Aufsichtsbehörde über die kommunale Kulturarbeit und die Arbeit der Kommunen bei der Ausführung staatlicher Angelegenheiten zuständig. Im Gegensatz zu anderen Bundesländern gibt es keine eigenen Kulturbehörden auf mittlerer und unterer Verwaltungsebene (Oberschulamt, Schulamt usw.). 7

II. Kunst

1. Grundlagen

a) Historische Bezüge

Bei allen Unterschieden in den einzelnen Landesherrschaften und Territorien hat die Kunst im Gebiet des heutigen Rheinland-Pfalz die Entwicklung mitgemacht, die sich auch in Deutschland im Übrigen gezeigt hat. Zu erwähnen sind die Einbindung in die religiöse Welt des Mittelalters, die Staatsverherrlichung im Absolutismus, die Privatisierung und die politischen Konflikte im 19. Jahrhundert, der erstmalige verfassungsrechtliche Schutz in Art. 142 WRV, die auch in Rheinland-Pfalz erhebliche Verfolgung der Künstler zur Zeit des Nationalsozialismus und die Selbstverständlichkeit, mit der die Kunstfreiheit in der neuen Landesverfassung geschützt wurde. 8

b) Verfassungsrechtlicher Schutz

Art. 9 I LV lautet: „Die Kunst, die Wissenschaft und ihre Lehre sind frei". Der Kunstbegriff der LV ist deckungsgleich mit demjenigen von Art. 5 III GG. Insofern kann hier auf die Definition im „Mephisto-Urteil" des BVerfG[16] und die Lehrbücher zum GG verwiesen werden.[17] Stattdessen sollen in der Folge einige besondere Probleme untersucht werden, in denen Staat und Kommunen konkret an den Werk- und Wirkbereichen der Kunst beteiligt sind. 9

---

15 BVerfGE 61, 82ff.; vgl. auch § 1 Rn. 135.
16 BVerfGE 30, 173, 188; ausf. Darstellung bei *Hufen*, vor § 32.
17 Insb. *Hufen*, § 36.

2. Einzelne Institutionen
a) Staat und Kommunen als Kunstmäzene

10 Staat und andere öffentliche Entscheidungsträger üben heute weniger durch klassische Eingriffe als durch die Präsentation und Förderung von Kunst ihren Einfluss auf die Entwicklung des Grundrechts aus. Hier muss sich die Kunstfreiheit im objektiven und verfahrensmäßigen Sinne bewähren. So ist z. B. die Entscheidung des „Ob" der Aufnahme eines Künstlers in die Kunstförderung oder ein „Kunst am Bau-Programm" nicht rein zivilrechtlicher Natur, sondern nach öffentlich-rechtlichen Maßstäben zu beurteilen. Der Budgetvorbehalt des Haushaltsgesetzgebers bzw. des Stadt- und Gemeinderats verlangt einerseits eine abschließende Kontrolle der ausgegebenen Mittel und damit auch eine Entscheidung z. B. über die Aufstellung eines Brunnens, eines Denkmals oder auch den Ankauf für eine städtische Sammlung. Andererseits verlangt die künstlerische Eigengesetzlichkeit, dass sich Staat und Kommune nach Möglichkeit jedes bestimmenden Einflusses auf die Entwicklung der Kunst enthalten. Das ist durch die Mitwirkung von Kunstsachverständigen und – wo möglich – Repräsentanten der Kunst selbst sicherzustellen.[18] Aus der Sicht des einzelnen Künstlers begründet Art. 9 I LV i.V.m. dem Gleichheitssatz des Art. 17 I LV jedenfalls einen Anspruch auf Transparenz und eine grundsätzliche Chance, bei den Auswahlentscheidungen berücksichtigt bzw. nicht willkürlich ausgeschlossen zu werden. Das gilt insb. für Veranstaltungen, die für bestimmte Kunstbereiche ein Monopol oder jedenfalls prägende Wirkung besitzen.[19]

b) Museen

11 Auch die Museen des Landes dienen neben der **Wahrung und Präsentation des kulturellen und technischen Erbes** auch dem **Wirkbereich der Kunstfreiheit,** haben aber anders als die Instrumente der Kunstförderung, Galerien und Ausstellungen selten einen konkreten Bezug zum Künstler. Träger der Landesmuseen ist das Land, der städtischen Museen die jeweilige Kommune. Auch ein Zweckverband mehrerer Gemeinden kommt als Träger in Betracht. Die Landesmuseen befinden sich – mit unterschiedlichen Schwerpunkten – in Mainz, Trier und Koblenz. Weitere bedeutende Museen sind das Gutenberg-Museum in und das Römisch-Germanische Zentralmuseum in Mainz, das Mittelrhein-Museum und die Wehrtechnische Studiensammlung in Koblenz sowie das durch einen privaten Verein getragene Technik-Museum in Speyer.

12 Organisiert sind die öffentlichen Museen zumeist als Landes- oder Kommunalbetriebe, auch die Rechtsformen der Anstalt und der Stiftung kommen in Betracht. Da es sich um öffentliche Einrichtungen handelt, bleibt der Zugang auch im Falle einer Privatisierung öffentlich-rechtlich geregelt (Zweistufentheorie). Dem Publikum gegenüber handelt es sich um **öffentliche Sachen im Anstaltsgebrauch:** Der Einzelne hat also Anspruch auf widmungsgemäße und als solche rechtmäßige Nutzung im Rahmen der Kapazität. Dagegen sind Museumsbesucher als Rezipienten von Kunst nicht etwa selbst Träger der Kunstfreiheit.

---

18 Zu diesem Problem einerseits *Steiner*, VVDStRL 42 (1984), 7, 36; andererseits *Hufen*, NVwZ 1983, 516, 521; *ders.*, § 33 Rn. 60.
19 So zur „Kasseler Documenta" *Hufen*, NJW 1997, 1112.

II. Kunst

c) Theater/Orchester

Theater, sonstige Bühnen, Konzertsäle und Orchester bilden **wichtige Foren** der **Kunstausübung** im Lande.[20] Besonders zu nennen sind das Staatstheater Mainz und die drei Stadttheater in Ludwigshafen, Koblenz und Trier. Der Organisationsform nach kann es sich um Eigenbetriebe oder nichtrechtsfähige Anstalten handeln. Dem Bürger gegenüber ist auch ein Theater eine öffentliche Sache im Anstaltsgebrauch. Im Rahmen der Kapazität und der Widmung besteht also Anspruch auf Zulassung. Bei Störungen des Theaterbetriebs oder des Konzerts kommen als Rechtsgrundlage für eine Verweisung oder ein Hausverbot neben dem gewohnheitsrechtlichen Hausrecht[21] auch schlicht der Widerruf eines begünstigenden Verwaltungsakts (der Zulassung) im Sinne von § 49 VwVfG in Betracht.

13

Für die **Rechtsverhältnisse der ausübenden Künstler** gilt – sofern es sich nicht um den seltener werdenden Fall eines Beamtenverhältnisses handelt – das private Arbeitsrecht, das gerade im Bereich der Bühnen und Orchester bemerkenswerte Besonderheiten aufweist.[22] Aus Grundrechtssicht sind ausübende Künstler stets Träger der Kunstfreiheit aus Art. 9 I LV und Art. 5 III GG. Ähnlich wie bei den „Tendenzbetrieben" im Medienrecht hat die **künstlerische Direktive des Intendanten bzw. Regisseurs** aber i.d.R. Vorrang vor der individuellen künstlerischen Entfaltung des Einzelnen. Unabhängig von der Rechtsform kommt auch das Theater oder das Orchester selbst als Grundrechtsträger in Betracht. Daraus folgt zwar auch bei lang andauernder Förderung kein subjektives Recht auf Subventionierung.[23] Die Kunstfreiheit schützt auch nicht vor organisatorischen Umgestaltungen, der Zusammenlegung von Theatern oder Stellenstreichungen im Orchester. Derartige Instrumente und Sparmaßnahmen dürfen aber nicht eingesetzt werden, um ein unbotmäßiges Theater zu „bestrafen" oder eine bestimmte Programmgestaltung des Orchesters zu erzwingen.[24]

14

d) Kommunale Kultureinrichtungen

Im Rahmen ihrer kulturbezogenen Selbstverwaltungsaufgaben existieren auch in Rheinland-Pfalz zahlreiche kommunale Kultureinrichtungen. Genannt seien nur Städtische Theater, Musikschulen, Volkshochschulen, Museen, Bibliotheken und Konzertsäle. Selbst Teile des Internetauftritts einer Gemeinde können heute kulturelle Einrichtungen oder auch Teile derselben sein. Bei allen Unterschieden ist ihnen gemeinsam, dass es sich um **kommunale öffentliche Einrichtungen** i.S.v. § 14 GemO handelt. Das gilt unabhängig von der Rechtsform (Regie- oder Eigenbetrieb, Anstalt oder auch Stiftung). Soweit gesetzlich nichts anderes bestimmt ist (wichtig insofern § 89 SchulG), kann die Wid-

15

---

20 Allg. zum Bereich des Theaters *Brauneck*, Die Stellung des deutschen Theaters im öffentlichen Recht 1871 – 1945, 1997; *Kurz*, Praxishandbuch Theaterrecht, 1999; zum Begriff des Theaters nach § 4 UStG BVerwG, NJW 2009, 793; zu Begriff und Struktur des Orchesters *Bastuck*, NJW 2009, 719.
21 Dazu VG Frankfurt, NJW 1998, 1424; OVG Münster, NJW 1998, 1425; *Jutzi*, LKRZ 2009, 16ff. m.w.N.
22 S. dazu *Gengener*, NJW 2009, 714.
23 VGH Mannheim, NJW 2004, 624.
24 Zur Theaterschließung BerlVerfGH, NJW 1995, 858; zum Ganzen auch *Tillner*, Die öffentliche Förderung des Musiktheaters in Deutschland, 1999.

mung kultureller Einrichtungen ggf. auch konkludent und im Wege der Selbstbindung der Gemeinde erweitert werden.

Beispiel:
Freigabe eines Konzertsaals für Messen und Ausstellungen.

Auch bei Führung in Privatrechtsform handelt es sich bei kommunalen Kultureinrichtungen *nicht* um gewinnorientierte wirtschaftliche Unternehmen i.S.v. § 85 I GemO, sondern um Einrichtungen der Daseinsvorsorge i.S.v. § 85 III Nr. 1 GemO (Erziehung, Bildung und Kultur).

e) Rechtsschutzprobleme

16 Auch bei einer Privatisierung der Einrichtung gilt für den Zugang zu dieser nach der Zweistufentheorie öffentliches Recht. Der Nutzungsanspruch ist hier durch Einwirkung auf die jeweiligen Gesellschaftsorgane sicher zu stellen. Für die Einwohner der Kommunen bedeutet dies, dass sie im Rahmen der Widmung und der vorhandenen Kapazität (derivativer Teilhabeanspruch) einen Anspruch auf Zulassung zur Einrichtung haben.[25] Anders als in § 14 GemO vorgesehen, ist der Nutzungsanspruch bei den meisten derartigen Einrichtungen nicht auf Gemeindeeinwohner beschränkt, aber bei Kapazitätsproblemen beschränkbar.[26] Je nach Widmung sind auch bestimmte subjektive Zulassungskriterien (Lebensalter von Kindern für Kindertagesstätte, gute Stimme für Sänger im städtischen Chor, ggf. erforderliche Vorkenntnisse beim Kurs der Volkshochschulen usw.) zu erfüllen. Wird die kulturelle Einrichtung durch die Gemeinde subventioniert (was zumeist der Fall ist), kann vom Äquivalenzprinzip bei der Gebührenberechnung sowohl im Hinblick auf nicht „Einheimische"[27] als auch auf die Einkommensverhältnisse[28] abgewichen werden.

3. Exkurs: Einführung in die Probleme des Denkmalschutzes
a) Allgemeines

17 Das Denkmalschutzrecht ist ein besonders **wichtiges Gebiet des Kulturrechts** der Länder. Hierbei geht es auch, aber nicht alleine, um Gegenstände der Kunst. Deshalb erfolgt die Behandlung an dieser Stelle im Rahmen eines Exkurses und – schon aus Platzgründen – nur kursorisch.[29] Immer wieder kann man in der Presse von Konflikten um den Denkmalschutz lesen. So ging es in jüngster Vergangenheit z. B. um den Schutz eines historischen Trockenturms einer Gewürzfabrik in Mainz, den Streit um eine Rheinbrücke im UNESCO-Kulturerbe Mittelrheintal[30] oder auch um den Ausbau einer typischen Industriellenvilla des 19. Jahrhunderts. Auch Naturschutz und Denkmalschutz können in

---

25 Vgl. auch § 3 Rn. 39ff.
26 Dazu *Axer*, NVwZ 1996, 1147; *Schmidt*, DÖV 2002, 696; VGH München, DÖV 2000, 646.
27 BVerwG, NJW 1998, 469.
28 BVerfG, NJW 1998, 2128.
29 Zur Vertiefung *Hammer*, Die geschichtliche Entwicklung des Denkmalrechts in Deutschland (1995); *Hönes*, DÖV 2003, 517; *Moench/Otting*, NVwZ 2000, 146, 515.
30 Das Land verfügt über vier Kulturdenkmäler, die in die UNESCO-Liste des Welterbes aufgenommen wurden: Den Speyerer Dom, das Römische Trier, die Kulturlandschaft Oberes Mittelrheintal und länderübergreifend den obergermanisch-raetischen Limes.

II. Kunst

Konflikt geraten, wie der Schutz seltener Tiere und Pflanzen in den historischen Gemäuern der „Zitadelle" in Mainz zeigen.

Rechtsgrundlage für die Lösung dieser und ähnlicher Konflikte ist das Denkmalschutzgesetz (BS 224-2; *H/J/W* Nr. 64). 18

b) Zum Begriff des Kulturdenkmals

Kernelement des Denkmalschutzrechts ist der Begriff des Kulturdenkmals. Ein Musterbeispiel für seine Definition ist § 3 DSchG, der implizit die Elemente „Denkmalfähigkeit" und „Denkmalwürdigkeit" unterscheidet. **Denkmalfähigkeit** bezieht sich z. B. auf Zeugnisse des geistigen oder künstlerischen Schaffens aus vergangener Zeit. **Denkmalwürdigkeit** bezieht sich auf das öffentliche Interesse an der Erhaltung und Pflege eines Denkmals. Wichtig ist der Unterschied zwischen unbeweglichen und beweglichen Kulturdenkmälern, also ortsfeste Einzeldenkmäler, Bauwerke und Denkmalzonen einerseits sowie beweglichen Kulturdenkmälern andererseits (§ 4 DSchG). Die mittelalterliche Innenstadt oder eine Festungsanlage ist eine Denkmalzone (§ 5 DSchG), gleiches gilt für eine historische Park- und Gartenanlage. 19

c) Unterschutzstellung

Die Unterschutzstellung kann grundsätzlich abstrakt generell durch **Gesetz** (Generalklauselprinzip) oder einzeln durch **feststellenden Verwaltungsakt**[31] bzw. RVO (Einzelaktsprinzip) erfolgen. Der Gesetzgeber[32] hat sich seit 2008 für unbewegliche Denkmäler für das Generalklauselprinzip i.V.m. einer nachrichtlichen Denkmalliste entschieden. Das ermöglicht die rasche und gleichmäßige Erfassung, ist aber wegen der Unbestimmtheit des Denkmalsbegriffs und geringeren Transparenz dem Eigentümer gegenüber nicht unbedenklich.[33] Möglich ist auch der einstweilige Schutz nach § 11 DSchG. Veränderungen am Denkmal sind genehmigungspflichtig (§§ 13, 13a DSchG). In jedem Fall muss dem Eigentümer die Möglichkeit der Feststellungsklage offen stehen, damit er nicht erst bei der Verweigerung einer Genehmigung erfährt, dass sein Gebäude ein Kulturdenkmal ist (§ 8 III DSchG). 20

Wichtig: Die Nutzungseinschränkungen sind nicht als Enteignung, sondern als Inhalts- und Schrankenbestimmung zu werten. Sie können aber unverhältnismäßig sein, z.B. wenn die **Nutzbarkeit** eines Denkmals praktisch ausgeschlossen ist.[34] Der Fall „Industriellenvilla" ist ein in Rheinland-Pfalz spielender „Schulfall" der unverhältnismäßigen Inhalts- und Schrankenbestimmung.[35]

d) Behördenaufbau

Im Hinblick auf die beteiligten Behörden ist zwischen den **Denkmalschutzbehörden** (§ 24 DSchG) und der **Denkmalfachbehörde** zu unterscheiden (§ 25 DSchG). Die Denkmalschutzbehörden sind in den normalen Verwaltungsaufbau des Landes einbezogen. Oberste Denkmalschutzbehörde ist das Kultusministerium, obere Denkmalschutzbe- 21

---

31 OVG RhPf., AS 18, 148.
32 G. v. 26.11.2008 (GVBl. S. 301).
33 *Meyer/Werbe*, DÖV 1996, 950; VerfGH Berlin, LKV 1999, 361.
34 BVerfGE 100, 226, 239.
35 Dazu *Hufen*, § 38 Rn. 28ff.

hörde ist die ADD, untere Denkmalschutzbehörde sind Kreisverwaltung und Stadtverwaltung kreisfreier Städte. Sie nehmen den Denkmalschutz als Auftragsangelegenheit wahr. Die Gemeinden haben also kein eigenes subjektives Recht an der Erhaltung bestimmter prägender Kulturdenkmäler. Das kann zu erheblichen Spannungen führen.[36] Deshalb sollte den Gemeinden ein Klagerecht bei grundlegender Veränderung des örtlichen Gepräges und der historischen Struktur gegeben werden. Die fachlichen Aufgaben des Denkmalschutzes nimmt in Rheinland-Pfalz die **Generaldirektion Kulturelles Erbe** wahr, die dem Kultusministerium unmittelbar nachgeordnet ist (§ 25 III DSchG).

III. Erziehung, Bildung, Schule

1. Grundlagen

a) Grundbegriffe

22 Von alters her kaum Einigkeit besteht über den Begriff der **Bildung**. Seit *Wilhelm von Humboldt* wird Bildung idealistisch als Anregung der Kräfte des Menschen und Entfaltung der Persönlichkeit gesehen. In der modernen Pädagogik tritt die Befähigung zur Selbstbestimmung in den Mittelpunkt. **Erziehung** und Bildung überschneiden sich als Begriffe, wobei Erziehung mehr die persönlich-charakterliche Entwicklung meint. Eher zielgerichtet ist der Begriff der **Ausbildung**. Dieser bezieht sich auf einen konkreten Beruf, hat also mit dem Erbringen subjektiver Berufszulassungsvoraussetzungen zu tun.

b) Historischer Überblick

23 Aus historischer Sicht ist die Entwicklung von Bildung, Erziehung und Ausbildung eng durch das Spannungsverhältnis von Elternhaus, Kirche und Schule gekennzeichnet. Der Ursprung der außerfamiliären Bildung war bis weit in die Neuzeit den Kirchen vorbehalten.[37] Im Übrigen ist die Entwicklung des Schulrechts in RhPf. stark durch den Kampf um die Durchsetzung der staatlichen Schule und der allgemeinen Schulpflicht im Bereich der Volksschule sowie um die Konfessionsschule[38] gekennzeichnet. Heute sind alle Grund-, Haupt- und Förderschulen „christliche Gemeinschaftsschulen" (Art. 29 LV). Damit ist die Geschichte der Bildungsreformen in Rheinland-Pfalz allerdings nicht zu Ende. In neuester Zeit kreist die Diskussion vor allem um die frühe Entscheidung über die Bildungsgänge nach der 4. Klasse, die defizitäre Integration von Kindern mit Migrationshintergrund, die Fortschreibung sozialer Gegensätze in der Schule und die Vernachlässigung der Hauptschule und hat soeben zur Einführung der „Realschule Plus" geführt (dazu Rn. 58f.).

---

36 *Werres*, Kommunale Selbstverwaltung und denkmalrechtliche Anordnung, 2005, S. 18.
37 *v. Unruh*, Deutsche Verwaltungsgeschichte I, **1983**, S. 383.
38 In den vormals preußischen und bayerischen Teilen von RhPf. waren Grund- und Hauptschule traditionell konfessionell organisiert. Diese Konfessionsschule wurde erst durch die NS-Diktatur abgeschafft, entstand aber nach dem 2. Weltkrieg wieder neu. Bestrebungen zur überkonfessionellen Schule auf Seiten der SPD und der FDP führten zu erbitterten Auseinandersetzungen und dazu, dass die Volksabstimmung über die neue LV mit 53 % und die gesonderte Abstimmung über die Schulartikel mit 52,4 % äußerst knapp ausgingen (dazu *Rudolf*, in: Grimm/Caesar, Einl. B, Rn. 17, 22 sowie § 1 Rn. 9 f.). Dabei führte gerade die Konfessionsschule dazu, dass noch 1953 52 % der Grundschulen in RhPf. als einklassige „Zwergschulen" geführt wurden. Spätestens mit der neu entfachten Diskussion über die „deutsche Bildungskatastrophe" von 1964 war diese Situation dann nicht mehr haltbar und die Bildungsreform von 1963 bis 1968 erzwang größere Schuleinheiten und bedingte damit das Ende der Konfessionsschulen.

2. Kein „Kinderkram": Das Recht der Früherziehung

In Deutschland wird die Ausbildung der Vorschulkinder traditionell vernachlässigt. 24
„Schule" und damit Bildung und staatliches Einwirken auf die Erziehung beginnen erst mit der Grundschule, zuvor ist von „Kleinkindbetreuung", von „Kindergarten" und „Krippe" die Rede. Schon diese Begriffe belegen schlagartig das große Missverständnis: Bei Kleinkindern geht es um Betreuung, bei Schulkindern um Bildung. Verstärkt wurde dieses Missverständnis durch den Missbrauch der frühkindlichen Erziehung im Nationalsozialismus und in der vormaligen DDR. So war es geradezu ein Glaubenssatz, dass dem Elternrecht zumindest bis zum Schuleintritt der Kinder der absolute Vorrang vor jeder staatlichen Einwirkung auf die Erziehung des Kindes zukomme. Es kann daher nicht verwundern, wenn der Bundesrepublik Deutschland erst kürzlich von der UNICEF bescheinigt wurde, dass sie im Bereich der vorschulischen Kinderbetreuung und -erziehung allenfalls Mittelmaß erreicht. Das Land Rheinland-Pfalz hat zwar mit der Einrichtung zahlreicher neuer Kindestagesstätten, einem modernen Kindertagesstättengesetz sowie mit der Gebührenfreiheit für das letzte Vorschuljahr wichtige Schritte getan: Die Entwicklung eines modernen bildungsorientierten „Schulrechts für Kleinkinder" ist aber noch nicht einmal Teil der Überlegungen. Das Recht der „Kindertagesstätten" wird vielmehr bezeichnenderweise dem Sozialrecht zugeordnet (Art. 74 I Nr. 7 GG; 3. Abschnitt des SGB VIII), **gesetzliche Grundlage** ist in Rheinland-Pfalz neben dem Ausführungsgesetz zum SGB VIII das **Kindertagesstättengesetz** (KitaG – BS 216-10).

Derzeit richtet sich das Augenmerk verstärkt auf die **vorschulische Erziehung** oder bes- 25
ser: auf die Vorverlagerung der Grundschule mindestens auf das 5., wenn nicht auf das 4. Lebensjahr. So hat die moderne Lernpsychologie längst nachgewiesen, dass die entscheidenden Weichenstellungen für die spätere intellektuelle und kreative Entfaltung des Kindes weit früher getroffen werden, als man dies bei Entstehen der Grundschule und Einführung der Schulpflicht ab dem 6. Lebensjahr wusste. Auch lässt sich die Komponente des sozialen Lernens in einer noch so liebevollen und anregungsreichen elterlichen Erziehung nicht allein vermitteln. Das gilt erst recht für Kinder mit Migrationshintergrund oder aus prekären sozialen Verhältnissen. Lerndefizite sind auch durch spätere Förderprogramme oder Gesamtschulmodelle nicht mehr aufzuholen. Die Konsequenz ist eindeutig: Die Kinderbetreuung im Vorschulalter muss zu einer echten Vorschule nach dem Modell der französischen école maternelle ausgebaut werden, und sie muss viel früher ansetzen, als dies bis jetzt der Fall ist.

Aus **verfassungsrechtlicher Sicht** würde die Einrichtung einer obligatorischen „Kinder- 26
schule" auf keine durchgreifende Bedenken stoßen.[39] Ein etwaiger Eingriff in das Elternrecht wäre jedenfalls durch überragend wichtige Verfassungsgüter (Integration, Chancengleichheit, Fähigkeit zum sozialen Zusammenleben, Behebung sprachlicher und kognitiver Defizite aus dem Elternhaus) gerechtfertigt.

Kinder sind bereits in der Vorschulzeit Träger der **Religionsfreiheit** (Art. 4 GG/8 I LV). 27
Auch die vorschulische Erziehung darf nicht in religiösem Sinne indoktrinieren. Sehr umstritten waren im Kindergartenbereich Feiern mit religiösem Bezug (Adventsfeier,

---

[39] A. A. *Bader*, NVwZ 2007, 527; *Müller-Terpitz*, JZ 2006, 961.

§ 9 Kulturrecht

Nikolaus-, Weihnachtsfeier) und insb. das Tischgebet. Elternrecht und Religionsfreiheit schließen hier eine Teilnahmepflicht aus, zwingen aber nicht zu einem völligen Verzicht auf derartige kulturell bestimmte Traditionen.[40] Verboten ist auch insofern nur die missionarische Inanspruchnahme der Kinder für die jeweils eigene Glaubensrichtung.[41]

28 Es gehörten zu den besonderen Paradoxien des Kulturrechts in Deutschland, dass über Studiengebühren erbitterte Kämpfe ausgetragen werden, während sich erst allmählich die Erkenntnis durchsetzt, dass die teilweise immer noch hohen Kosten für die Betreuung und Förderung in Kindertagesstätten eine der gravierendsten sozialen Ungleichheiten der Republik darstellen. So enthält auch das „moderne" KitaG in Rheinland-Pfalz – allerdings abgemildert durch die Kostenfreiheit im letzten Jahr vor der Grundschule (§ 13 III KitaG) – eine Rechtsgrundlage für Elternbeiträge. § 13 II 3 KitaG geht dabei von der Möglichkeit der **„Gebührenstaffel"**, d.h. die mögliche Berücksichtigung des Elterneinkommens, aus. Zulässig ist auch ein „Einheimischenbonus" für Einwohner der Trägergemeinde.[42] Die Gebührenstaffel ist durch das BVerfG unbeanstandet geblieben,[43] aber als eindeutiger Verstoß gegen das gebührenrechtliche Äquivalenzprinzip und das Gleichbehandlungsgebot der Verfassung trotzdem höchst fragwürdig.

3. Öffentliche Schulen

a) Verfassungsrechtlicher Rahmen

29 Auch die Schule als Kernbereich des Kulturföderalismus ist verfassungsrechtlich stark durch das GG und die Rechtsprechung des BVerfG überlagert.[44] Das heißt aber keinesfalls, dass die bei der Entstehung der LV so umstrittenen „Schularttikel" der **Art. 27 bis 40** für das Schulrecht heute irrelevant wären. Sie enthalten einerseits einige wichtige Gewährleistungen, die gem. Art. 142 GG fortgelten, sind aber auch deshalb von Bedeutung, weil Verfassungsbeschwerden vor dem VerfGH, die sich auf Schule und Hochschule beziehen, nur die Verletzung von Normen der LV betreffen können.

30 **aa) Staatliche Schulverantwortung:** Wie Art. 7 GG stellt auch Art. 27 III LV das gesamte Schulwesen unter die Aufsicht des Staates. Über die Rechts- und Fachaufsicht im Sinne einer nachträglichen Kontrolle hinaus ist damit die **Gesamtverantwortung des Landes für alle öffentlichen und privaten Schulen** gemeint.[45] Zusätzlich verlangt Art. 27 III LV für die Ausübung der Schulaufsicht den Einsatz hauptamtlich tätiger fachlich vorgebildeter Beamter. Beide Verfassungsnormen sind damit zugleich Ausdruck des Prinzips der demokratischen Legitimation und der Rückführbarkeit aller hoheitlichen Gewalt auf die Volkssouveränität und das Parlament. Sie setzen damit auch allen Forderungen nach mehr „Schulautonomie" deutliche verfassungsrechtliche Grenzen. Insbesondere kann es – anders als im Hochschulbereich und bei den Kommunen – bei den Schulen keine Selbstverwaltung i.e.S. geben. Schulen sind der äußeren Form nach vielmehr nicht rechtsfähige Anstalten des öffentlichen Rechts (§ 73 SchulG). Die „Legitimationskette"

---

40 BVerfGE 52, 223, 235; HessVGH, NJW 2003, 2846; bestätigt durch BVerfG (Kammer), NJW 2003, 3469.
41 *Britz*, RdJB 2003, 393, 395.
42 BVerwG, DVBl. 1997, 1062.
43 BVerfGE 97, 332, 340; krit. *Kempen*, NVwZ 1995, 163; *Jestaedt*, DVBl. 2000, 1820.
44 Insofern parallel zu lesen *Hufen*, § 32.
45 *Hennecke*, in: Grimm/Caesar, Art. 27 Rn. 9 ff.

von einzelnen Entscheidungen zu Parlament und Gesetz ist besonders dann geboten, wenn es in der Schule um grundrechtsrelevante Entscheidungen geht.[46] Deshalb ist Art. 27 III LV auch nur eine **Kompetenznorm**, schafft aber selbst **keine Eingriffsgrundlage** für belastende Einzelmaßnahmen im Schulbereich. Auch für die Bestellung der Lehrkräfte und des Schulleiters muss der verantwortliche Minister die Letztentscheidungskompetenz haben.

Innerhalb dieses verfassungsrechtlichen Rahmens räumt § 23 I SchulG den Schulen eine weitgehende **pädagogische Selbständigkeit** bei der Planung, Entscheidung und Durchführung ihrer Angelegenheiten ein. Sie können eigenständig pädagogische Ziele und Schwerpunkte festlegen und deren Erreichung im Rahmen der internen Evaluation überprüfen (§ 23 II SchulG) Auch nehmen sie im Rahmen der zur Verfügung gestellten Haushaltsmittel ihre wirtschaftlichen Angelegenheiten selbständig und selbstverantwortlich wahr. 31

bb) Weitere Grundsatznormen der LV zur Schule: Als verfassungsrechtlichen Ausgangspunkt betont **Art. 27 I LV** (wie schon Art. 6 II GG) das Elternrecht auch als Grundlage für die Gestaltung des Schulwesens. Eine Besonderheit ist **Art. 27 II LV** der im Sinne eines objektiven Verfassungsauftrags und einer Staatszielbestimmung Staat und Gemeinden berechtigt und verpflichtet, die öffentlichen Voraussetzungen und Einrichtungen zu schaffen, die eine geordnete Erziehung der Kinder sichern. Ein subjektives Recht auf Schaffung konkreter Bildungseinrichtungen ist daraus aber nicht abzuleiten. 32

Art. 28 LV hält fest, dass öffentliche und private Träger, Staat und Gemeinden sowie kirchliche Träger bei der Ausbildung der Jugend zusammenwirken. Inhaltlich steht die Norm damit in Nachbarschaft zur Privatschulfreiheit (Art. 7 IV GG/30 LV), zu kommunaler Selbstverwaltung (Art. 28 II GG/49 III LV) und zum Staatskirchenrecht (Art. 140 GG i.V.m. Art. 137 WRV / 41 ff. LV), geht aber über diese hinaus, indem sie im Sinne einer institutionellen Garantie die private, kommunale und kirchliche Schulträgerschaft besonders anerkennt und gewährleistet. 33

Art. 29 LV bestimmt, dass öffentliche Grund-, Haupt- und Sonderschulen **christliche Gemeinschaftsschulen** sind. Diese oft fehlinterpretierte Norm ist nur historisch zu verstehen. Sie bedeutet nicht etwa eine landesrechtliche Ausnahmebestimmung zur religiösen Neutralität oder gar zur negativen Religionsfreiheit – was nach Art. 31 GG ohnehin keinen Bestand haben könnte. Sie besiegelte vielmehr erst Ende der 1960er Jahre das Ende der evangelischen und katholischen Konfessionsschulen im Bereich der früheren Volksschulen und besagt unter heutigen Voraussetzungen nichts anderes, als **dass evangelische und katholische Kinder in der Grund-, Haupt- und Sonderschule gemeinsam unterrichtet werden.** Das schließt selbstverständlich Kinder anderer Konfessionen nicht aus.[47] 34

---

46 BVerfGE 33, 125.
47 Dazu *Hufen*, § 22 Rn. 15.

b) Auftrag der Schule, Erziehungs- und Lernziele, Lehrpläne

35 In Abwandlung eines alten Leitgedankens lässt sich sagen: **Schulrecht ist konkretisiertes Verfassungsrecht.** Auch wenn im SchulG nicht ausdrücklich erwähnt, gehören also alle Grundrechte des GG und der LV, insb. Gleichheit der Geschlechter, Rassen, Religionen sowie die Befähigung zur eigenverantwortlichen Wahrnehmung grundrechtlicher Freiheit und sozialer Verantwortung zu den selbstverständlichen Zielen der Schule. Deshalb bedarf es weder in der Schule noch anderswo einer „Leitkultur", denn die Rechtsgüter der Verfassung **sind** die Leitkultur dieses Landes und zugleich das für die Angehörigen aller Religionen, Kulturen und Nationen verbindliche ethische und pädagogische Minimum. Darüber hinaus enthält die LV in Art. 31 und 33 eigene Ziele und Grundsätze. Gottesfurcht und Nächstenliebe, Rechtlichkeit und Wahrhaftigkeit, Liebe zu Volk und Heimat, Verantwortungsbewusstsein für Natur und Umwelt, sittliche Haltung und berufliche Tüchtigkeit, freie demokratische Gesinnung, Geist der Völkerversöhnung bilden sowohl eine Ergänzung, aber auch ein interessantes „Kontrastprogramm" zu den „modernen" Erziehungszielen des SchulG. Ihre heute etwas antiquiert wirkende Sprache bedeutet aber keineswegs, dass sie als solche veraltet oder gar ideologisch wären. Im Gegenteil: Gerade in ihrem Bezug zur Nächstenliebe und zur Verantwortung gegenüber Natur und Umwelt sowie zur demokratischen Ordnung und zur Völkerversöhnung sind sie auch heute hochaktuell und schon deshalb auch heute für die Schule verbindlich. Nicht mehr wörtlich zu nehmen ist allerdings das Erziehungsziel „Gottesfurcht", denn dieses ist heute durch die negative Religionsfreiheit (Art. 4 GG/8 I LV) überlagert[48] – was aber nicht heißt, dass die Formulierung als solche verfassungswidrig wäre.

36 Auch das **SchulG** (BS 223-1; *H/J/W* Nr. 80) formuliert in §§ 1 – 3 in großer Vielfalt und auf durchaus unterschiedlichen Ebenen Elemente des Schulauftrags, Bildungs- und Erziehungsziele, die hier nicht einzeln kommentiert oder auch nur aufgezählt werden können, die aber die Grundgedanken der Verfassung im Hinblick auf die Förderung der Begabung und der Selbstbestimmung des Einzelnen, die Betonung demokratischer Verantwortung sowie religiöser und weltanschaulicher Toleranz wiedergeben. Auch aktuelle Ziele wie die Integration, Gleichberechtigung der Geschlechter (§ 1 II 1) und Förderaufträge für Kinder mit Migrationshintergrund (§ 1 II 3) oder mit sonderpädagogischem Förderbedarf (§ 1 II 4) sind aufgenommen worden.[49] Diese Ziele sind zwar abstrakt formuliert, können aber im Einzelfall bei der Lösung von Schulkonflikten sehr konkret und aktuell werden. So bilden sie eine wichtige Konkretisierung der dienstlichen Pflichten der Lehrer, aber auch Werte, die die Schule ggf. gegen dagegen verstoßende Erziehungstraditionen der Eltern durchsetzen muss.

37 Konkretisiert und umgesetzt werden die Bildungsziele durch konkrete **Lehrpläne**, die Bildungs- und Erziehungsziele für einzelne Fächer, Fächerkombinationen der verschiedenen Schularten und Schulstufen festlegen und dabei den Lehrkräften in unterschiedlichem Ausmaß Spielräume belassen.[50] Rechtlich gesehen handelt es sich hier um Ver-

---

48 *Hennecke*, in: Grimm/Caesar, Art. 33 sowie § 1 Rn. 146f. (auch zum Ethikunterricht).
49 Angesichts des klaren Bekenntnisses zur Gleichberechtigung eine eher überflüssige Konzession an einen Modetrend ist dagegen die Aufnahme des „gender mainstreaming" an prominenter Stelle im SchulG (§ 1 IV).
50 *Avenarius/Füssel*, S. 44.

waltungsvorschriften mit Bindungswirkung gegenüber den Schulen und Lehrern, aber mit allenfalls mittelbarer Außenwirkung gegenüber Schülern und Eltern. Sie sind in § 96 III SchulG deshalb nur marginal als „Vorgaben" angesprochen und bedürfen auch keiner expliziten gesetzlichen Grundlage. **Bildungsstandards** legen fest, welche Kompetenzen die Schüler bis zu einer bestimmten Schulstufe oder Prüfung erreicht haben sollen. Auch sie haben keine Außenwirkung, entfalten aber intern, schulübergreifend und sogar länderübergreifend große praktische Bedeutung. Dabei darf allerdings nicht übersehen werden, wie schwierig es ist, Bildung zu „messen".[51] Wichtige Elemente der Umsetzung von Bildungszielen sind auch die **Schulbücher und Lernmittel**. Ihre Verwendung in den Schulen kann nach §§ 96 II 2 Nr. 4 i.V.m. IV SchulG von einer Genehmigung abhängig gemacht werden. Dort sind auch die Genehmigungsvoraussetzungen geregelt. Die Genehmigung – ebenso wie deren Widerruf – ist ein Verwaltungsakt gegenüber dem Verleger, nicht aber die eigentliche Einführung eines Lehrbuchs an den Schulen

c) Rechte und Pflichten der Schüler

aa) Grundrechte: Es klingt lapidar, aber es sollte immer wieder in Erinnerung gerufen werden: **Im Mittelpunkt des gesamten Schulrechts und der Schule stehen die Schüler.** Für sie gelten zunächst alle ohnehin einschlägigen Grundrechte des GG und der LV auch in der Schule und innerhalb des Schulverhältnisses. Die Schule ist weder ein „grundrechtsfreier Raum", noch gilt heute ein irgendwie geartetes oder unter neuer Bezeichnung wiederbelebtes „Besonderes Gewaltverhältnis". Alle Schulnormen müssen im Lichte der Grundrechte ausgelegt werden. Einschränkungen sind nur auf gesetzlicher Grundlage und unter Beachtung der Verhältnismäßigkeit zulässig. Sämtliche Konfliktfälle von der Schulpflicht und der Schulzulassung über die Teilnahme an bestimmten Fächern und Ordnungsverstößen bis zum Rechtsstreit um die Abschlussnote und den Schulausschluss wegen Beleidigung einer Lehrerin sind also nach den gewohnten grundrechtsdogmatischen Regeln zu lösen.[52]

38

Über das GG hinaus gibt **Art. 31 LV** jedem jungen Menschen ein Recht – auch durch Besuch der höheren und Hochschulen („nötigenfalls mit öffentlichen Mitteln") – auf eine seiner Begabung entsprechende Ausbildung. Damit ist auch die alte Frage beantwortet, ob GG und LV jedem Schüler ein einklagbares „Grundrecht auf Bildung" verleihen: Nach dem GG besteht aus Art. 12 i.V.m. 3 GG jedenfalls ein sog. derivatives (abgeleitetes) Teilhaberecht an den vorhandenen Bildungseinrichtungen. Art. 31 LV geht auf den ersten Blick weiter, doch kann auch aus ihm kein gerichtlich durchsetzbarer Anspruch auf bestimmte Leistungen abgeleitet werden. Grundrechtsdogmatisch handelt es sich auch hier um ein derivatives Teilhaberecht[53] und darüber hinaus um eine objek-

39

---

51 *v. d. Groeben*, Recht und Bildung, 2006, Heft 2, S. 3ff.; *Avenarius*, RdJB 2005, 423.
52 Ausf. *Hufen*, § 32; zum Streit um das Kruzifix im Klassenzimmer BVerfGE 93, 1, 13; krit. *Hufen*, § 22 Rn. 46.
53 Zur Begriffsklärung *Hufen*, § 5 Rn. 10.

tive Schutzpflicht, die der Staat zu beachten hat, bei deren Erfüllung ihm aber ein weiter Beurteilungsspielraum zukommt.[54]

40 **bb) Schulpflicht:** Die allgemeine Schulpflicht bestand – wenn auch zunächst eher nur auf dem Papier – in einigen deutschen Staaten schon im 17. Jh. und wurde dann gegen heftige Widerstände aus kirchlichen und adligen Kreisen im Verlauf des 19. Jh. allgemein durchgesetzt. In **Art. 145 WRV** war sie **erstmals verfassungsrechtlich** erwähnt. Heute wird sie als gesetzliche Schranke sowohl der Selbstbestimmung der Schüler als auch des elterlichen Erziehungsrechts gesehen, aber auch wieder von einzelnen Eltern – vor allem in der international vernetzten „home-schooling"-Bewegung und von religiösen Fundamentalisten – in Frage gestellt.[55]

Solche Versuche hat die Rechtsprechung bisher stets zurückgewiesen und die **Verfassungsmäßigkeit der Schulpflicht** betont.[56] Die Argumente gegen den Heimunterricht sind zwingend, denn es geht in der Schule nicht nur um die Vermittlung kognitiver Fähigkeiten und Kenntnisse, sondern auch um soziale Gleichheit, Integration und soziales Lernen. Keine freiheitlich-demokratische Gesellschaft kann es sich leisten, Kinder von den geistigen Entwicklungslinien der Gesellschaft abzuschneiden.[57] Auch gilt es gerade, Kinder aus dem Umfeld der verschiedenen Schulverweigerer-Gruppen gegen einseitige ideologische Beeinflussung und Weltfremdheit für ein selbstbestimmtes Leben zu wappnen.

41 **Rechtsgrundlage** für die allgemeine Schulpflicht aller Kinder, Jugendlicher und Heranwachsender, die in Rheinland-Pfalz ihren Wohnsitz oder gewöhnlichen Aufenthalt haben, ist § 56 SchulG. Auf Staatsbürgerschaft, Eigenschaft als Landeskind oder Religion kommt es also nicht an. Die Schulpflicht kann auch an anerkannten Ersatzschulen erfüllt werden. Eng begrenzte Ausnahmen gelten nach § 56 III SchulG nur für Krankheit und ähnliche Fälle. Weitere Befreiungsmöglichkeiten bestehen nach § 60 SchulG. Die Schulpflicht bezieht sich gem. § 64 SchulG ausdrücklich auch auf die verbindlichen Schulveranstaltungen. Bei Nichterfüllung der Schulpflicht bestehen die Möglichkeiten der zwangsweisen Zuführung gem. § 66 SchulG und Bußgelder nach § 99 OWiG.[58] Weigern sich Eltern beharrlich, ihr Kind zur Schule zu schicken, kommt als ultima ratio die Entziehung des Sorgerechts in Betracht.[59]

42 **cc) Zugangsrechte und Zugangsbeschränkungen:** In der Praxis häufiger als Schulpflichtstreitigkeiten sind Streitigkeiten über den Zugang zu bestimmten Schulen. In Rheinland-Pfalz sind die Zugangsrechte ähnlich wie in anderen Bundesländern je nach Schulstufen

---

54 Überschritten ist dieser Beurteilungsanspruch aber eindeutig, wenn Kindern der Bildungs- und Förderungsanspruch aus Art. 31 LV gänzlich verweigert wird. Dass dies leider kein ganz theoretisches Problem ist, zeigt der Fall von Kindern von Asylanten und Migranten ohne Papiere. Der Ausschluss solcher Kinder von der Schule würde sowohl gegen den (als Bundesgesetz geltenden) Art. 2 des Zusatzprotokolls zur EMRK als auch gegen Art. 31 LV und das gesetzliche Recht auf Bildung und Erziehung in § 3 I, II SchulG verstoßen, *Krieger*, NVwZ 2007, 165; allg. *Poscher/Rux/Langer*.
55 Dazu *Spiegler*, RdJB 2005, 71; *Ennuschat*, RdJB 2007, 271.
56 BVerfG (Kammer), NJW 1987, 180; NVwZ 2003, 113; BVerfG (Kammer), FamRZ 2006, 1094; dazu *Achilles*, RdJB 2004, 222; *Hufen*, RdJB 1993, 156.
57 *Di Fabio*, Gewissen, Glaube, Religion, 2008, S. 25.
58 Dazu *Bräth*, RdJB 2007, 317.
59 BGH, NJW 2008, 369.

III. Erziehung, Bildung, Schule

unterschiedlich geregelt. So gilt für die Grund- und Hauptschulen die sog. „Schulsprengelpflicht", d.h. das Kind besucht die Grundschule des Schulbezirks, in dem es wohnt (§ 62 II SchulG). Ausnahmen können aus wichtigem Grund zugelassen werden (Ermessensentscheidung), – etwa bei einem besonders gefährlichen Schulweg, nicht aber bei einem hohen Ausländeranteil. Bei Gymnasien und Realschulen besteht keine Verpflichtung, aber auch kein Anspruch auf Besuch einer Schule in einem bestimmten Bezirk.[60] Voraussetzung ist stets, dass die Schüler die Eingangsvoraussetzungen erfüllen. Städte und Landkreise können den Zugang aber auf die eigenen Einwohner oder zumindest auf Landeskinder beschränken, wenn die Kapazität insofern nicht ausreicht.[61] Bei Kapazitätsproblemen innerhalb einer Schule (z.b. für bilingualen Unterricht) kommt es auf ein chancengleiches und transparentes Zulassungsverfahren an.[62]

Rechtsschutzprobleme: Sowohl die Zulassung zu einer bestimmten Schule als auch Ausnahmegenehmigungen von der „Sprengelpflicht" sind begünstigende Verwaltungsakte. Rechtsschutz erfolgt also durch die Verpflichtungsklage – ggf. in Form einer „positiven Konkurrentenklage."[63]   43

dd) Schulverhältnis: Mit der Aufnahme eines Schülers beginnt das Schulverhältnis als öffentlich-rechtliches Rechtsverhältnis (§ 51 SchulG). Das bedeutet, dass in der Schule Rechte und Pflichten unabhängig von konkreten Einzelregelungen bestehen. Konkretisiert werden diese Rechte und Pflichten durch Schul-, Prüfungs- und Heimordnungen (§ 52 SchulG). In den **Schulordnungen** regelt das zuständige Ministerium alle praktisch wichtigen Einzelheiten wie z. B. die Voraussetzungen für die Aufnahme in die Schule, den Umfang der Teilnahmepflicht, Versetzung und Überspringen einer Klassenstufe, Schulwechsel und Beendigung des Schulverhältnisses. In **Prüfungsordnungen** geht es um den Zweck der Prüfung, das Prüfungsverfahren, die Prüfungsergebnisse, Zeugnisse und Berechtigungen (§ 53 III SchulG). Das Schulverhältnis **endet** mit dem erfolgreichen Abschluss, mit dem Verlassen der Schule wegen mangelnder Leistung (§ 54 I SchulG) oder dem Ausschluss nach § 55 SchulG (dazu Rn. 46).   44

Rechtsschutzprobleme: Mit der Kennzeichnung des Schulverhältnisses als öffentlich-rechtliches Rechtsverhältnis ist klargestellt, dass in allen dieses Verhältnis betreffenden Rechtsstreitigkeiten (außer bei „abdrängenden Verweisungen" wie z.B. bei Amtshaftungsansprüchen aus dem Schulverhältnis) der Verwaltungsrechtsweg eröffnet ist. Für die **Klageart** kommt es darauf an, ob eine Maßnahme Außenwirkung gegenüber dem Schüler hat (persönlicher Rechtskreis) und ob eine Regelung oder tatsächliches Verwaltungshandeln vorliegt.[64] Die Pflicht zum Verlassen der Schule wegen mangelnder Leistung (§ 54 I SchulG) beruht nicht auf Verwaltungsakt, sondern tritt kraft Gesetzes ein.[65] Art. 19 IV GG erfordert, dass für Eingriffe in Schülerrechte in jedem Fall eine Klageart und ein Verfahren des vorläufigen Rechtsschutzes zur Verfügung stehen muss.   45

---

60 BbgVerfG NVwZ 2001, 912.
61 Str. war das vor allem im Hinblick auf Schüler aus den heute hessischen rechtsrheinischen Vororten von Mainz: OVG RhPf., NVwZ 2008, 1251.
62 VG Braunschweig, NVwZ-RR 2007, 324.
63 Dazu *Hufen*, Verwaltungsprozessrecht, 7. Aufl. 2008, § 15 Rn. 7.
64 Einzelheiten bei *Hufen* (Fn. 63), § 14 Rn. 34ff.
65 OVG RhPf., AS 18, 81.

§ 9 Kulturrecht

Das gilt bei einem berechtigten Interesse sogar nach Ende des Schulverhältnisses.[66] Obwohl Einzelnoten in einem Abgangszeugnis nicht Verwaltungsakte sind, kann ihre Änderung durch Leistungsklage verfolgt werden.[67] Schul-, Prüfungs- und Heimordnungen ergehen als Rechtsverordnungen. Da sie in Rheinland-Pfalz von einem Ministerium erlassen werden, ist die Normenkontrolle nach § 47 VwGO i.V.m. § 4 I AGVwGO aber nicht statthaft.[68]

46 **ee) Verstöße und Sanktionen:** Immer wieder ist von **Ordnungsproblemen** oder gar Gewalt in der Schule die Rede. Oft verbunden mit entsprechenden Berichten ist die Klage, die moderne „Kuschelpädagogik" und eine viel zu tolerante Gesetzgebung und Rechtsprechung habe den Lehrern und den Schulleitern die Mittel zur wirksamen Sanktionierung solcher Probleme aus der Hand genommen. Bei näherem Hinsehen zeigt sich aber, dass sich Gesetzgeber, Rechtsprechung und schulische Praxis durchaus den Problemen stellen. So gibt es ein durch die Schulordnungen zu konkretisierendes gestuftes Arsenal von **Ordnungsmaßnahmen:** Verweis, Ausschluss von bestimmten Veranstaltungen und Klassenfahrten, die Versetzung in eine andere Klasse (vgl. § 53 I 7 SchulG). Körperliche Züchtigungen, Demütigungen und Kollektivstrafen sind dabei ausdrücklich ausgeschlossen. Die schwerste Sanktion ist der **Ausschluss von einer Schule** oder sogar von allen Schulen des Landes auf Dauer oder auf Zeit, wenn der Verbleib in der Schule eine ernstliche Gefahr für die Erziehung, die Sicherheit oder die Unterrichtung der anderen Schüler bedeutet (§ 55 I SchulG). Voraussetzung ist ein rechtsstaatliches Verfahren mit Anhörung des Betroffenen[69] und i.d.R. vorheriger Androhung des Schulausschlusses sowie die Einhaltung des Grundsatzes der Verhältnismäßigkeit. Beendet werden kann das Schulverhältnis auch wenn ein nicht schulpflichtiger Schüler dem Unterricht für längere Zeit unentschuldigt fernbleibt (§ 54 IV SchulG).

Beispiele für den Schulausschluss auf Dauer oder auf Zeit:
- Drogenhandel einer 17-jährigen Schülerin auf dem Schulgelände[70]
- Schwere Körperverletzung gegen Mitschüler[71]
- Gewalt gegen Lehrer[72]
- Schmähung oder sexistische Beleidigung einer Lehrerin im Internet durch 13-jährigen[73]
- wiederholte Sachbeschädigungen oder Schmierereien an der Schule[74]
- Einbruchsdiebstahl mit entwendetem Schulschlüssel.[75]

Wichtig: Die Unterrichtung der Eltern volljähriger Schülerinnen und Schüler über besonders schwerwiegende Entscheidungen des Schulverhältnisses wie Nichtversetzung, Nichtbestehen der Abschlussprüfung usw. gem. § 4 SchulG ist im Interesse der Ordnung und Sicherheit in der Schule verfassungsgemäß.[76]

---

66 Zum Rechtsschutz gegen „Sitzenbleiben" auch nach erfolgreicher Wiederholung einer Klasse BVerwG, DÖV 2007, 166.
67 OVG RhPf., AS 15, 340.
68 Vgl. § 1 Rn. 179; § 2 Rn. 49.
69 Zur Heilbarkeit von Fehlern aber VGH Kassel, LKRZ 2009, 103.
70 OVG RhPf., DVBl. 1996, 1002.
71 VG Mainz, NVwZ 1998, 876.
72 VGH BadWürtt., NJW 2004, 89.
73 VG Düsseldorf, NVwZ-RR 2008, 619.
74 NdsOVG, NVwZ-RR 2007, 529.
75 VGH BadWürtt., NVwZ-RR 2007, 251.
76 VerfGH RhPf., NJW 2005, 410; dazu § 1 Rn. 142.

III. Erziehung, Bildung, Schule

ff) Förderung der Schüler: An den öffentlichen Schulen werden **Schulgeld** und sonstige Entgelte – abgesehen von Betreuungsangeboten für Ganztagsschulen – nicht erhoben (§ 68 SchulG). Subsidiär zur Förderung nach dem Bafög kann nach Maßgabe des Landeshaushaltsplans eine zusätzliche **Ausbildungsförderung** für Schüler gewährt werden (§ 71 SchulG). Die nach § 70 SchulG bestehende Lernmittelfreiheit (also insb. die Stellung der Schulbücher) ist in den vergangenen Jahren immer mehr eingeschränkt und an Einkommensgrenzen gebunden worden. Sie ist Pflichtaufgabe der Selbstverwaltung für die Schulträger. 47

Neben den Sach- und Personalkosten sowie den Ausgaben für die Lernmittel dürften die Kosten für die **Schülerbeförderung** gem. § 69 SchulG in einem Flächenland wie Rheinland-Pfalz den größten Anteil an den Kosten ausmachen. Rechtsprobleme bestehen hier u.a. im Hinblick auf die Zumutbarkeit der Benutzung eines Verkehrsmittels, die Gefahr des Schulwegs, den Besuch einer anderen als der nächstgelegenen Schule. Ausnahme von der Beförderungspflicht besteht auch bei völliger Unwirtschaftlichkeit.[77] Gymnasiasten und Realschüler müssen einen Eigenanteil an den Transportkosten leisten (§ 69 IV 4 SchulG).[78] 48

gg) Mitwirkung der Schüler: Schüler wirken bei der Verwirklichung des Bildungs- und Erziehungsauftrags der Schule durch ihre Vertretungen eigenverantwortlich mit (§ 31 SchulG). **Vertretungen** in diesem Sinne sind die Klassenversammlung, die Versammlung der Klassensprecher sowie die Versammlungen der Schüler (§ 31 IV SchulG). Zudem existieren regionale Arbeitskreise sowie eine Landesvertretung für Schüler. Auch wirken die Schüler durch ihre Vertreter im Schulausschuss mit (§ 48 I SchulG). Dieser entscheidet auch bei Streitigkeiten um Kompetenzen und Rechte der Schülervertretungen mit der Schulleitung (§ 31 III SchulG). 49

hh) Schülerzeitungen: § 36 SchulG regelt im Einklang mit Art. 5 I GG/10 I 3 LV das Recht der Schüler, im Rahmen der durch das GG und die LV garantierten Meinungs- und Pressefreiheit, Schülerzeitungen herauszugeben und auf dem Schulgelände zu vertreiben. Die Entscheidung, ob es sich dabei um eine Schülerzeitung in **eigenständiger Verantwortung der Herausgeber oder** um eine **Schulveranstaltung** in gemeinsamer Verantwortung von Schule und Schülern handelt, überträgt das Gesetz den Herausgebern selbst. Entscheiden sie sich für die Schülerzeitung, dann tragen sie im vollen Umfang die rechtliche Verantwortung (§ 36 II SchulG). Erfolgt die Herausgabe im Rahmen einer schulischen Veranstaltung, so arbeiten sie mit einer beratenden Lehrkraft zusammen und haben Anspruch auf deren Unterstützung. Ein Verbot der Verteilung auf dem Schulgelände kommt in Betracht, wenn der Inhalt die Grenzen der Meinungs- und Pressefreiheit überschreitet oder gegen den Erziehungs- und Bildungsauftrag der Schule verstößt. 50

---

77 So bei einem Ortsteil mit nur vier Häusern und einem Kind, OVG RhPf., NVwZ-RR 2005, 182; zur Gefährlichkeit des kürzesten Weges bei Berührung eines Drogenschwerpunkts, OVG NRW, NJW 2000, 3800.
78 Zur Verfassungsmäßigkeit dieser Regelung: OVG RhPf., AS 23, 47.

§ 9 Kulturrecht

d) Rechte und Pflichten der Eltern

51 Schon das GG bezeichnet in Art. 6 II die Erziehung der Kinder als „das natürliche Recht der Eltern und die zuvörderst ihnen obliegende Pflicht". Noch weiter gehend wird das stark naturrechtlich geprägte Elternrecht nach **Art. 27 I LV** sogar die „Grundlage für die Gestaltung des Schulwesens". Da gleichwohl die Rechtsprechung zum Elternrecht wesentlich durch das BVerfG geprägt ist, kann insofern auf Rechtsprechung und Literatur zu Art. 6 II GG verwiesen werden.[79] Wichtig ist insb., dass das Elternrecht nicht am „Schultor" endet, sondern dass in der Schule Staat und Eltern bei der Bildung und Erziehung der einen Persönlichkeit des Kindes zusammenwirken.[80] Unberührt ist der Schutzbereich des Elternrechts bei rein schulorganisatorischen Maßnahmen (z.B. Nachmittagsunterricht und „5-Tage"-Woche oder nicht wertbezogene inhaltliche Entscheidungen wie die Rechtschreibreform).[81] Die allgemeine Schulpflicht bindet nicht nur die Schüler, sondern auch die Eltern. Der darin liegende Eingriff in das Elternrecht ist aber – wie oben (Rn. 40 ff.) herausgearbeitet – durch den Erziehungsauftrag des Staates sowie auch im Interesse des Kindes selbst gerechtfertigt.

52 Auch § 2 SchulG betont die **verfassungsrechtliche Stellung der Eltern**[82] und gestaltet sie aus. Dabei werden die Formel des Bundesverfassungsgerichts zur gemeinsamen Gewährleistung des Rechtes des Kindes (Abs. 2) und die Gleichordnung des Erziehungsrechts der Eltern und des staatlichen Bildungs- und Erziehungsauftrags (Abs. 3) herausgehoben. Im Sinne eines Grundrechtsschutzes durch Verfahren werden Ansprüche auf Beratung und Unterrichtung in fachlichen, pädagogischen und schulischen Fragen formuliert (Abs. 4). Nach § 37 SchulG haben sie das Recht und die Pflicht, an der schulischen Erziehung ihrer Kinder mitzuwirken. Mitwirkungsgremien sind Klassenelternversammlung, Schulelternbeirat, Regionalelternbeirat und Landeselternbeirat. Umgekehrt müssen die Eltern die Schule über besondere Umstände unterrichten, die die schulische Entwicklung des Kindes beeinflussen (§ 2 VIII SchulG).

53 Rechtsschutzprobleme: Klagen von Eltern, die sich auf das Schulverhältnis beziehen, sind grundsätzlich öffentlichrechtlicher Natur. Für die Klagebefugnis ist zu beachten, dass Eltern sich grundsätzlich nur auf eigene Rechte, also Art. 6 II GG/25 I LV, nicht aber auf die Rechte ihrer Kinder berufen können. Diese müssen – ggf. vertreten durch die Eltern – ihre eigenen Rechte geltend machen. Die Klage ist niemals gegen einen einzigen Lehrer oder Schulleiter und auch nicht gegen die Schule, sondern gegen das Land bzw. den kommunalen Schulträger zu richten.

e) Rechte und Pflichten der Lehrer

54 Den Lehrkräften widmet das SchulG nur eine Bestimmung (§ 25). Mehr ist auch nicht erforderlich, da sich die Rechtsstellung aus Normen des GG und der LV sowie dem Beamtenrecht ergibt. Letztere sehen für das Lehramt in gestufter Weise ein Hochschulstudium und einen Vorbereitungsdienst vor. Für die Auswahl sind insb. Art. 33 II GG

---

79 Vertiefend *Geis*, GG, Berl. Komm., Art. 7 Rn. 34ff.; *Avenarius/Heckel*, S. 435ff.; *Avenarius/Füssel*, S. 93 ff.; *Hufen*, § 32 Rn. 9 ff.
80 BVerfGE 34, 165, 182.
81 BVerfGE 98, 218, 44; anders für die Sprachenfolge im bad. Raum aber VGH BadWürtt., DÖV 2007, 1059.
82 Allg. dazu *Winkler*, in: Grumbach/Hennecke/Thews, SchulG, § 1a.

III. Erziehung, Bildung, Schule

und dessen Konkretisierung in § 10 LBG von Bedeutung. Da Lehrer **hoheitliche Tätigkeiten** ausüben, ist die Beschäftigung im Angestelltenverhältnis als strikte Ausnahme zu sehen (Art. 33 IV GG/36 LV).[83] Für die verfassungsrechtliche Stellung gelten im Übrigen die hergebrachten Grundsätze des Berufsbeamtentums einschließlich des **Rechts auf Fürsorge** (Art. 33 V GG/36 LV[84]/§ 87 LBG). Dienstherr und Vorgesetzte haben Lehrer vor ungerechtfertigten Angriffen in der Öffentlichkeit, im Internet oder auch in der Schule selbst zu schützen. Auch haben Lehrer einen Anspruch darauf, dass ihnen die in der Schule verwendeten Lehrmittel durch die Schule zur Verfügung gestellt werden.[85]

Grundsätzlich sind die Lehrer in der Schule auch **Träger ihrer individuellen Grundrechte** wie Meinungsfreiheit, Religionsfreiheit, Gleichberechtigung, Koalitionsfreiheit usw. Sie lassen ihren Grundrechtsstatus also nicht etwa zurück, wenn sie die Schule betreten. § 25 SchulG sowie die entsprechend beamtenrechtlichen Vorschriften schränken diese Grundrechte aber ein. Die Grundrechte der Eltern und der Kinder sowie der Integrationsauftrag des Staates bilden zugleich verfassungsimmanente Schranken für die Ausübung der Religionsfreiheit in der Schule. Im Gegensatz zu anderen Ländern gibt es in Rheinland-Pfalz keine gesetzliche Grundlage für ein Verbot bestimmter religiös motivierter Kleidungsstücke, z.B. das muslimische Kopftuch. Eine solche Rechtsgrundlage wäre aber für ein Verbot erforderlich.[86] Sie wäre im Übrigen auch ein allgemeines Gesetz im Sinne von Art. 5 II GG. Inhaltlich ist vor allem jede einseitige Unterrichtung und Information der Schüler unzulässig (§ 25 I 4 SchulG). Dagegen sind Lehrer, auch wenn sie einen wissenschaftlich begründeten Unterricht z.B. in der Oberstufe anbieten, insofern *nicht* Träger von Art. 5 III GG/9 I LV. Der Grundsatz der pädagogischen Freiheit und eigenen Verantwortung (§ 25 I 1 SchulG) ist nur einfachgesetzlich kodifiziert und wird durch die geltenden Rechts- und Verwaltungsvorschriften, die Anordnungen der Schulaufsicht und die Beschlüsse der Konferenzen ausdrücklich eingeschränkt. Es geht sogar soweit, dass der Schulleiter einen Lehrer anweisen kann, eine bestimmte Note zu ändern.[87] Die Anzahl der zu erteilenden Stunden wird schulabhängig durch RVO geregelt. Die allgemeine Arbeitszeit im öffentlichen Dienst bildet hierfür nur einen allgemeinen Rahmen.[88] Unterschiede zur Abdeckung eines vorübergehenden Bedarfs sind zulässig.[89] Der Schutz der Schüler vor Passivrauchen, aber auch die Vorbildfunktion des Lehrers rechtfertigen eine ausnahmslose Durchsetzung des **Rauchverbots** auch für stark rauchende Lehrer an öffentlichen Schulen.[90]

Pflichtverletzungen werden nach allgemeinen disziplinarrechtlichen Vorschriften geahndet. Dabei sind der besondere pädagogische Auftrag und die Vorbildfunktion der Lehrer von Bedeutung.

55

56

---

83 *Hennecke*, in: Grimm/Caesar, Art. 36 Rn. 2.
84 Einzelheiten bei *Hufen*, § 36 Rn. 15ff.
85 OVG RhPf., LKRZ 2008, 190.
86 BVerfGE 108,. 282; allg. zum Problem *Hufen*, § 22 Rn. 44.
87 OVG Lüneburg, NVwZ 1998, 94.
88 OVG RhPf., DVBl. 1997, 382.
89 BVerwG, NVwZ 2003, 617.
90 VerfGH RhPf., LKRZ 2009, 18.

§ 9 Kulturrecht

Beispiele für (teilweise schwerwiegende) Pflichtverstöße:
- Übernachten einer Lehrerin mit einem verheirateten Lehrer in einem Zimmer während einer Klassenfahrt[91]
- Verkündung der Auschwitzlüge durch einen Geschichtslehrer[92]
- Herunterladen von Kinderpornografie[93]
- Betreiben einer Pornofilm-Bar als Nebentätigkeit.[94]

57 Für **Beförderung, Versetzung, Umsetzung, dienstliche Weisung** enthält das SchulG keine besonderen Bestimmungen. Es gelten also die allgemeinen Regeln der Laufbahnvorschriften. Für Rechtsstreitigkeiten aus dem Beamtenverhältnis ist stets der Verwaltungsrechtsweg eröffnet (§ 54 BeamtStG). Bei der statthaften Klageart kommt es darauf an, ob die Maßnahme dem persönlichen Rechtskreis des Beamten (Amt im statusrechtlichen Sinne, persönliche Rechtspositionen, Fürsorgepflicht) berührt oder nur die Art der Tätigkeit (Amt im funktionellen Sinne, Art der Aufgabenerfüllung usw.).

f) Die äußere Schulorganisation

58 aa) **Schularten und Schulstufen:** Die öffentlichen Schulen werden in **Schularten** (Grundschule, Hauptschule, „Realschule Plus", Gymnasium, Integrierte Gesamtschule) und **Schulstufen** (Primarstufe, Sekundarstufe I und die Sekundarstufe II) gegliedert (§ 9 I SchulG). Da beide im Gesetz (§§ 9, 10 SchulG) ausführlich geschildert sind, ist hier keine besondere Beschreibung notwendig. Besondere Funktionen erfüllen berufsbildende Schule, Abendgymnasium, Kolleg und Förderschule.

59 bb) **Schulverwaltung und Schulträger:** In der Verwaltung der Schulen wirken das **Land und die kommunalen Gebietskörperschaften** zusammen. Schulen als solche sind nichtrechtsfähige Anstalten des öffentlichen Rechts (§ 73 SchulG). Öffentlichen Schulen sind (mit hier nicht zu erörternden geringfügigen Ausnahmen) staatlich, d.h. **Einrichtungen des Landes.** Kommunale Schulen gibt es in RP nicht mehr. Das Land stellt die Lehrkräfte, die pädagogischen und technischen Fachkräfte und das sonstige pädagogische Personal (§ 74 SchulG). Diese sind **Bedienstete des Landes.** Oberste Schulbehörde ist das Kultusministerium, Schulbehörde im Übrigen für das ganze Land grundsätzlich die ADD (§ 97 SchulG). Diese nimmt zugleich die Aufgaben der Schulaufsicht wahr. Nicht mit der Schulbehörde zu verwechseln ist der **Schulträger** (§ 76 SchulG). Alle Gemeinden können Träger von Grund- und Hauptschulen sein. Schulträger für die traditionelle Realschule und die „Realschule Plus" können Kommunen von der Verbandsgemeinde an aufwärts sein. Die Trägerschaft für Gymnasien, Gesamtschulen und die meisten berufsbildenden Schulen ist kreisfreien Städten und Landkreisen vorbehalten. Der Schulträger stellt das Verwaltungs- und Hilfspersonal für die Schulen und trägt die dafür notwendigen Kosten. Er ist Eigentümer der Schule und trägt sämtliche mit dem Gebäude und dessen Verwaltung zusammenhängende Kosten (§ 74 III SchulG). Die Schulträgerschaft der Kommunen ist **Pflichtaufgabe der Selbstverwaltung.**

---

91 VGH BadWürtt., VBl BW 1995, 209.
92 BayVGH, Urt. v. 28.11.2001 – 16 D 00.2077 – juris.
93 OVG Lüneburg, NJW 2005, 1387.
94 VGH Kassel, NVwZ-RR 1991, 99.

III. Erziehung, Bildung, Schule

Das komplexe Verhältnis von Schule und Schulträger kann man sich am besten mit einem Bild verdeutlichen: Der **Schulträger stellt das Gebäude und das Verwaltungspersonal. Schule i.e.S. findet in diesem Rahmen als staatliche Veranstaltung statt.**[95]

Rechtliche Probleme entstehen vor allen dann, wenn der Schulträger auf inhaltliche Entscheidungen der Schule oder wenn umgekehrt das Land auf Entscheidungen des Schulträgers Einfluss nehmen will. So gehört etwa die Entscheidung über den Einzugsbereich einer Schule in die Kompetenzen des Schulträgers,[96] nicht aber die Entscheidung über die Bestellung des (staatlichen) Schulleiters.[97] 60

„Zum Schwur" kommt die Frage der Abgrenzung von Staatsverwaltung und Schulträgerschaft bei der **Errichtung, Aufhebung und Zusammenlegung** von Schulen. **Zuständig** ist grundsätzlich die Schulbehörde (also die ADD), die nach dem schulischen Bedürfnis entscheidet und dabei auch den Schulträger festlegt. Da die Kosten bei der jeweiligen Gebietskörperschaft anfallen, bedürfen die Errichtung und Aufhebung der Zustimmung des Schulträgers (§ 91 I und II SchulG). Wird die Zustimmung verweigert, so muss das fachlich zuständige Ministerium (§ 97 SchulG) ein dringendes öffentliches Interesse feststellen (§ 91 I 5 SchulG), damit die Schule errichtet werden kann.

Rechtsschutzprobleme: Die Errichtung und die Aufhebung einer Schule sind gegenüber dem Schulträger stets (teilweise zustimmungsbedürftige) Verwaltungsakte, die Aufhebung einer Schule nach richtiger Auffassung Verwaltungsakt auch gegenüber Schülern und ggf. Eltern. Gegen sie kann sich der (vorgesehene oder vorhandene) Schulträger durch verwaltungsgerichtliche Anfechtungsklage wehren. Die Klagebefugnis setzt voraus, dass er in seinem kommunalen Selbstverwaltungsrecht verletzt ist. Schüler und Eltern sind zumindest dann klagebefugt, wenn die Entscheidung für ihre Bildungsansprüche von Bedeutung ist. Klagegegner ist der Träger der Schulbehörde, also das Land. Der Begriff des schulischen Bedürfnisses in § 91 SchulG ist ein unbestimmter Rechtsbegriff, dessen Voraussetzung nach h.L. aber nur eingeschränkt durch die Verwaltungsgerichte nachprüfbar sind (Beurteilungsspielraum).[98] Da es hier aber nicht um fachlich-pädagogische Entscheidungen, sondern eher um eine **Planungsentscheidung** geht, liegt es nahe, für die inhaltliche Überprüfung die Maßstäbe des Planungsrechts; für mögliche Planungsfehler die Grundsätze der Abwägungsentscheidung (Abwägungsdefizit, Abwägungsausfall, Abwägungsdisproportionalität) anzuwenden.[99] Für die Auslegung des Begriffes des schulischen Bedürfnisses sind in der Praxis die **Schulentwicklungspläne**, die von den Landkreisen und kreisfreien Städten für ihr Gebiet oder von benachbarten Landkreisen und kreisfreien Städten gemeinsam aufgestellt werden müssen (§ 91 III SchulG), heranzuziehen. Bei diesen Schulentwicklungsplänen handelt es sich nicht um 61

---

95 Diese Trennung ist schon seit der Weimarer Zeit bekannt. So formulierte *Anschütz*: „Die Gemeinde baut als Trägerin der äußerlichen Schulverwaltung (heute: Schulträgerschaft i.e.S.) der Schule das Haus, Herr im Haus aber ist der Staat". Zitiert nach *Lütke*, in: Grumbach/Hennecke/Thews, SchulG, § 72 Anm. 1.
96 OVG MV, DÖV 2004, 346.
97 VGH BadWürtt., DÖV 2004, 1094.
98 *Lütke* (Fn. 95), § 91 Anm. 3.
99 Zu den Folgen *Hufen* (Fn. 63), § 25 Rn. 31; wie hier auch *Lütke* (Fn. 95), § 91 Anm. 6 unter Verweis auf BVerwGE 34, 301, 309.

§ 9 Kulturrecht

Rechtsnormen mit Außenwirkung, sondern – ähnlich wie Raumordnungs- und Flächennutzungsplänen – um vorbereitende Planungen.

62 cc) **Schulaufsicht:** Schulaufsicht ist die Gesamtheit der staatlichen Befugnisse zur Organisation, Planung, Leitung und Beaufsichtigung des Schulwesens. Es geht also nicht nur um die Aufsicht im traditionellen Sinne, sondern um die umfassende Gestaltung der öffentlichen Schule. Die Schulaufsicht erstreckt sich nicht nur auf die staatlichen Schulen, sondern gemäß Art. 27 III LV auch auf die Privatschulen. Zu unterscheiden ist zwischen der **Rechtsaufsicht** (Kontrolle über die Rechtmäßigkeit), der **Fachaufsicht** (Kontrolle über die fachliche Richtigkeit und Zweckmäßigkeit) und **Dienstaufsicht** (Kontrolle über die in der Schule tätigen Bediensteten). Verfassungsrechtlich verankert ist dieser umfassende Begriff der Schulaufsicht in Art. 7 I GG/27 II 1 LV. Die Aufsicht über die Schulträger im Selbstverwaltungsbereich und die Privatschulen beschränkt sich auf die Rechtsaufsicht. **Schulaufsichtsbehörden** sind das zuständige Ministerium und die ADD (§ 97 SchulG).

g) Grundlagen der inneren Schulorganisation

63 Die **Schulleiter** sind für die Durchführung der Erziehungs- und Unterrichtungsarbeit im Rahmen des Bildungsauftrags der Schule und der Maßnahme zur Schulentwicklung und Qualitätsversicherung verantwortlich. Sie führen unbeschadet der Rechte des Schulträgers die laufenden Verwaltungsgeschäfte der Schule und vertreten sie nach außen (§ 26 I SchulG). **Wichtig:** Schulleiter sind gegenüber den Lehrern sowie den pädagogischen und technischen Fachkräften weisungsberechtigt; sie sind aber nicht Dienstvorgesetzte der Lehrkräfte (§ 97 i.V.m. § 96 SchulG). Schulleiter werden im Benehmen mit dem Schulträger und dem Schulausschuss bestellt. Diese müssen also nur mitwirken, haben aber kein Vetorecht (§ 26 V SchulG). Politische und religiöse Faktoren dürfen keine Rolle spielen. Eine echte „Schulleiterwahl" ist im Gesetz nicht vorgesehen; sie wäre mit Art. 7 GG/27 III LV auch nicht vereinbar. Auch die in einigen Bundesländern diskutierte oder schon eingeführte Besetzung von Schulleiterpositionen als Beamte auf Zeit wäre verfassungswidrig.[100] Ein Schulleiter kann aus dienstlichen Gründen abgeordnet oder versetzt werden, wenn der Schulfrieden durch sein Verhalten nachhaltig gestört ist.[101]

64 Nach § 27 I SchulG beraten und beschließen die Lehrkräfte in **Konferenzen** über alle wichtigen Fragen der Erziehungs- und Unterrichtsarbeit im Rahmen des Bildungsauftrags der Schule, die ihrer Art nach ein Zusammenwirken der Lehrkräfte erfordern und für die keine andere Zuständigkeit begründet ist. Die Teilkonferenzen (§ 29 SchulG) sind Klassenkonferenzen, Stufenkonferenzen und Fachkonferenzen. Die Klassenkonferenz ist die dem Schüler am nächsten stehende Konferenz, denn sie ist für alle eine Klasse betreffenden Angelegenheiten wie Versetzungsentscheidungen usw. zuständig. Sie wird vom Klassenlehrer geleitet. Gleiches gilt für die Stufenkonferenz. Die Fachkonferenz ist für die Behandlung von Angelegenheiten eines bestimmten Unterrichtsfaches einzurichten (§ 29 IV SchulG). Die unter Leitung des Schulleiters stehende **Gesamtkonferenz** gestaltet und koordiniert die Erziehungs- und Unterrichtsarbeit sowie Maßnahmen zur

---

100 BVerfG, NVwZ 2008, 873.
101 OVG RhPf., NVwZ-RR 2005, 476.

III. Erziehung, Bildung, Schule

Schulentwicklung und Qualitätssicherung im Rahmen der gesamten Schule. Sie besteht aus allen Lehrkräften der Schule (§ 28 SchulG).

Der **Schulausschuss** ist das höchste repräsentative Gremium der Schule, wenn es auch hier falsch ist, von einem Selbstverwaltungsorgan zu sprechen. Das Gesetz spricht insofern konsequent nur von Förder- und Anhörungsaufgaben. In dem Schulausschuss sind Lehrkräfte, Schüler und Elternvertreter vertreten. Er hat die Aufgabe, das Zusammenwirken der Gruppen zu fördern, für einen sachgerechten Ausgleich bei Meinungsverschiedenheiten zu sorgen und Anregung für die Gestaltung der schulischen Arbeit zu geben. Bei bestimmten Aufgaben, etwa Erweiterung, Einschränkung oder Aufhebung der Schule, Verleihung einer Bezeichnung, Einbeziehung der Schule in Schulversuche usw. muss er angehört werden. Er hat ein Mitwirkungsrecht (aber kein Mitbestimmungsrecht) bei der Bestellung des Schulleiters. 65

Rechtsschutzprobleme: Für Mitwirkungsstreitigkeiten innerhalb und zwischen Schulgremien kommen nicht Anfechtungs- und Verpflichtungsklagen, sondern im Rahmen einer besonderen „Organklage" Leistungs- und Feststellungsklagen in Betracht. Für die Klagebefugnis ist dann die Behauptung der Verletzung von Mitwirkungsrechten erforderlich. 66

h) Besonderheiten einzelner Fächer

Nach Art. 7 III GG/34 LV ist der **Religionsunterricht** an allen Schulen mit Ausnahme der bekenntnisfreien Privatschulen ordentliches Lehrfach. Dabei handelt es sich um einen Teil des schon auf die Weimarer Zeit zurückgehenden „Religionskompromisses"[102] und einen Beleg dafür, dass Schule und Religion in Deutschland jedenfalls nicht so strikt getrennt sind wie z.B. in Frankreich. Aus Art. 7 II GG/34 LV folgt nicht nur eine institutionelle Garantie für den Religionsunterricht, sondern ein voller Anspruch der Kirchen und Religionsgemeinschaften sowie ein Abwehrrecht gegen jeden inhaltlichen Einfluss des Staates. Die inhaltliche Aufsicht wird nach Art. 34 S. 6 LV durch die Kirchen selbst wahrgenommen. Die Teilnahme kann durch Willenserklärung der Eltern oder der Jugendlichen nach Maßgabe des Gesetzes abgelehnt werden (Art. 35 LV). Lehrer dürfen nicht zum Religionsunterricht gezwungen werden (Art. 34 S. 4 LV). 67

Kein Eingriff in das Grundrecht aus Art. 7 III GG/34 LV ist die Einführung eines **obligatorischen Ethikunterrichts** (vgl. Art. 35 II LV „Allgemein anerkannte Grundsätze des natürlichen Sittengesetzes"), auch wenn der in eine faktische „Konkurrenz" zum konfessionellen Religionsunterricht tritt.[103] Hier geht das Interesse der staatlichen Gemeinschaft vor, allen Schülern bei gebotener Pluralität und Toleranz ethische und auch religionskundliche Grundkenntnisse und Werthaltungen zu vermitteln – auch und gerade denjenigen, die am konfessionellen Unterricht nicht teilnehmen. Werden die Anforderungen an die weltanschauliche Neutralität erfüllt, gibt es – anders als beim Religionsunterricht – kein Recht auf Abwahl und die Schulpflicht gilt uneingeschränkt.[104]

---

102 *Schlink/Poscher*, Der Verfassungskompromiss zum Religionsunterricht, 2000; *Oebbecke*, DVBl. 1996, 336.
103 BVerfG (Kammer), NVwZ 2008, 72.
104 BVerwGE 107, 75; krit. zum Ethikunterricht als Ersatz für die Teilnahme am Religionsunterricht § 1 Rn. 147 m.w.N.

§ 9 Kulturrecht

68 Seit den 1970er Jahren gehört die **Sexualkunde** zu den besonders umstrittenen Themen der öffentlichen Schulen. Den Anforderungen des BVerfG[105] trägt § 1 III SchulG Rechnung. Von einem Eingriff in Elternrechte, von Indoktrination oder Libertinage kann also keine Rede sein.[106] Befreiungsanträge sind im Interesse des Kindes und der Gemeinschaft ausnahmslos zurückzuweisen.

69 Die **naturwissenschaftlichen** Fächer sind allerdings allein den Werten der Wissenschaft verpflichtet. Rücksichtnahme auf rein religiöse Vorstellungen vom Entstehen der Erde und des Menschen – wie etwa im Kreationismus und „intelligent design" – haben in der öffentlichen Schule außerhalb des Religionsunterrichts nichts zu suchen. Auch darf die Schule neutral über die Gefahr der Klimaveränderung informieren, auch wenn vereinzelte Eltern davon überzeugt sind, die Klimakatastrophe sei eine Erfindung von Umweltideologen.[107]

69 Während die obligatorische Schulsprache und deren Verhältnis von Muttersprache für Kinder mit Migrationshintergrund zu den heiklen Themen gehören, berühren weder die **Rechtschreibung** noch die **Sprachenfolge** Grundrechtspositionen der Eltern oder der Kinder.[108] Warum für die Reihenfolge der ersten Fremdsprache (Englisch oder Französisch) etwas anderes gelten soll,[109] bleibt unerfindlich.

70 **Sport- und Schwimmunterricht** unterliegen wie alle anderen Fächer und Unterrichtsgegenstände der Schulpflicht. Dasselbe gilt für Klassenfahrten.[110] Sie sind im Übrigen schon durch Art. 1 LV (natürliches Recht auf die Entwicklung seiner körperlichen und geistigen Anlagen) durch das gerade hier mögliche Gemeinschaftserlebnis – auch über kulturelle Differenzen hinweg – und die Schutzpflicht des Staates für Leben und Gesundheit (Art. 2 II GG/3 LV) verfassungsrechtlich besonders begründet. Befreiungen sind also äußerst restriktiv zu handhaben. Soweit Eltern und Schülerinnen sich aus religiösen Gründen gehindert sehen, sich im koedukativen Sport- oder Schwimmunterricht in enger Sport- oder Badekleidung zu zeigen, rechtfertigt auch dies nicht die Befreiung von diesem Unterricht,[111] sondern ist – soweit eine Trennung von Schülern und Schülerinnen nicht in Betracht kommt – durch die Erlaubnis zum Tragen einer „verhüllenden" Sportkleidung zu lösen. Diese darf ihrerseits aber die Ziele des Sportunterrichts oder gar die Gesundheit der Schülerin nicht gefährden.

---

105 BVerfGE 47, 46.
106 Nach einem neuen Urteil des BVerwG ist grundsätzlich davon auszugehen, dass die Schulen durch Lehrpläne, Weisungen an die Lehrer und das Unterrichtsmaterial sicherstellen, dass die Gebote der Zurückhaltung und Toleranz eingehalten und Gewissenskonflikte vermieden werden, BVerwG, DÖV 2008, 775.
107 Vgl. FAZ v. 9.10.2007, S. 40, wo über einen Vater berichtet wird, der einer Schule das Zeigen des Films von Al Gore zum Klimawandel gerichtlich verbieten lassen wollte.
108 BVerfGE 98, 218, 244ff.
109 So VGH BadWürtt., DÖV 2007, 1059.
110 Anders für ein muslimisches Mädchen OVG NRW, NJW 2003, 1754; dazu die zu Recht scharfe Kritik von *Rixen*, NJW 2003, 1712.
111 Anders aber noch BVerwGE 94, 82.

III. Erziehung, Bildung, Schule

4. Privatschulen – Schulen in freier Trägerschaft
a) Grundlagen

Privatschulen – oder wie sie sich zur Vermeidung von Exklusivitätsvorwürfen selbst bezeichnen: „Schulen in freier Trägerschaft" – haben in Deutschland eine große Tradition. Das gilt vor allem für die kirchlichen Schulen, die bis ins 19. Jahrhundert die Grundlage für das Schulwesen im heutigen Grund- und Hauptschulbereich bildeten. Weitere wichtige Träger sind anthroposophische Gruppen (insb. die Waldorf-Schulen) sowie Schulen mit besonderem pädagogischem Programm (z.b. Montessori). Die staatliche Schulverantwortung wurde endgültig erst in Art. 147 I WRV durchgesetzt, der aber gleichzeitig den Fortbestand und die Neugründung von Privatschulen gewährleistete. Diesen Kompromiss haben zunächst Art. 30 LV, dann Art. 7 IV GG übernommen. Gerade gegenwärtig erfreuen sich Privatschulen offenkundig in allen Bundesländern zunehmender Beliebtheit.

71

Art. 7 IV GG/30 LV gewährleistet sowohl die Existenz der Privatschulen als **institutionelle Garantie** als auch ein subjektives Recht auf Gründung und gegen übermäßigen staatlichen Einfluss. Zudem hat das BVerfG Art. 7 IV GG zugleich als Gebot der **Schulvielfalt**[112] gesehen und den Bezug zum elterlichen Erziehungsrecht hergestellt.[113] Eine besondere Garantie kirchlicher Privatschulen ist sowohl aus Art. 140 GG i.V.m. Art. 137 II WRV als auch aus Art. 44 LV abzuleiten. Art. 46 LV garantiert die Gemeinnützigkeit kirchlicher Schulen. Über das GG hinausgehend gewährt Art. 30 III LV für Ersatzschulen auch einen Anspruch auf angemessene öffentliche Finanzhilfe.

72

b) Ersatzschulen – Ergänzungsschulen

Die **Ersatzschule** wird in § 5 PrivSchG als Schule in freier Trägerschaft definiert, die in ihren Lehr- und Erziehungszielen den öffentlichen Schulen entspricht, die im Lande bestehen oder vom Kultusminister grundsätzlich vorgesehen sind.[114] Eine Ersatzschule darf nur mit Genehmigung des Kultusministers errichtet und betrieben werden (§ 6 PrivSchG). Eine **anerkannte Ersatzschule** ist eine Schule, die die Gewähr dafür bietet, dass sie dauernd die an den entsprechenden öffentlichen Schulen gestellten Anforderungen erfüllt und entsprechend anerkannt wurde (§ 18 PrivSchG). An ihr kann die Schulpflicht erfüllt werden. Mit der Anerkennung erhält die Ersatzschule das Recht, nach den für öffentliche Schule geltenden Vorschriften Prüfungen abzuhalten und Zeugnisse auszustellen. Sie ist insofern **Beliehene**. Die Eigenschaft als anerkannte Ersatzschule ist auch Voraussetzung für die Aufnahme in die öffentliche Finanzhilfe nach § 28 ff. PrivSchG. Alle sonstigen Schulen sind **Ergänzungsschulen**. Sie sind also dadurch definiert, dass keine entsprechende öffentliche Schule existiert. Der Betrieb ist grundsätzlich genehmigungsfrei (Erlaubnis mit Verbotsvorbehalt). Ihr Betrieb kann jedoch untersagt werden, wenn die personellen oder inhaltlichen Anforderungen des § 15 PrivSchG nicht erfüllt sind. Die Erfüllung der Schulpflicht an Ergänzungsschulen bedarf einer besonderen Erlaubnis nach § 16 PrivSchG.

73

---

112 BVerfGE 75, 40, 62.
113 BVerfGE 34, 165.
114 So bereits BVerfGE 27, 195, 201; 75, 40, 76.

c) Gründung, Genehmigung und Anerkennung freier Schulen

74 Während die eigentliche Gründung ein privatrechtlicher Akt ist, handelt es sich bei Genehmigung und Anerkennung um begünstigende Verwaltungsakte der Schulbehörde. Beide Entscheidungen müssen im Lichte der Gründungsfreiheit (Art. 7 IV GG/30 I LV) interpretiert werden. So dürfen weder die Genehmigung noch die Anerkennung davon abhängig gemacht werden, dass die Schule ihr eigenständiges Profil aufgibt. Das gilt im Grundsatz auch für die Anerkennung nach § 18 PrivSchG. Insbesondere darf die Anerkennungsvoraussetzung („dauernd die an entsprechende öffentliche Schulen gestellten Anforderungen erfüllt") nicht einer Forderung nach exakter Gleichartigkeit der Lehrinhalte verwechselt werden.[115] Aus Art. 7 V GG folgt, dass die Privatschulfreiheit im Bereich der **Grundschule** allenfalls eingeschränkt gilt.[116]

d) Staatsaufsicht

75 Gem. §§ 4, 13 PrivSchG unterstehen auch die Privatschulen der staatlichen Schulaufsicht. Aufsichtsbehörde ist auch insofern die ADD. Die Vorschriften sind allerdings im Lichte der Privatschulfreiheit auszulegen. So ist es z.b. nicht Sache der Aufsichtsbehörde die Inhalte und die Organisation des Unterrichts „abschließend festzulegen".

e) Finanzierung

76 Über Art. 7 IV GG hinaus enthält Art. 30 III LV für Ersatzschulen einen verfassungsrechtlichen **Anspruch auf eine angemessene Finanzhilfe**. Es ist also in Rheinland-Pfalz unzulässig, diesen Anspruch auf eine institutionelle Garantie zu reduzieren.[117] Der eigentliche Grund für den Finanzhilfeanspruch liegt darin, dass den Schulen in freier Trägerschaft durch Art. 7 IV 3 GG/30 II LV eine Sonderung der Schüler nach den Besitzverhältnissen der Eltern untersagt ist,[118] sie also von Staatswegen gehindert sind, kostendeckende Schulgelder zu erheben. Die Vorschriften über die öffentliche Finanzhilfe finden sich in § 28ff. PrivSchG.

IV. Wissenschaft – Hochschulen

1. Grundlagen

a) Geschichtliches

77 Die Geschichte der Wissenschaftsfreiheit und der Hochschulen im Gebiet des heutigen Rheinland-Pfalz ist nicht sehr ergiebig. Die im Jahre 1477 durch den Kurfürsten von Mainz, *Diether von Isenburg*, gegründete **Universität Mainz** war in den ersten Jahrhunderten ihrer Existenz von chronischem Geldmangel gekennzeichnet und der Kurfürst hatte sich erhebliche Rechte bei der Bestellung der Professoren gesichert.[119] Sie wurde 1798 während der napoleonischen Besetzung durch einen französischen Offizier geschlossen. Ein französischer Offizier war es dann auch, der im Mai 1946 die „Fortsetzung der Kurse" erlaubte und damit die Universität wieder eröffnete. Heute verfügt

---

115 *J. P. Vogel*, DÖV 2008, 895.
116 Dazu *Hufen*, §§ 32, 33.
117 So wohl BVerfGE 112, 74, 83.
118 BVerfGE 75, 40, 62; Einzelheiten bei *Hufen*, StaatsR II, § 32 Rn. 31f.; *Hufen/Vogel*, Keine Zukunftsperspektiven für Schulen in freier Trägerschaft?, 2006.
119 *Just*, Die alte Universität Mainz von 1477-1798, Bd. 4, 1957, S. 58.

IV. Wissenschaft – Hochschulen

Rheinland-Pfalz über **vier Universitäten** (§ 1 II HochSchG), die Technische Universität Kaiserslautern, die Universität Koblenz-Landau, die Johannes Gutenberg-Universität Mainz und die Universität Trier. Sie sind bis auf Mainz Neugründungen, wobei Koblenz-Landau auf ehemalige pädagogische Hochschulen zurückgeht. Noch jüngeren Datums sind die Fachhochschulen, die sich aus einer einzigen Fachhochschule entwickelten und heute sieben Fachhochschulen umfassen. Einen Sonderstatus hat die Deutsche Hochschule für Verwaltungswissenschaften in Speyer, die in einem besonderen Gesetz geregelt ist.

b) Verfassungsrechtlicher Rahmen

aa) Kompetenzen: Schon vor der Förderalismusreform hatte das BVerfG in wichtigen Entscheidungen zum Verbot von Studiengebühren[120] und zur Juniorprofessur[121] die Erforderlichkeit einer bundeseinheitlichen Rahmengesetzgebung für bestimmte Fragen verneint und den Vorrang der Landesgesetzgebung für das Hochschulrecht betont. Mit der Föderalismusreform und der Streichung der Rahmengesetzgebungskompetenz wurden dann die **Befugnisse des Bundes** weiter beschnitten. Er ist nur noch zuständig für die Ausbildungsbeihilfen (Art. 74 I Nr. 13 GG) und für die Fragen der Hochschulzulassung und der Abschlüsse (Art. 74 I Nr. 33 GG, beachte aber Art. 72 III 1 Nr. 6 GG).[122] Das HRG gilt gemäß Art. 125a GG fort, so lange die Länder keine eigenen Regelungen treffen. 78

bb) Verfassungsrechtliche Fragen: Einschlägiges **Grundrecht** für die Hochschulen ist die Wissenschaftsfreiheit (Art. 5 III GG/Art. 9 LV).[123] § 3 HochSchG konkretisiert die Freiheiten und bezieht die Aufgaben der Hochschulen auf die genannten Grundrechte. Anders als zu dem hoch umstrittenen Bereich der Schule sind die Aussagen zur Hochschule im 3. Abschnitt der LV eher kärglich. Immerhin gewährleistet Art. 39 I LV den Hochschulen ausdrücklich das Recht der Selbstverwaltung. Bis heute von Bedeutung ist auch Art. 39 III LV, der jeden Student verpflichtet, neben seinem Fachstudium allgemeinbildende, insb. staatsbürgerkundliche Vorlesungen zu hören – die verfassungsrechtliche Basis des bis heute in Rheinland-Pfalz vorbildlichen „Studium generale". Eine aktuelle Diskussion betrifft die Zulässigkeit der Privatisierung von Hochschulkliniken – wie in Hessen bereits teilweise geschehen.[124] Auch die Akkreditierung von Studiengängen durch fachlich hierfür nicht immer legitimierte externe Gremien ist nach wie vor ein auch in Rheinland-Pfalz diskutiertes Problem.[125] Im Übrigen muss hier auf das Bundesrecht und insb. die Rechtsprechung des BVerfG zu Art. 5 III GG verwiesen werden.[126] 79

---

120 BVerfGE 112, 226ff.
121 BVerfGE 111, 226ff.
122 Dazu *Hansalek*, NVwZ 2006, 668.
123 Zum Verhältnis von Staat und Hochschulen *Geis*, WissR 37 (2004), 2; *Kahl*, Hochschule und Staat, 2004; zu Art. 5 III GG *Kobor* JuS 2006, 695.
124 *Becker*, MedR 2006, 472; zu aktuellen Entwicklungen in der Universitätsmedizin *Frank*, LKRZ 2009, 51.
125 *Heitsch*, DÖV 2007, 770; *Mann/Immer*, RdJB 2007, 334; *Mager*, VBlBW 2009, 9.
126 *Hufen*, § 34 Rn. 4ff.

2. Hochschulrecht

a) Hochschulbegriff, Hochschularten und Hochschulaufgaben

80 Hochschule ist der **Sammelbegriff** für Einrichtungen im tertiären Bildungsbereich zur Pflege von Wissenschaft, Kunst und Lehre. Das HochSchG (BS 223-41, *H/J/W* Nr. 81) definiert die Hochschulen nicht, sondern zählt lediglich die im Lande existierenden Universitäten und Fachhochschulen auf. Die Kunst- und Musikhochschulen sind nicht eigene Körperschaften, sondern in die Universität Mainz eingegliedert. Die Universitäten und die Deutsche Hochschule für Verwaltungswissenschaften werden als wissenschaftliche Hochschulen i.e.S. bezeichnet, die in vollem Umfang den Zielen der Forschung und Lehre verpflichtet sind (§ 2 HochSchG; zur Forschung §§ 12 bis 14 HochSchG). Auch die Fachhochschulen haben heute einen eigenständigen Forschungsauftrag; sie sind aber mehr auf die praktische Anwendung wissenschaftlicher Erkenntnisse bezogen („applied sciences").

b) Inhalte: Forschung, Lehre und Studium, Hochschulprüfungen und Hochschulgrade

81 Alle Entscheidungen, die die Lehre und Forschung im Hochschulbereich betreffen, sind wesentlich für die Grundrechte der Lehrenden und Lernenden. Deshalb bemüht sich das HochSchG um eine genaue Konkretisierung. Andererseits werden in § 4 I HochSchG auch die besondere Verantwortung und die Pflicht zu einer besonderen Sorgfalt der Hochschulen und ihrer Mitglieder bei der Wahrnehmung ihrer Aufgaben eingefordert und in § 4 II HochSchG eine auf Ethik und Rechtlichkeit verpflichtete wissenschaftliche Praxis in Forschung und Lehre betont. Inneruniversitäre Untersuchungsgremien sind allerdings nicht zur disziplinarrechtlichen Verfolgung oder zu sonstigen Sanktionen befugt.[127]

§§ 16 ff. HochSchG konkretisieren die **Aufgaben im Bereich des Studiums und der Lehre**. Hier finden sich die Rechtsgrundlagen sowohl für die Studiengänge als auch für die Studienpläne und das konkrete Lehrangebot. Die Hochschulen werden zur Studienberatung verpflichtet und ermächtigt, Prüfungsordnungen zu erlassen (§§ 25, 26 HochSchG – zu den Rechten der Studierenden in diesem Zusammenhang Rn. 83ff.).

c) Rechte und Pflichten der Studierenden

82 Studierende sind nicht lediglich Nutzer der „Anstalt Hochschule", sondern deren Mitglieder und Träger eigener Grundrechte. Parallel zur Wissenschaftsfreiheit bildet die Lernfreiheit (Studierfreiheit) ein wichtiges Abwehrrecht gegen staatliche und inneruniversitäre Eingriffe.[128]

83 aa) Zulassung und Einschreibung: Der Zugang zur Hochschule und die Zulassung zum Studium sind noch im HRG (§§ 27 ff. HochSchG) geregelt. Verfassungsrechtlicher Hintergrund ist die **„Numerus clausus"-Rechtsprechung** des BVerfG, nach der aus Art. 12 GG ein derivatives Teilhaberecht auf chancengleichen Zugang zu den Hochschulen im

---

127 BVerwGE 102, 304; lesenswert *Laubinger*, Fs. f. Krause, 2006, S. 379; *Schmidt-Aßmann*, NVwZ 1998, 1225.
128 *Glaser*, DS 47 (2008), 213; s. auch *Hufen*, § 34 Rn. 15.

Rahmen von deren Kapazität folgt.[129] Weiterhin ist Art. 39 V LV zu beachten: Der Zugang zum Hochschulstudium steht jedermann offen. Bei der Berechnung der Kapazitäten sind allerdings nicht nur die Interessen der Bewerber, sondern auch Änderungen in der Lehrkörperstruktur der Hochschulen und die Besonderheiten des Arbeitsrechts für wissenschaftliche Mitarbeiter zu beachten.[130] Die geforderte **Qualifikation der Bewerber** wird durch § 65 HochSchG konkretisiert.

Die Studierenden schreiben sich zum Studium in dem von ihnen gewählten Studiengang ein und werden damit mit allen Rechten und Pflichten Mitglieder der Hochschule (§ 67 HochSchG). Versagung der Einschreibung und Aufhebung der Einschreibung sind durch §§ 68, 69 HochSchG geregelt. Mit der Einschreibung haben die Studierenden Anspruch auf Teilnahme an allen Lehrveranstaltungen der Universität, aber keinen Anspruch auf die Einrichtung zusätzlicher Kurse und Schaffung neuer Kapazitäten sowie die Beibehaltung von bestimmten Lehrangeboten[131] oder gesetzlich nicht vorgesehene Abschlüsse.[132]

bb) **Weitere Rechte und Pflichten der Studierenden:** Abgesehen von der verfassungsrechtlichen Pflicht zur Teilnahme an Lehrveranstaltungen der Allgemeinbildung (Art. 39 III LV) richten sich die Rechte und Pflichten der Studierenden in Bezug auf ihr Studium nach den jeweiligen Studiengängen. Diese werden durch die Hochschule im Rahmen von **Studienplänen** (§§ 19 ff. HochSchG) und den dazugehörenden Prüfungsordnungen (§ 26 HochSchG) konkretisiert. Die **Juristenausbildung** ist auf der Basis des DRiG durch das JAG (BS 315-1; *H/J/W* Nr. 75) und die JAPO (BS 315-1-1; *H/J/W* Nr. 76) konkretisiert. Außerhalb der Juristenausbildung und des Medizinstudiums wurden in den vergangenen Jahren nahezu alle Studiengänge allmählich auf das sog. „Bologna-System", also auf Bachelor- und Master-Abschlüsse umgestellt. Mit erfolgreicher Abschlussprüfung kann die Hochschule **Hochschulgrade** verleihen (§§ 30, 31 HochSchG). Für staatliche Prüfungen gilt entsprechendes zugunsten des staatlichen Prüfungsamtes. Nach dem ersten berufsqualifizierenden Abschluss können besonders erfolgreiche Studierende an der Universität promovieren; nach § 34 werden sie dazu als Doktorandinnen und Doktoranden der Universität eingeschrieben und behalten alle Rechte und Pflichten der Studierenden und haben ein Recht auf Betreuung ihrer wissenschaftlichen Arbeit.

cc) **Förderung/Gebühren und Beiträge:** Während die eigentliche finanzielle Förderung bedürftiger Studierender weiter im BAföG, also bundesgesetzlich geregelt ist, enthält das HochSchG dazu keine Bestimmungen. Anders als die hessische Verfassung[133] enthält die LV RP keine Aussage zu konkreten **Hochschulgebühren und -beiträgen**. Allerdings kann aus Art. 39 V LV kein Recht auf ein gebührenfreies Studium abgeleitet wer-

---

129 BVerfGE 33, 303 ff.; s. auch BerlVerfGH, NVwZ 2009, 243; *Bahro/Berlin*, Das Hochschulzulassungsrecht in der Bundesrepublik Deutschland, 4. Aufl. 2003; ausf. *Rux*, BK, Art. 74 I Nr. 33, Hochschulzulassung und Hochschulabschlüsse.
130 OVG RhPf., NJW 2005, 457.
131 VGH BadWürtt., NVwZ-RR 2004, 660.
132 BVerwG, NJW 2002, 2120.
133 Dazu HessStGH, LKRZ 2008, 296ff.; dazu *Walther*, LKRZ 2008, 292ff.

den.[134] § 70 HochSchG stellt das Studium bis zum ersten berufsqualifizierenden Abschluss grundsätzlich beitragsfrei, macht dies aber von einem **"Studienkonto"** abhängig, das die Studierenden in einem komplizierten Verfahren „abstudieren" können. Für die Kosten der Einschreibung können die Hochschulen eine Einschreibegebühr erheben, die allerdings exakt auf die Kosten der Einschreibungen selbst bezogen sein muss und nicht zur Einführung allgemeiner Studiengebühren missbraucht werden darf.[135] Die Einführung von Studiengebühren für „Seniorenstudierende", die das 60. Lebensjahr vollendet haben, steht mit der Landesverfassung im Einklang.[136]

86 **dd) Mitwirkungsrechte in der Selbstverwaltung:** Als Grundrechtsinhaber und Mitglieder der Hochschule (§ 36 HochSchG) haben die Studierenden das Recht und die Pflicht zur Mitwirkung im Rahmen der Selbstverwaltung der Hochschulen. Sie wirken nach § 37 II HochSchG als **Gruppe in den Gremien der Hochschule** mit. Die jeweiligen Vertreter werden von der Gesamtheit der Studierenden gewählt (§ 39 III HochSchG). Die wichtigste Stellung nehmen dabei die Vertreter der Studierenden in den Fachbereichsräten (§ 87 i.V.m. § 39 HochSchG) und im Senat (§ 77 i.V.m. § 39 HochSchG) ein. Theoretisch kann auch eines der fünf Mitglieder aus dem Bereich der Hochschule im Hochschulrat ein Student sein (§ 75 HochSchG).

87 **ee) Verfasste Studierendenschaft:** Rheinland-Pfalz gehört zu denjenigen Bundesländern, die die Studierendenschaft als Körperschaft des öffentlichen Rechts verfasst haben. Sie verwalten ihre Angelegenheiten im Rahmen der Gesetze und ihrer Satzungen selbst (§ 108 HochSchG). Da es sich hier um „Zwangskörperschaften" handelt – d.h. alle Studierenden müssen der Studierendenschaft angehören, werden durch deren Organe (Studierendenparlament und allgemeiner Studierendenausschuss [AStA] – § 109 HochSchG) vertreten und müssen durch ihre Beiträge zum Haushalt der Studierendenschaft beitragen – müssen die Aufgaben gesetzlich festgelegt sein und die Organe dürfen nicht zu allgemeinen politischen Fragen über diesen Auftrag hinaus Stellung nehmen (kein allgemeinpolitisches Mandat).[137] Umweltpolitische Äußerungen sind ihnen z. B. versagt; das Eintreten für das Studierendenticket im Rahmen des öffentlichen Nahverkehrs dagegen gehört zur Wahrnehmung der Belange der Mitglieder.[138] Bei der Wahrnehmung ihrer Aufgaben müssen sich die Organe der Studierendenschaft an die Grundsätze der Ausgewogenheit und Fairness halten.[139] Als (Teil-)Körperschaften des öffentlichen Rechts können sich die Organe der Studierendenschaft nicht auf Grundrechte wie die Meinungsfreiheit berufen.[140] Ihre Stellung ergibt sich ausschließlich aus dem Gesetz.

88 **ff) Ende der Mitgliedschaft:** Die Mitgliedschaft endet mit der Aufhebung der Einschreibung (**Exmatrikulation**). Diese kann auf Antrag durch Rücknahme in Fällen wie Zwang, arglistiger Täuschung usw. (§ 69 I HochSchG), bei versäumter Rückmeldung und bei schwerwiegenden disziplinarrechtlichen Verstößen nach § 69 III HochSchG geschehen.

---

134 Dazu § 1 Rn. 148 m.w.N.
135 BVerfGE 108, 1ff.
136 VerfGH RhPf., NVwZ-RR 2005, 369.
137 BVerwGE 59, 231, 236; BVerfG (Kammer), NVwZ 1998, 1286.
138 BVerwG, NVwZ 2000, 318.
139 OVG Bremen, NVwZ 2000, 342; HessVGH, NVwZ 1998, 873.
140 HessVGH, NVwZ-RR 2005, 114.

In weniger schweren Fällen muss der Widerruf der Einschreibung vorher angedroht worden sein. Über den Widerruf der Einschreibung und dessen Androhung entscheidet ein besonderer Ausschuss nach § 69 VII HochSchG.

Rechtsschutzprobleme: Klagen auf Zulassung zur Universität und sämtliche Klagen aus dem Mitgliedsverhältnis zur Hochschule sind öffentlich-rechtliche Streitigkeiten gemäß § 40 I 1 VwGO. Beteiligtenfähig sind die Studierenden als natürliche Personen; die Studierendenschaft als juristische Person. In Prüfungsangelegenheiten sind die Besonderheiten zu beachten, die die Rechtsprechung zur gerichtlichen Kontrolle von Prüfungsentscheidungen entwickelt hat.[141] Der Hochschule bzw. der Prüfungskommission kommt in der Regel ein Beurteilungsspielraum zu, der nur eingeschränkt gerichtlich kontrollierbar ist. Eine Verpflichtungsklage kann daher nicht auf die Verpflichtung zur Erteilung einer bestimmten Befähigung oder eines Zeugnisses, sondern nur auf Bescheidung i.S.v. § 113 V VwGO oder Berechtigung zur Wiederholung der Prüfung zielen. 89

d) Rechte und Pflichten wissenschaftlichen und künstlerischen Personals

Während das HochSchG in § 43 nur wenige besondere Bestimmungen für die Angehörigen des allgemeinen nichtwissenschaftlichen Personals enthält und im Übrigen bei Beamten das LBG, bei Angestellten das private Arbeitsrecht und die entsprechenden tarifvertraglichen Bestimmungen gelten, enthält das Gesetz in §§ 46 ff. zahlreiche besondere Vorschriften für das hauptberufliche wissenschaftliche und künstlerische Personal. Wichtig sind insb. die Hochschullehrer (Professoren und Juniorprofessoren) sowie die wissenschaftlichen und künstlerischen Mitarbeiter und die Lehrkräfte für besondere Aufgaben (§ 46 HochSchG). Der Begriff der Hochschullehrer hat dabei eine besondere **verfassungsrechtliche Bedeutung**, weil das BVerfG dieser Gruppe nach wie vor besonderes Gewicht in der Hochschulselbstverwaltung beimisst[142] und eine Homogenität der Gruppe der Hochschullehrer in den Gremien im Hinblick auf ihre Qualifikation gefordert hat. 90

aa) Professoren: Die **Einstellungsvoraussetzungen** sind in § 49 HochSchG genannt. Wichtig sind abgeschlossenes Studium, pädagogische Eignung und qualifizierte Promotion sowie zusätzliche wissenschaftliche Leistungen. Im Hinblick auf deren Erbringung ist das HochSchG dem Modell „Juniorprofessor" gefolgt, das bei seiner Einführung durch die Bundesregierung stark favorisiert wurde. Allerdings hat weder diese Politik noch § 49 II HochSchG verhindern können, dass in den meisten Fächern nach wie vor die traditionelle **Habilitation** die wichtigste Qualifikationsstufe für den Hochschullehrerberuf ist. Die Ausnahmeregel des § 49 II 3 HochSchG ist also praktisch die Regel. Auch der Versuch, den Hochschulen und den Habilitierten die Bezeichnung „**Privatdozent**" zu versagen, wurde zwischenzeitlich wieder rückgängig gemacht.[143] 91

Für die Auswahl der Professoren gibt es von alters her ein besonderes **Berufungsverfahren**, das in der Regel dreistufig ausgestaltet ist (§ 50 HochSchG). Freie Stellen müssen 92

---

141 Hierzu und zum folgenden *Hufen* (Fn. 63), § 25 Rn. 34ff.
142 BVerfGE 35, 79, 125.
143 Dazu *Winkler*, LKRZ 2007, 380. Das OVG RhPf. hatte den Anspruch auf Verleihung des Titels „Privatdozent" allerdings vor der gesetzlichen Wiedereinführung verneint (OVG RhPf., LKRZ 2007, 281).

von der Hochschule rechtzeitig öffentlich ausgeschrieben werden, sog. „Hausberufungen" sind die absolute Ausnahme. Die Feststellung der wissenschaftlichen Qualifikation wird im Berufungsverfahren zunächst durch eine Berufungskommission festgestellt, an der auch Studierende und wissenschaftliche Mitarbeiter mitwirken; bei der aber die qualifizierte Mehrheit der Hochschullehrer gewährleistet sein muss. Die durch die Arbeit der Berufungskommission erstellte „Vorschlagsliste" wird durch den zuständigen Fachbereichsrat beschlossen und dem Senat zur Stellungnahme zugeleitet. Die letztendliche Entscheidung über die Berufung fällt dann der zuständige Minister; er ist zwar an den Vorschlag der Hochschule nicht gebunden, muss nach einhelliger Auffassung Abweichungen aber besonders begründen. Die Berufung erfolgt in der Regel in das Beamtenverhältnis auf Lebenszeit. Die Berufung in das Beamtenverhältnis auf Zeit ist eine Ausnahme (§ 51 I HochSchG). Für die **Rechtsstellung** gelten die allgemeinen Grundsätze des Berufsbeamtentums (Art. 33 V GG) und die Vorschriften des Beamtenrechts, die aber im Lichte der Wissenschaftsfreiheit interpretiert werden müssen. Mit der Ernennung übernimmt der Hochschullehrer die selbständige Wahrnehmung der Aufgaben in Forschung, Lehre und Prüfung je nach Ausgestaltung seines Amtes. Dieser so umschriebene Aufgabenkreis wird oft auch in einer „Lehrstuhlbezeichnung" umrissen.[144] Die Besoldung der Hochschullehrer richtet sich nicht nach dem allgemeinen Besoldungsrecht, sondern nach einer besonderen Besoldungsgruppe (früher C-Besoldung, jetzt W-Besoldung).

93 Bei der Erfüllung seiner Lehraufgaben ist der Hochschullehrer grundsätzlich inhaltlich und methodisch frei. Zugleich ist er aber an die bestehenden Studienpläne und Prüfungsordnungen gebunden. Da diese sein Recht nur konkretisieren, nicht in dieses eingreifen, hat er keine Antragsbefugnis im Rahmen der verwaltungsgerichtlichen Normenkontrolle.[145] Im Rahmen der Evaluation der Hochschule (§ 5 HochSchG) kann auch die Leistung von Hochschullehrern beurteilt und bewertet werden. Dabei ist allerdings zu beachten, dass es zur verfassungsrechtlich gewährleisteten Unabhängigkeit der Hochschullehrer gehört, nicht einer beamtenrechtlichen Beurteilung durch Vorgesetzte unterworfen zu sein. Insofern beurteilt nur die „Scientific Community" die Leistung eines Hochschullehrers.

94 bb) **Juniorprofessoren:** Auch die noch **neue Gruppe** der Juniorprofessoren gehört nach § 46 HochSchG zur Gruppe der Hochschullehrer. Das ist (noch) verfassungsgemäß, da die Juniorprofessoren zumindest auf dem Weg zur Erlangung der besonderen Qualifikation i.S.v. § 49 HochSchG sind. Soweit sie nicht habilitiert sind, dürfen sie nach allgemeinen prüfungsrechtlichen Grundsätzen an Habilitationen allerdings nur beratend mitwirken. Sie müssen über ein abgeschlossenes Hochschulstudium, pädagogische Eignung und die besondere Befähigung zur wissenschaftlichen Arbeit, die in der Regel durch die herausragende Qualität einer Promotion nachgewiesen wird, verfügen. Auch ihre Berufung erfolgt in einem besonderen Berufungsverfahren. Die **dienstrechtliche Stellung** ergibt sich aus § 55 HochSchG.

---

144 Zur verfassungsrechtlichen Stellung nach der Ernennung *Hufen*, § 34.
145 BVerwG, NVwZ-RR 2006, 36.

cc) **Wissenschaftliche und künstlerische Mitarbeiter:** Nach § 56 HochSchG obliegen wissenschaftlichen Mitarbeitern wissenschaftliche Dienstleistungen. Sie sollen auch den Studierenden Fachwissen und praktische Fertigkeiten vermitteln und sie in der Anwendung wissenschaftlicher Methoden unterweisen. **Einstellungsvoraussetzung** ist ein abgeschlossenes Studium, eine der Tätigkeit entsprechende Promotion und eine hauptberufliche Tätigkeit von mindestens zwei Jahren und sechs Monaten, diese kann auch an den Hochschulen erfolgen. Das Dienstverhältnis hängt von den jeweiligen Aufgaben ab.

95

dd) **Lehrkräfte für besondere Aufgaben:** Ihr **Dienstverhältnis** richtet sich nach § 58 HochSchG. Ihre Aufgabe ist es, praktische Fertigkeiten und Kenntnisse zu vermitteln. Sie werden vor allem in Bereichen eingesetzt, in denen es um die Vermittlung praktischer Fähigkeiten und Kenntnisse geht. Zu erwähnen sind ferner **Lehrbeauftragte**, die zur Ergänzung und in begründeten Fällen zur Sicherstellung des **Lehrangebots** selbständige Lehraufgaben wahrnehmen und bei Vorliegen der entsprechenden Qualifikation zum **Honorarprofessor** nach § 62 HochSchG ernannt werden können. Davon zu unterscheiden ist die sog. „**außerplanmäßige Professur**", die Juniorprofessoren und Habilitierten nach mindestens sechsjähriger Bewährung in Forschung und Lehre verliehen werden kann (§ 61 III HochSchG).

96

ee) **Mitwirkungsrechte:** **Hochschullehrer und wissenschaftliche Mitarbeiter** sind berechtigt und verpflichtet, an der Selbstverwaltung der Hochschulen mitzuwirken. Verfassungsrechtliche Grundlage ist neben Art. 39 I LV auch Art. 5 III GG, für den das BVerfG die Stellung der Hochschullehrer besonders hervorgehoben und ihnen einen ausschlaggebenden Einfluss auf den Kernbereich wissenschaftsrelevanter Entscheidungen vorbehalten hat.[146] Diese Mitwirkung ist zugleich wichtige Legitimationsgrundlage für wissenschaftsrelevante Entscheidungen der Selbstverwaltungsgremien und der gewählten Hochschulorgane. Entscheidungsgremien, an denen die betroffenen Hochschullehrer selbst nicht beteiligt sind, sind deshalb höchst bedenklich. Sie können die gewählten Organe entweder nur beraten oder müssen sich im Kern wissenschaftlichen Bewertungen enthalten.

97

Rechtsschutzprobleme: Gremienentscheidungen und Weisungen der Hochschulleitung haben dem Hochschullehrer gegenüber Außenwirkung, wenn sie dessen persönlichen Rechtskreis einschließlich der Freiheit zur Lehre und Forschung berühren. Feststellungen und andere Realakte (z.B. Missbilligungen eines Gremiums) können im Wege der Unterlassungsklage bzw. der Leistungsklage auf Folgenbeseitigung verwaltungsgerichtlich angegriffen werden. Bei Konkurrentenstreitigkeiten über die Ernennung zum Hochschullehrer ist zu beachten, dass weder das Gericht noch eine Behörde über die Kompetenz verfügt, die Leistungen der Bewerber fachlich zu überprüfen. Dies ist allein Sache der jeweiligen Berufungskommission bzw. unabhängiger, entsprechend qualifizierter Gutachter.

98

---

146 BVerfGE 35, 79, 112.

e) Hochschulverfassung

99 **aa) Rechtsnatur der Hochschule:** Anders als die Schulen, die nicht rechtsfähige Anstalten sind, sind die Hochschulen mitgliedschaftlich verfasst und daher **Körperschaften des öffentlichen Rechts** (§ 6 I HochSchG). Im Hinblick auf die Verwaltung der Personal- und Sachmittel tragen die Hochschulen anstaltlichen Charakter; das bringt das Gesetz mit der Formulierung „*und zugleich staatliche Einrichtungen*" zum Ausdruck.

100 **bb) Organisation der Selbstverwaltung:** Als Körperschaft verfügt die Hochschule über Selbstverwaltungsangelegenheiten (§ 8 HochSchG). Das sind alle wesentlichen Aufgaben von Lehre, Forschung und Prüfung. Im Auftrag des Staates erfüllt die Hochschule die Personalverwaltung, die Haushaltsverwaltung usw.

Die innere Struktur der Universität ist – anders als bei anderen staatlichen Einrichtungen – **nicht hierarchisch** gegliedert, sie folgt vielmehr den sich aus der Eigengesetzlichkeit der Wissenschaft ergebenden Prinzipien. So ist insb. in Forschungsangelegenheiten der Vorrang der jeweils sachnäheren Ebene (also Lehrstühle und Fachbereiche) gegenüber der Hochschulspitze zu beachten.

101 **cc) Organe:** Selbstverwaltungsorgane mit Entscheidungsbefugnissen (§ 71 HochSchG) sind auf zentraler Ebene der **Hochschulrat**, der **Senat**, der **Präsident** oder auch ein **Präsidialkollegium**. Auf dezentraler Ebene, d.h. in den Fachbereichen, haben der **Fachbereichsrat** (§ 84 HochSchG) und der **Dekan** (§ 88 HochSchG) Entscheidungsbefugnisse. Hinzu treten auf beiden Ebenen gegebenenfalls gemeinsame Ausschüsse und vergleichbare Gremien. Alle Organe werden durch Wahlen der Hochschulmitglieder und nicht im Wege hierarchischer Bestellung bestimmt.

101 Die Organe im Einzelnen: Der **Hochschulrat** hat nach § 74 HochSchG die Aufgaben, die Hochschule in allen wichtigen Angelegenheiten zu beraten und zu unterstützen. Zu den besonderen Aufgaben gehört die Zustimmung zur Grundordnung, zur Errichtung, Änderung und Aufhebung wissenschaftlicher Einrichtungen, zu den allgemeinen Grundsätzen des Senats zur Zuweisung der Mittel und die Zustimmung zum Gesamtentwicklungsplan. Eine wichtige Aufgabe ist die Unterbreitung eines **Vorschlags zur Wahl des Präsidenten** (§ 74 III HochSchG). Gewählt wird der Präsident sodann vom Senat. Kann sich der Senat nicht auf einen der Vorgeschlagenen einigen, so kann es zu einer bedenklichen „Pattsituation" kommen. Verfassungsrechtliche Bedenken[147] gegen wissenschaftsrelevante Entscheidungen dieses nicht nur aus Mitgliedern, sondern auch aus den Bereichen des Wirtschaftslebens, der Wissenschaft und dem öffentlichen Leben bestehenden Gremiums hat das BVerfG nicht für begründet erachtet.[148] Da sich die Kompetenzen des Hochschulrates in Rheinland-Pfalz auf Beratung, Unterstützung und ein Vorschlagsrecht beschränken, ist dagegen wenig einzuwenden.

102 **Zentrales Mitwirkungsgremium** ist der **Senat**. Er hat nach § 76 HochSchG alle Aufgaben wahrzunehmen, die die gesamte Hochschule angehen. Zu beachten ist aber, dass er bei

---

147 *Kahl*, AöR 130 (2005), 225ff.; *Kersten*, DVBl. 1999, 1704; *Püttner*, Fs. f. Schiedermair, 2001, S. 557; zur Praxis *Schmidt*, Deutsche Hochschulräte. Begriff, Darstellung und rechtliche Analyse, 2004.
148 BVerfGE 111, 333; i.E. ebenso BayVerfGH, NVwZ 2009, 177 – allerdings mit wichtigen Vorgaben für die verfassungsrechtliche Ausgestaltung.

Forschungsangelegenheiten auf Aspekte grundsätzlicher Bedeutung festgelegt ist. Die eigentliche fachliche Weichenstellung obliegt den Fachbereichen. Der Senat wird durch den Präsidenten geleitet. In ihm müssen die Fachbereiche sowie die Mitgliedergruppen angemessen vertreten sein (§ 77 HochSchG i.V.m. den Wahlrechtsgrundsätzen).

Die **Leitung der Hochschule** obliegt dem **Präsidenten**. Der Präsident wird auf Vorschlag des Hochschulrats vom Senat gewählt. Er muss eine abgeschlossene Hochschulausbildung besitzen und auf Grund einer mehrjährigen verantwortlichen beruflichen Tätigkeit in Wissenschaft, Wirtschaft, Verwaltung oder Rechtspflege qualifiziert sein. Der Präsident wird für die Dauer von sechs Jahren in ein Beamtenverhältnis auf Zeit berufen (§ 81 HochSchG). Er vertritt die Hochschule nach außen, sorgt für ein Zusammenwirken der Organe und der Mitglieder der Hochschule und unterrichtet die Öffentlichkeit von der Erfüllung der Aufgaben der Hochschule (§ 79 HochSchG). Durch die Hochschulreformen der vergangenen Jahre ist dem Präsidenten mehr und mehr Macht zugewachsen. Er ist vom früheren Rektor als „princeps inter pares" mehr und mehr zum „Vorstand" der Hochschule geworden, was dem Amt eine große Machtfülle und Gestaltungsmöglichkeiten verleiht, aber auch zu Konflikten mit den jeweiligen Fachvertretern führen kann. Unabhängig von allen Kompetenzvorschriften kommt es also auf das – wie das Gesetz schön formuliert – „gedeihliche Zusammenwirken" insb. mit den Dekanen und den Fachvertretern im Senat an. Der Präsident wird bei der Wahrnehmung seiner Aufgaben durch von ihm selbst oder vom Hochschulrat vorgeschlagene Vizepräsidenten (§ 82 HochSchG) sowie durch den Kanzler (§ 83 HochSchG) unterstützt. Letzterer leitet die Verwaltung der Hochschule und ist Beauftragter für den Haushalt.

103

Rechtsschutzprobleme: Die komplexe Struktur der Hochschulorgane bringt es mit sich, dass Rechtsstreitigkeiten innerhalb der Körperschaft denkbar sind. Nach den Kommunalverfassungsstreitigkeiten handelt es sich hier wohl um die bedeutendste Gruppe der **verwaltungsprozessualen Organklage**.[149]

104

f) Staatsaufsicht

Als öffentliche Einrichtungen stehen die Hochschulen unter der Aufsicht des Staates, also des Landes. Wie im Kommunalbereich beschränkt sich die Aufsicht in Selbstverwaltungsangelegenheiten von Lehre, Forschung und Prüfung auf eine **Rechtsaufsicht**. **Fachaufsicht** gibt es nur im anstaltsrechtlichen Bereich der Personal- und Mittelverwaltung. Aufsichtsbehörde und zugleich Dienstvorgesetzter der Hochschullehrer ist nicht eine staatliche Mittelbehörde, sondern unmittelbar der Wissenschaftsminister (Einzelheiten in §§ 105 ff. HochSchG).

105

V. Religion und Kirchen

1. Grundlagen

Aus historischer Sicht ist das Verhältnis von Staat und Religion im Gebiet des heutigen Rheinland-Pfalz besonders interessant. Hier stehen sich einerseits die Tradition der geistlichen Kurfürsten, der Bischöfe von Mainz und Trier, andererseits der aufgeklärte Absolutismus im hessisch-nassauischen Bereich gegenüber. Außerdem gehört die

106

---

149 Dazu *Hufen* (Fn. 63), § 21.

"Rheinschiene" wohl zu den Gebieten, in denen sich schon früh aus dem Zusammenleben der Religionen Spannungen, aber auch die Einsicht in notwendige Toleranz ergaben. Auf engstem Raum lebten hier seit der Reformation Katholiken und Protestanten zusammen, teilten sich sogar Kirchen und kirchliche Einrichtungen. In den geistlichen Kurfürstentümern waren Staat und Kirche bis zu den napoleonischen Kriegen und dem **Reichsdeputationshauptschluss** vereinigt, deshalb wirkten sie sich in diesem Bereich auch besonders nachhaltig aus. Im 19. Jahrhundert standen sich dann im Süden die bayerisch-katholische Tradition und im Norden eine eher protestantische Tradition gegenüber. Die Bistümer Köln, Mainz und Trier blieben als rein kirchliche Institutionen von größter Bedeutung, auch und gerade dort, wo sie Bestandteil der preußischen Rheinprovinz wurden. Deshalb zeigte auch hier der „Kulturkampf" zwischen *Bismarck* und der katholischen Kirche nachhaltige Wirkungen und löste Verbitterung auf beiden Seiten aus. Die Fragen der Konfessionsschule, der Bischofswahl und der Zivilehe bestimmten so bis ins 20. Jahrhundert hinein das Verhältnis von Kirche und Staat und wurden teilweise erst unter der Geltung der rheinland-pfälzischen Landesverfassung gelöst.

2. Verfassungsrechtlicher Rahmen

107 Die rechtlichen Bezüge von Religion und Staat gehören zum Kulturrecht, werden aber weitgehend durch das Verfassungsrecht und die Verfassungsrechtsprechung des Bundes geprägt[150] (Art. 4 und 140 GG i.V.m. Art. 136 bis 139 WRV). Schon vom Wortlaut her entspricht Art. 8 LV weitgehend Art. 4 GG. Prägende Entscheidungen des VerfGH sind nicht zu verzeichnen. Gleichwohl können Art. 8 II („Die bürgerlichen und staatsbürgerlichen Rechte werden durch die Ausübung der Religionsfreiheit weder bedingt noch beschränkt") und III LV („Die Teilnahme an Handlungen, Feierlichkeiten oder Übungen von Religions- und Weltanschauungsgemeinschaften darf weder erzwungen noch verhindert werden") den geistigen Hintergrund des Kulturkampfes und der Verfolgung der Christen im Nationalsozialismus nicht verleugnen.

108 Das eigentliche **Staatskirchenrecht** wird im 4. Abschnitt der LV (Art. 41 ff.) geregelt. Dieser entspricht inhaltlich weitgehend den Art. 140 GG i.V.m. Art. 136 bis 139 WRV, betont aber stärker den Einfluss der Kirchen auf die Grundlagen der menschlichen Gemeinschaft. Die Gründungsfreiheit für Religionsgemeinschaften und die kirchliche Selbstbestimmung werden ausdrücklich gewährleistet (Art. 41 I, II LV), jedoch übernimmt die LV auch die Formel von den für alle geltenden verfassungsgemäßen Pflichten „als Schranke" für das kirchliche Selbstbestimmungsrecht. Bemerkenswert ist, dass Art. 42 LV einen eigenen Artikel für die Fragen der Ausbildung der Geistlichen und zum Recht der Kirchen und Religionsgemeinschaften zur Errichtung von eigenen Hochschulen, Seminarien und Konvikten enthält.[151]

---

150 So auch *Lücke*, in: Grimm/Caesar, Art. 8 Rn. 1.
151 *Robbers*, in: Grimm/Caesar, Art. 42.

V. Religion und Kirchen

3. Bestehende Kirchen und Religionsgemeinschaften

Die geschilderten historischen Bedingungen bringen es mit sich, dass Landesgrenzen, Bistumsgrenzen und Grenzen der evangelischen Landeskirchen sich im heutigen Gebiet des Landes Rheinland-Pfalz nicht decken. Sie wurden auch nach 1946 nicht an die veränderten politischen Grenzen angepasst.[152] So hat Rheinland-Pfalz am **Erzbistum Köln** und den **Bistümern Limburg, Mainz, Speyer und Trier** Anteil. Drei **evangelische Landeskirchen (Pfalz, Rheinland, Hessen und Nassau)** bilden Teile der evangelischen Kirche. Präsent sind auch die **altkatholische Kirche**, die **orthodoxen Kirchen**, **jüdische Kultusgemeinden** und zahlreiche weitere Kirchen, Religions- und Weltanschauungsgemeinschaften, unter denen 13 **Mennoniten-Gemeinden** ein historisch besonders interessantes Feld bilden.

109

4. (Landes-)Rechtliche Konkretisierung

Abgesehen vom SchulG, HochSchG, PrivatSchG und KitaG gibt es **kaum spezifisch gesetzlichen Regelungen**, die das Verhältnis von Religion, Kirche und Staat regeln.[153] Hingewiesen sei auf die Bedeutung kirchlicher Träger im Bereich des Sozialrechts, die im SGB bundesrechtlich besonders geregelt sind. Aufgrund der Rechtspersönlichkeit anerkannter Religionsgemeinschaften gelten für diese im Übrigen die allgemeinen gesetzlichen Regeln. Insb. kann es bei Kirchenbauten zu denkmalschutzrechtlichen und auch urheberrechtlichen Problemen kommen, bei deren Lösung aber die innerkirchlichen Glaubensüberzeugungen zu berücksichtigen sind.[154]

110

Von alters her eine besondere Bedeutung spielen aber die „völkerrechtsähnlichen" **Verträge zwischen Kirche und Staat**, die sog. Konkordate.[155] So gilt für die katholische Kirche das preußische Konkordat vom 14.6.1929 und in den ehemaligen bayerischen Landesteilen das bayerische Konkordat vom 29.3.1924. Beide enthalten Vereinbarungen zu den theologischen Fakultäten, zur Besetzung von Professorenstellen und (heute überholt) zu katholischen Volksschulen sowie nach wie vor aktuell zur Lehrerausbildung, zum Religionsunterricht und zu vermögensrechtlichen Verpflichtungen. Beide Konkordate wurden durch den Staatsvertrag zwischen dem Heiligen Stuhl und dem Land Rheinland-Pfalz vom 29.4.1969 in ihrer Geltung anerkannt. Anpassungen gab es in der Lehrerausbildung. Ein eher problematisches Kapitel ist die Fortgeltung des Reichskonkordats vom 20.7.1933, das die Bundesrepublik insgesamt bindet und die staatskirchenrechtlichen Freiheiten der katholischen Kirche regelt. Zur katholisch-theologischen Fakultät der Universität Mainz existiert eine Vereinbarung zwischen der katholischen Kirche und dem Land, in der der Bestand der katholisch-theologischen Fakultät an der Universität Mainz und die Genehmigung des Studienplans durch den Mainzer Bischof sowie die der theologischen Lehrstühle geregelt ist.[156] Weitere Staats-

111

---

152 Ausf. Übersicht bei *Robbers*, in: Grimm/Caesar, Art. 43 Rn. 30.
153 Hinzuweisen ist auf das KirchensteuerG.
154 Vgl. etwa BGH, NJW 2008, 3784 zum Urheberrecht und VGH Bad-Württ., NVwZ 2003, 1530 zum Denkmalschutz.
155 Zum Begriff *Hufen*, § 23 Rn. 5; *Weber*, Staatskirchenverträge, 1967; *Listl*, Die Konkordate und Kirchenverträge in der Bundesrepublik Deutschland, 1987 sowie § 1 Rn. 115.
156 Dieser Vertrag spielte eine Rolle bei der kürzlichen Zusammenlegung der beiden theologischen Fachbereiche innerhalb der Johannes Gutenberg-Universität.

§ 9 Kulturrecht

verträge zwischen dem Heiligen Stuhl und dem Land Rheinland-Pfalz wurden 1973 über Fragen des Schulwesens und über die Lehrerausbildung ausgehandelt. Ähnliches gilt für Vertrag über die Zusammenarbeit zwischen geisteswissenschaftlichen Fakultäten und der theologischen Fakultät der Universität Trier vom 28.9.1970.

112 Mit den **evangelischen Kirchen** bestand ein pfälzischer (v. 15.11.1924) und preußischer Staatskirchenvertrag (v. 11.5.1931). Beide wurden in den rheinland-pfälzischen Staatskirchenvertrag vom 31.3.1962 überführt, der die Mitwirkungsrechte der Kirchen im Religionsunterricht, bei der Anstellung von Professoren und Dozenten für evangelische Theologie und die finanziellen Beziehungen regelt. Weitere Verträge betreffen die Religionslehrer im Rahmen des evangelischen Religionsunterrichts an staatlichen Schulen.

113 Hinzuweisen ist noch auf Art. 48 LV, der die **Seelsorge in Krankenhäusern, Strafanstalten und sonstigen öffentlichen Anstalten und Einrichtungen** regelt und diese als institutionelle Garantie ausgestaltet.[157]

VI. Klausurhinweise

1. Gerichtsbarkeit – unterschiedliche Fallgestaltungen

114 Klausurfälle im Kulturrecht können praktisch in allen Gerichtsbarkeiten spielen. So ist z.B. der ordentliche Rechtsweg (§ 13 GVG) bei der Klage auf Aufnahme in eine Privatschule oder bei urheberrechtlichen Streitigkeiten eröffnet. Streitigkeiten aus der Künstlersozialversicherung gehören in die Sozialgerichtsbarkeit (§ 51 SGG), Streitigkeiten aus privaten Arbeitsverhältnissen im Theater oder Orchester vor die Arbeitsgerichtsbarkeit. Der Löwenanteil dürfte aber Widerspruchsverfahren und Verwaltungsgerichtsbarkeit (§ 40 VwGO) betreffen. Sehr häufig sind auch Verfahren vor der Verfassungsgerichtsbarkeit (BVerfG oder RhPfVerfGH). Seltener kommen Fallgestaltungen mit einem Verfahren vor dem EuGH oder dem EGMR vor. In jedem Fall ist also am Anfang der Klausur sorgfältig zu klären, welcher Rechtsweg und welches Rechtsmittel in Betracht kommen. Danach richtet sich dann auch der Prüfungsmaßstab.

2. Prüfung der Verfassungsmäßigkeit einer Rechtsnorm des Landes (z.B. Änderung des Schulgesetzes)

115 In Betracht kommen hier die Verfassungsbeschwerde oder die abstrakte Normenkontrolle, ggf. auch die konkrete Normenkontrolle zum BVerfG. Hinsichtlich der Prüfungsschemata muss auf die einschlägigen Lehrbücher des Verfassungsprozessrechts verwiesen werden. Prüfungsmaßstab ist ausschließlich das GG.

Landesnormen können auch Gegenstand der Verfassungsbeschwerde oder der abstrakten bzw. konkreten Normenkontrolle vor dem RhPfVerfGH sein (dazu § 1, Rn. 196ff.).

3. Sonstige verfassungsrechtliche Verfahren

Andere hoheitliche Maßnahmen im Bereich des Kulturrechts, etwa die Durchsetzung der Schulpflicht (vgl. Rn. 70), können gleichfalls Gegenstand von Verfahren vor den Verfassungsgerichten sein. Hier ist jeweils die Erschöpfung des Rechtswegs zu beachten.

---

157 Dazu *Robbers*, in: Grimm/Caesar, Art. 48.

VI. Klausurhinweise

4. Widerspruch und Verwaltungsprozess

Kulturrechtliche Klausuren unterhalb der verfassungsrechtlichen Ebene setzen fundierte 116
Kenntnisse der Aufbauschemata des Verwaltungsprozessrechts voraus. Besonders häufig sind hier Probleme der Statthaftigkeit (z.B. Außenwirkung bei Maßnahmen in Schule und Hochschule, vgl. Rn. 45, 61, 98), der Klagebefugnis (z.B. beim Konkurrentenstreit, vgl. Rn. 98) und des Beurteilungsspielraums (z.B. Prüfungsrecht, vgl. Rn 89).

Insofern ist auf die einschlägigen Prüfungsschemata der Lehrbücher des Verwaltungsprozessrechts zu verweisen.

Beispiele:
- Widerspruch gegen eine Schulentlassung (*Hufen*, VProzR, 7. Aufl., 2008, § 6 Rn. 46 und § 7 Rn. 15).
- Anfechtungsklage gegen Gebührenbescheid im Kindergarten (*Hufen*, VProzR, § 14, Rn. 117 und § 25 Rn. 50).
- Verpflichtungsklage auf Zulassung zum Studium (*Hufen*, VProzR, § 15 Rn. 31 und § 26 Rn. 26).
- Fortsetzungsfeststellungsklage nach negativer Prüfungsentscheidung, *Hufen*, VProzR, § 18 Rn. 58.
- Normenkontrollantrag gegen Prüfungsordnung, *Hufen*, VProzR, § 19 Rn. 42 (Achtung: Keine Normenkontrolle bei Prüfungsordnungen der Landesregierung [§ 27 I Nr. 2 VwGO i.V.m. § 4 AGVwGO]).
- Antrag nach § 80 V VwGO gegen sofortigen Vollzug des Verbots einer Theateraufführung, *Hufen*, VProzR, § 32 Rn. 46.
- Antrag auf einstweilige Anordnung nach § 123 VwGO auf vorläufige Teilnahme am Unterricht der nächst höheren Jahrgangsstufe in der Schule, *Hufen*, VProzR, § 33 Rn. 25.

§ 10 Medienrecht

von *Dieter Dörr und Andrea Huy*

Literatur: *Die in diesem Verzeichnis enthaltenen Werke werden in den Fußnoten lediglich mit dem Namen der Autoren oder Herausgeber (erforderlichenfalls mit einem unterscheidenden Zusatz) zitiert.*

Dörr, Der Einfluss der Judikatur des BVerfG auf das Medienrecht, VerwArch 2001, 149 ff.; *Dörr/ Kreile/Cole* (Hrsg.), Hdb. Medienrecht, 2008; *Dörr/Schiedermair*, Die deutsche Welle, 2003; *Dörr/ Schwartmann*, Medienrecht, 2. Aufl. 2008; *Dörr/Volkmann*, Die Kabelbelegungsregelungen im Hessischen Privatrundfunkgesetz unter Berücksichtigung der europarechtlichen Vorgaben, 2005; *Fechner*, Medienrecht, 9. Aufl. 2008; *Hartstein/Ring/Kreile/Dörr/Stettner*, Rundfunkstaatsvertrag, Loseblatt (Stand: 12/2008); *Heer-Reißmann*, Die Letztentscheidungskompetenz des europäischen Gerichtshofes für Menschenrechte in Europa, 2008; *Holznagel/Dörr/Hildebrand*, Elektronische Medien, 2008; *Löffler*, Presserecht, Komm., 5. Aufl. 2006; *Maurer*, Staatsrecht I, 5. Aufl. 2007; *Möllers*, Pressefreiheit im Internet, AfP 2008, 241 ff.; *Pieroth/Schlink*, Grundrechte Staatsrecht II, 23. Aufl. 2007; *Schiwy/Schütz/Dörr* (Hrsg.), Medienrecht, Lexikon für Praxis und Wissenschaft, 4. Aufl. 2006; *Spindler/Schuster*, Recht der elektronischen Medien, Komm., 2008; *Schwartmann*, Praxishandbuch Medien-, IT- und Urheberrecht, 2008.

I. Einführung

1. „Medienrecht" – Was ist das?

1   Das Medienrecht ist ein relativ neues Rechtsgebiet. Es erlangt jedoch durch die zunehmenden technischen Möglichkeiten immer größere Bedeutung. Unter den Begriff „**Medienrecht**" lassen sich ganz unterschiedliche Sachverhalte erfassen. Um dies zu verdeutlichen, seien folgende Beispiele aus der jüngeren Vergangenheit aufgeführt:

2   Übernahmeversuch ProSiebenSat1 durch Springer-Verlag, Verbreitung des **DVB-T** genannten digitalen terrestrischen Fernsehens, der Streit um den Verkauf der **Fußballübertragungsrechte**, die Entscheidung des Europäischen Gerichtshofs für Menschenrechte sowie die Entscheidungen der deutschen Gerichte zu Bildveröffentlichungen von **Caroline von Hannover** und anderen Prominenten, die Diskussion um die Erhöhung der Rundfunkgebühr und die Zulässigkeit im Hinblick auf die beihilferechtlichen Regelungen der EG, die Erhebung der Rundfunkgebühr für **internetfähige PCs**, die Ausstrahlung einer Dauersendung des Formats „**Big Brother**", die detailgenaue Vorbereitung der Kanzlerwahl-„Duelle" und die Beteiligung politischer Parteien in Sendungen, die **Schleichwerbeaffären** beim öffentlich-rechtlichen und privaten Rundfunk, die Grenzen der Zulässigkeit von Internet-Auktionen, das Rücktrittsrecht bei Vertragsschluss im Internet, der Download von Klingeltönen für Handys aus dem Internet, die Spam-Problematik bei E-Mails. Ebenso gibt es natürlich die auch im Rückblick als wichtige Wegmarken gebliebenen medienrechtlichen Ereignisse, wie z.B. vor einigen Jahrzehnten die **Durchsuchung beim Nachrichtenmagazin „Spiegel"** und die folgende Verfassungsgerichtsentscheidung[1] oder der Streit zwischen Bund und Ländern um die Gründung des

---

1 BVerfGE 20, 162.

I. Einführung

„Deutschland-Fernsehen"[2] oder die Zulässigkeit eines Fernsehspiels über den **Soldatenmord von Lebach**.[3]

Schon diese wenigen Schlagworte machen die Vielfalt und Komplexität des Medienrechts deutlich. Sie geben aber noch keine Antwort darauf, was unter Medienrecht verstanden werden kann.

2. Versuch einer Definition und Kategorisierung

Eine allgemeine Definition des Begriffs „Medienrecht" konnte sich bis heute nicht durchsetzen. Dies liegt daran, dass das Medienrecht die **Gesamtheit aller gesetzlichen Regelungen und richterlichen Vorgaben** umfasst, die Arbeit und Wirkung von Medien rechtlich bestimmen. Mit *Cole* wird man aber folgendes festhalten können: „Der relativ neue Begriff Medienrecht bezeichnet **keine Rechtsdisziplin im systematischen Sinne**, sondern versucht, als **Sammelbegriff** die über alle Teilbereiche des öffentlichen, Zivil- und Strafrechts verstreuten relevanten Tatbestände im Sinne eines Mantels zusammenzufassen. Ausgangspunkt ist die in Art. 5 I GG geschützte **Meinungs- und Informationsfreiheit**, jedoch in ihrer kollektiven Ausprägung als Recht der Massenmedien und -kommunikation, insb. also im Recht der Presse, des Rundfunks und Films nach Art. 5 I 2 GG".[4] Ausgehend von der weiten Formulierung des Art. 5 GG kann demnach unterschieden werden zwischen einem **individuellen Medienrecht** und einem **institutionellen Medienrecht**. Das erstere schließt dem Wort entsprechend das Recht der aktiv am Herstellungsprozess Beteiligten ebenso ein wie das Recht der Rezipienten und Nutzer. Das institutionelle Medienrecht legt dagegen den Rahmen für die Schaffung von Medienangeboten sowie die Rolle des Staates darin fest. Das Medienrecht erfüllt den durch Art. 5 GG vorgegebenen Verfassungsauftrag und schafft somit den Raum, den die Medien zu ihrer freien Entfaltung benötigen. Die jeweilige notwendige Regelungsdichte hängt von der in Rede stehenden Mediengattung und der entsprechenden Technologie ab. Das gesamte Medienrecht ist heute ohne Berücksichtigung **supranationaler Einflüsse**, insb. der bindenden Vorgaben des Europarechts für die EG-Mitgliedstaaten, nicht mehr zu verstehen. Dieser Einfluss wird, wie auch in anderen Rechtsgebieten, zukünftig immer mehr an Bedeutung gewinnen. Die fortschreitende Technologie und die hiermit einhergehenden Möglichkeiten verdeutlichen einem dies gerade im Medienrecht. Bei vorhandenen Normen ist dagegen immer kritisch nach der Regelungszuständigkeit sowohl auf der europäischen Ebene zwischen EG und Mitgliedstaaten unter dem Stichwort **Subsidiarität** als auch innerhalb Deutschlands zwischen Bund und Ländern zu fragen.

3. Historische Entwicklung des Medienrechts

Das Medienrecht heutiger Prägung ist entstanden aus der Regelung der klassischen Materien. Es ist damit vor allem mit der **Geschichte der Presse** verbunden, die bis in die Anfänge des Buchdrucks reicht. So begann die kommerzialisierte Weiterleitung von Bekanntmachungen und Neuigkeiten durch Zeitungen bereits Anfang des 17. Jahrhunderts. 1605 erschien in Straßburg die „**Relation**" als vermutlich erste Zeitung. Viel später

---

2 BVerfGE 12, 205.
3 BVerfGE 93, 266.
4 *Cole*, in: Schanze (Hrsg.), Medienrecht, in: Metzler Lexikon Medientheorie / Medienwissenschaften.

erfolgte der unaufhaltsame Aufstieg von zunächst Film und dann Hörfunk zu Beginn des 20. Jahrhunderts, dem sich das Fernsehen und seit einigen Jahren mit zunehmender Bedeutung Telemedien – Stichwort **Internet** – anschlossen. Von der staatlichen Überwachung bis zum Verbot der Zensur und der effektiven Durchsetzung der Freiheit der Massenmedien hat das Medienrecht eine grundsätzliche Wandlung seiner Funktion erlebt. Grundlegend sind die Aufnahme der Freiheit der Massenmedien in das Grundgesetz und die Errichtung einer pluralen Medienlandschaft durch die Alliierten nach den Erfahrungen mit dem Staatsrundfunk und der Manipulation durch das Reichspropagandaministerium, das Verbot von „**Presse**"zensur (also einschließlich mit Druckpressen erzeugten Flugblättern) und die umfassende Informationsfreiheit.

II. Mediale Erscheinungsformen

6   Trotz der fortschreitenden technischen Entwicklung, die unter dem Stichwort „**Konvergenz**" eine Angleichung der verschiedenen Medienformen mit sich gebracht hat und auch weiterhin mit sich bringt, bietet es sich auch heute noch an, das Medienrecht anhand der verschiedenen medialen Erscheinungsformen darzustellen. Hierbei wird jeweils auf die speziell **in Rheinland-Pfalz geltenden Besonderheiten** eingegangen.

1. Presserecht
a) Begriff und Geschichte

7   Unter **Presse** wird im Allgemeinen – also nicht nur im juristischen Sinne – jedes Druckerzeugnis verstanden, das durch **Drucktechnik** entsteht. Neben die klassische Drucktechnik sind aber andere zur Massenherstellung geeignete Vervielfältigungsverfahren von Texten getreten. Von besonderer Bedeutung ist für das Medienrecht im hier verstandenen Sinne die **periodische Presse**, also insb. (Tages-)Zeitungen und Zeitschriften.[5] Daneben existiert auch das mit dem Buch zusammenhängende **Verlagswesen**, was sich mit Urheberrechtsfragen, Buchpreisbindung etc. befasst. Die Begrifflichkeit im Presserecht ist unterschiedlich. Der sog. **formale**,[6] vorwiegend in den Landesgesetzen verankerte Pressebegriff geht von der Herstellung, Vervielfältigung und Verbreitung bestimmter Erzeugnisse an die Allgemeinheit aus. Der Pressebegriff ist weit und entwicklungsoffen. Erfasst sind hiervon z. B. Zeitungen, Zeitschriften, Bücher, Flugblätter, Plakate sowie bildliche Darstellung in Texten, Filmen, Schallplatten, Tonbändern. In Bezug auf die Filme selbst wird man überwiegend von einem Vorrang der Filmfreiheit ausgehen müssen.

8   Gerade das Presserecht lässt sich nur vor dem Hintergrund der **historischen Entwicklung** verstehen. Ohne diese im Einzelnen hier nachzeichnen zu wollen, soll zumindest kurz auf die Bedeutung der Landeshauptstadt von Rheinland-Pfalz für die Entstehung der Presse verwiesen werden. Ohne hier den historischen Streit über den genauen Ort der Erfindung der Buchdruckerpresse zum Thema machen zu wollen, ist man sich doch einig, dass in **Mainz** der wichtigste Sohn der Stadt und Namensgeber für die Universität, nämlich Johannes Gutenberg, für die Entwicklung des Presserechts ebenso bedeutend

---

5 Vgl. dazu die Definition in § 3 II Nr. 3 Landesmediengesetz (LMG – BS 225-1; *H/J/W*, Nr. 90).
6 BVerfGE 66, 116, 134.

war wie für die Entwicklung der Presse selbst. Denn bereits mit dem Aufkommen der ersten gedruckten Schriften, die leicht und schnell – eben anders als bislang durch manuelles Kopieren, d.h. Abschreiben von Hand – verbreitet werden konnten, erwuchs auch der Bedarf, gegebenenfalls einschränkend, also regelnd, einzugreifen. Die Bedeutung der **Buchdruckerpresse** spielte insb. auch in den Revolutionen bei der Verbreitung von politischen Schriften und Flugblättern eine Rolle. Die negative Funktion des Presserechts im Sinne einer meinungsbeschränkenden Regulierung blieb bis weit in das 20. Jahrhundert hinein spürbar. Erst nach dem 2. Weltkrieg und der im dritten Reich vorherrschenden **Gleichschaltung der Medien** wurde nicht nur durch den Erlass des Grundgesetzes sichergestellt, dass die Presse auch in Zukunft frei sein kann. Die dramatische Zunahme von Tageszeitungen insb. aber auch bei anderen regelmäßigen Druckerzeugnissen wie z.B. Zeitschriften in den letzten Jahrzehnten dürfte allen gegenwärtig sein. Dies geschah und geschieht weitgehend auf Basis der in der Nachkriegszeit geschaffenen Rechtsgrundlagen der Presse, die bis heute mit Anpassungen fortbestehen.

Aktuell in der Diskussion steht der immer größere Auftritt der **Presseunternehmen** im Internet. Gerade das jüngere Publikum informiert sich nicht mehr vorrangig über die klassischen Medien, wie Tageszeitung, Radio oder Fernsehen. Immer mehr in den Vordergrund rücken neue **Onlineangebote**, die über das Internet verbreitet werden. Hier sind die Informationen stets aktuell, zeitunabhängig zu erfassen und praktisch präsentiert. Die Frage, die bereits jetzt unter Medienrechtlern und Praktikern zu hitzigen Diskussionen führt, ist, ob diese Tätigkeiten von Presseunternehmen noch dem Bereich der Presse, dem Rundfunk oder einer Erscheinungsform dazwischen (**Telemedien**) zuzuordnen sind. Von dieser Zuordnung hängt auch ab, ob für solche Angebote eine **Zulassung** erforderlich ist.

9

b) Rechtsgrundlagen

aa) Überblick: Um eine Gleichschaltung der Medien in Zukunft auch strukturell zu erschweren, ist die Presse ebenso wie die übrige Kultur in **Länderzuständigkeit** geblieben. Die frühere Rahmenkompetenz des Bundes aus Art. 75 I Nr. 2 GG, von der dieser keinen Gebrauch gemacht hatte, besteht seit der **Föderalismusreform** nicht mehr. Das Presserecht ist daher in den **Landespresse- bzw. Landesmediengesetzen** geregelt. Diese gehen – soweit die alten Bundesländer betroffen sind – im Wesentlichen auf den **Musterentwurf** von 1963 zurück. Daher ist bei aller Verschiedenheit, insb. was den Aufbau der Landespressegesetze angeht, eine weitgehende inhaltliche Übereinstimmung der rechtlichen Regelungen zu verzeichnen. Die Landesgesetze gestalten insoweit die **Pressefreiheit** des Art. 5 GG aus und regeln zahlreiche Details, die teilweise schon aus der grundgesetzlichen Gewährleistung zwingend folgen. Einige Bundesländer,[7] darunter auch Rheinland-Pfalz, sind in den letzten Jahren dazu übergegangen, ihre Pressegesetze in einem übergreifenden Gesetz aufgehen zu lassen. Die für die Presse geltenden grundsätzlichen Besonderheiten treten nur noch in einzelnen Bestimmungen dieser **Landesmediengesetze** in Erscheinung.

10

---

7 Vgl. z. B. Saarl. MedienG v. 27.2.2002 (Amtsbl., S. 498, ber. S. 754).

11 **bb) Landesmediengesetz:** Rheinland-Pfalz verabschiedete am 14.6.1965 ein eigenes ausschließlich für die Presse geltendes **Landespressegesetz.**[8] Dieses ging auf den von der Innenministerkonferenz den Landesregierungen zugeleiteten Musterentwurf von 1963 zurück. Es regelte u. a. die Impressumspflicht, das Gegendarstellungsrecht und die Beschlagnahme von Presseerzeugnissen.

12 Mit Inkrafttreten des **rheinland-pfälzischen LMG**[9] am 1.4.2005 verlor das Landespressegesetz seine Gültigkeit.[10] In dem neuen Gesetz sind nunmehr die landesrechtlichen Regelungen für Rundfunk, Presse und Mediendienste zusammengefasst. Hauptziel der Novelle war die Schaffung eines **einheitlichen Rechtsrahmens** für die elektronischen und gedruckten Medien. Zugleich wurden auch einzelne Bereiche der Presse und des Rundfunks neu geregelt und an die europarechtlichen Vorgaben angepasst. Zu den Neuerungen im Presserecht gehörte insb. eine Bestimmung zur Transparenz der **Beteiligungsverhältnisse.** Nach § 9 IV LMG müssen bei periodischen Druckwerken nunmehr zumindest alle sechs Monate im Impressum die Verlagsbeteiligungen von mehr als 5 % angegeben werden. Die Bestimmung enthält also eine **Offenlegungspflicht** bezüglich der wirtschaftlichen Beteiligungsverhältnisse der Verlage von periodischen Druckwerken. Diese Bestimmung soll Transparenz herstellen. Insbesondere die Leser sollen also in die Lage versetzt werden, nachvollziehen zu können, wer hinter der Zeitung oder Zeitschrift als Eigentümer steht. Diese Hintergrundinformationen können für den Leser wichtig sein, um Kommentare und redaktionelle Beiträge einzuordnen. Der Gesetzesentwurf sah zunächst eine noch wesentlich weiter gehende generelle Offenlegungspflicht ohne Begrenzung auf eine bestimmte Beteiligungshöhe vor. Dies führte zu Einwänden der Verleger und Journalistenverbände. Diesen Einwänden wurde insoweit Rechnung getragen, als das Gesetz eine Offenlegungspflicht nunmehr erst dann vorsieht, wenn der Anteil der Beteiligung über 5 % liegt.

13 Soweit die Presse betroffen ist, gestaltet sich der Aufbau des LMG wie folgt: § 3 enthält **Begriffsbestimmungen.** § 3 II Nr. 1 definiert, was unter Druckwerken i. S. d. Gesetzes verstanden wird; § 3 II Nr. 2 befasst sich mit den periodischen Druckwerken. Von den allgemeinen Vorschriften sind für die Presse insb. die § 4 (Medienfreiheit), § 6 (Informationsrecht), § 7 (Inhalte, Sorgfaltspflichten), § 9 (Impressum) und § 11 (Gegendarstellung) relevant. Der zweite Abschnitt des LMG beginnt mit den ausschließlich für die Presse geltenden Bestimmungen. § 13 regelt die **Kennzeichnungspflicht** entgeltlicher Veröffentlichungen. § 14 enthält Vorgaben zu der Abgabe von **Pflichtexemplaren.** Die Vorschrift wurde im Zuge der Reform neugefasst und folgt nunmehr den Regelungen, die in anderen Ländern[11] in gesonderten Pflichtexemplargesetzen enthalten sind.

14 Schließlich ist § 15 LMG von Bedeutung. Diese Vorschrift enthält ein **Verbreitungs- und Wiederabdrucksverbot** für beschlagnahmte Druckwerke. Sie regelt damit einen Sonderfall, der in der StPO mangels Gesetzgebungskompetenz des Bundes nicht enthalten ist.

---

8 Landespressegesetz v. 14.6.1965 (GVBl. S. 107), zuletzt geändert durch Artikel 7 des Gesetzes vom 8.5.2002 (GVBl. S. 177).
9 Rheinland-pfälzisches Landesmediengesetz v. 4.2.2005 (GVBl. S. 23) in der Fassung v. 17.6.2008 (GVBl. S. 83).
10 Vgl. § 55 II LMG.
11 Z. B. Nordrhein-Westfalen.

II. Mediale Erscheinungsformen

Die §§ 111 b – 111 n StPO beschränken sich nämlich auf die Sicherstellung von Gegenständen. § 15 LMG geht demgegenüber einen Schritt weiter und ordnet auch das Weiterverbreitungsverbot des in dem beschlagnahmten Druckwerk enthaltenen Inhalts an.[12] Die besondere Bedeutung des § 15 LMG liegt auch darin, dass ein Verstoß gegen das Verbreitungs- und Wiederabdrucksverbot eines beschlagnahmten Druckwerks gem. § 35 I Nr. 4 LMG eine **Straftat** darstellt, die mit einer Freiheitsstrafe von bis zu einem Jahr bewehrt ist.

2. Rundfunkrecht
a) Geschichte des Rundfunks

Die Entstehung des **föderalen Rundfunksystems**, zunächst in West- und nunmehr in Gesamtdeutschland, ist in entscheidender Weise durch die von den Briten und den US-Amerikanern vorgegebenen Grundbedingungen in ihren **Besatzungszonen** geprägt, die eine Reaktion auf die negativen Erfahrungen mit dem Staatsrundfunk in der Weimarer Zeit und seinen Missbrauch als Propagandainstrument im Nationalsozialismus bildeten.[13] Die starke föderale Komponente steuerten US-Amerikaner bei. Die öffentlich-rechtliche Natur der Landesrundfunkanstalten brachten dagegen vor allem die Briten in das neue Rundfunksystem ein. Dabei waren sich Briten und Amerikaner einig, einen demokratischen Rundfunk schaffen zu wollen. Dieser sollte weder dem Staat oder den Parteien noch einzelnen gesellschaftlichen Gruppen, z. B. den Kapitalgebern, sondern der Allgemeinheit gehören. Er sollte nicht wie die Presse privatwirtschaftlich organisiert und finanziert sein, sondern eine **öffentlich-rechtliche Anstalt** sein. Zur Vermeidung einer staatlichen Kontrolle wurde ein **binnenplurales Aufsichtsgremium** geschaffen, das mit Vertretern der relevanten gesellschaftlichen Gruppen zu besetzen war. **Staatsferne**, **Föderalismus** und **Pluralität** zur Gewährleistung umfassender und ausgewogener Information der Bürger bildeten also das Fundament des Rundfunks in der Bundesrepublik Deutschland.

15

Diese Vorgaben stießen bei den Politikern unterschiedlicher Parteirichtung nicht einheitlich auf Zustimmung. Manche lehnten die Vorstellungen der Alliierten als Besatzungsdiktat ab. Anderen schwebte ein zentralistischer staatlicher Rundfunk nach Weimarer Muster vor, weil nach ihrer Argumentation in einem demokratischen Staat ein Staatsrundfunk ebenfalls zwangsläufig demokratisch sei. Dabei ließen sie außer Acht, dass der **Missbrauch des Rundfunks** als Propagandainstrument der Reichsregierung schon in der Weimarer Republik und nicht erst mit der Machtergreifung der Nationalsozialisten seinen Anfang genommen hatte. Zudem zeichneten sie das Bild der Zerrissenheit und Uneinigkeit der Landesrundfunkanstalten, um damit eine zentrale Bundesrundfunkgesetzgebung als notwendig darzustellen.

16

Die Auseinandersetzung über die Rundfunkverfassung begann daher schon 1947/48. Sie spitzte sich zu Beginn der 50er Jahre dramatisch zu, als **Fernsehen** zunehmend populär wurde. So sollte nach den Plänen der damaligen Bundesregierung, wie sie im Entwurf des Bundesrundfunkgesetzes von 1953 zum Ausdruck kamen, der gesamte Fernsehbe-

17

---

12 Zu den Einzelheiten vgl. *Achenbach*, in: Löffler, § 15 LPG Rn. 2 ff.
13 Die Geschichte des Rundfunks wird anschaulich und prägnant dargestellt von *Buchwald*, ZUM 1995, 258 ff.

trieb und die Kurz- und Langwellensender sowie die Rundfunk- und Fernsehforschung in einer Institution unter Aufsicht der Bundesregierung zusammengefasst werden. Die Parallelen zur Weimarer Reichsrundfunkgesellschaft waren unverkennbar. Nicht zuletzt zur Abwehr dieser sich bereits vor 1950 abzeichnenden Pläne, aber auch zur Lösung der alle Rundfunkanstalten betreffenden Fragen, intensivierte man erste Überlegungen, die schon vorher auf eine Zusammenarbeit der neu errichteten Landesrundfunkanstalten in den drei Westzonen abzielten. Dies führte bereits am 9./10.6.1950 zur Gründung der **Arbeitsgemeinschaft der öffentlich-rechtlichen Rundfunkanstalten der Bundesrepublik Deutschland (ARD)** als einem Element des kooperativen Föderalismus, deren Satzung ursprünglich die einzige Rechtsgrundlage der ARD bildete. In der Satzung ist auch die Mitgliedschaft in der ARD geregelt, der heute alle **neun Landesrundfunkanstalten** sowie – und dies ist durchaus bemerkenswert – die **Deutsche Welle** als einzig verbliebene Rundfunkanstalt des Bundesrechts angehören. Damit erbrachten die Landesrundfunkanstalten den Beweis, dass auch ein **föderales Rundfunksystem** durchaus in der Lage ist, Ländergrenzen überschreitende Fragen – wie den Aufbau eines Fernsehgemeinschaftsprogramms zum 1.11.1954 – zu lösen, und dies sogar ohne staatsvertragliche Grundlage. Diese existiert erst seit dem 1.1.1992 in Form des zu diesem Zeitpunkt in Kraft getretenen **ARD-Staatsvertrags**, der allerdings keine – auch gar nicht erforderliche – Ermächtigung zur Veranstaltung des Fernsehgemeinschaftsprogramms enthält, sondern die Landesrundfunkanstalten lediglich zur Veranstaltung des bestehenden Fernsehgemeinschaftsprogramms verpflichtet.

18 Mit der Gründung der ARD und der Einführung eines **gemeinsamen Fernsehprogramms** zum 1.1.1954 war aber die Gefahr für die Unabhängigkeit und die föderale Struktur des öffentlich-rechtlichen Rundfunks keineswegs abgewehrt. Zwar lehnten der Bundesrat und große Teile des Bundestages den damaligen Gesetzentwurf der Bundesregierung ab. Bundeskanzler *Adenauer* gab sich aber nicht geschlagen, sondern gründete später die **Deutschland-Fernsehen GmbH**, die nunmehr in Form einer im staatlichen Eigentum stehenden privaten Gesellschaft ein **zweites Fernsehprogramm** veranstalten sollte. Kein Bundesland war bereit, sich an der GmbH zu beteiligen, so dass der Bund alleiniger Inhaber aller Geschäftsanteile wurde. Dieser Versuch scheiterte vor dem von verschiedenen Ländern angerufenen BVerfG im berühmten ersten Fernsehurteil vom 28.2.1961,[14] das von dem damaligen Intendanten des SDR, Professor *Bausch*, ganz zu Recht als „**Magna Charta**" des Rundfunkrechts bezeichnet wurde. Damit trat erstmals das **BVerfG** als entscheidender Akteur auf den Plan, das für die weitere Entwicklung zentrale Weichenstellungen vornehmen sollte.

b) Begriff des Rundfunks

19 Das Grundgesetz definiert nicht, was Rundfunk ist, sondern setzt ihn vielmehr voraus.[15] Um die besondere Rolle des Rundfunks analysieren zu können, bedarf es eines Blickes auf seine **verfassungsrechtliche Bedeutung**. Ausgangspunkt für jeden Definitionsversuch ist letztlich immer die **dienende Funktion des Rundfunks** in der demokrati-

---

14 BVerfGE 12, 205.
15 *Dörr*, VerwArch 2001, 149, 151.

schen Gesellschaft.[16] Er ist Medium und Faktor der öffentlichen Meinungsbildung.[17] Das BVerfG leitet aus diesem verfassungsrechtlichen Schutz ab, dass es eine erschöpfende Definition dessen, was Rundfunk im verfassungsrechtlichen Sinne bedeute, nicht gibt.[18] Der Gehalt des Rundfunkbegriffs kann sich vielmehr bei tatsächlichen Veränderungen in dem von Art. 5 I 2 GG geschützten Sozialbereich wandeln.[19] Das Gericht geht somit von einem **weiten und dynamischen Rundfunkbegriff** aus, der dann auch neue technische Mittel und Verbreitungsformen mit einschließt, wenn sie der Funktion dieses Mediums zu dienen bestimmt sind.[20] In der Niedersachsen-Entscheidung hat das BVerfG Grundlegendes zum Rundfunkbegriff dargelegt. Es heißt dort:

„Der in Art. 5 I 2 GG verwendete Begriff Rundfunk lässt sich nicht in einer ein für allemal gültigen Definition erfassen. Soll die Rundfunkfreiheit in einer sich wandelnden Zukunft ihre normierende Wirkung bewahren, dann kann es nicht angehen, nur an eine ältere Technik anzuknüpfen, den Schutz des Grundrechts auf diejenigen Sachverhalte zu beschränken, auf welche diese Technik bezogen ist, und auf diese Weise die Gewährleistung in Bereichen obsolet zu machen, in denen sie ihre Funktion auch angesichts der neuen technischen Möglichkeiten durchaus erfüllen könnte."[21] 20

Das bedeutet auf der anderen Seite aber nicht, dass der Rundfunkbegriff einer Auslegung im Hinblick auf seine wesensbestimmenden Merkmale gänzlich unzugänglich wäre.[22] Trotz aller **Entwicklungsoffenheit** ist es sinnvoll, einige Tatbestandsmerkmale zur Bestimmung des **verfassungsrechtlichen Rundfunkbegriffs** heranzuziehen. Es haben sich bei der Bestimmung **drei Elemente** als wichtig erwiesen, deren Relevanz in funktionaler Betrachtung und unter Rückgriff auf historische, teleologische und systematische Argumente auch heute noch begründet werden kann.[23] Rundfunk setzt danach einen **Kommunikationsdienst** voraus, den folgende drei Elemente kennzeichnen:[24] 21

- Erstens muss das Angebot an die **Allgemeinheit** gerichtet sein. An die Allgemeinheit richtet sich eine Sendung oder Darbietung dann, wenn sie sich an einen unbestimmten Personenkreis, also an eine beliebige Öffentlichkeit richtet.[25] 22
- Zweitens muss das Angebot mittels **Funktechnik** übertragen werden. Dieses Merkmal stellt auf die technische Seite ab. Es muss die Technik des Funks verwendet werden, also unter Benutzung elektrischer Schwingungen längs oder mittels eines Leiters oder ohne Verbindungsleitung ausgestrahlt werden.

---

16 BVerfGE 57, 295, 320.
17 BVerfGE 83, 238, 295, 315.
18 BVerfGE 74, 297, 350.
19 BVerfGE 73, 118, 154, 155; 74, 297, 350.
20 *Hoffmann-Riem*, AfP 1996, 9, 10; *Janik*, AfP 2000, 7; *Hochstein*, NJW 1997, 2977, 2978.
21 BVerfGE 73, 118, 121.
22 So auch *Michel*, ZUM 1998, 350, 351.
23 *Hoffmann-Riem*, AfP 1996, 10.
24 Vgl. auch *Gounalakis*, ZUM 2003, 180, 184; *Schulze-Fielitz*, AfP 1998, 447, 452; zur Abgrenzung zu den Telemedien Rn. 66.
25 *Hoffmann-Riem*, AfP 1996, 10.

- Drittens muss es sich um eine **Darbietung** in Wort, Ton oder Bild handeln. Darbietungen sind solche Kommunikationsangebote, die zur öffentlichen Meinungsbildung bestimmt oder wenigstens geeignet sind.[26]

23 Gesichert ist seit langem, dass zum Rundfunk **Hörfunk** und **Fernsehen** zählen. Der Rundfunkbegriff hat einfachrechtlich in § 2 RStV seinen Niederschlag gefunden. Zur Angleichung an europarechtliche Vorgaben steht der **einfachrechtliche Rundfunkbegriff**, der sich durchaus vom verfassungsrechtlichen unterscheiden kann, im 12. Rundfunkänderungsstaatsvertrag zur Änderung an.[27]

c) Rechtsgrundlagen

24 Die rechtlichen Regelungen des Rundfunks sind vielfältig und zum Teil verwirrend. Bevor auf die landesrechtlichen Besonderheiten von Rheinland-Pfalz eingegangen werden kann, ist zunächst ein Gesamtüberblick über die relevanten Rechtsgrundlagen erforderlich. Auf den zunehmend bedeutsamen **europarechtlichen Einfluss** wird am Ende des Kapitels (III.) eingegangen.

25 aa) **Nationales Verfassungsrecht als Grundlage:** Von zentraler Bedeutung für das nationale Medienrecht sind der **Föderalismus (Kompetenzfrage)** und die Bestimmung des Art. 5 I 2 GG.

26 (1) **Art. 5 GG als Ausgangspunkt:** Ausgangspunkt der Betrachtung ist die Bestimmung des Art. 5 I 2 GG. Dieses Grundrecht gewährleistet nach seinem Wortlaut die Freiheit der Berichterstattung durch Rundfunk. Die Rundfunkfreiheit wird vom BVerfG als „dienende Freiheit" verstanden.[28] Dem liegt die Überlegung zugrunde, dass die Grundrechte üblicherweise Freiheiten enthalten, die der Selbstverwirklichung des Individuums dienen und damit subjektiv-rechtliche, individuellen Eigeninteressen dienende Handlungsrechte bilden. Daneben gibt es aber auch Verbürgungen von Befugnissen, die im Interesse Dritter gegen den Zwang und die Intervention des Staates abgeschirmt sind. Bei diesen Grundrechten spricht man von dienenden oder **drittnützigen Freiheitsrechten**. Der Sinn der Freiheit liegt in diesem Fall darin, einem Rechtssubjekt, also der Rundfunkanstalt, Handlungs-, Gestaltungs- und Entscheidungsautonomie zuzuerkennen, weil entweder ein öffentliches Interesse an einem aus autonomer Gestaltung, Handlung und Entscheidung hervorgegangenen geistigen oder gegenständlichen Produkt besteht[29] oder weil die Abschirmung von Handlungsbefugnissen der Gewährleistung des Rechts- und Freiheitsstatus Dritter dient. Diese letztgenannte Kategorie von drittnützigen Freiheitsrechten, zu der klassischer Weise die Rundfunkfreiheit zu zählen ist, kann am sinnfälligsten als **dienende Freiheitsgewährleistung** bezeichnet werden.[30]

---

26 *Hartstein/Ring/Kreile/Dörr/Stettner*, § 2 Rn. 8; *Bermanseder*, ZRP 1997, 330, 332.
27 Vgl. § 2 I 1 E-12.RÄndStV.
28 Vgl. BVerfGE 87, 181, 197; 83, 238, 295; 57, 295, 319.
29 So verhält es sich etwa bei der verfassungsrechtlichen Gewährleistung der Freiheit von Forschung und Lehre zugunsten der Universitätsprofessoren, andeutungsweise in diesem Sinn (BVerfGE 47, 327, 379).
30 Vgl. *Niepalla*, Die Grundversorgung durch die öffentlich-rechtlichen Rundfunkanstalten, 1990, 6 ff.; *Stock*, Medienfreiheit als Funktionsgrundrecht, München 1990, S. 325 ff.; *Burmeister*, Medienmarkt und Menschenwürde, in: EMR-Schriftenreihe, Bd. 2, 1992, S. 38 ff.; *Dörr/Schiedermair*, S. 33 ff.; *Dörr/Schwartmann*, Rn. 170; krit. dazu *Fink*, DÖV 1992, 805 ff.; *Hain*, JZ 2008, 128, 129 ff.

II. Mediale Erscheinungsformen

Die Rundfunkfreiheit stellt demnach in erster Linie ein drittnütziges Freiheitsrecht dar, sie dient der freien, individuellen und öffentlichen Meinungsbildung und ist auch eine Grundvoraussetzung für eine **funktionsfähige Demokratie**. In der gesamten neueren Rundfunkrechtsprechung geht das BVerfG davon aus, dass sich Art. 5 I 2 GG wegen seines dienenden Charakters nicht in der Abwehr staatlicher Einflussnahmen erschöpfe. Vielmehr gebiete die Rundfunkfreiheit auch die Schaffung einer **positiven Ordnung**, die die Meinungsvielfalt gewährleistet und sicherstellt, dass der Rundfunk ebenso wenig dem Staat wie einzelnen gesellschaftlichen Gruppen oder gar einer einzigen gesellschaftlichen Gruppe ausgeliefert wird. Daher entspricht es nicht dem verfassungsrechtlichen Gebot, die Freiheit des Rundfunks zu gewährleisten, wenn dieser dem freien Spiel der Kräfte überlassen würde. Der Gesetzgeber ist von Verfassungswegen verpflichtet, eine positive Ordnung zu schaffen, die die Erreichung des Normziels von Art. 5 I 2 GG gewährleistet. Er hat die Informationsfreiheit des Bürgers und damit die Ausgewogenheit und Vielfältigkeit des Gesamtangebotes von Verfassungswegen zu gewährleisten. Diese positive Ordnung muss so ausgestaltet sein, dass das Gesamtangebot der inländischen Programme der bestehenden Meinungsvielfalt im wesentlichen entspricht, dass der Rundfunk nicht einer oder einzelnen gesellschaftlichen Gruppen ausgeliefert wird und dass die in Betracht kommenden Kräfte im Gesamtprogramm zu Wort kommen können.

(2) Die Rechtsprechung des BVerfG: Die Rundfunkfreiheit ist wie kaum ein anderes Grundrecht durch die Rechtsprechung des BVerfG geprägt. Das BVerfG hat als **authentischer Interpret des Grundgesetzes** aus der knappen Bestimmung des Art. 5 I 2 GG differenzierte und weitgehende Anforderungen an die Rundfunkordnung in der Bundesrepublik Deutschland entwickelt. Es ist daher kurz darauf einzugehen, wie das BVerfG die Rundfunkfreiheit versteht und für die Staatsgewalten verbindlich auslegt. Der Gestaltungsspielraum des Gesetzgebers – auch der Landesgesetzgeber – ist nämlich durch die Vorgaben der Verfassung begrenzt. Wie das BVerfG die Rundfunkfreiheit interpretiert, hat es vor allem in **zehn bedeutenden Entscheidungen**[31] deutlich gemacht.

In der **ersten Entscheidung** aus dem Jahr 1961[32] ging es in erster Linie um die Abgrenzung der Verwaltungs- und Gesetzgebungskompetenzen zwischen Bund und Ländern auf dem Gebiet des Rundfunks. Das Gericht gestand den Ländern die **Kompetenz für den Rundfunkbereich** zu und gab außerdem die **Staatsfreiheit** des Rundfunks vor. Nach dieser Vorgabe ist es dem Staat verwehrt, selber Rundfunk, auch in privater Form, zu betreiben.

Gegenstand des **zweiten Rundfunkurteils**[33] war die Frage nach der **Umsatzsteuerpflichtigkeit** der Rundfunkgebühr. Die **öffentlich-rechtlichen Rundfunkanstalten** wurden hier als eine Art staatsferne grundrechtsgeschützte Einrichtung des öffentlichen Rechts eingeordnet.

---

31 BVerfGE 12, 205; 31, 315; 57, 295; 73,118; 74, 297; 83, 238; 87, 181; 90, 60; NVwZ 2007, 1287; 2008, 658.
32 1. Rundfunkurteil, BVerfGE 12, 205 ff.
33 2. Rundfunkurteil, BVerfGE 31, 314 ff.

31 In der Entscheidung über die Konzession der **FRAG (Freie Rundfunk-AG)**[34] ging es im Jahre 1981 um die Zulässigkeit **privaten Rundfunks**. Das BVerfG verlangte für dessen **Zulassung** eine gesetzliche Grundlage, die bestimmten Anforderungen entsprechen müsse. Damit legte es hier die Grundlage für die **„Duale Rundfunkordnung"**, in der privater und öffentlich-rechtlicher Rundfunk koexistieren können. Voraussetzung ist jedoch seitdem stets, dass rechtliche Vorgaben für den privaten Rundfunk, insb. zur Sicherung des Pluralismusgebots, eingehalten werden.

32 Infolge des FRAG-Urteils erließen die Länder ihre ersten **Landesmediengesetze**. Im sog. **Niedersachsen-Urteil**[35] war darüber zu entscheiden, ob die Vorgaben im Niedersächsischen Landesmediengesetz gegenüber den privaten Rundfunkveranstaltern, insb. bei der **Vielfalts- und Pluralitätssicherung** ausreichend waren. Das Gericht reduzierte die programmlichen Anforderungen an private Rundfunkveranstalter im Hinblick auf die mit der Werbefinanzierung zwangsläufig einhergehenden Defizite in programmlicher Hinsicht. Im Gegenzug gestand es dem öffentlich-rechtlichen Rundfunk die Aufgabe der Grundversorgung zu. Nur wenn der öffentlich-rechtliche Rundfunk seine Aufgabe einer umfassenden Information der Bevölkerung in vollem Umfang erfülle, sei es hinzunehmen, dass an die privaten Veranstalter geringere Anforderungen gestellt würden. Hierin lag eine Fortentwicklung gegenüber dem 3. Rundfunkurteil. In Reaktion auf dieses Urteil vereinbarten die Länder den „Staatsvertrag zur Neuordnung des Rundfunkwesens" – kurz Rundfunkstaatsvertrag, der am 1.12.1987 in Kraft trat.[36]

33 Das **fünfte Rundfunkurteil**[37] hatte das **Landesmediengesetz Baden-Württemberg** zum Gegenstand. Das BVerfG stellte klar, dass es den Begriff der **Grundversorgung** nicht im Sinne einer Minimalversorgung versteht, sondern die gesamte Bandbreite der programmlichen Gestaltungsformen abgebildet sehen möchte. **Grundversorgung** verlangt hiernach eine umfassende Information der Bürger und ein grundlegendes Angebot aller Typen von Rundfunksendungen, die technisch für alle erreichbar angeboten werden müssen. Zudem ist durch verfahrensrechtliche Sicherungen zu gewährleisten, dass das Angebot **ausgewogen und vielfältig** bleibt sowie alle Strömungen der Gesellschaft widerspiegelt. Schließlich machte das Gericht deutlich, dass der öffentlich-rechtliche Rundfunk auch außerhalb der Grundversorgung an neuen Techniken und Programmformen teilhaben können muss. Dies folge aus dem Gedanken des **publizistischen Wettbewerbs** und der Möglichkeit, dass neue Programmformen oder Techniken in Zukunft Teil der Grundversorgung werden könnten.

34 Das sog. **WDR-Urteil** von 1991[38] befasste sich mit der Verfassungsmäßigkeit des WDR-Gesetzes und betraf die genauere Festlegung des Grundversorgungsauftrags. Das Gericht interpretiert den Begriff der Grundversorgung dynamisch und hält die **Bestands- und Entwicklungsgarantie** zugunsten des öffentlich-rechtlichen Rundfunks für geboten.

---

34 3. Rundfunkurteil, BVerfGE 57, 295 ff.
35 4. Rundfunkurteil, BVerfGE 73, 118 ff.
36 Dazu Rn. 42.
37 5. Rundfunkurteil, BVerfGE 74, 297 ff.
38 6. Rundfunkurteil, BVerfGE 83, 238 ff.

II. Mediale Erscheinungsformen

Im **siebten Rundfunkurteil**[39] gestand das BVerfG dem öffentlich-rechtlichen Rundfunk einen aus der Rundfunkfreiheit abgeleiteten Anspruch auf **funktionsgerechte Finanzierung** zu.

35

Die Entscheidung aus Anlass des „**Kabelgroschen**" im Jahr 1994[40] betraf hieran anknüpfend spezielle Rechtsfragen der **Rundfunkgebühren**. Das Gericht erklärte die bis dahin geltende **Gebührenfestsetzung** wegen eines Verstoßes gegen den Grundsatz der Staatsfreiheit für verfassungswidrig. Davon ausgehend gab es ein **dreistufiges Verfahren** vor, durch das aus seiner Sicht die Interessen der Gebührenzahler mit den Belangen der Rundfunkanstalten ausgeglichen würden und sicher gestellt werde, dass der öffentlich-rechtliche Rundfunk die für seine Aufgaben erforderlichen Mittel erhalte. Dabei komme dem **Sachverständigengremium**, das die Bedarfsanmeldungen der Rundfunkanstalten nach fachlichen Maßstäben überprüfen soll, eine entscheidende Rolle zu. Sein Vorschlag soll für die Länder, die die Gebühr durch Staatsvertrag oder auf andere Weise festsetzen, grundsätzlich bindend sein.

36

In der Folge dieser Entscheidung wurde im Jahre 1996 im 3. Rundfunkänderungsstaatsvertrag das dreistufige System der Gebührenerhebung staatsvertraglich vereinbart. Die Rundfunkanstalten müssen nun einen anhand ihrer Aufgaben zusammengestellten **Bedarf anmelden**, dessen Erforderlichkeit zunächst von einer Sachverständigenkommission – der Kommission zur Überprüfung und Ermittlung des Finanzbedarfs der Rundfunkanstalten (**KEF**)[41] – fachlich überprüft und ermittelt wird, bevor die **Gebührenhöhe** von den Landesparlamenten unter Berücksichtigung des KEF-Vorschlags festgelegt wird.

37

Das **zweite Gebührenurteil**[42] befasste sich mit den Abweichungsmöglichkeiten der Länder vom Gebührenvorschlag der KEF und bestätigt die Linie des 8. Rundfunkurteils. Daneben beschäftigt es sich auch mit der Ausgestaltung der dualen Rundfunkordnung vor dem Hintergrund der **Digitalisierung und Konvergenz**. Die Notwendigkeit einer gesetzlichen Ausgestaltung der Rundfunkordnung ist nach Ansicht des BVerfG durch den Wegfall der durch die **Knappheit der Sendefrequenzen** bedingten Sondersituation nicht entfallen. Gerade wegen seiner **Breitenwirkung**, **Aktualität** und **Suggestivkraft** komme dem Rundfunk eine herausgehobene Bedeutung zu, die gesetzliche Regelungen erfordert. Die neuen Technologien verstärken nach Meinung der Karlsruher Richter die Gefahren für die Vielfalt im privaten Bereich nach Auffassung des Gerichts durch den zunehmenden Wettbewerbsdruck. Es komme zu verzerrenden Darstellungsweisen, Bevorzugung des Sensationellen und zur Skandalisierung von Vorgängen. Zudem schreite der Prozess horizontaler und vertikaler Verflechtung auf den Medienmärkten weiter voran. Sowohl für die Sicherung der Meinungsvielfalt als auch für die Qualität der Programme spielt daher der öffentlich-rechtliche Rundfunk für das Gericht eine entscheidende Rolle. Bei der Gebührenfrage bestätigt das Gericht, dass die Festsetzung der Rundfunkgebühr frei von medienpolitischen Zwecksetzungen erfolgen muss und bekräftigt den Anspruch

38

---

39 7. Rundfunkurteil, BVerfGE 87, 181 ff.
40 8. Rundfunkurteil, BVerfGE 90, 60 ff.
41 Dazu näher: *Hartstein*, in: Schiwy/Schütz/Dörr, Rundfunkfinanzrecht.
42 9. Rundfunkurteil, BVerfGE 119, 181 ff.

auf **bedarfsgerechte Finanzierung**. Es ist dem Gesetzgeber verwehrt, mit der Stellschraube der Rundfunkgebühr Rundfunkpolitik zu betreiben. Daher muss er die Tatsachen, die eine Abweichung allein rechtfertigen können, nachvollziehbar benennen und seine daran anknüpfende Bewertung offen legen. Neben der Gebühr sind andere **Finanzierungsquellen (Sponsoring und Werbung)** nicht ausgeschlossen, dürfen aber nicht im Vordergrund stehen.

39 Das zehnte Rundfunkurteil[43] befasste sich mit der Frage, ob ein absolutes Verbot für **politische Parteien**, sich an privaten Rundfunkveranstaltern zu beteiligen, mit der Verfassung vereinbar ist. Dabei macht sich der zweite Senat die ständige Rechtsprechung des ersten Senats zu Eigen, wonach die Rundfunkfreiheit der gesetzlichen Ausgestaltung bedarf. Zudem bestätigt das Gericht, dass Art. 5 I 2 GG die **Staatsfreiheit des Rundfunks** fordert. Dieser Grundsatz gelte eingeschränkt auch gegenüber politischen Parteien, da diese zwar nicht zum Staat gehörten, aber eine gewisse Staatsnähe aufwiesen. Auf der anderen Seite gesteht das Gericht den Parteien die Rundfunkfreiheit zu, die durch die Aufgabe des Art. 21 I GG, an der politischen Willensbildung mitzuwirken, verstärkt werde. Bei dem Ausgleich der Staatsfreiheit mit den Rechten der Parteien aus Art. 5 I 2 GG i.V.m. Art. 21 I 1 GG hat der Gesetzgeber nach Auffassung des zweiten Senats zwar einen **weiten Gestaltungsspielraum**, der aber überschritten ist, wenn die ausgestaltende Regelung ungeeignet ist oder keine angemessene Zuordnung der betroffenen verfassungsrechtlichen Positionen vorgenommen wurde. Damit wird bei einem Ausgestaltungsgesetz eine weitgehende Prüfung am Maßstab der **Verhältnismäßigkeit** vorgenommen und der Unterschied zwischen Eingriffsgesetzen und ausgestaltenden Regelungen in nicht unerheblichem Umfang eingeebnet. Parteien gänzlich von der Beteiligung an privaten Rundfunkveranstaltern auszuschließen, ist aus Sicht des Gerichts unangemessen. Dagegen steht es dem Gesetzgeber nach der Entscheidung frei, den Parteien die Beteiligung zu verwehren, soweit sie dadurch bestimmenden Einfluss auf die **Programmgestaltung** nehmen können.

40 Neben diesen zehn hervorgehobenen Entscheidungen existieren eine Reihe weiterer wichtiger rundfunkrechtlicher Entscheidungen des BVerfG. Führt man sich alleine die Vorgaben vor Augen, die aus den oben erwähnten zehn Entscheidungen des BVerfG folgen, so wird bereits deutlich, dass der Spielraum, in denen die Landesgesetzgeber tätig werden können, sehr begrenzt ist.

41 bb) **Staatsverträge**: Eine besondere Rechtsquelle im Medienrecht stellen **Staatsverträge** dar, welche die Länder als originäre Hoheitsträger schließen.[44] Diese betreffen mit dem Rundfunkrecht eine Materie, die nach dem jeweiligen Landesrecht der **Zustimmung des Landtags** bedarf. Bei Staatsverträgen handelt es sich von der Rechtsnatur her um einen eigenen Typ des „Zwischen-Länder-Rechts"[45] als eine staatliche Handlungsform des föderativen Vertragsrechts der Bundesrepublik Deutschland jenseits von Bundes-,[46]

---

43 10. Rundfunkurteil, NVwZ 2008, 658 ff.
44 *Maurer*, § 10 Rn. 62, der auf Art. 32 III GG als Bestätigung hinweist.
45 So *Maurer*, § 10 Rn. 66.
46 Keine Beteiligung des Bundes.

II. Mediale Erscheinungsformen

Landes-[47] und Völkerrecht.[48] Die **rechtsverbindliche Wirkung** eines solchen Staatsvertrages lässt sich einmal mit der eines völkerrechtlichen Vertrages vergleichen.[49] Die Länder sind wegen des Grundsatzes "pacta sunt servanda" verpflichtet, den Vertrag einzuhalten. Zum Anderen bewirkt die Zustimmung der Landesparlamente, dass der Vertrag durch Transformation bzw. Anwendungsbefehl Bestandteil des Landesrechts wird.

(1) **Staatsvertrag über den Rundfunk im vereinten Deutschland:** Der erste **Rundfunkstaatsvertrag** trat 1987 in Kraft. 1991 wurde mit dem Staatsvertrag über den Rundfunk im vereinten Deutschland im Zuge der Wiedervereinigung eine neue Grundlage geschaffen.[50] Dieser umfasst nunmehr als Mantel insgesamt sechs den Rundfunk betreffende Staatsverträge, nämlich 42

- Rundfunkstaatsvertrag (Art. 1),
- ARD-Staatsvertrag (Art. 2),
- ZDF-Staatsvertrag (Art. 3),
- Rundfunkgebührenstaatsvertrag (Art. 4),
- Rundfunkfinanzierungsstaatsvertrag (Art. 5),
- Staatsvertrag über die Körperschaft des Öffentlichen Rechts "Deutschlandradio".

Seither sind regelmäßig etwa alle zwei Jahre zum Teil substantielle Veränderungen an diesem Staatsvertrag vorgenommen worden, die vor allem den **Rundfunkstaatsvertrag (RStV)** betreffen. Dieser gilt seit dem 1.1.2009 i. d. F. des **11. Staatsvertrages zur Änderung rundfunkrechtlicher Staatsverträge (RÄStV)**.[51] Er heißt nunmehr **Staatsvertrag für Rundfunk und Telemedien (RStV)**. Seit dem 10. RÄndStV sind zur Aufsicht über den privaten Rundfunk vier Einrichtungen berufen.[52] Ihre Aufgaben legt § 36 RStV fest. Es handelt sich um die Kommission für Zulassung und Aufsicht (**ZAK**), die Gremienvorsitzendenkonferenz (**GVK**), die Kommission zu Ermittlung der Konzentration im Medienbereich (**KEK**) und die Kommission für Jugendmedienschutz (**KJM**). Sie fungieren dabei als Organe der jeweils zuständigen Landesmedienanstalt. 43

---

47 Keine Beschränkung auf ein Bundesland.
48 Kein Vertragsschluss zwischen den Ländern als Völkerrechtssubjekte, sondern als Glieder des Bundesstaates.
49 *Maurer*, § 10 Rn. 26.
50 Vgl. ausf. die historische Entwicklung bei *Hartstein/Ring/Kreile/Dörr/Stettner*, Teil B 1.
51 Staatsvertrag für Rundfunk und Telemedien (Rundfunkstaatsvertrag – RStV) v. 31.8.1991, zul. geänd. durch Art. 1 des 11. Staatsvertrages zur Änderung rundfunkrechtlicher Staatsverträge v. 12.6.2008 (GVBl. S. 292).
52 Dazu auch *Ritlewski*, ZUM 2008, 403, 407 ff.

44 Abbildung: Organisation der Rundfunkaufsicht nach dem 10. Rundfunkänderungsstaatsvertrag[53]

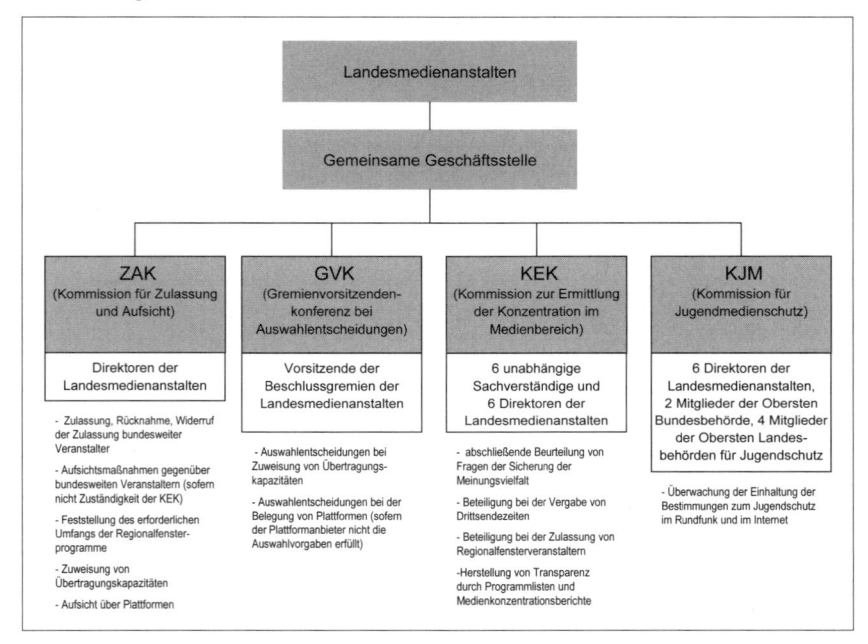

```
                    ┌─────────────────────────┐
                    │  Landesmedienanstalten  │
                    └───────────┬─────────────┘
                                │
                    ┌───────────┴─────────────┐
                    │ Gemeinsame Geschäftsstelle │
                    └───────────┬─────────────┘
   ┌────────────────┬───────────┼────────────┬────────────────┐
```

ZAK (Kommission für Zulassung und Aufsicht)	GVK (Gremienvorsitzendenkonferenz bei Auswahlentscheidungen)	KEK (Kommission zur Ermittlung der Konzentration im Medienbereich)	KJM (Kommission für Jugendmedienschutz)
Direktoren der Landesmedienanstalten	Vorsitzende der Beschlussgremien der Landesmedienanstalten	6 unabhängige Sachverständige und 6 Direktoren der Landesmedienanstalten	6 Direktoren der Landesmedienanstalten, 2 Mitglieder der Obersten Bundesbehörde, 4 Mitglieder der Obersten Landesbehörden für Jugendschutz
- Zulassung, Rücknahme, Widerruf der Zulassung bundesweiter Veranstalter - Aufsichtsmaßnahmen gegenüber bundesweiten Veranstaltern (sofern nicht Zuständigkeit der KEK) - Feststellung des erforderlichen Umfangs der Regionalfensterprogramme - Zuweisung von Übertragungskapazitäten - Aufsicht über Plattformen	- Auswahlentscheidungen bei Zuweisung von Übertragungskapazitäten - Auswahlentscheidungen bei der Belegung von Plattformen (sofern der Plattformanbieter nicht die Auswahlvorgaben erfüllt)	- abschließende Beurteilung von Fragen der Sicherung der Meinungsvielfalt - Beteiligung bei der Vergabe von Drittsendezeiten - Beteiligung bei der Zulassung von Regionalfensterveranstaltern -Herstellung von Transparenz durch Programmlisten und Medienkonzentrationsberichte	- Überwachung der Einhaltung der Bestimmungen zum Jugendschutz im Rundfunk und im Internet

45 Der **11. RÄStV**, der am 1.1.2009 in Kraft getreten ist, wurde von den Ministerpräsidenten der Länder am 12.6.2008 unterzeichnet.[54] Er dient im Wesentlichen der Anpassung der **Rundfunkgebührenhöhe**.

46 Auch der **12. RÄStV** liegt bereits vor und soll am 1.6.2009 in Kraft treten.[55] Kernpunkt dieses Staatsvertrages ist die notwendige Umsetzung des mit der **EU-Kommission** erzielten Kompromisses betreffend das **Beihilfekontrollverfahren** von ARD/ZDF und der daraufhin ergangenen Einstellungsentscheidung vom 24.4.2007.[56]

47 Mit dem Rundfunkstaatsvertrag wurde eine Art Grundgesetz für die duale Rundfunkordnung, also das **Nebeneinander von privatem und öffentlich-rechtlichem Rundfunk**, geschaffen. Er enthält die grundlegenden Regeln für die **Veranstaltung von Rundfunk** und seit 2007 auch bestimmte Vorschriften für die **Telemedien**. In den allgemeinen Vorschriften des Rundfunkstaatsvertrages (§§ 1 – 10 RStV) sind wichtige Begriffe definiert, etwa der Rundfunk (§ 2 I RStV) sowie in § 2 II RStV das Vollprogramm (Nr. 1), das Spartenprogramm (Nr. 2), das Satellitenfensterprogramm (Nr. 3), das Regionalfensterprogramm (Nr. 4), die Werbung (Nr. 5), die Schleichwerbung (Nr. 6), das Spon-

---

53 Entnommen aus *KEK*, 10. Jahresbericht (2007), S. 292.
54 Vgl. MMR 8/2008 S. XI.
55 Entwurf abrufbar unter www.stk.rlp.de „Staatskanzlei" „Medien".
56 Teilweise abgedr. in epd medien 39/2007, 3 ff.

II. Mediale Erscheinungsformen

soring (Nr. 7 in Verbindung mit § 8 RStV), das Teleshopping (Nr. 8), das Programmbouquet (Nr. 9) und die Plattform (Nr. 10). Ferner sind hier weitere übergreifende Fragen wie das Kurzberichterstattungsrecht (§ 5 f RStV) geregelt, die den öffentlich-rechtlichen und den privaten Rundfunk betreffen.

Die Regeln des zweiten Abschnitts richten sich an den **öffentlich-rechtlichen Rundfunk** (§§ 11 – 19 RStV). Hier geht es neben dessen Auftrag in § 11 RStV und die Zahl seiner Programme (§ 19) insb. um die **Finanzierung durch Rundfunkgebühren**, Werbung und Sponsoring. Im Rahmen des **12. RÄStV** wird vor allem der Auftrag des öffentlichen Rundfunks, insb. im Bereich der **digitalen Zusatzprogramme** und der **Onlineangebote (Telemedien)** konkretisiert. Daneben ist für neue oder veränderte Telemedienangebote ein **Drei-Stufen-Test** vorgesehen, der sicher stellen soll, dass diese Angebote auch unter Berücksichtigung ihrer marktrelevanten Auswirkungen einen publizistischen Mehrwert mit sich bringen.[57] Außerdem erfolgt eine neue Abgrenzung zwischen Rundfunk und Telemedien, die sich an der **Richtlinie über audiovisuelle Mediendienste**[58] orientiert. Danach sind nur lineare Angebote einfachgesetzlich Rundfunk, während fernsehähnliche nicht **lineare Angebote**, also Angebote auf Abruf, zu den Telemedien zählen und damit keiner Zulassungspflicht unterliegen. 48

Im dritten Abschnitt des RStV finden sich die Regelungen für den **privaten Rundfunk**. Hier geht es in sechs Unterabschnitten jeweils um **Zulassungsfragen** und verfahrensrechtliche Belange (§§ 20 – 24 RStV), um die **Sicherung der Meinungsvielfalt** (§§ 25 – 34 RStV), die Organisation der Medienaufsicht und die Finanzierung besonderer Aufgaben (§§ 35 – 40 RStV), um Programmgrundsätze und das Einräumen von Sendezeit an Dritte (§§ 41 f. RStV), die Finanzierung des privaten Rundfunks, Werbung und Teleshopping (§§ 43 – 46 a RStV) und um Datenschutz, Revision, Ordnungswidrigkeiten und Strafbestimmungen (§§ 47 – 49 RStV). Gänzlich neu gefasst wurden im Rahmen des 10. RÄStV die Vorschriften über die Medienaufsicht (§§ 35 – 40 RStV).[59] 49

Der vierte – ebenfalls durch den **10. RÄStV** neu gefasste – Abschnitt enthält Regelungen zu **Plattformen und Übertragungskapazitäten** (§§ 50 – 53 b RStV). Im sechsten Abschnitt (§§ 54 – 61 RStV) sind die Telemedien geregelt und in Abschnitt sieben finden sich in §§ 62 f. RStV Schlussbestimmungen. 50

Daneben enthält der Staatsvertrag über den Rundfunk im vereinten Deutschland den 51

- ARD-Staatsvertrag,
- ZDF-Staatsvertrag,
- Rundfunkgebührenstaatsvertrag,
- Rundfunkfinanzierungsstaatsvertrag und den
- Staatsvertrag über die Körperschaft des Öffentlichen Rechts „Deutschlandradio".

(2) Weitere Staatsverträge, insb. SWR-Staatsvertrag: Durch Staatsverträge werden auch die Rechtsgrundlagen für die Arbeit der **Mehrländeranstalten** des öffentlich-rechtlichen 52

---

57 Vgl. dazu *Dörr*, epd medien 34,35/2008, S. 3 ff.
58 ABl. EG Nr. L 332 v. 18.12.2007, 27 ff.
59 Zu den Neuerungen vgl. *Dörr/Schwartmann*, Rn. 206.

Rundfunks wie der **MDR**, der **NDR**, der **SWR** und seit dem 1.5.2003 auch der durch die Fusion von **ORB** und **SFB** entstandene **RBB** geschaffen. Dagegen beruhen die Einländeranstalten wie der **WDR** und der **BR** auf Landesgesetzen, so zum Beispiel der WDR auf dem WDR-Gesetz.

53 Für Rheinland-Pfalz ist an dieser Stelle der zwischen Baden-Württemberg und Rheinland-Pfalz geschlossene Staatsvertrag über den **Südwestrundfunk (SWR-StV)**[60] vom 31.5.1997 maßgeblich, der am 1.1.1998 in Kraft getreten ist. Durch diesen Staatsvertrag wurden gem. § 41 I SWR-StV die vorher bestehenden Rundfunkanstalten **SDR** und **SWF** zum 1.10.1998 aufgelöst; ihre sämtlichen Rechte, Verbindlichkeiten und Pflichten, insb. ihr Personal und ihre Sachmittel sind ab diesem Zeitpunkt auf den SWR übergegangen. Der SWR unterhält gem. § 2 SWR-StV je einen Landessender für Baden-Württemberg und Rheinland-Pfalz. Mit der Neugründung des SWR sollte eine langfristig stabile und wettbewerbsfähige öffentlich-rechtliche Rundfunkstruktur für den Südwesten Deutschlands geschaffen und eine bessere Gesamtversorgung der Bevölkerung beider Länder erreicht werden. Am 30.8.1998 starteten die neuen Hörfunk- und Fernsehprogramme des SWR.[61]

54 (3) **Landesmediengesetz Rheinland-Pfalz:** Wie bereits in Bezug auf das Presserecht erläutert wurde, verabschiedete der rheinland-pfälzische Landtag im Januar 2005 ein neues **Mediengesetz (LMG)**.[62] Darin wurden die Regeln für Rundfunk, Presse und Mediendienste zusammengefasst und das bisherige Landespresse- sowie das Landesrundfunkgesetz[63] ersetzt. Ein Anstoß dieser umfassenden Neuregelung war auch, dass die **Europäische Kommission** am 23.7.2003 ihren Beschluss bekannt gab, Deutschland im Wege des **Vertragsverletzungsverfahrens** wegen der Vergabe der **terrestrischen Rundfunklizenzen** in Rheinland-Pfalz vor dem EuGH zu verklagen. Die Kommission beanstandete, dass die im rheinland-pfälzischen Landesrundfunkgesetz geregelte **Vergabepraxis der Hörfunklizenzen** gegen die Niederlassungsfreiheit (Art. 43 EGV) verstoße und Rundfunkveranstalter anderer EU-Mitgliedstaaten diskriminiere.[64] Nach dem Erlass des neuen Landesmediengesetzes, das teilweise die Beanstandungen der Kommission berücksichtigte, wurde das Verfahren eingestellt.[65]

55 Die §§ 1 – 12 LMG enthalten auch für den Rundfunk **allgemeine Regelungen**. § 3 LMG enthält u. a. eine Definitionen zu Programm (Nr. 3), Sendung (Nr. 4) und Fensterprogramm (Nr. 8). Im **besonderen Teil** gelten die §§ 16 – 27 LMG ausschließlich für den Rundfunk. Im Gegensatz zum saarländischen Mediengesetz betrifft das rheinland-pfälzische LMG **nicht den öffentlich-rechtlichen Rundfunk** (§ 1 III LMG). Hierfür gilt vielmehr weiterhin der Staatsvertrag über den SWR. Vor dem Hintergrund der europa-

---

60 SWR-StV v. 31.5.1997 (GVBl. S. 260).
61 Historischen Entwicklung: www.swr.de/unternehmen/geschichte//id=3476/1nvzt0d/index.html.
62 Rheinland-pfälzisches Landesmediengesetz v. 4.2.2005 (GVBl. S. 23) in der Fassung v. 17.6.2008 (GVBl. S. 83).
63 Vgl. Landesrundfunkgesetz v. 28.7.1992 (GVBl. 247), zuletzt geändert durch § 2 des Gesetzes vom 2.3.2004 (GVBl. S. 191).
64 Vgl. Pressemitteilung der Kommission, IP/00/880 v. 28.7.2000; dazu *Dörr*, in: Der Rundfunkstaatsvertrag als föderales Instrument der Regulierung und Gestaltung des Rundfunks, UFITA-Schriftreihe, Bd. 215, 2004, S. 71.
65 Pressemitteilung der Kommission, IP/05/923 v. 13.7.2005.

II. Mediale Erscheinungsformen

rechtlichen Vorgaben wurden die Zulassungsbestimmungen für Radio- und Fernsehveranstalter geändert. Neu eingeführt wurde, dass nicht mehr Standortaktivitäten und regionale Gesichtspunkte, sondern die **Programmvielfalt** bei der Zulassung und Verteilung von Frequenzen berücksichtigt werden. Eine **Zulassung** erhält derjenige, der seine wirtschaftliche und organisatorische Kompetenz als Rundfunkveranstalter nachweisen kann. Anstatt der bisher geltenden automatischen Verlängerung müssen die Lizenzen nach zehn Jahren neu beantragt werden (§ 25 VI LMG). Die §§ 28 – 34 betreffen die **Übertragungskapazitäten** und die **Medienkompetenz**. Bei den Belegungsregelungen für analoge Kabelnetze erfolgte ebenfalls eine Änderung im Hinblick auf europarechtliche Vorgaben. Die Vorschrift des Art. 31 der Universaldienstrichtlinie lässt es nämlich lediglich zu, dass die Mitgliedstaaten Netzbetreibern begrenzte **must-carry Verpflichtungen** auferlegen, die zudem der Verhältnismäßigkeit entsprechen müssen.[66] Gemäß Art. 38 Abs. 1 UDRL waren die Rechts- und Verwaltungsvorschriften der Mitgliedstaaten bis zum 24.7.2003 den Zielsetzungen der Richtlinie anzupassen. Dementsprechend sieht § 33 III LMG vor, dass der Betreiber einer analogen Kabelanlage über die Belegung von bis zu fünf Kanälen im Rahmen der allgemeinen Gesetze frei entscheiden darf. Schließlich erhielt im Rahmen der Novellierung die vorherige Landeszentrale für private Rundfunkanbieter (LPR) den zukunftsträchtigeren Namen „**Landeszentrale für Medien und Kommunikation**" (LMK).[67]

Das LMG erfuhr im Jahre 2007 eine Änderung.[68] Diese erfolgte im Zusammenhang mit 56
dem 9. RÄStV, der Teledienste und Mediendienste unter dem einheitlichen Begriff **Telemedien** zusammenfasste. Infolgedessen bedurfte auch das LMG einer entsprechenden Korrektur. Eine weitere Novellierung erfolgte zum 1.9.2008.[69] Auch diese brachte keine grundlegenden Neuerungen mit sich, sondern wurde lediglich infolge der Änderung des RStV durch den 10. RÄStV erforderlich. Auch diese Gesetzesdynamik verdeutlicht, wie wenig Spielraum den einzelnen Ländern verbleibt und wie stark sie Staatsverträgen und dem Europarecht unterworfen sind.

3. Filmrecht
a) Begriff und Geschichte

Ein weiteres in Art. 5 I 2 GG geschütztes Massenmedium ist der **Film**. Der besondere 57
Schutz erklärt sich daraus, dass Filme ebenso wie Rundfunksendungen Meinungen und Informationen enthalten und damit zur **Meinungsbildung der Öffentlichkeit** beitragen. Freilich hat der einzelne Film keine dem Rundfunk oder der Presse vergleichbare Bedeutung im **Meinungsbildungsprozess**. Der Film steht zwischen dem Presse- und Rundfunkrecht. Als Informationsmedium hat der Film durch den Siegeszug von Hörfunk und Fernsehen an Bedeutung verloren. Entgegen pessimistischen Annahmen erfreuen sich aber die **Kinos** weiterhin großer Beliebtheit. Daher hat der Kinofilm seinen Platz in der Gesellschaft durchaus behaupten können.

---

66 Dazu eingehend *Dörr/Volkmann*.
67 Vgl. § 2 LMG.
68 § 4 G. v. 19.12.2006 (GVBl. S. 412).
69 § 2 G. v. 17.6.2008 (GVBl. S. 83).

b) Die Freiheit des Films nach Art. 5 I 2 GG

58 Verfassungsrechtlich ist die **Filmfreiheit** eher von eingeschränkter Bedeutung, weil der Film als Ganzes in der Regel auch ein Kunstwerk ist.[70] Daher ist auch meistens die weiter gehende **Kunstfreiheit** des Art. 5 III GG einschlägig.[71] Im Gegensatz zur Filmfreiheit unterliegt die Kunstfreiheit nämlich nicht den Schranken des Art. 5 II GG, sondern lediglich den so genannten **verfassungsimmanenten Schranken**, also kollidierenden Grundrechten oder anderen Rechtsgütern mit Verfassungsrang. Daher kommt es auf die isolierte Filmfreiheit des Art. 5 I GG meist nicht an.

59 **Träger der Filmfreiheit** sind sowohl die für die Herstellung und Verbreitung der Filme zuständigen Personen, als auch die mit Filmen Handel Treibenden. Der Schutzbereich umfasst das Herstellen und Verbreiten von Filmen. Film[72] erfasst die für die Allgemeinheit geeignete und bestimmte Produktion und Verbreitung von Darbietungen aller Art in Form von bewegten Bildern regelmäßig mit begleitenden Tonfolgen auf einem geeigneten Bild-Ton-Träger,[73] die zur öffentlichen Aufführung bestimmt sein müssen.[74] Durch die Art der Vorführung dieser bewegten Bilder unterscheidet sich der Film vom Rundfunk. Bei Ausstrahlung im Fernsehen greift nicht mehr die Film-, sondern die **Rundfunkfreiheit** ein.[75] Im Gegensatz zum Rundfunk, der durch Funkwellenübertragung gesendet wird, wird der Film an bestimmten Orten, insb. in Kinos einem Publikum vorgeführt. Die Filmfreiheit schützt auch die Verbreitung von Filmen über bestimmte Bildträger, d.h. über Videobänder, Bildplatten, etwa **VHS-Kassetten, DVDs**. Das Anschauen eines Films unterfällt der Informationsfreiheit.[76] Zudem ist die Institution Film zu gewährleisten, ohne dass daraus individuelle Förderungsansprüche abgeleitet werden können.[77]

60 Im Zusammenhang mit der Filmfreiheit spielt das Verbot staatlicher **Zensur** eine besondere Rolle. Der Staat darf nach Art. 5 I 3 GG keinen Einfluss auf Inhalt und Gestaltung eines Films nehmen (**Vorzensur**),[78] sondern lediglich die Verbreitung eines Filmes unter Berücksichtigung beispielsweise des **Jugendschutzes** einschränken. Eine **Nachzensur** kann zur Gewährleistung rechtlicher Vorgaben, insb. des Jugendschutzes geboten sein.[79] Das BVerfG hat die Bedeutung der Zensur[80] präzisiert.

c) Einfachgesetzliche Ausgestaltung

61 Für den Film existieren keine rechtlichen Rahmenbedingungen in konzentrierter Form. Insbesondere besteht kein in sich geschlossenes Gesetz zur Regelung der Materie Film. Insgesamt ist für den Film vor allem das **Zivilrecht** in Hinblick auf Fragen der Verwer-

---

70 *Degenhart*, BK, Art. 5 I. u. II Rn. 901.
71 BVerwGE 1, 303, 305.
72 Dazu *Degenhart*, BK, Art. 5 I. u. II Rn. 899 ff.
73 *Degenhart*, BK, Art. 5 I. u. II, Rn. 899.
74 *Degenhart*, BK, Art. 5 I. u. II, Rn. 899; *Wendt*, in: v. Münch/Kunig, GG-Komm., Bd. I, 2000, Art. 5 Rn. 61.
75 Zur Abgrenzung *Degenhart*, BK, Art. 5 I. u. II, Rn. 905 f.
76 *Fechner*, 11. Kap. Rn. 21.
77 BVerfGE 39, 159, 163.
78 *Pieroth/Schlink*, Rn. 604 f.
79 *Fechner*, 11. Kap. Rn. 16.
80 BVerfGE 33, 52, 72; 87, 209, 230.

tung von Filmen und die Gestaltung von **Filmverträgen** bedeutsam.[81] Filme sind in der Produktion vergleichsweise teuer, so dass sie häufig nur durch intensive staatliche Bezuschussung möglich sind. Eine solche Unterstützung wird allgemein befürwortet, weil Filme ein populärer Ausdruck nationaler Kultur sind oder sein können. Im Zusammenhang mit der Filmfreiheit ist daher das System der **Filmförderung** von besonderer Bedeutung.[82] Auch eine Förderung kann einen Eingriff in Rechte Dritter, z.b. nicht berücksichtigter Förderungsempfänger durch den Staat begründen. Zur Regelung dieser Fragen hat der Bund das **Filmförderungsgesetz** erlassen, das durch Förderung die Qualität des deutschen Films auf breiter Grundlage steigern und zugleich die deutsche Filmwirtschaft überlebensfähig halten soll. Wenn es zu einer Filmförderung kommt, muss der Staat seine weltanschauliche Neutralität wahren.[83] Die einzelnen Länder haben zusätzlich eigene Systeme zur Filmförderung eingerichtet. In Rheinland-Pfalz wurde am 17.12.1991 die „**Stiftung Rheinland-Pfalz für Kultur**", eine rechtsfähige Stiftung des öffentlichen Rechts, mit Sitz in Mainz gegründet.[84] Zweck dieser Stiftung ist die Förderung von Kunst und Kultur im Land Rheinland-Pfalz. Im Rahmen des Stiftungszwecks sollen auch Filmproduktionen gefördert werden. Einfachgesetzlich spielt das **Urhebergesetz** für Fragen der Verwertung von Filmen, etwa bei der Einräumung von Nutzungsrechten an bestimmten Filmwerken eine Rolle. Besonders die Vertragsgestaltung mit den Filmverleihunternehmen, die für eine Ausstrahlung in den Kinos sorgen, ist ein urheberrechtlich interessantes Konstrukt.

4. Telemedienrecht

a) Überblick

Der Begriff Telemedien steht im Zusammenhang mit den "**Neuen Medien**". Aber auch der letztgenannte Begriff erlaubt keine präzise oder abgeschlossene Zuordnung bestimmter – moderner, daher „neuer" – **technischer Kommunikationsmethoden**. Kennzeichnendes Merkmal ist die „**Multimedialität**", d.h. die Möglichkeit verschiedene Funktionen im Kommunikationsprozess gleichzeitig zu übernehmen. Bestes Beispiel dafür ist das Internet, das sowohl über E-Mail eine Individualkommunikation, als auch z.B. über Diskussionsforen oder redaktionelle Seiten eine Massenkommunikation erlaubt und über das auch Radio- und Fernsehprogramme linear weiterverbreitet werden können. Entscheidend für das Verständnis ist das Wissen um die vielfältigen Kommunikationsübertragungsmöglichkeiten, die mit der **Digitalisierung** einhergegangen sind. So kann z.B. über ein Glasfaserkabel sowohl ein Fernsehprogramm übertragen und – soweit das Kabel eine Rückkanaltechnik hat – gleichzeitig eine umgekehrte Kommunikation vom Empfänger zum Sender ermöglicht werden (z.B. Bestellmöglichkeit bei Angeboten in Fernsehprogrammen). Ferner können auch Abruf und Absenden von **Internetdienstleistungen** über dieses Kabel erfolgen. Schließlich bestehen solche Übertragungsmöglichkeiten auch über Satelliten- und Funktechnik. Daraus wird deutlich, dass der **Übertragungsweg** für die rechtliche Bewertung und Einordnung eine immer gerin-

62

---

81 Dazu *Fechner*, 11. Kap. Rn. 39 ff.
82 Dazu *Fechner*, 11. Kap. Rn. 28 ff.
83 BVerfGE 80, 124, 134.
84 Homepage: www.kulturstiftung-rlp.de.

gere Rolle spielt, wenn er nicht gerade dafür sorgt, dass eine bestimmte Art der Anwendung erst durch die Besonderheit der Technik ermöglicht wird.

b) Geschichte und einfachgesetzliche Ausprägung

63 Nachdem im Zuge der technischen Entwicklung erkennbar geworden war, dass die **neuen, multimedialen Dienste** nicht ohne Weiteres in das Regime bestehender Mediengesetze passen würden, war vor allem im Blick auf die **Rechtssicherheit** der Anbieter in diesem Sektor Handlungsbedarf angezeigt. Die vom Gesetzgeber als „**Informations- und Kommunikationsdienste**" (IuK) bezeichneten Multimediadienste waren jedoch wegen ihrer schwierigen Zuordnung zu bisher bekannten Medien auch als **Kompetenzmaterie** zwischen Bund und Ländern heftig umstritten. Einerseits wurden sie als rundfunkähnlich und damit als Teil der Kulturkompetenz von den Ländern in Anspruch genommen, andererseits verwies der Bund auf seine Zuständigkeiten für die Telekommunikation und damit die Individualkommunikation sowie das Recht der Wirtschaft. Letztlich einigten sich die beiden staatlichen Einheiten im Wege eines Kompromisses auf eine **Parallelgesetzgebung**. Die Aufgaben wurden zwischen Bund und Ländern aufgeteilt, wobei zunächst die Kategorien „**Tele- und Mediendienste**" geschaffen wurden. **Teledienste** als individualkommunikationsähnliche Dienste regelte der Bund in einem Informations- und Kommunikationsdienste-Gesetz (**IuKDG**), das aus zahlreichen Einzelgesetzen bestand. Mediendienste wurden zwischen den Ländern in einem Staatsvertrag (**MDStV**) geregelt. War diese „Kompetenzaufteilung" aufgrund einer Kompromissvereinbarung schon aus verfassungsrechtlicher Sicht problematisch, da das Grundgesetz solche Vereinbarungen über Sachmaterien nicht vorsieht, so stand auch die Zukunftsfähigkeit dieser Regelungswerke in Frage, da eine saubere Trennung zwischen den beiden Diensten auch Jahre nach Inkrafttreten der Gesetze und zahlreichen Überarbeitungen noch immer nicht gelang.

64 Bereits durch den Staatsvertrag über den Schutz der Menschenwürde und den Jugendschutz in Rundfunk und Telemedien (**JMStV**) vom 8.10.2002 hat der Gesetzgeber die neue Kategorie der **Telemedien** eingeführt, die zunächst die Mediendienste und die Teledienste zusammenfasste. Mit dem **Neunten Rundfunkänderungsstaatsvertrag**, der am 1.4.2007 in Kraft trat, und dem **Telemediengesetz** des Bundes vom 26.2.2007 wurde die Unterscheidung zwischen Medien- und Telediensten aufgegeben. Seitdem gibt es neben dem Rundfunk nur noch Telemedien und Telekommunikationsdienste bzw. telekommunikationsgestützte Dienste.

65 Unter den Begriff **Telemedien** wird eine Vielzahl von unterschiedlichen Erscheinungsformen elektronisch gespeicherter und verbreiteter Inhalte gefasst. Sie kombinieren typischerweise verschiedene Elemente der klassischen Medien sowohl zum individuellen Austausch wie zur massenmedialen Verbreitung. Sie lassen sich nur schwer vom **Rundfunk** abgrenzen. Hervorzuheben sind journalistisch-redaktionell gestaltete Angebote, die oft nach Gestaltung und Inhalt Zeitungen oder Zeitschriften ähnlich sind und daher von einigen als „**elektronische Presse**" bezeichnet werden. Telemedien unterfallen in Deutschland besonderen Vorschriften des **Rundfunkstaatsvertrags** (§§ 54 ff. RStV). Da-

II. Mediale Erscheinungsformen

neben sind Telemedien aber auch im Telemediengesetz des Bundes (**TMG**)[85] geregelt. Es geht vornehmlich darum, die neuen Angebote „liberaler" zu regulieren. Anders als der Rundfunk sind Telemedien nach § 54 I RStV[86] **zulassungs- und anmeldefrei**. Dies ist ein erheblicher Unterschied.

c) Aktuelle Abgrenzungsschwierigkeiten zwischen Telemedien und Rundfunk

Besondere Schwierigkeit bereitet zurzeit die Abgrenzung zwischen Rundfunk und Telemedien. Dabei sind der verfassungsrechtliche und der einfachgesetzliche Rundfunkbegriff zu unterscheiden.[87] 66

Das **Verfassungsrecht** kennt nur Rundfunk und Presse, aber keine Telemedien. Daher sind diese Angebote entweder dem Rundfunk- oder dem Pressebegriff zuzuordnen. Dem Gesetzgeber ist es nach Auffassung des BVerfG unbenommen, bestimmte, für die öffentliche Meinungsbildung weniger relevante Erscheinungsformen von verfassungsrechtlichem Rundfunk aus dem **einfachgesetzlichen Rundfunkbegriff** auszuklammern und einem liberaleren Regelungsregime zu unterwerfen.[88] Der **verfassungsrechtliche Rundfunkbegriff** wird weit und dynamisch interpretiert. Danach spricht viel dafür, die Telemedien dem verfassungsrechtlichen Rundfunkbegriff zuzuordnen.[89] 67

Dagegen unterscheidet der **Rundfunkstaatsvertrag** einfachgesetzlich zwischen Rundfunk und Telemedien. Für den Rundfunkbegriff hält er aber an den drei Merkmalen fest, die auch für den verfassungsrechtlichen Rundfunkbegriff entscheidend sind. Gegenüber den Telemedien wird eine **Negativabgrenzung** vorgenommen. Alles, was nicht Rundfunk ist, ist Telemedium. Davon macht § 2 I 4 RStV nur eine Ausnahme, indem **Fernseh- und Radiotext** (im Display des Radioempfangsgeräts etwa in Autoradios) sowie **Teleshoppingkanäle** den Telemedien zugeordnet werden. Bei **Onlineangeboten** sind die Kriterien des Rundfunkbegriffs (Allgemeinheit, Funktechnik und Darbietung) mit Ausnahme der Darbietung zweifellos erfüllt. Damit erlangt der Begriff **Darbietung** für die Abgrenzung alleinige Bedeutung. Er stellt darauf ab, ob das Angebot für die Meinungsbildung Relevanz besitzt und wird nach bisherigem Verständnis weit ausgelegt. Macht man also mit dieser Definition ernst, zählen nahezu alle **Onlineangebote** zum Rundfunk im Sinne des Rundfunkstaatsvertrages. Sie bedürften damit einer **Zulassung**. Die Bestimmungen über die Telemedien in §§ 54 ff. RStV zeigen aber, dass über Internet verbreitete **Abrufangebote** mit meinungsrelevantem Inhalt, wie die vollständige oder teilweise Verbreitung periodischer Druckerzeugnisse mit journalistisch-redaktionell gestaltetem Inhalt (§§ 55 II, 56 I RStV) nach der Ratio des VI. Abschnitts des Rundfunkstaatsvertrages typische Beispiele für Telemedien darstellen sollen. Es besteht demnach ein erheblicher 68

---

85 Hierdurch Außerkraftsetzen des TDG (Teledienstgesetz) und des TDDSG (Teledienstedatenschutzgesetz).
86 Siehe auch § 4 TMG.
87 Vgl. *Hartstein/Ring/Kreile/Dörr/Stettner*, § 2 Rn. 4. Dazu auch *Schwartmann*, Abschn. 1 Rn. 42 ff.
88 BVerfGE 73, 297, 351 f.
89 So schon BVerfGE 73, 297, 351 f. für die „rundfunkähnlichen Kommunikationsdienste" (Ton- und Bewegtbilddienste auf Abruf; anders *Fink*, in: Spindler/Schuster, Erster Teil, C Rn. 29 ff., der die über Internet verbreiteten neuen Angebote verfassungsrechtlich in der Regel der Pressefreiheit zuordnet, da diese nach seiner Ansicht gegenüber der Rundfunkfreiheit ein Auffanggrundrecht darstellt. Die Zuordnung dieser Dienste unter den Rundfunkbegriff mangels Sondersituation sei wegen der damit verbundenen Eingriffe grundrechtsverkürzend. Eingehend dazu *Dörr*, in: Holznagel/Dörr/Hildebrand, S. 178 ff, 476 ff; vgl. auch *Möllers*, AfP 2008, 241 ff.

Widerspruch zwischen der Definition in § 2 I 3 RStV und den genannten Normen des VI. Abschnitts.

69 Der Rundfunkbegriff bedarf schon aus diesen Gründen im **12. RÄStV** einer Änderung. Eine solche Änderung ist auch angezeigt, um den europarechtlichen Anforderungen [90] gerecht zu werden. Rundfunk liegt nach § 2 I 1 E-12. RÄStV [91] nur dann vor, wenn ein zum zeitgleichen Empfang bestimmtes Angebot in Rede steht. Zudem wird ein Angebot in Bewegtbild oder Ton entlang eines Sendeplans verlangt. Diese Neuregelung hätte zur Folge, dass nur rundfunkähnliche, das heißt eine nach einem Sendeplan zeitlich geordnete Folge von Inhalten, vom einfachgesetzlichen Rundfunkbegriff erfasst werden. Die übrigen Angebote bleiben, auch wenn sie verfassungsrechtlich Rundfunk sind, zulassungsfrei. Allerdings ist vorgesehen, die ausdrückliche Zuordnung der Teleshoppingkanäle zu den Telemedien zu streichen und auf das Merkmal der Darbietung zu verzichten. Dies hat zur Folge, dass **Teleshoppingangebote** dann dem Rundfunkbegriff unterfallen, wenn sie – wie üblich – entlang eines Sendeplans ausgestrahlt werden. Dies gilt selbst dann, wenn ihnen jede Meinungsrelevanz fehlt und daher verfassungsrechtlich kein Rundfunk vorliegt. Damit würde der einfachgesetzliche Rundfunkbegriff gegenüber dem verfassungsrechtlichen Rundfunkbegriff an dieser Stelle systemwidrig erweitert. Der zentrale Grund für das Sonderregime, dem der Rundfunk unterliegt, ist aber heute allein[92] dessen besondere **Meinungsrelevanz**. Daher ist es angezeigt, neben den zusätzlichen Elementen am Merkmal der **Darbietung** festzuhalten. Nur so kann verhindert werden, dass nicht meinungsrelevante Angebote nicht gerechtfertigten Einschränkungen unterworfen werden.

5. Telekommunikationsrecht

70 Auch das Telekommunikationsrecht hat für die Medien große Bedeutung.

a) Begriff und Geschichte

71 Im Gegensatz zum übrigen Medienrecht beziehen sich das Telekommunikationsrecht und der Begriff „**Telekommunikation**" auf einen technischen Vorgang. Es geht bei der Telekommunikation grundsätzlich um die **Übermittlung von Daten**. Nach einer einfachgesetzlichen Definition ist **Telekommunikation** der „technische Vorgang des Aussendens, Übermittelns und Empfangens von Nachrichten jeglicher Art in der Form von Zeichen, Sprache, Bildern oder Tönen mittels Telekommunikationsanlagen."[93]

72 **Rechtlich** gesehen ist der Bereich der Telekommunikation jedoch verfassungsrechtlich geprägt. Obgleich kein einheitlicher Rechtsbegriff der Telekommunikation existiert, ist insoweit auf die Vorgaben des **Grundgesetzes** abzustellen. Die Telekommunikation ist hier im Kompetenzkatalog der ausschließlichen Gesetzgebungszuständigkeit des Bundes in Art. 73 Nr. 7 GG aufgeführt. Sie ersetzt den früher dort verwendeten Begriff des

---

90 Vgl. Richtlinie über audiovisuelle Medien (Rn. 82).
91 Stand 12.6.2008.
92 Das BVerfG stellt seit BVerfGE 57, 295, 323 f. für die Begründung des Sonderregimes nicht mehr auf die Frequenzknappheit ab. Dies wurde in der zweiten Gebührentscheidung (BVerfG, NVwZ 2007, 1287 ff.; JuS 2008, 544 ff. [*Dörr*]) im Hinblick auf das Internet bekräftigt.
93 Vgl. § 3 Nr. 22 TKG.

II. Mediale Erscheinungsformen

Fernmeldewesens, ohne dass sich durch die Begriffsänderung eine inhaltliche Veränderung ergeben hat. Auch das BVerfG hat sich mit dem Fernmelde-/Telekommunikationsbegriff auseinandergesetzt. Schon im ersten Fernsehurteil ging es um die Abgrenzung zwischen dem **technischen Sendevorgang**, der zur Telekommunikation gehört und damit in den Bereich der Bundeskompetenz fällt, und dem inhaltlichen Bereich der Rundfunkprogrammproduktion.[94]

Das Telekommunikationsrecht hat seine **Anfänge** in ersten Regelungswerken zum Fernmelderecht. Es ist insb. dadurch gekennzeichnet, dass der Staat sich in diesem Sektor ein **Monopol** für die Errichtung und das Betreiben von **Fernmeldeanlagen** vorbehalten hatte. Dies galt auch in der Bundesrepublik Deutschland, in der lediglich der Bund berechtigt war, solche Dienstleistungen anzubieten. Dazu bediente er sich der früheren **Deutschen Bundespost** und der aus ihr hervorgegangenen **Deutschen Telekom**. Insbesondere aufgrund der Einwirkung des **Europarechts** und einer damit einhergehenden weit reichenden **Liberalisierung** und **Privatisierung** haben sich das Telekommunikationsrecht und das Erscheinungsbild der Telekommunikation in der Öffentlichkeit in den letzten zehn Jahren erneuert und modernisiert. Auch die Deutsche Telekom wurde privatisiert. Das Bild der Gegenwart bestimmen Begriffe wie **Call by Call-Anbieter, UMTS-Lizenzen, Internet- und Mobiltelefonie**. Besondere Bedeutung hat im Bereich des Telekommunikationsrechts die **Sprachtelefonie**; daneben sind in diesem Bereich Datenübermittlungsdienste, Mobilfunktelefoniedienste, Rundfunkkabelnetze und Netzmanagementdienste sowie der Einstieg in das Fernsehen über Internetprotokoll wichtige Themen. 73

b) Grundgesetzlich geregelte Kompetenz und TKG

Wie bereits erwähnt steht dem **Bund** aufgrund der Zuweisung im Grundgesetz die Kompetenz zur Regelung des Telekommunikationsbereichs zu. Diese hat er in umfassender Weise wahrgenommen und insb. durch die Entflechtung und Aufteilung der ehemaligen Deutschen Bundespost die Vorgaben aus dem **Europarecht** erfüllt. Die Fülle von gemeinschaftsrechtlichen Richtlinien, deren Ziel die Herstellung von Wettbewerb im Telekommunikationsbereich ist – genannt sein soll davon nur die ganz wesentliche **ONP (Open Network Provision)-Richtlinie** zur Einführung eines offenen Netzzugangs –, führte zu einem entsprechenden Gesetzeswerk auf nationaler Ebene, das den Wettbewerb dauerhaft sicherstellen sollte. 1996 wurde das **Telekommunikationsgesetz (TKG)** a.F. erlassen, das den gesamten Bereich der Telekommunikation neu und umfassend regelte. Es diente aber nicht nur der **Förderung des Wettbewerbs**, sondern sollte vor allem auch die dauerhafte, flächendeckende, angemessene und ausreichende Zurverfügungstellung der Telekommunikationsdienstleistungen gewährleisten sowie die im technischen Bereich notwendige Frequenzabstimmung festlegen. Der neue **europäische Rechtsrahmen** für elektronische Kommunikation hat eine Novellierung des **TKG** von 1996 erforderlich gemacht. Das neue Telekommunikationsgesetz ist seit Mitte 2004 in Kraft.[95] Hauptziel des Gesetzes ist es, im Rahmen einer **sektorspezifischen Regulierung** Rahmenbedingungen für einen funktionsfähigen Wettbewerb im Bereich der Te- 74

---
94 BVerfGE 12, 205; dazu *Badura*, BK, Art. 73 Nr. 7 Rn. 25 f.
95 Zu Neuerungen aus dem Jahr 2004, *Frevert*, MMR 2005, 23; *Heun*, CR 2004, 893; *Dörr/Zorn*, NJW 2005, 3114, 3119. Zur Entwicklung in den Jahren 2003 – 2006 vgl. *Scherer*, NJW 2006, 2016 ff.

lekommunikation zu schaffen. Dies ist wichtig, da die Deutsche Telekom als Rechtsnachfolgerin eines staatlichen Monopolisten auch heute noch über strukturelle Vorteile verfügt. Im Einzelnen wird daher z. B. im Rahmen der sog. **Marktregulierung** (§§ 9 ff. TKG) der Zugang zum öffentlichen Telekommunikationsnetz geregelt (§§ 16 ff. TKG). Im Februar 2007 wurde das TKG erneut novelliert. Im Hinblick auf die Reform des EU-Regulierungsrahmens für elektronische Kommunikation, der bis 2010 abgeschlossen sein soll, werden sich auch hier in den nächsten Jahren noch einige weitere Änderungen ergeben.

c) Verhältnis des Telekommunikationsrechts zum Medienrecht

75 Als Faustregel kann man sich für das Verhältnis des Telekommunikationsrechts zum Medienrecht folgendes merken: Das **Telekommunikationsrecht** regelt die **technischen Belange**, während das **Medienrecht** im Übrigen **inhaltliche Fragen** betrifft. Da aber auch die Regulierung der technischen Aspekte zu einem mittelbaren Eingriff in die Medienfreiheit führen kann und der Staat auf diesem Wege erhebliche Einflussmöglichkeiten besitzt, muss das Telekommunikationsrecht immer auch in Einheit mit dem Medienrecht gesehen werden. Die **Konvergenz** der Mediendienstleistungen führt auch zu einer zunehmenden Verflechtung des technischen und inhaltlichen Rahmens. Es macht immer weniger Sinn, medienrechtlich ausgefeilte Regulierungswerke zu verabschieden, die nicht auch den Bereich der Technik beispielsweise im Hinblick auf die allgemeine Verfügbarkeit der geregelten Medien berücksichtigen. Insoweit ist auch im Rahmen des Medienrechts das Telekommunikationsrecht als eine Art **Annexmaterie** zu betrachten. Dennoch hat sich das Telekommunikationsrecht zu einem eigenen Forschungssektor etabliert, der insb. eine erhebliche wirtschaftliche Dimension hat.

III. Europarechtlicher Einfluss auf das Medienrecht

1. Medienrecht in der globalen Welt

76 Neben dem nationalen Recht wirkt sich das **Gemeinschaftsrecht** immer stärker auf die Medien aus. Der Grund hierfür erschloss sich bereits früh für den Rundfunk aus dem Umstand, dass **Rundfunkwellen** naturgemäß an den Staatsgrenzen nicht Halt machen.[96] Gerade durch die **Digitalisierung** und die **Konvergenz** der Medien haben sich in den letzten Jahren die europarechtlichen Aspekte der Medienordnung und Medienpolitik weiter verstärkt.[97] Die fortschreitende Digitalisierung und Leistungssteigerung der **elektronischen Informations- und Kommunikationssysteme**, insb. des **Internets**, ergreift immer mehr die Medienmärkte, also den Bereich der Inhalte und ihrer Verbreitung. Die Trennlinien zwischen dem **Inhaltebereich** (**Medien**) und den **Übertragungssystemen** (**Kommunikation**) werden unschärfer. Bisher getrennte Formen der Produktion, Darstellung, Speicherung, Verbreitung und Suche von Inhalten verschmelzen auf digitalen Plattformen weitgehend miteinander. Traditionelle Mediengattungen erleben ebenso einen **Bedeutungswandel** wie traditionelle Kategorien von Verbreitungssystemen. Diese

---

96 Vgl. auch BVerfGE 12, 205, 251.
97 Vgl. etwa *Dörr*, MediaPerspektiven 2005, 333; *ders.*, in: Schiwy/Schütz/Dörr, S. 114 ff.; *ders*, in: Dörr/Kreile/Cole, S. 31 ff.; *Fink*, in: Spindler/Schuster, S. 18 ff.; *Harstein/Ring/Kreile/Dörr/Stettner*, Bd. I, B 4; *Roßnagel/Scheuer*, MMR 2005, 279.

III. Europarechtlicher Einfluss auf das Medienrecht

Entwicklungen werden vielfach als Konvergenz bezeichnet. Darauf reagiert auch der europäische Gesetzgeber. Er versucht, auch Regelungen über die Angebote zu treffen, die als **Neue Dienste, Neue Medien, Telemedien** oder in Europa als **audiovisuelle Mediendienste** bezeichnet werden. Die Fortschritte bei der Übertragungstechnik und die Entwicklung international ausgelegter Programme haben die elektronischen Medien insgesamt zu einer **europäischen Herausforderung** werden lassen, die die Europäische Union mit vielfältigen Aktivitäten angenommen hat. Dabei scheint die Tendenz zu weiteren europäischen Regelungen auf diesem Gebiet ungebrochen.

2. Europäische Regelungen
a) Primärrechtliche Verankerung der Kommunikationsfreiheiten

Im EG-Vertrag spielen vor allem die **Dienstleistungs-**[98] und **Niederlassungsfreiheit**[99] für die Regelung des Medienbereichs eine Rolle. Daneben ist der **Kulturartikel** des Art. 151 EGV, der eine vereinheitlichende Regulierung der Kulturen der Mitgliedstaaten verbietet und die Europäische Gemeinschaft hier auf Fördermaßnahmen begrenzt, bedeutsam. Schließlich haben die allgemeinen wettbewerbsrechtlichen Regelungen in Art. 81 ff. EGV[100] einschließlich des **Beihilfeverbots** (Art. 87 EGV) eine besondere Bedeutung.

77

Das Verbot **unzulässiger Beihilfen** nach Art. 87 EGV ist gerade für Mitgliedstaaten wie der Bundesrepublik Deutschland oder Großbritannien, in denen ein ausgeprägtes **duales Rundfunksystem** mit einem durch **Gebühren** finanzierten öffentlich-rechtlichen Rundfunk besteht, bedeutsam. Schon seit geraumer Zeit wird darüber gestritten, ob und inwieweit die Beihilfevorschriften der Gebührenfinanzierung bzw. der staatlichen Finanzierung des öffentlich-rechtlichen Rundfunks Grenzen setzten. Diese Frage, die auch in der deutschen juristischen Literatur intensiv diskutiert wird,[101] beschäftigte und beschäftigt die **Kommission** auf der Grundlage von Beschwerden mehrerer privater Rundfunkveranstalter gegen die Modalitäten der Finanzierung konkurrierender öffentlich-rechtlicher oder staatlicher Anstalten aus Deutschland, Frankreich, Italien, Spanien und Portugal.[102] Besonders intensiv wurde die Beihilfefrage in der jüngeren Vergangenheit im Blick auf die **deutsche Rundfunkgebühr** beleuchtet. Die Kommission hatte im März 2005 ein Verfahren gegen Deutschland aufgrund einer Beschwerde des Privatrundfunkverbandes **VPRT** eingeleitet. Sie kam zu dem vorläufigen Ergebnis, dass die geltende deutsche Rundfunkfinanzierung teilweise mit Europarecht nicht vereinbar ist. Im Dezember 2006 wurde zwischen der Bundesregierung und der Kommission schließlich ein Kompromiss ausgehandelt,[103] der die Grundlage für die Verfahrenseinstellung durch die

78

---

98 Art. 49 ff. EGV; vgl. auch Kartell- und Fusionskontrollverordnungen.
99 Art. 43 ff. EG.
100 Vgl. Art. 81 I EGV (Kartellverbot); Art. 82 EGV (Verbot des Missbrauchs einer marktbeherrschender Stellung).
101 Vgl. dazu eingehend *Heer-Reißmann*, in: Dörr/Kreile/Cole, S. 224 ff.; *Dörr*, K&R 2001, 233; *Ruttig*, Der Einfluss des EG-Beihilferechts auf die Gebührenfinanzierung der öffentlich-rechtlichen Rundfunkanstalten, 2001.
102 Eine Übersicht über alle auf den Rundfunk bezogenen Beihilfefälle findet sich unter http://ec.europa.eu/comm/competition/sectors/media/decisions_psb.pdf.
103 Vgl. epd medien 100/2006.

Entscheidung vom 24.4.2007 bildete.[104] Die erzielte Einigung mündete in förmlich unterbreiteten Zusagen Deutschlands, die in der **Einstellungsentscheidung** festgeschrieben sind. Diese sieht vor, dass Deutschland innerhalb von zwei Jahren verschiedene „zweckdienliche Maßnahmen" (die im einzelnen aufgeführten Zusagen) – durch Umsetzung im Rundfunkstaatsvertrag – ergreifen wird, die nach Ansicht der Kommission dazu geeignet sind, die beihilfenrechtlichen Bedenken auszuräumen.[105] Der Entwurf der entsprechenden Rechtsvorschriften, also der Entwurf des **12. Rundfunkänderungsstaatsvertrages** vom 12.6.2008, ist der Kommission im Juni 2008 vorgelegt worden, nachdem er von den deutschen Ministerpräsidenten zur Kenntnis genommen wurde. Auch die endgültige ratifizierte Fassung ist der Kommission zu unterbreiten, damit diese die Einhaltung der Zusagen prüfen kann.

79 Für die Medien in Europa sind neben den gemeinschaftsrechtlichen Vorgaben auch die Aktivitäten des **Europarates** von erheblicher Bedeutung. Wenn auch hier eine deutlich langsamere Rechtsentwicklung festzustellen ist, darf nicht übersehen werden, dass der Europarat – der im Rahmen seiner Ziele und Aufgaben auch die Massenmedien als Hauptgebiet II behandelt – in geographischer Hinsicht über einen Einfluss verfügt, der über den der **Europäischen Union** hinausreicht, weil ihm mittlerweile nahezu alle mittel- und osteuropäischen Staaten angehören. Daher wird das **europäische Übereinkommen über das grenzüberschreitende Fernsehen vom 5.5.1989** auch in Zukunft eine wichtige Rolle spielen. Schließlich wirkten sich die Bestimmung des **Art. 10 EMRK** und die dazu ergangenen Entscheidungen des Europäischen Gerichtshofs für Menschenrechte auf den Medienbereich aus. Wichtig ist Art. 10 EMRK dabei nicht nur deshalb, weil er ein Gemeinschaftsgrundrecht der Europäischen Union darstellt, sondern vor allem, weil der Europäische Gerichtshof für Menschenrechte die darin enthaltene Rundfunkfreiheit entscheidend anders, nämlich stärker individualrechtlich auslegt als das BVerfG die vergleichbare Bestimmung des Art. 5 I 2 GG. Gerade aufgrund der bereits 1998 erfolgten Einführung der obligatorischen Individualbeschwerde direkt zum Europäischen Gerichtshof für Menschenrechte sind hier auch in Zukunft weiterführende Judikate dieses Spruchkörpers zu erwarten.

80 Schließlich ist für die gemeinschaftsrechtliche Gewährleistung der Medienfreiheiten nunmehr **Art. 11 der EU-Grundrechtscharta** von Bedeutung. Zurzeit stellt die Charta der Grundrechte der Europäischen Union kein verbindliches Recht, sondern lediglich eine politische Deklaration dar. Dies schließt aber nicht aus, dass die Bestimmungen der Charta mittelbar rechtliche Wirkungen entfalten können. Der EuGH kann nämlich die Charta und die darin enthaltenen Vorschriften schon jetzt über Art. 6 II EU als Erkenntnisquelle heranziehen, um die gemeinsamen Verfassungstraditionen der Mitgliedstaaten zu ermitteln.[106] Insoweit kommt der Bestimmung des Art. 11 EU-Grundrechtecharta bereits heute Bedeutung zu.

---

104 Entscheidung der Kommission v. 24.4.2007, K(2007) 1761 endg., teilw. abgedr. in: epd medien 39/2007, 3 ff.; vgl. dazu auch epd medien 32/2007, 12 f.; MMR 2007, XIV f.
105 Vgl. Pressemitteilung IP/07/543 und MEMO/07/150 zu den Details der Einigung im Rahmen der Entscheidung v. 24.4.2007, K(2007) 1761 endg. teilw. abgedr. in: epd medien 39/2007, Ziff. 7.4. ff.
106 Vgl. dazu *Heer-Reißmann*, S. 115 ff.

III. Europarechtlicher Einfluss auf das Medienrecht

b) Sekundärrechtliche Ausgestaltung

Neben den im Primärrecht wichtigen Regelungen, die unmittelbare Vorgaben für die Verteilung der **Rechtsetzungskompetenzen** zwischen Europäischer Gemeinschaft und den Mitgliedstaaten machen, sind daraus abgeleitet eine Vielzahl relevanter sekundärrechtlicher Regelungen, insb. Verordnungen und Richtlinien entstanden.[107] Dieses Sekundärrecht ist von den Mitgliedstaaten, teilweise mit eigenem Spielraum, umzusetzen und innerstaatlich effektiv anzuwenden.   81

Die Europäische Gemeinschaft hat sich sekundärrechtlich vor allem den Bereich des **Fernsehens** vorgenommen. Bereits 1989 erließ sie die sog. **Fernsehrichtlinie**,[108] die 1997 umfassend modifiziert wurde.[109] In dieser Fassung galt die Richtlinie bis Dezember 2007, als eine neue Änderungsrichtlinie die Fernsehrichtlinie zur Richtlinie über audiovisuelle Mediendienste weiterentwickelte. Die neue **Richtlinie über audiovisuelle Mediendienste** ist am 19.12.2007 in Kraft getreten.[110] Sie enthält bedeutende Änderungen des bisher durch die Fernsehrichtlinie gezogenen Rahmens.[111] Die Mitgliedstaaten haben ab dem Inkrafttreten der Richtlinie zwei Jahre Zeit zur Umsetzung der neuen Vorschriften.[112] Diese Frist endet am 18.12.2009. Aber auch schon vor dem Ablauf der Umsetzungsfrist haben Richtlinien **Vorwirkungen**. Diese bestehen darin, dass ein Mitgliedstaat keine Rechtsakte erlassen darf, die dem Wortlaut oder dem Sinn und Zweck der Richtlinie zuwiderlaufen.   82

Des Weiteren wurde auf europäischer Ebene eine Reihe von Regelungen getroffen, die **Geschäftsschlüsse via Internet** betreffen. Die **Fernabsatzrichtlinie**[113] von 1997 etabliert einen Mindestschutz für die Verbraucher im elektronischen Geschäftsverkehr. Der Europäische Gesetzgeber verabschiedete im Jahr 2000 die **E-Commerce-Richtlinie**,[114] deren Anwendungsbereich sich zum Teil mit dem der Fernabsatzrichtlinie überschneidet, aber über deren Regelungsgegenstand hinausgeht.   83

Dieser kurze Überblick zeigt, dass auch das Europarecht mehr und mehr auf die Medien einwirkt. Zudem ist angesichts der **dynamischen technischen Entwicklung**, die dazu führt, dass sich die medialen Angebote laufend fortentwickeln, damit zu rechnen, dass auch das Medienrecht ständig neuen Herausforderungen gegenübersteht und einem **fortwährenden Änderungsbedarf** unterliegt.   84

---

107 Zur Entwicklung *Dörr*, in: Hans-Bredow-Institut (Hrsg.), Internationales Hdb. Medien 2004/2005, 2004, S. 40 ff.
108 Vgl. ABl. EG Nr. L 298 v. 17.10.1989, S. 23 ff., i.d.F. der Ber, gem. ABl. EG Nr. L 331 v. 16.1.1989, S. 51; Ursprungsfassung in *Fink/Schwartmann/Cole/Keber*, Europäisches und Internationales Medienrecht – Vorschriftensammlung, Online-Zusatztexte, www.textbuch-deutsches-recht.de., Textsammlung Europäisches und Internationales Medienrecht, 2006, Nr. A 65 und 65a.
109 Richtlinie 97/36/EG, ABl. EG Nr. L 202 v. 30.7.1997, S. 60 ff.; konsolidierte Fassung auch abgedruckt in: *Ring*, Medienrecht, Bd. IV, A I 2.1.
110 Vgl. ABl. EG Nr. L 332 v. 18.12.2007, S. 27 ff.
111 Zum Inhalt der neuen Richtlinie *Schwartmann*, Abschn. 1 Rn. 22 ff.; *Stender-Vorwachs*, ZUM 2007, 613 ff.
112 Vgl. Art. 3.
113 Richtlinie 97/7/EG des Europäischen Rates und des Rates über den Verbraucherschutz bei Vertragsabschlüssen im Fernabsatz v. 20.5.1997, Abl. EG Nr. L 144 v. 4.6.1997 S. 19.
114 Richtlinie 2000/31/EG des Europäischen Parlaments und des Rates vom 8.6.2000 über bestimmte rechtliche Aspekte der Dienste der Informationsgesellschaft, insb. des elektronischen Geschäftsverkehrs, im Binnenmarkt ("Richtlinie über den elektronischen Geschäftsverkehr") Abl. EG Nr. L 178 v. 17.7.2000, S. 1.

Personen- und Sachregister

Die **Zahlen im Fettdruck** verweisen auf die Paragraphen, diejenigen im Normaldruck auf die Randnummern.

Abfall
- Begriff **7** 138
- Beitrag **7** 146
- Benutzungsgebühr **7** 146
- Beseitigung **7** 139, 141
- Bilanz **7** 147
- Entsorgung, rechtswidrige **7** 152
- Entsorgungsanlage **7** 152
- Grundsatz der Eigenentsorgung **7** 140
- Überlassungspflicht **7** 141
- Überwachung **7** 152
- Vermeidung **7** 139
- Verwertung **7** 139, 141
- Wirtschaftskonzept **7** 147

Abfallbehörde **7** 136 f.
Abfallwirtschaftsplanung **7** 150 f.
Abgaben
- Abwasserbeseitigung **7** 122
- kommunale **3** 55 ff.

Abgeordnete s. Landtag
Abrissverfügung **5** 61, 72 ff., 77, 81, 84
Abstandsflächen **5** 89 f., 115
Abteilung **2** 9
Abwasserbeseitigung **7** 112 ff.
- Abgabe **7** 122
- Abwasserbegriff **7** 113
- Anlage **7** 119
- Begriff **7** 114
- Einleitung **7** 120 f.
- Pflicht **7** 115 ff.
- Planung **7** 118

Abweichung von Raumordnungsziel s. Raumordnung
Abweichungen (Baurecht) **5** 19, 30, 62, 104 f., 115
Allgemeine Handlungs- und Entwicklungsfreiheit **1** 138 ff.
Allgemeiner Gleichheitssatz **1** 144 s. auch Gleichbehandlung

Allgemeines Persönlichkeitsrecht **1** 138
Altmeier, Peter **1** 6
Amt **2** 7, 9
Amtsblatt, kommunales **3** 145
Anklage gegen Mitglied der Landesregierung **1** 152
Anlage
- Abwasser s. Abwasserbeseitigung
- Entsorgung s. Abfall
- im Gewässerbereich **7** 127 f.

Anlagenverordnung **7** 108
Anpassungsgebot **8** 39, 42
Anscheinsgefahr **4** 38
Anscheinsstörer **4** 62 ff., 239 f.
Anschlusszwang an kommunale öffentliche Einrichtungen **3** 44 ff.
Anstalt
- kommunale **3** 31, 69

Arbeitsschutz **6** 3, 11
Artenschutz **7** 58
Asylrecht **1** 37
Aufgabenkritik **2** 20
Aufsichts- und Dienstleistungsdirektion **2** 7; **3** 184
Aufsichtsklage **2** 62 ff.; **3** 190
Ausgleichmandat **1** 63
Ausschlussgebiete **8** 23

Bauantrag **5** 26
Bauaufsichtsbehörden **5** 14 ff.
Baueinstellung **5** 57 ff., 71, 76, 81, 84, 112
Baufreiheit **5** 18
Baugenehmigung
- Anspruch auf Erteilung **5** 19
- Deregulierung **5** 16, 37
- Form der Genehmigung **5** 39
- Geltungsdauer **5** 44
- Genehmigungsbedürftigkeit **5** 20 ff.

Personen- und Sachregister

- Genehmigungsfiktion 5 36
- Genehmigungsverfahren 5 26 ff.
- Nebenbestimmungen 5 19, 43, 62, 109
- Rechtswirkung 5 40
- Regelungsinhalt 5 26, 38, 42
- Sachbescheidungsinterese 5 28, 29, 38
- vereinfachtes Genehmigungsverfahren 5 36, 42, 59, 104, 112
- Verhältnis zu anderen Verfahren 5 21, 28, 35

Bauherr 5 29, 78, 107 ff.
Baulast 5 95
Bauleitplanung 8 8 f., 19, 40 ff.
- Abgrenzung zum Bauordnungsrecht 5 2 f.
- Nutzungsänderung 5 23
- als Maßstab im Genehmigungsverfahren 5 28, 36, 45
- Verhältnis zum Abstandsrecht 5 90

Bauliche Anlage
- im bauordnungsrechtlichen Sinne 5 7 ff.
- im bauplanungsrechtlichen Sinne 5 13
- fiktive bauliche Anlagen 5 12
- mehrere Anlagen 5 25

Baumschutzsatzung 7 46
Bauplanungsrecht s. Bauleitplanung
Baupolizeirecht 5 2
Bauprodukte 5 9
Baustopp s. Baueinstellung
Bauüberwachung
- Aufgaben 5 54
- Befugnisse 5 56 ff.
- Rechtsschutz des Bauherrn 5 110
- Rechtsschutz des Nachbarn 5 112 f., 119

Bauunterlagen 5 26, 37
Bauvorbescheid 5 45 ff., 111
Bauzustandsbesichtigung 5 56
Beamte 1 123
Beanstandungsklage 2 62 ff.; 3 190

Bebauungsgenehmigung s. Bauvorbescheid
Bebauungsplanung 8 9, 42
Befreiung
- naturschutzrechtliche s. Eigentumsschutz, naturschutzrechtlicher
- wasserrechtliche s. Eigentumsschutz, wasserrechtlicher

Begleitplan, landespflegerischer s. Eingriff in Natur und Landschaft
Begnadigungsrecht 1 84
Behörde 2 7, 9
Beisitzer in Rechtsausschüssen 2 53
Beiträge, kommunale 3 57
Beitreibungsverfahren 2 31
Bekenntnisschule 1 9 f.
Benehmenserfordernis s. Eingriff in Natur und Landschaft
Benutzungsuntersagung 5 65, 72, 81, 84
Benutzungszwang 3 44 ff.
Beratende Landesversammlung 1 3 f., 8
Berichtspflicht der Landesregierung 8 39
Berufsfreiheit 1 148; 6 21
Beseitigungsanordnung 5 61, 72 ff., 77, 81, 84
Besorgnisgrundsatz 7 107
Bestandsschutz 5 40, 63
Betretungsrecht (Flur und Wald) 7 61
Betretungsrechte der Bauaufsichtsbehörden 5 67
Bewilligung, wasserrechtliche 7 86 ff., 111, 120 f.
Bewirtschaftungsermessen 7 89
Bewirtschaftungsplan
- Naturschutz- und Landespflegerecht 7 54
- Wasserrecht 7 95 ff., 118

Bezirke 1 55 ff.
Bezirksverband Pfalz 1 57 ff.; 3 2
Bildung s. Schule
Bindungsklausel 1 53
Biosphärenreservat 7 46
Biotopschutz, gesetzlicher 7 58
Biotopverbund 7 57

449

Personen- und Sachregister

Boden, Wilhelm 1 5 f.
Budgetkontrolle 1 122
Budgetrecht 1 112 ff., 135 ff.
Bundesfreundliches Verhalten 1 25 f., 40, 48, 121
Bundesplanung 8 9
Bundesrat
- Mitwirkung an Gesetzgebung und Verwaltung 1 27, 43 f.
- Mitwirkung in Unionsangelegenheiten 1 27, 43 f.
- Stimmverhalten der Landesregierung 1 86
Bundesrecht s. auch Landesverfassung
- Anwendungsvorrang 1 32, 35, 37, 39
- Bestandteilsnorm 1 40
- Einwirkung der Landesverfassung 1 43 f.
- Kollisionslage 1 31
- Verhältnis zum Landesrecht 1 28 ff.
Bundesrechtskonforme Auslegung 1 41
Bundesstaat 1 17 ff., 28, 48, 89
- bundesfreundliches Verhalten 1 25 f., 40, 48, 121
- Gliedstaatlichkeit 1 48
- Homogenitätsgebot 1 28, 33
- Kompetenzen 1 23, 34
- Struktur 1 19
Bundestreue 1 25 f., 40, 48, 121
Bürgerbegehren und Bürgerentscheid 3 200 ff.
- Unterschriftenquorum 3 203
Bürgermeister 1 130 f.; 3 85 ff.
- Unionsbürger 1 131

CDP/CDU 1 7 ff.
Chancengleichheit im Wettbewerb 6 11, 18

Damm 7 126
Datenschutz 1 15, 138, 142; 9 46
Deich 7 126
Demokratie
- Demokratieprinzip 1 49 f.

- funktionale Selbstverwaltung 1 50
- unmittelbare 1 37, 101 ff.
Denkmal
- Begriff 9 19
- Denkmalbehörden 9 21
- Unterschutzstellung 9 20
Deutschengrundrechte 1 37, 135
Dezentralisation 2 6
Dienstleistungspflichten 1 150
Direkteinleitung s. Abwasserbeseitigung
Drittschutz im Baurecht 5 30, 46, 66, 75, 89, 97, 100, 105, 111
Duldung im Baurecht 5 74
Duldungsverfügung im Baurecht 5 82

Ehe und Familie 1 15, 145
Ehrenamt 1 150
- ehrenamtliche kommunale Tätigkeit 3 192
- kommunales 3 199
Ehrenbürgerrecht, kommunales 3 199
Eigenbetrieb, kommunaler 3 31
Eigenentsorgung s. Abfall
Eigentum 1 133, 148 f.
Eigentumsschutz, wasserrechtlicher
- Befreiung 7 102
- Entschädigung 7 102
Eigentumsschutz, naturschutzrechtlicher 7 65 ff.
- Ausgleich in Geld 7 66 f.
- Befreiung 7 65
- Entschädigung 7 68
Eignungsgebiete 8 23
Eingriff in Natur und Landschaft 7 17 ff.
- Ausgleich 7 24
- Baurecht 7 38 f.
- Begleitplan, landespflegerischer 7 35
- Begriffsmerkmale 7 18 f.
- Benehmenserfordernis 7 32
- Ersatzgeld 7 31
- Ersatzmaßnahmen 7 23, 31
- Ersatzzahlung 7 29
- Fachbeitrag Naturschutz 7 35
- Grundstruktur 7 31

450

Personen- und Sachregister

- Kompensation in sonstiger Weise 7 26
- Kompensationsflächenkataster 7 30
- Negativkatalog 7 19
- Ökokonto 7 30
- Positivkatalog 7 19
- Trägerverfahren 7 33
- Untersagung 7 31
- vermeidbare Beeinträchtigungen 7 21
- Zulässigkeit 7 20 ff.

Einspruch, landesplanerischer 8 39
Einstweilige Anordnung 1 192 ff.
Einstweilige Sicherstellung 7 51
Einvernehmen der Gemeinde s. Gemeindliches Einvernehmen
Einwohner der Kommunen 3 192 ff.
Einwohnerantrag 3 196 ff.
Einwohnerversammlung 3 194
Elternrecht 9 26, 51 ff.
Enteignung 7 152 s. auch Eigentumsschutz, naturschutzrechtlicher
Entschädigung
- landesplanerische 8 39, 42
- Naturschutz- und Landespflegerecht s. Eigentumsschutz
- Wasserrecht s. Eigentumsschutz, wasserrechtlicher

Entschädigungs- und Ersatzansprüche 4 232 ff.
Entsorgung s. Abfall u. Sonderabfall
Entsorgungsträger, öffentlich-rechtlicher 7 140, 145 ff.
Erholung in Natur und Landschaft 7 60 ff.
- Betreten von Flur und Wald 7 61
- Erholungswert 7 60
Ermessen der Bauaufsichtsbehörden 5 70 ff.
Ersatz- und Ergänzungsschulen s. Schulen in freier Trägerschaft
Ersatzvornahme 2 35
- kommunalaufsichtliche 3 178
Ersatzzwangshaft 2 36
Erschließung 5 51, 88
Erstplanungsgebot 8 39, 42

Erziehung s. auch Schule
- Erziehungsziele 1 146; 9 22, 35 ff.
- Ethikunterricht 1 147; 9 67
Europäische Union 1 29, 43 f.
Europarecht s. Gemeinschaftsrecht
Ewigkeitsgarantie 1 93 f., 106
Exekutive s. Verwaltung

Fachbeirat für Naturschutz 7 12
Fachbeitrag Naturschutz s. Eingriff in Natur und Landschaft
Familie 1 15, 145
FDP s. auch SV/LP
FFH-Gebiet 7 53, 57
FFH-Verträglichkeitsprüfung 7 56
Film 10 57 ff.
- Begriff 10 57
- Filmfreiheit 10 58 f.
- Geschichte 10 57
- Rechtsgrundlagen 10 61
- Zensur 10 59
Finanzausgleich, kommunaler 3 58
Finanzwesen 1 123
Flächennutzungsplanung 8 9
- Flächennutzungsplan 8 9, 42
Fliegende Bauten 5 49
Flussgebietseinheit 7 94, 97
Föderalismusreform 1 23, 35; 6 1 ff.
Folter 4 217 ff.
Förderung der Kreislaufwirtschaft 7 143 f.
Forensen 3 192
Fraktionen
- der Gemeinderäte 3 113
- im Landtag 1 65 f., 170, 175
Freiheit des Menschen 1 138 ff.
Freistellungsverfahren 5 50 ff., 58, 76, 113, 119
Freizügigkeit 1 20, 38, 148
Früherziehung 9 24 ff.
Funktionale Selbstverwaltung 1 50

451

Gaststättenrecht 6 1, 9
Gebietsfestsetzung, wasserrechtliche 7 99 ff.
Gebietskörperschaft
- kommunale 3 1
- in verfassungsgerichtlichen Verfahren 1 154, 170, 175 ff.
Gebühren, kommunale 3 57; 9 28
Gefahrbegriffe 4 36 ff., 225
Gefahrenabwehr im Baurecht 5 2, 54 ff., 97 ff.
Gefahrenabwehrverordnungen 4 220 ff.
Gefahrenverdacht 4 40, 44
Gefahrenvorsorge 4 7 f.
Gegenstromprinzip 8 30
Gehobene Erlaubnis 7 88, 90
Gemeinde s. auch Kommunen
- große kreisangehörige Stadt 3 4
- kreisfreie Stadt 3 3
- Ortsgemeinde 1 125; 3 62 ff.
- verbandsfreie 3 4
- Verbandsgemeinde 1 125; 3 62 ff.
Gemeinderat 3 96 ff.
Gemeindliche Selbstverwaltung s. Kommunen
Gemeindliches Einvernehmen
- Erfordernis 5 32, 47
- Ersetzung 5 33 f.
- Rechtsschutz des Bauherrn 5 107
- Rechtsschutz der Gemeinde 5 120 ff.
Gemeinschaftsrecht
- Anwendungsvorrang 1 42
- Einwirkung der Landesverfassung 1 43 f.
- kommunales Wahlrecht 1 131; 3 198, 201
Genehmigungsverfahren s. Baugenehmigung
Generalklausel
- Abgrenzung von Standardmaßnahmen 4 30, 93 ff.
- Tatbestandsvoraussetzungen 4 31 ff.
Generalklausel im Baurecht
- Befugnisgeneralklausel 5 68 ff.

- materielle Generalklausel 5 103
Geschäftsordnung
- Landesregierung 1 85
- Landtag 1 68 f., 90 ff.
Gesetz
- Ausfertigung und -verkündung 1 95 f., 111
- Gesetzgebungsaufträge 1 39
- Gesetz nach Art. 80 IV GG 1 97 f.
- Haushaltsgesetz 1 90, 108
Gesetzesvorbehalt 1 53, 82, 123
Gesetzgebung
- Anforderungen an Gesetzesinitiative 1 91, 105 ff.
- Anhörung von Arbeitnehmer- und Arbeitgebervereinigungen 1 92
- Ausfertigung und Verkündung von Gesetzen 1 95 f., 111
- Folgerichtigkeit 6 21
- gemäß Art. 80 IV GG 1 97 f.
- Initiativberechtigte 1 90
- Notstandsgesetzgebung 1 99
- Verfahren 1 93, 111
- Volksgesetzgebung 1 101 ff.
Gesetzgebungsaufträge 1 39
Gesetzgebungskompetenzen
- Abgrenzung 1 23, 34
- Bedeutung für LV 1 34
- Bundeskompetenzen im Polizeirecht 4 2, 10 f., 175 f.
- Kompetenz-Kompetenz 1 23
- räumlicher Zuständigkeitsbereich 1 34
- Glücksspiel 6 2
- Ladenöffnungsgesetz 6 3
- öffentliches Wirtschaftsrecht 6 1 ff.
- Prüfungskompetenz des Ministerpräsidenten 1 95
- Umweltrecht 7 7
- Volksgesetzgebung 1 105
Gesetzlicher Richter 1 158
Gesetzlichkeit der Bestrafung 1 158
Gesetzmäßigkeit 1 29, 36, 53
Gewaltenteilung 1 53, 68

Gewässer
- Anlage 7 127 ff.
- Aufsicht 7 130 ff.
- Ausbau 7 123 ff.
- Begriff 7 83
- Benutzung 7 83 ff.
- Bewirtschaftung 7 94 ff.
- Gemeingebrauch 7 84
- Unterhaltung 7 125

Gewässerrandstreifen 7 103
Gewerberecht 4 175; 6 1, 6
Gewohnheitsrecht 1 17, 57
Gleichbehandlung
- Gleichheitssatz 1 15, 144
- Landeszugehörigkeit 1 20

Gliederung des Landes 1 55 ff.
Gliedstaatlichkeit 1 48
Glücksspiel 6 23 ff.
- Aufsicht 6 27
- Gesetzgebungskompetenz 6 2
- Internet 6 26

Grundmandatsklausel 1 63
Grundpflichten 1 150
- als Grundrechtsschranken 1 137

Grundrechte
- allgemein 1 132 f.
- allgemeine Handlungs- und Entwicklungsfreiheit 1 138 ff.
- allgemeines Persönlichkeitsrecht 1 138
- Asyl 1 37
- Beeinträchtigung 1 136
- Berufsfreiheit 1 148; 6 21
- Datenschutz 1 15, 138, 142; 9 46
- Deutschengrundrechte 1 37, 135
- effektiver Rechtsschutz 1 53, 123
- Ehe und Familie 1 15, 145
- Eigentum 1 133, 149
- Eingriff durch Verordnung mit Gesetzeskraft 1 99
- Elternrecht 9 51 ff.
- Filmfreiheit 10 58 f.
- Folterverbot 4 217 ff.
- Freiheit des Menschen 1 138 ff.
- Freizügigkeit 1 20, 38, 148
- Gleichbehandlung (Landeszugehörigkeit) 1 20
- Gleichheit 1 15, 144
- Grundrechtsbindung der Kommunen 3 49
- Grundrechtsmündigkeit 1 156
- Grundrechtsträger 1 135, 145
- informationelle Selbstbestimmung 1 138, 142; 9 46
- Justizgrundrechte 1 158
- Kinder 1 52, 145
- Petitionsrecht 1 34
- Pressefreiheit 10 10
- Privatschulen 9 72
- Recht auf Leben und körperliche Unversehrtheit 1 141
- rechtliches Gehör 1 158
- Religionsfreiheit 1 146 f.; 9 27, 107
- Rundfunkfreiheit 10 25 ff.
- Schranken 1 136 f.,
- Schutzbereich 1 136
- soziale 1 39
- Unionsbürger 1 135
- Vereinigungsfreiheit 1 38
- Verfassungskonzept 1 133
- Verhältnis von GG und LV 1 36 ff.
- Vertragsfreiheit 1 148
- Vertraulichkeit und Integrität informationstechnischer Systeme 1 142
- Wissenschaftsfreiheit 9 81
- Würde des Menschen 1 139 f.
- Zitiergebot 1 36, 137
- Zugang zum Studium 1 148; 9 83, 89

Handlungs- und Entwicklungsfreiheit 1 138 ff.
Handwerksrecht 6 8
Hauptstadt 1 58
Heiliger Stuhl 1 114
Heilquellenschutzgebiet 7 104
Hochschulen
- Arten und Begriff 9 80
- Berufungsverfahren 9 92

- Forschung und Lehre 9 81
- Gebühren und Beiträge 9 85
- Gruppenuniversität, Mitwirkungsrechte 9 86, 97
- Historischer Überblick 9 77
- Hochschulverfassung, innere Organisation 9 99 ff.
- Staatsaufsicht 9 105
- Stellung der Studierenden 9 82 ff.
- Stellung des wissenschaftlichen Personals 9 90 ff.
- Verfasste Studierendenschaft 9 87
- verfassungsrechtlicher Rahmen 9 78 f.
- Zugang zum Hochschulstudium 1 148; 9 83, 89

Homogenitätsgebot 1 28, 33, 112, 131

Idemnität 1 77
Illegalität im Baurecht
- formelle 5 58, 61, 65
- materielle 5 59, 61
Immissionsschutz
- gebietsbezogener 7 155
- verhaltensbezogener 7 155, 158
Immissionsschutzrecht 4 176; 7 153 ff.
- Organisation und Zuständigkeit 7 156 f.
Immunität 1 77
Indirekteinleitung s. Abwasserbeseitigung
Informationelle Selbstbestimmung 1 138, 142; 9 46
Institutionelle Garantie 1 125; 9 72
Interpellationsrecht 1 71

Judikative s. Rechtsprechung
Juristische Personen
- Grundrechtsträgerschaft 1 135
- Beschwerdefähigkeit 1 154
Justizgrundrechte 1 158

Kinder 1 52, 145
Kindergartengebühren 9 28
Kindertagesstätten 9 24 ff.
Kirchen s. Religion und Kirchen

Koalitionsvereinbarungen 1 86
Koenig, Piere 1 3
Kohl, Helmut 1 64
Kommunalabgaben 3 55 ff.
Kommunalaufsicht 3 19, 165, 169 ff., 215
- Anordnung 3 177
- Beanstandung 3 176
- Beratung 3 173
- Ersatzvornahme 3 178
- Genehmigung 3 149, 172 f.
- Unterrichtung 3 175
Kommunale Selbstverwaltung 1 124 ff.; 3 20 ff.; s. auch Kommunen
Kommunale Vertretungskörperschaften s. Kommunen
Kommunaler Rat 1 90
Kommunalverfassung s. Kommunen
Kommunalverfassungsbeschwerde 1 154, 175; 3 24
Kommunalverfassungsstreit 3 102
Kommunalwahl 1 130 f.; 3 210 ff.
- Wahlen im Jahr 1946 1 4
- amtliche Wahlbeeinflussung 3 220, 224
- Unionsbürger, 3 198, 201
- Unterstützungsunterschriften 3 203, 212
- Wahlprüfung 3 215 f.
- Wahlrechtsgrundsätze 3 210 f.
Kommunen
- Abwahl der Bürgermeister, Landräte, Beigeordneten 3 214
- Akteneinsicht kommunaler Vertretungen 3 99
- Ältestenrat 3 105
- Amtsblatt 3 145
- Amtszeit der Bürgermeister/Beigeordneten 3 85, 93
- Amtszeit der Mitglieder kommunaler Vertretungen 3 112
- Anschlusszwang 3 44 ff.

Personen- und Sachregister

- Anstalt des öffentlichen Rechts 3 31, 69
- Aufgabengarantie 1 125 f.
- Aufsichtsbehörde 3 165 f., 180 f.
- Aufsichtsklage 3 190
- Auftragsangelegenheiten 1 126, 129; 3 9, 14, 89, 170, 181 ff.
- Befangenheit 3 91 f., 127
- Beigeordnete 3 93 f.
- Beiträge 3 57
- Benutzungsentgelte 3 47, 57
- Benutzungsregelungen 3 38
- Benutzungszwang 3 44 ff.
- Beratung der Einwohner 3 193
- Beschlussfähigkeit kommunaler Vertretungen 3 127, 132
- Bezirksverband Pfalz 1 57
- Bürger 3 191, 198
- Bürgerbegehren und Bürgerentscheid 1 131; 3 200 ff.
- Bürgermeister 1 130; 3 85 ff.
- Ehrenamt 3 192, 199
- Ehrenbürgerrecht 3 199
- Eigenbetrieb 3 31
- Eilentscheidung von Bürgermeister/ Landrat 3 90
- Einwohner 3 192 ff.
- Einwohnerantrag 3 196 ff.
- Einwohnerversammlung 3 194
- Entzug kommunaler Aufgaben 1 125 ff.
- Fachaufsicht 3 181 f.
- Finanzausgleich 3 58
- Finanzausstattung 1 129
- Finanzhoheit 3 22
- Forensen 3 192
- Fragestunde 3 195
- Fraktionen des Gemeinderates 3 113 ff.
- freies Mandat 3 119
- Gebühren 3 57; 9 28
- Gemeinderat 3 96 ff
- Gemeindeverwaltung 3 26 ff.

- Geschäfte der laufenden Verwaltung 3 87
- Geschäftsbereiche 3 28, 94
- Geschäftsordnung des Gemeinderates 3 126
- große kreisangehörige Stadt 3 4
- Grundrechte 9 6
- Grundrechtsbindung 3 49
- in verfassungsgerichtlichen Verfahren 1 154, 170, 175 ff.
- Inkompatibilität kommunaler Ämter 3 86
- institutionelle Garantie 1 125
- interkommunales Mandat 3 70
- Jugendvertretung 3 195
- Kapazität öffentlicher Einrichtungen 3 36 f.; 9 15 f.
- Kernbereich der Selbstverwaltung 1 127
- Kommunalabgaben 3 55 ff.
- Kommunalaufsicht s. dort
- kommunale Anstalt 3 31, 69
- kommunale Arbeitsgemeinschaft 3 70
- Kommunalverfassungsbeschwerde 1 154, 175; 3 24
- Kommunalverfassungsstreit 3 102
- Konnexitätsprinzip 1 129
- kreisfreie Stadt 3 3
- Kreisrechtsausschuss 3 110, 189
- Kreistag 3 83
- Kreisumlage 3 58
- Kreisverwaltung 3 18, 26 ff.
- Kreisvorstand 3 95
- kulturelle Selbstverwaltung 9 5
- Landkreis 3 2, 12 ff.
- Landrat 1 130; 3 83
- leitender staatlicher Beamter 3 30
- Medien 3 130
- Mitglieder des Gemeinderates 3 112, 115 ff.
- natürliches Recht zur Selbstverwaltung 1 124
- Normen 3 130 ff.

- Oberbürgermeister 3 83
- Organisationshoheit 3 21 f., 27, 69
- Organwalter 3 82, 210
- Ortsbeirat 3 111
- Ortsbezirk 3 111
- Ortsgemeinde 1 125; 3 4, 62 ff.
- Personalhoheit 3 21 f., 210
- Petitionsrecht 3 193
- Pflichtaufgaben 1 126, 129; 3 11 ff.
- Pflichtmitgliedschaft im Zweckverband 3 76
- Pflichtverband 3 76
- Pflichtzweckvereinbarung 3 81
- Planungshoheit 3 21 f.
- Prozessvertretung der Ortsgemeinden 3 152, 158
- Prozessvertretung des Gemeinderates 3 165
- Rechnungsprüfung 3 167 f.
- Rechtsaufsicht 3 170 ff.
- Rechtsetzungshoheit 3 21 f., 138
- Rechtsverordnungen, 3 136 f., 146 f.
- Satzungen 3 90, 136 ff.
- Selbstverwaltungsaufgaben 3 10 ff.
- Selbstverwaltungsgarantie 1 124 ff.; 3 20 ff.; 7 145
- Stadtrat 3 83
- Stadtrechtsausschuss 3 189
- Stadtverwaltung 3 26 ff.
- Stadtvorstand 3 95
- Steuern 3 55 f., 59
- Subsidiarität kommunaler Wirtschaftsunternehmen 3 54
- Tagesordnung des Gemeinderates 3 88, 114, 128
- Unterrichtung der Einwohner 3 194
- Unterrichtung kommunaler Vertretungen 3 99 ff., 114
- Unvereinbarkeit kommunaler Ämter 3 86
- verbandsfreie Gemeinde 3 4
- Verbandsgemeinde 1 125; 3 4, 62 ff.
- Vermögen 3 48
- Verpflichtungserklärungen 3 155 ff.
- Vertretung 3 89, 151 ff.
- Vorsitz im Gemeinderat 3 88, 103 f.
- Vorsitz in Ausschüssen des Gemeinderates 3 109
- Wahlrecht s. Kommunalwahlrecht
- Widmung öffentlicher Einrichtungen 3 35
- Wirtschaftsunternehmen 3 50 ff.
- Zulassung zu kommunalen Einrichtungen 3 39 ff.; 9 15
- Zweckverband 3 71 ff.
- Zweckvereinbarung 3 77 ff.

Kompensationsflächenkataster s. Eingriff in Natur und Landschaft
Konfessionsschule 1 9 f.
Konkordate 1 115; 9 111 f.
Körperschaften des öffentlichen Rechts
- in verfassungsgerichtlichen Verfahren 1 154, 170, 175 ff.
- kommunale 3 1
Kosten 4 214
KPD 1 9
Kreis s. Landkreis
Kreislaufwirtschafts- und Abfallrecht 7 135 ff.
- Grundkonzeption 7 138 ff.
- Organisation und Zuständigkeit 7 136 f.
Kreisrechtsausschuss 2 53; 3 110, 188
- Ersetzung des gemeindlichen Einvernehmens 5 33 f.
Kreistag 3 83
Kreisverwaltung 3 18, 26 ff.
Kultur
- Begriff 9 1
- Behördenaufbau 9 7
- historischer Überblick 9 2
- verfassungsrechtlicher Rahmen 9 3 ff.
Kulturdenkmal s. Denkmal
Kulturhoheit der Länder 9 4
Kunst
- historische Bezüge 9 8

– verfassungsrechtlicher Schutz 9 9
– Staat und Kommunen als Kunstmäzene 9 10

Ladenöffnungsgesetz 6 10 ff.
– Anwendungsbereich 6 12 f.
– Ausnahmen 6 16
– Gesetzgebungskompetenz 6 3
– Gesetzeszweck 6 11
– Ladenschlusszeiten 6 14
– Lockerung 6 15
– Rechtsschutz 6 18
– Zuständigkeiten 6 17
Landesamt für Umwelt, Wasserwirtschaft und Gewerbeaufsicht 7 12, 63, 78, 130 f., 136
Landesbetriebe 2 21 f.
Landesfarben 1 58
Landesmediengesetz 10 11 ff., 54 ff.
– Aufbau 10 13 f., 55
– Hintergrund 10 54
– Presse 10 11 ff.
– Rundfunk 10 54 ff.
Landespflegerecht s. Naturschutz- und Landschaftspflegerecht
Landesplanung 8 1 ff., 10, 42
– Behörden 8 3
– Grundsätze 8 16
– hochstufige 8 9 f.
– Landesentwicklungsprogramm 8 11, 18, 22, 27 ff.
– Landesplanungsrecht 8 2
– Mitteilungs- und Auskunftspflichten 8 39
– raumbedeutsame Planung 8 12
– Regionalplanung 8 10
– Überwachung 8 26, 40
– Ziele 8 18
Landesrechnungshof 1 60, 122, 170
Landesregierung
– Abstimmungsverhalten im Bundesrat 1 86
– Allparteienregierung 1 67
– Anklage 1 152

– Anwesenheitspflicht 1 73
– Bestätigung durch Landtag 1 78, 81
– Bestellung und Abberufung der Mitglieder 1 79 ff.
– Geschäftsführungspflicht 1 79
– Geschäftsordnung 1 85
– Gesetzesinitiativrecht 1 90
– Kollegialprinzip 1 85
– Konstituierung 1 78 ff.
– Meinungsverschiedenheiten 1 85
– Misstrauensvotum 1 83
– Neuwahl des Ministerpräsidenten 1 79 f.
– parlamentarische Verantwortlichkeit 1 81
– Parteifähigkeit in verfassungsgerichtlichen Verfahren 1 170, 186
– Ressortprinzip 1 85
– Richtlinienkompetenz des Ministerpräsidenten 1 85
– Unterrichtung des Landtags 1 72
– Vertrauensentzug 1 83
– Volksgesetzgebung 1 111
Landesverfassung, s. auch Bundesrecht, Verfassungsrecht
– Änderungen 1 14 f., 56, 90, 93 f., 104, 122, 129, 145, 170
– Anwendbarkeit der Art. 70 ff. GG 1 34
– Beratende Landesversammlung 1 3 f., 8
– Bestandteilsnormen 1 40
– Entwicklung 1 14 ff.
– Ewigkeitsgarantie 1 93 f., 106
– Gemischte Kommission 1 7
– Grundrechte 1 36 ff., 132 ff.
– Homogenitätsgebot 1 28, 33, 112, 131
– Naturrecht 1 133, 140, 149
– Textänderungsgebot 1 56, 94
– Verfassungsausschuss 1 8
– Vorbereitender Verfassungsausschuss 1 7

- Verfassungsorgan 1 59
- Volksentscheid über die Annahme 1 10
- Vorspruch 1 20, 106, 133, 139

Landesverfassungsbeschwerde s. Verfassungsbeschwerde
Landesverwaltung s. Verwaltung
Landeswaldgesetz 7 9
Landeswappen 1 58
Landkreise s. Kommunen
Landrat 1 130; 2 16; 3 83
Landschaftsplanung 7 40 ff.
- geschützter Landschaftsbestandteil 7 46
- Landschaftsschutzgebiet 7 46, 50
- Landwirtschaftsklausel 7 16, 19, 55, 67
- Pläne und Programme 7 43
- Planungsbeitrag 7 42 ff.

Landtag 1 61 ff.
- Abgeordnetenzahl 1 63
- Ältestenrat 1 70
- Aufgaben 1 61
- Auflösung 1 64, 104, 111
- Befassungsrecht 1 74 f.
- Beschlussfähigkeit 1 77
- Bestätigung der Landesregierung 1 78, 81
- Enquete-Kommissionen 1 15
- Entlassung eines Ministers 1 81
- Ernennung und Entlassung von Bediensteten 1 70
- Fraktionen 1 65 ff., 170, 175
- freies Mandat 1 61
- Geschäftsordnung 1 68 f., 90 ff.
- Gesetzesbeschluss 1 94
- Gesetzesinitiativrecht 1 90
- Hausrecht 1 68 ff.
- Informationsanspruch gegenüber Regierung 1 71 ff., 118
- Interpellationsrecht 1 71
- Kontrollinstrumente 1 73
- Legislaturperiode 1 33, 64
- Leitungsorgane 1 70
- Mehrheitserfordernis 1 77, 88, 94
- Misstrauensvotum 1 83
- Notstandsgesetzgebung 1 99
- Öffentlichkeit 1 75 f.
- Opposition 1 67
- Parteifähigkeit in verfassungsgerichtlichen Verfahren 1 170, 175, 186
- Petitionsausschuss 1 73
- Präsident 1 68 ff., 111
- Selbstauflösung 1 33, 64
- Unterrichtung durch Landesregierung 1 72, 118
- Untersuchungsausschuss 1 73, 170, 174 f.
- Verfassungsorgan 1 59
- Verwaltung 1 70
- Volksgesetzgebung s. Volksbegehren und Volksentscheid
- Vorstand 1 70
- Wahl des Ministerpräsidenten 1 78 ff.
- Wahlprüfungsausschuss 1 59, 152
- Wahl von Verfassungsrichtern 1 88
- Wahlperiode 1 33, 64
- Wahlrecht 1 54, 62 ff.
- Zitierrecht 1 73
- Zustimmung zu Staatsverträgen 1 113 ff., 120 f.
- Zustimmung zum Stellvertreter des Ministerpräsidenten 1 82
- Zwischenausschuss 1 55, 73, 99

Landwirtschaftsklausel 7 16, 19, 55, 67
Legalisierungswirkung 5 40, 56, 63
Legislative s. Gesetzgebung
Legitimation, demokratische. s. Demokratie
Lehrer s. Schule
Lindauer Abkommen 1 120 f.
Luther, Hans 1 11

Marktgewerbe 6 1, 4, 6, 13
Maßnahmenprogramm (LWG) 7 97 ff., 103, 118, 124

Medienrecht 10 1 ff., s. auch Landesmediengesetz
- Definition/Kategorisierung 10 4 ff.
- Beihilfeproblematik 10 78
- Europarechtlicher Einfluss 10 76 ff.
- Fernsehrichtlinie 10 82
- Historische Entwicklung 10 5
- individuelles und institutionelles Medienrecht 10 4
- mediale Erscheinungsformen 10 6 ff.
- sekundärrechtlicher Einfluss 10 81
- supranationale Einflüsse 10 4

Menschenwürde 1 139 f.

Minister
- Anklage 1 152
- Entlassung 1 81
- Kollegialprinzip 1 85
- Parteifähigkeit in verfassungsgerichtlichen Verfahren 1 170
- Ressortprinzip 1 85
- Verfassungsorgan 1 59, 81, 172, 184
- Vertrauensentzug 1 83

Ministerpräsident 1 78 ff.
- Außenvertretung 1 84, 113
- Begnadigung 1 84
- Ernennung von Beamten und Richtern 1 84
- Gesetzesausfertigung und -verkündung 1 95, 111
- präsidiale Funktion 1 84
- Prüfungskompetenz 1 95
- Richtlinienkompetenz 1 85
- Vertrauensentzug 1 83
- Wahl 1 78 ff.

Mobilfunkmasten 5 11
Monitoring s. Überwachung
Museen 9 11
Musterbauordnung 5 4

Nachbar im Baurecht
- Nachbarbegriff 5 30, 116
- Nachbarbeteiligung 5 30 f., 39, 117
- nachbarschützende Vorschriften 5 46, 66, 75 ff., 97, 100, 105, 114 ff.
- Rechtsschutz 5 111 ff.

Nachbarrechtsgesetz 5 1, 42
Nachträgliche Anordnungen im Baurecht 5 66
Nachweltschutz 7 13
Nationalpark 7 46, 48
Natura 2000 7 52 ff.
- Verschlechterungs- und Störungsverbot 7 55

Naturdenkmal 7 46
Naturpark 7 46
Naturrecht 1 133, 140, 149
Naturschutz- und Landschaftspflegerecht 7 7 ff.
- Naturschutzbeauftragter 7 12
- Naturschutzbehörde 7 10 ff.
- Naturschutzgebiet 7 46
- Organisation und Zuständigkeit 7 10 ff.
- Untergliederung 7 8 f.

Nebenbestimmungen (Baurecht) 5 19, 43, 62, 109
Nichtraucherschutz 6 19 ff.
- Durchsetzung 6 22
- Gesetzgebungskompetenz 6 3
- Umfang 6 20 f.

Nichtverantwortlicher 4 67 ff., 235 ff.
Normenkontrolle
- § 4 AGVwGO 1 81, 187
- abstrakte 1 183 ff.
- gegen kommunale Normen 3 147
- Gesetze gemäß Art. 80 IV GG 1 97
- konkrete Normenkontrolle 1 229 ff.
- Selbstverwaltungsgarantie 3 24

Normkollisionen 1 29 ff.
Nothilfe 1 150
Notstandsgesetzgebung 1 99
Nutzungsänderung 5 23, 65
Nutzungsregelungen
- wasserrechtliche 7 99 ff.
- Schutzgebietsfestsetzung 8 8
Nutzungsuntersagung s. Benutzungsuntersagung

459

Oberbehörde **2** 18
Oberbürgermeister **3** 83
Öffentliche Sicherheit und Ordnung
– Anspruch auf Einschreiten **4** 84 ff.
– Schutz privater Rechte **4** 32
– Schutzgüter **4** 31, 34
– Selbstgefährdung **4** 33
Öffentliche Stellen **8** 16, 20, 36
Öffentliches Wirtschaftsrecht
– Gesetzgebungskompetenzen **6** 1 ff.
– Zuständigkeiten **6** 5 ff.
Öffentlichkeitsarbeit (Ministerpräsident) **1** 84
Öffentlichkeitsprinzip **1** 54, 75 f., 93; **3** 128 ff.
Ökokonto s. Eingriff in Natur und Landschaft
Opposition **1** 67
Orchester **9** 13
Ordnungsbehörden
– Behördenaufbau **4** 16 ff.
– Trennungsprinzip **4** 4
– Zuständigkeit **4** 21 ff.
Organ **2** 8
Organleihe **2** 15
Organstreit **1** 169 ff.
Ortsbeirat **3** 111
Ortsgemeinde **3** 4, 62

Parallelabkommen **1** 116
Parlamentsgesetzgebung **1** 90 ff.
Parteien **1** 7 ff., 63, 84, 171
Persönlichkeitsrecht, allgemeines **1** 138
Petition
– kommunale **3** 193
– Petitionsausschuss **1** 73
– Petitionsrecht **1** 34
Pfalz –Sonderstellung **1** 57
Pflichten; s. Grundpflichten
Planerhaltung **8** 26
Planerische Abwägung **8** 22
Planfeststellung **8** 8
– Verfahren **8** 19
Plangenehmigung **8** 8

Planungsgemeinschaft **8** 31 f.
Planungshoheit der Gemeinde **3** 21 f.; **8** 40
Plebiszitäre Elemente s. Volksinitiative, Volksbegehren und Volksentscheid
Polizei
– Behördenaufbau **4** 13 ff.
– Platzverweis **4** 106 f.
– Polizeibegriffe **4** 3
– Subsidiaritätsprinzip **4** 32 f., 87
– Zuständigkeit **4** 25 ff.
Polizei- und Ordnungsrecht
– Abgrenzung vom Gewerberecht **4** 175 f.
– Abgrenzung vom Versammlungsrecht **4** 171 ff.
– Abgrenzung von Strafverfolgung **4** 7, 178 ff.
– Bundeskompetenzen **4** 2, 10 f., 175 f.
– freiwilliger Polizeidienst **4** 9
– Internationalisierung **4** 10 ff.
– Opportunitätsprinzip **4** 81
– Privatisierungstendenzen **4** 8
– Verwaltungshelfer **4** 216
– Vorsorgeprinzip **4** 7 f.
Polizeipflicht von Hoheitsträgern **4** 72 ff., 177
Präambel s. Vorspruch
Presse **10** 7 ff.
– Begriff **10** 7
– Buchdruckpresse **10** 8
– formaler Pressebegriff **10** 7
– historische Entwicklung **10** 8
– periodische Presse **10** 7
– Pflichtexemplare **10** 13
– Pressunternehmen **10** 9
– Rechtsgrundlagen **10** 10 ff.
– Verbreitungsverbot **10** 14
– Verlagswesen **10** 7
– Zuständigkeit **10** 10
Privatschulen s. Schulen in freier Trägerschaft
Programmsätze **1** 39
Projektgruppe **2** 20

Raumordnung 8 1
- Abweichung von Raumordnungsziel 8 20
- Erfordernisse der 8 12, 13, 42
- Grundsätze 8 14 ff.
- Raumordnungskataster 8 39
- Raumordnungsklausel 8 41
- Raumordnungsrecht 8 1 f.
- Sicherung der 8 35 ff.
- sonstige Erfordernisse der 8 14, 21
- Ziele 8 14, 17 ff., 41, 45 f.
Raumordnungspläne 8 11, 12, 23
- Landesentwicklungsprogramm s. Landesplanung
- Raumordnungsplan Rhein-Neckar-2000 8 34
Raumordnungsplanung 8 8
- Bundesplanung 8 9
- hochstufige Landesplanung s. Landesplanung
- raumbedeutsame Planungen und Maßnahmen 8 12
- räumliche Fachplanung 8 8
- Raumplanung 8 7
- regionaler Raumordnungsplan 8 11, 18, 22, 30 ff.
- Regionalplanung 8 9 ff.
- Untersagung raumordnungswidriger Planung etc. 8 39
Raumordnungsverfahren 8 35 ff.
- Beteiligung 8 28, 33
- Beteiligungsverfahren 8 25
- raumordnerischer Entscheid 8 36
- Raumverträglichkeitsprüfung 8 36
Rechnungshof 1 60, 122, 170
Rechtliches Gehör 1 158
Rechtsaufsicht s. auch Kommunalaufsicht
- Staatsaufsicht (Hochschulen) 9 105
Rechtsnachfolge im Baurecht 5 41, 83, 95
Rechtsprechung
- effektiver Rechtsschutz 1 123
- Gewaltenteilung 1 53

- Rechtsschutz im Baurecht 5 106 ff.
- Richter 1 123
- verfassungsgerichtliche Verfahren 1 151 ff.
- VerfGH 1 87 f.
Rechtsstaatsprinzip 1 43
Rechtsverordnung
- Gesetz nach Art. 80 IV GG 1 97 f.
- kommunale 3 136 f., 146 f.
- materielle Anforderungen 1 100
- mit Gesetzeskraft 1 99
- verfassungsgerichtliche Kontrolle 1 187
Referat 2 9
Reformatio in peius 2 59 ff.
Regierung s. Landesregierung
Regierungsbezirke 1 3, 55
Regionalplanung 8 9 ff.
Regionalvertretung 8 32 f.
Regionalvorstand 8 32
Regionen 8 31
Reisegewerbe 6 13
Religion und Kirchen
- Grundlagen 9 106
- Konkordate 1 115; 9 111 f.
- verfassungsrechtlicher Rahmen 9 107 f.
Religionsfreiheit 1 146 f.; 9 27, 107
Religionsunterricht 1 147; 9 67
Republik 1 51
Rheinland-Pfalz
- Entstehung 1 1 ff.
- Entwicklung 1 11 ff.
- Hauptstadt 1 58
- Territorium 1 55 f.
Richter s. Rechtsprechung
Ritterspacher, Ludwig 1 8
Rundfunk 10 15 ff.
- ARD 10 17
- Begriff 10 19
- Bestands- und Entwicklungsgarantie 10 34
- BVerfG 10 28 ff.

461

- Deutsche Welle 10 17
- dienende Freiheitsgewährung 10 26
- Drei-Stufen-Test 10 48
- duale Rundfunkordnung 10 31
- Föderalismus 10 25
- Geschichte 10 15 ff.
- Grundversorgung 10 33
- KEK 10 43
- KJM 10 43
- Landeszentrale für Medien und Kommunikation 10 55
- lineare Angebote 10 48
- politische Parteien 10 39
- privater Rundfunk 10 31, 49
- Rechtsgrundlagen 10 24 ff.
- 10. RÄStV 10 44, 49 f.
- 11. RÄStV 10 43, 45
- 12. RÄStV 10 23, 46, 48, 69
- Rundfunkgebühren 10 36 ff.
- Rundfunkstaatsvertrag 10 42 ff.
- Rundfunkurteile 10 29 ff.
- Staatsfreiheit 10 29
- Staatsverträge 10 41
- SWR 10 52 f.
- ZAK 10 43 f.

Sachbescheidungsinteresse s. Baugenehmigung
Satzungen
- örtliche Bauvorschriften 5 6, 92, 98
- kommunale 3 90, 136 ff
Schlusspunkttheorie 5 35
Schröder, Gerhard 1 64
Schule
- Bekenntnisschule 1 9 f.
- Elternrecht 9 51 ff.
- Entstehungsgeschichte der Schulartikel der LV 1 9 f.
- Errichtung, Aufhebung, Zusammenlegung 9 60 f.
- Erziehungsziele 1 146; 9 22, 35 ff.
- Ethikunterricht 1 147; 9 67
- Gemeinschaftsschule 9 23, 34
- historischer Überblick 9 23
- innere Organisation 9 63 ff.
- Konfessionsschule 1 9 f.
- Lehrpläne und Bildungsstandards 9 37
- Öffentliche Schulen 9 29 ff.
- Ordnungsmaßnahmen 9 46
- Rechtschreibung 9 69
- Religionsunterricht 1 147, 9 67
- Schülerbeförderung 9 48
- Schülervertretung 9 49
- Schülerzeitung 9 50
- Schularten und –stufen 9 58
- Schulaufsicht 9 62
- Schulbücher und Lernmittel 9 37
- Schulpflicht 1 146, 150, 9 40 f.
- Schulträger 9 33, 59 ff.
- Schulverhältnis 9 44
- Sexualkunde 9 68
- Simultanschule 1 9 f.
- Sport- und Schwimmunterricht 9 70
- Stellung der Lehrer 9 54 ff.
- Stellung der Schüler 9 38 ff.
- Verantwortung des Staates 9 30, 71
- Zulassung 9 42
Schulen in freier Trägerschaft
- Ersatz- und Ergänzungsschulen 9 73
- Finanzierung 9 76
- Gründung, Genehmigung 9 74
- Grundlagen 9 71
- institutionelle Garantie 9 72
- Privatschulen 9 71
- Schulvielfalt 9 72
- staatliche Anerkennung 9 73 f.
- Staatsaufsicht 9 75
Schutz
- Behinderter 1 15, 132
- ungeborenen Lebens 1 141
Schutz von Tieren und Pflanzen 7 58 ff.
Schutzgebietsfestsetzung 8 8
Schutzgebietsverordnung 7 50
Schutzpflichten 1 138, 141
- Datenschutz 1 142

Personen- und Sachregister

– Leben und körperliche Unversehrtheit 1 138, 141
– ungeborenes Leben 1 141
Schwarzbau 5 60
Selbstauflösung des Landtags 1 33, 64
Selbstverwaltung 2 4
– funktionale 2 5
– kommunale 1 124 ff; 2 5; 3 20 ff.; 7 145
– kulturelle 9 5, 15
Selbstverwaltungsaufgaben 3 10 ff.
Selbstvollstreckung 2 27
Selbstvornahme 2 35
Sicherstellung, einstweilige 7 51
Sittengesetz 1 140
Skybeamer 5 9, 101 f.
Sofortvollzug 2 31
Sonderabfall 7 148 f.
– Andienungs- und Überlassungspflicht 7 148
– Entsorgung 7 148 f.
– Zentrale Stelle für Sonderabfälle 7 149
Sonderverwaltungsbehörde 2 8
Soziale Grundrechte 1 39
Soziale Marktwirtschaft 1 15, 132
Sozialisierungsverfassungsbeschwerde 1 152
Sozialstaatsprinzip 1 33, 52
SP/LP bzw. SPD 1 7 ff.
Sperrklausel bei Landtagswahl 1 63
Spezialermächtigungen (POG) 4 96 ff.
– häusliche Gewalt 4 33, 108 ff.
– informationsbezogene Standardmaßnahmen 4 139 ff., 163 ff.
– Kfz-Kennzeichenerfassung 4 151
– Platzverweis 4 106 f.
– Rasterfahndung 4 168 ff.
– Rechtsnatur 4 181 f.
– Schleierfahndung 4 97 ff.
– Videoüberwachung 4 146 ff.
Spielbanken 6 2, 28
Staatlichkeit 1 5 f., 19 f., 48
Staatsangehörigkeit 1 20

Staatsbürger 1 20, 49, 102, 150
Staatsbürgerliche Treuepflicht 1 150
Staatsgebiet 1 5, 21, 55 ff.
Staatsgewalt 1 5, 21
Staatskirchenverträge 1 115; 9 111 f.
Staatsorgane s. Verfassungsorgane
Staatspräsident 1 8, 84
Staatsrat 1 8
Staatsrecht s. auch Verfassungsrecht
– Begriff 1 17
Staatsstrukturprinzipien 1 47 ff.,
Staatsverträge 1 113 ff.
– Aufhebungsverträge 1 118
– Begriff 1 114 ff.
– des Bundes bzgl. Landesgesetzgebung 1 120 f.
– Konkordate 1 115; 9 111 f.
– Kündigung 1 118
– Lindauer Abkommen 1 120 f.
– Parallelabkommen 1 116
– Ratifikation 1 119
– Staatskirchenverträge 1 115; 9 111 f.
– Ständige Vertragskommission 1 120
– Veränderungen des Staatsgebiets 1 56
Staatsvolk 1 5, 10, 20, 49 f., 60, 171
Staatszielbestimmungen
– Beispiele 1 33
– Einwirkung auf Bundes- und Gemeinschaftsrecht 1 43
– Erziehung 9 32
– im Grundrechtsteil 1 132
– Kultur 9 3
– neuere 1 15
– Tierschutz 1 15; 7 5
– Umweltschutz 7 4
– Verhältnis LV-GG 1 39
Stadt s. auch Kommunen
– große kreisangehörige 3 4
– kreisfreie 3 3
Städtebauliche Planung 8 8 f.
Stadtrat 3 83
Stadtrechtsausschuss 2 53; 3 198
Standardmaßnahmen s. Spezialermächtigungen

463

Ständige Vertragskommission 1 120
Stellplätze 5 43, 91 ff., 96
Stellungnahme, landesplanerische 8 39, 42
Steuern s. Abgaben
Stiftung Natur und Umwelt Rheinland-Pfalz 7 12
Störer
- Anscheinsstörer 4 62 ff., 239 f.
- im Baurecht 5 78 ff.
- Rechtsnachfolge 4 75
- Störerauswahl 4 88 f., 215
- Störerbegriffe 4 46 ff., 58, 61, 62
- Theorie der unmittelbaren Verursachung 4 54
- verfassungsrechtliche Vorgaben 4 53
- Zweckveranlasser 4 58
Struktur- und Genehmigungsdirektion 2 7, 3 180, 187
Süsterhenn, Adolf 1 7 ff.; 16, 124

Technische Baubestimmungen 5 5
Teilbaugenehmigung 5 48
Teilhaberecht 9 16, 39
Teilpläne 8 30
Telekommunikation 10 70 ff.
- Abgrenzung/Medienrecht 10 75
- Begriff 10 71 f.
- Deutsche Post 10 73
- Geschichte 10 73
- TKG 10 74
Telemedien 10 62 ff.
- Abgrenzung vom Rundfunk 10 66
- Definition 10 65
- Digitalisierung 10 62
- elektronische Presse 10 65
- Geschichte 10 63
- Mediendienste 10 63
- Teledienste 10 63
- TMG 10 65
- Teleshopping 10 69
- Zuständigkeit 10 63
Theater 9 13
Tierschutz 1 15, 32; 7 5

Todesstrafe 1 14, 141
Trägerverfahren 7 33
Treuepflicht 1 150
Typengenehmigung 5 49

Überhangmandat 1 63
Überschwemmungsgebiet 7 105 f.
Überwachung 8 25
- landesplanungsbehördliche 8 39
Umweltrecht 7 1 ff.
- Begriff 7 1
- Gesetzgebungskompetenzen 7 7
- Umweltbericht 8 24
- Umweltprüfung 8 24
- Umweltschadensgesetz 7 37
- Umweltverträglichkeitsprüfung 7 37, 91, 124
- Untergliederung 7 6
Unabänderlichkeitsklausel 1 33, 96, 150
Ungeborenes Leben 1 141
Unionsbürger 1 131, 135; 3 198, 201
Universitäten s. Hochschulen
Unmittelbare Ausführung (POG) 4 76 ff., 192 ff., 211, 245
Unmittelbare Demokratie s. Volksinitiative, Volksbegehren und Volksentscheid
Unmittelbarer Zwang 2 37; 4 189 ff., 246
Untersuchungsausschuss 1 73, 170, 174 f.
Urproduktionsklausel 7 16, 19, 55, 67

Verantwortlichkeit im Baurecht 5 78 ff.
Verband Region Rhein-Neckar 8 31
Verbandsbeteiligung und Verbandsklage 7 69 ff.
- Anerkennung des Verbands 7 69 f.
- Beteiligungs- und Mitwirkungsrecht 7 71
Verbandsgemeinde 1 125; 3 4, 62 ff.
Verböserung 2 59 ff.
Vereinigungsfreiheit 1 38

Verfassungsänderung s. auch Landesverfassung
- Ewigkeitsgarantie 1 93 f., 106
- Kontrolle durch VerfGH 1 184
- Mehrheiten 1 94, 111
- Staatsgebiet 1 56
- Textänderungsgebot 1 56, 94
- Volksgesetzgebung 1 104, 106, 111

Verfassungsaufträge 1 15, 39, 43 132
Verfassungsausschuss 1 8
Verfassungsautonomie der Länder 1 28 ff.
Verfassungsbeschwerde 1 153 ff.
- Auslagenerstattung 1 168
- Beschwerdebefugnis 1 161
- Beschwerdefähigkeit 1 154
- Beschwerdegegenstand 1 157 ff.
- Bundesrechtsklausel 1 159
- Einführung 1 151
- Frist, Begründung, Form 1 164
- kommunale 1 154; 3 24
- Missbrauchsgebühr 1 168
- Prozessfähigkeit 1 156
- Prozessstandschaft 1 155
- Prüfungsmaßstab 1 167
- Rechtschutzbedürfnis 1 165
- Rechtswegerschöpfung 1 159, 162
- Sozialisierungsverfassungsbeschwerde 1 152
- Subsidiarität 1 162
- Urteilsverfassungsbeschwerde 1 167
- Verletzung von Wahlrechtsgrundsätzen 1 54

Verfassungsgerichtshof
- Gericht 1 87
- Organisation 1 87 f.
- verfassungsgerichtliche Verfahren 1 151 ff.
- Verfassungsorgan 1 59, 87

Verfassungsgewohnheitsrecht 1 17, 57
Verfassungsorgane 1 59 ff.
- Begriff 1 59
- Landesrechnungshof 1 60, 122, 170
- Landesregierung 1 59, 78 ff.
- Landtag 1 59, 61 ff.
- Minister 1 59, 81, 172, 184
- Staatsvolk 1 59
- VerfGH 1 59, 87
- Wahlprüfungsausschuss 1 59
- Zwischenausschuss 1 59, 73

Verfassungsrecht, s. auch Landesverfassung
- formelles 1 17
- materielles 1 17
- Verfassungsgewohnheitsrecht 1 17, 57
- verfassungsmäßige Ordnung 1 140

Verfassungstreue 1 150
Vergleich (im Widerspruchsverfahren) 2 7
Verhältniswahl 1 63
Verkündung von Gesetzen 1 95 f., 111
Verordnung s. Rechtsverordnung
Versammlungen 4 107, 171 ff.
Verschlechterungs- und Störungsverbot s. Natura 2000
Vertragsfreiheit 1 148
Vertragsnaturschutz 7 54, 67
Verunstaltungsverbot 5 3, 98 ff., 101
Verursacherprinzip 7 20
Verwaltung, s. auch Kommunen, Ordnungsbehörden, Polizei
- Beamtentum 1 123
- Gewaltenteilung 1 53, 68
- Kreisverwaltung 3 83
- Kulturverwaltung 9 7
- Landesplanung 8 3
- Landesverwaltung 1 70, 123; 2 14 ff.
- Landtagsverwaltung 1 70
- Verwaltungsorganisation 1 123
- Verwaltungsbehörde, allgemeine 2 8
- Abteilung 2 9
- Referat 2 9

Verwaltungsabkommen 1 116 f.
Verwaltungsakte (POG)
- Abgrenzung von Gefahrenabwehrverordnungen 4 221

Personen- und Sachregister

- Abgrenzung von Realakten **4** 181 f., 198 f.
- Ersatzvornahme **4** 190, 207, 244
- Prüfungsschema **4** 183
- Sofortvollzug **4** 199
- Verkehrszeichen **4** 208
- Vollstreckung **4** 184 ff., 194 ff., 200 ff., 219

Verwaltungsträger **2** 3
Verwaltungsverfahren **2** 24 ff.
Verwaltungsvorschriften **1** 173
Verwaltungszwang **2** 34 ff.
Vogelschutzgebiet, europäisches **7** 53, 57
Volk **1** 5, 53, 120, 209
Völkerrecht
- allgemeine Regeln **1** 40
- Verhältnis Bund-Länder **1** 24
- Völkerrechtssubjekte **1** 114

Volksbegehren und Volksentscheid **1** 101 ff.
- Annahme der LV **1** 10
- Auflösung des Landtags **1** 104, 111
- Aussetzung von Gesetzen **1** 96, 104, 111
- finanzwirksame Gesetze **1** 107 ff.
- formelle Anforderungen **1** 105
- Gesetzgebungskompetenz **1** 105
- Koppelungsverbot **1** 110
- materielle Anforderungen **1** 106 ff.
- Mehrheit **1** 111
- Neugliederung (Bundesgebiet) **1** 11 ff.
- Parteifähigkeit im Organstreit **1** 171
- Verfahren **1** 111
- Verfassungsänderung **1** 15, 104, 106, 111
- Verfassungswidrigkeit **1** 98, 111
- Verhältnis zur parlamentarischen Gesetzgebung **1** 112

Volksinitiative **1** 102
Vollstreckung baurechtlicher Verfügungen **5** 84 ff.
Vollziehende Gewalt s. Verwaltung
Vorbehaltsgebiete **8** 23

Vorbescheid s. Bauvorbescheid
Vorranggebiete **8** 23
Vorschulische Erziehung s. Früherziehung
Vorspruch **1** 20, 106, 133, 139

Wahlperiode **1** 33, 64
Wahlprüfung **3** 215 f.
Wahlprüfungsausschuss **1** 59, 152
Wahlrecht **1** 33, 64 s. auch Kommunalwahl
Wahlrechtsgrundsätze **1** 54, 130 f.; **3** 210 f.
Wasserbehörde **7** 78 f.
Wasserbuch **7** 133 f.
Wassergefahr **7** 130 ff.
Wassergefährdende Stoffe **7** 107 ff.
Wasserhaushaltsrecht **7** 73 ff.
Wasserrahmenrichtlinie **7** 94 f.
Wasserrecht **7** 73 ff.
- Grundsätze **7** 80 f.
- Organisation und Zuständigkeit **7** 77 ff.
- Untergliederung **7** 73 ff.
- Wasserschutzgebiet **7** 100 ff.
- Wasserversorgung **7** 110 f.
- Wasserwegerecht **7** 76

Wasserwirtschaftsrecht **7** 73, 76, 112
Werbeanlagen **5** 3, 7, 11, 21, 61, 101 f.
Widerspruchsverfahren **2** 50 ff.
Widmung kommunaler Einrichtungen **3** 35
Wirtschaftsunternehmen, kommunale **3** 50 ff.
Wirtschaftsverwaltungsrecht, s. öffentliches Wirtschaftsrecht
Wissenschaftsfreiheit **9** 81 s. auch Hochschulen
Wohnung **4** 129 ff., 154 f., 191
Wohnungsverweisung **4** 108 ff.
Würde des Menschen **1** 139 f.

Zensur **10** 59
Zitiergebot **1** 36, 137

Zitierrecht **1** 73
Zoo **7** 59
Zusammenfassende Erklärung **8** 25
Zwang, unmittelbarer **2** 37; **4** 189 ff., 246
Zwangsgeld **2** 36
Zwangsrechte, wasserrechtliche **7** 130 ff.

Zweckveranlasser **4** 58
Zweckverband, kommunaler **3** 71 ff.
Zweckvereinbarung, kommunale **3** 77 ff.
Zweistufentheorie **9** 16
Zwischenausschuss **1** 59, 73, 99